DA DOGMÁTICA À EFETIVIDADE DO DIREITO CIVIL

ANAIS DO CONGRESSO INTERNACIONAL DE DIREITO CIVIL CONSTITUCIONAL – IV CONGRESSO DO IBDCIVIL

COORDENADORES

GUSTAVO TEPEDINO
ANA CAROLINA BROCHADO TEIXEIRA
VITOR ALMEIDA

DA DOGMÁTICA À EFETIVIDADE DO DIREITO CIVIL

ANAIS DO CONGRESSO INTERNACIONAL DE DIREITO CIVIL CONSTITUCIONAL – IV CONGRESSO DO IBDCIVIL

2ª edição revista, ampliada e atualizada

Belo Horizonte

2019

© 2017 Editora Fórum Ltda.
2019 2ª edição

É proibida a reprodução total ou parcial desta obra, por qualquer meio eletrônico, inclusive por processos xerográficos, sem autorização expressa do Editor.

Conselho Editorial

Adilson Abreu Dallari
Alécia Paolucci Nogueira Bicalho
Alexandre Coutinho Pagliarini
André Ramos Tavares
Carlos Ayres Britto
Carlos Mário da Silva Velloso
Cármen Lúcia Antunes Rocha
Cesar Augusto Guimarães Pereira
Clovis Beznos
Cristiana Fortini
Dinorá Adelaide Musetti Grotti
Diogo de Figueiredo Moreira Neto
Egon Bockmann Moreira
Emerson Gabardo
Fabrício Motta
Fernando Rossi
Flávio Henrique Unes Pereira

Floriano de Azevedo Marques Neto
Gustavo Justino de Oliveira
Inês Virgínia Prado Soares
Jorge Ulisses Jacoby Fernandes
Juarez Freitas
Luciano Ferraz
Lúcio Delfino
Marcia Carla Pereira Ribeiro
Márcio Cammarosano
Marcos Ehrhardt Jr.
Maria Sylvia Zanella Di Pietro
Ney José de Freitas
Oswaldo Othon de Pontes Saraiva Filho
Paulo Modesto
Romeu Felipe Bacellar Filho
Sérgio Guerra
Walber de Moura Agra

Luís Cláudio Rodrigues Ferreira
Presidente e Editor

Coordenação editorial: Leonardo Eustáquio Siqueira Araújo

Av. Afonso Pena, 2770 – 15º andar – Savassi – CEP 30130-012
Belo Horizonte – Minas Gerais – Tel.: (31) 2121.4900 / 2121.4949
www.editoraforum.com.br – editoraforum@editoraforum.com.br

Dados Internacionais de Catalogação na Publicação (CIP) de acordo com a AACR2

D654   Da dogmática à efetividade do Direito Civil: Anais do Congresso Internacional de Direito Civil Constitucional – IV Congresso do IBDCivil / Gustavo Tepedino, Ana Carolina Brochado Teixeira, Vitor Almeida (Coord.). - 2. ed. – Belo Horizonte : Fórum, 2019.

815p.; 17cm x 24cm
ISBN: 978-85-450-0545-2

1. Direito Civil. I. Tepedino, Gustavo. II. Teixeira, Ana Carolina Brochado. III. Almeida, Vitor. IV. Título.

CDD 342.1
CDU 347

Elaborado por Daniela Lopes Duarte - CRB-6/3500

Informação bibliográfica deste livro, conforme a NBR 6023:2002 da Associação Brasileira de Normas Técnicas (ABNT):

TEPEDINO, Gustavo; TEIXEIRA, Ana Carolina Brochado; ALMEIDA, Vitor (Coord.). *Da dogmática à efetividade do Direito Civil:* Anais do Congresso Internacional de Direito Civil Constitucional – IV Congresso do IBDCivil. 2. ed. Belo Horizonte: Fórum, 2019. 815p. ISBN 978-85-450-0545-2

SUMÁRIO

PREFÁCIO À SEGUNDA EDIÇÃO 23

PREFÁCIO À PRIMEIRA EDIÇÃO 25

PARTE I

CAPÍTULO 1

A RAZOABILIDADE NA EXPERIÊNCIA BRASILEIRA

GUSTAVO TEPEDINO 29

1.1   Técnicas de interpretação e princípio da segurança jurídica 29

1.2   O panorama jurisprudencial: hesitações e dificuldades conceituais 31

1.3   Razoabilidade e proporcionalidade: o proporcional é razoável? 34

1.4   Razoabilidade como método necessário e permanente: a identificação de
       critérios substanciais em julgados do Superior Tribunal de Justiça 36

1.5   Perigos do formalismo e do subjetivismo na legalidade constitucional 39

CAPÍTULO 2

A TUTELA DAS VULNERABILIDADES NA LEGALIDADE CONSTITUCIONAL

HELOISA HELENA BARBOZA, VITOR ALMEIDA 41

       Notas introdutórias 41

2.1   Vulnerabilidade: noção jurídica 42

2.2   A necessária preservação da autonomia dos vulneráveis 49

2.3   Instrumentos de tutela das vulnerabilidades: o exemplo dos mecanismos de
       apoio ao exercício da capacidade da pessoa com deficiência 51

       Considerações finais 54

CAPÍTULO 3

VULNERABILIDADE EXISTENCIAL NA INTERNET

DEBORAH PEREIRA PINTO DOS SANTOS 57

3.1   Introdução: proteção da pessoa humana na era virtual 57

3.2   Preeminência das situações existenciais sobre as situações patrimoniais 59

| 3.3 | Vulnerabilidade existencial na internet e tutela prioritária de crianças e adolescentes | 64 |

3.3 Vulnerabilidade existencial na internet e tutela prioritária de crianças e adolescentes 64

3.4 Conclusão: primeiros apontamentos para a proteção de crianças e adolescentes em situações jurídicas existenciais na internet 69

CAPÍTULO 4
O DIREITO AO ESQUECIMENTO DA PESSOA TRANSEXUAL
THAMIS DALSENTER VIVEIROS DE CASTRO, VITOR ALMEIDA 73

Notas introdutórias 73

4.1 A expansão da privacidade: a autodeterminação informativa e o direito ao esquecimento (ou ao controle de informações pessoais pretéritas) 76

4.2 Autonomia corporal e pessoa transexual 79

4.3 Identidade pessoal e direito à alteração do nome e do sexo 86

4.4 O direito ao casamento de pessoas transexuais 95

4.4.1 O erro essencial sobre a pessoa do cônjuge e a validade do casamento 97

Notas conclusivas 102

CAPÍTULO 5
SITUAÇÕES JURÍDICAS PATRIMONIAIS: FUNCIONALIZAÇÃO OU COMUNITARISMO?
DANIEL BUCAR 105

5.1 Introdução 105

5.2 Liberalismo x comunitarismo: a dicotomia histórica 105

5.3 A leitura liberal da função social das situações patrimoniais 109

5.3.1 Uma nota sobre a doutrina administrativista: o interesse público 112

5.4 Concepções não liberais da função social das situações patrimoniais 114

5.5 Conclusão: a função social é expressão do comunitarismo contemporâneo? 115

CAPÍTULO 6
CONSTRUINDO UM DEVER DE RENEGOCIAR NO DIREITO BRASILEIRO
ANDERSON SCHREIBER 117

6.1 A economia do desequilíbrio 117

6.2 Comportamento dos contratantes diante do desequilíbrio e o silêncio do legislador brasileiro 120

6.3 Dimensão comportamental do desequilíbrio contratual na experiência jurídica estrangeira e internacional 125

6.4 Construção de um dever de renegociar no direito brasileiro 132

Conclusão 139

CAPÍTULO 7

A CLÁUSULA RESOLUTIVA EXPRESSA E O CONTRATO INCOMPLETO COMO INSTRUMENTOS DE GESTÃO DE RISCO NOS CONTRATOS

ALINE DE MIRANDA VALVERDE TERRA, PAULA GRECO BANDEIRA 143

Introdução: o contrato como mecanismo de gestão de riscos 143

7.1 Os modos de alocação de riscos nos contratos: gestão positiva e negativa 146

7.2 A cláusula resolutiva expressa como instrumento de gestão positiva dos riscos....147

7.3 O contrato incompleto como instrumento de gestão negativa dos riscos 152

Conclusão 154

CAPÍTULO 8

A RELATIVIZAÇÃO DO DUPLO LIMITE E DA SUBSIDIARIEDADE NAS AÇÕES POR ENRIQUECIMENTO SEM CAUSA

CARLOS NELSON KONDER, PATRICK SAAR 157

8.1 Introdução 157

8.2 A doutrina clássica do enriquecimento sem causa e os novos desafios do lucro da intervenção..158

8.3 Dificuldades da teoria do duplo limite..160

8.4 A questão da subsidiariedade...163

8.5 Conclusão 166

CAPÍTULO 9

QUAIS OS IMPACTOS DA BOA-FÉ OBJETIVA NO DIREITO SOCIETÁRIO?

MARCOS EHRHARDT JR. 167

Introdução 167

9.1 Funções da boa-fé objetiva em nosso sistema 168

9.2 O necessário diálogo com práticas de governança corporativa para ampliação da aplicação dos deveres decorrentes da boa-fé objetiva 170

9.3 Necessidade de ressignificação do ordenamento jurídico na perspectiva do dever geral de boa-fé objetiva 173

Notas conclusivas..175

CAPÍTULO 10

PACTO MARCIANO: TRAJETÓRIA, CONSTITUIÇÃO E EFEITOS

CARLOS EDISON DO RÊGO MONTEIRO FILHO 177

10.1 Introdução 177

10.2 O pacto marciano: trajetória e mecanismos de atuação 179

10.2.1 Estrutura do pacto marciano: conceito e elementos constitutivos............................ 184

10.2.1.1 Aquisição da propriedade plena da coisa objeto da garantia pelo credor.................188

10.2.1.2 Aferição do justo valor da coisa objeto da garantia 189

10.2.1.2.1 Aspecto procedimental 191

10.2.1.2.2 Aspecto temporâneo 194

10.3 À guisa de conclusão. Os efeitos da cláusula marciana: restituição do *superfluum* ao devedor, abatimento do valor da coisa dada em garantia da dívida remanescente, perdão legal e extinção da obrigação 196

CAPÍTULO 11

A TUTELA POSSESSÓRIA COMO INSTRUMENTO DE PACIFICAÇÃO SOCIAL: AINDA SOBRE O FUNDAMENTO DOS INTERDITOS POSSESSÓRIOS

ROBERTA MAURO MEDINA MAIA 199

11.1 Introdução...199

11.2 Uma premissa importante: a análise das teorias subjetiva e objetiva...................... 200

11.3 A tutela possessória e o seu viés civilizatório: notas sobre as opções do legislador brasileiro a respeito do tema 205

11.4 Critérios processuais para a concessão de tutela possessória e a ocupação de áreas públicas ou privadas para fins de protesto 213

11.5 Conclusão 217

CAPÍTULO 12

OS ALIMENTOS ENTRE DOGMÁTICA E EFETIVIDADE

ANA CARLA HARMATIUK MATOS,
ANA CAROLINA BROCHADO TEIXEIRA.. 219

Introdução...219

12.1 Princípio da solidariedade familiar 219

12.2 Os critérios para o estabelecimento do binômio alimentar e os parâmetros jurisprudenciais 221

12.3 Alimentos a ex-cônjuges ou ex-companheiros... 224

12.4 Possibilidades prospectivas de maior efetividade dos alimentos.............................. 230

Conclusão.. 233

CAPÍTULO 13

MULTIPARENTALIDADE A PARTIR DA TESE APROVADA PELO SUPREMO TRIBUNAL FEDERAL

PABLO MALHEIROS DA CUNHA FROTA, RICARDO CALDERÓN 235

Introdução... 235

13.1 Entendimento do STF acolhendo a multiparentalidade no direito brasileiro 239

13.2	A tese aprovada em repercussão geral	241
13.3	Principais reflexos da decisão do STF	241
13.3.1	O reconhecimento jurídico da afetividade	241
13.3.2	Vínculo socioafetivo e biológico em igual grau de hierarquia jurídica	242
13.3.3	Possibilidade jurídica da multiparentalidade	243
13.3.4	Princípio da parentalidade responsável	244
13.4	Efeitos a partir da tese fixada	245
13.5	Avanço e cautela	245

CAPÍTULO 14

COMO PRESERVAR A ISONOMIA DAS ENTIDADES FAMILIARES NA SUCESSÃO LEGAL?

ANA LUIZA MAIA NEVARES 249

14.1	Atualidade da questão proposta	249
14.2	Os direitos sucessórios do cônjuge e do companheiro	250
14.3	A centralidade do cônjuge na ordem de vocação hereditária. Interpretações em desfavor do cônjuge sobrevivente	252
14.4	A legítima: ponderações	256
14.5	Legislação de *lege lata*: imperiosa equiparação de direitos sucessórios em virtude do fundamento da sucessão hereditária	259
14.6	Conclusão	262

CAPÍTULO 15

A RELEVÂNCIA DO PLANEJAMENTO SUCESSÓRIO NO ATUAL ORDENAMENTO BRASILEIRO

DANIELE CHAVES TEIXEIRA 265

15.1	Notas introdutórias	265
15.2	Importâncias do direito sucessório no mundo contemporâneo	266
15.3	Desconstrução dos pilares do direito das sucessões: família e propriedade	268
15.4	Planejamento sucessório: à rigidez do direito das sucessões no Brasil	271

CAPÍTULO 16

O DEVER DE REVELAÇÃO E OS *STANDARDS* DE INDEPENDÊNCIA E IMPARCIALIDADE DO ÁRBITRO À LUZ DO NOVO CÓDIGO DE PROCESSO CIVIL

PAULO NALIN, MARCOS ALBERTO ROCHA GONÇALVES 273

16.1	Notas introdutórias: a arbitragem e os desafios dos novos tempos	273
16.2	A imparcialidade como fundamento da jurisdição e os critérios de definição do impedimento do juiz e do árbitro	275

16.3 Uma hipótese de aplicação concreta 281

16.4 Notas conclusivas 284

CAPÍTULO 17
OS DESAFIOS DO ENSINO DEMOCRÁTICO E INCLUSIVO DO DIREITO CIVIL
PAULA MOURA FRANCESCONI DE LEMOS PEREIRA, VITOR ALMEIDA 287

Notas introdutórias 287

17.1 As mutações da hermenêutica jurídica e sua influência no ensino jurídico 288

17.2 A importância da funcionalização e humanização do ensino do direito civil 290

17.3 Os desafios do ensino jurídico universitário 292

17.4 Teoria e práxis na formação universitária 294

17.4.1 O exemplo dos núcleos de prática jurídica e das clínicas de direitos fundamentais 296

17.5 Do direito civil do homem médio ao direito civil da pessoa humana: novas pautas 297

Considerações finais: ensinar para emancipar 299

PARTE II
Concurso de Trabalhos Acadêmicos em homenagem ao Centenário do Código Civil de 1916 – I Prêmio Clóvis Beviláqua. Categoria Profissional

CAPÍTULO 1
DOGMÁTICA E EFETIVIDADE: O PAPEL DA CIVILÍSTICA NO DESBRAVAMENTO DE ESPAÇOS DE LIBERDADES
ANDRÉ LUIZ ARNT RAMOS 303

Introdução 303

1.1 O problema em contexto: ângulos e parâmetros da ascendência do Estado Constitucional. A renovação da dogmática e sua necessária efetividade 304

1.2 Direito civil, Constituição e os desafios da civilística brasileira contemporânea 308

1.3 Efetividade: o papel da literatura na abertura e preservação de espaços de liberdades 312

Conclusão 317

CAPÍTULO 2

A BOA-FÉ OBJETIVA NAS RELAÇÕES REAIS: TUTELA DA CONFIANÇA NA RELAÇÃO REAL COMO PROCESSO

DIANA PAIVA DE CASTRO, FRANCISCO DE ASSIS VIÉGAS 319

      Introdução 319

2.1   Reexame das fronteiras entre relação jurídica real e relação jurídica obrigacional no trajeto rumo ao direito comum das situações patrimoniais 320

2.2   Delimitação do espaço de incidência da boa-fé objetiva em relação à função social 325

2.3   A interpretação da boa-fé nas relações reais em função aplicativa 328

2.3.1   A incidência da boa-fé objetiva nas relações condominiais e a figura parcelar da *suppressio* 329

2.3.2   A incidência da boa-fé objetiva para a solução de conflitos entre centros de interesse contrapostos nos direitos reais sobre coisa alheia: usufruto, servidão, superfície, hipoteca e penhor 334

2.4   Síntese conclusiva 337

CAPÍTULO 3

DIÁLOGOS ENTRE A CONSTITUIÇÃO E O DIREITO PRIVADO: O FENÔMENO DA DESCODIFICAÇÃO E O NOVO DIREITO PRIVADO SOLIDÁRIO

LAÍS GOMES BERGSTEIN 339

3.1   Introdução 339

3.2   O fenômeno da descodificação: as eras da "ordem e da desordem" 340

3.3   A tríplice dimensão da Constituição brasileira 342

3.4   O novo "direito privado solidário" 344

3.5   *Case law*: influências recíprocas na prática forense 346

3.6   Considerações finais 349

CAPÍTULO 4

PROPOSTA DE RELEITURA DA DESCONSIDERAÇÃO INVERSA DA PERSONALIDADE JURÍDICA À LUZ DOS INTERESSES EXISTENCIAIS DECORRENTES DA OBRIGAÇÃO ALIMENTAR

MAICI BARBOZA DOS SANTOS COLOMBO 351

4.1   Introdução 351

4.2   A releitura da obrigação alimentar segundo os princípios insculpidos na Constituição da República de 1988 352

4.3	A desconsideração da personalidade jurídica inversa como instrumento de efetivação da prestação alimentar	355
4.4	Desconsideração para fins de imputação e para fins de responsabilidade	358
4.5	Pressupostos de aplicabilidade e a jurisprudência	359
	Conclusão	364

CAPÍTULO 5

POR UMA RELEITURA FUNCIONAL DO (IN)ADIMPLEMENTO CONTRATUAL: REPERCUSSÕES DOS DEVERES DECORRENTES DA BOA-FÉ OBJETIVA

RODRIGO DA GUIA SILVA 367

5.1	Introdução	367
5.2	A cláusula geral de boa-fé objetiva como fundamento de deveres laterais de conduta	369
5.3	Delineamento da doutrina da violação positiva do contrato no direito brasileiro	376
5.4	Enquadramento dogmático dos deveres decorrentes da boa-fé objetiva na disciplina do inadimplemento contratual	380
5.5	Síntese conclusiva	385

CAPÍTULO 6

A PROBLEMÁTICA DA APLICAÇÃO DA ANÁLISE ECONÔMICA DO DIREITO AOS CONTRATOS DO SISTEMA FINANCEIRO DA HABITAÇÃO: UMA ANÁLISE A PARTIR DO RECURSO ESPECIAL Nº 1.163.283/RS

ANDRESSA JARLETTI GONÇALVES DE OLIVEIRA 387

	Introdução	387
6.1	O Recurso Especial nº 1.163.283/RS	388
6.1.1	Peculiaridades do caso concreto	391
6.1.2	Principais fundamentos do acórdão do REsp nº 1.163.283/RS	392
6.2	Regime jurídico do Sistema Financeiro da Habitação	395
6.2.1	O surgimento do Sistema Financeiro da Habitação	395
6.2.2	O desequilíbrio nos financiamentos imobiliários do SFH	396
6.3	Inconsistências da aplicação da análise econômica do direito nos contratos do Sistema Financeiro da Habitação	397
6.3.1	Teste de compatibilidade constitucional	398
6.3.2	A metodologia do direito civil constitucional	400
6.3.3	A inconsistência sistêmica com o Recurso Especial Repetitivo nº 1.070.297/PR e a redução da função social do contrato aos interesses do mercado	402
	Considerações finais	406

CAPÍTULO 7

CONSIDERAÇÕES SOBRE A PROTEÇÃO DO DIREITO À IMAGEM NA INTERNET

CHIARA ANTONIA SPADACCINI DE TEFFÉ...409

Introdução...409

7.1   O direito à imagem na legalidade constitucional...410

7.1.1   O consentimento para o uso da imagem..415

7.1.2   Exceções para a utilização da imagem independentemente da autorização
de seu titular...417

7.2   A compensação pelo dano à imagem..421

7.3   A proteção do Marco Civil da Internet para as imagens contendo cenas
de nudez ou de atos sexuais de caráter privado..424

Considerações finais..428

CAPÍTULO 8

COMENTÁRIOS AO ACÓRDÃO PROFERIDO NO RESP Nº 1.315.668: O RECONHECIMENTO DA VALIDADE DO AUMENTO DE PLANO DE SAÚDE EM RAZÃO DA IDADE FRENTE AO PRINCÍPIO DA FUNÇÃO SOCIAL DOS CONTRATOS

MARIANA BARSAGLIA PIMENTEL..431

8.1   Introdução..431

8.2   Breve incursão na matéria fática e nos fundamentos jurídicos do caso julgado
pelo Superior Tribunal de Justiça..432

8.3   O entendimento adotado pelo Superior Tribunal de Justiça no julgamento do
Recurso Especial nº 1.315.668...433

8.4   Análise do julgado do Superior Tribunal de Justiça sob o prisma do princípio
da função social dos contratos..435

8.5   A prevalência da proteção do indivíduo concreto na relação contratual em
detrimento do ideal de "bem comum"..438

8.6   Conclusão..440

CAPÍTULO 9

CONTRATOS IMOBILIÁRIOS E A (I)LEGALIDADE DA CLÁUSULA DE PRORROGAÇÃO DO PRAZO DE ENTREGA DO IMÓVEL

GABRIEL HONORATO DE CARVALHO...443

Notas introdutórias...443

9.1   Negócios jurídicos: definição e elementos estruturais..................................444

9.2   A constitucionalização do direito privado: eficácia horizontal dos direitos
fundamentais e a função social dos contratos..445

| 9.3 | A cláusula de carência – prorrogação do prazo de entrega do imóvel – à luz do ordenamento jurídico brasileiro | 449 |
| | Considerações finais | 454 |

CAPÍTULO 10

A TUTELA DA PRIVACIDADE: DESDOBRAMENTOS DA PROTEÇÃO INTERNACIONAL DE DADOS PESSOAIS

**JOANA DE MORAES SOUZA MACHADO,
AURICELIA DO NASCIMENTO MELO** 457

	Introdução	457
10.1	Considerações acerca dos dados pessoais	459
10.2	A proteção de dados pessoais na União Europeia	463
10.2.1	Desenvolvimento do modelo europeu	465
10.2.2	Os principais aspectos da Directiva nº 95/46/CE	468
10.3	O modelo italiano de proteção de dados pessoais	471
	Conclusão	475

CAPÍTULO 11

GUARDA COMPARTILHADA: UMA REFLEXÃO DA LEI Nº 13.058/2014 A PARTIR DA INTERLOCUÇÃO ENTRE O DIREITO E A PSICOLOGIA

ARLENE MARA DE SOUSA DIAS, MAURICIO RODRIGUES DE SOUZA 477

	Introdução	477
	Breves considerações acerca das transformações da família no Brasil	478
	O papel dos pais na formação psíquica da criança e os possíveis prejuízos de ordem emocional para os filhos	480
	Guarda de filhos na legislação brasileira	482
	Análise da Lei nº 13.058/2014: uma necessária interlocução entre o direito e a psicologia	484
	Considerações finais	494

CAPÍTULO 12

A CAPACIDADE CIVIL NO ESTATUTO DA PESSOA COM DEFICIÊNCIA: A QUEBRA DA DOGMÁTICA E O DESAFIO DA EFETIVIDADE

JACQUELINE LOPES PEREIRA, LIGIA ZIGGIOTTI DE OLIVEIRA 497

	Introdução	497
12.1	"Personalização" da pessoa com deficiência e o paradigma da capacidade legal	498
12.2	Primeiros sinais de interpretação dos tribunais sobre incapacidade em ação de interdição	502
12.2.1	Método de seleção de julgados e descrição fática e decisória	502

12.2.2	Análise crítica do conteúdo dos julgados	505
	Considerações finais	508

CAPÍTULO 13

A GUARDA COMPARTILHADA COMPULSÓRIA NOS CASOS DE LITÍGIO CONJUGAL: UMA ABORDAGEM SOBRE A APLICAÇÃO DA LEI Nº 13.058/2014 NO FÓRUM CÍVEL DE BELÉM

GRACE BAÊTA DE OLIVEIRA, JAMILLE SARATY MALVEIRA 511

13.1	Introdução	511
13.2	A regulamentação da guarda compartilhada: uma abordagem da Lei nº 13.058/2014	512
13.2.1	Nova lei: principais mudanças	513
13.2.2	Critérios norteadores para a aplicação da Lei nº 13.058/2014	516
13.3	A guarda compartilhada e o mito de que o cuidado materno ainda é o ideal	517
13.4	Análise da aplicação da Lei nº 13.058/2014 no Fórum Cível de Belém: melhor interesse da criança ou dos genitores?	517
13.4.1	Aspectos práticos identificados nas entrevistas com os magistrados e nas decisões de concessão da guarda compartilhada	518
13.4.2	Resultado das entrevistas x prática forense	520
13.5	Considerações finais	525

CAPÍTULO 14

TEMPOS DE CRISE: CONTROVÉRSIAS ENVOLVENDO A EXTINÇÃO DO COMPROMISSO DE VENDA E COMPRA DE IMÓVEIS

ALEXANDRE JUNQUEIRA GOMIDE 527

	Introdução	527
14.1	Das formas de extinção do contrato e suas consequências	528
14.1.1	Resilição unilateral	529
14.1.2	Distrato	530
14.1.3	Resolução contratual	532
14.1.4	Rescisão	534
14.2	Da extinção dos compromissos de venda e compra de imóveis: controvérsias atuais e a jurisprudência	534
14.2.1	Da resilição unilateral do compromisso de venda e compra	534
14.2.2	Resolução dos compromissos de venda e compra	537
14.2.2.1	Resolução proposta pelo adquirente	537
14.2.2.2	Resolução contratual proposta pelo incorporador	539

| 14.2.3 | Distrato dos instrumentos de venda e compra | 540 |

14.3 Tentativas e propostas de resolução de conflitos decorrentes da extinção dos contratos de venda e compra 541

14.3.1 O Pacto para o Aperfeiçoamento das Relações Negociais entre Incorporadores e Consumidores 541

14.3.2 Projeto de Lei nº 1.220/2015 542

14.3.3 Projeto de Lei nº 774/2015 544

Conclusão 545

CAPÍTULO 15

ENTRE O POSITIVISMO FORTE E O PRAGMATISMO: UM EXAME DA INTERPRETAÇÃO DADA PELO SUPERIOR TRIBUNAL DE JUSTIÇA À CLÁUSULA GERAL DE RESPONSABILIDADE OBJETIVA NO ÚLTIMO TRIÊNIO

DANIEL SILVA FAMPA 547

15.1 Notas introdutórias 547

15.2 O estado atual da responsabilidade civil objetiva pelo risco no Brasil 548

15.3 A relevância da análise econômica para a estruturação de um modelo objetivo de imputação do dever de reparar 552

15.3.1 Os modelos de juiz na doutrina de Richard Posner 557

15.4 Principais pontos das decisões do STJ sobre a matéria no último triênio 558

15.5 Considerações finais 562

CAPÍTULO 16

DA DOGMÁTICA À EFETIVIDADE: REVISITANDO A TEORIA DA NULIDADE SOB VIÉS FINALISTA DE CONTROLE DE PROTEÇÃO

DANIELA CORRÊA JACQUES BRAUNER 565

Introdução 565

16.1 A análise dogmática a respeito dos planos da existência, validade e eficácia 567

16.2 Crise do dogma da vontade e sua repercussão na teoria das nulidades: um novo olhar a partir da jurisprudência 573

Considerações finais 578

CAPÍTULO 17

O DIREITO REAL DE HABITAÇÃO DO CÔNJUGE SUPÉRSTITE: UMA CRÍTICA PARA ADEQUAÇÃO DA LEGISLAÇÃO BRASILEIRA

DÉBORA ELISA LIMA RIBEIRO 581

17.1 Introdução 581

17.2	O direito real de habitação	581
17.3	O direito real de habitação do cônjuge no direito brasileiro atual	583
17.4	O direito real de habitação do cônjuge supérstite no direito argentino	585
17.5	Análise comparada dos institutos de direitos reais de habitação brasileiro e argentino	588
17.6	Conclusão	589

CAPÍTULO 18

FUNÇÃO SOCIAL DA PROPRIEDADE E DIREITO DE SUPERFÍCIE NA SUA VINCULAÇÃO COM O DESENVOLVIMENTO INDUSTRIAL NO BRASIL

HORÁCIO MONTESCHIO 591

18.1	Aspectos históricos	591
18.2	Componente teórico-filosófico da propriedade liberal	593
18.3	A propriedade no liberalismo no ponto de vista da sua positivação	594
18.3.1	A propriedade codificada	595
18.3.2	A propriedade na mutação do Estado Liberal para Social	596
18.3.3	A construção da propriedade social	596
18.4	Propriedade na Constituição de 1988	598
18.5	Função social da propriedade	600
18.6	Direito de superfície no Código Civil brasileiro	600
18.6.1	Desenvolvimento industrial e direito de superfície	602
18.6.2	Função social da propriedade, da empresa e do sistema financeiro	604
18.6.3	Concessão de crédito tendo como garantia o direito de superfície	605
	Conclusão	607

CAPÍTULO 19

CONTRATOS RELACIONAIS, BOA-FÉ OBJETIVA E TUTELA DAS LEGÍTIMAS EXPECTATIVAS: CONSIDERAÇÕES ACERCA DO RECURSO ESPECIAL Nº 1.356.725

LARISSA DE LIMA VARGAS SOUZA 609

19.1	Introdução	609
19.2	O caso julgado pelo Recurso Especial nº 1.356.725-RS	610
19.3	A boa-fé objetiva e a proteção da confiança	611
19.4	Os contratos cativos de longa duração e o paradigma da essencialidade	615

19.5	Tutela das legítimas expectativas dos contratantes	617
19.6	Conclusão	619

CAPÍTULO 20

INFORMAÇÃO PESSOAL COMO MERCADORIA E O PAPEL DA FUNÇÃO SOCIAL DA EMPRESA: O CONFLITO ENTRE FILTROS DE CONTEÚDO E O DIREITO DE SER INFORMADO

BRUNO MARTINS MOUTINHO 621

	Introdução	621
20.1	Direito à informação	623
20.1.1	Direito de informar	625
20.1.2	Direito de ser informado	628
20.2	Modelo de negócios da internet e os filtros de conteúdo	630
20.3	Eficácia horizontal dos direitos fundamentais	633
20.3.1	O papel da função social da empresa	634
	Considerações finais	636

CAPÍTULO 21

REQUISITOS OBJETIVOS E SUBJETIVOS DOS *PUNITIVE DAMAGES*: CRITÉRIOS À APLICAÇÃO NO DIREITO BRASILEIRO

PASTORA DO SOCORRO TEIXEIRA LEAL, ALEXANDRE PEREIRA BONNA 639

21.1	Introdução e apresentação da temática	639
21.2	Desenvolvimento dos *punitive damages* na experiência jurídica dos EUA: requisitos objetivos e subjetivos	643
21.2.1	Bases do desenvolvimento dos *punitives damages*: o papel do júri e a regra do *stare decisis*	643
21.2.2	Requisitos objetivos e subjetivos dos *punitive damages* a partir do papel do júri e da doutrina	646
21.2.3	Requisitos objetivos e subjetivos dos *punitive damages* a partir da interpretação dos limites constitucionais e pressupostos dos *punitive damages* pela Suprema Corte americana	650
21.2.4	Resumo dos requisitos objetivos e subjetivos dos *punitive damages*: parâmetros orientadores	653
21.3	Aplicação dos *punitive damages* na prática jurídica brasileira	654
21.4	Considerações finais	655

PARTE III

Concurso de Trabalhos Acadêmicos em homenagem ao Centenário do
Código Civil de 1916 – I Prêmio Clóvis Beviláqua. Categoria Graduação

CAPÍTULO 1

A FUNÇÃO SOCIAL DOS DIREITOS AUTORAIS NO SUPERIOR TRIBUNAL DE JUSTIÇA

ALEXANDRE DE SERPA PINTO FAIRBANKS, LUISA LEMOS FERREIRA 659

Introdução: direitos fundamentais e relações privadas 659

1.1 Propriedade e função social 661

1.2 A função social dos direitos autorais.. 665

1.3 A função social dos direitos autorais na jurisprudência do Superior Tribunal de Justiça.. 667

1.3.1 Recurso Especial nº 964.404 – ES 667

1.3.2 Recurso Especial nº 1.371.835 – SP 670

1.3.3 Recurso Especial nº 1.320.007 – SE 670

1.3.4 Agravo em Recurso Especial nº 270.923 – SP 671

1.3.5 Recurso Especial nº 1.343.961 – RJ 672

1.3.6 Agravo em Recurso Especial nº 818.567 – SP... 673

Considerações finais..674

CAPÍTULO 2

CORPOS INOMINADOS NAS MARGENS DA REALIDADE: UM ESTUDO INTERDISCIPLINAR SOBRE O DIREITO AO NOME DE TRAVESTIS E TRANSEXUAIS

GUSTAVO BORGES MARIANO, JOÃO DA CRUZ GONÇALVES NETO............ 677

2.1 Transfobia.. 677

2.2 Caminhos percorridos 678

2.3 Identidades e o sistema heteronormativo 680

2.4 Direitos e a dignidade da pessoa humana de travestis e transexuais..................... 687

2.5 Análise de jurisprudência 694

2.6 Considerações finais.. 697

CAPÍTULO 3

O DIÁLOGO ENTRE DOUTRINA E JURISPRUDÊNCIA: PAVIMENTANDO O CAMINHO DA EFETIVIDADE

VYNICIUS PEREIRA GUIMARÃES 699

3.1 Introdução: um caminho a ser pavimentado 699

3.2	Jurisprudência: para além do dizer a lei	702
3.3	Doutrina: para além das teclas do piano	706
3.4	Do viúvo ao solteiro: o caminho hermenêutico da tutela do bem de família pelo Superior Tribunal de Justiça	710
3.5	À guisa de conclusão	712

CAPÍTULO 4

VEDAÇÃO AO COMPORTAMENTO CONTRADITÓRIO, BOA-FÉ E EXTINÇÃO CONTRATUAL

GABRIELA HELENA MESQUITA DE OLIVEIRA CAMPOS, LORRANNE CARVALHO DA COSTA

		715
	Introdução	715
4.1	Cláusulas gerais	717
4.2	Boa-fé	719
4.2.1	Boa-fé objetiva e suas funções	720
4.3	A vedação ao comportamento contraditório (*venire contra factum proprium*)	722
4.4	Extinção dos contratos	724
4.5	A aplicação da vedação ao comportamento contraditório na extinção dos contratos: uma análise jurisprudencial	726
	Considerações finais	729

CAPÍTULO 5

ALIMENTOS COMPENSATÓRIOS NO DIREITO BRASILEIRO: O PROTAGONISMO DA DOUTRINA E JURISPRUDÊNCIA

JOYCEANE BEZERRA DE MENEZES, ABRAÃO BEZERRA DE ARAÚJO

		731
	Introdução: a família democrática e o princípio da solidariedade	731
5.1	Relação conjugal e convivencial: comunhão plena de vida orientada pela solidariedade, boa-fé e simetria patrimonial	733
5.1.1	A deliberação da vida cotidiana e financeira entre os cônjuges ou companheiros	734
5.2	Alimentos compensatórios como uma solução possível – Construção doutrinaria e jurisprudencial	737
5.2.1	Os alimentos compensatórios na legislação argentina e francesa	739
5.3	Alimentos compensatórios na jurisprudência brasileira	741
	Conclusão	744

CAPÍTULO 6

ANÁLISE DA INCIDÊNCIA E ALCANCE DA BOA-FÉ NOS CONTRATOS DE DIREITO AUTORAL E DE PROMESSA DE COMPRA E VENDA

CAMILA LIDIZZIA DE CARVALHO, MARIANNA MANCINI MALAFAIA 747

Introdução 747

6.1 Cláusulas gerais 748

6.2 Boa-fé 750

6.3 Boa-fé nos contratos de direitos autorais 753

6.4 Boa-fé nos contratos de promessa de compra e venda 756

Conclusão 760

CAPÍTULO 7

DIGNIDADE DA PESSOA HUMANA E SUA APLICAÇÃO PELO STJ E PELO TJ/RJ

JOÃO MANOEL ANDRADE MACIEL DA SILVA CAMPOS GALDI 761

7.1 Introdução 761

7.2 Em busca de uma definição – Respaldo jusfilosófico 763

7.3 Decisões do TJ/RJ 766

7 3.1 Decisões quanto à temática 766

7.3.2 Decisões quanto ao desenvolvimento do princípio................................769

7.4 Decisões do STJ 770

7.4.1 Temática no STJ 770

7.4.2 Desenvolvimento do princípio no STJ.. 773

7.5 Considerações finais..774

CAPÍTULO 8

O CONTRASSENSO CONSTITUCIONAL DA EFETIVIDADE DA FUNÇÃO SOCIAL DA PROPRIEDADE: A VEDAÇÃO DA USUCAPIÃO DE BENS PÚBLICOS PERANTE A EVOLUÇÃO GRADATIVA DO DIREITO CONTEMPORÂNEO

ROMILDO ROMPAVA 777

Introdução 777

8.1 Definição de usucapião, bens públicos e função social 778

8.2 A vedação legal: conflito entre princípios e realidade............................781

8.3 Descaracterização de afronta constitucional.. 783

8.4 Uma nova visão doutrinária e jurisprudencial....................................... 783

Conclusão 789

CAPÍTULO 9

A FLEXIBILIZAÇÃO DO NEXO DE CAUSALIDADE: UMA ANÁLISE
DAS NOVAS TENDÊNCIAS NA RESPONSABILIDADE CIVIL
CONTEMPORÂNEA

BRUNA VILANOVA MACHADO, RENAN SOARES CORTAZIO............................ 791

9.1 Introdução.. 791

9.2 A missão de harmonização social: a importância da responsabilidade no
ordenamento jurídico... 792

9.3 Os pilares da responsabilidade civil: o dano, a culpa e o nexo de causalidade....... 794

9.3.1 O terceiro elemento da responsabilidade civil: o nexo de causalidade.................... 796

9.3.1.1 A função específica do nexo causal no âmbito da responsabilidade civil................ 798

9.4 Tendências recentes: o novo olhar sobre a responsabilidade civil em relação à
constitucionalização do direito 799

9.5 Considerações finais.. 804

SOBRE OS AUTORES.. 807

PREFÁCIO À SEGUNDA EDIÇÃO

A segunda edição de obra jurídica, evento por si só infrequente no mercado jurídico brasileiro, torna-se ainda mais significativa no caso de Anais de Congresso Científico. Por isso mesmo, ao comemorarmos esta reedição, registramos, em primeiro lugar, os sinceros agradecimentos à Editora Fórum, pela sensibilidade e ousadia neste exitoso projeto editorial.

Por outro lado, a renovada publicação ressalta a importância da metodologia civil constitucional para o direito civil brasileiro, e da acurada agenda que vem sendo preparada, ano após ano, nos Congressos do Instituto Brasileiro de Direito Civil (IBDCivil), para fomentar o diálogo entre os temas mais candentes da atualidade. Pretende-se aperfeiçoar as técnicas interpretativas que têm sido objeto de extraordinária evolução nas últimas décadas.

Nesta direção, a alardeada hipercomplexidade da sociedade atual não pode representar imprecisão conceitual ou risco para a segurança jurídica. Eis o propósito precípuo do civilista contemporâneo em busca da efetividade dos direitos fundamentais, especialmente nas relações privadas, em que as pressões do mercado econômico por vezes condicionam, de forma inquietante, as tendências interpretativas. Trata-se, portanto, de prosseguir na reconstrução dogmática, a partir das novas técnicas legislativas, de modo a que, sem se descurar dos conceitos e instrumentos próprios do direito civil, seja possível ao jurista renovar as categorias jurídicas, historicamente relativizadas, à luz da legalidade constitucional. Tal desafio encontra-se na ordem do dia; requer comprometimento e perseverança por parte de estudiosos e estudantes do direito civil. Mãos à obra.

Gustavo Tepedino

PREFÁCIO À PRIMEIRA EDIÇÃO

Há muitos motivos para celebrar esta publicação. Tendo por cenário os debates realizados no Congresso Internacional de Direito Civil Constitucional – IV Congresso do Instituto Brasileiro de Direito Civil (IBDCivil), o leitor terá aqui atualíssima agenda de temas e problemas de direito privado. Questões controvertidas que se encontram na ordem do dia constituem o objeto da análise de diversas gerações de juristas. O fio condutor (ou o dilema?) será a superação da dogmática formalista, em direção à efetividade do direito civil que, por sua vez, aspira à renovação doutrinária, promocional, inclusiva e, a um só tempo, comprometida com fundamentos teóricos bem definidos pela legalidade constitucional.

Nesta perspectiva, assiste-se à construção de nova compreensão de segurança jurídica, em que juridicidade e estabilidade não se vinculam a regras, categorias e conceitos imutáveis e atemporais, mas ao respeito intransigente, por parte do intérprete, a princípios e valores que garantam a unidade sistemática do ordenamento. Do ponto de vista do direito civil constitucional, mostra-se extraordinária, nessa mesma esteira, a densidade dos textos aqui reunidos que, ao enfrentarem temática instigante e polêmica, dão conta do desafio destinado a repensar o direito civil em perspectiva dinâmica e funcional.

Destaque especial há de ter, nesta celebração do direito civil, o conjunto de trabalhos acadêmicos premiados no concurso realizado, por ocasião do IV Congresso, em comemoração ao centenário do Código Civil de 1916 – I Prêmio Clóvis Beviláqua. Submetidos à banca examinadora integrada pelos professores Ana Carolina Brochado, Deborah Pereira Pinto dos Santos, Eduardo Nunes de Souza, Fernanda Nunes Barbosa, Gustavo Henrique Baptista Andrade, Luciana Pedroso Xavier, Maria Rita Holanda, Marília Pedroso Xavier, Paula Moura Francesconi de Lemos Pereira, Rose Vencelau Meireles e Vitor de Azevedo Almeida Júnior, verifica-se, no conjunto de trabalhos premiados, a renovação da civilística brasileira contemporânea e a extraordinária evolução da produção científica no âmbito da metodologia civil-constitucional. Os textos revelam jovens e talentosos autores, que oferecem, com seus premiados estudos, rico manancial de propostas interpretativas, coerentes com a axiologia constitucional e com a passagem, que norteou o IV Congresso do IBDCivil, do dogmatismo à dogmática da efetividade, plasmada pela isonomia substancial e pela solidariedade constitucional.

Gustavo Tepedino

PARTE I

CAPÍTULO 1

A RAZOABILIDADE NA
EXPERIÊNCIA BRASILEIRA

GUSTAVO TEPEDINO

1.1 Técnicas de interpretação e princípio da segurança jurídica

O ocaso da técnica legislativa prevalentemente regulamentar conferiu notável importância, no panorama da *civil law*, ao debate acerca da interpretação dos princípios e cláusulas gerais. A opção do legislador por conceitos indeterminados e normas-quadro tornou-se crescentemente indispensável para o estabelecimento de padrões de comportamento estáveis, mediante normas de grande amplitude e baixa densidade analítica – isto é, desprovidas de especificidade restrita a determinada *fattispecie* –, as quais exigem, por isso mesmo, intensa atividade da magistratura para a criação da norma no caso concreto.

Além disso, percebe-se, mesmo nas *fattispecie* em que incide regra específica, a insuficiência do exame do dispositivo isoladamente considerado, devendo o intérprete se valer de cada uma das normas que convivem unitariamente no ordenamento, a reclamar coerência, sobretudo quanto aos princípios que lhe dão fundamento, respeitada a hierarquia constitucional.[1]

Tais conclusões estimulam a revisão do conceito de segurança jurídica, extraído não por meio de silogismo lógico, mas pela compatibilidade das decisões judiciais com

---

[1] Como observa P. Perlingieri, "il brocardo *in claris non fit interpretativo* si collega all'enunciazione della norma come giudizio logico, là dove essa è "strumento foggiato per disciplinare la vita di relazione". L'inteprete non si può limitare a prendere atto della formula legislativa, ma deve indagare la *ratio iuris*; il suo compito non può variare secondo che sia chiamato ad applicare leggi "chiare" oppure leggi "ambigue": la chiarezza non è un prius (il presupposto), ma è un posterius (il risultato) dell'interpretazione". (PERLINGIERI, P. *Il diritto civile nella legalità costituzionale secondo il sistema italo-comunitario delle fonti*. Napoli: Edizioni Scientifiche Italiane, 2006. p. 579).

os princípios e valores constitucionais, que traduzem a identidade cultural da sociedade. O aparente conforto propiciado pelo mecanismo da subsunção gera a falsa impressão de garantia de igualdade na aplicação da lei. A rigor, contudo, não há respeito à isonomia quando são desprezadas as singularidades de cada caso concreto, pretendendo-se fazer prevalecer, mediante procedimento mecânico, o texto abstrato de determinada regra.

De outra parte, revela-se inquietante o risco de se camuflar, mediante o recurso à subsunção, intenções subjetivas ou ideológicas do magistrado, poupando-o do dever de justificar sua decisão e oferecendo-lhe salvo-conduto para escapar do controle social quanto à aderência de sua atividade interpretativa à axiologia constitucional.[2]

Busca-se, portanto, redesenhar o princípio da segurança jurídica na hermenêutica contemporânea, com a construção da solução do caso concreto aliada à necessidade de preservação da unidade axiológica do ordenamento. Daí o desenvolvimento de instrumentos hermenêuticos que, rompendo com o falacioso silogismo contido na técnica da subsunção, propiciam novos fundamentos para a interpretação e a aplicação do direito. O desafio que se coloca em tal contexto consiste na definição das bases, parâmetros e critérios que devem dar concretude a essa nova noção de segurança jurídica.

No âmbito deste tormentoso debate, assiste-se à difusão das noções da "razoabilidade" e da "proporcionalidade", que adquirem em jurisprudência e doutrina significados ambíguos. Invoca-se, de modo acrítico, a razoabilidade como parâmetro final das decisões, bem como sua equivalência aos mais diversos conceitos, como boa-fé, abuso, equidade, senso comum, justiça do caso concreto ou correção do rigor da norma abstrata, regras do bom senso, permissivo excepcional para o exame de circunstâncias fáticas incidentes no caso, respeito às regras da lógica, experiência comum partilhada, etc.

Resulta daqui a necessidade de aprofundamento do debate, com a fixação de parâmetros objetivos para a utilização da razoabilidade, a partir da problematização de sua autonomia conceitual em relação às demais categorias e de sua íntima vinculação aos valores e princípios do ordenamento jurídico, evitando-se o apego a valorações subjetivas de pouca confiabilidade como critério hermenêutico. Ausentes tais parâmetros, a razoabilidade corre o risco de apresentar-se como reforço hermenêutico ocioso ou, pior, revelador de valoração subjetiva do magistrado, à moda de antiga anedota que considerava que os grandes conflitos acabam sendo decididos pelo magistrado experiente, de acordo com o *jeitão* da controvérsia.[3] Para se evitar tal anomalia, cabe à doutrina do direito privado estabelecer critérios estáveis para a utilização da razoabilidade, que levem em conta (i) a autonomia conceitual em relação às demais categorias; e (ii) os valores e princípios do próprio ordenamento jurídico, evitando-se subjetivismos que acabam por desvirtuar a sua força como critério hermenêutico.

---

[2] Como observa Carlos Edison do Rêgo Monteiro Filho, "a nova ordem jurídica inaugurada pelo projeto constitucional de 1988 parece impor a superação dos vícios tradicionais do conceitualismo e do elitismo, da ode à subsunção, da luta endêmica pelo poder, e da desarticulação entre lei, teoria e prática, em favor da unidade e da sistematicidade do Direito". (MONTEIRO FILHO, Carlos Edison do Rêgo. Reflexões metodológicas: a construção do observatório de jurisprudência no âmbito da pesquisa jurídica. *Revista Brasileira de Direito Civil – RBDCivil*, v. 9, 2016. p. 30. Disponível em: <https://www.ibdcivil.org.br/image/data/revista/volume9/rbdcivil_vol_9_reflexuies-metodoluagicas.pdf>. Acesso em: 30 jun. 2017).

[3] TEPEDINO, G. A razoabilidade e sua adoção à moda do jeitão. *Revista Brasileira de Direito Civil – RBDCivil*, v. 8, p. 6-8, 2016.

Nesta perspectiva, a razoabilidade adquire relevantíssimo papel balizador do exame de legitimidade dos interesses em confronto. Mediante a razoabilidade, o intérprete poderá aferir em que medida a disciplina incidente para certa hipótese se encontra consentânea com a axiologia constitucional. É papel do intérprete, portanto, em nome da razoabilidade, entrever as consequências da sua atividade interpretativa no caso concreto, em busca da solução razoável que, ao mesmo tempo, seja rigorosamente fiel aos valores do ordenamento jurídico.

1.2 O panorama jurisprudencial: hesitações e dificuldades conceituais

A oscilação conceitual reflete-se no amplo espectro de incidência da razoabilidade na jurisprudência brasileira. A amplitude dos significados atribuídos à razoabilidade em sede jurisprudencial parece denunciar a urgência de se conferir tratamento técnico à matéria, de modo a evitar sua utilização meramente formal, como suposto apoio dogmático às impressões subjetivas do magistrado. A fim de ilustrar a diversidade de sentidos atribuída à razoabilidade, passa-se à análise de algumas decisões do Superior Tribunal de Justiça.[4]

Ao associar razoabilidade a senso de justiça, o STJ decidiu que, na hipótese de cobrança, por parte da União, de Imposto Territorial Rural (ITR) sobre propriedade esbulhada, deve-se tutelar o interesse do proprietário que se insurge contra tal pagamento. Segundo aquela Corte, a cobrança seria ilegal, considerando que contraria:

> Os princípios básicos da razoabilidade e da justiça o fato de o Estado violar o direito de garantia de propriedade e, concomitantemente, exercer a sua prerrogativa de constituir ônus tributário sobre imóvel expropriado por particulares (proibição do *venire contra factum proprium*).[5]

Como se percebe, o argumento pautou-se nos "princípios básicos da razoabilidade e da justiça", mencionando, ainda, a proibição de comportamento contraditório, que, por sua vez, se associa ao princípio da boa-fé objetiva.

Na mesma direção, em hipótese análoga, o STJ assentou:

> Viola os Princípios da Razoabilidade e da Boa-fé Objetiva que o mesmo Estado que se omite na salvaguarda de direitos, mesmo após decisão judicial exigindo a sua intervenção protetória, venha a utilizar a aparência desse direito, ou o seu resquício, para cobrar tributos que pressupõem a incolumidade e a existência nos planos jurídico (formal) e fático (material).[6]

---

[4] O Superior Tribunal de Justiça consiste no órgão responsável por estabelecer, em última análise, a solução quanto a controvérsias envolvendo a interpretação da legislação federal. Conforme prevê o art. 105, III, da Constituição da República, compete ao Superior Tribunal de Justiça "julgar, em recurso especial, as causas decididas, em única ou última instância, pelos Tribunais Regionais Federais ou pelos tribunais dos Estados, do Distrito Federal e Territórios, quando a decisão recorrida: a) contrariar tratado ou lei federal, ou negar-lhes vigência; b) julgar válido ato de governo local contestado em face de lei federal; c) der a lei federal interpretação divergente da que lhe haja atribuído outro tribunal".

[5] STJ, 2ª T. REsp nº 1.144.982/PR. Rel. Min. Mauro Campbell Marques, j. 13.10.2009.

[6] STJ, 2ª T. REsp nº 963.499/PR. Rel. Min. Herman Benjamin, j. 19.3.2009.

Tal entendimento associa, assim, a razoabilidade ao princípio da boa-fé objetiva, no caso da violação de deveres de conduta do Estado que tributa a propriedade esbulhada. A Corte utilizou-se também do conceito na análise do dever de mitigar os danos *(duty to mitigate the loss)*, pontuando que o esforço direcionado a minorar o dano sofrido pelo credor não deve extrapolar o comportamento a ser dele razoavelmente exigido.[7]

Nesse contexto, somente estaria autorizada a aplicação do *duty to mitigate the loss* quando, além do exercício tardio do direito de cobrança pelo credor, tenha havido também violação da legítima confiança anteriormente estabelecida na relação jurídica, em que o credor houvesse violado algum dever anexo ao contrato ou por qualquer circunstância fosse possível crer que a dívida não mais seria cobrada. Caso contrário, a solução restaria carente de razoabilidade e contrária à lógica do instituto, visto que o credor possui pleno direito, garantido em lei, de ajuizar a ação de cobrança contra o devedor em certo lapso temporal.

Em outro cenário, o STJ considerou violar concomitantemente a razoabilidade e a equidade a concessão de vantagens diferenciadas para contribuintes de um mesmo plano de previdência privada. Na decisão, afirmou-se:

> Em se tratando de relação de consumo, há que ser reconhecida a vulnerabilidade do consumidor; impondo o princípio da boa-fé objetiva ao fornecedor o dever de respeito e lealdade, servindo como paradigma de conduta, cabendo ao magistrado avaliar se a atuação do fornecedor trespassou a razoabilidade e a equidade – o que, no caso, ressai nítido.[8]

Mais uma vez, considera-se que a atuação (nesse caso de agente privado) trespassa a razoabilidade e a equidade, sendo invocados, ainda, o princípio da boa-fé objetiva e os deveres de respeito e lealdade que dele decorrem.

Também merece destaque decisão do STJ que flexibiliza, com fundamento no princípio da razoabilidade, o rigor do art. 771, *caput*, do Código Civil brasileiro, segundo o qual perde o direito à indenização o segurado que não comunica ao segurador o sinistro logo que deste tenha ciência.[9] Ao analisar hipótese em que o segurado avisou com atraso o roubo do veículo, o STJ considerou que não seria razoável, diante das ameaças recebidas pela vítima do roubo, que se lhe fosse exigido informar o sinistro à seguradora logo após o ocorrido. Argumentou-se que "o temor de represálias era real e não seria razoável exigir do segurado comportamento diverso, que poderia colocar em risco não só sua segurança, mas também de sua família".[10] A Corte mitigou o

---

[7]   STJ, 4ª T. REsp nº 1201672/MS. Rel. Min. Lázaro Guimarães, j. 21.11.2017. A Corte afastou a aplicação do princípio *duty to mitigate the loss* diante de ação de cobrança ajuizada em face do não pagamento pelo réu das faturas mensais provenientes de contrato de abertura de cartão de crédito. Entendeu-se que a demora da ação de cobrança, mas dentro do prazo prescricional, pela autora, não pode ser considerada, por si só, como fundamento para a aplicação do instituto. Segundo assentou o acórdão: "o princípio *duty to mitigate the loss* conduz à ideia de dever, fundado na boa-fé objetiva, de mitigação pelo credor de seus próprios prejuízos, buscando, diante do inadimplemento do devedor, adotar medidas razoáveis, considerando as circunstâncias concretas, para diminuir suas perdas. (...) É claro que não se pode exigir que o credor se prejudique na tentativa de mitigação da perda ou que atue contrariamente à sua atividade empresarial, porquanto aí não haverá razoabilidade".

[8]   STJ, 4ª T. REsp nº 1.060.882/SP. Rel. Min. Luis Felipe Salomão, j. 25.6.2013.

[9]   "Art. 771. Sob pena de perder o direito à indenização, o segurado participará o sinistro ao segurador, logo que o saiba, e tomará as providências imediatas para minorar-lhe as consequências".

[10] STJ, 3ª T. REsp nº 1.546.178/SP. Rel. Min. Ricardo Villas Bôas Cueva, j. 13.9.2016.

dever imposto pelo Código Civil ao examinar o comportamento do segurado à luz da razoabilidade e da boa-fé.

Em caso recente, o Superior Tribunal de Justiça considerou válida a conversão de ação de reintegração de posse em ação de indenização por desapropriação indireta, em respeito aos princípios da celeridade e economia processuais, a fim de assegurar tutela alternativa equivalente (no caso, perdas e danos) ao pedido inicialmente posto (restituição do bem). Tal solução, fundamentada na razoabilidade e na segurança jurídica, não configuraria *ultra petita* ou *extra petita*, ainda que não tenha havido pedido explícito nesse sentido. Segundo o Tribunal, a parte autora ficou privada de sua propriedade durante mais de duas décadas de marcha processual, por motivos alheios à sua vontade. Dada a impossibilidade de devolução do imóvel e o notório conhecimento de que aquela propriedade previamente esbulhada corresponderia atualmente a bairros de uma cidade, identificou-se situação próxima da desapropriação indireta.[11]

Vale mencionar, ainda, interessante caso em que a candidata, aprovada em concurso público municipal para o cargo de agente educador, não compareceu para tomar posse na data para a qual foi convocada, tendo sustentado, contudo, não ter sido devidamente avisada. O STJ acolheu a alegação da candidata aprovada de que teria direito líquido e certo a tomar posse, valendo-se da razoabilidade como "princípio associado à publicidade ampla e à boa-fé objetiva". Construiu-se, a partir da razoabilidade, o "dever de adoção de meios eficazes para a convocação de candidata aprovada em concurso público".[12]

A questão adquire contornos intrigantes tendo em vista que, no caso, a convocação da candidata, com a publicação do ato convocatório no *Diário Oficial* e o envio de telegrama à sua residência, seguiu texto expresso da Constituição do Estado do Rio de Janeiro, a qual, em seu art. 77, inc. VI, explicita a necessidade de haver comunicação pessoal por correspondência.[13] Nada obstante, o STJ acolheu a tese da candidata, considerando que, apesar de não ter recebido o telegrama por não estar em casa, as medidas adotadas pelo Estado não teriam sido suficientemente eficazes, conforme exigiria o princípio da razoabilidade.

As construções jurisprudenciais em torno da razoabilidade também demonstram, em larga medida, a hesitação doutrinária na fixação de critérios seguros que auxiliem metodologicamente o intérprete no desenvolvimento do raciocínio ponderativo.

---

[11] STJ, 1ª T. REsp nº 1.442.440 /AC. Rel. Min. Gurgel de Faria, j. 7.12.2017. Para a Corte, "a solução da controvérsia exige que sejam levados em consideração os princípios da proporcionalidade, da razoabilidade e da segurança jurídica, em face das situações jurídicas já consolidadas no tempo, de modo a não piorar uma situação em relação a qual se busca a pacificação social, visto que 'é fato público e notório que a área sob julgamento, atualmente, corresponde a pelo menos quatro bairros dessa cidade (Rio Branco), onde vivem milhares de famílias, as quais concedem função social às terras em litígio, exercendo seu direito fundamental social à moradia'".

[12] Segundo a Corte, "os princípios da razoabilidade, da publicidade e da boa-fé objetiva recomendam uma postura mais ativa e transparente por parte do órgão público na convocação dos aprovados em concurso, garantindo-lhes a efetiva ciência das informações necessárias ao acesso ao cargo público. Obviamente, não se trata de obrigar o ente público de ficar eternamente à procura do candidato aprovado, mas simplesmente de adotar medidas eficazes ao cumprimento do preceito da Constituição do Estado que exige a comunicação pessoal". (STJ, 2ª T. AgRg no RMS nº 38.168/RJ. Rel. Min. Og Fernandes, j. 5.3.2015).

[13] "Art. 77. A administração pública direta, indireta ou fundacional, de qualquer dos Poderes do Estado e dos Municípios, obedecerá aos princípios da legalidade, impessoalidade, moralidade, publicidade, interesse coletivo e, também, ao seguinte: [...] VI - a convocação do aprovado em concurso far-se-á mediante *publicação oficial, e por correspondência pessoal*".

Na experiência brasileira, verifica-se que as reflexões sobre a razoabilidade ou a proporcionalidade, de matriz constitucionalista, concentram-se precipuamente sobre "aspectos procedimentais ou internos da ponderação". Com a legítima preocupação de demonstrar que o procedimento racional de ponderação seria cientificamente controlável, tais propostas guiam-se predominantemente pela perspectiva da "lógica formal", debruçando-se sobre o funcionamento estrutural da ponderação mediante a idealização de suas várias etapas e diretrizes procedimentais.

Tais tentativas de se matematizar a razoabilidade recaem em "grau de abstração de formalismo muitas vezes desconcertante".[14] Com isso, não apenas se mantém a sobreposição de métodos e princípios consolidados na teoria da interpretação, que se confundem em cada uma das diversas fases ou etapas, como também se dificulta a sua utilização pelo intérprete, vez que a estrutura formal e abstrata idealizada se mostra insuficiente para o exame ponderativo a ser empregado na solução dos mais variados casos concretos, que reclamam coerência substancial com os valores do ordenamento.

1.3 Razoabilidade e proporcionalidade: o proporcional é razoável?

Anota-se em doutrina que a equivalência entre as noções de razoabilidade e proporcionalidade, ambas "vinculadas à ideia de justiça material, de moderação e racionalidade",[15] seria controvertida.[16] Nessa linha, adverte-se que o controle de razoabilidade tem origem no direito norte-americano, integrado à noção de devido processo legal substantivo, enquanto a noção de proporcionalidade possui raízes no direito administrativo europeu, tendo adquirido perfil analítico e sistemático pela Corte Constitucional alemã, que a decompôs nos três subprincípios da: a) "adequação" (meio apto ao alcance do fim almejado); b) "necessidade" (medida restritiva empregada deve ser a menos onerosa para o direito restringido, quando comparada a outras alternativas); e c) "proporcionalidade em sentido estrito", isto é, o proveito obtido deve compensar os sacrifícios produzidos.

---

[14] SCHREIBER, A. *Novos paradigmas da responsabilidade civil*: da erosão dos filtros da reparação à diluição dos danos. São Paulo: Atlas, 2007. p. 167. Para o autor, o componente valorativo é "pressuposto da ponderação na medida em que ela vem justamente se opor ao tradicional uso exclusivo da subsunção, cujo rigor metodológico não garantiu resultados concretamente mais justos no decorrer de seu longo império". (p. 168).

[15] Os conceitos de razoabilidade e de proporcionalidade podem assumir funções diversas, conforme o sistema jurídico analisado, restringindo-se o presente trabalho às respectivas noções no direito brasileiro. Para que seja possível empreender análise comparativa, torna-se necessário observar as lições de K. Zweigert e Hein Kötz: "The basic methodological principle of all comparative law is that of functionality. From this basic principle stem all the other rules which determine the choice of laws to compare, the scope of the undertaking, the creation of a system of comparative law, and so on. Incomparables cannot usefully be compared, and in law the only things which are comparable are those which fulfil the same function". (ZWEIGERT, K.; KÖTZ, H. *Introduction to comparative law*. Translated from the German by Tony Wier. Oxford: Clarendon Press, 1998. p. 34). Para uma análise da relação entre os princípios da proporcionalidade e da razoabilidade no ordenamento jurídico italiano, v. PERLINGIERI, P. *Il diritto civile nella legalità costituzionale secondo il sistema italo-comunitario delle fonti*. Napoli: Edizioni Scientifiche Italiane, 2006. p. 381-383.

[16] PEREIRA, Jane Reis. Os imperativos da proporcionalidade e da razoabilidade: um panorama da discussão atual e da jurisprudência do STF. In: SARMENTO, Daniel; SARLET, Ingo (Orgs.). *Direitos fundamentais no Supremo Tribunal Federal*: balanço e crítica. Rio de Janeiro: Lumen Juris, 2011. p. 168.

Desse modo, há quem sustente que a razoabilidade se destinaria à mitigação de excessos para otimizar a justiça no caso concreto, enquanto a proporcionalidade estaria voltada ao exame analítico entre o meio empregado e o fim almejado.[17]

Os argumentos erigidos em prol da distinção entre as duas categorias fundamentam-se em aspectos históricos, formais e estruturais. Afirma-se, assim:

> Postulado da proporcionalidade pressupõe a relação de causalidade entre o efeito de uma ação (meio) e a promoção de um estado de coisas (fim). Adotando-se o meio, promove-se o fim: o meio leva ao fim. Já na utilização da razoabilidade como exigência de congruência entre o critério de diferenciação escolhido e a medida adotada há uma relação entre uma qualidade e uma medida adotada: uma qualidade não leva à medida, mas é critério intrínseco a ela.[18]

Verifica-se, contudo, identidade funcional entre tais categorias.[19] A diferença apontada entre tais métodos situa-se, como acima aludido, nas origens históricas e na forma procedimental idealizada para a sua aplicação.[20] A associação usual entre razoabilidade e proporcionalidade *stricto sensu* parece comprovar a afinidade funcional, a demonstrar a tendência do intérprete no sentido de testar a razoabilidade como relação custo-benefício (*bilan coûts-avantages*), a partir de pressuposto lógico de que determinada norma é adequada e necessária (do contrário seria proscrita por antijuridicidade de alguma espécie). Afinal, não se pode mediar intensidade (juízo quantitativo) sem previamente avaliar a adequação e a necessidade (juízo qualitativo).

Quando se critica a jurisprudência dos Tribunais Superiores, afirmando-se que aquilo que é proporcional nem sempre é razoável, ou bem se invocam aspectos exclusivamente estruturais,[21] sem atenção à função de tais noções; ou se recorre ao

---

[17] Jane Reis Pereira afirma ser "possível destacar a denominação princípio da razoabilidade para fazer referências às diversas pautas de controle da correção material das leis que não envolvem a análise da relação entre meios empregados e fins almejados, a qual diz respeito ao controle de proporcionalidade". (PEREIRA, Jane Reis. Os imperativos da proporcionalidade e da razoabilidade: um panorama da discussão atual e da jurisprudência do STF. In: SARMENTO, Daniel; SARLET, Ingo (Orgs.). *Direitos fundamentais no Supremo Tribunal Federal*: balanço e crítica. Rio de Janeiro: Lumen Juris, 2011. p. 200).

[18] ÁVILA, Humberto. *Teoria dos princípios*: da definição à aplicação dos princípios jurídicos. São Paulo: Malheiros, 2016. p. 203. Destaque-se a ressalva efetuada logo a seguir pelo autor: "é possível enquadrar a proibição de excesso e a razoabilidade no exame da proporcionalidade em sentido estrito. (...) Se a proporcionalidade em sentido estrito compreender a ponderação dos vários interesses em conflito, inclusive dos interesses pessoais dos titulares dos direitos fundamentais restringidos, a razoabilidade como equidade será incluída no exame da proporcionalidade. Isso significa que um mesmo problema teórico pode ser analisado sob diferentes enfoques e com diversas finalidades, todas com igual dignidade teórica. Não se pode, portanto, afirmar que esse ou aquele modo de explicar a proporcionalidade seja correto e outros equivocados". (p. 203-204).

[19] Gisela S. da Cruz Guedes afirma: "razoabilidade e proporcionalidade são noções consideradas 'próximas o suficiente para serem intercambiáveis'. Tanto a proporcionalidade quanto a razoabilidade apresentam um conteúdo material positivo, atuando na ponderação de interesses em consonância com as normas constitucionais. A verdade é que 'razoabilidade envolve proporcionalidade e vice-versa'". (GUEDES, Gisela Sampaio da Cruz. *Lucros cessantes*: do bom-senso ao postulado normativo da razoabilidade, São Paulo: Editora Revista dos Tribunais, 2011, p. 254).

[20] BARROSO, Luís Roberto. O começo da história: a nova interpretação constitucional e o papel dos princípios no direito brasileiro. In: BARROSO, Luís Roberto (Org.). *A nova interpretação constitucional*: ponderação, direitos fundamentais e relações privadas. Rio de Janeiro: Renovar, 2006. p. 362-363. O intercâmbio dos conceitos é igualmente observado em MENDES, Gilmar. O princípio da proporcionalidade na jurisprudência do Supremo Tribunal Federal: novas leituras. *Revista Diálogo Jurídico*, n. 5, 2001.

[21] SILVA, Virgílio Afonso da. O proporcional e o razoável. *Revista dos Tribunais*, v. 798, p. 30-31, 2002.

sentido vulgar de ambas as expressões (é proporcional à Lei de Talião, embora não seja razoável): ignora-se, assim, que o proporcional, em termos exclusivamente matemáticos, revela-se contrário a valores do ordenamento, sendo, portanto, antijurídico.

O debate quanto à estrutura, à terminologia e à forma da utilização de tais técnicas mostra-se ocioso atualmente, assim como parece secundária a discussão acerca da qualificação da razoabilidade ou da proporcionalidade como princípio, postulado, técnica ou método. Mais produtiva mostra-se a definição de elementos substanciais para a sua adoção, sendo sobejamente conhecido e repetido, mediante etapas e sofisticados parâmetros formais, o itinerário do intérprete para verificação da adequação, da necessidade e da proporcionalidade em sentido estrito.[22] O desbravamento desse itinerário procedimental revela-se frágil se lhe falta o conteúdo a ser empregado para tal aferição, sendo modesta a contribuição que efetivamente se empresta ao controle da discricionariedade subjetiva de cada intérprete.

Tais apreensões se intensificam ao se deparar com difusa doutrina que, ao propor etapas para a ponderação, parece repropor o método subsuntivo no âmbito dos princípios, mediante o exame prévio de enunciados normativos em abstrato, em operação mecânica que afastaria, declaradamente, e sem qualquer exame funcional, a necessidade de ponderação para todos os casos em que incidem enunciados normativos prevalentes e claros, sem colisão de interesses igualmente protegidos. A ponderação seria, em tal perspectiva, técnica meramente instrumental, despida de conteúdo, que, como tal, não oferece parâmetros para fundamentar a escolha diante dos elementos em colisão. Reduz-se, assim, a ponderação aos casos difíceis (*hard cases*), já que na maioria das vezes prevaleceriam as "técnicas convencionais de solução de antinomias que empregam a lógica subsuntiva".[23]

1.4 Razoabilidade como método necessário e permanente: a identificação de critérios substanciais em julgados do Superior Tribunal de Justiça

Interpretação e aplicação do direito constituem momento único, *il tutt'uno* da atividade de construção da norma do caso concreto.[24] Na lição de Tullio Ascarelli:

---

[22] Nesse mesmo sentido: "Não basta dizer que algo é razoável; é preciso saber com que parâmetros, em quais dos sentidos da expressão e, principalmente, por quê". (BUSTAMANTE, Thomas da Rosa de. A razoabilidade na dogmática jurídica contemporânea: em busca de um mapa semântico. In: *Teoria do Direito e Decisão Racional*: temas de teoria da argumentação jurídica. Rio de Janeiro: Renovar, 2008. p. 305-338).

[23] BARCELLOS, A. P. de. *Ponderação, racionalidade e atividade jurisdicional*. Rio de Janeiro: Renovar, 2005. p. 296.

[24] Pietro Perlingieri, em entrevista concedida em 2001 à Revista Trimestral de Direito Civil, traz à luz o papel de destaque a ser exercido pelas noções de razoabilidade e proporcionalidade na atividade decisória, em âmbito de interpretação e aplicação do direito ao caso concreto. Esclareceu então que "a jurisprudência, não apenas da Corte constitucional, e a própria doutrina não podem deixar de utilizar noções como a proporcionalidade e a razoabilidade na reconstrução dos institutos jurídicos. A sua incidência deverá ser particularmente forte no momento da decisão, a qual deverá se distanciar cada vez mais de uma inspiração dogmática, de um enquadramento mecânico do fato numa rígida *fattispecie* abstrata. A decisão deverá cada vez mais inspirar-se no conhecimento das peculiaridades do caso concreto, a uma avaliação destas em termos axiológicos, com uma atitude equilibrada, congruente, adequada e equitativa, em suma, razoável. Tudo isto envolve uma mudança de mentalidade e de método, uma aproximação diferente, mais direta, menos condicionada por dogmas não mais atuais". (Entrevista com o Professor Pietro Perlingieri, publicada na seção "Diálogos com a Doutrina". *Revista Trimestral de Direito Civil* – RTDC, v. 6, Rio de Janeiro: Padma, abr.-jun./2001, p. 293-294).

Il diritto non è mai un dato, ma una continua creazione della quale è continuo collaboratore l'interprete [...]. Il rapporto tra la legge e la sua interpretazione non è quello che corre tra una realtà e il suo specchio, ma quello che corre tra il seme e la pianta e perciò la legge vive solo con la sua interpretazione e applicazione che d'altra parte non è affatto mera sua dichiarazione, ma creazione di diritto, tuttavia caratterizzata dalla sua continuità col dato dal quale prende le mosse.[25]

Nessa perspectiva, a ponderação revela-se técnica de sopesamento e calibração da incidência normativa, para atuação permanente diante de interesses em conflito.[26] O raciocínio ponderativo aplica-se sempre, diante de regras e de princípios, já que o merecimento de tutela de determinada posição jurídica depende necessariamente da análise da hipótese concreta à luz da totalidade dos vetores normativos de incidência.

Tal linha de raciocínio encontra-se presente, a título ilustrativo, na jurisprudência do Superior Tribunal de Justiça, em hipótese de conflito entre a "irrepetibilidade de alimentos" e a "vedação ao enriquecimento sem causa". Entendeu-se que as situações que justificam a irrepetibilidade das verbas de caráter alimentar não poderiam ser transportadas, "sem as ressalvas e distinções necessárias", para caso em que prevalecem interesses exclusivamente patrimoniais:

> Diante de rescisão parcial de decisão judicial que ensejou a fixação de honorários de sucumbência, é possível que o autor da rescisória, em posterior ação de cobrança, pleiteie a restituição da parte indevida da verba advocatícia, ainda que o advogado, de boa-fé, já a tenha levantado.

Conforme destacado no voto do relator, Min. João Otavio de Noronha, não se trata de "questionar a atribuição de natureza alimentar aos honorários para esses específicos fins, e sim de verificar o alcance dessa qualificação para dirimir o suposto conflito entre os princípios da irrepetibilidade dos alimentos e o da vedação ao enriquecimento sem causa". A partir do princípio da razoabilidade, concluiu-se que "a lógica que deve pautar todo o sistema também deve incidir no caso concreto, para ficar definido que a questão da irrepetibilidade de verba de caráter alimentar pode e deve sofrer temperamentos".[27]

Em outro julgado, o STJ invocou a razoabilidade ao examinar o interesse na pretensão de alimentos de filha em face de seu pai. Ao analisar o pedido, o STJ deu provimento ao recurso especial para desonerar o pai de prestar alimentos à sua filha, que era maior de idade, possuía ensino superior completo e já cursava mestrado em universidade pública. Conforme conta do voto da Ministra Nancy Andrighi:

---

[25] ASCARELLI, T. Antigone e Porzia. In: ASCARELLI, T. *Problemi giuridici*. Milano: Giuffrè, 1959. p. 158. v. 1.

[26] Sobre a relevância da ponderação na jurisdição constitucional, de forma a garantir efetiva representação popular, Robert Alexy, após análise estrutural e sistemática da ponderação, conclui que "a ponderação não está apenas necessariamente conectada com o discurso, mas também com os direitos fundamentais. Disso se segue que os direitos fundamentais estão também necessariamente conectados com o discurso". O autor identifica a razoabilidade com um dever de congruência, exigindo a harmonização das normas com as suas condições externas de aplicação. (ALEXY, Robert. Ponderação, Jurisdição Constitucional e Representação Popular. In: *A Constitucionalização do Direito*: Fundamentos teóricos e aplicações específicas. Coord.: Cláudio Pereira de Souza Neto e Daniel Sarmento. Rio de Janeiro: Editora Lumen Juris, 2007. p. 295-304).

[27] STJ, 3ª T. REsp nº 1.549.836/RS. Rel. p/ Acórdão Min. João Otávio de Noronha, j. 17.5.2016.

Os filhos civilmente capazes e graduados podem e devem gerir suas próprias vidas, inclusive buscando meios de manter sua própria subsistência e limitando seus sonhos – aí incluídos a pós-graduação ou qualquer outro aperfeiçoamento técnico-educacional – à própria capacidade financeira. Assim, deitando-se as mãos sobre o princípio da razoabilidade e tendo em conta o momento socioeconômico do país, possível se depreender que a missão de criar os filhos se prorroga mesmo após o término do Poder Familiar, porém finda com a conclusão, pelo alimentado, de curso de graduação.[28]

Neste caso, portanto, utilizou-se o princípio da razoabilidade para promover o sopesamento dos interesses da filha e do pai à luz das circunstâncias fáticas, considerando, inclusive, as condições socioeconômicas do Brasil para identificar os limites dos deveres do pai em relação ao sustento da filha. Segundo afirmou-se no acórdão, a conclusão do ensino superior afigura-se suficiente para que uma pessoa possa se sustentar.

Em outra hipótese recorrente no Judiciário brasileiro, foram analisados, à luz da razoabilidade, os critérios a serem levados em conta para avaliar o pedido de revisão do valor da execução da sentença majorada pela multa diária pelo descumprimento (astreintes).[29] No caso, o STJ manteve valor exorbitante alcançado pela condenação, acrescida da multa diária imposta pelo longo período de descumprimento da ordem judicial. Houve divergência entre os julgadores, embora os votos vencedor e vencido tenham se pautado nos princípios da razoabilidade e da proporcionalidade. Prevaleceu o entendimento de que a enorme diferença entre a quantia total resultante da incidência da multa diária e o modesto valor da obrigação principal não deveria servir de parâmetro para aferição da razoabilidade da condenação imposta:

> O que se deve levar em consideração é a disposição da parte em cumprir a determinação judicial. Além disso, fosse o caso de confrontar o valor da multa diária com a expressão econômica envolvida na controvérsia, haveríamos de levar em conta também todos os prejuízos e dissabores decorrentes da manutenção indevida do nome do autor nos cadastros restritivos de crédito por mais de 08 meses, o que [...] deve ser veiculado e ressarcido em ação própria e autônoma.[30]

Nos três casos ora analisados, percebe-se que o Superior Tribunal de Justiça, valendo-se expressamente da razoabilidade, buscou construir, a partir da identificação de critérios substanciais, a solução do caso concreto pautada nos valores extraídos do ordenamento jurídico.

---

[28]   STJ, 3ª T. REsp nº 1.218.510/SP. Rel. Min. Nancy Andrighi, j. 27.9.2011.

[29]   "*L'astreinte* corrisponde alla multa diaria imposta dal magistrato a causa del ritardo del debitore nell'esecuzione del provvedimento giudiziale, al fine di garantire la loro effettività". (CPC, art. 614 *bis*).

[30]   STJ, 3ª T. REsp nº 1.192.197/SC. Rel. p/ Acórdão Min. Nancy Andrighi, j. 7.2.2012.

1.5 Perigos do formalismo e do subjetivismo na legalidade constitucional

O desenvolvimento da razoabilidade como técnica hermenêutica permite que se afaste a subsunção, impondo-se a consideração das circunstâncias concretas na formulação da norma interpretada, sempre de acordo com os valores do ordenamento, sem distinguir casos fáceis ou difíceis. Tal técnica não prescinde, portanto, da construção de fundamentação argumentativa suscetível de controle. E mesmo a razoabilidade, nessa esteira, não se encontra imune à relatividade e à historicidade. Não se configura, portanto, postulado neutro e permanente.[31]

Afastando-se da concepção jusnaturalista da razoabilidade, faz-se necessário desenvolvê-la como método que contribui a individuar a solução no momento aplicativo, respeitando-se o princípio da legalidade, que impõe a vinculação do intérprete não somente à letra da lei, mas à lógica global do sistema e dos seus valores normativos. A razão jurídica da decisão deve ser sempre coerente com a ordem historicamente condicionada.[32] Nessa esteira se situa o esforço doutrinário voltado ao desenvolvimento de parâmetros funcionais de razoabilidade que levem em conta as especificidades de cada campo do direito civil.[33]

A razoabilidade, por outro lado, não pode ter por fundamento tão somente as especificidades do caso concreto, como se o caso a ser sopesado fosse a exceção ao direito formal e abstrato, espontaneamente flexibilizado de acordo com a sensibilidade do magistrado, sem que houvesse fundamento axiológico para a incidência da razoabilidade. A técnica da razoabilidade há de ser aplicada necessariamente à luz do ordenamento. Por ser o sistema jurídico maior que o direito positivo, a razoabilidade servirá de elo de conexão entre os vários matizes e tendências que, compondo a bagagem cultural do intérprete, terão como norte os princípios, a ideologia e os valores do sistema.

As circunstâncias fáticas, portanto, apreendidas pelo intérprete, jamais podem se dissociar dos valores do ordenamento. Desse modo, a ponderação permeia toda atividade interpretativa, fazendo com que institutos como a boa-fé, o abuso do direito, a equidade, adquiram conteúdo que se uniformiza a partir de sua historicidade e relatividade ao longo do tempo, com absoluto respeito à legalidade constitucional. Trata-se de construção paulatina e constante na atuação do magistrado, a partir da necessária fundamentação

---

[31] "La storia si evolve e con essa i sistemi giuridici e i valori-guida dei quali la ragionevolezza è una mera sintesi nel momento applicativo". (PERLINGIERI, G. Profili applicativi della ragionevolezza nel diritto civile. In: PERLINGIERI, G. *et al.* (Diretta da). *Cultura giuridica e rapporti civili, 14.* Napoli: Edizioni Scientifiche Italiane, 2015. p. 26). Em tradução livre: "A história evolui e com ela os sistemas jurídicos e os valores-guia dos quais a razoabilidade é uma mera síntese no momento aplicativo".

[32] PERLINGIERI, G. Profili applicativi della ragionevolezza nel diritto civile. In: PERLINGIERI, G. *et al.* (Diretta da). *Cultura giuridica e rapporti civili, 14.* Napoli: Edizioni Scientifiche Italiane, 2015. p. 22-23.

[33] Tem se destacado, nessa direção, a necessidade de que a doutrina "sinalize critérios, parâmetros e standards para o recurso às cláusulas gerais, conceitos indeterminados e princípios de forma coerente com o restante do ordenamento jurídico, em especial com a superioridade normativa do texto constitucional. A aplicação direta de normas de elevado grau de abstração exige um exercício de identificação de parâmetros a serem empregados na especificação concreta do seu conteúdo, de maneira que a uniformidade e a segurança serão tanto maiores quanto mais se tiver avançado no consenso em torno destes parâmetros". (SCHREIBER, A.; KONDER, C. Uma agenda para o direito civil-constitucional. *Revista Brasileira de Direito Civil – RBDCivil*, v. 10, 2016. p. 16. Disponível em: <https://www.ibdcivil.org.br/image/data/revista/volume10/rbdcivil_vol_10_02_doutrina-nacional_uma-agenda.pdf>. Acesso em: 30 jun. 2017).

das decisões,[34] mediante parâmetros materiais adequados ao caso concreto, como forma de ponderar os interesses relevantes em disputa e alcançar a solução que promova os valores do ordenamento, considerado em sua unidade e complexidade.

Informação bibliográfica deste texto, conforme a NBR 6023:2002 da Associação Brasileira de Normas Técnicas (ABNT):

TEPEDINO, Gustavo. A razoabilidade na experiência brasileira. In: TEPEDINO, Gustavo; TEIXEIRA, Ana Carolina Brochado; ALMEIDA, Vitor (Coord.). *Da dogmática à efetividade do Direito Civil*: Anais do Congresso Internacional de Direito Civil Constitucional – IV Congresso do IBDCivil. 2. ed. rev., ampl. e atual. Belo Horizonte: Fórum, 2019. p. 29-40. ISBN 978-85-450-0545-2.

---

[34] KONDER, C. Distinções hermenêuticas da constitucionalização do direito civil: o intérprete na doutrina de Pietro Perlingieri. *Revista da Faculdade de Direito – UFPR*, Curitiba, v. 60, 2015. p. 209.

CAPÍTULO 2

A TUTELA DAS VULNERABILIDADES NA LEGALIDADE CONSTITUCIONAL[1]

HELOISA HELENA BARBOZA

VITOR ALMEIDA

Notas introdutórias

Embora durante tempo considerável a vulnerabilidade tenha sido um conceito preterido pelo direito, crescente é o interesse por sua melhor compreensão e estudo de seu âmbito de aplicação e efeitos. Em razão de sua importância social, outro não poderia ser o rumo tomado pelo direito civil constitucional, que tem como núcleo de suas preocupações a proteção da pessoa humana em sua dignidade, uma vez que, tanto quanto a própria dignidade, a vulnerabilidade lhe é inerente.

O presente trabalho se propõe a apresentar, ainda que de modo sucinto, o conceito de vulnerabilidade e seu alcance, particularmente no campo jurídico. Do mesmo modo serão abordados alguns pontos da complexa questão relativa à proteção dos vulneráveis em face da indeclinável preservação de sua autonomia. Para tanto, devem ser analisadas, ainda que brevemente, algumas situações de vulnerabilidade e

---

[1] O presente trabalho retrata, em boa parte, palestra proferida no IV Congresso do IBDCivil (Instituto Brasileiro de Direito Civil) – Congresso Internacional em Direito Civil Constitucional em 20.10.2016, com base em estudos sobre os temas abordados, que se encontram em desenvolvimento pelos autores. Os temas se inserem no âmbito do projeto interdisciplinar e interinstitucional (UFRJ, UFF, UERJ e Fiocruz) denominado "Uma perspectiva de justiça mais inclusiva: aplicação do enfoque dos funcionamentos à saúde, à educação, à tecnologia e aos direitos de pessoas com deficiências", aprovado pelo Programa de Apoio à Pós-Graduação e à Pesquisa Científica e Tecnológica em Tecnologia Assistiva no Brasil (PGPTA), por ocasião do Edital "Tecnologia Assistiva no Brasil e Estudos sobre Deficiência (PGPTA) nº 59/2014", cujos autores deste artigo atuam, respectivamente, como coordenadora associada da Instituição UERJ e pesquisador vinculado ao projeto em andamento.

suas peculiaridades, as quais exigem tutelas diferenciadas, bem como seus respectivos instrumentos de efetivação.

2.1 Vulnerabilidade: noção jurídica

Como ressaltou Miguel Reale,[2] é preciso recolocar o direito no "mundo social", ou seja, que se volte para as pessoas reais existentes no mundo dos fatos, e não mais sujeitos ideais, titulares abstratos de direitos equitativamente atribuídos e assegurados, com base numa igualdade formal.

Nesse sentido caminha a Constituição da República de 1988, desde a sua promulgação, ao consagrar a cidadania e a dignidade da pessoa humana entre seus fundamentos. A pessoa mencionada na Constituição não é o sujeito de direito formal, mas um indivíduo real, existente no mundo dos fatos, um ser humano que necessita de proteção, em razão da vulnerabilidade que lhe é inerente. Nesta perspectiva focada no mundo dos fatos, identificou o constituinte a existência de diferentes vulnerabilidades, às quais dedicou dispositivos específicos e instrumentos de proteção especiais.

Emerge, em consequência, já na década de 1990, o tema da vulnerabilidade, como noção jurídica, contemplada expressamente ou não, nos textos infraconstitucionais. É o que se constata do Estatuto da Criança e do Adolescente – ECA, Lei nº 8.069, de 13.7.1990, que em seu art. 1º dispõe sobre a proteção integral à criança e ao adolescente, por reconhecer sua condição peculiar como pessoas em desenvolvimento (art. 6º). Meses depois, a Lei nº 8.078, de 11.9.1990, destinada especificamente à proteção e defesa do consumidor, elege como um de seus princípios o reconhecimento da vulnerabilidade do consumidor no mercado de consumo (art. 4º, I).

Vislumbram-se em tais dispositivos faces diversas da vulnerabilidade, que requerem, assim, a mais ampla compreensão de seu conceito, de modo a possibilitar a aplicação jurídica mais adequada para fins de atendimento das peculiaridades de cada grupo de vulneráveis e, em particular, daqueles que já estão de algum modo vulnerados.

O conceito de vulnerabilidade (do latim *vulnerabilis*, "que pode ser ferido", de *vulnerare*, "ferir", de *vulnus*, "ferida") refere-se a qualquer ser vivo, sem distinção, o qual pode, em situações contingenciais, ser "vulnerado". Trata-se, portanto, de característica ontológica de todos os seres vivos. Determinados seres humanos são circunstancialmente afetados, fragilizados, desamparados ou *vulnerados*. O significado desses termos é bem esclarecido por Fermin Roland Schramm, que afirma:

> Historicamente, um princípio moral de proteção está implícito nas obrigações do Estado, que deve proteger seus cidadãos contra calamidades, guerras etc., chamado também de Estado mínimo. Entretanto, poderia muito bem ser chamado de Estado protetor, pois parece intuitivamente compreensível que todos os cidadãos não conseguem se proteger sozinhos contra tudo e todos, podendo tornar-se suscetíveis e até vulnerados em determinadas circunstâncias. Mas, neste caso, devemos distinguir a mera vulnerabilidade – condição ontológica de qualquer ser vivo e, portanto, característica universal que não pode ser protegida – da suscetibilidade ou vulnerabilidade secundária (por oposição à *vulnerabilidade primária* ou *vulnerabilidade* em geral). Ademais, os suscetíveis podem tornar-

---

[2] REALE, Miguel. *Nova fase do direito moderno*. São Paulo: Saraiva, 1990. p. 59-69.

se vulnerados, ou seja, diretamente afetados, estando na condição existencial de não poderem exercer suas potencialidades (*capabilities*) para ter uma vida digna e de qualidade. Portanto, dever-se-ia distinguir graus de proteção de acordo com a condição existencial de vulnerabilidade, suscetibilidade e vulneração, o que pode ser objeto de discussões infindáveis sobre como quantificar e qualificar tais estados existenciais.[3]

De acordo com Fermin Roland Schramm, deve-se indagar quem são de fato os suscetíveis ou vulnerados, uma vez que a tendência dominante é definir a pessoa a partir de seu pertencimento geográfico ou cultural. Nesses casos, conforme alerta o autor, os riscos de estigmatização, paternalismo e autoritarismo são grandes. Além disso, grande também é a possibilidade de se preterir "as diferenças, o multiculturalismo e a pluralidade moral das sociedades complexas contemporâneas". A questão, sob esse aspecto, reside em como fazer para focalizar os indivíduos vulnerados e lhes fornecer a proteção necessária para desenvolver suas potencialidades e sair da condição de vulneração e, paralelamente, respeitar a diversidade de culturas, as visões de mundo, os hábitos e as moralidades diferentes que integram suas vidas.[4]

Já se afirmou com propriedade que a dignidade da pessoa humana se concretiza na cláusula geral de tutela da pessoa humana.[5] Contudo essa tutela somente será efetiva e adequada se for considerada a vulnerabilidade inerente às pessoas humanas e as diferenças existente entre elas, para que se possa obter, o quanto possível, a igualdade substancial.[6] A proteção que lhes é assegurada deve dar-se integralmente, em todas as situações, existenciais ou patrimoniais, de modo a contemplar todas e cada uma de suas manifestações.[7]

Observe-se que, além de a complexidade do processo de vida expor, com frequência e de modo geral, o ser humano à vulneração, há um grande número de pessoas que já se encontram, quando já não nascem, vulneradas, atingidas em sua dignidade, em razão de condições adversas de ordem psicofísica, social e/ou econômica. Não há para tais pessoas possibilidade de exercer seus direitos, por vezes sequer de ter acesso a eles, em igualdade de condições, sendo necessário que o direito lhes propicie, o tanto quanto possível, os meios para tanto.

Necessária, por conseguinte, a existência simultânea de uma *tutela geral* (abstrata) da pessoa humana, ontologicamente vulnerável, não só nas relações econômicas, como as de consumo, mas em todas as suas relações, especialmente as de natureza existencial, e a *tutela específica* (concreta), de todos os que se encontrem em situação de desigualdade,

---

[3] SCHRAMM, Fermin Roland. Bioética da proteção: ferramenta válida para enfrentar problemas morais na era da globalização. *Revista Bioética*, v. 16, n. 1. p. 20.

[4] SCHRAMM, Fermin Roland. Bioética da proteção: ferramenta válida para enfrentar problemas morais na era da globalização. *Revista Bioética*, v. 16, n. 1. p. 20.

[5] MORAES, Maria Celina Bodin de. *Danos à pessoa humana*: uma leitura civil-constitucional dos danos morais. Rio de Janeiro: Renovar, 2009. p. 117-128.

[6] Para Maria Celina Bodin de Moraes, a igualdade é a manifestação primeira da dignidade; deve ser considerada, contudo, não em sua formulação inicial, traduzida na afirmativa "todos são iguais perante a lei", mas em sua forma mais avançada, denominada "igualdade substancial", que leva em conta as desigualdades de fato existentes entre as pessoas, em decorrência de suas distintas condições psicofísicas, sociais e econômicas (MORAES, Maria Celina Bodin de. *Danos à pessoa humana*: uma leitura civil-constitucional dos danos morais. Rio de Janeiro: Renovar, 2009. p. 81-115).

[7] TEPEDINO, Gustavo. A tutela da personalidade no ordenamento civil-constitucional brasileiro. In: TEPEDINO, Gustavo. *Temas de direito civil*. 4. ed. rev. e atual. Rio de Janeiro: Renovar, 2008. p. 25-62.

por força de circunstâncias que potencializem sua vulnerabilidade, ou já os tenham vulnerado, como forma de assegurar a igualdade e a liberdade, expressões por excelência da dignidade humana. Neste contexto, impõe-se indagar quais as características mínimas que podem ser consideradas para fazer a distinção entre os *vulneráveis* e os *vulnerados*, noções que permitem a diferenciação do tipo de tutela a ser conferida. Como alerta boa doutrina:

> [se] os conceitos não forem precisos não se pode saber que tipo de tutela deve ser dado aos indivíduos ou populações que mais necessitam de amparo, questão que precisa ser equacionada mediante uma correta relação entre o universalismo dos princípios (ao qual se refere implicitamente o conceito de vulnerabilidade) e a focalização das ações, que pode infringir os deveres *prima facie* relativos aos princípios com pretensão de validez universal, devido às situações substanciais específicas. Em suma, o conceito de vulnerabilidade, ao aplicar-se a qualquer situação, independentemente das características específicas desta, acaba não podendo aplicar-se a nenhuma situação particular.[8]

Se todas as pessoas são vulneráveis, é preciso estar atento a situações substanciais específicas, para que se identifique a tutela concreta a ser aplicada. Não basta em muitos casos invocar a tutela geral, implícita na Constituição da República, que protege todas as pessoas humanas em sua inerente vulnerabilidade. É indispensável verificar as peculiaridades das diferentes situações de cada grupo, como vem sendo feito com as crianças e adolescentes, com os consumidores e com a pessoa idosa. Registre-se que muitas pessoas, como os integrantes do grupo LGBTT, ainda não mereceram estudo adequado das peculiaridades de seu modo de vida e aguardam, há muito tempo, a edição de normas aptas a proteger sua dignidade.

O estudo do conceito de vulnerabilidade, no campo do direito, tem sido feito quase que exclusivamente na área das relações de consumo, em que há referência, em geral, a três espécies: vulnerabilidade técnica, contábil e fática ou socioeconômica.[9] Há divergência quanto à distinção entre vulnerabilidade e hipossuficiência,[10] embora parte da doutrina, contrariamente, entenda terem as expressões igual significado.

---

[8] SCHRAMM, Fermin Roland. Bioética, vulnerabilidade de pessoas portadoras de deficiências e políticas de proteção [Mimeo]. In: FÓRUM SOCIAL MUNDIAL, SEMINÁRIO BIOÉTICA E VULNERABILIDADES, Porto Alegre, 2005. p. 4.

[9] CALIXTO, Marcelo Junqueira. O princípio da vulnerabilidade do consumidor. In: MORAES, Maria Celina Bodin de (Org.). *Princípios do direito civil contemporâneo*. Rio de Janeiro: Renovar, 2006. p. 323-324. v. 1. Recentemente, a doutrina consumerista tem identificado uma quarta espécie denominada de vulnerabilidade informacional, que "é a vulnerabilidade básica do consumidor, intrínseca e característica deste papel na sociedade. Hoje merece ela uma menção especial, pois na sociedade atual são de grande importância a aparência, a confiança, a comunicação e a informação. Nosso mundo de consumo é cada vez mais visual, rápido e de risco, daí a importância da informação. Efetivamente, o que caracteriza o consumidor é justamente seu déficit informacional, pelo que não seria necessário aqui frisar este *minus* como uma espécie nova de vulnerabilidade, uma vez que já estaria englobada como espécie de vulnerabilidade técnica. Hoje, porém, a informação não falta, ela é abundante, manipulada, controlada e, quando fornecida, no mais das vezes, desnecessária" (BENJAMIN, Antonio Herman V.; MARQUES, Claudia Lima; BESSA, Leonardo Roscoe. *Manual de direito do consumidor*. 6. ed. rev., atual. e ampl. São Paulo: Revista dos Tribunais, 2014. p. 112).

[10] Segundo uma corrente, os conceitos são distintos, sendo a vulnerabilidade uma "qualidade intrínseca, ingênita, peculiar, imanente e indissociável de todos que se colocam na posição de consumidor, em face do conceito legal, pouco importando sua condição social, cultural ou econômica, quer se trate de consumidor pessoa jurídica ou consumidor pessoa física", enquanto a hipossuficiência "é característica restrita aos consumidores que além de presumivelmente vulneráveis vem-se agravados nessa situação por sua individual condição de carência

O melhor entendimento parece ser o que considera não haver diferença ontológica entre vulnerabilidade e hipossuficiência. Estão compreendidas neste último conceito certas categorias de consumidores, como idosos, crianças, doentes, que estão a merecer tratamento diferenciado na própria Lei de Consumo, a exemplo da inversão do ônus da prova já prevista na Lei de Consumo. A vulnerabilidade é característica de todo consumidor.[11] Por conseguinte, todo consumidor é presumivelmente vulnerável (art. 4º, I, do CDC), mas alguns grupos têm "vulnerabilidade potencializada" por sua situação fática e técnica, pois é "um leigo frente a um especialista organizado em cadeia de fornecimento de serviços, um leigo que necessita dos serviços [...] que não entende [por exemplo] a complexa técnica atual dos contratos cativos de longa duração [...]".[12]

A noção de vulnerabilidade[13] não consta expressamente dos dicionários de filosofia, embora impregne o espírito dos filósofos, preocupados com a fraqueza e mortalidade humanas. Como visto, vulnerabilidade é característica do que é *vulnerável*, adjetivo que significa passível de ser ferido, e por consequência morto. Vulnerabilidade e mortalidade não são, porém, expressões sinônimas. A definição remete à ideia de risco e de sofrimento:[14]

> O sofrimento nos ameaça de três lados: dentro de nosso próprio corpo que, destinado ao envelhecimento e à dissolução, não pode sequer se abster dos sinais de alarme que constituem a dor e a angústia; do lado do mundo exterior, o qual dispõe de forças invencíveis e inexoráveis que nos atacam e nos abatem; o terceiro enfim que provem de nossas relações com os outros seres humanos. O sofrimento que provem dessa origem nos é talvez mais duro que qualquer outro [...].[15]

---

natural, material ou, como ocorre com frequência, ambas" (MARINS, James. *Responsabilidade da empresa pelo fato do produto*: os acidentes de consumo no Código de Proteção e Defesa do Consumidor. São Paulo: Revista dos Tribunais, 1993. p. 38-39). "A doutrina brasileira defende, igualmente, que os consumidores desfavorecidos (ou pobres) podem ser chamados de hipossuficientes, criando assim uma graduação (econômica) da vulnerabilidade em direito material. A jurisprudência brasileira reconhece a hipervulnerabilidade de alguns consumidores, por idade (idosos, crianças, bebês, jovens), condições especiais de saúde (doentes, contaminados com o vírus HIV, e necessidades especiais, como especificam os arts. 37, §2º e 39, IV, do CDC" (BENJAMIN, Antonio Herman V.; MARQUES, Claudia Lima; BESSA, Leonardo Roscoe. *Manual de direito do consumidor*. 6. ed. rev., atual. e ampl. São Paulo: Revista dos Tribunais, 2014. p. 111).

[11] CALIXTO, Marcelo Junqueira. O princípio da vulnerabilidade do consumidor. In: MORAES, Maria Celina Bodin de (Org.). *Princípios do direito civil contemporâneo*. Rio de Janeiro: Renovar, 2006. p. 325-329. v. 1.

[12] MARQUES, Cláudia Lima. Solidariedade na doença e na morte. Sobre a necessidade de "ações afirmativas" em contratos de plano de saúde e de planos funerários frente ao consumidor idoso. *Revista Trimestral de Direito Civil*, Rio de Janeiro, v. 8. p. 3-44, 2001. p. 13.

[13] AYRES, José Ricardo de Carvalho Mesquita *et al*. O conceito de vulnerabilidade e as práticas de saúde: novas perspectivas e desafios. In: CZERESNIA, Dina; FREITAS, Carlos Machado de (Orgs.). *Promoção da saúde*: conceito, reflexões, tendências. 2. ed. rev. e ampl. Rio de Janeiro: Editora Fiocruz, 2009. p. 122. Informam os autores que o termo teve origem na "área da advocacia internacional pelos Direitos Universais do Homem", para designar grupos ou indivíduos fragilizados, jurídica ou politicamente, na promoção ou garantia de seus direitos de cidadania. A noção de pessoa vulnerável para os autores apareceu no direito positivo francês, na lei penal, para indicar certas vulnerabilidades, que constituíam elemento da infração, uma circunstância agravante, ou que deviam ser observadas na aplicação da pena. Considerava-se para tal fim a debilidade decorrente da idade, de uma doença, de uma enfermidade, de uma deficiência física ou do estado de gravidez. Todos os casos são objetivos, não dependentes de avaliação pelo juiz.

[14] FIECHTER-BOULVARD, Frédérique. La notion de vulnérabilité et a consecration par le droit. In: COHET-CORDEY, Frédérique (Coord.). *Vulnérabilité et droit*: le développement de la vulnérabilité et ses enjeux en droit. Grenoble: Presses Universitaires, 2000. p. 14.

[15] FREUD, S. Malaise dans la civilization *apud* FIECHTER-BOULVARD, Frédérique. La notion de vulnérabilité et a consecration par le droit. In: COHET-CORDEY, Frédérique (Coord.). *Vulnérabilité et droit*: le développement de la vulnérabilité et ses enjeux en droit. Grenoble: Presses Universitaires, 2000. p. 14. Tradução livre.

Sob essa perspectiva, a vulnerabilidade é um dom que resulta necessariamente da condição de ser humano, e que pode ser estendido a todo organismo vivo. É um perigo eventual, mais ou menos previsível, e um fim inexorável, o primeiro surgido das relações que os homens mantêm entre si, e o segundo sendo a expressão da natureza humana. Não é a vida em sociedade que dá origem à vulnerabilidade, porque esta preexiste às relações humanas, mas a vida em grupo favorece a expressão da vulnerabilidade em suas diferentes formas: o risco de ser ferido é uma forte probabilidade na coexistência humana. A convivência pode aumentar a vulnerabilidade, mas não é a sua fonte.[16]

Este último aspecto é que faz a diferença entre vulnerabilidade e desigualdade, noções que não devem ser confundidas. A primeira é carregada de subjetivismo, enquanto a segunda é objetiva. A desigualdade aparece em contraposição à igualdade, que implica divisão, partilha. A vulnerabilidade não supõe necessariamente uma análise comparativa, é um estado em si. A desigualdade, ao contrário, somente aparece quando há comparação.[17]

A noção de pessoa vulnerável remete à de vítima. Há, contudo, uma diferença de grau no surgimento do dano: a vítima já sofreu um prejuízo material ou moral, enquanto a pessoa vulnerável está exposta a um risco; o vulnerável é suscetível de ser atingido, a vítima já o foi. O dano pode fazer aparecer, retroativamente, a vulnerabilidade, mas não atinge necessariamente pessoa vulnerável. Segundo Frédérique Fiechter-Boulvard, a existência de regras que se limitam a enunciar disposições protetoras não evita a superveniência do dano. Para o autor há duas categorias de regras, que apreciam a vulnerabilidade *a priori* ou a *posteriori*.

No primeiro caso, a pessoa vulnerável é uma vítima em potencial, pois se encontra especialmente exposta ao risco, em razão de seu estado, de sua fraqueza. Estão neste caso os incapazes, em razão da idade ou de outra causa particular, como as pessoas que, por causa transitória ou permanente, não podem exprimir sua vontade (CC art. 4º, III). As disposições legais devem procurar diminuir o risco a que tais pessoas estão expostas por sua natureza. As incapacidades aparecem como a tradução jurídica de uma vulnerabilidade antecipadamente apreendida pelo direito.[18] Há outras categorias de pessoas que têm seu estado de vulnerabilidade presumido, como os consumidores, as crianças e os idosos.

A apreciação da vulnerabilidade *a posteriori* ocorre após a verificação do elemento constitutivo da vulnerabilidade – o risco. O dano sofrido faz aparecer o estado de vulnerabilidade da pessoa, quando fragilizada por um estado particular. Pode, ao contrário, tratar-se de uma situação de vulnerabilidade geral, a "vulnerabilidade certa" que põe, em dado momento, todo indivíduo em risco.[19]

---

[16] FIECHTER-BOULVARD, Frédérique. La notion de vulnérabilité et a consecration par le droit. In: COHET-CORDEY, Frédérique (Coord.). *Vulnérabilité et droit*: le dévelopement de la vulnérabilité et ses enjeux em droit. Grenoble: Presses Universitaires, 2000. p. 15.

[17] FIECHTER-BOULVARD, Frédérique. La notion de vulnérabilité et a consecration par le droit. In: COHET-CORDEY, Frédérique (Coord.). *Vulnérabilité et droit*: le dévelopement de la vulnérabilité et ses enjeux em droit. Grenoble: Presses Universitaires, 2000. p. 15.

[18] FIECHTER-BOULVARD, Frédérique. La notion de vulnérabilité et a consecration par le droit. In: COHET-CORDEY, Frédérique (Coord.). *Vulnérabilité et droit*: le dévelopement de la vulnérabilité et ses enjeux em droit. Grenoble: Presses Universitaires, 2000. p. 19.

[19] FIECHTER-BOULVARD, Frédérique. La notion de vulnérabilité et a consecration par le droit. In: COHET-CORDEY, Frédérique (Coord.). *Vulnérabilité et droit*: le dévelopement de la vulnérabilité et ses enjeux em droit. Grenoble: Presses Universitaires, 2000. p. 20-21.

Frédérique Fiechter-Boulvard analisa ainda em seu trabalho se a vulnerabilidade merece ser acrescida à classe (*rang*) dos conceitos jurídicos, já que se refere a certas vulnerabilidades que aparecem por vezes de forma implícita. Haveria dificuldade em perceber a emergência dessa nova noção. Além disso, se possível formar seu conceito, seria possível duvidar de sua utilidade: o direito parece ter regras suficientes para assegurar a proteção das pessoas particularmente vulneráveis.[20]

Cumpre observar que tais considerações não são compatíveis com o direito brasileiro. A cláusula geral de tutela da pessoa humana é suficiente para proteção de todos os seres humanos em sua vulnerabilidade, que o autor indica como certa, por atingir qualquer indivíduo. Em consequência, a pessoa vulnerável como todos, mas que em razão de suas contingências pessoais está impedida ou tem diminuída a possibilidade de exercer seus direitos, ou se encontra em situação em que há maior probabilidade de se tornar uma vítima, necessita de proteção especial. As pessoas nestas condições já estão vulneradas, pois têm sua vulnerabilidade potencializada. Encontram-se, portanto em situação de desigualdade, e a proteção constitucional há de ser diferenciada, mediante *tutela específica* (concreta).

A noção de vulnerabilidade é utilizada na área da saúde pública, na qual passou a ser adotada após o advento da Aids, a partir da década de noventa, ganhando aí feições particulares, que também se revelam úteis para a compreensão jurídica da vulnerabilidade. Segundo José Ricardo de Carvalho Mesquita Ayres, o conceito de vulnerabilidade, numa percepção ampla e reflexiva, representa um importante passo na produção de um conhecimento interdisciplinar e "da construção de intervenções dinâmicas e produtivas". A importância do conceito de vulnerabilidade no âmbito da Aids se deve ao fato de se ter constatado que a epidemia respondia a determinantes que iam além da ação do vírus que causa a doença. Em outras palavras, a noção de vulnerabilidade permitia a identificação das razões últimas da epidemia, encontradas em aspectos comportamentais, culturais, econômicos e políticos.[21]

A ampliação da discussão da vulnerabilidade aproximou seu conceito do debate em torno dos direitos humanos. Esta aproximação foi de todo importante, uma vez que o surgimento dos "grupos de risco" tornou-se o centro de contradições e conflitos, na medida em que gerou a estigmatização dos seus integrantes. De forma inaudita, a noção de grupo de risco difundiu-se amplamente, através da mídia, deixando de ser uma categoria analítica abstrata, para constituir uma categoria ontológica, uma identidade concreta.[22]

As estratégias de prevenção e combate à epidemia com base nos grupos de risco mostraram-se equivocadas e ineficazes, do ponto de vista epidemiológico. Contudo geraram, de modo eficaz, profundos preconceitos e iniquidades para os chamados

---

[20] FIECHTER-BOULVARD, Frédérique. La notion de vulnérabilité et a consecration par le droit. In: COHET-CORDEY, Frédérique (Coord.). *Vulnérabilité et droit*: le dévelopement de la vulnérabilité et ses enjeux en droit. Grenoble: Presses Universitaires, 2000. p. 28-32.

[21] AYRES, José Ricardo de Carvalho Mesquita *et al*. O conceito de vulnerabilidade e as práticas de saúde: novas perspectivas e desafios. In: CZERESNIA, Dina; FREITAS, Carlos Machado de (Orgs.). *Promoção da saúde*: conceito, reflexões, tendências. 2. ed. rev. e ampl. Rio de Janeiro: Editora Fiocruz, 2009. p. 117-119.

[22] AYRES, José Ricardo de Carvalho Mesquita *et al*. O conceito de vulnerabilidade e as práticas de saúde: novas perspectivas e desafios. In: CZERESNIA, Dina; FREITAS, Carlos Machado de (Orgs.). *Promoção da saúde*: conceito, reflexões, tendências. 2. ed. rev. e ampl. Rio de Janeiro: Editora Fiocruz, 2009. p. 120.

quatro Hs (homossexuais, hemofílicos, haitianos e heroíno-adictos), que sofreram nos Estados Unidos os efeitos adversos das referidas estratégias, que acabaram por ceder lugar a outras, orientadas para a redução do risco. Não obstante, a epidemia atinge até o momento os setores socialmente mais enfraquecidos: os mais pobres, as mulheres, os negros e os jovens, independentemente de limites geográficos, sexo ou orientação sexual.[23] Constata-se que os mais atingidos são, nos termos acima, os vulnerados.

Verifica-se, por outro lado, o perigo que podem representar categorizações feitas sem maior análise dos fatores que as informam. Mesmo que tenham por fim a proteção dos envolvidos, podem acabar por fomentar preconceitos e discriminações. Nesse sentido, diversas denominações têm sido atribuídas à população pobre, como grupo de "carentes", de "pessoas de baixa renda", que acabam se tornando discriminatórias, na medida em que rotulam um *status* social menor, que dentro de um processo de desmerecimento do outro, que ocorre com lamentável frequência, "justifica" um tratamento diferenciado, ou seja, pior. Como observa Suely F. Deslandes, "de cidadão, o sujeito pobre é reduzido à condição de 'carente', cujos direitos de atendimento digno são reinterpretados como benesse ou esforço pessoal do profissional [...] que se espera, em contrapartida, imediata gratidão".[24]

Fato é que na sociedade atual em que se multiplicam os fatores de risco e se aprofundam as diferenças sociais, não obstante os esforços para reduzi-las, deve ser mantida atenção frequente sobre as pessoas expostas a esses fatores e diferenças, para se verificar se houve agravamento de sua vulnerabilidade. Não raro, os próprios grupos que se encontram em tais situações clamam por auxílio, mas nem sempre são atendidos, sequer ouvidos. Surge em relação a essas pessoas um "estado de invisibilidade", por parte da sociedade e do Estado, que têm consciência do problema e nada fazem, mesmo em situações de vulneração antiga e inata.

Dois grupos servem de exemplo do citado "estado de invisibilidade": os idosos e as pessoas com deficiência. Não obstante a Constituição da República já estabelecesse o dever da sociedade, em particular dos filhos, e do Estado de amparar as pessoas idosas, para lhes assegurar participação na comunidade, defender sua dignidade e bem-estar e garantir-lhes o direito à vida (arts. 229 e 230), somente em 1º.10.2003 veio a ser editado o Estatuto do Idoso (Lei nº 10.741/2003). Durante mais de uma década, na verdade uma década e meia, permaneceram os idosos sem a *tutela concreta ou especial* que lhes era devida, a qual certamente em muito facilitou a efetivação da proteção que a Constituição da República lhes atribuiu.

O caso das pessoas com deficiência parece mais grave, não apenas por se encontrarem em estado de invisibilidade, gerador de discriminação inclusive legal, como também por serem maiores as peculiaridades dos grupos que constituem essa população, em relação a qual os direitos fundamentais, com frequência, somente eram efetivados através de decisão judicial. Somente em 6.7.2015, portanto vinte e sete anos após a promulgação da Constituição da República, foi sancionada a Lei nº 13.146, que

---

[23] AYRES, José Ricardo de Carvalho Mesquita *et al.* O conceito de vulnerabilidade e as práticas de saúde: novas perspectivas e desafios. In: CZERESNIA, Dina; FREITAS, Carlos Machado de (Orgs.). *Promoção da saúde*: conceito, reflexões, tendências. 2. ed. rev. e ampl. Rio de Janeiro: Editora Fiocruz, 2009. p. 121.

[24] DESLANDES, Suely F. O cuidado humanizado como valor e *ethos* da prática em saúde. In: PINHEIRO, Roseni *et al.* (Orgs.). *Razões públicas para a integralidade em saúde*: o cuidado como valor. Rio de Janeiro: IMS/UERJ/Abrasco, 2007. p. 390.

institui a chamada Lei Brasileira de Inclusão da Pessoa com Deficiência.[25] Destinada a assegurar e a promover, em condições de igualdade, o exercício dos direitos e das liberdades fundamentais por pessoa com deficiência, visando à sua inclusão social e à cidadania, a recente lei instrumentalizou a Convenção Internacional sobre os Direitos das Pessoas com Deficiência (CDPD), assinada pelo Brasil em 2007,[26] conferindo às pessoas com deficiência a tão aguardada *tutela concreta ou especial*.

2.2 A necessária preservação da autonomia dos vulneráveis

Os dois exemplos acima são bastante expressivos para a abordagem de importante questão que se apresenta, quando se atribui proteção especial a determinado grupo de vulneráveis. Trata-se da preservação da autonomia das pessoas protegidas.

Necessário lembrar que o conceito de autonomia ainda se apresenta tormentoso para o direito,[27] embora haja forte tendência para entendê-la como expressão da liberdade, para fins de conceituação jurídica. A liberdade é um valor, conteúdo de igual princípio jurídico, que enseja uma pluralidade de significados. Liberdade implica autonomia, ausência de vínculos, pressões ou coações externas, sendo denominada, sob essa ótica, liberdade negativa, enquanto supõe a garantia de não ingerência de poderes ou forças estranhas ao sujeito no desenvolvimento de sua atividade.[28]

Entende Pietro Perlingieri que a garantia e a realização da pessoa humana estão igualmente confiadas à liberdade fundamental expressa na Constituição. Segundo o autor a definição de liberdade é influenciada de modo decisivo pelo contexto cultural, antropológico e ideológico e pela concepção previamente acolhida pelo direito. Não é mais como no passado, uma liberdade natural, originária do indivíduo, como esfera de sua discricionariedade, limitada excepcionalmente pela lei, em razão de excepcional interesse do Estado. Nem tampouco é mais um "âmbito de independência" concedido pelo Estado, liberdade negativa (*liberdade da*) que corresponde à limitação da soberania do Estado nos confrontos com o indivíduo, ao qual são conferidos direitos: liberdade de pensar, de circular, de associar-se. Esse tipo de liberdade convive no sistema constitucional italiano, como no brasileiro, com a *liberdade de*, que se traduz em situações subjetivas ativas, na maioria de natureza existencial. Como esclarece Pietro Perlingieri, a introdução dessas liberdades revela o "diverso e fundamental papel assumido pela pessoa humana", e por meio delas o valor da pessoa rompe os esquemas privatísticos nos quais esteve contido, para liberar (*sprigionare*) suas potencialidades em todos os setores da vida social, incluída a esfera pública da qual era excluído.[29]

---

[25] Também denominada de Estatuto da Pessoa com Deficiência (EPD). Neste trabalho, serão utilizados indiscriminadamente ambos os termos e suas siglas.

[26] A denominada Convenção de Nova York foi assinada pelo Brasil em 30.3.2007 e ratificada em 1º.8.2007. Foi promulgada pelo Decreto nº 6.949, de 25.8.200 e entrou em vigor para o Brasil, no plano jurídico externo, em 31.8.2008 (BRASIL. *Decreto nº 6.949, de 25 de agosto de 2009*. Disponível em: <http://www.planalto.gov.br/ccivil_03/_ato2007-2010/2009/decreto/d6949.htm>. Acesso e: 1º jun. 2017).

[27] Sobre o tema ver BARBOZA, Heloisa Helena. Reflexões sobre a autonomia negocial. In: TEPEDINO, Gustavo; FACHIN, Luiz Edson (Orgs.). *O direito e o tempo*: embates jurídicos e utopias contemporâneas. Rio de Janeiro: Renovar, 2008. p. 407-423.

[28] PÉREZ LUÑO, Antonio-Enrique. *Teoria del derecho*. 5. ed. Madrid: Tecnos, 2006. p. 225.

[29] PERLINGIERI, Pietro. *Manuale di diritto civille*. 3. ed. Napoli: Edizioni Scientifiche Italiane, 2002. p. 160.

A influência decisiva do contexto cultural, antropológico e ideológico na definição jurídica de liberdade indicada por Pietro Perlingieri ratifica o alerta dado por Fermin Roland Schramm, acima mencionado, quanto aos riscos de estigmatização, paternalismo e autoritarismo, decorrentes da tendência dominante de definir a pessoa a partir de seu pertencimento geográfico ou cultural, bem como quanto à possibilidade de se preterir "as diferenças, o multiculturalismo e a pluralidade moral das sociedades complexas contemporâneas".[30] Como antes salientado, essas categorizações feitas sem maior análise dos fatores que as informam podem gerar preconceitos e discriminações, como no exemplo citado dos denominados "grupos de risco", no caso da Aids e dos "pobres" ou "carentes", em relação às "pessoas de baixa renda".

À luz desses esclarecimentos, é possível reconhecer que autonomia e vulnerabilidade são pilares que funcionam em articulação, devendo a autonomia ser pensada em função da vulnerabilidade, como seu componente indispensável, sendo esta entendida como pedido de apoio ou de suporte.

Nessa linha, o respeito pelo princípio da autonomia das pessoas não pode se limitar a situações de não invasão da autonomia do outro, mas como fator que determina o apoio necessário para enfrentar insuficiências e construir e/ou consubstanciar essa mesma autonomia.

A relação entre autonomia e vulnerabilidade é tema complexo que enseja, não raras vezes, difíceis e delicadas ponderações, como as que vêm sendo provocadas pela afirmação da plena capacidade civil das pessoas com deficiência, especialmente no que tange às relações existenciais.

De acordo como a Lei nº 13.146/2015,[31] a deficiência não afeta a plena capacidade civil da pessoa, inclusive para: casar-se e constituir união estável; exercer direitos sexuais e reprodutivos; exercer o direito de decidir sobre o número de filhos e de ter acesso a informações adequadas sobre reprodução e planejamento familiar; conservar sua fertilidade, sendo vedada a esterilização compulsória; exercer o direito à família e à convivência familiar e comunitária; e exercer o direito à guarda, à tutela, à curatela e à adoção, como adotante ou adotando, em igualdade de oportunidades com as demais pessoas (art. 6º).

O dispositivo mencionado tem provocado fortes reações que ensejaram inclusive proposta de lei[32] para alteração do Estatuto da Pessoa com Deficiência, em franco retrocesso em relação às conquistas decorrentes da Convenção Internacional sobre os Direitos das Pessoas com Deficiência (CDPD), incorporada ao ordenamento brasileiro com força e hierarquia constitucionais.

---

[30] SCHRAMM, Fermin Roland. Bioética da proteção: ferramenta válida para enfrentar problemas morais na era da globalização. *Revista Bioética*, v. 16, n. 1. p. 20.

[31] Institui a Lei Brasileira de Inclusão da Pessoa com Deficiência (Estatuto da Pessoa com Deficiência).

[32] PLS nº 757/2015: "Dá nova redação ao art. 1.772 do CC (sobre limites da curatela): [...]

§2º Excepcionalmente, o juiz poderá estender os limites da curatela para atos de caráter não patrimonial, inclusive para efeito de casamento, quando constatar que a pessoa não tiver discernimento suficiente para a prática autônoma desses atos.

§3º Na hipótese do §2º deste artigo, o juiz poderá condicionar a prática de determinados atos não patrimoniais a uma prévia autorização judicial, que levará em conta o melhor interesse do curatelado".

Na verdade, à luz dos princípios da dignidade da pessoa humana e da liberdade, nada autoriza a restrição dos direitos existenciais das pessoas com deficiência, salvo quando e na estrita medida do necessário para protegê-las.

O exame das disposições legais existentes para outros grupos de vulneráveis revela franca tendência ao fortalecimento da sua autonomia, tanto para atos patrimoniais, como existenciais, por meio de instrumentos adequados para tanto. Nenhuma razão existe, por conseguinte, para que o mesmo não ocorra em relação às pessoas com deficiência, exceção feita, permita-se a insistência, para seu benefício e proteção.

2.3 Instrumentos de tutela das vulnerabilidades: o exemplo dos mecanismos de apoio ao exercício da capacidade da pessoa com deficiência

Na trajetória das desigualdades no mundo social, a compreensão das vulnerabilidades requer um exame de suas múltiplas dimensões, derivadas em razão da origem, raça, sexo, cor, idade ou algum "impedimento de longo prazo de natureza física, mental, intelectual ou sensorial, o qual, em interação com uma ou mais barreiras, pode obstruir sua participação plena e efetiva na sociedade em igualdade de condições com as demais pessoas" (art. 2º, EPD), entre outras formas constatadas. Emerge, desse modo, a especial vulnerabilidade das pessoas com deficiência, que vivenciam situações de descaso, discriminação e exclusão de toda sorte ao longo da história, como já visto.

A promulgação do Estatuto da Pessoa com Deficiência (EPD), expressão legal da Convenção dos Direitos da Pessoa com Deficiência acolhida como emenda constitucional em nosso ordenamento, desafia uma cultura ainda vigente no país que é a *invisibilidade*, na medida em que essas pessoas têm seus direitos sistematicamente desrespeitados, inclusive pelo próprio Poder Público, que num círculo vicioso de omissão insiste em manter esse grupo vulnerado à margem da proteção legalmente estabelecida.

Diante desse quadro, realça-se a função promocional[33] do EPD e da Convenção, na medida em que a promulgação de uma lei geral sobre os direitos da pessoa com deficiência, que reflete normas constitucionais incorporadas após a internalização do CPDP, desafia intérpretes e operadores do direito, bem como as instituições competentes, a transformarem a atual "cultura de indiferença" causada pela invisibilidade e exclusão das pessoas com deficiência em nossa sociedade. Para tanto, é preciso celebrar as diferenças e valorizar a diversidade humana, de modo a beneficiar toda a sociedade que passa a conviver com diferentes visões de mundo.

Nesse sentido, indispensável promover a autonomia da pessoa com deficiência para decidir sobre sua própria vida e, para isso, se centrar na eliminação de qualquer tipo de barreira, para que haja uma adequada equiparação de oportunidades. Isso provoca o empoderamento da pessoa com deficiência que passa a tomar suas próprias decisões e assumir o controle do seu projeto de vida.

Entretanto, para que essa independência seja viável e real, é imprescindível a implementação de políticas públicas, programas sociais e serviços adaptados que permitam a superação das barreiras, mas que, em muitos casos, encontrará limite na

---

[33] Cf. BOBBIO, Norberto. *Da estrutura* à *função*: novos estudos de teoria do direito. Barueri: Manole, 2007, *passim*.

reserva do possível em razão da necessidade do aporte de recursos financeiros para a efetiva e plena fruição dos direitos assegurados às pessoas com deficiência, como a adaptação arquitetônica de imóveis, adaptação de veículos utilizados no transporte coletivo, adaptação de material didático nas escolas, contratação de intérpretes de Libras (língua brasileira de sinais), entre outros. Tal cenário, contudo, não pode ser, mais uma vez, fator para a perpetuação da indiferença e inobservância dos direitos conquistados.

Nesse sentido, indispensável que a sociedade reconheça as pessoas com deficiência como iguais em respeito e consideração, sujeitos independentes e com voz para interação com outros parceiros na sociedade, em simetria de oportunidade, para alcançar a estima social desejada e desenvolver livremente sua personalidade de acordo com seu projeto pessoal de plena realização existencial.

O estatuto se destina a assegurar e a promover, em condições de igualdade, o exercício dos direitos e das liberdades fundamentais por pessoa com deficiência, visando a sua inclusão social. A nova lei constitui medida eficiente para que as pessoas com deficiência obtenham os instrumentos necessários para ter uma vida digna, a exemplo da curatela e da tomada de decisão apoiada, que agora visam à promoção da autonomia da pessoa com deficiência.

A Lei Brasileira de Inclusão afirma a capacidade civil das pessoas com deficiência e o resguardo de seus direitos, sobretudo os de natureza existencial, cruciais para uma vida com dignidade (art. 6º).[34] Ao tratar do reconhecimento igual perante a lei, o estatuto reafirma a plena capacidade da pessoa com deficiência e assegura, ainda uma vez, seu "direito ao exercício de sua capacidade legal em igualdade de condições com as demais pessoas" (art. 84). Quer o legislador resguardar-lhes o direito de decidir sobre sua pessoa e bens, na medida de sua autonomia. Não foram desconsideradas, porém, as situações em que o exercício pessoal dos direitos assegurados, mesmo que superadas as barreiras e feitas as adaptações razoáveis, não é cômodo ou exige sacrifício e/ou sofrimento evitável para a pessoa com deficiência, ou, ainda, não é efetivamente possível, sem prejuízo dos interesses da própria pessoa, como acontece em casos de deficiências físicas e mentais graves. Prevê a lei instrumentos para ambas as hipóteses.

No primeiro caso, é facultada à pessoa com deficiência a adoção de processo de "tomada de decisão apoiada", no qual a pessoa com deficiência elege pelo menos 2 (duas) pessoas idôneas, para prestar-lhe apoio na tomada de decisão sobre atos da vida civil, fornecendo-lhes elementos e informações necessários para que possa exercer sua capacidade.

A tomada de decisão apoiada serve, portanto, para apoiar as pessoas com deficiência na conservação de sua plena capacidade de fato, logo, promover a autonomia e a dignidade, sendo que os apoiadores funcionam como coadjuvantes do processo de tomada de decisões a respeito das escolhas de vida da pessoa com deficiência. Em outros termos, os apoiadores atuam ao lado e como auxiliares da pessoa com deficiência, que será a verdadeira responsável pela tomada de decisão.

---

[34] Permita-se remeter a BARBOZA, Heloisa Helena; ALMEIDA JUNIOR, Vitor de Azevedo. A capacidade civil à luz do Estatuto da Pessoa com Deficiência. In: MENEZES, Joyceane Bezerra de (Org.). *Direito das pessoas com deficiência psíquica e intelectual nas relações privadas* – Convenção sobre os direitos da pessoa com deficiência e Lei Brasileira de Inclusão. Rio de Janeiro: Processo, 2016. p. 249-274.

Destaque-se, portanto, que a tomada de decisão apoiada já nasce vocacionada à preservação da autodeterminação da pessoa com deficiência, com fins de manutenção do seu pleno estado de capacidade de agir, sendo, inclusive, um remédio plasmado prioritariamente para apoio das situações existenciais, ainda que os apoiadores tenham como principal papel o auxílio às relações negociais travadas pela pessoa deficiente apoiada. Trata-se, permita-se repisar, de instituto promotor de autonomia e dignidade da pessoa com deficiência, sem amputar ou restringir demasiadamente sua vontade e escolhas existenciais e patrimoniais.

Para os casos graves, nos quais a pessoa com deficiência não apresenta condições físicas ou mentais de exercer seus direitos pessoalmente, admite o Estatuto a submissão da pessoa à curatela, "conforme a lei" (art. 84, §1º). Embora o texto legal utilize o verbo "submeter", a curatela prevista no estatuto tem características que a distinguem do instituto tradicional, a saber: (a) sua admissão é feita "quando necessário", o que deve ser entendido como "for necessário para atender o melhor interesse da pessoa com deficiência" e não outro qualquer (art. 84, §1º); (b) constitui medida protetiva extraordinária, que deve ser proporcional às necessidades e às circunstâncias de cada caso, e durar o menor tempo possível (art. 84, §3º); (c) afeta tão somente os atos relacionados aos direitos de natureza patrimonial e negocial (art. 85); e (d) não alcança o direito ao próprio corpo, à sexualidade, ao matrimônio, à privacidade, à educação, à saúde, ao trabalho e ao voto (art. 85, §1º).

Reafirma-se na última característica a preservação da plena capacidade civil da pessoa com deficiência, no que diz respeito a seus interesses existenciais, como prevê o art. 6º do estatuto, salvo quando as restrições se fizerem necessárias em benefício e para a proteção do curatelando nas questões existenciais. À evidência, a definição da curatela, isto é, dos poderes do curador e das restrições impostas ao curatelado, deve ser feita diante de cada caso concreto, uma vez que a curatela constitui medida extraordinária, devendo constar da sentença as razões de sua definição, preservados os interesses do curatelado (art. 85, §2º).

Dúvida consiste em saber se, com a afirmação da plena capacidade no art. 6º do EPD, nos casos em que a pessoa puder ser submetida à curatela ela permanece capaz ou poderá ser declarada relativamente incapaz. É oportuno lembrar, a rigor, que poderá ser considerada relativamente incapaz toda e qualquer pessoa que, "por causa transitória ou permanente", não puder exprimir sua vontade, nos termos da nova redação atribuída pelo estatuto ao inc. III, do art. 4º, do Código Civil. Certo é que, a partir da entrada em vigor da nova redação do citado art. 4º, a existência de deficiência física, mental, intelectual ou sensorial – por si só – não mais poderá ser indicada como causa da incapacidade, visto que a incapacidade somente resultará da impossibilidade de a pessoa exprimir sua vontade, por causa – qualquer que seja – transitória ou permanente, vale dizer, permita-se a insistência, seja a pessoa deficiente ou não. Enquanto a pessoa tiver competência para explicitar sua vontade, seja por meio de adequações razoáveis, intérpretes (caso da língua dos sinais utilizada pelos surdos) ou de apoiadores, em princípio, não tem cabimento a incapacidade relativa. A pessoa que se encontre nas condições previstas no inc. III, do art. 4º, poderá ser declarada incapaz relativamente aos atos indicados na respectiva sentença de interdição, que terá o alcance estabelecido pelo estatuto.

Nesse sentido, o reconhecimento da incapacidade relativa de uma pessoa e a consequente decretação de sua interdição é medida extraordinária e se legitima apenas como medida de proteção, como deixa claro o Estatuto (art. 84, §3º). Se tem cabimento, portanto, quando insuficientes ou inexistentes os meios de proteção dos interesses da pessoa que será curatelada. É importante observar que deve se deferida de modo "proporcional às necessidades e às circunstâncias de cada caso", de acordo com o mesmo dispositivo. Por conseguinte, não serão razoáveis decisões genéricas, que confiram amplos poderes de disposição ou comprometimento de bens para pessoa de patrimônio diminuto.

O mesmo deve-se dizer em relação às pessoas que se encontrem impedidas de exprimir sua vontade, em situações sabidamente temporárias, como as que decorrem de tratamento médico ou cirúrgico. É de todo indispensável observar com minúcia as circunstâncias e necessidades de cada caso, para que se encontre a proporção que atenda ao melhor interesse do curatelado e preserve, ao máximo, sua autonomia.

Indispensável, portanto, que diante das vulnerabilidades presentes no "mundo social" o direito desempenhe papel relevante na busca por instrumentos para reequilibrar as relações jurídicas, sobretudo em questões sensíveis como as existenciais, de modo a preservar a necessária autonomia dos sujeitos vulneráveis, a exemplo das pessoas com deficiência, crianças, adolescentes, idosos, entre outros.

Considerações finais

Se a vulnerabilidade é certa e atinge todos os seres humanos, sob esse aspecto todos são iguais. Toda matéria jurídica já estaria por ela impregnada. Caberia, por conseguinte, indagar se a noção de vulnerabilidade apresenta algum interesse jurídico. Tal visão é exagerada, na medida em que a vulnerabilidade apresenta gradações. Trata-se de "uma certa vulnerabilidade e não mais de uma vulnerabilidade certa" que interessa ao jurista, ainda que o direito tenha normas que a consagrem de modo geral.[35] A diversidade de formas de vulnerabilidade explica a existência de diferentes mecanismos de proteção. A maioria das manifestações da vulnerabilidade se encontra implícita, sendo mais rara sua referência direta e explícita.

Por força da cláusula geral da dignidade da pessoa humana, imantada pela Constituição, é imprescindível sua proteção integral, bem como, por questão da isonomia substancial, que as vulnerabilidades específicas imponham tutelas mais enérgicas em prol desse grupo. Na legalidade constitucional, não só a tutela genérica da pessoa humana é imperiosa, mas também a tutela específica das vulnerabilidades na medida de suas necessidades.

---

[35] PERLINGIERI, Pietro. *Manuale di diritto civille*. 3. ed. Napoli: Edizioni Scientifiche Italiane, 2002. p. 16.

Autonomia e vulnerabilidade são chaves indispensáveis para a concretização da dignidade da pessoa humana, uma vez que aquela deve ser, sempre que possível, preservada a fim de promover a liberdade e as decisões pessoais, sobretudo as de cunho existencial, e essa merece ser tutelada, a partir de suas especificidades, na exata medida para promover a necessária autonomia. A tutela das vulnerabilidades na legalidade constitucional é uma questão de afirmação da igualdade substancial e respeito à dignidade humana.

Informação bibliográfica deste texto, conforme a NBR 6023:2002 da Associação Brasileira de Normas Técnicas (ABNT):

BARBOZA, Heloisa Helena; ALMEIDA, Vitor. A tutela das vulnerabilidades na legalidade constitucional. In: TEPEDINO, Gustavo; TEIXEIRA, Ana Carolina Brochado; ALMEIDA, Vitor (Coord.). *Da dogmática à efetividade do Direito Civil*: Anais do Congresso Internacional de Direito Civil Constitucional – IV Congresso do IBDCivil. 2. ed. rev., ampl. e atual. Belo Horizonte: Fórum, 2019. p. 41-55. ISBN 978-85-450-0545-2.

CAPÍTULO 3

VULNERABILIDADE EXISTENCIAL NA INTERNET

DEBORAH PEREIRA PINTO DOS SANTOS

3.1 Introdução: proteção da pessoa humana na era virtual

De acordo com a metodologia civil-constitucional, preconiza-se a passagem do sujeito de direito à pessoa humana como centro subjetivo das relações jurídicas, sendo esta considerada em toda a sua inviolável dignidade. Em razão do papel central exercido no ordenamento jurídico pela Constituição – em especial, pela cláusula geral de tutela da pessoa humana – se defende que o indivíduo, elemento antes cercado de neutralidade, cedeu lugar nas relações de direito privado à pessoa, cuja proteção e promoção são objetivos máximos da ordem jurídica.[1]

A concepção abstrata e unitária do "burguês másculo, maior, alfabetizado e proprietário" deve ser superada em prol da pessoa humana em sua concreta vulnerabilidade. O sujeito abstrato mantém a sua função, porém não mais é conceito suficiente para abarcar integralmente as realidades às quais faz referência. Trata-se de processo contínuo, no qual se retira do procedimento jurídico de construção do sujeito-pessoa qualquer indiferença pela realidade das condições materiais peculiares a cada ser humano, a exemplo das crianças e adolescentes, das mulheres e dos portadores de deficiência.[2]

As técnicas do sujeito de direito e da pessoa humana são complementares e não excludentes para a promoção das situações jurídicas existenciais. Com elas, busca-se compatibilizar a tutela do sujeito titular de direitos e deveres nas relações privadas e

---

[1] TEPEDINO, Gustavo. Do sujeito de direito à pessoa humana. *Revista Trimestral de Direito Civil*, Rio de Janeiro, v. 2, 2000.

[2] Cf. RODOTÀ, Stefano. *Dal soggetto alla persona*. Milano: ESI, 2007. p. 15-26.

o reconhecimento das diferenças que individualizam as pessoas, sendo sempre tais relações funcionalizadas à tutela da dignidade humana.[3]

Nesse contexto, coloca-se a proteção da pessoa humana no universo virtual. Se, por um lado, a internet é um espaço privilegiado para o exercício da liberdade de cunho existencial; por outro, ela constitui fonte concreta de perigo para a violação de diversos aspectos da dignidade humana, especialmente por permitir circulação de dados sensíveis em volume e velocidade sem qualquer precedente comparativo. Além disso, devido à maximização da circulação de informações na internet, dados acabam por ter valor econômico, mesmo que na aparência sejam meramente pessoais.[4]

A revolução tecnológica, que se fortaleceu na segunda metade do século vinte, trouxe novas fontes de bens jurídicos e de interesses existenciais, que devem ser acompanhadas pela necessária reconstrução das categorias do direito privado para adaptarem-se ao ambiente virtual da internet. Em consequência, cabe à doutrina estabelecer *standards* para proteger a pessoa humana diante dos novos bens jurídicos que se tornam objeto de situações jurídicas existenciais criadas pelo avanço tecnológico no universo digital.[5]

Certamente, se não há setor do direito privado imune à incidência dos preceitos constitucionais, tal imunidade não deverá ser criada para o mundo virtual, que não configura zona franca para a atuação desgovernada da autonomia privada. É necessário juízo de valor de cada ato humano praticado, seja em meio físico ou digital, de modo a averiguar o seu concreto merecimento de tutela à luz da axiologia constitucional.[6] Não se pode permitir que as telas de computadores e telefones, usados para acessar as redes sociais, se tornem espécie de anel de Gyges, como na metáfora contada por Platão, que tornava o portador do anel invisível e, consequentemente, imune de responsabilidade por seu mau comportamento no meio social.[7]

Ademais, deve-se ter em conta que determinados grupos de indivíduos se encontram mais vulneráveis aos perigos do universo virtual, especialmente devido a fatores psicofísicos, sociais e econômicos. No caso de crianças e adolescentes, por serem pessoas ainda em formação, são mais suscetíveis de serem influenciadas pelo conteúdo exposto na web, com maior risco de ferimento em sua dignidade. Em pesquisa realizada no Reino Unido, foi verificado que redes sociais como o Instagram podem ser gravemente danosas à saúde mental de jovens, especialmente porque são focadas na exibição de imagens e, assim, estimulam a prática de atos como *cyberbullying*. Além disso,

---

[3] TEPEDINO, Gustavo. O papel atual da doutrina do Direito Civil entre o sujeito e a pessoa. In: TEPEDINO, Gustavo; TEIXEIRA, Ana Carolina Brochado; ALMEIDA, Vitor (Coords.). *O direito civil entre o sujeito e a pessoa*: estudos em homenagem ao Professor Stefano Rodotà. Belo Horizonte: Fórum, 2016. p. 18-19.

[4] RODOTÀ, Stefano. *A vida na sociedade de vigilância*. A privacidade hoje. Rio de Janeiro: Renovar, 2008. p. 36.

[5] TEPEDINO, Gustavo. Normas constitucionais e direito civil na construção unitária do ordenamento. In: TEPEDINO, Gustavo. *Temas de direito civil*. Rio de Janeiro: Renovar, 2009. p. 15. t. III.

[6] Cf. PERLINGIERI, Pietro. *Perfis do direito civil*. Introdução ao direito civil. Tradução de Maria Cristina de Cicco. 3. ed. Rio de Janeiro: Renovar, 2007. p. 17-19.

[7] Sobre a lenda de Gyges e reflexão sobre as redes sociais, v. RAMAL, Andrea. Baleia Azul ou Baleia Rosa: a escolha de uma vida inteira. *G1*, 23 abr. 2017. Disponível em: <http://g1.globo.com/educacao/blog/andrea-ramal/post/baleia-azul-ou-baleia-rosa-escolha-de-uma-vida-inteira.html>. Acesso em: 26 abr. 2017.

o acesso constante tende a aumentar o risco de desenvolvimento de quadro psicológico de ansiedade e depressão por crianças e adolescentes.[8]

Além do uso livre e economicamente desinteressado, por ter finalidade meramente existencial, a internet vem despontando como relevante espaço de atuação do mercado. É cada vez forte a presença de *marketing* nas redes sociais e em *blogs* pessoais, não só pelo uso de publicidade direta, mas também por intermédio da contratação de perfis que atuam como influenciadores digitais, que muitas vezes não identificam claramente o seu conteúdo publicitário. Com o presente artigo, pretende-se abordar alguns aspectos relevantes da proteção da pessoa humana na internet, focando-se nas figuradas mais sujeitas a serem vulneradas no ambiente digital, como crianças e adolescentes.

3.2 Preeminência das situações existenciais sobre as situações patrimoniais

A cláusula geral de tutela da pessoa humana, prevista como valor fundante da república,[9] é princípio-guia para a reunificação de todo o direito civil. Do ponto de vista sistemático, a normativa constitucional está no ápice do ordenamento jurídico, sendo os princípios nela presentes normas diretivas para a reconstrução do direito privado. Ressalte-se que não se trata apenas da rigidez formal das normas constitucionais, hierarquicamente superiores, mas sim da constatação de que os valores expressos pelo constituinte – extraídos da cultura, da consciência social, do ideal ético e da noção de justiça presente na sociedade – devem informar o sistema jurídico como todo.[10]

Ao se reconhecer que a ordem jurídica fez a escolha de privilegiar o "ser sobre o ter", há a releitura dos institutos de direito civil para conformá-los à tábua axiológica prevista na Constituição.[11] Antes considerados instrumentos de perseguição do interesse particular, os institutos de direito civil passam a ser direcionados à realização dos valores extraídos das normas constitucionais. Dessa forma, eles "deixam de ser fins em si mesmo, merecedores de tutela por sua própria estrutura, e passam a ser identificados

---

[8] Estudo da Royal Society for Public Health do Reino Unido (RSPH), acessível em SOCIAL media and young people's mental health and wellbeing. *Royal Society for Public Health*. Disponível em: <https://www.rsph.org.uk/our-work/policy/social-media-and-young-people-s-mental-health-and-wellbeing.html>. Acesso em: 17 jun. 2017. Para resumo do estudo em português, v. matéria publicada pela BBC Brasil em INSTAGRAM é considerada a pior rede social para saúde mental dos jovens, segundo pesquisa. *BBC Brasil*, 30 maio 2017. Disponível em: <http://www.bbc.com/portuguese/geral-40092022>. Acesso em: 17 jun. 2017. No Brasil, há relevante estudo realizado na Universidade do Estado do Rio de Janeiro na área da neurociência. Cf. EINSENSTEIN, Evelyn; ESTERFENON, Susana B. Geração digital: riscos das novas tecnologias para crianças e adolescentes. *Revista Hospital Universitário Pedro Ernesto*, Rio de Janeiro, ano 10, p. 42-52, ago. 2011. Disponível em: <http://revista.hupe.uerj.br/detalhe_artigo.asp?id=105>. Acesso em: 29 jun. 2017. Também, cf. manual publicado pela SOCIEDADE BRASILEIRA DE PEDIATRIA. *Manual de orientação*: saúde de crianças e adolescentes na era digital. [s.l.]: Sociedade Brasileira de Pediatria, 2016. Disponível em: <http://www.sbp.com.br/fileadmin/user_upload/2016/11/19166d-MOrient-Saude-Crian-e-Adolesc.pdf>. Acesso em: 19 jun. 2017.

[9] Art. 1º, inc. III da Carta de 88.

[10] MORAES, Maria Celina Bodin de. O princípio da dignidade da pessoa humana. In: MORAES, Maria Celina Bodin de. *Na medida da pessoa humana*: estudos de direito civil-constitucional. Rio de Janeiro: Renovar, 2010. p. 72-73.

[11] PERLINGIERI, Pietro. Normas constitucionais nas relações privadas. *Revista da Faculdade de Direito da UERJ*, v. 6-7, 1998-1999. p. 66.

como instrumentos destinados a realizar finalidades maiores, consagradas estas no texto constitucional".[12]

Nesse sentido, pela primazia axiológica do princípio da dignidade da pessoa humana em nosso ordenamento, defende-se a preeminência das situações existenciais sobre as patrimoniais. Todas as situações jurídicas subjetivas, como eficácia dos fatos jurídicos, devem ser submetidas à normatividade constitucional.[13] Não existe segregação absoluta entre situações existenciais e patrimoniais, mas a atividade econômica deve ser subordinada ao atendimento de valores não econômicos previstos na Constituição, como a solidariedade social, a igualdade substancial e a dignidade da pessoa humana.[14]

Assim, a pessoa humana passa a ser o caminho pelo qual se deve dar maior relevância à materialidade das relações jurídicas em que cada ser humano se encontre, bem como às relações sociais que o caracterizam. Ao mesmo tempo, as relações humanas não podem ser percebidas exclusivamente em sua dimensão econômica. Se, inevitavelmente, o dado econômico possui relevância em situações jurídicas de cunho patrimonial, ele não se mede pela pessoa ou por sua existência. Diversamente, é a pessoa – e a sua inviolável dignidade – que se tornam a medida do agir econômico.[15]

Ademais, a centralidade do valor da pessoa, consagrado pela Constituição, impõe nova consideração sobre as relações patrimoniais, movimento esse que vem se chamando de "despatrimonialização" do direito civil.[16] Tal mudança metodológica não exige a redução do espaço destinado às situações patrimoniais, muito menos a expulsão de tais situações do âmbito de proteção normativa. De modo diverso, há a valoração qualitativa do momento econômico pelo ordenamento jurídico e a necessidade de encontrar, na exigência de tutela prioritária da pessoa humana, aspecto idôneo para atribuir à atividade econômica justificativa institucional de suporte ao seu livre desenvolvimento.[17]

Voltando-se ao universo virtual, o acesso à internet possui valor inestimável no mundo de hoje. Para relevante voz doutrinária, configura direito fundamental, por ser instrumento essencial de garantia da efetividade de outros direitos fundamentais, como a livre construção da personalidade e a liberdade de expressão.[18] A internet representa a "criação do maior espaço público que a humanidade já conheceu", no qual todos podem exercer o direito de manifestação de pensamento, adquirir conhecimento, criar ideias, além de fazer circular informações, exercitar o direito de crítica e participar da vida pública. Ou seja, a web possibilita a construção de sociedade verdadeiramente diversa, na qual todas as pessoas podem ser igualmente cidadãos.[19]

---

[12] KONDER, Carlos Nelson. *Contratos conexos*: grupos de contratos, redes contratuais e contratos coligados. Rio de Janeiro: Renovar, 2006. p. 28.

[13] PERLINGIERI, Pietro. *O direito civil na legalidade constitucional*. Tradução de Maria Cristina de Cicco. Rio de Janeiro: Renovar, 2008. p. 668.

[14] SCHREIBER, Anderson. *Direito civil e Constituição*. São Paulo: Atlas, 2013. p. 20-21.

[15] RODOTÀ, Stefano. *Dal soggetto alla persona*. Milano: ESI, 2007. p. 23-24.

[16] PERLINGIERI, Pietro. *O direito civil na legalidade constitucional*. Tradução de Maria Cristina de Cicco. Rio de Janeiro: Renovar, 2008. p. 57-58.

[17] PERLINGIERI, Pietro. *O direito civil na legalidade constitucional*. Tradução de Maria Cristina de Cicco. Rio de Janeiro: Renovar, 2008. p. 121.

[18] RODOTÀ, Stefano. *Il terribile diritto*. Studi sulla proprietà privata e i beni comuni. 3. ed. Bologna: Mulino, 2013. p. 467-468.

[19] RODOTÀ, Stefano. *Il terribile diritto*. Studi sulla proprietà privata e i beni comuni. 3. ed. Bologna: Mulino, 2013. p. 488-489.

O mundo virtual permite a criação de canais de comunicação livres e diretos entre indivíduos situados em diferentes regiões do globo, de forma a estimular a democratização do acesso à informação e a permitir que fatos sejam examinados e discutidos sob óticas diversas, contribuindo para a redução da intolerância e a eliminação dos preconceitos. Contudo, "os extraordinários benefícios trazidos por essa genuína 'revolução' talvez só sejam comparáveis, em magnitude, aos riscos que derivam de todo este novo instrumental tecnológico e da exploração ainda incontrolada destas novas fronteiras".[20] É preciso reafirmar, desde logo, que a internet não é *locus* de liberdade infinita e deve emergir como espaço em que operam todas as garantias constitucionais.[21] Explica-se.

A internet é local onde *aparentemente* impera a liberdade sem controle pelo ordenamento jurídico, pois não há qualquer análise prévia do conteúdo a ser exposto ou mesmo necessidade de assunção da autoria das manifestações, sendo muito comum o uso de pseudônimos em *blogs* ou em perfis nas redes sociais. O desenvolvimento da web foi acompanhado pela demanda por anonimato e pela consequente possibilidade de assunção de diversas identidades na rede, tendo em vista ser a internet precisamente um espaço de liberdade. Contudo, ressalta Stefano Rodotà:

> a convivência de interesses e liberdades diversas pode propiciar o surgimento de conflitos, como aquele entre privacidade/anonimato de quem difunde notícias e a privacidade/ reserva de quem é objeto delas: faz-se indispensável encontrar instrumentos para a solução de tais conflitos.[22]

O direito não pode ignorar as alterações produzidas pela revolução tecnológica na realidade social, as quais terão de ser levadas em conta na elaboração e atualização do pensamento jurídico, para que ele se renove constantemente.[23] A opção axiológica do constituinte brasileiro, de eleger a dignidade humana como valor máximo do sistema normativo, acaba por excluir a existência de redutos particulares que, por representarem liberdades inatas, desconsideram a plena realização da pessoa. Sendo assim, não há espaços insuscetíveis ao controle social – nem mesmo no universo virtual –, justamente porque sempre integram a ordem constitucional.[24]

Seja em meio físico ou digital, todos os comportamentos humanos devem se sujeitar ao controle não só de licitude, mas também à análise de merecimento de tutela conforme juízo de valor da conduta.[25] Considerando a força normativa dos preceitos constitucionais, os juízos de licitude e de valor a que se sujeitam os comportamentos humanos – não sendo possível a exclusão daqueles concretizados em ambiente virtual –

---

[20] SCHREIBER, Anderson. *Direito e mídia*. São Paulo: Atlas, 2013. p. 12.

[21] RODOTÀ, Stefano. *A vida na sociedade de vigilância*. A privacidade hoje. Rio de Janeiro: Renovar, 2008. p. 181.

[22] RODOTÀ, Stefano. *A vida na sociedade de vigilância*. A privacidade hoje. Rio de Janeiro: Renovar, 2008. p. 150. Há exemplos notórios, como de celebridades/pessoas públicas que são expostas em seus momentos íntimos e contra a sua vontade. Cf. SCHREIBER, Anderson. *Direitos da personalidade*. 2. ed. São Paulo: Atlas, 2013, *passim*.

[23] ASCARELLI, Tullio. *Problemi giuridici*. Milano: Giuffrè, 1959. p. 101. t. I.

[24] TEPEDINO, Gustavo. Os quinze anos da Constituição e o direito civil. *Revista Trimestral de Direito Civil*, Rio de Janeiro, v. 14, 2003.

[25] PERLINGIERI, Pietro. *Perfis do direito civil*. Introdução ao direito civil. Tradução de Maria Cristina de Cicco. 3. ed. Rio de Janeiro: Renovar, 2007. p. 92.

devem ser sempre reconduzidos à legalidade constitucional. Os atos de autonomia privada não possuem valor em si, mas têm fundamentos diversos conforme os interesses e valores a serem realizados. Ademais, possuem denominador comum na necessidade de serem direcionados a atender a interesses e funções merecedoras de tutela e socialmente úteis. Quando as manifestações de autonomia atingirem fortemente o valor da pessoa, elas não poderão receber a mesma proteção concedida à liberdade de perseguir o maior lucro possível.[26]

Mais do que isso, a afirmação obstinada de liberdade na rede, identificada com a ausência de qualquer regra, converte-se em ulterior crescimento das possibilidades de influência da pura lógica de mercado sobre toda a dinâmica da internet,[27] invertendo-se a *ratio* do sistema que é de valoração qualitativamente diversa das situações patrimoniais. Sem dúvida, a liberdade de acesso à internet e seu vasto conteúdo não podem ser reduzidos à possibilidade de trocas patrimoniais, em lógica mercantilista, como um *world wide supermarket*, impregnado de mecanismos de exclusão, que disfarçam a sua verdadeira natureza de ambiente democrático para o exercício da cidadania em perspectiva global.[28]

Como antes já afirmado, além de espaço para o exercício da livre manifestação de pensamento, a internet se transformou em palco para a oferta de produtos e serviços ao mercado, a exemplo da forte presença de publicidade direta e indireta por meio do uso de figuras conhecidas como "blogueiros" ou influenciadores digitais. Alguns desses influenciadores têm atuado como garotos-propaganda no mercado de cosméticos e produtos de luxo. Contudo, a contratação de tais pessoas para a realização de *marketing* em seus perfis nas redes sociais ou em *blogs* – que *a priori* são pessoais e representam a realização de liberdade existencial – nem sempre é feita de forma clara para o consumidor.

Por exemplo, o Conselho Nacional de Autorregulamentação Publicitária (Conar) verificou a realização de publicidade velada em *posts* de *blogs* pessoais por não terem apresentado a correta identificação de seu conteúdo como publicitário. De acordo com denúncia apresentada por consumidores, três conhecidas influenciadoras digitais postaram, em termos semelhantes e no mesmo momento, a divulgação de produtos vendidos pela loja de cosméticos (física e virtual) Sephora e pelo *site* de comércio virtual OQvestir, sem fazer o correto destaque da ação publicitária. O Conar decidiu propor as representações éticas contra as titulares dos *blogs*, o *site* de vendas e a famosa empresa de cosméticos, com base em previsão do Código Brasileiro de Autorregulamentação Publicitária, segundo a qual toda ação publicitária deve ser passível de fácil identificação pelo consumidor.

Na decisão, foi aplicada pena de advertência aos *blogs* e aos anunciantes por violação da ética publicitária. O relator entendeu que as reclamações dos consumidores foram fruto da confusão criada pelas aparentes "dicas" dos *blogs* mencionando expressamente marcas de produtos e indicações relativas ao seu uso. Assim, nos termos assentados na decisão, a ética publicitária deve ser aplicada em todo e qualquer meio

---

[26] PERLINGIERI, Pietro. *O direito civil na legalidade constitucional*. Tradução de Maria Cristina de Cicco. Rio de Janeiro: Renovar, 2008. p. 347-349.

[27] RODOTÀ, Stefano. *A vida na sociedade de vigilância*. A privacidade hoje. Rio de Janeiro: Renovar, 2008. p. 153.

[28] RODOTÀ, Stefano. *Il terribile diritto*. Studi sulla proprietà privata e i beni comuni. 3. ed. Bologna: Mulino, 2013. p. 489; 493.

de comunicação, incluída a web. Ademais, espera-se que os titulares de *blogs* e perfis em redes sociais – quando atuem como influenciadores no mercado – adotem posturas que protejam essa forma de comunicação, garantindo respeitabilidade e confiabilidade, além da proteção dos consumidores e da sociedade como todo.[29]

Ademais, o próprio Código de Defesa do Consumidor determinou que a publicidade deve ser sempre veiculada de forma que o consumidor possa fácil e imediatamente identificá-la como tal.[30] Tal norma deve ter sua aplicação reconhecida em atividades econômicas exercidas na internet. Além disso, a Lei Consumerista também vedou as mensagens enganosas e abusivas, sendo a última considerada aquela que seja:

> discriminatória de qualquer natureza, a que incite a violência, explore o medo ou a superstição, se aproveite da deficiência de julgamento e experiência da criança, desrespeite valores ambientais, ou que seja capaz de induzir o consumidor a se comportar de forma prejudicial à sua saúde ou segurança.[31]

Decerto, a internet não é zona franca para a atuação da desenfreada autonomia privada, sendo qualquer ação humana, mesmo que realizada no mundo virtual, necessariamente vinculada à juridicidade constitucional. Pelo contrário, pela preeminência das situações existenciais sobre as patrimoniais, as atividades econômicas na web – para serem merecedoras de tutela e, dessa forma, protegidas pelo ordenamento – devem ser funcionalizadas aos princípios da dignidade da pessoa humana, da igualdade substancial e da solidariedade social.

Assim, deve-se evitar a transformação em mercadoria dos aspectos mais íntimos da vida privada. O desenvolvimento do comércio na internet oferece grandes possibilidades a todos, mas exige segurança nas transações e também garantias adequadas para a privacidade dos consumidores. Deve-se agir de forma que "a 'sociedade na rede' não seja progressivamente identificada com o espaço comercial, no qual direitos reconhecidos são somente aqueles ligados à troca de bens e serviços". É preciso impedir que haja a redução da pessoa humana ao consumidor, de modo que a esfera pública e a privada sejam absorvidas na esfera da produção e da troca.[32]

Além disso, a tutela de vulneráveis, como crianças e adolescentes, deve ser reforçada na rede mundial de computadores. Tais pessoas recebem maior influência do conteúdo exposto na web, a exemplo das mencionadas ações publicitárias, além de não terem toda a compreensão dos riscos sociais e das consequências possíveis da exposição de dados sensíveis na rede. As oportunidades oferecidas pelas novas tecnologias devem ser também usadas para garantir a defesa dos direitos fundamentais – em especial, do direito ao livre desenvolvimento da personalidade – em ambiente caracterizado pelo recurso maciço à coleta de informações.[33]

---

[29] CONAR, 3ª Câmara. Representações n°s 221, 222 e 223/2012. Rel. Cons. Clementino Fraga Neto, set. 2012.

[30] Art. 36 do Código de Defesa do Consumidor.

[31] Art. 37 do Código de Defesa do Consumidor.

[32] RODOTÀ, Stefano. *A vida na sociedade de vigilância*. A privacidade hoje. Rio de Janeiro: Renovar, 2008. p. 156-158.

[33] RODOTÀ, Stefano. *A vida na sociedade de vigilância*. A privacidade hoje. Rio de Janeiro: Renovar, 2008. p. 147.

3.3 Vulnerabilidade existencial na internet e tutela prioritária de crianças e adolescentes

Como visto, é o princípio da dignidade da pessoa humana que confere unidade axiológica e sistemática para a recriação dos institutos de direito civil, de modo a privilegiar os valores existenciais, para cujo atendimento deve se voltar a iniciativa econômica privada e as situações jurídicas patrimoniais.[34] Quando se está diante de situação jurídica existencial, o respeito ao princípio da dignidade da pessoa humana impõe postura atenta e cautelosa ao intérprete. Com efeito, a proibição de qualquer forma de mercantilização, combinada com a satisfação do livre desenvolvimento da personalidade, exige maior atenção do ordenamento quando estiverem em jogo aspectos da personalidade, como a integridade psicofísica, a identidade e a privacidade.[35]

Reconhece-se proteção a qualquer vulnerabilidade humana, que será tutelada prioritariamente nas situações jurídicas em que se manifestar. Assim, terão precedência os direitos e as prerrogativas de determinados grupos considerados frágeis e que, por tal razão, demandam proteção especial do ordenamento jurídico.[36] A vulnerabilidade existencial configura-se na "situação jurídica subjetiva em que o titular se encontra sob maior suscetibilidade de ser lesionado na sua esfera extrapatrimonial, impondo a aplicação de normas jurídicas de tutela diferenciada para a satisfação do princípio da dignidade da pessoa humana".[37]

Para concretização da cláusula geral de tutela da pessoa humana, deve-se levar em conta a vulnerabilidade inerente às pessoas humanas e as diferenças existentes entre elas, com o objetivo de se alcançar, o quanto seja possível, a igualdade substancial. A proteção é assegurada integralmente, em todas as situações jurídicas, para aquelas pessoas que se encontrem vulneradas por razões adversas de ordem psicofísica, social e/ou econômica.[38] Ressalte-se que, se todas as pessoas são vulneráveis potenciais em aspectos existenciais, é indispensável verificar no caso concreto as peculiaridades que cercam cada um, a exemplo de crianças e adolescentes, idosos e portadores de deficiência.[39]

No caso de crianças e adolescentes, a Constituição dispensou tutela especial, em razão de sua condição como pessoa em desenvolvimento.[40] A tutela da criança e do adolescente deve permitir, no curso de seu processo educacional, que o menor de idade cresça biológica e psiquicamente saudável, relevando progressivamente a sua vulnerabilidade, de modo a se informar e se formar como pessoa responsavelmente

---

[34] TEPEDINO, Gustavo. Premissas metodológicas para a constitucionalização do direito civil. In: TEPEDINO, Gustavo. *Temas de direito civil*. 4. ed. Rio de Janeiro: Renovar, 2008. p. 23. t. I.

[35] KONDER, Carlos Nelson. Vulnerabilidade patrimonial e vulnerabilidade existencial: por um sistema diferenciador. *Revista de Direito do Consumidor*, v. 99, p.101-123, 2015.

[36] MORAES, Maria Celina Bodin de. O princípio da dignidade da pessoa humana. In: MORAES, Maria Celina Bodin de. *Na medida da pessoa humana*: estudos de direito civil-constitucional. Rio de Janeiro: Renovar, 2010. p. 84.

[37] KONDER, Carlos Nelson. Vulnerabilidade patrimonial e vulnerabilidade existencial: por um sistema diferenciador. *Revista de Direito do Consumidor*, v. 99, p.101-123, 2015.

[38] BARBOZA, Heloisa Helena. Vulnerabilidade e cuidado: aspectos jurídicos. In: PEREIRA, Tânia da Silva; OLIVEIRA, Guilherme de (Coords.). *Cuidado e vulnerabilidade*. São Paulo: Atlas, 2009. p. 3.

[39] BARBOZA, Heloisa Helena. Vulnerabilidade e cuidado: aspectos jurídicos. In: PEREIRA, Tânia da Silva; OLIVEIRA, Guilherme de (Coords.). *Cuidado e vulnerabilidade*. São Paulo: Atlas, 2009. p. 6.

[40] Art. 227 da Constituição de 88.

livre, exercendo, efetivamente, sua autonomia existencial de forma compatível com suas condições materiais.[41]

O problema da tutela de sujeitos particularmente vulneráveis na internet tornou-se de grande relevância por trazer novas preocupações no que diz respeito à liberdade de expressão e à proteção do livre desenvolvimento da pessoa humana. Crianças e adolescentes, naturalmente vulneráveis, são curiosos e impulsivos e, sem as informações corretas sobre os perigos da rede, nem sempre conseguem saber o que ou quem se esconde por trás da tela do computador ou do *smartphone*.

Paralelamente ao advento de novas tecnologias, surgem novos padrões de relações humanas. No isolamento seguro do computador, em casa ou numa *lan house*, jovens iniciam relacionamentos sociais com pessoas de todas as idades, cuja identidade real, muitas vezes, é desconhecida. Tais relacionamentos são superficiais, mas criam expectativas de repercussão virtual da própria imagem, que pode vir a ser transmitida em tempo real por câmeras digitais. O esperado retorno é traduzido em número de manifestações nas comunidades virtuais como as reações e as "curtidas" nas redes sociais, que, quando negativas, poderão gerar repercussões gravosas na imagem e na honra da criança e do adolescente. Em consequência, tais repercussões afetam a personalidade da pessoa em formação, a exemplo de condutas como o *cyberbullying*. Há forte risco também de acesso a *sites* que incitam ao consumo exacerbado, à violência, à pornografia e à pedofilia.[42]

O Marco Civil da Internet, Lei nº 12.965 de 2014, trouxe regra pela qual há a necessidade de controle, vigilância e educação digital pelos responsáveis dos menores, como formas de proteção frente aos impactos causados pelas mudanças tecnológicas.[43] Assim, questão que se coloca é, em relação a crianças e adolescentes, como se dará o desenvolvimento de atividades de classificação etária para acesso ao conteúdo exposto na web, de forma que as propostas de autoclassificação pelos provedores e *sites* não fomentem a autocensura.[44]

Outro problema que vem sendo enfrentado pelos tribunais brasileiros é o *cyberbullying* como comportamento pejorativo e ofensivo adotado entre crianças e adolescentes nas redes sociais. Conforme expressamente previsto na Lei nº 13.185 de 2015, há a possibilidade de a intimidação ser realizada por meio da rede mundial de computadores.[45] A própria lei traz definição de intimidação sistemática ou *bullying*:

> todo ato de violência física ou psicológica, intencional e repetitivo que ocorre sem motivação evidente, praticado por indivíduo ou grupo, contra uma ou mais pessoas, com

---

[41] TEPEDINO, Gustavo. A tutela constitucional da criança e do adolescente: projeções civis e estatutárias. In: TEPEDINO, Gustavo. *Temas de direito civil*. Rio de Janeiro: Renovar, 2009. p. 202; 204. t. III.

[42] EINSENSTEIN, Evelyn; ESTERFENON, Susana B. Geração digital: riscos das novas tecnologias para crianças e adolescentes. *Revista Hospital Universitário Pedro Ernesto*, Rio de Janeiro, ano 10, p. 42-52, ago. 2011. p. 45. Disponível em: <http://revista.hupe.uerj.br/detalhe_artigo.asp?id=105>. Acesso em: 29 jun. 2017.

[43] Art. 29 da Lei nº 12.965 de 2014. Cf. SOCIEDADE BRASILEIRA DE PEDIATRIA. *Manual de orientação*: saúde de crianças e adolescentes na era digital. [s.l.]: Sociedade Brasileira de Pediatria, 2016. Disponível em: <http://www.sbp.com.br/fileadmin/user_upload/2016/11/19166d-MOrient-Saude-Crian-e-Adolesc.pdf>. Acesso em: 19 jun. 2017.

[44] RODOTÀ, Stefano. *A vida na sociedade de vigilância*. A privacidade hoje. Rio de Janeiro: Renovar, 2008. p. 158-159.

[45] Art. 2º, parágrafo único da Lei nº 13.185 de 2015.

o objetivo de intimidá-la ou agredi-la, causando dor e angustia à vítima, em uma relação de desequilíbrio de poder entre as partes envolvidas.[46]

O Tribunal de Justiça do Estado do Rio de Janeiro analisou a responsabilidade civil por conduta de humilhação pública praticada por jovens menores, que fizeram comentários jocosos e agressivos contra outra jovem menor, na rede social Facebook. Na decisão, foi assentado que o *bullying virtual* pode ser tão agressivo quanto aquele praticado diretamente, com o agravante ainda da repercussão social em razão da exposição ampla e repetida. Assim, "não é difícil presumir o constrangimento e a angustia vivenciados pela autora, com apenas doze anos de idade, ao ser objeto de humilhação pública pelos colegas de escola, que nesta fase, é o local onde se dá a maior parte do convívio social de crianças e adolescentes".[47]

O *cyberbullying* é potencialmente muito danoso não só à integridade psíquica, mas também à honra, à imagem e à vida privada da criança ou do adolescente vítima da conduta, tendo consequências inestimáveis ao pleno desenvolvimento do menor por ferir duramente a sua dignidade. Em caso similar, assentou o Tribunal de Justiça do Estado do Rio Grande do Sul:

> É sabido que nos tempos atuais os jovens vivem "conectados" na rede mundial de computadores (internet), postando mensagens, fazendo contatos mediante "sites de relacionamento" virtuais. E, não raro, agem sem maior cuidado ou prévia reflexão sobre o conteúdo dos comentários e mensagens que postam, os quais, muitas vezes, causam constrangimentos e danos a terceiros. Ora, comentários e mensagens levianas e impróprias postadas na internet – como as que motivaram esta demanda – merecem censura e reprovação, não apenas do meio social, mas também do Judiciário, quando a este acorrem os lesados, porquanto configuram danos morais por violação de direitos da personalidade. Os direitos da personalidade – oponíveis contra todos (ou seja, "erga omnes") estão imbricados diretamente com o princípio constitucional vetor da dignidade da pessoa humana, inscrito no vértice do sistema axiológico do nosso ordenamento constitucional. E quando alguém pratica ato ofensivo à dignidade de outrem (seja um amigo, um colega de turma, um integrante de rede restrita de "bate papos virtuais", ou mesmo um simples estranho), deve responder pelas consequências nefastas e perniciosas que tal conduta é capaz de produzir. Há uma inequívoca potencialidade danosa nas mensagens veiculadas na internet, eis que pode repercutir amplamente e atingir um público destinatário difícil de dimensionar. Obviamente, a postagem de texto depreciativo, maldoso, injurioso ou pejorativo, que afeta a esfera de interesses juridicamente tutelado de outrem (tais como os relativos à vida privada, recato, bom nome, honra, imagem-atributo, etc.), em página compartilhada com número infinito de internautas na rede mundial de computadores, vale dizer, o comentário acessível ao imenso público que frequenta esses espaços de comunicação virtual, configura ilícito e empenha a responsabilidade civil do responsável pelo comentário ou mensagem.[48]

---

[46] Art. 1º da Lei nº 13.185 de 2015.

[47] TJRJ, Décima Câmara Cível. Apelação nº 0002215-71.2012.8.19.0050. Rel. Des. Pedro Saraiva de Andrade Lemos, j. 29.1.2014.

[48] Trechos do voto de relator. Cf. TJRS, Nona Câmara Cível. Apelação Cível nº 70042636613. Rel. Des. Miguel Ângelo da Silva, j. 27.5.2015. *DJe*, 1º jun. 2015.

Além disso, é inevitável a preocupação com os riscos do uso da rede para fomentar a pornografia e a pedofilia, sendo elas vedadas expressamente pelo Estatuto da Criança e do Adolescente, configurando ilícito penal e dando também ensejo a dano moral reparável civilmente.[49] Hipótese que se coloca, pela prioridade axiológica das situações existenciais sobre as patrimoniais, em razão da cláusula geral de tutela da pessoa humana, é a participação de jovens em campanhas publicitárias com conteúdo sexual e sua repercussão em meio virtual.

Situação concreta, julgada pelo Tribunal de Justiça do Estado do Rio de Janeiro, trata da veiculação da imagem de menor com conotação sexual em *blog* jornalístico, referente à sua participação em ação publicitária, a qual contribuiu negativamente para a repercussão de sua imagem na mídia, violando diversos aspectos da integridade psicofísica da adolescente. No caso, a ação envolvia a responsabilidade civil do autor de *blog* que publicou artigo intitulado "Ser mãe é padecer na internet", por envolvimento em apologia à pedofilia, tendo em vista a divulgação de foto da adolescente – extraída de campanha publicitária – com os dizeres "vem ni mim, que eu tô facim".

As teses apontadas pelos autores e pela defesa discutiam a possível colisão entre os direitos fundamentais à liberdade de informação e à livre manifestação do pensamento do autor do *blog*[50] e o direito à imagem da menor,[51] sendo necessária a ponderação entre os referidos direitos.[52] Entendeu o TJRJ que

> De início deve ser rechaçada a tese de que, no caso concreto, está-se diante de uma colisão de princípios constitucionais, quais sejam, liberdade de informação (CF, art. 5º, IV, X, IX, XIV e art. 220) e direito de imagem (CF, art. 5º, V e X). Isso porque, a liberdade de comunicação não inclui, por óbvio, a liberdade de veicular à identidade da menor, exposta à prática que pode ser considerada criminosa. Trata-se, na verdade, de subsunção de regra protetiva à criança, conforme o previsto no Estatuto da Criança e do Adolescente. Não subsiste, tampouco, a defesa de que há interesse público no conhecimento da identidade da menor e que a liberdade de expressão é um direito absoluto, eis que inexistem em nosso sistema constitucional, como reiteradamente proclamado pelo STF, direitos e garantias revestidos de natureza absoluta. Resta, portanto, evidente, que o réu deveria ter agido com cautela e não o fez, veiculando a identidade da menina em situação de evidente constrangimento e mácula à sua personalidade, pelo que subsiste o dever de reparar os danos.[53]

---

[49] A conduta é criminalizada pelos arts. 241 e seguintes do ECA, além de configurar dano moral reparável civilmente. Cf. "Responsabilidade Civil. Ação de reparação de danos morais. Divulgação de imagens íntimas de criança na internet. [...] O fato de autora, criança à época, haver confiado de forma ingênua no requerido, a ponto de expor-se pela Internet, não é circunstância autorizadora para que tivesse as imagens expostas a terceiros, tendo havido clara quebra da confiança por parte do réu. [...] São incomensuráveis o sofrimento e vexame suportados pela autora, em virtude da divulgação não autorizada de imagens íntimas da autora, menor impúbere episódio que teve grande repercussão entre as pessoas de seu convívio. Caracterização do danum in re ipsa, o qual se presume, conforme as mais elementares regras da experiência comum, prescindindo de prova quanto ao prejuízo concreto" (TJRS, Décima Câmara Cível. Apelação Cível nº 70065940439. Rel. Des. Paulo Roberto Lessa Franz, j. 24.9.2015).

[50] Arts. 5º, incs. IV, X, IX e XIV e 220 da Constituição de 88.

[51] Art. 5º, incs. V e X da Constituição de 88.

[52] Sobre ponderação e colisão de direitos fundamentais, v. PEREIRA, Jane Reis Gonçalves. *Interpretação constitucional e direitos fundamentais*. Rio de Janeiro: Renovar: 2006; BARCELLOS, Ana Paula de. *Ponderação, racionalidade e atividade judicial*. Rio de Janeiro: Renovar, 2005.

[53] TJRJ, Sétima Câmara Cível. Apelação nº 0021713-59.2015.8.19.0209. Rel. Des. Flávia Romano de Rezende, j. 31.5.2017.

Mesmo que a jovem autora da ação tenha feito contrato de cessão de imagem para determinada finalidade publicitária, tal relação de cunho patrimonial não afasta a tutela existencial de sua integridade psicofísica (imagem, identidade e honra) perante determinado veículo de mídia digital. Exatamente pela prioridade axiológica das situações existenciais sobre as patrimoniais, o ordenamento jurídico é funcionalmente centrado na proteção da pessoa humana, considerada em sua vulnerabilidade concreta.

Em consequência, a validade do contrato de cessão de direito de imagem da menor usando mensagem de conteúdo sexual – já bastante questionável – não torna admissível a repetição da mesma imagem por *blog* de conteúdo jornalístico, sem a devida autorização e ainda com divulgação ampla em meio virtual. Decerto, "a apropriação indevida da imagem de certa pessoa configura, por si só, dano autônomo",[54] no presente caso ainda mais agravado tendo em vista o evidente efeito negativo para esfera existencial da adolescente causado pela veiculação de sua imagem em mídia digital com conotação sexual, cuja repercussão é imprevisível e incontrolável.

Ademais, independentemente do acerto no resultado do julgamento, pela proteção prioritária da vulnerabilidade existencial da menor, sendo ainda desnecessária a identificação da adolescente para realização do conteúdo jornalístico da matéria, não se pode aceitar a técnica da subsunção como suficiente – ou mesmo adequada – para a solução de conflitos de interesses consoante o ordenamento jurídico brasileiro. Isso porque o raciocínio pela subsunção traz dois graves problemas: (i) reduz a aplicação do direito a procedimento mecânico, fazendo com que o intérprete deixe de utilizar todos os princípios e valores constitucionais no exame de cada preceito normativo a ser aplicado; e (ii) faz com que a norma infraconstitucional seja protagonista do processo de interpretação e qualificação do caso concreto, enfraquecendo-se a força normativa e a higidez das normas constitucionais, que são reduzidas ao mero conteúdo estabelecido pelo legislador ordinário.[55]

Diversamente, "não se pode levar em conta uma regra isoladamente considerada, ainda que esta disponha exatamente sobre a hipótese em questão, mas o conjunto de normas inserido no ordenamento". Cada regra legal deve ser aplicada em conjunto com a totalidade do ordenamento uno e complexo, de modo a refletir a sua integralidade. A segurança jurídica será alcançada pela compatibilidade das decisões judiciais com os princípios e valores constitucionais, que traduzem a identidade cultural e o ideal ético da sociedade.[56]

Ainda que haja específica regra protetiva no Estatuto da Criança e do Adolescente, sem maior questionamento aplicável ao caso, o conteúdo da decisão deverá ser extraído do ordenamento como todo, em especial da cláusula geral de tutela da pessoa humana, que resguarda o direito à saúde como a integridade psicofísica essencial para que o indivíduo tenha o seu natural desenvolvimento. A integridade psicofísica serve para garantir diversos dos chamados direitos da personalidade – como o direito à vida, ao

---

[54] SCHREIBER, Anderson. *Direitos da personalidade*. 2. ed. São Paulo: Atlas, 2013. p. 122.

[55] TEPEDINO, Gustavo. Ocaso da subsunção. *Revista Trimestral de Direito Civil*, Rio de Janeiro, v. 34, 2008.

[56] TEPEDINO, Gustavo. O papel atual da doutrina do direito civil entre o sujeito e a pessoa. In: TEPEDINO, Gustavo; TEIXEIRA, Ana Carolina Brochado; ALMEIDA, Vitor (Coords.). *O direito civil entre o sujeito e a pessoa*: estudos em homenagem ao Professor Stefano Rodotà. Belo Horizonte: Fórum, 2016. p. 26-29.

nome, à imagem, à honra, à privacidade, ao corpo e à identidade pessoal – constituindo o que se entende como direito à saúde em acepção ampla, como o completo e total bem-estar psicofísico e social. Sem dúvida, é necessário o "reconhecimento da imprescindibilidade da esfera psíquica, como um aspecto que vai aos poucos, basicamente até o início da vida adulta, se formando".[57]

3.4 Conclusão: primeiros apontamentos para a proteção de crianças e adolescentes em situações jurídicas existenciais na internet

A internet, nas palavras de Stefano Rodotà, é o "maior espaço público que a humanidade já conheceu", no qual a autonomia existencial garante o direito de manifestação de pensamento como a possibilidade de troca de conhecimento, de divulgação de ideias e de circulação de informações. Assim, a rede mundial de computadores está permanentemente disponível para a livre formação da personalidade e para o exercício da liberdade de expressão, não podendo ali prevalecer a lógica de mercado. Além do combate à mercantilização excessiva da web, é mais do que válida a preocupação com os riscos do ambiente virtual que podem facilitar a pornografia, a pedofilia e demais atividades contrárias à dignidade das pessoas.

Nesse ponto, é necessária a "reconstrução de liberdades e direitos apropriados ao ambiente tecnológico no qual são exercidos" por meio de verdadeira "releitura do conjunto de direitos elaborados na modernidade constitucional".[58] Como visto, a revolução tecnológica e cibernética criou novos bens jurídicos e interesses existenciais, sendo necessária a funcionalização das categorias de direito privado para adaptá-las ao universo virtual da internet. Assim, a proteção da pessoa humana, sempre axiologicamente prioritária em nosso ordenamento, deverá ser reforçada nas situações jurídicas existenciais constituídas pelo avanço tecnológico no mundo digital.

Ainda mais prioritária será a tutela integral de crianças e adolescentes na internet por sua natural vulnerabilidade como pessoas ainda em formação. No campo existencial, a preocupação com crianças e adolescentes justifica medidas protetivas em favor dessas pessoas, mesmo que representativas de limitação de sua liberdade. Isso porque os mais jovens estão potencialmente em situação de maior risco de lesão em sua esfera psicofísica, em razão de todos os danos possíveis causados pelo acesso incontrolado do conteúdo exposto na web. Tais medidas fundamentam-se no dever de estatura constitucional da família, sociedade e Estado de garantir a tutela prioritária e a defesa do melhor interesse de todas as crianças e adolescentes.

Nesse sentido, a Sociedade Brasileira de Pediatria formulou série de recomendações aos pais e demais responsáveis educadores de jovens no que tange à utilização da rede mundial de computadores, alertando para a necessidade de: (i) monitoramento e controle do tempo diário de uso de tecnologia digital, com a limitação de período de acordo com a idade e a etapa de desenvolvimento da criança/adolescente; (ii) adolescentes não

---

[57] MORAES, Maria Celina Bodin de. O princípio da dignidade da pessoa humana. In: MORAES, Maria Celina Bodin de. *Na medida da pessoa humana*: estudos de direito civil-constitucional. Rio de Janeiro: Renovar, 2010. p. 96; 103.

[58] RODOTÀ, Stefano. *A vida na sociedade de vigilância*. A privacidade hoje. Rio de Janeiro: Renovar, 2008. p. 183.

ficarem isolados nos quartos e ultrapassarem horas saudáveis de sono, devendo-se ainda estimular a prática de atividade física diariamente; (iii) crianças serem protegidas contra a violência virtual, pela natural dificuldade que têm de separar a fantasia da realidade, contribuindo negativamente para a formação de cultura de ódio e intolerância; (iv) monitoramento do conteúdo que está sendo acessado por crianças e adolescentes, inclusive por meio de senhas e uso de dispositivos de segurança, principalmente nas redes sociais; (v) estímulo ao diálogo constante de educadores com crianças e adolescentes sobre a importância do uso saudável e construtivo da tecnologia, alertando para a ética de não postar ou reproduzir mensagem de desrespeito ao próximo, discriminação, intolerância ou ódio.[59]

Outrossim, no estudo britânico antes mencionado, publicado pela Royal Society for Public Health do Reino Unido (RSPH), em que foi constatada a nocividade da utilização contínua e exacerbada das redes sociais por jovens, também foram apresentadas algumas sugestões voltadas para as próprias comunidades virtuais. Essas recomendações visam à promoção de aspectos positivos do uso das redes sociais por crianças e adolescentes e à redução de seus aspectos negativos. Assim, recomenda-se que as redes sociais instituam mensagens estilo *pop-up* com aviso do tempo de uso pelos usuários e de manipulação das imagens exibidas em rede (por meio de programas como Photoshop); como também mensagens discretas de apoio a usuários que tenham algum indicativo de sofrimento de problemas de saúde mental, agravados pelo acesso constante ao conteúdo digital.[60]

Tais recomendações, ainda que sem eficácia normativa, possuem relevante eficácia social e vão ao encontro de uma disciplina jurídica voltada para a pessoa humana, concretamente considerada em suas condições materiais, e não o sujeito de direito unitário e abstrato apartado da realidade. Sem dúvida, e enfatize-se uma vez mais, o ordenamento jurídico, por meio da cláusula geral de tutela da pessoa humana, traduzida no princípio do melhor interesse da criança e do adolescente, exerce função promocional e deve abarcar medidas voltadas a promover o livre desenvolvimento da pessoa.

---

[59] Cf. manual publicado pela SOCIEDADE BRASILEIRA DE PEDIATRIA. *Manual de orientação*: saúde de crianças e adolescentes na era digital. [s.l.]: Sociedade Brasileira de Pediatria, 2016. Disponível em: <http://www.sbp.com.br/fileadmin/user_upload/2016/11/19166d-MOrient-Saude-Crian-e-Adolesc.pdf>. Acesso em: 19 jun. 2017.

[60] Estudo da Royal Society for Public Health do Reino Unido (RSPH), acessível em SOCIAL media and young people's mental health and wellbeing. *Royal Society for Public Health*. Disponível em: <https://www.rsph.org.uk/our-work/policy/social-media-and-young-people-s-mental-health-and-wellbeing.html>. Acesso em: 17 jun. 2017.

O princípio da dignidade humana atua para impedir o discurso acrítico de liberdade na rede, identificado com a defesa da ausência de qualquer regra de uso e que permite o crescimento incontrolado da lógica de mercado sobre toda a dinâmica da internet. Diversamente, além da adoção de disciplina legislativa específica no futuro, as normas de autorregulamentação também devem ser valorizadas, e sua integração no ordenamento jurídico estimulada, como instrumentos aptos a favorecer soluções eficazes socialmente, e que podem ser experimentadas como ponto de partida para posteriores e eventuais intervenções legislativas.[61]

Informação bibliográfica deste texto, conforme a NBR 6023:2002 da Associação Brasileira de Normas Técnicas (ABNT):

SANTOS, Deborah Pereira Pinto dos. Vulnerabilidade existencial na internet. In: TEPEDINO, Gustavo; TEIXEIRA, Ana Carolina Brochado; ALMEIDA, Vitor (Coord.). *Da dogmática à efetividade do Direito Civil*: Anais do Congresso Internacional de Direito Civil Constitucional – IV Congresso do IBDCivil. 2. ed. rev., ampl. e atual. Belo Horizonte: Fórum, 2019. p. 57-71. ISBN 978-85-450-0545-2.

---

[61] RODOTÀ, Stefano. *A vida na sociedade de vigilância*. A privacidade hoje. Rio de Janeiro: Renovar, 2008. p. 153.

CAPÍTULO 4

O DIREITO AO ESQUECIMENTO DA PESSOA TRANSEXUAL

THAMIS DALSENTER VIVEIROS DE CASTRO
VITOR ALMEIDA

Notas introdutórias

Na sociedade contemporânea, acentua-se a possibilidade de a pessoa se reinventar de acordo com seu projeto de vida boa.[1] No passado, os desígnios da vida pareciam atar o sujeito a um imobilismo social e a determinados padrões morais que o atrelavam a uma vida desenhada antes de seu nascimento e que arrefecia seus desejos e interesses diante de uma sociedade que se esforçava para ser homogênea. A pluralidade, estampada na Constituição brasileira de 1988, reforça, em terreno jurídico, a mudança dessa concepção no meio social, no qual a busca pela felicidade e autorrealização existencial são pilares da liberdade e da dignidade albergada no texto constitucional.

---

[1] Ronald Dworkin compreende que viver bem "não pode significar simplesmente tudo o que alguém de fato quer: ter uma vida boa é uma questão de nossos interesses vistos criticamente – os interesses que deveríamos ter. É uma questão de julgamento e conflito determinar o que seja uma vida boa. Mas é plausível supor que ser moral é o melhor modo de fazer a vida de alguém uma vida boa? Isso é amplamente implausível se mantivermos as concepções populares do que a moralidade requer e do que torna uma vida boa. A moralidade pode requerer que alguém deixe passar um emprego em publicidade de cigarros que o salvaria da pobreza. Na visão da maioria das pessoas ele levaria uma vida melhor se ficasse com o emprego e prosperasse. [...] Mas se nós mesmos somos forçados a pensar que viver bem algumas vezes significa escolher o que pode ser uma vida pior, devemos reconhecer a possibilidade que ela pode ser. Viver bem não é o mesmo que aumentar a chance de produzir a melhor vida possível" (DWORKIN, Ronald. O que é uma vida boa? Tradução de Emilio Peluso Neder Meyer e Alonso Reis Freire. *Revista Direito GV*, São Paulo, v. 7, n. 2, jul./dez. 2011. p. 611; 615).

Uma vida de reinícios[2] pressupõe o controle temporal dos dados pretéritos, de forma a permitir que a pessoa não seja perseguida eternamente pelas pegadas do passado, salvo para fins juridicamente justificáveis. Em outros termos, a evolução pessoal, às vezes, depende do esquecimento social, de maneira a impulsionar o indivíduo a rastrear seus próprios desígnios e revelar que a dinâmica social hodierna impõe que a identidade pessoal seja moldada a partir do tempo presente no qual nos encontramos amalgamados.

Não é de se duvidar que a discussão a respeito do chamado direito ao esquecimento tem protagonizado boa parte da agenda das novas dimensões dos direitos da personalidade, eis que tencionam os direitos à vida privada e à identidade pessoal, de um lado, e o direito à informação e liberdade de manifestação, de outro. Distinguir os fatos pretéritos que, a rigor, importam à coletividade – como aqueles de caráter histórico – dos fatos relevantes somente para a própria pessoa nem sempre é uma tarefa simples, eis que na vida de relações os momentos são construções sociais compartilhadas.

O grau de interesse e o elemento justificador do interesse na vida alheia constituem, nesse passo, importantes critérios para a aferição e seleção dos dados que precisam ser esquecidos, ou melhor, cujo acesso por terceiros precisa ser controlado, daqueles fatos que são essenciais para a história de uma sociedade. O "direito ao esquecimento" representa, desse modo, uma alegoria, uma vez que não se trata de esquecer o passado, como se fosse possível apagar memórias da mente humana, mas de controlar o acesso e a divulgação, sobretudo, de dados sensíveis, de maneira que a incessante busca pela realização existencial de cada pessoa se dê sem as correntes de um passado que pode se tornar estigmatizante e discriminatório.

Nesse cenário, a pessoa transexual é um exemplo paradigmático de como para a afirmação da identidade de gênero se torna indispensável, não raras vezes, a ocultação do sexo biológico. O forte preconceito social impede que os transexuais possam livremente viver sua identidade de gênero, na medida em que diversos são os obstáculos colocados para o pleno desenvolvimento de sua personalidade, aviltando, assim, sua própria dignidade. Ao tratar do debate público no Supremo Tribunal Federal sobre o direito ao esquecimento, Anderson Schreiber já alertara que o transexual que "constantemente apresentado à sociedade como pessoa que nasceu homem e se tornou mulher, ou vice-versa, jamais alcançará a plena realização da sua legítima opção de mudar de sexo. Haverá, aí e em tantas situações semelhantes, um direito ao esquecimento?".[3]

As dificuldades de afirmação da identidade de gênero após o processo transexualizador ou a cirurgia de transexualização são evidentes. Um caso revelado pela mídia exemplifica bem essa questão. A jovem era usuária de uma rede social de fotografias – denominada Fotolog – na qual publicou diversas imagens, em 2006, com a aparência

---

[2] Segundo Zygmund Bauman: "A 'vida líquida' é uma forma de vida que tende a ser levada à frente numa sociedade líquido moderna. 'Líquido-moderna' é uma sociedade em que as condições sob as quais agem seus membros mudam num tempo mais curto do que aquele necessário para a consolidação, em hábitos e rotinas, das formas de agir. [...] A vida líquida, assim como a sociedade líquido-moderna, não pode manter a forma ou permanecer em seu curso por muito tempo. [...] Em suma: a vida líquida é uma vida precária, vivida em condições de incerteza constante. [...] é uma sucessão de reinícios" (BAUMAN, Zygmunt. *Vida líquida*. Trad. de Carlos Alberto Medeiros. Rio de Janeiro: Jorge Zahar, 2007. p. 7-8).

[3] SCHREIBER, Anderson. Nossa ordem jurídica não admite proprietários de passado. *Conjur*, 12 jun. 2017. Disponível em: <http://www.conjur.com.br/2017-jun-12/anderson-schreiber-nossas-leis-nao-admitem-proprietarios-passado>. Acesso em: 7 jul. 2017.

que tinha antes de iniciar o processo de transição para o gênero masculino. Anos mais tarde, o agora homem se viu na delicada situação de ter essas imagens distribuídas, inclusive para parentes de sua atual namorada, que desconheciam seu passado. O problema é que a mencionada rede social impede que seus antigos usuários apaguem suas fotos, causando-lhes constrangimentos, mesmo àqueles que já tentaram remover, mas sem sucesso.[4] Esse é somente um exemplo de como o passado pode atuar de forma discriminatória e impedir a livre construção das individualidades.

O direito ao esquecimento é, conforme já dito, uma alegoria importante para se desnudar a importância do direito à autodeterminação existencial, contemplado pela cláusula geral amparada nos arts. 5º, X, da Constituição e 21 do Código Civil. O controle das informações pretéritas é fundamental em alguns casos para que a pessoa possa de forma livre e plena desenvolver sua personalidade, especialmente nas situações em que o passado funciona como âncora na qual o estigma e a discriminação avultam, impedindo o cidadão de ser quem realmente o é. Não se trata de admitir representações teatrais de um sujeito fictício, mas de proteger a realidade concreta da pessoa que sempre se compreendeu como do gênero oposto, mas que por questões biológicas e obstáculos sociais foi impedida.

Nessa perspectiva, é importante refletir sobre a atuação do direito na proteção efetiva da pessoa transexual, concretizando os princípios constitucionais da liberdade, da igualdade substancial e não discriminação, todos imantados pelo valor-guia da dignidade humana. Indispensável, portanto, compreender que o "esquecimento" é fundamental para a promoção da dignidade das pessoas transexuais,[5] por meio de mecanismos que permitam o reconhecimento jurídico de sua identidade de gênero (tutela positiva) como a possibilidade de realização da cirurgia de transgenitalização e a mudança de nome e de gênero no registro civil, mesmo sem a prévia realização da cirurgia, ou através de interpretações que não ensejem na sanção em razão de sua história (tutela negativa), que é bom exemplo o equivocado entendimento a favor da anulação do casamento por erro sobre pessoa em razão da ocultação da transexualidade, o que contraria os valores de promoção integral da pessoa concreta impostos pelo ordenamento.

O presente texto objetiva investigar o direito ao esquecimento do transexual, a partir de decisões dos tribunais superiores, como salvaguarda não do mero apagar do passado, mas da promoção da verdadeira identidade pessoal, o que tem se revelado nas decisões sobre a mudança do nome e do gênero no registro civil, bem como na questão da autonomia corporal em face da cirurgia de transgenitalização e na situação que se apresenta, ainda não judicializada no Brasil, de eventual alegação de erro sobre pessoa

---

[4] "Morador de uma capital nordestina, o jovem é transexual e aparece nas imagens, publicadas na internet, com a aparência que tinha antes de iniciar seu processo de transição para o gênero masculino – ou seja, ainda como uma menina. E foi assim, dessa maneira nada sutil, que seu sogro soube de sua condição. Desde então, Fernando tenta remover essas imagens e evitar que voltem a ser usadas para constrangê-lo. O problema é que elas estão postadas em um perfil que ele criou em 2006 no Fotolog, rede social febre na década passada que, praticamente abandonada, hoje impede seus usuários de acessarem e apagarem suas postagens. 'Qualquer pessoa que saiba meu nome de registro pode chegar a essas fotos', disse Fernando à BBC Brasil. Seu caso não é único: na internet, pipocam relatos semelhantes" (BRITO, Adriano. Brasileiros lutam para apagar passado no Fotolog, ancestral do Instagram. *BBC Brasil*, 22 abr. 2015. Disponível em: <http://www.bbc.com/portuguese/noticias/2015/10/151020_remocao_fotolog_ab>. Acesso em: 7 jul. 2017).

[5] Esse é o sentido do Enunciado nº 531 da VI Jornada de Direito Civil do Conselho da Justiça Federal, que assim dispôs: "A tutela da dignidade da pessoa humana na sociedade da informação inclui o direito ao esquecimento" (Disponível em: <http://www.cjf.jus.br/cjf/CEJ-Coedi/jornadas-cej/vijornada.pdf>. Acesso em: 14 jun. 2016).

no casamento em que um dos cônjuges não tenha revelado sua transexualidade antes da sua celebração.

4.1 A expansão da privacidade: a autodeterminação informativa e o direito ao esquecimento (ou ao controle de informações pessoais pretéritas)

Contemporaneamente, a privacidade não mais se expressa sob as tarjas individualistas com as quais se consagrou na construção jurídica burguesa, com vistas à individualização do indivíduo em sociedade. No campo do direito civil existencial, a tutela da privacidade está em franca expansão, figurando no centro dos principais dilemas jurídicos contemporâneos que envolvem a proteção da esfera privada como espaço efetivo de liberdade, destinado ao livre desenvolvimento pessoal nos moldes da dignidade da pessoa humana e de seus desdobramentos, representando muito mais do que o clássico *right to be alone*.[6]

A incontestável vocação que o direito à privacidade assume no ordenamento jurídico brasileiro para tutelar as liberdades existenciais na medida da pessoa humana[7] é frequentemente questionada, especialmente diante da complexidade da atual sociedade de informação e de seu hiperfluxo de dados. A tutela da privacidade, que sofreu profundas e contínuas alterações desde que abandonou a sua tradicional roupagem de "direito dos egoísmos privados",[8] encontrou novos e importantes desafios decorrentes do aumento do fluxo e dos mecanismos de armazenamento e circulação de dados pessoais, em especial os denominados dados sensíveis.

São denominados dados sensíveis aqueles de natureza existencial, que dizem respeito à essência da personalidade de uma pessoa. Essa espécie de dado demanda tutela reforçada, carecendo de maior rigor no controle da coleta e da circulação, tendo em vista que se referem a informações relacionadas a aspectos íntimos da pessoa humana, como são os dados que refletem aspectos de saúde, convicção política, religião e temas conexos.[9] Se os dados de natureza patrimonial, como aqueles que dizem respeito ao sigilo bancário e fiscal, recebem adequada proteção por parte dos tribunais brasileiros, o mesmo não se pode dizer sobre a proteção que se reserva para dados de natureza sensível, havendo um longo caminho a percorrer para que o Brasil se aproxime de experiências estrangeiras bem-sucedidas no cuidado e manipulação de informações sensíveis.[10]

Especialmente nesse contexto, em que os dados que circulam revelam a essência da personalidade, a privacidade se expande e alcança a noção de autodeterminação informativa, pela qual a tutela da privacidade demanda a "[...] a possibilidade de

---

[6]   O "direito a estar só ou direito a ser deixado só" aparece como centro da definição da *privacy* consagrada por Warren e Brandeis em 1890 e amplamente difundida a ponto de ser adotada expressamente pela Suprema Corte Americana (WARREN, Samuel; BRANDEIS, Louis. The right to privacy. *Harvard Law Review*, Cambridge, v. IV, n. 5, dez. 1890).

[7]   MORAES, Maria Celina Bodin de. Ampliando os direitos da personalidade. In: VIEIRA, José Ribas (Org.). *20 anos da Constituição cidadã de 1988*: efetivação ou impasse institucional? Rio de Janeiro: Forense, 2008. p. 388.

[8]   DONEDA, Danilo. *Da privacidade à proteção de dados pessoais*. Rio de Janeiro: Renovar, 2006. p. 23.

[9]   SCHREIBER, Anderson. *Direitos da personalidade*. São Paulo: Atlas, 2011. p.153-154.

[10]   SCHREIBER, Anderson. *Direitos da personalidade*. São Paulo: Atlas, 2011. p.153-154.

um sujeito conhecer, controlar, endereçar, interromper o fluxo das informações a ele relacionadas. Assim, a privacidade pode ser definida mais precisamente como o direito de manter o controle sobre as próprias informações", como prescreve Stefano Rodotà.[11]

A privacidade como controle informacional implica a ingerência da pessoa sobre todas as etapas de circulação do dado pessoal, desde a coleta até o armazenamento e o descarte desses dados. Isso significa, por seu turno, a necessidade de controlar as informações para delimitar quais serão os dados de acesso livre, quais serão os dados de acesso social restrito e quais serão os dados que não poderão ser acessados, seja pela natureza da informação ou pelo tempo em que foi produzida. Há ainda que se investigar a presença de dados sobre os quais nem mesmo o próprio titular deve ter acesso caso não haja consentido com a sua coleta. Todas essas situações podem ser traduzidas nos recentes direito de não saber algo sobre si mesmo e direito ao esquecimento – ou melhor, o direito de controlar as informações pessoais pretéritas.

A complexidade da tutela da autodeterminação informativa se intensificou com a criação dessas novas categorias jurídicas, ampliando e tornando ainda mais dramática a tarefa de delimitar o conteúdo do direito à privacidade. Sobre a autonomia desses novos institutos, parece acertado afirmar que tanto o direito de não saber algo sobre si mesmo quanto o direito de realizar o controle de informações pessoais pretéritas configuram desdobramentos do direito à privacidade, e não propriamente *novos direitos* dotados de autonomia no ordenamento brasileiro. A esse respeito é preciso que se diga, ainda, que o caráter derivado desses direitos não se deve à ausência de previsão legislativa expressa, dado que não se credita ao Código Civil esgotar as hipóteses de atributos tuteláveis em seus parcos onze artigos destinados à proteção da pessoa em seus aspectos existenciais. De fato, o rol dos direitos da personalidade, cuja prescrição se encontra nos arts. 11 a 21, é meramente exemplificativo, especialmente porque "não existe um número fechado de hipóteses tuteladas: tutelado é o valor da pessoa sem limites, salvo aqueles colocados nos seus interesses e naqueles de outras pessoas".[12]

Cuida-se, com efeito, de considerá-los como novas dimensões do direito à privacidade, vez que partilham a mesma *ratio* e decorrem de atualizações hermenêuticas que aproximam a tutela da privacidade prevista pelo constituinte de 1988 e pelo legislador de 2002 das transformações sofridas pela sociedade atual. Diante das demandas de proteção pessoal que surgem do hiperfluxo de dados, é justamente o reconhecimento doutrinário e jurisprudencial desses novos aspectos a serem tutelados que oxigena o sentido da norma jurídica e a mantém conectada com as diretrizes constitucionais de proteção do projeto do livre desenvolvimento da personalidade. Mas ainda que não se possa negar a relevância científica desse debate, é preciso advertir que a tutela concreta da pessoa e de sua privacidade não sofre qualquer abalo ou limitação quer se adote uma ou outra concepção sobre as dimensões jurídicas antes não protegidas juridicamente.

Para além das questões conceituais sobre a autonomia do instituto, o reconhecimento da tutela do direito ao esquecimento remonta a importantes questionamentos acerca da legitimidade democrática de controlar o tempo das informações e do acesso a elas, o que demanda, frequentemente, imposição de limites à liberdade de expressão, sobretudo

---

[11] RODOTÀ, Stefano. *A vida na sociedade da vigilância*: a privacidade hoje. Rio de Janeiro: Renovar, 2008, p. 16.

[12] PERLINGIERI, Perlingieri. *O direito civil na legalidade constitucional*. Rio de Janeiro: Renovar, 2008. p. 764.

quando se trata de dado que reflete informação verdadeira e que foi amplamente divulgado pelos veículos de imprensa.[13] Assim é que o debate sobre o direito ao esquecimento foi inaugurado[14] no Superior Tribunal de Justiça a partir dos célebres casos *Aída Curi* e *Chacina da Candelária*. Em ambas as situações, debate-se sobre a "possibilidade de alguém impedir a divulgação de informações que, apesar de verídicas, não sejam contemporâneas e lhe causem transtornos das mais diversas ordens".[15]

No caso Aída Curi,[16] seus irmãos Nelson Curi, Roberto Curi, Waldir Curi e Maurício Curi ajuizaram ação objetivando reparação de danos materiais e morais decorrentes de ato praticado pela TV Globo por ocasião da veiculação do programa televisivo Linha Direta, retratando os episódios relativos à morte de Aída Curi, vítima de terrível homicídio em 1958. Enquanto para o pedido de dano moral o fundamento foi reviver dores e feridas do passado, para o dano material o argumento foi de utilização da imagem para fim comercial ou lucrativo. O STJ não reconheceu o direito à indenização, e o acórdão do Ministro Relator Luis Felipe Salomão assentou que, naquela situação, os fatos eram verídicos e revelavam notícia histórica de repercussão nacional, conferindo, no caso concreto, maior peso à liberdade de imprensa e não à proteção da privacidade e de seus desdobramentos sobre a imagem e a honra.

No caso que ficou conhecido como Chacina da Candelária, o autor da demanda, JGM, ingressou com ação indenizatória em face da TV Globo, pleiteando o reconhecimento de que a notícia de seu indiciamento como coautor dos crimes, feita pelo programa televisivo Linha Direta Justiça, treze anos após o evento original, acarretou a violação de seu direito ao esquecimento. O autor alegou que, ainda que tenha havido expressa informação de sua absolvição, a veiculação do programa em rede nacional gerou intenso abalo emocional. No Superior Tribunal de Justiça, reconheceu-se o pleito indenizatório, conferindo maior peso à privacidade e ao direito ao esquecimento na ponderação com a liberdade de expressão, tendo como base o fato de que as informações, apesar de verídicas, não eram contemporâneas e sua veiculação tanto tempo após o evento causavam variados transtornos ao autor da demanda, assentando o direito ao esquecimento como um "direito à esperança em absoluta sintonia com a presunção legal de regenerabilidade da pessoa humana".[17]

Especificamente sobre a transexualidade, é preciso ressaltar que do processo de redesignação sexual decorrem importantes alterações referentes ao *status* da pessoa, notadamente aos dados registrais pertinentes ao nome e ao sexo. A nova configuração

---

[13] Sobre o uso de imagem de arquivo na mídia, permita-se remeter a ALMEIDA, Vitor. A imagem fora de contexto: o uso de imagens de arquivo. In: SCHREIBER, Anderson (Org.). *Direito e mídia*. São Paulo: Atlas, 2013. p. 158-183.

[14] No cenário jurídico internacional, caso de grande repercussão sobre o direito ao esquecimento ficou conhecido como *caso Lebach*, que chegou ao Tribunal Constitucional alemão e versava sobre assassinato de soldados de Lebach e o direito ao esquecimento do reclamante que havia auxiliado no crime. Mais especificamente, o Tribunal decidiu liminarmente que uma rede de televisão alemã não poderia transmitir programa referindo o crime, cometido em 1969, tendo em vista que o reclamante já havia cumprido a pena, fazendo jus à proteção dos dados pretéritos. Cf. SCHWABE, Jürgen; MARTINS, Leonardo (Orgs.). *Cinquenta anos de jurisprudência do Tribunal Constitucional Federal alemão*. Tradução de Beatriz Hennig. Rio de Janeiro: Fundação Konrad Adenauer, 2005. Disponível em: <http://biblio.juridicas.unam.mx/libros/5/2241/16.pdf>. Acesso em: 10 dez. 2016.

[15] STJ. RESp n° 1.335.153-RJ. Rel. Min. Luis Felipe Salomão, j. 28.5.2013.

[16] BUCAR, Daniel. Controle temporal de dados: o direito ao esquecimento. *Civilistica.com*. Disponível em: <http://civilistica.com/wp-content/uploads/2013/10/Direito-ao-esquecimento-civilistica.com-a.2.n.3.2012.pdf>. Acesso em: 8 jul. 2017.

[17] STJ. REsp n° 1.334.097/RJ. Rel. Min. Felipe Salomão, j. 28.5.2013.

pessoal suscita um novo modelo de reconhecimento social após o processo de transgenitalização, que poderá ser hormonal, cirúrgico ou somente comportamental. As principais questões que envolvem o tema dizem respeito à possibilidade de terceiros terem o direito de saber sobre o passado biológico da pessoa transexual, de modo que surgiria o dever jurídico correlato de informar sobre a trajetória de transformação de gênero. A preocupação de informar terceiros seria, para aqueles que defendem esse argumento, necessária para assegurar a validade do consentimento nos casos de formação de vínculo familiar. Trata-se, como se evidenciará posteriormente, de argumento que não se sustenta diante da liberdade afetiva que todos possuem e da possibilidade de construir e reconstruir a experiência subjetiva sem com isso se tornar devedor de informações sobre o passado que se deseja superar.

Desse modo, o debate acerca do direito ao esquecimento da pessoa transexual envolve a noção de acesso social a dados sensíveis e as dificuldades para estabelecer quais e se haveria limites a esse acesso. Em termos registrais, o problema sobre acesso social se revelou na alternativa de se permitir a retificação do registro civil ou a mera averbação após a redesignação da pessoa transexual, o que gerou fortes embates nos tribunais brasileiros. Para além desses procedimentos sobre os dados sexuais e nominais, a alteração de gênero também representa hipótese problemática quando se trata da possibilidade de anulação do casamento pelo vício do consentimento denominado erro essencial sobre a pessoa. Todas essas situações serão analisadas adiante, de modo que fique evidenciada a proteção do direito ao esquecimento em cada uma das hipóteses problemáticas.

4.2 Autonomia corporal e pessoa transexual

A teoria civilista tradicional não reservava nenhum espaço para considerações acerca da integridade psicofísica e da liberdade que a pessoa possui para dispor sobre o seu próprio corpo ou partes dele. Durante o primado do sujeito abstrato patrimonial, o corpo foi absolutamente negligenciado como dimensão da personalidade, assim como, aliás, foram ignorados todos os demais aspectos relativos à pessoa e suas necessidades existenciais. Essa realidade foi profundamente alterada pelo movimento de repersonalização do direito civil, que tem na pessoa o núcleo central de todas as preocupações do direito,[18] em decorrência da consagração da dignidade humana como paradigma jurídico, a orientar também as relações no âmbito privado.[19]

Até a entrada em vigor do Código Civil de 2002,[20] o corpo era protegido contra as investidas lesivas de terceiros, não havendo previsão legislativa sobre os limites e alcance da liberdade sobre o próprio corpo, ou seja, sem qualquer intervenção externa.

---

[18] FACHIN, Luiz Edson; PIANOVSKI, Carlos Eduardo. A dignidade da pessoa humana no direito contemporâneo: uma crítica da raiz dogmática do neopositivismo constitucionalista. *Revista Trimestral de Direito Civil – RTDC*, Rio de Janeiro, v. 35, p.107-119, 2008. p. 108.

[19] Sobre a dignidade humana como cláusula geral de tutela da personalidade, a superar as insuficiências do modelo estrutural dos direitos da personalidade, ver. TEPEDINO, Gustavo. A tutela da personalidade no ordenamento civil-constitucional brasileiro. In TEPEDINO, Gustavo. *Temas de direito civil*. Rio de Janeiro: Renovar, 2004. p. 23-58.

[20] Ainda que a Constituição Federal de 1988, em seu art. 199, §4º tenha expressamente previsto restrições à autonomia corporal, não há, no contexto constitucional, uma preocupação de ordem pessoal, de modo que a

A autonomia corporal, entendida como a capacidade de autodeterminação da pessoa com relação ao seu próprio corpo, é espécie do gênero autonomia existencial ou extrapatrimonial[21] e pode resultar na disposição do corpo e de partes dele em vida ou para depois da morte. Com efeito, esse tipo de autonomia, baseada na noção de que corpo e mente são elementos indissociáveis do ser, está no centro de importantes controvérsias acerca dos limites e do alcance da liberdade que, muitas vezes, não se encerra na esfera jurídica do seu titular, como se verá adiante.

Sobre a disposição do próprio corpo para depois da morte, muitos esforços investigativos já foram dedicados ao tema da realização de transplante de órgãos e de doação do corpo ou de partes dele para fins científicos, que somente representa verdadeiro problema jurídico quando há contradição entre a vontade externada pelo *de cujus* em vida e a manifestação da família, já que a solução legal para esses casos está em franco desacordo com as diretrizes que priorizam a pessoa e sua autonomia, privilegiando a vontade dos membros da família em caso de conflito.[22] Situações mais dramáticas são encontradas quando a tecnologia permite que o corpo e suas partes continuem circulando no trânsito jurídico mesmo depois da morte da pessoa, de modo que a tutela jurídica do corpo *post mortem* apresenta problemas jurídicos jamais pensados pelo legislador e que não encontram soluções positivadas no ordenamento pátrio.

Bom exemplo da dimensão do problema a ser enfrentado para tutelar o corpo e suas partes depois da morte ocorreu em 2016, quando Tina Gorjanc, estudante da escola de moda inglesa Central Saint Martins, surpreendeu o mundo da moda ao apresentar jaquetas e bolsas feitas em couro 100% humano, confeccionadas a partir do DNA do renomado estilista Alexander MacQueen.[23] Com essa coleção, denominada *PureHuman*, a estudante pretendeu uma dura crítica à falta de proteção jurídica da informação genética. As peças são feitas em couro sintético, elaborado a partir do DNA e com textura que imita a pele do falecido estilista. Para coletar o material biológico do estilista, a estudante conseguiu fios de cabelo de MacQueen contidos em antigas etiquetas da sua primeira coleção – inspirada em Jack, o estripador –, que o consagrou quando ainda era estudante da mesma escola de moda. Com o DNA, um laboratório de genética desenvolveu o tecido humano. O procedimento para a confecção não é simples, mas já está disponível e ao alcance do público em laboratórios especializados.[24] O primeiro passo é a extração da

---

perspectiva de saúde ali representada se volta para diretrizes solidaristas sobre a saúde, não se tratando de limites de autonomia privada.

[21] MORAES, Maria Celina Bodin de; CASTRO, Thamis Dalsenter Viveiros de. Autonomia existencial nos atos de disposição do próprio corpo. *Pensar*, Fortaleza, v. 19, n. 3, p. 779-818, set./dez. 2014.

[22] Art. 4º da Lei nº 9.434/97, com a redação dada pela Lei nº 10.211/01: "A retirada de tecidos, órgãos e partes do corpo de pessoas falecidas para transplantes ou outra finalidade terapêutica dependerá da autorização do cônjuge ou parente, maior de idade, obedecida a linha sucessória, reta ou colateral, até o segundo grau, inclusive, firmada em documento subscrito por duas testemunhas presentes à verificação da morte".

[23] TUCKER, Emma. Alexander McQueen's DNA turned into human leather goods by Tina Gorjanc. *Dezeen*, 11 jul. 2016. Disponível em: <https://www.dezeen.com/2016/07/11/pure-human-tina-gorjanc-leather-fashion-design-central-saint-martins/>. Acesso em: 10 jan. 2017.

[24] Com finalidade diversa, a pele humana já é reproduzida *in vitro* na Universidade do Estado de São Paulo, com intuito de facilitar o cumprimento das diretrizes da Resolução Normativa nº 18 do Concea – Conselho Nacional de Controle de Experimentação Animal, que serão exigidas no Brasil a partir de 2019. Segundo a resolução, os testes de experimentação animal devem ser substituídos sempre que houver alternativas validadas disponíveis. Diante da reprodução da textura e da estrutura da pele humana, a pele produzida *in vitro* se apresenta como um material mais apropriado para os testes do que a pele dos animais que era utilizada para tal fim, e pode contribuir para a diminuição efetiva de práticas cruéis de desrespeito aos animais. Informações sobre a iniciativa da USP

informação genética humana de algum material disponível e, em seguida, a sua inserção em um enxerto de pele. Quando este enxerto cresce, forma-se um tecido que reproduz as características da pele humana correspondente ao DNA nele inserido. Daí porque as bolsas feitas pela estudante reproduzem, inclusive, a textura da pele do estilista.

O que poderia parecer mera especulação sobre o futuro, enredo de obras de ficção científica, se tornou realidade em 2016. É possível que pessoas circulem nas ruas utilizando produtos que contêm a informação genética de alguém que, quando vivo, era identificado a partir do seu DNA. Como consequência desse raciocínio, pessoas podem usar livremente bolsas e jaquetas feitas a partir do seu corpo, sem a sua autorização para isso. Essa constatação cria um inevitável desconforto de ordem moral, mas o mal-estar maior se coloca diante da insuficiência da tutela jurídica que o corpo recebe contemporaneamente diante das inúmeras possibilidades que a tecnologia oferece para criar e recriar realidades em laboratório sem que haja qualquer tipo de regulamentação jurídica satisfatória sobre esse tema.[25]

Com efeito, são inúmeras as situações que desafiam o intérprete, sobretudo diante do acelerado desenvolvimento da biotecnologia e da biomedicina, que proporciona reviravoltas teóricas nas águas mansas em que navegava o corpo antes da popularização dos estudos sobre genoma, DNA, manipulação, criação e reprodução de células *in vitro*, criopreservação de células e material genético. De fato, a tão recente tutela do corpo pelo direito civil tem sua eficácia constantemente questionada diante da fragmentação do corpo, cuja projeção se realiza em laboratórios, na circulação de dados genéticos e de outros tantos dados sensíveis que representam o corpo para além dos limites físicos do contorno corporal, fazendo com que o corpo se multiplique de modo sem fronteiras materiais ou territoriais, como acontece com o "corpo eletrônico", que representa a identidade pessoal do sujeito nas relações eletrônicas e nos ambientes virtuais da internet através, por exemplo, da biometria, do reconhecimento de voz, íris, impressões digitais.[26]

Sobre a liberdade para dispor do próprio corpo em vida há, com efeito, um campo de intensos debates judiciais e doutrinários, e não há qualquer exagero em afirmar que autonomia corporal constitui uma das mais importantes fontes de dilemas jurídicos atuais nas relações privadas. São muitas as hipóteses concretas que se colocam como centro de divergências sobre os limites que a pessoa tem para dispor do próprio corpo. Diante da redação pouco reveladora dos artigos do Código Civil de 2002 que tratam do tema da integridade psicofísica –[27] em especial do art. 13 e seus conceitos de conteúdo

---

podem ser encontradas em VASCONCELOS, Yuri. Pele de laboratório. *Revista Pesquisa Fapesp*, ed. 245, jul. 2016. Disponível em: <http://revistapesquisa.fapesp.br/2016/07/14/pele-de-laboratorio/>. Acesso em: 12 jan. 2017.

[25] Como a própria estudante alerta: "Se uma estudante como eu foi capaz de patentear um material extraído de informação biológica de Alexander McQueen, como não havia legislação para me parar", e prosseguiu "só podemos imaginar o que grandes corporações com maior financiamento vão ser capazes de fazer no futuro" (TUCKER, Emma. Alexander McQueen's DNA turned into human leather goods by Tina Gorjanc. *Dezeen*, 11 jul. 2016. Disponível em: <https://www.dezeen.com/2016/07/11/pure-human-tina-gorjanc-leather-fashion-design-central-saint-martins/>. Acesso em: 12 out. 2016. Tradução livre).

[26] RODOTÀ, Stefano. Transformações do corpo. *Revista Trimestral de Direito Civil – RTDC*, n. 19, jul./set. 2004. p. 94.

[27] "Art. 13. Salvo por exigência médica, é defeso o ato de disposição do próprio corpo quando importar diminuição permanente da integridade física, ou contrariar os bons costumes. Parágrafo único. O ato previsto neste artigo será admitido para fins de transplante, na forma estabelecida em lei especial. Art. 14. É válida, com objetivo científico ou altruístico, a disposição gratuita do próprio corpo, no todo ou em parte, para depois da morte.

indeterminado, como é o caso dos bons costumes –[28] verifica-se um cenário de profundas indefinições sobre as fronteiras da liberdade corporal e as intervenções que podem ser legitimamente impostas a fim de proteger a pessoa e sua integridade psicofísica. Considerando que muitos atos de autodeterminação corporal não vão necessariamente representar qualquer implicação jurídica para a esfera de terceiros, não é raro que a limitação da liberdade sobre o corpo configure o problema paternalista de tutelar a pessoa contra a sua própria vontade.

Como exemplo desse tipo de circunstância que se encerra na esfera jurídica do próprio titular da situação subjetiva, nas quais a proteção da liberdade da pessoa pode colidir com a sua integridade psicofísica, tem-se os casos de transfusão de sangue a pacientes testemunhas de Jeová, a alimentação forçada diante de greve de fome, as modificações corporais estéticas, as transformações radicais que geraram as tão estudadas figuras do homem lagarto e do homem tigre, práticas corporais, extremas ou não, como a suspensão,[29] tatuagens, *piercings, branding, cutting*, implantes subcutâneos ou ICTs, além dos *wannabes* ou *amputees by choice*,[30] que amputam voluntariamente seus membros por não os reconhecerem como parte de seu corpo. Como afirma Francisco Ortega, também são formas de modificação corporal:

> *bodybuilding*, atividades de *fitness* e de *wellness* [...] bem como todo tipo de próteses internas e externas para potencializar ou substituir o funcionamento dos órgãos e o uso cada vez menos distante da nanotecnologia, que promete novos desenvolvimentos no interior do corpo.[31]

Nesses casos, tem-se um exercício de liberdade que não gera efeitos diretos e imediatos para a esfera jurídica de terceiros, o que torna ainda mais dramática a discussão sobre limites.[32]

Para além das hipóteses descritas acima, a questão da transexualidade recebe atenção especial por parte dos civilistas contemporâneos, principalmente após a cirurgia de transgenitalização se consolidar com *status* de ato de disposição consentido, o que tornou incontroversa a autorização para a realização do procedimento cirúrgico, respeitados os requisitos impostos pelas resoluções do Conselho Federal de Medicina. O

Art. 15. Ninguém pode ser constrangido a submeter-se, com risco de vida, a tratamento médico ou a intervenção cirúrgica".

[28] CASTRO, Thamis Dalsenter Viveiros de. *Bons costumes no direito civil brasileiro*. São Paulo: Almedina, 2017.

[29] Prática que envolve a fixação da pessoa a diversos ganchos de metal, inseridos sob a pele e ligados a um conjunto de roldanas utilizadas para erguer o corpo a 30 ou 60 cm do chão, de modo que seja possível permanecer com seu corpo suspenso enquanto for capaz suportar seu próprio peso, a depender de sua vontade a duração do ato.

[30] Sobre o tema, ver KONDER, Carlos Nelson. O consentimento no biodireito: os casos dos transexuais e dos wannabes. *Revista Trimestral de Direito Civil*, n. 15, p. 41-72, jul./set. 2003.

[31] ORTEGA, Francisco. *O corpo incerto*: corporeidade, tecnologias médicas e cultura contemporânea. Rio de Janeiro: Garamond, 2008. p. 57.

[32] Sobre os desdobramentos desse tipo de situação e a discussão sobre limites democráticos e paternalismo jurídico, seja consentido remeter à *teoria tríplice da autonomia*, cuja classificação dos atos de autonomia em atos de eficácia pessoal, de eficácia interpessoal e de eficácia social permite fornecer parâmetros concretos para enfrentar os dilemas dessa natureza, admitindo a intervenção para restringir a liberdade apenas nos atos que repercutem na esfera jurídica de terceiros, gerando efeitos diretos e imediatos para terceiros concretamente identificados (eficácia interpessoal) ou para a coletividade ou um número indefinido de pessoas (eficácia social). Sobre a teoria, ver CASTRO, Thamis Dalsenter Viveiros de. *Bons costumes no direito civil brasileiro*. São Paulo: Almedina, 2017.

tema foi enfrentado pelo CFM com a Resolução nº 1.472/1997, e atualmente pela Resolução nº 1.652/2002, que assentaram o caráter terapêutico do procedimento, fixando critérios rígidos para sua admissão e a inexigibilidade de autorização judicial, e posteriormente com o art. 13 do Código Civil, que garante a licitude do ato de disposição do próprio corpo nos casos de exigência médica ou finalidade terapêutica.

A atuação do conselho médico teve em vista não só a proteção da integridade psicofísica da pessoa transexual, mas também o objetivo de proteger a atividade médica dos cirurgiões que ficavam sujeitos às penalidades decorrentes da configuração da cirurgia como crime de lesão corporal, já que não havia, até então, qualquer regramento específico que garantisse que o procedimento cirúrgico de mudança fosse tutelado como ato de finalidade terapêutica. De fato, com todas as críticas que são devidas à medicalização e à intensidade de seus efeitos, esse primeiro caminho foi necessário para que a transexualidade pudesse ser tutelada e a redesignação realizada com mais segurança.[33] Através do avanço da medicina para certificar o caráter terapêutico do processo de transgenitalização, os problemas jurídicos daí decorrentes só aumentaram, em número e intensidade. Como ficam as questões relativas à identificação pessoal da pessoa após o processo de redesignação sexual diante da ausência de regulamentação jurídica detalhada sobre o tema, especialmente as alterações registrais relativas aos dados sexuais e nominais?

As consequências jurídicas do processo de transgenitalização tornam explícita a insuficiência das categorias jurídicas tradicionais[34] para tutelar a pessoa diante dos avanços da medicina e das transformações que são próprias do processo de construção da subjetividade. Através de um modelo dualista, o direito civil clássico, de matriz oitocentista, incorporou o sistema de categorias binárias que dividiu o mundo em dois,[35] deixando de fora tudo que não pudesse ser incluído em suas classificações predefinidas. Ou se é coisa ou se é pessoa, ou se é homem ou se é mulher, havendo pouco ou nenhum espaço de reserva para as indefinições que são próprias da pessoa que se desenvolve e se transforma livremente. Essa perspectiva, aliada à observação biológica sobre a estrutura morfológica dos órgãos genitais,[36] reservou uma divisão dualista também para a identidade. No momento do nascimento, o sexo morfológico externo será o elemento essencial para a designação da identidade pessoal que constará no registro civil, de

---

[33] A esse respeito, a precariedade da questão transexual antes das manifestações resolutivas do CFM e do Código Civil de 2002 fica demonstrada com o caso Juracy, transexual feminina que foi presa por falsidade ideológica após a realização de uma adoção "à brasileira", e foi recolhida ao pavilhão masculino do presídio de Água Santa, sofrendo toda sorte de violações à dignidade que essa situação oferece. Sobre o caso, a decisão da 1ª Turma do TRF da 2ª Região assentou: "I - Utilização de certidão de nascimento falsa para obtenção de passaporte para menor. II - constatação de que a mãe do menor, constante de registro, era transexual operado e que se casara no exterior com um francês, utilizando falsa certidão de nascimento. III - A omissão da legislação brasileira quanto aos transexuais que se submeteram a cirurgia para troca de sexo, impossibilitando-os de legalmente alteram a certidão de nascimento. IV - Se a jurisprudência tem entendido que inexiste o delito se a falsa identidade visa esconder passado criminoso, também se aplica à hipótese de esconder o sexo original. VI - Recurso improvido" (TRF-2, 1ª T. ACR nº 92.02.18299-0. Rel. Juíza Tania Heine, j. 8.3.1993).

[34] BARBOZA, Heloisa Helena. Bioética x biodireito: insuficiência dos conceitos jurídicos. In: BARBOSA, Heloisa Helena; BARRETO, Vicente de Paulo *et al.* (Orgs.). *Temas de biodireito e bioética*. Rio de Janeiro: Renovar, 2000.

[35] AGACINSKI, Sylviane. *Política dos sexos*. Rio de Janeiro: Nova Fronteira, 1999. p. 15.

[36] BOURDIEU, Pierre. *A dominação masculina*. 4. ed. Rio de Janeiro: Bertrand Brasil, 2005. p. 20.

modo que serão do sexo masculino aqueles bebês que tiverem pênis, enquanto serão do sexo feminino aqueles que tiverem vagina.[37]

Essa visão, que simplifica a natureza complexa do processo de desenvolvimento da pessoa, se viu recentemente questionada com o nascimento de Searyl Atli, que segundo a imprensa canadense é o primeiro bebê do mundo a não receber um dado sexual identificador em seu cartão de nascimento.[38] Com a intenção de dar ao(à) filho(a) a oportunidade de descobrir e construir seu gênero ao longo da vida, longe dos rótulos sexuais que são determinados no nascimento, Kori Doty – uma pessoa transgênero não binária que não se identifica com pronomes nem no masculino nem no feminino –, agora luta para que o seu bebê, hoje com oito meses, possa ter a identificação de gênero também omitida de sua certidão de nascimento, pelo que haveria um "U" no lugar reservado ao campo "sexo", simbolizando a ideia de "indeterminado" ou "não atribuído".[39]

De fato, o debate sobre a liberdade de gênero na infância e na adolescência suscita importantes controvérsias e vem recebendo grande atenção especialmente na última década, diante do elevado número de casos que referem a dura experiência[40] que as crianças transexuais enfrentam para se adequarem ao gênero oposto à descrição sexual que foi registrada no nascimento. Informações do serviço de saúde britânico indicam que, entre 2014 e 2015, o número de crianças com 10 anos ou menos indicadas para atendimento relacionado a questões de gênero quadruplicou em relação a 2009 e 2010. Do total, 47 crianças tinham cinco anos ou menos. Duas crianças tinham apenas três anos. Seguindo a ideia de que é possível diagnosticar precocemente pessoas com TIG – Transtorno de Identidade de Gênero, o Conselho Federal de Medicina, em parecer (manifestação sem caráter resolutivo),[41] orienta a conduta a ser adotada no tratamento com terapia hormonal para travestis e transexuais desde a infância até a fase adulta, a fim de facilitar o processo de puberdade nesses casos.

---

[37] O critério de identificação sexual, o sexo civil ou sexo legal, é o sexo morfológico externo, que corresponde à anatomia de seus órgãos genitais (CHOERI, Raul. Transexualismo e identidade pessoal: cirurgia de transgenitalização. In: BARBOZA, Heloisa Helena; BARRETO, Vicente de Paulo *et al*. (Orgs.). *Temas de biodireito e bioética*. Rio de Janeiro: Renovar, 2000. p. 240).

[38] A Alemanha foi o primeiro país europeu a oferecer a possibilidade de os pais registrarem seus filhos como sendo do gênero "masculino", "feminino" e "indefinido". Contudo, a iniciativa legislativa foi duramente criticada por grupos locais militantes dos direitos das pessoas trans, tendo em vista que a lei só prevê tal possibilidade para bebês nascidos com diagnóstico de hermafroditismo, não se dirigindo necessariamente às pessoas transexuais. Iniciativas que permitem o gênero indefinido como dado registral podem ser também encontradas na Austrália, onde desde 2011 os cidadãos têm o direito de identificar-se com o sexo "X" no passaporte. Na Nova Zelândia, essa mesma medida referente ao gênero indefinido é possível desde 2012 (ALEMANHA cria 'terceiro gênero' para registro de recém-nascidos. *BBC Brasil*, 20 ago. 2013. Disponível em: <http://www.bbc.com/portuguese/noticias/2013/08/130820_alemanha_terceirosexo_dg>. Acesso em: 14 jul. 2017).

[39] BEBÊ terá documento sem identificação de sexo para 'decidir gênero quando crescer'. *G1*, 4 jul. 2017. Disponível em: <http://g1.globo.com/mundo/noticia/bebe-tera-documento-sem-identificacao-de-sexo-para-decidir-genero-quando-crescer.ghtml>. Acesso em: 8 jul. 2017.

[40] Dados do Sistema Nacional de Saúde do Reino Unido (NHS) também descrevem que a violência que essas crianças sofrem na vida social, especialmente no ambiente escolar, aliada ao estigma em torno da questão fazem com que essas crianças e adolescentes estejam mais suscetíveis a problemas psicológicos. Em pesquisa publicada em 2014, registrou-se o assombroso número que indica que 59% dos jovens transgêneros sofreram com autoflagelação, um total muito superior à média geral de 9% para a faixa etária de 16 a 24 anos ('AOS 3 anos meu filho queria ser menina'. *BBC Brasil*, 20 jan. 2016. Disponível em: <http://www.bbc.com/portuguese/noticias/2016/01/160119_menina_transfobia_rm>. Acesso em: 10 jul. 2017).

[41] Parecer nº 8/13 dado em Processo-Consulta nº 32/12, do Conselho Federal de Medicina.

Mas a notícia sobre o bebê canadense sem gênero representa um processo mais profundo do que apenas a aceitação médica de que as crianças também podem sofrer com questões de gênero. Na realidade, essa iniciativa traduz a experiência de gênero como produto de vivências subjetivas e não como resultado de uma observação de ordem biológica.[42] A identidade de gênero não pode ser definida a partir do critério do sexo civil, ou sexo morfológico externo. Aliás, qualquer tentativa de definir a identidade de gênero de uma pessoa a partir de dados relativos ao sexo estará fadada ao fracasso, já que o gênero é fluido, construído ao longo da existência, e não será necessariamente condicionado por fatores de ordem biológica, como é o caso do sexo.

Trata-se, também, de importante tendência de superar o modelo patologizante que se colocou inicialmente sobre o fenômeno da transexualidade, ainda que a sua configuração inicial como patologia tenha permitido uma série de garantias que dizem respeito à prática cirúrgica, caminha-se felizmente para a superação dessa perspectiva paternalista, que esvazia de autonomia a pessoa transexual que deseja realizar a transição de gênero ao admitir que tal condição e seus efeitos estão ligados à ideia de cura e de eficiência do procedimento terapêutico empregado. Como afirma Márcia Aran:

> Não podemos estabelecer *a priori* que transexuais padecem de uma patologia ou são necessariamente, por uma questão de estrutura, psicóticos. A clínica psicanalítica nos ensina que, antes de tudo, devemos escutar e basicamente tentar acolher as diversas manifestações das subjetividades.[43]

Daí decorre que o processo de transgenitalização não precisa ser apenas cirúrgico, como muito equivocadamente se acreditava.[44] Na realidade, a transgenitalização pode ser cirúrgica, medicamentosa com a terapia hormonal, ou apenas comportamental. Pode ainda englobar essas três modalidades. Isso significa que a passagem do gênero masculino para o feminino, ou o contrário, não precisa seguir um rígido protocolo terapêutico de um único caminho, dado que vem sendo refletido na experiência estrangeira legislativa e judicial e começa a ser adotado também pelos tribunais brasileiros. Como se verá adiante, quer se trate de procedimento cirúrgico, quer se trate de procedimento terapêutico ou comportamental, as consequências jurídicas decorrentes do processo de redesignação de sexo/gênero constituem o cerne do debate sobre a proteção do direito ao esquecimento da pessoa transexual.

---

[42] As informações narradas podem ser encontradas na reportagem que descreve a experiência de Danni, que afirmava não gostar de ser um menino e viveu um momento traumático quando, aos 3 anos, foi encontrado pela mãe com uma tesoura na mão dizendo que queria cortar o pênis. A partir desse episódio, sua mãe, Kerry McFadyen, passou a acreditar que seu filho era, de fato, transexual, engajando-se e buscando apoio para apoiar Danni nas suas questões de gênero ('AOS 3 anos meu filho queria ser menina'. *BBC Brasil*, 20 jan. 2016. Disponível em: <http://www.bbc.com/portuguese/noticias/2016/01/160119_menina_transfobia_rm>. Acesso em: 10 jul. 2017).

[43] Sobre a crítica, prossegue a autora "mais do que nunca, não podemos – em nome de uma antiga forma de organização social, que alguns preferem chamar de *Lei* – impor de forma violenta um diagnóstico psiquiátrico ou realizar uma interpretação psicanalítica, apenas para manter o nosso horizonte simbólico intocável" (ARÁN, Márcia. A transexualidade e a gramática normativa do sistema sexo-gênero. Ágora: Estudos em Teoria Psicanalítica, v. 9, n. 1, 2006. p. 59).

[44] Assim como não há uma única definição para a pessoa transexual. Em perspectiva crítica à medicalização na questão transexual, ver, especialmente, BENTO, Berenice. *A reinvenção do corpo*: sexualidade e gênero na experiência transexual. Rio de Janeiro: Garamond, 2006, *passim*.

4.3 Identidade pessoal e direito à alteração do nome e do sexo

A tutela do nome da pessoa humana no ordenamento jurídico nacional vem sendo reconstruída a partir do princípio da dignidade da pessoa humana, uma vez que deve individualizar dignamente o portador do nome, sem configurar um instrumento de discriminação e exclusão sociais, nem, muito menos, ser contrário à própria identidade pessoal. Neste sentido, a reconstrução da disciplina do nome busca compatibilizá-lo com o atual entendimento de proteção integral da pessoa humana, em suas múltiplas manifestações e atributos, e conformá-lo com a própria identidade pessoal.[45]

O direito ao nome da pessoa humana foi expressamente previsto no capítulo dedicado aos direitos da personalidade do Código Civil brasileiro de 2002. Embora de avanço inegável, o legislador ordinário prescindiu do exame funcional, priorizando, assim, uma análise meramente estrutural. Neste sentido, dispõe o art. 16 que: "Toda pessoa tem direito ao nome, nele compreendidos o prenome e o sobrenome". Desse modo, o nome possui como elementos obrigatórios o prenome e o sobrenome, ao contrário de outras disciplinas legais alienígenas que optaram por um controle mais rígido na composição do nome.[46] O legislador teve, ainda, o mérito de uniformizar os termos, uma vez que tanto o Código Civil de 1916 quanto a Lei de Registros Públicos continham incongruências quanto à expressão *nome* e seus elementos componentes.[47]

Melhor do que individuar a função do direito ao nome é perquirir o fundamento plural do direito ao nome, ainda que se lhe reconheça uma função precípua no ordenamento. Diante da necessidade de diferenciação e distinção das pessoas humanas, o nome exerce a função primordial de servir como instrumento de individualização. Nas palavras de Adolfo Pliner: "La individualización permite que cada hombre sienta plenamente su 'yo' personal, y que los demás se lo reconozcan, posibilitando el desarrollo de su personalidad".[48]

Maria Celina Bodin de Moraes ressalta a "[...] importância do nome como o sinal designativo que permite a individualização da pessoa humana, constituindo, por isso

---

[45] Permita-se remeter a ALMEIDA, Vitor. A proteção do nome da pessoa humana entre a exigência registral e a identidade pessoal: a superação do princípio da imutabilidade do prenome no direito brasileiro. *Revista Trimestral de Direito Civil*, v. 52, p. 203-243, 2012.

[46] A legislação portuguesa é um exemplo em que a composição do nome da pessoa foi minunciosamente regulada. O Código de Registro Civil português (Decreto-Lei nº 131/1995) dispõe em seu art. 103 as regras de composição do nome: "2 - O nome completo deve compor-se, no máximo, de seis vocábulos gramaticais, simples ou compostos, dos quais só dois podem corresponder ao nome próprio e quatro a apelidos, devendo observar-se, na sua composição, as regras seguintes: a) Os nomes próprios devem ser portugueses, de entre os constantes da onomástica nacional ou adaptados, gráfica e foneticamente, à língua portuguesa, não devendo suscitar dúvidas sobre o sexo do registando; b) São admitidos os nomes próprios estrangeiros sob a forma originária se o registando for estrangeiro, houver nascido no estrangeiro ou tiver outra nacionalidade além da portuguesa; c) São ainda admitidos os nomes próprios estrangeiros sob a forma originária se algum dos progenitores do registando for estrangeiro ou tiver outra nacionalidade além da portuguesa; [...]".

[47] Relata Maria Celina Bodin de Moraes que "No Código Civil de 1916 chegava a impressionar o grau de discrepância: ora se usava a expressão 'nome', significando nome por inteiro (por exemplo, nos arts. 271, I; 324; 386; 487), ora se empregava os termos 'nome' e 'prenome' (por exemplo, no art. 195, I, II), ora se adotava 'apelidos' (art. 240). O mesmo se diga da Lei de Registros Públicos, a qual, algumas vezes, adota o termo 'nome' para se referir ao nome completo, e, outras vezes, especifica 'prenome' e 'nome', este último com o significado de sobrenome" (MORAES, Maria Celina Bodin de. Ampliação da proteção ao nome da pessoa humana. In: TEIXEIRA, Ana Carolina Brochado; RIBEIRO, Gustavo Pereira Leite (Orgs.). *Manual de teoria geral do direito civil*. Belo Horizonte: Del Rey, 2011. p. 250).

[48] PLINER, Adolfo. *El nombre de las personas*: legislácion, doctrina, jurisprudencia, derecho comparado. Buenos Aires: Abeledo-Perrot, 1966. p. 86.

mesmo, um dos direitos mais essenciais da personalidade".[49] Neste sentido, afirma que a "finalidade do nome civil é individualizar e distinguir as pessoas humanas, durante a vida e mesmo após a morte, pela memória que deixa nos sucessores e no meio social".[50]

É comum a confusão entre os termos "individualização" e "identificação", sendo recorrente o uso indiscriminado destes como funções do direito ao nome. A individualização é alcançada na medida em que se distinguem suficientemente as pessoas de seus semelhantes, a fim de que não sejam confundidas, mas expresse, com efeito, a identidade pessoal de modo a atingir sua finalidade de real e efetiva individualização perante si e no meio social. Ao contrário, o nome como identificação é o meio através do qual se identificam externa e socialmente as pessoas, ainda que não exerça de forma segura e veraz sua individualização. A distinção é sutil e tênue do ponto de vista prático, visto que se o nome satisfaz a necessidade de individualização da pessoa humana, ela servirá como meio de identificação hábil perante terceiros.

A doutrina nacional[51] insiste em tratar o direito ao nome como "sinal identificador do indivíduo dentro da sociedade",[52] conceituando-o como "designação ou sinal pelo qual a pessoa identifica-se no seio da família e da sociedade".[53] Demonstra-se, assim, a preocupação com o caráter obrigacional direcionado ao uso do nome e destinado tão somente como fator de identificação no meio social e de precedência familiar, indiferentes à individualização concreta da pessoa humana conforme seu projeto existencial e sua verdade pessoal, e que, a partir daí, seja reconhecido pelos demais, distinguindo-o de acordo com seu projeto de vida.

Além de figurar, para muitos, como meio de identificação, o nome, mais especificamente a exigência de sobrenome, consiste em um instrumento de reconhecimento, por parte de terceiros, da precedência familiar, ou seja, funciona como indicação da filiação. A manutenção da tradicional função de identificação da descendência familiar exige ressalvas, na medida em que se consideram as profundas alterações operadas na família contemporânea. O reconhecimento da socioafetividade no campo da filiação, e mesmo do parentesco, e do pluralismo das entidades familiares possuem efeitos relevantes nos domínios do direito ao nome.

Assim, a exigência de sobrenome não mais significa a precedência familiar biológico-genética, nem muito menos a descendência paterna, predominante na aposição

---

[49] MORAES, Maria Celina Bodin de. Ampliação da proteção ao nome da pessoa humana. In: TEIXEIRA, Ana Carolina Brochado; RIBEIRO, Gustavo Pereira Leite (Orgs.). *Manual de teoria geral do direito civil*. Belo Horizonte: Del Rey, 2011. p. 249.

[50] MORAES, Maria Celina Bodin de. Ampliação da proteção ao nome da pessoa humana. In: TEIXEIRA, Ana Carolina Brochado; RIBEIRO, Gustavo Pereira Leite (Orgs.). *Manual de teoria geral do direito civil*. Belo Horizonte: Del Rey, 2011. p. 261.

[51] Segundo definição de Rubens Limongi França, o nome é "o direito que a pessoa tem de ser conhecida e chamada pelo seu nome civil, bem assim de impedir que outrem use desse nome indevidamente" (FRANÇA, Rubens Limongi. *Instituições de direito civil*. 5. ed. rev. e atual. São Paulo: Saraiva, 1999. p. 943); Renan Lotufo expõe que "o nome, sem dúvida, é o sinal principal de identificação humana" (LOTUFO, Renan. *Código Civil comentado*: parte geral (arts. 1º ao 232). São Paulo: Saraiva, 2003. p. 66). Para Roxana Cardoso Brasileiro Borges, em atenção à doutrina nacional, o "nome de uma pessoa é o elemento pelo qual ela é identificada na sociedade, identificando-a" (BORGES, Roxana Cardoso Brasileiro. *Disponibilidade dos direitos de personalidade e autonomia privada*. São Paulo: Saraiva, 2005. p. 220).

[52] OLIVEIRA, Euclides. Direito ao nome. In: DELGADO, Mário Luiz; ALVES, Jones Figueirêdo. *Questões controvertidas*. São Paulo: Método, 2004. p. 67. v. 2. Série Grandes Temas de Direito Privado.

[53] GONÇALVES, Carlos Roberto. *Direito civil brasileiro*: parte geral. 7. ed. rev. e atual. São Paulo: Saraiva, 2009. p. 120. v. 1.

do nome no momento do registro civil. A partir da comunhão de afetos indispensável à comunidade familiar se busca um sobrenome condizente com a família de pertencimento e as teias afetivas cruciais para o livre desenvolvimento da pessoa humana. Por isso, no intento de precisar a individualização, deve-se superar a função calcada na descendência familiar classicamente considerada, em razão da limitada relevância, nos dias de hoje, em relação à eficácia e certeza que essa indicação traz.

É preciso reconstruir a disciplina do nome em função da contemporânea e mutante concepção de família, sem descurar de seu caráter instrumental em prol dos integrantes da comunidade familiar. Desse modo, o sobrenome como identificação da descendência familiar somente merece tutela na medida em que se demonstrem os verdadeiros laços afetivos vinculados ao desenvolvimento da pessoa, e que, portanto, atue de forma a individualizá-la concretamente perante a comunidade familiar afetivamente escolhida.

Em relação à função do prenome como indicação do sexo é duvidosa sua inserção entre as funções desempenhadas pelo nome, não sendo, portanto, "uma função digna de consideração".[54] Expõe Adolfo Pliner que a exigência de ter um prenome de acordo com o sexo pertence mais à sua regulamentação legal do que à sua teoria geral. Tanto é assim que não é nada incomum encontrar pessoas com nomes que são tidos como femininos, mas são do sexo masculino, e vice-versa. É necessário, contudo, compreender que no caso das pessoas transexuais a busca pela alteração do registro civil de modo a ser identificado em conformidade com a sua identidade de gênero é fundamental para o processo de reconhecimento social. Nesse passo, apesar de não constituir uma função primordial do nome a indicação do sexo, por outro lado, no caso em que a pessoa busca reconstruir a trajetória da sua vida em razão da desconformidade entre sua genitália de nascimento e o gênero socialmente construído, a mudança do nome e do gênero na certidão de nascimento é a chave para uma vida digna e de acordo com sua identidade pessoal.

No plano jurídico, é recente a construção e o reconhecimento do direito à identidade pessoal.[55] Leciona Maria Celina Bodin de Moraes que "este novo direito da personalidade consubstanciou-se num 'direito de ser si mesmo' (*diritto ad essere se stesso*)", o qual passa a ser compreendido como "o respeito à imagem global da pessoa participante da vida em sociedade, com a aquisição de ideias e experiências pessoais, com as suas convicções religiosas, morais e sociais, que a distinguem e ao mesmo tempo a qualificam".[56]

O direito à identidade pessoal, não raras vezes, ou é ignorado pela doutrina e jurisprudência pátrias, ou é geralmente confundido com outros direitos da personalidade, a exemplo, notadamente, do direito ao nome e do direito à imagem. No direito brasileiro, é comum reconhecer a identidade como mera identificação individual, relacionando-a aos aspectos materiais e visíveis de individualização da pessoa humana. Nas palavras

---

[54] A afirmação completa no original: "No creo que pueda señalarse ésta como una función digna de consideración" (PLINER, Adolfo. *El nombre de las personas*: legislácion, doctrina, jurisprudencia, derecho comparado. Buenos Aires: Abeledo-Perrot, 1966. p. 92).

[55] Para um estudo mais aprofundado, remete-se a CHOERI, Raul. *O direito à identidade na perspectiva civil-constitucional*. Rio de Janeiro: Renovar, 2010.

[56] MORAES, Maria Celina Bodin de. Ampliando os direitos da personalidade. In: MORAES, Maria Celina Bodin de. *Na medida da pessoa humana*: estudos de direito civil-constitucional. Rio de Janeiro: Renovar, 2010. p. 138.

de Raul Choeri, "[...] o nome e a imagem não traduzem o que se é integralmente",[57] razão pela qual deve-se desvincular o direito à identidade dos elementos ou fatores de identificação.

O direito ao nome, conforme visto, é comumente associado, de modo bastante restritivo e equivocado, ao principal meio de identificação individual. Não é raro encontrar na doutrina nacional a restrição do direito à identidade pessoal como tradução do direito ao nome.[58] É possível que a dificuldade em reconhecer a autonomia do direito à identidade pessoal no direito brasileiro se encontre na inexistência de um dispositivo legal específico, motivo pelo qual se prefere ampliar o conceito de outros direitos da personalidade para respaldar e incluir aquele. Este, contudo, não parece ser o melhor caminho, pois, primeiro, comprime a identidade pessoal aos seus aspectos externos, reduzindo-a aos elementos de identificação individual, e, segundo, impede um tratamento jurídico compatível com a sua relevância no ordenamento em que se privilegia a proteção integral da pessoa através do princípio fundante da dignidade humana.

O direito à identidade pessoal possui conteúdo e abrangência próprios, por isso, mesmo diante da ausência de previsão expressa no direito brasileiro não se impede a construção de parâmetros e a definição de sua extensão por parte da doutrina, de modo a facilitar sua utilização pelos tribunais. No Brasil, somente os direitos ao nome e à imagem – elementos estáveis da identidade pessoal – foram contemplados pelo Código Civil de 2002 (arts. 16 a 20). No entanto, o princípio da dignidade da pessoa humana, inserto no art. 1º, inc. III, da Constituição da República de 1988, atua como cláusula geral de proteção e promoção da pessoa humana[59] no ordenamento jurídico nacional, razão pela qual se supera a discussão a respeito da tipicidade ou não dos direitos da personalidade. Por isso, embora não previsto expressamente, o direito à identidade pessoal encontraria respaldo suficiente para sua proteção e promoção nesta cláusula.

Segundo Raul Choeri, a identidade da pessoa humana deve ser encarada de modo amplo, concebendo-a, em sua unidade e complexidade, a partir de duas dimensões coexistentes: uma estável e outra dinâmica. A dimensão de característica estável – e não estática, pois seus elementos são passíveis de mudança em alguns casos e sob certas condições – compreende o "nome, todos os elementos de identificação física da pessoa – imagem, voz, impressões digitais, genoma, os gestos, sua escrita, etc. – e os elementos informativos que integram o *status* jurídico – estado civil, estado familiar e estado político".[60]

---

[57] CHOERI, Raul. *O direito à identidade na perspectiva civil-constitucional*. Rio de Janeiro: Renovar, 2010. p. 177.

[58] Francisco Amaral entende que: "O direito à identidade pessoal é o direito ao nome (CC. art. 16). Espécie dos direitos da personalidade, integra-se no gênero do direito à integridade moral, no sentido de que a pessoa deve ser reconhecida em sociedade por denominação própria, que a identifica e diferencia. O nome constitui-se em interesse essencial da pessoa" (AMARAL, Francisco. *Direito civil*: introdução. 5. ed. rev., atual. e aum. Rio de Janeiro: Renovar, 2003. p. 270).

[59] Sobre a cláusula geral de tutela da pessoa humana, sugere-se a leitura de TEPEDINO, Gustavo. A tutela da personalidade no ordenamento civil-constitucional brasileiro. In: TEPEDINO, Gustavo. *Temas de direito civil*. 4. ed. rev. e atual. Rio de Janeiro: Renovar, 2008 e MORAES, Maria Celina Bodin de. O princípio da dignidade da pessoa humana. In: MORAES, Maria Celina Bodin de. *Na medida da pessoa humana*: estudos de direito civil-constitucional. Rio de Janeiro: Renovar, 2010, especialmente, p. 112-120.

[60] CHOERI, Raul. *O direito à identidade na perspectiva civil-constitucional*. Rio de Janeiro: Renovar, 2010. p. 163-164.

Neste passo, a dimensão estável compreende "os elementos que respondem pela materialidade da identidade, de visibilidade imediata e de vocação duradoura", no entanto, é indispensável ressalvar que "a identidade da pessoa humana não se confunde com sua identificação pessoal nem com seu *status* jurídico, pois não se restringe aos dados e elementos de mera individualização física da pessoa".[61]

A segunda dimensão, de natureza dinâmica, reúne "todos os atributos e características psicossociais, a historicidade individual, compreendida pelo perfil ideológico e pela herança cultural da pessoa, adquirida através da sua interação social", sendo constituída, portanto, pela "ideologia, espiritualidade, moralidade, forma de pensar, de julgar, de pertencer a determinado grupo social, pela historicidade de cada pessoa, que a distinguem das demais e a tornam única e irrepetível".[62]

A partir do reconhecimento da dupla dimensão (estável e dinâmica), Raul Choeri leciona que "o direito fundamental à identidade inclui o direito de toda pessoa expressar sua verdade pessoal, 'quem de fato é', em suas realidade física, moral e intelectual", impedindo, assim, que se falseie a "verdade" das pessoas.[63] Neste ponto é que a ideia da existência de um direito fundamental à identidade[64] de natureza aberta se revela compatível com os valores constitucionais e condizente com a cláusula geral de dignidade da pessoa humana, pois, "a identidade constitucional da pessoa humana é aquela a ser forjada por cada um a partir dos direitos fundamentais, consagradores da liberdade, da igualdade, da solidariedade e da pluralidade".[65]

Nessa linha, Raul Choeri advoga que o "direito à identidade, como instrumento de inclusão social, de reconhecimento de diferenças, de fomento do pluralismo, de revelação da 'verdade pessoal', constitui a chave jurídica para a realização da dignidade humana",[66] descortinando a íntima relação entre o direito fundamental à identidade e o princípio da dignidade da pessoa humana. Uma vida digna pressupõe sua autorrealização por meio da afirmação de sua identidade e verdade pessoais.

Nessa perspectiva, o direito à identidade pessoal, em sua integralidade, deve condicionar e balizar o direito ao nome, eis que mais abrangente que este. Deve-se preterir a tutela registral do nome em função do reconhecimento da extrema relevância do direito à identidade, pois não é cabível ao proteger as esferas mais íntimas da pessoa que se relegue ao nome, como elemento de individualização da personalidade individual de suma importância, um papel meramente material e visível da identidade humana.

Desse modo, por mais que atue como um elemento externo de identificação da pessoa, o nome deve refletir as próprias escolhas direcionadas ao projeto de vida pessoal, não podendo servir como um fator de discriminação e exclusão sociais, na medida em

---

[61] CHOERI, Raul. *O direito à identidade na perspectiva civil-constitucional*. Rio de Janeiro: Renovar, 2010. p. 163.

[62] CHOERI, Raul. *O direito à identidade na perspectiva civil-constitucional*. Rio de Janeiro: Renovar, 2010. 163-165.

[63] CHOERI, Raul. *O direito à identidade na perspectiva civil-constitucional*. Rio de Janeiro: Renovar, 2010. p. 244.

[64] Raul Choeri entende que "o direito à identidade é um direito fundamental de quarta dimensão, fruto do pluralismo do mundo moderno. Está apoiado nos princípios da liberdade, igualdade e solidariedade (fraternidade), consagrados no texto das Constituições nacionais, ao longo do último século, como direitos fundamentais de primeira, segunda e terceira dimensões, mas também se firma no princípio do pluralismo da sociedade atual, de vocação nitidamente voltada para a inclusão social, respeitando as diferenças e as identidades culturais que emergem permanentemente de seu seio" (CHOERI, Raul. *O direito à identidade na perspectiva civil-constitucional*. Rio de Janeiro: Renovar, 2010. p. 284).

[65] CHOERI, Raul. *O direito à identidade na perspectiva civil-constitucional*. Rio de Janeiro: Renovar, 2010. p. 283.

[66] CHOERI, Raul. *O direito à identidade na perspectiva civil-constitucional*. Rio de Janeiro: Renovar, 2010. p. 302.

que aquele nome registral não mais condiz com a identidade exteriorizada pela pessoa, estigmatizando-a e prejudicando sua própria afirmação enquanto *ser* na sociedade. Portanto, a verdade registral do nome da pessoa humana só encontra relevância e cumpre sua função se corresponder à sua identidade e verdade pessoais.

Na seara do direito ao nome, a cirurgia de transgenitalização,[67] cujo procedimento no Brasil obedece aos critérios apontados na Resolução nº 1.995/2010,[68] do Conselho Federal de Medicina, trouxe profundas reflexões no tocante à possibilidade de retificação do registro civil dos transexuais.[69] Nas últimas décadas, assistiu-se desde a criminalização da realização da cirurgia de readequação sexual, na qual se considerava a prática médica como delito de lesão corporal, forçando muitos brasileiros a irem para o exterior realizar o procedimento, até a plena legalidade da mudança de sexo e a consequente possibilidade de alteração do nome e do sexo no registro civil.

O caso da modelo Roberta Close se destacou no cenário jurídico nacional, ascendendo um debate então adormecido no país. Registrado como Luís Roberto no assento civil, Roberta Close, nome escolhido após a realização da cirurgia de mudança de sexo na Inglaterra, em 1989, obteve autorização da Justiça brasileira em primeira instância, em 1992, para a alteração registral. Contudo, a sentença foi reformada em sede recursal pelo Tribunal fluminense. Somente em 2005, finalmente, a modelo teve reconhecido seu direito à mudança do assento de registro.[70] O valioso precedente não eliminou o conservadorismo de diversos magistrados pelo país afora, sendo, por isso mesmo, um tema ainda em pauta diante das resistências ainda encontradas e à míngua de uma lei que discipline e, de uma vez por todas, soterre as restrições à plena cidadania dos transexuais.

Aos poucos as restrições ao direito de alteração do nome no registro civil dos transexuais foram sendo minadas, apesar de pedregoso trajeto nos tribunais brasileiros, que já se apegaram à segurança dos registros para negarem diversos pleitos e a prévia realização da cirurgia. Resistência ainda maior se verificou em relação à mudança de sexo, tendo por base o perigo do casamento entre pessoas do mesmo sexo e a possibilidade de retificação do sexo somente na hipótese de erro, sendo que a aparência socialmente externada não é o suficiente, eis que o caractere cromossômico preponderaria.[71] Além

---

[67] O tema da transexualidade transborda os estreitos limites do presente trabalho, razão pela qual se indica a leitura de CHOERI, Raul. *O conceito de identidade e a redesignação sexual*. Rio de Janeiro: Renovar, 2004; e BARBOZA, Heloisa Helena. *Transexualidade*: a questão jurídica do reconhecimento de uma nova identidade. *Advir (ASDUERJ)*, v. 28, p. 54-66, 2012.

[68] Em substituição às antigas resoluções nºs 1.482/97 e 1.652/02, ambas do CFM, que versavam sobre o tema. Atualmente, a Portaria nº 2.803/2013, do Ministério da Saúde, redefine e amplia o processo transexualizador no Sistema Único de Saúde (SUS).

[69] Sobre o tema, sugere-se a leitura de CARVALHO, Koichi Kameda de Figueiredo. Transexualidade e cidadania: a alteração do registro civil como fator de inclusão social. *Revista Bioética*, v. 17, n. 3, p. 463-471, 2009.

[70] O caso é comentado por SCHREIBER, Anderson. *Direitos da personalidade*. São Paulo: Atlas, 2011. p. 201-202.

[71] V., entre tantos outros: "Ação de retificação do registro de nascimento. Transexual. Adequação do sexo psicológico ao sexo genital. Sentença de procedência. Apelação. Sentença que julgou procedente o pedido, deferindo a alteração no registro civil, consistente na substituição do nome do requerente, passando a figurar como pessoa do sexo feminino. Características físicas e emocionais do sexo feminino. Artigo 13 do Código Civil. Defeso o ato de dispor do próprio corpo. Exceção quando for por exigência médica. Ciência moderna trata o transexualismo como uma questão neurológica. Análise citogenética. Prova definitiva para determinar o sexo. Diferença encontra nos cromossomos sexuais é a chave para a determinação do sexo. Cirurgia de mudança de sexo não é modificadora do sexo. Mera mutilação do órgão genital, buscando a adaptação do sexo psicológico com o sexo genital. Mudança de sexo implicaria em reconhecimento de direitos específicos das mulheres.

disso, em outros casos nossos tribunais já permitiram a alteração do sexo, desde que averbado o motivo da decisão no registro. Indispensável observar o sexo como dado cuja publicidade na alteração fere o direito ao esquecimento e a própria dignidade da pessoa transexual. O sexo registral deve refletir a identidade de gênero da pessoa e não deixar margem para servir como instrumento de estigma e exclusão, ancorando o transexual no retrovisor do passado. Nesse sentido, de modo a efetivar o direito ao esquecimento da pessoa transexual a alteração do nome e sexo não deve ser publicizada e nem constar no registro civil.

O Superior Tribunal de Justiça, em decisão altamente criticável e na contramão do entendimento adotado pelas instâncias inferiores, já se posicionou a favor da averbação da mudança de sexo no registro civil, determinando que se fizesse referência ao sexo morfológico do pleiteante no assento como "decorrente de decisão judicial, pela sua condição de transexual submetido a cirurgia de modificação do sexo".[72] Este julgado reflete o demasiado apego a valores como a segurança jurídica e a boa-fé de terceiros em detrimento do princípio da dignidade humana, valor fundante da República brasileira.[73]

Felizmente, esta não parece ser a direção predominante nos nossos tribunais. As barreiras impostas à retificação do registro civil dos transexuais diminuem cada vez mais, discutindo-se, inclusive, sobre a necessidade de realização da cirurgia de transgenitalização. O Tribunal de Justiça do Estado do Rio Grande do Sul já se manifestou sobre a questão, decidindo que é perfeitamente possível a alteração antes da cirurgia, com base no direito à identidade pessoal e no princípio da dignidade humana. No julgado restou firmado que "a distinção entre transexualidade e travestismo não é requisito para a efetivação do direito à dignidade. Tais fatos autorizam, mesmo sem a realização da cirurgia de transgenitalização, a retificação do nome da requerente para conformá-lo com a sua identidade pessoal".[74]

O Tribunal de Justiça do Rio de Janeiro também já manifestou entendimento favorável à retificação de registro civil para modificação do prenome e do sexo de pessoa transexual não submetida à cirurgia de transgenitalização por decisão pessoal baseada na dificuldade da sua realização e os riscos inerentes do procedimento. Após prolação da sentença que indeferiu a petição inicial e julgou extinto o processo sem exame do mérito, o Tribunal reformou a decisão para permitir que Paulo Henrique substitua seu prenome por Ana Evangelista, bem como a menção ao sexo masculino pelo feminino. A partir de interpretação constitucional do art. 58 da Lei de Registro Público, entendeu-se que "não permitir a mudança registral de sexo com base em uma condicionante meramente

---

Segurança jurídica. Mudança do nome do apelado se afigura possível. Artigos 55 e 58 da Lei 6015/77. Nome pode ser alterado quando expõe a pessoa ao ridículo. *Quanto à mudança de sexo, a pretensão deve ser rejeitada. Modificação do status sexual encontra vedação no artigo 1.604 do Código Civil. Ensejaria violação ao preceito constitucional que veda casamento entre pessoas do mesmo sexo. Retificação do sexo no assento de nascimento tem como pressuposto lógico a existência de erro. Inexistência de erro Apesar da aparência feminina, ostenta cromossomos masculinos.* Dá-se provimento ao recurso" (16ª Cam. Cível. Ap. Cível, proc. nº 2007.001.24198. Rel. Des. Mônica Costa Di Piero, j. 7.8.2007. Grifos nossos).

[72] STJ, Terceira Turma. Recurso Especial nº 678.933. Rel. Min. Carlos Alberto Menezes Direito, j. 22.3.2007.

[73] Em comentário crítico ao mencionado julgado, remete-se a CASTRO, Thamis Dalsenter Viveiros de. Transexualidade: a (in)visibilidade pelo Judiciário: comentários ao REsp 678.933. *Revista Trimestral de Direito Civil*, Rio de Janeiro, v. 8, n. 31, p. 187-206, 2007.

[74] TJRS, Oitava Câmara Cível. Apelação Cível nº 70022504849. Rel. Des. Rui Portanova, j. 16.4.2009.

cirúrgica equivale a prender a liberdade desejada pelo transexual às amarras de uma lógica formal que não permite a realização daquele como ser humano".[75]

Conforme se viu, o direito à alteração do nome merece tutela na medida em que atende à identidade pessoal objetivamente externada pelo requerente. Nessa linha não há óbice para o deferimento do pedido independentemente da realização da cirurgia[76] ou mesmo do processo transexualizador.[77] Enquanto se discute a questão, as instâncias executivas têm admitido que transexuais e travestis adotem o chamado *nome social* em atos e procedimentos da Administração pública direta, indireta, autárquica e fundacional. O nome social é aquele pelo qual as pessoas se identificam e são identificadas socialmente. No estado do Rio de Janeiro, o Decreto nº 43.065/2011 dispõe sobre o uso do nome social.

Apesar de configurar medida paliativa, o nome social tem se demonstrado como única maneira de assegurar que pessoas transexuais e travestis possam se identificar socialmente sem sofrer constrangimento e humilhação em diversas situações e acabou se difundido em diversas universidades[78] brasileiras[79] e instituições de relevância social, como a Ordem dos Advogados do Brasil,[80] o que demonstra a urgente necessidade de lei regulamentadora sobre o tema, que permita que as pessoas transexuais possam alterar seu prenome e sexo sem depender de artifícios paliativos.

Enquanto o Poder Legislativo permanece inerte, o Governo Federal publicou o Decreto nº 8.727, de 28.4.2016, que dispõe sobre o uso do nome social e o reconhecimento da identidade de gênero[81] de pessoas travestis e transexuais no âmbito da Administração Pública Federal direta, autárquica e fundacional, determinando que os órgãos e as

---

[75] TJRJ, 17ª Câmara Cível. Apelação Cível nº 0013986-23.2013.8.19.0208. Rel. Des. Edson Aguiar de Vasconcelos, j. 21.3.2014.

[76] Em 2009, a então Procuradora Geral da República, Débora Duprat, ajuizou uma ação direta de inconstitucionalidade (ADin nº 4.275) com o objetivo de conferir interpretação do art. 58 da Lei nº 6.015/1973 conforme a Constituição de 1988, de modo que se reconheça o direito dos transexuais a substituírem o prenome e sexo no registro civil, independentemente da realização de cirurgia de transgenitalização. Qualquer interpretação contrária ao reconhecimento do direito à mudança do prenome dos transexuais violaria, segundo os termos da ação, preceitos fundamentais da Constituição, como os princípios da dignidade da pessoa humana (art. 1º, inc. III), da vedação à discriminação odiosa (art. 3º, inc. IV), da igualdade (art. 5º, *caput*), da liberdade e da privacidade (art. 5º, *caput* e inc. X). A petição inicial da referida ação encontra-se disponível em <http://noticias.pgr.mpf.gov.br/noticias/noticias-do-site/copy_of_pdfs/ADI%204275.pdf/view>. Acesso em: 8 dez. 2016.

[77] Sobre o processo transexualizador, cf. BARBOZA, Heloisa Helena. *Procedimentos para redesignação sexual*: um processo bioeticamente inadequado. Tese (Doutorado) – Escola Nacional de Saúde Pública Sergio Arouca, Rio de Janeiro, 2010. Disponível em: <https://www.arca.fiocruz.br/handle/icict/2545>. Acesso em: 20 jun. 2017.

[78] Desde 2015, a Pontifícia Universidade Católica do Rio de Janeiro, PUC-Rio, reconhece formalmente o nome social de pessoas transexuais (PELA primeira vez, PUC-Rio reconhece nome social de aluna transexual. *Comunicar*, 12 maio 2015. Disponível em: <http://assessoria.vrc.puc-rio.br/cgi/cgilua.exe/sys/start.htm?infoid=41690&sid=255>. Acesso 15 jul. 2017).

[79] Em matéria publicada no dia 17.5.2016, das 63 universidades federais brasileiras, somente 13 não tinham nenhuma resolução interna a respeito do nome social (LEWER, Laura. 13 universidades federais não têm resolução para uso do nome social. *G1*, 15 maio 2016. Disponível em: <http://g1.globo.com/educacao/noticia/14-universidades-federais-nao-tem-resolucao-para-uso-do-nome-social.ghtml>. Acesso em: 4 jan. 2017).

[80] A Resolução nº 7, de 7.6.2016, permite que advogados travestis e transexuais usem o nome social no registro da ordem, bem como na publicidade profissional que promover ou nos cartões e material de escritório de que se utilizar.

[81] "Art. 1º [...] Parágrafo único. Para os fins deste Decreto, considera-se:
I - nome social - designação pela qual a pessoa travesti ou transexual se identifica e é socialmente reconhecida; e
II - identidade de gênero - dimensão da identidade de uma pessoa que diz respeito à forma como se relaciona com as representações de masculinidade e feminilidade e como isso se traduz em sua prática social, sem guardar relação necessária com o sexo atribuído no nascimento".

entidades devam adotá-los com requerimento, de forma a evitar o uso de expressões pejorativas e discriminatórias.

Abalizada doutrina tem enfrentado o tema da alteração do nome da pessoa transexual. Anderson Schreiber leciona em relação à alteração do nome de transexuais que "a hipótese insere-se, a toda evidência, no âmbito de aplicação do art. 55, parágrafo único, da Lei de Registros Públicos (Lei 6.015/1973), que autoriza a alteração do nome que expõe o sujeito ao ridículo". Defende, neste sentido, que "não há sequer a necessidade de recorrer aos princípios constitucionais, extraindo-se claramente da legislação infraconstitucional a possibilidade de alteração do nome que submeta a pessoa a constrangimento".[82] O fundamento, portanto, autorizador da mudança do nome se assenta na vedação à discriminação e a constrangimento do portador do nome não compatível com a identidade externada pela pessoa.

À luz do princípio da dignidade da pessoa humana, advoga Luiz Edson Fachin que não parece adequado

> tornar a cirurgia condição *sine qua non* para a mudança de nome e sexo, pois, se assim fosse, de algum modo o sujeito sofreria uma violação a um direito. Se não aceitar realizar a cirurgia terá seu direito ao nome e identidade negados, se fizer a cirurgia para que então possa ter reconhecido seu direito ao nome e sexo, terá seu direito ao corpo agredido.[83]

Assim, defender a possibilidade de alteração de registro civil mesmo sem a realização da cirurgia de transgenitalização é garantir e promover a dignidade da pessoa transexual, eis que "configura-se como infração ao direito ao próprio corpo que se exija da pessoa transexual a cirurgia de redesignação sexual, para que só então tenha direito à mudança de nome e sexo em seu registro civil".[84]

Nessa linha, o Superior Tribunal de Justiça entendeu que os transexuais têm direito à alteração do registro civil independentemente da realização de cirurgia de adequação sexual, "que pode inclusive ser inviável do ponto de vista financeiro ou por impedimento médico", fundamentando-se no princípio da dignidade da pessoa humana, bem como nos direitos à identidade, à não discriminação e à felicidade.[85]

---

[82] SCHREIBER, Anderson. *Direitos da personalidade*. São Paulo: Atlas, 2011. p. 200-201.

[83] FACHIN, Luiz Edson. O corpo do registro no registro do corpo: mudança de nome e sexo sem cirurgia de redesignação. *Revista Brasileira de Direito Civil*, v. 1, p. 54-55, jul./set. 2014.

[84] FACHIN, Luiz Edson. O corpo do registro no registro do corpo: mudança de nome e sexo sem cirurgia de redesignação. *Revista Brasileira de Direito Civil*, v. 1, p. 54-55, jul./set. 2014.

[85] O entendimento firmado pela Quinta Turma da Corte acolheu o pedido de modificação de prenome e de gênero de transexual que apresentou avaliação psicológica para demonstrar sua identificação social como mulher, devendo "a averbação deve ser realizada no assentamento de nascimento original com a indicação da determinação judicial, proibida a inclusão, ainda que sigilosa, da expressão 'transexual', do sexo biológico ou dos motivos das modificações registrais". Ressaltou-se, ainda, que apesar de não ter sido submetida à cirurgia, a autora "realizou intervenções hormonais e cirúrgicas para adequar sua aparência sua aparência física à realidade psíquica, o que gerou dissonância evidente entre sua imagem e os dados constantes do assentamento civil". Em razão de segredo de justiça, o número do processo não foi divulgado. As informações extraídas foram publicadas no sítio eletrônico da Corte em 9.5.2017 e se encontram em TRANSEXUAIS têm direito à alteração do registro civil sem realização de cirurgia. *STJ*, 9 maio 2017. Disponível em: <http://www.stj.jus.br/sites/STJ/default/pt_BR/Comunica%C3%A7%C3%A3o/noticias/Not%C3%ADcias/Transexuais-t%C3%AAm-direito-%C3%A0-altera%C3%A7%C3%A3o-do-registro-civil-sem-realiza%C3%A7%C3%A3o-de-cirurgia>. Acesso em: 24 maio 2017.

Assim, a imposição de requisitos como a submissão à intervenção cirúrgica ou a sujeição ao processo transexualizador é dispensável para fins de alteração do nome no registro civil, tendo em vista que o que realmente importa é a expressão da identidade pessoal objetivamente exteriorizada. Não é um discurso médico ou um ato de disposição do próprio corpo que legitima a mudança do nome, mas sim a autodeterminação existencial projetada no meio social.

4.4 O direito ao casamento de pessoas transexuais

O trilho da narrativa da vida de um transexual é construído por conquistas paulatinas e sucessivas. Nessa medida, primeiro, conforme se viu, foi necessário superar a visão de automutilação da cirurgia de transgenitalização, que visa adequar o sexo anatômico ao psíquico, com nítido viés terapêutico, embora não decorrente de uma patologia, mas sim da afirmação social de uma identidade de gênero fruto de uma incompatibilidade entre o corpo biológico e o corpo socialmente desejável. Em seguida, uma vez assegurado ao transexual o direito de dispor do corpo como expressão de sua autonomia corporal, percorreu-se lento caminho jurisprudencial para garantia da mudança do nome e do sexo em nome da força da segurança e imutabilidade dos registros, olvidando-se da verdade real e da dignidade imanente à vida dessas pessoas. Hoje, alcançado, inclusive, o direito de modificar o nome e o sexo independentemente da prévia realização da cirurgia de readequação, engana-se quem confia que os obstáculos impostos ao livre e pleno desenvolvimento das pessoas transexuais tenham se evaporado.

As transformações no corpo e no registro são somente as primeiras pegadas no reiniciar de uma vida de novas possibilidades, de viver de acordo com sua identidade de gênero. No entanto, restrições sociais teimam em permanecer, de modo a vincular a pessoa transexual a seu passado, como numa espécie de "punição" por optar por viver conforme suas próprias escolhas, e que se projetam, em certa medida, no plano jurídico. A busca por realmente viver de acordo com o que se é perpassa a liberdade de constituir família por meio do arranjo que melhor lhe aprouver. Assegurar o exercício da sexualidade e da reprodução[86] é necessário para assegurar ao transexual uma vida digna, sem preconceitos, reconhecendo-lhe como pessoa de igual valor frente às demais. Daí afirmar-se que o direito de constituir família engloba o direito ao casamento por pessoa transexual, como forma de promover sua inclusão na sociedade sem estigmas e discriminações.

Apesar de parecer uma afirmação sem grandes obstáculos jurídicos, a aceitação do casamento de pessoa transexual não é imune às críticas e restrições, tanto de ordem social como jurídica. Em um primeiro momento, a incompreensão em relação à transexualidade levava a discussão ao âmbito da então impossibilidade de casamento entre pessoas do mesmo sexo, eis que a pessoa do transexual não era reconhecida como do sexo oposto, mas sim de acordo com seu sexo do nascimento. Na época, poucas vozes doutrinárias defendiam que, uma vez que a condição feminina ou masculina fosse reconhecida

---

[86] Cf., por todos, BARBOZA, Heloisa Helena. Proteção da autonomia reprodutiva dos transexuais. *Revista Estudos Feministas*, v. 20, p. 549-558, 2012.

judicialmente, óbice não haveria à validade do casamento.[87] Tal posição encontrou respaldo em decisão do Tribunal de Justiça do Rio Grande do Sul,[88] apesar das críticas no que tange à determinação da inserção à margem do registro de ser transexual. Em comentário ao julgado, já se afirmou que a decisão "indica a solução que se afigura mais justa e correta, pois nada justifica subtrair do transexual o direito de casar".[89]

A possibilidade de casamento envolvendo pessoas do mesmo sexo, inclusive, já foi utilizada como argumento para negar pedido de alteração de registro civil do nome e do sexo de transexual que já tinha realizado cirurgia, de masculino para feminino.[90] Vê-se, nesse particular, a dupla negação de direitos sofrida pelas pessoas transexuais, ou seja, afastava-se a mudança do nome e do sexo em razão do perigo do casamento, enquanto que se repelia este exatamente por não se permitir aquela. Um círculo de invisibilização que exclui o exercício da cidadania e as condições necessárias a uma vida com dignidade.

Hodiernamente, a discussão não se centra mais na inexistência ou validade do casamento entre pessoas do mesmo sexo, uma vez que a decisão do Supremo Tribunal Federal por ocasião do julgamento da Ação Direta de Inconstitucionalidade (ADI) nº 4.277 e da Arguição de Descumprimento de Preceito Fundamental (ADPF) nº 132, que reconheceu a união estável para casais do mesmo sexo, por sua vez, possibilitou que o Conselho Nacional de Justiça estabelecesse a Resolução nº 175, de 14.5.2013, que proíbe as autoridades competentes de se recusarem a habilitar ou celebrar casamento civil ou, até mesmo, de converter união estável em casamento entre pessoas de mesmo sexo.

É importante destacar que não cabe confundir homossexualidade e transexualidade,[91] que somente se aproximam por serem situações sexuais discordantes

---

[87] VIEIRA, Tereza Rodrigues. O casamento entre pessoas do mesmo sexo no direito brasileiro e no direito comparado. *Repertório IOB de Jurisprudência*, n. 14, p. 255, jul. 1996.

[88] TJRS. Ap. Cível nº 598.404.887. Rel. Des. Eliseu Gomes Torres, j. 10.3.1999.

[89] DIAS, Maria Berenice. *Transexualidade e o direito de casar*. Disponível em: <http://www.mariaberenice.com.br/manager/arq/(cod2_788)1__transexualidade_e_o_direito_de_casar.pdf>. Acesso em: 10 jul. 2017.

[90] "Ação de Retificação de Registro Civil. Pedido para mudança de sexo, de masculino para feminino, e também do nome. Requerente que se submeteu à cirurgia de troca de sexo. Sentença julgando extinto o feito. Recurso de Apelação Cível. Reforma parcial, diante do Código Civil de 2002, em seu art. 1.604, que repetiu o antigo art. 348, dispõe que: 'ninguém pode vindicar estado contrário ao que resulta do registro de nascimento, salvo provando-se erro ou falsidade do registro'. Embora tenha trazido laudo médico emanado de um cirurgião que realizou a operação para mudança de sexo, bem como um parecer psicológico, o fato é que a prova definitiva teria de ser feita pelo laudo de análise citogenética. *Todavia, em nosso entender, apesar do próprio aspecto humanitário, ele não pode ultrapassar os limites legais e até constitucionais diante da vedação em nosso direito de casamento envolvendo pessoas do mesmo sexo (art. 226, §3º CRFB/88 e mais art. 1.515 do Código Civil de 2003). Assim, dada à situação atual da legislação e mais a necessidade de plena segurança das pessoas em seu negócio jurídico na vida social a postulação revela-se incompatível.* Aceita-se, tão somente, a mudança do nome visando minorar os constrangimentos, diante da situação de fato existente. Provimento parcial do recurso" (TJRJ, 11ª C.C. Ap. Civ. nº 28.817/2004. Rel. Des. Otávio Rodrigues, j. 2.3.2005. Grifos nossos).

[91] De acordo com o glossário constante do PBSH – Programa Brasil sem Homofobia: "Homossexuais: são aqueles indivíduos que têm orientação sexual e afetiva por pessoas do mesmo sexo. Gays: são indivíduos que, além de se relacionarem afetiva e sexualmente com pessoas do mesmo sexo, têm um estilo de vida de acordo com essa sua preferência, vivendo abertamente sua sexualidade. Bissexuais: são indivíduos que se relacionam sexual e/ou afetivamente com qualquer dos sexos. Alguns assumem as facetas de sua sexualidade abertamente, enquanto outros vivem sua conduta sexual de forma fechada. Lésbicas: terminologia utilizada para designar a homossexualidade feminina. Transgêneros: terminologia utilizada que engloba tanto as travestis quanto os transexuais. É um homem no sentido fisiológico, mas se relaciona com o mundo como mulher. Transexuais: são pessoas que não aceitam o sexo que ostentam anatomicamente. Sendo o fato psicológico predominante na transexualidade, o indivíduo identifica-se com o sexo oposto, embora dotado de genitália externa e interna de um único sexo" (CONSELHO NACIONAL DE COMBATE À DISCRIMINAÇÃO/MINISTÉRIO DA SAÚDE.

da matriz heterossexual.[92] O direito se habituou a rotular os sexos a partir da genitália e não a partir da forma de expressão socialmente construída pelo sujeito, por isso, o direito do transexual que não foi reconhecido judicialmente como do sexo oposto e que, até pouco tempo atrás, não tivesse feito a cirurgia, apesar de se comportar como do gênero oposto, para fins jurídicos ainda seria considerado como se fosse do sexo registral. A decisão do Supremo Tribunal Federal e a resolução do Conselho Nacional de Justiça deixaram no passado essa discussão.

Se, de um lado, há consenso sobre não haver restrições ao casamento de pessoa transexual nos dias atuais, por outro, invoca-se com frequência a preocupação com a ciência do nubente em relação à transexualidade. Em outros termos, vale a pergunta: existe um direito à verdade do nubente em saber que está se casando com uma pessoa transexual? Ou, em perspectiva inversa, é dever do transexual revelar seu passado antes do ato do casamento? No plano da vida de relações, crê-se que é importante para construir uma vida em comum, partilhando do mesmo destino, que a vida pretérita seja de comum conhecimento, pelo menos os fatos que se considerem importantes para tanto. No entanto, o que se pretende enfrentar é até que ponto é cabível uma sanção como a anulação do casamento por vício de consentimento em razão de erro essencial sobre a pessoa do cônjuge. Que a verdade revelada após o casamento pode corroer uma relação a ponto de tornar insustentável a vida comum não se discute, cabendo às partes buscarem o divórcio, como via legítima para a dissolução do vínculo conjugal. A dúvida que permanece é se a transexualidade não revelada do parceiro configura hipótese de erro sobre pessoa passível de anulação do casamento. Indispensável, portanto, percorrer o plano da validade do casamento de um dos cônjuges transexual sem que o outro saiba, eis que seu direito de casar é inegável diante da democratização das relações familiares e seu caráter instrumental de promover a pessoa humana.

4.4.1 O erro essencial sobre a pessoa do cônjuge e a validade do casamento

O erro constitui uma perturbação no processo formativo da vontade em razão do desconhecimento ou falsa percepção da realidade dos fatos[93] determinante para a tomada de decisão negocial.[94] Segundo Caio Mário da Silva Pereira, o erro pode

---

Brasil sem homofobia: programa de combate à violência e à discriminação contra GLTB e promoção da cidadania homossexual. Brasília: Ministério da Saúde, 2004. p. 30).

[92] V. BARBOZA, Heloisa Helena. *Procedimentos para redesignação sexual*: um processo bioeticamente inadequado. Tese (Doutorado) – Escola Nacional de Saúde Pública Sergio Arouca, Rio de Janeiro, 2010. Disponível em: <https://www.arca.fiocruz.br/handle/icict/2545>. Acesso em: 20 jun. 2017. p. 52-68.

[93] O Código Civil faz menção na primeira seção que trata dos chamados defeitos do negócio jurídico do erro ou ignorância, o que leva a doutrina a diferenciá-los. O erro se caracterizaria pela deformação no conhecimento das circunstâncias, enquanto que a ignorância importaria no desconhecimento absoluto. Caio Mário da Silva Pereira defende, contudo, que muito embora ontologicamente as figuras não se confundam, juridicamente "não há cogitar da distinção" (PEREIRA, Caio Mário da Silva. *Instituições de direito civil*. Rio de Janeiro: Forense, 2010. p. 443).

[94] Sobre o assunto, v. KONDER, Carlos Nelson. Erro, dolo e coação: autonomia e confiança na celebração dos negócios jurídicos. In: TEIXEIRA, Ana Carolina Brochado; RIBEIRO, Gustavo Pereira Leite (Orgs.). *Manual de teoria geral do direito civil*. Belo Horizonte: Del Rey, 2011. p. 609-631; NEVARES, Ana Luiza Maia. O erro, o dolo, a lesão e o estado de perigo no Código Civil. In: TEPEDINO, Gustavo (Coord.). *O Código Civil na perspectiva civil-constitucional*. Rio de Janeiro: Renovar, 2013. p. 289-330.

ser caracterizado como "um estado psíquico decorrente da falsa percepção dos fatos, conduzindo a uma declaração de vontade desconforme com o que deveria ser, se o agente tivesse conhecimento dos seus verdadeiros pressupostos fáticos". A rigor, há uma discordância "entre a vontade real e a vontade declarada"[95] em razão de uma realidade distorcida ou desconhecida.

O art. 138 do Código Civil determina a anulação do negócio jurídico eivado de erro substancial, desde que seja cognoscível pela outra parte,[96] tornando ainda rigorosos os requisitos exigidos. Nesse cenário, em atenção ao princípio da boa-fé objetiva, a Lei Civil se alinhou à preservação dos negócios jurídicos, tornando-se mais criteriosa para aplicação da anulação do ajuste entabulado, em respeito à confiança e legítima expectativa despertada nos agentes. Nesse quadro, afastou-se a escusabilidade como requisito para a configuração do erro,[97] mas erigiu a cognoscibilidade[98] e manteve a essencialidade, isto é, incidente sobre motivos determinantes para a celebração do negócio pretendido,[99] como necessários ao seu enquadramento, podendo recair sobre a natureza do negócio, o objeto principal ou suas qualidades, a identidade ou qualidade da pessoa e o direito, nos moldes do art. 139 do Código.[100]

Como se vê, no caminho da funcionalização e solidarismo desenhados no âmbito das relações patrimoniais por força da centralidade constitucional, o Código Civil vigente operou significativas mudanças na disciplina do erro. No entanto, é de se observar que tal categoria foi forjada para negócios jurídicos patrimoniais, a exigir a confiança depositada no outro como um padrão de conduta imposto legalmente por força da boa-fé objetiva, tendo por escopo afinar a manifestação de vontade de acordo com as verazes circunstâncias presentes no contexto da negociação para a celebração do ajuste pretendido.

O casamento, apesar do inerente aspecto negocial decorrente do acordo de vontades para a sua consumação e dos efeitos econômicos retratados no regime de

---

[95] PEREIRA, Caio Mário da Silva. *Instituições de direito civil*. Rio de Janeiro: Forense, 2010. p. 442.

[96] "Art. 138. São anuláveis os negócios jurídicos, quando as declarações de vontade emanarem de erro substancial que poderia ser percebido por pessoa de diligência normal, em face das circunstâncias do negócio".

[97] De acordo com Carlos Nelson Konder, "a escusabilidade do erro, requisito puramente doutrinário, serviria a afastar a anulação naquelas hipóteses em que o declarante cometesse um erro que, embora essencial, fosse grosseiro, isto é, que um declarante de diligência normal não teria cometido" (KONDER, Carlos Nelson. Erro, dolo e coação: autonomia e confiança na celebração dos negócios jurídicos. In: TEIXEIRA, Ana Carolina Brochado; RIBEIRO, Gustavo Pereira Leite (Orgs.). *Manual de teoria geral do direito civil*. Belo Horizonte: Del Rey, 2011. p. 616).
Enunciado nº 12, aprovado na I Jornada de Direito Civil do Conselho da Justiça Federal: "art. 138: na sistemática do art. 138, é irrelevante ser ou não escusável o erro, porque o dispositivo adota o princípio da confiança".

[98] Segundo Ana Luiz Maia Nevares, o requisito da recognoscibilidade (ou tão somente cognoscibilidade) se verifica quando a "perceptibilidade do erro está na parte que recebe a declaração de vontade viciada pela falsa noção de realidade", e defende, ainda, que "o requisito da cognoscibilidade pelo outro contratante não exclui por si só a necessidade da escusabilidade do erro. O primeiro está na pessoa que recebe a manifestação de vontade, enquanto o segundo está naquele que declara vontade viciada" (NEVARES, Ana Luiza Maia. O erro, o dolo, a lesão e o estado de perigo no Código Civil. In: TEPEDINO, Gustavo (Coord.). *O Código Civil na perspectiva civil-constitucional*. Rio de Janeiro: Renovar, 2013. p. 296-297).

[99] Afasta-se, desse modo, a possibilidade de anulação do chamado erro acidental que recai sobre elementos acessórios do ajuste, a exemplo do erro de cálculo previsto no art. 143, que permite apenas a retificação da vontade declarada.

[100] "Art. 139. O erro é substancial quando: I - interessa à natureza do negócio, ao objeto principal da declaração, ou a alguma das qualidades a ele essenciais; II - concerne à identidade ou à qualidade essencial da pessoa a quem se refira a declaração de vontade, desde que tenha influído nesta de modo relevante; III - sendo de direito e não implicando recusa à aplicação da lei, for o motivo único ou principal do negócio jurídico".

bens, visa formalizar a plena comunhão de afetos, com intuito de constituir família, dando-lhe nítida proeminência existencial. Entretanto, o Código Civil elenca como uma das hipóteses de anulação do casamento previstas no art. 1.550 os chamados vícios da vontade, nos termos dos arts. 1.556 a 1.558, em seu terceiro inciso,[101] que remete, portanto, à extensão, especificamente, dos vícios do erro essencial sobre a pessoa do outro nubente (arts. 1.556 e 1.557) e da coação (art. 1.558).

No que tange ao erro essencial sobre a pessoa do outro cônjuge, o Código Civil diz que o casamento pode ser anulado, consoante reza o art. 1.556,[102] descrevendo as hipóteses possíveis no art. 1.557.[103] A Lei nº 13.146/2015, conhecida como Lei Brasileira de Inclusão ou Estatuto da Pessoa com Deficiência (EPD), que, a um só tempo, provocou profundas mudanças em institutos tradicionais do direito civil, como o regime das incapacidades e a curatela,[104] também alcançou o casamento, alterando a redação do terceiro inciso e revogando o último. Na linha de promoção dos direitos humanos das pessoas com deficiência e sua plena inclusão social, a mencionada lei, na linha da Convenção Internacional dos Direitos das Pessoas com Deficiência, internalizada no ordenamento brasileiro com estatura de emenda constitucional, nos moldes do §3º do art. 5º da Constituição,[105] preservou a capacidade da pessoa com deficiência, conforme prevê seu art. 6º, assegurando seu direito ao casamento, inclusive quando submetido à curatela, que somente afeta os atos patrimoniais e negociais (art. 85 e §1º).

Nessa perspectiva, o EPD revogou as hipóteses de invalidade do casamento vinculadas à incapacidade, não sendo mais nulo o casamento quando contraído por pessoa com deficiência mental ou intelectual sem o necessário discernimento para os atos da vida civil (art. 1.548, CC). O mesmo, conforme se verifica, ocorreu com as hipóteses de anulabilidade do casamento (art. 1.550, III, CC) quanto ao erro essencial sobre a pessoa do outro cônjuge em razão de deficiência. O EPD modificou a redação do inc. III do art. 1.557, CC, dissociando o erro essencial da deficiência, e revogou o inc. IV, do mesmo art. 1.557, CC, que considerava como erro essencial a ignorância anterior ao casamento de moléstia mental grave que, por sua natureza, tornasse insuportável a vida em comum ao

---

[101] "Art. 1.550. É anulável o casamento: I - de quem não completou a idade mínima para casar; II - do menor em idade núbil, quando não autorizado por seu representante legal; III - por vício da vontade, nos termos dos arts. 1.556 a 1.558; IV - do incapaz de consentir ou manifestar, de modo inequívoco, o consentimento; V - realizado pelo mandatário, sem que ele ou o outro contraente soubesse da revogação do mandato, e não sobrevindo coabitação entre os cônjuges; VI - por incompetência da autoridade celebrante".

[102] "Art. 1.556. O casamento pode ser anulado por vício da vontade, se houve por parte de um dos nubentes, ao consentir, erro essencial quanto à pessoa do outro".

[103] "Art. 1.557. Considera-se erro essencial sobre a pessoa do outro cônjuge: I - o que diz respeito à sua identidade, sua honra e boa fama, sendo esse erro tal que o seu conhecimento ulterior torne insuportável a vida em comum ao cônjuge enganado; II - a ignorância de crime, anterior ao casamento, que, por sua natureza, torne insuportável a vida conjugal; III - a ignorância, anterior ao casamento, de defeito físico irremediável que não caracterize deficiência ou de moléstia grave e transmissível, por contágio ou por herança, capaz de pôr em risco a saúde do outro cônjuge ou de sua descendência (Redação dada pela Lei nº 13.146, de 2015); IV - (Revogado). (Redação dada pela Lei nº 13.146, de 2015)".

[104] Sobre o assunto, seja consentido remeter a BARBOZA, Heloisa Helena; ALMEIDA JUNIOR, Vitor de Azevedo. A capacidade civil à luz do Estatuto da Pessoa com Deficiência. In: MENEZES, Joyceane Bezerra de (Org.). *Direito das pessoas com deficiência psíquica e intelectual nas relações privadas* – Convenção sobre os direitos da pessoa com deficiência e Lei Brasileira de Inclusão. Rio de Janeiro: Processo, 2016. p. 249-274.

[105] O Brasil aderiu à convenção em 2007, a qual foi ratificada pelo Congresso Nacional em 9.7.2008, conforme Decreto Legislativo nº 186, e promulgada pelo Decreto nº 6.949, de 25.8.2009.

cônjuge enganado. As hipóteses eram nitidamente discriminatórias e desconsideravam que a comunhão plena de vida pode ser alcançada independentemente da deficiência.

Antes de continuar, é preciso estabelecer que a anulação de casamento por erro sobre a pessoa do cônjuge encontrava maior sentido na época em que o princípio da indissolubilidade era vigente, cabendo-lhe hoje uma função de moralização das relações afetivas que não encontra guarida, na maior parte dos casos, na democratização dos arranjos familiares e na liberdade do divórcio. Além disso, argumento sempre invocado é a impossibilidade de procriação nos casos em que houve a transição do sexo masculino para o gênero feminino, o que não se sustenta diante da atual desvinculação entre casamento e procriação. Constata-se, desse modo, que o legislador pensou no modelo de casamento indissolúvel e com fins de constituir prole nas hipóteses de anulação por erro sobre pessoa.

Com forte carga moralizante nas relações familiares, o legislador estabeleceu que o erro essencial sobre pessoa pudesse ser alegado a respeito da identidade, honra e boa fama, prática de determinados crimes e defeito físico irremediável que não caracterize deficiência ou moléstia grave e transmissível, por contágio ou por herança, capaz de pôr em risco a saúde do outro cônjuge ou de sua descendência. Já não se pode mais anular o casamento em razão da ausência da virgindade da noiva,[106] impotência *coeundi* e *gerandi*, homossexualidade ou ausência de relação sexual,[107] o que demonstra franca evolução do direito de família.

A doutrina registra que o erro sobre a identidade do cônjuge se divide nos aspectos físico e civil. A primeira se caracterizaria na ocorrência da substituição de uma pessoa por outra no ato da celebração do casamento, eis que diz respeito à própria pessoa do cônjuge, como na fictícia hipótese de "irmãos gêmeos que são substituídos". O erro de identidade civil se relaciona à sua "real identidade, ao seu estado civil", ou seja, "ao seu conjunto de atributos ou qualidades essenciais com que a pessoa justamente se apresenta na sociedade",[108] relacionando-se, nesse particular, com a honra e a boa fama,[109] também consideradas hipóteses de anulação por erro sobre a pessoa do cônjuge. É preciso reforçar,

---

[106] Código Civil de 1916: "Art. 219. Considera-se erro essencial sobre a pessoa do outro cônjuge: IV. O defloramento da mulher, ignorado pelo marido".
Segundo Maria Berenice Dias, "felizmente, o CC atual abandonou essa hipótese, que já havia perdido prestígio a partir da Constituição Federal, em face da consagração do princípio da igualdade: se não se pode aferir a virgindade do noivo, não há como a ausência de virgindade da mulher configurar erro essencial" (DIAS, Maria Berenice. *Manual de direito das famílias*. 10. ed. rev., atual. e ampl. São Paulo: Revista dos Tribunais, 2015. p. 189).

[107] Sublinha Maria Berenice Dias que "para quem não consegue conviver com esses 'defeitos', a única solução é o divórcio, que não precisa de qualquer justificativa" (DIAS, Maria Berenice. *Manual de direito das famílias*. 10. ed. rev., atual. e ampl. São Paulo: Revista dos Tribunais, 2015. p. 189).

[108] MADALENO, Rolf. *Curso de direito de família*. Rio de Janeiro: Forense, 2009. p. 107. O autor menciona como erro de identidade civil o suposto fato de se considerar solteiro o cônjuge quando era, na verdade, viúvo ou divorciado e o caso do farsante ou estelionatário que se apresentou como sendo outro indivíduo com fins a ludibriar o parceiro.

[109] Segundo Rolf Madaleno, neste campo "devem ser incluídas inúmeras situações de personalidade desviadas, corrompidas ou anormais", de que são exemplos "os psicopatas, desequilibrados, viciados, pederastas, meliantes, prostitutas, ladras e cafetinas, enfim, toda aquela gama de pessoas que justamente não gozam de bom nome, conceito moral, e do respeito tão caro e importante ao cônjuge. Também ingressam na seara da boa fama como causa de anulação do casamento o homossexualismo, a vida desregrada e até a atribuição de paternidade ao noivo para motivar as núpcias em razão de falsa gravidez ou para depois ser descoberto que o pai era outro e nada disto a mulher desconhecia, revelando apenas seu mau caráter, antes encoberto, a incidir em erro substancial quanto à honra e à boa fama de sua esposa" (MADALENO, Rolf. *Curso de direito de família*. Rio de Janeiro: Forense, 2009. p. 108-109).

contudo, o sentido discriminatório e moralizante que tais circunstâncias, consideradas vícios pelo legislador, exerciam nas relações familiares, reforçando estruturas de poder e o modelo de normalidade padrão da sociedade, não raras vezes permitindo a violação da dignidade da pessoa sobre a qual o erro supostamente incide.

Além disso, a manutenção destas hipóteses sobre identidade, honra e boa fama em sentido conservador e desapegado de uma visão plural e laica da sociedade remonta ao que a doutrina mais sensível denomina de "revivescência da noção de culpa",[110] eis que pune um dos cônjuges por prática anterior ao casamento e que, não raras vezes, não revelou por vergonha ou medo das represálias morais da sociedade.

Com fins a preservar o casamento, de modo a tornar sua anulação excepcional, o legislador impõe que diante das hipóteses previstas no art. 1.557[111] sejam preenchidos determinados requisitos, como (i) a preexistência ao casamento da circunstância ignorada por um dos cônjuges – visto que o vício do erro é genético, isto é, anterior ou concomitante ao ato celebrado; (ii) a descoberta da verdade posterior à celebração do casamento; e, por fim, (iii) que a vida em comum se torne insuportável.

Ademais, estabelece o art. 1.559, do Código Civil, que somente o cônjuge que incidiu em erro pode demandar a anulação do casamento, sendo que a permanência da coabitação após a ciência do vício convalida o ato.[112] É de se destacar ainda o prazo de três anos fixado no art. 1.560, inc. III, para intentar a ação anulatória, a contar da data da celebração do casamento.[113] As restrições são tantas e o prazo tão exíguo que é de se refletir a respeito da real necessidade das interpretações que permitem enquadrar o transexual como hipótese de erro sobre pessoa do cônjuge em razão de sua identidade. O viés é muito mais punitivo em relação ao transexual que não revelou a verdade do que protetivo no que tange ao cônjuge denominado enganado, que, com efeito, já convive com pessoa do gênero que escolheu, uma vez que para desconhecer tal circunstância já a conheceu com a aparência de gênero que o transexual vivencia e ao qual pertence.

Apesar dos argumentos já expostos, os riscos ao direito de autodeterminação existencial da pessoa transexual permanecem presente. Em nítido retrocesso, o Projeto de Lei nº 3.875/2012, em tramitação na Câmara dos Deputados, propõe a inclusão de mais um inciso ao art. 1.557 do Código Civil, de sorte a permitir a anulação em razão da "ignorância, anterior ao casamento, da condição de transgenitalização, que por sua natureza, torne insuportável a vida do cônjuge enganado com a impossibilidade fisiológica de constituição de prole". Tal propositura desconsidera a já mencionada desvinculação entre casamento e procriação, bem como em suas justificativas se debruça sobre os conceitos de defeito físico irremediável, ou de moléstia grave e transmissível,

---

[110] Ver, por todos, TEPEDINO, Gustavo. O papel da culpa na separação e no divórcio. In: TEPEDINO, Gustavo. *Temas de direito civil.* 4. ed. rev. e atual. Rio de Janeiro: Renovar, 2008. p. 445-471.

[111] Para Maria Berenice Dias, "a existência de um rol de erros evidencia o nítido propósito de manter o casamento" (DIAS, Maria Berenice. *Manual de direito das famílias.* 10. ed. rev., atual. e ampl. São Paulo: Revista dos Tribunais, 2015. p. 189).

[112] "Art. 1.559. Somente o cônjuge que incidiu em erro, ou sofreu coação, pode demandar a anulação do casamento; mas a coabitação, havendo ciência do vício, valida o ato, ressalvadas as hipóteses dos incisos III e IV do art. 1.557".

[113] "Art. 1.560. O prazo para ser intentada a ação de anulação do casamento, a contar da data da celebração, é de: I - cento e oitenta dias, no caso do inciso IV do art. 1.550; II - dois anos, se incompetente a autoridade celebrante; III - três anos, nos casos dos incisos I a IV do art. 1.557".

presentes na redação primitiva do inc. III do art. 1.557, que denota, aí sim, ignorância em relação à transexualidade como identidade de gênero e não como mera patologia.

Apesar de tentativas legislativas como a comentada acima, é preciso garantir o direito ao livre desenvolvimento da personalidade da pessoa transexual por meio da proteção da sua vida privada, assegurando-lhe o controle sobre os dados pretéritos a respeito do processo de transição de gênero, como forma de evitar a discriminação e a exclusão sociais. A pessoa transexual tem direito a constituir família, inclusive por meio do casamento, e eventual descoberta após o casamento pelo outro cônjuge não permite dizer que este foi enganado. A rigor, conforme visto, o gênero é construção social e se o atual cônjuge, após o período de relacionamento antes do casamento, criou laços afetivos com a pessoa, isso permite dizer que se afeiçoou ao gênero ao qual o nubente já tinha se adequado, ou seja, ao seu gênero de escolha.

Nessa linha, defende Anderson Schreiber, ao comentar o Projeto de Lei nº 70/95,[114] que "suposta necessidade de proteger terceiros que venham a contrair vínculo familiar com o transexual", na medida em que "tais pessoas teriam um 'direito' de saber da alteração do sexo biológico", não se sustenta. Em primeiro lugar:

> a pretexto de informar o terceiro que venha estabelecer vínculo familiar com o transexual, acaba dando publicidade ampla e irrestrita à alteração de sexo. Segundo, porque não compete ao legislador presumir que a prévia alteração do sexo biológico é circunstância que traz ao projeto familiar comum risco maior que outras tantas circunstâncias cuja publicidade não é exigida pelo projeto de lei e pela sociedade.[115]

Desse modo, a pessoa transexual tem direito a constituir família, inclusive por meio de casamento, não sendo obrigada a revelar previamente ao nubente seu processo de transição de gênero por ser uma decisão relativa à sua esfera privada existencial, bem como são inconstitucionais as interpretações que admitem a anulação do casamento em razão de erro sobre a pessoa do cônjuge que não comunicou antes do ato da celebração sua transexualidade, que agora pertence ao seu passado. Tais situações, se chanceladas pelo direito, violariam o direito de autodeterminação existencial e a dignidade da pessoa humana.

Notas conclusivas

Grande parte dos dilemas relativos à transexualidade decorrem da insuficiência das categorias jurídicas clássicas do direito civil para tutelar a pessoa e a sua liberdade de escolher os rumos do seu projeto de livre desenvolvimento pessoal. Especialmente sobre as noções que se referem ao *status* e aos vícios do consentimento na celebração de negócios jurídicos, a teoria civilista tradicional pouco ou nenhum espaço reservou para as modificações e contingencialidades que marcam a experiência subjetiva, demonstrando franca inaptidão para as demandas existenciais que surgem do avanço da medicina e

---

[114] Atualmente apensado ao PL nº 4.241/2012 e aguarda apreciação do Plenário.

[115] SCHREIBER, Anderson. *Direitos da personalidade*. 2. ed. rev. e atual. São Paulo: Atlas, 2013. p. 159.

da biotecnologia, como se vê diante de tantas dificuldades encontradas para proteger o direito à identidade pessoal das pessoas transexuais.

Ainda que os direitos das pessoas transexuais estivessem no cerne das discussões jurídicas sobre tutela do projeto de livre desenvolvimento da personalidade desde a década de 90, e mais precisamente após a entrada em vigor do Código Civil de 2002, a luta por reconhecimento desses direitos no Brasil é uma história de avanços e retrocessos. Impulsionado especialmente pelas manifestações resolutivas dos Conselhos de Medicina, o movimento lento e contínuo de conquistas de direitos das pessoas transexuais deu seu primeiro passo quando o processo de transição de gênero parou de ser criminalizado, alcançado *status* de ato de disposição do próprio corpo consentido. Essa medida tornou-se possível diante do reconhecimento da finalidade terapêutica do ato de autonomia corporal, gerando a posterior constatação de que os atos cirúrgicos não deveriam ser precedidos de autorização judicial. Todo esse quadro de avanços sobre o tema ainda esbarrava na ausência de consenso sobre as consequências jurídicas da transgenitalização, tendo em vista as modificações de *status* referentes ao nome e ao sexo.

Mais do que ausência de consenso, as conquistas no campo das resoluções e da própria legislação se viam em risco diante de manifestações conservadoras de tribunais estaduais, reforçadas pela posição que o Superior Tribunal de Justiça assumiu em 2007, condenando a pessoa transexual à eterna visibilidade sobre o seu passado biológico, como se viu antes. No momento atual, em que o debate judicial amadurece para contemplar a hipótese de mudança de dados registrais sem a necessidade de procedimento médico anterior, chega-se à necessidade de reafirmar os direitos das pessoas transexuais, nominando-o e qualificando-o corretamente, delimitando seu conteúdo e alcance, a fim de tornar ainda mais robustos os argumentos utilizados para a proteção do direito à privacidade nesses casos.

Trata-se, com efeito, de enfrentar o desafio de delimitar os contornos do direito ao esquecimento da pessoa transexual em relação aos dados sensíveis que a individualizam na sociedade e definem as informações registrais concernentes ao processo de transição de gênero. Garantir o efetivo controle pretérito sobre os dados relativos ao nome e ao sexo é o único caminho para garantir que o processo de desenvolvimento da pessoa transexual seja de fato livre, sem obstáculos para recomeçar a sua história e sem a necessidade de prestar contas sobre seu passado para terceiros cujo aludido interesse, em regra, nas informações registrais não constitui situações jurídicas dignas de tutela, mas tão somente um exercício de curiosidade desprovida de eficácia jurídica.

A proteção temporal dos dados da pessoa transexual desnuda a insuficiência da teoria dos vícios do consentimento para a realização de interesses existenciais, a exemplo do casamento. Cunhado para a tutela de manifestações patrimoniais, o erro essencial sobre a pessoa do cônjuge pressupõe um verdadeiro direito ao conhecimento do passado com quem se relaciona afetivamente, sem que haja qualquer amparo jurídico para essa consideração. Trata-se, na realidade, de exegese que viola frontalmente as diretrizes de proteção da privacidade como autodeterminação informativa, realizando função meramente moralizadora das relações afetivas. Sobre o tema, é preciso ressaltar que conceitos de conteúdos indeterminados que remetem o intérprete para considerações de ordem moral devem encontrar conteúdo e respaldo na Constituição Federal, de modo que a moralidade seja aquela constitucional, e não dos desejos egoísticos que ferem a noção de dignidade da pessoa humana e todos os seus desdobramentos.

Na tormentosa travessia por liberdade e igualdade das pessoas transexuais, seu passado não pode servir como âncora a impedir seu pleno desenvolvimento a partir do processo de transição de gênero, maculando seu projeto existencial, mas o esquecimento (controle pretérito de dados sensíveis) serve para garantir que a pessoa, em toda sua dignidade que lhe é inerente, possa conduzir os rumos da própria vida. Diferentemente dos versos do Paulinho da Viola – "Não sou eu quem me navega, quem me navega é o mar" –, impõe-se assegurar à pessoa transexual ser o timoneiro de seu destino, deixando, caso queira, o mar da vida navegá-lo.

Informação bibliográfica deste texto, conforme a NBR 6023:2002 da Associação Brasileira de Normas Técnicas (ABNT):

CASTRO, Thamis Dalsenter Viveiros de; ALMEIDA, Vitor. O direito ao esquecimento da pessoa transexual. In: TEPEDINO, Gustavo; TEIXEIRA, Ana Carolina Brochado; ALMEIDA, Vitor (Coord.). *Da dogmática à efetividade do Direito Civil*: Anais do Congresso Internacional de Direito Civil Constitucional – IV Congresso do IBDCivil. 2. ed. rev., ampl. e atual. Belo Horizonte: Fórum, 2019. p. 73-104. ISBN 978-85-450-0545-2.

CAPÍTULO 5

SITUAÇÕES JURÍDICAS PATRIMONIAIS: FUNCIONALIZAÇÃO OU COMUNITARISMO?

DANIEL BUCAR

5.1 Introdução

A previsão da função social da propriedade na Constituição da República (arts. 5º, XXIII, e 170, III) e, posteriormente, a mesma função como limite da liberdade de contratar no Código Civil (art. 421) suscitou, em doutrina, o debate acerca da extensão interpretativa que deveria ser conferida ao termo, a ponto de a tendência liberal esvaziá-lo ao argumento de que sua aplicação imprimiria um comunitarismo à atividade econômica, não abraçada pela axiologia constitucional.

O debate encerra, em verdade, confronto que se confunde com a origem da própria ideia de ordenamento jurídico e traz ao ambiente de discussões duas antigas vertentes de pensamento moderno: de um lado, os liberais e, de outro, os chamados comunitaristas. Ao passo que liberais defendem o distanciamento estatal frente à liberdade dos indivíduos, os comunitaristas adotam posição de uma pretensa intervenção na esfera pessoal em prol da coletividade.

Não é, portanto, de outra forma que se desenvolve o litígio ideológico em torno da função social das situações jurídicas patrimoniais, acerca de cujo debate trata o presente estudo.

5.2 Liberalismo x comunitarismo: a dicotomia histórica

Embora os escritos acerca dos ideais comunitaristas, em contraposição aos liberais, tenham sido largamente divulgados a partir da segunda metade do século XX, a discussão encontra-se há muito enraizada no tempo, sendo possível confundir o início do debate com a própria idade moderna. Enquanto os liberais se sentem herdeiros de Locke, Hobbes, Stuart Mill e, sobretudo, Kant, os comunitaristas encontram seus pilares no pensamento de Hegel e Marx.

As premissas do pensamento liberal remontam à era renascentista europeia, quando se inicia o processo de secularização do Estado, em contraposição ao governo excessivo da nobiliarquia dinástica. A burguesia ascendente, que já gozava de prestígio por conta do acúmulo de riquezas, mas permanecia afastada do centro do poder, inicia um processo de contestação da legitimidade do poder concentrado na mão da nobreza e do clero, o que resulta na doutrina do liberalismo-individualista. A liberdade passa a ser o valor máximo a ser perseguido e o movimento se espraia em vários aspectos da realidade, desde o filosófico até o social, passando pelo econômico, o religioso,[1] e é refletido, finalmente, na ordem jurídica oitocentista.

Em linhas gerais, os liberais clássicos defendiam a ideia de liberdade racional a partir da consciência do indivíduo e a total desconfiança do Estado, o qual não teria outra função senão difundir e impor uma concepção de vida alheia, o que significaria um paternalismo supressor da individualidade. Para esta corrente, o Estado deve ser neutro em relação à concepção individual sobre o bem[2] e o pluralismo de interesses deve ser apenas um dado a ser constatado – derivado das somas de visão de mundo – e não imposto ao indivíduo.[3] De tais premissas, percebe-se que sobressai a relevância, para os liberais, das regras de mercado como fruto da liberdade (negativa), cujo valor, precedente ao próprio Estado, é assegurado por direitos fundamentais previstos no ordenamento jurídico.[4]

A teoria liberal, portanto, valoriza o indivíduo em relação ao grupo social, o qual, autônomo, não se define por suas interdependências econômicas, sociais, religiosas, éticas, sexuais e culturais, visto que a ele é dada a liberdade de rejeitar qualquer proposição externa, por conta da sua racionalidade.

Renovado após a crise do Estado do Bem-Estar social e do socialismo soviético, o liberalismo ganha novos contornos no fim do século XX com a globalização do mercado. Hayek[5] e, com tendência mais moderada, Rawls e Dworkin, despontam como pensadores liberais que voltam a marcar a dicotomia histórica. Ao afirmar que os indivíduos são

---

[1] WOLKMER, Antonio Carlos. Cultura jurídica moderna, humanismo renascentista e reforma protestante. *Revista Sequência*, n. 50, jul. 2005. p. 12. Disponível em: <https://periodicos.ufsc.br/index.php/sequencia/article/view/15182/13808>. Acesso em: 10 set. 2013.

[2] CITTADINO, Gisele. *Pluralismo, direito e justiça*. 3. ed. Rio de Janeiro: Lúmen Juris, 2004. p. 129.

[3] CITTADINO, Gisele. *Pluralismo, direito e justiça*. 3. ed. Rio de Janeiro: Lúmen Juris, 2004. p. 81.

[4] "A reflexão liberal não parte da existência do Estado, encontrando no governo um meio de atingir essa finalidade que ele seria para si mesmo, mas da sociedade que vem estar numa relação complexa de exterioridade e interioridade em relação ao Estado" (FOUCAULT, Michel. *Resumo dos cursos do Collège de France*. Tradução de Andréa Daher. Rio de Janeiro: Jorge Zahar, 1997. p. 90).

[5] HAYEK, F. A. *A arrogância fatal*. Os erros do socialismo. Disponível em: <http://www.libertarianismo.org/livros/fahaarroganciafatal.pdf>. Acesso em: 20 maio 2013.

pessoas livres e iguais[6] e que o Estado deve ser neutro e respeitar a liberdade,[7] Rawls e Dworkin, respectivamente, releem as premissas liberais e imprimem novos contornos ao liberalismo clássico, sem, contudo, afastar de suas premissas básicas a garantia da liberdade e da autonomia pessoal frente a um Estado que deve apenas tutelar o exercício livre deste primado.

Em contraposição às ideias liberais, o comunitarismo surge como movimento ideológico pouco após o liberalismo, sendo, por muitos, datado no pós-revoluções francesas e industrial.[8] Na realidade, a forma primitiva do comunitarismo é identificada na crítica de Marx à Declaração de Direitos do Homem e do Cidadão, para quem a carta, sob o pretexto de difundir a liberdade, tinha como verdadeiro objetivo proteger a propriedade burguesa. O sarcasmo marxista contra a Declaração reside na célebre constatação de que, não obstante o texto tratar de direitos dos homens, não se via na sociedade essa categoria de forma homogênea; porém, burgueses e proletários.[9]

Assim, contra a atomização generalizada do indivíduo liberal, Marx propõe uma reorganização radical da sociedade, fundada na abolição da propriedade privada com sua substituição para aquela coletiva dos meios de produção, de forma a eliminar os confrontos éticos, políticos e econômicos entre classes. É, portanto, nesta maximização do interesse da coletividade em detrimento de interesses individuais que repousa o traço de identificação do comunismo marxista com a ideologia comunitária.[10]

O início do século XX, no entanto, apresentou dificultosas e opostas experiências comunitárias, baseadas no interesse da coletividade, que impôs a este ideário um certo asilo. Seja o totalitarismo experimentado nos países da extinta Cortina de Ferro, seja aquele imprimido pelos regimes nazifascistas, cuja semelhança reside no desconhecimento do valor da pessoa, a defesa de uma ideologia comunitária se tornou um tabu.[11] Não obstante a presença da comunidade no Estado do Bem-Estar Social, foi necessário que pensadores norte-americanos reavivassem com novos argumentos teóricos para uma contraposição ao ideário liberal, conhecido com o comunitarismo contemporâneo.

Identifica-se em autores como Alasdair Macintyre, Michael Sandel, Michael Walzer, Charles Taylor, entre outros, uma teoria comunitária, com algumas variantes, em que se identifica, como elemento comum, a noção em torno de uma "prioridade

---

[6] "Em virtude do que podemos chamar suas capacidades morais e as capacidades da razão (de raciocínio, de pensamento e capacidade de inferência relacionada com estas capacidades, dizemos que as pessoas são livres. E em virtude de possuírem essas capacidades em grau necessário a que sejam plenamente cooperativos da sociedade, dizemos que as pessoas são iguais" (RAWLS, John. Justiça como equidade: uma concepção política, não metafísica. Tradução de Regis Castro Andrade. *Revista de Cultura Política*, n. 25, 1992. p. 37).

[7] DWORKIN, Ronald. Ética privada e igualitarismo político. Tradução de Antoni Domenèch. Barcelona: Paidós, 1993. p. 59.

[8] Embora possa se identificar as raízes do comunitarismo na concepção organicista, própria da Idade Média, apenas se concebe como movimento ideológico estruturado no século XIX (PAZÉ, Valentina. Comunitarismo. *Enciclpedia delle Scienze Sociali – Treccani*. Disponível em: <http://www.treccani.it/enciclopedia/comunitarismo_(Enciclopedia-Scienze-Sociali)/>. Acesso em: 12 maio 2015).

[9] PAZÉ, Valentina. Comunitarismo. *Enciclpedia delle Scienze Sociali – Treccani*. Disponível em: <http://www.treccani.it/enciclopedia/comunitarismo_(Enciclopedia-Scienze-Sociali)/>. Acesso em: 12 maio 2015.

[10] PAZÉ, Valentina. Comunitarismo. *Enciclpedia delle Scienze Sociali – Treccani*. Disponível em: <http://www.treccani.it/enciclopedia/comunitarismo_(Enciclopedia-Scienze-Sociali)/>. Acesso em: 12 maio 2015.

[11] BRUGGER, Winfried. O comunitarismo como teoria social e jurídica por trás da Constituição Alemã. *Revista de Direito do Estado*, Rio de Janeiro, ano 3, n. 11. p. 55.

à comunidade em relação ao indivíduo, na medida em que ele é essencialmente um ser produzido culturalmente".[12] Não se trata de suprimir a expressão individual;[13] diversamente procura-se levá-la em consideração a partir dos olhos da comunidade.

Para um cotejo sintético de ambos os paradigmas, é válida a citação de Maia:

> De modo simplificado, o principal traço caracterizador da grande divisão em torno da qual o debate sobre modelos de democracia vem se desenrolando na cultura anglo-saxônica é o seguinte: as vertentes liberais sublinham a importância dos direitos individuais como prioritários em relação à autonomia coletiva; já as correntes comunitarianas e republicanas asseveram – inspirados em Rousseau – a primazia da vontade coletiva em face dos direitos individuais.[14]

Entre as variantes do comunitarismo, três despontam com primazia: o conservador, o universalista-igualitário e o liberal. Em resumo, enquanto o conservador prega o respeito à individualidade quando diante de uma sociedade homogênea,[15] o universalista-igualitário busca o sentido da comunidade global, nos direitos humanos, desconhecendo, inclusive, as fronteiras territoriais. Por fim, o comunitarismo liberal, que evita os exageros das duas correntes citadas, legitima os interesses da pessoa considerados a partir de um núcleo menor (família), que confere legitimidade à sociedade e, por fim, à humanidade. Pretende-se, desta forma, compreender a validade das obrigações morais a partir dos menores núcleos até alcançar toda a comunidade.[16]

Verifica-se que o fio condutor de ambas as variantes sempre perpassa, diversamente do liberalismo, os interesses da comunidade, de forma que a autonomia individual somente se justifica com a validação conferida pelo grupo maior.

Para o direito, ambas correntes imprimiram – e ainda imprimem – consequências metodológicas e interpretativas. Na realidade, é possível identificar, inclusive, ser no debate da amplitude da autonomia privada que ambas escolas surgiram e se desenvolveram:[17] para liberais, que concebem a liberdade como um dado pré-jurídico, a autonomia privada, protegida pelo Estado e por ele também incentivada, deverá ser imune a influências externas; já para a concepção comunitária, o exercício da autorregulamentação apenas se legitima, se atendidos os interesses da coletividade.

---

[12] CITTADINO, Gisele. *Pluralismo, direito e justiça*. 3. ed. Rio de Janeiro: Lúmen Juris, 2004. p. 86.

[13] Muito embora a crítica seja no sentido de conduzir, de forma paternalista, a autonomia (FANRSWORTH, Alan. *Contracts*. 4. ed. New York: Aspen, 2004. p. 29).

[14] MAIA, Antonio Cavalcanti. *Jürgen Habermas*: filósofo do direito. Rio de Janeiro: Renovar, 2008. p. 104.

[15] O que seria utópico, pois na atualidade a maioria dos Estados são marcados pelo multiculturalismo (BRUGGER, Winfried. O comunitarismo como teoria social e jurídica por trás da Constituição Alemã. *Revista de Direito do Estado*, Rio de Janeiro, ano 3, n. 11. p. 63).

[16] BRUGGER, Winfried. O comunitarismo como teoria social e jurídica por trás da Constituição Alemã. *Revista de Direito do Estado*, Rio de Janeiro, ano 3, n. 11. p. 65.

[17] "O conceito de liberdade acima exposto carrega de forma ínsita uma relação de oposição entre o exercício da autonomia privada e os então chamados limites externos ao exercício da autonomia, provenientes de leis de caráter geral com origem no poder político estabelecido. Esta relação de oposição acaba por gerar uma tensão que, de forma simplificada, pode ser identificada como a causa originária do debate entre liberais e comunitaristas, tendo-se que aqueles evocam uma visão kantiana acerca da interpretação recíproca dos conceitos de direitos do homem e soberania popular, ao passo que estes partem de uma concepção rousseauniana" (SILVA, Denis Franco. O princípio da autonomia: da invenção à reconstrução. In: MORAES, Maria Celina Bodin de (Coord.). *Princípios de direito civil contemporâneo*. Rio de Janeiro: Renovar, 2006. p. 140).

Neste confronto bilateral, entretanto, é válido tratar de uma terceira via proposta por Habermas. Para o filósofo alemão, interesses individuais e coletivos, embora tidos como fenômenos contrapostos, são, em verdade, situações complementares. Mais que complementares, duas faces de uma mesma moeda, pois, além de ambas não subsistirem de per si, moldam-se e têm origem mútua e conjuntamente.

Na medida em que o ser humano apenas se reconhece como tal quando inserido em sociedade e esta, da mesma forma, somente é reconhecida a partir da coexistência do próprio ser humano, o poder de auto e heterorregulamentação, da mesma forma, surge da simbiose sociedade/homem que, mediante diálogo e concessões mútuas, partilha as competências e atribuições de regulamentação.[18]

Trata-se, em verdade, da noção de cooriginariedade dos interesses, notadamente refletidos em autonomia pública e autonomia privada, que, defendida por Habermas,[19] propõe não ser possível verificar a precedência ou sobreposição de um fenômeno em relação a outro. Em uma sociedade democrática, em que a autonomia privada constitui a legitimação para o exercício da autonomia pública – e vice-versa –,[20] ambas formas de regulamentação são delimitadas simultaneamente e, através de um processo dinâmico, dialogam de modo perene.

Postas as divergências entre as escolas liberal e comunitária, bem como da terceira via habermasiana, não é indene de reflexos a interpretação que se dá à função social das situações patrimoniais no ordenamento brasileiro. Os prismas interpretativos a partir de cada visão, a propósito, são tão díspares quanto as próprias escolas.

5.3 A leitura liberal da função social das situações patrimoniais

Na medida em que condiciona o exercício das situações patrimoniais no ordenamento brasileiro, a função social ganha contornos interpretativos próprios em doutrina, a partir das lentes tingidas pela ideologia a que se filia o observador. Embora se apresente, de certa maneira, paradoxal uma leitura liberal da função social, já que, em tese e *prima facie*, ambos os conceitos parecem configurar uma contradição terminológica, é possível encontrar textos que promovem a conjugação lógica e racional dos termos.

Ao assimilar a função social à supressão do exercício da autonomia privada do indivíduo, visto que própria de regimes totalitários, Sztajn é incisiva ao limitar seu significado a um compromisso moral com a responsabilidade social, reafirmando, de toda sorte, que o termo não pode ser enfrentado como limitador da liberdade contratual:

> Será que um código de direito privado – mesmo que seja visto como a constituição do homem comum, na dicção de Miguel Reale – deve conter dispositivos que induzam as

---

[18] "Neste sentido, as identidades individuais e sociais se constituem a partir da sua inserção em uma forma de vida compartilhada, na medida em que aprendemos a nos relacionar com os outros e com nós mesmos através de uma rede de conhecimento recíproco, que se estrutura através da linguagem" (CITTADINO, Gisele. *Pluralismo, direito e justiça*. 3. ed. Rio de Janeiro: Lúmen Juris, 2004. p. 91).

[19] HABERMAS, Jürgen. *Facticidad y validez*. sobre el derecho y el estado democratico de derecho en términos de teoría del discurso. 4. ed. Madrid: Trotta, 2005. p. 165.

[20] Nesse sentido: "Trata-se da codependência desses dois tipos de autonomia, vez que uma é condição para o exercício da outra" (TEIXEIRA, Ana Carolina Brochado. *Saúde, corpo e autonomia privada*. Rio de Janeiro: Renovar, 2010. p. 151).

pessoas a agirem tendo em vista interesses de terceiros, a distribuir benesses ou agir de conformidade com interesses do Poder Público? Esse sentido que se dava à expressão "função social" no ordenamento italiano à época do fascismo. Prever função social para a empresa, assim como para a propriedade, nada mais era que meio para facilitar a intervenção ou controle do Estado sobre a atividade econômica ou a propriedade fundiária, de vez que a titularidade sobre esses bens era reconhecida na medida em que satisfizessem o interesse nacional. Contudo, os italianos, assim como os alemães, não se atreveram a impor função social ao contrato! Foram contidos por algum sentido de prudência.

Retrospecto histórico permite constatar que recorre à "função social" é característica de regimes não democráticos [...].

Quanto ao exercício da empresa, que não se faz sem contratos, a função social que se pretende venha ela a exercer implica liberdade de contratar com responsabilidade social. Mas não se supõe sirva para comprometer a continuação e estabilidade que a atividade requer e que devem dominar a sua preservação.[21]

Parece seguir a mesma trilha Salomão Filho. Com efeito, ao alargar o conceito analisado e entender que a função social é a própria função "de toda e qualquer relação da vida civil",[22] constata-se um esvaziamento do próprio termo para permitir a manutenção do *status quo*. Também perfilha o mesmo entendimento Theodoro de Mello, que, embora reconheça um interesse externo na função social, entende, no entanto, que não se lhe pode permitir uma virtude solidária:

O princípio dirige-se, portanto, a inspirar a interpretação de todo o microssistema do direito dos contratos e integrar suas normas, bem como para limitar a liberdade privada, impedindo que se ajustem obrigações atentatórias aos demais princípios, valores e garantias sociais. Deverá inspirar, ainda, a interpretação do próprio ajuste, porquanto não se admitirá sua execução de modo a contrariar os interesses e fins que a sociedade vislumbrou em determinado tipo contratual.

Mas não poderá o aplicador do direito arvorar-se de realizador de políticas tendentes a realizar a redistribuição de riquezas e a política social que entender mais justa. A autonomia da vontade é garantia que só cede em face do interesse público e nos termos da lei. Só a deformidade, o absurdo e o teratológico exercício do direito de contratar, que atente contra a regularidade das relações privadas e leve a aviltar os próprios fundamentos, as garantias e os valores sociais que sustentam e protegem a liberdade é que será passível de invalidação por intervenção do juiz.[23]

Ainda sob ares liberais, mas com a internalização do discurso da análise econômica do direito, Timm segue o mesmo modelo do livre exercício da autonomia privada, defendendo, inclusive, uma reversão de paradigma contratual brasileiro, que é a proteção da parte mais fraca. Neste sentido, afirma:

---

[21] SZTAJN, Rachel. A função social do contrato e o direito de empresa. *Revista de Direito Mercantil, Industrial Econômico e Financeiro*, São Paulo, n. 139. p. 31; 48.

[22] SALOMÃO FILHO, Calixto. Função social do contrato: primeiras anotações. *Revista de Direito Mercantil, Industrial, Econômico e Financeiro*, São Paulo, n. 132. p. 13.

[23] MELLO, Adriana Mandim Theodoro de. A função social do contrato e o princípio da boa-fé no Código Civil brasileiro. *Revista Síntese de Direito Civil e Processual Civil*, São Paulo, n. 16, mar./abr. 2002. p. 149.

A análise econômica do Direito pode ser empregada para explicar a função social do contrato em um ambiente de mercado. Esta perspectiva permite enxergar a coletividade não na parte mais fraca do contrato, mas na totalidade das pessoas que efetivamente, ou potencialmente, integram um determinado mercado de bens e serviços.[24]

A interpretação econômica conferida à função social, destacada pelo trecho acima transcrito, não é decerto desconhecida da experiência judiciária brasileira, que já teve oportunidade de subjugá-la a fatores de mercado quando se trata de situação paritária.[25] Tratou-se da análise de aplicação da teoria da imprevisão em contrato de fornecimento estabelecido entre produtor de soja e respectivo comprador. Por conta de inesperada valorização da soja, que já havia sido comprada e paga pelos compradores por meio de aquisição de colheita futura, os produtores solicitavam a revisão do contrato com fundamento em prejuízos que teriam com a manutenção do preço anteriormente acordado. O caso chegou ao Superior Tribunal de Justiça que, não obstante pudesse ser resolvido à luz da teoria suscitada, optou por analisar os fatos à luz da função social, relegando-a a segundo plano na interpretação contratual:

> A função social infligida ao contrato não pode desconsiderar seu papel primário e natural, que é o econômico. Ao assegurar a venda de sua colheita futura, é de se esperar que o produtor inclua nos seus cálculos todos os custos em que poderá incorrer, tanto os decorrentes dos próprios termos do contrato, como aqueles derivados das condições da lavoura.[26]

Sob perspectiva diversa, mas ainda em tom liberal, é possível identificar em doutrina tendência que, apesar de reconhecer um papel limitador da função social, defende a permanência de um núcleo mínimo de liberdade, em que se entrincheira a vontade do titular da situação patrimonial, imune a controle externo. Neste sentido, Arruda Alvim:

> Penso também que apesar de profundas limitações que vieram se avolumando no mundo inteiro em relação ao direito de propriedade, há um núcleo essencial e irredutível desse direito, na linha do que é extensamente reconhecido na Alemanha, através da sua doutrina e pronunciamentos de seu tribunal constitucional.[27]

---

[24] TIMM, Luciano Benetti. Função social do direito contratual no Código Civil Brasileiro: justiça distributiva vs. eficiência econômica. *Revista dos Tribunais*, São Paulo, v. 876, out. 2008. p. 35.

[25] Aliás, constata-se uma tendência em aplicar a lógica de mercado, dissipada da função social, em situações patrimoniais entre iguais, não obstante o controle se encontrar no Código Civil: "Concreção do princípio da autonomia privada no plano do Direito Empresarial, com maior força do que em outros setores do Direito Privado, em face da necessidade de prevalência dos princípios da livre iniciativa, da livre concorrência e da função social da empresa. Reconhecimento da contrariedade aos princípios da obrigatoriedade do contrato (art. 1056 do CC/16) e da relatividade dos efeitos dos pactos, especialmente relevantes no plano do Direito Empresarial, com a determinação de que o cálculo dos prêmios considere a realidade existente na data em que deveriam ser pagos. [...]" (STJ, 3ª Turma. REsp nº 1.158.815/RJ. Rel. Min. Paulo de Tarso Sanseverino, j. 7.12.2012).

[26] STJ, 3ª Turma. REsp nº 783.404/GO. Rel. Min. Nancy Andrighi, j. 28.6.2007.

[27] ALVIM NETTO, José Manoel de Arruda. *Função social da propriedade*. Principais controvérsias no Novo Código Civil. São Paulo: Saraiva, 2006. p. 21.

A constatação da permanência de um núcleo duro e inatingível da situação patrimonial, com efeito, também chegou a ser abraçada pelo Poder Judiciário no pós-Constituição de 1988. Cuidou-se de analisar a irregularidade de desmatamento ocorrido em propriedade rural, o qual, no entanto, foi considerado lícito em razão da impossibilidade da intervenção externa no seu exercício:

> O fato de o legislador constitucional garantir o direito de propriedade, mas exigir que ela atenda a sua função social (art. 5, XXIII) não chegou ao ponto de transformar a propriedade em mera função e um pesado ônus e injustificável dever para o proprietário. Lembra Celso Ribeiro Bastos, nos seus Comentários à Constituição de 1988, que: "o primeiro ponto a notar é que o Texto acabe por repelir de vez alguns autores afoitos que quiseram ver no nosso direito constitucional a propriedade transformada em mera função. Em de um direito do particular, seria um ônus, impondo-lhe quase o que seria um autêntico dever".[28]

Portanto, em que pese a própria função em análise portar consigo um adjetivo social, a leitura liberal se inclina a compreender tal acepção como uma forma tendente a eliminar a autonomia, para o que faz alerta quanto ao perigo totalitário da expressão e seu viés antieconômico. Contudo, um discurso neste sentido parece negar o próprio paradigma da realidade contratual e proprietária adotada na Constituição da República. Quanto a este ponto, retorna-se mais adiante, sem antes, porém, analisar o percurso da função social nos passos empreendidos aos olhos de publicistas.

5.3.1 Uma nota sobre a doutrina administrativista: o interesse público

Se para civilistas a função social guarda uma pretensão de limitar a liberdade do exercício das situações patrimoniais; aos administrativistas, a sua previsão na Constituição da República e no Código Civil dá lastro à ampliação da denominada doutrina da intervenção do Estado na propriedade privada, o que se faz em nome de um interesse público.

Nesta linha, Baptista, apoiada no festejado administrativista espanhol García de Enterría,[29] adverte:

> Nos dias atuais, ante a necessidade de se atender à função social prevista na norma constitucional, é imperioso reconhecer que a propriedade privada se acha mais e mais constrita a dar conta de diversas finalidades de interesse público, somente sendo assegurada na medida em que forem atingidos tais fins.[30]

Refletindo as vertentes doutrinárias que tratam o tema, o Superior Tribunal de Justiça também já teve oportunidade de se manifestar quanto à aplicação da função

---

[28] STJ, 1ª Turma. REsp nº 32.222/PR. Rel. Min. Garcia Vieira, j. 21.6.1993.

[29] Para o citado jurista, a intervenção, justificadora da função social, se pauta em três níveis: delimitação administrativa, limitação administrativa e potestatividade ablativa real (expropriação) (GARCIA DE ENTERRÍA, Eduardo; FERNÁNDEZ, Tomás-Ramon. *Curso de derecho administrativo*. 9. ed. Madrid: Civitas, 1999. p. 103. v. 2).

[30] BAPTISTA, Patrícia F. Limitação e sacrifícios de direito: o conteúdo e as consequências dos atos de intervenção da Administração Pública sobre a propriedade privada. *Revista de Direito*, Rio de Janeiro, v. 7, 2003. p. 63.

social, atrelada a um interesse público, cogitando, inclusive, a prevalência deste sobre o direito privado:

> 2. [...] Prestar contas significa demonstrar e comprovar todos os componentes de débito e de crédito vinculados à relação jurídica estabelecida entre as partes. Tratando-se de contrato de compra e venda de ações colocadas no mercado em razão de programa de desestatização, cabe ao ente financeiro responsável pela operação prestar contas sobre a transação efetuada, informando a quantidade de moeda utilizada na aquisição, datas, preços, a efetiva entrega para a Câmara de liquidação e custódia; revenda das ações e a que preços; quais os dividendos recebidos; o saldo do empréstimo por ocasião de sua liquidação, sem prejuízo de outras informações que advieram do ajuste firmado.
>
> 3. A função social do contrato veta seja o interesse público ferido pelo particular.
>
> 4. Recurso especial não-conhecido.[31]

A manutenção do critério de interesse público e a ótica intervencionista, entretanto, além de reinaugurarem o discurso liberal, não condizem com uma contemporânea concepção de autonomia privada em um ordenamento que reconhece eficácia das normas constitucional, retirando-lhe um papel meramente político (próprio do liberalismo).

Com efeito, a visão de intervenção/não intervenção, tal como posta, influenciou – e ainda influencia – todo o aparato dogmático do direito privado, encontrando na concepção do direito subjetivo, notadamente na denominada teoria dos limites externos desta situação jurídica, o seu ápice acadêmico.[32] Por esta teoria, entende-se que o direito subjetivo é tutelado pelo ordenamento jurídico, na medida em que não transborda os limites de atuação que a lei lhe impôs. Assim, dentro daquele limite e sem a intervenção do Estado, a autonomia da vontade é soberana, encastelada e apenas condicionada ao puro interesse egoísta do indivíduo, sem qualquer influência externa.[33]

O isolamento que a doutrina jurídica moderna e liberal impôs à autonomia, a ponto de submetê-la ao arbítrio da vontade, fez surgir o dogma da suposta não intervenção estatal sobre seu exercício, contrapondo-a, portanto, à ideia de heteronomia. Sob este aspecto, nenhum fator externo poderia condicionar a autonomia, que, como direito moral nato, precederia a heteronomia. No entanto, conforme já se advertiu, interesse público e

---

[31] STJ, 4ª Turma. REsp nº 1.062.589/RS. Rel. Min. João Otávio de Noronha, j. 24.3.2009.

[32] Em doutrina brasileira, é possível identificar como defensores desta teoria GONÇALVES, Carlos Roberto. *Direito civil brasileiro*. 7. ed. São Paulo: Saraiva, 2013. p. 8: "O direito subjetivo, em verdade, não constitui nem poder da vontade, nem interesse protegido, mas apenas um poder de agir e de exigir determinado comportamento para a realização de um interesse, pressupondo a existência de uma relação jurídica. Seu fundamento é a autonomia dos sujeitos, a liberdade natural que se afirma na sociedade e que se transforma, pela garantia do direito, em direito subjetivo, isto é, liberdade e poder jurídico"; e DINIZ, Maria Helena. *Curso geral de direito civil*. Teoria geral de direito civil. 26. ed. São Paulo: Saraiva, [s.d.]. p. 11: "O direito subjetivo é subjetivo porque as permissões, com base na norma jurídica e em face dos demais membros da sociedade, são próprias das pessoas que as possuem, podendo ser, ou não usadas por elas".

[33] A conhecida frase "a liberdade de cada um termina onde começa a liberdade do outro" é própria para ilustrar o que aqui se expõe. Seu autor, Herbert Spencer, conhecido pela teoria do darwinismo social, é figura expoente do pensamento liberal do século XIX e bem demonstra a concepção negativa da liberdade, adotada pela teoria dos limites externos do direito subjetivo. A frase original, "every man has freedom to do all that he wills, provided he infringes not the equal freedom of any other man", encontra-se em SPENCER, Herbert. *Social statics*: or, the conditions essential to happiness specified, and the first of them developed. London: John Chapman, 1851. p. 67. Disponível em: <http://oll.libertyfund.org/title/273>. Acesso em: 10 out. 2013.

interesse privado[34] são espaços simultâneos e complementares, que não permitem, em uma situação estática, a verificação de uma proeminência de um em relação a outro. Cabe simplesmente à axiologia do sistema, encontrada no Texto Fundamental, valorar o exercício, ou não, da situação patrimonial.

Assim, uma concepção positiva ou negativa da intervenção tende a reeditar o discurso do liberalismo, apartando a Administração Pública e seus interesses da própria sociedade, tal qual inspiraram-se os liberais clássicos.

5.4 Concepções não liberais da função social das situações patrimoniais

Para analisar outras três interpretações conferidas à função social, opta-se por generalizá-las sob um viés negativo de adesão à concepção liberal, visto que não é possível, de pronto, inseri-las a uma vertente comunitarista.

A primeira corrente não liberal é identificada por aqueles que defendem ser a função social – especificamente – do contrato uma forma de ratificação do compromisso de equilíbrio das prestações do ajuste.[35] Ainda seguindo a trilha do equilíbrio, mas não das prestações e, sim, da vulnerabilidade de algum contratante, Azevedo afirma:

> A intervenção do Estado, no âmbito contratual, abriu as portas a um novo tempo, em que se mitigaram os malefícios do liberalismo jurídico, com a proteção social ao mais fraco. [...]
>
> O novo Código Civil não ficou à margem dessa indispensável necessidade de integrar o contrato na sociedade, como meio de realizar os fins sociais, pois determinou que liberdade contratual (embora se refira equivocadamente à liberdade contratar) deve ser "exercida em razão e nos limites da função social do contrato". Esse dispositivo (art. 421) alarga, ainda mais, a capacidade do juiz proteger o mais fraco, na contratação, por exemplo, possa estar sofrendo pressão econômica ou os efeitos maléficos de cláusulas abusivas ou de publicidade enganosa.[36] [37]

Esta perspectiva, portanto, tende a imprimir os reflexos da função social internamente aos contratos, não havendo efeitos externos e tampouco aceitando influência de interesses estranhos aos contratantes.[38]

---

[34] Como se ainda fosse possível manter a *summa divisio*. Em sentido que não mais existe: PERLINGIEIRI, Pietro. *O direito civil na legalidade constitucional*. Tradução de Maria Cristina de Cicco. Rio de Janeiro: Renovar, 2008. p. 144.

[35] "A aplicação da função social ao contrato deve, portanto, garantir o equilíbrio das prestações" (WALD, Arnoldo. A dupla função econômica e social do contrato. *Revista Trimestral de Direito Civil*, Rio de Janeiro, ano 5, v. 17, jan./ mar. 2004. p. 5).

[36] AZEVEDO, Álvaro Villaça. O Novo Código Civil brasileiro: tramitação; função social do contrato; boa-fé objetiva; teoria da imprevisão e, em especial, onerosidade excessiva (laesio enormis). *Revista Jurídica*, São Paulo, n. 4, abr. 2003. p. 11.

[37] "Honorários de 50%. A interpretação do instituto da lesão deve ser sempre promovida em conjunto, no Código Civil, com todas as normas legais que estabelecem cânones de conduta, como a do art. 421 (função social do contrato), 422 (boa-fé objetiva) e 187 (vedação ao abuso de direito). Na hipótese dos autos, a necessidade da recorrente era clara. Ela pode ser constatada, tanto pelos termos de sua petição inicial, na qual descreve situação de penúria, notadamente em função do vício de seu filho em entorpecentes, como na inicial da ação de execução ajuizada pelos advogados em face da recorrente (fls. 31 a 37, e-STJ), na qual pode se destacar a seguinte passagem" (Terceira Turma. REsp nº 1.155.200/DF. Rel. Min. Massami Uyeda, Rel. p/ Acórdão Ministra Nancy Andrighi, j. 22.2.2011. *DJe*, 2 mar. 2011).

[38] KONDER, Carlos Nelson. Causa do contrato x função social do contrato: estudo comparativo sobre o controle da autonomia negocial. *Revista Trimestral de Direito Civil*, Rio de Janeiro, n. 43, jul./set. 2010. p. 3.

Em contrapartida, uma outra vertente imprime à função social dos contratos uma modulação ao princípio de sua relatividade. Significa dizer que o contrato, inserido no tecido social, propaga seus efeitos a terceiros além das partes contratantes.[39] No entanto, não obstante se tenha buscado garantir uma tutela externa do próprio crédito, acaba por fortalecer a própria posição dos contratantes, visto que a relativização do vínculo intersubjetivo também teria o condão de impor a terceiros o respeito ao próprio contrato.[40]

Por fim, identifica-se uma terceira corrente, da mesma forma não liberal, para a qual a função social das situações patrimoniais agrega ao controle de sua proteção a avaliação de se há no pacto a observação de interesses coletivos. Neste sentido, Azevedo afirma que a função social determina a ineficácia superveniente do pacto quando para tanto concorrer qualquer uma das seguintes hipóteses: a "impossibilidade de obtenção do fim último visado pelo contrato [...], juntamente com a ofensa a interesses coletivos (meio-ambiente, concorrência, etc.) e a lesão à dignidade humana".[41]

Mais incisivo na abertura do controle externo quanto ao merecimento de tutela, Tepedino, quanto à propriedade, afirma que o atendimento à sua função social ocorre pela utilização dos bens privados e o consequente exercício do domínio, com respeito e promoção das situações jurídicas subjetivas existenciais e sociais por ela atingidas.[42] E, na mesma linha, mas em sede contratual, Konder afirma que a referida função preserva interesses extracontratuais socialmente relevantes, preenchidos pelos princípios da dignidade, livre iniciativa, igualdade substancial e solidariedade social (consumidores, livre concorrência, meio ambiente e relações de trabalho).[43]

Embora díspares entre si, as três correntes acima se destacam do liberalismo clássico, na medida em que, além de não reconhecer um espaço de liberdade contratual imune a controle externo, propõem uma leitura com uma prospecção de interesses externos ao ambiente individualista do contrato.

5.5 Conclusão: a função social é expressão do comunitarismo contemporâneo?

Entendido o comunitarismo contemporâneo como um conjunto de ideias em que a comunidade é legitimada para conceber o justo sem, no entanto, suprimir a expressão individual (como feito em regimes totalitários), parece que, tomada a função social como internalização, nas situações patrimoniais, de interesses coletivos para legitimar o seu exercício, é lícito encontrar na função social um dos reflexos deste ideário.

---

[39] NEGREIROS, Teresa. *Teoria do contrato*: novos paradigmas. 2. ed. Rio De Janeiro: Renovar, 2006. p. 245 e ss.

[40] TEPEDINO, Gustavo. Notas sobre a função social dos contratos. In: TEPEDINO, Gustavo; FACHIN, Luiz Edson (Coord.). *O direito e o tempo*: embates jurídicos e utopias contemporâneas. Rio de Janeiro: Renovar, 2008. p. 398.

[41] AZEVEDO, Antonio Junqueira de. Natureza jurídica do contrato de consórcio. Classificação dos atos jurídicos quanto ao número de partes e quanto aos efeitos. Os contratos relacionais. A boa-fé nos contratos relacionais. Contratos de duração. Alteração das circunstancias e onerosidade excessiva. Sinalagma e resolução contratual. Resolução parcial do contrato. Função social do contrato. *Revista dos Tribunais*, São Paulo, ano 94, v. 832, fev. 2005. p. 133.

[42] TEPEDINO, Gustavo. A função social da propriedade e o meio ambiente. *Revista Trimestral de Direito Civil*, Rio de Janeiro, n. 37, jan./mar. 2009. p. 141.

[43] KONDER, Carlos Nelson. Causa do contrato x função social do contrato: estudo comparativo sobre o controle da autonomia negocial. *Revista Trimestral de Direito Civil*, Rio de Janeiro, n. 43, jul./set. 2010. p. 68

No entanto, afora esta vertente de pensamento, nenhuma outra acepção teria respaldo na doutrina comunitária; da mesma forma, levando-se em consideração correntes comunitárias tendenciosas a suprimir o valor individual, também não se poderia encontrar semelhança em uma compreensão mais solidária da função social, visto que a expressão da pessoa não é eliminada pelo referido controle.

Portanto, apenas haverá compreensão da função social como reflexo de ideais comunitários se e quando houver sintonia entre o solidarismo próprio da função social, com o respectivo interesse coletivo do comunitarismo, sem jamais suprimir uma liberdade pessoal, a qual sempre será tutelada na medida e na forma do próprio ordenamento.

Informação bibliográfica deste texto, conforme a NBR 6023:2002 da Associação Brasileira de Normas Técnicas (ABNT):

BUCAR, Daniel. Situações jurídicas patrimoniais: funcionalização ou comunitarismo? In: TEPEDINO, Gustavo; TEIXEIRA, Ana Carolina Brochado; ALMEIDA, Vitor (Coord.). *Da dogmática à efetividade do Direito Civil*: Anais do Congresso Internacional de Direito Civil Constitucional – IV Congresso do IBDCivil. 2. ed. rev., ampl. e atual. Belo Horizonte: Fórum, 2019. p. 105-116. ISBN 978-85-450-0545-2.

CAPÍTULO 6

CONSTRUINDO UM DEVER DE RENEGOCIAR NO DIREITO BRASILEIRO[1]

ANDERSON SCHREIBER

6.1 A economia do desequilíbrio

Em uma economia cada vez mais dinâmica, torna-se patente a importância de que o direito desenvolva remédios aptos a lidar com o problema do desequilíbrio contratual. Também parece evidente, diante da utilidade social dos negócios legitimamente celebrados e da necessidade de evitar custos transacionais que onerem as partes, que tais remédios privilegiem o reequilíbrio do contrato e a conservação da relação contratual, rompendo o dogma da preferência pelas soluções que conduzem à extinção do vínculo entre as partes (anulação/resolução).

O Código Civil brasileiro, embora tratando da extinção como regra (especialmente nos arts. 156, 157 e 478), permitiu, em diferentes passagens, o afastamento dos remédios terminativos mediante "oferta" de reequilíbrio por parte do contratante favorecido, quer se trate de desequilíbrio originário (art. 157, §2º),[2] quer se trate de desequilíbrio superveniente (art. 479).[3]

A referida abordagem legislativa – que encontra paralelo em algumas codificações estrangeiras, como o Código Civil italiano (art. 1467, *in fine*) – tem a virtude de abrir caminho para aquela que seria, para muitos, a solução "mais simples" para o problema do desequilíbrio, na medida em que as próprias partes, por exercício da sua autonomia,

---

[1]   Para um aprofundamento do tema, seja consentido remeter a SCHREIBER, Anderson. *Equilíbrio contratual e dever de renegociar*. São Paulo: Saraiva, 2018.

[2]   "Art. 157. [...] §2º Não se decretará a anulação do negócio, se for oferecido suplemento suficiente, ou se a parte favorecida concordar com a redução do proveito".

[3]   "Art. 479. A resolução poderá ser evitada, oferecendo-se o réu a modificar equitativamente as condições do contrato".

estariam contornando-o, de comum acordo, mediante uma revisão convencional do contrato ou, mais precisamente, um reequilíbrio contratual espontâneo.[4] A ineficiência (e, de certo modo, a contradição valorativa) desse modelo revela-se, contudo, no fato de que acaba por restringir o acesso à via do reequilíbrio contratual, ao condicioná-lo à vontade *exclusiva* de um dos contratantes, restando ao outro o ônus de pleitear a anulação ou a resolução do contrato e "torcer" pela oferta da contraparte.[5] Em suma, na literalidade do Código Civil brasileiro, há uma valorização do reequilíbrio contratual *ma non troppo*: sua obtenção é sempre indireta, dependente que fica da iniciativa do contratante favorecido pelo desequilíbrio.[6]

Daí todo o esforço interpretativo que tem sido conduzido por nossa doutrina e jurisprudência no sentido de admitir o pleito *direto* de revisão judicial do contrato por parte do contratante prejudicado.[7] Tal abordagem permite superar a insuficiência da disciplina geral traçada no nosso Código Civil e também harmonizá-la quer com as disposições específicas da própria codificação (arts. 620, 770, etc.), quer com as leis especiais, como o Código de Defesa do Consumidor, a Lei do Inquilinato e a Lei de Licitações, que já asseguram, cada qual à sua maneira e em seus próprios limites, o acesso do contratante prejudicado à revisão judicial do contrato. Ainda assim, não é possível ignorar aqui uma dificuldade que a via da revisão judicial do contrato, se não agrava, tampouco contorna: a necessidade de recurso ao Poder Judiciário.

Não se trata apenas de lamentar os custos envolvidos, as formalidades inerentes e o tempo exigido pela solução judicial – ônus que se verificam, de resto, também nas demandas voltadas à anulação ou à resolução do contrato –, mas de destacar a particular desarmonia entre o caminho da judicialização e a ideia de reequilíbrio contratual. A propositura de uma demanda judicial, por si só, é usualmente percebida por ambas as partes como um fato perturbador da sua relação contratual e produz, não raro, um acentuado efeito de desestímulo à obtenção do consenso, na medida em que, por sua própria estrutura e por uma certa cultura beligerante do contencioso, o processo costuma acirrar divergências entre as partes.[8]

---

[4]   GALLO, Paolo. *Sopravvenienza contrattuale e problemi di gestione del contratto*. Milão: Giuffrè, 1992. p. 364.

[5]   Tal modelo reflete aquele que havia sido adotado pelo legislador italiano de 1942, já foi considerado "assai strano" e "perfino illogico" em sua terra natal: "È bene mettere subito in evidenza che il nostro sistema avverte chiaramente l'esigenza di un riequilibrio contrattuale, ma la soddisfa in modo assai incompleto e perfino illogico. Risulta infatti assai strano che, in via di principio, il mutamento delle circostanze può condurre, nei contratti corrispetivi, soltanto all'esecuzione del contratto alle condizioni programmate, oppure alla sua risoluzione, essendo riservata la 'rinegoziazione' o l'adeguamento del regolamento contrattuale all'iniziativa di una sola delle parti ed, in particolare, all'iniziativa del beneficiario della sopravvenienza". (TERRANOVA, Carlo G. L'eccessiva onerosità nei contratti – arts. 1467-1469. In: SCHLESINGER, Piero (Org.). *Il Codice Civile Commentario*. Milão: Giuffré, 1995. p. 239).

[6]   Trata-se de um direito potestativo, a exemplo do que ocorre no Código Civil italiano, em que a doutrina destaca: "La riduzione ad equità è un diritto potestativo del convenuto in risoluzione, che questi esercita – nel proprio interesse – quando valuta che l'utilità di conservare il contratto valga più del sovraprezzo che deve sborsare per ridurlo ad equità". (RICCIO, Angelo. Eccessiva onerosità – Arts. 1467-1469. In: GALGANO, Francesco (Cur.). *Commentario del codice civile*. Bolonha: Zanichelli, 2010. Livro IV. p. 241).

[7]   Ver, nesse sentido e em caráter pioneiro, CARDOSO, Vladimir Mucury. *Revisão contratual e lesão, revisão contratual e lesão à luz do Código Civil de 2002 e da Constituição da República*. Rio de Janeiro: Renovar, 2008. p. 408-409: "É necessário, pois, ampliar a norma legal por meio da interpretação, para se autorizar ao juiz realizar a justiça no caso concreto, modificando equitativamente o contrato, com vistas a privilegiar o equilíbrio entre as prestações e a satisfação dos legítimos interesses das partes".

[8]   Nesse sentido, COOLEY, John W. *A advocacia na mediação*. Tradução de René Loncan. Brasília: Universidade de Brasília, 2001. p. 30: "As partes muitas vezes acham que o processo de julgamento por tribunal perturba

Há ainda que se recordar a resistência à interferência do juiz no objeto do contrato. Mesmo que a intervenção judicial nos contratos na experiência jurisprudencial brasileira afigure-se comedida e criteriosa – com alterações que se limitam, no mais das vezes, a modificar índices de reajuste de preços ou a estender prazos de cumprimento, sem revelar ingerência sobre aspectos essenciais do negócio que pudessem comprometer sua utilidade para as partes –, é compreensível que as partes sejam acometidas de certa insegurança quanto ao resultado da sua demanda,[9] quer pela inevitável falta de *expertise* do magistrado acerca não apenas da atividade econômica que é objeto da contratação, mas também do "mundo dos negócios" em geral, quer pela ampla discricionariedade que a ação de revisão contratual concede ao julgador, que pode, em teoria, modificar qualquer aspecto da relação contratual, a fim de obter o reequilíbrio pretendido.[10]

---

significativamente suas vidas pessoais durante longos períodos de tempo e em última análise produz um resultado que as deixa ainda mais polarizadas do que estavam quando do início do processo". Na mesma direção, WILLIAMS, Gerald R. Negotiation as healing process. *Journal of Disput Resolution*, p. 39-40, 1996, destacando que, mesmo em casos em que se logra obter transações em juízo, recomendadas por seus próprios advogados, as partes, por vezes, não superam o estado de divergência: "Once parties are in conflict, there are essentially only two ways out: negotiation or adjudication. Both are ritual processes. Both are intended to end the conflict and permit the parties to get on with their lives. Nevertheless, except for the relatively few cases which require a trial verdict, the most desirable outcome is for both to have a change of heart, to arrive not only at unacceptable compromise, but to also experience a genuine reconciliation. The fundamental principle is this: if both sides do not experience a change of heart, then one or both of them will continue to carry everything that was left unresolved into the indefinite future with little prospect for resolving it short of another conflict. This conclusion is supported by research showing that in many situations, conflicts are not resolved, but continue in an endless cycle until one party or the other is able to 'exit', that is, to escape the situation by moving far enough away that the disputants no longer see each other. However, it should be noted that this exit does not really 'resolve' the conflict because nothing has really changed in either of the parties. The best prediction is that both parties will soon find themselves in similar conflicts wherever they may end up. More troublesome still, there is research suggesting that even when plaintiffs have retained lawyers and obtained a mutually agreeable settlement (but not a genuine settlement or change of heart), they will continue to suffer from emotional and physical traumas growing out of the original problem".

9   "An adjustment of the contract may be achieved by different methods. It can be qualified as an operation of law which the courts are called upon to carry out (e.g., the Netherlands, Spain, Sweden). An alternative mechanism is to entitle the burdened party to request adjustment which is then enforced by the courts (e.g., Germany, Italy). Another option is to combine termination of the contract with a claim of compensation for the party who would have benefited from the contract (e.g., England under the Law Reform (Frustrated Contracts) Act 1943). All the methods of adjustment have in common that they leave wide discretion to the courts in determining a fair allocation of risks related to the unexpected circumstances in accordance with the principle of equity. Therefore, the price of an equitable allocation of the risks is that courts strongly interfere with the parties' contractual dispositions. Consequently, the parties have little certainty with regards to the outcome of a lawsuit". (HONDIUS, Ewoud; GRIGOLEIT, Hans Christoph (Coords.). *Unexpected circumstances in European Contract Law*. Cambridge: Cambridge University Press, 2011. p. 9).

10 Em perspectiva internacional, destaca Christoph Brunner, ao tratar da revisão do contrato por cortes estatais e arbitrais: "The court may adjust the contrat in a variety of ways. It may: increase or reduce the price or the extent of a performance obligation of a party (e.g., the contract quantity); and/or adjust a particular means or method of performance, e.g., extend the period for performance or due date, change the place of performance or allow for partial performances, or extend or shorten the duration of a contract; and/or order a compensatory payment or monetary adjustment appropriate or adequately allow for the hardship event in view of any other adjustments of the contract". (BRUNNER, Christoph. *Force Majeure and Hardship under General Contract Principles* – Exemption for Non-Performance in International Arbitration. Austin: Wolters Kluwer, 2009. p. 501). Na Itália, registra, em semelhante direção, ROPPO, Enzo. *O contrato*. Coimbra: Almedina, 1988. p. 175: "Mas que significa, em concreto, a determinação 'equitativa' do regulamento, contemplada pelo art. 1374 cód. civ.? Parece consistir em o juiz, chamado a definir as situações complexas de direitos e deveres que, para as partes, derivam do regulamento contratual, estar legitimado a atribuir, para esse fim, relevância a todas as *circunstâncias* – externas ao mesmo regulamento, porque não tomadas em consideração naquele e, como tal, não assumidas pelas partes como sua 'vontade' contratual – que ele, face 'a um ponto não resolvido pelo regulamento contratual', considerará, com a sua valoração discricionária, 'idóneas a permitir a solução que pareça mais harmónica com a operação desenvolvida no seu conjunto' (Rodotá): ainda que tal solução não resulte imediatamente do teor

Não é por outra razão que, na prática negocial, tornou-se frequente que o contratante prejudicado pelo desequilíbrio tente, antes da propositura da demanda judicial, uma solução consensual com o outro contratante, com base em cláusulas contratuais prevendo a "renegociação de boa-fé" ou mesmo na ausência delas. A doutrina reconhece, por toda parte, que essa tentativa prévia de renegociação do contrato representa, ela sim, "a melhor alternativa" entre aquelas disponíveis para o problema do desequilíbrio contratual ou "o remédio mais eficiente" para lidar com a alteração superveniente do equilíbrio contratual.[11] Ocorre que, à falta de cláusula contratual expressa, não há nenhuma "garantia" de que o contratante favorecido responderá à tentativa de renegociação efetuada por quem sofre a excessiva onerosidade, nem o direito brasileiro se ocupa, em qualquer medida, daquilo que se passa nessa fase, mantendo um autêntico *vácuo normativo* em relação àquela que seria a solução mais ágil, eficiente e segura para o desequilíbrio do contrato.

6.2 Comportamento dos contratantes diante do desequilíbrio e o silêncio do legislador brasileiro

Examine-se, a título de exemplo, caso concreto que envolveu, de um lado, uma companhia do setor de petróleo e, de outro, uma companhia de navegação que lhe prestava serviços de apoio, no âmbito de um contrato com prazo de dez anos de vigência, renovável por igual período. Após oito anos de fiel cumprimento do contrato e ótima relação negocial, a companhia de navegação informou, por carta, à sua cliente, que o contrato havia se tornado desequilibrado por uma série de acontecimentos que elevaram o custo da navegação no Brasil, entre os quais, acordos coletivos de natureza trabalhista e mudanças da legislação brasileira que permitiram a concorrência de embarcações estrangeiras em águas nacionais, resultando no aumento dos salários dos trabalhadores do setor marítimo. Argumentava a companhia de navegação que o contrato havia se tornado "excessivamente oneroso", na medida em que, nos últimos anos, o custo da operação teria sido majorado em proporção muitas vezes maior que aquela esperada

---

das cláusulas acordadas entre as partes". No Brasil, ver SAMPAIO, Rogério Marrone de Castro. *A atuação do juiz no direito processual civil moderno*. São Paulo: Atlas, 2008. p. 109: "Segundo essa nova técnica, a aplicação da lei ao caso concreto depende da valoração dessas expressões de significado mais abrangente, gerando, com isso, aumento no poder de atuação no juiz. Se de um lado o abandono ao sistema fechado abranda, em certa medida, a referida segurança jurídica, de outro serve como instrumento eficaz à busca dos ideais de justiça e equidade, já que permite ao juiz, com base na mesma norma, outorgar tutelas diferenciadas em atenção às peculiaridades de cada caso".

[11] SEROZAN, Rona. General report on the effects of financial crises on the binding force of contracts: renegotiation, rescission or revision. In: BAŞOĞLU, Başak (Ed.). *The effects of financial crises on the binding force of contracts*: renegotiation, rescission or revision. Nova Iorque: Springer, 2016. p. 23: "Renegotiation is the most efficient remedy for the change of circumstances since it enables the parties to find a mutual resolution. Renegotiation is not an all-or-nothing remedy like the termination of contract since it provides the parties with the full discretion of reallocating the risk and regenerating the contractual balance". No Brasil, Giovanni Ettore Nanni, tratando das cláusulas contratuais de renegociação, afirma que "a adequação consensual do contrato, fruto de exitoso emprego da cláusula de renegociação, é, sem dúvida, sempre mais eficiente e satisfatória para os contratantes. A prática demonstra que o acordo é celebrado por ambas as partes, ao passo que a decisão judicial usualmente proporciona comemoração só de uma delas. Logo, é recomendável a inclusão de uma cláusula de renegociação nos contratos de duração, o que já acontece com frequência nos negócios internacionais". (NANNI, Giovanni Ettore. A obrigação de renegociar no direito contratual brasileiro. *Revista do Advogado*, São Paulo, v. 116, 2012. p. 96).

à luz da média histórica de aumento de custo do setor. Pleiteava, assim, um reajuste no valor do seu contrato. A carta nunca foi respondida. Novas cartas se seguiram, com solicitação de reuniões para debater o tema, mantendo-se o silêncio. O contrato foi cumprido por mais dois anos, tendo a companhia de navegação informado, então, à sua cliente, que não desejava a renovação do prazo de vigência. Nesse momento, foi chamada para renegociar os termos do seu contrato.[12]

Não é raro, na prática brasileira, que, diante de cartas e notificações suscitando desequilíbrio contratual, a parte instada a renegociar os termos do contrato simplesmente silencie, confiando que o custo econômico e o ônus negocial da propositura de uma demanda judicial desestimularão a adoção de qualquer atitude do contratante prejudicado. Tal situação verifica-se, com ainda maior frequência, naquelas situações em que se configura a chamada "dependência econômica", como no caso de fornecedores que atuam em mercados dominados por um pequeno número de agentes econômicos, que tais fornecedores precisam atender para manter sua viabilidade econômica, ou, ainda, dos distribuidores que atuam por anos a fio em prol do mesmo cliente de tal modo que seu fundo de comércio atrela-se indissociavelmente à oferta de produtos deste último.[13] Nesse cenário, a inércia do contratante favorecido pelo desequilíbrio torna-se um autêntico mecanismo de coerção que confronta o contratante prejudicado com a "decisão trágica" de propor uma ação judicial – comprometendo sua relação negocial com aquele cliente e quiçá com outros clientes do seu mercado de atuação – ou manter o cumprimento de um contrato que se tornou economicamente injustificável. Por vezes, opta-se pela segunda via, com grave prejuízo para o contratante e para a economia em geral, na medida em que se mantêm preços artificiais por atividades produtivas, freando investimentos e resultando frequentemente na redução da mão de obra ou da qualidade dos serviços.[14]

Registre-se, entretanto, que não é apenas o contratante favorecido pelo desequilíbrio que costuma adotar comportamentos pouco transparentes e colaborativos. Não se afigura incomum, no Brasil, que o desequilíbrio contratual seja invocado tardiamente pelo contratante alegadamente prejudicado, a título de defesa em ação judicial movida por força do seu inadimplemento, por vezes como mera estratégia para se livrar de obrigações já assumidas que se revelam, com o passar do tempo, fruto de má escolha comercial. O desequilíbrio do contrato tornou-se, de fato, um argumento recorrente daqueles que querem escapar ao efeito vinculante do contrato e à responsabilidade contratual daí decorrente.

Daí porque a maior parte da doutrina brasileira passou a elencar como requisito negativo para a incidência das normas que disciplinam o desequilíbrio contratual

---

[12]   O caso concreto resultou em procedimento arbitral, de caráter sigiloso, razão pela qual se deixa de fornecer detalhes que poderiam resultar na identificação das partes ou do contrato concretamente celebrado.

[13]   Sobre o tema da dependência econômica, ver SOARES, Felipe Ramos Ribas. *O abuso da dependência econômica nos contratos de distribuição*: aplicação do remédio do art. 51, §2º, do CDC e a manutenção do equilíbrio econômico do contrato. Dissertação (Mestrado) – Faculdade de Direito, Universidade do Estado do Rio de Janeiro, Rio de Janeiro, 2016. p. 58-90.

[14]   Como lembra Paolo Gallo, em perspectiva ligada à análise econômica do direito, "i costi possono infatti essere aumentati a tal punto da rendere il progetto completamente diseconomico in relazione al beneficio che ci si aspettava di trarre da esso". (GALLO, Paolo. *Sopravvenienza contrattuale e problemi di gestione del contratto*. Milão: Giuffrè, 1992. p. 417).

superveniente a mora por parte do contratante que sofre a excessiva onerosidade.[15] Essa é a linha expressamente adotada pelo Código Civil português, cujo art. 438 afirma:

> Artigo 438 (Mora da parte lesada). A parte lesada não goza do direito de resolução ou modificação do contrato, se estava em mora no momento em que a alteração das circunstâncias se verificou.

Entre nós, mesmo à falta de norma nesse sentido, argumenta-se que, advindo o fato superveniente após a constituição em mora do devedor, "ele arca com os efeitos da sua inadimplência, inclusive quanto à onerosidade superveniente, aplicando-se o princípio do art. 399 do Código Civil".[16] A melhor doutrina estrangeira tem destacado que, mesmo quando o desequilíbrio contratual se verifica após a constituição em mora, deve ser admitida a alegação de excessiva onerosidade, desde que a mora do contratante não tenha contribuído *causalmente* para o desequilíbrio do contrato.[17] Pondera-se, nessa direção:

> Decerto que a parte não pode invocar em seu benefício a alteração das circunstâncias se a sua mora foi causal para que aquela relação fosse atingida por essa alteração; quando, portanto, se tivesse cumprido, a relação estaria já extinta. Pelo contrário, a parte pode prevalecer-se da alteração das circunstâncias que teria sobrevindo de qualquer modo e atuado sobre o contrato, houvesse ou não mora. De outra maneira, a exclusão do efeito da alteração das circunstâncias só por haver mora seria injusta, por ser desproporcionada. A lei estabelece sanções próprias para a mora, que não abrangem a exclusão da invocação da alteração das circunstâncias.[18]

---

[15] Nesse sentido, AZEVEDO, Antônio Junqueira de. Relatório brasileiro sobre revisão contratual apresentado para as Jornadas Brasileiras da Associação Henri Capitant. In: AZEVEDO, Antônio Junqueira de. *Novos estudos e pareceres de direito privado*. São Paulo: Saraiva, 2009. p. 191; MARTINS-COSTA, Judith; TEIXEIRA, Sálvio de Figueiredo (Coord.). *Comentários ao Novo Código Civil*. 2. ed. Rio de Janeiro: Forense, 2006. p. 310-311. v. 5. t. I; SIDOU, José Maria Othon. *Resolução judicial dos contratos (cláusula rebus sic stantibus) e contratos de adesão*: no direito vigente e no projeto de Código Civil. 3. ed. Rio de Janeiro: Forense, 2000. p. 114-115; TABET, Gabriela. Obrigações pecuniárias e revisão obrigacional. In: TEPEDINO, Gustavo (Coord.). *Obrigações*: estudos na perspectiva civil-constitucional. Rio de Janeiro: Renovar, 2005. p. 354; entre outros. Contra: ANDRADE, Fábio Siebeneichler de. A teoria da onerosidade excessiva no direito civil brasileiro: limites e possibilidades de sua aplicação. *Revista AJURIS*, v. 41, n. 134, p. 246-247, jun. 2014, que afirma: "Outro ponto de debate no que concerne aos pressupostos da teoria incide sobre a questão de saber se o devedor em mora pode pleitear a tutela da onerosidade excessiva, na medida em que o Código de 2002 não dispôs expressamente a respeito [...]. Diante desta indeterminação legislativa, cumpre adotar posição flexível, no sentido de favorecer o interessado em suscitar a onerosidade excessiva, na medida em que o próprio legislador não indicou a inexistência da mora como requisito necessário para a invocação do benefício".

[16] AGUIAR JÚNIOR, Ruy Rosado de; TEIXEIRA, Sálvio de Figueiredo (Coord.). *Comentários ao Novo Código Civil*: da extinção dos contratos. Rio de Janeiro: Forense, 2011. p. 888-889. v. VI. t. II.

[17] É, de resto, o que resulta da parte final do art. 399 do Código Civil: "Art. 399. O devedor em mora responde pela impossibilidade da prestação, embora essa impossibilidade resulte de caso fortuito ou de força maior, se estes ocorrerem durante o atraso; salvo se provar isenção de culpa, ou que o dano sobreviria ainda quando a obrigação fosse oportunamente desempenhada".

[18] ASCENSÃO, José de Oliveira. Alteração das Circunstâncias e Justiça Contratual no Novo Código Civil. *Revista Trimestral de Direito Civil*, Rio de Janeiro, v. 25, 2006. p. 66, o qual acrescenta os seguintes exemplos: "Imaginemos que uma empresa se obrigue à reparação de um navio, e atrasa-se seis meses em relação ao prazo a que se comprometera. Já no período de mora, desencadeia-se uma guerra que atinge o país de origem das matérias-primas necessárias, o que leva estas a cotações exorbitantes. É nesses casos que a parte em falta não poderá prevalecer-se da alteração das circunstâncias. Não porém na hipótese de, no pagamento de uma dívida em prestações, haver atraso de uma delas, quando ainda faltam outras, pelo que, de todo modo, o contrato seria atingido por aquela alteração das circunstâncias". No Brasil, em igual sentido, ver BRITO, Rodrigo Toscano

Pode ocorrer, todavia, que o fato superveniente seja anterior à mora do contratante, o qual pode ter se tornado impontual justamente em virtude da excessiva onerosidade. Nessa situação, impedir a alegação de onerosidade excessiva pelo contratante em mora equivaleria a referendar o desproporcional sacrifício econômico do contrato, negando ao contratante qualquer instrumento de tutela em face da excessiva onerosidade.[19] Tal circunstância não apenas vai de encontro ao princípio do equilíbrio contratual, mas também desestimula uma efetiva renegociação do contrato, funcionando como fator adicional de coerção sobre o contratante prejudicado pelo desequilíbrio.[20] De outro lado, o outro contratante pode nem sequer ter tido conhecimento do desequilíbrio contratual – especialmente naqueles casos que não resultam em "extrema vantagem" para si –, de tal maneira que a mora não deixa de lhe gerar prejuízos que poderiam ter sido evitados e que exigirão ressarcimento. Para solucionar esse dilema, há quem afirme que o contratante que sofre a excessiva onerosidade teria de propor, ainda que às pressas, ação judicial de revisão ou resolução do contrato, para, em seguida, efetuar o cumprimento da sua obrigação, restando assegurada por meio da prévia invocação do desequilíbrio contratual a discussão do tema.[21] O cumprimento da obrigação somente deveria ocorrer, portanto, *após* a propositura da ação judicial, o que impõe custos adicionais a ambas as partes e dificulta, ainda mais, a obtenção de uma solução consensual. Daí porque normativas estrangeiras têm, como se verá adiante, imputado ao contratante que sofre a excessiva onerosidade o dever de informar prontamente à contraparte, "sem atrasos indevidos", a ocorrência do desequilíbrio contratual, atribuindo a essa comunicação extrajudicial o efeito de preservar a discussão em torno do tema, mesmo após o cumprimento da obrigação.[22]

---

de. *Equivalência material dos contratos*. São Paulo: Saraiva, 2007. p. 108: "Se a parte estava em mora ao tempo da alteração das circunstâncias, deve sofrer as consequências da mora, e não se ver proibida de conservar o contrato, desde que possa ser reequilibrado".

[19] Nessa direção, tem-se admitido na Grécia, por exemplo, a invocação do desequilíbrio contratual pelo contratante em mora, destacando-se, contudo, que "the change in circumstances must be the primary if not sole reason for the default". (DAVRADOS, Nikolaos A. Financial turmoil as a change of circumstances under Greek Contract Law. In: BAŞOĞLU, Başak (Ed.). *The effects of financial crises on the binding force of contracts*: renegotiation, rescission or revision. Nova Iorque: Springer, 2016. p. 152).

[20] Fator de coerção especialmente tormentoso, na medida em que, uma vez cumprida a prestação, sua excessiva onerosidade, a não ser que ressalvada anteriormente ao cumprimento, não poderia mais ser discutida ao menos em sede de invocação do desequilíbrio contratual; restaria ao contratante prejudicado unicamente a via restitutória, fundada na vedação ao enriquecimento sem causa. (MARTINS-COSTA, Judith. A revisão dos contratos no Código Civil brasileiro. *Diritto Romano Comune*, Roma, n. 16, 2003. p. 166, entre outros).

[21] D'ARRIGO, Cosimo. Il controllo delle sopravvenienze nei contratti a lungo termine. In: TOMMASINI, Raffaele (Cur.). *Sopravvenienze e dinamiche di riequilibrio tra controllo e gestione del rapporto contrattuale*. Turim: G. Giappichelli, 2003. p. 556, destaca que isso se deve ao fato de que "se la parte onerata porta a termine l'impegno contrattuale nonostante l'aumento dei costi e senza aver richiesto la rinegoziazione, il suo interesse ad essere tenuta indenne dei maggiori oneri si scontra con l'esigenza della controparte di non sostenere costi per beni o servizi non desiderati, perlomeno a quel prezzo". A propositura da ação judicial, contudo, pode não assegurar uma genuína discussão do tema, uma vez que é comum, entre nós e em outros países, que os tribunais entendam que "the performance of the obligation already demonstrates that there is not hardship". (BAYSAL, Başal. The adaptation of the contract in Turkish Law. In: BAŞOĞLU, Başak (Ed.). *The effects of financial crises on the binding force of contracts*: renegotiation, rescission or revision. Nova Iorque: Springer, 2016. p. 323).

[22] Era já a opinião de Vaz Serra ao tratar do tema da alteração das circunstâncias no direito português: "Se a boa fé obrigar o contraente que pretende a resolução ou a modificação do contrato a avisar disso, com antecedência, o outro contraente, a resolução ou a modificação não se aplica à prestação ou às prestações, de cuja cessação ou modificação o contraente devia ser avisado, e não o foi". (SERRA, Adriano Paes da Silva Vaz. *Resolução ou modificação dos contratos por alteração das circunstâncias*. Lisboa: [s.n.], 1957. p. 94).

Tem-se aí apenas um exemplo de como normas comportamentais, relativas à atitude a ser adotada pelos contratantes diante do desequilíbrio contratual, estimulam uma conduta mais transparente e colaborativa entre as partes, auxiliando a busca de uma solução consensuada que evita as dificuldades inerentes à via judicial. É de se lamentar que a nossa codificação civil, promulgada em 2002, tenha deixado de atentar para esse importante aspecto, não trazendo qualquer palavra sobre a renegociação de contratos desequilibrados. Trata-se, porém, de reflexo inevitável do seu silêncio sobre a negociação que antecede a formação dos contratos. Com efeito, em injustificado anacronismo, nosso Código Civil optou por reproduzir, em tema de formação do vínculo contratual, o sistema binário que constava da codificação civil de 1916, em que o contrato resulta do encontro de uma proposta pronta e acabada (contendo todos os elementos essenciais do contrato) com uma aceitação, sendo qualquer alteração na proposta entendida como nova proposta, em uma sucessiva troca de atos unilaterais contendo a visão isolada de cada uma das partes, quando, na realidade atual, especialmente em relações empresariais, o contrato resulta não de uma sucessão de atos unilaterais de proposta e aceitação, mas sim, de uma negociação continuada em que a delimitação dos elementos essenciais do contrato é atingida por um consenso tão complexo e multifacetado, com influência de tantos fatores e personagens, que se revela praticamente impossível a delimitação de uma proposta e uma aceitação, sendo o contrato redigido frequentemente "a muitas mãos". O sistema dicotômico e puramente estrutural do Código Civil soa tão artificial quanto ultrapassado, ignorando por completo uma fase de contato social que assume cada vez mais importância nas relações contratuais contemporâneas: a fase da negociação.[23] E, calando sobre a negociação dos contratos, cala também a codificação, por consequência, sobre a renegociação dos contratos, omissões imperdoáveis quando se tem em vista um corpo de normas publicado em 2002, ano em que as tratativas contratuais de elevada complexidade já não eram novidade alguma na realidade brasileira.

Se o silêncio do Código Civil de 2002 pode ser atribuído, em alguma medida, à falta de atualidade do projeto que lhe deu origem, o mesmo não se pode dizer da nossa legislação de direito empresarial, cuja falta de atenção à renegociação dos contratos exprime, a bem da verdade, uma fidelidade excessiva ao *pacta sunt servanda*.[24] Há enorme resistência, no campo da doutrina empresarial brasileira, às importantes transformações pelas quais passou o direito contratual contemporâneo. Por exemplo, os novos princípios contratuais – que o Código Civil, mesmo com todas as suas deficiências, não deixou de mencionar, ainda que apenas pontualmente – parecem ter tido pouca influência na produção doutrinária daqueles que se dedicam ao estudo desse ramo jurídico. Boa-fé objetiva, função social do contrato, equilíbrio das prestações ainda são expressões raras no vocabulário dos autores mais influentes do direito da empresa brasileiro. Basta recordar que tramita no Congresso Nacional um projeto de Código Comercial cujo texto afirma expressamente sua imunidade à influência de princípios explícitos

---

[23] Sobre o tema, ver PEREIRA, Regis Fichtner. *A responsabilidade civil pré-contratual*: teoria geral e responsabilidade pela ruptura das relações negociais contratuais. Rio de Janeiro: Renovar, 2001, *passim*.

[24] Crítica formulada no seguinte ensaio, ao qual se permite remeter: SCHREIBER, Anderson. Existe um dever de renegociar? *Revista da AASP*, n. 131, p. 21-30, out. 2016.

ou implícitos da ordem jurídica brasileira, criando uma espécie de "mundo à parte" no sistema jurídico nacional.[25]

Muito ao contrário, as normas de direito empresarial devem, como todas as demais, exprimir a concretização dos valores constitucionais, aí incluídas a igualdade substancial e a solidariedade, a amparar o controle de merecimento de tutela dos comportamentos adotados por empresários individuais ou sociedades empresárias, entre si ou perante terceiros. Exemplos colhidos em experiências estrangeiras e no cenário internacional reforçam esse entendimento no âmbito do tema do desequilíbrio contratual, especialmente naquele superveniente à formação do contrato.

6.3 Dimensão comportamental do desequilíbrio contratual na experiência jurídica estrangeira e internacional

Importante referência no tocante ao comportamento a ser adotado pelas partes em face do desequilíbrio contratual superveniente provém do art. 6.2.3(1) dos *Princípios Unidroit relativos aos Contratos Comerciais Internacionais*, que determina:

> Art. 6.2.3. [...]
>
> (1) Em caso de *hardship*, a parte em desvantagem tem direito de pleitear renegociações. O pleito deverá ser feito sem atrasos indevidos e deverá indicar os fundamentos nos quais se baseia.[26]

Esse "direito de pleitear renegociações", que opera como incentivo à solução extrajudicial do desequilíbrio,[27] não suspende o cumprimento do contrato, nem isenta o contratante prejudicado do dever de adimplir suas obrigações,[28] como esclarecem textualmente os próprios *Princípios do Unidroit*. Ao referido direito de pleitear renegociações há de corresponder, naturalmente, um dever da contraparte a quem o pleito se dirige, mais especificamente o dever de responder à pretensão de renegociação, adotando o mesmo agir transparente e comunicativo que lhe foi reservado pelo outro contratante. Trata-se, como se vê, de uma regra de comportamento entre os contratantes,

---

[25] Projeto de Lei nº 1.572/2011 da Câmara dos Deputados: "Art. 8º Nenhum princípio, expresso ou implícito, pode ser invocado para afastar a aplicação de qualquer disposição deste Código ou da lei". Para uma crítica ao mencionado Projeto de Código Comercial, ver SOARES, Felipe Ramos Ribas; MATIELI, Louise Vago; DUARTE, Luciana da Mota Gomes de Souza. Unidade do Ordenamento na Pluralidade de Fontes. In: SCHREIBER, Anderson; KONDER, Carlos Nelson (coords.). *Direito Civil Constitucional*. São Paulo: Atlas, 2016. p. 80-86.

[26] A *hardship* (em tradução literal, dificuldade) corresponde, *mutatis mutandis*, à excessiva onerosidade contemplada em nossa legislação, como se pode ver do art. 6.2.2 dos Princípios do Unidroit, segundo o qual: "Há *hardship* quando sobrevêm fatos que alteram fundamentalmente o equilíbrio do contrato, seja porque o custo do adimplemento da obrigação de uma parte tenha aumentado, seja porque o valor da contraprestação haja diminuído, e (a) os fatos ocorrem ou se tornam conhecidos da parte em desvantagem após a formação do contrato; (b) os fatos não poderiam ter sido razoavelmente levados em conta pela parte em desvantagem no momento da formação do contrato; (c) os fatos estão fora da esfera de controle da parte em desvantagem; e (d) o risco pela superveniência dos fatos não foi assumido pela parte em desvantagem". (Tradução de Lauro Gama Jr. Disponível em: <www.unidroit.org>. Acesso em: 13 jun. 2018).

[27] O art. 6.2.3(3) deixa claro o caráter extrajudicial do direito de pleitear renegociação do contrato, ao afirmar: "À falta de acordo das partes em tempo razoável, cada uma das partes poderá recorrer ao Tribunal".

[28] "Art. 6.2.3(2). O pleito para renegociação não dá, por si só, direito à parte em desvantagem de suspender a execução".

evitando-se a disparidade nas atitudes adotadas diante do desequilíbrio que prejudica sensivelmente uma das partes apenas. Referido aspecto resta claro na parte final do art. 6.2.3(1) dos *Princípios do Unidroit*, que impõe ao titular do direito de pleitear renegociações que o faça "sem atrasos indevidos" e indicando os "fundamentos" da sua pretensão.

Note-se que não tem sido raro, na prática negocial brasileira, que contratos nacionais prevejam, em caso de desequilíbrio superveniente, um mecanismo convencional de negociação como primeira via para o saneamento da excessiva onerosidade e, somente em caso de insucesso nessa tentativa inicial, remetam a questão à jurisdição arbitral ou estatal. Em tais situações, é inegável a existência de um direito a pleitear renegociação, nos termos contratualmente ajustados, e de um correspondente dever de responder ao pleito, fruto que serão da própria vontade das partes, sempre nos limites da sua disposição. O que os *Princípios do Unidroit* trazem de instigante é um direito *ex lege* de pleitear a renegociação do contrato em sede extrajudicial, independentemente de previsão contratual nesse sentido.[29]

Outras normas de *soft law* seguem caminho semelhante. O *Draft Common Frame of Reference*, preparado pelo Grupo de Estudos para um Código Civil Europeu, liderado pelos juristas Christian von Bar, Eric Clive e Hans Schulte-Nölke, prevê em sua seção III, item 1:110, que o contrato pode ser resolvido ou revisto em juízo, desde que o devedor tenha tentado, razoavelmente e de boa-fé, alcançar "by negotiation a reasonable and equitable adjustment of the terms regulating the obligation". Confira-se o teor da norma, em tradução livre:

> III – 1: 110: Modificação ou extinção judicial por alteração das circunstâncias.
>
> (1) Uma obrigação deve ser cumprida mesmo que seu cumprimento tenha se tornado mais oneroso, quer por elevação do custo do cumprimento, quer por redução do valor daquilo que será recebido em contrapartida.
>
> (2) Se, no entanto, o cumprimento de uma obrigação contratual ou de uma obrigação derivada de um ato jurídico unilateral tornar-se excessivamente onerosa por conta de uma excepcional alteração das circunstâncias que seria manifestamente injusto manter o devedor vinculado à obrigação, a corte pode: (a) modificar a obrigação, a fim de torná-la razoável e equitativa nas novas circunstâncias; ou (b) extinguir a obrigação em uma data e em condições a serem determinadas pela corte.
>
> (3) O parágrafo (2) aplica-se somente se: (a) a alteração de circunstâncias ocorrer após o momento em que a obrigação foi assumida; (b) o devedor não tiver levado em conta naquele momento, e não poderia razoavelmente dele se esperar que tivesse levado em conta, a possibilidade ou a dimensão dessa alteração de circunstâncias; (c) o devedor não tiver assumido, e não se puder razoavelmente considerar que tivesse assumido, o risco dessa alteração de circunstâncias; e (d) o devedor tenha tentado, de forma razoável e de

---

[29] A postura inovadora dos *Princípios do Unidroit* explica-se, em parte, pela grande frequência de desequilíbrios supervenientes em contratos internacionais. Nesse sentido, sustenta Christoph Brunner: "This is so because the performance of transborder contracts involves additional risks, and the legal and political framework of international commercial contracts is generally less stable than that of internal contracts". (BRUNNER, Christoph. *Force Majeure and Hardship under General Contract Principles* – Exemption for Non-Performance in International Arbitration. Austin: Wolters Kluwer, 2009. p. 1).

boa fé, alcançar por meio de negociação um ajuste razoável e equitativo da disciplina da obrigação.[30]

Como se vê, a tentativa de renegociação do contrato é tratada pelo *Draft Common Frame of Reference* como uma espécie de requisito para a propositura do pleito de resolução ou revisão judicial do contrato por parte do *debtor* (devedor). Assim, diferentemente dos *Princípios do Unidroit* que aludem, mais genericamente, ao "direito a pleitear renegociações", o *Draft Common Frame of Reference* contempla a tentativa prévia de renegociação como um dever do contratante prejudicado, revelando ambos os conjuntos de normas nítida preferência pela solução negocial.

Merecem destaque, ainda no campo da *soft law*, os *Princípios de Direito Contratual Europeu*,[31] os quais preveem, em seu art. 6:111, que, diante de uma alteração de circunstâncias que preencha certos requisitos, "as partes estão obrigadas a entrar em negociações" para adaptar o contrato ou resolvê-lo. Confira-se o teor do dispositivo, ainda em tradução livre:

> Artigo 6:111: Alteração das circunstâncias [...]
>
> (2) Se, contudo, o cumprimento do contrato se tornar excessivamente oneroso devido a uma alteração das circunstâncias, as partes estão obrigadas a entrar em negociações, a fim de adaptar o contrato ou extingui-lo, desde que: (a) a alteração das circunstâncias tenha ocorrido após o momento de celebração do contrato; (b) a possibilidade de uma alteração de circunstâncias não seja uma que pudesse razoavelmente ter sido levada em conta no

---

[30] No original: "III. – 1:110: Variation or termination by court on a change of circumstances. (1) An obligation must be performed even if performance has become more onerous, whether because the cost of performance has increased or because the value of what is to be received in return has diminished. (2) If, however, performance of a contractual obligation or of an obligation arising from a unilateral juridical act becomes so onerous because of an exceptional change of circumstances that it would be manifestly unjust to hold the debtor to the obligation a court may: (a) vary the obligation in order to make it reasonable and equitable in the new circumstances; or (b) terminate the obligation at a date and on terms to be determined by the court. (3) Paragraph (2) applies only if: (a) the change of circumstances occurred after the time when the obligation was incurred; (b) the debtor did not at that time take into account, and could not reasonably be expected to have taken into account, the possibility or scale of that change of circumstances; (c) the debtor did not assume, and cannot reasonably be regarded as having assumed, the risk of that change of circumstances; and (d) the debtor has attempted, reasonably and in good faith, to achieve by negotiation a reasonable and equitable adjustment of the terms regulating the obligation". Sobre o *Draft Common Frame of Reference* em geral, ver VON BAR, Christian. The Launch of the Draft Common Frame of Reference. *Juridica International*, 14, p. 4-9, 2008. Especificamente sobre o item 1:110 da sua seção III, ver SCHWENZER, Ingeborg. Force Majeure and Hardship in International Sales Contracts. *Victoria University of Wellington Law Review*, 39.4, p. 709-726, 2009. Comparando a referida disposição do *Draft Common Frame of Reference* com outras normas, ver URIBE, Rodrigo Momberg. Change of circumstances in international instruments of contract law: the approach of CISG, PICC, PECL and DCFR. *European Review of Private Law*, 15(2), p. 233-266, 2011, o qual conclui que "the rejection of renegotiation as a duty for both parties is against the general trend in European and international contract law. [...] In this sense, the law and the courts should encourage the parties, as far as possible, to find a way to settle their conflict by agreement".

[31] Fruto dos trabalhos de uma comissão liderada pelo jurista dinamarquês Ole Lando – e, por isso, conhecida como *Lando Comission* – e formada por membros de todos os países integrantes da União Europeia, os Princípios de Direito Contratual Europeu foram publicados em 1995 (primeira parte), 1999 (segunda parte) e 2002 (terceira parte). Trata-se de um conjunto de princípios e regras de caráter não cogente, desprovido de força normativa atribuída por qualquer órgão estatal ou supraestatal. Seus autores pretendem, todavia, que sirva de "base para um futuro Código Europeu de Contratos". (LANDO, Ole; BEALE, Hugh. *Principles of European Contract Law, Parts I and II*. [s.l.]: The Commission on European Contract Law, 2000. p. XXIII).

momento da celebração do contrato; e (c) o risco da alteração das circunstâncias não seja um que, segundo o contrato, a parte afetada devesse ser chamada a suportar.[32]

Interessante notar que os *Princípios de Direito Contratual Europeu* não mencionam "direito a pleitear renegociação", como fazem os *Princípios do Unidroit,* nem um dever unilateral do contratante prejudicado de ingressar em renegociação como requisito para o pleito de resolução ou revisão judicial, como faz o *Draft Common Frame of Referece,* mas impõem a ambos os contratantes um dever de ingressar em renegociação. Em outras palavras, os *Princípios de Direito Contratual Europeu* não consagram um direito à renegociação por parte do contratante prejudicado, mas um dever mútuo de renegociar os contratos que padeçam de desequilíbrio superveniente.

Não é apenas no campo da *soft law* que o dever de renegociar encontra respaldo. Codificações nacionais mais recentes têm acolhido o dever de renegociar contratos em caso de desequilíbrio superveniente. Emblemático, nessa direção, é o Código Civil da República Tcheca, de 2012, cujos §§1.764 a 1.766 asseguram a qualquer dos contratantes o direito de pleitear a renegociação do contrato, atribuindo à contraparte o dever de responder ao pedido de renegociação.[33] Ademais, o Código Civil tcheco condiciona a admissibilidade do pleito de revisão judicial do contrato à demonstração de que o direito à renegociação foi exercido em "prazo razoável", chegando a afirmar que tal prazo será de dois meses, salvo prova de que outro prazo decorre das circunstâncias do caso concreto.[34]

Também o Código Civil da Romênia, de 2011, impõe um dever de renegociação às partes em virtude de um desequilíbrio contratual superveniente. Em dispositivo nitidamente inspirado no *Draft Common Frame of Reference,* o art. 1.271 do Código Civil romeno determina que a revisão judicial do contrato ou sua resolução somente poderão ser pleiteados se o devedor "a essayé, dans un délai raisonnable et de bonne confiance, la négociation de l'adaptation raisonnable et équitable du contrat" (tenha tentado, dentro de

---

[32] No original: "Article 6:111: Change of circumstances [...] (2) If, however, performance of the contract becomes excessively onerous because of a change of circumstances, the parties are bound to enter into negotiations with a view to adapting the contract or terminating it, provided that: (a) the change of circumstances occurred after the time of conclusion of the contract, (b) the possibility of a change of circumstances was not one which could reasonably have been taken into account at the time of conclusion of the contract, and (c) the risk of the change of circumstances is not one which, according to the contract, the party affected should be required to bear".

[33] "Nevertheless if there is a significant change of circumstances, any of the parties has a right to renegotiate and the other party has to negotiate although it does not even want to. Whereas the standard process of concluding a contract or a change of a contract is based on a free will of both parties, as for hardship, the legal status of the parties is different, because each of the parties has the right to ask for a new negotiation and the other party is obliged to negotiate. However, they do not have to come to an agreement; they are just obliged to negotiate". (SELUCKÁ, Marketa. Elimination of the impacts of financial crisis on legal relationships according to Czech Private Law. In: BAŞOĞLU, Başak (Ed.). *The effects of financial crises on the binding force of contracts*: renegotiation, rescission or revision. Nova Iorque: Springer, 2016. p. 111-112).

[34] Lei nº 89/2012, §1.766. Trata-se, como enfatiza a doutrina tcheca, de uma presunção relativa, podendo a corte estender o prazo em certos casos. (FIALA Josef; SELUCKÁ, Marketa. The effects of financial crises on the binding force of contracts in the Czech Republic. *The Lawyer Quarterly*, 2/2014, I, p. 110. Disponível em: <www.ilaw.cas.cz/tiq>. Acesso em: 13 jun. 2018). Ver, também, SELUCKÁ, Marketa. Elimination of the impacts of financial crisis on legal relationships according to Czech Private Law. In: BAŞOĞLU, Başak (Ed.). *The effects of financial crises on the binding force of contracts*: renegotiation, rescission or revision. Nova Iorque: Springer, 2016. p. 112).

um prazo razoável e de boa-fé, negociar a adaptação razoável e equitativa do contrato).[35] Também aí, portanto, o exercício do dever de renegociação opera como condição prévia para o pleito de revisão judicial ou resolução do contrato.[36]

Na América Latina, o novo Código Civil e Comercial argentino, de 2014, embora não discipline expressamente um dever de renegociação, afirma que o contratante tem o direito de pleitear "extrajudicialmente, o pedir ante un juez, por acción o como excepción, la resolución total o parcial del contrato, o su adecuación".[37] A referência ao direito de pleitear "extrajudicialmente" a revisão pode ser interpretada como um direito à renegociação, com o correspondente dever da contraparte de responder à incitação à via negocial, na esteira do chamado "princípio do esforço compartido", forjado nas leis emergenciais promulgadas para aplacar os efeitos da disparidade cambial entre o dólar norte-americano e o peso argentino.[38]

Em outras experiências jurídicas, mesmo à falta de qualquer previsão normativa explícita, a jurisprudência tem acolhido um dever de renegociação, na esteira da cooperação esperada entre os contratantes em contratos de duração. No Quebec, por exemplo, tem-se destacado que o dever de renegociação pode assumir diferentes papéis na intervenção judicial sobre o contrato.[39]

---

[35] Lei nº 71/2011, art. 1.271 (3) (d). DOBREV, Dumitru; ULIESCU, Marlena (Trad.). L'imprévision dans le Nouveau Code Civil roumain enfanté par la crise écnomique mondiale. In: BAŞOĞLU, Başak (Ed.). *The effects of financial crises on the binding force of contracts*: renegotiation, rescission or revision. Nova Iorque: Springer, 2016. p. 245.

[36] "[...] the negotiation attempt being a condition prior to addressing the court". (POSTOLACHE, Rada. Unforeseeability according to the Regulations of the Romanian Civil Code – Legal Nature. *CKS – Challenges of the Knowledge Society – Private Law*, Bucareste, v. 3, 2013. p. 379).

[37] Tradução livre: "extrajudicialmente, ou pedir perante o juiz, por ação ou como defesa, a resolução total ou parcial do contrato, ou sua adequação". Na íntegra do original constante do *Código Civil y Comercial de la Nación*, aprovado pela Lei nº 26.994 e promulgado pelo Decreto nº 1.795/2014: "Artículo 1091. Imprevisión. Si en un contrato conmutativo de ejecución diferida o permanente, la prestación a cargo de una de las partes se torna excesivamente onerosa, por una alteración extraordinaria de las circunstancias existentes al tiempo de su celebración, sobrevenida por causas ajenas a las partes y al riesgo asumido por la que es afectada, ésta tiene derecho a plantear extrajudicialmente, o pedir ante un juez, por acción o como excepción, la resolución total o parcial del contrato, o su adecuación. Igual regla se aplica al tercero a quien le han sido conferidos derechos, o asignadas obligaciones, resultantes del contrato; y al contrato aleatorio si la prestación se torna excesivamente onerosa por causas extrañas a su álea propia".

[38] Era a opinião que já se vinha construindo na doutrina argentina com base nas leis especiais, como se pode ver de MIQUEL, Juan L. *et al. El principio del esfuerzo compartido como sustento de la pretensión autónoma de revisión de los contratos en moneda extranjera 'pesificados' celebrados entre particulares.* [s.l.]: Ministerio de Justicia y Derechos Humanos, 2005. Disponível em: <www.saij.jus.gov.ar>. Acesso em: 13 jun. 2018: "De lo expuesto se infiere, que la normativa de emergencia con el principio del esfuerzo compartido insta a las partes a autocomponer sus intereses, a renegociar el contrato; procurando evitar la extinción del mismo". Entre nós, noticia RENNER, Rafael. *Novo direito contratual*: a tutela do equilíbrio contratual no Código Civil. Rio de Janeiro: Freitas Bastos, 2007. p. 140: "No ordenamento jurídico argentino, a obrigatoriedade em revisar os pactos desproporcionais possui previsão legal expressa, por conta da perda de paridade cambial legalmente estipulada entre o peso argentino e o dólar norte-americano. As leis de *emergencia económica* instituíram o *princípio do esforço compartido*, que convoca as partes a autocompor seus interesses". Confira-se o teor do art. 11 da Lei nº 25.561, trazido à colação pelo mesmo autor: "Las partes negociarán la reestructuración de sus obligaciones recíprocas, procurando compartir de modo equitativo los efectos de la modificación de la relación de cambio que resulte de la aplicación de lo dispuesto en el artículo 2º de la presente ley, durante un plazo no mayor a ciento ochenta (180) días. Acordadas las nuevas condiciones, se compensarán las diferencias que, eventualmente, existian entre los pagos dados a cuenta y los valores definitivamente acordados".

[39] Como destacam Élise Charpentier e Nathalie Vézina, em tradução livre do autor: "A renegociação pode ser vista por diferentes ângulos: ela pode ser concebida como uma condição para o exercício dos direitos da parte que seja vítima da alteração das circunstâncias, significando dizer que esta última deve ter tentado renegociar antes de propor em juízo uma ação para adaptar ou resolver o contrato. A ausência de tentativa de renegociar de sua parte poderia, então, justificar um desfecho de inadmissibilidade da demanda submetida ao tribunal pelo

Assim, no Québec, a busca pela renegociação surge não apenas como um dever cujo cumprimento deve ocorrer previamente à iniciativa judicial, mas também como uma atitude que pode ser exigida das partes ao longo do processo, por meio de incentivo do tribunal estatal ou arbitral. Em qualquer das hipóteses, conclui-se que a renegociação "figure au coeur des modalités d'intervention des tribunaux sur le fondement de l'imprévision" ("figura no coração das modalidades de intervenção dos tribunais com base na imprevisão").[40]

Na Alemanha, o *BGB*, após a reforma do direito das obrigações, atribui expressa preferência à revisão do contrato (§313).[41] A jurisprudência alemã, todavia, vai além, já tendo o *V Zivilsenat* do *BGH* (*Bundesgerichthof*) reconhecido expressamente um dever de renegociação por parte do contratante favorecido por uma perturbação na base do negócio (*Störung der Geschäftsgrundlage*). Em decisão de 30.9.2011, ao analisar caso envolvendo a permuta de imóveis entre um município e um particular, em que restou caracterizada a tentativa de renegociação por parte do primeiro e a inércia do último, o *BGH* afirmou:

> A pretensão da parte colocada em desvantagem devido a uma perturbação na base do negócio à revisão (*Anpassung*) do contrato obriga a outra parte a colaborar para a revisão. Caso a colaboração seja recusada, a parte em desvantagem pode pleitear a concordância com a revisão valorada como adequada ou diretamente a prestação que resulta dessa revisão.[42]

---

respectivo lesado a fim de determinar o destino do contrato. Ela (a renegociação) pode também ser vista como um efeito da intervenção judicial, se considerarmos a possibilidade de uma intervenção judicial em duas etapas, primeiro para impor às partes o dever de renegociar, depois para decidir sobre o destino o contrato diante do fracasso da negociação". (CHARPENTIER, Élise; VÉZINA, Nathalie. Les effets exercés par les crises finacières sur la force obligatoire des contrats: certitudes et incertitudes du droit québécois en matière d'imprévision. In: BAŞOĞLU, Başak (Ed.). *The effects of financial crises on the binding force of contracts*: renegotiation, rescission or revision. Nova Iorque: Springer, 2016. p. 78).

[40] É a conclusão alcançada no relatório relativo ao Québec apresentado no XIX Congresso da Academia Internacional de Direito Comparado, em Viena, em 2014. (CHARPENTIER, Élise; VÉZINA, Nathalie. Les effets exercés par les crises finacières sur la force obligatoire des contrats: certitudes et incertitudes du droit québécois en matière d'imprévision. In: BAŞOĞLU, Başak (Ed.). *The effects of financial crises on the binding force of contracts*: renegotiation, rescission or revision. Nova Iorque: Springer, 2016. p. 79).

[41] "§313 (Perturbação da base do negócio) (1) Se circunstâncias, tornadas base do contrato, alteraram-se profundamente depois da sua celebração, de modo que as partes não o teriam celebrado ou o teriam com outro conteúdo, se houvessem previsto essa alteração, então pode ser exigida a revisão do contrato, na medida em que for inexigível para a parte a manutenção do contrato não modificado, considerando todas as circunstâncias do caso concreto, especialmente a repartição contratual ou legal do risco. [...] (3) Se não é possível a revisão ou se ela não for exigível de uma das partes, então pode a parte prejudicada resolver o contrato. No lugar do direito de resolução dá-se o direito à denúncia, nos casos de relações duradouras". (FRUHSTOCKL, Fernanda Carvalho. *Aspectos da revisão judicial dos contratos no direito civil brasileiro e alemão*. Trabalho (Conclusão de Curso) – Faculdade de Direito Pontifícia Universidade Católica do Rio Grande do Sul, Porto Alegre, 2012. p. 15).

[42] *BGH* (*Bundesgerichthof*), decisão de 30.9.2011 – V Zivilsenat 17/11 (OLG Hamm – Oberlandesgericht Hamm). No original: "Der Anspruch der durch eine Störung der Geschäftsgrundlage benachteiligten Partei auf Vertragsanpassung verpflichtet die andere Partei, an der Anpassung mitzuwirken. Wird die Mitwirkung verweigert, kann die benachteiligte Partei auf Zustimmung zu der als angemessen erachteten Anpassung oder unmittelbar auf die Leistung klagen, die sich aus dieser Anpassung ergibt".

O tribunal acrescentou, na ocasião, que "a violação da obrigação de colaborar para a revisão do contrato pode gerar pretensões indenizatórias conforme o art. 280, par. 1º, do *BGB*".[43]

Na mesma direção, o Tribunal de Cassação da Bélgica (*Hof van Cassatie*) já havia reconhecido, em 19.6.2009, a existência de um dever de renegociação derivado da boa-fé objetiva. No célebre caso *Scafom International BV v. Lorraine Tubes S.A.S.*, envolvendo um contrato internacional de aquisição de tubos de aço que havia se tornado desequilibrado em virtude do aumento de 70% no custo da matéria-prima, o *Hof van Cassatie*, invocando de modo inédito os *Princípios do Unidroit* para integrar as lacunas da Convenção de Viena, concluiu que "la partie contractante qui fait appel aux circonstances modifiées perturbant fondamentalement l'équilibre contractuel a le droit de réclamer la renégociation du contrat" ("a parte contratante que invoca a alteração das circunstâncias que perturba fundamentalmente o equilíbrio contratual tem o direito de reclamar a renegociação do contrato").[44] A referida decisão suscitou amplo debate na doutrina belga e internacional,[45] estimulando a busca de fundamentos adicionais para o dever de renegociação no âmbito da própria Convenção de Viena, como o dever de mitigar os danos,[46] expressamente previsto no art. 77 daquela convenção.[47]

Mesmo na França, cuja jurisprudência se mostra tradicionalmente avessa à aplicação da *theorie d'imprévision* aos contratos civis, registra-se que a *Cour de Cassation* "aceitou mais recentemente (no caso Huard e em alguns outros casos) a obrigação de renegociar contratos para reequilibrar deveres contratuais desproporcionais entre

---

[43] *BGH* (*Bundesgerichthof*), decisão de 30.9.2011 – V Zivilsenat 17/11 (OLG Hamm – Oberlandesgericht Hamm). No original: "Die Verletzung der Verpflichtung, an der Anpassung des Vertrages mitzuwirken, kann Schadensersatzansprüche nach §280 Abs. 1 BGB auslösen". Não se pode deixar de notar que a decisão despertou algum criticismo em parte da doutrina alemã e internacional. Nessa direção, ver BRUNNER, Christoph. *Force Majeure and Hardship under General Contract Principles* – Exemption for Non-Performance in International Arbitration. Austin: Wolters Kluwer, 2009. p. 481, para quem "under general contract principles and in the the absence of a renegotiation clause, an infringement of the duty to renegotiate by the party which is confronted with a request for renegotation should generally not result in liability for damages".

[44] *Hof van Cassatie/Cour de Cassation* (Belge), 19.6.2009, n. C.07.0289.N, Arr. Cass. 2009 n. 422.

[45] Tendo sido, inclusive, afirmado que o efeito da violação a tal dever de renegociação, embora à falta de expressa menção da Corte belga, haveria de ser a deflagração do dever de indenizar os prejuízos causados: "In practical terms it granted the seller, as the disadvantaged party, the right to request renegotiations of the price. [...] There is no obligation to reach any agreement but 'both parties must conduct the renegotiations in a constructive manner', 'by refraining from any form of obstruction and by providing all the necessary information', taking also the duty of cooperation into account [...]. Though not expressly stated, a failure to comply with the above-mentioned provisions should give rise to a right to recover damages in favour of the other party". (VENEZIANO, Anna. Unidroit principles and CISG: change of circumstances and duty to renegotiate according to the Belgian Supreme Court. *Uniform Law Review*, 15.1, p. 144-147, 2010).

[46] Nesse sentido, DEWEZ, Julie *et al.* The duty to renegotiate an international sales contract under CISG in case of hardship and the use of the unidroit principles. *European Review of Private Law*, 1, 2011. p. 114: "Ensuite, l'idée est é mise qu'une obligation de renégociation du contrat découle de la règle contenue dans l'article 77 de la CVIM obligeant le créancier à prendre les mesures raisonnables, eu égard aux circonstances, pour limiter la perte résultant de la contravention au contrat. La renégociation des conditions contractuelles pourrait ainsi s'imposer au créancier en raison de son obligation de limiter de son dommage". Sobre o dever de mitigar os danos no Brasil, ver FRADERA, Vera. Pode o credor ser instado a diminuir o próprio prejuízo? *Revista Trimestral de Direito Civil*, Rio de Janeiro, v. 19, jul./set, 2004, *passim*, e MORAES, Bruno Terra de. *A aplicação do dever da vítima de mitigar o próprio dano no Brasil*: fundamentos e parâmetros. Dissertação (Mestrado) – UERJ, Rio de Janeiro, 2016, *passim*.

[47] "Article 77. A party who relies on a breach of contract must take such measures as are reasonable in the circumstances to mitigate the loss, including loss of profit, resulting from the breach. If he fails to take such measures, the party in breach may claim a reduction in the damages in the amount by which the loss should have been mitigated".

as partes".[48] Com efeito, no célebre *arrêt Huard*, de 3.11.1992, aquela corte condenou um contratante a indenizar outro, por força da sua recusa em rever um contrato cujo cumprimento conduziu este último à ruína.[49] Vale destacar que, após a alteração dada pela *Ordonnance* nº 2016-131, o *Code Civil* passou a prever expressamente a *obligation de renégociation*.[50]

Todos esses exemplos, ainda que examinados perfunctoriamente, revelam que normas estrangeiras e internacionais de elaboração mais recente têm atentado para a conveniência de disciplinar, em alguma medida, o comportamento a ser adotado pelas partes diante do desequilíbrio contratual e, mesmo à falta de norma específica, doutrina e jurisprudência de diversos países têm reconhecido a importância dessa dimensão comportamental no tratamento jurídico da matéria. Trata-se, com efeito, de dimensão essencial para evitar que a tutela do equilíbrio contratual acabe por se revelar pouco eficiente – na medida em que refreada pelos custos e ônus inerentes a uma iniciativa judicial desnecessária – ou excessivamente maleável, a ponto de ser ignorada pela parte favorecida ou invocada tardiamente pela parte prejudicada, como mero ardil para escapar ao cumprimento regular do contrato. Referida essencialidade justifica que, mesmo nos ordenamentos jurídicos em que o dever de renegociar carece de explícita consagração, estudiosos e tribunais se esforcem conjuntamente por lhe atribuir contornos vinculantes. Trata-se precisamente do caminho que deve ser seguido no direito brasileiro.

6.4 Construção de um dever de renegociar no direito brasileiro

A doutrina brasileira, em sua ampla maioria, ainda alude à renegociação do contrato desequilibrado como mera "faculdade" das partes.[51] Em alguns poucos casos, chega-se a aludir à renegociação como "primeira alternativa" a ser seguida pelas partes,

---

[48] Em tradução livre do original de SEROZAN, Rona. *General report on the effects of financial crises on the binding force of contracts*: renegotiation, rescission or revision. In: BAŞOĞLU, Başak (Ed.). *The effects of financial crises on the binding force of contracts*: renegotiation, rescission or revision. Nova Iorque: Springer, 2016. p. 24. Em igual sentido, anota VENEZIANO, Anna. Unidroit principles and CISG: change of circumstances and duty to renegotiate according to the Belgian Supreme Court. *Uniform Law Review*, 15.1, p. 144-147, 2010. p. 148: "Interestingly, however, French law has recently undergone some developments in this field. Scholars have referred to the principle of good faith, cooperation or solidarité in order to found a duty of the parties to renegotiate their terms when the circumstances suffer such an alteration that giving effect to the original contractual terms would be clearly unjust. A similar line of reasoning has been applied by case law".

[49] *Bulletin civil de la Cour de Cassation*, IV, n. 338, 1992.

[50] "Article 1195: Si un changement de circonstances imprévisible lors de la conclusion du contrat rend l'exécution excessivement onéreuse pour une partie qui n'avait pas accepté d'en assumer le risque, celle-ci peut demander une renégociation du contrat à son cocontractant. Elle continue à exécuter ses obligations durant la renégociation. En cas de refus ou d'échec de la renégociation, les parties peuvent convenir de la résolution du contrat, à la date et aux conditions qu'elles déterminent, ou demander d'un commun accord au juge de procéder à son adaptation. A défaut d'accord dans un délai raisonnable, le juge peut, à la demande d'une partie, réviser le contrat ou y mettre fin, à la date et aux conditions qu'il fixe".

[51] "Antes de cuidarmos dos efeitos propriamente ditos, é oportuno consignar neste passo a importância da postura a ser adotada pela parte prejudicada pela excessiva onerosidade superveniente. Embora deva recorrer ao Judiciário, atentando ainda para não se tornar inadimplente, é certo dizer que antes de qualquer medida deve cientificar a contraparte de sua dificuldade, *facultando-lhe* discutir a contenda amigavelmente, colocando na notificação um prazo para isto". (WELTON, Nelly Maria Potter. *Revisão e resolução dos contratos no Código Civil conforme perspectiva civil-constitucional*. Rio de Janeiro: Lumen Juris, 2009. p. 205).

quase sempre no âmbito de contratos relacionais.[52] O informar o outro contratante prontamente acerca do desequilíbrio tampouco é visto, pela maior parte da nossa doutrina, como um dever jurídico, sendo apresentado, pelos raros autores que tratam do tema, como uma atitude "indicada"[53] ou "recomendável".[54] Mesmo a escassa doutrina que defende alguma abertura da ordem jurídica brasileira a um dever de renegociação registra que "não há no ordenamento jurídico brasileiro uma norma específica que determine a renegociação dos contratos iníquos"[55] e que, entre nós, "a jurisprudência e a doutrina não qualificam o comportamento do contratante que se recusa à revisão como abuso".[56] Também na experiência estrangeira não faltam vozes contrárias à imposição aos contratantes de um dever de renegociação, que significaria medida "extrema" de violência à autonomia privada.[57]

---

[52] São denominados contratos relacionais aqueles "que se caracterizam pelos seguintes elementos: (i) os contratos relacionais tendem a se estender no tempo; (ii) em virtude de sua ligação, busca-se mais a disciplina de questões futuras entre as partes. Ou seja, o contrato não visa a estabelecer apenas regras sobre as trocas em si, mas disciplinar o relacionamento a ser fruído ao longo da vida do contrato. Assim, é comum que, na redação do instrumento, as partes valham-se de termos amplos, sem significado claramente definido no momento da celebração do ato. Lançam-se bases para um futuro comportamento colaborativo, mais do que a ordem específica de obrigações determinadas; (iii) há uma certa interdependência entre os contratantes, uma vez que o sucesso de uma (e do negócio globalmente considerado) reverterá em benefício da outra (i. e., de outras delas)". (FORGIONI, Paula Andrea. *Contratos de distribuição*. 2. ed. São Paulo: Revista dos Tribunais, 2008. p. 71). Para Antônio Junqueira de Azevedo: "[...] há, no contrato relacional, um contrato de duração e que exige fortemente colaboração. São relacionais todos os contratos que, sendo de duração, têm por objeto colaboração (sociedade, parcerias, etc.) e, ainda, os que, mesmo não tendo por objeto a colaboração, exigem-na intensa para atingir seus fins, como os de distribuição e da franquia, já referidos". (AZEVEDO, Antônio Junqueira de. Natureza jurídica do contrato de consórcio (sinalagma indireto). Onerosidade excessiva em contrato de consórcio. Resolução parcial do contrato. *Novos Estudos e Pareceres de Direito Privado*, São Paulo, p. 355-356, 2009). Nesse mesmo sentido, Ruy Rosado de Aguiar Júnior define o contrato relacional (ou *per relationem*) "como o negócio jurídico perfeito e incompleto, no qual a determinação do seu conteúdo ou de alguns dos seus elementos essenciais se realiza mediante a remissão a elementos estranhos ao mesmo". E adverte que "o modelo do contrato relacional é o que melhor se adapta à nova sistemática dos contratos de empresa e entre empresas, nas quais a gestão do risco da superveniência é um problema. Essa nova realidade exige a consideração de remédios de manutenção, que conduz à renegociação, ao mesmo tempo em que nos obriga a lidar com cláusulas que, pela concepção tradicional, seriam inválidas, tais como as que ficam intencionalmente em branco, para futura renegociação. Nos contratos relacionais, a primeira alternativa diante da superveniência é a da renegociação; frustrada, cabe a revisão das cláusulas pelo juiz ou pelo árbitro". (AGUIAR JÚNIOR, Ruy Rosado de. Contratos relacionais, existenciais e de lucro. *Revista Trimestral de Direito Civil*, Rio de Janeiro, v. 45, p. 98-99, 2011). Ainda sobre o tema, é considerada pioneira a obra de MACEDO, Ronaldo Porto. *Contratos relacionais e a defesa do consumidor*. São Paulo: Max Limonad, 1998, em que, embora o autor não chegue a trazer uma definição muito precisa do que deve ser entendido como contrato relacional, noticia a transformação das relações contratuais em prol de sua maior duração, bem como demonstra o amplo impacto dessa transformação sobre as relações de consumo.

[53] ANDRADE, Fábio Siebeneichler de. A teoria da onerosidade excessiva no direito civil brasileiro: limites e possibilidades de sua aplicação. *Revista AJURIS*, v. 41, n. 134, p. 246-247, jun. 2014.

[54] "Ao devedor lesado pela modificação superveniente recomenda-se dê aviso ao credor, inclusive para lhe garantir a possibilidade de propor ainda a tempo útil a modificação das cláusulas do negócio, ou de colaborar na criação das condições que viabilizem a perfeição do contrato". (AGUIAR JÚNIOR, Ruy Rosado de. *Extinção dos contratos por incumprimento do devedor*. Rio de Janeiro: Aide, 1991. p. 159).

[55] RENNER, Rafael. *Novo direito contratual*: a tutela do equilíbrio contratual no Código Civil. Rio de Janeiro: Freitas Bastos, 2007. p. 137-138.

[56] AZEVEDO, Antônio Junqueira de. Relatório brasileiro sobre revisão contratual apresentado para as Jornadas Brasileiras da Associação Henri Capitant. In: AZEVEDO, Antônio Junqueira de. *Novos estudos e pareceres de direito privado*. São Paulo: Saraiva, 2009. p. 196.

[57] O termo é empregado descritivamente por TOMMASINI, Raffaele. Dalle logiche di revisione del rapporto alle più articolate forme di gestione. In: TOMMASINI, Raffaele (Cur.). *Sopravvenienze e dinamiche di riequilibrio tra controllo e gestione del rapporto contrattuale*. Turim: G. Giappichelli, 2003. p. 4, para quem a imposição de um dever de renegociação acabaria por permitir a identificação de "un nuovo significato della esperssione che il contratto ha forza di legge tra le parti, nel senso della necessità di una sua conservazione anche quando vicende sopravvenute sembrano potere rendere inattuabile il rapporto nei termini disegnati dai contraenti".

Em que pese esse desestimulante cenário, afigura-se não apenas possível, mas imperativa a construção (*rectius*: o reconhecimento) de um dever de renegociação de contratos desequilibrados no direito brasileiro, como expressão do valor constitucional da solidariedade social,[58] bem como de normas infraconstitucionais daí decorrentes, em particular a cláusula geral de boa-fé objetiva.

Como já afirmado em outra sede, o que o ordenamento jurídico visa com o princípio da boa-fé objetiva é "assegurar que as partes colaborarão mutuamente para a consecução dos fins comuns perseguidos com o contrato".[59] Ou, em outras palavras, a boa-fé objetiva "impõe um padrão de conduta a ambos os contratantes no sentido da recíproca cooperação, com consideração dos interesses um do outro, em vista de se alcançar o efeito prático que justifica a existência jurídica do contrato celebrado".[60]

Nesse sentido, não se pode deixar de notar que tanto o dever de avisar prontamente a contraparte acerca do desequilíbrio contratual identificado, quanto o dever de ingressar em renegociação com vistas a obter o reequilíbrio do contrato constituem deveres de conduta que, conquanto instrumentalizados à recuperação do equilíbrio contratual, derivam, a rigor, da necessidade de que as partes cooperem entre si para a concretização do escopo contratual. Assim, é de se concluir que o reconhecimento do dever de renegociar, entre nós, encontra fundamento normativo na cláusula geral de boa-fé objetiva, mais especificamente no art. 422 do Código Civil.[61]

Ainda na doutrina italiana, contra a existência de um dever de renegociação, ver GABRIELLI, Enrico. *L'eccessiva onerosità sopravvenuta*. Turim: G. Giappicheli, 2012. p. 102: "Il tema della rinegoziazione esula, in realtà, da quello dell'eccessiva onerosità, sopratttutto se si crede, così come sembre corretto, che l'ordinamento, salvo casi espressamente regolati, non ha previsto un generico obbligo di rinegoziare tra le parti in presenza di una sopravvenienza. Sicché quello offerto dalla rinegoziazione è un profilo di indagine che, pur nella sua utilità, attiene più al diritto degli affari, ed alle sue tecniche di redazione dei contratti, che alla ricostruzione sistematica del diritto comune dei contratti".

[58] Expressamente nesse sentido, afirma-se na doutrina estrangeira: "Quest'obbligo sembra avere radici profonde, saldamente ancorate ai principi fondamentali della Costituzione. Difatti, è nel dovere di solidarietà sociale previsto dall'art. 2 Cost. che viene addidata la giustificazione del perché il contraente fortunato, che ha tratto beneficio da una imprevista circostanza sopravvenuta, dovrebbe rinegoziare i termini dell'accordo originario, così rinunciando a parte dei vantaggi conseguiti". (D'ARRIGO, Cosimo. Il controllo delle sopravvenienze nei contratti a lungo termine. In: TOMMASINI, Raffaele (Cur.). *Sopravvenienze e dinamiche di riequilibrio tra controllo e gestione del rapporto contrattuale*. Turim: G. Giappichelli, 2003. p. 534).

[59] TEPEDINO, Gustavo; SCHREIBER, Anderson. A boa-fé objetiva no Código de Defesa do Consumidor e no Código Civil. In: TEPEDINO, Gustavo (Coord.). *Obrigações*: estudos na perspectiva civil-constitucional. Rio de Janeiro: Renovar, 2005. p. 39. Veja-se, também, HATTENHAUER, Hans. *Conceptos fundamentales del derecho civil* – Introducción histórico-dogmática. Barcelona: Ariel, 1987. p. 91: "Por Treu und Glauben entendemos el mandato de justificar en cualquier situación la confianza del otro en que quedarán a salvo la fidelidad y la rectitud, como es usual y necesario entre camaradas alemanes. En el pasado, por ignorancia liberal del Derecho, se entendía parcialmente por Treu und Glauben un arreglo equitativo de los intereses encontrados de las partes contratantes, lo que no era sino una atrofia de su verdadero contenido. La exigencia de fidelidad representa mucho más que una mediocre limitación de los propios intereses; requiere una acción que en ningún momento pierda de vista la compenetración con los demás y, por ende, la gran comunidad (nacional) de la que somos responsables".

[60] NEGREIROS, Tereza. *Teoria do contrato*. Rio de Janeiro: Renovar, 2002. p. 122-123.

[61] "Art. 422. Os contratantes são obrigados a guardar, assim na conclusão do contrato, como em sua execução, os princípios de probidade e boa-fé. Sob o ponto de vista dogmático, tem-se, por toda parte, atribuído à boa-fé objetiva uma tríplice função no sistema jurídico, a saber: (i) a função de cânone interpretativo dos negócios jurídicos; (ii) a função criadora de deveres anexos ou acessórios à prestação principal; e (iii) a função restritiva do exercício de direitos. A referida tripartição funcional, inspirada nas funções do direito pretoriano romano, foi modernamente sugerida por Gustav Boehmer. *Grundlagen der bürgerlichen Rechtsordnung, apud* Franz Wieacker. *El principio general de la buena fe*, Madrid: Civitas, 1986, p. 50: "[...] *el parágrafo 242 BGB actúa también iuris civilis iuvandi, supplendi o corrigendi gatia*". No Brasil esta classificação foi adotada por autorizada doutrina. Ver AZEVEDO, Antônio Junqueira de. Insuficiências, deficiências e desatualização do projeto de Código Civil na

Não há, assim, necessidade de norma específica estabelecendo, entre nós, o dever de renegociar.[62] Com a consagração da boa-fé objetiva no Código Civil – e, mesmo antes disso, no Código de Defesa do Consumidor, bem como na produção doutrinária e jurisprudencial brasileira –,[63] o contrato deixa de ser pacto originário estático para se converter em relação contratual dinâmica, funcionalizada ao atendimento do fim comum que as partes pretendem alcançar com sua mútua cooperação.[64] Não se quer dizer, note-se, que o mundo dos negócios se torna um ambiente romântico, em que cada contratante deve, altruisticamente, abandonar suas posições de vantagem em benefício do outro. É natural e legítimo que cada contratante busque a realização de seu próprio interesse, mas não se permite mais que essa busca se realize com o sacrifício da finalidade comum que conduziu as partes à contratação. Não se tolera, à luz da boa-fé objetiva, que um contratante esvazie a utilidade do contrato, ou permaneça inerte quando sua atuação se faz necessária para que tal utilidade seja atingida. Impõe-se às partes o agir responsável, tomando em consideração os interesses do outro contratante, respeitando suas legítimas expectativas, tudo em prol da realização efetiva do fim contratual.[65]

Essa profunda transformação operada pela boa-fé objetiva tem íntima relação com o reconhecimento de um dever de renegociar contratos em desequilíbrio.[66]

---

questão da boa-fé objetiva nos contratos. *Revista Trimestral de Direito Civil*, Rio de Janeiro, v. 1, 2000. p. 7: "Essa mesma tríplice função existe para a cláusula geral de boa-fé no campo contratual, porque justamente a ideia é ajudar na interpretação do contrato, *adjuvandi*, suprir algumas das falhas do contrato, isto é, acrescentar o que nele não está incluído, *supplendi*, e eventualmente corrigir alguma coisa que não é de direito no sentido de justo, *corrigendi*". No mesmo sentido, AGUIAR, Ruy Rosado de. A boa-fé na relação de consumo. *Revista de Direito do Consumidor*, São Paulo, v. 14, 1995. p. 25, ao tratar especificamente das relações de consumo: "Na relação contratual de consumo, a boa-fé exerce três funções principais: a) fornece os critérios para a interpretação do que foi avençado pelas partes, para a definição do que se deve entender por cumprimento pontual das prestações; b) cria deveres secundários ou anexos; e c) limita o exercício de direitos".

[62] Igual entendimento tem sido adotado por parcela da doutrina em países em que a codificação civil é omissa a respeito, como ocorre, por exemplo, na Turquia: "As regards to Turkish law, neither the Court of Appeal nor the legislator addressed at all the renegotiations, as if they are unaware of the subject matter. On the other hand, Article 138 of the Turkish Civil Code does not exclude renegotiation. In our opinion, renegotiation shall be performed not to violate the principle of good faith which is, in fact, the legal groud of the provision". (BAYSAL, Başal. The adaptation of the contract in Turkish Law. In: BAŞOĞLU, Başak (Ed.). *The effects of financial crises on the binding force of contracts*: renegotiation, rescission or revision. Nova Iorque: Springer, 2016. p. 326-327).

[63] É indiscutível marco inicial nesta matéria a obra de SILVA, Clóvis do Couto e. *A obrigação como processo*. São Paulo: José Bushatsky, 1976. p. 30, em que o autor afirmava: "[...] a inexistência, no Código Civil, de artigo semelhante ao §242 do *BGB* não impede que o princípio tenha vigência em nosso direito das obrigações, pois se trata de proposição jurídica, com significado de regra de conduta". Sobre o papel desempenhado pela boa-fé no direito obrigacional brasileiro, ver a obra, também fundamental, de MARTINS-COSTA, Judith. *A boa-fé no direito privado* – Sistema e tópica no processo obrigacional. São Paulo: Revista dos Tribunais, 2000. p. 381-515, especialmente.

[64] Sobre a boa-fé objetiva e seu impacto no direito contratual, ver SCHREIBER, Anderson. *A proibição de comportamento contraditório* – Tutela da confiança e venire contra factum proprium. 4. ed. São Paulo: Atlas, 2016 (especialmente capítulo 2).

[65] Jacques Mestre chega a aludir, nesse sentido, a uma espécie de *affectio contractus*, a substituir o ferrenho antagonismo entre os direitos do credor e os direitos do devedor. (MESTRE, Jacques. L'évolution du contrat en droit privé français. In: CARBONNIER, Jean *et al. L'évolution contemporaine du Droit des Contrats – Journées René Savatier* (*Poitiers, 24-25 octobre 1985*). Paris: Presses Universitaires de France, 1986. p. 51).

[66] Traçando um panorama da relação entre boa-fé e dever de renegociação, o *General Report* apresentado no XIX Congresso da Academia Internacional de Direito Comparado, em Viena, em 2014, registra: "This recent approach, arising from the general principle of loyalty and good faith, is also observed in the United Kingdom. In Quebec, the principle of good faith is generally recognized and although it has not yet been applied to change of circumstances cases, some authors have suggested it as a tool to enable the courts to temper the principle of pacta sunt servanda. The possibility of such a duty to renegotiate is also stated in the Turkish report. According to the Turkish reporter, such duty deduced from the general principle of good faith and the duty of cooperation,

A dimensão comportamental valorizada pela boa-fé objetiva e consubstanciada na conduta adotada pelas partes ao longo da relação contratual desempenha papel relevantíssimo nos casos de desequilíbrio superveniente das prestações. A partir do momento em que os contratantes são chamados a abandonar posturas de imobilismo para cooperar, de modo leal e transparente, em prol da realização do fim contratual, deixa de ser aceitável à luz da ordem jurídica que o contratante que recebe uma proposta de renegociação do contrato, em virtude de um desequilíbrio a que a ordem jurídica atribui relevância (*e.g.*, Código Civil, arts. 317 e 478-480), simplesmente silencie, deixando o contratante prejudicado em situação de insegurança que se prolonga na exata medida em que se agrava o seu prejuízo. Ninguém é obrigado a aceitar propostas de renegociação, mas a boa-fé objetiva impõe que tal proposta seja respondida, em tempo razoável, para que aquele que pleiteia o reequilíbrio possa, eventualmente, recorrer à jurisdição arbitral ou estatal, a fim de corrigir a excessiva onerosidade que o atinge. Tampouco se admite que um dos contratantes guarde para si, tal qual "carta na manga", eventual desequilíbrio do contrato, esperando para invocá-lo tardiamente, em sede de defesa em ação judicial proposta diante do seu inadimplemento. Impõem-se a pronta comunicação e a interação com a contraparte.

Como se vê, o dever de renegociar consiste, essencialmente, em um dever anexo ou lateral[67] de comunicação e esforço de superação de um fato significativo na vida do contrato: um excessivo desequilíbrio contratual, nos termos delimitados pela ordem jurídica. Como dever anexo, integra o objeto do contrato independentemente de expressa previsão das partes.[68] A boa-fé objetiva impõe que, em ocorrendo referido desequilíbrio, que compromete a plena concretização do escopo contratual, empenhem-se as partes em colaborar reciprocamente em busca do reequilíbrio, por meio de uma readequação

---

would be more consistent with the economic reality, since application to the court in order to invoke other remedies is more expensive and time consuming for both parties. Moreover, in the United States, there is an increasingly liberal attitude towards the way of renegotiation depending on good faith as stated in the national report. This attitude most probably originates from the effects of frustration in the Common Law tradition. Frustration causes namely an automatic (eo ipso) release of the parties from the contract and this fact makes it necessary to renegotiate about a new contract with different terms". (SEROZAN, Rona. General report on the effects of financial crises on the binding force of contracts: renegotiation, rescission or revision. In: BAŞOĞLU, Başak (Ed.). *The effects of financial crises on the binding force of contracts*: renegotiation, rescission or revision. Nova Iorque: Springer, 2016. p. 24).

[67] Os deveres anexos, também chamados deveres laterais, são deveres impostos pela boa-fé objetiva ao lado das obrigações principais e acessórias pactuadas pelas partes, como explica CORDEIRO, Menezes. *Da boa fé no direito civil*. Coimbra: Almedina, 1997. p. 605 e ss. Acerca da ampla variabilidade do conteúdo dos deveres criados pela boa-fé, ver SILVA, Clóvis do Couto e. *A obrigação como processo*. São Paulo: José Bushatsky, 1976. p. 113, para quem os deveres anexos "comportam tratamento que abranja toda a relação jurídica. Assim, podem ser examinados durante o curso ou o desenvolvimento da relação jurídica, e, em certos casos, posteriormente ao adimplemento da obrigação principal. Consistem em indicações, atos de proteção, como o dever de afastar danos, atos de vigilância, da guarda de cooperação, de assistência. O objeto de alguns deles é, portanto, fazer ou não fazer, consistindo alguns em declarações de ciência, como nas indicações e comunicações; outros, em atos determinados".

[68] Na síntese de Luiz Edson Fachin: "Quem contrata não mais contrata tão só o que contrata" (Contratos na ordem pública do direito contemporâneo. In: TEPEDINO, Gustavo; FACHIN, Luiz Edson (Coords.). *O direito e o tempo*: embates jurídicos e utopias contemporâneas. Estudos em homenagem ao Professor Ricardo Pereira Lira. Rio de Janeiro: Renovar, 2008. p. 458). E, em outra passagem, completa: "Probidade e boa fé são princípios obrigatórios nas propostas e negociações preliminares, na conclusão do contrato, assim em sua execução, e mesmo depois do término exclusivamente formal dos pactos. Desse modo, quem contrata não mais contrata tão só o que contrata, via que adota e oferta um novo modo de ver a relação entre contrato e ordem pública". (p. 460).

mutuamente aceitável do contrato.[69] Doutrina estrangeira chega a aludir nesse sentido a um *principio di adeguamento* (princípio de adequação) do contrato, a ser concretizado pela atuação permanente das partes em prol da sua conformação à realidade social e econômica subjacente.[70] Rejeita-se, em síntese, a inércia, quer do contratante favorecido, que não pode silenciar diante de uma proposta de renegociação apresentada pelo contratante que alega sofrer a excessiva onerosidade, quer desse último contratante, que não pode se retardar a comunicar o desequilíbrio, invocando-o tardiamente como oportunista justificativa para seu inadimplemento, o qual poderia mesmo ter sido evitado caso a renegociação chegasse a bom termo.[71]

O dever de renegociação não tem como objeto a obtenção de um resultado consubstanciado no efetivo acordo para a revisão do contrato, mas sim, a conduta a ser adotada pelas partes diante do desequilíbrio contratual. Desdobra-se em duas etapas: (a) o dever de comunicar prontamente a contraparte acerca da existência do desequilíbrio contratual identificado; e (b) o dever de suscitar uma renegociação que possibilite o reequilíbrio do contrato ou de responder a proposta nesse sentido, analisando-a seriamente.[72]

Assim, o dever de renegociação consubstancia uma abertura adicional à revisão do contrato, mas uma revisão extrajudicial e autônoma, conduzida pelas próprias partes e que pode, eventualmente, fracassar.[73] Repita-se: o dever de renegociar não configura um dever de reequilibrar o contrato em sede negocial. Não constitui tampouco um dever de aceitar as novas condições propostas pelo contratante que alega estar sofrendo a excessiva onerosidade. Não se trata, nesse sentido, de um *dever de revisar* o contrato extrajudicialmente ou, pior, de aceitar um contrato novo.[74] O contratante

---

[69] "In questa dimensione le rinegoziazione rappresenta lo strumento attraverso il quale perseguire questa finalità. Il fondamento della sua applicazione risied nella norma che fissa tra gli obblighi di comportamento quello di esecuzione secondo buona fede che, nel caso di specie, si identifica anche con la legittima esigenza (reciproca) di comportamento tali da consentire il regolare svolgimento del rapporto nel tempo". (PARRINELLO, Concetta. Obbligatorietà del vincolo e squilibrio delle prestazioni nei contratti tra imprenditori: riflessioni sui Principi Unidroit. In: TOMMASINI, Raffaele (Cur.). *Sopravvenienze e dinamiche di riequilibrio tra controllo e gestione del rapporto contrattuale*. Turim: G. Giappichelli, 2003. p. 480).

[70] DE MAURO, Antônio. *Il principio di adeguamento nei rapporti giuridici tra privati*. Milão: Giuffré, 2000, especialmente p. 83.

[71] Nessa direção, D'ARRIGO, Cosimo. Il controllo delle sopravvenienze nei contratti a lungo termine. In: TOMMASINI, Raffaele (Cur.). *Sopravvenienze e dinamiche di riequilibrio tra controllo e gestione del rapporto contrattuale*. Turim: G. Giappichelli, 2003. p. 535: "In particolare, il principio di buona fede, prevenendo i comportamenti opportunistici – vale a dire, il tentativo di appropriarsi del surplus di profitto inatteso ed immeritato – cui potrebbe dar luogo una sopravvenienza contrattuale, rinsalda la fiducia fra le parti [...]".

[72] Nessa direção, MARASCO, Gerardo. La rinegoziazione. In: VISINTINI, Giovanna. *Trattato della responsabilità contrattuale*. Pádua: Cedam, 2009. p. 599. v. I: "Al fine di valutare la condotta delle parti possono socorrere le regole elaborate dalla giurisprudenza in relazione alla responsabilità precontrattuale: in questo ambito, la buona fede impone alle parti, in primo luogo, un dovere di reciproca informazione (cosicché ogni contraente è tenuto a dare notizia di fatti e delle circostanze che ritiene rilevanti e di cui la controparte appare non essere informata) e, in secondo luogo, l'obbligo di condurre le trattative nel rispetto dell'altrui affidamento".

[73] Em igual sentido, mas em perspectiva talvez mais otimista, SEROZAN, Rona. General report on the effects of financial crises on the binding force of contracts: renegotiation, rescission or revision. In: BAŞOĞLU, Başak (Ed.). *The effects of financial crises on the binding force of contracts*: renegotiation, rescission or revision. Nova Iorque: Springer, 2016. p. 24: "The opening of the possibility of renegotiation means at the same time the opening of the opportunity to revise the contract. In fact, the process of renegotiation will in most cases lead inevitably to the revision of the contract".

[74] Nessa direção, embora em passagem de início um tanto ambíguo, registram Rodolfo Sacco e Giorgio De Nova: "Il dovere di negoziare null'altro è, se non un obbligo di contrarre: detto meglio, l'obbligo di essere disponibile a contrarre, nelle condizione che risultano giuste alla stregua (a) dei parametri risultanti dal testo originario del

favorecido atende ao dever de renegociação analisando e respondendo ao pleito que lhe é apresentado, ainda que simplesmente para rejeitá-lo. O dever de renegociar constitui, em outras palavras, um *dever de ingressar em renegociação*, informando prontamente o fato que a enseja e formulando um pleito de revisão do contrato, ou analisando e respondendo, com seriedade, ao pleito apresentado pelo outro contratante. É, em essência, um dever de comunicar, de pronto, a existência do desequilíbrio contratual e ingressar em tratativas para encontrar a melhor forma de superá-lo, em consonância com a boa-fé objetiva.[75]

Afigura-se inevitável, quanto ao segundo aspecto indicado, algum paralelismo com a incidência da boa-fé objetiva sobre as tratativas pré-contratuais. Na Itália, parte da doutrina chega a apontar como fundamentos do dever de renegociação não apenas o art. 1.375 do Código Civil italiano,[76] correspondente ao art. 422 do nosso Código Civil, mas também o art. 1.337 da mesma codificação, que impõe que as partes se comportem *secondo buona fede* (segundo a boa-fé) nas tratativas e na formação do contrato –[77] norma que não encontra correspondente na nossa codificação.[78] Em que pese a ausência, o paralelo auxilia na compreensão quer do conteúdo do dever de negociação, quer da responsabilidade decorrente da sua violação, pois, como observa Cosimo D'Arrigo:

> Assumiria relevo nesta sede não somente o art. 1.375 do Código Civil – ao qual se reconduz o surgimento da obrigação legal de renegociar –, mas também o art. 1.377 do Código Civil, uma vez que o adimplemento desta obrigação, dando vida a uma nova fase de tratativas para alcançar a restauração da originária razão de troca, sujeita-se também à disciplina da atividade pré-contratual. Em essência, a pactuação de novas condições contratuais proporcionais às superveniências – mesmo que constitua, na perspectiva em exame, objeto de uma precisa obrigação integrativa ex lege do conteúdo dos contratos a longo prazo – se concretiza sempre por meio de um acordo entre as partes. Portanto, se os contraentes não encontram um ponto de acordo e as tratativas naufragam por causa não imputável ao promissário, este último não poderá ser considerado inadimplente.[79]

---

contratto, (b) rivisitati alla luce dei nuovi eventi imprevedibili e sopravvenuti". (SACCO, Rodolfo; DE NOVA, Giorgio. *Il contratto*. 2. ed. Milão: Giuffrè, 2012. p. 724. t. II).

[75] Na síntese de Başal Baysal, "the principle of good faith, in the first place, should lead the parties facing difficulty in performing the contractual obligations to come together and to seek a solution". (BAYSAL, Başal. The adaptation of the contract in Turkish Law. In: BAŞOĞLU, Başak (Ed.). *The effects of financial crises on the binding force of contracts*: renegotiation, rescission or revision. Nova Iorque: Springer, 2016. p. 327).

[76] "Art. 1375. Esecuzione di buona fede. Il contratto deve essere eseguito secondo buona fede [...]".

[77] "Art. 1337. Trattavie e responsabilità precontrattuale. Le parti, nello svolgimento delle trattative e nella formazione del contratto, devono comportarsi secondo buona fede [...]".

[78] Ausência que era já criticada pela melhor doutrina antes da promulgação do Código Civil de 2002, como se pode ver de AZEVEDO, Antônio Junqueira de. Insuficiências, deficiências e desatualização do projeto de Código Civil na questão da boa-fé objetiva nos contratos. *Revista Trimestral de Direito Civil*, Rio de Janeiro, v. 1, 2000. p. 4: "[...] Segunda insuficiência: o art. 421 se limita ao período que vai da conclusão do contrato até sua execução. Sempre digo que o contrato é um 'processo' em que há começo, meio e fim. Temos fases contratuais – fase pré-contratual, contratual propriamente dita e pós-contratual. Uma das possíveis aplicações da boa-fé é aquela que se faz na fase pré-contratual; nessa fase, temos as negociações preliminares, as tratativas. É um campo propício para a regra do comportamento da boa-fé, eis que, aí, ainda não há contrato e, apesar disso, já são exigidos aqueles deveres específicos que uma pessoa precisa ter como correção de comportamento em relação à outra".

[79] Tradução livre do trecho original de D'ARRIGO, Cosimo. Il controllo delle sopravvenienze nei contratti a lungo termine. In: TOMMASINI, Raffaele (Cur.). *Sopravvenienze e dinamiche di riequilibrio tra controllo e gestione del rapporto contrattuale*. Turim: G. Giappichelli, 2003. p. 560: "Verebbe in rilievo in questa sede non soltanto l'art. 1375 c.c. – al quale si riconduce il sorgere dell'obbligo legale di rinegoziare –, ma anche l'art. 1337 c.c., in

Afirma-se, nessa mesma direção, que o dever de renegociar não consiste em obrigação de resultado, mas "se configura como uma obrigação de meio".[80] Parte da doutrina estrangeira chega a descrever o remédio como *invitation to renegotiate* (convite para renegociar), reforçando que o sucesso ou não da renegociação é questão que extrapola o âmbito do dever.[81] O dever de renegociação restringe-se à tentativa "séria" de reconstruir o equilíbrio contratual.[82] De fato, a renegociação deve ser "séria, propositiva, cooperativa e de boa-fé", mas pode fracassar, hipótese na qual restará a via da revisão heterônoma do contrato, a ser realizada pelo juiz ou pelo árbitro.[83]

Conclusão

Como fruto da boa-fé objetiva, o dever de renegociar não se limita a incidir sobre momentos pontuais ou específicos, mas se espraia por todo o *iter* da relação contratual. Assim, embora se imponha a pronta comunicação do desequilíbrio contratual, tem-se aí apenas o primeiro passo de um amplo e recíproco *colaborar* (*mitzuwirken*, na expressão tão utilizada pelos juristas alemães) que não se esgota em uma estrutura simplista e binária de *aviso* e *contra-aviso* – como no mencionado exemplo da antiquada disciplina do nosso Código Civil em torno da *proposta* e *aceitação* na formação do contrato –, mas

---

quanto l'adempimento di quest'obbligo, dando vita ad una nuova fase di trattative per addivenire al ripristino dell'originaria ragione di scambio, soggiace altresì alla disciplina dell'attività precontrattuale. In sostanza, la pattuizione di nuove condizioni contrattuali commisurate alle sopravvenienze – sebbene costituisca, nella prospettiva in esame, oggetto di un preciso obbligo integrativo ex lege del contenuto dei contratti a lungo termine – si concretizza pur sempre in un accordo fra le parti. Pertanto, se i contraenti non trovano un punto di intesa e le trattaive naufragano per causa non imputabile al promissario, quest'ultimo non potrà esse considerato inadempiente".

[80] Como afirma MARASCO, Gerardo. La rinegoziazione. In: VISINTINI, Giovanna. *Trattato della responsabilità contrattuale*. Pádua: Cedam, 2009. p. 595-596. v. I: "Il dovere di rinegoziazione, in via generale, si configura come una obbligazione di mezzi: i contraenti, al verificarsi di particolari circostanze, sono tenuti ad iniziare e condurre nuove trattaive (a svolgere, quindi, una certa attività ed assumere una particolare condotta) al fine di trovare una congrua soluzione al problema delle sopravvenienze. L'obbligo di rinegoziare non impone alle parti il raggiungimento di un accordo (un risultato), ma le impegna semplicemente a mettere in discussione i termini dell'originario contratto nel tentativo 'serio' di ricostruire, ove ciò risponda a ragioni di efficienza e di reciproca convenienza economia, l'alterato equilibrio contrattuale".

[81] "The legal remedies provided in light of the theoretical instruments justifying an intervention in cases of unexpected and burdensome financial developments are as follows: (a) invitation to renegotiate, regarding the possible means in order to find a compromising solution against the suddenly changed circumstances [...]". (SEROZAN, Rona. General report on the effects of financial crises on the binding force of contracts: renegotiation, rescission or revision. In: BAŞOĞLU, Başak (Ed.). *The effects of financial crises on the binding force of contracts*: renegotiation, rescission or revision. Nova Iorque: Springer, 2016. p. 23).

[82] GORNI, Alfredo. Le clausole di rinegoziazione. In: VACCÀ, Cesare. *Il conflitto del Golfo e i contratti di impresa*: esecuzione, adattamento e risoluzione in uno scenario di crisi – Quaderni per l'arbitrato e per I contratti internazionali. Milão: EGEA, 1992. p. 56. v. 5.

[83] A lição é de Ruy Rosado de Aguiar Júnior, embora em passagem restrita aos contratos relacionais: "As considerações acima foram feitas para ensejar a conclusão de que, no tema da onerosidade excessiva e da teoria da imprevisão relativamente aos contratos relacionais, a aplicação do regime legal de onerosidade excessiva deve ser posterior à fase de renegociação do risco da superveniência. Fracassando essa tentativa, abre-se a oportunidade para a intervenção heterônoma, do juiz ou do árbitro, para a redefinição que o fato novo determina. Nos contratos relacionais, a primeira alternativa diante da superveniência é a da renegociação, que deve ser séria, propositiva, cooperativa e de boa-fé; frustrada, cabe a revisão das cláusulas pelo juiz ou pelo árbitro". (AGUIAR JÚNIOR, Ruy Rosado de; TEIXEIRA, Sálvio de Figueiredo (Coord.). *Comentários ao Novo Código Civil*: da extinção dos contratos. Rio de Janeiro: Forense, 2011. p. 896. v. VI. t. II).

se pretende contínua e permanente, nunca preclusa aos contratantes, que não restam dispensados em nenhum momento do seu mútuo cumprimento.

O conteúdo do dever de renegociação somente pode, portanto, ser precisamente determinado à luz da concreta relação contratual e das específicas circunstâncias de que deriva a necessidade de renegociar, mas é possível, a título meramente exemplificativo, arrolar alguns comportamentos que podem vir a compor o conteúdo desse dever, como (a) pronta e detalhada comunicação à contraparte sobre o desequilíbrio contratual, indicando fundamentadamente a presença dos seus pressupostos; (b) resposta da contraparte em tempo razoável a essa comunicação, informando pronta e fundamentadamente se não considerar presentes aqueles pressupostos; (c) qualquer proposta, bem como contraproposta de revisão extrajudicial do contrato, deve ser apresentada de modo detalhado e justificado, evitando-se a lógica do "pegar ou largar"; (d) no curso da renegociação cada parte deve fornecer à outra todas as informações úteis para avaliar a oportunidade e o conteúdo de uma eventual revisão extrajudicial do contrato; (e) as partes devem igualmente manter reserva sobre dados e informações obtidos no curso da renegociação, evitando sua divulgação a terceiros; (f) nenhuma das partes deve se recusar injustificadamente a manter renegociações ou interrompê-las de modo abrupto e imotivado; e (g) o insucesso da renegociação não deve ser considerado por qualquer das partes como razão para se recusar a analisar propostas de solução consensual no âmbito de eventual processo judicial ou arbitral subsequente.[84]

O dever de renegociação nasce, como se vê, no afã de permitir uma solução extrajudicial do problema do desequilíbrio contratual, mas, fracassada tal tentativa, estende-se, inclusive, sobre um eventual processo judicial ou arbitral a que os contratantes necessitem recorrer. Nesse sentido, a doutrina italiana admite, mesmo, que uma oferta formulada em fase de renegociação possa ser reapresentada em juízo no âmbito de ação de resolução promovida pelo outro contratante, como oferta destinada a evitar o fim do contrato,[85] nos termos da norma contida na parte final do art. 1.467 do Código Civil italiano,[86] correspondente ao art. 479 do Código Civil brasileiro.[87] Confirma-se, assim, que o dever de renegociar incide sobre ambos os contratantes, podendo qualquer deles deflagrar ou retomar o processo de renegociação,[88] que consubstancia autêntico *favor*

---

[84] Sobre o tema, ver MARASCO, Gerardo. La rinegoziazione. In: VISINTINI, Giovanna. *Trattato della responsabilità contrattuale*. Pádua: Cedam, 2009. p. 600-601. v. 1.

[85] Afirma expressamente Cosimo D'Arrigo que "l'offerta di riconduzione ad equità già formulata prima dell'inizio della lite, potrà essere riproposta nel giudizio promosso dall'onerato per la risoluzione del contratto". (D'ARRIGO, Cosimo. Il controllo delle sopravvenienze nei contratti a lungo termine. In: TOMMASINI, Raffaele (Cur.). *Sopravvenienze e dinamiche di riequilibrio tra controllo e gestione del rapporto contrattuale*. Turim: G. Giappichelli, 2003. p. 560).

[86] "Art. 1.467. [...] La parte contro la quale è domandata la risoluzione può evitarla offrendo di modificare equamente le condizioni del contratto".

[87] "Art. 479. A resolução poderá ser evitada, oferecendo-se o réu a modificar equitativamente as condições do contrato".

[88] No mesmo sentido, MARASCO, Gerardo. La rinegoziazione. In: VISINTINI, Giovanna. *Trattato della responsabilità contrattuale*. Pádua: Cedam, 2009. p. 597. v. 1, destacando, inclusive, que a renegociação pode ser deflagrada não só pelo contratante excessivamente onerado, mas também por aquele que não sofre o efeito negativo do desequilíbrio contratual: "Si tratta di un'obbligazione che, in egual misura, investe entrambi i contraenti. Al verificarsi dei richiesti presupposti, uno dei contraenti potrà dare impulso alla rinegoziazione (l'iniziativa, nella generalità dei casi, viene assunta dalla parte che vi ha interesse, ma nulla toglie che il procedimento rinegoziativo venga avviato dall'altro contraente)".

contractus, assumindo preferência em relação aos possíveis remédios terminativos oferecidos pela ordem jurídica.

Informação bibliográfica deste texto, conforme a NBR 6023:2002 da Associação Brasileira de Normas Técnicas (ABNT):

SCHREIBER, Anderson. Construindo um dever de renegociar no direito brasileiro. In: TEPEDINO, Gustavo; TEIXEIRA, Ana Carolina Brochado; ALMEIDA, Vitor (Coord.). *Da dogmática à efetividade do Direito Civil*: Anais do Congresso Internacional de Direito Civil Constitucional – IV Congresso do IBDCivil.. 2. ed. rev., ampl. e atual. Belo Horizonte: Fórum, 2019. p. 117-141. ISBN 978-85-450-0545-2.

CAPÍTULO 7

A CLÁUSULA RESOLUTIVA EXPRESSA E O CONTRATO INCOMPLETO COMO INSTRUMENTOS DE GESTÃO DE RISCO NOS CONTRATOS[1]

ALINE DE MIRANDA VALVERDE TERRA

PAULA GRECO BANDEIRA

Introdução: o contrato como mecanismo de gestão de riscos

Em tempo em que se assiste àquilo que o Prof. Stefano Rodotà denominou de "finanziarizzazione del mondo",[2] com a economia desempenhando papel de protagonista do cenário global, a propriedade se insere novamente no centro das preocupações atuais, a demandar revisão crítica do paradigma proprietário. Neste contexto, embora o contrato possa ser reduzido a mero fâmulo da propriedade, descurando-se de outros valores fundamentais, se bem empregado, pode servir de instrumento legítimo para a promoção das atividades econômicas privadas, consagrando o valor constitucional da livre iniciativa (arts. 1º, IV; 170, *caput*, CR).

Nessa esteira, os contratos traduzem instrumento de gestão dos riscos econômicos merecedor de tutela, apto a estimular negócios que concretizem, para além dos interesses dos contratantes, outros interesses extracontratuais dignos de proteção. Com vistas à consecução de todas as suas potencialidades funcionais, os contratos hão de ser compreendidos como mecanismo de gestão de riscos econômicos que atingem

---

[1] Este artigo foi publicado originalmente na *Revista Brasileira de Direito Civil – RBDCivil*, v. 6, p. 9-25, out./dez. 2015, e foi revisto para a presente publicação.

[2] A expressão foi adotada em conferência intitulada "Conversas com Stefano Rodotà", proferida pelo Prof. Stefano Rodotà na Pontifícia Universidade Católica do Rio de Janeiro – PUC-Rio, no dia 6.11.2015.

sua execução. De fato, os negócios jurídicos levados a cabo pelos particulares têm por finalidade repartir os riscos de determinada atividade econômica entre os contratantes, de modo a fixar as respectivas responsabilidades e, assim, efetivar os interesses das partes *in concreto*.

Nesta direção, atribui-se ao contratante a responsabilidade pelas consequências deflagradas pelo implemento de determinado fato superveniente previsível, cuja ocorrência, no momento da contratação, era incerta (*rectius*, risco). A verificação do risco repercutirá, assim, na esfera jurídica dos contratantes, desencadeando as responsabilidades definidas no contrato, com impacto na relação contratual e na economia das partes. À guisa de exemplo, em contrato de empreitada, pode-se atribuir ao empreiteiro a responsabilidade por determinados riscos geológicos que, uma vez verificados, poderão atrasar a conclusão da obra. Neste caso, os prejuízos econômicos daí decorrentes hão de ser suportados pelo empreiteiro, que se responsabiliza notadamente pelos danos sofridos pelo dono da obra. Ou, ainda, em contratos de compra e venda de energia, a comercializadora, que se compromete a entregar determinada quantidade de energia aos compradores, responde pela sua escassez, devendo comprar a energia no mercado para atender aos compromissos assumidos.

A alocação dos riscos econômicos deve ser identificada no caso concreto, de acordo com o específico regulamento de interesses. Deste modo, mostra-se possível alargar a responsabilidade dos contratantes, imputando-lhes risco maior do que aquele comumente assumido em determinado tipo contratual. No mencionado exemplo do contrato de empreitada, as partes podem atribuir ao empreiteiro a responsabilidade pelas chuvas abundantes que atrasem o cronograma da obra, ainda, que, normalmente, as chuvas configurem fortuito ou força maior, que afastaria a responsabilização do contratante.

A partir da alocação de riscos estabelecida pelas partes, define-se o sinalagma contratual, isto é, a comutatividade ou correspectividade entre as prestações, a qual revela a equação econômica desejada pelos contratantes. Tal equação traduz o equilíbrio intrínseco do concreto negócio e, por isso mesmo, há de ser perseguida pelas partes.[3]

Daí afirmar-se que o conceito de risco contratual se relaciona diretamente com o de equilíbrio, tendo em conta que as partes estabelecem negocialmente a repartição dos riscos como forma de definir o equilíbrio do ajuste.[4] Ao se perquirir a alocação de riscos estabelecida pelos contratantes, segundo a vontade declarada, o intérprete deverá atentar para o tipo contratual escolhido e para a causa concreta do negócio. Cada tipo contratual possui critérios de repartição do risco previamente estabelecidos em lei.

---

[3] A ideia de equilíbrio contratual se aproxima da noção de sinalagma funcional a que a doutrina faz, didaticamente, referência. Como explica Massimo Bianca a respeito do conceito de sinalagma funcional: "A correspectividade entre as prestações significa que a prestação de uma parte encontra remuneração na prestação da outra. [...] A correspectividade comporta normalmente a interdependência entre as prestações. A interdependência exprime, em geral, o condicionamento de uma prestação a outra. Ao propósito, é feita uma distinção entre sinalagma genético e sinalagma funcional. [...] O sinalagma funcional indica a interdependência entre as prestações na execução do contrato, no sentido de que uma parte pode se recusar a cumprir a prestação se a outra parte não cumpre a sua própria (exceção de contrato não cumprido: art. 1460 cc) e pode ser liberada se a contraprestação se torna impossível por causa não imputável às partes (1453 s cc)" (BIANCA, Massimo. *Diritto civile*: il contrato. Milano: Giuffrè, 1987. p. 488. v. 3. Tradução livre).

[4] BESSONE, Mario. *Adempimento e rischio contrattuale*. Milano: Giuffrè, 1969. p. 2 e ss.

Entretanto, as partes poderão modelar a alocação de riscos do negócio, inserindo na sua causa repartição de riscos específica e incomum a certa espécie negocial.

Ao lado do tipo contratual, o intérprete, para fins de identificação da alocação de riscos e das respectivas responsabilidades, há de considerar a qualidade das partes, investigando-se a atividade normalmente praticada pelos contratantes. A título de ilustração, considera-se justo imputar maior risco a empresário do que a indivíduo que não seja *expert* em determinado setor.[5] Ou, ainda, imputar a responsabilidade ao contratante pelo risco inerente à atividade econômica por ele regularmente desenvolvida. Deve-se, também, observar se há cláusula limitativa ou de exclusão de responsabilidade, bem como o sistema de responsabilidades que decorrem da interpretação sistemática e teleológica das cláusulas contratuais.[6]

Em relações paritárias, em que não há assimetria de informações, a equação econômica estabelecida pelos contratantes por meio da alocação de riscos há de ser observada em toda a vida contratual. Afinal, a repartição dos riscos traduzirá a finalidade almejada pelos contratantes com o concreto negócio, os quais buscam satisfazer os seus interesses por meio daquela específica alocação de riscos.

A alocação de riscos no contrato revela, portanto, o equilíbrio econômico do negócio perseguido pelas partes e mediante o qual os contratantes visam concretizar seus objetivos econômicos. Tal repartição de riscos insere-se, assim, na causa concreta do contrato, isto é, nos efeitos essenciais que o negócio pretende realizar, ou, em outras palavras, na sua *função econômico-individual* ou *função prático-social*, que exprime a racionalidade desejada pelos contratantes, seus interesses perseguidos *in concreto*, com base na qual se interpreta e se qualifica o negócio, em procedimento único e incindível. Como observou Francesco Camilletti, o equilíbrio contratual se expressa não em termos objetivos de valores, mas corresponde à finalidade almejada pelos contratantes ou ao interesse que pretendem realizar com o sinalagma ou à correspectividade entre as prestações.[7]

Deve-se, portanto, averiguar a finalidade do sinalagma ou da correspectividade *in concreto*, que tem por escopo satisfazer os interesses dos contratantes. A alocação de riscos – insista-se – insere-se na causa do negócio, isto é, nos efeitos essenciais perseguidos pelos contratantes com vistas ao atendimento de suas pretensões. Em definitivo, há de se prestigiar a repartição dos riscos estabelecida pela vontade negocial, que traduz

---

[5] BESSONE, Mario. *Adempimento e rischio contrattuale*. Milano: Giuffrè, 1969. p. 39.

[6] Sobre o tema, v. ALPA, Guido. Rischio. In: ENCICLOPEDIA DEL DIRITTO. Milano: Giuffrè, 1989. p. 1158. v. 40, em que o autor passa em revista critérios que devem orientar o juiz na identificação da repartição dos riscos, entre os quais o exame da qualidade das partes; da prestação (fungível, infungível etc.); e da função econômica do negócio.

[7] Como elucida o autor: "em linha teórica e geral, pode-se continuar a sustentar a subsistência, em nosso ordenamento, de um princípio que tende a se desinteressar pelo equilíbrio contratual compreendido como correspondência de valores (objetivos) entre as prestações trocadas, tal sendo a consequência lógica do reconhecimento da autonomia privada como instrumento para a atuação da liberdade de iniciativa econômica. [...] o legislador, portanto, se absteve de considerar a validade do contrato com base em valorações quantitativas do sinalagma, tendo, ao revés, deslocado a própria valoração sobre a função teleológica da correspectividade, que é aquela destinada a satisfazer os interesses de ambas as partes, às quais apenas compete estabelecer quais valores econômicos atribuir às prestações que satisfazem aos seus interesses" (CAMILLETTI, Francesco. Profili del problema dell'equilibrio contrattuale. In: UNIVERSITÀ DEGLI STUDI DI MILANO. *Collana diritto privato*. Milano: Giuffrè, 2004. p. 44. v. 1. Tradução livre).

o equilíbrio do negócio, impedindo-se que o intérprete refaça a valoração do risco já efetuada pela autonomia privada.

7.1 Os modos de alocação de riscos nos contratos: gestão positiva e negativa

No ordenamento jurídico brasileiro, existem duas formas de gestão de riscos nos contratos: a gestão positiva e a gestão negativa. Evidentemente, os riscos que constituirão objeto de gestão pelos particulares hão de ser previsíveis, de modo a que se possa atribuir a um ou outro contratante os efeitos de sua verificação. Ao ser repartido entre os contratantes, o risco previsível passa a integrar a álea normal do contrato, compreendida como o risco externo ao contrato, o qual, embora não integre a sua causa, mantém com ela *relação de pertinência,* por representar o risco econômico previsível assumido pelos contratantes ao escolher determinado tipo ou arranjo contratual. A definição da álea normal irá se operar no concreto regulamento de interesses, mostrando-se possível que determinado evento previsível não se insira na álea normal e, portanto, não figure como fato previsto, objeto de gestão pelas partes. Por outro lado, as partes poderão alargar a álea normal, incluindo na gestão do risco eventos previsíveis que ordinariamente não sejam associados a determinada espécie negocial (e que, portanto, no comum dos casos, seriam considerados fatos extraordinários).

Deste modo, as partes, ao distribuírem os riscos econômicos previsíveis a partir das cláusulas contratuais, procedem à *gestão positiva da* álea *normal*. Aludida alocação de riscos, que será identificada com base na vontade declarada[8] pelos contratantes, estabelece o equilíbrio econômico do negócio. Tal equação econômica, que fundamenta o sinalagma ou a correspectividade entre as prestações, deve ser observada no curso da relação contratual, em atenção aos princípios da obrigatoriedade dos pactos e do equilíbrio dos contratos. Entre os diversos instrumentos à disposição dos contratantes voltados à gestão positiva dos riscos, a cláusula resolutiva expressa assume destacada relevância, como se verá a seguir.

Ao lado da gestão positiva da álea normal, os contratantes poderão optar por gerir negativamente os riscos econômicos previsíveis supervenientes, deixando, deliberadamente, em branco, certos elementos da relação contratual, a serem determinados, em momento futuro, pela atuação de uma ou ambas as partes, de terceiro ou mediante fatores externos, segundo o procedimento contratualmente previsto para a integração da lacuna. Trata-se do contrato incompleto.

---

[8] Sobre a teoria da declaração, originada no séc. XX e em pleno vigor na teoria contratual contemporânea, assinala Vincenzo Roppo: "no contrato, é importante não apenas a *efetiva vontade individual,* em como esta se forma na esfera psíquica do sujeito, mas também a *sua projeção social externa,* e, em particular, o modo pelo qual a vontade das partes é percebida pela contraparte. Esta percepção é determinada essencialmente pelo modo como a vontade, objetivamente, vem manifestada externamente; por isso o teor objetivo da declaração de vontade" (ROPPO, Vincenzo. Il contrato. In: IUDICA, Giovanni; ZATTI, Paolo (Orgs.). *Trattato di diritto privato.* Milano: Giuffrè, 2001. p. 38-39. Tradução livre).

7.2 A cláusula resolutiva expressa como instrumento de gestão positiva dos riscos

Entre as diversas formas de gestão positiva dos riscos econômicos, situa-se a cláusula resolutiva expressa. Fruto da autonomia privada dos contratantes, que ajustam, livre e conscientemente, sua inclusão no contrato, a cláusula resolutiva expressa permite ao credor, uma vez verificado o evento nela previsto, desvincular-se de relação jurídica estéril, incapaz de cumprir o programa negocial traçado pelas partes, de forma célere, mediante simples declaração receptícia de vontade. Revela-se, assim, aquela que é, sem sombra de dúvidas, uma das extraordinárias vantagens da cláusula resolutiva expressa em comparação com sua congênere – a cláusula resolutiva tácita: a possibilidade de resolver a relação obrigacional extrajudicialmente, sem que tenha, o credor, que se socorrer do Poder Judiciário.[9]

Mas não é tudo. A cláusula resolutiva expressa consente ao contratante não inadimplente, ainda, transferir ao devedor o risco de sua insatisfação.[10] Não obstante se afirme, usualmente, que a cláusula se destina a regular tão só o inadimplemento absoluto,[11] [12] não há óbice à inclusão, em seu suporte fático, de riscos diversos, desde que sua verificação conduza à disfuncionalização da relação obrigacional. Embora, em sua origem, o instituto estivesse ligado, de fato, ao inadimplemento absoluto, sua percepção histórico-relativa impõe a ampliação de seus confins, a permitir a gestão de outros riscos que, uma vez implementados, impeçam a promoção da função econômico-individual do negócio.

Tome-se como exemplo a impossibilidade da prestação superveniente e inimputável ao devedor, que acarreta a resolução *ipso iure* da obrigação, independentemente de sentença constitutiva, liberando o devedor da prestação.[13] Trata-se, aqui, de impossibilidade provocada por caso fortuito ou força maior,[14] caracterizada,

---

[9] Para o desenvolvimento do tema, confira-se TERRA, Aline de Miranda Valverde. Cláusula resolutiva expressa e resolução extrajudicial. *Civilistica.com*, Rio de Janeiro, v. 2, n. 3, jul./set. 2013. Disponível em: <http://civilistica. com/wp-content/uploads/2015/02/Terra-civilistica.com-a.2.n.3.2013.pdf>. Acesso em: 30 nov. 2015.

[10] PALAZÓN GARRIDO, María Luisa. El remedio resolutorio en la propuesta de modernización del derecho de obligaciones en España: un estudio desde el derecho privado europeo. In: DOHRMANN, Klaus Jochen Albiez (Dir.); GARRIDO, María Luisa Palazón; SERRANO, Maria Del Mar Méndez (Coords.). *Derecho privado europeo y modernización del derecho contractual en España*. Barcelona: Atelier Libros Jurídicos, 2011. p. 425.

[11] Veja-se, por todos: PROENÇA, José Carlos Brandão. *A resolução do contrato no direito civil*: do enquadramento e do regime. Coimbra: Coimbra Editora, 2006. p. 76. A rigor, como aponta Guido Alpa, "mesmo nessa hipótese, o problema a resolver é um problema de distribuição dos riscos" (ALPA, Guido. *Manuale di diritto privato*. 8. ed. Padova: Cedam, 2013. p. 540. Tradução livre).

[12] Sobre a contemporânea conformação do inadimplemento absoluto, confira-se: TERRA, Aline de Miranda Valverde. A contemporânea teoria do inadimplemento: reflexões sobre a violação positiva do contrato, o inadimplemento antecipado e o adimplemento substancial. In: MONTEIRO FILHO, Carlos Edison do Rêgo; GUEDES, Gisela Sampaio da Cruz; MEIRELES, Rose Melo Vencelau (Orgs.). *Direito civil*. 1. ed. Rio de Janeiro: Freitas Bastos, 2015. p. 183-200. v. 2.

[13] A superveniência de caso fortuito não faz surgir para o credor o direito potestativo de resolver a relação obrigacional: a lei incide diretamente sobre o fato, resolvendo o contrato automaticamente, conforme esclarece Judith Martins-Costa: "Nos casos em que a impossibilidade é informada por culpa e o devedor não infringe dever de diligência – mas a prestação, ainda assim, se torna impossível – teremos, então, a impossibilidade não-imputável, que libera o devedor e o desonera do pagamento de perdas e danos, afastando a possibilidade de o credor invocar o direito à resolução, pois há extinção *ipso iure*" (MARTINS-COSTA, Judith. *Comentários ao novo Código Civil*: do inadimplemento das obrigações. Rio de Janeiro: Forense, 2004. p. 271. v. 5. t. 2).

[14] Utilizam-se as expressões como sinônimas, na esteira do entendimento predominante na doutrina nacional. Sobre a identidade dos conceitos, confira-se FONSECA, Arnoldo Medeiros da. *Caso fortuito e teoria da imprevisão*. 3. ed. Rio de Janeiro: Forense, 1958. p. 129 *et seq*.

fundamentalmente, como se depreende do parágrafo único do art. 393 do Código Civil, pela *inevitabilidade* e *necessariedade* do acontecimento.[15]

A classificação da superveniência como caso fortuito é feita em concreto, e requer análise dos elementos exteriores ao obrigado e das peculiaridades de sua atividade econômica, tomando como parâmetro a possível conduta de outros indivíduos, em condições objetivas análogas.[16] Tudo depende, então, das específicas condições de fato em que se verifica o evento.[17]

Para a resolução do contrato e liberação do devedor requer-se, ainda, que o evento inevitável e necessário conduza à impossibilidade objetiva da prestação.[18] A exigência deve, contudo, ser entendida nos seus devidos termos, não se demandando do devedor esforços maiores do que os razoáveis para o adimplemento da obrigação. Insere-se, assim, no conceito técnico-jurídico de impossibilidade, a necessidade de o devedor despender esforço extraordinário para o adimplemento da prestação.[19]

A despeito das regras oferecidas pela teoria legal do risco, podem as partes gerir os acontecimentos inevitáveis e necessários, predeterminando, por exemplo, quais eventos consideram caso fortuito capaz de impossibilitar a execução da prestação. Admite-se, outrossim, que uma das partes assuma o risco da impossibilidade causada por caso fortuito. O próprio Código Civil permite, no *caput* do art. 393, que os contratantes convencionem o deslocamento do risco do fortuito em favor do credor, fazendo com que persista a responsabilidade do devedor mesmo se a inexecução decorrer de evento inevitável, para o qual este não tenha concorrido. Homenageia-se a autonomia privada, reconhecendo-se que a solução adotada como regra pela lei pode não se coadunar com os interesses concretos envolvidos no negócio.[20]

---

[15] Adota-se a teoria objetiva, que se contrapõe à subjetiva, a qual equipara o caso fortuito e a força maior à ausência de culpa, pelo que se daria o fortuito sempre que a inexecução não se pudesse imputar ao devedor. Para exposição detalhada de ambas as teorias, consulte-se LOPES, Miguel Maria Serpa. *Curso de direito civil.* 2. ed. Rio de Janeiro: Freitas Bastos, 1957. p. 459 *et seq.* v. 2.

[16] A esse respeito, Agostinho Alvim destaca que "a necessariedade do fato há de ser estudada em função da impossibilidade de cumprimento da obrigação, e não abstratamente" (ALVIM, Agostinho. *Da inexecução das obrigações e suas conseqüências.* São Paulo: Saraiva, 1965. p. 312).

[17] FONSECA, Arnoldo Medeiros da. *Caso fortuito e teoria da imprevisão.* 3. ed. Rio de Janeiro: Forense, 1958. p. 151.

[18] Como destaca Arnoldo Medeiros da Fonseca, o caso fortuito ou força maior podem ter como conseqüência "a impossibilidade objetiva de executar, permanente ou temporária, total ou parcial, como também uma dificuldade maior, ou onerosidade imprevista, o que normalmente sucede quando acarreta a perda ou deterioração de produtos que iam ser destinados à satisfação de prestações genéricas. Como porém, nesse terreno, a liberação do devedor está também subordinada à *impossibilidade absoluta de executar,* segundo *os princípios tradicionais,* não aludem geralmente os autores à eventualidade de ter o caso fortuito como conseqüência apenas uma onerosidade maior da prestação, e elevam aquela *impossibilidade de execução* à condição elementar do próprio fortuito. De nossa parte, preferimos evitar tal confusão, embora reconheçamos que, nesse campo, surja também, como requisito essencial à liberação do obrigado, esse novo elemento: *a impossibilidade de prestar*" (FONSECA, Arnoldo Medeiros da. *Caso fortuito e teoria da imprevisão.* 3. ed. Rio de Janeiro: Forense, 1958. p. 152-153. Grifos no original).

[19] "A impossibilidade *definitiva* é a que inviabiliza para sempre a prestação ou que somente pode ser prestada mediante esforço extraordinário. [...] A simples dificuldade não exonera, mas a desproporcionalidade do custo para o cumprimento da prestação é equiparável à impossibilidade" (AGUIAR JÚNIOR, Ruy Rosado. *Extinção dos contratos por incumprimento do devedor* (*resolução*). Rio de Janeiro: Aide, 1991. p. 99-100).

[20] TEPEDINO, Gustavo; BARBOZA, Heloisa Helena; MORAES, Maria Celina Bodin de. *Código Civil interpretado conforme a Constituição da República.* 2. ed. rev. e atual. Rio de Janeiro: Renovar, 2007. p. 712. v. 1.

Por se tratar de exceção, a assunção do risco deve ser expressa.[21] Imprescindível, ainda, a indicação, um por um, de todos os fatos inevitáveis pelos quais o contratante assume a responsabilidade.[22]

Comprometendo-se o devedor a prestar mesmo que sobrevenha o risco assumido, a impossibilidade decorrente do caso fortuito indicado na cláusula não o exonera da sua obrigação, mas configura, em vez disso, inadimplemento absoluto. A gestão da superveniência do evento inevitável e necessário transforma um risco econômico extraordinário (embora previsível) em um risco de inadimplemento no âmbito do concreto regulamento de interesses (fato previsto). O inadimplemento, nesse caso, não decorre de inexecução culposa, mas da assunção contratual do risco: embora o caso fortuito exclua o nexo de causalidade entre a conduta do devedor e a inexecução da prestação, a assunção expressa do risco estabelece um nexo de imputação entre o evento inevitável e o devedor, a atribuir-lhe a responsabilidade pela inexecução.

De todo modo, o que releva para esta exposição são os efeitos do deslocamento convencional dos riscos: enquanto, pela teoria legal do risco, a impossibilidade da prestação causada por caso fortuito resolve automaticamente o contrato e afasta qualquer responsabilidade do devedor pelos prejuízos sofridos pelo credor, havendo assunção expressa do risco, sua concretização conduz ao inadimplemento absoluto, e abre para o credor a possibilidade de optar entre resolver a relação obrigacional, ou manter o contrato e exigir o equivalente pecuniário, sem prejuízo, em ambos os casos, das perdas e danos.

Nesse cenário, a cláusula resolutiva expressa participa decisivamente da gestão do risco da superveniência do caso fortuito, disciplinando os efeitos dele decorrentes: apenas mediante sua aposição no contrato, a relação obrigacional poderá ser resolvida extrajudicialmente, não de forma automática, mas mediante declaração do credor.[23] Indispensável, para tanto, a concomitância da assunção do risco e da atribuição, ao credor, do direito potestativo de proceder à resolução extrajudicial da relação obrigacional. Essas duas declarações podem mesmo constar da cláusula resolutiva; impreterível, contudo, que constem, de fato, expressas do contrato.

Por outro lado, de acordo com a disciplina legal do risco, quando a impossibilidade é parcial ou temporária, a tornar inútil para o credor a prestação por circunstâncias inimputáveis ao devedor – em decorrência de caso fortuito, ato de terceiro, ou até ato do

---

[21] Não se admite a assunção tácita do risco relativo à superveniência de caso fortuito e força maior, conforme destaca FONSECA, Arnoldo Medeiros da. *Caso fortuito e teoria da imprevisão*. 3. ed. Rio de Janeiro: Forense, 1958. p. 180, nota de rodapé nº 8. Daí a ressalva de Agostinho Alvim, para quem, na dúvida se houve ou não a assunção do risco, "resolve-se em sentido negativo; se se questiona acerca da sua extensão, corta-se a dúvida a favor do devedor" (ALVIM, Agostinho. *Da inexecução das obrigações e suas conseqüências*. São Paulo: Saraiva, 1965. p. 320).

[22] Agostinho Alvim observa que "para que se entenda assumido o risco do caso fortuito extraordinário, é necessário referência expressa" (ALVIM, Agostinho. *Da inexecução das obrigações e suas conseqüências*. São Paulo: Saraiva, 1965. p. 320). Em sentido contrário, Arnoldo Medeiros da Fonseca não exige a indicação de cada um dos riscos assumidos pelo contratante: "Só os riscos decorrentes de casos fortuitos que *foram ou podiam ser previstos* na data da obrigação consideram-se assumidos pelo devedor, no caso de dúvida, pois as exceções devem ser interpretadas restritivamente" (FONSECA, Arnoldo Medeiros da. *Caso fortuito e teoria da imprevisão*. 3. ed. Rio de Janeiro: Forense, 1958. p. 181. Grifos no original).

[23] Aurora Martínez Flórez admite a possibilidade no âmbito do ordenamento jurídico espanhol: "Desde nuestro punto de vista, sin embargo, y sin perjuicio de que las consecuencias sean distintas en una y otra hipótesis, no existe obstáculo en nuestro ordenamiento para que por la vía de la cláusula resolutoria las partes estén distribuyendo o transmitiendo el riesgo a la medida de sus intereses" (MARTÍNEZ FLÓREZ, Aurora. *Las cláusulas resolutorias por incumplimiento y la quiebra*. Madrid: Civitas, 1999. p. 23, nota de rodapé nº 9).

devedor sem culpa –, não se processa a resolução automática do vínculo obrigacional, nascendo para o lesado o direito formativo de resolver a relação.

Isso porque, quando a impossibilidade é temporária, a configuração do inadimplemento absoluto dependerá da demonstração de que o cumprimento posterior conduz à perda de utilidade da prestação para o credor. O mesmo se passa em relação à impossibilidade parcial, em que só parte da obrigação é afetada pela superveniência, aplicando-se o art. 235 do Código Civil. Em ambos os casos, portanto, ao credor caberá pleitear a resolução em face da inutilidade da prestação, que se processará judicialmente, caso não conste do contrato cláusula resolutiva expressa, tendo em vista a necessidade de o juiz aferir se a prestação já não atende, efetivamente, ao interesse do credor.

A gestão legal do risco de impossibilidade temporária ou parcial inimputável permite, então, que o credor pleiteie a resolução judicial da relação obrigacional, se a prestação se tornou inútil, ou a receba no estado em que se encontra – na impossibilidade parcial –, se lhe conservar alguma utilidade. No entanto, aqui também podem as partes, regulando seus interesses de acordo com o programa contratual, determinar, *ex ante* e de comum acordo, que eventos passíveis de conduzir à impossibilidade temporária ou parcial e, consequentemente, à inutilidade da prestação, autorizam a resolução de pleno direito, em alteração, assim, aos efeitos legais da superveniência.

Para tanto, basta a previsão do referido evento necessário e irresistível no suporte fático da cláusula resolutiva expressa, não se exigindo, ao contrário do que se passa quando a impossibilidade decorrente do fortuito é total, a assunção do risco pelo devedor. Isso porque as partes não alteram a partilha legal dos riscos, limitando-se a modificar os efeitos de sua verificação. Por outro lado, se o devedor assumir o risco de forma expressa, há alteração da alocação legal, e a ocorrência do evento configurará inadimplemento absoluto, a permitir ao credor pleitear, também, indenização por perdas e danos.

Imprescindível à resolução, ademais, que a impossibilidade parcial ou temporária decorrente do evento fortuito conduza, inequivocamente, à inutilidade da prestação para o credor. A cláusula resolutiva expressa não se presta à promoção de caprichos, de modo que apenas os atrasos ou as imperfeições que ofendam substancialmente a obrigação, e comprometam a consecução do programa negocial, podem integrar seu suporte fático. Não é suficiente que a prestação se torne menos valiosa, sem repercussões na sua utilidade; indispensável que se torne incapaz de promover o interesse perseguido pelas partes.

Ao lado do caso fortuito, outro risco cuja gestão positiva pode ser realizada por meio da cláusula resolutiva expressa é aquele relativo ao vício redibitório, entendido como o defeito oculto que torna a coisa imprópria ao uso a que se destina ou que lhe diminui o valor de tal modo que, se o credor soubesse da sua existência, não realizaria o negócio pelo mesmo preço (art. 441, CC).

Tais defeitos são designados *redibitórios* justamente porque, quando descobertos, conferem ao credor a possibilidade de redibir a coisa, resolvendo a relação obrigacional, a tornar ineficaz o negócio com a restituição da coisa defeituosa ao antigo dono.[24] Para

---

[24] É o que também observa Arnoldo Wald: "A própria etimologia do adjetivo 'redibitório' explica a finalidade do instituto, que assegura a devolução do objeto ao seu titular anterior" (WALD, Arnoldo. *Direito civil*: direito das obrigações e teoria geral dos contratos. 18. ed. rev. São Paulo: Saraiva, 2009. p. 321. v. 2).

tanto, deverá o adquirente recorrer ao Judiciário, ajuizando a ação redibitória, cujo efeito é exatamente aquele da ação de resolução: a extinção do vínculo obrigacional.[25]

A disciplina dos vícios redibitórios se fundamenta, conforme destaca Caio Mário da Silva Pereira, no *"princípio da garantia* sem a intromissão de fatores exógenos, de ordem psicológica ou moral",[26] e se insere no âmbito da teoria legal do risco.[27] Tal garantia visa assegurar a posse útil da coisa ao credor e, por ser consequência da própria natureza jurídica do contrato comutativo,[28] que pressupõe relativa equivalência entre as prestações, independe da culpa ou má-fé do alienante[29] – a relevância do conhecimento, ou não, do vício oculto pelo alienante se restringe à imposição, ou não, do dever de indenizar.

Para Jorge Cesa Ferreira da Silva, os vícios redibitórios se reconduzem à categoria dicotômica do inadimplemento, qualificando-se os casos de redibição como inadimplemento absoluto. De acordo com o autor, as regras sobre vícios comungam do mesmo fundamento de proteção das regras relativas ao inadimplemento absoluto e à mora. Por essa razão, em vez de incluir os vícios redibitórios em uma terceira categoria de inadimplemento,

> mais correto seria reagrupar as regras sobre vícios na classificação dicotômica: mora e inadimplemento absoluto. Os casos de redibição seriam regulados como inadimplemento absoluto, os de redução proporcional do valor (*quanti minoris*), como impossibilidade parcial [...].[30]

De toda sorte, qualquer que seja o entendimento adotado acerca da natureza jurídica do vício redibitório, não se pode deixar de reconhecer que, tanto no inadimplemento absoluto quanto no vício redibitório que retira a utilidade do bem para o adquirente, há um incumprimento da prestação; e, em ambos os casos, a consequência para o credor é a mesma: frustração do escopo econômico perseguido. Não é por outra razão que, nas duas situações, o ordenamento jurídico oferece ao credor instrumentos de tutela que, embora diversos, produzem igual resultado: a extinção da relação obrigacional.

---

[25] "Os vícios redibitórios são inerentes à coisa vendida; são chamados redibitórios porque podem dar lugar à resolução do contrato" (SANTOS, João Manoel de Carvalho. *Código Civil brasileiro interpretado*. 6. ed. Rio de Janeiro: Freitas Bastos, 1958. p. 335. v. 15).

[26] PEREIRA, Caio Mário da Silva. *Instituições de direito civil*. 19. ed. rev. e atual. Rio de Janeiro: Forense, 2015. p. 107. v. 3.

[27] Para Orlando Gomes, trata-se de garantia de natureza especial, pelo que não se aplicam as regras da teoria geral dos riscos (GOMES, Orlando. *Contratos*. 23. ed. Rio de Janeiro: Forense, 2001. p. 95).

[28] Embora tradicionalmente associada aos contratos comutativos, a garantia por vícios redibitórios há de incidir também nos contratos aleatórios, ainda que de forma diferenciada, reconhecendo-se aos negócios aleatórios o equilíbrio entre as prestações. V., sobre o tema, BANDEIRA, Paula Greco. *Contratos aleatórios no direito brasileiro*. Rio de Janeiro: Renovar, 2009. p. 190-193.

[29] BEVILAQUA, Clovis. *Código Civil dos Estados Unidos do Brasil comentado*. 11. ed. São Paulo: Livraria Francisco Alves, 1958. p. 215. v. 4.

[30] SILVA, Jorge Cesa Ferreira da. *A boa-fé e a violação positiva do contrato*. Rio de Janeiro: Renovar, 2007. p. 199-201. Grifos no original. Na mesma direção, Raquel Salles, partindo da compreensão do inadimplemento como o não cumprimento imputável, subjetiva ou objetivamente, da prestação devida, entende plenamente possível a configuração dos vícios redibitórios como inadimplemento por imputação objetiva. Por essa razão, a autora admite a inclusão de defeitos ocultos no suporte fático da cláusula resolutiva expressa, a autorizar a resolução extrajudicial da relação obrigacional, dispensando o ajuizamento da ação redibitória (SALLES, Raquel Bellini de Oliveira. *Autotutela pelo inadimplemento nas relações contratuais*. 2011. Tese (Doutorado em Direito Civil) – Faculdade de Direito, Universidade do Estado do Rio de Janeiro, Rio de Janeiro, 2011. p. 198-199).

Posto isso, afigura-se lícito e legítimo aos contratantes, valendo-se da alocação de riscos previamente determinada pelo legislador, pactuar, de antemão, na cláusula resolutiva expressa, quais vícios ocultos comprometem irremediavelmente a utilidade da prestação para o credor, a dispensar o ajuizamento da ação redibitória para a resolução do negócio.

A exigência de que a redibição se processe judicialmente decorre da necessidade de o juiz verificar se a alegação de perda de utilidade da prestação pelo credor é, de fato, procedente. Dessa forma, é imprescindível que os contratantes indiquem, de antemão e de comum acordo, em que circunstâncias a prestação não terá mais a utilidade necessária à promoção da função econômico-individual do contrato,[31] não bastando a simples referência a vícios redibitórios na cláusula resolutiva. Do contrário, considerar-se-á a previsão contratual mera cláusula de estilo, remetendo o credor à via judicial.

7.3 O contrato incompleto como instrumento de gestão negativa dos riscos

De outra parte, ao lado da gestão positiva de riscos, desponta o contrato incompleto, assim compreendido como o negócio jurídico que emprega técnica de gestão negativa da álea normal do contrato.[32] Dito diversamente, em algumas hipóteses, a autonomia privada preferirá não alocar positivamente o risco econômico previsível no momento da assinatura do contrato, deixando essa decisão para momento futuro, *quando* e *se* o risco se verificar. Trata-se da denominada *gestão negativa*. Nessa hipótese, os particulares deixam lacunas no negócio, que significam a ausência de determinado elemento da relação contratual que, no entender das partes, será afetado pela oscilação da álea normal. A lacuna representa precisamente essa não tomada de decisão pelos contratantes, que remetem a distribuição dos efeitos do risco para momento futuro, por ocasião de sua verificação.

Em determinados casos, os particulares não conseguem chegar a um acordo quanto a determinada alocação de riscos; as partes desconhecem certos aspectos mercadológicos ou fatores econômicos que poderão afetar o negócio; ou, ainda, simplesmente, não querem decidir sobre a alocação de certo risco de antemão. A despeito disso, desejam concluir o contrato e se vincular em caráter definitivo. Por isso, optam por firmar contrato incompleto, que permite, a um só tempo, instaurar o vínculo jurídico definitivo e postergar a decisão quanto à alocação de determinado risco para momento futuro. Trata-se, em uma palavra, da *não alocação voluntária do risco econômico* (álea *normal*), isto é, do decidir não decidir.

Em outros termos, sobretudo em operações econômicas complexas, marcadas pela duração no *tempo* e pela *incerteza* dos resultados, os particulares poderão concluir contrato em caráter definitivo, mas, concomitantemente, optar por não alocar *ex ante*

---

[31] Não é necessário, portanto, que a prestação já não tenha qualquer utilidade em abstrato, mas apenas que o defeito lhe retire a idoneidade de promover o concreto escopo econômico do contrato. Nesse sentido, confira-se GAROFALO, Luigi. Garanzia per vizi e azione redibitória nell'ordinamento italiano. *Rivista di Diritto Civille*, Padova, v. 47, p. 249, jan./fev. 2001.

[32] Sobre o tema, seja consentido remeter à BANDEIRA, Paula Greco. *Contrato incompleto*. Rio de Janeiro: Atlas, 2015, *passim*.

certos riscos econômicos previsíveis, por entenderem que essa solução melhor atende aos seus interesses *in concreto*. Nesses casos, a autonomia privada celebrará contrato incompleto, o qual representa solução obrigatória, porém flexível, pois permite a abertura do regulamento contratual diante do implemento do risco, postergando, para momento futuro, a decisão quanto à alocação de riscos, segundo critérios já contratualmente definidos.

Diz-se que o regulamento contratual incompleto fornece solução obrigatória, pois estabelece o procedimento que as partes deverão seguir diante da ocorrência do risco para distribuir os ganhos e as perdas econômicas dele resultantes; e, ao mesmo tempo, traduz resposta flexível, vez que as partes irão amoldar o contrato ao novo contexto instaurado com a verificação do risco. O contrato incompleto se adapta, desse modo, à nova realidade contratual.

No contrato incompleto, portanto, as partes, deliberadamente, optam por deixar em branco determinados elementos da relação contratual, como forma de gestão negativa do risco econômico superveniente (*rectius*, álea normal), os quais serão determinados, em momento futuro, pela atuação de uma ou ambas as partes, de terceiro ou mediante fatores externos, segundo o procedimento contratualmente previsto para a integração da lacuna.

Quando e *se* o risco se concretizar, as partes distribuirão os ganhos e as perdas econômicas dele decorrentes, por meio da integração das lacunas, segundo o procedimento definido originariamente no contrato. O preenchimento da lacuna ocorrerá pela atuação de uma ou ambas as partes, de terceiro ou mediante fatores externos, consoante os critérios pactuados.

Eis a função do regulamento contratual incompleto: consentir às partes não alocar *ex ante* os efeitos decorrentes da variação da álea normal do contrato, remetendo essa decisão para momento futuro, como solução que melhor atende aos interesses dos particulares no caso concreto.

A não alocação dos riscos econômicos supervenientes, mediante lacunas, a serem integradas em momento futuro, de acordo com critérios predefinidos, por uma ou ambas as partes, por terceiro ou mediante fatores externos, quando (e se) houver a verificação do risco, traduz os efeitos essenciais que integram a causa do contrato incompleto. O traço distintivo da causa do contrato incompleto corresponde, portanto, à gestão negativa da álea normal do contrato.

Assim, com vistas a se qualificar determinado contrato como incompleto, há de se verificar se o negócio tem por função gerir negativamente a álea normal do contrato. Identificado esse traço distintivo da causa do regulamento contratual incompleto, qualifica-se o concreto negócio como contrato incompleto.

Nesse procedimento unitário de interpretação e qualificação, deve-se investigar, portanto, a causa *in concreto*, ou seja, a *função econômico-individual* ou *função prático-social* do contrato, considerada objetivamente, e identificada no caso concreto, que exprime a racionalidade desejada pelos contratantes. A função econômico-individual do regulamento contratual incompleto há de abranger, em definitivo, o escopo dos contratantes em gerir negativamente a álea normal do contrato.

A perspectiva funcional do contrato incompleto permite, assim, o estabelecimento de critérios para a caracterização dos negócios incompletos e de novos parâmetros interpretativos que guiarão sua execução, figurando o regulamento contratual incompleto como negócio jurídico que atende efetivamente aos interesses concretos dos particulares na gestão de riscos atinentes a complexas operações econômicas, não raro desprotegidos pela insuficiente técnica legislativa regulamentar.

De fato, os tipos contratuais tradicionais disponibilizados pelo ordenamento jurídico se mostram, no mais das vezes, insatisfatórios à proteção dos interesses da autonomia privada no exercício de suas atividades. Máxime em complexas operações econômicas que se protraem no tempo e se revestem de forte incerteza, com possibilidade de superveniência de diversos riscos econômicos.

A autonomia privada elegerá, por conseguinte, nessas hipóteses, o contrato incompleto, com o escopo de gerir negativamente a álea normal do contrato, protegendo os seus interesses contra a oscilação da álea normal, a qual, uma vez verificada, acarretará o desequilíbrio entre as prestações, com ganhos econômicos para um dos contratantes e respectivas perdas para o outro, distribuídos *ex post* mediante os critérios indicados *ex ante* pelas partes. Por outro lado, o contrato incompleto, justamente por não conter disciplina exaustiva dos elementos da relação contratual, exige dos contratantes padrões de cooperação mais elevados relativamente aos contratos dotados de gestão positiva dos riscos, a sofrer incidência diferenciada dos princípios da boa-fé objetiva, da função social, da solidariedade social e do equilíbrio econômico dos pactos.

Conclusão

Há, no ordenamento jurídico brasileiro, duas formas voluntárias de gerir a álea normal dos contratos: a *gestão positiva* e a *gestão negativa*.

Pela gestão positiva, as partes alocam os riscos econômicos previsíveis segundo seus interesses, por vezes de forma diversa daquela prevista em lei. Entre os vários instrumentos postos à disposição das partes, a cláusula resolutiva expressa se destaca pela diversidade de opções que oferece aos contratantes.

A cláusula resolutiva expressa concede ao credor transferir ao devedor o risco de sua insatisfação, ou apenas disciplinar os efeitos decorrentes da concretização de riscos já imputados, pela lei, à contraparte. De regra, utiliza-se o instituto como mecanismo de gestão de específico risco contratual: o inadimplemento absoluto. No entanto, a autonomia privada faculta às partes valer-se da cláusula também para (a) redistribuir as perdas da superveniência de caso fortuito e força maior, bem como (b) alterar os efeitos de alocação anteriormente feita pelo legislador.

No primeiro caso, os riscos passíveis de figurar na cláusula são aqueles que, uma vez concretizados, conduzem à disfuncionalização da relação obrigacional, ou, dito de outro modo, à incapacidade de o vínculo jurídico promover a função econômico-individual para o qual foi concebido. Podem os contratantes gerir acontecimentos inevitáveis e necessários, atribuindo a um deles, expressa e especificamente, as consequências de sua concretização. Assumindo o devedor a obrigação de prestar, a despeito da verificação do evento predeterminado, a impossibilidade da prestação que dele resulte configura inadimplemento absoluto, e autoriza o credor a executar o contrato pelo equivalente ou a resolver a relação extrajudicialmente, sem prejuízo, em ambos os casos, da indenização por perdas e danos.

No segundo caso, incluem-se no suporte fático da cláusula os vícios redibitórios. Os contratantes, valendo-se da alocação de riscos previamente determinada pelo legislador, pactuam, de antemão, que tipos de vícios ocultos comprometem irremediavelmente a utilidade da prestação para o credor, a dispensar o ajuizamento da ação redibitória para a resolução do negócio.

A gestão negativa, por sua vez, implementa-se por meio do contrato incompleto, no qual as partes, de forma deliberada, não alocam *ex ante* o risco econômico previsível superveniente; as perdas e ganhos econômicos decorrentes do evento futuro são distribuídos posteriormente, quando de sua efetiva verificação, mediante o preenchimento da lacuna contratual, de acordo com os critérios já definidos no contrato. O contrato incompleto consiste assim, em uma palavra, em negócio jurídico que emprega técnica de gestão negativa da álea normal do contrato e que, por se revelar como solução flexível, se apresenta, no mais das vezes, como medida que atende de modo mais efetivo aos interesses das partes *in concreto*.

Assim, há de se identificar no caso concreto o modo de alocação de riscos – positivo ou negativo – empregado pelos contratantes, a partir da interpretação da vontade declarada das partes, que poderá ser expressa ou implícita, extraída da interpretação sistemática e finalística das cláusulas contratuais.

Por outro lado, os riscos que fujam à esfera de previsibilidade dos contratantes no caso concreto consistirão em riscos econômicos imprevisíveis, razão pela qual não poderão constituir objeto de gestão pelas partes (não alocação involuntária do risco). Nessa hipótese, presentes os demais pressupostos, aplicar-se-á a teoria da excessiva onerosidade prevista nos arts. 478 e ss. do Código Civil.

Trata-se, portanto, a cláusula resolutiva expressa e o contrato incompleto, de institutos alicerçados sobre a autonomia privada, e que conferem às partes a possibilidade de gerir os riscos a que seu negócio está exposto de forma mais eficaz e consentânea com as peculiaridades do negócio concreto, a fim de melhor promover a consecução dos interesses perseguidos.

Informação bibliográfica deste texto, conforme a NBR 6023:2002 da Associação Brasileira de Normas Técnicas (ABNT):

TERRA, Aline de Miranda Valverde; BANDEIRA, Paula Greco. A cláusula resolutiva expressa e o contrato incompleto como instrumentos de gestão de risco nos contratos. In: TEPEDINO, Gustavo; TEIXEIRA, Ana Carolina Brochado; ALMEIDA, Vitor (Coord.). *Da dogmática à efetividade do Direito Civil*: Anais do Congresso Internacional de Direito Civil Constitucional – IV Congresso do IBDCivil. 2. ed. rev., ampl. e atual. Belo Horizonte: Fórum, 2019. p. 143-155. ISBN 978-85-450-0545-2.

CAPÍTULO 8

A RELATIVIZAÇÃO DO DUPLO LIMITE E DA SUBSIDIARIEDADE NAS AÇÕES POR ENRIQUECIMENTO SEM CAUSA

CARLOS NELSON KONDER

PATRICK SAAR

8.1 Introdução

O campo do chamado direito restituitório, fundado na vedação ao enriquecimento sem causa, em sua trajetória comparativamente menos prestigiada que a responsabilidade civil e os contratos, tem sido, não obstante, objeto de um esforço histórico e incansável pelos poucos doutrinadores que a ele se dedicam, em uma busca quase quixotesca, de uma luta idealista, que carrega a fé e a esperança do cavaleiro em reparar o mundo de grandes problemas – invisível, por vezes, aos olhos mais atentos e leais.[1]

Este estudo busca focalizar dois pontos dessa empreitada que vem ganhando certo destaque no esforço por arejar a teoria do enriquecimento sem causa com novas perspectivas: a relativização da teoria do duplo limite e a interpretação da exigência de subsidiariedade. Trata-se de esforço, ora na figura de Dom Quixote, ora na de Sancho Pança, voltado a lutas que não se mostraram bem-sucedidas no sentido de demonstrar não a certeza dos acertos, mas apenas a viabilidade de algumas tentativas.

---

[1] CERVANTES SAAVEDRA, Miguel de. *Dom Quixote*. Rio de Janeiro: Ediouro, 1985. p. 118.

8.2 A doutrina clássica do enriquecimento sem causa e os novos desafios do lucro da intervenção

O princípio de vedação ao enriquecimento sem causa sempre suscitou ampla divergência por sua generalidade. Visto de uma forma abrangente e aludido como um princípio moral, ligado à justiça comutativa pelo famoso brocardo de Ulpiano ("dar a cada um o que é seu"), o instituto tardou a ser explicitamente positivado no ordenamento brasileiro. Hoje encontrado nos arts. 884 a 886 do Código Civil, pôs-se em questão uma nova consideração, qual seja, o alcance da ação de enriquecimento, chamada tradicionalmente pela doutrina de ação *de in rem verso*.

Enquanto a responsabilidade civil visa, com base no princípio do *neminem laedere*, a reparar um dano sofrido pela vítima em razão de um ato ilícito (culposo) ou em virtude de uma atividade de risco (responsabilidade objetiva), conferindo uma proteção dinâmica ao patrimônio e voltada para o ressarcimento pleno da vítima (obrigação de indenizar), o enriquecimento sem causa é um instrumento de proteção estática do patrimônio, que abarca casos que não seriam cobertos pela responsabilidade civil, pela ausência de seus pressupostos.[2] A reparação do dano sofrido, quando ocorre, é sempre indireta, pois o que se busca é remover a vantagem auferida por um para transferi-la a quem ela era de direito.[3]

A teoria do enriquecimento sem causa, nesses termos, desempenha o papel de inibir quaisquer adições patrimoniais que não tenham um porquê jurídico. Se se paga uma parcela há necessidade de se perguntar o que está sendo pago; feita qualquer benfeitoria ou serviço por uma pessoa, não poderá outra se beneficiar dela sem pagar a devida contraprestação. No entanto, como preceitua Caio Mario da Silva Pereira, esta doutrina, pela ausência de sistematização e aprofundamento dos romanos em níveis tão elevados como se deu nos contratos, obteve seu desenvolvimento e seu respectivo assentamento por meio da doutrina moderna.[4]

Esta, no intuito de traduzir mais cientificamente o instituto, elencou alguns requisitos para a existência do enriquecimento sem causa, como: i) o dano sofrido por um sujeito; ii) o enriquecimento auferido por outro; iii) um nexo de causalidade entre dano e o enriquecimento; iv) a ausência de uma justificativa legal; v) a subsidiariedade da ação de locupletamento e; v) o duplo limite entre o dano e o enriquecimento.[5] Entretanto, ainda que estas reflexões tenham contribuído com alto valor instrumental, houve, com desenvolvimento doutrinário, a relativização de muitos desses requisitos. Assim, hoje, já predomina o entendimento de que para a caracterização do enriquecimento sem causa não é necessário nexo de causalidade entre o dano e o enriquecimento, bastando que ambos derivem da mesma conduta,[6] e que, tecnicamente, sequer o dano seria

---

[2] KONDER, Carlos Nelson. Enriquecimento sem causa e pagamento indevido. In: TEPEDINO, Gustavo (Coord.). *Obrigações*: estudos na perspectiva civil-constitucional. Rio de Janeiro: Renovar, 2005. p. 369-377.

[3] VARELA, João de Matos Antunes. *Direito das obrigações*. Rio de Janeiro: Forense, 1977. p. 188. Sobre a distinção, v. também CAMPOS, Diogo de Leite. Enriquecimento sem causa, responsabilidade civil e nulidade. *Revista dos Tribunais*, v. 71, n. 560, p. 259-266, jun. 1982.

[4] PEREIRA, Caio Mário da Silva. *Instituições de direito civil*. Rio de Janeiro: Forense, 2012. p. 271-278. v. II.

[5] Para uma análise crítica dos requisitos tradicionais e sua evolução, v. NANNI, Giovanni Ettore. *Enriquecimento sem causa*. São Paulo: Saraiva, 2004. p. 224 e ss.

[6] COELHO, Francisco Manuel Pereira. *O enriquecimento e o dano*. Coimbra: Livraria Almedina, 1999. p. 7-19.

um requisito, exigência própria da responsabilidade civil.[7] Outros requisitos, como a subsidiariedade da ação e a contenção no duplo limite, vêm sendo objeto de novas interpretações, especialmente diante de novos desafios que se colocam para o direito restituitório.

Assim, persiste, no ordenamento contemporâneo, a vedação a enriquecer às custas de outrem, sem um fato jurídico idôneo a justificar esse enriquecimento, em decorrência da própria face principiológica do enriquecimento sem causa: o que é de cada um, isto é, o destino econômico de seus direitos e de seus bens, também deve lhe pertencer. Contudo, nem sempre as linhas do que é seu e do que é meu, especialmente quando há algum entrelaçamento patrimonial injustificado, são vistas com tanta facilidade.

Os entrelaçamentos patrimoniais, pela própria integração socioeconômica entre os indivíduos, são imanentes a qualquer sociedade, mas ficam mais frequentes quanto mais complexo se tornar o sistema de circulação de bens. Hipótese cada vez mais frequente é o chamado "lucro da intervenção": o "lucro obtido por aquele que, sem autorização, interfere nos direitos ou bens jurídicos de outra pessoa".[8]

Tome-se o exemplo de uma sociedade que se utiliza ilicitamente da imagem de uma atriz famosa para aumentar a venda de seu produto, obtendo lucros espetaculares. Existe, nessa situação, um dano e também um lucro. Ainda que exista a responsabilização da pessoa jurídica pelo dano causado, que seria a utilização indevida da imagem da cantora e os danos morais, os lucros por ela auferidos conseguiriam não só cobrir os gastos relativos aos danos causados, como também tornar vantajosa a intervenção.[9]

A situação exposta coloca algumas questões justamente frente o alcance da ação de enriquecimento, tais como: o lucro obtido pertence ao interventor (aquele que se utiliza de bem ou direito alheio) ou ao locupletado (aquele cujo bem ou direito fora utilizado indevidamente)? Haveria o referido lucro sem a existência do dito direito locupletado ou sem a atuação do próprio interventor? Isto posto, pertenceria o lucro a ambos e, se sim, em que proporção para cada?

As dificuldades se agravam diante de um caso de lucro da intervenção cujo interventor aja de uma forma menos ofensiva. Imagine-se que dois amigos A e B falem sobre como o trator de B agiliza duas vezes mais o arar da fazenda. B, durante a conversa, entrega as chaves do trator a A, pedindo-lhe de forma ambígua que o utilize da melhor forma possível para que este não se deteriore pois estará fora do estado por alguns meses. Terminada a viagem, sabe B que A utilizou, diversas vezes, seu trator para o arado da própria fazenda de A. Assim, estende-se a mesma pergunta: o lucro auferido pela utilização do trator pertence a A ou a B? Seria de ambos? Se sim, em que medida?

Um e outro caso tratam do mesmo fenômeno, mas poderiam todos os casos, em suas mais diferentes manifestações, serem reconduzidos às mesmas soluções ou esta medida única implicaria injustiça a uma das partes? Em suma, o que seria dar a cada um o que é seu, nos termos da doutrina clássica do enriquecimento sem causa?

---

[7] SAVI, Sérgio. *Responsabilidade civil e enriquecimento sem causa*: o lucro da intervenção. São Paulo: Atlas, 2012. p. 60-61.

[8] SAVI, Sérgio. *Responsabilidade civil e enriquecimento sem causa*: o lucro da intervenção. São Paulo: Atlas, 2012. p. 9.

[9] Sérgio Savi coloca a questão da seguinte forma: "em que medida e a que título, a vantagem patrimonial obtida pelo interventor deve ser restituída ao titular de direito?" (SAVI, Sérgio. *Responsabilidade civil e enriquecimento sem causa*: o lucro da intervenção. São Paulo: Atlas, 2012. p. 9).

O problema do lucro da intervenção teve sua primeira exposição por Fritz Schulz e a solução dada por ele mostrou-se aquém do desejado; para ele, todo o lucro deveria ir ao locupletado, pois foi seu direito ou seu bem a gênese desse entrelaçamento patrimonial indesejado.[10] Contudo, esta solução foi reputada como excessiva defesa do locupletado, de forma a gerar um novo enriquecimento sem causa a partir do saneamento de outro. Não se encontrou, portanto, um ponto que satisfizesse o equilíbrio entre o patrimônio do interventor e o patrimônio do titular do direito. Dessa forma, busca-se o desenvolvimento de parâmetros necessários para reequilibrar a relação sem a criação de um novo locupletamento indevido. Parece que o estabelecimento de tais parâmetros impõe retornar aos requisitos clássicos do enriquecimento sem causa com novo viés interpretativo, em especial a subsidiariedade e o duplo limite.

8.3 Dificuldades da teoria do duplo limite

Diferentemente da responsabilidade civil, cujo montante indenizatório é *a priori* definido pela extensão do dano (art. 944, *caput*, do Código Civil), e cujo fundamento pode ser encontrado na culpa do agente ou no risco de sua atividade (art. 927 do Código Civil), para a ação *de in rem verso* não existem limites positivados, nem explicita o legislador qualquer relevância da consideração da culpa sobre o enriquecimento. Resta à doutrina – exclusivamente – interpretar o art. 884 do Código Civil:

> Aquele que, sem justa causa, se enriquecer à custa de outrem, será obrigado a restituir o indevidamente auferido, feita a atualização dos valores monetários. Parágrafo único. Se o enriquecimento tiver por objeto coisa determinada, quem a recebeu é obrigado a restituí-la, e, se a coisa não mais subsistir, a restituição se fará pelo valor do bem na época em que foi exigido.

Assim, nos casos em que o enriquecimento não era um objeto determinado, mas um acréscimo patrimonial ou a poupança de uma despesa, foi necessário desenvolver uma interpretação que estabelecesse um *quantum* reputado justo. Chamada de "teoria do duplo limite", estabeleceu-se que o valor da restituição não poderia passar de duas formas de calcular o enriquecimento. Para sua compreensão, cumpra abordar a diferenciação entre os conceitos de: i) dano real e dano patrimonial; e ii) enriquecimento real e enriquecimento patrimonial.

A caracterização do dano ou do enriquecimento como "real" diz respeito à sua vinculação direta ao que de fato fora subtraído ou adicionado ao patrimônio. Assim, por exemplo, se furtaram a bicicleta de João, o dano real de João é a bicicleta e o enriquecimento real do assaltante será também a bicicleta.

A qualificação como "patrimonial", por sua vez, envolve a comparação com uma hipótese, isto é, a construção de um cenário que demonstraria o quanto fora perdido ou ganho sem o bem locupletado. Assim, se José é taxista e roubaram o seu carro, o dano patrimonial dele será tudo o que José perdeu e deixou de ganhar com o roubo, isto é, uma estimativa das viagens feitas durante o período do qual foi privado de sua ferramenta

---

[10] COELHO, Francisco Manuel Pereira. *O enriquecimento e o dano*. Coimbra: Almedina, 1999. p. 50-51.

de trabalho. Quanto ao enriquecimento patrimonial, se Carlos fosse administrador de uma loja de roupas de médio-grande porte e, indevidamente, houvesse se utilizado do nome de x para que alcançasse respeito e preferência dos compradores, o acréscimo de vendas atingido, comparado com o que obteria sem o uso do nome alheio, será o valor patrimonial.[11]

Para a teoria do duplo limite estaria o alcance da ação *de in rem verso* não apenas constrito entre o dano real do locupletado e o enriquecimento patrimonial do locupletante, mas necessariamente condicionado ao mais baixo dentre os limites impostos.[12] Ou seja, pela ação de enriquecimento, não se poderia pretender nem mais que o dano real, nem mais que o enriquecimento patrimonial.

Se a atribuição da totalidade do lucro ao locupletado é problemática, também parece controversa a atribuição ao locupletado do menor dos valores entre o dano real e o enriquecimento patrimonial, especialmente nos casos de lucro da intervenção. Em que pese a necessidade de oferecer parâmetros para o alcance da pretensão de enriquecimento, a utilização do dano real de um lado e do enriquecimento patrimonial de outro não parece ser a melhor opção.

A utilização do dano real como um dos limites revela sua fragilidade, de início, nos casos em que o interventor se valeu de direito alheio, sem com ele produzir dano ao patrimônio do locupletado. Em outras palavras, inexistindo dano real e, simultaneamente, devendo optar o aplicador do direito (que se baseia na teoria do duplo limite) pelo menor *quantum* na ação, o valor a ser restituído haveria de ser zero.

O problema com relação ao dano real não se manifesta apenas pela existência de enriquecimentos que não causem danos, mas pela própria utilização de dano (seja patrimonial ou real) em um instituto que visa ao interventor e não ao locupletado. O enriquecimento sem causa não possui como escopo o patrimônio do indivíduo que sofrera o dano, mas sim o do indivíduo que se valeu do direito de outro. O enfoque no dano refere-se ao instituto da responsabilidade civil e não ao do locupletamento indevido.

Nesse sentido, os limites da ação de enriquecimento devem voltar-se ao enriquecimento e a ele exclusivamente. Devem ligar-se ao patrimônio do interventor, ou seja, ao enriquecimento real e ao enriquecimento patrimonial. Nesse cenário, jamais uma ação de enriquecimento estaria limitada ao zero, isto é, ao dano real. Por exemplo, no caso de um jóquei que utiliza um cavalo que não lhe fora disponibilizado e ganha a competição, a ação de enriquecimento começaria do enriquecimento real (que seria o valor da utilização do cavalo) e o enriquecimento patrimonial, que seria o prêmio da corrida. Opõe-se, assim, à utilização do dano real do locupletado, que seria

---

[11] COELHO, Francisco Manuel Pereira. *O enriquecimento e o dano*. Coimbra: Almedina, 1999. p. 25-26: "Chamamos aqui de dano real ao valor objetivo do prejuízo sofrido pelo lesado ou empobrecido; dano patrimonial à diferença entre a situação em que ele presentemente se encontra (situação real) e aquela em que se encontraria se o facto constitutivo da obrigação de indenizar ou restituir não se tivesse verificado (situação hipotética) [...] Não só o dano, porém, pode conceber-se destes dois modos, senão também o enriquecimento. Este corresponderá, numa concepção real, ao valor objectivo da vantagem real adquirida; uma concepção patrimonial, que resulte da comparação entre a situação em que ele presentemente se encontra (situação real) e aquela em que se encontraria se não se tivesse verificado a deslocação patrimonial que funda a obrigação de restituir".

[12] NANNI, Giovanni Ettore. *Enriquecimento sem causa*. São Paulo: Saraiva, 2004. p. 282: "Pela teoria do duplo limite, o empobrecido tem direito à restituição do menor valor entre o empobrecimento e enriquecimento [...] Se da vantagem injustamente obtida surgir um enriquecimento superior ao empobrecimento, o pleito do empobrecido estará limitado ao valor do empobrecimento e não àquele superior, pois passaria a ser enriquecido".

zero e, escolhendo o menor dos dois limites, restaria como zero o objeto da ação de enriquecimento.

Estabelecido que os limites devem ser o enriquecimento real e o patrimonial, e não o dano, afasta-se – nesse ponto – o perigo de intromissões de parâmetros próprios da responsabilidade civil nas delimitações da ação de enriquecimento. Cumpre ainda, todavia, colocar em xeque a determinação indicada, pela versão clássica da teoria do duplo limite, de optar-se pelo menor dos dois. Cabe ponderar se seria possível atribuir ao intérprete a possibilidade de adotar soluções intermediárias entre os dois limites, levando em conta as circunstâncias do caso concreto.

Se pensarmos o que é propriamente o enriquecimento sem causa no lucro da intervenção chegaríamos à conclusão de que ele deve partir do enriquecimento real, ou seja, o bem ou o direito apropriado ou consumido por outrem sem qualquer justificativa legal – essa parcela obrigatoriamente deveria ser restituída ao locupletado. Entretanto, quando o enriquecimento patrimonial for maior que o enriquecimento real, seria isso suficiente? Entra em discussão, após a restituição do enriquecimento real, a porcentagem a ser paga decorrente desta apropriação, no caso, a parcela do enriquecimento patrimonial, que será os efeitos do bem ou direito locupletado sobre o patrimônio do interventor. Assim, esta parcela sofreria dilatação por meio de parâmetros que justificassem que o interventor restituísse mais do que enriquecimento real, ainda que sem ultrapassar o valor do esquecimento patrimonial.

Uma das hipóteses discutidas doutrinariamente consideraria o comportamento do interventor, que pode ser viabilidade pela utilização da boa-fé subjetiva, em analogia às suas menções no Código Civil para casos específicos de intervenção. É o que se observa, por exemplo, no tratamento dos frutos colhidos de bens alheios (arts. 1214-1220), das construções e plantações em terrenos ou com materiais de outrem (arts. 1255-1256), e ainda nos regimes da tradição (art. 1268), da confusão, da comissão e da adjunção (arts. 1272-1274).

A analogia, nesses casos, não é incontroversa, já que eles se referem a hipóteses antigas e mais simples, por vezes inadequadas à complexidade das situações existentes ao lucro da intervenção, bem como uma ampliação indevida das hipóteses em que o ordenamento sanciona a má-fé.[13] Afirma-se, por exemplo, a inviabilidade de serem os bens intelectuais postos sob posse, em virtude de sua natureza diferenciada, como pressupõem alguns artigos sobre a confusão de bens materiais.[14]

Por outro lado, tendo em vista que a ausência de critérios tem levado parte da doutrina a recorrer a critérios próprios da responsabilidade, atribuindo-a ainda função punitivo-pedagógica,[15] resta mais plausível a analogia com um critério utilizado

---

[13] LINS, Thiago. *O lucro da intervenção e o direito à imagem*. Rio de Janeiro: Lúmen Juris, 2016. p. 174. Thiago Lins, nesse sentido, adverte que "tutelar a má-fé por analogia, for das hipóteses legais do possuidor de má-fé, poderia sugerir uma distorção do mecanismo do lucro da intervenção, que visa precipuamente a restituição do lucro, cuja produção estava destinada a outrem. E, ao assim proceder, parece que o enriquecimento sem causa serviria de instrumento de punição da má-fé fora das hipóteses legalmente autorizadas" (LINS, Thiago. *O lucro da intervenção e o direito à imagem*. Rio de Janeiro: Lúmen Juris, 2016. p. 173).

[14] LINS, Thiago. *O lucro da intervenção e o direito à imagem*. Rio de Janeiro: Lúmen Juris, 2016. p. 173.

[15] FARIAS, Cristiano Chaves de; BRAGA NETTO, Felipe Peixoto; ROSENVALD, Nelson. *Novo tratado de responsabilidade civil*. São Paulo: Atlas, 2015. p. 59: "Na responsabilidade civil em sentido restrito, a indenização é medida pela extensão dos danos (art. 944, CC), e que aquele que causar dano a outrem fica obrigado repará-lo (art. 927, CC). Todavia, se o princípio da reparação integral é a própria alma da função reparatória da

pelo legislador de forma recorrente no âmbito dos direitos reais, os indícios de seu comportamento, elementos estritamente casuísticos, do fato frente aos fenômenos do lucro da intervenção. Ambas as figuras, como exposto, poderiam conceder parte de seu lucro ao locupletado, mas a porcentagem concedida, entretanto, haverá de ser menos gravosa para um (interventor de boa-fé) do que para o outro (interventor de má-fé).[16]

Outro critério seria a maior consideração do nexo causal entre a titularidade do direito ou bem locupletado sobre o lucro criado em comparação com a conduta do interventor, verificando-se a proporção em que cada um contribuiu para produzir o lucro. Imagine-se, por exemplo, que A é um aluno de economia e, por algumas análises no mercado de capitais, encontre o momento perfeito para especular. Ele, desesperado em busca de capital, vai a diversos bancos. Contudo, por sua aparente inexperiência, não obtém nenhum recurso. A, então, maliciosamente, engana B (de forma que, posteriormente, mostrou-se inescusável) e toma para si um montante x e, finalmente, aplica o dinheiro. Em um intervalo curto, atinge-se a soma de $200x$.

A má-fé dele, com base no critério anterior, já justificaria conceder a B um valor superior ao enriquecimento real (x). Justificaria, todavia, a devolução da integralidade do enriquecimento patrimonial obtido ($200x$)? Notamos, aqui, a imprescindibilidade do bem de B para a obtenção de todo o patrimônio de A, mas como poderíamos, dado o exemplo, dispensar a aguda destreza de A, seu próprio trabalho?[17] O critério do grau de contribuição causal permitiria, nessas situações, considerar não apenas o ânimo do interventor, mas também os limites que necessitamos dar à "noção rígida do nexo de causalidade".[18]

A complexidade do processo de quantificação, portanto, impõe o debate acerca da consideração desses critérios, impondo, na impossibilidade de um tabelamento rígido próprio da teoria clássica do duplo limite, parâmetros para guiar o intérprete na consideração das peculiaridades do caso concreto.

8.4 A questão da subsidiariedade

Outro problema encontrado na interpretação do enriquecimento sem causa se manifesta na interpretação do art. 886 do Código Civil, no qual se lê: "Não caberá a restituição por enriquecimento, se a lei conferir ao lesado outros meios para se ressarcir do prejuízo sofrido". Para a doutrina tradicional, em qualquer situação em que for aplicável outro instituto do Código Civil não poderíamos aplicar o locupletamento

---

responsabilidade, não podemos olvidar do princípio da prevenção e dos princípios da dignidade da pessoa humana e da solidariedade para prefigurarmos situações em que haverá a condenação de um responsável, sem que se lhe impute qualquer dano atual ou esse dano não possa ser provado ou quantificado. Portanto, melhor do que se afirmar 'responsabilidade sem dano' – que invariavelmente remeteria a uma responsabilidade apriorística – ao lidarmos com a prevenção no âmbito do direito de danos, seja pelo apelo à função punitiva à precaucional, é que se pronuncie responsabilidade independente de dano".

[16] LINS, Thiago. *O lucro da intervenção e o direito à imagem*. Rio de Janeiro: Lúmen Juris, 2016. p. 173.

[17] COELHO, Francisco Manuel Pereira. *O enriquecimento e o dano*. Coimbra: Livraria Almedina, 1999. p. 16, afirma que "o grau de contribuição relativa daqueles bens [do titular], em confronto com os demais factores de produção no processo que o interventor desencadeou e de que resultou o lucro pode ser muito diverso".

[18] LINS, Thiago. *O lucro da intervenção e o direito* à *imagem*. Rio de Janeiro: Lúmen Juris, 2016.

indevido.[19] Isso se torna especialmente mais delicado nos casos em que o enriquecimento sem causa pode ser enquadrado junto com a responsabilidade civil, como acontece, por vezes, nas hipóteses de lucro de intervenção.

Por exemplo, nos casos em que o lucro decorrente da intervenção for maior do que o dano causado pela intervenção, como no exemplo da atriz, se seguíssemos a interpretação de subsidiariedade dada ao locupletamento indevido nesses termos abrangentes, seria inutilizado o instituto, e continuaria a persistir o lucro da intervenção. A demanda de responsabilidade civil se limitaria à extensão do dano e o lucro restante ficaria para o interventor, tornando vantajosa sua intervenção ilícita. Nessa mera colocação, já se mostra problemática a interpretação normalmente dada ao art. 886 do Código Civil, isso porque dano e enriquecimento são fenômenos diferentes.

Em doutrina, não é rara a estratégia de, nesses casos, dispensar a invocação do enriquecimento sem causa, majorando à indenização devida para atribuir-lhe função punitiva, ao arrepio do disposto no *caput* do art. 944 do Código Civil, segundo o qual a indenização mede-se pela extensão do dano.[20] No entanto, tal postura parece ainda mais problemática que o esforço por relativizar a regra de subsidiariedade do enriquecimento sem causa, já que a atribuição de uma função punitiva às verbas indenizatória sem a devida previsão legal sacrifica o princípio da tipicidade (*nullum crimen, nulla poena sine lege*); importa *bis in idem*, já que vários atos geradores também são crimes; implica procedimento punitivo sem os mecanismos processuais e as garantias típicas do procedimento penal; o efeito punitivo é mitigado no âmbito civil porque nem sempre o responsável direto é o culpado, como nos casos de seguro de dano; enfim, mistura-se reparação com punição e, enquanto a punição considera dano causado, a responsabilidade civil considera o dano sofrido.

Além disso, a possibilidade de majorar a indenização com o intuito punitivo, bem como a possibilidade – esta reconhecida no parágrafo único do mesmo dispositivo – de reduzir a indenização com base no grau de culpa esbarram no mesmo problema de mensuração. Cumpre, portanto, persistir no esforço de interpretar a regra da subsidiariedade de maneira a impedir as intervenções lucrativas pelo enriquecimento sem causa nos casos em que também se configure hipótese de responsabilidade civil.

Consideremos novamente o exemplo de dois amigos A e B que falam sobre como o trator de B agiliza duas vezes mais o arar da fazenda. B, durante a conversa, entrega as chaves do trator a A, pedindo-lhe que o guardasse, pois estará fora do estado por alguns meses e está atrasado para seu voo. Terminada a viagem, sabe B que A utilizou, diversas vezes, seu trator para o arado da própria fazenda, impedindo que fazenda do próprio B fosse arada. O dano e o enriquecimento seriam a utilização do trator? Seria o indivíduo A imputado duplamente pelo mesmo fato, mas por justificativas diversas? Cumpre examinar a interpretação adequada a ser dada à subsidiariedade do art. 886 do Código Civil.

---

[19] NANNI, Giovanni Ettore. *Enriquecimento sem causa*. São Paulo: Saraiva, 2004. p. 265-266.

[20] ROSENVALD, Nelson. *As funções da responsabilidade civil*. São Paulo: Atlas, 2012. p. 209; TEFFÉ, Chiara Antonia Spadaccini de. A restituição do lucro da intervenção nos casos de violação aos direitos da personalidade: uma questão entre o enriquecimento sem causa e a responsabilidade civil. In: MONTEIRO FILHO, Carlos Edison do Rêgo (Coord.). *Direito das relações patrimoniais*: estrutura e função na contemporaneidade. Curitiba: Juruá, 2014. p. 35-68; LEVY, Daniel de Andrade. *Responsabilidade civil*: de um direito dos danos a um direito das condutas lesivas. São Paulo: Atlas, 2012. p. 115.

Os institutos abordam prismas diferentes sobre o mesmo evento. A utilizou o trator de B e, simultaneamente, lucrou com isso. Assim, não só B deve ser ressarcido pelo dano sofrido, decorrente da indisponibilidade do bem para os fins dados, como também deve o patrimônio de A sofrer uma diminuição pelo enriquecimento obtido injustificadamente, o lucro obtido pela utilização em sua própria fazenda, restituindo a B o que lhe é de direito.

Para melhor fixar a questão, cumpre retomar as considerações feitas quanto aos limites da ação de enriquecimento: estaria, de um lado, o enriquecimento real (o custo poupado com a utilização não autorizada do trator, o valor de mercado do seu aluguel, por exemplo) e, do outro, o enriquecimento patrimonial (o aumento da produção obtido, em comparação com o que teria ocorrido se não utilizado o trator de B). Como deve o ordenamento ser capaz de subtrair esta adição patrimonial indevida? Como conciliar isso com o valor que já será pago pelo prejuízo causado a B por impedi-lo de arar as próprias terras? Não há de se confundir as ações propostas: enriquecimento sem causa e responsabilidade civil em diversas situações são institutos necessariamente complementares.

Na parte final do art. 886 do Código Civil é visto que a subsidiariedade somente se aplica quando "a lei conferir ao lesado outros meios para se ressarcir do prejuízo sofrido". O que daria base para interpretar a subsidiariedade seria a ideia de *dano*, explicitada no artigo ao se falar em *prejuízo*. Orlando Gomes já expunha suas reservas frente à ação de enriquecimento:

> A ação de enriquecimento sem causa cabe toda vez que, havendo direito de pedir a restituição de bem obtido sem causa justificativa da aquisição, o *prejudicado* não dispõe de outra ação para exercê-lo. Tem, portanto, caráter subsidiário. Só se justifica nas hipóteses em que não haja outro meio para obter a *reparação do direito lesado*. A esta conclusão, aceita pela maioria dos escritores, chegou o direito italiano no qual não cabe, quando o *prejudicado* pode obter por meio de outra ação, *indenização do dano* sofrido. Se não fora assim, todas as ações seriam absorvidas pela in rem verso, convertido o princípio condenatório do enriquecimento sem causa numa panaceia.[21]

Assim, é necessário ter em vista que a redação do art. 886 do Código Civil se constrói das palavras-chave naturais à responsabilidade civil (*prejudicado, reparação do direito lesado* e *indenização do dano*), enquanto para a aplicação do enriquecimento sem causa é necessária única e exclusivamente a ausência de uma justificativa legal para a obtenção de dado lucro, como preleciona o art. 884 do Código Civil. Assim, até o ponto em que a vítima tem meios para se ressarcir do dano, presentes os pressupostos da responsabilidade civil, não se aplica o enriquecimento sem causa, mas a partir do ponto em que o lucro obtido extravasa o dano, ou que falta algum outro requisito para a demanda indenizatória, não haveria obstáculo à aplicação do enriquecimento sem causa.

Imagine-se o seguinte exemplo: A equivocadamente depositou na conta de B a quantia x. Nesse caso, A incute a B uma situação de enriquecimento sem causa. No caso exposto, a quantia x depositada é vista como dano (visto pelo patrimônio de A) e também como enriquecimento (visto pelo patrimônio de B), em um mero deslocamento

---

[21] GOMES, Orlando. *Obrigações*. Rio de Janeiro: Forense, 1978. p. 302.

patrimonial. Contudo, faltando os elementos necessários à responsabilidade civil, como há ausência de culpa de B na criação do dano e, consequentemente, ausência de um polo passivo para a ação de responsabilidade, não haveria possibilidade de ser resolvida a questão pela responsabilidade civil.

Com isso, mostra-se o enriquecimento sem causa como a *ultima ratio* para o saneamento de deslocamentos patrimoniais cuja existência seja de alguma forma autônoma a quaisquer requisitos essenciais à responsabilidade civil. Assim, nota-se o carácter *específico* do art. 886 do Código Civil, pelo qual um acréscimo patrimonial injustificado é resolvido pelo desfazimento de um enriquecimento, quando inaplicáveis ou insuficientes os mecanismos da responsabilidade civil, como por vezes ocorre nos exemplos do lucro da intervenção.

8.5 Conclusão

Diversos são os debates que se verificam na doutrina brasileira de forma a possibilitar o desenvolvimento do direito restituitório. Entre eles merecem destaque, em primeiro lugar, as reformulações na teoria do duplo limite, para rejeitar a utilização dos danos reais (empobrecimento do titular do direito/bem), cuja sustentação não encontra esteio na fórmula "às custas de outrem", do art. 884 do Código Civil, bem como para considerar o enriquecimento real e patrimonial como limites mínimo e máximo para o objeto da restituição, desenvolvendo critérios para essa ponderação, e não se pautar apenas no menor dos dois.

Em segundo lugar, no que tange à subsidiariedade, que impossibilitaria a aplicação em conjunto com qualquer outro instituto, segundo uma leitura inicial do art. 886 do Código Civil, cumpre repensar seu significado especialmente no que tange à responsabilidade civil. Assim, o empecilho somente se manifestaria até onde presentes os requisitos para a ação indenizatória, em prejuízo da incidência da ação de enriquecimento caso persista lucro após o ressarcimento do dano.

É fato que os excitantes debates que regem as novas leituras do enriquecimento sem causa não trazem respostas fechadas às questões que contemporaneamente se colocam, mas servem para, de forma ponderada, estimular os potenciais ainda dormentes deste instituto pouco conhecido.

Informação bibliográfica deste texto, conforme a NBR 6023:2002 da Associação Brasileira de Normas Técnicas (ABNT):

KONDER, Carlos Nelson; SAAR, Patrick. A relativização do duplo limite e da subsidiariedade nas ações por enriquecimento sem causa. In: TEPEDINO, Gustavo; TEIXEIRA, Ana Carolina Brochado; ALMEIDA, Vitor (Coord.). *Da dogmática à efetividade do Direito Civil*: Anais do Congresso Internacional de Direito Civil Constitucional – IV Congresso do IBDCivil. 2. ed. rev., ampl. e atual. Belo Horizonte: Fórum, 2019. p. 157-166. ISBN 978-85-450-0545-2.

CAPÍTULO 9

QUAIS OS IMPACTOS DA BOA-FÉ OBJETIVA NO DIREITO SOCIETÁRIO?[1]

MARCOS EHRHARDT JR.

Introdução

Ao tratarmos da boa-fé na experiência jurídica brasileira, não podemos perder de vista que sua compreensão está relacionada aos fatores socioculturais de determinado lugar e momento, refletindo a realidade que informa a ordem jurídica em que está inserida. No entanto, tal constatação dificulta sua análise e, sobretudo, a comparação de sua utilização nos diversos ordenamentos jurídicos.

Tendo como ponto de partida a tradicional dicotomia entre boa-fé subjetiva e boa-fé objetiva, devemos anotar que a boa-fé subjetiva ("boa-fé crença") relaciona-se ao desconhecimento de determinada circunstância, no que difere da boa-fé em sua dimensão normativa, a boa-fé objetiva, que diz respeito à confiança e à legítima expectativa do sujeito ("boa-fé lealdade"). Embora seja possível distinguir as espécies, deve-se anotar que não existe independência entre elas, pois sua divergência serve de medida para a complementação dos conceitos.

Na última década, o avanço nos estudos da espécie objetiva da boa-fé parece ter provocado em alguns a falsa impressão de que tal conceito tem por função substituir a perspectiva subjetiva do instituto, o que não é o melhor entendimento para descrever a situação. A relação entre as noções subjetiva e objetiva de boa-fé deve ser de coexistência, complementariedade, não sendo útil eliminar a análise dos aspectos subjetivos, em diversas situações que inclusive continuam previstas na legislação de regência.

---

[1] Artigo baseado na palestra proferida durante o IV Congresso Internacional do IBDCivil, realizado no Rio de Janeiro em 20.10.2016.

Na disciplina do direito empresarial no Código Civil, temos exemplo de aplicação de boa-fé subjetiva no disposto no art. 164 do citado diploma legal, que prescreve a presunção de boa-fé nos negócios ordinários indispensáveis à manutenção de estabelecimento mercantil, rural, ou industrial, ou à subsistência do devedor e de sua família. O mesmo também se verifica no art. 1049, que dispensa o sócio comanditário da reposição de lucros recebidos de boa-fé e de acordo com o balanço. No mesmo sentido, o art. 1.149, ao tratar da cessão dos créditos referentes ao estabelecimento transferido, dispõe que esta produzirá efeito em relação aos respectivos devedores, desde o momento da publicação da transferência, mas o devedor ficará exonerado se de boa-fé pagar ao cedente.

Enfim, impõem-se ao intérprete a tarefa de avaliar qual espécie de boa-fé deve ser empregada na disciplina do caso concreto, sendo necessário destacar que a espécie objetiva passou a ser estudada como fonte de múltiplas funções em nosso sistema, assumindo papel de protagonista para os fins deste estudo.

9.1 Funções da boa-fé objetiva em nosso sistema

Como já tivemos oportunidade de analisar,[2] a doutrina costuma distinguir três funções primordiais para a utilização da boa-fé objetiva em nosso sistema jurídico, iniciando pela função *interpretativa* prescrita no art. 113 do CC/02, que estabelece que os negócios jurídicos devem ser interpretados "conforme a boa-fé e os usos do lugar de sua celebração". Junte-se a essa, a *função de controle*, servindo de *standard*, arquétipo social adequado, para limitação do exercício abusivo ou disfuncional de direitos, conforme determina o art. 187 do referido diploma.

No campo do direito obrigacional, surge mais uma das funções comumente atribuídas à boa-fé, desta vez relacionada à criação de novos deveres no tráfego jurídico. Trata-se da *função integrativa* (art. 422), que, para Enzo Roppo, permite determinar a medida e a qualidade das obrigações que resultam do próprio contrato, numa lógica de respeito da autonomia privada.[3]

O dever geral de boa-fé é atendido quando as partes desempenham suas condutas de modo honesto, leal e correto, evitando causar danos ao outro (dever de proteção) e garantindo o conhecimento de todas as circunstâncias relevantes para a negociação (dever de informação) – comportamento que faz florescer laços de confiança entre os contratantes. A boa-fé, por conseguinte, exige a adoção de uma postura proativa, traduzida em esmero, dedicação e cooperação na relação obrigacional, enfim, tudo o que se espera de uma fraterna convivência.

A exata compreensão desse instituto não deve se limitar ao desenvolvimento de obrigações negativas. Dito de outro modo: não basta que cada um dos figurantes da relação obrigacional se abstenha de praticar atos que reduzam as possibilidades da outra parte de obter o máximo de proveito da prestação; a boa-fé prescreve a obrigação de cada um dos sujeitos de realizar tudo quanto esteja ao seu alcance para assegurar

---

[2] Cf. EHRHARDT JR., Marcos. *Responsabilidade civil pelo inadimplemento da boa-fé*. Belo Horizonte: Fórum, 2014.

[3] ROPPO, Enzo. *O contrato*. Tradução de Ana Coimbra e M. Januário C. Gomes. Coimbra: Almedina, 2009. p. 290.

à contraparte o resultado útil almejado, independentemente de tais condutas estarem expressamente previstas no contrato.

Por isso, seu conceito não pode ser encontrado na análise do texto legal, mas sim na decisão judicial que aprecia como deve ocorrer sua aplicação, levando em consideração as circunstâncias do caso concreto, exigindo, para sua compreensão, mais da análise da atividade judicial do que da análise de textos doutrinários.[4]

Desse modo, a exigência de boa-fé no comportamento das partes impõe limites objetivos ao tráfego jurídico, desde o período pré-contratual (*in contraendo*) e até mesmo após o encerramento do negócio (deveres *pos factum finitum*), ensejando uma verdadeira transeficácia da relação contratual, cuja intensidade é inversamente proporcional ao espaço de autonomia privada reservado aos contratantes.

Decorreriam da boa-fé os seguintes deveres:

a) *Dever de proteção*, que impõe às partes a obrigação de prevenir danos, tanto em relação ao objeto da prestação como também em relação às esferas jurídicas das partes e eventualmente de terceiros, e se desdobra na exigência da manutenção de um comportamento diligente; exigência de velar pelo adequado fluxo da relação jurídica obrigacional com *cuidado, previdência* e *segurança*.

b) *Dever de informação*, que impõe às partes a obrigação de *advertir, explicar, esclarecer, avisar, prestar contas*, sempre que se fizer necessário, em especial quando da ocorrência de circunstância ainda desconhecida da outra parte, mas necessária ao pleno desenvolvimento da relação jurídica obrigacional na direção do melhor adimplemento possível.

c) *Dever de cooperação*, que impõe às partes a obrigação de mútuo auxílio na superação de eventuais obstáculos surgidos em qualquer fase do desenvolvimento da relação jurídica obrigacional, por vezes confundindo-se com a exigência de *fidelidade* e *lealdade* entre as partes contratantes, que entre outras condutas pode ensejar o dever de omissão e segredos de informações obtidas no *iter* obrigacional para preservação de interesses comuns ou específicos de um dos figurantes.

Ainda em referência à exigência de lealdade, resta destacar sua íntima relação com a *confiança* depositada no outro contratante,[5] originada de comportamentos anteriormente adotados pelos sujeitos, que em razão de tal postura passaram a acreditar em determinado desdobramento da situação, não podendo a expectativa fundada em elementos fáticos aferíveis objetivamente ser violada sem qualquer justificativa.[6]

---

[4] Sobre o tema: "O princípio da boa-fé objetiva, em matéria societária, deve ser interpretado à luz das práticas do mercado de capitais, títulos e valores mobiliários e dos princípios e normas que as informam, todos extraídos das leis especiais que regem esse mercado" (Quarta Turma. REsp nº 1.162.117/SP. Rel. Min. João Otávio de Noronha, Rel. p/ Acórdão Min. Raul Araújo, j. 4.9.2012. *DJe*, 20 nov. 2014).

[5] "No atual cenário da economia nacional e internacional, altamente dependente da saúde financeira do setor empresarial, a eticidade nas relações interna corporis das companhias é bem jurídico igualmente digno de tutela, por meio do estímulo à segurança e à transparência das operações financeiras. Por tais motivos, urge aplicar-se o princípio da confiança, a fim de resguardar a boa-fé dos sócios minoritários, bem como de toda a comunidade, diante de eventuais situações jurídicas geradas por um comportamento desleal dos administradores e sócios-controladores das pessoas jurídicas" (Segunda Turma. REsp nº 1.130.103/RJ. Rel. Min. Castro Meira, j. 19.8.2010. *DJe*, 30 ago. 2010).

[6] Neste sentido, o Superior Tribunal de Justiça já decidiu: "RECURSO ESPECIAL. INCORPORAÇÃO. EXTINÇÃO DA PERSONALIDADE JURÍDICA DA INCORPORADA. DIREITOS E OBRIGAÇÕES TRANSMITIDOS À INCORPORADORA. SUCESSÃO A TÍTULO UNIVERSAL. NOVAÇÃO. INTENÇÃO DE NOVAR.

A partir deste substrato de deveres, fica evidente o quão dúctil é a noção objetiva de boa-fé objetiva sendo importante que sua compreensão e utilização não fique restrita aos operadores do direito, razão pela qual propomos um diálogo entre as diversas matizes de deveres acima expostos, com termos mais comuns às ciências da administração e da economia, merecendo destaque o *compliance*, vale dizer, "conformidade", como elemento inerente à compreensão do atual conceito de governança corporativa.

9.2 O necessário diálogo com práticas de governança corporativa para ampliação da aplicação dos deveres decorrentes da boa-fé objetiva

A complexidade do cenário empresarial e regulatório está aumentando significativamente, como ocorre em todos os demais setores de interação social. A sociedade de hoje é mais consciente de seus deveres para com o meio ambiente, preocupa-se com direitos humanos em escala global, busca alternativas para modelos econômicos e formas de relação de trabalho estabelecidos nos primórdios da revolução industrial, tenta acompanhar o desenvolvimento tecnológico e os avanços científicos que foram decisivos para a informação ocupar lugar de destaque em nosso tempo. Em meio a essas mudanças, nas últimas décadas, a *responsabilidade corporativa* disseminou-se, sendo pauta constante na mídia e assunto de recorrente interesse para governos, empresários e sociedade civil organizada.

A preocupação com o cumprimento das normas legais e regulamentares, com as políticas e as diretrizes estabelecidas para o negócio, bem como para com as atividades da empresa, recebe vários nomes, tais como ética empresarial, sustentabilidade, cidadania corporativa ou responsabilidade social corporativa. À medida que proliferam demandas por regulação, os *stakeholders* aumentam suas expectativas acerca das decisões empresariais tanto em relação ao ambiente interno da corporação, quanto em relação aos consumidores, fornecedores e agências governamentais de fiscalização, diante do impacto nos objetivos de desempenho que já não são mais direcionados exclusivamente para a performance financeira.

Em nosso país, tanto no âmbito institucional como no corporativo, o termo mais associado à necessidade do estabelecimento de regras de responsabilidade corporativa é o *compliance*. Segundo os dicionários, o termo *compliance* tem origem no verbo inglês *to comply*, que significa "agir de acordo com uma regra, uma instrução interna, um comando ou um pedido". Trata-se, por conseguinte, do conjunto de disciplinas para fazer cumprir as normas legais, as políticas e as diretrizes estabelecidas para as atividades

---

PREEXISTÊNCIA DE OBRIGAÇÃO. CRIAÇÃO DE NOVA OBRIGAÇÃO. [...] 6. O intento da autora Bortolazzo de cobrar valores supostamente devidos pela incorporada Transtil, após expressamente quitar toda e quaisquer dívidas com a incorporadora Vonpar, por meio de novação da relação contratual havida entre as três desde 1982, atenta contra o princípio da boa-fé objetiva, notadamente em sua vertente do venire contra factum proprium.7. Consiste tal princípio em diretriz pautada sobretudo na boa-fé, segundo a qual 'a ninguém é lícito fazer valer um direito em contradição com sua anterior conduta, quando essa conduta interpretada objetivamente segundo a lei, os bons costumes ou a boa-fé, justifica a conclusão de que não se fará valer o direito, ou quando o exercício posterior choque contra a lei, os bons costumes ou a boa-fé' (Apud, NERI JUNIOR, Nelson. Código civil comentado [...], 6. ed. p. 507)" (Quarta Turma. REsp nº 1.297.847/RS. Rel. Min. Luis Felipe Salomão, j. 17.10.2013. *DJe*, 28 out. 2013).

empresariais, o que não se limita a uma função repressora de responsabilizar agentes por violações detectadas.

Busca-se evitar qualquer desvio ou inconformidade que possa ocorrer, razão pela qual é essencial o investimento no desenvolvimento de processos para conscientização das pessoas envolvidas que evitem desvios nos procedimentos recomendados para cada situação, assumindo-se uma postura proativa, pois já não basta conhecer as normas. É preciso agir em conformidade, pautando qualquer conduta na ética e idoneidade das relações pessoais e negociais, dentro e fora da corporação.

Pode-se encontrar um bom substrato de atuação da boa-fé na intersecção entre boas práticas de governança corporativa e gestão de risco, tão em voga em tempos de reestruturações estratégicas, organizacionais e tecnológicas. As luzes que decorrem dos deveres da boa-fé podem iluminar decisões de negócio, definir a velocidade de inserção de novos produtos para o mercado, bem como orientar o acompanhamento e correção de não conformidades tanto internamente quanto no relacionamento com clientes, fornecedores e agentes públicos responsáveis pela fiscalização da atividade.

Ao analisarem este tema, Adriana Andrade e José Paschoal Rossetti[7] relacionam alguns princípios que podem orientar as práticas de governança corporativa: a transparência (*disclosure*), a isonomia (*fairness*), a prestação de contas (*accountability*) e a responsabilidade corporativa (*compliance*), que podem facilmente dialogar com os deveres de proteção, informação e cooperação descritos acima, quando apresentadas as funções da boa-fé objetiva em nosso sistema.

A exigência de *disclosure*, ou seja, transparência no trato das informações que impactam nos negócios (sobretudo as relacionadas com resultados, oportunidades e riscos), faz com que a conduta esperada de qualquer envolvido no cenário negocial seja a de disponibilização dos dados a todas as partes interessadas, em linguagem acessível e no espaço de tempo necessário para reflexão e análise antes da tomada de qualquer tipo de decisão. Tem-se aqui o dever de informar, que, para além do simples dever de fornecer dados, precisa envolver ações relacionadas a esclarecimento e advertência, sempre que necessário.

Sonegar relatórios ou notícias relevantes, por exemplo, pode ter o mesmo impacto de só liberar o acesso a elas minutos antes de uma deliberação importante. Há de se preocupar com o conteúdo da informação, o modo como ela foi disponibilizada, o tempo necessário à compreensão dos dados, a análise e reflexão por parte de todos que estão envolvidos em decisões gerenciais e/ou estratégicas, como também por parte de quem, em tese, poderia ser atingido pelas consequências das decisões tomadas com base nos dados apresentados, ainda que tais pessoas não integrem os órgãos de deliberação da corporação.

Não raro, esse nível de cuidado com o tratamento da informação é diretamente proporcional ao tamanho da participação dos acionistas, havendo clara distinção entre os que possuem posição majoritária em detrimento aos minoritários. Garantir isonomia significa assegurar tratamento equitativo dos acionistas e de qualquer outro interessado que porventura possa ser atingido pela atividade da empresa.

---

[7] ANDRADE, Adriana; ROSSETTI, José Paschoal. *Governança corporativa*. 4. ed. São Paulo: Atlas, 2009.

Um bom caminho para garantir esse comportamento é a atenção e o cuidado com a prestação de contas, o que demonstra transparência, sempre que boas práticas contábeis e de auditoria são empregadas. Para além do dever de informar, já descrito acima, vislumbra-se nesse particular a observância do dever de cooperação, que por imperativo legal, *ex vi* do disposto no art. 422 do CC/02, deve ser atendido em qualquer tipo de relação negocial.

Mas as condutas descritas acima, quando direcionadas ao cumprimento das leis, regulamentos e valores corporativos, apresentam um custo financeiro permeado de polêmica. Em outras palavras: como justificar, num cenário no qual o lucro ainda é o principal critério de avaliação da eficiência das atividades empresariais, o custo do *compliance*?

Aqui é o ponto em que perspectivas imediatistas e reducionistas, geralmente focadas em resultados financeiros, costumam colidir frontalmente com pontos de vista voltados ao futuro da atividade empresarial, tornando-se um dos maiores desafios para os responsáveis pela governança corporativa, pois, tradicionalmente, costuma-se destinar os recursos atualmente alocados para ações de *compliance* na distribuição dos lucros dos acionistas.

Para orientar a solução da questão, mais do que os custos por não estar em *compliance*, deve-se ponderar os benefícios por estar em conformidade.

Os custos de não estar em *compliance* são elevados e podem ser analisados sob diferentes perspectivas, pois o dano à reputação da corporação se configura de várias formas: publicidade negativa, redução do número de clientes, perda de margem de lucro e despesas com litígios... Anote-se que as variáveis aqui mencionadas não abrangem os custos decorrentes da relação da corporação com o Poder Público, uma vez que a inobservância das regras de *compliance* pode acarretar ainda processos administrativos com o objetivo de aplicação de multas ou cassação de licenças de operação, processos criminais, ambientais, entre outros...

Quando a responsabilidade corporativa, orientada pela boa-fé objetiva, entra em cena, não é difícil perceber o incremento de ganhos tangíveis para empresas, que se materializam sob a forma de diversos fatores que agregam valor, quer seja de modo indireto (melhora da imagem institucional, sem investimento específico em publicidade, por exemplo), quer seja de modo direto (*v.g.* inovação do processo de produção, aumentando competitividade).

Cria-se um ambiente de iniciativa positiva de estímulo a novas formas de produzir e consumir com responsabilidade, buscando-se soluções social e ambientalmente responsáveis para o crescimento de todos.[8]

---

[8] Sobre o tema, ver também: BRASIL. Ministério do Meio Ambiente. *Do conceito de P+L para o conceito de PCS.* Disponível em: <http://www.mma.gov.br/responsabilidade-socioambiental/producao-e-consumo-sustentavel/conceitos>.

9.3 Necessidade de ressignificação do ordenamento jurídico na perspectiva do dever geral de boa-fé objetiva

O item anterior nos faz refletir sobre o estágio de evolução da legislação empresarial brasileira e sua compatibilidade com a atual compreensão do dever geral de boa-fé objetiva e suas múltiplas funções. Analisando a LSA (Lei nº 6404/76), em relação aos deveres dos administradores ali disciplinados, encontraremos um substrato que pode servir como ponto de partida para a construção de uma interpretação consentânea com os elementos que caracterizam a governança corporativa, afinal, nos termos do art. 153 do referido diploma legal, o administrador da companhia deve empregar, no exercício de suas funções, o cuidado e a diligência que todo homem ativo e probo costuma empregar na administração dos seus próprios negócios.

Não faz sentido imaginar um ambiente empresarial imune à evolução doutrinária e jurisprudencial iniciada com o advento da Constituição Federal de 1988 e que se consolidou com a entrada em vigor do Código Civil de 2002. O próprio art. 154 da LSA preconiza a necessidade de observância das "exigências do bem público e da função social da empresa", o que deve ser interpretado em harmonia com a solidariedade social consagrada em nossa Lei Fundamental.

Ao disciplinar o dever de lealdade dos administradores (art. 155),[9] a LSA apresenta importante regulamentação sobre a prevenção de conflito de interesses (art. 156) e também sobre o dever de informar, deixando claro que a revelação dos atos ou fatos só poderá ser utilizada no legítimo interesse da companhia ou do acionista, respondendo os solicitantes pelos abusos que praticarem.

Cumpre ao art. 158 da já referida Lei das Sociedades Anônimas disciplinar a responsabilidade dos administradores, que tanto pode ocorrer por uma conduta comissiva (o inc. II trata da violação de lei ou estatuto), quanto por uma conduta omissiva, quando, por exemplo, o administrador é conivente com atos ilícios de outros gestores ou, deles tendo conhecimento, deixar de agir para impedir a sua prática (*vide* §1º do citado art. 158).

Sobre o tema da responsabilidade do administrador, vale apresentar decisão que ilustra posicionamento do Superior Tribunal de Justiça sobre o assunto:

> DIREITO EMPRESARIAL. RESPONSABILIDADE CIVIL. SOCIEDADE ANÔNIMA. DIRETORIA. ATOS PRATICADOS COM EXCESSO DE PODER E FORA DO OBJETO SOCIAL DA COMPANHIA (ATOS ULTRA VIRES). RESPONSABILIDADE INTERNA CORPORIS DO ADMINISTRADOR. RETORNO FINANCEIRO À COMPANHIA NÃO

---

[9] "Art. 155. O administrador deve servir com lealdade à companhia e manter reserva sobre os seus negócios, sendo-lhe vedado: I - usar, em benefício próprio ou de outrem, com ou sem prejuízo para a companhia, as oportunidades comerciais de que tenha conhecimento em razão do exercício de seu cargo; II - omitir-se no exercício ou proteção de direitos da companhia ou, visando à obtenção de vantagens, para si ou para outrem, deixar de aproveitar oportunidades de negócio de interesse da companhia; §1º Cumpre, ademais, ao administrador de companhia aberta, guardar sigilo sobre qualquer informação que ainda não tenha sido divulgada para conhecimento do mercado, obtida em razão do cargo e capaz de influir de modo ponderável na cotação de valores mobiliários, sendo-lhe vedado valer-se da informação para obter, para si ou para outrem, vantagem mediante compra ou venda de valores mobiliários. [...] §4º É vedada a utilização de informação relevante ainda não divulgada, por qualquer pessoa que a ela tenha tido acesso, com a finalidade de auferir vantagem, para si ou para outrem, no mercado de valores mobiliários".

DEMONSTRADO. ÔNUS QUE CABIA AO DIRETOR QUE EXORBITOU DE SEUS PODERES. ATOS DE MÁ GESTÃO. RESPONSABILIDADE SUBJETIVA. OBRIGAÇÃO DE MEIO. DEVER DE DILIGÊNCIA. COMPROVAÇÃO DE DOLO E CULPA. INDENIZAÇÃO DEVIDA. RESSALVAS DO RELATOR.

1. As limitações estatutárias ao exercício da diretoria, em princípio, são, de fato, matéria interna corporis, inoponíveis a terceiros de boa-fé que com a sociedade venham a contratar. E, em linha de princípio, tem-se reconhecido que a pessoa jurídica se obriga perante terceiros de boa-fé por atos praticados por seus administradores com excesso de poder. Precedentes.

2. Nesse passo, é consequência lógica da responsabilidade externa corporis da companhia para com terceiros contratantes a responsabilidade interna corporis do administrador perante a companhia, em relação às obrigações contraídas com excesso de poder ou desvio do objeto social.

3. Os atos praticados com excesso de poder ou desvio estatutário não guardam relação com a problemática da eficiência da gestão, mas sim com o alcance do poder de representação e, por consequência, com os limites e possibilidades de submissão da pessoa jurídica - externa e internamente. Com efeito, se no âmbito externo os vícios de representação podem não ser aptos a desobrigar a companhia para com terceiros – isso por apreço à boa-fé, aparência e tráfego empresarial –, no âmbito interno fazem romper o nexo de imputação do ato à sociedade empresarial. Internamente, a pessoa jurídica não se obriga por ele, exatamente porque manifestado por quem não detinha poderes para tanto. Não são imputáveis à sociedade exatamente porque o são ao administrador que exorbitou dos seus poderes.

4. Portanto, para além dos danos reflexos eventualmente experimentados pela companhia, também responde o diretor perante ela pelas próprias obrigações contraídas com excesso de poder ou fora do objeto social da sociedade.

5. Se a regra é que o administrador se obriga pessoalmente frente a companhia pelos valores despendidos com excesso de poder, quem excepciona essa regra é que deve suportar o ônus de provar o benefício, para que se possa cogitar de compensação entre a obrigação de indenizar e o suposto proveito econômico, se não for possível simplesmente desfazer o ato exorbitante. Vale dizer, com base no princípio da vedação ao enriquecimento sem causa, eventuais acréscimos patrimoniais à pessoa jurídica constituem fatos modificativos ou extintivos do direito do autor, os quais devem ser provados pelo réu (art. 333, inciso II, CPC).

6. Assim, no âmbito societário, o diretor que exorbita de seus poderes age por conta e risco, de modo que, se porventura os benefícios experimentados pela empresa forem de difícil ou impossível mensuração, haverá ele de responder integralmente pelo ato, sem possibilidade de eventual "compensação". No caso em apreço, e especificamente quanto aos contratos de patrocínio da SPFW e os celebrados com a Campari Itália S.P.A., as instâncias ordinárias não reconheceram nenhum retorno para a companhia, seja patrimonial, seja marcário. Tal conclusão não se desfaz sem reexame de provas, o que é vedado pela Súmula 7/STJ. [...]

9. Por atos praticados nos limites dos poderes estatutários, o administrador assume uma responsabilidade de meio e não de resultado, de modo que somente os prejuízos causados por culpa ou dolo devem ser suportados por ele. Daí por que, em regra, erros de avaliação para atingir as metas sociais não geram responsabilidade civil do administrador perante a companhia, se não ficar demonstrada a falta de diligência que dele se esperava (art. 153 da LSA).

10. Não obstante essa construção, no caso em exame, segundo apuraram as instâncias ordinárias, não se trata simplesmente de uma gestão infrutuosa - o que seria tolerável no âmbito da responsabilidade civil -, caso não demonstrada a falta de diligência do administrador. Segundo se apurou, tratou-se de gastos com nítidos traços de fraude, como despesas em duplicidade, hospedagens simultâneas em mais de uma cidade, notas

fiscais servis a encobrir despesas particulares próprias, de parentes e outros. Incidência, no particular, da Súmula 7/STJ.

11. Recurso especial parcialmente provido. (STJ, Quarta Turma. REsp nº 1.349.233/SP. Rel. Min. Luis Felipe Salomão, j. 6.11.2014. *DJe*, 5 fev. 2015)

Deve-se anotar ainda que os administradores são solidariamente responsáveis pelos prejuízos causados em virtude do não cumprimento dos deveres impostos por lei para assegurar o funcionamento normal da companhia, ainda que, pelo estatuto, tais deveres não caibam a todos eles.

Nesse cenário, deve-se destacar que em qualquer de suas modalidades operativas, a boa-fé está relacionada à prevenção de danos, tanto daqueles que poderiam resultar da violação de bens já integrantes da esfera jurídica de qualquer dos participantes da relação, como daqueles relacionados à não consecução (ou consecução imperfeita) dos fins que justificaram a constituição da relação jurídica.

Diante de um contrato empresarial, os contratantes devem sempre agir com boa-fé, quer seja na negociação, celebração ou execução no negócio, levando em conta os legítimos interesses da pessoa com quem contrata, razão pela qual o desequilíbrio fático provocado pela condição econômica dos envolvidos ou pela ausência de experiência na celebração de negócios específicos pode ensejar maior necessidade de informação, sobretudo quando tais condições comprometam a qualidade das decisões dos envolvidos.

Cite-se, como exemplo, hipótese de negociação de insumos de uma grande transacional com uma microempresa ou empresário de pequeno porte. Uma acentuada assimetria na forma da compreensão das informações poderá comprometer o grau de entendimento necessário para a negociação das cláusulas negociais, sendo esperado que o lado mais estruturado na negociação realize alertas das consequências do que está sendo contratado como forma de mitigar os efeitos da assimetria.

Mas até que ponto podem ser exigidos sacrifícios do sujeito da relação jurídica obrigacional para que não reste violado o já mencionado dever de cooperação?

O limite pode ser encontrado na preservação dos próprios interesses do sujeito, ou seja, a pretexto de atendimento do dever de cooperação não se pode exigir sacrifício desmesurado, causando nítido desequilíbrio entre as partes. Dessa forma, não descumpre o dever geral de boa-fé o empresário que, durante as negociações, preserva segredo de empresa ou administra a prestação de informações reservadas, confidenciais ou estratégicas, se tem por objetivo não colocar em risco a competitividade de sua atividade.[10]

Notas conclusivas

O objetivo deste trabalho é tentar apresentar uma possível classificação dos deveres que decorrem da boa-fé objetiva, destacando desde logo que qualquer divisão ou classificação de tais deveres serve apenas para fins didáticos, buscando uma melhor sistematização do assunto, uma vez que a linha divisória de cada uma das espécies a seguir apresentadas é tênue e marcada pela imprecisão, pois não raro a dinâmica da

---

[10] No Projeto de Lei nº 1.572/2011, que tem por objetivo a elaboração de um novo Código Comercial, existe dispositivo neste sentido.

relação obrigacional exige a combinação de deveres diversos na direção do melhor adimplemento possível.

Anote-se, entretanto, uma característica comum a todos os deveres gerais aqui analisados: sua independência ante as prestações principais, pois o fato de ser impossível o cumprimento da prestação principal não impede o surgimento dos demais efeitos que podem decorrer da relação jurídica obrigacional.

Não é possível, em termos abstratos, determinar áreas imunes à boa-fé.

Entretanto, há de se analisar com cautela os limites da investigação do juiz na aferição de quais são os comportamentos que lhe são consentâneos, diante da expansão dos deveres gerais de conduta e de sua crescente complexidade. Não podemos invocar a boa-fé como mera legitimação metodológica, uma bengala argumentativa para um positivismo jurisprudencial que busca modular conceitos abertos ao empirismo casuístico para satisfazer as necessidades do momento.

Informação bibliográfica deste texto, conforme a NBR 6023:2002 da Associação Brasileira de Normas Técnicas (ABNT):

EHRHARDT JR., Marcos. Quais os impactos da boa-fé objetiva no direito societário? In: TEPEDINO, Gustavo; TEIXEIRA, Ana Carolina Brochado; ALMEIDA, Vitor (Coord.). *Da dogmática à efetividade do Direito Civil*: Anais do Congresso Internacional de Direito Civil Constitucional – IV Congresso do IBDCivil. 2. ed. rev., ampl. e atual. Belo Horizonte: Fórum, 2019. p. 167-176. ISBN 978-85-450-0545-2.

CAPÍTULO 10

PACTO MARCIANO: TRAJETÓRIA, CONSTITUIÇÃO E EFEITOS

CARLOS EDISON DO RÊGO MONTEIRO FILHO

10.1 Introdução

Ao se imaginar, figurativamente, a linha cronológica da relação jurídica travada no ambiente de liberdade da autonomia privada, capaz de retratar o desenvolvimento da obrigação como processo, o tema objeto deste trabalho situa-se aproximadamente em seu trecho final. O objeto da pesquisa que se desenvolve a seguir diz com o momento patológico da situação jurídica patrimonial entabulada entre as partes, ou, pelo menos, com o avizinhar deste instante – quando entra em jogo o arcabouço normativo que o sistema jurídico proporciona para evitar ou atenuar os efeitos do descumprimento do dever contraído.

No direito das obrigações, costuma-se afirmar que o adimplemento constitui regra e o inadimplemento, exceção. Em nome da segurança das relações sociais, arma-se o ordenamento para proporcionar meios de satisfação do crédito e garantir a realização das legítimas expectativas das partes em decorrência do vínculo prestacional. Não à toa, as garantias de cumprimento se sofisticam a cada giro, procurando dotar o credor de meios os mais eficazes possíveis de recuperação do que lhe foi prometido. Do ponto de vista funcional, a rigor, as garantias agem mesmo antes da inexecução, no relevante papel de instrumento de coerção do devedor ao desempenho do mister assumido. Há enorme gama de garantias, de diferentes matizes, a conduzir o processo obrigacional a seu termo final: a satisfação do crédito.

No aprimorado debate das garantias se inscreve o assunto objeto do presente estudo. Aproximando-se o leitor do plano de trabalho, perceberá que o universo aqui figurado se relaciona às garantias reais, aquelas que vinculam, em caráter *erga omnes*, determinado bem ao cumprimento da obrigação e aos negócios jurídicos com escopo de garantia. E, mais especificamente ainda, ao mecanismo de execução dessas garantias. No particular, vige milenar regra, presente em ordenamentos de diversas tradições, que impede se aproprie o credor, por ocasião do inadimplemento, do bem dado em garantia; proclama-se, de ordinário, ter o credor direito de promover sua venda forçada e pagar-se com o produto da alienação.

Cuida-se da vedação ao denominado pacto comissório, regra que atravessa os séculos e impõe no Brasil a nulidade de cláusula que autorize o credor a ficar com a coisa se a dívida não for paga no vencimento. Sustenta-se, assim, que o direito do credor é ao valor da coisa objeto da garantia, não já à sua substância.

Na lição de Caio Mário da Silva Pereira, a cláusula[1] comissória "consiste em pactuar, no ato constitutivo da garantia real, a faculdade de apropriar-se o credor do seu objeto em caso de não ser cumprida a obrigação garantida".[2] Carvalho Santos, nos comentários ao Código Civil de 1916, ensina que o pacto comissório é "a estipulação pela qual uma das partes, o credor, pode ficar com o bem dado em garantia, se o devedor não paga a dívida no vencimento".[3] San Tiago Dantas, por sua vez, a evidenciar a notória invalidade do pacto, demonstra que a cláusula comissória foi "severamente proibida em todo o direito evoluído".[4]

Entende-se por pacto comissório, portanto, a cláusula que autoriza a apropriação pelo credor do bem dado em garantia diante do inadimplemento da dívida, sem que haja avaliação da coisa,[5] ou por meio de avaliação realizada pelo próprio credor, que tomará para si eventual diferença entre o valor do objeto da garantia e o valor da dívida, caso aquele seja maior do que este.

---

[1] Esclareça-se que, neste trabalho, os termos *cláusula*, *pacto* e *lex* serão utilizados indistintamente, como sinônimos, por carregarem, no contexto, o mesmo significado. "O termo lex, aplicado ao instituto, não era utilizado no sentido próprio e rigoroso de lex, ou seja, de norma jurídica de caráter geral e abstrato, imposta por uma autoridade coatora. Mais especificamente, consolidava-se como expressão da autonomia contratual das partes, na forma de convenção acessória capaz de modificar a eficácia do negócio principal. Daí porque entender que a designação aqui corresponderia à figura de um pacto adjeto" (REIS, Mayara de Lima. *O pacto comissório no direito romano*. São Paulo: Universidade de São Paulo, 2014. p. 9).

[2] PEREIRA, Caio Mário da Silva. *Instituições de direito civil*. Atual. por Carlos Edison do Rêgo Monteiro Filho. Rio de Janeiro: Forense, 2016. p. 290. v. IV. Para Clóvis Bevilaqua "a proibição tanto se refere ao ato constitutivo da garantia, quanto à convenção posterior. Nem há razão para distinguir os dois momentos porque o fundamento da nulidade da cláusula comissória é de ordem moral: a proteção do fraco em face da exploração gananciosa do argentário, que se utiliza desse meio para extorquir o devedor, por preço irrisório, o bem que este lhe dá em garantia do pagamento" (BEVILAQUA, Clóvis. *Direito das coisas*. Rio de Janeiro: Forense, 1956. p. 38. v. II).

[3] SANTOS, J. M. de Carvalho. *Código Civil brasileiro interpretado*. Rio de Janeiro: Freitas Bastos, 1964. p. 92. v. X.

[4] "Sendo a garantia real, essencialmente, um direito ao valor, é óbvio que a finalidade deste direito é transformar a coisa no seu valor, para que deste se possa deduzir o montante da obrigação. É a isso que se chama ius distrahendi do titular do direito real de garantia. Ele tem a faculdade de promover a venda da coisa obrigada, da res obligata, e obtendo, assim, o seu valor, pode deduzir dele o montante do crédito. Não pode, entretanto, convencionar que, se a dívida não for paga, a coisa passará à sua propriedade. Isso era o que os antigos chamavam de Lex Comissoria, severamente proibido em todo o direito evoluído. Quando acontece que a venda da coisa engendra um preço superior ao valor da obrigação, o excedente restitui-se ao proprietário. Quando é o contrário, quando o preço obtido é insuficiente, então o credor continua a ser credor do saldo, mas com relação a esse saldo, é um credor comum que entra no concurso com os demais quirografários" (DANTAS, San Tiago. *Programa de direito civil*. Rio de Janeiro: Rio, 1984. p. 389. v. III).

[5] Não constitui objeto deste trabalho o aprofundamento do acirrado debate doutrinário acerca da distinção entre as noções de "bem" e "coisa". Para o aprofundamento da discussão v. TEPEDINO, Gustavo. *Multipropriedade imobiliária*. São Paulo: Saraiva, 1993. p. 92 e PEREIRA, Caio Mário da Silva. *Instituições de direito civil*. Atual. por Maria Celina Bodin de Moraes. Rio de Janeiro: Forense, 2014. p. 401. v. I.

Em síntese, há, na cláusula comissória, aquisição pelo credor da coisa dada em garantia, independentemente da verificação de seu justo preço.[6]

Na disciplina do Código Civil, veda-se explicitamente o pacto comissório na alienação fiduciária em garantia, no penhor, na hipoteca e na anticrese.[7] A origem da proscrição data do século IV, d.C., por determinação do imperador Constantino,[8] e vigora até os dias atuais nos países de tradição romano-germânica.

Há um expediente, todavia, que permite possa o credor ficar com o objeto da garantia desde que, ponderados certos aspectos, o receba como decorrência da determinação justa de seu valor, restituindo ao devedor a parcela que exceda o montante da dívida ou cobrando-lhe o que faltar para totalizar a extensão do crédito. Tal instituto chama-se pacto marciano e dele se ocupará o estudo empreendido a seguir.

10.2 O pacto marciano: trajetória e mecanismos de atuação

A cláusula marciana mostrou-se objeto de controvérsias já no direito romano, em que se discutia se constituiria também *lex comissoria*, de modo a ser considerada nula a partir do já referido édito de Constantino, ou se a circunstância de se assegurar a execução do bem por seu preço justo permitiria considerá-la válida.[9]

---

[6] "Em derradeira analyse, toda clausula que attribue ao credor o direito de fazer vender o immovel sem a observancia das formalidades legaes é nulla, por estar comprehendida e ser considerada como um pacto commissorio (Cfr. AUBRY et RAU, obr. ct., v. 4, §438), ainda que a clausula apenas autorizasse o credor a ficar com a garantia mediante um preço fixado por avaliação de peritos escolhidos pelas partes ou nomeados de officio (Cfr. AUBRY et RAU, obr. e loc. cits.; DURANTON, obr. cit., v. 18, n. 566). [...] Ficou dito acima, com apoio no ensinamento de AUBRY et RAU, que não é válida a cláusula que autoriza o credor a ficar com a garantia mediante um preço fixado por avaliação de peritos nomeados pelas partes. Mas, convém esclarecer que essa doutrina encontrou oppositores do porte de DONELLUS, que considera valida a clausula em que se estipula haver o credor a coisa pelo justo preço em que fôr estimada, si, dentro de certo prazo, a divida não fôr paga, e isto porque, diz elle, dá-se uma venda feita sob condição, e por esta a coisa se torna ao devedor, não pelo valor devido, como se faz pela lex commissoria, mas pelo justo preço por que fôr estimada [...]. O espírito da lei, por outro lado, a dispor dessa forma, foi evitar que o devedor ficasse de qualquer modo coagido, ao contractar, não a vender mais barato o bem dado em garantia, mas a vender pura e simplesmente, ou condicionalmente. Mesmo porque, embora pelo justo valor, não seria razoável que o devedor fosse obrigado a alienar uma coisa de sua propriedade, máxime podendo acarretar prejuízo essa alienação, ainda que feita pelo seu justo valor [...]. E, está a entrar pelos olhos, que em taes casos, o ser o preço estipulado por terceiros, não tem importância, prejudicado podendo ser o devedor, que, somente coagido, podia com tal coisa concordar" (SANTOS, J. M. de Carvalho. *Código Civil brasileiro interpretado*. Rio de Janeiro: Freitas Bastos, 1964. p. 91-94. v. X).

[7] Art. 1.365: "É nula a cláusula que autoriza o proprietário fiduciário a ficar com a coisa alienada em garantia, se a dívida não for paga no vencimento"; art. 1.428: "É nula a cláusula que autoriza o credor pignoratício, anticrético ou hipotecário a ficar com o objeto da garantia, se a dívida não for paga no vencimento". V. SANTOS, J. M. de Carvalho. *Código Civil brasileiro interpretado*. Rio de Janeiro: Freitas Bastos, 1964. p. 91-94. v. X.

[8] Após édito promulgado por Constantino, em 320 d.C., consumou-se a proibição da cláusula comissória, nos seguintes termos: "Visto que entre outros inconvenientes cresce principalmente a aspereza da lex commissoria, parece por bem a decisão de invalidá-la, e que assim fique abolida toda sua memória. Assim então, se alguém padecería por tal contrato, respire em virtude desta disposição, que rechaça juntamente com os passados os casos presentes, e proíbe os futuros. Com efeito, ordenamos que os credores, tendo perdido a coisa, recuperem o que entregaram". No original: "IMP. CONSTANT (INUS) A. AD POPULUM. Quoniam inter alias captiones praecipue commissoriae legis crescit asperitas, placet infirmari eam et in posterum omnem eius memoriam aboleri. Si quis igitur tali contractu laborat, hac sanctione respiret, quae cum praeteritis praesentia quoque depellit et futura prohibet. Creditores enim re amissa iubemus recipere quod dederunt. DAT. PRID. KAL. FEBR. SERDIC (AE) CONSTANTINO A. VII ET CONSTANTIO C. CONSS".

[9] MATOS, Isabel Andrade de. *O pacto comissório*: contributo para o estudo do âmbito da sua proibição. Coimbra: Almedina, 2006. p. 84.

Procurando marcar linha de oposição à congênere, a origem da admissibilidade da cláusula marciana deu-se em momento cronologicamente posterior à proibição da comissória. O reconhecimento da validade daquela pelo jurisconsulto clássico Marciano[10] inseriu-se em contexto no qual o direito romano, imbuído de casuísmo, voltou-se para a busca da justiça por meio do exame de casos concretos.[11] Dessa forma, surge a prática de se aconselharem o pretor e as próprias partes da opinião de juristas cuja ativa produção literária se dirigia à solução de problemas reais ou hipotéticos.

A utilização de um pacto que, em termos, aproximava-se da avença vedada por Constantino deu origem à consulta formulada ao jurisconsulto Marciano, que firmou entendimento que viria a se tornar fragmento do Digesto 20, 1, 16, 9:

> Pode assim fazer-se a entrega do penhor ou da hipoteca, de sorte que, se, dentro de determinado tempo, não for pago o dinheiro, por direito do comprador, tome posse da coisa, que deve ser então avaliada pelo justo preço; neste caso a venda parece ser de certo modo condicional, e assim decidiram por escrito os divinos Severo e Antonino.[12]

Com o fim do Império Romano e início do medievo, houve grandiosa influência do direito canônico – repressivo a práticas usurárias – nas relações privadas,[13] a ponto de por ele se orientar o chamado direito dos reinos. Nesse contexto, editaram-se as *Siete Partidas*, corpo normativo redigido no Reino de Castela, durante o reinado de Afonso X (1252-1284), que condenavam o pacto comissório enquanto admitiam o pacto

---

[10] Marciano foi um dos sete jurisconsultos romanos clássicos, ao lado de Iavolenus, Iulianus, Africanus, Pomponius, Cervidius Scaevola e Marcelus (CRUZ, Sebastião. *Direito romano*: lições. Coimbra: Almedina, 1969. p. 458. v. I).

[11] "O direito ganha, desta forma, um caráter casuístico que incentiva uma averiguação muito fina da justiça de cada caso concreto. Para além disso, o momento da resolução dos casos é muito criativo, pois a lei não amarra, de modo nenhum, a inventiva do magistrado, que fica bastante livre para imaginar soluções específicas para cada situação. Isto explica, porventura, o desenvolvimento de uma enorme produção literária de juristas, treinados na prática de aconselhar as partes e o próprio pretor, que averiguam e discutem a solução mais adequada para resolver casos reais ou hipotéticos" (HESPANHA, António Manuel. *Cultura jurídica europeia*: síntese de um milênio. Lisboa: Almedina, 2012. p. 118-119).

[12] No original: "potest ita fieri pignoris datio hypotecaeve, ut, si intra certum tempus non sit soluta pecúnia, uire emptoris possideat rem iusto pretio tunc aestimandam: hon enim casu videtur quodammodo condicionalis esse venditio, et ita divus Severus et Antoninus rescriperunt".

[13] Sobre a relação entre o direito canônico e o direito civil, v., por todos, António Manuel Hespanha (*Cultura jurídica europeia*: síntese de um milênio. Lisboa: Almedina, 2012. p. 153): "Num plano superior, está o direito canônico que, como direito diretamente ligado à autoridade religiosa, pretende um papel de critério último de validação das outras ordens jurídicas, em obediência ao princípio da subordinação do governo terreno aos fins sobrenaturais de salvação individual. Assim, em princípio o direito canônico deveria prevalecer em assuntos relacionados com a ordem sobrenatural, deixando ao direito civil as matérias de natureza temporal. Porém, como já vimos, esta regra não era geral nem automática, pois, mesmo em matérias temporais, podia acontecer que devesse vigorar o direito canônico, desde que a solução do direito civil contrariasse gravemente princípios de conveniência impostos pela ordem religiosa".

marciano (Lei n° 41, Título V, Partida V[14] e Lei n° 12, Título XIII, Partida V).[15] No primeiro documento, entende-se[16] prevista a licitude do pacto marciano pelo seguinte trecho:

> Empenhando um homem a outro alguma coisa com o ajuste de que, se não quitada a dívida ao dia certo, que fosse sua comprada daquele a quem a deu em penhor, dando ou pagando pela a coisa tomada em garantia aquilo que podia valer a coisa segundo a avaliação de homens bons: um ajuste como esse deve valer.[17]

Já na Lei n° 12, Título XIII, Partida V, a passagem "mas se o ajuste fosse realizado de forma que, se o penhor não fosse quitado até o dia certo, o objeto empenhado seria vendido por um e pelo outro comprado pelo preço que arbitrassem homens bons, diríamos que tal cláusula é válida"[18] permite afirmar que a cláusula marciana romana foi considerada lícita pelos castelhanos no século XIII.

Também tiveram as *Partidas* sua vigência estendida a Portugal,[19] atuando a um só tempo como veículo de proibição do pacto comissório e de admissão do marciano.

---

[14] Para proibição do pacto comissório, previa-se na referida Lei n° 41: "de la postura que es puesta sobre el peño; si non fuere quito a día cierto, que fusse comprada del que la tiene a peños; si deve valer, o non. Empeñado un ome a otro alguna cosa, a tal pleyto, que si la no quitasse a dia cierto, que fuesse suya comprada, de aquel a que la rescebio a peños: dando o pagando sobre aquello que auia dado quando la tomo a peños tanto quanto podria valer la cosa segund alvedrio de omnes Buenos: tal pleyto como este deve valer. Mas si la comprasse de otra quisa, diziendo assi: que fazia tal pleyto con ele, que si ta non quitasse adia senãnalado, que fuesse suya, por aquello que dava sobre ella a peños; entonce non valdria el pleyto, nin la vendida. E por esta razon non tenemos por bien que vala tal pleyto, porque los que emprestan dineros a otros sobre peños, non lo quarrian fazer de otra guise. E los omnes quando estoviessen muy cuytados con muy grando mengua que oviessen, farina tal pleyto como este, maguer entendiessen seria a su daño". Tradução livre: "Da questão que é posta sobre o penhor; se não for quitado ao dia certo, que fosse comprada a coisa daquele que a empenhou; se deve valer ou não. Empenhando um homem a outro alguma coisa, convencionando-se que, se não a quitasse ao dia certo, fosse comprada a coisa daquele que a empenhou: dando ou pagando aquilo que dava sobre ela a penhor; então não valeria o pacto nem a venda. Mas, se, de modo diverso, comprasse dizendo assim: que faz tal pacto com ele, e se não quitado ao dia avençado, que a coisa se tornasse sua, então não valeria o pacto nem a venda. E por essa razão não temos por bem que valha tal pacto, porque os que emprestam dinheiro a outros sobre penhor não fariam de outra forma. E os homens, quando estivessem muito necessitados, fariam pactos como esse".

[15] Em razão de proibir o pacto comissório, previa a Lei n° 12, Título XIII, Partida V: "Quales pleytos pueden ser puestos por razon de los peños e quales non. Todo pleyto, que non sea contra derecho, nun contra buenas costumbres, puede ser puesto sobre las cosas que dan los omnes a peños. Mas olos outros non deven valer. E porende dedzimos, que si algun omne empeñasse su cosa a otro, a tal pleyto diziendo assi: si vos non quitare este peño fasta tal dia, otorgo que sea vuestro dende Adelante, por esse que me prestaes, o, que sea vuestro comprador; que a tal pleyto como este non deve valer. Ca si que a tal postura valiesse, no la quarrian los omnes rescibir de otra guisa los peños, e vernia porende muy gran daño a la tierra: porque quando algunos estuviessen muy cuytados, empeñariam las cosas, por quanto quier que les diesen sobre ellas, e perderlas yan port al postura como esta". Tradução livre: "Quais pactos podem ser postos no penhor e quais não. Toda avença que não seja contra o direito nem contra os bons costumes pode ser posta sobre as coisas dadas em penhor. Mas algumas outras não devem valer. E, portanto, dizemos que se algum homem empenhasse sua coisa a outro, com o pacto assim dizendo: se não vos quitar este penhor até tal dia, outorgo que seja vosso o bem; este pacto não deve valer. Se tal postura valesse, sofreriam os homens grandes danos, porque quando alguns estivessem muito necessitados, empenhariam as coisas pelo valor que quisessem dar e as perderiam por posturas como essa".

[16] Na doutrina espanhola, v. FELIU REY, Manuel Ignacio. *La prohibición del pacto comisorio y la opción en garantia*. Madrid: Civitas, 1995. p. 43.

[17] No original: "Empeñado un ome a otro alguna cosa, a tal pleyto, que si la no quitasse a dia cierto, que fuesse suya comprada, de aquel a que la rescebio a peños: dando o pagando sobre aquello que auia dado quando la tomo a peños tanto quanto podria valer la cosa segund alvedrio de omnes buenos: tal pleyto como este deve valer".

[18] No original: "pero si el pleyto fuesse puesto, de guisa, que si el peño no le quitasse, fasta dia certo, el que lo empeño, que fuesse suyo, vendido, e del outro, comprado, por tanto precio, quanto los apreciassen los omnes buenos, tal pleyto, deezimos que valdria".

[19] A tradução das *Siete Partidas* para o português ocorreu na segunda metade do século XIV.

As Ordenações Portuguesas também previram a licitude do pacto marciano, no mesmo título em que declararam a ilicitude do comissório. Nas Ordenações Afonsinas (1446), em seu Livro IV, Título XXXVIIII, consignou-se que

> Porém, se alguém desse a penhor alguma coisa sua ao credor sob condição de, não lhe pagando a tempo certo, o dito penhor lhe ficasse rematado pelo justo preço, tal apenhamento como esse assim feito valeria; e, neste caso, o penhor será estimado depois do tempo da paga por dois homens bons juramentados e escolhidos pelas partes, convém a saber, per cada um o seu; e ficará arrematada ao credor pelo preço em que for estimado.[20]

Tanto as Ordenações Manuelinas (1514), em seu Livro IV, Título XXVI, quanto as Filipinas (1603), em seu Livro IV, Título LVI, carregavam a mesma redação, que declarava lícito, aos moldes da época, o pacto marciano.[21]

Em interpretação das Ordenações Filipinas, a doutrina portuguesa do século XIX apontava que a ilicitude do pacto comissório residia na ausência de justa avaliação do bem que ficaria com o credor, considerando lícita a cláusula que previa a realização de tal avaliação por meio da participação de peritos nomeados por credor e devedor.[22]

No direito brasileiro, a *Consolidação das leis civis*, obra legislativa de Teixeira de Freitas, tratou da matéria em seus arts. 769 a 772, a tomar como base as Ordenações Portuguesas. Ao pacto marciano conferiu-se tratamento no art. 771,[23] que contemplava a validade da cláusula de ficar o credor com o penhor pelo seu justo preço – desde que determinado, após o vencimento, por dois avaliadores juramentados e escolhidos por ambas as partes.[24]

O art. 772 do documento, por fim, previa: "no caso do artigo antecedente, vencida a dívida, o penhor será avaliado por dois peritos, escolhidos por ambas as partes, e juramentados, aplicando-se então o pagamento pelo preço da avaliação".

Após tantos séculos de caminhada conjunta, o advento do Código Civil de 1916 impôs corte radical no paralelismo legal que se estabelecera desde o século IV, como

---

[20] No original: "pero de alguem deffe a penhor algua fua coufa ao creedor fob tal condiçom, que nom lhe pagando a tempo certo, o dito penhor lhe ficasse rematado pelo jufto preço, tal apenhamento como effe affy feito valeria; e em tal cafo deve o dito penhor feer eftimado depois do dito tempo da paga por dous homeés boós juramentados, e efcolheitos polas partes, a faber, per cada hum feu; e ficará o penhor rematado por aquelle preço, em que affy for eftimado, ao dito creedor" (Ordenações Afonsianas – Livro IV, Título XVIIII: Dos que apenham seos bees com tal condiçom, que nom pagando a certo dia, fique o penhor rematado pela divida ao Creedor. Disponível em: <http://www.ci.uc.pt/ihti/proj/afonsinas/l4p156.htm>).

[21] "Nas Ordenações Manuelinas não se verificaram alterações relevantes, continuando a prever-se a proibição do pacto comissório no Livro IV, Título XXVI, o mesmo sucedendo com as Ordenações Filipinas, em que tal proibição passou a constar do Livro IV, Título LVI" (MATOS, Isabel Andrade de. *O pacto comissório*: contributo para o estudo do âmbito da sua proibição. Coimbra: Almedina, 2006. p. 46).

[22] Nesse sentido, cf. ROCHA, M. A. Coelho da. *Instituições de direito civil portuguez, para uso de seus discípulos*. Coimbra: Imprensa da Universidade, 1848. p. 494-495. t. II; TELLES, J. H. Correa. *Digesto portuguez ou tractado dos modos de adquirir a propriedade e a gozar e administrar e de a transferir por derradeira vontade para servir de subsídio ao novo código civil*. Coimbra: Livraria J. Augusto Orcel, 1860. p. 193-195. t. III.

[23] Art. 771: "Do mesmo modo é lícita a cláusula de ficar o credor com o penhor pelo seu justo preço".

[24] "não é nullo porém o pacto de ficar o credor com o penhor a elle vendido por um preço certo declarado no contracto, se a dívida não for paga no tempo convencionado. Se o declarado preço não for justo, a ponto de haver lesão enorme, cabe o remédio do Livro 4, Título XIII da Ordenação" (FREITAS, A. Teixeira de. *Consolidação das leis civis*. Brasília: Senado Federal, 2003. p. 474-476. v. 1).

visto, e não contemplou o pacto marciano.[25] Manteve, por outro lado, a vedação ao pacto comissório em seu art. 765, prescrevendo-lhe a sanção de nulidade.[26]

De se registrar ter havido, em aprofundamento, no trâmite legislativo do diploma, a propositura de emenda parlamentar a favor da admissibilidade do pacto marciano, rejeitada no curso do processo legislativo. Na ocasião, opinou o Barão de Loreto pela possibilidade de o credor ficar com o penhor pelo preço em que for avaliado por peritos, escolhidos de comum acordo – sustentava, em suma, a licitude do pacto marciano nos moldes previstos nas Ordenações.[27]

Aproximadamente um século depois, o Código Civil de 2002 seguiu, nos arts. 1.365 e 1.428, o teor disposto no diploma ab-rogado, isto é, previu a codificação atual a nulidade do pacto comissório, silenciando-se acerca da cláusula marciana.[28] Observa-se, contudo, que, assim como ocorreu no trâmite de aprovação do Código de 1916, o processo legislativo que culminou no Código de 2002 também trouxe à tona o tema da admissibilidade do pacto marciano.

Com efeito, foi apresentada emenda a propor que a redação do art. 1.397 – atual art. 1.365 – permitisse a constituição da cláusula marciana em alienação fiduciária em garantia. O dispositivo permitiria ao credor ficar com a coisa, desde que, após avaliação judicial, entregasse ao devedor o montante que excedesse o valor de seu crédito deduzidas as eventuais despesas. Tratava-se de previsão de licitude do pacto marciano.

Curiosidade digna de destaque tem-se no fato de que o parecer de rejeição à emenda parlamentar consigna expressamente a licitude do pacto marciano, não obstante a conclusão desfavorável. Fato é que se decidiu, na esteira do documento, pela recusa em razão de a emenda apresentada ter proposto a troca da regra proibitiva do comissório pela regra permissiva ao marciano e havia o entendimento geralmente aceito de ser indispensável a permanência da proscrição ao comissório, a fim de conferir proteção ao devedor. O parecer consignara que "a emenda torna expressa a licitude do denominado 'pacto marciano' que difere do pacto comissório, e cuja licitude é pacífica", mas conclui por sua rejeição "não só porque restringe o pacto marciano, que é lícito – e a respeito

---

[25] Como será visto adiante, sob a égide do Código Civil de 1916, posicionaram-se favoravelmente à admissibilidade do pacto marciano, a despeito da omissão legislativa: PEREIRA, Lafayette R. *Direito das coisas*. Rio de Janeiro: Freitas Bastos S.A., 1956. p. 397; ALVES, José Carlos Moreira. *Da alienação fiduciária em garantia*. Rio de Janeiro: Saraiva, 1973. p. 127 e MIRANDA, Francisco Cavalvanti Pontes de. *Tratado de direito privado*. São Paulo: Revista dos Tribunais, 2012. p. 97. t. XX, este último apenas para o direito de penhor. Contra a admissibilidade, SANTOS, J. M. de Carvalho. *Código civil brasileiro interpretado*. Rio de Janeiro: Freitas Bastos, 1964. p. 93-94. v. X.

[26] Art. 765: "É nula a cláusula que autoriza o credor pignoratício, anticrético ou hipotecário a ficar com o objeto da garantia, se a dívida não for paga no vencimento".

[27] No trâmite legislativo do Código Civil de 1916, opinou Barão de Loreto: "À mesma disposição [vedação ao pacto comissório], porém, conviria accrescentar as seguintes excepções, relativas ao penhor, as quaes igualmente decorrem do direito romano, e são reconhecidas pelo nosso direito. E' lícito ajustar presupposto o caso de não pagamento da divida no prazo estipulado: 1, que possa o credor vender o penhor extrajudicialmente; 2, que o credor fique com o penhor pelo preço em que fór avaliado por peritos, escolhidos de commum acordo" (BRASIL. *Código Civil brasileiro*: trabalhos relativos à sua elaboração. Rio de Janeiro: Imprensa Nacional, 1917. p. 376. v. 2).

[28] No mesmo sentido: "[...] Código Civil de 2002, cujo art. 1428 reproduziu *ipsis litteris* o comando contido no art. 765 do diploma precedente. A única inovação textual refere-se ao reconhecimento, no parágrafo único do aludido preceito, da licitude da dação em pagamento do objeto da garantia. Quanto ao pacto Marciano, nada é dito" (RENTERIA, Pablo. *Penhor e autonomia privada*. São Paulo: Atlas, 2016. p. 161).

disso não há qualquer dúvida – mas também porque substitui um texto (o relativo ao pacto comissório) que é indispensável para a proteção do devedor".[29]

Percebe-se, portanto, travar-se o debate relativo ao pacto marciano na penumbra da omissão legislativa, razão pela qual desponta o papel da doutrina na elucidação de seus elementos essenciais e efeitos, como se passa a ver.

10.2.1 Estrutura do pacto marciano: conceito e elementos constitutivos

O ostracismo de que foi vítima o pacto marciano – já que, como visto anteriormente, o tema foi submetido a tratamento lateral pelos que estudaram o pacto comissório – fez com que à sua conceituação não fosse concedida maior atenção pelos operadores jurídicos.

Debruçaram-se os juristas, apenas e tão só, sobre a cláusula marciana e sua admissibilidade como exceção, a coadjuvar o estudo dos fundamentos de vedação do pacto comissório. Raras as linhas, entretanto, que dedicaram ao pacto marciano tratamento vertical, aptas a superar o estruturalismo ínsito à análise perfunctória de sua validade, sempre secundária ao que se entendia por principal: a vedação ao congênere comissório.

Em suma, tanto em doutrina quanto em jurisprudência, não há registro de debates sobre sua etiologia e se percebe que cada autor, ao privilegiar determinado aspecto do mecanismo marciano, acaba por revelar abordagem tanto quanto insuficiente.

---

[29] Confira-se, no trâmite legislativo do Código Civil de 2002, a integralidade do parecer de rejeição à Emenda nº 707: "Emenda nº 707. Autor: Deputado Henrique Eduardo Alves. Relatório: A emenda propõe nova redação ao art. 1.397 do Projeto, que dispõe ser nula a cláusula que autorize 'o proprietário fiduciário a ficar com a coisa alienada em garantia se a dívida não for paga no vencimento'. Esse dispositivo, segundo emenda, seria substituído por outro, que, ao contrário, permite ao credor ficar com a coisa, desde que, pedindo a avaliação judicial do bem, entregue o credor ao devedor o que exceder ao valor de seu crédito deduzidas as despesas que tiver. Parecer: A emenda torna expressa a licitude do denominado 'pacto Marciano' que difere do pacto comissório, e cuja licitude é pacífica. A propósito, um dos Membros da Comissão Elaboradora e Revisora do Anteprojeto, o Professor José Carlos Moreira Alves, escreveu, em seu livro Da Alienação Fiduciária em Garantia, pág. 127, Ed. Saraiva, São Paulo, 1973: 'Não é ilícito, porém, o denominado pacto Marciano (por ser definido pelo jurisconsulto romano Marciano e confirmado em escrito dos imperadores Severo e Antonino). Por esse pacto, se o débito não for pago, a coisa poderá passar à propriedade plena do credor pelo seu justo valor, a ser estimado, antes ou depois de vencida, por terceiro'. A emenda, portanto, é falha, não só porque restringe o pacto Marciano, que é lícito – e a respeito disso não há qualquer dúvida – mas também porque substitui um texto (o relativo ao pacto comissório) que é indispensável para a proteção do devedor. Ademais, e ao contrário do que parece ao autor da emenda, a propriedade fiduciária não se transforma, pela proibição do pacto comissório, em penhor; a diferença entre os dois institutos decorre da própria estrutura de ambos, e não da ilicitude, com relação a ambos, do pacto comissório, proibição, aliás, que é consagrada atualmente, no tocante à alienação fiduciária, pelo Decreto-Lei no 911/1968. Pela rejeição da emenda" (BRASIL. Código Civil brasileiro no debate parlamentar: elementos históricos da elaboração da Lei nº 10.406, de 2002. Brasília: Edições Câmara, 2012. p. 1.450-1.451. t. I). O tema ilustra a importância da construção de um observatório legislativo. Como observado em outra sede: "No processo legislativo contemporâneo, as interferências da dogmática na formulação dos comandos normativos têm se revelado insuficientes para influir e apoiar as decisões do Congresso. Verifica-se relevante distanciamento e omissão das entidades acadêmicas quanto ao problema ora indigitado. Há que se desenvolver aqui também mecanismos similares aos utilizados pelo Supremo Tribunal Federal, como a realização de audiências públicas, para que o legislador consiga ouvir os clamores da população no âmbito de processo legislativo ungido por valores democráticos. É chegado o momento de transformar a ordem de fatores que entreveram a cultura jurídica em detrimento dos interesses da sociedade" (MONTEIRO FILHO, Carlos Edison do Rêgo. Reflexões metodológicas: a construção do observatório de jurisprudência no âmbito da pesquisa jurídica. Revista Brasileira de Direito Civil, v. 9, p. 29-30, 2016).

À mingua de dado legislativo, e talvez pela escassez de questionamentos práticos e dogmáticos, desencontraram-se nos conceitos formulados alguns elementos essenciais da cláusula, assim como alguns de seus corolários, como se passa a ver.

Nas palavras de Pietro Perlingieri, o pacto marciano é o ajuste "com o qual o credor, na hipótese de inadimplemento, torna-se proprietário da coisa recebida em garantia restituindo ao devedor a diferença entre o valor do crédito e eventual valor a maior do bem".[30]

Na expressão de Massimo Bianca, o pacto marciano retrata "alienação a eventual e direta satisfação do credor, reconduzida, contudo, nos limites assinalados por uma estimativa do bem sucessiva ao inadimplemento, com a obrigação do credor, então, de verter ao devedor a diferença entre o valor acertado e a importância do débito".[31]

Reconhecendo o pacto marciano como aquele pelo qual "se estabelece que o credor, em caso de inadimplemento do devedor, pode se apropriar do bem procedendo à justa estimação do preço, assim fazendo própria a coisa, mas com a obrigação de verter eventual excedente entre a importância do crédito e o valor estimado",[32] Francesca Bellafiore subscreve o posicionamento segundo o qual a avença é válida no ordenamento italiano.

De outro giro, Angelo Napolitano define a cláusula marciana como aquela pela qual se objetiva impedir que o concedente se aproprie de bem cujo valor seja superior ao montante de seu crédito, pactuando-se que, ao fim da relação, proceda-se à estimação do bem e o credor seja obrigado ao pagamento em favor do vendedor da importância que exceder o valor do crédito.[33]

---

[30] No original: "Ciò induce a reputare lecito il patto marciano [...] con il quale in creditore, nell'ipotesi di inadempimento, diventa proprietario della cosa ricevuta in garanzia naturalmente previa corresponsione al debitore della differenza tra l'ammontare del credito e l'eventuale maggior valore del bene" (PERLINGIERI, Pietro. *Manuale di diritto civile*. Napoli: Edizioni Scientifiche Italiane, 1997. p. 304). No mesmo sentido, cf. "é permitido, porém, estipular-se a venda da coisa ao credor pelo preço que for estimado por avaliadores" (PEREIRA, Lafayette R. *Direito das coisas*. Rio de Janeiro: Freitas Bastos S.A., 1956. p. 397). V. também: "Nada impede, todavia, que se reconheça a validade de acordo em que, diante do incumprimento do devedor, a entrega do bem dado em garantia não se revele abusiva quando em cotejo com a obrigação principal descumprida, a evidenciar o enriquecimento sem causa do credor. Trata-se do chamado *pacto marciano*" (PEREIRA, Caio Mário da Silva. *Instituições de direito civil*. Atual. por Carlos Edison do Rêgo Monteiro Filho. Rio de Janeiro: Forense, 2016. p. 290. v. IV).

[31] No original: "[...] alienazione ad eventuale e diretto soddisfacimento del creditore, ricondotta tuttavia nei limiti segnati da una stima del bene successiva all'inadempimento, con l'obbligo del creditore, quindi, di versare al debitore la differenza tra il valore accertato e l'importo del debito" (BIANCA, C. Massimo. *Il divieto del patto commissorio*. Napoli: Edizioni Scientifiche Italiane, 2013. p. 202-203).

[32] No original: "E, infatti, riconosciuta nel nostro ordinamento la liceità del patto marciano con cui si stabilisce che il creditore, in caso di inadempimento del debitore, può rivalersi sul bene procedendo mediante assegnazione a prezzo di stima, così facendo propria la cosa ma con l'obbligo di versare l'eventuale eccedenza tra l'importo del credito ed il valore stimato" (BELLAFIORE, Francesca. Fondamento e operatività del divieto del patto commissorio. *Rassegna di diritto civile*, v. 1-2, 2003. p. 485).

[33] "Segundo afirmado por essa Corte, o pacto marciano – cláusula contratual com a qual se objetiva impedir que o concedente, em caso de inadimplemento, se aproprie de um valor superior ao montante de seu crédito, pactuando-se que, ao fim da relação, se proceda à estimativa do bem e o credor seja obrigado ao pagamento em favor do vendedor da importância que excedeu o valor do crédito (*iure emptoris possideat rem iusto pretio tunc aestimandam*, segundo a tradição justiniana) exclui a ilicitude da causa do negócio, a qual não subsiste 'na presença de constituições de garantia que pressupõem uma transferência de propriedade, se estes resultam integrados no esquema negocial que tal abuso exclui na raiz, como no caso do penhor irregular, do *riporto finanziario* e do pacto marciano – em virtude do qual, como se sabe, ao fim da relação se procede à estimativa, e o credor, para adquirir o bem, é obrigado ao pagamento da importância que excede o valor do crédito' (assim, Cass., 21 gennaio 2005, n. 1273)" (NAPOLITANO, Angelo. Il patto marciano e il contratto di leasing: un'occasione mancata. Note a margine di Cass. n. 1625/2015. *Il Foro napolitano*, v. 3, 2015. p. 816. Tradução livre). No original:

Ainda na doutrina italiana, Vicenzo Lojacono afirma que o pacto marciano consiste na "convenção pela qual, no caso de o devedor não cumprir a sua obrigação na data do respectivo vencimento, a propriedade do bem dado em garantia se transfere para o credor mediante preço justo".[34]

A mesma definição chegou à Península Ibérica, sendo citada, em Portugal, por Isabel Andrade de Matos.[35]

Para Menezes Cordeiro, por sua vez, "no pacto marciano, as partes acordam que, perante uma garantia real e havendo incumprimento, o credor faz sua a coisa-objeto, não ad nutum e na totalidade, mas em função do seu justo valor".[36]

Nas palavras de Manuel Ignacio Feliu Rey, o pacto marciano consiste na possibilidade de que o devedor e o credor convencionem que se, ao chegar o momento do vencimento, aquele não pagar, a propriedade da coisa passará a este por meio de justa estimação.[37]

Entre os doutrinadores brasileiros, Carvalho Santos buscou conceituá-lo como a cláusula que autoriza o credor a ficar com a garantia mediante um preço fixado por avaliação de peritos escolhidos pelas partes ou nomeados de ofício.[38]

Em definição similar, no âmbito da alienação fiduciária em garantia, Moreira Alves afirma que, pelo pacto marciano, se o débito não for pago, a coisa poderá passar à propriedade plena do credor pelo seu justo valor, a ser estimado, antes ou depois de vencida a dívida, por terceiro.[39]

De forma sintética, Lafayette Pereira define o pacto marciano como "a estipulação da venda da coisa ao credor pelo preço que for estimado por avaliadores".[40]

Ainda na doutrina pátria, Caio Mário da Silva Pereira conceitua o instituto como o acordo em que, "diante do incumprimento do devedor, a entrega do bem dado em garantia não se revele abusiva quando em cotejo com a obrigação principal descumprida, a evidenciar o enriquecimento sem causa do credor".[41]

"Secondo quanto affermato da questa Corte, il patto marciano – clausola contrattuale con la quale si mira ad impedire che il concedente, in caso di inadempimento, si appropri di un valore superiore all'ammontare del suo credito, pattuendosi che, al termine del rapporto, si proceda alla stima del bene e il creditore sia tenuto al pagamento in favore del venditore dell'importo eccedente l'entità del credito (*iure emptoris possideat rem iusto pretio tunc aestimandam*, secondo la tradizione giustinianea) esclude l'illiceità della causa del negozio, la quale non sussiste «pur in presenza di costituzione di garanzie che presuppongano un trasferimento di proprietà, qualora queste risultino integrate entro schemi negoziali che tale abuso escludono in radice, come nel caso del pegno irregolare, del riporto finanziario e del c.d. patto marciano – in virtù del quale, come è noto, al termine del rapporto si procede alla stima, ed il creditore, per acquisire il bene, è tenuto al pagamento dell'importo eccedente l'entità del credito» (così Cass., 21 gennaio 2005, n. 1273)".

34 LOJACONO, Vincenzo. *Il patto commissorio nei contratti di garanzia*. Milano: Giuffrè, 1952. p. 71.

35 MATOS, Isabel Andrade de. *O pacto comissório*: contributo para o estudo do âmbito da sua proibição. Coimbra: Almedina, 2006. p. 82.

36 CORDEIRO, Antonio Menezes. *Tratado de direito civil*. Coimbra: Almedina, 2015. p. 764. v. X.

37 No original: "consiste el pacto marciano en la posibilidad de que deudor y acreedor convengan que si al llegar el momento del vencimiento no pagara, la propiedad de la cosa pasará al acreedor previa justa estimación" (FELIU REY, Manuel Ignacio. *La prohibición del pacto comissório y la opcion en garantía*. Madrid: Civitas, 1995. p. 88).

38 SANTOS, J. M. de Carvalho. *Código Civil brasileiro interpretado*. Rio de Janeiro: Freitas Bastos, 1964. p. 92. v. X.

39 ALVES, José Carlos Moreira. *Da alienação fiduciária em garantia*. Rio de Janeiro: Saraiva, 1979. p. 107.

40 PEREIRA, Lafayette R. *Direito das coisas*. Rio de Janeiro: Freitas Bastos S.A., 1956. p. 349.

41 PEREIRA, Caio Mário da Silva. *Instituições de direito civil*. Atual. por Carlos Edison do Rêgo Monteiro Filho. Rio de Janeiro: Forense, 2016. p. 290. v. IV.

Como percebido, a conceituação de pacto marciano, realizada por diversos estudiosos, gira em torno de alguns elementos constituintes do instituto, que serão estudados a seguir. Mostram-se recorrentes, pois, na análise de cada conceito formulado, pelo menos duas ideias centrais.

A primeira, que também se faz presente na sistemática do pacto comissório, consubstancia-se em que o credor se torna proprietário da coisa objeto da garantia, expressa por fórmulas análogas – "a propriedade da coisa se transfere", "faz sua a coisa objeto da garantia" ou "fica com a garantia".

A segunda ideia essencial à concepção do pacto marciano – esta, por sua vez, ausente no mecanismo da cláusula comissória – reside no fato de que a aquisição da propriedade ocorrerá após aferição do justo valor do bem dado em garantia, revelada de forma diversa em diferentes trechos, tais como "justa estimação do valor da coisa" e "preço justo". A partir desse elemento pode-se distinguir, já em primeiro plano, o pacto marciano do comissório, estruturalmente.[42]

Configuram-se, portanto, notas marcantes do pacto marciano a aquisição da propriedade plena da coisa objeto da garantia pelo credor e a aferição de seu justo valor. Esta última envolve, de um lado, o aspecto procedimental (avaliação do bem por terceiro imparcial ou por comum acordo das partes), e, de outro, o aspecto temporâneo (avaliação deverá se dar necessariamente no momento da aquisição da coisa). Tal sistemática terá como possíveis efeitos, (a) a extinção da obrigação sem que nada mais seja devido, quando o valor do bem equivaler ao da dívida, ou nos casos de perdão legal; (b) o abatimento do valor do bem no montante da dívida, permanecendo o devedor obrigado pelo restante e (c) a obrigação de o credor restituir o *superfluum* (valor do bem que excede o da dívida) ao devedor ou ao terceiro que tenha oferecido o bem em garantia.[43]

---

[42] Francesco Caringella, ao tratar da admissibilidade no ordenamento do pacto marciano, aduz que se trata de "patto che prevede un meccanismo fondamentale identico a quello comissorio – ciò trasferimento del bene in caso di inadempimento – ma che dal patto *ex* art. 2744 c.c. si differenzia per il fatto che, al momento dell'inadempimento, un terzo designato di comune accordo dalle parti, ovvero dal presidente del tribunale, procede alla stima del valore del bene al fine di verificarne l'effettiva corrispondenza all'importo del credito non restituito. Quindi, nel *patto marciano*, pur essendo previsto un meccanismo commissorio, non sussiste il rischio dell'esposizione del debitore ad una pattuizione iniqua, perché nell'ipotesi in cui il bene avesse un valore superiore al credito erogato il creditore sarebbe tenuto a versarne al debitore la differenza" (CARINGELLA, Francesco. *Studi di diritto civile*. Milano: Dott. A. Giuffrè, 2003. p. 1.036. t. I). Tradução livre: "pacto que prevê um mecanismo fundamentalmente idêntico àquele comissório – isto é, transferência do bem em caso de inadimplemento – mas que do pacto *ex* art 2744 c.c. se diferencia pelo fato de que, ao momento do inadimplemento, um terceiro designado de comum acordo pelas partes, ou pelo presidente do tribunal, procede à avaliação do bem a fim de verificar a efetiva correspondência dele à importância do crédito não restituído. Então, no pacto marciano, sendo previsto um mecanismo comissório, não subsiste o risco de exposição do devedor a uma pactuação iníqua, porque na hipótese em que o bem tivesse um valor superior ao crédito derrogado o credor seria obrigado a versar ao devedor essa diferença".

[43] "Il patto commissorio e il patto marciano [...] differiscono in un aspetto fondamentale, consistente nel fatto che, mentre la prima ricollega al trasferimento della proprietà l'estinzione dell'obbligazione garantita, la seconda comporta invece la stima del bene e l'imputazione del suo valore al pagamento del debito garantito, con l'ulteriore conseguenza che, qualora il valore del bene sia superiore al credito, il debitore ha diritto alla restituzione dell'eventuale differenza, ovvero che, nel caso opposto, l'obbligazione si estingue solo parzialmente" (CIPRIANI, Nicola. *Patto commissorio e patto marciano*: proporzionalità e legittimità delle garanzie. Napoli: Edizioni Scientifiche Italiane, 2000. p. 12). Tradução livre: "O pacto comissório e o pacto marciano [...] diferem em um aspecto fundamental, que consiste no fato de que, enquanto o primeiro relaciona a transferência da propriedade à extinção da obrigação garantida, o segundo comporta, ao contrário, a estimação do bem e a imputação de seu valor ao pagamento do débito garantido, com a ulterior consequência que, quando o valor do bem seja superior ao crédito, o devedor tem direito à restituição da eventual diferença, enquanto que, no caso oposto, a obrigação se extingue apenas parcialmente".

A aparente simplicidade dos elementos constitutivos da cláusula pode trair o olhar do intérprete, e fazê-lo perder de vista importantes questões que permeiam o instituto. Atento a isto, segue o presente trabalho no estudo dos apontados elementos constitutivos da cláusula marciana.

10.2.1.1 Aquisição da propriedade plena da coisa objeto da garantia pelo credor

Como destacado em uníssono pela doutrina, inadimplida a obrigação, deflagra-se a aquisição pelo credor da propriedade da coisa objeto da garantia, mediante seu justo valor.

A transferência se consumará, no entanto, de diversas maneiras, a depender do instrumento jurídico de que se valeram as partes na pactuação da garantia. Nesta toada, em se tratando de penhor, por cujos contornos o credor já se encontra na posse do bem móvel dado em garantia, a propriedade lhe será transferida via tradição *brevi manu*.[44] No caso da hipoteca, também haverá transferência da propriedade, que se operará no caso mediante o registro do imóvel em nome do credor no ofício competente. Negando-se o devedor a proceder ao registro, terá o credor hipotecário direito, em face daquele, de obter provimento judicial que supra o ato volitivo do qual se furtou o devedor.

No mais, prefere-se neste estudo tratar-se como aquisição da propriedade o primeiro elemento do pacto marciano e não como sua transferência porque, no que tange à alienação fiduciária em garantia, o credor, em rigor técnico, já se fez titular do domínio, posto que resolúvel, do bem garantido.[45]

Dessa forma, na sistemática deste contrato, a execução do pacto marciano opera de modo a consolidar a propriedade plena na pessoa do credor, pela baixa do gravame no registro, no caso de bem imóvel, ou pela tradição da coisa em seu favor, se móvel for o bem objeto da garantia. Neste último caso, se a coisa não lhe for entregue espontaneamente, poderá o credor lançar mão de ação de busca e apreensão do bem para retirá-lo do devedor recalcitrante. Estrutura semelhante se verificará na hipótese dos negócios jurídicos com escopo de garantia, tais como a compra e a venda com cláusula de retrovenda e o *sale and lease back*.[46]

---

[44] "Quando alguém já tem a posse do objeto, posse direta em razão de um vínculo jurídico, por exemplo, como depositário ou como credor pignoratício, e adquire o seu domínio, não há mister devolver-se ao dono, para que este novamente lhe faça a entrega (tradição real) do mesmo. É suficiente a demissão voluntária da posse pelo transmitente, para que se repute tradita a coisa; tradição de breve mão, *traditio breve manu*" (PEREIRA, Caio Mário da Silva. *Instituições de direito civil*. Atual. por Carlos Edison do Rêgo Monteiro Filho. Rio de Janeiro: Forense, 2016. p. 39. v. IV).

[45] Sobre a aquisição da propriedade na alienação fiduciária em garantia, v. ALVES, José Carlos Moreira. *Da alienação fiduciária em garantia*. Rio de Janeiro: Saraiva, 1979. p. 107: "pelo pacto marciano, se o débito não for pago, a coisa poderá passar à propriedade plena do credor pelo seu justo valor, a ser estimado, antes ou depois de vencida a dívida, por terceiro".

[46] Para um aprofundamento da dinâmica dos pactos comissório e marciano nos negócios jurídicos com escopo de garantia, v. MONTEIRO FILHO, Carlos Edison do Rêgo. *Pacto comissório e pacto marciano no sistema brasileiro de garantias*. Rio de Janeiro: Processo, 2017.

Outro aspecto a ser destacado consiste em saber se, diante do inadimplemento absoluto, a aquisição da propriedade constituiria direito potestativo[47] do credor ou se o devedor possuiria o direito subjetivo de exigir a execução da cláusula marciana em cumprimento ao pactuado. Em outras palavras, debate-se se ao direito do devedor corresponderia o dever jurídico de o credor obter a titularidade plena da coisa dada em garantia ou se poderia este optar por promover a alienação do bem. A solução depende da interpretação da cláusula marciana, no bojo da relação contratual complexa, como fruto da autonomia negocial.[48] Dever-se-á examinar se o ajuste foi previsto em teor facultativo ou obrigatório, prevalecendo aqui, no âmbito de relações patrimoniais disponíveis, a força obrigatória dos pactos que, contudo, não se furtará ao controle de merecimento de tutela à luz dos valores do ordenamento jurídico.[49] De fato, não prospera o argumento de impossibilidade de imposição da aquisição do bem por meio do mecanismo do pacto marciano. Isso porque, tal qual ocorre com a cláusula compromissória na arbitragem, *mutatis mutandis*, a previsão de cláusula marciana vinculante significará renúncia à possibilidade de alienação coercitiva do bem pelo credor.

Passo adiante, se o característico comum de aquisição da propriedade da coisa objeto da garantia a partir do inadimplemento absoluto faz aproximar o pacto marciano do comissório, o segundo elemento, revelado no valor justo pelo qual se dá a aludida aquisição, os estrema em definitivo, rompendo-se qualquer laço de identidade entre as duas cláusulas, como se passa a ver.

10.2.1.2 Aferição do justo valor da coisa objeto da garantia

Mesmo sabendo-se haver elementos estruturais que os assemelham, pacto marciano e pacto comissório exercem funções distintas e derivam de perfis axiologicamente diversos. Em verdade, a justiça do valor da coisa objeto da garantia e todas as consequências que daí advêm não permitem tratar a cláusula comissória como gênero do qual a marciana seria espécie.

---

[47] Na definição de Pietro Perlingieri: "o seu titular pode, sozinho, constituir, modificar ou extinguir uma situação, apesar de isso significar invasão da esfera jurídica de outro sujeito que não pode evitar, em termos jurídicos, o exercício do poder. Este exercício dá-se com uma manifestação unilateral de vontade mesmo quando (segundo alguns), para realizar o resultado favorável ao titular, seja necessária (além da manifestação unilateral da vontade) uma sentença do juiz. [...] A posição correlata do sujeito que não pode se opor ao exercício do direito potestativo e deve se submeter ao efeito a ele desfavorável é definida sujeição" (PERLINGIERI, Pietro. *O direito civil na legalidade constitucional*. Rio de Janeiro: Renovar, 2008. p. 685). V. também, PEREIRA, Caio Mário da Silva. *Instituições de direito civil*. Atual. por Maria Celina Bodin de Moraes. Rio de Janeiro: Forense, 2014. p. 30. v. I; ASCENSÃO, José de Oliveira. *Direito civil*: teoria geral. Coimbra: Coimbra Editora, 2002. p. 12. v. III.

[48] "A relevância constitucional da autonomia contratual deve ser entendida sob duplo perfil: o positivo, relativo ao fundamento e à tutela constitucional da autonomia, e o negativo que lhe impõe limites. O fundamento da autonomia negocial não pode ser desvinculado da natureza dos interesses pelos quais se explica em concreto" (BARBOZA, Heloisa Helena. Reflexões sobre a autonomia negocial. In: TEPEDINO, Gustavo; FACHIN, Luiz Edson (Coords.). *O direito e o tempo*: embates jurídicos e utopias contemporâneas. Estudos em homenagem ao Professor Ricardo Pereira Lira. Rio de Janeiro: Renovar, 2008. p. 413). Em sentido semelhante, v. "Sublinhe-se que se mostra admissível tanto a cláusula que atribui ao credor a faculdade de apropriar-se do bem como aquela por meio da qual aquele se obriga a tanto. No primeiro caso, se quiser, o credor pode preferir a alienação do bem, de modo a pagar-se com o preço obtido. No segundo, não lhe resta alternativa senão adquirir o bem, o que, diga-se por oportuno, pode ser efetuado mediante tradição ficta" (RENTERIA, Pablo. *Penhor e autonomia privada*. São Paulo: Atlas, 2016. p. 178).

[49] Sobre o desenvolvimento do merecimento de tutela do pacto marciano, v. MONTEIRO FILHO, Carlos Edison do Rêgo. *Pacto comissório e pacto marciano no sistema brasileiro de garantias*. Rio de Janeiro: Processo, 2017.

O pacto marciano promove a aquisição do bem pelo credor por seu preço justo, fruto de avaliação objetiva. Pela *lex comissoria*, muito diversamente, não há proporcionalidade entre o valor do débito e o valor da coisa a ser apropriada pelo credor. No marciano, de outro giro, a proporcionalidade se impõe categoricamente na aferição do justo valor da coisa, razão pela qual se conferem disciplinas antagônicas entre os dois: ao comissório, ilicitude; ao marciano, sem a objeção central da iniquidade do desequilíbrio em favor do credor, licitude.[50]

Por outras palavras, ao não promover equilíbrio entre o montante da dívida e o valor do bem cuja propriedade se transfere ao credor, sendo este usualmente superior àquele, considera-se a *lex comissoria* mecanismo fértil a gerar injustiças, pois a extinção da obrigação se opera mediante a transferência da propriedade independentemente da devolução do *superfluum* ao devedor ou ao terceiro que tenha oferecido o bem em garantia.[51]

De outro turno, no pacto marciano há o arbitramento do preço justo pelo qual será entregue ao credor a propriedade do bem dado em garantia. Da essencialidade da elucidação de um valor justo para a sistemática do pacto marciano surge a necessidade de analisar de que maneira se revelará aos contratantes tal preço, compreendido como o valor praticado no mercado. Nesse sentido, indaga-se se o justo valor deverá provir necessariamente de arbitramento realizado por terceiro ou se poderá se efetuar por convenção dos contratantes segundo critérios de caráter objetivo, tais como cotações em bolsas. Ou, por outro modo: questiona-se o que faz do estimado um valor justo, ou seja, merecedor de tutela pelo ordenamento, e, ainda, em que momento tal avaliação deverá se operar e quais serão seus efeitos. É o que se passa a analisar.

---

[50] "Ahora, como hemos demostrado, parece claro que el motivo determinante de la prohibición del pacto comisorio tiene que ver con la desproporción que se puede originar entre el monto de lo debido y el valor de la pérdida que padece el deudor por el hecho de que el acreedor se apropie de la cosa dada en garantía, por lo que en tanto se respete dicha proporcionalidad, mientras se conserve la conmutatividad entre las prestaciones, el pacto debiera ser lícito. Si lo que se pretende es evitar que el acreedor pueda prevalerse de una situación difícil del deudor (lo que se logra en el pacto marciano mediante mecanismos de tasación de carácter objetivo), ello es a costa de limitar la autonomía de la voluntad, por lo que la prohibición no debiera alcanzar aquellos casos en que los intereses del deudor queden salvaguardados" (STOCKEBRAND, Adolfo Wegmann. Algunas consideraciones sobre la prohibición del pacto comisorio y el pacto marciano. *Revista Chilena de Derecho Privado*, v. 13, 2009. p. 111-112). Tradução livre: "Agora, como temos demonstrado, parece claro que o motivo determinante da proibição do pacto comissório tem a ver com a desproporção que se pode originar no montante devido e o valor da perda que padece o devedor pelo fato de que o credor se aproprie da coisa dada em garantia, pelo que, respeitando-se a dita proporcionalidade, enquanto se conserve a comutatividade entre as prestações, o pacto deve ser lícito. Se o que se pretende é evitar que o credor possa se prevalecer de uma situação difícil do devedor (o que se consegue no pacto marciano mediante mecanismos de taxação de caráter objetivo), não deve ser limitada a autonomia da vontade nos casos em que os interesses do devedor estejam salvaguardados. Aqui não incidirá a proibição do pacto comissório".

[51] "[...] patto marciano, convenzione molto simile al patto commissorio, ma che da questo si discosta laddove prevede la stima del bene conferito in garanzia e la restituzione al debitore dell'eventuale differenza tra l'ammontare del debito garantito e il valore del bene stesso" (CIPRIANI, Nicola. Nuovi scenari in tema di patto commissorio autonomo? *Rassegna di diritto civile*, v. 1-2, 2002. p. 430). Tradução livre: "[...] pacto marciano, convenção muito similar ao pacto comissório, mas que deste se afasta quando prevê a avaliação do bem conferido em garantia e a restituição ao devedor da diferença entre o montante do débito garantido e o valor do próprio bem".

10.2.1.2.1 Aspecto procedimental

A elucidação do valor justo pelo qual se executará a cláusula marciana, ponto central de sua definição, pode se dar por diferentes caminhos. Todos, porém, como indicam os conceitos cristalizados, devem ser capazes de garantir imparcialidade, critérios objetivos, congruência, boa-fé, enfim, tudo o quanto assegurar a justiça da aferição do valor.[52] Por óbvio, parece iníquo possa o preço ser arbitrado unilateralmente pelo credor.[53] Sobre o procedimento pelo qual chegarão os contratantes à determinação do valor justo da coisa, colhem-se as reflexões a seguir.

Argumenta-se de início ser necessária a intervenção de terceiros independentes escolhidos pelas partes para o desempenho do mister. Nesse sentido, constava da *Consolidação das leis civis*, elaborada por Teixeira de Freitas no século XIX, ser lícita a cláusula de ficar o credor com o penhor pelo seu justo preço, desde que este fosse determinado por dois avaliadores após o vencimento da obrigação.[54]

Ao longo da vigência do Código de 1916, a necessidade de se ter dois avaliadores também foi especificada por Lafayette Pereira, mesmo sem aprofundar o argumento, ao afirmar que o justo valor provirá de estimação realizada por avaliadores.[55]

Em Carvalho Santos acha-se opinião similar, no sentido de que o preço, no pacto marciano, deverá ser objeto de avaliação por "peritos escolhidos pelas partes ou nomeados de ofício".[56] A interpretação parece representar certo resquício do entendimento vigente à época das Ordenações, as quais, como visto, previam a estimação do penhor por "dous homens bons juramentados e escolhidos pelas partes, convem a saber, per cada hum seu".

De igual modo posiciona-se Moreira Alves, ao destacar que a coisa passará à propriedade plena do credor pelo seu justo valor a ser estimado por terceiros (plural).[57]

Mais recentemente, na experiência estrangeira, o Código Civil argentino de 2014 exigiu, do mesmo modo, a intervenção de terceiro (agora, no singular), na previsão legal

---

[52] "Para efeitos do apuramento do 'preço justo' do bem dado em garantia, é necessário proceder à sua avaliação. Tal avaliação reveste, assim, um papel crucial, devendo ser rodeada de todas as cautelas. Pela nossa sorte, cremos que a avaliação deverá ser feita segundo critérios de caráter objectivo, mediante recurso às regras de Mercado ou com a intervenção de um terceiro imparcial designado pelas partes de comum acordo, para que fiquem salvaguardados os direitos do devedor e dos demais credores" (MATOS, Isabel Andrade de. *O pacto comissório*: contributo para o estudo do âmbito da sua proibição. Coimbra: Almedina, 2006. p. 83).

[53] O arbitramento do preço unilateralmente pelo credor desnatura o pacto marciano, transmudando-o em comissório. Nesse sentido, v. Lafayette Rodrigues Pereira: "Esta proibição [ao pacto comissório] tem por fim proteger o devedor, sob a pressão da necessidade de momento, contra as exigências avaras do credor. É igualmente proibido pela mesma razão pactuar-se que a cousa ficará ao credor pelo preço em que elle a estimar" (PEREIRA, Lafayette Rodrigues. *Direito das coisas*. Rio de Janeiro: Freitas Bastos S.A., 1956. p. 349). No julgamento do RE nº 86.981/PR, o STF afirmou que a unilateralidade na avaliação da coisa se fazia essencial à caracterização do pacto comissório: "não havia possibilidade de o credor agir unilateralmente, condição para caracterização do pacto comissório" (STF, 1ª T. RE nº 86.981/PR. Rel. Min. Cunha Peixoto, j. 1978).

[54] Art. 772: "No caso do art. antecedente, vencida a dívida, o penhor será avaliado por dois peritos, escolhidos por ambas as partes, e juramentados, aplicando-se então o pagamento pelo preço da avaliação".

[55] É o que se depreende do conceito de pacto marciano fornecido pelo autor: "a venda da cousa ao credor pelo preço que fôr estimado por avaliadores" (PEREIRA, Lafayette R. *Direito das coisas*. Rio de Janeiro: Freitas Bastos S.A., 1956. p. 349). No mesmo sentido, v. OURO PRETO, Visconde. *Crédito móvel pelo penhor e o bilhete de mercadorias*. Rio de Janeiro: Laemmert & Cia, 1898. p. 30: "É, porém, permitido ajustar-se que, vencida e não solvida a dívida ou a obrigação, adquira o credor o objeto empenhado pelo preço da avaliação legitimamente feita. Esta estimação assim se faz judicial ou extrajudicialmente, se as partes nisso convierem, por dois peritos que elas escolheram".

[56] SANTOS, J. M. de Carvalho. *Código civil brasileiro interpretado*. Rio de Janeiro: Freitas Bastos, 1964. p. 92. v. X.

[57] ALVES, José Carlos Moreira. *Da alienação fiduciária em garantia*. Rio de Janeiro: Saraiva, 1979. p. 107.

da cláusula marciana – validando o pacto que autoriza o credor a se apropriar da coisa dada em garantia pela estimação de seu valor no momento de vencimento da dívida, a ser arbitrado por perito designado por acordo das partes ou, na falta de consenso, pelo juiz por meio de simples petição do credor.[58]

Interessante inovação no assunto verifica-se no teor do art. 2.348 do Código Civil da França, com a redação conferida pela Ordonnance nº 346, de 23.3.2006, referente à disciplina do penhor. No que toca a esta parte do estudo, tem-se no dispositivo que o valor da coisa deverá ser arbitrado por um perito escolhido amigável ou judicialmente, se não houver cotação oficial do bem por um mercado organizado.[59] Desse modo, permite-se a avaliação do valor justo por autocomposição das partes, mas se restringe a possibilidade à hipótese de cotação oficial estabelecida por mercado organizado. Pablo Renteria defende a sistemática, mesmo no direito brasileiro. "Em se tratando de bens [...] intensamente negociados em mercados organizados, mostra-se válida a estipulação contratual determinando sua avaliação de acordo com a cotação oficial divulgada pela entidade administradora do respectivo mercado". E arremata: "cuida-se de solução

---

[58] Articulo 2.198 do Código Civil y Comercial Unificado de la Nación Argentina: "Cláusula nula. Es nula toda cláusula que permite al titular de un derecho real de garantía adquirir o disponer del bien gravado fuera de las modalidades y condiciones de ejecución previstas por la ley para cada derecho real de garantía"; Artículo 2.229: "Ejecución. El acreedor puede vender la cosa prendada en subasta pública, debidamente anunciada con diez días de anticipación en el diario de publicaciones legales de la jurisdicción que corresponde al lugar en que, según el contrato, la cosa deba encontrarse. Si la prenda consiste en títulos u otros bienes negociables en bolsas o mercados públicos, la venta puede hacerse en la forma habitual en tales mercados, al precio de cotización. Las partes pueden convenir simultáneamente con la constitución que: a) el acreedor se puede adjudicar la cosa por la estimación del valor que de ella se haga al tiempo del vencimiento de la deuda, según lo establezca el experto que las partes designen el bien por el que resulte del procedimiento de elección establecido; en su defecto, el experto debe ser designado por el juez a simple petición del acreedor; b) la venta se puede realizar por un procedimiento especial que ellas determinan, el que puede consistir en la designación de una persona para efectuarla o la venta por el acreedor o por un tercero a precios que surgen de un determinado ámbito de negociación o según informes de los valores corrientes de mercados al tiempo de la enajenación que indican una o más cámaras empresariales especializadas o publicaciones designadas en el contrato. A falta de estipulación en contrario, estas alternativas son optativas para el acreedor, junto con las indicadas en los párrafos primero y segundo de este artículo, según el caso. El acreedor puede adquirir la cosa por la compra que haga en la subasta o en la venta privada o por su adjudicación". Tradução livre: "Art. 2.198 – Cláusula nula. É nula toda cláusula que permite o titular de um direito real de garantia adquirir ou dispor do bem gravado fora das modalidades e condições de execução previstas pela lei e para cada direito real de garantia"; "Art. 2.229 – Execução. O credor pode vender a coisa empenhada em leilão público, devidamente anunciado com dez dias de antecipação no diário de publicações legais da jurisdição que corresponde ao lugar em que, segundo o contrato, a coisa deva se encontrar. Se o penhor consiste em títulos ou outros bens negociáveis em bolsa ou mercados públicos, a venda pode se fazer na forma habitual em tais mercados, ao preço da cotação. As partes podem convencionar simultaneamente com a constituição que: a) o credor pode adjudicar a coisa pela estimação do valor que dela se faça ao tempo do vencimento da dívida, segundo estabeleça o perito designado pelas partes ou outro procedimento de avaliação estabelecido; não havendo acordo, o perito deve ser designado pelo juiz por simples petição do credor. b) A venda pode ser realizada por um procedimento especial que as partes determinem, que pode consistir na designação de uma pessoa para efetuá-la; ou a venda pelo credor ou por um terceiro a preços que surgem de um determinado âmbito de negociação ou segundo informes de valores de mercado ao tempo da alienação que indicam uma ou mais câmaras empresariais especializadas ou publicações designadas no contrato. À falta de estipulação em contrário, essas alternativas são optativas para o credor junto com as indicadas aos parágrafos primeiro e segundo deste artigo, conforme o caso. O credor pode adquirir a coisa pela compra que se faça em leilão público ou venda privada ou por sua adjudicação".

[59] No original: "Article 2.348. La valeur du bien est déterminée au jour du transfert par un expert désigné à l'amiable ou judiciairement, à défaut de cotation officielle du bien sur un marché organisé au sens du code monétaire et financier. Toute clause contraire est réputée non écrite".

louvável, vez que traduz expediente confiável de precificação que não impõe às partes os custos usualmente associados à contratação do perito avaliador".[60]

Em sentido análogo, defende-se que a avaliação possa corresponder à atuação de mecanismo automático de determinação do valor, de modo a garantir a fixação do preço por critérios totalmente objetivos e conhecidos previamente pelas partes: "Não é de se exigir, portanto, a intervenção judicial, pelo que se deve admitir o pacto marciano sempre que a avaliação seja feita por um perito, ou decorra de uma atribuição automática".[61]

De fato, afigura-se não ser imprescindível que o arbitramento se realize por terceiro, podendo as partes – acrescenta-se aqui: em relações isonômicas, como se verá mais à frente – chegar a bom termo acerca do preço justo. A avaliação, evidentemente, deverá ser "rodeada de todas as cautelas", com a busca de expedientes confiáveis de precificação.[62] Assim, não se impõem às partes os ônus resultantes da contratação de perito avaliador, mas a avaliação demandará, em todo caso, a utilização de parâmetros seguros. Ponha-se, entre parênteses, que, ainda que realizada pelos próprios contratantes, a avaliação não se furtará à apreciação do Poder Judiciário ou do juízo arbitral, em caso de conflito.[63]

Seria desmedida ingerência na autonomia negocial vedar-se a contratantes equipolentes, em relação isonômica, que pudessem produzir avaliação fundamentada em parâmetros objetivos. Máxime no manejo de interesses patrimoniais disponíveis, e no bojo de relações paritárias.

Por outro lado, nas hipóteses de vulnerabilidade, a situação jurídica se apresenta sob cores bem distintas, a reclamar solução diversa, à luz da axiologia do ordenamento. No particular, o arbitramento deverá ser realizado por terceiro, como modo de coibir abusos, escolhido em processo de eleição imune à supremacia do mais forte. Em seu mister, deverá o *expert* proceder com isenção, baseando-se em critérios objetivos.

Fixadas as premissas acerca do aspecto procedimental, passa-se à análise do aspecto temporâneo da apreciação do justo valor.

---

[60] RENTERIA, Pablo. *Penhor e autonomia privada*. São Paulo: Atlas, 2016. p. 179-180. V. também: "É importante destacar que a avaliação da coisa por terceiro pode ser realizada antes ou depois do vencimento da dívida, sendo possível dispensá-la se a coisa possuir valor de mercado" (GARCIA, Rodrigo Saraiva Porto. O pacto marciano na alienação fiduciária em garantia. *Revista dos Tribunais*, v. 4, 2014. p. 263).

[61] GUEDES, Maria Bárbara Teixeira Dias Valente. *Da proibição do pacto comissório*: fundamento e extensão. Dissertação (Mestrado em Direito Civil) – Universidade Católica Portuguesa, Lisboa, 2015. p. 24.

[62] Em Portugal, desenharam-se pressupostos para que haja uma avaliação correta do objeto do penhor financeiro: "(i) que no contrato de penhor financeiro sejam claramente identificados os critérios a que deve obedecer a avaliação e os prazos dentro dos quais a mesma deverá realizar-se; (ii) que tais critérios sejam objectivos e conformes com os ditames da boa fé, e (iii) que o credor só possa exercitar o seu direito de apropriação até ao montante das obrigações financeiras garantidas que se encontre em dívida" (MATOS, Isabel Andrade de. *O pacto comissório*: contributo para o estudo do âmbito da sua proibição. Coimbra: Almedina, 2006. p. 154).

[63] A respeito do controle judicial da avaliação, aduz Massimo Bianca "In effetti, per quanto non possa escludersi il pericolo che il creditore imponga la nomina di un soggetto di non sicura imparzialità, a favore del debitore rimarrebbe sempre fermo il diritto ad un equo accertamento del valore del bene, con la possibilità, offerta anche ai creditori eventualmente pregiudicati, di impugnare la determinazione del terzo dolosamente influenzata ovvero manifestamente iniqua o erronea (art. 1349 c.c.)" (BIANCA, C. Massimo. *Il divieto del patto commissorio*. Napoli: Edizioni Scientifiche Italiane, 2013. p. 222-223). Tradução livre: "Com efeito, embora não se possa excluir o perigo de que o credor imponha a obrigação [de avaliação do bem] a um sujeito de uma insegura imparcialidade, em favor do devedor permaneceria sempre o direito a um acerto justo do valor do bem com a possibilidade oferecida também ao credor eventualmente prejudicado de impugnar a determinação do terceiro dolosamente infuenciado ou manifestamente iníqua ou inidônea (art. 1349 c.c.)".

10.2.1.2.2 Aspecto temporâneo

Para efeito de aquisição pelo credor da propriedade plena da coisa dada em garantia, não parece haver uniformidade entre as fontes quanto ao exato momento em que se deve proceder à apuração de seu valor, identificando-se os seguintes entendimentos: (i) antes do vencimento da dívida; (ii) no seu vencimento; (iii) no inadimplemento e (iv) na efetiva aquisição da propriedade.

Em favor da primeira tese, Moreira Alves e Affonso Fraga sustentam que a estimação pode se dar antes, pois, de qualquer forma, estaria garantido que o justo preço não seria o da dívida ou o imposto pelo credor.[64] Em sentido semelhante, Feliu Rey aduz que a admissão do pacto marciano depende de que o preço da coisa não tenha sido fixado pelas partes no momento em que estabeleceram a garantia. Para o autor, é duvidosa a admissão da fixação do valor do bem anteriormente ao inadimplemento e em qualquer caso é negada sua validade sistematicamente quando o valor se tenha fixado no momento de constituição da garantia. Admite, contudo, que o justo preço seja estimado entre a constituição da garantia e o descumprimento, pois, neste momento, em princípio, não há, salvo vicissitudes do caso concreto, fraqueza na posição do devedor.[65] O posicionamento é seguido, na experiência espanhola, por Perera, Lobato e López.[66]

Já Isabel Andrade de Matos afirma que a avaliação deve ser contemporânea ao vencimento da obrigação, pois apenas neste momento se poderia assegurar que o credor não exerceria pressão sobre o devedor.[67] O mesmo posicionamento é seguido por Pablo Renteria, segundo o qual a avaliação prévia ao vencimento deixaria as partes expostas

---

[64] ALVES, José Carlos Moreira. *Da alienação fiduciária em garantia*. Rio de Janeiro: Saraiva, 1973. p. 107; FRAGA, Affonso. *Direitos reaes de garantia*: penhor, anticrese e hipoteca. São Paulo: Saraiva, 1993. p. 124.

[65] No original: "la admisión de este pacto depende que el precio de la cosa no haya sido fijado por las partes al establecer la garantía. [...] Por otra parte, es dudosa la admisión de la fijación del valor del bien con anterioridad al incumplimiento, y en cualquier caso es negada su validez sistemáticamente cuando el valor se há fijado en el momento de constitución de la garantía [...] Pero *quid iuris* si se fijó en un estadio intermedio entre la constitución de la garantía y el incumplimiento? Creemos que será válido – atendiendo a circunstancias del caso concreto – pues, em principio, no tiene porqué concurrir dicha 'debilidad' en la posición del deudor" (FELIU REY, Manuel Ignacio. *La prohibición del pacto comisorio y la opción en garantía*. Civitas: Madrid, 1995. p. 91-92).

[66] "Pero para que así sea es necesario que existan garantías en relación a la fljación del valor del bien; por ejemplo, es indispensable que la vaioración del bien se realice tras el incumplimiento, o en todo caso, después de constituida la obiigación, pero nunca en el momento de establecer la garantía" (PERERA, Angel Carrasco; LOBATO, Encarna Cordero; LÓPEZ, Manuel Jesús Marín. *Tratado de los Derechos de Garantía*. Navarra: Thompson – Aranzadi, 2008. p. 625. t. II). Tradução livre: "Mas para que assim seja é necessário que existam garantias na relação e a fixação do valor do bem; por exemplo, é indispensável que a estimativa do bem se realize após o inadimplemento, ou em todo caso, depois de constituída a obrigação, mas nunca no momento de estabelecer a garantia".

[67] "Por outro lado, cremos também que a avaliação deve ser efectuada apenas aquando do vencimento da obrigação, pois só nesse momento é que o devedor já não estará numa posição de inferioridade negocial face ao credor" (MATOS, Isabel Andrade de. *O pacto comissório*: contributo para o estudo do âmbito da sua proibição. Coimbra: Almedina, 2006. p. 83).

à variação do valor da coisa.[68] O momento do vencimento foi adotado, outrossim, como marco temporal no Código Civil argentino de 2014.[69]

De outro giro, Massimo Bianca e Francesco Caringella, na experiência italiana, sustentam que a avaliação deve se dar no momento do inadimplemento,[70] no que são acompanhados por Júlio Gomes Manuel Vieira, na experiência portuguesa, e por Luís Gustavo Haddad, na doutrina brasileira.[71]

Por fim, a tese de que a apuração do valor deve se dar no momento da efetiva aquisição da propriedade foi adotada pelo Código Civil francês. Segundo a previsão do art. 2.348:

> o valor do bem será determinado ao dia da transferência por perito designado amigável ou judicialmente, na falta de cotação oficial do bem por um mercado organizado no sentido dado pelo código monetário e financeiro. Toda cláusula contrária reputar-se-á não escrita.[72]

Antecipa-se a posição de que a determinação do justo preço deve ocorrer, em momento subsequente ao inadimplemento absoluto da obrigação, quando da efetiva aquisição da coisa objeto da garantia em favor do credor. Apenas nesse instante se pode assegurar o desejado equilíbrio entre o valor do bem e o do débito.

Ressalte-se que há, em alguns ordenamentos, a coincidência entre o momento do inadimplemento e o de aquisição da propriedade. Isto é, a aquisição da propriedade decorre diretamente da cláusula marciana, sem que se faça necessário nenhum ato de transmissão da propriedade – tradição ou transcrição –, daí, portanto, alguns autores estrangeiros tratarem indiscriminadamente os momentos do inadimplemento e da transferência. No Brasil, em virtude dos efeitos meramente obrigacionais dos contratos,[73]

---

[68] "Sublinhe-se, ainda, que a avaliação deve ser realizada contemporânea ao vencimento da dívida [...] esta é a única maneira de assegurar a correspondência entre o valor do bem e o do débito, que, como visto, constitui o fim do pacto marciano. Afinal, realizando-se a avaliação antes do vencimento, as partes estariam expostas à variação do preço do bem, de modo que a equivalência entre os valores da coisa e do débito se tornaria incerta. Daí resulta que tal acordo não constituiria pacto marciano, traduzindo, ao reverso, pacto comissório, nulo nos termos do art. 1.428 do Código Civil" (RENTERIA, Pablo. *Penhor e autonomia privada*. São Paulo: Atlas, 2016. p. 180).

[69] Art. 2.229: "[...] Las partes pueden convenir simultáneamente con la constitución que:" a) el acreedor se puede adjudicar la cosa por la estimación del valor que de ella se haga al tiempo del vencimiento de la deuda, según lo establezca el experto que las partes designen o bien por el que resulte del procedimiento de elección establecido; en su defecto, el experto debe ser designado por el juez a simple petición del acreedor".

[70] BIANCA, C. Massimo. *Il divieto del patto commissorio*. Napoli: Edizioni Scientifiche Italiane, 2013. p. 202-203. Francesco Caringella aduz que "outro aspecto com base no qual a doutrina e a jurisprudência consideram perfeitamente lícito o pacto marciano, é aquele pelo qual a avaliação do bem é feita no momento do inadimplemento" (CARINGELLA, Francesco. *Studi di diritto civile*. Milano: Dott. A. Giuffrè, 2003. p. 1.036. t. I. Tradução livre).

[71] GOMES, Júlio Manuel Vieira. Sobre o âmbito da proibição do pacto comissório, o pacto comissório autônomo e o pacto marciano. *Cadernos de Direito Privado*, Braga, n. 8, 2004. p. 72 e HADDAD, Luís Gustavo. *A proibição do pacto comissório no direito brasileiro*. Tese (Doutorado em Direito Civil) – Universidade de São Paulo, São Paulo, 2013. p. 110.

[72] Tradução livre. No original: "la valeur du bien est déterminée au jour du transfert par un expert désigné à l'amiable ou judiciairement, à défaut de cotation officielle du bien sur un marché organisé au sens du code monétaire et financier. Toute clause contraire est réputée non écrite".

[73] "Como já se teve a oportunidade de estudar largamente, no nosso direito, fiel ao Direito Romano, o contrato apenas gera obrigações para as partes; isto está na sua própria definição: 'o contrato produz somente um direito pessoal, isto é, para o alienante a obrigação de fazer a entrega da coisa; para o adquirente o direito de exigir a tradição'. Antes da tradição há apenas um direito de crédito, não há domínio transferido: o alienante retém a propriedade do objeto alienado e pode validamente dispor dele: o adquirente é um mero credor, com ação pessoal para forçar o alienante, ou a entregar a coisa, ou a restituir o preço nno caso de ter sido pago. No

há necessidade de ato executório de transferência de titularidade em cumprimento da prestação assumida. Assim, pode haver interregno temporal entre os instantes de surgimento da obrigação e de transmissão de propriedade, de modo que se faz mais apropriada a avaliação do bem no efetivo momento da aquisição do domínio.

Precedendo a aferição a este momento, a variação do valor do bem poderia gerar enriquecimento indevido tanto em favor do credor, no caso de valorização do bem, quanto em benefício do devedor, na circunstância de desvalorização. E é justamente tal desequilíbrio que o pacto marciano se presta a coibir. Se assim não fosse, estar-se-ia diante de pacto comissório ou análogo, vedado pela ordem jurídica.

Ademais, de todo modo, se se considerasse o valor do bem no momento da celebração do negócio ou da constituição da garantia elevar-se-ia o risco de arbitramentos injustos, por estar o devedor em posição de maior vulnerabilidade negocial. De fato, o credor, com mais facilidade, poderia pressionar o devedor a aceitar uma avaliação do objeto da garantia muito inferior a seu real valor de mercado.

Aduz Júlio Manuel Vieira Gomes que não se afigura

> suficiente a avaliação preventiva do bem pelas partes ou a mera referência, no pacto, a um "valor real" que nada garante ser verdadeira e não ter sido antes "extorquido" pelo credor ao devedor, abusando da posição de debilidade e vulnerabilidade económicas em que este se encontra.[74]

Francesco Caringella, a seu turno, sustenta a distinção do marciano em relação ao comissório, forte em que, neste último, "a valoração é efetuada em momento anterior, com risco evidente de que, por conta da oscilação do preço de mercado, o bem assuma no momento do inadimplemento um valor diverso, presumivelmente mais alto".[75]

10.3 À guisa de conclusão. Os efeitos da cláusula marciana: restituição do *superfluum* ao devedor, abatimento do valor da coisa dada em garantia da dívida remanescente, perdão legal e extinção da obrigação

Por efeito da justa avaliação, quatro hipóteses podem se verificar. No caso de se precificar o bem por valor inferior ao montante do débito, quita-se parcialmente a dívida, mantendo-se o devedor obrigado ao restante, agora sem a presença da garantia. Pode ser, ainda, que o valor do bem seja idêntico ao da dívida, extinguindo-se a obrigação sem que nada mais seja devido. Ademais, na hipótese em que o valor do bem seja superior ao da dívida, o credor obriga-se a restituir ao devedor ou ao terceiro que tenha oferecido

---

momento, porém, em que a coisa foi entregue, gera-se um direito real e se sai do campo do direito das obrigações, penetrando-se no domínio dos direitos reais" (DANTAS, San Tiago. *Programa de direito civil*. Rio de Janeiro: Editora Rio, 1979. p. 151. v. III). V. também LOPES, Miguel Maria de Serpa. *Curso de direito civil*. Rio de Janeiro: Freitas Bastos, 1991. p. 291. v. III e SANTOS, J. M. de Carvalho. *Código Civil brasileiro interpretado*. Rio de Janeiro: Freitas Bastos, 1964. p. 10. v. XVI.

[74] GOMES, Júlio Manuel Vieira. Sobre o âmbito da proibição do pacto comissório, o pacto comissório autônomo e o pacto marciano. *Cadernos de Direito Privado*, Braga, n. 8, 2004. p. 72.

[75] CARINGELLA, Francesco. *Studi di diritto civile*. Milano: Dott. A. Giuffrè, 2003. p. 1.036. t. I.

o bem em garantia a soma correspondente à diferença entre o valor justo do bem e o total do débito. Com efeito, de nada adiantaria o procedimento de avaliação objetiva se não se obrigasse o credor a devolver ao devedor tal diferença.[76]

Há, contudo, casos em que a lei expressamente perdoa o devedor ou o credor deste excedente, liberando-o da obrigação. Nesta esteira, na esfera do Sistema Financeiro de Habitação (SFH), o art. 7º da Lei nº 5.741/71 prevê que "não havendo licitante na praça pública, o Juiz adjudicará, dentro de quarenta e oito horas, ao exequente o imóvel hipotecado, ficando exonerado o executado da obrigação de pagar o restante da dívida". Já no campo do Sistema de Financiamento Imobiliário (SFI), preveem os §§5º e 6º do art. 27 da Lei nº 9.514/97[77] a quitação da integralidade da dívida, liberando tanto o credor quanto o devedor de eventual excedente. Trata-se do denominado perdão legal.[78]

Quanto a eventual *superfluum*, reputa-se imperioso que a operação de seu cálculo deva tomar em conta a complexidade de todos os fatores que reunidos formam a chamada situação em concreto. Significa dizer que a devolução não pode se limitar a aspectos parcelares, devendo, antes, contemplar globalmente ativos e passivos da equação obrigacional. Assim, não se pode olvidar do valor principal e seus acessórios (juros, multas, perdas e danos, atualizações monetárias), mas também das benfeitorias eventualmente realizadas na coisa, e das despesas relativas à sua guarda e conservação, entre outros.[79]

O adequado retorno do *superfluum* precedido da justa avaliação do bem individualiza a estrutura do pacto marciano frente ao comissório, a justificar a licitude do primeiro e a ilicitude do segundo. Afinal, como bem se apontou na doutrina espanhola, em geral o valor das coisas dadas em garantia apresenta-se em muito superior ao montante da obrigação garantida, e não há razão alguma para que o credor obtenha tal sobrepreço, que obviamente é conseguido, geralmente, graças à posição dominante que ostenta frente ao devedor.[80] Em outras palavras, o dever de devolução do excedente,

---

[76] "el único mecanismo para soslayar la prohibición del pacto comisorio es que las partes acuerden que, en caso de incumplimiento de la obligación garantizada, el bien constituido en garantía sólo se transfiera al acreedor-fiduciario con la condición de que éste se obligue a abonar al deudor-fiduciante una suma igual a la diferencia entre el valor del bien, calculado de forma objetiva, y la cuantía del débito impagado (*pacto comisorio marciano*)" (BOUZA VIDAL, Nuria. *Las garantías mobiliarias en el comercio internacional*. Madrid: Marcial Pons, 1991. p. 75). Tradução livre: "O único mecanismo para salvar a proibição do pacto comissório é que as partes acordem que, no caso de inadimplemento da obrigação garantida, o bem constituído em garantia somente se transfira ao credor-fiduciário com a condição de que este se obrigue a abonar ao devedor-fiduciante uma monta igual à diferença entre o valor do bem, calculado de forma objetiva, e a quantia do indébito".

[77] Art. 27: "Uma vez consolidada a propriedade em seu nome, o fiduciário, no prazo de trinta dias, contados da data do registro de que trata o §7º do artigo anterior, promoverá público leilão para a alienação do imóvel. [...] §5º Se, no segundo leilão, o maior lance oferecido não for igual ou superior ao valor referido no §2º, considerar-se-á extinta a dívida e exonerado o credor da obrigação de que trata o §4º. §6º Na hipótese de que trata o parágrafo anterior, o credor, no prazo de cinco dias a contar da data do segundo leilão, dará ao devedor quitação da dívida, mediante termo próprio".

[78] Para aprofundamento da dinâmica no perdão legal no pacto marciano, v. MONTEIRO FILHO, Carlos Edison do Rêgo. *Pacto comissório e pacto marciano no sistema brasileiro de garantias*. Rio de Janeiro: Processo, 2017. No prelo.

[79] Em igual sentido, em especial para a garantia do penhor, cf. RENTERIA, Pablo. *Penhor e autonomia privada*. São Paulo: Atlas, 2016. p. 181: "não apenas o valor do capital emprestado e dos juros, mas também de outras verbas devidas ao credor que tenham relação com a obrigação garantida, como, por exemplo, a cláusula penal estipulada no contrato e, na hipótese do penhor comum, as despesas de guarda e conservação da coisa".

[80] "[...] por lo general, el valor de las cosas dadas en prenda o hipoteca es bastante superior al montante de la obligación garantizada y no hay razón alguna para que el acreedor obtenga tal *sobreprecio*, que obviamente es conseguido, generalmente, gracias a la posición dominante que ostenta el acreedor frente al deudor" (ALVAREZ, Carlos Lasarte. *Curso de derecho civil patrimonial*. Madrid: Tecnos, 2008. p. 324). Tradução livre: "No geral, o valor

nas hipóteses em que assim se configurar, se revela essencial, a integrar a substância do pacto marciano, em linha de contraposição ao comissório.[81]

Em resumo, em termos estruturais, se comunicam os institutos quanto à transferência da propriedade do bem do devedor diretamente para o credor na hipótese de não cumprimento na data aprazada. Mas se distanciam, em síntese, na medida em que, no pacto marciano, se procede à aferição do justo valor, mediante avaliação por terceiro imparcial ou por comum acordo das partes em relações paritárias, segundo critérios objetivos (aspecto procedimental), e no momento da aquisição da propriedade plena pelo credor (aspecto temporâneo). Como efeito da entrega da coisa com procedimento de avaliação do justo valor, ter-se-á: (i) equiparação entre o valor da coisa e o da dívida ou (ii) perdão legal e nada mais será devido; (iii) se a coisa for avaliada em montante inferior ao débito, o devedor se manterá obrigado ao pagamento da soma correspondente à diferença entre os dois valores em causa; (iv) no caso de a coisa dada em garantia ser avaliada em *quantum* superior ao da dívida, o credor se obrigará a restituir ao devedor ou ao terceiro que tenha oferecido o bem em garantia o excedente.

Informação bibliográfica deste texto, conforme a NBR 6023:2002 da Associação Brasileira de Normas Técnicas (ABNT):

MONTEIRO FILHO, Carlos Edison do Rêgo. Pacto marciano: trajetória, constituição e efeitos. In: TEPEDINO, Gustavo; TEIXEIRA, Ana Carolina Brochado; ALMEIDA, Vitor (Coord.). *Da dogmática à efetividade do Direito Civil*: Anais do Congresso Internacional de Direito Civil Constitucional – IV Congresso do IBDCivil. 2. ed. rev., ampl. e atual. Belo Horizonte: Fórum, 2019. p. 177-198. ISBN 978-85-450-0545-2.

---

das coisas dadas em penhor ou hipoteca é bastante superior ao montante da obrigação garantida e não há razão alguma para que o credor obtenha tal *sobrepreço*, que obviamente é conseguido, geralmente, graças a posição dominante que ostenta o credor em face do devedor".

[81] "Podemos simplificar la cuestión senãlando que en la práctica todo se reconduce al destino patrimonial del *superfluum*" (FELIU REY, Manuel Ignacio. *La prohibición del pacto comisorio y la opción en grantía*. Civitas: Madrid, 1995. p. 95). Tradução livre: "Podemos simplificar a questão assinalando que a prática todo se reconduz ao destino patrimonial do *superfluum*".

CAPÍTULO 11

A TUTELA POSSESSÓRIA COMO INSTRUMENTO DE PACIFICAÇÃO SOCIAL: AINDA SOBRE O FUNDAMENTO DOS INTERDITOS POSSESSÓRIOS

ROBERTA MAURO MEDINA MAIA

11.1 Introdução

No dia 6.6.2013, um grupo de jovens se reuniu na Avenida Paulista para protestar contra um aumento de vinte centavos nas passagens de ônibus. Embora aparentemente trivial – de início –, essa mobilização transformou a cidade de São Paulo no "marco zero" de uma onda de manifestações de vulto até então inimaginável. Como se um rastilho de pólvora tivesse sido ali aceso, a cada dia, em outras cidades do país, um número maior de pessoas ia às ruas protestar, servindo as redes sociais de mecanismo de "convocação" para tais protestos.[1]

Quando a pauta original dos manifestantes foi atendida – e o aumento nas tarifas de ônibus foi cancelado –, o inesperado aconteceu: o movimento expandiu-se por razões aparentemente inexplicáveis, culminando com a ida de ao menos dois milhões de brasileiros às ruas entre os dias 13 e 17 de junho do mesmo ano.[2] Tais manifestações apresentavam algumas semelhanças com movimentos ocorridos a partir de 2011 em outros pontos do mundo, tais como o Occupy Wall Street e a Primavera Árabe, também com pautas mais fluidas e articulação via redes sociais.[3] E como nada ficou fácil por aqui,

---

[1] Para uma análise mais detalhada das causas e consequências dos protestos daquele ano, v. BUCCI, Eugênio. *A forma bruta dos protestos*. São Paulo: Cia. das Letras, 2016, *passim*.

[2] FARAH, Tatiana. Por 20 centavos e muito mais: manifestações completam um ano. *O Globo*, 8 jun. 2014. Disponível em: <http://oglobo.globo.com/brasil/por-20-centavos-muito-mais-manifestacoes-completam-um-ano-12763238>. Acesso em: 17 ago. 2016.

[3] O estopim da Primavera Árabe foi bem mais dramático que o reajuste das passagens de ônibus, que deu início às manifestações no Brasil anos depois: em dezembro de 2010, um jovem tunisiano ateou fogo ao próprio corpo como

de lá para cá, o primeiro exemplo citado serviu de modelo para a ocupação progressiva, como meio de protesto, de prédios públicos e privados, com frequência cada vez mais comum em nosso país. No caso do movimento iniciado em Nova York, os manifestantes permaneceram por quase dois meses em Zuccotti Park, situado no distrito financeiro daquela cidade. Forçados a sair do local, iniciaram ocupações em bancos, prédios corporativos e *campi* universitários, entre outros.[4]

Em tempos de *flash mobs*, "rolezinhos"[5] e litígios coletivos pela posse de um modo geral,[6] o que se busca, nestas páginas, é avaliar o quanto a tutela possessória, velha de milênios, teve as bases conceituais que autorizam sua concessão afetadas (ou não) pelas mudanças sociais. Há novos desafios a enfrentar, pois, muito embora os conceitos de esbulho ou turbação permaneçam inalterados, a complexidade das relações sociais na atualidade nos mostra que, eventualmente, o magistrado será instado a indagar se a eventual "nobreza" do motivo que levou à violação da posse alheia será capaz de justificar esbulho ou turbação praticados por um ou vários indivíduos.

Para além dos aspectos processuais, o presente estudo se destina a evidenciar que, muito embora a posse seja descrita como um instituto permanentemente condenado "a sofrer a maldição das controvérsias",[7] talvez decorra deste destino – aparentemente triste – a sua incrível capacidade de acomodar-se às mudanças históricas que acompanham a civilização, assumindo, hoje mais que nunca, importante função social. Poucos institutos foram tão postos à prova quanto a posse, e são raros os que servem tão bem de veículo à promoção de valores eleitos como prioritários aqui e em diversas outras partes do mundo. Polêmica, instigante, sempre permeável a mudanças, inclusiva e exclusiva ao mesmo tempo, a posse parece despertar discussões tão apaixonadas quanto as que envolvem futebol ou religião. Escrever sobre ela pode parecer desafiador. Mas a tentação é irresistível...

11.2 Uma premissa importante: a análise das teorias subjetiva e objetiva

Ao dedicar-se ao estudo da posse ainda muito jovem, tomando o direito romano como diretriz, Friedrich Carl von Savigny observou que apenas dois direitos poderiam ser descritos como decorrentes da posse, independendo por completo do direito de propriedade: a usucapião e os interditos possessórios.[8] Em relação aos últimos, Savigny sustentava, a respeito de seu fundamento, que se a perturbação da posse fosse provocada

---

forma de protesto às péssimas condições de vida em seu país, aos maus tratos e à corrupção policial. Os protestos que se seguiram deram origem à chamada "Revolução de Jasmim" e à consequente fuga do então presidente da Tunísia para a Arábia Saudita (PRIMAVERA Árabe. *Wikipédia*. Disponível em: <https://pt.wikipedia.org/wiki/Primavera_%C3%rabe>. Acesso em: 19 ago. 2016).

4   OCCUPY Wall Street. *Wikipédia*. Disponível em: <https://pt.wikipedia.org/wiki/Occupy_Wall_Street>. Acesso em: 19 ago. 2016.

5   As expressões serão oportunamente definidas.

6   A expressão "litígio coletivo pela posse" foi adotada pelo legislador no art. 565 do CPC2015, pressupondo a presença de uma coletividade de pessoas no polo ativo ou passivo. O sistema processual anterior dificultava o manejo de ações nas quais a coletividade era, por qualquer razão, colocada no polo passivo da demanda. Sobre o tema, v. MAIA, Diogo Campos Medina. *Ação coletiva passiva*. Rio de Janeiro: Lúmen Juris, 2009. p. 40.

7   PEREIRA, Caio Mario da Silva. *Instituições de direito civil*. 24. ed. Rio de Janeiro: Forense, 2016. p. 32. v. IV.

8   SAVIGNY, Friedrich Karl von. *Treatise on possession or the jus possessionis of the civil law*. 6. ed. Tradução de Sir Erskine Perry. Connecticut: Hyperion Press, 1848. p. 5.

pela força, "uma violação à lei seria cometida, porque toda violência é ilegal".[9] A crítica mais conhecida e disseminada aos seus estudos sobre a posse foi formulada décadas depois, por Rudolf von Jhering, que iniciou obra dedicada ao tema – até hoje uma das principais referências sobre este – com a seguinte pergunta: "Por que se protege a posse?"[10]

Mas, antes de se buscar a resposta, é preciso ter em mente que a razão pela qual a posse recebe proteção tão consistente remonta ao direito romano. Na lição de Caio Mario da Silva Pereira, pesquisas sobre os primórdios da cidade revelam que "foi o sistema de defesa da posse a técnica usada naquela fase de distribuição do *ager publicus*, tendo em vista que não podia o beneficiário invocar a garantia dominial, por lhe faltar o título de dono".[11] Não se pode, portanto, abstrair o fato de que tanto Savigny quanto Jhering tinham em mente os textos romanos e o contexto daquele período histórico quando desenvolveram seus estudos sobre o assunto.

Além disso, a conclusão a que os dois autores chegaram deve a sua diversidade à discordância de ambos em relação a um outro ponto, qual seja, a natureza jurídica da posse. Se a premissa da qual cada um dos dois partiu era distinta, naturalmente não poderiam chegar à mesma conclusão. Pressupondo que a posse, na Roma antiga, estaria sempre atrelada à usucapião e aos interditos, Savigny sustentava que ela tinha, em senso jurídico, a finalidade exclusiva de expressar a disponibilidade desses dois recursos ao possuidor.[12] Daí afirmar que a posse em si mesma considerada seria um simples fato, pois não dependeria, como a propriedade, de regras específicas como as que o *jus civile* e o *jus gentium* haviam estabelecido para a aquisição ou a perda da propriedade.[13]

Vê-se, portanto, considerável esforço do autor para interpretar a posse, a partir dos textos romanos, como instituto totalmente independente do direito de propriedade e também mais espontâneo, por prescindir, em relação ao seu surgimento, de maiores regramentos legais. E, a despeito de entender que, em si mesma considerada, a posse seria um fato, em relação aos efeitos por ela produzidos – usucapião e interditos –, Savigny vislumbrava nela um direito.[14] Encarava-a, consequentemente, sob dois prismas diversos: o estado de fato, que decorre do vínculo com a coisa, independentemente de sua conceituação, e as consequências jurídicas dele advindas.[15] Sendo a posse, em relação a este último aspecto, um direito, Savigny atribuía a ele caráter obrigacional.[16]

Ao formular suas críticas, mais de meio século após a publicação dos escritos de Savigny, Jhering não se preocupou em esconder seu desconforto com um suposto

---

[9] SAVIGNY, Friedrich Karl von. *Treatise on possession or the jus possessionis of the civil law.* 6. ed. Tradução de Sir Erskine Perry. Connecticut: Hyperion Press, 1848. p. 6. No original: "a breach of the law is commited, because all violence is illegal".

[10] JHERING, Rudolf von. *Fundamento dos interditos possessórios.* Tradução de Adherbal de Carvalho. Bauru: Edipro, 2007. p. 19.

[11] PEREIRA, Caio Mario da Silva. *Instituições de direito civil.* 24. ed. Rio de Janeiro: Forense, 2016. p. 29. v. IV.

[12] SAVIGNY, Friedrich Karl von. *Treatise on possession or the jus possessionis of the civil law.* 6. ed. Tradução de Sir Erskine Perry. Connecticut: Hyperion Press, 1848. p. 17.

[13] SAVIGNY, Friedrich Karl von. *Treatise on possession or the jus possessionis of the civil law.* 6. ed. Tradução de Sir Erskine Perry. Connecticut: Hyperion Press, 1848. p. 17.

[14] SAVIGNY, Friedrich Karl von. *Treatise on possession or the jus possessionis of the civil law.* 6. ed. Tradução de Sir Erskine Perry. Connecticut: Hyperion Press, 1848. p. 17.

[15] ALVES, José Carlos Moreira. *Posse* – Estudo dogmático. 2. ed. Rio de Janeiro: Forense, 1999, p. 80. v. II. t. I.

[16] SAVIGNY, Friedrich Karl von. *Treatise on possession or the jus possessionis of the civil law.* 6. ed. Tradução de Sir Erskine Perry. Connecticut: Hyperion Press, 1848. p. 23.

afastamento do jurista que o precedeu em relação ao direito romano. Primeiramente, Jhering questiona o fato de Savigny ter perdido de vista "a correlação dos remédios possessórios com a propriedade",[17] para, adiante, afirmar que o referido autor teria acrescentado artificialmente, como justificativa ao manejo do interdito *uti possidetis*, a condição da violência. Segundo Jhering, tal referência não existiria nas fontes romanas.[18]

E muito embora também mirasse a posse partindo do mesmo prisma do qual partiu Savigny – um olhar para o passado, uma interpretação do direito romano –, Jhering revela em sua obra que era um homem com ideias próprias às do tempo em que viveu. Sustentava ser a posse um direito por adotar o conceito de direito subjetivo – estranho às fontes romanas –, "procurando enquadrar nele a posse":[19] se direitos seriam interesses juridicamente protegidos, a posse só poderia ser um deles.[20] A partir daí, vê-se que as conclusões de Jhering em relação ao fundamento dos interditos possessórios e da natureza jurídica da posse estariam umbilicalmente ligadas. Para ele, a proteção possessória não se justificaria na própria posse, mas por ser "complemento necessário da proteção da propriedade".[21] Protege-se a posse, segundo Jhering, porque ela seria uma propriedade presuntiva, havendo nela "uma prova especial e fácil da propriedade":[22] a posse seria a "exterioridade, a visibilidade da propriedade".[23]

Nota-se, portanto, que o referido jurista atribuía à posse caráter puramente acessório, chegando a afirmar que, onde não há propriedade, não pode haver posse.[24] E por estarem os dois conceitos tão conectados, seria natural que Jhering vislumbrasse na posse um direito real: se o seu fundamento é a proteção de um deles (a propriedade), ainda que os interditos apresentassem certas qualidades de ação pessoal, nem por isso tirariam da posse a natureza real.[25] Para Jhering, se a posse seria um complemento indispensável às garantias conferidas à propriedade, não importaria que, em prol do pleno desempenho desse papel tão relevante, pudesse eventualmente contrariar os interesses do proprietário. Para ele, tal aspecto seria um mal necessário, pois, "se não houvesse proteção à posse, deveria o *dominus*, à menor turbação ou ameaça, provar a sua propriedade na defesa de sua situação".[26]

Conforme observado por Orlando Gomes, as duas teorias – de Savigny e de Jhering – distinguem-se em três pontos fundamentais: a determinação dos elementos constitutivos da posse, a explicação da natureza da posse e a fundamentação da proteção

---

[17] JHERING, Rudolf von. *Fundamento dos interditos possessórios*. Tradução de Adherbal de Carvalho. Bauru: Edipro, 2007. p. 92.

[18] JHERING, Rudolf von. *Fundamento dos interditos possessórios*. Tradução de Adherbal de Carvalho. Bauru: Edipro, 2007. p. 93-94.

[19] ALVES, José Carlos Moreira. *Posse* – Estudo dogmático. 2. ed. Rio de Janeiro: Forense, 1999. p. 87. v. II. t. I.

[20] ALVES, José Carlos Moreira. *Posse* – Estudo dogmático. 2. ed. Rio de Janeiro: Forense, 1999. p. 88. v. II. t. I.

[21] JHERING, Rudolf von. *Fundamento dos interditos possessórios*. Tradução de Adherbal de Carvalho. Bauru: Edipro, 2007. p. 22.

[22] JHERING, Rudolf von. *Fundamento dos interditos possessórios*. Tradução de Adherbal de Carvalho. Bauru: Edipro, 2007. p. 41.

[23] JHERING, Rudolf von. *Fundamento dos interditos possessórios*. Tradução de Adherbal de Carvalho. Bauru: Edipro, 2007. p. 133.

[24] JHERING, Rudolf von. *Fundamento dos interditos possessórios*. Tradução de Adherbal de Carvalho. Bauru: Edipro, 2007. p. 133.

[25] GOMES, Orlando. *Direitos reais*. 21. ed. Rio de Janeiro: Forense, 2012. p. 40.

[26] PEREIRA, Caio Mario da Silva. *Instituições de direito civil*. 24. ed. Rio de Janeiro: Forense, 2016. p. 31. v. IV.

possessória.[27] Em relação ao primeiro ponto, segundo a teoria subjetiva, atribuída a Savigny, os elementos constitutivos da posse seriam o *corpus* e o *animus*. Faltando *animus domini*, ou seja, a consciência de possuir como se proprietário fosse, haverá apenas detenção, e não posse.[28] Para Jhering, autor da teoria objetiva, o elemento psicológico não seria tão relevante. Bastaria a intenção de ter a coisa (*animus tenendi*), comum a quem possui como se fosse proprietário e a quem detém a outro título.[29] Feitas tais considerações, é possível observar que enquanto a teoria subjetiva parte da detenção para a posse, exigindo a presença do *animus domini* para distinguir a figura do detentor da figura do possuidor, a teoria objetiva parte da posse para a detenção, pois, para Jhering, seria detentor não aquele a quem falta *animus domini*, mas sim o que adquire a posse ao arrepio da lei, tornando-a degradada.[30]

Tendo sido os outros dois pontos de discordância entre os autores expostos anteriormente, é importante observar ser este primeiro aspecto conflitante entre as duas teorias – determinação dos elementos constitutivos da posse – a principal causa da maior disseminação da teoria objetiva entre os Códigos ocidentais, servindo de principal referência, inclusive, para o Código Civil brasileiro de 1916.[31] A teoria de Savigny tinha como maior inconveniente prático o fato de, diante da ausência de *animus domini*, equiparar à figura do detentor tanto o servidor da posse[32] quanto o locatário, o comodatário ou o depositário, negando-lhes tutela possessória. Como estes dependeriam, portanto, do proprietário para remediar eventual esbulho ou turbação à posse do bem, a teoria subjetiva "não admitia o fenômeno do desdobramento da posse, o qual, todavia, revelou-se de grande importância na economia moderna para o melhor aproveitamento dos bens".[33] Se, para Savigny, a vontade era o elemento preponderante para a caracterização da posse, Jhering não atribuía a ela a mesma relevância, priorizando o aspecto econômico e a sua exteriorização, em relação ao direito de propriedade, por meio da posse.[34]

Ao reduzir a importância atribuída por Savigny ao elemento anímico, Jhering permitiu, portanto, que a posse pudesse ser desdobrada entre a direta (ou imediata) – exercida por aqueles que têm sobre a coisa um poder material e a utilizam economicamente, tais como o locatário e o comodatário –[35] e indireta (ou mediata), que é manifestação do exercício da posse por meio da "cessão do poder de fato a outrem",[36] quando o possuidor continua a exercê-la, explorando economicamente o bem objeto da posse por meio de um contrato qualquer.

---

[27] GOMES, Orlando. *Direitos reais*. 21. ed. Rio de Janeiro: Forense, 2012. p. 38.

[28] GOMES, Orlando. *Direitos reais*. 21. ed. Rio de Janeiro: Forense, 2012. p. 38.

[29] GOMES, Orlando. *Direitos reais*. 21. ed. Rio de Janeiro: Forense, 2012. p. 38.

[30] ARAÚJO, Barbara Almeida de. *A posse dos bens públicos*. Rio de Janeiro: Forense, 2010. p. 73.

[31] TEPEDINO, Gustavo. *Comentários ao Código Civil*. São Paulo: Saraiva, 2011. p. 67. v. 14.

[32] O art. 1.198 do Código Civil de 2002 define o detentor a partir da figura do servidor da posse: "Considera-se detentor todo aquele que, achando-se em relação de dependência para com outro, conserva a posse em nome deste e em cumprimento de ordens ou instruções suas".

[33] TEPEDINO, Gustavo. *Comentários ao Código Civil*. São Paulo: Saraiva, 2011. p. 65. v. 14.

[34] FULGÊNCIO, Tito. *Da posse e das ações possessórias*. 12. ed. Rio de Janeiro: Forense, 2015. p. 15.

[35] GOMES, Orlando. *Direitos reais*. 21. ed. Rio de Janeiro: Forense, 2012. p. 39.

[36] GOMES, Orlando. *Direitos reais*. 21. ed. Rio de Janeiro: Forense, 2012. p. 34.

Se é possível encontrar nesse ponto a principal conveniência prática da teoria objetiva, desenvolvida por Jhering – a inclusão, no conceito de possuidor, daqueles que utilizam economicamente o bem por força de relação contratual travada com o proprietário –, é inegável que Jhering reduziu a posse a um simples acessório do direito de propriedade, que só poderia ser plenamente exercido por meio dela. Para ele, a posse deveria ser tutelada por ser uma presunção de propriedade, um mecanismo auxiliar de prova dela.[37] E o seu desconforto com o fundamento encontrado por Savigny para a proteção possessória – a interdição da violência e a proteção da pessoa do possuidor – talvez decorresse do fato de Jhering ter desenvolvido o conceito de detenção não a partir da falta de um *animus* específico, como Savigny, mas sim a partir das hipóteses de tomada da posse ao arrepio da lei. Assim, se alguém a adquire por meio do emprego de violência ou clandestinamente, por exemplo, tal ocupação sequer poderia ser definida como posse, mas sim detenção.[38]

Em relação a esse aspecto, é compreensível o desconforto de Jhering com a extensão dos interditos a pessoas a quem ele, originalmente, identificaria como meros detentores, negando-lhes a tutela possessória.[39] Considerar a interdição da violência como o fundamento dos interditos possessórios não lhe parecia sensato porque tal fundamentação justificaria o manejo eventual destes por um usurpador, contanto que fosse este a vítima da violência. De todo modo, a despeito das críticas dirigidas a Savigny por ter supostamente se afastado dos textos romanos no que concerne à vinculação da tutela possessória à propriedade – razão pela qual teria identificado na interdição da violência o fundamento dos interditos –, nota-se que Jhering assimilou bem mais que Savigny, em seus escritos, a evolução doutrinária posterior ao período romano. E ainda que citasse determinadas posições, em algumas passagens, apenas para criticar, depois, seus defensores, a preocupação exacerbada com a adequação do conceito de posse ao desenvolvido, à época, para o de direito subjetivo revelava um estudo da posse também baseado em conceitos estranhos ao direito romano.

A despeito de sua importância prática e de sua consistente influência em diversos Códigos do Ocidente, incluindo o brasileiro hoje em vigor, o fundamento atribuído por Jhering aos interditos possessórios – a propriedade – é reflexo do período no qual o individualismo proprietário talvez tenha vivido o seu ápice. A explicação do instituto da posse a partir da propriedade "é apenas uma das muitas formas de se estudar o instituto"[40] e, nos dias atuais, parece reducionista e desconectada da realidade na qual vivemos, ao menos no Brasil.

A posse não pode, no presente, ser considerada simples mecanismo de tutela do direito de propriedade, em sua concepção mais voluntarista e liberal, merecendo

---

[37] JHERING, Rudolf von. *Fundamento dos interditos possessórios*. Tradução de Adherbal de Carvalho. Bauru: Edipro, 2007. p. 41.

[38] JHERING, Rudolf von. *Fundamento dos interditos possessórios*. Tradução de Adherbal de Carvalho. Bauru: Edipro, 2007. p. 53: O receio de Jhering de que a fundamentação dos interditos possessórios apenas na interdição da violência pudesse beneficiar também aquele que age contrariamente à lei fica evidente em passagem de sua obra que merece ser transcrita: "A vontade que contraria o direito não pode pretender proteção e se o direito é forçado a protegê-la por atenção à posse, teremos de procurar a razão dessa proteção, não na própria vontade, mas em outra parte".

[39] JHERING, Rudolf von. *Fundamento dos interditos possessórios*. Tradução de Adherbal de Carvalho. Bauru: Edipro, 2007. p. 32.

[40] ARAÚJO, Barbara Almeida de. *A posse dos bens públicos*. Rio de Janeiro: Forense, 2010. p. 60.

construção jurídica autônoma.[41] A despeito de o direito romano servir como base teórica aos institutos de direito privado até os dias atuais, bem como a inegável influência de Jhering sobre o legislador brasileiro no que concerne à posse, há dois pontos, especificamente em relação ao fundamento dos interditos possessórios, que precisam ser considerados: as contradições impostas pelo Código Civil em vigor, bem como pelo que o antecedeu, à teoria objetiva, e a capacidade que tem o instituto da posse de promover valores eleitos como prioritários pela Constituição Federal de 1988.

11.3 A tutela possessória e o seu viés civilizatório: notas sobre as opções do legislador brasileiro a respeito do tema

Em relação ao primeiro aspecto, a análise das opções adotadas pelo legislador brasileiro no curso de nosso processo de codificação, revela não ser possível considerar que, no Brasil, o fundamento dos interditos possessórios seja a tutela da propriedade. Tal conclusão decorre do fato de o Código Civil brasileiro tutelar a posse mesmo quando disso resultará uma contrariedade aos interesses do proprietário. Exemplo capaz de ilustrar essa afirmativa é o art. 1.197 do CC2002,[42] que autoriza o possuidor direto – não proprietário, portanto – a defender a sua posse contra o indireto, proprietário que transfere o poder imediato sobre a coisa por meio de um contrato.[43] Vale dizer, caso, *e.g.*, um locador embarace ou obstrua a posse exercida diretamente pelo locatário, fará este jus aos interditos possessórios, a despeito do direito de propriedade daquele que impõe entraves indevidos à posse exercida legitimamente.

Além disso, adotou o legislador brasileiro a chamada "vedação à exceção de domínio", dispondo o art. 1.210, em seu §2º, que "não obsta à manutenção ou reintegração na posse a alegação de propriedade, ou de outro direito sobre a coisa". Portanto, no bojo de uma ação possessória, não poderia qualquer das partes invocar o direito de propriedade, fazendo prova deste ou de direito dele derivado no intuito de impedir a concessão de tutela possessória à parte contrária. A única ressalva seria a hipótese que deu ensejo à edição da Súmula nº 487 do STF: "Será deferida a posse a quem, evidentemente, tiver o domínio, se com base neste for ela disputada".[44]

A legislação em vigor atualmente, de modo mais explícito que a anterior, consagra a autonomia da posse em relação ao direito de propriedade, seja por força do art. 1.210, §2º, do Código Civil – o qual veda a exceção de domínio sem dar margem a dúvidas –, seja em razão do art. 557 do Código de Processo Civil de 2015.[45] Percebe-se, portanto, a intenção do legislador de explicitar a independência entre posse e propriedade,

---

[41] ARAÚJO, Barbara Almeida de. *A posse dos bens públicos*. Rio de Janeiro: Forense, 2010. p. 60.

[42] "Art. 1.197. A posse direta, de pessoa que tem a coisa em seu poder, temporariamente, em virtude de direito pessoal, ou real, não anula a indireta, de quem aquela foi havida, podendo o possuidor direto defender a sua posse contra o indireto".

[43] Ou, na definição fornecida por Tito Fulgêncio, aquele "por cuja conta está a posse nas mãos do possuidor efetivo" (FULGÊNCIO, Tito. *Da posse e das ações possessórias*. 12. ed. Rio de Janeiro: Forense, 2015. p. 40).

[44] Para uma análise mais detalhada da evolução legislativa referente à exceção de domínio e a redação adotada pelo CC1916 e pelo CPC1973 a respeito do tema, v. TEPEDINO, Gustavo. *Comentários ao Código Civil*. São Paulo: Saraiva, 2011. p. 157-162. v. 14.

[45] "Na pendência de ação possessória é vedado, tanto ao autor quanto ao réu, propor ação de reconhecimento do domínio, exceto se a pretensão for deduzida em face de terceira pessoa".

impedindo que eventual propositura de ação reivindicatória esvazie a discussão travada na esfera possessória, enquanto esta estiver pendente de julgamento. Trata-se, inclusive, de um reencontro com o que preconizava o direito romano na seara processual, pois este, nos primórdios, sequer vislumbrava a tutela da posse acompanhada do domínio: a outorga de interditos ao proprietário foi apenas o último passo da evolução da *possessio*.[46]

A intenção de Jhering era, portanto, ofuscar as fronteiras que apartam, desde Roma até os dias atuais, o possessório e o petitório,[47] sendo essa a consequência inevitável, no campo processual, da fundamentação dos interditos no direito de propriedade: se, em última instância, estes seriam manejados em razão da necessidade de se proteger a propriedade, por qual motivo a prova desta, trazida aos autos de uma ação possessória, não poria fim a toda a discussão acerca da posse? A análise das codificações atuais, tanto na esfera material, quanto na processual, revela a opção legislativa de retorno ao que já dispunha o direito romano: a independência entre o petitório e o possessório, o que conduz, por óbvio, à autonomia da posse em relação ao direito de propriedade.

Mas não é só. Além de os dispositivos citados anteriormente – por dificultarem, no Brasil, a adoção da teoria objetiva em relação ao fundamento dos interditos possessórios –, há uma outra passagem do Código Civil em vigor que demonstraria não ser possível admitir, aqui, ser a propriedade o fundamento deles. Segundo o art. 1.208, "Não induzem posse os atos de mera permissão ou tolerância assim como não autorizam a sua aquisição os atos violentos ou clandestinos, senão depois de cessar a violência ou a clandestinidade". A partir da leitura do referido dispositivo legal, é possível constatar que os vícios aí mencionados – violência e clandestinidade – podem ser considerados relativos por dois motivos.

Todavia, antes de adentrar no tema, é importante observar que o Código Civil, no art. 1.200, define ser justa a posse que não for violenta, clandestina ou precária. São esses, portanto, os três vícios capazes de macular a posse, que será: a) violenta quando for adquirida pela força, seja esta física ou manifestada por meio de ameaça; b) clandestina, quando obtida às escondidas, ou mediante o uso de artifícios capazes de iludir quem tem a posse; c) precária, quando adquirida por meio de abuso de confiança, com a retenção indevida do bem por aquele que, por força de relação contratual, estaria obrigado a devolvê-lo.[48]

Em relação à posse adquirida mediante o emprego de um dos três vícios, Jhering afirmava ser necessário "distinguir a personalidade e a relação injustamente constituída entre ela e a coisa".[49] Para ele a personalidade e as manifestações volitivas dela decorrentes jamais seriam capazes de "legitimar, restabelecer, justificar o que é ilegítimo, duvidoso e impuro, e estender o manto de sua proteção jurídica sobre todas as relações injustas

---

[46] ALVES, José Carlos Moreira. *Posse* – Evolução histórica. Rio de Janeiro: Forense, 1999. p. 19. v. I.

[47] Vale transcrever, a esse respeito, passagem de sua obra que não dá margem a qualquer outra conclusão: "Se no processo possessório não se considera a posse como uma relação jurídica independente, mas como prova da existência de um direito inteiramente diverso, por que se não a eleva também à altura de um direito e não se admite a respeito dela prova e contraprova, ou, em outros termos, por que não se converte o possessório em petitório?" (JHERING, Rudolf von. *Fundamento dos interditos possessórios*. Tradução de Adherbal de Carvalho. Bauru: Edipro, 2007. p. 39).

[48] GOMES, Orlando. *Direitos reais*. 21. ed. Rio de Janeiro: Forense, 2012. p. 49.

[49] JHERING, Rudolf von. *Fundamento dos interditos possessórios*. Tradução de Adherbal de Carvalho. Bauru: Edipro, 2007. p. 46.

em que se incorpore a vontade".[50] Consequentemente, para seus partidários, não seria possível estender aos que adquirem a posse mediante o emprego de um dos três vícios anteriormente mencionados o direito ao manejo dos interditos possessórios. Feitas tais considerações, é possível retornar à análise do art. 1.208 do CCB e suas consequências práticas.

Primeiramente, é importante notar que, diante da redação ali eleita, a posse não se adquire por meio de atos violentos ou clandestinos, salvo quando tais atos já houverem cessado. Percebe-se, portanto, a intenção do legislador de convalidá-los a partir do momento em que cessam. De tal ocasião em diante, os atos praticados por quem usurpou a posse alheia não serão mais considerados mera detenção. O esbulho por terceiro, que passa, contra a vontade do outro, a possuir a coisa, é hipótese de perda da posse,[51] a não ser que a vítima dele revele a intenção de recuperá-la, pois só o manejo do interdito cabível terá o condão de manter viva a relação possessória indevidamente perturbada.

Feitas tais considerações, é possível explicar a relatividade dos vícios da posse por dois prismas. No que diz respeito ao tempo de sua duração, diz-se que a violência e a clandestinidade são vícios relativos porque, conforme dispõe o art. 1.208, podem ser purgadas, a partir do momento em que cessam.[52] Consequentemente, o vício capaz de contaminar a posse, seja no caso da violência, como no da clandestinidade, é o inicial, o de sua aquisição, e não o superveniente.[53] Em relação a quem poderia arguir os vícios, não apenas a violência e a clandestinidade, mas também a precariedade, serão considerados relativos, pois apenas a vítima do ato praticado ao arrepio da lei, para fins de tomada da posse, poderá argui-lo em face de seu agente ou de seus sucessores, no intuito de reavê-la.

Se nenhuma outra pessoa, senão a vítima, poderá arguir tais vícios, é patente a sua relatividade, pois, perante o resto da coletividade, a posse, ainda que exercida por um esbulhador, deverá ser respeitada. Portanto, não é dado ao terceiro, que não foi vítima da violência, da clandestinidade ou da precariedade, usá-las como desculpa para tomar a posse do esbulhador.

O fato de tal relatividade legitimar, perante terceiros, a posse exercida por um usurpador representa um inegável distanciamento do que propunha Jhering – defensor dos direitos do proprietário a todo custo – e mesmo do direito romano. Ora, se a posse fosse apenas a vanguarda avançada do domínio – a sua sentinela, como defendia Jhering –, não seria sequer razoável utilizar os interditos possessórios quando a propriedade não pudesse lhes dar respaldo. Nossa legislação, ao permitir que o esbulhador faça jus aos interditos possessórios em nome próprio, ainda que apenas em face de quem não foi vítima de seus atos, admite que mesmo a posse do esbulhador seja tutelada, o que revela não ser a propriedade o fundamento de tal tutela.

A precariedade merece análise própria, por ser vício capaz de revelar um afastamento também da jurisprudência em relação ao pensamento de Jhering. Diante do silêncio do art. 1.208 do CCB em relação a ela, discute-se se a posse precária

---

[50] JHERING, Rudolf von. *Fundamento dos interditos possessórios*. Tradução de Adherbal de Carvalho. Bauru: Edipro, 2007. p. 46.

[51] PEREIRA, Caio Mario da Silva. *Instituições de direito civil*. 24. ed. Rio de Janeiro: Forense, 2016. p. 43. v. IV.

[52] PEREIRA, Caio Mario da Silva. *Instituições de direito civil*. 24. ed. Rio de Janeiro: Forense, 2016. p. 23. v. IV.

[53] FULGÊNCIO, Tito. *Da posse e das ações possessórias*. 12. ed. Rio de Janeiro: Forense, 2015. p. 51-52.

eventualmente cessaria, assim como os demais vícios, ou se seria, na verdade, vício absoluto, maculando a posse de modo permanente. Em relação a quem poderia argui-la, a lógica é a mesma aplicada aos demais vícios: analisada por este prisma, a precariedade também seria vício relativo, pois apenas a vítima da violação do dever de restituir poderia voltar-se, por meio dos interditos possessórios, contra aquele que, abusando de sua confiança, retém a coisa indevidamente.[54]

Segundo alguns autores, a omissão legislativa a respeito da precariedade, no art. 1.208, seria intencional. Na opinião de Silvio Rodrigues, que capitaneava tal orientação doutrinária, o silêncio do legislador representaria reação mais firme a condutas que implicam quebra de confiança e falta à fé do contrato.[55] Para ele, a posse precária não convalesceria – não merecendo, portanto, qualquer tipo de proteção, independentemente do tempo transcorrido – porque não cessaria jamais. O dever de restituir a coisa, a cargo do comodatário, do locatário, ou de qualquer outro que a detenha por força de um contrato, se renovaria a cada dia, de modo que a sua retenção indevida nunca ganharia foros de juridicidade.[56]

Consequentemente, acaso prevalecesse tal orientação doutrinária, o precarista jamais poderia beneficiar-se dos dois efeitos que já eram atribuídos à posse desde os primórdios do direito romano – usucapião e interditos. Em relação à primeira, a posse precária nunca poderia servir-lhe de fundamento, pois faltaria ao precarista a consciência íntima de ser possuidor. Ele tem perfeita noção de ser alheia a coisa, bem como do dever, diuturnamente violado, de restitui-la ao verdadeiro possuidor. Em relação aos interditos, caso se partisse do entendimento esposado por Silvio Rodrigues, por tratar-se de hipótese de mera detenção e não "posse jurídica",[57] não seria dado ao precarista manejá-los em nome próprio.

Todavia, tal entendimento não tem encontrado eco na jurisprudência do Superior Tribunal de Justiça, que já admitiu em mais de uma oportunidade ser possível a conversão do *animus* do precarista em *animus domini*, convertendo-se hipótese de detenção em posse *ad usucapionem*. Segundo o entendimento esposado pela Corte nesses casos, não haveria impedimento à eventual modificação do caráter originário da posse. O primeiro precedente versava sobre posse oriunda de vínculo locatício que, posteriormente, "assumiu a feição de posse em nome próprio, sem subordinação ao antigo dono e, por isso mesmo, com força *ad usucapionem*".[58]

O segundo caso envolvia promitente-comprador, sendo a sua pretensão de usucapir o bem admitida pela ministra relatora por força da ocorrência, em seu entender, da chamada *interversio possessionis*, por meio da qual o caráter original da posse (não própria) teria se transmutado, revelando verdadeira posse *ad usucapionem*. Para que tal possibilidade se configurasse, aquele que, na origem, não possuía o bem em nome próprio deveria demonstrar ter praticado, a partir de determinado momento, atos análogos aos

---

[54] PEREIRA, Caio Mario da Silva. *Instituições de direito civil.* 24. ed. Rio de Janeiro: Forense, 2016. p. 23. v. IV.

[55] RODRIGUES, Silvio. *Direito civil.* São Paulo: Saraiva, 2003, p. 29. v. 5 – Direito das coisas.

[56] RODRIGUES, Silvio. *Direito civil.* São Paulo: Saraiva, 2003, p. 29. v. 5 – Direito das coisas.

[57] RODRIGUES, Silvio. *Direito civil.* São Paulo: Saraiva, 2003, p. 29. v. 5 – Direito das coisas.

[58] STJ, 4ª T. REsp nº 154.733/DF. Rel. Min. Cesar Asfor Rocha, j. 5.12.2000, v.u. *DJ*, 19 mar. 2001. p. 111.

praticados pelo proprietário, tais como a construção de benfeitorias e a interrupção do pagamento de aluguéis, tudo, obviamente, sem a anuência do real titular do bem.[59]

A orientação do Superior Tribunal de Justiça nesse sentido representa flagrante ruptura com precedente do Supremo Tribunal Federal de 1980, o qual subordinava a posse direta exercida pelo promitente-comprador à posse indireta atribuída pelo promitente-vendedor, "não possuindo o imóvel como se fosse proprietário dele (posse própria)".[60] Vê-se, portanto, que apesar da omissão legislativa a respeito da precariedade, contida no art. 1.208 do CCB, e muito embora seja razoável concluir, a partir disso, que a opção do legislador, com seu silêncio, seria a completa impossibilidade de se tutelar a posse precária, as manifestações jurisprudenciais mais recentes sobre o tema apontam sentido diametralmente oposto.

Ignora-se, nesse aspecto, o entendimento de Jhering, para quem a posse injusta não poderia se converter em posse justa, seja por meio da vontade ou pela ação do possuidor.[61] E tal afastamento paulatino, conforme já observado anteriormente, não envolve apenas a jurisprudência, mas também o legislador. Como se não bastasse a total irrelevância da exceção de domínio na seara possessória, via eleita pelo Código Civil de 2002, conforme já observado anteriormente, é importante notar que o Código anterior, no parágrafo único do art. 618, afirmava não gerar usucapião a posse não firmada em justo título, "bem como a inquinada, original ou supervenientemente, de má-fé". O fato de tal dispositivo não encontrar eco no Código Civil atual – pois o art. 1.260, seu correspondente, não apresenta a mesma referência – revela, também por parte do legislador, entendimento incompatível com o esposado por Jhering: se é possível atribuir tutela possessória aos usurpadores da posse alheia, seja em relação a terceiros, seja pela conversão da detenção em posse *ad usucapionem,* não há como sustentar que seja a propriedade o fundamento dos interditos possessórios em nosso ordenamento jurídico.

Mas antes de se chegar a qualquer conclusão acerca de tema tão polêmico, é importante analisar um segundo aspecto a ele relacionado: a capacidade que tem o instituto da posse de promover valores eleitos como prioritários pelo legislador constituinte. A partir disso, se a função social hoje atribuída à posse é justamente servir de veículo para que alguns desses valores possam permear as relações interprivadas, seria possível admitir que, atualmente, o fundamento dos interditos possessórios é a função social desempenhada pela posse? A resposta deve ser negativa, como se verá adiante.

Em obra já bastante difundida, Pietro Perlingieri sustenta que "em toda noção jurídica encontra-se uma estrutura e uma função".[62] Partindo de tal pressuposto, o autor italiano afirma que o perfil funcional da relação jurídica atuaria como um regulamento, ou a disciplina de opostos centros de interesses relacionados, de maneira que estes

---

[59] STJ, 3ª T. REsp nº 220.200/SP. Rel. Min. Nancy Andrighi, j. 16.3.2003, v.u. *DJ,* 20 out. 2003. p. 269.
[60] STF, 2ª T. RE nº 91.973/MG. Rel. Min. José Carlos Moreira Alves, j. 25.6.1980, v.m. *DJ,* 1º jul. 1980, ementário n. 1.177-3.
[61] Sobre o tema, v. PEREIRA, Caio Mario da Silva. *Instituições de direito civil.* 24. ed. Rio de Janeiro: Forense, 2016. p. 23. v. IV.
[62] PERLINGIERI, Pietro. *Perfis do direito civil*: introdução ao direito civil constitucional. Tradução de Maria Cristina de Cicco. Rio de Janeiro: Renovar, 1999. p. 116.

tenham uma composição ou harmonização".[63] Desse modo, a função a ser desempenhada por qualquer relação jurídica é a de ordenar e regular o caso concreto. Ao lado do perfil funcional, teremos sempre um perfil estrutural, que irá revelar apenas o que é a relação ou o instituto.[64]

Em relação ao perfil estrutural (o que é), o legislador brasileiro, a partir do conceito de possuidor disposto no art. 1.196 do CC2002, optou por definir a posse como o exercício de fato, pleno ou não, de algum dos poderes inerentes ao domínio. No entanto, a definição da posse a partir de uma comparação com o direito de propriedade não impede que os dois institutos sejam compreendidos de forma absolutamente autônoma. Muito embora reflita a exteriorização de poderes análogos aos de dono, a posse será, com frequência, exercida sem que haja, por trás dela, qualquer direito de propriedade.

No que concerne ao aspecto funcional, o legislador não foi tão explícito em relação à posse quanto o foi em relação à propriedade. Se, no que concerne a esta última, a Constituição Federal menciona expressamente, no art. 5º, XXIII, que deve a propriedade atender à sua função social, esmiuçando de que maneira em outros dispositivos, como exemplo, o art. 182, o texto constitucional é silente em relação à posse. Todavia, tal omissão é apenas aparente, pois se a posse – respaldada ou não pelo direito de propriedade – é nada mais que o exercício de fato de poderes equiparáveis aos de quem é dono, é justamente o exercício destes poderes (uso, gozo, disposição e reivindicação) que será pesadamente afetado pela funcionalização do instituto.

Em outras palavras, se a função social transforma o conteúdo do direito de propriedade (uso, gozo, disposição e reivindicação), moldando o seu exercício, e sendo a posse definida justamente como o exercício de fato de tais poderes, está esta, por definição, igualmente subordinada a uma função social, mesmo quando não houver propriedade por trás dela. Na verdade, é unicamente por meio da posse que se revela se a função social da propriedade é ou não exercida.

Por tais motivos, é possível afirmar que, embora estruturalmente posse e propriedade sejam dotadas de imensa autonomia, relativamente à função social a ser desempenhada por ambas, não há diferença tão marcante, pois os valores a serem promovidos são os mesmos. Nos casos em que a posse e a propriedade se concentram nas mãos de um mesmo titular, a identidade funcional será inequívoca. Quando não, independentemente da existência de título de propriedade por trás do exercício de fato de poderes inerentes ao domínio, é certo que quem ostenta o vínculo com a coisa deverá, caso seja imóvel, respeitar e promover, por exemplo, o meio ambiente sadio, o bem-estar dos que eventualmente laborem no local, o direito à moradia ou mesmo valores como a livre iniciativa ou a redução das desigualdades sociais e regionais, dependendo da hipótese.

Os ônus impostos a quem tem título de propriedade em razão da função social a ela atribuída serão os mesmos a recair sobre os ombros de quem possui a outro título ou a título algum. Em virtude da função social a ser desempenhada pela posse, esta deverá – assim como a propriedade – ter seu exercício compatibilizado com a incidência,

---

[63] PERLINGIERI, Pietro. *Perfis do direito civil*: introdução ao direito civil constitucional. Tradução de Maria Cristina de Cicco. Rio de Janeiro: Renovar, 1999. p. 116.

[64] PERLINGIERI, Pietro. *Perfis do direito civil*: introdução ao direito civil constitucional. Tradução de Maria Cristina de Cicco. Rio de Janeiro: Renovar, 1999. p. 94.

sobre o regime jurídico atribuído ao bem, das situações jurídicas não proprietárias, definidas como posições merecedoras de tutela,[65] como, *e.g.*, os direitos dos vizinhos ao silêncio e ao meio ambiente sadio.

Com o advento da Constituição Federal de 1988, os institutos jurídicos de direito privado foram inequivocamente afetados por novos valores e objetivos. Assim, no caso específico da propriedade e da posse, o conteúdo normativo deles deverá ser igualmente orientado, em especial, pelos princípios fundamentais da República (art. 1º da Constituição Federal), pelos objetivos fundamentais da República Federativa do Brasil (art. 3º da Constituição Federal), pelos princípios norteadores da atividade econômica (art. 170 da Constituição Federal), pela proteção do direito à moradia (art. 6º da Constituição Federal) e pelo pleno desenvolvimento das funções sociais da cidade (art. 182 da Constituição Federal).

A função social da posse servirá, de modo idêntico à função social da propriedade, de diretriz interpretativa aos magistrados instados a julgar litígios que envolvam a relação concreta com objeto do direito, esteja este respaldado ou não por título dominial. Servirá, também, para nortear políticas públicas capazes de promover valores que permeiam as relações interprivadas por intermédio da funcionalização da posse e da propriedade. Todavia, isso não significa de modo algum que o fundamento dos interditos possessórios seja a função social desempenhada pela posse. Muito embora todo instituto jurídico seja, de certo modo, tutelado por tudo o que representa em um dado sistema legal, a análise relativa ao atendimento ou não à função social da posse, diante do caso concreto, é matéria de mérito, a ser analisada pelo juiz instado a se manifestar sobre determinado litígio.

Portanto, é um equívoco sustentar que o fundamento dos interditos possessórios seria a função social desempenhada pela posse, não sendo possível afirmar, em análise prévia, perfunctória e extraprocessual, que, em um dado caso concreto, o demandante atende plenamente à função social da posse. Tal entendimento levaria, ainda, à legitimação de condutas absolutamente reprováveis, jamais vislumbradas pelo legislador ao positivar a funcionalização de institutos como a propriedade e a posse.[66]

A funcionalização dos institutos jurídicos não se encontra positivada para legitimar condutas perpetradas ao arrepio da lei, sobretudo mediante o emprego de violência. A função social da posse revela para que esta deve servir, e não o motivo pelo qual é tutelada. É agente qualificador da posse exercida, seja para fins da adoção de políticas públicas dirigidas ao seu objeto, seja como diretriz interpretativa, a ser adotada pelo magistrado em determinado caso concreto.

O manejo dos interditos possessórios, conforme bem observado por Caio Mario da Silva Pereira, "inspira-se no objetivo de resolver rapidamente a questão originada do rompimento antijurídico da relação estabelecida pelo poder sobre a coisa, sem necessidade de debater a fundo a relação jurídica dominial".[67] Somente em momento posterior, quando a situação fática perturbada ao arrepio da lei houver sido restabelecida

---

[65] TEPEDINO, Gustavo (Org.). Contornos constitucionais da propriedade privada. In: TEPEDINO, Gustavo. *Temas de direito civil*. Rio de Janeiro: Renovar, 1999. p. 286-287.

[66] Exemplificativamente, imagine-se que alguém seja proprietário de uma casa de campo pouquíssimo utilizada. Suponha-se que uma família pobre, sem condições de adquirir moradia digna, ameaçando o caseiro, invada o imóvel e esbulhe a posse até então exercida sobre ele.

[67] PEREIRA, Caio Mario da Silva. *Instituições de direito civil*. 24. ed. Rio de Janeiro: Forense, 2016. p. 53. v. IV.

por meio do interdito possessório cabível, poderá discutir-se, já no bojo da ação reivindicatória, caso seja necessário, quem é o verdadeiro titular do bem, e a quem deve ser a posse dele efetivamente atribuída.[68] A tutela possessória justifica-se, desde o direito romano, na necessidade de manutenção, pela ordem pública, da coisa nas mãos de quem nela estivesse, até ulterior decisão do Poder Judiciário.[69]

São diversas, portanto, as funções desempenhadas pela posse e pelos interditos possessórios: enquanto aquela se destina à promoção dos valores prioritariamente eleitos pelo legislador constituinte no curso de seu exercício, os interditos se destinam à restauração, de modo célere,[70] e, eventualmente, de forma temporária, de uma situação possessória perturbada ao arrepio da lei.[71] A adoção dos interditos possessórios em Roma e nos sistemas jurídicos de um modo geral representa, portanto, um rompimento histórico com a barbárie, quando prevalecia a "lei do mais forte". A tutela possessória tem inegável viés civilizatório, existindo para impedir a aquisição da posse por meio da força, da coação ou do ardil.[72]

Não seria incorreto, portanto, fundamentar a proteção possessória na interdição da violência e na proteção destinada à pessoa do possuidor, a exemplo de Savigny. Em um país com sérios problemas fundiários, como o Brasil, a solução encontrada por Jhering – a tutela da propriedade –[73] mostra-se insuficiente e sequer encontra respaldo em nossa legislação e jurisprudência, conforme anteriormente exposto. Na verdade, os interditos possessórios existem para demonstrar que, a despeito de qual seja a motivação – talvez um título de propriedade ou uma causa justa pela qual se lute –, ninguém pode considerar-se acima da lei, adotando meios legalmente coibidos para adquirir a posse até então exercida por outrem.[74]

---

[68] A necessidade de restabelecimento da situação jurídica indevidamente perturbada decorreria do princípio *quieta non movere*, que justifica o respeito à situação jurídica anterior, quando ilicitamente modificada. A esse respeito, v. ALVES, José Carlos Moreira. *Posse – Estudo dogmático.* 2. ed. Rio de Janeiro: Forense, 1999, p. 87. v. II. t. I.

[69] CHAMOUN, Ebert. *Instituições de direito romano.* Rio de Janeiro: Forense, 1951. p. 216.

[70] Não à toa, ao referir-se à posse, Lafayette Rodrigues Pereira teceu as seguintes considerações: "Consagrada como uma situação que deve ser mantida e respeitada, enquanto pelos meios regulares não sucumbe diante do direito, era mister protegê-la contra as ofensas e usurpações de que é suscetível" (PEREIRA, Lafayette Rodrigues. *Direito das coisas.* Brasília: Senado Federal, 2004 (1887). p. 76. v. I).

[71] PEREIRA, Caio Mario da Silva. *Instituições de direito civil.* 24. ed. Rio de Janeiro: Forense, 2016. p. 53. v. IV.

[72] Tal aspecto fica ainda mais evidente na seguinte passagem da obra de Caio Mario da Silva Pereira, que versa sobre os *interditos retinandae possessionis*: "O possuidor, sofrendo embaraço no exercício de sua condição, mas sem perdê-la, postula ao juiz que lhe expeça mandado de manutenção, provando a existência da posse, e a moléstia. Não se vai discutir a qualidade do direito do turbador, nem a natureza ou profundidade do dano, porém o fato em si, perturbador da posse. Por isso é que o *interdito retinadae*, tais sejam as circunstâncias, pode ser concedido contra o malfeitor, contra o que se supõe fundado em direito, e até mesmo contra o proprietário da coisa. Esta circunstância é aparentemente estranha, pois que pode chegar ao extremo de defender o salteador ou o ladrão contra o verdadeiro dono. Mas é a consequência inevitável da proteção à posse: se em cada caso se fosse apurar o domínio, a pretexto de tutelar a sua exteriorização, seria um nunca ter fim, a *diabolica probatio* repetir-se-ia em todos os conflitos, nulificando a defesa da posse mesma" (PEREIRA, Caio Mario da Silva. *Instituições de direito civil.* 24. ed. Rio de Janeiro: Forense, 2016. p. 55. v. IV).

[73] Conforme exposto por Antonio Butera, não se maneja uma ação possessória no intuito de recuperar um direito perdido, cabendo tal papel à ação reivindicatória, mas sim no interesse jurídico em se recuperar uma situação perdida (BUTERA, Antonio. *La rivendicazione nel diritto civile, comerciale e processuale.* Milano: Società Editrice Libraria, 1911. p. 74).

[74] Nesse sentido, vale reproduzir a seguinte passagem da obra de Clóvis Bevilàqua: "Segundo KOHLER, ao lado da ordem jurídica, existe a ordem da paz que, por muitos anos, tem-se confundido, não obstante o direito ser movimento e a paz tranquilidade. A esta ordem da paz pertence a posse 'instituto social, que não se regula pelos princípios do direito individualista'. A posse não é instituto individual, é social; não é instituto de ordem jurídica

Demonstrando estar em excelente companhia, Humberto Theodoro Junior cita Henry De Page, Martin Wolff, Alex Weill e também diversos autores brasileiros para então concluir que se protege a posse porque assim o exige a paz social, incapaz de subsistir em "ambiente onde as situações fáticas estabelecidas possam ser alteradas por iniciativa de particulares, por meio da justiça das próprias mãos".[75]

Portanto, em termos processuais, não é outro o fundamento dos interditos possessórios se não a necessidade de se manter a estabilidade social, pois, na lição de Carnelutti, da mudança de titularidade da posse não pode resultar um desequilíbrio social ou a perturbação da ordem. Tal transmissão só poderia ocorrer sem a quebra da harmonia social, como por meio de um contrato, por exemplo. Assim, havendo disputa por ela, esta deve cessar por meio do processo, e não pelo exercício da justiça privada.[76] Daí a concessão, por meio dos interditos, de proteção provisória ao fato da posse, sem se aventar, inicialmente, o direito na qual ela se baseia.[77]

Vê-se, portanto, que, apesar da opinião de Jhering em sentido contrário e mesmo após a funcionalização dos institutos no curso do século XX, se a origem dos interditos possessórios "prende-se à paz quanto à terra",[78] a fundamentação de seu manejo na proteção da pessoa contra a violência e o arbítrio –[79] conforme sustentado por Savigny – continua a ser a opção mais sensata e atual. A despeito da relevância da função social da posse, e da necessidade de se promover da forma mais ampla possível os valores eleitos como prioritários pelo legislador constituinte, estado de miserabilidade algum justificaria a legitimação de condutas contrárias ao direito, eventualmente praticadas por terceiros.

11.4 Critérios processuais para a concessão de tutela possessória e a ocupação de áreas públicas ou privadas para fins de protesto

Para além da tentativa de utilizar a função social da posse como justificativa para a prática do esbulho – o que, conforme exposto nas páginas anteriores, não encontra respaldo legal –, o conturbado momento político vivido aqui e alhures demanda uma outra reflexão: a análise dos critérios que justificam a concessão da tutela possessória à vítima do esbulho ou turbação passa pela motivação da conduta adotada pelo esbulhador ou turbador? Seria relevante o motivo por trás da perturbação da posse ao arrepio da lei, a ponto de impedir a concessão de tutela possessória à vítima?

A questão teve sua relevância reforçada em virtude da cada vez mais frequente ocupação de áreas públicas e privadas para fins de protesto, como forma de exercício

---

e sim da ordem da paz. Mas a ordem jurídica protege a ordem da paz, dando ação contra a turbação e a privação da posse" (BEVILÁQUA, Clóvis. *Direito das coisas*. 4. ed. Rio de Janeiro: Forense, 1956. p. 28. v. 1).

[75] THEODORO JUNIOR, Humberto. *Curso de direito processual civil*. 50. ed. Rio de Janeiro: Gen/Forense, 2016. p. 102. v. II.

[76] CARNELUTTI, Francesco. *Sistema del diritto processuale civile*. Padova: Cedam, 1936. p. 208-209. v. I.

[77] MARQUES, J. M. Azevedo. *A ação possessória*. São Paulo: Jacintho Ribeiro, 1923. p. 8.

[78] MIRANDA, Francisco Cavalcanti Pontes de. *Comentários ao Código de Processo Civil*. Rio de Janeiro: Forense, 1977. p. 260. t. XIII.

[79] MIRANDA, Francisco Cavalcanti Pontes de. *Comentários ao Código de Processo Civil*. Rio de Janeiro: Forense, 1977. p. 260. t. XIII.

do direito à liberdade de reunião (CF, art. 5º, XVI).[80] No caso das últimas, tome-se, como exemplo, os "rolezinhos",[81] definidos como reuniões marcadas por meio de redes sociais, para que jovens socialmente excluídos ingressem em estabelecimentos comerciais luxuosos, ocupando-os de forma desordenada,[82] ainda que temporariamente. No Brasil, os rolezinhos se disseminaram por meio da convocação, via Facebook, para encontros de jovens residentes em periferias dentro de *shopping centers*, no intuito de protestar contra a exclusão social e sua "invisibilidade sociocultural".[83]

Há, portanto, na hipótese em questão, a necessidade de acomodar o direito à liberdade de reunião em áreas livremente acessadas pelo público, mas que pertencem a particulares, e o direito constitucional à propriedade privada. Com efeito, espaços que integram o patrimônio particular, mas são abertos ao público, sujeitam-se, como quaisquer outros, por força da função social da propriedade, ao respeito às situações jurídicas não proprietárias dos frequentadores de tais estabelecimentos, sendo a liberdade de reunião um exemplo.[84] Tais frequentadores não podem, portanto, ser tratados de forma discriminatória apenas porque as áreas seriam de titularidade privada.

Todavia, a exemplo do que já ocorria com o movimento grevista em agências bancárias,[85] o justo receio da ocorrência de moléstia à posse pode desafiar a propositura de ações de interdito proibitório no intuito de impedir a realização do evento convocado via redes sociais. Em caso envolvendo especificamente os rolezinhos, o Tribunal de Justiça do Rio de Janeiro entendeu que "corredores de shopping centers não podem ser equiparados à ruas, avenidas e praças, nem são projetados para suportar manifestações públicas; não são locais abertos – não se podendo confundir espaço público com espaço com acesso público", deferindo a liminar de interdito proibitório pleiteada pela empresa autora.[86]

No entanto, o entendimento do Tribunal de Justiça de São Paulo foi diametralmente oposto. Analisando ação de interdito proibitório movida pela administradora do

---

[80] É importante observar que o legislador constitucional menciona, no referido dispositivo, "áreas abertas ao público", não inviabilizando, portanto, as hipóteses de exercício do direito à liberdade de reunião em áreas de domínio privado, quando o acesso a estas for franqueado ao público.

[81] Rolezinhos são espécie do gênero *flash mob*, que representam qualquer tipo de reunião marcada com agilidade, por meio das redes sociais, para fins de protesto ou por razões puramente artísticas.

[82] DEZAN, Sandro Lucio; MATOS, Monique Fernandes Santos. *Movimentos sociais e protestos públicos*. Curitiba: Juruá, 2014. p. 70.

[83] DEZAN, Sandro Lucio; MATOS, Monique Fernandes Santos. *Movimentos sociais e protestos públicos*. Curitiba: Juruá, 2014. p. 70.

[84] Sobre o tema, v. as considerações, hoje clássicas, de Gustavo Tepedino: "A disciplina da propriedade constitucional, a rigor, apresenta-se dirigida precipuamente à compatibilidade da situação jurídica de propriedade com situações não-proprietárias" (TEPEDINO, Gustavo. Contornos constitucionais da propriedade privada. In: TEPEDINO, Gustavo. *Temas de direito civil*. Rio de Janeiro: Renovar, 1999. p. 286).

[85] Os protestos envolvendo o exercício do direito de greve podem ser identificados como pioneiros no conflito entre liberdade de reunião e tutela possessória, bem como na propositura de ações coletivas passivas, nas quais a coletividade se encontra no polo passivo da demanda. Como exemplo, é possível citar ação de interdito proibitório manejada por instituição bancária em face do Sindicato dos Empregados em Estabelecimentos Bancários na Baixada Fluminense (Proc. nº 2004.021.0717761-2). Sobre o caso, v. as observações de Diogo Campos Medina Maia: "os empregados da instituição bancária não só deflagraram o movimento paredista, mas abusaram de seu direito, bloqueando as entradas das agências bancárias do autor e impedindo o acesso de empregados, prestadores de serviço e clientes. A ação judicial visava à abstenção da prática de atos coletivos que molestassem a posse do autor, com risco iminente de turbação e esbulho" (MAIA, Diogo Campos Medina. *Ação coletiva passiva*. Rio de Janeiro: Lúmen Juris, 2009. p. 45).

[86] TJRJ, Terceira Câmara Cível. AI nº 0002936-08.2014.8.19.0001. Rel. Des. Monica Sardas, j. 8.4.2014, v.u.

Shopping Tamboré em face do movimento "Vamo Geral para o Shopping Tamboré", a corte paulistana, a despeito das informações, constantes dos autos, de que rolezinhos ocorridos em outros *shopping centers* acarretaram depredação e saques, entendeu inexistir ameaça ao exercício da posse. No entendimento da Décima Quinta Câmara de Direito Privado, haveria, apenas, receio relativo à prática de atos delituosos, "cuja prevenção e repressão estão adstritas à esfera de competência da autoridade policial".[87]

Por mais controvertido que possa parecer o tema, é importante observar, na busca por uma solução para conflitos cada vez mais frequentes, que o direito de propriedade, desde os primórdios, representa, antes de mais nada, o direito de permanecer no bem que é atribuído a seu titular sem ataques a ele. É este o seu significado nuclear: o direito, atribuído ao proprietário, de não ser excluído do uso, gozo e disposição da coisa. Em seu viés funcionalizado, no entanto, a propriedade se torna situação jurídica complexa por abarcar um duplo estatuto, conforme há muito observado por Stefano Rodotà: o conceito deve acomodar o direito de não ser excluído do pleno exercício dos atributos dominiais e também o direito de acesso aos bens.[88] E tal acesso não se restringe ao sentido de aquisição de bens, mas do direito – muito embora não irrestrito – de por eles circular quando for essa a destinação permitida pelo próprio proprietário.

A liberdade de reunião, bem como a liberdade de ir e vir, são, na qualidade de direitos fundamentais, exemplos de situações jurídicas merecedoras de tutela que devem ser compatibilizadas com o exercício do direito de propriedade. No entanto, quando o imóvel não se presta naturalmente a este fim, o exercício dos referidos direitos – que também deve acomodar-se, por óbvio, ao direito de propriedade tutelado constitucionalmente – não poderá abrangê-los.

Consequentemente, se não é dado aos proprietários de *shopping centers* adotar práticas por vezes discriminatórias, impedindo o acesso de pessoas de aparência humilde em suas instalações – o que afrontaria inequivocamente a função social da propriedade –, também não se deve gerar nos manifestantes a expectativa de que uma área fechada como um *shopping*, ainda que aberta ao público de um modo geral, tenha que dar lugar à manifestação de vulto considerável, capaz de danificar suas instalações ou mesmo impedir a devida utilização destas por seus frequentadores habituais ou pelos que ali laboram.

Muito embora a liberdade de reunião não se restrinja a bens públicos, pois o texto constitucional, ao fazer referência a "áreas *abertas* ao público", não exclui imóveis que integrem o patrimônio privado, a tutela possessória, mesmo quando não respaldada pelo direito de propriedade, tem também relação com o direito de permanência no bem atribuído ao possuidor, e à manutenção da situação jurídica possessória perturbada ao arrepio da lei, como já se viu.

A menção à possibilidade de os rolezinhos justificarem ou não o manejo de interditos possessórios destina-se à ilustração de um aspecto importantíssimo da tutela

---

[87] TJSP, Décima Quinta Câmara de Direito Privado. AI nº 2022439-83.2014.8.26.0000. Rel. Des. Manoel Mattos, j. 8.4.2014, v.u. No mesmo sentido, v. TJSP, Trigésima Sétima Câmara de Direito Privado. Ap. Cível nº 1000315-38.2015.8.26.0114. Rel. Des. Sergio Gomes, j. 9.6.2015, v.u. e TJSP, Trigésima Sétima Câmara de Direito Privado do Tribunal de Justiça de São Paulo. Ap. Cível. nº 1003881-56.2014.8.26.0590. Rel. Des. Israel Góes dos Anjos, j. 14.10.2014, v.u.

[88] RODOTÀ, Stefano. *El terrible derecho*. Estudios sobre la propriedad privada. Tradução de Luis Diez-Picazo. Madrid: Civitas, 1986. p. 35.

processual conferida à posse: ela sempre se baseará em critérios objetivos. Não importa se a área foi invadida ou ameaçou-se invadi-la apenas para fins de protesto ou porque a intenção era tomar a posse em definitivo, com vistas à aquisição por usucapião. As perguntas postas pelo legislador processual ao julgador são: trata-se de hipótese de esbulho, turbação ou ameaça? No momento em que se pleiteia a tutela possessória, o demandante está totalmente impedido de utilizar o bem ou estão sendo impostos obstáculos ao pleno exercício de sua posse? O receio de ser molestado é concreto, visível e justo? Caso a resposta a tais questões seja positiva, preenchidos os requisitos processuais para tanto, deverá o magistrado conceder a tutela possessória, abstraindo por completo da motivação daqueles que estão a esbulhar, turbar ou ameaçar a posse.

Tal aspecto demonstra o equívoco de decisões como a que negou pedido liminar de reintegração de posse à Universidade do Estado do Rio de Janeiro quando, no fim de 2015, o seu *campus* foi ocupado por pessoas que afirmavam ser estudantes e bolsistas no intuito de reivindicar o pagamento de bolsas de estudo, suspenso naquele ano, e impedir o reinício das aulas. A ação de reintegração de posse foi proposta porque, conforme narrado pela demandante em sua peça exordial, o movimento promovido pelo Diretório Central dos Estudantes – réu na ação proposta – inviabilizou totalmente, em razão da ocupação, o reinício das aulas, além de coagir física e moralmente diversos servidores que tentavam retornar ao trabalho. Com base, precipuamente, no argumento de que os estudantes não apresentariam ânimo de possuir a UERJ com "fins de domínio", o Juízo de Primeiro Grau negou o pleito liminar e determinou a remessa dos autos ao Núcleo Permanente de Métodos Consensuais de Solução de Conflitos do Poder Judiciário do Estado do Rio de Janeiro (Nupemec).[89]

A referida decisão foi posteriormente reformada por meio de decisão monocrática proferida pelo Desembargador Camilo Rulière, da Primeira Câmara Cível, sob o argumento de que, embora os estudantes tivessem o direito de reivindicar o pagamento de bolsas e auxílios, não poderiam impedir o normal funcionamento da universidade ou impedir o acesso de professores, técnicos ou qualquer outra pessoa que pretendesse ingressar no local.[90] E são estas as circunstâncias que desafiam a propositura de qualquer ação possessória: a impossibilidade, total ou parcial, de possuir livremente o bem, ou a ameaça concreta ao pleno exercício de tal direito. Estando estas presentes, em dado caso concreto, não se há de perquirir os motivos que levaram os invasores ao esbulho, à turbação ou à ameaça.

É irrelevante se, no caso concreto, o esbulho ou turbação ocorreu porque aqueles que agrediram a posse alheia visavam, futuramente, converter a posse tomada ao arrepio

---

[89] TJRJ, Sexta Vara de Fazenda Pública. Proc. nº 0493615-49.2015.8.19.0001. Juíza Ana Cecilia Argueso Gomes de Almeida, j. 15.12.2015: "De fato, um movimento estudantil que busca solucionar a falta de pagamento pelo Estado de bolsas, auxílios e prestadores de serviço terceirizados da UERJ mediante a ocupação do Campus e a tentativa de inviabilização das atividades docentes não está, em princípio, em consonância com a norma do artigo 5º, Inciso XVI, da CRFB/1988. O ideal é que a manifestação ocorra de forma pacífica sem interrupção das atividades da Universidade. No entanto, no entender deste Juízo, não se verifica no presente caso, ao menos em um juízo de cognição sumária, ânimo por parte dos estudantes de posse do Campus da UERJ com fins de domínio, mas sim a realização de manifestação contra a falta de pagamento por parte do Estado. No entender deste Juízo o cerne desta lide possessória não é a proteção da posse, mas uma questão outra, ampla e profunda, de viés político".

[90] TJRJ, Primeira Câmara Cível. AI nº 0074301-88.2015.8.19.0000. Rel. Des. Camilo Ribeiro Rulière, j. 18.12.2015, decisão monocrática.

da lei em posse com *animus domini*. As causas da agressão à posse não interessam, bastando, para fins de manejo das ações possessórias, circunstâncias capazes de demonstrar a ocorrência da agressão ou ao menos a concreta ameaça de ocorrência.

Não há outra conclusão, inclusive, que possa ser tirada da legislação processual em vigor. Enquanto o art. 560 do CPC2015 assegura ao possuidor o direito a ser mantido na posse em caso de turbação e reintegrado no caso de esbulho, o art. 561 determina que incumbirá ao autor provar: sua posse; a turbação ou o esbulho praticado pelo réu; a data da turbação ou esbulho; a continuação da posse, embora turbada, na ação de manutenção, ou a perda da posse, na ação de reintegração. Cabalmente demonstradas tais circunstâncias fáticas, bem como que o contato do réu com a coisa não é autorizado pelo autor,[91] caberá ao magistrado, nos termos do art. 562 do CPC2015, expedir o mandado liminar de manutenção ou reintegração sem ouvir o réu.

No caso específico de ocupações como a ocorrida no *campus* da UERJ, é importante, ainda, reconhecer a contraposição não apenas ao direito à liberdade de reunião, exercido pelos manifestantes, e o direito de propriedade, mas também a contraposição do primeiro ao direito à educação e ao trabalho, pois alunos eventualmente contrários ao movimento ficam privados do direito de frequentar as aulas, assim como os professores e funcionários ficam impedidos de trabalhar. Ocupações de longa duração, como as ocorridas em São Paulo[92] e Paraná em escolas públicas, ilustram bem o problema.[93] Estando, de qualquer forma, caracterizado o esbulho ou a turbação, não cabe ao magistrado perquirir os motivos que conduziram à sua prática. A tutela possessória deve ser conferida, nos termos propostos pela lei processual, sob pena de restarem violados os fundamentos que a justificam: a interdição da violência, a impossibilidade de exercício da justiça privada e a necessidade de pacificação social.

11.5 Conclusão

Os debates acerca do fundamento dos interditos possessórios têm, há ao menos um par de séculos, lugar garantido entre as polêmicas que tiram o sono dos estudiosos do direito civil. A despeito de ser controvérsia antiquíssima, o tema mantém sua atualidade por ser a posse instituto sempre posto à prova pelas mudanças sociais. Por mais que muitos anos nos apartem das ideias de Savigny e Jhering, o dissenso dos dois a respeito da posse e do fundamento de sua tutela mantém-se relevante, como mostra,

---

[91] MONTENEGRO FILHO, Misael. *Ações possessórias no Novo CPC*. 3. ed. São Paulo: Atlas, 2016. p. 39.

[92] As ocupações de escolas públicas em São Paulo ocorreram como forma de protesto ao projeto de reorganização escolar, que seria promovido pelo Governo daquele estado a partir de 2016.

[93] TJSP, Décima Terceira Câmara de Direito Público. AI nº 2257038-30.2015.8.26.0000. Rel. Des. Flora Maria Nesi Tossi Silva, j. 29.6.2016, v.u.: "Ponderação de direitos e garantias constitucionalmente asseguradas – Direito de reunião e livre manifestação que não se sobrepõe ao direito à educação e direito ao trabalho – Se por um lado não se pode suprimir direitos constitucionalmente reconhecidos, nem tampouco vedar o direito à manifestação ou reunião, por outro lado é possível reconhecer legal a determinação de desocupação de estabelecimento educacional, em que os alunos foram impedidos de estudar e os professores e demais servidores de trabalhar, em razão de ocupação irregular e posterior depredação da escola pública por terceiros não identificados". O Tribunal de Justiça de São Paulo deferiu pleitos reintegratórios semelhantes por outros motivos, tais como a caracterização do esbulho e a inadmissibilidade de posse de bem público por particular (TJSP, Décima Câmara de Direito Público do Tribunal de Justiça de São Paulo. Ap. Cível nº 0037492-78.1996.8.26.0224. Rel. Des. Antonio Celso Aguilar Cortez, j. 18.4.2016, v.u.) e a impossibilidade de se sobrepor o interesse particular ao público (TJSP, Décima Primeira Câmara Cível. AI nº 2255054-11.2015.8.26.0000. Rel. Des. Luis Ganzerla, j. 29.3.2016, v.u.).

exemplificativamente, a equivocada tentativa de negar tutela possessória a proprietários que supostamente não atenderiam à função social da propriedade.

Caso prevalecesse, em nosso ordenamento jurídico, a orientação esposada por Jhering – para quem o fundamento dos interditos possessórios é o direito de propriedade –, talvez fosse correto negar tutela possessória àqueles que não atendem à função social: o art. 5º da Constituição Federal, ao afirmar ser garantido o direito de propriedade, no inc. XXII, para, no inciso seguinte, determinar que a propriedade atenderá à sua função social, deixa clara a opção de condicionar a tutela conferida ao direito de propriedade ao atendimento à função social a ser por ele desempenhada. Portanto, se fosse a propriedade o fundamento dos interditos possessórios, em que não houvesse exercício legítimo do direito de propriedade, não poderia haver tutela destinada a ele, fosse em sede possessória ou petitória.

Todavia, o desrespeito à função social da propriedade só terá relevância, por aqui, quando a tutela for pleiteada pela via petitória: se a ação reivindicatória tem como fundamento o direito de propriedade e o reconhecimento deste é o que ali se pleiteia, inexistirá propriedade a ser tutelada se a função social atribuída a ela restou inobservada por anos a fio. A posse é protegida por razões diversas, daí ser um equívoco negar tutela possessória a quem supostamente não promove a função social da propriedade ao exercê-la, abstraindo-se por completo da reprovável conduta de quem esbulha ou turba.[94]

Tutela-se a posse em virtude da necessária proteção à pessoa do possuidor, que não pode ser vítima de atos praticados à margem da lei. Diante de todo o aqui exposto, é possível concluir que a interdição da violência, fundamento encontrado por Savigny, é preocupação compartilhada pelo legislador brasileiro. A tutela possessória é, portanto, inegável instrumento de pacificação social, e importante marco da evolução civilizatória, quando a "lei do mais forte" e a justiça privada deixaram de prevalecer. Não cabe ao juiz perquirir os motivos que levaram ao esbulho ou à turbação. Os mecanismos processuais de tutela da posse evidenciam que basta a caracterização de tais hipóteses em um caso concreto, sendo inócua a análise da motivação por trás dos atos praticados ao arrepio da lei.

Informação bibliográfica deste texto, conforme a NBR 6023:2002 da Associação Brasileira de Normas Técnicas (ABNT):

MAIA, Roberta Mauro Medina. A tutela possessória como instrumento de pacificação social: ainda sobre o fundamento dos interditos possessórios. In: TEPEDINO, Gustavo; TEIXEIRA, Ana Carolina Brochado; ALMEIDA, Vitor (Coord.). *Da dogmática à efetividade do Direito Civil*: Anais do Congresso Internacional de Direito Civil Constitucional – IV Congresso do IBDCivil. 2. ed. rev., ampl. e atual. Belo Horizonte: Fórum, 2019. p. 199-218. ISBN 978-85-450-0545-2.

---

[94] A usurpação da posse alheia era objeto de repúdio frequentemente exposto por Jhering em seus escritos, independentemente de qualquer interpretação posterior de sua obra.

CAPÍTULO 12

OS ALIMENTOS ENTRE DOGMÁTICA E EFETIVIDADE

ANA CARLA HARMATIUK MATOS

ANA CAROLINA BROCHADO TEIXEIRA

Introdução

O direito aos alimentos significa um campo do direito de família no qual os valores econômicos são de índole fundamental, porque representam a sobrevivência daqueles que dependem financeiramente de outros familiares. Trata-se de uma material e concreta expressão do cuidado e da solidariedade cuja incidência ocorre mesmo quando do rompimento dos laços familiares, de modo que a expressão normativa, cuja eficácia é projetada na realidade, faz-se relevante exatamente nos momentos em que desaparece o afeto ou o compromisso antes existente com o outro.

Por ser complexa a efetividade nesta temática, importante refletir sobre a questão ora proposta: são mesmo os alimentos no ordenamento jurídico nacional considerados na sua fundamentalidade? Antes de passar diretamente ao desenvolvimento dessa resposta, necessário compreender melhor a *ratio* constitucional dessa temática no sistema jurídico brasileiro.

12.1 Princípio da solidariedade familiar

Nesse *locus* privilegiado de interação que é a família solidarista, os membros se corresponsabilizam uns pelos outros, principalmente quando existe algum tipo de vulnerabilidade. No âmbito do direito de família, impõem-se reflexões normativas que tutelem a pessoa humana em seu universo de relações, de modo que suas peculiaridades e necessidades sejam vistas a partir de parâmetro concreto, tutelado e construído a partir da sua realidade individual e familiar.

Por isso, o papel do ordenamento é oportunizar aos membros da família as possibilidades de realização pessoal e, para tanto, de subsistência material – questão prejudicial a qualquer escolha autônoma. Nesse universo de relações de afetos e desafetos, faz-se necessária, *a priori*, uma análise do plano hierárquico ligado à igualdade substancial em que as pessoas efetivamente se encontram, em razão da eventual presença de vulnerabilidades, que podem motivar intervenções do ordenamento.

Trata-se da tutela das diferenças econômicas e informativas para que a comunhão plena de vida se estabeleça em ambiente de igualdade (art. 1.511, CC, decorrente do art. 226, §5º, CR), com o efetivo respeito à autonomia privada, que só se apresenta quando há possibilidades de subsistência material. Em eventuais assimetrias é que o ordenamento jurídico deve focar e tutelar.

Nesse sentido, o princípio da solidariedade impõe uma série de deveres jurídicos de uns em relação a outros:

> A solidariedade é a expressão mais profunda da sociabilidade que caracteriza a pessoa humana. No contexto atual, a lei maior determina – ou melhor, exige – que nos ajudemos, mutuamente, a conservar nossa humanidade, porque a construção de uma sociedade livre, justa e solidária cabe a todos e a cada um de nós.[1]

Destarte, o princípio da solidariedade familiar faz a transposição desse ideário para o interior da família, o que se almeja na medida em que a família é a pequena célula na qual devem ser reproduzidas as noções relacionais a partir do paradigma democrático. Por isso, a solidariedade como fonte de deveres recíprocos pressupõe um agir responsável, de modo que cabe ao Estado e à sociedade não apenas o respeito pelas escolhas pessoais, mas também a sua promoção e garantia.

O mencionado princípio irradia no direito de família a fim de instituir deveres entre os membros da entidade familiar, o que fica mais evidente nas relações em que as pessoas não usufruem das mesmas capacidades ou vantagens, ou seja, pautadas na desigualdade, motivando a proteção legitimamente diferenciada.

De modo geral, a Constituição Federal determinou tutela qualitativa e quantitativamente distinta para as pessoas que têm algum tipo de vulnerabilidade. No âmbito familiar, essa especial proteção se dirige para a criança, o adolescente, o jovem, a mulher, o idoso e a pessoa com deficiência.

A expressão "vulnerabilidade" é utilizada para inferioridades puramente econômicas, ao passo que há novos sujeitos que carregam consigo uma vulnerabilidade de natureza existencial, uma vez que a situação que limita sua autonomia os atinge diretamente na sua dignidade.[2] É o caso daquele que necessita de alimentos para o exercício da sua autonomia com dignidade, por simbolizar o substrato material da dignidade humana.

---

[1] MORAES, Maria Celina Bodin de. O princípio da solidariedade. In: MATOS, Ana Carla Harmatiuk. (Org.) *A construção dos novos direitos*. Porto Alegre: Nuria Fabris, 2008. p. 247.

[2] KONDER, Carlos Nelson. Vulnerabilidade patrimonial e vulnerabilidade existencial: por um sistema diferenciador. *Revista de Direito do Consumidor*, v. 99, 2015. p. 114.

Os alimentos traduzem, portanto, uma situação dúplice,[3] que reclama um tratamento prioritário – por traduzir a sobrevivência daquele que precisa do suporte financeiro de outrem para sobreviver –, mas, por outro lado, traduz um valor econômico, uma quantia, que não deixa de conclamar mecanismos de tutela patrimonial.

Dentro desse esquadro, o ordenamento estabelece alguns requisitos de legitimidade para a relação alimentar. O primeiro deles é que as pessoas sejam parentes, cônjuges ou companheiros. O parentesco pode ser natural ou civil, ou seja, biológico, adotivo, socioafetivo etc. Não importa a origem, mas é necessário haver parentesco. Especial destaque – em razão da atualidade – merece julgado do STF que entendeu possível o reconhecimento de famílias multiparentais, fixando a seguinte tese: "A paternidade socioafetiva, declarada ou não em registro público, não impede o reconhecimento do vínculo de filiação concomitante baseado na origem biológica, com os efeitos jurídicos próprios".[4]

Com base nesse entendimento, o Plenário, por maioria, negou provimento ao recurso extraordinário em que se discutia a prevalência da paternidade socioafetiva sobre a biológica. No caso, a autora, recorrida, é filha biológica do recorrente, conforme demonstrado por exames de DNA. Por ocasião do seu nascimento, a autora foi registrada como filha de pai afetivo, que cuidara dela, por mais de vinte anos, como se sua filha biológica fosse. O espectro legal deve acolher tanto vínculos de filiação construídos pela relação afetiva entre os envolvidos quanto aqueles originados da ascendência biológica, por imposição do princípio da paternidade responsável, enunciado expressamente no art. 226, §7º, da CF. Dessa forma, atualmente, não cabe decidir entre a filiação afetiva e a biológica quando o melhor interesse do descendente é o reconhecimento jurídico de ambos os vínculos.

Todos os pais possuem encargos decorrentes do poder familiar, inclusive e especialmente os de origem alimentar, ligados ao dever de sustento. Portanto, se a criança ou adolescente, eventualmente, tiver 3 (três) pais, todos têm o dever de sustento, a partir da verificação das suas necessidades e da possibilidade de cada um para a assunção do encargo.

O segundo requisito, já adentrando à relação alimentar, refere-se ao exame das condições econômico-financeiras das partes, que será visto no próximo item.

12.2 Os critérios para o estabelecimento do binômio alimentar e os parâmetros jurisprudenciais

Atualmente, como sabido, o estabelecimento do valor dos alimentos é guiado pelos critérios do art. 1.694 do Código Civil,[5] que reproduziu em seu §1º a redação do art. 400

---

[3] Sobre o tema das situações dúplices, veja-se KONDER, Carlos Nelson; TEIXEIRA, Ana Carolina Brochado. Situações jurídicas dúplices: controvérsias na nebulosa fronteira entre patrimonialidade e extrapatrimonialidade. In: FACHIN, Luiz Edson; TEPEDINO, Gustavo. (Orgs.). *Diálogos sobre direito civil*. Rio de Janeiro: Renovar, 2012. p. 3-24. v. III.

[4] RE nº 898.060/SC. Rel. Min. Luiz Fux, j. 21 e 22.9.2016.

[5] "Art. 1.694. Podem os parentes, os cônjuges ou companheiros pedir uns aos outros os alimentos de que necessitem para viver de modo compatível com a sua condição social, inclusive para atender às necessidades de sua educação.

do Código Civil de 1916.[6] Existem dois pressupostos fáticos a serem observados, que antecedem a análise de qualquer característica da relação alimentar: trata-se do binômio necessidade de quem pleiteia e possibilidade de quem se exige a prestação alimentar, previstos no art. 1.694, §1º do Código Civil.

O primeiro fator a ser analisado é a necessidade daquele que busca a fixação de alimentos, a fim de se verificar se de fato existe alguma vulnerabilidade que o impeça de arcar com a própria sobrevivência. Esse requisito deverá ser interpretado à luz do arcabouço fático do caso concreto, a fim de se perquirir se a função dos alimentos será cumprida, ou seja, "a noção de *necessidade* deverá ser complementada e dimensionada à luz das peculiaridades do caso concreto sem perder de vista a função atribuída ao instituto dos alimentos".[7] "São devidos os alimentos quando o parente que os pretende não tem bens, nem pode prover, pelo trabalho, à própria mantença".[8] Nesse sentido, os critérios utilizados pelo STJ são resumidos em "(i) a ausência de bens suficientes para a manutenção daquele que pretende alimentos; e (ii) a incapacidade do pretenso alimentando de prover, pelo seu trabalho, à própria mantença".[9]

O segundo fator é a possibilidade para auxiliar financeiramente aquele que busca o pensionamento, uma vez que a fixação de alimentos não pode gerar sua depauperação financeira, nem prejuízo ao próprio sustento. A disponibilidade financeira deve ser aquilatada em termos reais, razão pela qual, ante a dificuldade de comprová-la, justifica-se a quebra de sigilo bancário ou fiscal a fim de se apurar a verdadeira dimensão da capacidade para contribuir para os alimentos, sendo relevantes os sinais exteriores de riqueza, ou seja, a aparência que ele mesmo demonstra socialmente, solicitação judicial de extratos de cartões de crédito, a fim de se verificar o padrão dos gastos etc.

Ante essa busca pelo equilíbrio, a proporcionalidade visa evitar a indignidade e o enriquecimento sem causa de que quem os recebe. É essa busca um dos fatores para se vislumbrar se, de fato, parte-se da dogmática à efetividade. Para tanto, deve-se lembrar que as decisões relativas a alimentos em ações de direito de família geralmente limitam o *quantum* a ser pago ao máximo de 30% (um terço ou, ainda, 33,33%) dos rendimentos líquidos do/a alimentante. Esse percentual é aplicado, principalmente, quando os destinatários dos alimentos são filhos;[10] pois quando se trata de cônjuge ou companheiro, os percentuais são menores.[11]

---

§1º Os alimentos devem ser fixados na proporção das necessidades do reclamante e dos recursos da pessoa obrigada.

§2º Os alimentos serão apenas os indispensáveis à subsistência, quando a situação de necessidade resultar de culpa de quem os pleiteia".

[6] "Art. 400. Os alimentos devem ser fixados na proporção das necessidades do reclamante e dos recursos da pessoa obrigada".

[7] TEPEDINO, Gustavo; BARBOSA, Heloisa Helena; MORAES, Maria Celina Bodin de et al. *Código Civil interpretado conforme a Constituição Federal*. Rio de Janeiro: Renovar, 2014. p. 362. v. IV.

[8] PEREIRA, Caio Mário da Silva. *Instituições de direito civil*. 11. ed. Rio de Janeiro: Forense, 1997. p. 277. v. V.

[9] STJ, 3ª T. REsp nº 933.355/SP. Rel. Min. Nancy Andrighi, j. 25.3.2008. *DJ*, 11 abr. 2008.

[10] "Evidenciada a necessidade da alimentanda e a possibilidade do alimentante, e ausente a comprovação de que o quantum fixado cause oneração excessiva, deve ser mantida a estipulação em 30% (trinta por cento) dos rendimentos líquidos do apelante, importe adequado à luz dos elementos probatórios colacionados" (TJMG. Ap. Civ. nº 1.0079.10.023946-0/002. Rel. Des. Corrêa Júnior, j. 4.3.2015. *DJ*, 13 mar. 2015).

[11] "Apelação cível. Direito de família. Alimentos. Cônjuges separados de fato. Possibilidade de fixação do dever de prestar alimentos, uma vez demonstrada a dependência econômica de um e a possibilidade daquele a quem se pleiteia. Hipótese dos autos que evidencia os problemas de saúde da ex-mulher e as dificuldades que ela

Questiona-se, a partir dessa evidência: qual é a origem e justificativa (*ratio decidendi*) desse limite numérico a que os julgadores se referem corriqueiramente? Esse percentual não é encontrado em nenhuma legislação pátria e é retratado pelos tribunais como entendimento pacificado o considerando índice "razoável" a ser adotado para o estabelecimento do *quantum* dos alimentos.

Em que pesem as pesquisas a acórdãos que datam das décadas de 1940 a 1960, não foi localizada uma decisão que fundamentasse a origem do percentual, ou seja, não foi encontrado o *leading case*. É curioso observar que a famosa justificativa de que "é jurisprudência pacificada nos tribunais a aplicação desse percentual" está presente em decisões colegiadas surgidas em meados de 1950 sem, contudo, ser possível localizar o precedente paradigmático, ou argumentos mais detalhados, ao menos a partir da amostra bibliográfica analisada. Destaque-se nesse sentido:

> [...] na fixação da pensão, seguia a jurisprudência que manda arbitrá-la em um terço [sic] dos vencimentos ou rendimentos líquidos do devedor.[12]

> Na forma da jurisprudência dominante neste tribunal, a pensão devida à autora deve corresponder a um terço dessa importância, ou sejam Cr$12.000,00.[13]

A repetição do percentual máximo também se reproduz em tribunais brasileiros dos dias atuais, independentemente de outras variáveis, nas quais se imaginariam ponderações distintas, como se pode ilustrar:

> [...] FIXAÇÃO EM PATAMAR RAZOÁVEL. SITUAÇÃO DE DESEMPREGO DO ALIMENTANTE. INSUFICIENTE PARA AFASTAR O DEVER DE PRESTAR ALIMENTOS. RECURSO IMPROVIDO [...] 2. In casu, considerando que o agravante não apresentou provas suficientes para demonstrar que este sodalício deva reduzir a quantia fixada no primeiro grau, de modo que o patamar de 30% (trinta por cento) do salário-mínimo vigente – hodiernamente equivalente a R$ 236,40 (duzentos e trinta e seis reais e quarenta centavos) – afigura-se adequado ao custeio das despesas essenciais da menor [...].[14]

> Agravo de Instrumento – Ação de alimentos Decisão recorrida que fixou alimentos provisórios em 30% sobre os rendimentos líquidos do réu Inconformismo Não acolhimento Alimentos que, de qualquer forma, atingem percentual razoável – Imprescindibilidade

---

enfrentaria para reingressar no mercado de trabalho. Limitação temporal do dever alimentar. Pensionamento que não deve servir de incentivo ao ócio. Sentença de parcial procedência. Inconformismo da primeira autora. Pretensão de 20% (vinte por cento) dos lucros líquidos do réu e manutenção como dependente do plano de saúde. Apelante que se dedicou pelo menos 19 (dezenove) anos exclusivamente ao lar e à família, sendo impedida pelo próprio recorrido de exercer qualquer função laborativa. Problemas de saúde que dificultam o seu reingresso ao atual cenário de mercado de trabalho, o que seria moroso e penoso. Dever de mútua assistência, ainda que desfeito o vínculo matrimonial. Sentença que merece ser reformada para fixar alimentos de 15% (quinze por cento) a favor da apelante e manutenção no plano de saúde disponibilizado pelo antigo empregador do apelado, tudo pelo período de 2 (dois) anos. Parecer ministerial em consonância. Precedentes. Recurso ao qual se dá parcial provimento" (TJRJ, 12ª CC. Ap. Civ. nº 0035786-52.2014.8.19.0021. Rel. Des. José Acir Lessa Giordani, j. 11.4.2017).

12 TJRJ. AC nº 32.400. Des. Hugo Auler, 11.7.1955. *RT*, v. 245, p. 543-544.

13 AC nº 89.820, 29.2.1956. *RT*, v. 285, p. 269-271.

14 TJMA, 1ª CC. AI nº 0451852015. Rel. Des. Kleber Costa Carvalho, j. 12.11.2015. *DJ*, 19 nov. 2015.

de abertura de dilação probatória para melhor averiguação da situação econômica do agravante e da real necessidade dos alimentados – Negado provimento ao recurso.[15]

Parece que, por razão de ordem exclusivamente prática, os Tribunais buscaram – e continuam buscando – uma fórmula capaz de reduzir à simplicidade percentual toda a complexidade contextual da taxa alimentar do caso concreto. Assim, o genitor que sai de casa e que antes contribuía com a integralidade da sua renda para o sustento da família passa a colaborar com, no máximo, 30% de sua renda e retém para si – uma única pessoa – 70% da mesma renda. Trata-se de uma incongruência que pode levar os filhos a uma drástica queda de padrão de vida, à ausência de suprimento de necessidades importantes e, por outro lado, à possibilidade de o genitor economizar.

Reafirma-se a posição de que não há razão jurídica que assiste à aplicação sistemática e acrítica desta proporção. A imperiosidade prática impôs esse entendimento que se transforma paulatinamente em regra geral, acatada e praticada, de modo dogmatizante, e que deve ser afastado para uma compreensão da complexidade da taxação alimentar que analise as peculiaridades daquela situação e incorpore uma hermenêutica que leve em consideração os valores fundamentais envolvidos.

12.3 Alimentos a ex-cônjuges ou ex-companheiros

Apesar da dogmática quanto aos alimentos estar expressa nos requisitos já citados, verifica-se a construção de vetores das decisões nacionais, e aqui se expressam os principais, localizados a partir de pesquisa de todas as decisões do Superior Tribunal de Justiça de 1988 a 2015, a vislumbrar outros aspectos para a efetividade na temática dos alimentos entre ex-cônjuges ou ex-companheiros. Nota-se, a princípio, que não foi encontrado nenhum caso em que a parte que busca alimentos, nesta Corte, é homem – não obstante pudesse fazê-lo a partir do princípio da igualdade (arts. 5º e 226, §5º da Constituição da República).[16]

O contexto histórico sobre o qual tais decisões se apoiam revela paulatina inserção da mulher no mercado de trabalho desde os idos de 1960. No entanto, a realidade não demonstra igualdade de gênero quando se trata de oportunidades ou de condições para o exercício de atividades profissionais, seja por razões do próprio mercado seja em virtude da maternidade. Não obstante a igualdade jurídica formal, portanto, a realidade social ainda não equilibrou efetivamente os papéis afetivos e profissionais feminino e masculino.[17] Historicamente, nota-se lenta e gradual absorção do trabalho feminino

---

[15] TJSP, 5ª Câm. Dir. Priv. AI nº 2115911-41.2014.8.26.000. Rel. Moreira Viegas, j. 22.10.2014. *DJ*, 22 out. 2014.

[16] *Vide* pesquisa realizada em MATOS, Ana Carla Harmatiuk *et al*. Alimentos em favor de ex-cônjuge ou companheira: reflexões sobre a (des)igualdade de gênero a partir da jurisprudência do STJ. *Quaestio Iuris*, Rio de Janeiro, v. 8, n. 4, 2015. p. 2.474. Número especial.

[17] "Nesse sentido, exige reflexão o abismo entre quem paga e quem recebe alimentos, bem como se essa questão se relaciona com as distâncias entre as possibilidades de crescimento individual e econômico que têm, efetivamente, homens e mulheres no país. O comprometimento que assumem no quadrante doméstico é igualmente desequilibrado, o que mitiga e expande, por influência de critérios sexuais e de gênero, as desejáveis vias de independência financeira do grupo familiar" (MATOS, Ana Carla Harmatiuk *et al*. Alimentos em favor de ex-cônjuge ou companheira: reflexões sobre a (des)igualdade de gênero a partir da jurisprudência do STJ. *Quaestio Iuris*, Rio de Janeiro, v. 8, n. 4, 2015. p. 2.475-2.492. Número especial).

fora dos limites do lar, cujos reflexos desbordam na administração financeira da família antes e depois do divórcio que, geralmente, leva ao pedido de alimentos com o fim do casamento ou da união estável, nem sempre bem sucedido.

O estudo dos principais fundamentos das decisões[18] possibilita uma análise crítica minuciosa, bem como a verificação sobre a efetividade do instituto.

a) A necessidade de se estabelecer um lapso temporal quando esses alimentos são arbitrados.

O STJ consolidou o que se denomina alimentos transitórios ou temporários, quando se trata de ex-cônjuges ou companheiros, com vistas a suportar sua reinserção no mercado de trabalho no momento posterior à dissolução do vínculo conjugal. Os alimentos, nesse caso, devem ter prazo determinado e têm a função de propiciar condições para que o alimentando – sendo pessoa com formação profissional, idade e condições de trabalhar – possa se reinserir no mercado de trabalho. Nas palavras da Ministra Nancy Andrighi, ao julgar o REsp nº 1.025.769-MG, "os alimentos transitórios surgem como solução possível, isto é, como alavanca temporária para o aprumo socioeconômico do cônjuge necessitado, impedindo, dessa forma, a estipulação de pensões vitalícias destituídas de amparo legal".[19]

O *case* relatado pela Ministra Nancy Andrighi fundamenta-se no art. 1.695 do Código Civil, que é taxativo ao estabelecer que deve receber alimentos aquele que não pode prover o próprio sustento por meio de seu trabalho, isto é, aquele que tem *necessidade* de recebê-los. Trata-se da dissolução de um casamento que durou 20 anos, cuja esposa, à época, tinha 51 anos de idade:

> O fosso fático entre a lei e o contexto social impõe ao Juiz detida análise de todas as circunstâncias e peculiaridades passíveis de visualização ou de intelecção no processo, para a imprescindível aferição da capacidade ou não de autossustento daquele que pleiteia alimentos, notadamente em se tratando de obrigação alimentar entre ex-cônjuges ou ex-companheiros.

E, com base em tais premissas, assim concluiu:

> A obrigação de prestar alimentos transitórios – a tempo certo – é cabível, em regra, quando o alimentando é pessoa com idade, condições e formação profissional compatíveis com uma provável inserção no mercado de trabalho, necessitando dos alimentos apenas até que atinja sua autonomia financeira, momento em que se emancipará da tutela do alimentante – outrora provedor do lar – que será então liberado da obrigação, a qual se extinguirá automaticamente.

Como explicitado no referido julgado do STJ, a emancipação financeira daquele que pleiteia alimentos é estimulada e, findo o termo de prestação dos alimentos, deve a obrigação ser automaticamente extinta. Naquele caso, o período fixado para a prestação de alimentos foi o de dois anos, por se considerar tal prazo razoável para

---

[18] Confira-se, ao propósito: MATOS, Ana Carla Harmatiuk *et al*. Alimentos em favor de ex-cônjuge ou companheira: reflexões sobre a (des)igualdade de gênero a partir da jurisprudência do STJ. *Quaestio Iuris*, Rio de Janeiro, v. 8, n. 4, 2015. p. 2.475-2.492. Número especial).

[19] STJ, 3ª T. REsp nº 1.025.769-MG. Rel. Min. Nancy Andrighi, j. 24.8.2010. *DJ*, 1º set. 2010.

o reestabelecimento do alimentado e como prazo de expectativa de alcance de sua independência financeira.[20] Da mesma forma, subsiste o entendimento de que, em um contexto jurídico de igualdade formal, a prestação de alimentos não deve ser eternizada.

b) O desestímulo ao ócio ou ao enriquecimento sem causa dessas mulheres.

Não obstante a finalidade dos alimentos seja de instrumento para o sustento, podem haver algumas variáveis. Por exemplo, no caso de filho que alcança a maioridade, eles têm a função de propiciar meios para que estude e tenha condições de exercer uma atividade profissional. Uma vez alcançado esse propósito, podem se tornar disfuncionais, não sendo ferramenta motivadora para a busca da inserção profissional, dependendo do caso.[21] No entanto, recomenda-se a análise cuidadosa para que a exoneração dos alimentos precoce não gere um *déficit* na efetiva aquisição de independência financeira do jovem.

No caso das mulheres a situação é mais grave, na medida em que, geralmente, elas já estão no mercado de trabalho e saem dele – muitas vezes, por razões que espelham um planejamento familiar ligado à maternidade. A retomada profissional, em regra, é mais difícil, pela idade, pelo desinvestimento na carreira, pelo não acompanhamento das novas tecnologias etc.

Assim, não se trata de uma crescente caminhada rumo ao desempenho profissional – como é o caso natural dos filhos –, mas de uma interrupção dessa jornada, porque a mulher, não raramente, ganha menos que o homem e seu salário impacta menos no orçamento doméstico, de modo que sua presença junto aos filhos pode valer mais do que sua renda. Fato é que esse desinvestimento profissional pode gerar consequências irrecuperáveis no futuro que, ante um divórcio, comprometem o sustento da mulher.

Por isso, uma visão individualizada das peculiaridades da pessoa no processo é imperiosa, pois, embora em algumas circunstâncias os alimentos possam significar um estímulo ao ócio, em outros não:

> 5. Os alimentos devidos entre ex-cônjuges não podem servir de fomento ao ócio ou ao enriquecimento sem causa. Por isso, quando fixados sem prazo determinado, a análise da pretensão do devedor de se exonerar da obrigação não se restringe à prova da alteração do binômio necessidade-possibilidade, mas deve agregar e ponderar outras circunstâncias, como a capacidade potencial do alimentado para o trabalho e o tempo decorrido entre o início da prestação alimentícia e a data do pedido de desoneração [...].[22]

Devem-se verificar de forma muito cuidadosa as circunstâncias do caso concreto de modo a se aferir se os alimentos continuam ou não a cumprir a sua função: satisfazer

---

[20] Essa diretriz do STJ tem plena aplicação nos tribunais brasileiros, de modo que os alimentos fixados por prazo certo têm a função exclusiva de auxiliar o consorte alimentário no período de transição pós-separação.

[21] Mesmo antes do atual Código Civil, as decisões já eram nesse sentido: "Majoração de verba alimentícia. Filho em idade escolar. Os alimentos, inobstante as condições econômicas do devedor, não devem ir além das reais necessidades do alimentário, sob pena de favorecer o parasitismo e o ócio. Recursos improvidos" (TJRS, C. de Férias Cív. Ap. Cív. nº 592093470. Des. Rel. Celeste Vicente Rovani, j. 28.1.1993. *DJ*, 28 jan. 1993).

[22] STJ, 3ª T. REsp nº 1.396.957/PR. Rel. Min. Nancy Andrighi, j. 3.6.2014. *DJ*, 20 jun. 2014. No mesmo sentido REsp nº 1.112.391/SP.

a subsistência de alguém em razão da necessidade. Por isso, em tese, a Súmula nº 7 do STJ[23] acaba por representar cláusula de barreira para uma análise minuciosa do efetivo diálogo entre a norma e a realidade, na medida em que ela impede um estudo casuístico das circunstâncias da situação fática levada a julgamento de uma matéria que é eminentemente fática.

Repise-se: para que os alimentos cumpram a sua função de efetividade, é fundamental uma visão individualizada da situação concreta, pois não se pode criar uma regra de que, se o autor da ação é cônjuge, necessariamente, não terá direito a alimentos e, em circunstâncias excepcionais, terá apenas em caráter temporário.

c) A excepcionalidade do caráter dos alimentos a ex-cônjuge.

Em razão do caráter transitório e para que os alimentos não se tornem disfuncionais – não motivem o ócio –, a fixação de obrigação alimentar entre cônjuges é denominada pelo STJ de excepcional, na medida em que cumpre a cada um deles, após o divórcio, arcar com os ônus da própria sobrevivência.

Entende-se como fatos que excepcionam a atual regra jurisprudencial da transitoriedade da obrigação alimentar: incapacidade laboral permanente, saúde fragilizada ou impossibilidade prática de inserção no mercado de trabalho.[24] A título ilustrativo, destaque-se decisão:

> APELAÇÃO CÍVEL. FAMÍLIA. EX-CÔNJUGE VIRAGO. ALIMENTOS. NECESSIDADE NÃO DEMONSTRADA. INCAPACIDADE NÃO EVIDENCIADA. Não evidenciado que o ex-cônjuge virago encontra-se incapaz para o trabalho e muito menos acometido de enfermidade que o afete, ou que não está em condições de, no exercício das atividades que vem explorando (venda de "chup-chup" e produtos caseiros), auferir o necessário para assegurar sua sobrevivência, apesar de já estar em idade que o impossibilita de se reinserir no mercado de trabalho, não pode ser agraciado com alimentos, resguardando-se, assim, a destinação dessa prestação e preservando-se a igualdade de direitos e obrigações que atualmente governa a vida conjugal.[25]

Trata-se de mulher nascida em 11.11.1948, ou seja, à época do julgamento ela tinha 65 anos de idade, com alegação de problemas de saúde. Tais condições – idade e doença – a impediriam de entrar efetivamente no mercado de trabalho. Diante destas situações, o relator ressalta o tratamento temperado que deve ser dado ao caso, de modo a se averiguar a prova existente das reais condições do cônjuge que pleiteia alimentos de ter renda suficiente à sua manutenção proveniente do seu trabalho. Ao lado desse argumento, dois outros vêm em reforço:

(i) igualdade entre homens e mulheres (art. 226, §5º, CF):

> E isso porque, tendo sido protagonista dos avanços e conquistas sociais que culminaram com sua entrada no mercado de trabalho e com a equiparação profissional em diversas

---

[23] Súmula nº 7 do STJ: "A pretensão de simples reexame de prova não enseja recurso especial".

[24] STJ, 4ª T. AgInt nos EDcl no AREsp nº 679.175/SP. Min. Raul Araújo, j. 7.3.2017. *DJ*, 18 abr. 2017; STJ, 3ª T. REsp nº 1.496.948/SP. Rel. Min. Moura Ribeiro, j. 3.3.2015. *DJ*, 12 mar. 2015.

[25] TJMG, 7ª CC. Ap. Civ. nº 1.0024.10.252429-5/001. Rel. Des. Peixoto Henriques, j. 5.11.2013. *DJ*, 8 nov. 2013.

profissões, à mulher, atualmente, deve ser dispensado o mesmo tratamento endereçado ao homem, somente podendo ser agraciada com alimentos se efetivamente demonstrar que não está em condições de prover sua própria subsistência com os frutos do seu próprio labor. Aliás, a igualdade de direitos e obrigações entre o homem e a mulher no pertinente à sociedade conjugal já foi içada à condição de regramento constitucional.

(ii):

Ademais, destinados os alimentos à mantença de quem deles precisa para suprir suas necessidades primárias e não para fomentar o ócio ou a incrementar o patrimônio daquele que os reclama, somente podem ser deferidos em comprovando o cônjuge que os reclama que, rompido o vínculo matrimonial, está desprovido de condições materiais para suprir suas necessidades e impossibilitado de auferir do seu labor os frutos indispensáveis a assegurarem sua mantença e sobrevivência.

Em razão do caráter excepcional dos alimentos, a alimentada não se desincumbe do ônus de comprovar que sua doença cardiovascular a impede de exercer seu trabalho informal de venda de "chup-chup" e outros produtos caseiros e, por isso, não teria direito a alimentos.

d) A igualdade entre homens e mulheres em relação ao mercado de trabalho, e às suas possibilidades de inserção neste.

A partir de uma visão de igualdade formal (art. 5º, §2º da CF), criou-se uma premissa na jurisprudência de que homens e mulheres têm efetivas condições de igualdade no mercado de trabalho. Verifica-se, desde 1993, no REsp nº 21.697/SP, que os julgados partiram dessa regra para efetivar seus julgamentos: "Hodiernamente, dada a equiparação profissional entre mulheres e homens, ambos disputando em condições de igualdade o mercado de trabalho, não se mostram devidos, [...] alimentos aos ex-cônjuges, salvo se comprovada a incapacidade laborativa de um deles".

Pesquisa realizada pelo Fórum Econômico Mundial em 2014 demonstra que uma pessoa que em 2015 tem 20 anos de idade tem poucas chances de ver a igualdade de gênero no mercado de trabalho, pois será preciso aguardar até 2095 para que isso aconteça, no ritmo atual das transformações sociais. Os dados chocam o leitor: a desigualdade entre os sexos é de 60% quando o assunto é participação econômica e igualdade para mulheres; de 2006 para 2014, a desigualdade diminuiu apenas 4% (ou seja, em 2006 era de 64%). Nesse ritmo, serão necessários 81 anos para a efetiva igualdade (contados a partir de 2014).[26] No rol de 142 países, o Brasil está na posição 124ª no *ranking* de igualdade de salários por gênero. Entre os 22 países das Américas constantes do *ranking*, o Brasil está em 21º lugar, à frente apenas do Chile. Nesse sentido, em pesquisa feita pelo IBGE denominada Estatísticas de Gênero 2014, a renda média das brasileiras corresponde a cerca de 67,6% da renda média dos homens.[27]

---

[26] VOCÊ provavelmente não estará viva para ver igualdade entre homens e mulheres no mercado de trabalho. *BBC Brasil*, 25 jul. 2015. Disponível em: <http://www.bbc.com/portuguese/noticias/2015/07/150715_desigualdade_salarios_genero_cc>. Acesso em: 14 maio 2017.

[27] BRASIL. IBGE. *Estatísticas de gênero*. Disponível em: <http://www.ibge.gov.br/apps/snig/v1/>. Acesso em: 14 maio 2017.

É sob esse pano de fundo que deve ser analisada a possibilidade de fixação de alimentos para a mulher, decorrente do fim do casamento ou da união estável. Infelizmente, os dados da realidade demonstram que a igualdade formal pretendida pela Constituição é completamente insuficiente para um discurso de efetividade, razão pela qual é a igualdade material que, efetivamente, deve nortear o raciocínio dos alimentos.

Assim, o entendimento de que a prestação de alimentos não deve ser eternizada passa por um contexto jurídico de igualdade formal, o que motiva a conclusão de que "a ninguém é dado o direito de se locupletar com o trabalho dos outros":

> A obrigatoriedade de alimentar a ex-esposa, dado o princípio da igualdade constitucional entre sexos, só ocorre quando a necessidade dos alimentos se encontra devidamente comprovada. [...] Descabe eternizar a obrigação de prestar alimentos, pois a vida é dinâmica e a ninguém é dado o direito de se locupletar com o trabalho dos outros. O instituto dos alimentos não se presta a fomentar o ócio e não deve apresentar, para a mulher, isenção do dever de trabalhar e de buscar o próprio sustento.[28]

No entanto, os dados estatísticos demonstram o quão insuficiente é a visão unicamente pelo viés da igualdade formal; a igualdade material, a condição financeira, social, produtiva das partes é o vetor mais relevante quando se está a tratar de fixação de alimentos.

Deve-se atentar para a necessidade de que essas diretrizes jurídicas sejam efetivamente assimiladas pela sociedade – já que, por ora, a jurisprudência não reflete a realidade das famílias brasileiras, principalmente das mulheres quando do divórcio ou da dissolução da união estável. Isso significa que, já que as premissas fáticas das quais a jurisprudência parte são aquelas aqui narradas, é necessária uma rápida intervenção política para efetivamente reduzir o imenso abismo da desigualdade de gênero no mercado de trabalho, que possa assimilar as renúncias inerentes à vida familiar.[29]

Também não se pode ignorar o que a tendência jurisprudencial ora analisada representa sobre essa decisão de renúncia ou desaceleramento profissional. A ausência de amparo financeiro em eventual fim de casamento ou de união estável acaba se tornando um desincentivo para que pelo menos um dos cônjuges – geralmente a mulher –, invista seu tempo, sua energia e sua dedicação na educação dos filhos, pelo menos enquanto forem pequenos e mais precisam do suporte familiar, caso o outro possa suportar sozinho os encargos domésticos.

Isso porque uma pausa no investimento profissional pode acarretar graves consequências futuras nesse campo para aquele que trilhou esse caminho, de modo que essa decisão deve ser conjunta e refletir o planejamento familiar presente e futuro.

---

[28] TJMG, 1ª CC. Ap. Civ. nº 1.0194.04.036565-3/001. Rel. Des. Gouvêa Rios, j. 12.4.2005. *DJ*, 6 maio 2005.

[29] Entrou em vigor nova lei trabalhista no Reino Unido exigindo que todas as empresas do país com, no mínimo, 250 empregados publiquem, até abril de 2018, a diferença salarial no pagamento de homens e mulheres. Trata-se de medida que visa expurgar a discriminação no mercado de trabalho, pois os dados serão todos publicados em um *site* do governo, de modo a publicizar e conscientizar as pessoas dessa diferença ("No Reino Unido, mulheres ainda ganham 17% a menos que os homens, de acordo com um levantamento da OCDE (Organização para a Cooperação e Desenvolvimento Econômico)" (DUARTE, Fernando. Nova lei obriga empresas a expor diferença entre salários de homens e mulheres no Reino Unido. *BBC Brasil*, 6 abr. 2017. Disponível em: <http://www.bbc.com/portuguese/geral-39515235>. Acesso em: 18 maio 2017).

Ou seja, a consolidação dessa tendência jurisprudencial acaba sendo, a um só tempo, um desvalor e um desestímulo aos cuidados com a família.

12.4 Possibilidades prospectivas de maior efetividade dos alimentos

Diante da análise do "estado da arte" jurisprudencial sobre os alimentos, faz-se necessário investigar as possibilidades prospectivas em prol de uma efetividade mais adequada à noção fundamental da temática.

De forma geral, percebe-se que o atual CPC tenta, em relação às execuções e cumprimentos de sentença, uma abertura para novos meios a fim de se efetivar o recebimento dos alimentos, em face da atipicidade das medidas executivas para as obrigações de pagar, ampliando as possibilidades ao juiz, para alcançar o resultado objetivado, que é o recebimento dos valores devidos. Toma-se, como exemplo, o disposto no art. 139, IV, que afirma incumbir ao juiz "determinar todas as medidas indutivas, coercitivas, mandamentais ou sub-rogatórias necessárias para assegurar o cumprimento de ordem judicial, inclusive nas ações que tenham por objeto prestação pecuniária".

O CPC/2015 seguiu a tendência de parte das decisões e adotou como medida de efetividade a publicidade da condição do devedor através do Cartório de Protestos de Títulos e Documentos, permitindo o protesto da dívida alimentar, que independe de requerimento prévio do credor. Cabe ao juiz, ato contínuo ao não reconhecimento da justa causa ao inadimplemento alimentar, determinar o protesto de sua decisão. Trata-se de medida cogente, sem que o juiz tenha o poder discricionário de não determinar o protesto do título obrigacional, bem como outras medidas, como exemplo, a prisão civil (art. 528, §3º, CPC).

Sabe-se que, em busca da plena efetividade dos alimentos, é cabível desconto em folha de pagamento diretamente do salário do alimentante, tanto para o desconto habitual quanto para o pagamento de valores atrasados.[30] Trata-se de medida que visa evitar qualquer liberalidade do alimentante em relação à redução ou atraso dos alimentos, assegurando, assim, de forma mais efetiva, o recebimento dos valores devidos. Esse propósito fica evidente no STJ, ao dispensar a propositura de ação própria em relação à forma do pagamento da pensão: em vez de depósito em conta bancária pelo alimentante, passou a ser desconto em folha de pagamento.[31]

---

[30] "1. É possível o pagamento de débito alimentício pretérito mediante desconto em folha. 2. No caso de as prestações atuais estarem sendo adimplidas, não é aconselhável a decretação da prisão civil do alimentante. 3. Agravo regimental desprovido" (STJ, 3ª T. AgRg no AREsp nº 333.925/MS. Rel. Min. João Otávio de Noronha, j. 25.11.2014. *DJ*, 12 dez. 2014).

[31] "RECURSO ESPECIAL. CIVIL E PROCESSUAL CIVIL. DIREITO DE FAMÍLIA. ALIMENTOS. ACORDO HOMOLOGADO JUDICIALMENTE NA SEPARAÇÃO. PEDIDO DE ALTERAÇÃO DA FORMA DE PAGAMENTO. CONTROVÉRSIA EM TORNO DA NECESSIDADE DE AÇÃO AUTÔNOMA PARA ALTERAÇÃO DA CLÁUSULA. PECULIARIDADES DO CASO. 1 - Pretensão da alimentanda de alteração da forma de pagamento da pensão alimentícia, passando de depósito em conta corrente para desconto em folha de pagamento. 2 - Acordo celebrado entre as partes no processo de separação, dispondo acerca do pagamento mediante depósito em conta corrente. 3 - Proposição de ação ordinária pela alimentanda para alteração da cláusula do acordo de separação extinta pelo reconhecimento da ausência de interesse, em face da possibilidade de requerimento direto no processo de separação. 4 - Requerimento formulado diretamente no processo de separação e deferido pelo juízo de primeiro grau. 5 - Reforma da decisão pelo Tribunal de Justiça, reconhecendo a necessidade da propositura de ação autônoma para revisão da cláusula do acordo de separação. 6 - Questão controvertida na doutrina e na jurisprudência. 7 - Peculiaridades do caso que recomendam o restabelecimento da

Seguindo essa toada, o CPC avança ao estabelecer, no art. 529, §3º, a possibilidade de desconto por ofício ao empregador não apenas das prestações vincendas, mas também das vencidas, e no limite de 50% dos rendimentos líquidos do assalariado. Trata-se do princípio da impenhorabilidade salarial relativa.

Ao lado disso, a jurisprudência também vem se consolidando no sentido de permitir a penhora do FGTS e do PIS em execuções de alimentos.[32] Mitiga-se a regra da impenhorabilidade das contas vinculadas ao Fundo de Garantia por Tempo de Serviço e do Programa de Integração Social em razão da necessidade de se prestigiarem os alimentos, de base constitucional, por envolver a subsistência dos dependentes do trabalhador, o que motiva a exceção ao rol taxativo previsto no art. 20 da Lei nº 8.036/90, em face da incidência dos princípios constitucionais da proporcionalidade e da dignidade da pessoa humana, o fim social da norma e as exigências do bem comum a permitir, em casos excepcionais, o levantamento de valores oriundos do aludido fundo.[33] Em face da relevância, vale citar:

> Quanto à questão de fundo - impenhorabilidade dos depósitos nas contas vinculadas do trabalhador, observo que há colisão de princípios, tendendo o conflito a se resolver pelo princípio que preza a dignidade e subsistência da pessoa humana. Com efeito, de um lado está a finalidade do Fundo de Garantia por Tempo de Serviço e do Programa de Integração Social; de outro a necessidade de se manter a sobrevivência de pessoas humanas, dependentes de trabalhador e por estes abandonadas, já que se tornou devedor de alimentos anteriormente acordados. [...] Saliente-se que a Carta Magna elencou a dívida de alimentos como a única (ao lado da controvertida hipótese da prisão do depositário infiel) forma de prisão civil por dívida, de modo que os alimentos são bens especiais para nossa Constituição da República e devem ser satisfeitos sem restrições de ordem infraconstitucional. Some-se a isso que a medida se mostra menos drástica do ponto de vista da proporcionalidade, pois a um só tempo se evita a prisão do devedor e se satisfaz, ainda que momentaneamente, a prestação dos alimentos, perpetuando a sobrevivência dos dependentes do trabalhador, devedor dos alimentos aos dependentes necessitados.[34]

Além dessas medidas, a prisão é importante para se buscar a efetividade dos alimentos. A coação pessoal em razão de obrigação alimentar é admitida tanto pela Constituição quanto pela Convenção Americana sobre Direitos Humanos. Manifesta-se, então, mais uma vez o legislador no mesmo sentido.

No que se refere às novidades, o cumprimento da pena deve se dar em regime fechado. Aqui se posiciona de modo diverso àquela parcela das decisões nacionais as

---

decisão do juízo de primeiro grau, autorizando-se o desconto em folha de pagamento. 8 - Inteligência da regra do art. 734 do CPC" (STJ, 3ª T. REsp nº 1.136.655/DF. Rel. Min. Paulo de Tarso Sanseverino, j. 20.5.2014. *DJ*, 30 maio 2014).

[32] O TJRJ publicou enunciado no seguinte sentido: "Em execução de alimentos, podem ser objeto de penhora os valores referentes ao FGTS do alimentante" (TJRJ. Processo Administrativo nº 0032466-23.2015.8.19.0000, j. 20.3.2017).

[33] 1ª Turma. REsp nº 719.735/CE. Rel. Min. Denise Arruda. *DJe*, 2 ago. 2007; 1ª Turma. REsp nº 779.063/PR. Rel. Min. Teori Albino Zavascki. *DJe*, 4 jun. 2007; 2ª Turma. REsp nº 698.894/AL. Rel. Min. Humberto Martins. *DJe*, 18 set. 2006. RMS nº 26.540/SP. Rel. Min. Eliana Calmon. *DJ*, 5 set. 2008; REsp nº 805.454/SP. Rel. Min. Laurita Vaz. *DJ*, 8 fev. 2010; REsp nº 1.083.061/RS. Rel. Min. Massami Uyeda. *DJ*, 7 abr. 2010; AgRg no RMS nº 34.708/SP. Rel. Min. Paulo de Tarso Sanseverino. *DJ*, 19 out. 2011; AgRg no REsp nº 1.427.836/SP. Rel. Min. Luis Felipe Salomão, j. 24.4.2014.

[34] RMS nº 26.540/SP. Rel. Min. Eliana Calmon. *DJ*, 5 set. 2008.

quais possibilitavam o cumprimento da pena em regime aberto.[35] Referida opção recebia duras críticas de alguns doutrinadores, a exemplo de Maria Berenice Dias e Roberta Vieira Larratéa.[36]

A solução dada pelo CPC/2015, em seu art. 528, §4º, determina a separação desse preso dos demais. Assim, fica mantido o efeito atemorizador àqueles que devem alimentos, na medida em que o receio do encarceramento é fato incentivador ao adimplemento, de modo que o objetivo dessa medida é muito mais funcionar como meio coercitivo para o pagamento do que, efetivamente, prender o executado. Mesmo porque não se podem ignorar as críticas do direito penal mais moderno em relação às limitações do aprisionamento.

Algumas polêmicas medidas utilizadas em outros países, como exemplo Alemanha, Argentina, Chile e Espanha, para a execução de alimentos, são motivadoras de reflexão. As sanções variam entre perda da carteira de motorista[37] e passaporte, corte da luz da casa do devedor, dispensa da autorização para viagem internacional dos filhos, restrição de utilização de cartões de crédito, entre outras, o que, em alguma medida, poderia também cumprir este desiderato.[38]

---

[35] "HABEAS CORPUS. PRISÃO CIVIL. DEVEDOR DE ALIMENTOS. MAIOR DE 75 ANOS E ACOMETIDO DE MOLÉSTIAS GRAVES. APLICAÇÃO EXCEPCIONAL DE NORMAS DA LEI DE EXECUÇÃO PENAL. - É legal a prisão civil de devedor de alimentos, em ação de execução contra si proposta, quando se visa ao recebimento das últimas três parcelas vencidas à data do mandado de citação, mais as que vencerem no curso do processo. Precedentes. - Em regra, não se aplicam as normas da Lei de Execuções Penais à prisão civil, vez que possuem fundamentos e natureza jurídica diversos. - Em homenagem às circunstâncias do caso concreto, é possível a concessão de prisão domiciliar ao devedor de pensão alimentícia" (STJ, 3ª T. HC nº 44.580/SP. Rel. Humberto Gomes de Barros, j. 9.8.2005. *DJ*, 12 set. 2005).

[36] DIAS, Maria Berenice; LARRATÉA, Roberta Vieira. *O cumprimento da sentença e a execução de alimentos*. Disponível em: <http://www.mariaberenice.com.br/manager/arq/(cod2_507)33__o_cumprimento_da_sentenca_e_a_execucao_de_alimentos.pdf>. Acesso em: 17 maio 2017.

[37] Na Alemanha, foi determinada a perda da carteira de motorista, ao argumento de que "quem tem dinheiro para um carro também deve ter para um filho" (ALEMANHA avalia retirar carteira de motorista de pai que não paga pensão alimentícia. *DW*, 10 ago. 2016. Disponível em: <http://www.dw.com/pt-br/alemanha-avalia-retirar-carteira-de-motorista-de-pai-que-n%C3%A3o-paga-pens%C3%A3o-aliment%C3%ADcia/a-19463599>. Acesso em: 17 maio 2017).

[38] Interessante decisão proferida pela juíza da 2ª Vara Cível do Foro Regional XI, de Pinheiros, em caso de execução comum, que não tem por objeto a cobrança de débito alimentar, mas que pode se aplicar a ele, tendo em vista a natureza da dívida. Com base no art. 139, IV, CPC, foi determinado, em processo que tramita desde 2013, sem que nada tenha sido pago ao exequente, algumas medidas atípicas para garantir o cumprimento de ordens judiciais, já que o executado não paga a dívida, não indica bens à penhora, não faz proposta de acordo e sequer cumpre de forma adequada as ordens judiciais, frustrando a execução: "Se o executado não tem como solver a presente dívida, também não tem recursos para viagens internacionais, ou para manter um veículo, ou mesmo manter um cartão de crédito. Se porém, mantiver tais atividades, poderá quitar a dívida, razão pela qual a medida coercitiva poderá se mostrar efetiva. Assim, como medida coercitiva objetivando a efetivação da presente execução, defiro o pedido formulado pelo exequente, e suspendo a Carteira Nacional de Habilitação do executado M. A. S., determinando, ainda, a apreensão de seu passaporte, até o pagamento da presente dívida. Oficie-se ao Departamento Estadual de Trânsito e à Delegacia da Polícia Federal. Determino, ainda, o cancelamento dos cartões de crédito do executado até o pagamento da presente dívida. Oficie-se às empresas operadoras de cartão de crédito Mastercard, Visa, Elo, Amex e Hipercard, para cancelar os cartões do executado" (TJSP. Sentença nos Autos do Processo nº 4001386-13.2013.8.26.0011, j. 25.8.2016. Disponível em: <http://www.migalhas.com.br/arquivos/2016/9/art20160906-07.pdf>. Acesso em: 17 maio 2017).

Conclusão

O instituto dos alimentos, apesar de tão tradicional, clama um novo olhar a partir da sua função: instrumento de preservação da vida, pois significa a sobrevivência digna daquele que deles necessita. Daí ser inegável seu caráter fundamental: se, por um lado, significa o substrato material da dignidade humana no âmbito do direito de família, por outro, é necessário se pensar em meios para efetivá-lo em razão de sua importância, intensificando instrumentos já existentes e refletindo sobre novas possibilidades de concretização, com justificativa constitucional no princípio da solidariedade familiar.

Ao lado da necessidade de revisitar o instituto, não se pode descurar daqueles que estão envolvidos, habitualmente, nas demandas alimentares: crianças, adolescentes, mulheres e idosos, pessoas presumidamente vulneráveis que necessitam de uma tutela qualitativa e quantitativamente diversa do ordenamento. Conquanto se esteja a tratar de uma vulnerabilidade específica – econômica, em face da incapacidade ou impossibilidade, momentânea ou permanente, de arcar com a própria subsistência – diante do núcleo familiar, é essencial a proposição de mecanismos que garantam a plena satisfação material.

Por isso, o olhar atento à realidade brasileira para se verificar se a doutrina e a jurisprudência refletem exatamente suas características é tarefa urgente e cotidiana do jurista brasileiro, na medida em que o direito civil deve ser construído a partir das demandas e das peculiaridades que motivam a construção de normas que, efetivamente, dialoguem com e a partir da realidade.

Informação bibliográfica deste texto, conforme a NBR 6023:2002 da Associação Brasileira de Normas Técnicas (ABNT):

MATOS, Ana Carla Harmatiuk; TEIXEIRA, Ana Carolina Brochado. Os alimentos entre dogmática e efetividade. In: TEPEDINO, Gustavo; TEIXEIRA, Ana Carolina Brochado; ALMEIDA, Vitor (Coord.). *Da dogmática à efetividade do Direito Civil*: Anais do Congresso Internacional de Direito Civil Constitucional – IV Congresso do IBDCivil. 2. ed. rev., ampl. e atual. Belo Horizonte: Fórum, 2019. p. 219-233. ISBN 978-85-450-0545-2.

CAPÍTULO 13

MULTIPARENTALIDADE A PARTIR DA TESE APROVADA PELO SUPREMO TRIBUNAL FEDERAL

PABLO MALHEIROS DA CUNHA FROTA

RICARDO CALDERÓN

Introdução

Uma das relevantes questões do direito de família contemporâneo é a temática da multiparentalidade:[1] situações existenciais nas quais uma pessoa possui vínculo de filiação com dois ou mais pais (ou duas ou mais mães) concomitantemente.[2] Inúmeros casos concretos com essa peculiaridade passaram a bater à porta dos Tribunais solicitando uma resposta jurídica, mesmo sem prévia lei expressa que a preveja. O tema é atual e objeto de discussão em outros países, por exemplo, na Bélgica, onde a "a concepção de filiação no Direito belga sempre tem repousado sobre uma busca de equilíbrio entre a verdade genética e a verdade afetiva".[3]

Para exemplificar: uma pessoa possui um "pai socioafetivo" por longos anos, com essa figura paterna registrada no assento de nascimento e consolidada faticamente, e, entretanto, em dado momento, descobre que o seu "pai biológico" é outro (com comprovação por exame em DNA, inclusive). Ou seja, o seu "pai socioafetivo" não é o seu ascendente genético, o que significa que esse filho terá um "pai socioafetivo" e outro "biológico"; duas figuras paternas com duas espécies distantes de vínculos. Isso leva à possibilidade de que esse filho pretenda ver reconhecida judicialmente essa paternidade

---

[1] Ou pluriparentalidade, como utilizado por alguns autores, inclusive pelo Min. Luiz Fux, do STF.

[2] Conforme já exposto em CALDERÓN, Ricardo. Socioafetividade e multiparentalidade acolhidas pelo STF. *Migalhas*, 7 out. 2016. Disponível em: <http://www.migalhas.com.br/dePeso/16,MI246906,81042-Socioafetividade +e+multiparentalidade+acolhidas+pelo+STF>.

[3] PORTANOVA, Rui. *Ações de filiação e paternidade socioafetiva*. Porto Alegre: Livraria do Advogado, 2016. p. 194.

biológica, mas sem abrir mão da paternidade socioafetiva que já possui, mantendo as duas paternidades concomitantemente, lado a lado. Caracterizada, assim, uma situação de multiparentalidade.

Observa-se, então, que o reconhecimento jurídico das filiações socioafetivas aumentou a possibilidade de cumulação de paternidades e maternidades, justamente por uma espécie de vínculo não mais excluir outras. A peculiaridade do parentesco poder estar decalcado em várias espécies de vínculos (como os biológicos, presuntivos, registrais, adotivos ou socioafetivos) faz com que mais de uma espécie de paternidade (ou maternidade) possa coexistir com outra em dada situação concreta.

A superação do *fetiche* de que a filiação é somente de origem biológica[4] descortinou a possibilidade de reconhecimento da multiparentalidade com primazia para os casos de pluripaternidades (embora o mesmo se aplique para os casos de maternidades). As famílias brasileiras admitem, há muito, que uma paternidade esteja lastreada em outros vínculos que não o biológico. Prova disso: o conhecido ditado popular "pai é quem cria" (com a maestria que lhe é peculiar, Paulo Lôbo acrescenta: *ascendente é quem gera*). Assim, o respeito a uma filiação socioafetiva consolidada e registrada pode vir a permitir que uma pessoa venha a ter também o seu "pai biológico" reconhecido formalmente, como uma segunda figura paterna.

A evolução da sociedade brasileira acabou por considerar elos *biológicos, afetivos,*[5] *presuntivos, registrais* e *adotivos* como suficientes para o estabelecimento da filiação e do parentesco. A filiação socioafetiva possui agasalho constitucional, a partir da previsão de igualdade entre todos os filhos (art. 227, §6º, CF;[6] repisado no art. 1.596, CC), e legal, a partir da parte final do art. 1.593 do Código Civil[7] (quando assevera que o parentesco pode ser de *outra origem*); entre diversos outros dispositivos do nosso ordenamento. Tanto é que esta filiação lastreada exclusivamente no vínculo socioafetivo está consolidada na literatura e jurisprudência brasileiras há mais de três décadas.[8]

O STJ foi o precursor na construção da categoria da socioafetividade como elo parental, o que lhe conferiu certa intimidade com esta peculiar espécie de vínculo, cujo acolhimento contribuiu para o quadro atual[9] na medida em que a possibilidade de uma grande pluralidade de vínculos coexistir em determinados casos concretos passou a desafiar as categorias clássicas da filiação e do parentesco. Entre os casos julgados pelo

---

4 VELOSO, Zeno. *Direito brasileiro da filiação e paternidade.* São Paulo: Malheiros, 1997.

5 VILLELA, João Baptista. A desbiologização da paternidade. *Revista da Faculdade de Direito da Universidade Federal de Minas Gerais,* Belo Horizonte, ano XXVII, n. 21, maio 1979.

6 Art. 227, §6º, CF/88: "Os filhos, havidos ou não da relação do casamento, ou por adoção, terão os mesmos direitos e qualificações, proibidas quaisquer designações discriminatórias relativas à filiação".

7 Art. 1.593, CC: "O parentesco é natural ou civil, conforme resulte de consangüinidade ou outra origem".

8 CALDERÓN, Ricardo. *Princípio da afetividade no direito de família.* Rio de Janeiro: Renovar, 2013.

9 CARDOSO, Simone Tassinari. Notas sobre parentalidade socioafetiva. In: CONGRESSO BRASILEIRO DE DIREITO CIVIL, II, 2014. Instituto Brasileiro de Direito Civil – IBDCivil, Curitiba, 2014.

STJ, mencionam-se o REsp nº 813.604/SC[10] e o REsp nº 127.541,[11] que mantiveram o vínculo socioafetivo, ainda que com investigação de paternidade promovida por outra pessoa.

Outro fator que fomentou a possibilidade de casos de multiparentalidade certamente foi o número crescente de famílias recompostas, cada vez mais frequentes. Observe-se o seguinte modelo familiar: um casal heteroafetivo jovem tem um filho logo no início do relacionamento. Pouco tempo depois, o casal se divorcia e o filho continua residindo com a mãe, já distante do pai biológico. A seguir, a mãe estabelece uma nova relação com um outro homem (seu novo companheiro), que passa a conviver diariamente com a mãe e o filho dela de forma afetiva, pública e duradoura, por longo tempo, assumindo a função paterna de fato (socioafetiva). Por consequência, esse filho terá duas referências paternas: um "pai biológico" (o genitor) e outro "pai socioafetivo" (o novo companheiro da sua mãe).

Inúmeras situações fáticas, como a exemplificada, passaram a exigir uma resposta jurídica e as demandas de multiparentalidade começaram a figurar na literatura especializada de direito de família. Essa pluralidade de vínculos filiais é típico exemplo da atual complexidade das relações familiares, que no cenário brasileiro ainda não possui regulamentação em lei expressa.[12] Ainda assim, doutrina e jurisprudência passaram a acolher a possibilidade jurídica dessa pluriparentalidade, de modo a permitir que uma pessoa venha a ter, reconhecidamente, dois pais (ou duas mães) de forma concomitante.

Como já mencionado, a consolidação do reconhecimento jurídico da parentalidade socioafetiva fez desaguar no desafio da multiparentalidade, objeto de tratamento doutrinário e de reiteradas decisões judiciais no Brasil nos últimos anos.[13]

Na literatura jurídica, Christiano Cassettari foi um dos precursores do desenvolvimento do tema, com relevante contribuição na definição dos seus contornos jurídicos.[14] Judicialmente, o magistrado Sérgio Kreuz, do Paraná, foi um dos primeiros a proferir decisão nesse sentido, na qual reconheceu uma situação de multiparentalidade paterna.[15]

O princípio da parentalidade responsável, previsto no §7º, art. 226, CF,[16] auxilia na compreensão da temática da multiparentalidade, visto que traz expressa a diretriz

---

[10] STJ, 3ª T. Recurso Especial nº 813.604/SC. Rel. Min. Nancy Andrighi, j. 16. 8.2007, unânime. No caso, a decisão permitiu a uma criança adotada a averiguação de seu ascendente genético e, em face das peculiaridades do caso concreto em pauta, concedeu a possibilidade de ela pleitear alimentos ao genitor, mesmo com a adoção que havia sido regularmente celebrada. Relatório e voto deste julgado são inequívocos em adotar a distinção entre as figuras de pai/mãe e dos ascendentes genéticos.

[11] STJ, 3ª T. Recurso Especial nº 127.541. Rel. Min. Eduardo Ribeiro, j. 10.4.2000, unânime. Decisão reconhece a possibilidade de criança adotada investigar sua origem genética, sem que isso altere seu estado adotivo, distinguindo expressamente o vínculo parental da origem biológica.

[12] TEPEDINO, Gustavo. Dilemas do afeto. *JOTA*, 31 dez. 2015. Disponível em: <https://jota.info/especiais/dilemas-do-afeto-31122015>. Acesso em: 13 maio 2017.

[13] TEIXEIRA, Ana Carolina Brochado; RODRIGUES, Renata de Lima. A multiparentalidade como nova estrutura de parentesco na contemporaneidade. *E-Civitas – Revista Científica do Departamento de Ciências Jurídicas, Políticas e Gerenciais do UNI-BH*, Belo Horizonte, v. VI, n. 2, dez. 2013.

[14] CASSETTARI, Christiano. *Multiparentalidade e parentalidade socioafetiva*. 3. ed. rev., atual. e ampl. São Paulo: Atlas, 2017. p. 194.

[15] Vara da Infância e Juventude de Cascavel/PR. Autos nº 0038958-54.2012.8.16.0021, 20.2.2013. Disponível em: <http://www.direitodascriancas.com.br/admin/web_files/arquivos/bfadcbfb589dd714a4bd75e7210ebcec.pdf>. Acesso em: 17 maio 2017.

[16] Art. 226, §7º, CF/88: "Fundado nos princípios da dignidade da pessoa humana e da paternidade responsável, o planejamento familiar é livre decisão do casal, competindo ao Estado propiciar recursos educacionais e científicos para o exercício desse direito, vedada qualquer forma coercitiva por parte de instituições oficiais ou privadas".

da responsabilidade, basilar quando se trata da questão da filiação.[17] A responsabilidade dos pais sobre sua prole não pode ser escusada, de modo que mesmo o mero ascendente genético pode vir a possuir deveres para com aquele que gerou. Esta orientação é ponto central na escorreita compreensão das relações multiparentais.

Para Christiano Cassettari "o fundamento da multiparentalidade é a igualdade das parentalidades biológica e socioafetiva, pois entre elas não há vínculo hierárquico e uma não se sobrepõe a outra, podendo elas coexistirem, harmoniosamente, sem problemas algum".[18]

Na esteira disso, nas questões de filiação, vivencia-se um momento de superação da lógica binária de exclusão, que admitia apenas uma espécie de filiação em cada caso concreto (em geral, ou a socioafetiva ou a biológica, tendo-se que optar por uma ou outra), passando-se a adotar uma lógica que também possa ser plural em determinadas situações fáticas (permitindo a coexistência de duas filiações em determinados casos concretos).

Rodrigo da Cunha Pereira define multiparentalidade como:

> o parentesco constituído por múltiplos pais, isto é, quando o filho estabelece uma relação de paternidade/maternidade com mais de um pai e/ou com uma mãe. Os casos mais comuns são os padrastos e madrastas que também se tornam pais/mães pelo exercício das funções paternas e maternas ou em substituição a eles. A multiparentalidade é comum, também, nas reproduções medicamente assistidas, que contam com a participação de duas ou mais pessoas no processo reprodutivo, como por exemplo, quando o material genético de um homem e uma mulher é gestado no útero de outra mulher. A multiparentalidade, ou seja, a dupla maternidade/paternidade, tornou-se uma realidade dinâmica jurídica impulsionada pela dinâmica da vida e pela compressão de que a paternidade e a maternidade são funções exercidas.[19]

A partir da atual tessitura do direito brasileiro, vislumbra-se a possibilidade jurídica de declaração de multiparentalidade mediante a presença de elementos concretos que justifiquem a manutenção dessa pluralidade de vínculos filiais, com a incidência dos correlatos efeitos jurídicos.

Aspecto central nesta temática é que o caso concreto em si deverá indicar qual a decisão mais acertada para aquela situação fático-jurídica, o que não recomenda que se adotem soluções apriorísticas. Apenas a análise da situação em pauta poderá permitir concluir se naquele caso específico deve prevalecer dada modalidade de filiação ou, ainda, se devem coexistir ambas as modalidades em multiparentalidade. A manutenção de vínculos concomitantes passa a ser mais uma opção que se oferta para o acertamento de casos concretos que envolvam esta questão.

Havia um amplo debate doutrinário e jurisprudencial[20] sobre qual seria a solução mais indicada para esses conflitos, que inicialmente se apresentaram como um suposto

---

[17] GAMA, Guilherme Calmon Nogueira da. *Princípios constitucionais do direito de família*: família, criança, adolescente e idoso. São Paulo: Atlas, 2008.

[18] CASSETTARI, Christiano. *Multiparentalidade e parentalidade socioafetiva*. 3. ed. rev., atual. e ampl. São Paulo: Atlas, 2017. p. 138.

[19] PEREIRA, Rodrigo da Cunha. *Dicionário de direito de família e sucessões*: ilustrado. São Paulo: Saraiva, 2015. p. 470-471.

[20] A divisão entre duas correntes jurisprudenciais é meramente didática e surge a partir da impressão pessoal do autor, sem uma análise estatística ou empírica mais aprofundada. Tais correntes estão implicitamente

embate entre os vínculos biológicos *versus* os socioafetivos. Em dado momento, as discussões eram se deveria ser adotado um vínculo prevalecente de modo apriorístico (em tese, abstratamente), ou, ao contrário, se apenas em cada caso concreto deveria ser constatada qual modalidade de vínculo deveria prevalecer. Outro aspecto que estava em pauta: deve prevalecer sempre o vínculo socioafetivo; deve prevalecer sempre o vínculo biológico; ou, então, podem eles eventualmente coexistir.

Como não havia solução legislativa prévia, coube tal tarefa aos Tribunais. Inicialmente, o STJ foi o primeiro e engendrar uma proposta de solução: para este tribunal, era possível apontar a prevalência de um critério aprioristicamente e apenas um vínculo deveria persistir em cada caso concreto, cabendo sempre ao filho eleger qual o vínculo de filiação que gostaria que prevalecesse. Assim, o entendimento do STJ era de que, se o filho manejasse uma investigação de paternidade para ver reconhecida uma paternidade biológica, mesmo diante da existência de uma socioafetiva consolidada, essa filiação biológica deveria ser declarada, prevalecendo inclusive de modo a excluir a paternidade socioafetiva (visto ser esse o interesse do filho). Por outro lado, se o pai pretendesse rever uma paternidade socioafetiva por ausência de vínculo biológico, o pedido poderia ser negado, prevalecendo, nessa hipótese, a paternidade socioafetiva (visto ser a demanda proposta pelo pai).

A questão chegou ao Supremo Tribunal Federal na Repercussão Geral nº 622, quando, de forma precursora, enfrentou um dos grandes desafios da parentalidade contemporânea, descortinando novas possibilidades. A decisão da Corte Suprema se afastou um pouco da solução engendrada pelo STJ e, de forma inovadora, reconheceu a possibilidade jurídica da multiparentalidade no direito de família brasileiro. Ao julgar a Repercussão Geral nº 622, o Supremo Tribunal Federal desenhou alguns contornos da parentalidade contemporânea.

A relevância do precedente justifica que sejam apreciados, pormenorizadamente, os principais aspectos do caso concreto que balizou referida repercussão geral, bem como a própria tese aprovada ao final do respectivo julgamento.

13.1 Entendimento do STF acolhendo a multiparentalidade no direito brasileiro

Em setembro de 2016, o Supremo Tribunal Federal expressamente acolheu a possibilidade da multiparentalidade no atual cenário jurídico brasileiro. A manifestação do STF contribui para a tradução contemporânea das categorias da filiação e parentesco, sendo paradigmática.[21]

---

disseminadas em diversas decisões judiciais, sob inúmeros fundamentos e vincadas por pormenores fáticos, até mesmo com algumas aproximações específicas (que serão adiante explicitadas). A primeira corrente indica no sentido de consagrar a predominância de uma relação parental afetiva, concreta, vivenciada pelas partes (de forma pública, contínua, estável e duradoura), ou seja, sustenta a prevalência do vínculo socioafetivo (quando presente) sobre o vínculo biológico. Uma segunda corrente, *a contrario sensu*, sustenta que, mesmo perante tal realidade socioafetiva presente e consolidada, deve predominar o vínculo parental biológico sobre o socioafetivo (por mais que tenha inexistido qualquer convivência fática com o ascendente genético).

21 Para melhor compreensão do tema se recomenda um programa da TV Justiça, disponível no seu canal do YouTube, na série Grandes julgamentos do STF, capítulo "Paternidade biológica e socioafetiva – 18/10/2016".

O tema de Repercussão Geral nº 622,[22] de relatoria do Ministro Luiz Fux, trazia a análise de uma eventual "prevalência da paternidade socioafetiva em detrimento da paternidade biológica".[23] O caso paradigma envolvia uma situação na qual se discutia o reconhecimento tardio de uma paternidade biológica – não vivenciada, em substituição a uma paternidade socioafetiva e registral – concretamente vivenciada. Ao deliberar sobre o mérito da questão, o STF optou por não afirmar nenhuma prevalência entre as referidas modalidades de vínculo parental (biológica x socioafetiva), apontando para a possibilidade de coexistência de ambas as paternidades. Assim, o caso concreto foi julgado e ainda aprovada uma tese em repercussão geral sobre o tema (com efeito vinculante).

No complexo, fragmentado e líquido cenário da atualidade, a possibilidade de pluralidade de vínculos parentais é uma realidade fática que exige uma acomodação jurídica, de modo que agiu bem o Supremo Tribunal Federal ao acenar para a coexistência em vez de optar por alguma prevalência.

A ementa do acórdão que deliberou sobre o caso concreto que balizava o tema de Repercussão Geral nº 622 é a seguinte:

> EMENTA: RECURSO EXTRAORDINÁRIO. REPERCUSSÃO GERAL RECONHECIDA. DIREITO CIVIL E CONSTITUCIONAL. CONFLITO ENTRE PATERNIDADES SOCIOAFETIVA E BIOLÓGICA. PARADIGMA DO CASAMENTO. SUPERAÇÃO PELA CONSTITUIÇÃO DE 1988. EIXO CENTRAL DO DIREITO DE FAMÍLIA: DESLOCAMENTO PARA O PLANO CONSTITUCIONAL. SOBRE PRINCÍPIO DA DIGNIDADE HUMANA (ART. 1º, III, DA CRFB). SUPERAÇÃO DE ÓBICES LEGAIS AO PLENO DESENVOLVIMENTO DAS FAMÍLIAS. DIREITO À BUSCA DA FELICIDADE. PRINCÍPIO CONSTITUCIONAL IMPLÍCITO. INDIVÍDUO COMO CENTRO DO ORDENAMENTO JURÍDICO-POLÍTICO. IMPOSSIBILIDADE DE REDUÇÃO DAS REALIDADES FAMILIARES A MODELOS PRÉ-CONCEBIDOS. ATIPICIDADE CONSTITUCIONAL DO CONCEITO DE ENTIDADES FAMILIARES. UNIÃO ESTÁVEL (ART. 226, §3º, CRFB) E FAMÍLIA MONOPARENTAL (ART. 226, §4º, CRFB). VEDAÇÃO À DISCRIMINAÇÃO E HIERARQUIZAÇÃO ENTRE ESPÉCIES DE FILIAÇÃO (ART. 227, §6º, CRFB). PARENTALIDADE PRESUNTIVA, BIOLÓGICA OU AFETIVA. NECESSIDADE DE TUTELA JURÍDICA AMPLA. MULTIPLICIDADE DE VÍNCULOS PARENTAIS. RECONHECIMENTO CONCOMITANTE. POSSIBILIDADE. PLURIPARENTALIDADE. PRINCÍPIO DA PATERNIDADE RESPONSÁVEL (ART. 226, §7º, CRFB). RECURSO A QUE SE NEGA PROVIMENTO. FIXAÇÃO DE TESE PARA APLICAÇÃO A CASOS SEMELHANTES.[24]

A deliberação pela possibilidade de manutenção de ambas as paternidades, em *pluriparentalidade*, foi inovadora e merece destaque, visto que foi uma solução engendrada a partir do próprio STF. Essa temática não constou de pedido explícito da parte requerente, nem mesmo foi objeto de debate verticalizado nos autos processuais.

---

[22] A sessão que fixou a tese foi realizada no dia 21.9.2016, em deliberação do Pleno do STF. O caso que balizou a apreciação do tema foi o RE nº 898.060/SC, no qual o Instituto Brasileiro de Direito de Família – IBDFam atuou como *amicus curiae*.

[23] Esse trecho constava no acórdão do Plenário virtual que reconheceu a repercussão geral do tema.

[24] STF. RE nº 898.060/SC. Rel. Min. Luiz Fux.

Ainda assim, a deliberação foi claramente pelo improvimento do recurso extraordinário do pai biológico, mas com a declaração de que era possível a manutenção de ambas as paternidades de forma concomitante (socioafetiva e biológica), em coexistência.

A decisão do STF declarou a possibilidade de manutenção de ambas as paternidades com todos os efeitos jurídicos correlatos, acolhendo a multiparentalidade para a situação que estava em apreço. Em consequência, a segunda paternidade (a biológica) deverá ser registrada e produzirá todos os efeitos jurídicos inerentes à filiação, mas sem exclusão da paternidade já existente (a socioafetiva).

13.2 A tese aprovada em repercussão geral

Ao apreciar a temática envolta na referida repercussão geral, o Plenário do Supremo Tribunal Federal, por maioria, houve por bem em aprovar uma diretriz que servirá de parâmetro para casos semelhantes. A tese aprovada no tema de Repercussão Geral nº 622 tem o seguinte teor: "A paternidade socioafetiva, declarada ou não em registro público, não impede o reconhecimento do vínculo de filiação concomitante baseado na origem biológica, com os efeitos jurídicos próprios".

O texto foi proposto pelo Min. Relator Luiz Fux, tendo sido aprovado por ampla maioria, restando vencidos nesta votação sobre o teor da tese apenas os ministros Dias Toffoli e Marco Aurélio, que discordavam parcialmente da redação final sugerida.

A tese é explícita em afirmar a possibilidade de cumulação de uma paternidade socioafetiva concomitantemente com uma paternidade biológica em determinado caso concreto, admitindo, com isso, a possibilidade da existência jurídica simultânea de dois pais. Ao prever expressamente a possibilidade jurídica da pluralidade de vínculos familiares, nossa Corte Suprema consagra um importante avanço: o reconhecimento da multiparentalidade, um dos novíssimos temas do direito de família.[25] Essa deliberação traz a reboque diversas consequências e algumas indagações.

13.3 Principais reflexos da decisão do STF

A tese estabelecida na Repercussão Geral nº 622 permite destacar alguns aspectos principais.

13.3.1 O reconhecimento jurídico da afetividade

Ficou consagrada a leitura jurídica da afetividade, tendo ela perfilado de forma expressa a manifestação de diversos ministros. No julgamento da Repercussão Geral nº 622, houve ampla aceitação do reconhecimento jurídico da afetividade pelo colegiado, o que resta patente pela paternidade socioafetiva referendada na tese final aprovada. A afetividade, inclusive, foi citada expressamente como princípio na manifestação do Ministro Celso de Mello, na esteira do que defende ampla doutrina do direito de família.

---

[25] O julgamento pode ser assistido na íntegra no canal do STF no YouTube, em dois vídeos publicados no dia 22.9.2016, sob o título: "Pleno – Paternidade socioafetiva não exime de responsabilidade o pai biológico".

Não houve objeção alguma ao reconhecimento da socioafetividade pelos ministros, o que indica a sua tranquila assimilação naquele Tribunal.[26]

A necessidade de o direito contemporâneo passar a acolher as manifestações afetivas que se apresentam na sociedade está sendo cada vez mais destacada, inclusive no direito comparado, como na recente obra de Stefano Rodotà, lançada em 2015, denominada *Diritto d'amore*.[27] Em suas afirmações, o professor italiano sustenta que um novo *cogito* poderia ser escrito na atualidade, com o seguinte teor: *amo, ergo sum*, ou seja, *amo, logo existo*, tamanha a atual centralidade conferida para a dimensão afetiva nos relacionamentos interpessoais deste início de século.

Na esteira disso, a necessidade de compreensão e de um tratamento jurídico escorreito da afetividade se impõe. Cabe avançar nos contornos da afetividade a partir das balizas conferidas pelo direito brasileiro. Nesse sentido, a tese aprovada pelo Supremo Tribunal Federal parece, de alguma forma, contribuir para uma adequada significação jurídica da afetividade e dos seus consectários.

13.3.2 Vínculo socioafetivo e biológico em igual grau de hierarquia jurídica

O segundo aspecto que merece destaque se refere ao reconhecimento da presença, no cenário brasileiro, de ambas as paternidades, socioafetiva e biológica, em condições de igualdade jurídica. Ou seja, ambas as modalidades de vínculo parental foram reconhecidas com o mesmo *status*, sem qualquer hierarquia apriorística (em abstrato). Esta equiparação é importante e se constitui em um grande avanço para o direito de família. A partir disso, não resta possível afirmar, aprioristicamente, que uma modalidade prevalece sobre a outra, de modo que apenas o caso concreto apontará a melhor solução para a situação fática em análise.

O tema gerava dissenso e, até então, imperava a posição do Superior Tribunal de Justiça, no sentido de uma prevalência do vínculo biológico sobre o socioafetivo nos casos de pedido judicial de reconhecimento de paternidade apresentados pelos filhos.[28] A decisão do STF alterou este quadro e merece elogios ao acolher a equiparação entre as modalidades de vínculos.[29] A manifestação do ministro relator, ao julgar o caso concreto que balizou a repercussão geral, não deixa dúvidas quanto a essa igualação:

> Se o conceito de família não pode ser reduzido a modelos padronizados, nem é lícita a hierarquização entre as diversas formas de filiação, afigura-se necessário contemplar sob o âmbito jurídico todas as formas pelas quais a parentalidade pode se manifestar, a saber: (i) pela presunção decorrente do casamento ou outras hipóteses legais (como a fecundação

---

[26] O que também já era admitido pelo STJ: "O que deve balizar o conceito de 'família' é, sobretudo, o princípio da afetividade, que 'fundamenta o direito de família na estabilidade das relações socioafetivas e na comunhão de vida, com primazia sobre as considerações de caráter patrimonial ou biológico'" (STJ, 4ª Turma. REsp nº 945.283/RN. Rel. Min. Luis Felipe Salomão. Public. 28.9.2009).

[27] RODOTÁ, Stefano. *Diritto d'amore*. Bari: Laterza, 2015.

[28] Conforme demonstra: CARDOSO, Simone Tassinari. Notas sobre parentalidade socioafetiva. In: CONGRESSO BRASILEIRO DE DIREITO CIVIL, II, 2014. Instituto Brasileiro de Direito Civil – IBDCivil, Curitiba, 2014.

[29] O que já é adotado expressamente no direito belga, conforme informa PORTANOVA, Rui. *Ações de filiação e paternidade socioafetiva*. Porto Alegre: Livraria do Advogado, 2016.

artificial homóloga ou a inseminação artificial heteróloga – art. 1.597, III a V do Código Civil de 2002); (ii) pela descendência biológica; ou (iii) pela afetividade.[30]

Com isso, resta consolidado o *status* da parentalidade socioafetiva como suficiente vínculo parental, categoria edificada pelo professor Guilherme de Oliveira, em Portugal, e, no Brasil, corroborada pelos professores João Baptista Vilella,[31] Zeno Veloso,[32] Luiz Edson Fachin[33] e Paulo Lôbo,[34] entre outros. Essa equiparação prestigia o princípio da igualdade entre os filhos, previsto no art. 227, §6º, CF, e reiterado no art. 1.596 do Código Civil[35] e art. 20 do ECA, mostrando-se adequada e merecedora de cumprimentos.

13.3.3 Possibilidade jurídica da multiparentalidade

O acolhimento expresso da possibilidade jurídica de pluriparentalidade/ multiparentalidade, certamente um dos maiores avanços alcançados com a tese aprovada pelo STF, apresenta-se como um dos novos temas do direito de família.[36]

A aceitação da possibilidade de concomitância de dois pais foi objeto de intenso debate na sessão plenária que cuidou do tema, face uma divergência do Min. Marco Aurélio, mas ficou aprovada por ampla maioria. Com isso, inequívoco que a tese aprovada acolhe a possibilidade jurídica da multiparentalidade.

O voto do Min. Luiz Fux é firme no sentido do reconhecimento da pluriparentalidade, com um amplo estudo a partir do direito comparado. Em dado momento, afirma: "Da mesma forma, nos tempos atuais, descabe pretender decidir entre a filiação afetiva e a biológica quando o melhor interesse do descendente é o reconhecimento jurídico de ambos os vínculos. [...] Por isso, é de rigor o reconhecimento da dupla parentalidade".[37]

Essas situações de manutenção de dois pais ou duas mães já apareciam como objeto de algumas decisões judiciais e figuravam com intensidade na doutrina. Há, inclusive, um enunciado do IBDFam aprovado sobre o assunto: Enunciado nº 9 – "A multiparentalidade gera efeitos jurídicos", do X Congresso Brasileiro de Direito de Família.

O acolhimento da possibilidade dessa multiplicidade de vínculos familiares, exclusivamente, pela via de uma decisão do nosso Tribunal Constitucional, coloca – mais uma vez – o Supremo Tribunal Federal na vanguarda do direito de família.

---

[30] Trecho do voto do Min. Relator Luiz Fux, ao julgar o RE nº 898.060/SC, p. 14.

[31] VILLELA, João Baptista. A desbiologização da paternidade. *Revista da Faculdade de Direito da Universidade Federal de Minas Gerais*, Belo Horizonte, ano XXVII, n. 21, maio 1979.

[32] VELOSO, Zeno. *Direito brasileiro da filiação e paternidade*. São Paulo: Malheiros, 1997.

[33] FACHIN, Luiz Edson. *Da paternidade*: relação biológica e afetiva. Belo Horizonte: Del Rey, 1996.

[34] LOBO, Paulo Luiz Netto. *Direito civil* – Famílias. São Paulo: Saraiva, 2008.

[35] Art. 1.596, CC: "Os filhos, havidos ou não da relação de casamento, ou por adoção, terão os mesmos direitos e qualificações, proibidas quaisquer designações discriminatórias relativas à filiação".

[36] Para ler mais sobre multiparentalidade, consulte a coluna de DIAS, Maria Berenice. Proibição das famílias multiparentais só prejudica os filhos. *Conjur*, 1º maio 2016. Disponível em: <http://www.conjur.com.br/2016-mai-01/processo-familiar-proibicao-multiparentalidade-prejudica-filhos>. Acesso em: 26 maio 2017.

[37] Trecho do voto do Min. Relator Luiz Fux, ao julgar o RE nº 898.060/SC, p. 17-19.

13.3.4 Princípio da parentalidade responsável

O comando constitucional que orientou intensamente a decisão tomada é o que prevê a parentalidade responsável, princípio previsto expressamente no art. 226, §7º, CF.[38] Por muitos também denominado princípio da paternidade responsável, essa disposição impõe a responsabilidade aos pais pela sua prole, o que não pode ser olvidado.

No caso julgado pelo Supremo Tribunal Federal, houve clara deliberação pela prevalência da responsabilidade do pai biológico, mesmo sem que tenha havido no caso qualquer convivência familiar com ele e, ainda, mesmo tendo havido outra figura paterna socioafetiva que tenha assumido a referida filha. Diante desse cenário, importava deliberar se seria possível ainda assim declarar o vínculo de filiação com o pai biológico e, com isso, de alguma forma responsabilizá-lo; ou, ao contrário, se tendo em vista a ausência de convivência fática paterno-filial, bem como face a existência de outro pai socioafetivo, se esses fatores impediriam o reconhecimento da paternidade biológica e, também, obstariam qualquer responsabilização desse ascendente genético.

A decisão do STF foi francamente pela primeira hipótese, ou seja, prevalece a paternidade responsável do pai biológico, mesmo que este não tenha convivido com o filho e mesmo que tenha havido outro pai socioafetivo que tenha assumido a criança em outro momento. Em decorrência, entendeu o julgado que poderia ser reconhecida a filiação biológica, com todos os seus consectários, mantendo-se ao lado a filiação socioafetiva já existente. O Tribunal houve por bem em dar interpretação extensiva ao relevante princípio constitucional, fazendo imperar a responsabilidade dos envolvidos.[39] Houve deliberação pela responsabilização do pai biológico, com todos os efeitos inerente à filiação, o que deve ser a nova baliza para casos do estilo.

A decisão responsabiliza a paternidade biológica e respeita a paternidade socioafetiva consolidada, evitando que, para fazer valer seus direitos perante o ascendente genético, o filho tenha que afastar a paternidade socioafetiva com a qual já conviveu há muitos anos. Ao assim decidir, também se evita que a paternidade socioafetiva de outrem seja indevidamente utilizada como "escudo de defesa" apenas para irresponsabilizar o pai biológico, o que não parece adequado. Nesse aspecto, parece acertada a decisão, que se constitui em mais uma opção a ser adotada. A responsabilização do ascendente genético apontada pela decisão paradigma quando declara a filiação biológica, mesmo que ao lado de outra filiação socioafetiva, delineia o retrato atual da extensão do princípio da parentalidade responsável.

---

[38] Art. 226, §7º, CF/88: "Fundado nos princípios da dignidade da pessoa humana e da paternidade responsável, o planejamento familiar é livre decisão do casal, competindo ao Estado propiciar recursos educacionais e científicos para o exercício desse direito, vedada qualquer forma coercitiva por parte de instituições oficiais ou privadas".

[39] Sobre o tema da responsabilidade nas relações familiares, recomenda-se a excelente dissertação de mestrado de Fernanda Sanches, defendida no Programa de Pós-graduação da UFPR, sob a orientação de Luiz Edson Fachin (SANCHES, Fernanda Karam de Chueiri. *A responsabilidade no direito de família brasileiro contemporâneo*: do jurídico à ética. Dissertação (Mestrado em Direito) – Programa de Pós-Graduação em Direito da Faculdade de Direito da Universidade Federal do Paraná, Curitiba, 2013).

13.4 Efeitos a partir da tese fixada

A tese aprovada na Repercussão Geral nº 622 traz à lume alguns efeitos jurídicos decorrentes, eis que foi explícita ao afirmar que a paternidade em pauta era reconhecida com os efeitos jurídicos próprios, ou seja, com todos os consectários jurídicos decorrentes de uma filiação.

Cabe aqui recordar o consagrado princípio da igualdade da filiação, de modo que não se pode aventar de filhos aos quais não lhes sejam conferidos alguns direitos, sob pena de flagrante inconstitucionalidade (por exemplo, não se pode cogitar de um filho sem direito a alimentos ou um filho sem direito à herança, como chegou a existir no Brasil, pela redação originária do Código Civil de 1916).

Marcos Catalan destaca alguns dos possíveis efeitos jurídicos da multiparentalidade ao afirmar:

> é factível conceber que a aceitação pelo Direito do fenômeno da multiparentalidade promoverá a imposição e o delineamento – tão importante – de deveres como os de sustento e de cuidado, a cogestão no exercício das autoridades parentais [...], conformando, ainda, aspectos atados à guarda compartilhada (ou não) e ao exercício do dever de visitas.[40]

Muitos desses efeitos decorrentes da declaração de multiparentalidade poderão demandar uma maior elaboração teórica, mas desde já podem ser aventados alguns desdobramentos.

13.5 Avanço e cautela

Muitas são as análises e consequências possíveis a partir da paradigmática decisão proferida nessa repercussão geral.[41] Por ora, registram-se apenas as primeiras impressões, com o intuito de destacar os principais avanços e conquistas advindos de referida tese aprovada, principalmente os relacionados à temática da afetividade (escopo central dessa obra).

Inegável que houve significativo progresso com a referida decisão, conforme também entendem, entre outros, Flávio Tartuce,[42] Anderson Schreiber[43] e Rodrigo da Cunha Pereira.[44] Não se nega que alguns pontos não restaram expressamente acolhidos,

---

[40] CATALAN, Marcos. Um ensaio sobre a multiparentalidade: explorando no ontem pegadas que levarão ao amanhã. *Revista da Faculdade de Direito UFPR*, v. 55, p.146-163, 2012. p. 158. Disponível em: <http://revistas.ufpr.br/direito/article/view/31491/20093>. Acesso em: 29 maio 2017.

[41] "Acreditamos, até, que com esse reconhecimento é possível a admissão da multiparentalidade diretamente no Cartório de Registro civil das pessoas naturais, sem necessidade de ação judicial e advogado, bastando ter a concordância do filho reconhecido, se maior, ou, se menor, da mãe ou de quem conste no registro" (CASSETTARI, Christiano. *Multiparentalidade e parentalidade socioafetiva*. 3. ed. rev., atual. e ampl. São Paulo: Atlas, 2017. p. 194).

[42] TARTUCE, Flávio. Breves e iniciais reflexões sobre o julgamento do STF sobre parentalidade socioafetiva. *JusBrasil*, 22 set. 2016. Disponível em: <http://flaviotartuce.jusbrasil.com.br/noticias/387075289/breves-e-iniciais-reflexoes-sobre-o-julgamento-do-stf-sobre-parentalidade-socioafetiva>. Acesso em: 23 set. 2016.

[43] SCHREIBER, Anderson. O direito cai na real. *O Globo*, 6 out. 2016. Disponível em: <http://oglobo.globo.com/opiniao/o-direito-cai-na-real-20243167>. Acesso em: 14 maio 2017.

[44] TESE anunciada pela ministra Cármen Lúcia reconhece multiparentalidade. *IBDFAM*, 22 set. 2016. Disponível em: <http://www.ibdfam.org.br/noticias/6119/Tese+anunciada+pela+ministra+C%C3%A1rmen+L%C3%BAcia+reconhece+multiparentalidade>. Acesso em: 14 maio 2017.

como a distinção entre o papel de genitor e pai, bem destacado no voto divergente do Min. Edson Fachin ao deliberar sobre o caso concreto, mas que não teve aprovação do Plenário. Essa é uma questão que seguirá em pauta para ser melhor esclarecida e caberá à doutrina digerir o resultado do julgamento a partir de então.

Merecem ouvidos os alertas de José Fernando Simão,[45] a respeito do risco de se abrir a porta para demandas frívolas, que visem puramente ao patrimônio contra os pais biológicos. Essa possibilidade merece atenção especial por parte dos operadores do direito, mas não parece alarmante e, muito menos, intransponível.

O parecer do Ministério Público Federal apresentado no caso concreto que balizou a repercussão geral também traz esses alertas, mas confia na existência de salvaguardas dentro do próprio sistema:

> De todo modo, os riscos de indolência e excesso nas questões alimentícias são controlados pelo binômio necessidade-possibilidade, que obsta o enriquecimento ilícito dos envolvidos na multiparentalidade. [...] Eventuais abusos podem e devem ser controlados no caso concreto. Porém, esperar que a realidade familiar se amolde aos desejos de um ideário familiar não é só ingênuo, é inconstitucional.

A maturidade do direito de família brasileiro saberá evitar que excessos puramente patrimoniais venham a desbordar dos limites que as situações existenciais devem resguardar. Entretanto, não se pode negar que há legítimos interesses patrimoniais que devem ser tutelados, mesmo diante de casos de multiparentalidade como o apreciado pelo STF. Inúmeras outras situações familiares geram efeitos patrimoniais (aliás, reflexo esse que é deveras comum no direito de família, diga-se de passagem).[46] Em vista disso, os filhos de relações multiparentais poderão fazer valer seus direitos patrimoniais perante os seus pais biológicos se assim pretenderem, o que não parece destoar do nosso sistema.

Cumpre anotar que a tese do STF proferida nesta repercussão geral não deverá incidir indistintamente nos casos de adoção ou de reprodução assistida (com doação anônima de material genético), visto que não foi esta a matriz constante da *ratio decidendi* da referida deliberação judicial. Ou seja, a diretriz da Repercussão Geral nº 622 deverá ser aplicada apenas para casos similares ao que foi deliberado, que não guarda qualquer correlação com situações de adoção ou de reprodução assistida. A aplicação da tese para casos totalmente estranhos não parece guardar qualquer sentido. Além do mais, a temática da possibilidade de conhecimento da identidade genética por parte do adotado possui comando legislativo próprio (art. 48, do Estatuto da Criança e do Adolescente),[47]

---

[45] SIMÃO, José Fernando. A multiparentalidade está admitida e com repercussão geral. Vitória ou derrota do afeto? *Jornal Carta Forense*, São Paulo, 3 jan. 2017. Disponível em: <http://www.cartaforense.com.br/conteudo/colunas/a-multiparentalidade-esta-admitida-e-com-repercussao-geral-vitoria-ou-derrota-do-afeto/17235>. Acesso em: 14 maio 2017.

[46] Sobre os efeitos da multiparentalidade: PAIANO, Daniela Braga. *A família atual e as espécies de filiação:* possibilidade jurídica da multiparentalidade. Rio de Janeiro: Lumen Juris, 2017.

[47] "Art. 48. O adotado tem direito de conhecer sua origem biológica, bem como de obter acesso irrestrito ao processo no qual a medida foi aplicada e seus eventuais incidentes, após completar 18 (dezoito) anos".

o mesmo ocorrendo com a filiação decorrente dos casos de reprodução assistida[48] (regulados pelo art. 1.597 do Código Civil).[49]

O Min. Edson Fachin já aplicou a tese da multiparentalidade, aprovada na RG nº 622/STF, para decidir um caso concreto de pedido de reconhecimento de maternidade socioafetiva. A pretensão havia sido negada pelo tribunal estadual, chegando ao STF em recurso extraordinário constante de ação rescisória. Ao deliberar sobre o caso, monocraticamente o min. relator assim deliberou:

> O tema discutido nos autos é a prevalência da maternidade socioafetiva em detrimento da maternidade biológica. Em julgamento semelhante, o Supremo Tribunal Federal já se manifestou sobre o tema discutido neste recurso. No exame do RE 898.060, de relatoria do Luiz Fux (Tema 622), DJe 29.09.2016, o Plenário desta Corte fixou a seguinte tese: *"A paternidade socioafetiva, declarada ou não em registro público, não impede o reconhecimento do vínculo de filiação concomitante baseado na origem biológica, com os efeitos jurídicos próprios"*. Ante o exposto, com base no artigo 21, §2º, do RISTF, dou provimento ao recurso extraordinário para julgar procedente o pedido da ação rescisória e reconhecer o vínculo socioafetivo entre os Recorrentes e sua madrasta, em razão de ação declaratória de adoção póstuma, bem como todos os direitos daí decorrentes.[50]

Esse reconhecimento de uma maternidade socioafetiva em multiparentalidade com uma maternidade biológica é um bom exemplo concreto de uma das possíveis extensões da tese aprovada.

Para Flávio Tartuce, é a

> multiparentalidade um caminho sem volta do Direito de Família Contemporâneo, consolidando-se as novas teorias e os princípios constitucionais nesse campo do pensamento jurídico. A decisão do STF é o fim do caminho. A regra passou a ser a multiparentalidade, nos casos de dilemas entre a parentalidade socioafetiva e a biológica. Uma não exclui a outra, devendo ambas conviver em igualdade plena.[51]

Para Paulo Lôbo, a multiparentalidade é uma realidade da vida, com cuja complexidade o direito não conseguiu lidar satisfatoriamente até agora em nenhum país do mundo.[52]

Certamente o acolhimento da multiparentalidade no direito de família brasileiro traz perguntas para as quais a literatura jurídica ainda não tem edificado todas as respostas. Ainda assim, a novidade deve ser vista como um incentivo para os jusfamiliaristas, que terão muito trabalho à frente.

---

[48] MEIRELLES, Jussara. *Gestação por outrem e determinação da maternidade*: mãe de aluguel. Curitiba: Gênesis, 1998.

[49] "Art. 1.597. Presumem-se concebidos na constância do casamento os filhos: [...] III - havidos por fecundação artificial homóloga, mesmo que falecido o marido; IV - havidos, a qualquer tempo, quando se tratar de embriões excedentários, decorrentes de concepção artificial homóloga; V - havidos por inseminação artificial heteróloga, desde que tenha prévia autorização do marido".

[50] STF. ARE nº 933.945/GO. Rel. Min. Edson Fachin, j. 1º.2.2017.

[51] TARTUCE, Flávio. *Direito civil*. Direito de família. 12. ed. rev., atual. e ampl. Rio de Janeiro: Forense, 2017. p. 455. v. 5.

[52] JURISTA comenta repercussão da tese sobre multiparentalidade fixada pelo STF. *IBDFAM*, 28 set. 2016. Disponível em: <http://www.ibdfam.org.br/noticias/6123/Jurista+comenta+repercuss%C3%A3o+da+tese+sobre+multiparentalidade++fixada+pelo+STF>. Acesso em: 3 maio 2017.

Entre limites e possibilidades, importa debater a decisão do STF e destacar a participação do Instituto Brasileiro de Direito de Família como *amicus curiae* nesse emblemático caso. Como acertadamente constatou Anderson Schreiber, com essa decisão o "direito cai na real", sem embargo das outras questões que advêm do novo cenário.

Por tudo isso, parece que os ganhos foram muitos e merecem destaque para que reverberem de forma adequada na avançada doutrina brasileira. É alvissareira a decisão do Supremo Tribunal Federal, que certamente remete a outras questões e a novos desafios, mas nos traz a esperança de uma nova primavera para o direito de família brasileiro.[53]

Ante a incerteza sobre muitas das respostas que deverão advir deste novo cenário, calha aqui lembrar um trecho do célebre poema espanhol "caminante, no hay camino, se hace camino al andar".[54]

Informação bibliográfica deste texto, conforme a NBR 6023:2002 da Associação Brasileira de Normas Técnicas (ABNT):

FROTA, Pablo Malheiros da Cunha; CALDERÓN, Ricardo. Multiparentalidade a partir da tese aprovada pelo Supremo Tribunal Federal. In: TEPEDINO, Gustavo; TEIXEIRA, Ana Carolina Brochado; ALMEIDA, Vitor (Coord.). *Da dogmática à efetividade do Direito Civil*: Anais do Congresso Internacional de Direito Civil Constitucional – IV Congresso do IBDCivil. 2. ed. rev., ampl. e atual. Belo Horizonte: Fórum, 2019. p. 235-248. ISBN 978-85-450-0545-2.

---

[53] "Essa renovada estruturação familiar abriu as portas à compreensão e ao reconhecimento de inúmeros outros tons, a rigor *sem modelos* excludentes, resultado de uma série de transformações sociais, especialmente ocorridas aos anos que sucederam a gênese da nova ordem constitucional" (FACHIN, Luiz Edson. *Direito civil*. Sentidos, transformações e fim. Rio de Janeiro: Renovar, 2015. p. 162).

[54] Trecho de poema do espanhol Antonio Machado.

CAPÍTULO 14

COMO PRESERVAR A ISONOMIA DAS ENTIDADES FAMILIARES NA SUCESSÃO LEGAL?

ANA LUIZA MAIA NEVARES

14.1 Atualidade da questão proposta

A indagação que representa o título do presente texto nos remete ao cotejo entre a união estável e o casamento. Diante da perspectiva plural das entidades familiares prevista na Constituição da República, que consagrou como família além do casamento a união estável entre um homem e uma mulher e a família monoparental, não há dúvidas quanto ao fato de que tais entidades familiares constituem *numerus apertus*, podendo existir outras formações sociais com natureza de família.

De fato, por ocasião do julgamento da ADI nº 4.277/2011 pelo Supremo Tribunal Federal, foi reconhecida de forma expressa a união estável homoafetiva como entidade familiar, sendo editada em 2013 a Resolução nº 175 do Conselho Nacional de Justiça, proibindo que os cartórios recusem pedido de habilitação para casamento de noivos do mesmo sexo. Os debates prosseguem, sendo recorrentes as discussões sobre as famílias simultâneas, bem como sobre o denominado poliamor. Ante as variadas formas de família, cabe ao legislador regulamentá-las e, na consagração de seus direitos e deveres, reside a problemática da igualdade.

Dito de outro modo, indaga-se em quais aspectos deve haver igualdade entre as entidades familiares. Mais: indaga-se, também, em quais esferas deve imperar maior liberdade na família e em quais a autonomia há de ser tolhida por um interesse superior. A indagação proposta, portanto, convida-nos a refletir sobre as diferenças entre as entidades familiares, cotejando as relações formais e aquelas informais, refletindo-se, ainda, quanto aos espaços em que não deve haver a interferência do Estado nas relações familiares.

Quanto à sucessão legal, as discussões que abrangem as reflexões acima são aquelas relativas ao fato de o cônjuge ser herdeiro necessário, bem como aquela da diversidade de tratamento sucessório conferido ao casamento e à união estável. Com efeito, a diversidade de tratamento na sucessão legal prevista no Código Civil de 2002 contrasta com o regime da sucessão legítima do Código Civil de 1916 e das leis nºs 8.971/94 e 9.278/96, quando os direitos sucessórios do cônjuge e do companheiro eram similares, contrastando, ainda, com a atual perspectiva da família, que é igualitária, democrática e não raras vezes recomposta.

14.2 Os direitos sucessórios do cônjuge e do companheiro

Diante da regulamentação da sucessão do cônjuge no Código Civil, percebe-se claramente uma evolução substancial em seus direitos sucessórios. Do quarto lugar na ordem de vocação hereditária, atrás dos colaterais até o décimo grau nas Ordenações Filipinas, o cônjuge foi deslocado para o terceiro lugar na aludida ordem legal com a Lei Feliciano Pena em 1907, mantendo-se assim no Código Civil de 1916, que foi complementado pela Lei nº 4.121/62, que instituiu para o cônjuge sobrevivente o usufruto vidual e o direito real de habitação, conforme o regime de bens do casamento.

Desse modo, na legislação anterior, o cônjuge concorria com os descendentes e com os ascendentes quando não era casado pelo regime da comunhão universal de bens, recebendo 1/4 do monte hereditário em usufruto na primeira hipótese de concorrência e 1/2 do monte em usufruto na segunda hipótese de concorrência mencionada. Se o regime fosse o da comunhão universal, cabia ao cônjuge o direito real de habitação em relação ao único imóvel residencial do monte a inventariar enquanto perdurasse a viuvez. Na ausência de descendentes e ascendentes, ao cônjuge tocava a herança por inteiro (CC/16, art. 1.611, §§1º e 2º), não sendo ele herdeiro necessário (CC/16, art. 1.725), salvo quanto ao usufruto.

As leis nºs 8.971/94 e 9.278/96 regularam os direitos sucessórios do companheiro sobrevivente nos mesmos moldes da sucessão do cônjuge no Código Civil de 1916, salvo quanto à questão de os seus direitos hereditários independerem de suas relações patrimoniais, o que não acontecia com o cônjuge, razão pela qual a tendência era ampliar os direitos sucessórios do cônjuge independentemente do regime de bens, para uma equiparação ao disposto nas citadas leis.[1]

---

[1] "DIREITO CIVIL. SUCESSÕES. DIREITO REAL DE HABITAÇÃO DO CÔNJUGE SUPÉRSTITE. EVOLUÇÃO LEGISLATIVA. SITUAÇÃO JURÍDICA MAIS VANTAJOSA PARA O COMPANHEIRO QUE PARA O CÔNJUGE. EQUIPARAÇÃO DA UNIÃO ESTÁVEL. 1.- O Código Civil de 1916, com a redação que lhe foi dada pelo Estatuto da Mulher Casada, conferia ao cônjuge sobrevivente direito real de habitação sobre o imóvel destinado à residência da família, desde que casado sob o regime da comunhão universal de bens. 2.- A Lei nº 9.278/96 conferiu direito equivalente aos companheiros e o Código Civil de 2002 abandonou a postura restritiva do anterior, estendendo o benefício a todos os cônjuges sobreviventes, independentemente do regime de bens do casamento. 3.- A Constituição Federal (artigo 226, §3º) ao incumbir o legislador de criar uma moldura normativa isonômica entre a união estável e o casamento, conduz também o intérprete da norma a concluir pela derrogação parcial do §2º do artigo 1.611 do Código Civil de 1916, de modo a equiparar a situação do cônjuge e do companheiro no que respeita ao direito real de habitação, em antecipação ao que foi finalmente reconhecido pelo Código Civil de 2002.4.- Recurso Especial improvido" (STJ, 3ª Turma. REsp nº 821.660/DF. Rel. Min. Sidnei Beneti, j. 14.6.2011).

O Código Civil de 2002 eliminou a sucessão em usufruto do cônjuge, que muito se coadunava com a prevalência dos vínculos consanguíneos e, assim, com a preocupação de o cônjuge transmitir os bens para a família eventualmente formada em segundas núpcias, em virtude do caráter vitalício de tal direito real, prevendo uma concorrência sucessória com os parentes mencionados em propriedade plena.

Assim, no Código Civil, o cônjuge concorre com os descendentes se o regime de bens não for o da separação obrigatória de bens, o da comunhão universal, bem como quando inexistir bens particulares no regime da comunhão parcial. A divisão da herança entre o cônjuge e os descendentes deve se dar em tantas partes quantas sejam o cônjuge, os descendentes que sucedem por direito próprio e as estirpes daqueles que sucedem por direito de representação, sendo certo que a cota do cônjuge não poderá ser inferior à quarta parte da herança se for ascendente de todos os herdeiros com quem concorrer (CC, arts. 1.829, I, 1.832 e Enunciado nº 527 da IV Jornada de Direito Civil).

Quando o cônjuge concorre com ascendentes, sua sucessão independe do regime de bens e sua quota será de 1/3 da herança se concorrer com ascendente em primeiro grau e de metade daquela se concorrer com um só ascendente ou se maior for o grau deste(s) último(s). Se não houver ascendentes, ao cônjuge toca a herança por inteiro, com exclusão dos colaterais (CC, arts. 1.829, II e III, 1.836 e 1.838).

Importante registrar que ao cônjuge é garantido o direito real de habitação vitalício, independentemente do regime de bens, em relação ao único imóvel residencial do monte a inventariar, que esteja destinado à residência da família por ocasião da abertura da sucessão.

Quanto ao companheiro sobrevivente, o Código Civil também lhe atribuiu uma cota em propriedade plena da herança, eliminando a sucessão em usufruto. No entanto, segundo as disposições do referido diploma legal, a companheira ou companheiro participará da sucessão do outro, quanto aos bens adquiridos onerosamente na vigência da união estável (CC, art. 1.790, *caput*), concorrendo com filhos comuns, hipótese em que terá direito a uma quota equivalente à que por lei for atribuída ao filho (CC, art. 1.790, I), concorrendo com descendentes só do autor da herança, quando lhe tocará a metade do que couber a cada um daqueles (CC, art. 1.790, II), e concorrendo com outros parentes sucessíveis, ocasião em que terá direito a um terço da herança (CC/02, art. 1.790, III). Não havendo parentes sucessíveis, o Código Civil prevê que o companheiro terá direito à totalidade da herança (CC, art. 1.790, IV). No entanto, note-se que, nesta última hipótese, a totalidade da herança se refere unicamente aos bens adquiridos onerosamente na vigência da união estável, em virtude do que determina o *caput* do art. 1.790. Vale registrar que o Código Civil foi omisso em relação ao direito real de habitação em favor do companheiro sobrevivente.

Se por um lado o Código Civil avançou quando atribuiu ao companheiro sobrevivente uma cota da herança em propriedade plena, retrocedeu substancialmente ao prever sua sucessão em situação de desigualdade em relação ao cônjuge, permitindo-lhe suceder apenas quanto aos bens adquiridos onerosamente na vigência da união estável, sem contar no retrocesso em relação à concorrência do companheiro sobrevivente com os parentes colaterais.

Tais desajustes podem ser creditados ao fato de o Código Civil ter sido concebido na década de 70 numa visão unitária da família, prevendo apenas o casamento como entidade familiar. Ao longo da tramitação do Código em nossas casas legislativas, não era mais possível descuidar da união estável, em especial após a Constituição da República. No entanto, a inserção da união estável no nosso diploma codificado não foi realizada de forma harmônica, tendo havido claramente uma falta de apreensão real da perspectiva plural das entidades familiares consagrada na Constituição da República e de seus efeitos para o direito de família.

14.3 A centralidade do cônjuge na ordem de vocação hereditária. Interpretações em desfavor do cônjuge sobrevivente

Apesar do desfavor legislativo do Código Civil em relação ao companheiro, quanto ao cônjuge, pode-se afirmar que este foi elevado à centralidade da ordem de vocação hereditária, concorrendo em propriedade plena com descendentes e ascendentes, sendo-lhe, ainda, preservada a quarta parte da herança se for ascendente de todos os herdeiros com quem concorrer.

Importante registar que o cônjuge é herdeiro necessário, conforme prevê o art. 1.845, não podendo, portanto, ser afastado da sucessão, salvo as hipóteses de deserdação e indignidade. E mais: ao cônjuge, em qualquer regime de bens, e sem qualquer ponderação quanto à sua situação econômica na própria herança ou pessoalmente, é garantido o direito real de habitação vitalício em relação ao único imóvel residencial que integre o monte, destinado à residência da família.

Realmente, se pensarmos na família do início da década de 70, seria possível afirmar que havia uma clara e evidente inferioridade feminina na família, em especial em virtude da ascendência econômica do homem em relação à mulher, pelo exercício profissional. Além disso, o casamento era indissolúvel e o modelo nuclear – pai e mãe casados e filhos – era aquele almejado socialmente. Nessa perspectiva, considerava-se imperiosa a garantia de uma melhor posição sucessória ao cônjuge, uma vez que, na família nuclear, o cônjuge é o único componente estável e essencial, já que os filhos, em determinado momento, se desprenderão daquela entidade familiar, formando a sua própria.[2]

A família do século XXI, quando finalmente o Código entrou em vigor, muito difere daquela da década de 70. Inicialmente, vale mencionar que o divórcio foi previsto em nosso ordenamento 25 anos antes. Nas últimas três décadas (de 1984 a 2014), o número de divórcios cresceu de 30,8 mil para 341,1 mil, com a taxa geral de divórcios passando de 0,44 por mil habitantes na faixa das pessoas com 20 anos ou mais de idade, em 1984, para 2,41 por mil habitantes em 2014.[3]

O divórcio é uma das causas da recomposição das famílias, quando as pessoas constituem novos relacionamentos, com filhos anteriores exclusivos ou comuns, não sendo raro que, na sucessão hereditária, concorram o consorte do falecido e seus descendentes exclusivos, o que evidentemente é uma potencial fonte de conflito.

---

[2] MEZZANOTTE, L. *La successione anomala del coniuge*. Napoli: Edizioni Scientifique Italiane, 1989. p. 16; MARINI, A. *Transformazioni sociali e successione del coniuge*. Inaugurazione anno accademico 1984-1985. Macerata: [s.n.], 1985. p. 49.

[3] BRASIL. Portal Brasil. *Em 10 anos, taxa de divórcios cresce mais de 160% no país*. Disponível em: <http://www.brasil. gov.br/cidadania-e-justica/2015/11/em-10-anos-taxa-de-divorcios-cresce-mais-de-160-no-pais>.

Além disso, não são infrequentes os casos em que o consorte sobrevivente teve um relacionamento curto com o autor da herança em comparação com o período no qual este último adquiriu o seu patrimônio objeto da sucessão.

Novas entidades familiares foram consagradas em nosso ordenamento jurídico, não se podendo afirmar que as únicas formas de família admitidas são aquelas previstas na Constituição da República, diversificando, assim, o rol de pretendentes à sucessão do finado. De fato, cada vez maior é a apreensão de que o projeto familiar de cada um deve ser pautado pela liberdade. Como bem pondera Stefano Rodotà:

> [...] il diritto há confinato l'amore senza legge in uno stato d'eccezione. Dobbiamo allora convenire che, se il diritto vuole avvicinarsi all'amore, deve abbandonare non solo la pretesa d'impadronirsene, ma anche transformare tecnicamente sé stesso in un discorso aperto, capace di cogliere e accettare contingenza, variabilitá e persino irrazionalità. Soprattuto, di fronte alla vita, il direito deve essere pronto a lasciare il posto al non diritto.[4]

E mais: a inserção da mulher no espaço público e a sua independência é cada vez mais acentuada. Ainda que estejamos longe de atingir uma plena e efetiva igualdade entre homens e mulheres, especialmente porque as políticas de inserção da mulher no espaço público foram exitosas, mas poucas são as políticas de inserção do homem no espaço privado, para dividir com a mulher as tarefas domésticas e o cuidado com os filhos, sendo a guarda compartilhada um exemplo de tal política que paulatinamente vem produzindo importantes e desejáveis efeitos, é inegável que deve haver maior espaço de liberdade em relação ao cônjuge ou ao companheiro quanto à sua posição na sucessão hereditária do consorte falecido.

A centralidade da sucessão do cônjuge e a impossibilidade de temperar a sua reserva ou mesmo de afastá-la da sucessão têm causado muitas angústias na sociedade. Não raro são os casos em que casais, em especial quando em segundas núpcias, pretendem deixar todo o patrimônio apenas para seus filhos exclusivos, porque o consorte é independente financeiramente, sendo esta vontade compartilhada por ambos os partícipes da relação, sendo, ainda, muito comum a frustração diante do fato de que a sucessão do cônjuge acarretará a transferência de patrimônios de família para pessoas diversas, porque herdeiros só do supérstite.

Parte dessa problemática é devida à deficiência da lei quanto à regulamentação da sucessão do cônjuge. Isso porque, claramente, o legislador pretendeu graduar a tutela sucessória do cônjuge, ao menos quando em concorrência com os descendentes, conforme o regime de bens. A ideia em teoria é bem-vinda, porque retira a sucessão do cônjuge de uma neutralidade – ele não é herdeiro só porque é cônjuge, mas porque sua posição patrimonial na família demonstrou que é necessário protegê-lo por ocasião da morte do consorte – atribuindo-lhe a herança conforme suas relações patrimoniais.

---

[4] RODOTÀ, S. *Diritto d'amore*. Bari: Laterza, 2015. p. 5. Tradução livre: "O direito confinou o amor sem lei num estado de exceção. Devemos agora admitir que, se o direito quer se aproximar do amor, deve abandonar não apenas a pretensão de apoderar-se do amor, mas também transformá-lo em um discurso aberto, capaz de colher e acertar contingências, variedades e até irrazoabilidades. Sobretudo de frente para a vida, o Direito deve estar pronto para deixar o amor no posto do não direito".

Dessa forma, procura-se conceber um estatuto patrimonial global para a família, que abrange o regime de bens e a sucessão hereditária, quando diante de relações entre pessoas, ao menos em tese, em situação de igualdade.

No entanto, o Código Civil não alcançou bem o seu objetivo, porque, ao se valer dos regimes de bens abstratamente, descuidou do que ocorre em cada casamento, como resultado de suas respectivas relações patrimoniais. Isso porque pode haver um regime de comunhão universal de bens sem meação – quando todos os bens do consorte são gravados com a cláusula de inalienabilidade – e regime de separação de bens com patrimônio comum, adquirido em condomínio entre os consortes. Por essa razão, o legislador deveria ter se valido de critérios concretos, como exemplo, a existência ou não de bens comuns, como fazia o projeto primitivo do Código Civil brasileiro de 1916, que admitia a concorrência do cônjuge com os descendentes, sempre que o regime matrimonial não lhe desse direito à meação de todos os bens do casal ou dos adquiridos na constância do casamento.

Nesse cenário, não tardaram decisões judiciais que, ao arrepio da lei, solucionaram os casos concretos interpretando a lei de forma flexível. Assim, assistiu-se na jurisprudência a posições que, ao argumento de uma interpretação sistemática da lei, afastaram o cônjuge casado pelo regime da separação total convencional de bens da sucessão, quando a lei prevê exatamente o oposto, sob a alegação de que, ao eleger o regime de separação de bens, não pretendiam os nubentes instituírem-se herdeiros recíprocos, mas, ao contrário, pretendiam exatamente uma total separação patrimonial.[5]

Este posicionamento jurisprudencial pretende que as consequências do regime de bens do casamento sejam projetadas para a atribuição de direitos sucessórios ao cônjuge quando em concorrência com os descendentes, estendendo-se, também, para as hipóteses de sucessão entre pessoas casadas pelo regime de comunhão parcial de bens, quando se argumenta que, nesses casos, a sucessão do cônjuge só poderia ocorrer em relação aos bens que integram o patrimônio comum do casal, porque os demais foram escolhidos pelos nubentes para integrarem patrimônio exclusivo e particular de cada um.

Tais posições jurisprudenciais estão em franca oposição ao princípio presente no art. 426 do Código Civil, que veda que a herança de pessoa viva seja objeto de contrato. Sem dúvida, se o legislador proíbe os pactos sucessórios, resta incoerente justificar a exclusão do cônjuge da sucessão com base em manifestação de vontade que, em relação à herança, é vedada nos negócios celebrados com efeitos *inter vivos*, como ocorre com o pacto antenupcial. A matéria foi pacificada pela Segunda Seção do Superior Tribunal de Justiça, que prestigiou a previsão legal, rechaçando o afastamento do cônjuge da sucessão em concorrência com os descendentes quando casado no regime da separação convencional de bens e, ainda, prevendo que no regime da comunhão parcial de bens o cônjuge deve suceder apenas quanto aos bens particulares do *de cujus*.[6]

---

[5] A título de exemplo, ver Recurso Especial nº 1.111.095/RJ (2009/0029556-0. Rel. Min. Carlos Fernando Mathias Juiz Federal Convocado do TRF 1ª Região, R. p/ acórdão Min. Fernando Gonçalves, j. 1º.10.2009. *DJ*, 11 fev. 2010) e Recurso Especial nº 992.749/MS (3ª Turma. Rel. Min. Nancy Andrighi, 1º.12.2009, public. 5.2.2010).

[6] "CIVIL. DIREITO DAS SUCESSÕES. CÔNJUGE. HERDEIRO NECESSÁRIO. ART. 1.845 DO CC. REGIME DE SEPARAÇÃO CONVENCIONAL DE BENS. CONCORRÊNCIA COM DESCENDENTE. POSSIBILIDADE. ART. 1.829, I, DO CC. 1. O cônjuge, qualquer que seja o regime de bens adotado pelo casal, é herdeiro necessário (art. 1.845 do Código Civil). 2. No regime de separação convencional de bens, o cônjuge sobrevivente concorre com os descendentes do falecido. A lei afasta a concorrência apenas quanto ao regime da separação legal de

Ainda quanto ao cônjuge, é possível encontrar na jurisprudência decisões que, também ao arrepio do texto da lei, afastam o direito real de habitação previsto no art. 1.831 do Código Civil quando o cônjuge sobrevivente já é detentor de imóvel que lhe garante a moradia, demonstrando a preocupação de a tutela sucessória imiscuir-se nas especificidades daquele que é agraciado com a herança do falecido, em crítica ao dispositivo referido que acabaria, em certos casos, protegendo excessivamente o cônjuge em detrimento dos descendentes ou dos ascendentes.[7]

Com efeito, argumenta-se que o legislador não se atentou para as condições econômicas do sobrevivo, que pode ter recebido em partilha enorme acervo patrimonial ou ser possuidor de imóvel próprio não inventariado que lhe garanta a moradia, sem contar no fato de ser independente financeiramente. Some-se a isso não ter sido imposta a cessação automática do ônus real na hipótese de o beneficiado adquirir um imóvel.

As aludidas posições jurisprudenciais demonstram que é necessário repensar a posição do cônjuge na sucessão hereditária, em virtude do clamor por uma maior liberdade quando as pessoas estão inseridas em relações em que há uma igualdade entre os partícipes e diversos interesses a serem conjugados, em especial diante da recomposição das famílias. Tais ponderações, ainda, nos direcionam para um debate mais amplo, a saber, aquele relativo à imposição de uma legítima para certos parentes, demonstrando um reclame por uma ampliação da liberdade de testar e por uma revisão da posição neutra do direito sucessório em relação às singularidades dos chamados à sucessão e seus vínculos com os bens que integram a herança.

---

bens prevista no art. 1.641 do Código Civil. Interpretação do art. 1.829, I, do Código Civil. 3. Recurso especial desprovido" (2ª Seção. REsp nº 1382170/SP. Rel. Min. Moura Ribeiro, Relator para Acórdão Min. João Otávio de Noronha, j. 22.4.2015. *DJe*, 26 maio 2015) e "RECURSO ESPECIAL. CIVIL. DIREITO DAS SUCESSÕES. CÔNJUGE SOBREVIVENTE. REGIME DE COMUNHÃO PARCIAL DE BENS. HERDEIRO NECESSÁRIO. EXISTÊNCIA DE DESCENDENTES DO CÔNJUGE FALECIDO. CONCORRÊNCIA. ACERVO HEREDITÁRIO. EXISTÊNCIA DE BENS PARTICULARES DO DE CUJUS. INTERPRETAÇÃO DO ART. 1.829, I, DO CÓDIGO CIVIL. VIOLAÇÃO AO ART. 535 DO CPC. INEXISTÊNCIA. 1. Não se constata violação ao art. 535 do Código de Processo Civil quando a Corte de origem dirime, fundamentadamente, todas as questões que lhe foram submetidas. Havendo manifestação expressa acerca dos temas necessários à integral solução da lide, ainda que em sentido contrário à pretensão da parte, fica afastada qualquer omissão, contradição ou obscuridade. 2. Nos termos do art. 1.829, I, do Código Civil de 2002, o cônjuge sobrevivente, casado no regime de comunhão parcial de bens, concorrerá com os descendentes do cônjuge falecido somente quando este tiver deixado bens particulares. 3. A referida concorrência dar-se-á exclusivamente quanto aos bens particulares constantes do acervo hereditário do *de cujus*. 4. Recurso especial provido" (2ª Seção. REsp nº 1368123-SP. Rel. Min. Raul Araújo, j. 22.4.2015. *DJe*, 8 jun. 2015).

[7] "Inventário. Direito real de habitação da viúva, que é proprietária de outro imóvel. 1. O direito real de habitação é instituto de natureza eminentemente protetiva do cônjuge ou do companheiro supérstite, para que não fique desamparado após a morte de seu par, situação que não se verifica no caso, onde restou cabalmente demonstrado que a autora é proprietária de outro imóvel próprio para moradia. 2. Havendo herdeiras necessárias, não pode o direito delas sobre o único imóvel inventariado ser obstado, pelo reconhecimento do direito real de habitação à viúva, que possui outro imóvel e pode nele residir. Recurso provido" (TJRS, 7ª CC. Agravo de Instrumento nº 70.060.165.313. Rel. Des. Sérgio Fernando de Vasconcellos Chaves, j. 30.7.2014) e "União estável. Meação e deferimento de direito real de habitação. Impossibilidade. [...]. O direito real de habitação, sendo o Apelante proprietário de imóvel residencial que pode suprir-lhe a necessidade de moradia, não merece acolhimento sua pretensão. Recurso não provido" (TJRJ, 18ª Câmara Cível. Apelação Cível nº 2001.001.22222. Rel. Des. José de Samuel Marques, j. 7.3.2002, unânime, public. 22.9.2002).

14.4 A legítima: ponderações

Muito se discute sobre a pertinência de o ordenamento jurídico garantir para certos parentes parte da herança de forma obrigatória, limitando a liberdade de testar. No Brasil, a legítima dos herdeiros necessários é fixada em metade da herança, sendo herdeiros necessários os descendentes, os ascendentes, o cônjuge e o companheiro. Argumenta-se que a legítima dos herdeiros necessários concilia no direito sucessório a autonomia privada quanto às disposições *causa mortis* e a proteção da família, garantindo aos familiares mais próximos do autor da herança uma proteção de cunho patrimonial.

A legítima, no entanto, é um instituto não isento de críticas. Com efeito, ultrapassadas as contestações de inspiração individualista, baseadas na autonomia da vontade e na concepção individualista do direito de propriedade, bem como aquelas de cunho socialista, alega-se que o instituto é ineficaz e inoportuno na família atual, preconizando-se a sua abolição, ou ao menos a sua restrição, por manifesta inutilidade,[8] em virtude da atual realidade biológica, social-econômica e jurídica da sociedade hodierna, marcada pela longevidade crescente de seus membros e por novas técnicas de proteção, como a seguridade social e os contratos de seguro.[9]

Realmente, a partir do desenvolvimento das ciências, especialmente da medicina e da higiene da população, a média da duração de vida do homem aumentou consideravelmente e, assim, a sucessão hereditária ocorre na maior parte das vezes quando os descendentes do autor da herança já estão adultos e independentes, não sendo assim a herança um mecanismo indispensável de proteção da família.

Sem dúvida, a proteção da família é objetivo que encontra amplo respaldo na normativa constitucional, valendo ressaltar que a Constituição da República prevê que o Estado deve garantir assistência à família na pessoa de cada um dos que a integram, demonstrando uma preocupação com os membros da família e não com a instituição familiar em si mesma, em clara busca da concretização da dignidade da pessoa humana no âmbito do direito de família.

Nesse cenário, questiona-se se essa proteção constitucional direcionada à pessoa de cada membro da entidade familiar encontra-se na legítima dos herdeiros necessários, uma vez que, em relação aos descendentes e aos ascendentes, por exemplo, não há qualquer diferenciação nas regras sucessórias com base nas características e especificidades dos herdeiros, bastando que integrem tal categoria de parentes para que possam ser considerados herdeiros necessários.

De fato, uma das críticas que é direcionada ao direito sucessório é a sua neutralidade, já que, no Brasil, raras vezes a lei estabelece a divisão da herança com base em critérios concretos de proteção da pessoa de cada integrante da família, como ocorreu com a Lei nº 10.050/2000, que previu o direito real de habitação em relação ao único imóvel residencial do monte para o filho órfão portador de deficiência que o impossibilitasse para o trabalho, incluindo o §3º ao art. 1.611 do Código Civil de 1916.

---

[8] KONDYLI, I. *La protection de la famille par la réserve héréditaire en droits français e grec compares*. Paris: Libraire Générale de Droit et Jurisprudence, 1997. p. 39.

[9] KONDYLI, I. *La protection de la famille par la réserve héréditaire en droits français e grec compares*. Paris: Libraire Générale de Droit et Jurisprudence, 1997. p. 39.

Quanto ao cônjuge, o legislador brasileiro tenta adequar a sua tutela sucessória ao regime de bens do matrimônio quando há a concorrência com os descendentes, objetivando criar um sistema que afasta a herança nesses casos quando o cônjuge já é contemplado com parte do patrimônio do casal por força da comunhão, assentando o pressuposto sucessório não apenas na conjugalidade, mas também nas relações concretas patrimoniais decorrentes do regime de bens do matrimônio.

Como já afirmado, em que pese tal constatação, o que se percebe é uma má sistematização da matéria no inc. I do art. 1.829 do Código Civil, que ao se valer de um critério abstrato, a saber, o regime de bens em si do casamento, gera inúmeras distorções, exatamente porque o critério deveria ser concreto, ou seja, deveria estar baseado no resultado da aplicação das regras do regime de bens no patrimônio do casal, de forma a realmente alcançar uma gradação da tutela sucessória do cônjuge conforme as relações patrimoniais decorrentes do regime matrimonial de bens.

Mais não é só. Além das relações patrimoniais quanto ao regime de bens, a sucessão do cônjuge enseja outros debates sobre sua qualidade de herdeiro, como a duração do vínculo conjugal,[10] o fato de o cônjuge ser ascendente dos herdeiros com que concorrer, bem como sobre a massa de bens em que deve incidir seus direitos sucessórios,[11] como a possibilidade de o cônjuge sobrevivente herdar bens que vieram da família do primeiro consorte do falecido, em detrimento de seus filhos das primeiras núpcias, muito pertinentes diante da nova dinâmica das famílias recompostas.

Diante da igualdade entre os cônjuges na família; da maior expectativa de vida das pessoas, que leva à sucessão em favor dos filhos quando estes já alcançaram a idade adulta e aquela em que mais se produz e em favor dos pais quando estes estão muito idosos e dependentes e, ainda, diante do fenômeno cada vez mais comum da recomposição das famílias em virtude dos divórcios e das novas núpcias, pondera-se se a proteção à família extraída da legislação sucessória está realmente em consonância com a proteção da família fundada na pessoa de cada um de seus membros, como determina o mandamento constitucional fundado na dignidade da pessoa humana.

Nessa perspectiva, a legislação sucessória deveria prever uma especial atenção aos herdeiros incapazes e idosos e, ainda, aos cônjuges e companheiros quanto a aspectos nos quais realmente dependiam do autor da herança, buscando concretizar na transmissão hereditária um espaço de promoção da pessoa, atendendo às singularidades dos herdeiros, em especial diante de sua capacidade e de seus vínculos com os bens que compõem a herança, e, ainda, atendendo à liberdade do testador quando não se vislumbra na família aqueles que necessitam de uma proteção patrimonial diante da morte de um familiar.

---

[10] Código Civil argentino: "ARTICULO 2436.- Matrimonio 'in extremis'. La sucesión del cónyuge no tiene lugar si el causante muere dentro de los treinta días de contraído el matrimonio a consecuencia de enfermedad existente en el momento de la celebración, conocida por el supérstite, y de desenlace fatal previsible, excepto que el matrimonio sea precedido de una unión convivencial".

[11] Ainda segundo o Código Civil argentino, quando o cônjuge concorre com descendentes não tem direito a herdar a parte dos bens comuns que cabem ao falecido (Código Civil e Comercial argentino, art. 2.433).

Para dar concretude à transmissão da herança, algumas legislações sucessórias, como a legislação civil francesa[12] e a recente legislação civil argentina,[13] preveem o expediente da *atribuição preferencial*, permitindo, assim, que determinados herdeiros e o cônjuge requeiram que sejam imputados em seus quinhões ou meação bens com os quais mantêm vínculos específicos, como o imóvel em que residem ou a empresa em que trabalham. A legislação argentina estabelece um critério para a decisão do juiz no caso de vários herdeiros requererem a atribuição preferencial e não houver acordo entre eles, dispondo que nesse caso o juiz deve levar em conta a aptidão dos postulantes para continuar a exploração e a importância da participação pessoal de cada um na atividade.

Ainda na direção de uma proteção direcionada à pessoa dos herdeiros, merece menção dispositivo da recente codificação argentina de 2015, que autoriza o testador a destinar 1/3 da legítima para descendentes ou ascendentes incapacitados, considerando neste caso pessoas com incapacidade aquelas que padecem de uma alteração funcional permanente ou prolongada, física ou mental, que em relação à sua idade e meio social implica desvantagens consideráveis de integração familiar, educacional ou laboral.[14] Dito dispositivo amplia a liberdade de testar em benefício de herdeiros incapazes, sendo certo, no entanto, que tal proteção deveria ser cogente, para não depender da vontade do autor da herança.

Diante de uma realidade em que a mulher está inserida no mercado de trabalho, havendo a consagração do princípio da igualdade entre cônjuges, bem como diante da longevidade alcançada na atualidade, é preciso repensar aqueles que devem ser agraciados com uma herança necessária. A título de exemplo, vale referir o benefício do

---

[12] De acordo com o art. 831 do *Code Civil*, a atribuição preferencial será prerrogativa do cônjuge sobrevivente ou de qualquer herdeiro coproprietário na sucessão: (i) de empresa agrícola, comercial, industrial, artesanal ou liberal de cuja exploração aquele participe ou tenha participado efetivamente; (ii) do local que lhe serve efetivamente de habitação, se nele o beneficiário tem a sua residência à época da abertura da sucessão e dos móveis que o guarnecem; (iii) do local que lhe serve efetivamente ao exercício profissional e dos móveis que o guarnecem e (iv) do conjunto dos bens móveis necessários à exploração de um bem rural cultivado pelo autor da herança a título de arrendatário ou de rendeiro (este último aquele que se encarrega da cultura de um terreno com a condição de dar ao proprietário metade dos frutos), quando tal conjunto permanece no proveito do demandante ou quando um novo contrato é consentido em substituição ao antigo.

[13] "ARTICULO 2380.- Atribución preferencial de establecimiento. El cónyuge sobreviviente o un heredero pueden pedir la atribución preferencial en la partición, con cargo de pagar el saldo si lo hay, del establecimiento agrícola, comercial, industrial, artesanal o de servicios que constituye una unidad económica, en cuya formación participó. En caso de explotación en forma social, puede pedirse la atribución preferencial de los derechos sociales, si ello no afecta las disposiciones legales o las cláusulas estatutarias sobre la continuación de una sociedad con el cónyuge sobreviviente o con uno o varios herederos. El saldo debe ser pagado al contado, excepto acuerdo en contrario. ARTICULO 2381.- Atribución preferencial de otros bienes. El cónyuge sobreviviente o un heredero pueden pedir también la atribución preferencial: a) de la propiedad o del derecho a la locación del inmueble que le sirve de habitación, si tenía allí su residencia al tiempo de la muerte, y de los muebles existentes en él; b) de la propiedad o del derecho a la locación del local de uso profesional donde ejercía su actividad, y de los muebles existentes en él; c) del conjunto de las cosas muebles necesarias para la explotación de un bien rural realizada por el causante como arrendatario o aparcero cuando el arrendamiento o aparcería continúa en provecho del demandante o se contrata un nuevo arrendamiento con éste. ARTICULO 2382.- Petición por varios interesados. Si la atribución preferencial es solicitada por varios copartícipes que no acuerdan en que les sea asignada conjuntamente, el juez la debe decidir te-niendo en cuenta la aptitud de los postulantes para continuar la explotación y la importancia de su participación personal en la actividad".

[14] "ARTICULO 2448.- Mejora a favor de heredero con discapacidad. El causante puede disponer, por el medio que estime conveniente, incluso mediante un fideicomiso, además de la porción disponible, de un tercio de las porciones legítimas para aplicarlas como mejora estricta a descendientes o ascendientes con discapacidad. A estos efectos, se considera persona con discapacidad, a toda persona que padece una alteración funcional permanente o prolongada, física o mental, que en relación a su edad y medio social implica desventajas considerables para su integración familiar, social, educacional o laboral".

direito real de habitação quanto ao imóvel destinado à residência da família. Diante de tal direito sucessório é possível verificar situações em que haja de um lado filhos menores do autor da herança ou pais idosos e dependentes e de outro o cônjuge supérstite são e independente, podendo estar a situação ainda mais gravosa quando o monte hereditário se limitar ao único imóvel residencial do *de cujus*.

A liberdade do proprietário resta ainda mais restrita em virtude da proibição dos pactos sucessórios (CC, art. 426), não se admitindo, assim, que a herança seja objeto de ajuste, com possibilidade de renúncia antecipada à colação ou à ação de redução das doações, de forma a garantir maior segurança a transações e planejamentos sucessórios.

E mais: ainda no campo da liberdade do autor da herança, deve-se pensar em estender a deserdação por desamparo não só em caso de grave enfermidade ou alienação mental, mas também quando restar caracterizada quebra dos deveres de solidariedade familiar entre os parentes, como o abandono de um genitor idoso, de forma a privilegiar decisões do autor da herança quanto ao mérito de seus sucessores.

Como acentua Pietro Perlingieri:

> A tal fine occorre revistarei l sistema ereditario in chiave costituzionale, snellendone i contenuti in modo decisivo; valorizzare l'autonomia negoziale equilibrandola con il dovere di solidarietà; prestare maggiore attenzione ai bisogni dela persona all'interno dela famiglia e, di conseguenza, elaborare critério per l'individuazione dei legittimari piú flessibili rispetto a quello dela prossimità del grado di parentela, in particolare avendo riguardo allo stato di bisogno (da intendersi lato sensi come incapacita di mantenere condizioni esistenziali adeguate a quelle godute durante la vita del de cuiús), alla durata e alla serietà del vincolo affettivo, nonché ad eventual condotte che, pur non integrando ipotesi di indegnità, rappresentino violazioni dei piú elementar doveri di solidarietà familiare e dunque possano costituire giusta causa di diseredazione, anche del legittimario.

14.5 Legislação de *lege lata*: imperiosa equiparação de direitos sucessórios em virtude do fundamento da sucessão hereditária

Enquanto não ocorre a ampla reforma acima preconizada, é preciso interpretar as disposições do direito sucessório à luz da Constituição da República e da lei posta. A problemática relacionada ao fato de o Código Civil ter estabelecido estatutos sucessórios distintos para o casamento e para a união estável aflige a sociedade desde sua entrada em vigor.

Entre outros anacronismos jurídicos, o citado art. 1.790 só admite que o convivente sobrevivente tenha direito sucessório quanto aos bens adquiridos onerosamente na vigência da união estável, podendo, assim, a herança deixada pelo falecido ser destinada ao Estado, quando não houver dita categoria de bens e outros parentes sucessíveis, prevendo, ainda, a concorrência do convivente sobrevivente com os parentes colaterais do autor da herança em proporção vantajosa para esses últimos, que recebem 2/3 dos bens adquiridos onerosamente na vigência da união estável, cabendo o 1/3 restante para o convivente supérstite, quando o cônjuge, na mesma situação, afasta os colaterais da sucessão do consorte falecido.

Indaga-se, portanto, se o tratamento diferenciado no âmbito da sucessão hereditária entre cônjuge e companheiro viola o princípio constitucional da igualdade, e, assim, a dignidade da pessoa humana, uma vez que a Constituição da República estabelece em seu art. 226 que a família é a base da sociedade e tem especial proteção do Estado, sem distinguir as entidades familiares na aludida proteção, sendo certo que o direito de herança é uma garantia fundamental do cidadão brasileiro, conforme previsto no inc. XXX do art. 5º da Constituição da República.

No exame de tal questão, precisamos nos distanciar da reflexão mais ampla, relativa ao dilema entre ampliar a liberdade testamentária em detrimento da proteção da família ou vice-versa, em especial quanto à posição do cônjuge e do companheiro. Esta é questão para uma lei a ser criada, que não pode influenciar a análise em questão.

Além disso, não se pode deixar seduzir pelo argumento de que, se assim o é, foi porque quis o legislador, sendo a equiparação de direitos nessa seara uma interferência indevida do Estado na relação entre os particulares, havendo, assim, violação à autonomia dos indivíduos, que escolheriam ao constituir uma união estável, uma entidade familiar em que a sucessão hereditária é diversa do casamento.

Isso porque tal conclusão não observa o fundamento da sucessão hereditária legítima, que deve ter na base de sua normativa a pessoa dos sucessores, integrantes da família do autor da herança, não importando a entidade familiar em questão. Além disso, essa posição não observa a unidade do ordenamento jurídico e sua sistemática hierárquica, devendo estar todas as suas normas em consonância com a Constituição da República, cujas regras aplicam-se, sem dúvida, diretamente nas relações entre os particulares, ainda mais quando se está diante de um Código Civil que é fruto de um projeto de 1975, tendo sido concebido numa visão unitária da família, só contemplando o casamento como forma de constituir uma entidade familiar. Em outras palavras, o Código Civil não foi concebido na visão plural das entidades familiares, consagrada na Constituição da República e, por isso, é eivado de desajustes em relação a tal perspectiva, sendo imperiosa sua interpretação ciosa dos princípios e valores constitucionais.

Na vigência da legislação anterior, os direitos sucessórios dos cônjuges e dos companheiros eram similares, sendo certo, portanto, que nesse aspecto o Código Civil operou um retrocesso em relação à proteção à família. Some-se a isso o registro de que a legislação mais recente que tangencia a matéria, a saber, o Código de Processo Civil de 2015, equiparou o cônjuge e o companheiro em todos os aspectos processuais referentes às questões de família.

Evidentemente, casamento e união estável são institutos jurídicos diversos e, portanto, terão suas diferenças. No entanto, na medida em que ambos constituem entidades familiares, é preciso identificar os pontos em que devem se diferenciar e aqueles em que devem ser equiparados.

A diferença entre o casamento e a união estável está no modo pelo qual se constituem. Estruturalmente são institutos diversos, já que o casamento é formado a partir de um ato formal, solene e público, enquanto a união estável é informal. Funcionalmente, no entanto, ambos são idênticos, já que se destinam a constituir família, que é a base da sociedade e tem especial proteção do Estado, direcionada à pessoa de cada um de seus membros, promovendo a dignidade de seus componentes.

Quer isso dizer que naqueles pontos relacionados à estrutura dos institutos, não será possível equiparar a união estável ao casamento, porque tais estruturas são diversas. Já quanto aos aspectos relacionados à sua função, ao seu resultado de constituição de família, como um lugar privilegiado de proteção da pessoa humana, a igualdade é salutar, sob pena de discriminarmos pessoas pelo simples fato de terem constituído entidades familiares diversas.

Muitos efeitos decorrem do ato formal matrimônio, pela segurança de tal ato para os partícipes do casamento e para os terceiros que com eles se relacionam. Basta pensar, por exemplo, na emancipação e na outorga conjugal. É por isso que o legislador constituinte determinou em seu §3º do art. 226 que o legislador deve facilitar a conversão da união estável em casamento, sem que com tal previsão tenha criado famílias de primeira e segunda classe, mas sim em virtude da maior segurança das relações formais. Dito diversamente, entre as entidades familiares não há hierarquia, já que todas desempenham a mesma função, qual seja, promover o desenvolvimento da pessoa de seus membros, devendo haver igualdade diante da proteção estatal, uma vez que a tutela da dignidade da pessoa humana é igual para todos e não se poderia tutelar mais ou menos pessoas pelo simples fato de integrarem famílias diversas.

Nessa direção, nos aspectos que decorrem da função da família, ou seja, institutos e efeitos que têm sua razão de ser na solidariedade familiar, deve haver equiparação de direitos entre cônjuges e companheiros. Na família, o dever de solidariedade realiza-se em diversos momentos da convivência familiar. Assim é a obrigação alimentar recíproca entre os membros da família, a legitimação dos componentes da família em proteger a personalidade da pessoa após o seu falecimento, a sub-rogação dos contratos de locação após o falecimento do familiar titular de tal ajuste como locatário, entre outros.

Na mesma orientação do dever de solidariedade entre os membros da família, estão as regras da sucessão legal, pois estabelecem uma possibilidade de distribuição de valores materiais entre os familiares e, dessa forma, um mecanismo em potencial de libertação das necessidades, como meio de concretização de uma vida digna. Ao estabelecer os sucessores de uma pessoa, o legislador se inspira na família. Assim, na medida em que o legislador entenda que é preciso tutelar na sucessão legal o consorte – cônjuge ou companheiro – o tratamento na sucessão hereditária não tem razão para ser diverso, uma vez que tanto o casamento quanto a união estável desempenham a mesma função de constituição de família, sendo certo que cônjuge e companheiro estão na mesma posição nas respectivas entidades familiares.

Nessa linha, vale citar trecho do voto do Ministro Ayres Britto, por ocasião do julgamento da ADI nº 4.277/2011, aqui reproduzido:

> "Entidade familiar" não significa algo diferente de "família", pois não há hierarquia ou diferença de qualidade jurídica entre as duas formas de constituição de um novo núcleo doméstico. Estou a dizer: a expressão "entidade familiar" não foi usada para designar um tipo inferior de unidade doméstica, porque apenas a meio caminho da família que se forma pelo casamento civil. Não foi e não é isso, pois inexiste essa figura da subfamília, família de segunda classe ou família "mais ou menos".

A identificação da mesma *ratio legis* nas normas relativas à sucessão hereditária no casamento e na união estável foi reconhecida por ocasião das Jornadas de Direito Civil, promovidas pelo Conselho da Justiça Federal, conforme Enunciado nº 117 da I Jornada de Direito Civil, *in verbis*:

Enunciado nº 117 - Art. 1.831: o direito real de habitação deve ser estendido ao companheiro, seja por não ter sido revogada a previsão da Lei 9.278/96, *seja em razão da interpretação analógica do art. 1.831*, informado pelo art. 6º, *caput*, da CF/88. (Grifos nossos)

Registre-se novamente: entre as entidades familiares não há hierarquia, já que todas desempenham a mesma função – promover o desenvolvimento da pessoa de seus membros. Não há superioridade de uma em relação à outra, mas igualdade diante da proteção estatal (CF/88, art. 226, *caput*), uma vez que a tutela da dignidade da pessoa humana (CF/88, art. 1º, III) é igual para todos e não se poderia tutelar mais ou menos pessoas pelo simples fato de integrarem famílias diversas.

Nessa direção, o art. 1.790 do Código Civil foi declarado inconstitucional pelo Supremo Tribunal Federal, por maioria, tendo sido acatada tese de repercussão geral, com efeito *erga omnes*, com a seguinte redação: "No sistema constitucional vigente é inconstitucional a diferenciação de regime sucessório entre cônjuges e companheiros devendo ser aplicado em ambos os casos o regime estabelecido no artigo 1829 do Código Civil". O Tribunal modulou os efeitos da decisão, determinando que não seja aplicada às partilhas cujas decisões de homologação ou julgamento já tenham transitado em julgado, por força da segurança das relações jurídicas.

A decisão proferida representa enorme impacto nos planejamentos sucessórios e é, sem dúvida, uma importante vitória para as famílias e para a segurança jurídica. Segundo pesquisa do IBGE divulgada em 2012, mais de 1/3 dos casais brasileiros vivem sem oficialização, demonstrando quantas pessoas serão atingidas pela aludida decisão.

Importante registrar que ao tempo da redação deste texto a decisão do Supremo Tribunal em comento ainda não havia transitado em julgado, sendo passível, portanto, de embargos de declaração.

14.6 Conclusão

Por todo o exposto, verifica-se que a sucessão hereditária precisa se encaixar na configuração da família atual, que é plural, igualitária e democrática, com atenção voltada aos vulneráveis, em especial às crianças, aos incapazes e aos idosos.

Em relação à sucessão do cônjuge e do companheiro, independente do debate sobre sua condição de herdeiro necessário, não se pode estabelecer tratamento diferenciado, sob pena de ser violado o princípio da igualdade e, em consequência, aquele da dignidade da pessoa humana.

Por tudo isso, a decisão do Supremo Tribunal Federal representa uma vitória para o direito das famílias, explicitando o projeto plural das entidades familiares previsto na Constituição da República. O referido julgamento é um marco para o direito sucessório brasileiro e traz maior segurança às relações familiares, sepultando discriminações injustas.

Como pondera Elizabeth Roudinesco, a família é amada e desejada. Sem dúvida, as pessoas que a integram desejam ser tuteladas como família, sem mais ou menos direitos, mas com igualdade enquanto membros de uma entidade familiar.

Informação bibliográfica deste texto, conforme a NBR 6023:2002 da Associação Brasileira de Normas Técnicas (ABNT):

NEVARES, Ana Luiza Maia. Como preservar a isonomia das entidades familiares na sucessão legal?. In: TEPEDINO, Gustavo; TEIXEIRA, Ana Carolina Brochado; ALMEIDA, Vitor (Coord.). *Da dogmática à efetividade do Direito Civil*: Anais do Congresso Internacional de Direito Civil Constitucional – IV Congresso do IBDCivil. 2. ed. rev., ampl. e atual. Belo Horizonte: Fórum, 2019. p. 249-263. ISBN 978-85-450-0545-2.

CAPÍTULO 15

A RELEVÂNCIA DO PLANEJAMENTO SUCESSÓRIO NO ATUAL ORDENAMENTO BRASILEIRO

DANIELE CHAVES TEIXEIRA

15.1 Notas introdutórias

O artigo pretende destacar a importância do planejamento sucessório na atualidade jurídica do Brasil, devido ao descompasso que ocorre entre a sociedade contemporânea e o direito das sucessões. O estudo demonstrará quais são os fatores que levaram ao crescimento do interesse pelo direito sucessório e de que forma as consequências das transformações da sociedade atingem os alicerces do direito das sucessões: a propriedade e a família. Deixará claro, também, que a falta de liberdade do ordenamento provoca uma demanda pelo planejamento sucessório.

Com efeito, deve-se analisar o que é um planejamento sucessório e com que finalidade deve ser realizado. Primeiramente, o planejamento sucessório é um instrumento jurídico que permite a adoção de uma estratégia voltada para a transferência eficaz e eficiente do patrimônio de uma pessoa após a sua morte.[1] Vale ressaltar, ainda, que o planejamento é realizado em vida e que sua completa aplicabilidade de efeitos ocorrerá após a morte. Ele é essencial para aquele que quer que sua vontade prevaleça após sua morte, e isso pode ser realizado por meio de diversos instrumentos jurídicos: o testamento é somente um deles.

---

[1] OLIVEIRA, Euclides de. Planejamento sucessório: regime de bens e seu reflexo na transmissão da herança. *Federação das Indústrias do Estado de São Paulo – FIESP*. Disponível em: <http://www.fiesp.com.br/irs/conjur/pdf/transparencias_reuniao_conjur_25_10_10_-_euclides_benedito_de_oliveira_planej_sucess_palest_conjur.pdf>. Acesso em: 14 jul. 2011.

Entretanto, "tratar da sucessão em vida sempre representou um enorme tabu".[2] Culturalmente, seja por medo ou por egoísmo, as pessoas não se interessam pela própria morte. E, normalmente, afirmam que "Não é um problema para eles, mas para os filhos e, havendo, para outros herdeiros. *Eles que resolvam quando a hora chegar*".[3] Contudo, as características da sociedade brasileira atual exigem uma melhor estruturação patrimonial para o pós-morte. Um adequado planejamento democratizaria e internalizaria a vontade do autor da herança.[4]

O planejamento sucessório atende à procura por organização e permite que as pessoas enfrentem a dificuldade humana de lidar com a morte. A procura crescente por maiores informações na questão sucessória em relação ao patrimônio e à família é questão fática na atualidade. Pode-se entender que o planejamento sucessório é a maior consequência do fenômeno da pluralidade familiar na sociedade.[5]

15.2 Importâncias do direito sucessório no mundo contemporâneo

O direito sucessório trata de uma questão muito delicada para as pessoas, que é, exatamente, encarar a finitude humana: a própria morte. A função do direito das sucessões é estabelecer o destino das situações jurídicas transmissíveis do autor da herança, conforme os ditames constitucionais.[6] Com a morte, ocorre a abertura da sucessão, e é apenas nesse momento que nascem os direitos hereditários.

O vigente Código Civil brasileiro, na parte do livro do direito das sucessões, pouco avançou. Ainda reflete institutos que não se coadunam com a sociedade contemporânea, com todas as complexidades sociais, porque, em geral, o sistema atual das sucessões "não atende aos anseios finais dos indivíduos, detenham eles vastos patrimônios ou não".[7] O Código Civil de 2002, no que concerne ao direito sucessório, ainda se baseia em um modelo de família que não corresponde ao perfil das famílias da atual sociedade brasileira.

Os fatores principais que provocam essas reavaliações do direito das sucessões decorrem de transformações das famílias e dos bens, ou seja, são oriundas de questões sociais e econômicas.[8] Consequentemente, as necessidades de maior atenção ao direito sucessório – e, principalmente, ao crescimento e à importância dessa área – são destacadas por Walter Pintens. Segundo o doutrinador, no passado, o impacto do direito sucessório, especialmente o direito sucessório internacional, era bastante limitado, uma vez que os

---

[2] MADALENO, Rolf. Planejamento sucessório. *Revista IBDFam: Famílias e Sucessões*, Belo Horizonte, v. 1, jan./fev. 2014. p. 11.

[3] MAMEDE, Gladston; MAMEDE, Eduarda Cotta. *Planejamento sucessório*: introdução à arquitetura estratégica – patrimonial e empresarial – com vistas à sucessão *causa mortis*. São Paulo: Atlas, 2015. p. 2.

[4] OLIVA, Milena Donato. *Do negócio fiduciário à fidúcia*. São Paulo: Atlas, 2014. p. 118.

[5] HIRONAKA, Giselda Maria Fernandes Novaes. Planejar é preciso: planejamento sucessório para as novas famílias. Entrevista. *Revista IBDFAM*, Belo Horizonte, ed. 10, abr. 2014. p. 6.

[6] NEVARES, Ana Luiza Maia. *A função promocional do testamento*: tendências do direito sucessório. Rio de Janeiro: Renovar, 2009. p. 8.

[7] GAYA, Karyna Saraiva Leão. Planejamento sucessório: uma saudável preocupação com o futuro. *Revista Síntese: Direito de Família*, Porto Alegre, ano XIII, n. 70, fev./mar. 2012. p. 124.

[8] REALE, Miguel. *Lições preliminares de direito*. 25. ed. São Paulo: Saraiva, 2000. p. 19-21.

ganhos eram modestos, a real riqueza era para poucos e a posse de propriedades em países estrangeiros era rara.[9]

O autor destaca, ainda, que, durante as próximas décadas, a transmissão de riqueza pela herança será muito importante para toda a Europa, pois os Estados cresceram. Vale ressaltar que não é incomum que o capital seja investido transnacionalmente, porque um número cada vez maior de pessoas tem adquirido propriedades no exterior ou contas bancárias em países estrangeiros, levando ao crescimento dos casos de sucessão transfronteiriça.[10]

Essa expansão é característica do mundo globalizado, tecnológico, imediatista, consumista e fluido em que vive a sociedade contemporânea. É necessário fazer algumas considerações sobre o mundo atual, com base na seguinte pergunta: o que é a globalização? Ela, normalmente, é associada a processos econômicos, tais como a circulação de bens e capitais, as ampliações dos mercados, ou, ainda, a integração produtiva em escala mundial.[11]

Entre as principais transformações decorrentes da globalização, encontram-se a organização econômica; as relações sociais; os padrões de vida e a cultura; o Estado e a política. Constatam-se, também, outros aspectos, como as migrações e as viagens internacionais, o aumento dos contatos e das redes de comunicações; o crescimento de relações e organizações interestatais; o aumento de redes de organizações não governamentais; a difusão de novas tecnologias; a internacionalização do conhecimento social e as novas formas de interdependência mundial.[12]

Deve-se dar destaque para a questão do desenvolvimento tecnológico e, consequentemente, para a velocidade com que surgem novas técnicas de comunicação eletrônica. Toda essa tecnologia levou à unificação de espaços, ou seja, à intercomunicação dos lugares, que se tornaram próximos. Assim também é o caso de empresas multinacionais que se transformaram em transnacionais. Hoje não há mais matrizes situadas em um território nacional, controlando subsidiárias estrangeiras. Isso se deve ao fato de a globalização ter possibilitado a mobilidade e a descentralização. Dessa forma, uma empresa global opera em escala planetária.[13]

Pode-se dizer que nas últimas décadas, principalmente pela influência do desenvolvimento da comunicação eletrônica global instantânea, as circunstâncias se alteraram de forma radical. É um mundo no qual ninguém é mais forasteiro; em que as tradições preexistentes não podem evitar o contato com outros modos de vida diferentes.[14] Assim, Boaventura de Souza Santos afirma que "hoje as identidades culturais

---

[9]   PINTENS, Walter. Need and opportunity of convergence in European succession laws. In: ANDERSON, Mirian; ARROYO I AMAYUELAS, Esther (Ed.). *The law of succession*: testamentary freedom. European perspectives. Amsterdam: European Studies in Private Law, 2011. p. 5.

[10] PINTENS, Walter. Need and opportunity of convergence in European succession laws. In: ANDERSON, Mirian; ARROYO I AMAYUELAS, Esther (Ed.). *The law of succession*: testamentary freedom. European perspectives. Amsterdam: European Studies in Private Law, 2011. p. 6.

[11] VIEIRA, Liszt. *Cidadania e globalização*. 5. ed. Rio de Janeiro: Record, 2001. p. 72.

[12] VIEIRA, Liszt. *Cidadania e globalização*. 5. ed. Rio de Janeiro: Record, 2001. p. 74.

[13] VIEIRA, Liszt. *Cidadania e globalização*. 5. ed. Rio de Janeiro: Record, 2001. p. 98.

[14] GIDDENS, Anthony. A vida em uma sociedade pós-tradicional. In: GIDDENS, Anthony; LASH, Scott; BECK, Ulrich (Orgs.). *Modernização reflexiva*: política, tradição, estética na ordem social moderna. 2. ed. Tradução de Magda Lopes. São Paulo: Unesp, 2012. p. 150.

não são rígidas nem, muito menos, imutáveis. São resultados sempre transitórios e fugazes de processos de identificação".[15]

Zygmunt Bauman também retrata precisamente essa sociedade instantânea e fluida.[16] O autor considera que "o derretimento dos sólidos levou à progressiva libertação da economia de seus tradicionais embaraços políticos, éticos e culturais. Sedimentou uma nova ordem, definida, principalmente, em temos econômicos".[17] Seria imprudente negar a mudança que a "modernidade fluida" produziu na condição humana, alterando, dessa forma, a condição política-vida de um modo radical e, consequentemente, ampliando a necessidade de se repensar os velhos conceitos.

Outra característica da sociedade atual é o consumismo. Nesse caso, deve-se retornar a Bauman, para quem a vida líquida, assim como a sociedade líquido-moderna, não pode permanecer em seu curso por muito tempo, ou seja, a vida líquida é uma vida precária, vivida em condições de incerteza constante.[18]

Embora seja relevante a perspectiva exposta a respeito da sociedade líquida, globalizada, conectada, que vivencia os efeitos dessas transformações socioeconômicas, vale destacar que esses fatores servem para contextualizar a sociedade contemporânea, demonstrar o descompasso com o direito sucessório brasileiro e ressaltar a necessidade de adequar o direito das sucessões a essa nova sociedade.

15.3 Desconstrução dos pilares do direito das sucessões: família e propriedade

O direito das sucessões – entendido como parte do direito civil no qual a estrutura da sociedade se reflete – não pode desconhecer as particularidades e as exigências dessa sociedade, sob pena de não atingir o fim a que se propõe.[19] Com o evoluir das condições sociais, o direito deve também evoluir, o que normalmente acontece. Entretanto, existem áreas do mundo jurídico mais sensíveis a essas transformações, caso em que se inclui o direito das sucessões.

Vale destacar que o direito sucessório foi necessário para fortalecer o poder econômico do cidadão e tornou-se, ao lado da propriedade, a base da expansão do comércio e dos negócios econômicos.

Dessa maneira, faz-se necessária a análise das relações familiares, diante da conexão jurídica e social do direito de família com o direito de sucessões, somada à transformação enfrentada pela família com o reconhecimento jurídico de alguns novos

---

[15] SANTOS, Boaventura de Sousa. *Pela mão de Alice*: o social e o político na pós-modernidade. 8. ed. São Paulo: Cortez, 2001. p. 135.

[16] Em sua obra *Modernidade líquida*, ele denomina como "'fluidez' a principal metáfora para o estágio presente da era moderna". Segundo ele, os fluidos não fixam o espaço, nem prendem o tempo; já para os sólidos, o que conta é o tempo mais do que o espaço que ocupa. As "descrições de líquidos são fotos instantâneas, que precisam ser datadas [...] A extraordinária mobilidade dos fluidos é o que os associa à ideia de 'leveza'" [...] Por isso, "fluidez" ou "liquidez" são metáforas adequadas quando se quer capturar "a natureza da presente fase, *nova* de muitas maneiras, na história da modernidade". Cf. BAUMAN, Zygmunt. *Modernidade líquida*. Tradução de Plínio Dentzien. Rio de Janeiro: Jorge Zahar, 2001. p. 8-9.

[17] BAUMAN, Zygmunt. *Modernidade líquida*. Tradução de Plínio Dentzien. Rio de Janeiro: Jorge Zahar, 2001 p. 10.

[18] BAUMAN, Zygmunt. *Vida líquida*. Tradução de Carlos Alberto Medeiros. Rio de Janeiro: Jorge Zahar, 2007. p. 7-8.

[19] TELLES, Inocêncio Galvão. Apontamentos para a história do direito das sucessões português. *Revista da Faculdade de Direito da Universidade de Lisboa*, Lisboa, v. XV, 1963. Separata. p. 6.

modelos familiares. Consequentemente, ocorre uma alteração substancial no direito sucessório em sua concepção da titularidade e da posse do patrimônio e no destino destes após a morte.[20]

Na verdade, nos últimos decênios, a família transformou-se, passando a corresponder a muitas das aspirações individuais presentes no mundo ocidental. Isso porque "quase quarenta anos depois do movimento cultural de jovens que a consideravam a principal fonte de repressão e de conformismo social, a família tem sido vista como um espaço privilegiado de solidariedade e de realização pessoal".[21]

É possível perceber que essas transformações das famílias ocorreram em vários ordenamentos e que, consequentemente, exigiram várias reformas legislativas no direito sucessório, na União Europeia. Os principais fatores para que essas mudanças ocorressem foram: a industrialização; a urbanização; a redução da dimensão da família; o processo de mobilidade social; e a incorporação da mulher ao mercado de trabalho.[22]

Atualmente a família é reivindicada como o único valor seguro ao qual ninguém quer renunciar. Ela é amada, sonhada e desejada por homens, mulheres e crianças de todas as idades, de todas as orientações sexuais e de todas as condições.[23]

Com o advento da CRFB/1988, ocorreram grandes alterações na família, com o tripé constitucional que inseriu a pluralidade das entidades familiares, como também a igualdade entre os cônjuges e entre os filhos. Transformaram-se, dessa maneira, as relações familiares, pois a família deixou de ser algo institucional – ter a instituição como fim –, para ser a família instrumental, ou seja, o meio para realizar o desenvolvimento dos filhos e promover a dignidade de seus integrantes.[24]

Para além das várias exigências de adequação impostas ao regime sucessório, destacam-se, ainda, fatores inerentes aos próprios bens: natureza, função e fluidez.[25] Isso se deve, em boa parte, ao desenvolvimento tecnológico e científico, visto que "surgem a cada dia novos bens, deixando outros simplesmente de existir".[26]

---

[20] REBOLLEDO VARELA, Ángel Luis. La actualización del derecho sucesorio espanõl ante los cambios sociológicos y jurídicos de la familia: conclusiones de una investigación. In: REBOLLEDO VARELA, Ángel Luis (Coord.). *La familia en el derecho de sucesiones*: cuestiones actuales y perspectivas de futuro. Madrid: Dykinson, 2010. p. 23.

[21] MORAES, Maria Celina Bodin de. A família democrática. In: MORAES, Maria Celina Bodin de. *Na medida da pessoa humana*. Rio de Janeiro: Renovar, 2010. p. 208.

[22] FACAL FONDO, Teresa; TORRÉNS CALLE, Mª Del Pilar. Cambios sociológicos en la familia con repercusión en el derecho de sucesiones. In: REBOLLEDO VARELA, Ángel Luis (Coord.). *La familia en el derecho de sucesiones*: cuestiones actuales y perspectivas de futuro. Madrid: Dykinson, 2010. p. 43-52.

[23] ROUDINESCO, Elizabeth. *A família em desordem*. Tradução de André Telles. Rio de Janeiro: Jorge Zahar, 2003. p. 198.

[24] TEPEDINO, Gustavo. A disciplina civil-constitucional das relações familiares. In: TEPEDINO, Gustavo. *Temas de direito civil*. 3. ed. rev. atual. Rio de Janeiro: Renovar, 2004. p. 398.

[25] "Coisa constitui-se em gênero, que abrange todos os elementos perceptíveis, sendo bem a espécie, a traduzir aquilo que pode se constituir em objeto de direito, e que pode ser considerado coisa em sentido jurídico". Cf. TEPEDINO, Gustavo. Regime jurídico dos bens no Código Civil. In: VENOSA, Sílvio de Salvo; GAGLIARDI, Rafael Villar; NASSER, Paulo Magalhães (Coords.). *10 anos do Código Civil*: desafios e perspectivas. São Paulo: Atlas, 2012. p. 48.

[26] "Elementos da natureza, como o ar, o oceano, as camadas de águas profundas conhecidas como pré-sal; os rios, os animais selvagens, antes considerados como inaptos a despertar interesse jurídico, tornam-se a cada dia mais indispensáveis à humanidade, sendo igualmente objeto de direito as diversas formas de energia, como a eletricidade, o gás, o vapor" (TEPEDINO, Gustavo. Regime jurídico dos bens no Código Civil. In: VENOSA, Sílvio de Salvo; GAGLIARDI, Rafael Villar; NASSER, Paulo Magalhães (Coords.). *10 anos do Código Civil*: desafios e perspectivas. São Paulo: Atlas, 2012. p. 50).

No regime atual do Código Civil brasileiro,[27] as classificações dos bens decorrem de três critérios fundamentais: a) de suas características naturais (individualidade); b) de suas recíprocas relações quando considerados entre si (uns em relação aos outros); c) de sua titularidade.[28] Por isso, destaque-se a necessidade de se observar a disciplina dos bens jurídicos, pois o Código Civil brasileiro os delineia de forma tipificadora e abstrata, difundida em seu aspecto estrutural, "a desenhar classificação aparentemente neutra de objetos sujeitos ao tráfego jurídico, adquire renovada dimensão e importância no Direito contemporâneo. Para tanto, há que se deslocar a análise para a perspectiva funcional" –[29] ou seja, deve-se destacar o papel que o bem jurídico representa no exercício das liberdades fundamentais, da autonomia privada e do controle de riquezas.[30]

Segundo Gustavo Tepedino "o bem jurídico pode representar coisas imateriais, incorpóreas ou intangíveis, a exemplo dos direitos autorais, da clientela, da marca, da informação, dentre outras".[31] Dessa forma, é preciso redimensionar a noção de bens, de relativa e mutável, para conformá-la ao contexto socioeconômico,[32] pois eles "compõem o patrimônio dos sujeitos e consistem em objeto de aproveitamento econômico, a demandarem tutela por parte do ordenamento jurídico".[33]

---

[27] "O CC1916 não diferenciou coisas e bens. O CC unifica a linguagem, referindo-se a bens, de modo a abranger os objetos materiais e os imateriais" (TEPEDINO, Gustavo; BARBOZA; Heloisa Helena; MORAES, Maria Celina Bodin de. *Código Civil interpretado conforme a Constituição da República I*. Rio de Janeiro: Renovar, 2004. p. 171).

[28] A primeira classificação está no Livro II, Título único, Capítulo I do Código Civil de 2002, denominado "Dos Bens considerados em si mesmos", com as distinções entre bens imóveis e móveis (arts. 79 a 84); fungíveis e não fungíveis (art. 85); consumíveis e não consumíveis (art. 86); divisíveis e indivisíveis (arts. 87 e 88); singulares e coletivos (arts. 89 a 91). A segunda classificação está no Livro II, Capítulo II, intitulado "Dos Bens reciprocamente considerados" que regula os principais e acessórios (art. 92), as pertenças (arts. 93 e 94), os frutos e produtos (art. 95), e as benfeitorias (arts. 96 e 97). A terceira classificação está, também, no mesmo Livro II, Capítulo III, nomeado aos "Bens Públicos", que disciplina os bens que integram a titularidade do Poder Público (arts. 98 a 102).

[29] Ainda o autor: "de tal modo que a qualificação do bem jurídico se encontre sempre associada à sua função, investigando-se, na dinâmica da relação jurídica em que se insere, a destinação do bem de acordo com os interesses tutelados" (TEPEDINO, Gustavo. Regime jurídico dos bens no Código Civil. In: VENOSA, Sílvio de Salvo; GAGLIARDI, Rafael Villar; NASSER, Paulo Magalhães (Coords.). *10 anos do Código Civil*: desafios e perspectivas. São Paulo: Atlas, 2012. p. 78.

[30] TEPEDINO, Gustavo. Regime jurídico dos bens no Código Civil. In: VENOSA, Sílvio de Salvo; GAGLIARDI, Rafael Villar; NASSER, Paulo Magalhães (Coords.). *10 anos do Código Civil*: desafios e perspectivas. São Paulo: Atlas, 2012. p. 78.

[31] TEPEDINO, Gustavo. Livro (eletrônico) e o perfil funcional na experiência brasileira. In: VICENTE, Dário Moreira *et al.* (Orgs.). *Estudos de direito intelectual em homenagem ao Prof. Doutor José de Oliveira Ascensão*. 1. ed. Coimbra: Almedina, 2015. p. 270.

[32] "O conceito de bem é histórico e relativo. Histórico, porque a ideia de utilidade tem variado de acordo com as diversas épocas da cultura humana, e relativo porque tal variação se verifica em face das necessidades diversas por que o homem tem passado. Nos primórdios, as necessidades eram puramente vitais, respeitantes à defesa e à sobrevivência do indivíduo e do grupo. As coisas úteis e apropriáveis diziam respeito à vida orgânica e material dos indivíduos. Com a evolução da espécie humana e o desenvolvimento da vida espiritual, expresso na arte, na ciência, na religião, na cultura, enfim, surgiram novas exigências e novas utilidades, passando a noção de bem a ter sentido diverso do que tinha primitivamente". Cf. AMARAL, Francisco. *Direito civil*: introdução. 6. ed. rev., atual. e aum. Rio de Janeiro: Renovar, 2006. p. 309.

[33] "De fato, a partir do exercício da titularidade sobre os bens, corpóreos ou incorpóreos, os sujeitos extraem as utilidades econômicas pretendidas, de sorte que as normas que irão reger o aproveitamento econômico dos bens serão determinadas de acordo com a finalidade e função que tais bens desempenham". Cf. TEPEDINO, Gustavo. Livro (eletrônico) e o perfil funcional na experiência brasileira. In: VICENTE, Dário Moreira *et al.* (Orgs.). *Estudos de direito intelectual em homenagem ao Prof. Doutor José de Oliveira Ascensão*. 1. ed. Coimbra: Almedina, 2015. p. 272.

Percebe-se, assim, que os bens de valor hoje existem de várias formas, detentores de maior fluidez no tráfego negocial.[34] Além disso, também se faz necessário lembrar que houve valorização econômica e financeira desses bens, fato que tem direta e indeclinável repercussão na transmissão por força de sucessão, especialmente *mortis causa*.

Conclui-se, dessa forma, que as riquezas não mais se encontram apenas nas propriedades, ou nos bens imóveis. Pelo contrário, com as transformações e fatores acima destacados verifica-se que é possível ter um patrimônio representativo em bens móveis, que possuem uma circulação mais ágil e menos formal. Da mesma forma, assim como a propriedade, a família também é outra, como se viu nos parágrafos anteriores. Não existe mais um único modelo de família legal, e sim várias formas de entidades familiares.

15.4 Planejamento sucessório: à rigidez do direito das sucessões no Brasil

Ao longo deste artigo, ficou clara a importância que o direito sucessório adquiriu nas últimas décadas em função de questões socioeconômicas, principalmente como consequência das transformações nos institutos da família e da propriedade, que constituem os pilares do direito das sucessões. Em virtude desses mesmos fatores, vários ordenamentos europeus sofreram alterações no direito sucessório. Faz-se igualmente necessário rever os institutos de uma forma funcional dessa área do direito civil brasileiro.

O direito sucessório brasileiro está extremamente engessado, muito distante das necessidades das famílias contemporâneas e das funções patrimoniais, que devem ser atendidas à luz dos princípios constitucionais, mas que dispõem de poucas alternativas para exercer a própria autonomia. Por isso o planejamento sucessório é tão necessário na atualidade. Com base na liberdade de testar, é possível buscar instrumentos para a efetivação desejada e corrigir algumas distorções que o sistema jurídico provoca.

No entanto, o planejamento sucessório enfrenta algumas dificuldades para sua efetivação, cujas principais são: a) a demanda por uma maior autonomia do autor da herança perante os limites de nosso sistema sucessório; e b) a questão legislativa e a problematização de leis no tempo.

O primeiro problema decorre exatamente da procura da sociedade por maior autonomia ao dispor de seu patrimônio, em contraposição à rigidez do sistema sucessório brasileiro, expresso nas disposições de limite da legítima, na proibição dos pactos sucessórios, nas limitações às doações, nos regimes de bens e seus respectivos efeitos no ordenamento jurídico. Com o Código Civil de 2002, agravou-se a situação de pouca liberdade com a inserção do cônjuge como herdeiro necessário.

---

[34] "No cenário contemporâneo, em que se avolumam transações cada vez mais aceleradas, intensifica-se a necessidade de fortalecer o mercado de crédito, desiderato apenas alcançável por meio do desenvolvimento de mecanismos capazes de garantir aos credores a rápida e eficaz recuperação do crédito". Cf. GUEDES, Gisela Sampaio da Cruz; TERRA, Aline de Miranda Valverde. Alienação fiduciária em garantia de bens imóveis: possíveis soluções para as deficiências e insuficiências da disciplina legal. *Civilistica.com*, Rio de Janeiro, ano 4, n. 1, 2015. Disponível em: <http://civilistica.com/alienacao-fiduciaria-em-garantia-de-bens-imoveis/>. Acesso em: 6 jan. 2016.

Entretanto, a análise da questão por maior ou menor liberdade deve ser sempre realizada com base nos direitos e garantias fundamentais expressos na CRFB/1988. Na Constituição, não só estão presentes direitos à propriedade privada, à livre iniciativa e à herança, como também princípios da solidariedade, da proteção familiar e, principalmente, da funcionalização dos institutos do direito civil.

Outra dificuldade decorre do fato de o planejamento sucessório ser realizado em um momento atual para vir a ser cumprido, na completude de seus efeitos, somente após a morte do indivíduo. O planejamento está, portanto, sujeito a possíveis alterações supervenientes na legislação brasileira. Ou seja, "eventuais alterações legislativas impõem uma reavaliação do planejamento sucessório e a readequação às condições pessoais do titular e aos objetivos traçados".[35] Como exemplo dos efeitos supervenientes da alteração legislativa para o planejamento sucessório, há a significativa alteração do instituto da colação com o ingresso no ordenamento do Código de Processo Civil brasileiro, fator de significativa importância para um planejamento sucessório.

Conforme já assinalado, a relevância do planejamento sucessório e sua respectiva demanda são crescentes nos dias de hoje, em razão de diversos motivos. Entre eles, estão: as transformações das famílias e seus desdobramentos jurídicos; a valorização e a fluidez dos bens;[36] a economia no pagamento de impostos; a possibilidade de maior autonomia do autor da herança; a celeridade da sucessão; a prevenção de litígios futuros; e o evitamento da dilapidação do patrimônio.

Entre as vantagens de se fazer o planejamento sucessório, um fator se destaca entre os principais: o de se pagar menos impostos. Com a organização fiscal e tributária, pode-se economizar dentro dos limites legais impostos pelo ordenamento.

Demonstram-se, dessa forma, a importância e as vantagens do planejamento sucessório na atualidade brasileira, tendo em vista a necessidade de se rever todo o direito das sucessões, devido a seu descompasso com a sociedade. Contudo, antes que ocorra a desejada alteração legislativa, deve-se explorar o sistema disponível do ordenamento jurídico na legalidade constitucional. Por isso a necessidade de se fazer o planejamento sucessório para que ocorra a funcionalização do direito das sucessões conforme princípios da autonomia e da solidariedade familiar.

Informação bibliográfica deste texto, conforme a NBR 6023:2002 da Associação Brasileira de Normas Técnicas (ABNT):

TEIXEIRA, Daniele Chaves. A relevância do planejamento sucessório no atual ordenamento brasileiro. In: TEPEDINO, Gustavo; TEIXEIRA, Ana Carolina Brochado; ALMEIDA, Vitor (Coord.). *Da dogmática à efetividade do Direito Civil*: Anais do Congresso Internacional de Direito Civil Constitucional – IV Congresso do IBDCivil. 2. ed. rev., ampl. e atual. Belo Horizonte: Fórum, 2019. p. 265-272. ISBN 978-85-450-0545-2.

---

[35] CRUZ, Elisa; AZEVEDO, Lilibeth. Planejamento sucessório. In: TEPEDINO, Gustavo; FACHIN, Luiz Edson (Orgs.). *Diálogos sobre direito civil*. Rio de Janeiro: Renovar, 2012. p. 540. v. III.

[36] "A multiplicidade e diversidade de bens tornam mais possível o conflito entre os herdeiros e, pior, tornam mais difícil a solução" (MAMEDE, Gladston; MAMEDE, Eduarda Cotta. *Planejamento sucessório*: introdução à arquitetura estratégica – patrimonial e empresarial – com vistas à sucessão *causa mortis*. São Paulo: Atlas, 2015. p. 3).

CAPÍTULO 16

O DEVER DE REVELAÇÃO E OS *STANDARDS* DE INDEPENDÊNCIA E IMPARCIALIDADE DO ÁRBITRO À LUZ DO NOVO CÓDIGO DE PROCESSO CIVIL

PAULO NALIN

MARCOS ALBERTO ROCHA GONÇALVES

16.1 Notas introdutórias: a arbitragem e os desafios dos novos tempos

A crescente complexidade das relações sociais e econômicas, catalisadas especialmente pela ruptura virtual das fronteiras geográficas que separam os povos e, especialmente, os mercados, marco fundamental da globalização, demanda da ordem jurídico-normativa igualmente evolutiva capacidade de adaptação. Nessa medida, conteúdo e forma de atuação jurídica, seja na moldura espinhal das relações, seja no controle jurisdicional dos interesses, também vivenciam constante e necessária demanda por adaptação.[1]

Entre os sinais verificáveis nesse processo adaptativo apresenta-se vigorosa a consolidação de meios negociais de composição de conflitos, em que a autonomia da vontade das partes se faça presente com a maior densidade possível. Inserem-se nessa

---

[1] Conforme aponta sobre o tema Arnoldo Wald, "as dificuldades são tão grandes e alguns conceitos tornam-se tão incertos, que, às vezes, não se sabe o que resta das antigas noções. Ao mesmo tempo, assiste-se a uma bifurcação do direito: há aqueles que os grandes tratados ainda ensinam e o outro, muito diferente, que encontramos na prática e até mesmo na jurisprudência mais recente" (WALD, Arnoldo. A evolução do direito e a arbitragem. In: LEMES, Selma Ferreira; CARMONA, Carlos Alberto; MARTINS, Pedro Batista (Coords.). *Arbitragem*: estudos em homenagem ao Prof. Guido Fernando Sila Soares. São Paulo: Atlas, 2007. p. 456).

perspectiva os métodos não estatais de jurisdição, dos quais a arbitragem desponta entre os mais relevantes.[2]

Ainda que não se trate de estabelecimento de solução consensual do conflito, uma vez que a decisão emanada pelo árbitro ou tribunal arbitral é impositiva às partes, a autonomia da vontade se revela pela possibilidade de estabelecimento dos limites objetivos e subjetivos da jurisdição. De fato, conforme aponta Francisco Cahali, "uma das maiores vantagens é a liberdade de escolha do julgador, dentre as pessoas que mais inspiram confiança [...], mas o consenso das partes na definição do árbitro, ou colegiado, é imprescindível".[3]

A ampliação do volume de conflitos submetidos à jurisdição arbitral[4] traz consigo, contudo, conjunto redivivo de desafios eventualmente não experimentados pela jurisdição pública ou, se já enfrentados pela tradicional forma de solução de controvérsias, com características ímpares no âmbito da solução privada dos conflitos.

Questão relevante que se apresenta nesse cenário diz respeito à abrangência funcional da confiança – conceito nuclear para a jurisdição arbitral – na atuação dos árbitros. Mais especificamente, coloca-se em discussão, contemporaneamente, os limites e sentidos dos critérios de impedimento do árbitro, levando-se em conta, nesse

---

[2] Segundo Carmona, a Lei de Arbitragem "Prestigiou em grau máximo e de modo expresso o princípio da autonomia da vontade, de forma a evitar dúvidas na aplicação da Lei" (CARMONA, Carlos Alberto. *Arbitragem e processo*: um comentário à Lei nº 9.307/96. 3. ed. São Paulo: Atlas, 2009. p. 15). Outro aspecto não menos relevante para a busca mais frequente por meios não estatais de solução de controvérsias é indicado por José Emilio Nunes Pinto, para quem "o desenvolvimento de operações complexas, ancoradas estas em cadeias intrincadas de arranjos contratuais, fez com que ressaltasse a importância de que o julgador fosse especialista na matéria objeto da controvérsia, detentor de informações minuciosas quanto à operação de determinado segmento da economia" (PINTO, José Emilio Nunes. Reflexões indispensáveis sobre a utilização da arbitragem e de meios extrajudiciais de solução de controvérsias. In: LEMES, Selma Ferreira; CARMONA, Carlos Alberto; MARTINS, Pedro Batista (Coords.). *Arbitragem*: estudos em homenagem ao Prof. Guido Fernando Sila Soares. São Paulo: Atlas, 2007. p. 304).

[3] CAHALI, Francisco José. *Curso de arbitragem*. 4. ed. São Paulo: Revista dos Tribunais, 2014. p. 93. Em relação aos aspectos objetivos capazes de indicar posição contemporânea vantajosa para o procedimento arbitral aponta o autor: "Pode-se apontar a flexibilidade do procedimento na arbitragem como um dos pontos positivos desse método. O procedimento arbitral, realmente, é pragmático. [...] O foco maior é a solução da matéria de fundo, e, assim, há maior informalidade nas providências para se alcançar o objetivo: solucionar a controvérsia" (CAHALI, Francisco José. *Curso de arbitragem*. 4. ed. São Paulo: Revista dos Tribunais, 2014. p. 94).

[4] Sobre a evolução da arbitragem no Brasil, João Bosco Lee aponta: "O desenvolvimento da arbitragem no Brasil nos últimos anos é notável. O célebre acórdão do Superior Tribunal de Justiça de 1990 aplicando o Protocolo de Genebra de 1923, a ratificação da Convenção interamericana sobre arbitragem comercial internacional de 1975, a adoção da Lei 9.307/96 e a declaração de constitucionalidade da cláusula compromissória pelo Supremo Tribunal Federal em 2001 demonstram a evolução arbitral no direito brasileiro" (LEE, João Bosco. A homologação da sentença arbitral estrangeira: a Convenção de Nova Iorque de 1958 e o direito brasileiro de arbitragem. In: LEMES, Selma Ferreira; CARMONA, Carlos Alberto; MARTINS, Pedro Batista (Coords.). *Arbitragem*: estudos em homenagem ao Prof. Guido Fernando Sila Soares. São Paulo: Atlas, 2007. p. 175-176). Além disso, a pesquisa "Arbitragem em Números e Valores", realizada por Selma Ferreira Lemes em 2016 revela a esse respeito os seguintes dados: "Em 2010, o número de arbitragens nas 6 câmaras pesquisadas era de 128 novos casos. Em 2016, foram 249 novas arbitragens, o que representa um aumento de quase 95% no número de procedimentos novos entrantes. No período de 7 anos (2010-2016) o número de arbitragens nas seis Câmaras pesquisadas atingiu o patamar de 1292 casos novos entrantes. [...] No ano de 2016, tramitavam nas Câmaras indicadas o total de 609 procedimentos arbitrais (novos e antigos), sendo que 44% desse número estava em processamento na CCBC e 17,41 % na CAM-CIESP/FIESP. Em terceiro lugar no numero de casos processados está a CAM/FGV com 16,26% daquele percentual e, em quarto lugar a CAMARB com 11,49%. [...] No ano de 2010, os valores envolvidos em arbitragem nas seis Câmaras pesquisadas eram de R$2,8 bilhões e em 2016 atingiram R$24,27 bilhões. Afere-se que os valores envolvidos em arbitragens aumentaram exponencialmente (quase 9 vezes). Nesse período de sete anos o total de valores envolvidos nas 6 Câmaras indicadas representavam mais de R$62 bilhões (R$62.578.807.156,62)" (Disponível em: <http://selmalemes.adv.br/artigos/Análise-%20Pesquisa-%20Arbitragens%20Ns%20%20e%20Valores% 20_2010%20a%202016_.pdf>. Acesso em: 1º jun. 2017).

debate, as características ontológicas da arbitragem como solução de controvérsias e, igualmente, o modelo aberto adotado pela Lei nº 9.307 de 23.9.1993 (Lei de Arbitragem) em relação ao tema.

O tema ganha ainda mais luz quando se leva em conta a marcante característica da jurisdição arbitral relacionada ao fato de que os profissionais mais experientes atuam, como regra, ora como árbitros, ora como advogados, sendo relevante a problematização acerca das fronteiras que garantam a imparcialidade da jurisdição revelando o que efetivamente pode ou não ser considerado conflito de interesses nessa atuação bifronte.

16.2 A imparcialidade como fundamento da jurisdição e os critérios de definição do impedimento do juiz e do árbitro

A organização jurídica de um Estado Democrático de Direito depende, como pressuposto, da observância do princípio do devido processo legal. Conforme leciona Cassio Scarpinella Bueno, tal princípio representa as "condições mínimas em que o desenvolvimento do processo, isto é, o método de atuação do Estado-juiz para lidar com a afirmação de uma situação de ameaça ou lesão ao direito, deve se dar".[5] Trata-se de princípio de matriz constitucional, expressado pela norma contida no art. 5º, inc. LIV da Constituição da República.

Entre tais condições essenciais para o desenvolvimento da jurisdição[6] em consonância com os valores constitucionais[7] enquadra-se, fundamentalmente, em primeiro plano, a imparcialidade do poder judicante. Trata-se de elemento nuclear da garantia constitucional da igualdade, corporificada nas relações jurisdicionais pelo princípio da isonomia, valor norteador do agir da jurisdição, seja ela estatal ou privada.

Muito embora a Constituição da República não traga em seu texto (art. 5º, *caput*) um específico princípio sobre a igualdade processual, trata-se de uma concepção de Estado Constitucional e de direito fundamental à igualdade como um todo. Tal igualdade implica, segundo o Novo Código de Processo Civil, paridade de "[...] tratamento de posições processuais (direitos e faculdade, meios de defesa, ônus, deveres e sanções processuais), o que inclui a necessidade de igualdade perante a legislação e na legislação".[8]

---

[5] BUENO, Cassio Scarpinella. *Curso sistematizado de direito processual civil*: teoria geral do direito processual civil. São Paulo: Saraiva, 2010. p. 137. v. 1.

[6] Não obstante destituído de poder de império, típico do juiz estatal, entendemos que o árbitro e o tribunal arbitral são dotados de poder jurisdicional, pois atuam como "juiz de fato e de direito" nos termos do art. 18 da Lei de Arbitragem, sendo a "[...] atividade do árbitro idêntica à do juiz togado, [...]" (HUCK, Hermes Marcelo; AMADEO, Rodolfo da Costa Manso Real. Árbitro: juiz de fato e de direito. In: WALD, Arnold (Org.). *Doutrinas essenciais*. Arbitragem e mediação. São Paulo: Revista dos Tribunais, 2014. p. 774. v. II, lembrando os autores lição de Carlos Alberto Carmona), o que é particularmente relevante para os fins deste trabalho, uma vez que a jurisdição atribui prerrogativas e obrigações inerentes à função exercida pelo juiz ou pelo árbitro, entre as quais a da imparcialidade, adicionando-se ao árbitro a confiança.

[7] Segundo Cândido Rangel Dinamarco, "a *tutela constitucional do processo* é representada pelos princípios e garantias que, vindos da Constituição, ditam padrões políticos para a vida daquele. Trata-se de imperativos cuja observância é penhor de fidelidade do sistema processual à ordem política constitucional do país" (DINAMARCO, Cândido Rangel. *Instituições de direito processual civil*. 6. ed. São Paulo: Malheiros, 2009. p. 194. v. 1).

[8] MARINONI, Luiz Guilherme; ARENHART, Sérgio Cruz; MITIDIERO, Daniel. *O novo processo civil*. 3. ed. São Paulo: Revista dos Tribunais, 2017. p. 184-185.

Nesse amplo espectro de igualdade *perante a legislação e na legislação*, inclui-se a paridade de tratamento das partes pelo julgador, pontuando Cândido Rangel Dinamarco que "a imparcialidade, conquanto importantíssima, não é um valor em si própria, mas fator para o culto de uma fundamental virtude democrática refletida no processo, que é a igualdade".[9]

Sobre o aspecto axiológico, de um lado, a imparcialidade da jurisdição encerra o conteúdo ético proclamado pela Constituição, ganhando, na arbitragem, valor ainda mais acentuado diante do papel desempenhado pela confiança nessa forma de dissolução de conflitos. Espera-se do julgador posição equidistante das partes, em posição de completo desinteresse pelo resultado do litígio.[10]

Nessa medida, o princípio da imparcialidade integra o conjunto de garantias constitucionais representadas pela isonomia, pela garantia do juiz natural e, como já antes indicado, a observância do devido processo legal, todas resguardadas no rol de direitos e garantias fundamentais descritos no art. 5º da Constituição. Do ponto de vista material e dogmático, de outra banda, a imparcialidade apresenta-se como pressuposto da própria existência constitucionalmente válida da relação jurídica processual, tanto da jurisdição pública quanto da arbitragem e, como tal, matéria de ordem pública.[11]

Ao lado da imparcialidade figura como elemento de igual nuclear relevância o princípio da independência. Segundo Carmona, a independência pressupõe que "o árbitro não pode manter relações de ordem econômica, afetiva, moral ou social que o liguem a alguma das partes. Espera-se que o julgador seja autônomo e livre, não tenha laços se subordinação".[12] Prossegue o autor afirmando que "O valor em jogo é a liberdade e a autonomia para julgar, de modo que é preciso encontrar limites objetivos para o estudo dessa garantia inserida na Lei de Arbitragem".[13]

---

[9] DINAMARCO, Cândido Rangel. *Instituições de direito processual civil*. 6. ed. São Paulo: Malheiros, 2009. p. 206. v. 1.

[10] Sobre o tema, ver: "Imparcialidade, nesse contexto, significa acentuar que o magistrado (o juiz, propriamente dito, e não o juízo, que é indicativo do órgão jurisdicional) seja indiferente em relação ao litígio. Seja, no sentido comum da palavra, um terceiro, totalmente estranho, totalmente indiferente à sorte do julgamento e ao destino de todos aqueles que, direta ou indiretamente, estejam envolvidos nele" (BUENO, Cassio Scarpinella. *Curso sistematizado de direito processual civil*: teoria geral do direito processual civil. São Paulo: Saraiva, 2010. p. 150. v. 1).

[11] Importa observar crítica estabelecida por José Roberto dos Santos Bedaque ao conceito de *pressuposto de existência*. Para o autor, "se verificarmos os denominados 'pressupostos de existência' do processo – pelo menos os assim considerados pela doutrina –, veremos que todos, a exceção de um [a investidura da jurisdição], são examinados no seu interior. A falta de algum deles pode impedir o julgamento do mérito, mas o fenômeno jurídico ao qual convencionou denominar 'processo jurisdicional' já existe. Eles, portanto, não são requisitos sem os quais o processo não se forma" (BEDAQUE, José Roberto dos Santos. *Efetividade do processo e técnica processual*. 3. ed. São Paulo: Malheiros, 2010. p. 216). Não obstante o reconhecimento da pertinência da crítica semântica, o reconhecimento da imparcialidade como pressuposto da relação processual, ainda que nos moldes propostos pelo autor para a classificação dos pressupostos internos ou externos à formação da relação jurisdicional, é inafastável.

[12] CARMONA, Carlos Alberto. *Arbitragem e processo*: um comentário à Lei nº 9.307/96. 3. ed. São Paulo: Atlas, 2009. p. 242.

[13] CARMONA, Carlos Alberto. *Arbitragem e processo*: um comentário à Lei nº 9.307/96. 3. ed. São Paulo: Atlas, 2009. p. 243.

A independência e a imparcialidade[14] do julgador se baseiam, assim, no conjunto de garantias e impedimentos que emanam da própria ordem constitucional[15] e se expressam na lei infraconstitucional, por regras descritas tanto no Código de Processo Civil quanto na Lei de Arbitragem, cuja inobservância atinge a própria existência válida da relação jurisdicionalmente estabelecida, podendo ser anulada a sentença arbitral e criminalmente processado o árbitro (art. 32, VI, Lei de Arbitragem).

Sobre o tema anota-se a lição de João Bosco e Maria Cláudia Procopiak:

> Independência e imparcialidade são as garantias essenciais de um processo justo e equitável. Essa dupla exigência concerne a toda instância que exerce função jurisdicional, ela é, portanto, inerente a função de julgar. Se tais exigências são a garantia de um processo equitável, num processo arbitral não há de ser diferente. Assim, admite-se universalmente que o árbitro também está sujeito às exigências da independência e imparcialidade.[16]

Tais garantias se expressam na lei infraconstitucional, por regras descritas tanto no Código de Processo Civil quanto na Lei de Arbitragem, cuja inobservância atinge a própria existência válida da relação jurisdicionalmente estabelecida.

Em consonância com os princípios constitucionais incidentes na tutela constitucional da igualdade, a isonomia da jurisdição é garantida, no âmbito infraconstitucional, pelas regras de suspeição e impedimento do julgador. Em relação à jurisdição estatal, tais regras estão dispostas nos arts. 144 e 145[17] do Código de Processo Civil de 2015, com redação aprimorada em relação ao texto da codificação revogada.

---

[14] "O árbitro deve ser independente e imparcial, isto é, não deve ter vínculo com as partes (independência) e interesse na solução do conflito (imparcialidade)", como explica Selma Ferreira Lemes, com forte apoio conceitual na lição de Klaus Peter Berger (O procedimento de impugnação e recusa de árbitro, como sistema de controle quanto à independência e a imparcialidade do julgador. *Revista de arbitragem e mediação*, São Paulo, ano 13, v. 50, jul./set. 2016. p. 372). Segundo a nova regência processual civil brasileira, pode-se adicionar que a independência toca à ausência de vínculo com as *partes* e com os seus *advogados*.

[15] É o está disposto no art. 95 da Constituição da República: "Art. 95. Os juízes gozam das seguintes garantias: I - vitaliciedade, que, no primeiro grau, só será adquirida após dois anos de exercício, dependendo a perda do cargo, nesse período, de deliberação do tribunal a que o juiz estiver vinculado, e, nos demais casos, de sentença judicial transitada em julgado; II - inamovibilidade, salvo por motivo de interesse público, na forma do art. 93, VIII; III - irredutibilidade de subsídio, ressalvado o disposto nos arts. 37, X e XI, 39, §4º, 150, II, 153, III, e 153, §2º, I'.

[16] LEE, João Bosco; PROCOPIAK, Maria Claudia de Assis. A obrigação de revelação do árbitro: está influenciada por aspectos culturais ou existe um verdadeiro standard universal?. In: LEE, João Bosco; VALENÇA FILHO, Clávio de Melo (Orgs.). *Estudos de arbitragem*. Curitiba: Juruá, 2008. p. 296-297.

[17] "Art. 144. Há impedimento do juiz, sendo-lhe vedado exercer suas funções no processo: I - em que interveio como mandatário da parte, oficiou como perito, funcionou como membro do Ministério Público ou prestou depoimento como testemunha; II - de que conheceu em outro grau de jurisdição, tendo proferido decisão; III - quando nele estiver postulando, como defensor público, advogado ou membro do Ministério Público, seu cônjuge ou companheiro, ou qualquer parente, consanguíneo ou afim, em linha reta ou colateral, até o terceiro grau, inclusive; IV - quando for parte no processo ele próprio, seu cônjuge ou companheiro, ou parente, consanguíneo ou afim, em linha reta ou colateral, até o terceiro grau, inclusive; V - quando for sócio ou membro de direção ou de administração de pessoa jurídica parte no processo; VI - quando for herdeiro presuntivo, donatário ou empregador de qualquer das partes; VII - em que figure como parte instituição de ensino com a qual tenha relação de emprego ou decorrente de contrato de prestação de serviços; VIII - em que figure como parte cliente do escritório de advocacia de seu cônjuge, companheiro ou parente, consanguíneo ou afim, em linha reta ou colateral, até o terceiro grau, inclusive, mesmo que patrocinado por advogado de outro escritório; IX - quando promover ação contra a parte ou seu advogado. §1º Na hipótese do inciso III, o impedimento só se verifica quando o defensor público, o advogado ou o membro do Ministério Público já integrava o processo antes do início da atividade judicante do juiz. §2º É vedada a criação de fato superveniente a fim de caracterizar impedimento do juiz. §3º O impedimento previsto no inciso III também se verifica no caso de mandato conferido a membro

Segundo tais critérios, fundamentalmente o juiz está impedido de atuar o poder jurisdicional do Estado em determinada demanda quando não for possível objetivamente estabelecer distanciamento entre interesse possível de se atribuir ao magistrado e o resultado da demanda. Relacionam-se, pois, tais critérios com os limites objetivos de isenção do julgador em relação ao objeto da demanda ou seus sujeitos.

Nesse diapasão, as novas regras processuais que seguramente trarão maior impacto na arbitragem são aquelas que impedem o juiz e o árbitro de atuar (VIII, art. 144) *em que figure como parte cliente do escritório de advocacia de seu cônjuge, companheiro ou parente, consanguíneo ou afim, em linha reta ou colateral, até o terceiro grau, inclusive, mesmo que patrocinado por advogado de outro escritório.* Não se ignora a dificuldade que tal dispositivo gerará para grandes escritórios de advocacia, com diversos advogados, ou para os escritórios que atuam há vários anos ou décadas e, além disso, em várias jurisdições nacionais. Todavia, a importância do dispositivo e a sua finalidade, que é a de estabelecer a paridade de armas entre os litigantes, em busca da independência e imparcialidade, não pode receber interpretação restritiva,[18] competindo ao árbitro indicado o inafastável dever de revelação, sob pena de nulidade da sentença arbitral.

No plano da suspeição, o art. 145, inc. I, fica prejudicada a atuação do juiz ou árbitro que seja amigo da parte ou do advogado da parte, inovando a lei processual uma vez que o Código de Processo Civil de 1973 trazia similar hipótese somente em relação à parte. Essa particular objeção já havia sido arguida e acolhida na Apelação Cível do TJSP nº 292.912-4/3-00.[19] [20]

Cumpre aos escritórios de advocacia e advogados que também atuam como árbitros desenvolver sistemas internos de investigação e pesquisa em seus escritórios sobre a relação de amizade entre advogado e árbitro, mesmo que indicado pela parte *ex adversa*, para que o dever de revelação seja eficiente e responsável, sendo esta uma nova e necessária boa prática da arbitragem nacional.

Em brevíssima distinção prática, pode-se alegar que enquanto para o impedimento há presunção *iuris et iure* e a parcialidade é absoluta, nas hipóteses de suspeição a presunção de parcialidade é relativa. A despeito desta distinção com repercussões para o processo civil estatal, nas arbitragens nacionais a Lei de Arbitragem impõe pena de preclusão indistinta, caso não alegada a suspeição ou o impedimento na primeira oportunidade que puder ser manifestada pela parte impugnante, após a instituição da

---

de escritório de advocacia que tenha em seus quadros advogado que individualmente ostente a condição nele prevista, mesmo que não intervenha diretamente no processo.
Art. 145. Há suspeição do juiz: I - amigo íntimo ou inimigo de qualquer das partes ou de seus advogados; II - que receber presentes de pessoas que tiverem interesse na causa antes ou depois de iniciado o processo, que aconselhar alguma das partes acerca do objeto da causa ou que subministrar meios para atender às despesas do litígio; III - quando qualquer das partes for sua credora ou devedora, de seu cônjuge ou companheiro ou de parentes destes, em linha reta até o terceiro grau, inclusive; IV - interessado no julgamento do processo em favor de qualquer das partes. §1º Poderá o juiz declarar-se suspeito por motivo de foro íntimo, sem necessidade de declarar suas razões. §2º Será ilegítima a alegação de suspeição quando: I - houver sido provocada por quem a alega; II - a parte que a alega houver praticado ato que signifique manifesta aceitação do arguido".

[18] BERALDO, Leonardo de Faria. O impacto do novo código de processo civil na arbitragem. In: WALD, Arnold; NANNI, Giovanni Ettore. *Revista de arbitragem e mediação*, São Paulo, ano 13, v. 49, abr./jun. 2016. p. 182.

[19] 8ª Câmara de Direito Privado. Rel. Des. Luiz Ambra, j. 15.2.2007.

[20] LUDWIG, Marcos de Campos. Impedimento e suspeição de árbitro no direito brasileiro por falta de independência e imparcialidade: análise legislativa, pesquisa jurisprudencial e esboço de melhores práticas. In: MELO, Leonardo de Campos; BENEDUZI, Renato Resende (Coords.). *A reforma da arbitragem*. Rio de Janeiro: Forense, 2016. p. 131.

arbitragem (art. 20), ou seja, após constituído o tribunal arbitral, mesmo que composto por árbitro *solo*.

Muito embora a preclusão na hipótese seja tratada sem maiores requintes técnicos, sempre será garantido à parte prejudicada manejar ação declaratória de nulidade da sentença arbitral, nos termos dos arts. 32, II e 33 da Lei de Arbitragem, pois *emanada de quem não podia ser* árbitro ou, ainda, porque violado o princípio da imparcialidade do árbitro, nos termos dos arts. 32, VIII e 21, §2º, da Lei de Arbitragem. Mais excepcionalmente, e conforme já enfrentado, as hipóteses criminais de prevaricação, concussão e corrupção também podem motivar o pedido anulatório (art. 32, VI, da Lei de Arbitragem), conquanto igualmente afrontem o princípio da independência.

Todavia, adverte Beraldo[21] que a regra preclusiva do art. 20 é irremediável e que por este motivo cumpre ao autor da ação anulatória demonstrar o fato impeditivo (impedimento ou suspeição) e as razões pelas quais não impugnou a nomeação do árbitro no tempo limite previsto pela Lei de Arbitragem, especialmente porque a *dúvida justificada* somente o acometeu após a sentença. Ao seu turno, cumpre ao réu desqualificar a impugnação e a incidência da preclusão consumativa.

Assim como na jurisdição estatal, a incidência do princípio do tratamento isonômico das partes na arbitragem é inafastável, o que demanda, nesta linha, a observância da imparcialidade do árbitro, pelo que se fazem incidir iguais critérios objetivos de verificação da isenção do julgador. Trata-se de postulado descrito no art. 21, §2º, da Lei de Arbitragem, ao dispor que "Serão, sempre, respeitados no procedimento arbitral os princípios do contraditório, da igualdade das partes, da imparcialidade do árbitro e de seu livre convencimento".

Ainda que se compreenda, a partir da dicção do art. 14 da Lei de Arbitragem,[22] que a garantia da imparcialidade do árbitro é aferível pelos mesmos critérios objetivos que o Código de Processo Civil elencou ao estabelecer as causas de impedimentos aos juízes, a Lei nº 9.307/96 ampliou o escopo de restrições, a partir de adoção de critério metodológico distinto estabelecido pelo parágrafo primeiro do mencionado artigo, às possibilidades de caracterização de situações de impedimentos dos árbitros: "[o] caput e os parágrafos contêm normas de proibição/obrigação: estão impedidos de funcionar (proíbe-se), têm o dever de revelar (estão obrigadas ou proibidas de omitir), somente poderá ser recusado (é proibido recusar)".[23]

Trata-se de método casuístico, que além de englobar as hipóteses descritas no Código de Processo Civil impõe ao árbitro, por dever de boa-fé e preservação da confiança depositada pelas partes no árbitro e na arbitragem, declarar todo e qualquer fato que possa, ainda que de modo remoto, objetivamente colocar em dúvida a sua imparcialidade, a fim de que dê as partes condições de avaliar a existência e a extensão de

---

[21] BERALDO, Leonardo de Faria. *Curso de arbitragem nos termos da Lei 9.307/1996.* São Paulo: Atlas, 2014. p. 490.

[22] "Art. 14. Estão impedidos de funcionar como árbitros as pessoas que tenham, com as partes ou com o litígio que lhes for submetido, algumas das relações que caracterizam os casos de impedimento ou suspeição de juízes, aplicando-se-lhes, no que couber, os mesmos deveres e responsabilidades, conforme previsto no Código de Processo Civil".

[23] FERRAZ JUNIOR, Tércio Sampaio. Suspeição e impedimento em arbitragem sobre o dever de revelar na Lei 9.307/1996. In: WALD, Arnold (Org.). *Doutrinas essenciais.* Arbitragem e mediação. São Paulo: Revista dos Tribunais, 2014. p. 981. v. II.

eventual comprometimento.[24] Nessa quadra, afirma Cahali que "cabe ao indicado expor abertamente acontecimentos pessoais e profissionais envolvendo as partes em conflito, que aos olhos dos interessados posse gerar alguma dúvida quanto à imparcialidade e independência".[25] No mesmo sentido, João Bosco Lee e Maria Claudia Procopiak afirmam que "qualquer fato ou circunstância que possam afetar a imparcialidade ou independência do árbitro, deve ser revelado. A garantia dessa independência e imparcialidade é o dever de revelação".[26]

Referido procedimento é integralmente confluente com a própria natureza da jurisdição arbitral. De um lado, preserva a autonomia da vontade das partes e o caráter negocial do estabelecimento da jurisdição específica, dando guarida ao princípio gestor da arbitragem que é a confiança empenhada nos árbitros para a adjunção da pretensão controvertida. Nesse sentido, realizada a devida revelação, nada obsta que as partes, em conjunto, admitiam a permanência do árbitro que possa ter revelado fato que coloque em dúvida a sua parcialidade de julgar, segundo sua autonomia e interesse no caso concreto, por tratar-se de modo mais adequado de solução da controvérsia. De outro ângulo, "[...] a regra é a de que boa parte das circunstâncias listadas na Lei de Arbitragem por referência ao diploma processual civil inibirá a atuação do árbitro, por questão lógica e moral".[27]

Portanto, além dos critérios objetivos estabelecidos pela legislação processual civil, a própria Lei de Arbitragem já se encarregava de atribuir ao árbitro indicado o dever de revelação de modo mais amplo, pois subjetivo, uma vez que a *dúvida justificada* a que alude o art. 14, §1º, da Lei de Arbitragem poderá ser tanto do árbitro, como das partes (teste subjetivo ou *in the eyes of the parties*),[28] de terceiros (teste objetivo ou *from a third person's point of view*, com ênfase mais na *justificação* do que na *dúvida*)[29] e mesmo da câmara arbitral, pois, em última *ratio*, será esta a decidir eventual impugnação contra a nomeação do árbitro, quando se estiver diante de arbitragem institucional.

De outro, permite que a jurisdição arbitral como um todo se mantenha estável, uma vez que a função de árbitro é majoritariamente exercida por advogados que, em outros procedimentos, figuram como procuradores de litigantes. Com efeito, somente

---

[24] Asseveram João Bosco Lee e Maria Cláudia Procopiak que "A melhor forma de prevenir a independência e a imparcialidade dos árbitros é prevenir, o mais cedo possível, um conflito de interesse. Isto é, de revelar um conflito que exista ou possa vir a existir" (LEE, João Bosco; PROCOPIAK, Maria Claudia de Assis. A obrigação de revelação do árbitro: está influenciada por aspectos culturais ou existe um verdadeiro standard universal?. In: LEE, João Bosco; VALENÇA FILHO, Clávio de Melo (Orgs.). *Estudos de arbitragem.* Curitiba: Juruá, 2008. p. 296). Nesse sentido estabeleceu-se a Lei nº 9.307/96, em seu art. 14, §1º As pessoas indicadas para funcionar como árbitro têm o dever de revelar, antes da aceitação da função, qualquer fato que denote dúvida justificada quanto à sua imparcialidade e independência.

[25] CAHALI, Francisco José. *Curso de arbitragem.* 4. ed. São Paulo: Revista dos Tribunais, 2014. p. 192.

[26] LEE, João Bosco; PROCOPIAK, Maria Claudia de Assis. A obrigação de revelação do árbitro: está influenciada por aspectos culturais ou existe um verdadeiro standard universal?. In: LEE, João Bosco; VALENÇA FILHO, Clávio de Melo (Orgs.). *Estudos de arbitragem.* Curitiba: Juruá, 2008. p. 296

[27] LEMES, Selma Ferreira. O procedimento de impugnação e recusa de árbitro, como sistema de controle quanto à independência e a imparcialidade do julgador. *Revista de arbitragem e mediação,* São Paulo, ano 13, v. 50, jul./set. 2016. p. 380.

[28] FERRAZ JUNIOR, Tércio Sampaio. Suspeição e impedimento em arbitragem sobre o dever de revelar na Lei 9.307/1996. In: WALD, Arnold (Org.). *Doutrinas essenciais.* Arbitragem e mediação. São Paulo: Revista dos Tribunais, 2014. p. 982. v. II.

[29] WALD, Arnold (Org.). *Doutrinas essenciais.* Arbitragem e mediação. São Paulo: Revista dos Tribunais, 2014. p. 983. v. II.

por meio da imposição da integral revelação é possível garantir a não contaminação escalonada de todo o sistema de jurisdição arbitral.

Uma vez estabelecidos os critérios teóricos abstratos que definem as hipóteses de quebra da imparcialidade do árbitro – inclusive de forma integrativa às regras de impedimento e suspeição dos juízes –, resta em aberto delimitação concreta do tema.

O conceito jurídico propositalmente aberto de dúvida justificável, cunhado no art. 14, §1º da Lei de Arbitragem, demanda, tanto quanto possível, preenchimento concreto, que pode ser buscado, como se faz adiante, no labor da jurisprudência estatal que se presta, a um só tempo, de guia mestra e de limite para efetividade das soluções arbitrais.

16.3 Uma hipótese de aplicação concreta

Os limites práticos do arcabouço teórico a respeito da concretização do princípio da isonomia, por meio do estabelecimento de critérios objetivos e casuísticos de verificação da imparcialidade de árbitro, foram tema recente de apreciação pelo Superior Tribunal de Justiça, nos autos de Homologação de Sentença Estrangeira nº 9.412/US, julgado pelo Órgão Especial daquela Corte.[30] Quando do julgamento, decidiu-se pela "presença de elementos objetivos aptos a comprometer a imparcialidade e independência do árbitro presidente, que não foram revelados às partes como determina a lei", negando-se, por tal razão, a homologação da sentença arbitral estrangeira.

Para melhor compreender o sentido e alcance da decisão do STJ, cumpre breve exposição do caso. Tratou a questão de pedido de homologação de sentença arbitral estrangeira formulado por Asa Bioenergy Holding A. G., Abengoa Bioenergia Agrícola Ltda., Abengoa Bioenergia São João Ltda, Abengoa Bioenergia São Luiz e Abengoa Bioenergia Santa Fé – vencedoras da demanda arbitral –, em desfavor de Adriano Giannetti Dedini Ometto e Adriano Ometto Agrícola Ltda., sucumbentes na arbitragem havida com sede em Nova Iorque, realizada perante a Corte Internacional de Arbitragem da Câmara Internacional do Comércio e seguindo o regulamento dessa câmara.

Ao contestar o pleito os requeridos afirmaram, em primeiro plano, a impossibilidade de homologação diante da alegação de ausência de imparcialidade do árbitro presidente do painel arbitral, sob o fundamento de que seria o julgador sócio de firma de advocacia que teria prestado serviços e recebido honorários de empresas pertencentes ao grupo econômico da parte adversa.

Importante peculiaridade do caso diz respeito ao fato de que a alegada ausência de imparcialidade do árbitro fora apreciada, primeiramente, por provocação feita perante o próprio tribunal arbitral, porém somente após a prolação da sentença. Na oportunidade, o painel arbitral formado após afastamento e substituição do árbitro presidente impugnado rejeitou o pedido, mantendo a sentença antes prolatada. Posteriormente, novo pedido de nulidade da sentença arbitral foi formulado perante a Justiça Federal norte-americana, ação essa julgada improcedente – sendo a decisão confirmada pelo Tribunal de Apelação dos Estados Unidos, Segundo Circuito.

---

[30] Corte Especial. Sentença Estrangeira Contestada nº 9.412/US. Rel. Min. Felix Fisher, Rel. p/ acórdão Min. João Otávio de Noronha, public. 30.5.2017. Disponível em: <https://ww2.stj.jus.br/processo/revista/documento/mediado/?componente=ITA&sequencial=1456133&num_registro=201302788725&data=20170530&formato=PDF>. Acesso em: 30 maio 2017.

Assim, a contestação ao pedido de homologação não enfrentou apenas o óbice do resultado contrário ao pleito fixado pela jurisdição arbitral, mas também a apreciação jurisdicional do tema pelo órgão competente do país sede da arbitragem. Tal circunstância impôs ao Superior Tribunal de Justiça, de plano, revisitar o alcance de sua atuação em procedimentos de homologação de sentenças estrangeiras, levando-se em conta a posição consolidada acerca dos requisitos para tal homologação.[31]

Isso porque já restou estabelecido de forma firme pela Corte como limite para homologação a observância de critérios formais, sem adentrar no mérito da sentença homologanda, exceção feita à análise de circunstâncias que, mesmo contidas no mérito, representem afronta à soberania nacional, à ordem pública ou aos bons costumes.

Destarte, a superação do primeiro óbice levantado se deu pelo reconhecimento, pelo Superior Tribunal de Justiça, que a matéria relativa ao impedimento do julgador representa tema afeto às normas de ordem pública, sendo passíveis de apreciação verticalizada quando do ato jurisdicional homologatório.

Com efeito, as regras nacionais sobre a imparcialidade do árbitro, insculpidas no art. 14 da Lei de Arbitragem, atingem também sentenças estrangeiras sujeitas à homologação pelo Judiciário brasileiro. De fato, a posição adotada pelo STJ se alinha com vários outros instrumentos legais nacionais e internacionais, regulamentos de câmaras arbitrariais e *soft laws*,[32] conforme já ilustrava comparativamente Selma Ferreira Lemes, pois "Somente a instauração do juízo arbitral subtraído de influências estranhas pode garantir um julgamento justo".

Além disso, em relação à objeção de já ter a matéria sido apreciada e esgotada por órgão jurisdicional público tido como competente, posicionou-se a Corte brasileira no sentido de ser irrelevante a decisão do Poder Judiciário norte-americano ao decidir questão de modo incompatível com o sistema constitucional e infraconstitucional brasileiro. Sendo a decisão do país estrangeiro contrária à ordem pública brasileira, decidiu o Superior Tribunal de Justiça ser impossível a internalização de seus efeitos sem o controle soberano do Estado brasileiro por meio de seu Poder Judiciário.

Quanto ao objeto central da controvérsia, foi relatado no voto condutor do acórdão[33] que "o escritório de advocacia Debevoise & Plimpton LLP, do qual o árbitro

---

[31] É exemplo a seguinte ementa: "HOMOLOGAÇÃO DE SENTENÇA ESTRANGEIRA. ALEGAÇÃO DE OFENSA AO DEVIDO PROCESSO LEGAL E DE INCOMPETÊNCIA DO JUÍZO ARBITRAL. INEXISTÊNCIA. REQUISITOS FORMAIS PREENCHIDOS. DEFERIMENTO DO PEDIDO. 1. A sentença estrangeira encontra-se apta à homologação, quando atendidos os requisitos dos arts. 5º e 6º da Resolução nº 9/2005/STJ; (i) prolação por autoridade competente; (ii) devida citação do réu nos autos da decisão homologanda; (iii) trânsito em julgado; (iv) chancela consular brasileira acompanhada de tradução por tradutor oficial ou juramentado; (v) a ausência de ofensa à soberania ou à ordem pública. 2. Na situação específica de homologação de sentença arbitral estrangeira, a cognição judicial, a despeito de manter-se limitada à análise do preenchimento daqueles requisitos formais, inclui a apreciação das exigências dos arts. 38 e 39 da Lei nº 9.037/1996. 3. Em linhas gerais, eventuais questionamentos acerca do mérito da decisão alienígena, salvo se atinentes à eventual ofensa à soberania nacional, à ordem pública e/ou aos bons costumes (art. 17, LINDB), são estranhos aos quadrantes próprios da ação homologatória. 4. Pedido de homologação de sentença arbitral estrangeira deferido" (SEC nº 6.761/EX. Rel. Min. Nancy Andrighi. *DJe*, 16 out. 2013).

[32] LEMES, Selma Ferreira. Arbitragem. Princípios jurídicos fundamentais. Direito brasileiro e comparado. In: WALD, Arnold (Org.). *Doutrinas essenciais*. Arbitragem e mediação. São Paulo: Revista dos Tribunais, 2014. p. 215-245. v. I.

[33] Corte Especial. Sentença Estrangeira Contestada nº 9.412/US. Rel. Min. Felix Fisher, Rel. p/ acórdão Min. João Otávio de Noronha, public. 30.5.2017. Disponível em: <https://ww2.stj.jus.br/processo/revista/documento/mediado/?componente=ITA&sequencial=1456133&num_registro=201302788725&data=20170530&formato=PDF>. Acesso em: 30 maio 2017.

presidente, David Rivkin, é sócio sênior, recebeu da empresa Abengoa Solar, integrante do grupo Abengoa, no período da arbitragem, o montante de US$ 6,5 milhões a título de honorários". Além disso, indicou-se que "o escritório de advocacia do árbitro presidente representou a empresa Schneider Electric na operação de aquisição das ações que a Abengoa S/A detinha na companhia Telvent GIT S/A, avaliada em US$ 2 bilhões". Finalmente, registrou-se que "em outra operação, o fundo de investimentos First Reserve, cliente habitual do escritório Debevoise, adquiriu, no curso da arbitragem, ações da sociedade Abengoa S/A, que é a holding controladora do grupo Abengoa". Prossegue o relato apontando que a mencionada operação foi avaliada em quatrocentos milhões de dólares americanos e "o escritório do árbitro presidente igualmente prestou assessoria ao Departamento de Energia dos EUA para a aprovação da operação, com todos os envolvimentos daí decorrentes".

Diante dos fatos relatados, o Superior Tribunal e Justiça verificou, no caso concreto, o preenchimento do tipo objetivo descrito na Lei de Arbitragem, em consonância com o Código de Processo Civil, que delineia a ultrapassagem dos limites da imparcialidade do árbitro.

Levou em conta o Superior Tribunal de Justiça, para estabelecer o critério do impedimento, interpretação do então vigente art. 135, inc. II do Código de Processo Civil de 1973, substituído em iguais termos pelo art. 145, inc. III do diploma em vigor. Para o Tribunal, o fato de ter o escritório de advocacia do qual o árbitro presidente do painel arbitral é sócio recebido honorários por serviços prestados por empresas do grupo econômico de uma das partes caracteriza o impedimento calçado na hipótese de ser a parte devedora do juiz. Afirma-se no voto condutor do acórdão, ademais, que:

> Tais fatos evidenciam que o escritório do árbitro presidente teve contatos relevantes com sociedades do grupo Abengoa e com questões de alta importância para o grupo econômico no curso da arbitragem. Ainda que não se trate de relações cliente-advogado, por certo que não podem ser desconsideradas, sobretudo se levados em conta os valores nelas envolvidos, o que autoriza seu enquadramento na cláusula aberta de suspeição prevista no inciso V do art. 135 do CPC.[34]

Além disso, ganhou relevância na análise da Corte brasileira a ausência de declaração do fato na oportunidade do *disclusure*, ainda que tenha afirmado posteriormente o árbitro que a ausência de declaração tenha se dado por falha na verificação das informações internas de sua firma de advocacia.

Nesse passo, a Corte brasileira deu guarida ao sentido do resguardo da confiança que a Lei de Arbitragem estabelece ao impor o critério da integral declaração, nos termos do já mencionado art. 14, §1º. É o que consta no voto vista da Ministra Nancy Andrighi, ao acompanhar o entendimento expressado no voto condutor do acórdão, no qual se lê:

> A Lei de Arbitragem brasileira, ao estabelecer que o árbitro tem o dever de revelar "qualquer fato que denote dúvida justificada quanto à sua imparcialidade", não trata a questão da

---

[34] Corte Especial. Sentença Estrangeira Contestada nº 9.412/US. Rel. Min. Felix Fisher, Rel. p/ acórdão Min. João Otávio de Noronha, public. 30.5.2017. Disponível em: <https://ww2.stj.jus.br/processo/revista/documento/mediado/?componente=ITA&sequencial=1456133&num_registro=201302788725&data=20170530&formato=PDF>. Acesso em: 30 maio 2017.

imparcialidade do árbitro em numerus clausus, pelo contrário, estabelece uma dimensão aberta, muito ampla desse dever, em razão das peculiaridades mesmas da arbitragem, forma privada de composição de litígios, sem previsão de recurso a uma segunda instância e da possibilidade, em tese, de qualquer pessoa capaz ser árbitro (art. 13 da Lei n.º 9.307/96) mas sem sujeição a qualquer tipo de órgão corregedor propriamente dito, apto a coibir eventuais violações ao amplíssimo dever de imparcialidade do árbitro.[35]

A decisão comentada está em consonância com o entendimento doutrinário. Leciona Selma Maria Ferreira Lemes, sobre o tema:

> O que deve ser relevado pelo árbitro não é apenas o que ao seu juízo deve ser mencionado, mas essencialmente deve se colocar no lugar das partes e indagar a si, se fosse parte, se gostaria de conhecer tal fato. Portanto, a amplitude e razoabilidade do que se revela deve ser avaliada na visão do árbitro cumulada com a das partes.[36]

O que se revela na doutrina e foi acolhido na decisão do Superior Tribunal de Justiça é que essa possibilidade de influência não pode ser tomada sob critério subjetivo. Trata-se, isso sim, de compreensão objetiva, vale dizer, detecção de circunstancia capaz de produzir em qualquer sujeito que tome parte em um procedimento arbitral, em condições materialmente equivalentes, a mesma quebra da confiança de um julgamento imparcial causado por conflito de interesses.[37]

16.4 Notas conclusivas

A expansão dos meios alternativos de solução de controvérsia revela diagnóstico acerca da adaptação do ordenamento jurídico, com dinamismo, às demandas especialmente dos atores econômicos. Importante desafio, nesse cenário jurídico de

---

[35] Corte Especial. Sentença Estrangeira Contestada nº 9.412/US. Rel. Min. Felix Fisher, Rel. p/ acórdão Min. João Otávio de Noronha, public. 30.5.2017. Disponível em: <https://ww2.stj.jus.br/processo/revista/documento/mediado/?componente=ITA&sequencial=1456133&num_registro=201302788725&data=20170530&formato=PDF>. Acesso em: 30 maio 2017.

[36] LEMOS, Selma Maria Ferreira. A independência e a imparcialidade do árbitro e o dever de revelação. *Revista Brasileira de Arbitragem*, Porto Alegre, ano VI, n. 26, abr./jun. 2010. p. 26.

[37] Sobre a circunstância específica do caso, Selma Lemes já antes havia se pronunciado em tese, ao afirmar que: "Diante de uma indicação para atuar como árbitro, o provável árbitro deve verificar todos os seus relacionamentos presentes e passados com as partes e, se for o caso, com os grupos societários aos quais as partes estão vinculadas. No caso de advogados que integram bancas, devem efetuar verificação adequada em seus arquivos para ter certeza de que não há nenhum motivo que o impeça de atuar. Por exemplo, em casos de advogados membros da sociedade de advogados, uma das partes pode ter se valido dos serviços de seu escritório ou de uma filial. Esse fato deve ser revelado, pois pode ocorrer que, em razão da matéria, do tempo decorrido e da periodicidade serem irrelevantes, poder ser considerados e classificados como substanciais e representar um impedimento para o árbitro indicado atuar (conflito de interesse)" (LEMOS, Selma Maria Ferreira. A independência e a imparcialidade do árbitro e o dever de revelação. *Revista Brasileira de Arbitragem*, Porto Alegre, ano VI, n. 26, abr./jun. 2010. p. 26-27). Em trecho diverso da obra prossegue a autora: "Com a globalização dos negócios, cada vez mais se faz necessária a transparência do árbitro no ato de revelar fatos importantes que possam comprometer toda arbitragem, especialmente considerando que os partícipes dos negócios internacionais são grandes grupos com sociedades coligadas em todas as partes do globo, bem como de sociedades de advogados om filiais em todos os continentes. Essas redes são campo fértil para o surgimento de conflitos e poderão redundar no aumento de casos de impugnações de árbitros, especialmente em arbitragens internacionais (LEMOS, Selma Maria Ferreira. A independência e a imparcialidade do árbitro e o dever de revelação. *Revista Brasileira de Arbitragem*, Porto Alegre, ano VI, n. 26, abr./jun. 2010. p. 34).

constantes alterações e adaptações, é a manutenção hígida das normas e procedimentos que resguardem as garantias fundamentais de acesso à justiça, representadas nuclearmente pelo princípio do devido processo legal.

Elemento fundamental na tutela de tais interesses é a construção de mecanismos que, especialmente no âmbito das soluções privadamente geridas de solução jurisdicional de conflitos, como a arbitragem, não permitam o desguardo da imparcialidade conferida ao julgador. Trata-se de concretização do conteúdo constitucional expressado pelo agir ético, que se sustenta, igualmente, na necessária independência substancial do árbitro.

O método casuístico e aberto de verificação e garantia da imparcialidade e independência dos árbitros, estabelecido pela Lei Brasileira de Arbitragem, demanda do Judiciário, nas múltiplas formas de controle das decisões arbitrais, a fixação de *standards* de conduta previsíveis e exigíveis sem afetação da autonomia das partes na escolha e formação do painel arbitral e no estabelecimento metodológico e regulamentar da solução do conflito.

Nesse sentido, o dever de revelação imposto ao árbitro ganha especial relevo, fundamentado no compromisso com a boa-fé objetiva e a manutenção da confiança. É papel do árbitro, como agir ético, trazer à luz todos os fatos potencialmente comprometedores da confiança, a eles olhando não apenas com olhar seu, mas também se substituindo no olhar das partes. Desse proceder revela-se a guarida ao devido processo legal, fortalecendo a arbitragem como meio moderno, eficiente, confiável e juridicamente seguro de solução de conflitos.

Informação bibliográfica deste texto, conforme a NBR 6023:2002 da Associação Brasileira de Normas Técnicas (ABNT):

NALIN, Paulo; GONÇALVES, Marcos Alberto Rocha. O dever de revelação e os standards de independência e imparcialidade do árbitro à luz do Novo Código de Processo Civil. In: TEPEDINO, Gustavo; TEIXEIRA, Ana Carolina Brochado; ALMEIDA, Vitor (Coord.). *Da dogmática à efetividade do Direito Civil*: Anais do Congresso Internacional de Direito Civil Constitucional – IV Congresso do IBDCivil. 2. ed. rev., ampl. e atual. Belo Horizonte: Fórum, 2019. p. 273-285. ISBN 978-85-450-0545-2.

CAPÍTULO 17

OS DESAFIOS DO ENSINO DEMOCRÁTICO E INCLUSIVO DO DIREITO CIVIL

PAULA MOURA FRANCESCONI DE LEMOS PEREIRA

VITOR ALMEIDA

Notas introdutórias

O ensino, já escreveu Paulo Freire, exige respeito à autonomia do ser educando, de modo a respeitar inclusive sua dignidade e identidade, constituindo verdadeiro imperativo ético na relação entre docente e discente.[1] O ato de ensinar, nessa direção, se transforma em saber emancipar o sujeito em aprendizado, promovendo sua liberdade, sua curiosidade e inquietude. O processo de educação impõe uma experiência dialógica na qual cabe ao professor valorizar a autonomia do aluno, tolerante às suas especificidades e demandas.

As faculdades de direito se proliferaram no Brasil. Em território nacional, existem 1240 cursos para formação de bacharéis em direito, enquanto que a soma de todos os demais países não chega a 110 faculdades.[2] Tal número alarmante revela os riscos de uma formação jurídica universitária guiada por interesses mercadológicos, que precisam ser de todo evitados. No campo do direito civil, disciplina que acompanha o aluno durante diversos períodos, um ensino humanista e inclusivo é um imperativo da eficácia dos direitos fundamentais nas relações privadas, mormente diante da centralidade da pessoa humana, concretamente considerada. O direito civil enfrenta hoje como desafios não só a humanização e funcionalização da sua dogmática, tradicionalmente patrimonializada

---

[1] FREIRE, Paulo. *Pedagogia da autonomia*: saberes necessários à prática educativa. São Paulo: Paz e Terra, 1996. p. 24-25.

[2] BRASIL, sozinho, tem mais faculdades de direito que todos os países. *OAB*. Disponível em: <http://www.oab.org. br/noticia/20734/brasil-sozinho-tem-mais-faculdades-de-direito-que-todos-os-paises>. Acesso em: 14 jul. 2017.

e abstrata, bem como de seu ensino jurídico, que deve se preocupar com a promoção e proteção da pessoa humana, especialmente os vulneráveis, desapegando-se do tradicional recurso ao homem médio – contratante, proprietário e chefe de família. Sobre os desafios de um ensino do direito civil mais inclusivo e democrático que se pretende abordar neste trabalho.

17.1 As mutações da hermenêutica jurídica e sua influência no ensino jurídico

O ensinamento do direito está diretamente ligado com a forma como a aplicação do direito na práxis jurídica foi se desenvolvendo ao longo dos séculos, e que se deu de maneiras diversas, considerando a corrente de pensamento utilizada para compreensão do direito. De um lado a lei, que se apresentou como ponto fulcral da vida jurídica desde a Revolução Francesa, com o processo de codificação; do outro a fundamentação das decisões como garantia do Estado Democrático de Direito.

O positivismo jurídico[3] que marcou a geração de juristas do século XIX e XX, cujas ideias fundam-se no primado da segurança e da objetividade nas relações jurídicas – e que tem em Hans Kelsen um dos seus maiores pensadores –, restringe o direito à norma jurídica, único meio capaz de controlar objetivamente a realidade. Todavia, no que pese as contribuições trazidas por esse pensamento, como a unidade, sistematicidade, os métodos tradicionais de solução dos conflitos, não há como diante das transformações da sociedade, dos *hard cases* (casos difíceis que envolvem apreciação de valores conflitantes e de normas não muito claras ou pouco adequadas para o caso concreto) submetidos ao Poder Judiciário, afastar o direito da moral, se limitar à utilização por parte do juiz ao método de interpretação subsuntivo, desconsiderar o papel dos princípios.

A hermenêutica jurídica não pode se limitar à fixação do sentido da norma, como faz a dogmática jurídica, nem à subsunção dos fatos, modelo silogístico, que leva a acreditar que a norma é a premissa maior (geral), e os fatos, a premissa menor (específica); e que, uma vez subsumidos àquela, fornecem a sentença como conclusão necessária. Isto porque a concretização e aplicação da lei dependem do caso concreto, em que se empregarão os processos de compreensão e argumentação, pois a maior preocupação é a pessoa humana.

O movimento mecanicista não resiste à complexidade social, aos negócios humanos múltiplos e plurais, nem à dialética própria das relações jurídicas, já que é um mecanismo simples, marcado pela ciência natural, capaz de obstaculizar a interferência valorativa do sujeito responsável por essa equação.

Com a II Guerra Mundial, e após a década de 50, surgem movimentos intitulados pós-positivistas como reação ao reducionismo da ciência jurídica ao formalismo,[4] o qual

---

[3] O termo "positivismo jurídico", de acordo com Norberto Bobbio, deriva da locução "direito positivo" contraposta àquela ideia de direito natural, ambas com características antagônicas de acordo com o pensamento aristotélico, romano, medieval e jusnaturalista dos séculos XVII e XVIII, pelo que pode se atribuir ao direito positivo a particularidade, a mutabilidade, o conhecido através de uma declaração de vontade alheia. O direito positivo tem como objeto o que é ordenado, e estabelece aquilo que é útil (BOBBIO, Norberto. *O positivismo jurídico*: lições de filosofia do direito. Tradução de Márcio Pugliesi. São Paulo: Ícone, 1995. p. 15).

[4] A visão formalista privilegia o que está escrito na lei validamente posta, sem qualquer indagação de cunho crítico-valorativo, com o intuito maior de dar segurança às relações sociais e garantir a ordem pública. Em

se mostrou não ser mais condizente com a complexidade dos problemas sociais e com os anseios de justiça.

Busca-se a realização da justiça tendo como norte certos princípios desenvolvidos por determinadas práticas argumentativas, em especial a dimensão pós-positivista de matriz tópico-retórica (Viehweg e Perelman),[5] em que há um esforço da persuasão e do convencimento que estruturam e servem de base para as construções jurídico-decisórias, trabalhando com a esfera do razoável e adequado, e não da certeza.

A dimensão retórica e argumentativa passa a ter maior importância no tratamento do direito nos anos setenta, sendo que no final dos anos noventa tornou-se umas das mais ricas áreas do debate da teoria do direito. É na atividade jurisdicional cotidiana que a argumentação, modelo de fundamentação mais condizente com a legitimação judicial, validez e eficácia das decisões, é usada como alternativa para solução de conflitos em razão da insuficiência do raciocínio lógico-dedutivo inspirado no modelo da geometria.

Na visão positivista a atividade do juiz se restringe à mecânica aplicação da norma, sem reflexão. Por outro lado, para os pós-positivistas, sua função é criadora, o que implica, a fim de obter maior legitimação, um esforço elevado de sua parte, na fundamentação das decisões, através do uso da retórica e da argumentação.

A nova retórica é utilizada como metodologia jurídica, preocupando-se fundamentalmente com a argumentação das decisões proferidas pelos juízes, em especial, os órgãos jurisdicionais superiores, com a organização dos argumentos que estribam as decisões judiciais, os mecanismos de solução dos litígios diante do problema apresentado.

Reaproxima-se o direito da moral, privilegiando o uso de *topoi*, estes definidos como valores sedimentados culturalmente, e que por isso podem ser identificados como princípios, embora não positivados, servindo de premissas, pois dada a força da verossimilhança são capazes de comandar o raciocínio lógico como base para o raciocínio, ou seja, utilizam ideias amplamente aceitas pelo auditório a que se destinam aptas a garantir a adesão dos interlocutores.

A tópica é técnica de pensar por problemas,[6] a partir deles e em direção deles, assume uma base retórico-argumentativa de feição intersubjetiva, suas premissas se legitimam na aceitação do interlocutor.

A utilização de técnicas de argumentação se define pelo consenso, lida com o verossímil, com opiniões comuns e aceitas pela comunidade. Rompe, portanto, com o cartesianismo e estabelece a concepção relacional e retórica da razão prática. Embora sustente justiça formal (tratamento igual para aqueles considerados iguais, de acordo com os valores que venham a formar a "justiça concreta", ou seja, "dar a cada qual segundo determinadas características tidas como essências"), se afasta da postura positivista-kelseniana, pois vê o ordenamento jurídico firmado sobre uma pauta valorativa. Desta forma, nos casos em que as leis são insuficientes como parâmetros de justiça, utiliza

---

contrapartida, os não formalistas reconhecem a interdisciplinaridade do direito, sem, contudo, abandonar o caráter científico.

[5] Como obra precursora desta perspectiva de Chaïm Perelman, destaca-se o livro *O tratado da argumentação*, publicado em 1958; no campo do direito, a coletânea de livros intitulada no Brasil Ética e Direito, sendo que em termos de metodologia do direito seu principal livro é *Lógica jurídica – Nova retórica*. Este viés metodológico também é compartilhado por Theodor Viehweg, na obra *Tópica e jurisprudência*, publicada em 1953.

[6] FERRAZ JR., Tércio Sampaio. *Introdução ao estudo do direito*. 2. ed. São Paulo: Atlas, 1994.

o recurso da equidade, a busca da verdade a partir de opiniões, tudo através de um método dialético em que pressupõe o diálogo.

A solução jurídica não se restringe mais a uma operação puramente teórico-silogística, à subsunção dos fatos à regra geral, característica de um raciocínio linear que ignora a dialética e os valores que informam a hermenêutica.

A aplicação da lei passa pelo filtro do sujeito, como ser social que experimenta aquela situação. O sentido a ser extraído da lei, portanto, só pode ser capaz de ser assimilado pelo sujeito em função dos referenciais que guarda consigo.

O ensino jurídico calcado na metodologia tradicional, sob forte influência ainda do positivismo formalista, ou por um jusnaturalismo de fundamentação genérica, ambos fundados em verdades absolutas, como bem preceitua Maria Celina Bodin de Moraes,[7] se assenta em pilares ultrapassados como o da concepção isolada da vontade do indivíduo, guiado exclusivamente por sua racionalidade, e da exegese normativista, com leitura do ordenamento preso ao direito codificado e a referências eventuais de leis especiais, utilizando o método subsuntivo. Além disso, reduz o diálogo interdisciplinar com outros ramos do conhecimento relacionados ao direito, limitando a formação do jurista, que acaba por se reduzir a um simples aplicador da lei, um tecnicista, de capacidade interpretativa reduzida.

Não se pretende formar operadores do direito tecnicistas, que dominam apenas a técnica sem saber os fundamentos jurídicos em que se baseia a atividade que desenvolvem.

17.2 A importância da funcionalização e humanização do ensino do direito civil

O objetivo do ensino jurídico é formar advogados, juízes, procuradores, juristas e outros profissionais que atuam em carreiras jurídicas capazes de lidar com os mais complexos conflitos existentes em uma sociedade plural, igual, solidária e em constantes mutações sociais, econômicas, políticas decorrentes de vários fatores, entre eles os avanços biotecnológicos e tecnológicos, o crescimento acelerado das redes sociais e internet, que afetam diretamente os arranjos familiares, o surgimento de novos danos, a promulgação de leis especiais como o Código de Defesa do Consumidor, os estatutos do idoso, da criança e do adolescente, das pessoas com deficiência, propiciando um maior acesso à justiça.

Diante desse quadro, nem sempre a letra fria da lei trará respostas, precisando utilizar os valores e princípios constitucionais e com uma visão interdisciplinar; além disso, formar profissionais não alheios à visão histórica, literária e filosófica necessária ao pleno desenvolvimento da humanidade.

Além do currículo mínimo do bacharelado contemplar disciplinas jurídicas, crucial é a inclusão de disciplinas obrigatórias de história, filosofia, psicologia, sociologia, política etc., que auxiliam a mitigar o tecnicismo e o abstracionismo, que dominam o ensino do

---

[7] MORAES, Maria Celina Bodin de. Por um ensino humanista do direito civil. In: NEVES, Thiago Ferreira Cardoso (Coord.). *Direito & justiça*: por uma sociedade mais justa, livre e solidária: estudos em homenagem o Professor Sylvio Capanema de Souza. São Paulo: Atlas, 2013, *passim*.

direito no Brasil, e caberá ao civilista, diante das profundas mudanças sociais, mostrar ao aluno por meio de um estudo da ciência jurídica mais humanizado a insuficiência do método subsuntivo de aplicação do Código Civil. Há a necessidade de fazer um cotejo da situação fática com o texto normativo, a fim de valorizar a pessoa humana, especialmente, diante de uma legislação ainda calcada em valores patrimonialistas, individualistas, a despeito de todos os avanços com o Código Civil de 2002.

A leitura da lei civil não pode ser feita em descompasso com a Constituição Federal,[8] pois a solução do caso concreto não pode se dar de forma abstrata sem se valer dos princípios. É preciso observar o aspecto funcional dos institutos de direito civil à plena realização da dignidade da pessoa humana,[9] "tomada como valor máximo pelo ordenamento".[10]

A metodologia do direito civil constitucional se faz em razão de as normas constitucionais se situarem no topo do ordenamento jurídico, informando, por conseguinte, o sistema como um todo.[11] E a concepção unitária do ordenamento jurídico é a decorrência lógica da noção de força normativa e superioridade hierárquica da Constituição.[12]

A aplicação da lei pelos profissionais do direito deve se dar por meio de um raciocínio dedutivo, indutivo, e por um olhar o sistema jurídico a partir da Constituição e dentro da realidade social, com suas repercussões políticas, econômicas, sociológicas e psicológicas.

O educador precisa reformular o método de ensino de forma a lidar com um direito civil despatrimonializado, repersonalizado, constitucionalizado, com aplicação direta dos princípios constitucionais às relações privadas, à preeminência das situações jurídicas existenciais e à superação da dicotomia entre direito público e direito privado, e não mais preso ao monopólio da codificação de outrora.

Essa é a tarefa do professor, a de valer-se de técnicas de ensino que proporcionem o raciocínio tópico-retórico, argumentativo, por meio do diálogo, utilizando a historicidade dos institutos,[13] relativizando a história, apontando a importância da funcionalização dos institutos, a problematização dos conceitos, se libertando do "casulo" da lei. E, com isso, permitir o avanço da pesquisa, o progresso científico. O que é um desafio, pois o pensamento pós-positivista encontra barreiras diversas das enfrentadas pelo juspositivismo.

---

8 SCHREIBER, Anderson. Direito civil e Constituição. In: SCHREIBER, Anderson. *Direito civil e Constituição*. São Paulo: Atlas, 2013. p. 6.

9 TEPEDINO, Gustavo. O principio da função social no direito civil contemporâneo. In: NEVES, Thiago Ferreira Cardoso (Org.). *Direito e justiça social*: por uma sociedade mais justa, livre e solidária. São Paulo: Atlas, 2013. p. 257.

10 TEPEDINO, Gustavo. A tutela da personalidade no ordenamento civil-constitucional brasileiro. In: TEPEDINO, Gustavo. *Temas de direito civil*. 4. ed. Rio de Janeiro: Renovar, 2008. p. 54.

11 SCHREIBER, Anderson. Direito civil e Constituição. In: SCHREIBER, Anderson. *Direito civil e Constituição*. São Paulo: Atlas, 2013. p. 13.

12 TEPEDINO, Gustavo. Normas constitucionais e direito civil na construção unitária do ordenamento. *Revista de Direito do Estado – RDE*, Rio de Janeiro, n. 7, p. 69-80, jul./set. 2007.

13 "É imprescindível, portanto, que o ensino saiba narrar cada uma das disciplinas vinculando-a a seu passado, às mudanças sociais que acompanharam o seu desenvolvimento, etc. As verdadeiras humanidades são as matérias de estudo que conservam viva a pulsação biográfica de quem as explorou, assim como seu compromisso com nossas necessidades vitais e nossos sonhos" (SAVATER, Fernando. *O valor de educar*. São Paulo: Martins Fontes, 2000. p. 164).

A atividade do legislador é centrada em valores, a do advogado na argumentação, no uso de técnicas que auxiliam a convencer o julgador da razoabilidade da sua tese, e a dos magistrados a de decidir de forma motivada para legitimar suas decisões.

Nesse contexto, ganha relevo o papel do educador que contribuirá na formação de juristas, advogados, procuradores, magistrados, os quais devem agir na construção de um raciocínio jurídico adequado ao ordenamento jurídico vigente, o que só se dará por meio de uma humanização da extensão universitária.

17.3 Os desafios do ensino jurídico universitário

É recorrente os estudiosos dos métodos de ensino apontarem algumas dificuldades no ensino jurídico atual, a saber: a crise paradigmática; os excessos do senso comum; o excesso de informação; o desinteresse dos alunos, entre outros.

Na tentativa de superar as dificuldades encontradas, propõem-se os seguintes métodos: (i) partir de um ensino pautado em um estudo historicista e conceitual dos institutos jurídicos; (ii) modelo de aulas dialogadas a partir de análise de casos (*case system*); (iii) diálogo entre dogmática e jurisprudência por um viés tópico; e (iv) leitura do direito civil pela lente dos valores axiológicos constitucionais calcados na dignidade da pessoa humana, no pluralismo social, na igualdade, na solidariedade dentro da realidade brasileira, o que permite uma visão mais humanista do direito civil.

A historicidade e a preocupação conceitual dos institutos jurídicos são importantes para sua melhor compreensão e até mesmo para sua releitura e variação do seu sentido conforme os valores e princípios constitucionais que os norteiam, de modo a favorecer o fortalecimento da função promocional do direito.

Quanto aos princípios constitucionais aplicáveis às relações privadas, cabe ao professor agregar a metodologia de aplicação direta, em especial o da tutela da dignidade da pessoa humana (art. 1º, III, CF).

A aparente fluidez e insegurança do uso dos princípios para regulação das situações jurídicas será respaldado pelo poder da argumentação, que será utilizado como instância de fundamentação e ao mesmo tempo controle de interpretação, que na visão de Chaim Perelman[14] é a interpretação mais adequada do texto normativo, é a que vence pela força dos argumentos no campo dialógico.

Além disso, merece destaque a devida valorização da jurisprudência e o incentivo à problematização dos casos concretos.

A adoção de uma hermenêutica civil-constitucional adequada à sociedade pluralista, em que ocorre um afastamento da metodologia tradicional fechada, em que o juiz seria o único intérprete para ampliar aos cidadãos e grupos sociais de interesse, órgãos estatais, o sistema público, a opinião pública como forças produtivas de interpretação do complexo normativo constitucional.

O pensamento tópico-retórico permite a análise da lei diante do caso concreto e através de argumentos chegar à solução razoável, que melhor atenda aos interesses sociais e respeite os direitos fundamentais conquistados ao longo das gerações.

---

[14] PERELMAN, Chaim. *O império retórico*: retórica e argumentação. Portugal: Asa, 1993.

A análise do caso concreto não pode se apegar apenas ao dispositivo legal, devendo ao aplicá-lo passar pelo filtro do sujeito, da pessoa, como ser social que experimenta aquela situação. O sentido a ser extraído da lei, portanto, só pode ser capaz de ser assimilado pelo sujeito em função dos referenciais que guarda consigo.

Urge um ensino jurídico mais humanista, por meio de um estudo interdisciplinar, inserido na realidade social, com suas repercussões políticas, econômicas, sociológicas, psicológicas etc.

Quanto à leitura do direito, essa deve se dar de forma a possibilitar a penetração da realidade, sem se afastar do fim que é alcançar uma maior justiça social, havendo forte influência dos novos ideais de democracia e até mesmo de uma cidadania multidimensional,[15] mormente quando diante de direitos fundamentais, sociais e difusos.

Os valores e princípios que informam determinada sociedade não são inteiramente compartilhados com outras. Dessa maneira, não há como dissociar o instituto do ordenamento jurídico do qual faz parte, de modo que somente dentro de tal contexto espacial será possível inferir o seu significado.[16] [17]

É necessária a implantação de um ensino jurídico humanizado, orientado por uma metodologia que parte dos *topoi* e do raciocínio jurídico argumentativo, problematizando junto com o aluno. Para isso, mister se faz não só a permanente atualização por parte dos docentes, mas o uso dessa metodologia desde o início do curso de direito civil, com material didático lastreado na leitura aberta e uniforme do direito civil, com embasamento teórico e crítico-reflexivo-dialógico. Para isso, se utiliza de alguns instrumentos: (i) trabalhos em grupo ou dupla com temas atuais para acirrar o debate; (ii) trabalho com estudos de casos em aula, análise jurisprudencial; (iii) orientação quanto ao uso da internet como fonte de pesquisa, a fim de saber filtrar as informações; (iv) indicação de manuais e artigos científicos dentro da temática estudada para complementar, perquirir a historicidade dos institutos em cotejo com os valores constitucionais contemporâneos; e (v) diálogo com disciplinas afins e outras ciências para oxigenar o debate e o processo hermenêutico sem dissociá-los da realidade social.

É crescente a necessidade de estudos jurídicos e éticos, em âmbito interdisciplinar, das questões que já estão postas em nossa sociedade em razão dos constantes e céleres

---

[15] TORRES, Ricardo Lobo. A cidadania multidimensional na era dos direitos. In: TORRES, Ricardo Lobo (Org.). *Teoria dos direitos fundamentais*. 2. ed. Rio de Janeiro: Renovar, 2001. p. 121-156.

[16] Nas palavras de Carlos Nelson Konder, "para compreender seu (do instituto) conceito e alcance deve-se ter em mente o todo do qual ele faz parte, analisando-o em relação com os princípios que lhe dão sentido, com os demais institutos com que faz fronteira, com as regras que viabilizam sua aplicação e na forma como são interpretados" (KONDER, Carlos Nelson. Boa fé objetiva, violação positiva do contrato e prescrição: Repercussões práticas da contratualização dos deveres anexos no julgamento do REsp 1276311. *Revista Trimestral de Direito Civil*, Rio de Janeiro, v. 50, 2012. p. 218).

[17] Atendo à questão da ressignificação dos institutos jurídicos de acordo com o contexto em que inseridos, Carlos Nelson Konder ensina que "[...] a retirada de um instituto de seu ordenamento de origem e sua inserção e aplicação em outro ordenamento não importa apenas no seu reposicionamento, mas implica a redefinição de seu próprio conceito, de seu alcance e de seus efeitos. O transplante de institutos é, frequentemente, menos uma operação de recolocação e mais uma operação de ressignificação. Se, a retirada do instituto de seu ordenamento de origem para analisa-lo de forma autônoma já prejudica sua compreensão, a sua inserção em outro ordenamento é ainda mais dramática. Como o ordenamento jurídico – haja vista o próprio conceito de ordenamento – não prescinde dos imperativos de unidade, harmonia e coerência, a aplicação do intruso, sempre carregado de sinais de nascença – ainda que sutis – pode gerar contradições com os elementos preexistentes no cenário nacional" (KONDER, Carlos Nelson. Boa fé objetiva, violação positiva do contrato e prescrição: Repercussões práticas da contratualização dos deveres anexos no julgamento do REsp 1276311. *Revista Trimestral de Direito Civil*, Rio de Janeiro, v. 50, 2012. p. 219).

avanços da biotecnologia e da biomedicina. Já há algum tempo se exige o debate e, principalmente, a proposta e/ou encaminhamento de soluções para problemas que têm sido preteridos pelo legislador.

E para viabilizar um estudo interdisciplinar de forma a descortinar a riqueza das transformações sociais, é preciso aproximar o ensino da geração atual, cabendo ao professor compreender o comportamento dos alunos de hoje e atualizar o modelo do ensino jurídico às novas necessidades. As gerações vão passando por transformações resultantes do contexto sociocultural no qual se inserem, que pode acarretar um conflito geracional entre os docentes e discentes, podendo-se destacar três tipos de geração: geração X, que inclui aqueles que nasceram no início da década de 1960 até início dos anos 1980, caracterizada pela falta de identidade aparente, que enfrenta um mundo incerto e hostil, passando por várias fases de transformações no campo da libertação sexual e tecnológica, com o surgimento do computador, internet, celular etc.; geração Y, que compreende aqueles que nasceram no fim dos anos 70 até início dos anos 90, considerados a geração da liberdade e inovação, que cresceu com a tecnologia; e a geração Z, nascida entre 1992 e 2010, que vive na era da internet, sem limites de fronteiras geográficas e ao mesmo tempo sem intimidade relacional, uma geração ansiosa e que apresenta extrema necessidade de interação e exposição de opinião.

O grande desafio do professor é lidar com um público que vive em uma sociedade classificada por Zygmunt Bauman como líquida,[18] sem solidez e constantemente em mutação, ao passo que o direito se baseia em normas e preceitos rígidos e que visam à estabilização das relações sociais.

17.4 Teoria e práxis na formação universitária

O perfil institucional universitário desenhado na Constituição da República de 1988[19] como para a formação acadêmica do aluno universitário permite a indispensável conjugação entre teoria e práxis, binômio fundamental no curso de direito, tradicionalmente enquadrada no eixo das ciências socais aplicadas.

As transformações da sociedade nas últimas décadas impõem um constante repensar no papel da universidade brasileira, buscando a redefinição das práticas de ensino, pesquisa e extensão até então consolidadas, com maior oxigenação do ensino jurídico.

A implementação de ações voltadas à extensão universitária se revela de fundamental importância na trajetória de construção dos saberes acadêmicos, pois complementa o aprendizado e oferece aos alunos interações com a comunidade, contribuindo para o fortalecimento de competências e habilidades aplicadas e atentas às demandas sociais.

O fortalecimento da sociedade civil e, em especial para o mundo jurídico, da emergência de novos direitos e do progressivo reconhecimento de demandas de grupos

---

[18] BAUMAN, Zygmunt. *Modernidade líquida*. Rio de Janeiro: Jorge Zahar, 2001, *passim*.

[19] A Constituição da República Federativa do Brasil, de 5.10.1988, estabeleceu em seu art. 207 o chamado princípio da indissociabilidade entre ensino, pesquisa e extensão: "Art. 207. As universidades gozam de autonomia didático-científica, administrativa e de gestão financeira e patrimonial, e obedecerão ao princípio de indissociabilidade entre ensino, pesquisa e extensão".

até então excluídos ou invisíveis da sociedade[20] deflagraram a imperiosa necessidade de repensar as estruturas hoje vigentes para a garantia desses direitos, tendo em vista que a mera enunciação legal não implica necessariamente considerar que não há obstáculos à sua efetivação.[21]

É preciso aproximar as universidades da comunidade, de maneira a permitir a retroalimentação recíproca, uma vez que o mundo acadêmico se oxigena ao aplicar os saberes técnicos às exigências do meio social e a comunidade se beneficia dessas atividades.

Desse modo, as ações de extensão, de função inerente à universidade, permitem a articulação do ensino e pesquisa, triangularizando a indissociabilidade exigida pela Constituição de 1988.[22] Nessa linha, é preciso compreender que a extensão não pode ser reduzida de sua compreensão tradicional à disseminação de conhecimentos à população – através de cursos, conferências e seminários abertos ao público não universitário –, prestação de serviços – por meio de assistências e consultorias (a exemplo dos núcleos de práticas jurídicas), e de difusão cultural – por meio de eventos culturais, mas, sobretudo, as práticas de natureza extensionista devem ser encaradas como um processo contínuo entre a universidade e a sociedade, na qual a relação entre ambas permite a transformação e o progresso sociais, bem como o fortalecimento das instâncias democráticas.[23]

---

[20] Sobre o processo de multiplicação ou proliferação dos direitos do homem, comenta Norberto Bobbio: "Essa multiplicação (ia dizendo 'proliferação') ocorreu de três modos: a) porque aumentou a quantidade de bens considerados merecedores de tutela; b) porque foi estendida a titularidade de alguns direitos típicos a sujeitos diversos do homem; c) porque o próprio homem não é mais considerado como ente genérico, ou homem em abstrato, mas é visto na especificidade ou na concreticidade de suas diversas maneiras de ser em sociedade, como criança, velho, doente, etc. Em substância: mais bens, mais sujeitos, mais status do indivíduo" (BOBBIO. Norberto. *A era dos direitos*. Tradução de Carlos Nelson Coutinho. Apresentação de Celso Lafer. Rio de Janeiro: Elsevier, 2004. p. 63).

[21] A respeito da enorme defasagem entre a amplitude do debate teórico sobre os direitos do homem e os limites dentro dos quais se processa a efetiva proteção daqueles, alerta Norberto Bobbio: "Uma coisa é um direito; outra, a promessa de um direito futuro. Uma coisa é um direito atual; outra, um direito potencial. Uma coisa é ter um direito que é, enquanto reconhecido e protegido, outra é ter um direito que deve ser, mas que, para ser, ou para que passe do dever ser ao ser, precisa transformar-se, de objeto de discussão de uma assembleia de especialistas, em objeto de decisão de um órgão legislativo dotado de poder de coerção" (BOBBIO. Norberto. *A era dos direitos*. Tradução de Carlos Nelson Coutinho. Apresentação de Celso Lafer. Rio de Janeiro: Elsevier, 2004. p. 77).

[22] De acordo com a Política Nacional de Extensão Universitária, conceitua-se a extensão universitária da seguinte forma: "A Extensão Universitária, sob o princípio constitucional da indissociabilidade entre ensino, pesquisa e extensão, é um processo interdisciplinar, educativo, cultural, científico e político que promove a interação transformadora entre Universidade e outros setores da sociedade" (POLÍTICA Nacional de Extensão. *RENEX*. Disponível em: <http://www.renex.org.br/documentos/2012-07-13-Politica-Nacional-de-Extensao.pdf>. Acesso em: 5 dez. 2014).

[23] A preocupação com a promoção de ações de extensão não é recente, conforme se percebe do documento final emitido por ocasião do I Encontro de Pró-Reitores de Extensão de Universidades Públicas Brasileiras, realizado em 4 e 5.11.1987 em Brasília. Em síntese, destaca-se do referido documento: "A extensão universitária é o processo educativo, cultural e científico que articula o ensino e a pesquisa de forma indissociável e viabiliza a relação transformadora entre a universidade e a sociedade. A extensão é uma via de mão-dupla, com trânsito assegurado à comunidade acadêmica, que encontrará, na sociedade, a oportunidade da elaboração da práxis de um conhecimento acadêmico. No retorno à universidade, docentes e discentes trarão um aprendizado que, submetido à reflexão teórica, será acrescido àquele conhecimento. Este fluxo, que estabelece a troca de saberes sistematizados/acadêmico e popular, terá como consequência: a produção de conhecimento resultante do confronto com a realidade brasileira e regional; e a democratização do conhecimento acadêmico e a participação efetiva da comunidade na atuação da universidade. Além de instrumentalizadora deste processo dialético de teoria/prática, a extensão é um trabalho interdisciplinar que favorece a visão integrada do social" (I ENCONTRO Nacional do FORPROEX. *RENEX*. Disponível em: <http://www.renex.org.br/documentos/Encontro-Nacional/1987-I-Encontro-Nacional-do-FORPROEX.pdf>. Acesso em: 6 dez. 2014).

Nesta direção, reforça-se a importância da extensão na formação do aluno universitário, de modo a promover uma conscientização social capaz de transformá-lo num profissional conectado às demandas de sua comunidade. A respeito do assunto, já se afirmou:

> tem-se, hoje, como princípio, que para a formação do profissional cidadão é imprescindível sua efetiva interação com a sociedade, seja para se situar historicamente, para se identificar culturalmente e/ou para referenciar sua formação técnica com os problemas que um dia terá de enfrentar.[24]

Com vistas ao fortalecimento das práticas extensionistas, em maio de 2012, o Fórum de Pró-Reitores de Extensão das Universidades Públicas Brasileiras (Forproex) apresentou a Política Nacional de Extensão Universitária, que se baseia nas seguintes diretrizes para orientar a formulação e implementação das ações de extensão universitária: (a) interação dialógica; (b) interdisciplinaridade e interprofissionalidade; (c) indissociabilidade ensino-pesquisa-extensão; (d) impacto na formação do estudante e impacto e transformação social.[25]

17.4.1 O exemplo dos núcleos de prática jurídica e das clínicas de direitos fundamentais

A partir dos vetores acima expostos é que se deve guiar as ações concernentes à consecução da extensão universitária, de forma indissociável ao ensino e à pesquisa, bem como da promoção de valores fundamentais da sociedade brasileira, tais como justiça social, democracia e solidariedade. Nessa direção, portanto, é que se deve pautar o ensino do direito civil, de modo a prestar serviços à comunidade de forma humanizada, interdisciplinar e eficiente.

Um exemplo eficiente do contato do aluno com as demandas da sociedade e promotor de atividades na defesa dos direitos humanos e fundamentais se dá com as clínicas de direitos fundamentais criadas recentemente em algumas faculdades de direito. Essas clínicas se apresentam como espaço para debate e construção de novos mecanismos para proteção e promoção dos direitos fundamentais e se voltam à prestação não só de assessoria jurídica especializada, mas também de ações judiciais que envolvem demandas de interesse público, de grande repercussão social,[26] além de seminários, palestras, produções, estudos e publicações científicas, como é o caso

---

[24] PLANO Nacional de Extensão Universitária. *RENEX*. Disponível em: <http://www.renex.org.br/documentos/Colecao-Extensao-Universitaria/01-Plano-Nacional-Extensao/Plano-nacional-de-extensao-universitaria-editado.pdf>. Acesso em: 5 dez. 2014).

[25] POLÍTICA Nacional de Extensão. *RENEX*. Disponível em: <http://www.renex.org.br/documentos/2012-07-13-Politica-Nacional-de-Extensao.pdf>. Acesso em: 5 dez. 2014.

[26] Destaca-se a participação da Clínica UERJ de Direitos envolvendo direitos dos transexuais que atuou como *amicus curiae* na Ação Direta de Inconstitucionalidade – ADI nº 4.275, ajuizada pela Procuradoria-Geral da República, tendo por objeto o art. 58 da Lei nº 6.015/73 (Lei de Registros Públicos – LRP), que assim dispõe: "Art. 58, LRP. O prenome será definitivo, admitindo-se, todavia, a sua substituição por apelidos públicos notórios", e no Recurso Extraordinário – RE nº 845.779, em que foi reconhecida a Repercussão Geral, com origem em ação de reparação de danos ajuizada por transexual impedida de utilizar o banheiro feminino de um *shopping center*, em razão de ter o sexo biológico atribuído como masculino, embora identifique-se socialmente com o gênero feminino, ou seja,

da Clínica de Direitos Fundamentais da Faculdade de Direito da UERJ, da Clínica de Direitos Humanos da Amazônia – CIDHA e da Clínica dos Direitos Humanos Luiz Gama da Faculdade de Direito da USP.

Da mesma forma, a importante atuação dos escritórios modelos, em que os alunos desenvolvem a prática da advocacia e ajudam as camadas menos favorecidas da sociedade, as comunidades que ficam no entorno das faculdade, que apesar de poderem utilizar os serviços públicos de qualidade oferecidos pelo Estado por meio da Defensoria Pública, contribuem de forma significativa nos deslindes das questões jurídicas práticas em vários ramos, tais como direito de família, direito do trabalho, direito penal, direito do consumidor, entre outros. Os escritórios modelos das faculdades podem celebrar convênios com a própria Defensoria Pública e outros órgãos de assistência como Procon, a fim de facilitar a conciliação entre as partes e a resolução mais célere de conflitos.

A prática jurídica deve sempre dialogar com o ensino jurídico, propiciando a formação superior dos estudantes de direito e o aperfeiçoamento do tirocínio adquirido com as matérias dadas previamente.

As clínicas de direitos fundamentais e a assessoria jurídica universitária constituem, portanto, importantes instrumentos para uma educação jurídica voltada à efetivação dos direitos fundamentais da pessoa humana; além de permitirem uma maior aproximação da academia com a sociedade, possibilitando encarar o processo de educação como libertação, evitando a alienação dos discentes.

17.5 Do direito civil do homem médio ao direito civil da pessoa humana: novas pautas

A dogmática do direito civil não pode se afastar da promoção da pessoa humana, ao revés, deve direcionar os estudos à funcionalização das situações jurídicas patrimoniais e preponderância das situações jurídicas existenciais. A figura do sujeito de direito, do ser em abstrato, do homem considerado pelo padrão médio outrora vigente construído em uma perspectiva menos humanista do direito civil cede lugar à pessoa humana em concreto, que está no ápice do ordenamento jurídico. Por isso, a leitura do direito civil, como defende Gustavo Tepedino,[27] deve ser feita por um olhar voltado à inclusão social e à promoção dos interesses coletivos, dos direitos da personalidade, em especial, às pessoas vulneráveis,[28] que pelo princípio da dignidade da pessoa humana e da igualdade substancial merecem um tratamento diferenciado.

---

como mulher (PROJETOS. *Clínica de Direitos Fundamentais da Faculdade de Direito da UERJ*. Disponível em: <http://uerjdireitos.com.br/projetos/>. Acesso em: 10 jul. 2017).

[27] TEPEDINO, Gustavo. O papel atual da doutrina do direito civil entre o sujeito e a pessoa. TEPEDINO, Gustavo; TEIXEIRA, Ana Carolina Brochado; ALMEIDA, Vitor (Orgs.). *O direito civil entre o sujeito e a pessoa: estudos em homenagem ao professor Stefano Rodotà*. Belo Horizonte: Fórum, 2016. p. 17-35.

[28] "O conceito de vulnerabilidade (do latim vulnerabilis, 'que pode ser ferido', de vulnerare, 'ferir', de vulnus, 'ferida') refere-se a qualquer ser vivo, sem distinção, que pode, eventualmente, ser 'vulnerado' em situações contingenciais". Como ressaltado por Heloísa Helena Barboza, a vulnerabilidade é uma característica ontológica de todos os seres vivos, o que reforça a justificação da plena "tutela geral (abstrata) da pessoa humana, ontologicamente vulnerável, não só nas relações econômicas, como nas de consumo, mas em todas as suas relações, especialmente as de natureza existencial, e a tutela específica (concreta), de todos os que se encontrem em situação de desigualdade, por força de contingências (vulnerabilidade potencializada ou vulnerados), como forma de assegurar a igualdade e a liberdade, expressões por excelência da dignidade humana" (BARBOZA,

O direito civil não pode se afastar dos novos fatos sociais que entram no mundo dos fatos jurídicos e demandam uma interpretação à luz dos valores constitucionais. É o que ocorre com o surgimento de novas situações jurídicas decorrentes dos avanços tecnológicos (reprodução humana assistida, pesquisas envolvendo seres humanos, clonagem, prolongamento da vida etc.) e da identificação de um grupo de pessoas humanas que participam das situações jurídicas e que, além de serem vulneráveis, precisam de uma tutela diferenciada. Citam-se como exemplo as crianças e adolescentes, os consumidores, os idosos, as pessoas com deficiência e os transexuais.

Os quatro primeiros grupos de pessoas acima citados foram contemplados em legislações especiais, energicamente protetivas, por meio de normas de ordem pública e medidas protetivas hábeis à efetivação dos direitos fundamentais, papel antes desempenhado pelo Código Civil, mas que, cunhado em uma visão patrimonialista oitocentista e preso ao sujeito em abstrato, se tornou nitidamente insuficiente.

O Código de Defesa do Consumidor (Lei nº 8.078/1990) foi uma das importantes leis no estudo do direito civil, cuja *ratio* é reequilibrar as relações de consumo, seja reforçando a posição do consumidor, seja proibindo ou limitando certas práticas abusivas, para fins de salvaguardar os consumidores em uma relação jurídica marcada pelo desequilíbrio entre as partes. Da mesma forma, o Estatuto da Criança e do Adolescente, sistema aberto composto de regras e princípios, que visa à primazia do melhor interesse da criança e do adolescente (art. 227 da Lei Maior, com previsão no art. 4º e no art. 100, parágrafo único, II, da Lei nº 8.069 de 1990), e o Estatuto do Idoso (Lei nº 10.741/2003), que estabelece garantias de prioridade em favor pessoas com idade igual ou superior a 60 (sessenta) anos. Recentemente, o Estatuto da Pessoa com Deficiência (Lei nº 13.146/2015) veio fortalecer a Convenção sobre os Direitos da Pessoa com Deficiência e trouxe substancial alteração no Código Civil no que diz respeito aos institutos da capacidade civil, da curatela, além da consolidação de instrumentos para garantir a inclusão social das pessoas com deficiência.[29]

Os transexuais,[30] por sua vez, apesar de vulneráveis, não contam com uma lei específica, deixando à doutrina e à jurisprudência, enquanto inerte o legislador, a tarefa de resguardar seus direitos, muito embora, recentemente, atos normativos procurem garantir o chamado direito ao nome social,[31] [32] por meio, por exemplo, do Decreto

---

Heloísa Helena. Reflexões sobre a autonomia negocial. In: TEPEDINO, Gustavo; FACHIN, Luiz Edson (Coords.). *O direito e o tempo*: embates jurídicos e utopias contemporâneas. Rio de Janeiro: Renovar, 2008. p. 420).

[29] Sobre o assunto permita-se remeter a BARBOZA, Heloisa Helena; ALMEIDA JUNIOR, Vitor de Azevedo. A capacidade civil à luz do Estatuto da Pessoa com Deficiência. In: MENEZES, Joyceane Bezerra de (Org.). *Direito das pessoas com deficiência psíquica e intelectual nas relações privadas* – Convenção sobre os direitos da pessoa com deficiência e Lei Brasileira de Inclusão. Rio de Janeiro: Processo, 2016. p. 249-274. Cf., ainda, BARBOZA, Heloisa Helena; ALMEIDA JUNIOR, Vitor de Azevedo. A (in)capacidade da pessoa com deficiência mental ou intelectual e o regime das invalidades: primeiras reflexões. In: EHRHARDT JR., Marcos (Org.). *Impactos do Novo CPC e do EPD no direito civil brasileiro*. Belo Horizonte: Fórum, 2016. p. 205-228.

[30] Sobre o processo transexualizador, seja consentido remeter ao trabalho de BARBOZA, Heloisa Helena. *Procedimentos para redesignação sexual*: um processo bioeticamente inadequado. Rio de Janeiro: [s.n.], 2010. Disponível em: <http://arca.icict.fiocruz.br>. Acesso em: 20 jul. 2012.

[31] Em recente matéria publicada no dia 17.5.2016, das 63 universidades federais brasileiras, somente 13 não tinham nenhuma resolução interna a respeito do nome social (LEWER, Laura. 13 universidades federais não têm resolução para uso do nome social. *G1*, 17 maio 2016. Disponível em: http://g1.globo.com/educacao/noticia/14-universidades-federais-nao-tem-resolucao-para-uso-do-nome-social.ghtml>. Acesso em: 4 jan. 2017).

[32] A Resolução nº 7, de 7.6.2016, da OAB permite que advogados travestis e transexuais usem o nome social no registro da ordem, bem como na publicidade profissional que promover ou nos cartões e material de escritório de que se utilizar.

nº 43.065/2011 do estado do Rio de Janeiro e Decreto nº 8.727, de 28.4.2016, que dispõe sobre o uso do nome social e o reconhecimento da identidade de gênero de pessoas travestis e transexuais no âmbito da Administração Pública Federal direta, autárquica e fundacional.[33]

O ensino do direito civil deve se voltar, portanto, à interpretação da dogmática voltada à proteção da pessoa humana, à tutela do "ser em sociedade", em que se entende a pessoa como mediação entre a existência individual e coletiva.[34] É nessa dimensão que essas pessoas em desenvolvimento devem ser protegidas em sua integralidade no contexto sociocultural no qual se inserem.

Considerações finais: ensinar para emancipar

As profundas e incessantes transformações socioculturais experimentadas ao longo das últimas décadas têm desafiado o formador do direito a incutir em seus discentes a percepção da importância do conhecimento sedimentado e construído ao longo de toda tradição jurídica, mas atento às rupturas semânticas, estruturais e funcionais vivenciadas em institutos tradicionais, tais como a propriedade, a família e o contrato. Se tal empreitada já se revela difícil diante de uma sociedade que busca respostas rápidas e imediatas, na área do direito tal dificuldade se acentua, uma vez que acostumado a seu cômodo e perene espaço de continuidades e tradições tão arraigadas, se vê obrigada a conviver com um tempo de rupturas e inovações constantes.

É lugar comum afirmar-se que o direito não acompanha *pari passu* o mundo dos fatos, eis que em seu tradicional papel de manter a paz social, caberia somente regulamentar as situações após sua ocorrência social. Em outros termos, não caberia ao direito mover-se aos ventos da novidade, mas sim pautar suas prescrições após certa sedimentação das soluções mais razoáveis e adequadas aos casos que se apresentam na dinâmica social. Por outro lado, cabe a direito buscar soluções cada vez mais ágeis e céleres às situações, de modo a efetivamente dar respostas aos anseios sociais.

A tarefa do formador do direito não é somente transmitir conhecimento e técnica jurídica, mas colaborar com a formação geral do estudante em uma sociedade global, plural, tolerante e democrática, reforçando a necessidade de maior participação cívica e desenvolvimento da responsabilidade social, de modo a buscar de forma compartilhada a solução para os problemas contemporâneos. Em tempos movediços, de mudanças velozes e incessantes, a tarefa de ensinar para emancipar parece demasiadamente inglória, mas necessária diante da obrigação de reforçar a coesão social de maneira a efetivar a proteção integral da pessoa humana, que se encontra inserida na complexa teia social, promovendo a liberdade e a igualdade substancial como valores sociais maiores a serem perseguidos, concretizando, portanto, a dignidade humana.

---

[33] "Art. 1º [...] Parágrafo único. Para os fins deste Decreto, considera-se:
I - nome social - designação pela qual a pessoa travesti ou transexual se identifica e é socialmente reconhecida; e
II - identidade de gênero - dimensão da identidade de uma pessoa que diz respeito à forma como se relaciona com as representações de masculinidade e feminilidade e como isso se traduz em sua prática social, sem guardar relação necessária com o sexo atribuído no nascimento".

[34] RODOTÁ, Stefano. *Dal soggetto alla persona*. Napoli: Edizioni Scientifiche Italiane, 2007. p. 37-38.

Nessa perspectiva, realça Zygmunt Bauman que "é preciso uma educação permanente para dar a nós mesmos a possibilidade de escolher. Mas temos ainda mais necessidade de salvar as condições que tornam as escolhas possíveis e ao nosso alcance".[35]

Informação bibliográfica deste texto, conforme a NBR 6023:2002 da Associação Brasileira de Normas Técnicas (ABNT):

Paula Moura Francesconi de Lemos Pereira; ALMEIDA, Vitor. Os desafios do ensino democrático e inclusivo do direito civil. In: TEPEDINO, Gustavo; TEIXEIRA, Ana Carolina Brochado; ALMEIDA, Vitor (Coord.). *Da dogmática à efetividade do Direito Civil*: Anais do Congresso Internacional de Direito Civil Constitucional – IV Congresso do IBDCivil. 2. ed. rev., ampl. e atual. Belo Horizonte: Fórum, 2019. p. 287-300. ISBN 978-85-450-0545-2.

---

[35] PORCHEDDU, Alba. Zygmunt Bauman: entrevista sobre a educação. Desafios pedagógicos e modernidade líquida. Tradução de Neide Luzia de Rezende e Marcello Bulgarelli. *Cadernos de Pesquisa*, São Paulo, v. 39, n. 137, maio/ago. 2009. p. 682.

PARTE II

Concurso de Trabalhos Acadêmicos em homenagem ao Centenário do Código Civil de 1916 – I Prêmio Clóvis Beviláqua

Categoria Profissional

CAPÍTULO 1

DOGMÁTICA E EFETIVIDADE: O PAPEL DA CIVILÍSTICA NO DESBRAVAMENTO DE ESPAÇOS DE LIBERDADES

ANDRÉ LUIZ ARNT RAMOS

Introdução

O compromisso da civilística brasileira com os valores constitucionais, mesmo consideradas posições alinhadas às concepções clássicas do direito civil e as variadas vertentes críticas às perspectivas do chamado direito civil-constitucional, é indubitável. Múltiplos são os trabalhos voltados a, segundo variados pontos de partida e visões de mundo, defender novos ou velhos valores fundamentais na seara civil, à vista de seu *Leitmotiv*: a dignidade humana. Não obstante este compromisso assumido e levado a efeito pela dogmática no plano enunciativo, sua efetivação, no complexo contexto da contemporaneidade, carece ainda de atuação incisiva por parte dos autores especializados, sobretudo no que diz respeito à abertura e à preservação de espaços de liberdades, nos quais se permita às pessoas realizar, por si mesmas, a dignidade que lhes é reconhecida (não concedida) pela ordem constitucional e pelos destinatários das normativas oficiais de um modo geral.

Este trabalho propõe a indicação, no contexto da travessia realizada pelo direito brasileiro entre os modelos de Estado de Direito e de Estado Constitucional, do principal desafio à concretização de espaços de liberdades indispensáveis à concretização da autêntica dignidade da pessoa humana, para, posteriormente, indicar caminhos possíveis para sua superação, mediante atuação progressiva da civilística contemporânea, de modo a tornar reais e efetivas as enunciações levadas a efeito no plano dogmático.

1.1 O problema em contexto: ângulos e parâmetros da ascendência do Estado Constitucional. A renovação da dogmática e sua necessária efetividade

A fragilidade humana frente ao Estado e seus mecanismos institucionais foi posta a desnudo pelas turbulentas experiências que marcaram o século XX. A ascensão e a queda dos totalitarismos abalaram as calibragens entre poder e direito, entre *voluntas* e *ratio*, próprias do modelo[1] moderno de Estado de Direito. Desafiaram, então, a formulação de uma nova resposta, conquanto provisória, para esta tensão que atravessa toda a cultura político-jurídica ocidental.[2] Esta, no clima histórico do segundo pós-guerra, emergiu como um novo constitucionalismo, pautado por valores substantivos[3] informadores de uma recompreensão da própria noção de democracia, agora impassível – em contraste a suas acepções procedimentais –[4] de redução ao princípio majoritário. Exsurgia, então, um renovado desenho constitucional, fundado na convicção de que "a democracia é a consequência organizacional da dignidade humana, não mais, nem menos"[5] e, por simetria, articulado numa "democracia que se realiza com a promoção dos direitos fundamentais e invioláveis da pessoa".[6]

Este novo modelo de organização política, no bojo do Estado Moderno europeu, é que faz rebrotar a supremacia constitucional como garantia de limite, de inviolabilidade de uma esfera de decisões fundamentais. Isto no sentido de, após a guerra, "implementar uma virada radical, para assegurar a todos que agora existiria uma lei fundamental capaz de impedir que se reafirmassem, no futuro, as condições para um retorno ao

---

[1] "Modelo constitucional", conquanto não corresponda exatamente a uma expressão valorativa, comporta pontual esclarecimento: "Por 'modelo constitucional', queremos dizer o conjunto de crenças médias, dos intérpretes, da classe política e dos cidadãos, a determinar a vida concreta da Constituição, dando-lhe significado". (FIORAVANTI, M. La transformazione del modello costituzionale. *Studi Storici*, Roma: Carocci, ano 42, n. 4, p. 813-825, out./dez. 2001. p. 814). Tradução livre. No original: "Per 'modello costituzionale' intendiamo quel l'insieme di convinzioni medie, degli interpreti, della classe politica, degli stessi cittadini, che determinano la vita concreta della Costituzione, attribuendole un significato prevalente".

[2] Cf. COSTA, P. Democracia política e estado constitucional. Tradução de Érica Hartmann. In: COSTA, P. *Soberania, representação, democracia*: ensaios sobre a história do pensamento jurídico. Curitiba: Juruá, 2010. p. 235.

[3] "Algum limite substancial, com efeito, é necessário para a sobrevivência de qualquer democracia. Sem limites relativos aos conteúdos das decisões legítimas, uma democracia *não pode* (ou, ao menos, *pode não*) sobreviver. Em teoria, sempre é possível que, com métodos democráticos, suprima-se, por maioria, os próprios métodos democráticos: não apenas os direitos de liberdade e os direitos sociais, mas também os direitos políticos, o pluralismo político, a divisão de poderes, a representação. Em outras palavras: todo o sistema de regras que constitui a democracia política". (FERRAJOLI, L. Democracia constitucional y derechos fundamentales. La rigidez de la constitución y sus garantías. In: FERRAJOLI, L.; MORESO, J. J.; ATIENZA, M. *La teoria del derecho en el paradigma constitucional*. 2. ed. Madri: Fundación Coloquio Jurídico Europeo, 2009. p. 79). Tradução livre. No original: "Sin limites relativos a los contenidos de las decisiones legítimas, una democracia *no puede* (o al menos *puede no*) sobrevivir. En teoría, siempre es posible que con métodos democráticos se supriman, por mayoría, los propios métodos democráticos: no sólo los derechos de libertad y los derechos sociales, sino también los derechos políticos, el pluralismo político, la división de los poderes, la representación, en otras palabras, todo el sistema de reglas que constituye la democracia política".

[4] V. FERRAJOLI, L. Democracia constitucional y derechos fundamentales. La rigidez de la constitución y sus garantías. In: FERRAJOLI, L.; MORESO, J. J.; ATIENZA, M. *La teoria del derecho en el paradigma constitucional*. 2. ed. Madri: Fundación Coloquio Jurídico Europeo, 2009. p. 75.

[5] HÄBERLE, P. Die europäische Verfassungsstaatlichkeit. *Kritische Vierteljahresschrift für Gesetzgebung und Rechtswissenschaft*. Baden-Baden: Nomos, v. 78, n. 3, p. 298-312, 1995. Tradução livre. No original: "Demokratie ist die organisatorische *Konsequenz* der Menschenwürde, nicht mehr, aber auch nicht weniger".

[6] COSTA, P. Democracia política e estado constitucional. Tradução de Érica Hartmann. In: COSTA, P. *Soberania, representação, democracia*: ensaios sobre a história do pensamento jurídico. Curitiba: Juruá, 2010. p. 235.

recente passado ditatorial".[7] O direito brasileiro também se insere nesta travessia, ainda que, por contingências históricas, o afloramento do Estado Constitucional, ao menos na dimensão formal, tenha operado apenas com a redemocratização e a promulgação da Constituição Federal de 1988.

Assim, ainda nos esquadros do Estado Moderno, vislumbram-se quatro diferenças bastante substantivas entre o ascendente Estado Constitucional e o descendente Estado Nacional de Direito,[8] as quais, longe de aniquilar dúvidas, inauguram um novo patamar de problemas para estudiosos e operadores do direito em geral.

O primeiro contraste diz com o vértice do ordenamento, colonizado por enunciados de baixa densidade normativa e elevada carga axiológica, os quais, carentes de hipótese de incidência, escapam à mecânica subsuntiva das regras[9] e dependem, por isso mesmo, da atuação progressiva do legislador ou do juiz.[10] Os princípios, cláusulas gerais e enunciados veiculadores de conceitos jurídicos indeterminados, então, afiguram-se como âncoras da justiça individual, posto que "visam a deixar aberta a solução para um conflito de interesses a ser objeto de decisão pelo aplicador, mediante a consideração das razões privilegiadas pelos princípios que entrarem concretamente em conflito".[11] [12]

---

[7] FIORAVANTI, M. Público e privado: os princípios fundamentais da Constituição Democrática. *RFDUFPR*, n. 58, p. 11, 2013.

[8] "Com estas fórmulas, indicam-se tipos ideais que somente ostentam clareza conceitual na medida em que descontadas aproximações, contradições e incompatibilidades por si não contempladas". (ZAGREBELSKY, G. *El derecho dúctil*: ley, derechos, justicia. Madrid: Trotta, 2011. p. 21). Tradução livre. No original: "Con estas fórmulas se indican tipos ideales que sólo son claros conceptualmente, porque en el desarrollo real de los hechos deben darse por descontado aproximaciones, contradicciones, contaminaciones y desajustes temporales que tales expresiones no registran. Éstas, no obstante, son útiles para recoger a grandes rasgos los caracteres principales de la sucesión de las etapas históricas del Estado moderno".

[9] O significante *subsunção*, por ser facilmente associável a uma superada abordagem formalista do fenômeno jurídico, tem seus sentido e extensão não raro bastante esgarçados. Seu emprego, aqui, não se dá em caráter avaliativo (para mal ou bem), mas apenas como indicativo da aplicação de determinada expressão que ordena, proíbe ou permite certa conduta a determinado evento concreto, situado no tempo e no espaço, e protagonizado por indivíduos (cf. BULYGIN, E. Los jueces ¿crean derecho?. *Isonomía,* Ciudad de México: Itam, n. 18, p. 11-13, ab. 2003).

[10] A propósito, sem embargo de estar-se a dizer o óbvio: "Os padrões constitucionais de validade substancial são identificáveis com a proteção de direitos fundamentais, como o princípio da igualdade, a imanente dignidade da pessoa humana, variados direitos civis e políticos, bem como os 'direitos de bem-estar', como os direitos à saúde, à educação, à assistência social e assim sucessivamente". (PINO, G. The place of legal positivism in contemporary constitutional states. *Law and Philosophy*, Heidelberg: Springer, v. 18, n. 5, p. 530, set. 1999). Tradução livre. No original: "The constitutional standards of substantive validity are mainly identifiable with the protection of fundamental rights, such as the principle of equality, the immanent dignity of the human being, various civil and political rights, as well as 'welfare rights', such as the right to health, to education, to social assistance and so on". No mesmo sentido, cf. MORAES, M. C. Bodin de. A utilidade dos princípios na aplicação do direito. *Civilística.com*, ano 2, n. 1, p. 2, 2013. Acesso em: 17.05.2016.

[11] ÁVILA, H. Princípios e regras e a segurança jurídica. *RDE*, Rio de Janeiro: Renovar, ano 1, n. 1, jan./mar. 2006. p. 197.

[12] Isto porque – conquanto a transcrição diga mais com a noção de derrotabilidade normativa à luz da teoria do direito contemporâneo – "uma vez incorporados os princípios às constituições com mais elevado grau de normatividade, eles passam a exercer um 'efeito de irradiação' sobre o ordenamento jurídico e, dessa maneira, atuam como as razões mais relevantes para a justificação das decisões que julgam contrariamente a aplicação de determinada norma jurídica em situações nas quais ela deveria se aplicar ordinariamente". (BUSTAMANTE, T. R. Conflictos normativos y decisiones *contra legem*: una explicación de la derrotabilidad normativa a partir de la distinción entre reglas y principios. *DOXA: Cadernos de Filosofia del Derecho*, v. 33, p. 88, 2010). Tradução livre. No original: "Una vez incorporados los principios a las constituciones con el más elevado grado de normatividad, ellos pasan a ejercer un «efecto de irradiación » sobre el ordenamiento jurídico y de esa manera actúan como las razones más relevantes para la justificación de las decisiones que juegan en contra de la aplicación de una determinada norma jurídica en situaciones en las que debería ser aplicada ordinariamente".

A consagração da supremacia constitucional e o emprego de enunciados abertos pelos redatores das leis fundamentais determinam alteração profunda nas relações entre legislação e jurisdição,[13] sem que se possa falar, como antes, no modelo de Estado de Direito, em patologias decorrentes de infringências à separação de poderes. Franqueia-se espaço, pois, a formulação de juízo de realidade quanto ao efetivo caráter criativo do exercício da interpretação e da judicatura,[14] e de juízo de valor, quanto à salubridade e a normalidade da criação judicial do direito, dentro de determinados limites.[15] Mais que isso: a lei, expressão máxima da juridicidade no Estado de Direito, torna-se submissa à normatividade constitucional,[16] pelo que o princípio da legalidade – e seus desdobramentos, sobretudo na seara da segurança jurídica – sofre grandes e profundos abalos.[17] Assim: "Em Estados Constitucionais, portanto, a legislação mesma está *sub lege*, o que tolhe a aceitabilidade do *dogma* do legislador onipotente".[18]

Nesta esteira, o princípio da igualdade preserva sua primazia, mas tem elasticidos seus limites, bem como substituído seu centro de gravitação: no lugar do indivíduo da tradição oitocentista, entra a pessoa concretamente situada.[19] Vale dizer: sob os auspícios da promoção dos direitos da pessoa e de sua colocação em patamar de dignidade social, afirmam-se a intangibilidade das liberdades pessoais e os direitos de feição social. Esta aparente duplicidade se reconduz a uma única matriz, afinada no diapasão de uma nova concepção do sujeito de direito e do princípio da igualdade,[20] o qual determina que "não somente 'todos' os direitos devem ser garantidos; estes devem ser também garantidos a todos",[21] a transparecer que se tenta superar a contradição entre uma igualdade formal e as concretas discriminações.

---

[13] É que o emprego de princípios e outros enunciados de baixa densidade normativa à resolução de casos concretos "deve obedecer a critérios específicos que visam a diminuir a arbitrariedade mediante a introdução de estruturas argumentativas intersubjetivamente controláveis". (ÁVILA, H. Princípios e regras e a segurança jurídica. *RDE*, ano 1, n. 1, jan./mar. 2006. p. 197).

[14] Cf. ORRÙ, G. *Richterrecht*: il problema della libertà e autorità giudiziale nella dottrina tedesca contemporanea. Milão: Giuffrè, 1983. p. 13.

[15] Cf. BULYGIN, E. Los jueces ¿crean derecho?. *Isonomía*, n. 18, p. 25, ab. 2003.

[16] V. ZAGREBELSKY, G. *El derecho dúctil*: ley, derechos, justicia. Madrid: Trotta, 2011. p. 39.

[17] A propósito: "Com efeito, a novidade que o constitucionalismo introduz na estrutura das democracias é que também o supremo poder legislativo se encontra juridicamente regulado e limitado, não apenas no que respeita às formas, que garantem a afirmação da vontade da maioria, mas também à substância de seu exercício, vinculado ao respeito de normas constitucionais específicas, como o princípio da igualdade e os direitos fundamentais". (FERRAJOLI, L. Democracia constitucional y derechos fundamentales. La rigidez de la constitución y sus garantías. In: FERRAJOLI, L.; MORESO, J. J.; ATIENZA, M. *La teoria del derecho en el paradigma constitucional*. 2. ed. Madri: Fundación Coloquio Jurídico Europeo, 2009. p. 78). Tradução livre. No original: "En efecto, la novedad que el constitucionalismo introduce en la estructura de las democracias es que también el supremo poder legislativo se encuentra jurídicamente regulado y limitado, no sólo en lo que respecta a las formas, que garantizan la afirmación de la voluntad de la mayoría, sino también a la sustancia de su ejercicio, vinculado al respeto de normas constitucionales específicas, como el principio de igualdad y los derechos fundamentales".

[18] PINO, G. The place of legal positivism in contemporary constitutional states. *Law and Philosophy*, v. 18, n. 5, p. 513-535, set. 1999. p. 529. Tradução livre. No original: "In a constitutional state, then, legislation itself is *sub lege*, which no longer renders acceptable the 'dogma' of the omnipotent legislator".

[19] V. FIORAVANTI, M. Público e privado: os princípios fundamentais da Constituição Democrática. *RFDUFPR*, n. 58, p. 7-24, 2013. p. 12-13.

[20] Cf. FIORAVANTI, M. Público e privado: os princípios fundamentais da Constituição Democrática. *RFDUFPR*, n. 58, p. 7-24, 2013. p. 12.

[21] COSTA, P. A democracia após os 'totalitarismos' – a democracia constitucional na segunda metade do século XX. In: COSTA, P. *Poucos, muitos, todos*: lições de história da democracia. Tradução de Luiz Ernani Fritoli. Curitiba: Editora da UFPR, 2012. p. 282.

Enfim, a normatividade dos textos constitucionais, sobretudo os de maior carga valorativa, no Estado Constitucional, ganha sentido não apenas em relação ao direito interno, mas igualmente no plano supranacional, o qual também é timbrado pelo papel ativo e protagonista da jurisdição,[22] amplamente revelado pelos crescentes diálogo e integração entre a Corte Interamericana de Direitos Humanos e as Cortes Supremas de Estados Sul-Americanos,[23] a representar uma significativa diluição das fronteiras nacionais, no sentido de consolidação progressiva de valores fundamentais comuns, que orbitam em torno da pessoa concreta e historicamente situada (e não de uma figura abstrata e intangível, como o sujeito de direito da tradição iluminista, a soberania ou o interesse público).

A convergência destas quatro viragens no contexto da transição do modelo de Estado de Direito ao de Estado Constitucional, sobretudo na forte tônica nos intangíveis valores da pessoa e na fiança em enunciados de baixa densidade normativa, a demandar, para alcançar concretude, precisão de sentido na resolução de casos concretos,[24] põe em evidência o problema fundamental que se coloca à teoria e à prática do direito na contemporaneidade: o de encontrar um *ponto de equilíbrio* entre legislação e jurisdição.[25] Isso, porque, se de um lado, o exagero de disposições regulamentares trai a segurança formal que com elas se pretende, em função do fenômeno conhecido como *gincana de regras*,[26] de outro, "os princípios têm um rosto de Jânus: se por um lado, visam a reduzir a discricionariedade judicial nos casos difíceis; por outro, podem servir de base para uma atuação judicial sujeita a parâmetros jurídicos muito tênues".[27] Este e os demais desafios colocados pelo advento do referido modelo arrostam o jurista e clamam pela enunciação de soluções aceitáveis, que não traiam ideais de justiça e de segurança.[28]

Destarte, sem que a legislação perca sua essencialidade ao processo democrático, a jurisdição alcança o mesmo patamar, especialmente na condição de esfera deliberativa

---

[22] V. COSTA, P. A democracia após os 'totalitarismos' – a democracia constitucional na segunda metade do século XX. In: COSTA, P. *Poucos, muitos, todos*: lições de história da democracia. Tradução de Luiz Ernani Fritoli. Curitiba: Editora da UFPR, 2012. p. 281 e ss.

[23] Cf. SILVA, V. A. Integração e diálogo constitucional na América do Sul. In: BOGDANDY, A.; PIOVESAN, F.; ANTONIAZZI, M. M. (Orgs.). *Direitos humanos, democracia e integração jurídica na América do Sul*. Rio de Janeiro: Lumen Juris, 2010. p. 515-530.

[24] V. BRAITHWAITE, J. Rules and principles: a theory of legal certainty. *AJLP*, Sidney: Australian Society of Legal Philosophy, n. 27, p. 47-82, 2002. p. 49 e ss.

[25] A propósito: "Hoje, ainda com maior ênfase, a ética da confiança no direito positivado a equilibrar-se com a estabilidade de entendimentos jurisdicionais, os quais, por si só, se imutáveis indefinidamente ou mutáveis imotivada ou constantemente também geram insegurança. Tal temperamento passa pelo rigor da fundamentação racional das decisões e alcança o sentido da segurança não apenas como garantia de legítimas expectativas, mas também como incidência material da legalidade constitucional". (FACHIN, L. E. *Direito civil*: sentidos, transformações e fim. Rio de Janeiro: Renovar, 2015. p. 17).

[26] "Ao invés de restringir as possibilidades de aplicação com a criação de uma regulação cada vez mais precisa e específica, a proliferação de regras permite que qualquer atitude encontre um texto normativo para servir-lhe de justificação. Desta maneira, fica impossível controlar efetivamente o comportamento de seus destinatários. Como numa gincana de colégio, é possível partir de um determinado comportamento ou fato para tentar encontrar uma regra que o justifique, ou seja, que permita concluir por sua licitude à luz do direito. Por este motivo, somos levados a imaginar que talvez seja necessário pensar em maneiras diferentes de desenhar as instituições para obter segurança jurídica". (RODRIGUES, J. R. Por um novo conceito de segurança jurídica: racionalidade judicial e estratégias legislativas. *Analisi e Diritto*, Madrid: Marcial Pons, p. 129-152, 2012. p. 136).

[27] BRANDÃO, R. *Supremacia judicial* versus *diálogos constitucionais*: a quem cabe a última palavra sobre a Constituição? Rio de Janeiro: Lumen Juris, 2012. p. 61.

[28] Cf. PÉREZ LUÑO, A. E. La seguridad jurídica: una garantía del derecho y la justicia. *Boletín de la Facultad de Derecho de la UNED*, Madrid: UNED, n. 15, p. 25-38, 2000. p. 32-33.

contramajoritária e protetiva dos valores substantivos decididos pelo *povo* da Constituição,[29] de modo que o princípio democrático se realiza também no ato de fundamentação da sentença pelo magistrado, pois, como dito, o princípio majoritário não mais se esgota na representação política; antes, diz respeito à preservação da intangibilidade dos referidos valores substantivos. É que, ainda no calor dos incêndios autocráticos dos novecentos, constatou-se que os direitos fundamentais poderiam ser colocados em risco pela própria "democracia", pelo que, no bojo da assim chamada *moralização* dos textos constitucionais,[30] confiou-se a tutela dos direitos fundamentais a instituições contramajoritárias.[31]

Todas estas transformações colocam em evidência o problema do sentido atribuído à segurança jurídica e, especialmente, da maneira com que ela se realiza na teoria e na prática do direito contemporâneo. Por simetria, lança luzes sobre os desafios inerentes à promoção da razão de ser da própria ideia de segurança *no* direito: a liberdade da pessoa humana, cuja efetividade imprescinde, como se verá, da atuação proativa e intransigente da literatura jurídica.

1.2 Direito civil, Constituição e os desafios da civilística brasileira contemporânea

A consolidação de modelo de organização política erigido segundo a fôrma do Estado Constitucional impacta, diretamente, na narrativa que circunda e dá sustentação ao ordenamento jurídico. Valoriza, ao menos no plano enunciativo, a construção de novas concepções de bem, ancoradas em consensos pretensamente estabelecidos em torno de determinadas ideias, bem como da difusão de compromissos em relação à perpetuação delas. É dizer: para além de recalibrar um aspecto imperial ou autoritativo, que remete à força subjacente às normativas estatais de um modo geral, renova o componente paidético do fenômeno jurídico em âmbito oficial, a não só qualificar a pessoa e sua dignidade, como também permitir que ela se situe no universo normativo.[32] O estabelecer deste diapasão, determinante da afinação, em seu tom, dos discursos inerentes à teoria e à prática do direito, opera-se pela via do enfeixamento das quatro viragens acima delimitadas, na travessia marginada pelos modelos de Estado de Direito e de Estado Constitucional.

---

[29] Os direitos desempenham novo papel – não mais se colocam como expressão da vontade do Estado, mas como fundamento e condição de legitimidade do ordenamento. "Não estamos diante de uma reedição dos jusnaturalismo, porque os direitos de que falamos são direitos enunciados por um preciso texto jurídico-positivo, como a constituição. [...] Enquanto fundamentos do ordenamento, aqueles direitos parecem imutáveis, não modificáveis por golpes de maioria subtraídos ao campo do decidível". (COSTA, P. A democracia após os 'totalitarismos' – a democracia constitucional na segunda metade do século XX. In: COSTA, P. *Poucos, muitos, todos*: lições de história da democracia. Tradução de Luiz Ernani Fritoli. Curitiba: Editora da UFPR, 2012. p. 283-284).

[30] No sentido de infiltração, nas leis fundamentais, de diretrizes antes particulares à moral ou à ética e não, propriamente, ao direito.

[31] V. BRANDÃO, R. *Supremacia judicial* versus *diálogos constitucionais*: a quem cabe a última palavra sobre a Constituição? Rio de Janeiro: Lumen Juris, 2012. p. 56; e BUSTAMANTE, T. R. *Teoria do precedente judicial*: a justificação e a aplicação de regras jurisprudenciais. São Paulo: Noeses, 2012. p. 94.

[32] Cf. COVER, R. The Supreme Court, 1982 Term. Foreword: Nomos and Narrative. *Yale Faculty Scholarship Series*, New Haven: Yale Faculty Scholarship Series, paper 2705, p. 10-15.

Mas a consecução do compromisso constitucional de promoção e tutela das potencialidades da pessoa não prescinde da atuação progressiva da comunidade jurídica especializada, sobretudo na seara do direito privado, dada sua tradicional vocação à tutela e promoção dos valores da pessoa.[33] Isto nos limites das mudanças holísticas havidas no próprio direito civil, que toma ciência de seu pertencimento (e de sua subserviência) a um ordenamento constitucional, para chamar a si uma perspectiva funcional própria, referenciada pela principiologia axiológica de índole constitucional, a conformar-lhe, efetivamente e na acepção contemporânea, em "espaço privilegiado para a proteção da pessoa",[34] no qual se valoriza menos a estrutura que a função.[35]

Assim, no novo colorido do Estado Constitucional (em oposição à mesmice do Estado Legislativo), o despertar dos civilistas para o fato de que a centralidade do direito civil migrou para a Constituição produz a tomada de consciência para a releitura de seus institutos fundamentais à luz dos valores constitucionais, sobretudo o da dignidade da pessoa concretamente situada – esta é, afinal, a grande tônica das democracias constitucionais da segunda metade do século XX, conforme esmiuçado na seção anterior. Via de consequência, a ênfase na autonomia do sujeito em abstrato, própria do legado do sistema oitocentista, cede espaço à promoção dos interesses da pessoa humana.[36] Vale dizer: para além do advento de um renovado direito constitucional positivo (a integrar a constituição formal do direito civil), ganham força a principiologia axiológica de índole constitucional (conformadora da constituição substancial) e a atividade hermenêutica centrada na atribuição de sentido aos significantes que integram o governo jurídico das relações interprivadas, à vista não só das normativas constitucionais e infraconstitucionais, mas também da força confessadamente jurígena dos fatos (constituição – *rectius*: constitucionalização – prospectiva).[37] Daí se afirmar que:

> Nesse sentido, parte-se do pressuposto de que o direito é, sim, um sistema e, portanto, demanda para seu funcionamento coerência e harmonia entre seus diversos elementos,

---

[33] AMARAL NETO, F. S. A autonomia privada como princípio fundamental da ordem jurídica: perspectivas estrutural e funcional. *RIL*, Brasília: Senado Federal, ano 26, n. 102, p. 207-230, abr./jun. 1999.

[34] CORTIANO JUNIOR, E. As quatro fundações do direito civil: ensaio preliminar. *RFDUFPR*, Curitiba: UFPR, v. 45, p. 99-102, 2006. p. 102.

[35] "Do Direito Civil aos direitos civis fundamentais, a estrutura cede passo à função. O estatuto jurídico do patrimônio redimensiona-se, sem perder a essência, embora ontologicamente se reinsira como outra terra na Constituição". (FACHIN, L. E. *Direito civil*: sentidos, transformações e fim. Rio de Janeiro: Renovar, 2015. p. 95). Ainda: "A função corresponde aos interesses que um certo Instituto pretende tutelar, e é, na verdade, o seu elemento de maior importância, já que determina, em última análise, os traços fundamentais da estrutura". (SCHREIBER, A. Função social da propriedade na prática jurisprudencial brasileira. In: SCHREIBER, A. *Direito civil e Constituição*. São Paulo: Atlas, 2013. p. 245-246).

[36] "O reconhecimento da possibilidade de os direitos fundamentais operarem sua eficácia nas relações interprivadas é, talvez, o cerne da denominada constitucionalização do Direito Civil. A Constituição deixa de ser reputada simplesmente uma carta política, para assumir uma feição de elemento integrador de todo o ordenamento jurídico [...]. Perde sentido o binário interioridade-exterioridade dos direitos fundamentais, que adquirem, também, feição prestacional. [...] Os três pilares de base do Direito Privado – propriedade, família e contrato – recebem nova leitura, que altera suas configurações, redirecionando-os de uma perspectiva fulcrada no patrimônio e na abstração para outra racionalidade que se baseia no valor da dignidade da pessoa. De fato, modelos e conceitos não são o verdadeiro objeto do direito, mas, apenas, seu instrumento". (FACHIN, L. E.; RUZYK, C. E. P. Direitos fundamentais, dignidade da pessoa humana e o novo Código Civil: uma análise crítica. In: SARLET, I. W. (Org.). *Constituição, direitos fundamentais e direito privado*. Porto Alegre: Livraria do Advogado, 2003. p. 99).

[37] A respeito da tríplice constituição do direito civil, ver: FACHIN, L. E. *Direito civil*: sentidos, transformações e fim. Rio de Janeiro: Renovar, 2015.

mas o sistema do direito não é fechado, ou axiomático, pautado pela lógica formal e pela neutralidade dos enunciados, como se pretendera sob uma perspectiva hermética e autorreferenciada, de matriz positivista. Trata-se de um sistema aberto, em constante estado de complementação e evolução em razão da provisoriedade do conhecimento científico e, principalmente, dos próprios valores fundamentais da ordem jurídica [...]. Por conta disso, o sistema permite – *rectius*, exige – a sua constante renovação por meio da introdução de elementos extraídos da realidade social.[38]

Destarte, o estabelecimento de *inputs* e *outputs* entre codificação, Constituição e fatos, põe-se como de índole dialógica, a qual abarca e encoraja a renovação dos significantes empregados no discurso jurídico (*e.g.*: relação jurídica, família, responsabilidade civil, empresa, propriedade e posse), à luz da axiologia constitucional e da ampliação de espaços de liberdades (civis e econômicas) que desobstruem o desenvolvimento das potencialidades individuais de todos e de cada um.[39] Isto sem que se eliminem os sentidos inseridos no Código, os quais, então, submetem-se a um verdadeiro rejuvenescimento interno.[40] Daí se franqueia espaço ao erigir de um novo sentido do direito civil, pela via do esforço da civilística:

> Tratar da configuração clássica do sujeito e das transformações conceituais pelas quais o sujeito passou constitui uma tentativa de localizar, nestes dois últimos séculos, o indivíduo abstratamente considerado, elevado ao patamar da juridicidade no que se designou como sujeito. Ao final do século XX, portanto, séculos depois da vigência do estatuto moderno fundamental da apropriação dos bens, da titularidade e do sujeito – o Código Civil napoleônico –, esboça-se uma tentativa de superação do sujeito abstrato, com a construção do sujeito concreto, agregando-se àquela noção de cidadania. Eis aí o porvir do Direito Civil.[41]

Neste passo, não se está a conceder uma *nova vulgarização*, consistente em "entrega ao Direito emotivamente criado pelos juízes, sem controle de legalidade e justificado em menores argumentos de conveniente equidade, quando não de propaganda" –[42] também alcunhada de *carnavalização do direito*.[43] Ao contrário (e é aqui que o desafio a que se

---

[38] KONDER, C. N. Distinções hermenêuticas da constitucionalização do direito civil: o intérprete na doutrina de Pietro Perlingieri. *Revista da Faculdade de Direito da Universidade Federal do Paraná*, Curitiba: UFPR, v. 60, n. 1, p. 193-213, jan./abr. 2015. p. 199.

[39] Cf. TEPEDINO, G. O Supremo Tribunal Federal e a Virada de Copérnico. *RBDC*, v. 4, p. 5-8, abr./jun. 2015. p. 6. Disponível em: <https://www.ibdcivil.org.br/image/data/revista/volume4/01---rbdcivil-volume-4---editorial.pdf>. Acesso em: 10 jul. 2015.

[40] V. MONTEIRO, A. P. Interpretação e o protagonismo da doutrina. *RFDC*, Belo Horizonte: Fórum, ano 4, n. 10, p. 291-307, set./dez. 2015. p. 292.

[41] FACHIN, L. E. *Teoria crítica do direito civil*: à luz do novo Código Civil brasileiro. 3. ed. rev. e atual. Rio de Janeiro: Renovar, 2012. p. 207.

[42] PERERA, A. C. *El derecho civil*: señas, imágenes y paradojas. Madrid: Tecnos, 1988, p. 86. Tradução livre. No original: "entrega al Derecho emotivamente creado por los jueces, sin controle de legalidad y justificado en menores argumentos de conveniente equidad, cuando no de propaganda".

[43] É a expressão empregada por Konder: "De fato, o cenário aterrador com que nos confronta a jurisprudência contemporânea é de decisões que, às vezes até mesmo sob o pretexto da abertura do sistema pela constitucionalização e da aplicação dos princípios, mais parecem realizar o que vem sendo chamado de banalização ou mesmo 'carnavalização' do Direito". (KONDER, C. N. Distinções hermenêuticas da constitucionalização do direito civil: o intérprete na doutrina de Pietro Perlingieri. *Revista da Faculdade de Direito da Universidade Federal do Paraná*, v. 60, n. 1, p. 193-213, jan./abr. 2015. p. 205).

referiu na seção precedente se coloca): a incidência principiológica não se circunscreve aos princípios conformadores de um paraíso hermenêutico do direito privado, mas uma ordem de ideias em que se arrostam diferentes sentidos próprios do governo jurídico das relações interprivadas, cuja calibragem é consectária da intensificação do diálogo (com renovados pontos de partida) entre a literatura especializada e os aplicadores do direito. Trata-se, pois, do ingresso da civilística numa nova estação epistemológica.

Assim, bem ao contrário da temida vulgarização, confinadora das escrutinadas viragens no plano enunciativo, no domínio da dogmática acrítica: no campo (em desbravamento) do Estado Constitucional, reveem-se as relações entre jurisdição e legislação, de modo a romper a primeira das amarras da *boca da lei* (e, portanto, também da segurança jurídica em sentido formal, de predeterminação de hipóteses normativas, extraível a partir de interpretação literal) e permitir aproximação às contemporâneas teorias da interpretação e da decisão judicial, as quais se desdobram, com amparo na atuação prospectiva e criativa da literatura especializada, na promoção de segurança jurídica em sentido substancial (consistente na controlabilidade das razões de decidir invocadas para resolução de casos concretos, observados os limites da atuação de cada Corte e da unidade do sistema)[44] e nos conseguintes desbravamento e preservação de espaços de liberdades. É, pois, o aperfeiçoamento contínuo e dinâmico da trifronte constitucionalização que permite avançar na leitura das potencialidades do direito civil diante do horizonte aberto pela aproximação ao modelo de Estado Constitucional, inclusive no pertinente ao sentido haurido de suas transformações. Vale dizer: o desafio que se coloca, atualmente, é muito mais metodológico que de conteúdo.[45]

Deste modo, parece seguro afirmar que o direito civil, como continente da *"disciplina positiva* da actividade de convivência da pessoa humana com outras pessoas" corresponde à normatividade que "tutela os interesses dos *homens em relação com outros homens* nos vários planos da vida onde essa cooperação entre pessoas se processa, formulando as normas a que ela se deva sujeitar".[46] Adquire, destarte, o *sentido de promotor*

---

[44] À luz do exposto nas linhas precedentes, "essa leitura se reflete na solução de casos concretos pelo Judiciário em vez de uma problematização tópica que busque, na ordem principiológica constitucional, a melhor solução, à luz dos direitos fundamentais, não raro se busca a solução mecanicista de subsunção do fato à solução preestabelecida pelo modelo de relação jurídica codificada". (FACHIN, L. E.; RUZYK, C. E. P. Direitos fundamentais, dignidade da pessoa humana e o novo Código Civil: uma análise crítica. In: SARLET, I. W. (Org.). *Constituição, direitos fundamentais e direito privado*. Porto Alegre: Livraria do Advogado, 2003. p. 99). No mesmo sentido: "quando o juiz decide o caso concreto e contribui, nessa medida, para a realização do direito, como agente activo da construtividade jurídica, ele está a dar vida e a concretizar toda a ciência jurídica que está a montante, onde a doutrina ocupa um lugar privilegiado". (MONTEIRO, A. P. Interpretação e o protagonismo da doutrina. *RFDC*, Belo Horizonte, ano 4, n. 10, p. 291-307, set./dez. 2015. p. 293). Especificamente acerca do conteúdo da segurança jurídica e de sua realização no modelo de Estado Constitucional, cf. ÁVILA, H. *Segurança jurídica*: entre mudança e realização no direito tributário. São Paulo: Malheiros, 2011. p. 122 e ss.; e MITIDIERO, D. *Cortes superiores e cortes supremas*: do controle à interpretação, da jurisprudência ao precedente. São Paulo: RT, 2013.

[45] "O que se deve é examinar as possibilidades concretas de que o Direito Civil atenda a uma racionalidade emancipatória da pessoa humana que não se esgote no texto positivado, mas que permita, na porosidade de um sistema aberto, proteger o sujeito de necessidades em suas relações concretas, independentemente da existência de modelos jurídicos. O modelo é instrumento, e não um fim em si mesmo. Por isso, ele não deve esgotar as possibilidades do jurídico, sob pena de o direito se afastar cada vez mais das demandas impostas pela realidade dos fatos". (FACHIN, L. E.; RUZYK, C. E. P. Direitos fundamentais, dignidade da pessoa humana e o novo Código Civil: uma análise crítica. In: SARLET, I. W. (Org.). *Constituição, direitos fundamentais e direito privado*. Porto Alegre: Livraria do Advogado, 2003. p. 102).

[46] PINTO, C. A. M. *Teoria geral do direito civil*. 4. ed. atual. por Antonio Pinto Monteiro e Paulo Mota Pinto. Coimbra: Coimbra Editora, 2012. p. 58.

da autonomia da pessoa no desenvolvimento de sua personalidade na vida em relação com outras pessoas, a qual está sujeita à incidência direta da normativa constitucional, sobretudo em sua dimensão axiológica, no prisma da coexistencialidade, à luz das normativas hauridas de fatos sociais e das constituições democráticas. E *é neste prisma que se insere a renovada atribuição civilística, de promover a abertura e a conservação de espaços de liberdades, com vistas a viabilizar que, conscientemente ou não, a pessoa tenha condições de, por si mesma, inserir-se no mundo normativo conforme a maneira de viver que, autonomamente, eleja, segundo suas próprias concepções de bem;*[47] isto é: de laborar em benefícios de condições que permita às pessoas decidir acerca dos rumos de suas próprias vidas, de serem elas mesmas, segundo elas mesmas, e não outras.

1.3 Efetividade: o papel da literatura na abertura e preservação de espaços de liberdades

A imantação de textos normativos por forte carga valorativa é, certamente, um grande avanço no sentido da humanização do direito no plano enunciativo. A assunção difundida de compromissos em torno desses valores, malgrado a imprecisão dos textos que os veiculam, representa, igualmente, valiosa conquista tributária da atuação conjunta de estudiosos, legisladores e operadores do direito de um modo geral, a estimular a mediação entre a normação em abstrato e a realização do direito em concreto. Esta efetiva concretização, contudo e especialmente no que diz respeito à promoção de espaços de liberdades permissivos da consubstanciação de uma dignidade autêntica, que parta da pessoa e não lhe seja imposta pela bondade dos bons, carece não tanto de ação estatal (legiferante, judicativa ou executiva), mas da formação, pela atuação progressiva e vanguardista da civilística, de *clusters* de liberdades – qualquer que seja a concepção de liberdade defendida, contanto que fundamentadamente.[48]

A carência desta atuação – que não se resume à afirmação pura e simples de determinadas esferas intangíveis, mas exige, também, a defesa de mecanismos de controle à atuação do Estado e de poderes privados, no prisma da segurança jurídica substancial – é eloquentemente ilustrada pelo trato dispensado pelos Tribunais brasileiros a cláusulas gerais de primeira grandeza na vigente codificação civil. Assim, *e.g.*: buscas nas bases de dados do Superior Tribunal de Justiça mediante emprego da chave "boa-fé objetiva" conduzem ao encontro de milhares de resultados, nos quais, geralmente, esta cláusula geral foi empregada como mero recurso retórico (*rethorische Floskel*), como espécie de varinha de condão (*Zauberstab*) para a resolução de problemas complexos ou como atalho ao emprego de dispositivos com maior densidade normativa, que exigiria maior delonga na busca por soluções e o atingimento de resultado talvez

---

[47] V. SESSAREGO, C. F. Protección a la persona humana. In: ADORNO, L. *et al. Daño y protección a la persona humana*. Buenos Aires: La Rocca, 1993. p. 55.

[48] É o que se defende, entre outros estudos, em: ÁLVAREZ, T. P. La intervención del Estado en la libertad individual: liberalismo, paternalismo, bien común. *Civilística.com*, Rio de Janeiro: a. 4, n. 1, jan-jun/2015. Disponível em: <http://civilistica.com/wp-content/uploads/2015/08/%C3%81lvarez-civilistica.com-a.4.n.1.2015. pdf>. Acesso em: 20 mar. 2016; e RUZYK, C. E. P. *Institutos fundamentais do direito civil e liberdade(s)*: repensando a dimensão funcional do contrato, da propriedade e da família. Rio de Janeiro: GZ, 2011.

não tão simpático aos apetites por justiça.[49] Este modo de proceder imuniza a atuação da Corte a qualquer possibilidade de controle externo, pois as razões de decidir por si empregadas se perdem na mística invocação de enunciado com baixa densidade normativa (de um dogma), sem a descarga da argumentação que lhe seria, pela natureza do dispositivo referido, indispensável. Quer dizer: a pretexto de conferir efetividade à normativa da boa-fé objetiva, acaba-se por lhe confinar em enunciação dogmática. Isto à míngua de resposta à altura dos autores especializados, no sentido de exigir, sob os auspícios de uma acepção substancial de segurança jurídica, indispensável à realização da liberdade no Estado Constitucional, a adequação da atividade jurisdicional a exigências de verdadeiramente adequada fundamentação.

A civilística, portanto e apesar de reforçar a enunciação dos valores que informam o direito civil brasileiro contemporâneo e de enfatizar sua força normativa, tem se furtado a desempenhar o seu papel, de não só arrostar a descontrolada hipertrofia da ação estatal (ancorada, em última análise, na violência) mediante desbravamento, na província do direito oficial, de clareiras onde possam aflorar liberdades, como também assegurar que estas se preservem, mediante formulação de modelos dogmáticos que veiculem instrumentos e exigências de controle ao exercício do poder estatal, sobretudo no âmbito da atividade jurisdicional.

A(s) liberdade(s) de que se está a falar não guarda(m) correspondência com uma acepção preestabelecida e artificialmente consensual, mas com aquela que, mediante emprego de adequado esforço argumentativo, é advogada por cada autor especializado, segundo os pontos de partida por si assumidos. Assim, *por exemplo*, pode-se trabalhar com a acepção de liberdade negativa, cara ao liberalismo clássico, de Friedman[50] e Hayek,[51] de liberdade positiva, típica da produção de Berlin,[52] e de liberdade substancial, própria do liberalismo igualitário de Sem,[53] ou de acepções comunitaristas, como as

---

[49] SCHMIDT, J. P. Zehn Jahre. Art. 422 Código Civil – Licht und Schatten bei der Anwendung des Grundsatzes von Treu und Glauben in der brasilianischen Gerichtspraxis. *DBJV Mitteilungen*, Osnabrück: DBJV, n. 2, p. 34-47, 2014.

[50] Friedman deriva sua concepção de liberdade da visão do "mercado enquanto um mecanismo e um espaço que não deve sofrer coações do estado". Assim, confere-lhe "um sentido individualista, de modo que propõe uma individualização dos papéis e das posições dos agentes dentro da estrutura do sistema. Os agentes precisam ter liberdade econômica e política para estabelecerem suas próprias escolhas, sem interferência de outros agentes ou instituições". (SILVA, R. A. A liberdade nas perspectivas teóricas de Milton Friedman e Amartya Sen. *Ciências Sociais em Perspectiva*, Cascavel: Unioeste, p. 155-168, 2º sem. 2011. p. 156-157).

[51] Em Hayek, a liberdade individual ou pessoal corresponde ao estado no qual uma pessoa não se sujeita à coerção pela vontade arbitrária de outros (cf. HAYEK, F. A. *Constitution of liberty*: the definitive edition. Chicago: University of Chicago Press, 2011. p. 58).

[52] A rigor, a acepção de liberdade diz com o desejo e a possibilidade de o indivíduo ser senhor de si mesmo (BERLIN, I. Two concepts of liberty. In: BERLIN, I. *Four essays on liberty*. Oxford: Oxford University Press, 1971. p. 131).

[53] Em Sen, a noção de liberdade se associa diretamente à de capacidade, de modo que "enxerga a liberdade não somente enquanto a abertura estrutural do conjunto de leis e da economia para que cada indivíduo possa estabelecer suas escolhas, econômicas ou não. O autor funda uma visão de possibilidades reais de escolha, no sentido dos condicionantes e limites que permitem estabelecer tais preferências. As capacidades devem ser garantidas através de políticas públicas, para oferecer elementos que possibilitem os indivíduos a ampliarem seu conjunto de possibilidades reais. No entanto, as políticas públicas também são resultado do aumento da capacidade dos indivíduos (via crescimento do conhecimento), então essa é uma relação de mão dupla". (SILVA, R. A. A liberdade nas perspectivas teóricas de Milton Friedman e Amartya Sen. *Ciências Sociais em Perspectiva*, p. 155-168, 2º sem. 2011. p. 162; SEN, A. *Development as freedom*. Nova Iorque: Alfred A. Knopf, 2000).

sustentadas por Sandel,[54] sem conceder à capitulação dócil da liberdade individual diante de um coletivismo sem face, caro aos totalitarismos identitários e exprimido nos supertrunfos do interesse público e das razões de Estado. Só assim é que se verá o florescer e o frutificar de um vero e próprio personalismo ético,[55] de há muito defendido pela literatura civilista, mas perdido em meio aos contrastes hauridos, de um lado, da defesa intransigente de liberdades civis e do simultâneo combate às liberdades econômicas, e, de outro, da priorização destas em detrimento daquelas.

A transposição do silêncio ainda imperante na comunidade jurídica quanto à concreta instrumentalização dos institutos fundamentais de direito civil para a realização de liberdades (ou de espaços menos hostis a estas), conquanto de modo pulverizado e com alguma timidez, já parece ser um movimento em curso. Disto é exemplo o estudo que Pianovski propõe do acórdão pelo qual a Terceira Turma do Superior Tribunal de Justiça, sob relatoria da Min. Nancy Andrighi pôs termo ao Recurso Especial nº 1.096.325/SP. Tratava-se de um dos célebres casos das pílulas de farinha – i.e.: de gestações indesejadas causadas pela ministração de anticoncepcionais sem princípio ativo (comprimidos para teste de maquinário), indevidamente postos no mercado pelo fabricante. O STJ, nesta ocasião, vislumbrou, por vias não muito iluminadas, a ocorrência de dano ao projeto de vida da gestante, que teve sua liberdade positiva (a liberdade de realizar e seguir um planejamento familiar, segundo a vontade da mulher ou do casal) ceifada por fato atribuível ao laboratório produtor do fármaco. Neste particular, e após detida análise do acórdão e descrição do atual estado da arte da responsabilidade por danos, Pianovski crava: houve vilipêndio a uma liberdade positiva, "uma 'liberdade vivida', tomada como autodeterminação, como decisão da própria pessoa sobre os rumos do seu agir e do trajeto de sua história pessoal".[56] Esta autêntica contribuição doutrinária, além de desnudar a carência de fundamentação do acórdão examinado quanto ao interesse jurídico que, em concreto, buscou-se tutelar, fornece à comunidade jurídica, elementos permissivos do reconhecimento e da concretização do projeto de vida (significado como forma de concreção de uma *liberdade positiva*) na qualidade de interesse jurídico credor de tutela jurídica diferenciada.

---

[54] A acepção comunitarista de liberdade, defendida por Sandel, traduz-se não na autodeterminação individual, mas na participação do cidadão no autogoverno (*self-government*). Cf. SANDEL, M. J. *Democracy's discontent*: America in search of a public philosophy. Cambridge: Belknap Press of Harvard University Press, 1996. p. 4-5).

[55] Trata-se, no dizer de Amaral Neto, de "concepção axiológica da pessoa como centro e destinatário da ordem jurídica privada, sem o que a pessoa humana, embora formalmente revestida de titularidade jurídica, nada mais seria do que mero instrumento a serviço da sociedade". (AMARAL NETO, F. S. A autonomia privada como princípio fundamental da ordem jurídica: perspectivas estrutural e funcional. *RIL*, Brasília: Senado Federal, ano 26, n. 102, p. 207-230, abr./jun. 1999. p. 214), a qual ganhou forte impulso com a inauguração formal, pela Constituição de 1988, do modelo de Estado Constitucional em solo brasileiro: "A Constituição da República de 1988, como uma espécie de terceira dimensão do direito posto, na sua diretriz de incorporar o Direito Público e o Direito Privado, absorveu a ideia do personalismo ético com grande força. Sobre seu art. 1º, que contém os princípios fundamentais da República, embora sejam cinco os seus incisos, tem sido frequente a afirmação de que a dignidade da pessoa humana (é o inciso III) constitui a determinação por excelência de todo o texto constitucional" – ressalvada a posição crítica do autor deste excerto, no sentido de que "talvez já estejamos em tempo [...] de ousar iniciar um movimento de revisão do tema, personalismo ético", para valorizar uma ética biocêntrica. (AZEVEDO, A. J. Crítica ao personalismo ético da Constituição da República e do Código Civil em favor de uma ética biocêntrica. *RFDUSP*, São Paulo: USP, v. 103, p. 115-126, jan./dez. 2008. p. 116).

[56] RUZYK, C. E. P. O caso das 'pílulas de farinha' como exemplo da construção jurisprudencial de um 'direito de danos' e da violação da liberdade positiva como 'dano à pessoa' – Comentários ao acórdão no REsp nº 1.096.325/SP (rel. Min. Nancy Andrighi, *DJe* 28.10.2009). In: FRAZÃO, A.; TEPEDINO, G. (Coords.). *O Superior Tribunal de Justiça e a reconstrução do direito privado*. São Paulo: RT, 2009. p. 300.

Outra ilustração diz com o já referido peculiar tratamento dispensado pelo Superior Tribunal de Justiça à cláusula geral de boa-fé objetiva (art. 422, CC), o qual é objeto de crítica bastante ácida de Schmidt. Este aprecia o acórdão pelo qual o STJ julgou o REsp nº 1.141.732/SP, no qual se discutia a possibilidade de constrição judicial de bem de família dado em garantia por fiador de escritura pública de confissão de dívida com garantia hipotecária, decorrente de contrato de trespasse. O cerne da disputa dizia com a medida da exceção à impenhorabilidade consagrada pelo art. 3º, V, L nº 8.009/1991, que fala na "execução de hipoteca sobre o imóvel oferecido como garantia real pelo casal ou pela entidade familiar". O fiador buscava escapar da literalidade do dispositivo, ao argumento de que ele se limitaria a crédito que favorece a família, não abrangendo, portanto, as situações em que o proprietário presta garantia a terceiros. Sob relatoria da Min. Nancy Andrighi, a Terceira Turma desempenhou brilhante exercício de interpretação do dispositivo suscitado pelo recorrente,[57] de modo a alcançar a conclusão de que:

> O imóvel em questão foi espontaneamente oferecido em garantia hipotecária pelos recorrentes, que estavam cientes dos riscos inerentes a esse ato, sobretudo que implicaria renúncia à sua impenhorabilidade, tendo o praticado assim mesmo, em benefício da entidade familiar, de sorte que inexiste ofensa ao art. 3º, V, da Lei nº 8.009/90 e, por via de consequência, justificativa para anular a constrição imposta ao bem.

Não obstante a certeira resolução da controvérsia pelo alcance desta asserção, arrematada a partir da interpretação de perceptivo legal com suficiente especialidade e densidade normativa, o STJ acresceu considerações acerca da boa-fé objetiva (que sequer integrava o espectro da discussão). Esta derivação é qualificada por Schmidt como emprego desta relevante cláusula geral na condição de mero recurso retórico, que, além de minar, progressivamente, sua relevância, por torná-la recorrente em raciocínios tautológicos (*tautologische Begründungen*), representa um atraso para a administração da justiça. Assim, após demonstrar que a invocação à boa-fé objetiva é totalmente inócua nos esquadros daquele julgado, Schmidt finaliza:

> Espera-se que, com o decurso do tempo, os Tribunais brasileiros, tal qual fizeram os alemães, tomem consciência de que só se deve recorrer ao princípio da boa-fé quando ele realmente puder conduzir, decisivamente, a algum resultado, bem como de que é preciso abster-se de seu uso como recurso supérfluo ou como mero adorno decorativo. Isso vai poupá-los valioso tempo de trabalho na lida com volumes inimagináveis de casos a julgar.[58]

---

[57] Ao cabo de extensa fundamentação, arrematou a relatora: "o art. 3º, V, da Lei nº 8.009/91 traduz hipótese clara de ato tendente ao afastamento da impenhorabilidade: ao manifestarem a vontade de oferecer o bem de família em garantia hipotecária, os beneficiários evidenciam [...] sua intenção de liberar o bem da prerrogativa legal, desde que, em sintonia com o entendimento do STJ, a dívida tenha sido constituída em favor da entidade familiar".

[58] SCHMIDT, J. P. Zehn Jahre Art. 422 Código Civil – Licht und Schatten bei der Anwendung des Grundsatzes von Treu und Glauben in der brasilianischen Gerichtspraxis. *DBJV Mitteilungen*, n. 2, p. 34-47, 2014. p. 42. Tradução livre. No original: "Es bleibt zu hoffen, dass die brasilianischen Gerichte sich dieser Ein-sicht im Laufe der Zeit bewusst werden und ähnlich wie früher die deutschen dazu übergehen, das Prinzip der boa-fé nur noch dann anzuführen, wenn es das Ergebnis auch wirklich trägt, im Übrigen aber auf seine Verwendung als überflüssiges und potentiell irreführendes Schmuckwerk zu verzichten. Dies wird ihnen auch wertvolle Arbeitszeit bei der Bewältigung ihres unvorstellbaren Fallvolumens sparen".

Esta contundente crítica, para além de aproveitar a otimização do trabalho do Superior Tribunal de Justiça, é de grande valia para o controle da atuação da Corte no que diz respeito ao resguardo de liberdades. É que, muito embora a outorga de especial proteção ao bem de família mire a preservação de certas liberdades em face de poderes privados, sua perversão por determinadas práticas pode torná-la instrumento de aniquilação de outras liberdades. Isto é: o proveito irresponsável (responsabilidade é o contraponto axiológico necessário de liberdade) da tutela legal do bem de família frustra a finalidade da constituição de garantia em benefício do filho do fiador, adquirente, no caso julgado pelo STJ, de estabelecimento comercial. Sem embargo da valia do caminho percorrido para alcançar esta conclusão (e do acerto em sua eleição), a Corte descuidou da grandiosidade de seu papel ao invocar, a esmo, a boa-fé objetiva. Ao assim agir, mais que prejudicar seu próprio funcionamento, deu margem à ampliação das recorrentes restrições a liberdades realizadas mediante simples enunciação da boa-fé objetiva ou outros enunciados com baixa densidade normativa, sem as mediações necessárias a seu balizamento. O desnudar deste problema recorrente a partir de análise ponderada do acórdão em referência pelo autor alemão, portanto, chama atenção da comunidade jurídica a seu respeito e permite que se avance na exigência de um *plus* em qualidade de fundamentação na prestação da tutela jurisdicional sempre que entrarem (ou puderem entrar) em jogo, enunciados com baixa densidade normativa.

Destarte (os exemplos mencionados confirmam), o atuar da civilística "como instância de orientação e reflexão produzida pelo conjunto dos juristas aos quais é reconhecida, por seus pares, autoridade na formulação de modelos dogmáticos que servem para explicar, confirmar, sistematizar, propor, e corrigir os modelos prescritivos [...] em vigor",[59] à luz da dignidade da pessoa e das liberdades que lhe são indispensáveis, constitui etapa necessária ao espancamento de temores acerca da vulgarização do direito civil e da realização de seu sentido de promotor e curador de liberdades, no diapasão constitucional. Este esforço, para que rompa as fronteiras da dogmática e ingresse na seara da efetividade, imprescinde, qualquer que seja o objeto de teorização, de uma postura séria e altiva em relação ao controle do exercício dos poderes públicos e, no bojo das dominantes estratégias de eficácia dos direitos fundamentais nas relações interprivadas, também dos poderes privados. Especificamente no espectro da atuação estatal, renovada pela consolidação do modelo de Estado Constitucional, o principal dos muitos desafios postos diante da comunidade jurídica especializada é o de, a um só tempo, reconhecer criatividade no exercício da jurisdição e submetê-lo à crítica e a exigências fundamentadas e substanciais de controle. Desse modo, para além da defesa de esferas específicas de autonomia – relativa a atos de disposição do próprio corpo, diretivas antecipadas de vontade, eleição de regimes de bens e demais escolhas pessoais e patrimoniais no âmbito do tráfego jurídico, por exemplo –, a literatura tem a atribuição de submeter a judicatura ao crivo de exigências argumentativas bastantes à calibragem (com ampliações e restrições) destas posições e interesses jurídicos.

---

[59] MARTINS-COSTA, J. Autoridade e utilidade da doutrina. In: MARTINS-COSTA, J. (Org.). *Modelos de direito privado*. São Paulo: Marcial Pons, 2014. p. 32.

Conclusão

A civilística brasileira logrou êxito em deitar os alicerces indispensáveis ao erigir de um edifício normativo e dogmático a partir das linhas-mestras do Estado Constitucional. A obra, conquanto de aparente consistência no plano enunciativo, carece de acabamentos na dimensão da efetividade, sobretudo no que diz com a defesa e a promoção de espaços de liberdades às pessoas, cuja dignidade se reconhece acima de qualquer dúvida. Este avanço, de imensurável relevância, imprescinde da oposição, por parte da comunidade jurídica especializada, de exigências argumentativas qualitativamente superiores aos operadores do direito em geral e a seus aplicadores em particular. Assim é que se poderá concretizar a acepção substancial de segurança jurídica cara à releitura das relações entre legislação e jurisdição promovida pela travessia marginada pelos modelos de Estado de Direito e de Estado Constitucional, de modo a viabilizar o atingimento de um novo patamar de problemas (e de oportunidades) para o direito civil contemporâneo, ciente de sua instrumentalidade à realização do compromisso constitucional com a outorga de concretude à dignidade da pessoa, segundo as concepções de bem que lhe são particulares. O desafio de efetivação dos enunciados difundidos pela dogmática no rico contexto axiológico do Estado Constitucional está posto. Não o ignoremos.

Informação bibliográfica deste texto, conforme a NBR 6023:2002 da Associação Brasileira de Normas Técnicas (ABNT):

RAMOS, André Luiz Arnt. Dogmática e efetividade: o papel da civilística no desbravamento de espaços de liberdades. In: TEPEDINO, Gustavo; TEIXEIRA, Ana Carolina Brochado; ALMEIDA, Vitor (Coord.). *Da dogmática à efetividade do Direito Civil*: Anais do Congresso Internacional de Direito Civil Constitucional – IV Congresso do IBDCivil. 2. ed. rev., ampl. e atual. Belo Horizonte: Fórum, 2019. p. 303-317. ISBN 978-85-450-0545-2.

CAPÍTULO 2

A BOA-FÉ OBJETIVA NAS RELAÇÕES REAIS: TUTELA DA CONFIANÇA NA RELAÇÃO REAL COMO PROCESSO

DIANA PAIVA DE CASTRO

FRANCISCO DE ASSIS VIÉGAS

Introdução

A Constituição de 1988, ao alçar, em seu art. 1º, III, a dignidade da pessoa humana a fundamento da República, promoveu, com significativo impacto no campo das relações privadas, a superação do paradigma individualista e patrimonialista de outrora. O sistema jurídico, compreendido em sua unidade e complexidade, adquire estabilidade na precedência dos valores constitucionais, os quais, impregnando todo o tecido normativo, impõem a funcionalização das situações patrimoniais às situações existenciais. Nessa perspectiva, desenvolve-se proposta metodológica voltada à tutela qualitativamente diferenciada das situações jurídicas existenciais. Em lugar da tradicional classificação que opõe "direito das obrigações" e "direitos reais", consolidada na dogmática apegada às abstrações conceituais e estruturas generalizantes, busca-se a construção de sistema diferenciador das disciplinas patrimonial e existencial.

Adverte-se, nessa direção, para a alteração dos confins entre direito público e direito privado, suscitando profunda reflexão quanto à incidência da ordem pública constitucional sobre as atividades privadas. Na experiência jurídica brasileira, o desenvolvimento, em doutrina e jurisprudência, dos denominados novos princípios contratuais representa grande avanço na consolidação de instrumentos capazes de promover a funcionalização das situações patrimoniais. Para além da intensa intervenção estatal na tutela dos contratantes vulneráveis, contexto em que desponta a disciplina protetiva do consumidor, os princípios da boa-fé objetiva, da função social e do equilíbrio econômico espraiam-se para o campo das relações paritárias, desempenhando importante papel na efetivação dos valores constitucionais nas relações privadas.

Paralelamente, mostra-se relevante o esforço rumo à consolidação do direito comum das situações patrimoniais, com a expansão da técnica de regulamentação por meio de cláusulas gerais. Nesse contexto, destaca-se o princípio da boa-fé objetiva como instrumento necessário à proteção de interesses merecedores de tutela (não apenas na seara contratual, mas também) no âmbito das relações reais, notadamente nas hipóteses em que se verifica a contraposição entre centros de interesse específicos.

O potencial aplicativo da boa-fé objetiva às relações reais será explorado, no primeiro momento, a partir do reexame crítico dos elementos de distinção entre relações reais e obrigacionais, demonstrando-se a ausência de atributos diferenciadores que impeçam a incidência de princípios fundados na axiologia constitucional, como a boa-fé objetiva, às relações patrimoniais em geral. Em seguida, buscar-se-á estremar a *ratio* de incidência da boa-fé e da função social no campo dos direitos reais, delimitando a função destes princípios na promoção dos valores constitucionais nas relações privadas. Estabelecidas as premissas teóricas para a incidência da boa-fé nas relações reais, afigura-se pertinente a análise de casos julgados pelos tribunais brasileiros, promovendo-se diálogo construtivo entre teoria e práxis.

2.1 Reexame das fronteiras entre relação jurídica real e relação jurídica obrigacional no trajeto rumo ao direito comum das situações patrimoniais

Na experiência brasileira, pode-se dizer que o primeiro passo para a implementação da proposta de tratamento comum das situações patrimoniais[1] consiste no reexame das distinções classicamente difundidas entre os direitos reais e os direitos obrigacionais. No campo dos direitos reais, subdividiu-se a construção doutrinária da relação jurídica real em duas correntes: (i) a teoria realista, que compreende a relação jurídica real como poder jurídico da pessoa sobre a coisa, oponível a terceiros;[2] e (ii) a teoria personalista, que se vale da ficção do passivo universal, expressa na relação "titular *vs.* coletividade indeterminada",[3] para defender a existência de dever negativo de abstenção que, por sua vez, seria correspondente à máxima *alterum non laedere*.[4]

A partir dessas noções, eminentemente estruturais, desenvolveu-se base teórica que identifica nos direitos reais, em oposição aos obrigacionais, certas características

---

[1] PERLINGIERI, Pietro. *O direito civil na legalidade constitucional*. Rio de Janeiro: Renovar, 2008. p. 892.

[2] Na doutrina brasileira, verifica-se, mesmo entre os autores adeptos da teoria personalista, a concepção de que "no direito real existe um *vínculo mais direto* entre o sujeito ativo e o objeto sobre o qual recai o direito, enquanto no direito pessoal só se pode exigir uma prestação do sujeito passivo" (WALD, Arnoldo. *Direito civil*. São Paulo: Saraiva, 2009. p. 16. v. 4). Na lição de Darcy Bessone, colhe-se também a compreensão de que "o direito real aparece como uma relação de senhorio, vale dizer, como um poder imediato e direto do homem sobre a coisa" (BESSONE, Darcy. *Direitos reais*. São Paulo: Saraiva, 1996. p. 6).

[3] V. por todos, PEREIRA, Caio Mário da Silva. *Instituições de direito civil*. Rio de Janeiro: Forense, 2016. p. 3. v. IV: "No direito real existe um sujeito ativo, titular do direito, e há uma relação jurídica, que não se estabelece com a coisa, pois que esta é o objeto do direito, mas tem a faculdade de opô-la *erga omnes*, estabelecendo-se desta sorte uma relação jurídica em que é sujeito ativo o titular do direito real, e sujeito passivo a generalidade anônima dos indivíduos".

[4] GOMES, Orlando. *Direitos reais*. Rio de Janeiro: Forense, 2010. p. 13.

própias, entre as quais destacam-se: (i) a oponibilidade *erga omnes*, (ii) a tipicidade e (iii) o poder imediato sobre a coisa.[5] Tais atributos, por assim dizer, dos direitos reais, revelam-se, contudo, passíveis de relativização,[6] a sinalizar a necessidade de seu reexame, sobretudo para afastar a concepção segundo a qual tais características representariam óbice intransponível à incidência dos princípios e cláusulas gerais tradicionalmente associados ao direito contratual, cujo desenvolvimento aprofundado na seara dos direitos reais afigura-se fundamental à sistematização das situações patrimoniais na ordem constitucional.

Em relação ao simbólico conceito de oponibilidade *erga omnes*, contraposto à relatividade da relação obrigacional, percebe-se, no direito contemporâneo, tendência no sentido de que o dever de respeito às situações jurídicas impõe-se de forma geral – não limitada, portanto, aos direitos reais.[7] A teoria da tutela externa do crédito parece bem ilustrar a mitigação do princípio da relatividade, na medida em que coíbe a conduta do terceiro que se associa ao devedor para o inadimplemento contratual.[8] O direito de crédito, portanto, pode afigurar-se oponível a terceiros, assegurando a preservação do vínculo obrigacional. Do mesmo modo, pode-se mencionar as chamadas obrigações com eficácia real, como exemplo, a hipótese prevista pelo art. 8º da Lei nº 8.245/1991,[9] em que o contrato de locação imobiliária, contendo cláusula de vigência e sendo levado a registro, passa a ser oponível em face do adquirente do imóvel. Embora se mantenha a

---

[5] Como observa Gustavo Tepedino, "à aderência do vínculo jurídico à coisa e ao caráter absoluto do direito – prevalência *erga omnes* – somam-se todas as demais características dos direitos reais apontadas de maneira acrítica pela manualística: *a ambulatoriedade, a sequela, a publicidade, a especialidade, a preferência* e *a tipicidade*" (TEPEDINO, Gustavo. *Comentários ao Código Civil*: direito das coisas. São Paulo: Saraiva, 2011. p. 31. v. 14). Ainda, na lição de Luís Manuel de Menezes Leitão, "os direitos de crédito possuem as características da mediação do devedor, da relatividade, de uma oponibilidade a terceiros limitada, ausência de inerência e não hierarquização entre si. Pelo contrário, os direitos reais são direitos imediatos, absolutos, plenamente oponíveis a terceiros, inerentes a uma coisa, dotados de sequela e hierarquizáveis entre si, na medida em que a constituição de um direito implica a perda de legitimidade para posteriormente constituir outro" (LEITÃO, Luís Manuel Teles de Menezes. *Direito das obrigações*. Coimbra: Almedina, 2002. p. 100. v. I).

[6] Como destaca Orlando Gomes, "não é possível emprestar a muitos desses traços valor absoluto" (GOMES, Orlando. *Direitos reais*. Rio de Janeiro: Forense, 2010. p. 15).

[7] Antônio Menezes Cordeiro chega a afirmar categoricamente que: "os direitos pessoais ou de crédito são oponíveis *erga omnes*" (CORDEIRO, Antônio Menezes. *Direitos reais*. Lisboa: LEX, 1993. p. 308-311). V. também "Como a oponibilidade não decorre da própria natureza do instituto, dependendo da adoção prévia de algum mecanismo de publicidade capaz de revelar, para o mundo, a existência do vínculo, parece-nos que esta não seria suficiente para explicar os direitos reais ou mesmo distingui-los das relações obrigacionais, pois estas também podem tornar-se oponíveis perante terceiros. Na verdade, do ponto de vista funcional, o que releva em relação aos direitos reais é a presença, no vínculo jurídico em questão, de aspectos predominantemente atributivos" (MAIA, Roberta Mauro Medina. *Teoria geral dos direitos reais*. São Paulo: Revista dos Tribunais, 2013. p. 282).

[8] Sobre o tema, cf. SANTOS JÚNIOR, E. *Da responsabilidade civil de terceiro por lesão do direito de crédito*. Coimbra: Almedina, 2003. p. 272; AZEVEDO, Antonio Junqueira de. Princípios do novo direito contratual e desregulamentação do mercado – direito de exclusividade nas relações contratuais de fornecimento – função social do contrato e responsabilidade aquiliana do terceiro que contribui para inadimplemento contratual. *Revista dos Tribunais*, v. 750, 1998. p. 116; BANDEIRA, Paula Greco. Fundamentos da responsabilidade civil do terceiro cúmplice. *Revista Trimestral de Direito Civil*, v. 30, 2007. p. 85. Afirma-se, nessa direção, a distinção entre a relatividade dos efeitos contratuais e a oponibilidade do contrato, "segundo a qual o contrato, como fato social, é oponível a todos os membros da coletividade, que devem se abster de lesar a situação jurídica criada por ele" (MONTEIRO FILHO, Carlos Edison do Rêgo; BIANCHINI, Luiza. Responsabilidade civil do terceiro que viola o contrato. In: MONTEIRO FILHO, Carlos Edison do Rêgo (Org.). *Problemas de responsabilidade civil*. Rio de Janeiro: Revan, 2017. p. 30).

[9] Art. 8º da Lei nº 8.245/1991: "Se o imóvel for alienado durante a locação, o adquirente poderá denunciar o contrato, com o prazo de noventa dias para a desocupação, salvo se a locação for por tempo determinado e o contrato contiver cláusula de vigência em caso de alienação e estiver averbado junto à matrícula do imóvel".

distinção quanto à oponibilidade,[10] certo é que esta já não se reveste de caráter absoluto,[11] configurando-se mais adequada a recondução à ideia de "graus de oponibilidade".[12]

De outra parte, a tipicidade dos direitos reais não significa entrave absoluto ao princípio da autonomia privada. Verifica-se a presença de *tipos abertos*, a franquear às partes maleabilidade quanto ao conteúdo e modo de exercício dos direitos das coisas.[13] Enquanto o princípio da taxatividade se refere à fonte do direito real, a tipicidade se relaciona à modalidade de exercício.[14] Assim, embora os direitos reais sejam contemplados pelo legislador em elenco taxativo, há relevante espaço para a autonomia privada na conformação de situações reais,[15] aproximando-as, nessa perspectiva, das situações obrigacionais.[16]

---

[10] Com efeito, cumpre destacar que a chamada oponibilidade dos contratos, a permitir a tutela externa do crédito, não se afigura idêntica à oponibilidade dos direitos reais. Como observa Pablo Renteria, "a tutela externa desempenha função diversa da sequela, a qual intervém, inclusive, na fase fisiológica da situação subjetiva real. Vale dizer, ao contrário daquela, a sequela manifesta-se no curso do regular exercício do direito real, e não no momento patológico da relação jurídica, que pressupõe a transgressão do direito [...]. Além disso, o direito real se singulariza por ser dotado de oponibilidade frente ao terceiro de boa-fé em situações inalcançáveis pelo direito de crédito" (RENTERIA, Pablo. *Penhor e autonomia privada*. São Paulo: Atlas, 2016. p. 60-61).

[11] O questionamento da oponibilidade *erga omnes* como fator distintivo dos direitos reais em relação aos direitos de crédito leva alguns autores a afirmar que os atributos dos direitos reais decorrem "muito mais de sua publicidade" que dos outros princípios tradicionalmente associados à sua qualificação. V., nessa direção, SOUZA, Eduardo Nunes de. Autonomia privada e boa-fé objetiva em direitos reais. *Revista Brasileira de Direito Civil*, v. 4. 2015. p. 62.

[12] Com arrimo na página clássica de Marcel Planiol, poder-se-ia afirmar, nesse ponto, que "le droit réel et le droit personnel diffèrent par leur *degré d'opposabilité*" (PLANIOL, Marcel. *Traité* élémentaire *de droit civil*. Paris: LGDJ, 1950. p. 881. t. I).

[13] "Não se pode negar, nesta direção, que as servidões prediais e as grandes incorporações imobiliárias constituíram-se numa espécie de tipos abertos, cujo conteúdo foi sendo fixado, não sem ousadia, pelo operador econômico, delineando-se um quadro riquíssimo de servidões rurais, condomínios com dimensões fabulosas, empreendimentos de shopping centers, multipropriedades imobiliárias e condomínios de fato, utilização de espaços em cemitérios, tudo isso sem que houvesse uma previsão legal específica" (TEPEDINO, Gustavo. Teoria dos bens e situações subjetivas reais: esboço de uma introdução. *Temas de direito civil*. Rio de Janeiro: Renovar, 2006. p. 144. t. II). V. também OLIVA, Milena Donato; RENTERIA, Pablo. Autonomia privada e direitos reais: redimensionamento dos princípios da taxatividade e da tipicidade no direito brasileiro. *Civilistica.com*, ano 5, n. 2, 2016. p. 15.

[14] TEPEDINO, Gustavo. *Multipropriedade imobiliária*. São Paulo: Saraiva, 1993. p. 82-83. Segundo Pietro Perlingieri, deve-se reconhecer à autonomia privada, inclusive por meio de contratos atípicos, a possibilidade de regulamentar o exercício de direitos reais: "é positivo não continuar a pretender a tipicidade dos negócios constitutivos de direitos reais típicos" (PERLINGIERI, Pietro. *O direito civil na legalidade constitucional*. Rio de Janeiro: Renovar, 2008. p. 380).

[15] "Tais relevos distintivos permitem que se pesquise o campo de atuação deixado pelo legislador à autonomia privada, no âmbito dos tipos estabelecidos por lei. Vale dizer, ao lado de regras imperativas, que definem o conteúdo de cada tipo real, convivem preceitos dispositivos, atribuídos à autonomia privada, de sorte a moldar o seu interesse à situação jurídica real pretendida. Assim, se é inegável que a constituição de um novo direito real sobre coisa alheia, ou de uma forma proprietária com características exóticas, depende do legislador, que, por sua vez, deve ater-se aos limites de utilidade social definidos pela Constituição, certo é que no âmbito do conteúdo de cada tipo real há um vasto território por onde atua a autonomia privada e que carece de controle quanto aos limites (de ordem pública) permitidos para esta atuação" (TEPEDINO, Gustavo. *Multipropriedade imobiliária*. São Paulo: Saraiva, 1993. p. 83). Na mesma direção, José de Oliveira Ascensão afirma: "Efectivamente, o direito real tem todo um conteúdo acessório, que é vastamente moldável pelas partes, mediante a substituição de disposições supletivas. Esse conteúdo é estranho à descrição fundamental em que consiste o tipo" (ASCENSÃO, José de Oliveira. *A tipicidade dos direitos reais*. Lisboa: Petrony, 1968. p. 332).

[16] Nessa direção, afirma Milena Donato Oliva: "a rigor, não há distinção ontológica entre as situações jurídicas subjetivas reais e obrigacionais, para as quais deve ser aplicada disciplina unitária, já que ambas pertencem à categoria mais ampla das situações jurídicas subjetivas patrimoniais, voltadas à tutela e promoção dos interesses patrimoniais" (OLIVA, Milena Donato. *Patrimônio separado*: herança, massa falida, securitização de créditos imobiliários, incorporação imobiliária, fundos de investimento imobiliário, trust. Rio de Janeiro: Renovar, 2009. p. 152).

Alude-se, ainda, ao fato de que nem todos os direitos reais conferem ao titular o poder imediato sobre a coisa, ao passo que tal característica se afigura presente em determinados direitos pessoais.[17] Confronte-se, a esse respeito, o direito real de hipoteca e o direito pessoal de locação. No primeiro caso, o credor não possui poder direto e imediato sobre a coisa, que permanece na posse do devedor. Na segunda hipótese, por outro lado, o titular do direito obrigacional (locatário) exerce a posse direta e imediata sobre o imóvel locado. Os exemplos, que não se limitam a estas duas relações – poder-se-ia citar, na mesma direção, o direito real de servidão negativa[18] e o direito de penhor especial, cujo exercício não traduz poder direto e imediato sobre a coisa –, indicam a insuficiência de tais critérios para a distinção entre os direitos de crédito e os direitos das coisas.[19] Desse modo, mesmo sob o prisma estrutural, a heterogeneidade dos direitos reais[20] não permite concluir que o poder imediato sobre a coisa constituiria atributo capaz de apartar sua disciplina daquela dos demais direitos patrimoniais.[21] Além disso, a própria ideia de poder imediato sobre a coisa, fundada na concepção realista de poder absoluto e exclusivo do proprietário, já não atende à atual concepção dinâmica do exercício dos direitos reais, mediante a qual se busca identificar, em perspectiva relacional, os diversos centros de interesse presentes no caso concreto.[22]

---

[17] Conforme a reflexão proposta por Pablo Renteria, verifica-se que, "se é verdade que determinados direitos reais, sobretudo a propriedade, atribuem ao respectivo titular poder imediato sobre a coisa, também é certo que o mesmo não ocorre em relação a diversos direitos reais sobre coisa alheia. Além disso, há direitos que, apesar de serem qualificados como pessoais, conferem ao titular verdadeiro poder direto sobre a coisa, sendo exercido sem a intervenção de terceiro". Conclui, nessa direção, que "os direitos reais, ao contrário do que se afirmar comumente em doutrina, não apresentam conteúdo uniforme, já que nem sempre há nesses direitos poder imediato sobre a coisa" (RENTERIA, Pablo. *Penhor e autonomia privada*. São Paulo: Atlas, 2016. p. 18-24).

[18] Michelle Giorgianni destaca que, na servidão negativa, "il diritto del possessore del fondo dominante si realizza mediante un rapporto obbligatorio, ma è [...] altrettanto vero che non per questo il rapporto esce fuori dal campo dei diritti reali" (GIORGIANNI, Michelle. Contributo alla teoria dei diritti di godimento su cosa altrui. *Raccolta di scritti: itinerari giuridici tra pagine classiche e recenti contributi*, Padova, 1996. p. 120).

[19] Roberta Mauro Medina Maia destaca que, "se é possível identificar a presença de diversos aspectos obrigacionais em todos os direitos reais sobre coisa alheia – sendo o usufruto e as servidões fonte farta de exemplos –, é também frequente a presença de aspectos atributivos nos chamados direitos pessoais de gozo, tais como a locação e o comodato" (MAIA, Roberta Mauro Medina. *Teoria geral dos direitos reais*. São Paulo: Revista dos Tribunais, 2013. p. 286).

[20] Com efeito, "i rapporti compresi entro la categoria dei diritti reali non hanno un contenuto unitario. Accanto a quelli che hanno come contenuto un potere immediato sulla cosa, nel senso che questo potere costituisce lo strumento predisposto dall'ordinamento giuridico perché il titolare raggiunga il soddisfacimento del suo interesse, si pongono quelli che hanno invece un contenuto diverso, nei quali cioè gli strumenti per il soddisfacimento dell'interesse del titolare sono differenti" (GIORGIANNI, Michelle. Contributo alla teoria dei diritti di godimento su cosa altrui. *Raccolta di scritti: itinerari giuridici tra pagine classiche e recenti contributi*, Padova, 1996. p. 134).

[21] A distinção seria melhor colocada, segundo Pablo Renteria, partindo-se da teoria da aderência, inicialmente elaborada por Michelle Giorgianni e, posteriormente, desenvolvida por Marco Comporti. Em vez do poder imediato ou do poder absoluto, tal teoria "identifica como característica essencial ao direito real a sua *aderência à coisa*", o que, no direito brasileiro, seria útil para distinguir os direitos reais dos direitos pessoais com base na "oponibilidade perante terceiros que pretendam sobre a coisa poder conflitante com o do titular" (RENTERIA, Pablo. *Penhor e autonomia privada*. São Paulo: Atlas, 2016. p. 54-68). Nessa direção, Gustavo Tepedino anota que "*o poder imediato* do seu titular sobre a coisa traduz *uma aderência do vínculo jurídico a uma coisa determinada* e se constitui na característica peculiar do direito real", destacando que "a inerência ou aderência (expressões equivalentes na origem latina *inhaerente*) focaliza o vínculo entre o poder do titular e a coisa – poder decorrente do próprio bem sobre o qual incide" (TEPEDINO, Gustavo. *Comentários ao Código Civil*: direito das coisas. São Paulo: Saraiva, 2011. p. 28. v. 14).

[22] Na lição de Pablo Renteria, "deve ser afastada a opinião que restringe o fenômeno da cooperação social ao âmbito das relações pessoais, por entender que somente nesse domínio os sujeitos se encontram ligados por recíprocos direitos e deveres" (RENTERIA, Pablo. *Penhor e autonomia privada*. São Paulo: Atlas, 2016. p. 33).

Em perspectiva funcional, portanto, propõe-se o reexame das fronteiras entre direitos reais e obrigacionais, considerando que a distinção assume contornos (não já qualitativos, mas) quantitativos, de acordo com a "presença, mínima ou predominante, de alguma forma de atribuição de bens em si mesma considerada":[23] nas situações patrimoniais em que predomina o aspecto atributivo, será possível identificar direito real; naquelas em que predominar, ou mesmo for exclusivo, o aspecto obrigacional, atrair-se-á, prioritariamente, a disciplina das obrigações. Assim, os princípios da boa-fé objetiva, da função social e do equilíbrio econômico comportam incidência em ambos os campos do direito civil, na medida em que, também nas relações reais, e principalmente nos direitos reais na coisa alheia, exsurgem direitos e deveres recíprocos que passam a integrar a própria estrutura do direito real em concreto.

Nesta esteira, deve-se apurar, a partir do suporte fático da relação jurídica real, os aspectos obrigacionais correlatos – os quais, associados à função, determinam a própria estrutura da relação. Qualificado o contexto material, a congregar aspectos reais e obrigacionais, chega-se ao ordenamento do caso concreto,[24] incidindo, no que couber, os denominados princípios contratuais,[25] notadamente, diante do traço da *relazionalità*, o princípio da boa-fé objetiva.[26]

Tal qual a relação obrigacional, a relação jurídica real deve ser concebida como processo, fundado em etapas que se sucedem e se interligam, voltadas à satisfação das legítimas expectativas de cada centro de interesse quanto ao aproveitamento de certo bem da vida, sobre o qual exercem situações jurídicas subjetivas de natureza real. Com efeito, se "com a expressão 'obrigação como processo', tenciona-se sublinhar o ser dinâmico da obrigação, as várias fases que surgem no desenvolvimento da relação obrigacional e que entre si se ligam com interdependência",[27] a concepção da relação real

---

[23] MAIA, Roberta Mauro Medina. *Teoria geral dos direitos reais*. São Paulo: Revista dos Tribunais, 2013. p. 285. V. também MATIELI, Louise Vago; SOUSA, Thiago Andrade. Situações jurídicas reais vs. situações jurídicas obrigacionais. A crise da dicotomia e a viabilidade de um direito comum para as situações patrimoniais. In: MONTEIRO FILHO, Carlos Edison do Rêgo. *Direito das relações patrimoniais*. Curitiba: Juruá, 2014. p. 190.

[24] Gustavo Tepedino destaca a concepção do ordenamento "não como repositório de normas jurídicas, mas como conjunto de ordenamentos dos casos concretos, para cuja construção o intérprete deverá levar em conta os elementos condicionantes dos fatos e das normas jurídicas conjuntamente interpretadas em cada conflito de interesses" (TEPEDINO, Gustavo. Normas constitucionais e direito civil na construção unitária do ordenamento. In: TEPEDINO, Gustavo. *Temas de direito civil*. Rio de Janeiro: Renovar, 2009. p. 11. t. III). Na mesma direção, Aline de Miranda Valverde Terra afirma: "o intérprete, ao buscar a solução para o caso concreto, há que ter em conta todo o arcabouço legislativo posto e, a partir das especificidades dos fatos de sua hipótese real, extrair o complexo normativo incidente sobre o específico conflito de interesses. Vale dizer: cotejando as condicionantes fáticas do caso concreto com as diversas fontes normativas, unificadas pela Constituição da República, extrai-se um ordenamento jurídico 'sob medida', aplicável exclusivamente àquela situação fática" (TERRA, Aline de Miranda Valverde. *Inadimplemento anterior ao termo*. Rio de Janeiro: Renovar, 2009. p. 15).

[25] A confirmar o potencial aplicativo dos princípios contratuais, Judith Martins-Costa observa que, "embora centrados no Direito das Obrigações, os contratos têm portada que aí não se encerra, suas Disposições Gerais valendo para quaisquer contratos, de Direito das Coisas e de Direito de Família [...]. Os princípios de caráter geral, postos no Título V, atinem, primariamente, à regulação dos interesses patrimoniais". Vale destacar que, conforme sustenta a autora, o contrato qualifica-se como "atividade, isto é, como conjunto ordenado de ações coligadas por uma finalidade" (MARTINS-COSTA, Judith. Contratos. Conceito e evolução. In: LOTUFO, Renan; NANNI, Giovanni Ettore (Coords.). *Teoria geral dos contratos*. São Paulo: Atlas, 2011. p. 41; 49).

[26] Conforme observa Mauro Pennasilico, a boa-fé objetiva se apresenta como "criterio exorbitante dalla stretta disciplina codicistica delle obbligazioni e dei contratti, pervasivo del sistema in qualsiasi ipotesi di situazione giuridica ispirata alla relazionalità" (PENNASILICO, Mauro. *Metodo e valori nell'interpretazione dei contratti. Per un'ermeneutica contrattuale rinnovata*. Napoli: Edizione Scientifiche Italiane, 2011. p. 115).

[27] COUTO E SILVA, Clovis Veríssimo do. *A obrigação como processo*. Rio de Janeiro: Editora FGV, 2006. p. 20. A ideia de relação como processo é encontrada na obra de Karl Larenz, para quem "la relación de obligación,

como processo se apresenta como remate natural do itinerário percorrido. Em definitivo, sendo possível identificar, conforme a relação real examinada, a presença de centros de interesse específicos cuja cooperação recíproca se torna essencial à satisfação das expectativas relacionadas ao aproveitamento do bem, configura-se o suporte fático da relação (não mais apenas obrigacional, mas) patrimonial como processo.

Ilustrativamente, no processo da relação jurídica real, partir-se-ia da fonte legal, em virtude do princípio da taxatividade, passando pelo negócio jurídico típico ou atípico que visa a conformar o exercício do direito real, pela aquisição do direito real – normalmente mediante tradição ou registro –, dando ensejo, em seguida, ao exercício do direito real e, finalmente, à satisfação dos interesses dos titulares de situações jurídicas subjetivas sobre o bem, a qual, à semelhança do que se verifica, por exemplo, nos contratos cativos, tende à continuidade.[28] Nesta esteira, a relação real se desenvolve abrangendo um complexo de situações jurídicas relativas ao mesmo bem: centros de interesse determinados – apresentando pluralidade de possíveis titulares, como proprietário, usufrutuário e credor da garantia real – e indeterminados – dever geral de abstenção da coletividade.

Na dinâmica da factualidade, direitos obrigacionais e direitos reais coexistem em relação à coisa. Sobre o mesmo imóvel, por exemplo, podem coexistir o direito real de propriedade, o direito real de usufruto e o direito pessoal do locatário.[29] De outra parte, se previsto pacto marciano em mútuo garantido por hipoteca, que autorize a apropriação pelo credor do bem dado em garantia diante do inadimplemento da dívida por meio da fixação do preço justo, tal pacto dará origem a relações jurídicas complexas, formadas por aspectos obrigacionais relativos ao contrato de mútuo e por aspectos reais relativos ao direito de hipoteca.[30] Por tal razão, o trajeto rumo ao direito comum das relações patrimoniais passa, necessariamente, pela compreensão da relação patrimonial como processo, informada, em toda sua extensão, pelos valores do ordenamento jurídico.

2.2 Delimitação do espaço de incidência da boa-fé objetiva em relação à função social

O princípio da boa-fé objetiva afigura-se expressão, na seara patrimonial, do princípio constitucional da solidariedade social.[31] Enquanto a boa-fé subjetiva se refere

---

como relación jurídica concreta entre personas determinadas, existente en el tiempo, es, ciertamente, un conjunto de derechos, obligaciones y 'situaciones jurídicas', pero no es la suma de aquéllos. Es, más bien, un todo, un conjunto ('Gefüge'). [...]. Ahora bien, por el hecho mismo de que en toda relación de obligación late el fin de la satisfacción del interés en la prestación del acreedor, puede y debe considerarse la relación de obligación como un proceso" (LARENZ, Karl. *Derecho de obligaciones*. Madrid: Editorial Revista de Derecho Privado, 1958. p. 38-39. t. I).

[28] Chama a atenção o fato de que, especialmente no âmbito dos contratos relacionais – nos quais não se vislumbra, *a priori*, a extinção da relação –, "os conceitos-chave são os de 'solidariedade, cooperação e comunidade, constituindo a cooperação num 'associar-se com outro para benefício mútuo ou para a divisão mútua dos ônus'" (MARTINS-COSTA, Judith. *Comentários ao novo Código Civil*. Rio de Janeiro: Forense, 2006. p. 32. v. V. t. I).

[29] WALD, Arnoldo. *Direito civil*. São Paulo: Saraiva, 2010. p. 203. v. I.

[30] MONTEIRO FILHO, Carlos Edison do Rêgo. *Pacto comissório e pacto marciano*: rumos cruzados, fundamentos e merecimento de tutela. Tese (Professor Titular) – Universidade do Estado do Rio de Janeiro, Rio de Janeiro, 2017.

[31] LÔBO, Paulo Luiz Netto. Contratante vulnerável e autonomia privada. In: NEVES, Thiago (Coord.). *Direito & justiça social*: por uma sociedade mais justa, livre e solidária: estudos em homenagem ao Professor Sylvio Capanema de Souza. São Paulo: Atlas, 2013. p. 160. V. também NEGREIROS, Teresa. *Fundamentos para uma interpretação constitucional do princípio da boa-fé*. Rio de Janeiro: Renovar, 1998. p. 252.

ao estado psicológico de ignorância quanto à titularidade de situação jurídica subjetiva (crença interna fundada em erro de fato),[32] a boa-fé objetiva vincula-se ao dever de agir de acordo com determinados padrões, socialmente recomendados, de correção, lisura e lealdade.[33] Impõe, dessa forma, deveres de cooperação entre as partes de uma relação jurídica, funcionalizados à consecução do escopo econômico pretendido e das legítimas expectativas despertadas. Do antagonismo à colaboração,[34] do dogma da vontade ao solidarismo, das titularidades exclusivas aos deveres extraproprietários,[35] operam-se mudanças fundamentais nos institutos de direito civil.

A boa-fé objetiva e a função social encontraram, ao longo das décadas, campos distintos de maior incidência. Não por acaso a dificuldade de incidência da boa-fé objetiva nas relações reais dialoga com o sinuoso desenvolvimento do princípio da função social do contrato.[36] A dificuldade reside, quanto aos direitos reais, na compreensão da relação real apenas em seu aspecto atributivo, ignorando os concretos deveres que se apresentam entre centros de interesse específicos no exercício dos direitos reais.[37] Por outro lado, a função social vem amplamente invocada nos direitos reais, encontrando campo fértil em matéria de atribuição de bens e riquezas, tendo em vista que tal disciplina interessa direta e profundamente à sociedade, a determinar, em última análise, as próprias bases do sistema político e econômico no âmbito do qual se desenvolvem as relações sociais.[38]

Torna-se primordial, no contexto de introdução do princípio da boa-fé objetiva nos direitos reais, promover a delimitação entre o campo de incidência da boa-fé e da função social. Como visto, incide a boa-fé quando há centros de interesse específicos identificados, impondo-se regras de conduta entre indivíduos determinados. Na função social, ao reverso, a tutela se volta aos interesses da coletividade indeterminada, isto é, da sociedade em geral. Os interesses tutelados mediante a incidência desses princípios, portanto, afiguram-se diversos:

---

[32] Segundo Judith Martins-Costa, "diz-se subjetiva a boa-fé compreendida como estado psicológico, isto é: estado de consciência caracterizado pela ignorância de se estar a lesar direitos ou interesses alheios" (MARTINS-COSTA, Judith. *A boa-fé no direito privado*: critérios para a sua aplicação. São Paulo: Marcial Pons, 2015. p. 261).

[33] LEWICKI, Bruno. Panorama da boa-fé objetiva. In: TEPEDINO, Gustavo (Coord.). *Problemas de direito civil-constitucional*. Rio de Janeiro: Renovar, 2001. p. 55-57.

[34] DANTAS, San Tiago. *Programa de direito civil*: teoria geral. Rio de Janeiro: Forense, 2001. p. 111.

[35] FACHIN, Luiz Edson. *Direito civil*: sentidos, transformações e fim. Rio de Janeiro: Renovar, 2015. p. 49.

[36] SOUZA, Eduardo Nunes de. Autonomia privada e boa-fé objetiva em direitos reais. *Revista Brasileira de Direito Civil*, v. 4, 2015. p. 71. Como anota Gustavo Tepedino, "nem mesmo o advento do Código de Defesa do Consumidor, que deu ensejo a acalorado debate acerca da boa-fé objetiva, suscitou discussão em profundidade sobre a função social. Tampouco a inserção, na Constituição Federal de 1988, do princípio da função social da propriedade teve o condão de despertar a atenção dos estudiosos. De fato, o instituto somente passou a ser objeto de maior reflexão, adquirindo a feição atual, com a sua introdução no art. 421 do Código Civil de 2002, em conhecida dicção: 'A liberdade de contratar será exercida em razão e nos limites da função social do contrato'" (TEPEDINO, Gustavo. Notas sobre a função dos contratos. In: TEPEDINO, Gustavo. *Temas de direito civil*. Rio de Janeiro: Renovar, 2009. p. 146. t. III). Para um panorama atual sobre a função social do contrato, v. BELLOIR, Arnaud Marie Pie; POSSIGNOLO, André Trapani Costa. Ensaio de classificação das teorias da função social do contrato. *Revista Brasileira de Direito Civil*, v. 11, 2017.

[37] SOUZA, Eduardo Nunes de. Autonomia privada e boa-fé objetiva em direitos reais. *Revista Brasileira de Direito Civil*, v. 4, 2015. p. 63.

[38] Afigura-se representativo, nessa perspectiva, o debate contemporâneo acerca dos bens comuns. Sobre o tema, v. SALOMÃO FILHO, Calixto. *Teoria crítico-estruturalista do direito comercial*. São Paulo: Marcial Pons, 2015. p. 105-119; NIVARRA, Luca. Quattro usi di "beni comuni" per una buona discussione. *Rivista Critica del Diritto Privato*, XXXIV, p. 43-64; NERVI, Andrea. Beni comuni e ruolo del contratto. *Rassegna di Diritto Civile*, n. 1, p. 180-203, 2014.

Enquanto a função social volta-se à promoção de interesses sociais e coletivos, impondo aos titulares de direitos reais que respeitem as situações subjetivas de terceiros, a boa-fé objetiva, a seu turno, incide precipuamente nas relações entre titulares de direitos reais sobre a mesma coisa, exigindo deles que colabore mutuamente para a plena realização de seus interesses comuns. Desse modo, ao contrário da função social, a boa-fé serve a proteger a legítima expectativa desses sujeitos – o proprietário e titulares de direitos reais menores –, podendo ser invocada, inclusive, para a proteção dos interesses patrimoniais e individuais que estão presentes na concreta relação jurídica real.[39]

Desse modo, o controle de merecimento de tutela nos direitos reais não se limita ao princípio da função social. A análise funcional dos direitos reais, projetada sobre o momento de seu exercício, permite entrever interesses individuais legítimos cuja tutela escapa ao espectro de proteção franqueado pela função social. A distinção passa a ser mais bem compreendida a partir da necessária delimitação conceitual das noções de função e função social. Analisar a função desempenhada por certa relação real significa perquirir, para além de seus elementos constitutivos (o que ela é), a sua razão teleologicamente justificadora (para que serve).[40] Investiga-se, desse modo, o interesse que subjaz à relação concreta, vez que, somente à luz de sua função (isto é, tomando-se em conta os efeitos e os interesses tangenciados), será possível promover a salvaguarda dos interesses merecedores de tutela. Por meio do termo "função", portanto, anuncia-se "não apenas a necessidade de uma análise *funcional* (ou seja, não meramente estrutural), como também a afirmação de que todos os atos, normas e situações jurídicas somente têm sua existência justificada *em função* dos valores que orientam nosso ordenamento".[41] Nessa direção, a função social representa *um dos parâmetros* de valoração dos interesses presentes na relação jurídica real, voltando-se à promoção dos interesses coletivos na atribuição dos bens. A boa-fé objetiva, por sua vez, atua na proteção dos interesses individuais legítimos, os quais serão aferidos na análise da relação real em concreto.

Importante destacar ainda o tratamento trazido pelo Código Civil em seu art. 1.228. Nele, contemplou o legislador a funcionalização dos direitos reais, tratando, no §1º,[42] do princípio da função social, e, no §2º,[43] do princípio da boa-fé objetiva. Com efeito, o art. 1.228, §2º, do Código Civil, cuida da incidência da boa-fé aos direitos reais ao vedar o exercício disfuncional da situação jurídica real. O direito de propriedade deixa de ser visto sob a matriz individualista que o consagrou como absoluto, ilimitado,

---

[39] RENTERIA, Pablo. *Penhor e autonomia privada*. São Paulo: Atlas, 2016. p. 47.

[40] MONTEIRO FILHO, Carlos Edison do Rêgo. Usucapião imobiliária urbana independente de metragem mínima: uma concretização da função social da propriedade. *Revista Brasileira de Direito Civil*, v. 2, 2014. p. 13. Explica o autor que "os institutos jurídicos, partes integrantes da vida de relação, passam a ser estudados não apenas em seus perfis estruturais (sua constituição e seus elementos essenciais), como também – e principalmente – em seus perfis funcionais (sua finalidade, seus objetivos)".

[41] SOUZA, Eduardo Nunes de. Função negocial e função social do contrato: subsídios para um estudo comparativo. *Revista de Direito Privado*, v. 54, 2013. p. 69.

[42] Art. 1.228, Código Civil: "O proprietário tem a faculdade de usar, gozar e dispor da coisa, e o direito de reavê-la do poder de quem quer que injustamente a possua ou detenha. §1º O direito de propriedade deve ser exercido em consonância com as suas finalidades econômicas e sociais e de modo que sejam preservados, de conformidade com o estabelecido em lei especial, a flora, a fauna, as belezas naturais, o equilíbrio ecológico e o patrimônio histórico e artístico, bem como evitada a poluição do ar e das águas".

[43] Art. 1.228, Código Civil: "O proprietário tem a faculdade de usar, gozar e dispor da coisa, e o direito de reavê-la do poder de quem quer que injustamente a possua ou detenha. §2º São defesos os atos que não trazem ao proprietário qualquer comodidade, ou utilidade, e sejam animados pela intenção de prejudicar outrem".

perpétuo,[44] passando a se submeter a intenso controle funcional (o que denota o caráter histórico-relativo do conceito).[45]

Ressalve-se, contudo, que embora o texto legal se refira à "intenção de prejudicar outrem", não se exige a presença do elemento intencional (atos emulativos) para a repressão ao exercício abusivo de direitos, que deverá ser compreendido em perspectiva objetiva. Com efeito,

> embora a teoria dos atos emulativos tenha se mostrado útil no passado para construir a doutrina do abuso do direito, contemporaneamente a configuração do ato abusivo independe da intenção de prejudicar terceiros; para tanto, basta que o direito seja exercido em contrariedade a seu fim econômico ou social, à boa-fé ou aos bons costumes, consoante dispõe o art. 187 do Código Civil. Sob esse aspecto, portanto, o §2º mostra-se anacrônico, pois adota concepção ultrapassada da teoria do abuso do direito.[46]

2.3 A interpretação da boa-fé nas relações reais em função aplicativa

Da dogmática à efetividade, revela-se fundamental a análise do direito vivente.[47] Se, de um lado, a técnica legislativa das cláusulas-gerais abre espaço para o papel criativo dos magistrados, o que se justifica pela multiplicação de centros de interesse merecedores de tutela e pela impossibilidade de a regra jurídica abstrata esgotar a tutela da factualidade, o princípio da fundamentação das decisões, insculpido no art. 93, IX, da Constituição Federal, representa verdadeiro fator de limitação às subjetividades decisórias,[48] exigindo motivação racional à decisão com base no sistema.[49] Nesta esteira, em cada decisão o magistrado deve, desapegando-se do método subsuntivo de "encaixe" do dispositivo isoladamente considerado, aplicar o ordenamento jurídico em sua unidade e complexidade, de modo a individualizar a solução que melhor realize os valores constitucionais, procedendo à acurada análise da situação concreta.[50]

---

[44] "Esta lógica levou o Código Napoleão a definir propriedade como 'direito de gozar e dispor das coisas da maneira mais absoluta, desde que se não faça delas um uso proibido pela lei ou pelos regulamentos' (art. 544º). O legislador liberal decidiu dar tal ênfase ao caráter absoluto da propriedade que incorreu mesmo numa irregularidade sinctática, inserida num Código que é apontado como um monumento literário de perfeição e elegância linguística: não sendo a absolutidade susceptível de graduação, como falar em 'a mais absoluta' (la plus absolute)?" (CORDEIRO, Antônio Menezes. *Direitos reais*. Lisboa: LEX, 1993. p. 412).

[45] "[...] o direito existe sempre 'em sociedade' (situado, localizado) e [...] as soluções jurídicas são sempre contingentes em relação a um dado envolvimento (ou ambiente). São, neste sentido, sempre locais" (HESPANHA, António Manuel. *A cultura jurídica europeia*: síntese de um milênio. Coimbra: Almedina, 2012. p. 13).

[46] TEPEDINO, Gustavo. *Comentários ao Código Civil*: direito das coisas. São Paulo: Saraiva, 2011. p. 251-252. v. 14.

[47] A esse respeito, observa Giovanni Perlingieri: "[...] il diritto vigente, a differenza di quello 'vivente', non è fondato sulle prassi (giurisprudenziali, notarili); il diritto vigente non è causa vinta ma causa che si può vincere. Per questo ocorre una classe di giuristi capace, preparata e sensibile, non concentrata soltanto a evidenziare le incertezze terminologiche dela più recente giurisprudenza o dell'ultima legge. L'ideia di sistema, del resto, non è e non sarà mai qualcosa di bello e fato, né qualcosa che si può teorizzare una volta per tutte (mediante fattispecie astratte, concetti e categorie), ma è un processo che assume tale connotazione soltanto nel momento aplicativo attraverso i controlli di razionalità, di congruenza e di ragionevolezza" (PERLINGIERI, Giovanni. *Profili applicativi della ragionevolezza nel diritto civile*. Napoli: Edizioni Scientifiche Italiane, 2015. p. 144).

[48] KONDER, Carlos Nelson. Distinções hermenêuticas na constitucionalização do direito civil: o intérprete na doutrina de Pietro Perlingieri. *Revista da Faculdade de Direito* (UFRPR), v. 60, 2015. p. 209.

[49] TEPEDINO, Gustavo. Liberdades, tecnologia e teoria da interpretação. *Revista Forense*, v. 419, 2014. p. 421.

[50] GRAU, Eros. Técnica legislativa e hermenêutica contemporânea. In: TEPEDINO, Gustavo (Org.). *Direito civil contemporâneo*: novos problemas à luz da legalidade constitucional. São Paulo: Atlas, 2008. p. 284.

Nesse cenário, a doutrina assume papel fundamental tanto no fornecimento de subsídios teóricos para o cumprimento do dever de motivação, como no estudo, em perspectiva analítica, das decisões judiciais, com vistas a colaborar[51] para a adequada promoção da tábua axiológica constitucional.[52] Além disso, a própria construção doutrinária depende visceralmente da percepção dos casos concretos, sob pena de se promover a criação de teorias e raciocínios que, embora guardem coerência interna, apresentam-se, na prática, absolutamente estéreis. A historicidade e relatividade dos conceitos exige, nessa perspectiva, o incessante esforço de compreensão (não só do ordenamento, mas também) dos fatos,[53] que a um só tempo condicionam a interpretação do dado positivo e são condicionados pela norma jurídica.[54]

Com efeito, deve-se alertar para os riscos da aplicação das cláusulas-gerais como "trunfo poderoso"[55] na fundamentação judicial. A utilização da boa-fé objetiva como mero reforço argumentativo ameaça a força normativa do princípio, na medida em que abre espaço para que o magistrado inverta o processo hermenêutico, decidindo de plano com base em convicções pessoais para, posteriormente, invocar determinada cláusula geral como salvo-conduto. Sobressai, nesse sentido, o importante papel da doutrina na identificação de tais imprecisões técnicas e na fixação das bases teóricas para a correta incidência dos princípios.

O itinerário proposto para a interpretação-aplicação da boa-fé nas relações reais encerra-se, portanto, com o exame crítico de casos concretos em que alguns dos Tribunais vislumbraram suportes fáticos de incidência do princípio nos direitos reais, bem como de exemplos práticos trazidos pela doutrina.

2.3.1 A incidência da boa-fé objetiva nas relações condominiais e a figura parcelar da *suppressio*

Com relação ao condomínio edilício, verifica-se, nos Tribunais brasileiros, a incidência do princípio de boa-fé objetiva em hipóteses que colocam em xeque os atributos tradicionais da propriedade. O caráter absoluto – desafiado pelo controle do

---

[51] "Doutrinador colaborativo na construção da solução dos casos concretos, essa parece ser a função nuclear do professor de direito no mundo contemporâneo. Além de compilar dados, impõe-se que trabalhe sobre o torrencial volume de feitos disponíveis a fim de extrair, em perspectiva crítica e propositiva, a função dos institutos e a *ratio decidendi* compatível com os valores máximos do elenco axiológico do ordenamento jurídico, participando assim do processo de individualização do ordenamento jurídico às circunstâncias fáticas" (MONTEIRO FILHO, Carlos Edison do Rêgo. Reflexões metodológicas: a construção do observatório de jurisprudência no âmbito da pesquisa jurídica. *Revista Brasileira de Direito Civil*, v. 9, 2016. p. 17).

[52] TEPEDINO, Gustavo. Itinerário para um imprescindível debate metodológico. *Revista Trimestral de Direito Civil*, v. 35, 2008. p. IV.

[53] "Diante dessa perspectiva contemporânea do direito civil se consolidaram novos paradigmas para a compreensão da matéria, baseados, sobretudo, nas seguintes proposições: [...] consagração da historicidade-relatividade dos institutos jurídicos, que assim podem desempenhar distintas funções, a depender do contexto histórico, geográfico, cultural e social em que se inserem" (MONTEIRO FILHO, Carlos Edison do Rêgo. Rumos cruzados do direito civil pós-1988 e do constitucionalismo de hoje. In: MONTEIRO FILHO, Carlos Edison do Rêgo. *Rumos contemporâneos do direito civil*: estudos em perspectiva civil-constitucional. Belo Horizonte: Fórum, 2017. p. 20).

[54] MONTEIRO FILHO, Carlos Edison do Rêgo. Reflexões metodológicas: a construção do observatório de jurisprudência no âmbito da pesquisa jurídica. *Revista Brasileira de Direito Civil*, v. 9, 2016. p. 12.

[55] TEPEDINO, Gustavo. A razoabilidade e a sua adoção à moda do jeitão. Editorial. *Revista Brasileira de Direito Civil*, v. 8, 2016. p. 6.

exercício abusivo do direito de propriedade – e o caráter perpétuo – ao qual se opõe a inadmissibilidade do exercício do direito nas hipóteses de longos períodos de inação de seu titular – são relidos à luz da confiança legitimamente despertada na contraparte. A proteção da legítima expectativa e a restrição ao exercício disfuncional de situações jurídicas são comumente promovidas por meio das figuras parcelares do (i) *nemo potest venire contra factum proprium*, que veda o exercício de situações jurídicas de modo contraditório, com destaque para as subespécies[56] da (ii) *suppressio*, que ocasiona a inadmissibilidade do exercício de um direito real em razão de prolongada inércia de seu titular e da (iii) *surrectio*, como reverso da medalha, que gera a consolidação da situação jurídica real pelo transcurso do tempo, aliada à omissão do titular e à confiança suscitada.

Com efeito, hipótese frequente de incidência da *suppressio* e da *surrectio* no campo dos direitos reais tem sido a pretensão do condomínio de retomar área comum ou cobrar por seu uso após lapso temporal de inação. Nesses casos, debate-se se a inércia do condomínio por longo período de tempo, não se opondo ao uso exclusivo e gratuito da área comum, poderia gerar a consolidação da situação jurídica real em favor dos condôminos.

A esse respeito, o Superior Tribunal de Justiça já se pronunciou no sentido de que, diante do uso exclusivo de área comum por proprietários de duas unidades condominiais por mais de 30 anos, inclusive sendo os únicos com acesso ao local, e com autorização por deliberação em assembleia condominial, "tal situação deve ser mantida, por aplicação do princípio da boa-fé objetiva".[57] No caso, a Terceira Turma, analisando detidamente as circunstâncias concretas, pôde identificar interesse merecedor de tutela dos proprietários que utilizavam com exclusividade (e por tanto tempo) a área comum, de modo que a pretensão de retirar-lhes tal prerrogativa atentaria contra sua legítima expectativa, tutelada pelo princípio da boa-fé objetiva. Caso contrário, o titular da situação jurídica real sem *animus domini* (a impedir a configuração da posse *ad usucapionem*, requisito para a usucapião) estaria perpetuamente sob a ameaça da retomada do bem por parte do condomínio. Isso porque, nesses casos, a autorização assemblear para o *uso* exclusivo da área comum (causa originária) afasta o requisito do *animus domini* (intenção de ser proprietário) para a configuração da usucapião, ressalvando-se a possibilidade de "eventual inversão da causa (transmutação de sua natureza) por conta de circunstâncias fáticas que demonstrem a intenção de apropriação contrariamente à causa originária".[58]

Em julgado mais recente, a Corte apreciou pretensão de condômino de anular assembleia condominial que, por mais de dois terços dos votos, explicitou a impossibilidade de o uso exclusivo de área comum (terraço) ser transmitido a terceiros,

---

[56] Na lição de Anderson Schreiber, a *suppressio* e a *surrectio* traduzem, a rigor, subespécies do *venire contra factum proprium* (SCHREIBER, Anderson. *A proibição de comportamento contraditório*: tutela da confiança e venire contra factum proprium. Rio de Janeiro: Renovar, 2012. p. 188-189).

[57] STJ, 3ª T. REsp nº 356.821/RJ. Rel. Min. Nancy Andrighi, j. 23.4.2002. Sobre o tema, v. também STJ, 4ª T. REsp nº 281.290/RJ. Rel. Min. Luis Felipe Salomão, j. 2.10.2008; STJ, 3ª T. REsp nº 325.870/RJ. Rel. Min. Humberto Gomes de Barros, j. 14.5.2004; STJ, 4ª T. REsp nº 214.680/SP. Rel. Min. Ruy Rosado de Aguiar, j. 10.8.1999; TJRS, 19ª CC. Ap. Cív. nº 70047505722. Rel. Des. Eugênio Facchini Neto, j. 19.6.2012; TJRS, 17ª CC. Ap. Cív. nº 70040560955. Rel. Des. Liege Puricelli Pires, j. 25.8.2011; TJRS, 3ª TRC. Ap. Cív. nº 71001022755. Rel. Des. Maria José Schmitt Sant Anna, j. 15.8.2006; TJRS, 17ª CC. Ap. Cív. nº 70007874605. Rel. Des. Elaine Harzheim Macedo, j. 9.3.2004. Na doutrina, cf. MARTINS-COSTA, Judith. *A boa-fé no direito privado*: critérios para a sua aplicação. São Paulo: Marcial Pons, 2015. p. 649.

[58] TEPEDINO, Gustavo. *Comentários ao Código Civil*: direito das coisas. São Paulo: Saraiva, 2011. p. 35. v. 14.

assim como impôs contribuição pecuniária pelo exercício de tal direito, de modo a alterar situação consolidada por mais de trinta anos. Decidiu o STJ que "a mera explicitação de que o uso exclusivo do terraço não é transmissível a terceiros, além de convergir com a natureza transitória do instituto, não frustra qualquer expectativa do condômino beneficiado", pois "nem mesmo o direito real de uso confere ao seu titular a possibilidade de cedê-lo, já que se trata de direito personalíssimo e intransmissível, destinado à satisfação das necessidades do usuário e de sua família". Por outro lado, considerou-se que

> a superveniente exigência de uma remuneração pelo uso (não inferior à taxa condominial), após o transcurso de mais de trinta anos de exercício sem contraprestação de ordem pecuniária (apenas de conservação e manutenção) destoa da boa-fé objetiva que deve permear as relação jurídica.[59]

Desse modo, a Quarta Turma considerou legítima a proibição de que o uso exclusivo fosse transmitido a terceiros, mas ilegítima a instituição de remuneração pelo uso após longo lapso temporal sem cobrança.

Note-se que a *suppressio* e a *surrectio* encontram campo fértil nos direitos das coisas,[60] em razão da inexistência, como regra, de prescrição extintiva em relação às pretensões fundadas em relações reais.[61] Desse modo, como não há regra legal impondo prazo específico para a perda da pretensão, exige-se o controle funcional para reprimir a frustração da legítima expectativa consolidada por longo lapso temporal. Trata-se, portanto, de incidência autônoma da boa-fé na salvaguarda de interesses merecedores de tutela no âmbito das relações reais.

Dito diversamente, em razão da lacuna normativa para a tutela de hipóteses de consolidação de situação jurídica real por longo lapso temporal, a *suppressio* e a *surrectio* assumem relevante função no direito das coisas, assegurando a proteção das legítimas expectativas despertadas pelo transcurso do tempo. Observe-se, portanto, que a solução do caso prático não seria obtida por mera subsunção[62] de dispositivo legal à hipótese fática, exigindo-se o recurso à cláusula geral de boa-fé objetiva.

Não obstante, a incidência da *suppressio* em tais hipóteses dependerá de cuidadosa ponderação entre, de um lado, o interesse do condomínio de reaver a área comum, e, de outro, a expectativa dos condôminos de permanecer no uso de tal área. A solução não poderá ser dada em abstrato, mas exigirá a análise de fatores como a autorização assemblear para o uso exclusivo, o tempo decorrido, a utilização que o condomínio

---

[59] STJ, 4ª T. REsp nº 1.035.778/SP. Rel. Min. Marco Buzzi, j. 5.12.2013.

[60] SOUZA, Eduardo Nunes de. Autonomia privada e boa-fé objetiva em direitos reais. *Revista Brasileira de Direito Civil*, v. 4, 2015. p. 75.

[61] Ressalve-se que a subdivisão da prescrição em aquisitiva (usucapião) e extintiva (prescrição em sentido estrito) é objeto de críticas na doutrina: "Por haver regras jurídicas comuns à prescrição e à usucapião, tentaram a unidade conceptual; mas essa unidade falhou sempre. Também falha, a olhos vistos, a artificial e forçada simetrização dos dois institutos" (MIRANDA, Pontes. *Tratado de direito privado*. Campinas: Bookseller, 2000. p. 139. t. VI). No mesmo sentido, BEVILAQUA, Clóvis. *Código Civil dos Estados Unidos do Brasil*. Rio de Janeiro: Francisco Alves, 1958. p. 146. v. III.

[62] A respeito da superação do método subsuntivo, cf. MONTEIRO FILHO, Carlos Edison do Rêgo. Subversões hermenêuticas: a lei da comissão da anistia e o direito civil-constitucional. In: MONTEIRO FILHO, Carlos Edison do Rêgo. *Rumos contemporâneos do direito civil*: estudos em perspectiva civil-constitucional. Belo Horizonte: Fórum, 2017. p. 63.

pretende dar à área, a utilização dada pelo condômino e a conduta das partes. A depender de tal ponderação, portanto, o efeito da incidência da boa-fé objetiva poderá ser diverso (e variar em grau de intensidade): (a) indenização pelas benfeitorias realizadas e concessão de prazo razoável para que os condôminos deixem o local;[63] (b) impedimento a que o condomínio passe a cobrar pelo uso exclusivo da área;[64] (c) indenização aos referidos condôminos em razão da retomada da área pelo condomínio e (d) impedimento a que o condomínio retome a área e consequente consolidação judicial de direito de uso (não já de propriedade) em favor dos condôminos.[65]

Outra recorrente hipótese de incidência da *suppressio* nas relações condominiais diz com a impossibilidade de o condomínio se opor ao uso comercial de unidade imobiliária residencial, quando tal destinação vem sendo dada há anos pelo proprietário sem oposição. Nesses casos, a jurisprudência tem se posicionado no sentido da tutela da legítima expectativa do proprietário da unidade, examinando, no caso concreto, se tal uso comercial, consolidado ao longo dos anos, gera prejuízo ou incômodo aos demais condôminos. Nessa direção, o Tribunal de Justiça de São Paulo analisou caso em que o condômino, proprietário de restaurante no pavimento térreo e mezanino, utilizava, há anos, suas unidades residenciais do pavimento superior como depósito de mesas e cadeiras e como escritório do restaurante. Após longo lapso temporal de inércia, o condomínio ingressou em juízo pretendendo obrigar o proprietário a preservar a destinação residencial destas unidades do pavimento superior, prevista em convenção condominial de 1992. Aplicando a figura parcelar da *suppressio*, no entanto, o Tribunal considerou que a convenção foi alterada pelo comportamento permissivo ao longo do tempo, a gerar "situação aceita e solidificada por atos do próprio condomínio". Destacou-se que o interfone do condomínio não mais contemplava botões relativos a tais unidades residenciais, cujo acesso se dava pela entrada do restaurante e não pela entrada do condomínio, bem como que o uso comercial não prejudicava os demais condôminos.[66]

O Tribunal de Justiça do Rio de Janeiro, a seu turno, analisou hipótese em que condomínio ingressou em juízo para que a proprietária de determinada unidade se abstivesse de utilizá-la para fins comerciais (clínica estética). A destinação comercial era dada à unidade residencial há cerca de quinze anos, a despeito da proibição em convenção condominial, tendo a condômina obtido, à época, autorização do síndico para exercer a atividade. Ao apreciar o caso, o Tribunal considerou que o exercício da atividade comercial por longo lapso temporal despertou legítima expectativa na ré, que formou clientela e realizou benfeitorias em sua unidade sem qualquer oposição do condomínio por mais de uma década. Dessa forma, fez-se incidir no caso a

---

[63] Nessa direção, cf. "Se a ocupação tivesse redundado em investimentos expressos de uma parte beneficiária, [...] nada impediria que o magistrado fixasse prazo para a desocupação compatível com a amortização dos gastos. No Caso do Corredor Inútil, em particular, o magistrado poderia arbitrar prazo razoável para a desocupação da área que não implicasse gasto financeiro com a recomposição demasiadamente súbito, nem transtornos familiares relevantes" (NEVES, Julio Gonzaga Andrade. *A suppressio (verwirkung) no direito civil.* Coimbra: Almedina, 2016. p. 178).

[64] Esta foi a solução dada pelo STJ no já referido REsp nº 1.035.778/SP, 4ª T. Rel. Min. Marco Buzzi, j. 5.12.2013.

[65] Nesse sentido, o já mencionado REsp nº 356.821/RJ, 3ª T. Rel. Min. Nancy Andrighi, j. 23.4.2002.

[66] TJSP, 8ª C.D. Priv. Ap. Cív. nº 0169128-92.2012.8.26.0100. Rel. Des. Alexandre Coelho, j. 11.5.2016.

teoria da *suppressio*, desdobrada na observância do princípio da boa-fé objetiva pelas partes, a qual deságua na perda da possibilidade de aplicação da cláusula estatutária que prevê a destinação estritamente residencial do imóvel, em razão da falta do seu exercício e proibição de atos contraditórios.[67]

Assim como na decisão anteriormente analisada, o Tribunal aduziu que a unidade da ré possuía entrada independente do condomínio, não gerando incômodo aos vizinhos.[68]

No mesmo sentido, mas sob outra perspectiva, o Superior Tribunal de Justiça examinou hipótese em que sociedade empresária se estabeleceu em edifício cuja destinação mista (residencial e comercial) era aceita, de fato, pela coletividade dos condôminos e pelo próprio condomínio, e, posteriormente, ao ser acionada judicialmente por vizinho, que fazia uso residencial de sua unidade e estava sendo prejudicado pelos ruídos e vibrações dos equipamentos da sociedade empresária, pretendeu justificar o excesso de ruído com base na convenção condominial, que impunha o uso exclusivamente comercial das unidades. Considerou a Corte que a regra constante da convenção condominial constituía letra morta desde sua origem, jamais observada na prática e completamente desconexa da realidade vivenciada naquele condomínio. Constatou-se, assim, a incidência da "figura da *suppressio*, regra que se desdobra do princípio maior da boa-fé objetiva e segundo a qual o não-exercício de direito por certo prazo pode retirar-lhe a eficácia".[69]

Apreciados os casos de incidência da figura parcelar da *suppressio* nas relações condominiais, passa-se ao estudo da efetividade do princípio da boa-fé objetiva no âmbito dos direitos reais sobre coisa alheia.

---

[67] TJRJ, 8ª CC. Ap. Cív. n° 0012420-81.2009.8.19.0207. Rel. Des. Mônica Maria Costa, j. 10.4.2012. V. também TJRS, 23ª CC. Ap. Cív. n° 70008564593. Rel. Des. Carlos Cini Marchionatti, j. 12.5.2004.

[68] TJRJ, 8ª CC. Ap. Cív. n° 0012420-81.2009.8.19.0207. Rel. Des. Mônica Maria Costa, j. 10.4.2012. V. também TJRS, 23ª CC. Ap. Cív. n° 70008564593. Rel. Des. Carlos Cini Marchionatti, j. 12.5.2004.

[69] STJ, 3ª T. REsp n° 1.096.639/DF. Rel. Min. Nancy Andrighi, j. 9.12.2008. Afigura-se recorrente, ainda, a incidência da boa-fé objetiva para vedar o exercício abusivo do direito em deliberações assembleares de condomínio. Nesse ponto, caso ilustrativo foi enfrentado pela Corte de Apelação de Firenze. Na espécie, determinado condômino foi notificado da convocação de assembleia com atraso de um dia e, posteriormente à realização da assembleia, pretendeu anulá-la em razão de sua tardia convocação. Considerou a Corte abusiva a conduta do condômino, pois, em vez de participar da assembleia e expressar seu voto contrário – que não teria influenciado o resultado – o condômino deliberadamente optou por não comparecer, para que posteriormente pudesse pleitear a anulação. Desse modo, considerou-se disfuncional o exercício do direito de anulação, que poderia ter sido evitado por colaboração do condômino com a contraparte (Corte di appello civile Firenze sez. I, 19 settembre 2012, n. 1186). V. também TJPR, 8ª CC. Ap. Cív. n° 1305409-0. Rel. Des. Lilian Romero, j. 14.5.2015: "Ação de anulação de assembleia condominial. Inobservância de requisitos formais da convenção de condomínio. Nulidade reconhecida em sentença. Pretensa reforma em razão da adoção de costumes diversos da convenção quanto ao intervalo entre as convocações. Possibilidade. Teoria da *suppressio* e figura do *venire contra factum proprium*. Boa-fé objetiva. Práticas sedimentadas há anos no condomínio".

2.3.2 A incidência da boa-fé objetiva para a solução de conflitos entre centros de interesse contrapostos nos direitos reais sobre coisa alheia: usufruto, servidão, superfície, hipoteca e penhor

A incidência do princípio da boa-fé objetiva nos direitos reais sobre coisa alheia se justifica pela presença de centros de interesse contrapostos, a denotar a existência de aspectos obrigacionais no suporte fático da relação jurídica real. A título ilustrativo, passa-se a analisar o potencial aplicativo de tal cláusula geral nos direitos reais de usufruto, servidão, superfície, hipoteca e penhor.

Com relação ao direito real de usufruto, o Tribunal de Justiça de São Paulo analisou caso em que houve alteração da destinação econômica do usufruto sem expressa autorização do proprietário, conduta que seria vedada pelo art. 1.399 do Código Civil.[70] A destinação originária consistia nas atividades agrícola e pastoril. A usufrutuária, contudo, iniciou a prática da atividade de extração da areia em porção do terreno. Ao examinar o suporte fático, o Tribunal promoveu a ponderação entre os interesses contrapostos por meio da boa-fé objetiva. Decidiu-se que a alteração promovida pela usufrutuária – acréscimo da atividade de extração da areia – recaiu sobre área que não era propícia para a destinação originária de atividades agrícola e pastoril e, desse modo, não causou prejuízo ao nu-proprietário que justificasse a extinção do usufruto. Com efeito, a modificação observou o dever de colaboração imposto pela cláusula geral, aumentando a utilidade do bem.[71]

De outra parte, a incidência da boa-fé objetiva no direito real de servidão visa a restringir condutas abusivas do dominante e do serviente, mediante a imposição de certos deveres de conduta.[72] Enquanto na ilicitude há contrariedade estrutural ao ordenamento jurídico, na abusividade a perspectiva é funcional, ou seja, em desacordo com a *ratio* do exercício do direito real detido pelo titular.[73] Como contrapartida à vedação ao exercício disfuncional, são impostos ao titular deveres gerais de conduta,[74]

---

[70] Art. 1.399: "O usufrutuário pode usufruir em pessoa, ou mediante arrendamento, o prédio, mas não mudar-lhe a destinação econômica, sem expressa autorização do proprietário".

[71] TJSP, 4ª C. D. Priv. Ap. Cív. nº 6210154100. Rel. Des. Maia da Cunha, j. 9.2.2009. Ainda com relação ao direito real de usufruto, cabe a análise de exemplo emblemático trazido por Clóvis Bevilaqua, a denotar o fundamental papel da doutrina na efetividade dos princípios (BEVILAQUA, Clóvis. *Código Civil dos Estados Unidos do Brasil*. Rio de Janeiro: Francisco Alves, 1958. p. 222. v. III). Descreve o autor a hipótese de percepção pelo usufrutuário dos produtos das minas e pedreiras. Nesse caso, a obtenção de proveito econômico pelo usufrutuário depende necessariamente da percepção dos produtos. Desse modo, caso o nu-proprietário viesse a impedir a percepção dos produtos pelo usufrutuário sob o argumento de que o usufruto, na dicção do art. 1.390 do Código Civil, se restringe à percepção dos frutos e utilidades, tal conduta constituiria violação ao princípio da boa-fé objetiva.

[72] A respeito da distinção entre o direito real de servidão e os direitos de vizinhança, cf. "As restrições, no direito civil, podem decorrer também da autonomia privada. Como exemplo de restrição negocial, nós temos as servidões, que, ao contrário do direito de vizinhança, visam a conferir justamente maiores vantagens para os proprietários, para os prédios dominantes. A servidão, portanto, se distingue do direito de vizinhança, seja pela fonte, seja pela finalidade. Pela fonte, porque as servidões têm sempre fonte convencional ou contratual; e pela finalidade porque as servidões visam à criação de vantagem para a propriedade dominante, enquanto a vizinhança surge sempre da lei, por meio de normas imperativas que visam a evitar prejuízos" (MONTEIRO FILHO, Carlos Edison do Rêgo. O direito de vizinhança no Código Civil. In: MONTEIRO FILHO, Carlos Edison do Rêgo. *Rumos contemporâneos do direito civil*: estudos em perspectiva civil-constitucional. Belo Horizonte: Fórum, 2017. p. 269-270).

[73] SOUZA, Eduardo Nunes de. Abuso do direito: novas perspectivas entre a licitude e o merecimento de tutela. *Revista Trimestral de Direito Civil*, v. 50, 2012. p. 70-71.

[74] "Os deveres de conduta, convertidos em princípios normativos, não são simplesmente anexos ao dever de prestar adimplemento. A evolução do direito fê-los deveres gerais de conduta, que se impõem tanto ao devedor

isto é, comportamentos positivos ou negativos que asseguram o exercício da situação jurídica de acordo com sua finalidade.

A esse respeito, o Superior Tribunal de Justiça analisou caso em que, após surgimento de conflito sobre construção de muro lindeiro que obstruía a aeração, a luz solar e a vista de um dos prédios, os proprietários celebraram transação judicial, em que foi assegurada ao proprietário do prédio dominante a vista de paisagem. Em seguida, contudo, o proprietário do prédio serviente iniciou plantio de árvores de elevada estatura, que formaram verdadeiro "muro verde" e passaram a impedir novamente a vista do prédio dominante. Ao apreciar a hipótese, considerou a Corte que o serviente exerceu "de forma abusiva o seu direito ao plantio de árvores, descumprindo, ainda que indiretamente, o acordo firmado". Com efeito, embora seja direito do proprietário plantar árvores em seu terreno, este direito foi exercido de modo disfuncional no caso prático, porquanto impediu a vista do prédio dominante. Tratou-se, portanto, de adequada incidência da teoria do abuso do direito.[75]

De outro giro, a Corte analisou hipótese em que, para a criação de loteamento, houve o desmembramento de uma fazenda com posterior acordo entre as partes de que o prédio em que se encontrava a nascente de água (prédio serviente) se obrigaria a fornecer parte da vazão aos demais (prédios dominantes).[76] Foi estabelecida, ainda, condição resolutiva, de modo que a servidão se extinguiria quando os prédios dominantes pudessem obter a água necessária por fontes independentes. O proprietário do prédio serviente, contudo, previamente à assinatura do contrato de servidão, havia formalizado pedido de pesquisa para exploração comercial da água, com exclusividade, perante o Departamento Nacional da Produção Mineral (DNPM). Com o deferimento do pedido, restou inviabilizado o abastecimento de água para os prédios dominantes. Posteriormente, os proprietários de tais terrenos, após oito anos sem se valerem da servidão, ingressaram em juízo com ação (em face do espólio, em virtude do falecimento do proprietário do prédio serviente) na qual pretendiam obrigar o réu: (i) a fornecer um terço da vazão de água da fonte; (ii) a indenizar o equivalente, caso o fornecimento não fosse possível e (iii) a reparar o dano moral causado.

O debate se delineou, então, em torno de duas questões. A primeira consistia no exame do advento da condição resolutiva, uma vez que a ausência de pleito para o fornecimento de água por anos poderia significar a autossuficiência dos prédios dominantes. A segunda se relacionava à análise de verificação da *suppressio* do direito dos proprietários dos prédios dominantes em virtude do não uso da servidão por oito anos, investigando-se se tal inércia teria despertado na contraparte a legítima expectativa de que o direito de servidão não seria mais exercido.

Ao apreciar o caso, considerou o STJ que não houve o implemento da condição resolutiva, em razão da impossibilidade de se negar eficácia à servidão registrada sem o cancelamento do registro por ação própria, bem como diante da escassez de água para

---

quanto ao credor e, em determinadas circunstâncias, a terceiros" (LÔBO, Paulo Luiz Netto. Deveres gerais de conduta nas obrigações civis. In: ALVES, Mario Luiz Delgado; FIGUEIREDO, Jones (Org.). *Novo Código Civil*: questões controvertidas. São Paulo: Método, 2005. p. 75).

[75] STJ, 3ª T. REsp nº 935.474/RJ. Rel. p/ acórdão Min. Nancy Andrighi, j. 19.8.2008.

[76] STJ, 3ª T. REsp nº 1.124.506/RJ. Rel. Min. Nancy Andrighi, j. 19.6.2012. O caso é analisado por SOUZA, Eduardo Nunes de. Autonomia privada e boa-fé objetiva em direitos reais. *Revista Brasileira de Direito Civil*, v. 4, 2015. p. 67-69.

os proprietários dos prédios dominantes, cujo acesso para subsistência não poderia ser negado em favor do uso para comércio. Além disso, afastou-se a incidência da figura parcelar da *suppressio*, em virtude do cumprimento do dever de colaboração pelos titulares dos prédios dominantes que, ao longo dos anos, buscaram abastecimento por fontes próprias, e não poderiam ser posteriormente penalizados, quando constatada a insuficiência dessas fontes. Desse modo, à omissão dos proprietários foi atribuída (não valoração negativa, consistente na *suppressio* do direito, mas) valoração positiva, relativa ao cumprimento do dever de colaboração. Não se permitiu, portanto, que fosse reputada extinta a servidão antes do advento do prazo de dez anos previsto no art. 1.389, III, do Código Civil.[77]

Neste caso, a boa-fé objetiva exerceu função de valoração da conduta dos titulares dos prédios dominantes, para apreciar se o não uso da servidão por oito anos seria considerado indicador de cessação de sua utilidade ou comodidade para os dominantes, que teriam se tornado autossuficientes (art. 1.388, II, Código Civil),[78] de implemento da condição resolutiva e de *suppressio* do direito, ou constituiria cumprimento do dever de colaboração, no sentido de buscar fontes autônomas para atingir a autossuficiência. A partir do exame das circunstâncias concretas, concluiu a Corte pelo segundo resultado.

Com relação ao direito real de superfície,[79] analisa-se, em doutrina, a incidência do princípio da boa-fé objetiva no exercício do direito de preferência. Nos termos do art. 1.373 do Código Civil,[80] na hipótese de alienação do imóvel ou do direito de superfície, o superficiário ou o proprietário terão, em igualdade de condições, direito de preferência. Os contornos de tal prerrogativa, portanto, deverão ser delimitados pelos deveres anexos de cooperação e informação impostos pelo princípio da boa-fé objetiva.[81] Desse modo, exige-se tanto a comunicação prévia (*denuntiatio*) ao preferente acerca da decisão de alienar o bem (tão logo seja possível)[82] como a abstenção da prática de atos incompatíveis com o direito de preferência durante o prazo de que dispõe o preferente para exercer a opção (como no caso da alienação, deterioração ou destruição do bem neste ínterim).[83]

De outra parte, no que tange aos direitos reais de garantia, o STJ já analisou casos em que o consumidor, após aquisição de unidade imobiliária em promessa de compra e venda, constatava a existência de hipoteca gravada sobre o imóvel, oferecida pela construtora ao agente financeiro em data prévia ou posterior à celebração da

---

[77] Art. 1.389: "Também se extingue a servidão, ficando ao dono do prédio serviente a faculdade de fazê-la cancelar, mediante a prova da extinção: [...] III - pelo não uso, durante dez anos contínuos".

[78] Art. 1.388: "O dono do prédio serviente tem direito, pelos meios judiciais, ao cancelamento do registro, embora o dono do prédio dominante lho impugne: [...] II - quando tiver cessado, para o prédio dominante, a utilidade ou a comodidade, que determinou a constituição da servidão".

[79] A respeito da classificação do direito de superfície como direito real sobre coisa alheia, cf. CORDEIRO, Antônio Menezes. *Direitos reais*. Lisboa: LEX, 1993. p. 715.

[80] Art. 1.373: "Em caso de alienação do imóvel ou do direito de superfície, o superficiário ou o proprietário tem direito de preferência, em igualdade de condições".

[81] LGOW, Carla Wainer Chalréo. *Direito de preferência*. São Paulo: Atlas, 2013. p. 77.

[82] "[...] de acordo com a boa-fé objetiva, o mais desejável seria que o desejo de alienação fosse, desde o primeiro momento, comunicado ao outro titular do direito real, para que pudesse começar, o mais cedo possível, a se preparar para a eventual aquisição, ou mesmo iniciar as negociações para diretamente adquirir o bem" (KATAOKA, Eduardo Takemi. Contornos dogmáticos do direito de superfície no Brasil. In: TEPEDINO, Gustavo; FACHIN, Luiz Edson (Coords.). *O direito e o tempo*: embates jurídicos e utopias contemporâneas. Estudos em homenagem ao Professor Ricardo Pereira Lira. Rio de Janeiro: Renovar, 2008. p. 606).

[83] LGOW, Carla Wainer Chalréo. *Direito de preferência*. São Paulo: Atlas, 2013. p. 78.

promessa. O entendimento da Corte sobre a hipótese foi consolidado no Enunciado nº 308 da súmula da jurisprudência predominante do STJ, segundo a qual "a hipoteca firmada entre a construtora e o agente financeiro, anterior ou posterior à celebração da promessa de compra e venda, não tem eficácia perante os adquirentes do imóvel". Com efeito, a solução jurisprudencial de ineficácia da garantia, com base nos ditames da boa-fé, impediu indevido repasse de risco ao consumidor, que se tornaria responsável pela dívida contraída pela construtora perante o financiador.[84]

Por fim, no que se refere ao direito de penhor, a incidência do princípio da boa-fé objetiva gera a imposição de deveres anexos a ambas as partes da relação jurídica real (concebida como processo). Nesta esteira, ilustra-se, em doutrina, o ônus do devedor de substituir ou reforçar a garantia caso haja o perecimento ou a deterioração do bem empenhado e, de outra parte, os deveres do credor de conservar o bem e defender sua posse, uma vez quitada a dívida, bem como de vender a coisa pelo preço de mercado, restituindo ao devedor o valor excedente ao necessário para a satisfação do crédito.[85]

2.4 Síntese conclusiva

Na experiência brasileira, a boa-fé objetiva tem sido responsável por significativos avanços na dogmática tradicional das obrigações. A paixão pelo potencial transformador do princípio chega, por vezes, a gerar excessos em sua incidência nas relações obrigacionais. Por outro lado, encontra-se ainda em via de desenvolvimento a construção teórica voltada à consolidação da boa-fé objetiva como princípio aplicável ao direito comum das situações patrimoniais. Notadamente nas relações reais, a interpretação-aplicação da boa-fé enfrenta resistência na arraigada segmentação do direito civil codificado. No entanto, a construção dogmática da relação jurídica real, fundada em abstrações conceituais e estruturas generalizantes, não deve significar obstáculo intransponível à incorporação dos valores constitucionais veiculados pelo princípio da boa-fé objetiva nos direitos reais.

A distinção estrutural, que aparta em categorias estanques os direitos reais e os direitos obrigacionais, afigura-se minada, na contemporaneidade, pela insubsistência da concepção dos atributos típicos dos direitos reais em caráter absoluto. Nessa perspectiva, verificou-se que a oponibilidade *erga omnes* também se apresenta, em alguma medida, nos direitos de crédito, reforçando que as distinções entre tais categorias não devem ser compreendidas em termos absolutos, a impedir a incidência de princípios comuns ao direito das relações patrimoniais. Também em relação à fonte dos direitos reais, não obstante sejam previstas pelo legislador em *numerus clausus* (princípio da taxatividade), tem-se que o conteúdo e o modo de exercício podem ser moldados pelas partes (princípio da tipicidade aberta), em autêntico campo de autonomia negocial nos direitos reais. Além disso, concluiu-se que nem todos os direitos reais conferem ao titular o poder imediato

---

[84] OLIVA, Milena Donato; RENTERIA, Pablo. Tutela do consumidor na perspectiva civil-constitucional: a cláusula geral de boa-fé objetiva nas situações jurídicas obrigacionais e reais e os Enunciados 302 e 308 da Súmula da Jurisprudência Predominante do Superior Tribunal de Justiça. *Revista de Direito do Consumidor*, v. 101, 2015. p. 103.

[85] RENTERIA, Pablo. *Penhor e autonomia privada*. São Paulo: Atlas, 2016. p. 34-36.

sobre a coisa, ao passo que tal característica se encontra presente em determinados direitos pessoais.

Nessa direção, propôs-se compreender a divisão entre direitos reais e obrigacionais por viés meramente quantitativo, conforme predominem, na situação concreta, aspectos atributivos – hipótese em que se estará diante de relação jurídica real – ou obrigacionais – caso em que deverá preponderar a disciplina das obrigações. Desse modo, além de inexistir campo do direito civil imune à incidência dos valores constitucionais, dos quais é expressão o princípio da boa-fé objetiva, com maior razão sua incidência nos direitos reais encontra amparo na fluidez das fronteiras entre as situações obrigacionais e reais.

Deve-se cuidar, contudo, para estremar os campos de incidência dos princípios da função social e da boa-fé objetiva nos direitos reais, tendo em vista o já consolidado desenvolvimento da função social da propriedade, o que poderia dar a falsa impressão de ser desnecessária a boa-fé nesta seara. Percebe-se, porém, que, enquanto a função social busca tutelar os interesses da coletividade com relação aos problemas envolvendo atribuição de bens, a boa-fé, a partir da imposição de regras de conduta entre indivíduos específicos (interesses individuais), se destina a preservar a utilidade funcional que a relação real desempenha em face dos centros de interesse diretamente implicados.

Empreendido o esforço teórico de delimitação do campo de incidência da boa-fé nas relações reais, tornou-se imprescindível analisar criticamente o perfil aplicativo do princípio, por meio do exame de casos concretos julgados pelos tribunais, bem como de exemplos extraídos da doutrina. A exigência metodológica de confrontar, no mesmo plano, teoria (e, consequentemente, norma) e direito *vivente* (marcado pela factualidade das relações humanas) é alcançada com o diálogo proposto entre os fundamentos para a incidência da boa-fé objetiva nos direitos reais e a efetiva interpretação-aplicação do princípio às situações concretas envolvendo relações reais.

Informação bibliográfica deste texto, conforme a NBR 6023:2002 da Associação Brasileira de Normas Técnicas (ABNT):

CASTRO, Diana Paiva de; VIÉGAS, Francisco de Assis. A boa-fé objetiva nas relações reais: tutela da confiança na relação real como processo. In: TEPEDINO, Gustavo; TEIXEIRA, Ana Carolina Brochado; ALMEIDA, Vitor (Coord.). *Da dogmática à efetividade do Direito Civil*: Anais do Congresso Internacional de Direito Civil Constitucional – IV Congresso do IBDCivil. 2. ed. rev., ampl. e atual. Belo Horizonte: Fórum, 2019. p. 319-338. ISBN 978-85-450-0545-2.

CAPÍTULO 3

DIÁLOGOS ENTRE A CONSTITUIÇÃO E O DIREITO PRIVADO: O FENÔMENO DA DESCODIFICAÇÃO E O NOVO DIREITO PRIVADO SOLIDÁRIO

LAÍS GOMES BERGSTEIN

3.1 Introdução

Claus-Wilhelm Canaris sugere que a relação entre a Constituição e o direito privado é representativa da verdadeira "problemática do século".[1] Esse pensamento dimensiona o primeiro desafio encontrado pelo pesquisador que pretende tratar desta relação simbiótica: existe uma *carga oceânica* de publicações sobre o tema.

Também não se trata de uma temática regionalizada, mas sim difusa, presente em diversos ordenamentos jurídicos. Nas sociedades atuais, a defesa da estrita separação entre o direito público e o direito privado, ou seja, a existência de relações verticais (entre Estado e pessoas) e horizontais (entre pessoas) é considerada uma análise muito simplista. Cite-se, exemplificativamente, as relações entre diferentes autarquias, entre estado e município, os conflitos entre poderes etc. Estas relações são, em sua essência, de coordenação.

Também quando se fala em direito privado e Constituição, a tônica é, muitas vezes, de usurpação do direito civil pelo direito constitucional, com uma ideia de *conquista* do direito civil pelo direito constitucional. Talvez um caminho melhor seja o da percepção da existência de influências recíprocas que conduzem à harmonização do ordenamento como um todo.

---

[1] CANARIS, Claus-Wilhelm. *Direitos fundamentais e direito privado* (1937). Tradução de Ingo Wolfgang Sarlet e Paulo Mota Pinto. Coimbra: Almedina, 2009. p. 20.

O presente trabalho, pautado no método científico dedutivo, analisa a passagem do completo isolamento do direito público em relação ao direito privado para o contexto pós-moderno de desconstrução de velhos dogmas e de sua reconstrução sobre o alicerce da dignidade da pessoa humana. Nos primeiros tópicos são tratadas as eras da codificação e da descodificação e a tríplice dimensão da Constituição da República de 1988: formal, substancial e prospectiva. A seguir é apresentado o debate acerca de uma nova conformação do direito privado, sob a rubrica de "direito privado solidário", enquanto, ao final, são apresentados alguns casos paradigmáticos de como o direito, agora dotado de função social,[2] tem sido aplicado.

3.2 O fenômeno da descodificação: as eras da "ordem e da desordem"

Ricardo Luis Lorenzetti ensina que já houve uma "era da ordem", na qual o âmbito do direito público estava perfeitamente diferenciado do âmbito do direito privado. A separação permitia, inclusive, o desenvolvimento de uma "dogmática baseada em ambas as esferas independentes".[3] Em outras palavras, as fontes eram autônomas e únicas, de modo que o direito público era tratado na Constituição e o direito privado nos Códigos Civil e Comercial, cada qual com princípios autônomos e autossuficientes.

Atualmente, há evidências de certa "desordem" na fronteira entre o direito público e o privado, de modo que os limites se tornaram móveis e em alguns casos confusos, estabelecendo-se um "novo sistema de comunicação entre o público e o privado". Segundo Lorenzetti, a razão fundamental para que isso tenha ocorrido reside no fato de que houve mudanças nos pressupostos que deram origem à separação entre direito público e direito privado, perceptíveis através de seus conceitos centrais, como a família, a propriedade etc.[4]

A dicotomia entre direito público e direito privado é, verdadeiramente, objeto de uma teoria geral do direito.[5] Mas no âmbito do presente estudo é relevante destacar que o direito privado se confundia com o direito civil codificado sob o paradigma jurídico liberal do século XIX. Isso porque na era das codificações liberais, representadas, principalmente, pelo Código Civil Napoleônico de 1804, os códigos civis assumiam o monopólio da organização das relações privadas.[6]

A separação entre o público e o privado que se manifestava, então, com uma rígida dicotomia visando à preservação do homem burguês em relação ao Estado, é superada sobretudo pela elevação ao nível constitucional de inúmeras matérias tradicionalmente

---

[2] As expressões "novo direito privado com função social" e "direito privado solidário" são encontradas em: MARQUES, Claudia Lima; MIRAGEM, Bruno. *O novo direito privado e a proteção dos vulneráveis*. 2. ed. São Paulo: Revista dos Tribunais, 2014. p. 27.

[3] LORENZETTI, Ricardo Luis. *Teoria da decisão judicial:* fundamentos de direito. 2. ed. Tradução de Bruno Miragem e Claudia Lima Marques. São Paulo: Revista dos Tribunais, 2010. p. 39-40.

[4] LORENZETTI, Ricardo Luis. *Teoria da decisão judicial:* fundamentos de direito. 2. ed. Tradução de Bruno Miragem e Claudia Lima Marques. São Paulo: Revista dos Tribunais, 2010. p. 39-40.

[5] STEINMETZ, Wilson. *A vinculação dos particulares a direitos fundamentais*. São Paulo: Malheiros, 2004. p. 28.

[6] EFING, Antônio Carlos. *Fundamentos do direito das relações de consumo:* consumo e sustentabilidade. 3. ed. Curitiba: Juruá, 2011. p. 41.

reguladas por normas ordinárias.[7] Com o tempo o direito público incorporou elementos de direito privado, a exemplo dos serviços públicos oferecidos aos consumidores e da celebração de contratos administrativos. E, sob grande influência do movimento dos direitos humanos, os textos constitucionais foram substancialmente modificados.[8]

A esse respeito, Maria Celina Bodin de Moraes afirma que, após a Segunda Guerra Mundial, a possibilidade de o regime nazifascista ter adotado o positivismo (que tornou possível a legalidade de seu regime) revelou a insuficiência da democracia para a proteção dos cidadãos. Tornou-se imperioso que o direito fornecesse instrumentos de reprovação aos regimes totalitários, em prol de um novo paradigma que pudesse assegurar as garantias fundamentais a todos os cidadãos. No plano do direito internacional, com a ratificação da Declaração Universal dos Direitos Humanos de 1948, passou-se a positivar nos textos constitucionais um amplo rol de direitos e garantias fundamentais.[9]

A consagração de direitos fundamentais para sujeitos de relações privadas (como o consumidor na esfera das relações de consumo, por exemplo) choca-se com o conceito liberal clássico de constituição e com a sua definição como documento de organização e limitação do poder político. Tal consagração de direitos anima uma nova percepção sobre o sentido e a função da constituição, construída a partir do princípio da dignidade da pessoa humana, como base da liberdade, da justiça e da paz.[10]

A partir desse fenômeno, cada uma das categorias fundantes do direito privado – pessoa, família, propriedade e contrato – passa a estar presente na constituição, em maior ou menor grau.[11] Atualmente, a Constituição da República encontra-se no centro do ordenamento social, de modo que a edição de leis posteriores não *cria novos direitos*, na verdade, "regulamenta e explicita o conteúdo latente no texto constitucional", como ensina Luiz Edson Fachin.[12]

Como consequência, verifica-se que a unidade do direito das obrigações, por exemplo, não está mais enraizada nos códigos civis, exclusivamente, pois encontra-se "no conjunto de princípios e regras que se elevaram à Constituição e aos tratos internacionais entorno dos quais *gravitam* os microssistemas jurídicos que tratam das matérias a ele vinculadas".[13]

O verbo empregado por Paulo Lôbo com precisão – *gravitar* – nos remete à metáfora aplicada por Lorenzetti, que compara o equilíbrio dos sistemas jurídicos ao sistema solar dizendo que "a explosão do Código produziu um fracionamento da ordem jurídica, semelhante ao sistema planetário". Dessa feita, "criaram-se microssistemas jurídicos

---

[7]   MIRAGEM, Bruno; LIMA, Clarissa Costa de. Patrimônio, contrato e a proteção constitucional da família: estudo sobre as repercussões do superendividamento sobre as relações familiares. *Revista de Direito do Consumidor*, São Paulo, v. 91, p. 85-116, jan./fev. 2014.

[8]   LORENZETTI, Ricardo Luis. *Teoria da decisão judicial:* fundamentos de direito. 2. ed. Tradução de Bruno Miragem e Claudia Lima Marques. São Paulo: Revista dos Tribunais, 2010. p. 39-40.

[9]   MORAES, Maria Celina Bodin de. O jovem direito civil-constitucional. *Civilistica.com*, Rio de Janeiro, ano 1, n. 1, jul./set. 2012. Disponível em: <http://civilistica.com/o-jovem-direito-civil-constitucional/> Acesso em: 11 jul. 2016.

[10] MIRAGEM, Bruno Nubens Barbosa. O direito do consumidor como direito fundamental: consequências jurídicas de um conceito. *Revista de Direito do Consumidor*, São Paulo, v. 43, p. 111-132, jul./set. 2002.

[11] MIRAGEM, Bruno; LIMA, Clarissa Costa de. Patrimônio, contrato e a proteção constitucional da família: estudo sobre as repercussões do superendividamento sobre as relações familiares. *Revista de Direito do Consumidor*, São Paulo, v. 91, p. 85-116, jan./fev. 2014.

[12] FACHIN, Luiz Edson. *Questões do direito civil contemporâneo*. Rio de Janeiro: Renovar, 2008. p. 6-7.

[13] LÔBO, Paulo Luiz Neto. *Direito civil*: obrigações. 2. ed. São Paulo: Saraiva, 2011. p. 13. Grifos nossos.

que, da mesma forma como os planetas, giram com autonomia própria, sua vida é independente; o Código é como o Sol, ilumina-os, colabora em suas vidas, mas já não pode incidir diretamente sobre eles".[14] No mesmo sentido, Ludwig Wittgenstein compara o direito às organizações urbanísticas: o Código estaria no centro da antiga cidade, a que se acrescentaram novos subúrbios, com seus próprios centros e características de bairro. Poucos seriam os que se visitam uns aos outros, vai-se ao centro esporadicamente para contemplar as relíquias históricas.[15]

Diante do dinamismo das relações jurídicas hodiernas e da influência dos instrumentos tecnológicos, o sistema jurídico não pode mais ser visto como algo estático. Utilizando-se da mesma metáfora de Lorenzetti, Antônio Carlos Efing sugere que as relações jurídicas pertencentes a diferentes sistemas recebem o concomitante tratamento do direito, assemelhando-se à organização de um sistema planetário solar, em cujo centro encontra-se, na verdade, a Constituição Federal. Os sistemas e microssistemas representariam os planetas que orbitam ao seu redor "em órbitas irregulares (de aproximação e distanciamento) sem colidirem, mas demonstrando que alguns estão mais próximos que outros".[16]

Na pós-modernidade a preocupação do direito é a legitimidade da solução, pois, geralmente, as normas em conflito são válidas e devem ter eficácia, ainda que auxiliar. Nesse contexto Claudia Lima Marques apresenta a solução do diálogo das fontes, que pressupõe a aplicação simultânea, compatibilizadora das normas em conflito "sob a luz da Constituição", com efeito útil para todas as leis envolvidas, mas "com eficácias (brilhos) diferenciadas a cada uma das normas em colisão" em busca do efeito social esperado, de modo que "o 'brilho' maior será da norma que concretizar os direitos humanos envolvidos no conflito, mas todas as leis envolvidas participarão da solução concorrentemente".[17]

A ideia de coordenação dos diversos microssistemas jurídicos no entorno da Constituição inspirou Luiz Edson Fachin à apresentação sistematizada de uma tríplice dimensão da Constituição da República Federativa do Brasil, que será a seguir revisitada.

3.3 A tríplice dimensão da Constituição brasileira

Na avaliação de Paulo Bonavides, apesar das muitas arestas, os conteúdos positivos da nova Constituição sobrelevam os negativos,[18] principalmente no que tange aos direitos

---

[14] LORENZETTI, Ricardo Luis. *Fundamentos do direito privado*. Tradução de Vera Maria Jacob de Fradera. São Paulo: Revista dos Tribunais, 1998. p. 45.

[15] WITTGENSTEIN, Ludwig. Inbestigaciones filosóficas. Tradução de A. Suares-Moulines. Barcelona: Crítica, 1988 *apud* LORENZETTI, Ricardo Luis. *Fundamentos do direito privado*. Tradução de Vera Maria Jacob de Fradera. São Paulo: Revista dos Tribunais, 1998. p. 45.

[16] EFING, Antônio Carlos. *Fundamentos do direito das relações de consumo*: consumo e sustentabilidade. 3. ed. Curitiba: Juruá, 2011. p. 46.

[17] MARQUES, Claudia Lima. *Contratos no Código de Defesa do Consumidor*: o novo regime das relações contratuais. 8. ed. São Paulo: Revista dos Tribunais, 2016. p. 690-691.

[18] Negativos, segundo o autor: "fixação da taxa bancária de juros, o perdão da dívida a empresarios inadimplentes, a extrema timidez com que se houve na questão federativa tocante às regiões, a profusão impertinente de casuismos, o retrocesso na questão da reforma agraria [...], a não instituição de uma Corte Constitucional e a manutenção da forma presidencial de governo".

e às garantias fundamentais.[19] A Constituição da República Federativa do Brasil de 1988 demarcou o processo de democratização do Estado brasileiro ao consolidar, no âmbito jurídico, a ruptura com o regime militar instaurado em 1964 e que perdurou por vinte e um anos. A atual Constituição brasileira é, nas palavras de Flávia Piovesan, o "documento mais abrangente e pormenorizado sobre os direitos humanos jamais adotado no Brasil".[20]

A Carta de 1988 impôs o abandono da postura patrimonialista, herdada do século XIX, para uma concepção que privilegia o desenvolvimento humano e a concreta consideração da dignidade da pessoa humana.[21] Com isso, pouco a pouco foi repensada a metodologia de estudo e aplicação do direito privado, mediante verdadeira "reconstrução de seus conceitos fundamentais".[22]

A Constituição Cidadã inspirou a edição de leis esparsas que buscaram tanto regulamentar o seu conteúdo quanto adequar as disposições legais preexistentes aos seus princípios. É nesse contexto que Fachin destaca a percepção de uma tríplice dimensão da Constituição: *formal*, consistente na apreensão de regras e princípios expressos no seu texto; *substancial*, apreendida da sua efetivação pelos pronunciamentos da Corte Constitucional e pela incidência dos princípios implícitos derivados dos explícitos (a autodeterminação deriva do princípio da dignidade da pessoa humana, por exemplo) e; *prospectiva*, que vincula as ações por meio de um sistema jurídico aberto, poroso e plural.

A dimensão *prospectiva* da Carta Constitucional admite que o construtor do direito possa "ressignificar os sentidos dos diversos significantes que compõem o discurso normativo, doutrinário e jurisprudencial [...]".[23] Em outras palavras, a nova metodologia de leitura dos institutos basilares do direito impõe a análise das normas jurídicas sob a luz dos direitos e garantias fundamentais expressos na Constituição. Assim, "o paradigma do individualismo e do sujeito de direito abstrato foi substituído pelo da solidariedade social e da dignidade da pessoa humana".[24]

Vários exemplos podem ser citados, talvez o mais relevante seja no escopo das famílias. Altera-se, com a Constituição de 1988, o *status* da pessoa no contexto familiar e sua proteção em face dos demais membros ou mesmo de terceiros. Exsurge nítido um novo direito de família, muitas vezes chamado direito *das famílias*, cuja eficácia constitucional provoca a releitura dos institutos tradicionais da disciplina por meio da sua articulação, quando necessário, com outras disciplinas, jurídicas e não jurídicas.[25]

A leitura do direito civil à luz da Constituição decorre, segundo Paulo Nalin, de uma "fundamentada metodologia interpretativa da normalística cível", a chamada constitucionalização do direito civil não é o único, mas sim um dos caminhos possíveis para a eleição de um novo paradigma de renovação dos institutos privados.[26]

---

[19] BONAVIDES, Paulo. *História constitucional do Brasil*. Rio de Janeiro: Paz e Terra, 1991. p. 486.

[20] PIOVESAN, Flávia. *Direitos humanos e o direito constitucional internacional*. 11. ed. São Paulo: Saraiva, 2010. p. 21.

[21] FACHIN, Luiz Edson. *Questões do direito civil contemporâneo*. Rio de Janeiro: Renovar, 2008.p. 6.

[22] TEPEDINO, Gustavo. *Temas de direito civil*. Rio de Janeiro: Renovar, 2009. p. 22. t. III.

[23] FACHIN, Luiz Edson. *Questões do direito civil contemporâneo*. Rio de Janeiro: Renovar, 2008. p. 7.

[24] LÔBO, Paulo Luiz Neto. *Direito civil*: obrigações. 2. ed. São Paulo: Saraiva, 2011. p. 14.

[25] MIRAGEM, Bruno; LIMA, Clarissa Costa de. Patrimônio, contrato e a proteção constitucional da família: estudo sobre as repercussões do superendividamento sobre as relações familiares. *Revista de Direito do Consumidor*, São Paulo, v. 91, p. 85-116, jan./fev. 2014. p. 85-116.

[26] NALIN, Paulo. *Do contrato*: conceito pós-moderno. 2. ed. Curitiba: Juruá, 2008. p. 31-32.

Nesse contexto, também os contratos ganham uma nova dimensão no ordenamento jurídico brasileiro. O seu revolucionário enfoque *funcional* permite uma renovação da teoria contratual. O contrato deixou de ser apenas aquilo que está escrito no instrumento – muitas vezes resultado de uma produção unilateral –, para tornar-se o que todo o ordenamento jurídico espera que ele seja: equitativo, justo, solidário e dotado de função social.

Esse novo caminho metodológico despertado pela elevação ao nível constitucional de diversos institutos típicos e basilares do direito privado tem potencial para mudar o destino das pessoas na sociedade brasileira.

3.4 O novo "direito privado solidário"

Inaugurou-se na doutrina nacional o debate sobre se o direito privado brasileiro, com a sua tendência de valorização dos direitos humanos e dos novos papeis sociais e econômicos das pessoas, está se transformando em um "direito privado solidário". Questiona-se se seria ele um novo direito privado com função social, ressistematizado ou reconstruído,[27] assim como se estaríamos diante de um direito privado cujos significantes foram realmente *ressignificados*.

Tal reflexão é necessária diante da percepção de que disseminar a solidariedade é tão importante quanto promover a dignidade na fundação da arquitetura jurídica contemporânea.[28]

A constitucionalização do direito privado e a mudança de paradigmas para uma perspectiva mais solidária e fraterna remetem aos estudos sobre a eficácia dos direitos fundamentais sobre as relações privadas. Trata-se, especificamente, da "possibilidade (no sentido de aptidão) de a norma vigente (juridicamente existente) ser aplicada aos casos concretos e de – na medida de sua aplicabilidade – gerar efeitos jurídicos".[29]

As constituições, na contemporaneidade, não se restringem à normatização das relações *interestatais* e das relações verticais entre Estado e indivíduo. Elas também ordenam âmbitos sociais, econômicos e culturais nos quais se estabelecem as relações *interprivadas*. Para Wilson Steinmetz, as novas cartas constitucionais "pretendem ser uma estrutura normativa básica não só do Estado, mas também da coletividade social (a comunidade como um todo), uma autêntica *lex fundamentalis* da totalidade político-social".[30] Assim, sobretudo as normas de direitos fundamentais estão aptas a incidir também sobre as relações jurídicas entre particulares, isso independentemente da edição e vigência de leis mediadoras.

---

[27] MARQUES, Claudia Lima; MIRAGEM, Bruno. *O novo direito privado e a proteção dos vulneráveis*. 2. ed. São Paulo: Revista dos Tribunais, 2014.

[28] CATALAN, Marcos. *A morte da culpa na responsabilidade contratual*. São Paulo: Revista dos Tribunais, 2013. p. 46. Ver também: HIRONAKA, Giselda Maria Fernandes. Principiologia contratual e a valoração ética do Código Civil brasileiro. *Civilistica.com*, ano 3, n. 1, jan./jun. 2014. Disponível em: <http://civilistica.com/principiologia-contratual-e-a-valoracao-etica-no-codigo-civil-brasileiro/>. Acesso em: 11 jul. 2016.

[29] SARLET, Ingo Wolfgang. *A eficácia dos direitos fundamentais*: uma teoria geral dos direitos fundamentais na perspectiva constitucional. 10. ed. Porto Alegre: Livraria do Advogado, 2009.

[30] STEINMETZ, Wilson. *A vinculação dos particulares a direitos fundamentais*. São Paulo: Malheiros, 2004. p. 103.

Luiz Edson Fachin é categórico na afirmação de que a Constituição se aplica, direta e imediatamente, também nas relações privadas.[31] É esse, igualmente, o entendimento de Gustavo Tepedino, cuja preocupação com a compreensão de uma unidade do ordenamento jurídico é tamanha que rejeita o uso da expressão *microssistema*, a despeito da consciência acerca do seu valor didático.[32]

No mesmo sentido, Pietro Perlingieri defende que as normas constitucionais, que estabelecem princípios de relevância geral, "são de direito substancial, e não meramente interpretativas; o recurso a elas, mesmo em sede de interpretação, justifica-se, do mesmo modo que qualquer outra norma, como expressão de um valor do qual a própria interpretação não pode substrair-se". E conclui dizendo que "não existem, portanto, argumentos que contrastem a aplicação direta: a norma constitucional pode, também sozinha (quando não existirem normas ordinárias que disciplinem a *fattspecie* em consideração), ser a fonte da disciplina de uma relação jurídica de direito civil". Para ele, a única solução possível quando se reconhece a "preeminência das normas constitucionais – e dos valores por elas expressos – em um ordenamento unitário, caracterizado por tais conteúdos".[33]

Mas tal compreensão quanto à eficácia direta e imediata dos direitos fundamentais nas relações privadas não é unânime. Marcelo Schenk Duque, por sua vez, evita a expressão constitucionalização do direito privado, para que, no seu entendimento, não se perca de vista a importância da legislação infraconstitucional que é tão tradicional e bem consolidada. Prefere tratar da convergência do direito privado com a Constituição, que protagonizariam uma relação simbiótica. Ele entende, assim como Canaris,[34] que os direitos fundamentais vinculam o Estado de maneira direta e imediata e vinculam os particulares de maneira *indireta* ou *mediata*, podendo ser direta apenas muito excepcionalmente.[35]

Duque afirma ainda:

> raros são os casos a partir dos quais a literalidade de um direito fundamental aponta, expressamente, para uma possibilidade de *drittwirkung* [...] uma das questões centrais da *Drittwirkung* é saber quando o juiz pode ou tem que, necessariamente, recorrer à constituição, ao lado do direito ordinário, para a solução da controvérsia privada que lhe é apresentada.[36]

E conclui dizendo que não existe uma fórmula geral para a aplicação dos direitos fundamentais no direito privado.[37]

---

[31] FACHIN, Luiz Edson. *Questões do direito civil contemporâneo*. Rio de Janeiro: Renovar, 2008. p. 6.

[32] TEPEDINO, Gustavo. *Temas de direito civil*. Rio de Janeiro: Renovar, 2009. p. 30. t. III.

[33] PERLINGIERI, Pietro. *Perfis do direito civil*: introdução ao direito civil constitucional. 3. ed. Tradução de Maria Cristina de Cicco. Rio de Janeiro: Renovar, 2002. p. 10-11.

[34] CANARIS, Claus-Wilhelm. *Direitos fundamentais e direito privado* (1937). Tradução de Ingo Wolfgang Sarlet e Paulo Mota Pinto. Coimbra: Almedina, 2009. p. 54.

[35] DUQUE, Marcelo Schenk. *Direito privado e Constituição*: drittwirkung dos direitos fundamentais. São Paulo: Revista dos Tribunais, 2013. p. 43-45.

[36] DUQUE, Marcelo Schenk. *Direito privado e Constituição*: drittwirkung dos direitos fundamentais. São Paulo: Revista dos Tribunais, 2013. p. 51-52.

[37] DUQUE, Marcelo Schenk. *Direito privado e Constituição*: drittwirkung dos direitos fundamentais. São Paulo: Revista dos Tribunais, 2013. p. 51-52.

As diferenças entre essas duas percepções sobre a eficácia horizontal dos direitos fundamentais produzem o seguinte resultado: compreendendo-se que a eficácia é direta e imediata, os direitos fundamentais têm aplicação direta – não só para o Estado –, mas também a particulares. Já a vinculação mediata pressupõe que a irradiação dos direitos fundamentais no campo horizontal é necessariamente intermediada por uma ação legislativa ou judicial.

A Constituição brasileira não prevê expressamente como o operador do direito deve proceder quanto à delimitação de direitos fundamentais. A doutrina, porém, com base em dispositivos constitucionais e na jurisprudência do Supremo Tribunal Federal, vem identificando com "limites aos limites", além da legalidade (art. 5º, inc. II, da CF/88), a proteção ao núcleo essencial dos direitos fundamentais, o princípio da proporcionalidade (fundado no princípio do devido processo legal, na sua dimensão substantiva, tal como decorre do art. 5º, inc. LIV, da CF/88) e a proibição de restrições casuístas (fundada no princípio da igualdade).[38]

A incorporação pela Constituição de relações jurídicas antes tratadas com exclusividade no âmbito do direito civil faz com que os direitos dos sujeitos que protagonizam tais relações também comportem uma alteração qualitativa de *status*, passando a configurar direitos subjetivos de matriz constitucional. Essa alteração não constitui "mero artifício dogmático", mas tem consequências concretas na tutela dos direitos individuais: "no mínimo, estabelecendo-os como preferenciais em relação a outros direitos de matriz infraconstitucional. No máximo, determinando providências concretas para sua realização".[39]

O que se observa na prática, por meio da análise de casos concretos, são justamente as influências recíprocas da Constituição sobre o direito privado e as consequências positivas da elevação para o *status constitucional* de alguns temas próprios de direito civil.

3.5 *Case law*: influências recíprocas na prática forense

Maria Celina Bodin de Moraes fez uma leitura bastante precisa da problemática envolvendo o *status* das normas de direito privado ao dizer que "nosso principal problema hoje é como escapar da incerteza no processo de interpretação-aplicação. A certeza do direito – ou segurança jurídica – é aspiração comum a todas as sociedades em todas as épocas [...] se quer evitar o arbítrio".[40] Nas palavras de Giselda Hironaka, "julgar com justiça é o clamor da sociedade de hoje".[41]

Cita-se, exemplificativamente, as relações de consumo. A despeito de a condição de vulnerabilidade do consumidor perante o mercado ter sido expressamente reconhecida pela legislação consumerista (especificamente no art. 4º, inc. I, do CDC), a mera disposição

---

[38] DIAS, Eduardo Rocha. *Os limites às restrições de direitos fundamentais na Constituição brasileira de 1988*. Disponível em: <www.agu.gov.br/page/download/index/id/584644> Acesso em: 2 set. 2016.

[39] MIRAGEM, Bruno Nubens Barbosa. O direito do consumidor como direito fundamental: consequências jurídicas de um conceito. *Revista de Direito do Consumidor*, São Paulo, v. 43, p. 111-132, jul./set. 2002. p. 111-132.

[40] MORAES, Maria Celina Bodin de. O jovem direito civil-constitucional. *Civilistica.com*, Rio de Janeiro, ano 1, n. 1, jul./set. 2012. Disponível em: <http://civilistica.com/o-jovem-direito-civil-constitucional/> Acesso em: 11 jul. 2016.

[41] HIRONAKA, Giselda Maria Fernandes. Principiologia contratual e a valoração ética do Código Civil brasileiro. *Civilistica.com*, ano 3, n. 1, jan./jun. 2014. Disponível em: <http://civilistica.com/principiologia-contratual-e-a-valoracao-etica-no-codigo-civil-brasileiro/>. Acesso em: 11 jul. 2016.

legal não é suficiente para assegurar uma efetiva proteção contra práticas abusivas. É fundamental a intervenção ativa de todos os entes e órgãos ligados à proteção e defesa do consumidor.

É relevante o argumento e realmente se espera que as grandes questões sociais sejam solucionadas pelo legislador ordinário, pelo Congresso, e não pelo Supremo Tribunal Federal. O problema é que o direito fundamental das minorias não pode depender do processo político majoritário. Conforme já ressaltou Roberto Barroso,[42] as minorias são protegidas, verdadeiramente, por tribunais constitucionais, pela jurisdição constitucional.

Caso paradigmático, nesse sentido, é o julgamento da ADPF nº 132 e da ADI nº 4.277, que reconheceu a união estável entre pessoas do mesmo sexo.[43] Conforme já mencionado, também se inaugurou no ordenamento jurídico pátrio um novo direito de família, com o reconhecimento da multiparentalidade e da parentalidade socioafetiva, assim como da guarda compartilhada (que apenas recentemente foi inscrita no Código Civil, mas era amplamente aceita pela jurisprudência) e a consagração do afeto[44] como *leitmotiv*, como elemento guia da aplicação do direito.

Os Tribunais Superiores brasileiros também já reconheceram a necessidade premente de adoção de medidas que assegurem um meio ambiente ecologicamente equilibrado, em atenção aos arts. 170, VI, 196 e 225, entre outros, da Constituição da República. É o que se verifica, no âmbito da Arguição de Descumprimento de Preceito Fundamental nº 101, relatada pela Ministra Cármen Lúcia e julgada pelo Tribunal Pleno do STF em 24.6.2009.[45] Na ocasião, os princípios do desenvolvimento sustentável e da equidade e responsabilidade entre gerações foram invocados para corroborar o entendimento da Corte de que a importação de pneus usados afronta os preceitos constitucionais de saúde e do meio ambiente ecologicamente equilibrado. O interesse socioambiental prevaleceu sobre o estritamente econômico.

Também no âmbito do Superior Tribunal de Justiça o paradigma da preservação ambiental ganha espaço. O Min. Arnaldo Esteves Lima,[46] por exemplo, elenca como princípios basilares da tutela ambiental tanto a solidariedade intergeracional, quanto a prevenção, a precaução, o poluidor-pagador, a informação e a participação comunitária, sem excluir outros, tendo aplicação em todas as ordens de trabalho (prevenção, reparação e ressarcimento). A Segunda Turma do STJ consignou em passagem belíssima no acórdão relatado pelo Min. Herman Benjamin que:

> [...] o juiz, diante das normas de Direito Ambiental, recheadas que são de conteúdo ético intergeracional atrelado às presentes e futuras gerações, deve levar em conta o comando do art. 5º da Lei de Introdução ao Código Civil, que dispõe que, ao aplicar a lei, deve-se atender "aos fins sociais a que ela se dirige e às exigências do bem comum".

---

[42] BARROSO, Luís Roberto. A defesa das uniões homoafetivas perante o STF – Uma visão humanista da vida. Parte 1. *YouTube*, 9 maio 2011. Disponível em: <http://www.youtube.com/watch?v=5_CHQPes_ls> Acesso em: 4 set. 2016.

[43] STF, Tribunal Pleno. ADI nº 4.277. Rel. Min. Ayres Britto, j. 5.5.2011. *DJe* 198, divulg. 13.10.2011, public. 14.10.2011.

[44] RUZYK, Carlos Eduardo Pianovski. *Institutos fundamentais do direito civil e liberdade(s)*: repensando a dimensão funcional do contrato, da propriedade e da família. Rio de Janeiro: GZ, 2011. p. 325.

[45] STF, Tribunal Pleno. ADPF nº 101. Rel. Min. Cármen Lúcia, j. 24.6.2009. *DJe* 108, divulg. 1º.6.2012, public. 4.6.2012.

[46] STJ, Primeira Turma. REsp nº 1.115.555/MG. Rel. Min. Arnaldo Esteves Lima, j. 15.2.2011. *DJe*, 23 fev. 2011.

Destaca-se, ao final, que "em caso de dúvida ou outra anomalia técnica, a norma ambiental deve ser interpretada ou integrada de acordo com o princípio hermenêutico *in dubio pro natura*".[47]

O Superior Tribunal de Justiça também consolidou o paradigma protetivo, cujo princípio estruturante, segundo Lorenzetti,[48] é a proteção da pessoa ao reconhecer a legitimidade do Ministério Público para ajuizar ação de alimentos em proveito de criança ou adolescente independentemente do exercício do poder familiar dos pais ou de quaisquer outros questionamentos acerca da existência ou eficiência da Defensoria Pública na comarca.[49]

Anderson Schereiber lembra que no âmbito da responsabilidade civil a Constituição de 1988 "inaugurou uma nova tábua axiológica mais sensível à adoção do risco como fundamento da responsabilidade" e previu novas hipóteses específicas de responsabilidade objetiva (art. 7º, XXVIII, art. 21, XXIII, "c"; art. 37, §6º, da Constituição Federal).[50] Modificaram-se, igualmente, as relações contratuais na pós-modernidade em razão de fenômenos como a conexidade e a coligação contratual, ou seja, a possibilidade de um contrato influir em outro.[51] Percebem-se diferentes ligações entre os contratos a partir de vínculos de acessoriedade, de dependência ou vínculos de coordenação que não mais admitem uma análise simplista dos seus efeitos.[52] Logo, o hermeneuta jurídico deve cultivar uma visão mais ampla e descentralizada para que possa aferir as implicações das diferentes relações contratuais analisadas.

No mundo, um dos primeiros casos emblemáticos de eficácia horizontal dos direitos fundamentais é o julgado pelo Tribunal Constitucional alemão, de um cidadão português que ajuizou ação contra o locador de seu imóvel para poder instalar, na residência, antena parabólica que captasse notícias de seu país natal. A Corte deu-lhe razão reconhecendo que o direito fundamental à informação não deveria ser aniquilado pelas relações privadas.[53]

A jurisprudência da Corte Constitucional alemã consolidou o entendimento de que o significado objetivo dos direitos fundamentais resulta do dever de o Estado não apenas se abster de intervir no âmbito de proteção desses direitos, mas também de proteger tais direitos contra a agressão ensejada por atos de terceiros. Em outras palavras, os direitos fundamentais expressam tanto uma proibição de lesão (proibição do excesso) quanto um postulado de proteção (proibição de omissão).[54]

---

[47] STJ, Segunda Turma. REsp nº 1.180.078/MG. Rel. Min. Herman Benjamin, j. 2.12.2010. *DJe*, 28 fev. 2012.

[48] LORENZETTI, Ricardo Luis. *Teoria da decisão judicial*: fundamentos de direito. 2. ed. Tradução de Bruno Miragem e Claudia Lima Marques. São Paulo: Revista dos Tribunais, 2010. p. 368.

[49] STJ, Segunda Seção. REsp nº 1.327.471/MT. Rel. Min. Luis Felipe Salomão, j. 14.5.2014. *DJe*, 4 set. 2014.

[50] SCHEREIBER, Anderson. *Direito civil e Constituição*. São Paulo: Atlas, 2013. p. 156-157.

[51] KATAOKA, Eduardo Takemi. *A coligação contratual*. Rio de Janeiro: Lumen Juris, 2008. p. 24-25.

[52] LEONARDO, Rodrigo Xavier. Os contratos coligados. In: BRANDELLI, Leonardo. Estudos em homenagem à Professora Véra Maria Jacob de Fradera. Porto Alegre: Lejus, 2013.

[53] CAMBI, Eduardo. *Neoconstitucionalismo e neoprocessualismo*. 2. ed. São Paulo: Revista dos Tribunais, 2011. p. 34.

[54] MENDES, Gilmar Ferreira. A influência dos direitos fundamentais no direito privado: notas sobre a evolução brasileira. In: GRUNDMANN, Stefan *et al*. *Direito privado, Constituição e fronteiras*. 2. ed. São Paulo: Revista dos Tribunais, 2014. p. 37.

Diante da edificação do princípio da dignidade da pessoa humana como um dos fundamentos da República, o eixo central de preocupação do direito, seja ele público ou privado, concentra-se em favor da pessoa, não mais do patrimônio.

3.6 Considerações finais

A noção de *constitucionalização* remete à elevação de temas de direito privado para a Constituição. Essa adoção possui uma força normativa muito importante em alguns setores (direito do consumidor, por exemplo), tem reflexos relevantes nas relações familiares (interesse da criança e do adolescente) e na funcionalização da propriedade agrária (como a preservação ambiental, o desenvolvimento sustentável e a equidade intergeracional).

É possível falar, portanto, de uma eficácia da Constituição sobre o direito privado, mas não exatamente de um domínio da Constituição sobre o direito privado. O que essa relação permite é a definição dos *valores-guia*, ao mesmo tempo em que se mantém a conformação do direito privado. Sob outro enfoque, verifica-se que a tradição do direito privado também influencia o texto constitucional, dá sentido às suas normas na medida em que define, por exemplo, o que é propriedade, o que é consumidor, o que é criança. A verticalização do estudo do direito privado, desde as suas raízes, conduz à conclusão de que, a bem da verdade, todos os seus institutos sofrem influência das disposições constitucionais, em maior ou menor grau. A Constituição define uma moldura que precisa ser observada.

E esse é um fator relevante para a aplicação do direito: cabe ao seu operador, especialmente ao magistrado no exercício da função jurisdicional, promover a condução segura do processo de interpretação-aplicação das diversas normas coexistentes de maneira coordenada, coerente e contínua. A visão holística, que concebe o mundo como um sistema integrado e não como uma coleção de partes isoladas, constitui uma mudança de paradigmas nas ciências que requer uma expansão de nossas percepções e maneiras de pensar. O pensamento sistêmico[55] permite a compreensão das coisas dentro de um contexto e o estabelecimento da verdadeira natureza das suas relações.

Tal concepção vale também para a ciência do direito. Pautados nos paradigmas e nos valores expressos no texto constitucional, conseguiremos deixar definitivamente o patrimonialismo do século XIX para avançarmos para um novo e promissor direito pós-moderno; uno e solidário.

Nas palavras de Clóvis Beviláqua:

> sendo, sempre e necessariamente, incompleta a expressão legal do direito, o espirito humano é forçado, frequentemente, a remontar às fontes sociologicas e psychicas da ordem jurídica, afim de descobrir a regra não expressa em lei, que se ajusta à especie, que as energias sociaes fizeram vir à tona. [...] A equidade é expressão subjectiva da idéa de justiça, que attenúa a dureza da regra juridica. O Codigo Civil quer que juiz seja, no

---

[55] CAPRA, Fritjof. *A teia da vida*: uma nova compreensão científica dos sistemas vivos. Tradução de Newton Roberval Eichemberg. São Paulo: Cultrix, 1996. p. 37.

caso examinado, a voz da sciencia juridica. A Constituição permitte que o juiz decida segundo lhe parecer justo.[56]

Informação bibliográfica deste texto, conforme a NBR 6023:2002 da Associação Brasileira de Normas Técnicas (ABNT):

BERGSTEIN, Laís Gomes. Diálogos entre a Constituição e o direito privado: o fenômeno da descodificação e o novo direito privado solidário. In: TEPEDINO, Gustavo; TEIXEIRA, Ana Carolina Brochado; ALMEIDA, Vitor (Coord.). *Da dogmática à efetividade do Direito Civil*: Anais do Congresso Internacional de Direito Civil Constitucional – IV Congresso do IBDCivil. 2. ed. rev., ampl. e atual. Belo Horizonte: Fórum, 2019. p. 339-350. ISBN 978-85-450-0545-2.

---

[56] BEVILÁQUA, Clóvis. A Constituição e o Código Civil. *Revista de Direito Privado*, São Paulo, v. 9, jan./mar. 2002. p. 246-247.

CAPÍTULO 4

PROPOSTA DE RELEITURA DA DESCONSIDERAÇÃO INVERSA DA PERSONALIDADE JURÍDICA À LUZ DOS INTERESSES EXISTENCIAIS DECORRENTES DA OBRIGAÇÃO ALIMENTAR

MAICI BARBOZA DOS SANTOS COLOMBO

4.1 Introdução

Segundo a clássica definição estrutural de Pontes de Miranda, obrigação é a "relação jurídica entre duas (ou mais) pessoas, de que decorre a uma delas, o *debitor*, ou a algumas, poder ser exigida, pela outra, *creditor*, ou outras, prestação".[1] Decomposto pela doutrina alemã pandectista, o vínculo obrigacional é constituído de débito (*Schuld*) e responsabilidade (*Haftung*), o primeiro consiste no dever de prestar e o segundo, na sujeição dos bens do devedor ao cumprimento da prestação.[2]

A obrigação de prestar alimentos pressupõe como fato causativo uma relação jurídica de dependência entre o credor e o devedor, na qual a sobrevivência digna de quem os necessita condiciona-se ao adimplemento da prestação alimentar. Por isso, inadimplida de forma inescusável e voluntária, surge ao credor o poder de exigir o cumprimento forçado, vinculando-se o patrimônio do devedor e, mais ainda, possibilitando a cominação de prisão civil –[3] único resquício ainda eficaz no ordenamento

---

[1] MIRANDA, Francisco Cavalcanti Pontes de. *Tratado de direito privado*. Campinas: Bookseller, 2003. t. XXII.

[2] SIMÃO, José Fernando. A teoria dualista do vínculo obrigacional e sua aplicação ao direito brasileiro. *Revista Jurídica da Escola Superior do Ministério Público de São Paulo*, v. 3, p. 135-164, 2013. Disponível em: <http://www.esmp.sp.gov.br/revista_esmp/index.php/RJESMPSP/issue/view/4>. Acesso em: 12 jun. 2018.

[3] Art. 5º, LXVII, Constituição Federal: "Não haverá prisão civil por dívida, salvo a do responsável pelo inadimplemento voluntário e inescusável de obrigação alimentícia e a do depositário infiel"; cumulado com a

jurídico brasileiro de hipótese de responsabilidade pessoal (ainda que compreendida como meio de coerção, e não como pena).

Essa interpretação sistemática permite concluir que o ordenamento jurídico confere tratamento privilegiado ao crédito alimentar, pois sobreleva o interesse existencial do credor de alimentos em um sistema de valoração de merecimento de tutela, inaugurado pela Constituição da República de 1988, em que o cerne de todos os institutos jurídicos situa-se na promoção da dignidade humana. Com isso, não basta mais apenas a análise estrutural para a definição do regime jurídico dos institutos: ao lado, a análise funcional ganha papel primordial nesse mister.

Portanto, a natureza do objeto mediato da prestação alimentar, que é a sobrevivência do credor dos alimentos, é considerada para a fixação de um regime jurídico de tutela mais rigoroso do que aquele que vise à proteção de interesses predominantemente patrimoniais – como nas obrigações civis em geral –, o que deve se refletir, por conseguinte, nos instrumentos de execução colocados à disposição do credor. Trata-se do reconhecimento jurídico da sobrevivência digna como valor caro ao ordenamento, confirmando, em um exercício de ponderação, sua prevalência sobre a liberdade individual nas circunstâncias previstas em lei.[4]

Como instrumento de efetivação da obrigação alimentar, propõe-se uma releitura da desconsideração da personalidade jurídica inversa, cuja fonte normativa situa-se no art. 50 do Código Civil, sob uma perspectiva funcional, considerando-se que pode ser suscitada para: i) desvelar o real patrimônio do devedor no momento da fixação da prestação, eis que a condição financeira do alimentante é relevante para a determinação do *quantum* devido, e ii) para alcançar o patrimônio do obrigado que o tenha ocultado sob a titularidade de pessoa jurídica da qual detenha controle. Vislumbram-se, portanto, duas situações processuais de cabimento do instituto: na fase de conhecimento e na fase de cumprimento de sentença ou de execução de título extrajudicial.

A efetividade desse instrumento – o qual permite que sejam desconsideradas as barreiras existentes entre a personalidade da pessoa jurídica e a de seus membros, de modo a responsabilizar aquela por dívida destes – depende de esforço interpretativo que consinta em estabelecer diretrizes de aplicação aos conceitos jurídicos indeterminados a que a lei faz referência como requisitos: a confusão patrimonial e o desvio de finalidade, além da análise crítica sobre a necessidade de comprovação da insuficiência patrimonial.

4.2 A releitura da obrigação alimentar segundo os princípios insculpidos na Constituição da República de 1988

A Constituição da República de 1988 foi responsável pela ruptura de paradigmas axiológicos e inaugurou um sistema jurídico embasado na dignidade humana, na justiça

---

jurisprudência do Supremo Tribunal Federal consagrada na Súmula Vinculante nº 25: "É ilícita a prisão civil de depositário infiel, qualquer que seja a modalidade de depósito".

4 Código de Processo Civil, art. 528. No cumprimento de sentença que condene ao pagamento de prestação alimentícia ou de decisão interlocutória que fixe alimentos, o juiz, a requerimento do exequente, mandará intimar o executado pessoalmente para, em 3 (três) dias, pagar o débito, provar que o fez ou justificar a impossibilidade de efetuá-lo. [...]. §3º Se o executado não pagar ou se a justificativa apresentada não for aceita, o juiz, além de mandar protestar o pronunciamento judicial na forma do §1º, decretar-lhe-á a prisão pelo prazo de 1 (um) a 3 (três) meses.

social, na livre iniciativa e na solidariedade, além de que, seguindo a tendência das constituições pós-liberais do século XX,[5] voltou-se à função promocional de seus valores. Diante disso, os princípios nela estampados passaram a ser reconhecidos como o centro gravitacional de todo o ordenamento jurídico, garantindo-lhe unidade sistemática e neles fixando o fundamento de validade de todas as demais normas jurídicas.[6]

O direito civil, reflexamente, perdeu seu caráter exclusiva e eminentemente patrimonialista para adotar uma perspectiva personalista, voltada à concretização dos valores constitucionais que embasam o ordenamento jurídico. Desse modo, o diploma civil superou a característica insular que assumia no direito privado, mediante a interpretação sistemática[7] de seus dispositivos à luz dos mandamentos constitucionais. A esse respeito, afirmou Pietro Perlingieri:

> Estes [os institutos patrimoniais] não são imutáveis: por vezes são atropelados pela sua incompatibilidade com os princípios constitucionais, outras vezes, são exautorados ou integrados pela legislação especial e comunitária; são sempre, porém, inclinados aos novos "valores", na passagem de uma jurisprudência civil dos interesses patrimoniais a uma mais atenta aos valores existenciais. Estes valores não podem mais ser confinados aprioristicamente no papel de limites ou de finalidade exteriores, como se não fossem idôneos para incidir sobre a função do instituto e, portanto, sobre a sua natureza.[8]

Essa premissa é fundamental para se compreender a prestação de alimentos no direito civil contemporâneo. O seu fundamento está intrinsecamente conectado à realização da dignidade humana, na dimensão da integridade psicofísica e da solidariedade,[9] pois o seu cumprimento tem como finalidade essencial o sustento e a manutenção de pessoa que não tem condições de provê-los por si.

A disciplina das obrigações segundo o direito civil contemporâneo agrega ao perfil estrutural uma perspectiva dinâmica, funcionalizada, segundo a qual a finalidade da prestação importa para o seu regime jurídico. Assim confirmam as palavras de Pietro Perlingieri:

> A pretensa separação – adquirida ou a ser adquirida –, normativa e conceitual, entre a relação obrigacional e as suas *fattispecie* constitutivas funda-se em uma concepção

---

5   BOBBIO, Norberto. *Da estrutura à função*: nos estudos de teoria do direito. Barueri: Manole, 2007. p. 45.

6   Segundo Karl Larenz, "a passagem a uma 'Jurisprudência de valoração' só cobra, porém, o seu pleno sentido quando conexionada na maior parte dos autores com reconhecimento de valores ou critérios de valoração 'supralegais' ou 'pré-positivos' que subjazem às normas legais e para cuja interpretação e complementação é legítimo lançar mão, pelo menos sob determinadas condições". (LARENZ, Karl. *Metodologia da ciência do direito*. 7. ed. Lisboa: Fundação Calouste Gulbenkian, 2014. p. 167).

7   Sobre o tema, afirma Canaris que "as características do conceito geral do sistema são a ordem e a unidade. Eles encontram a sua correspondência jurídica nas ideias da adequação valorativa e da unidade interior do direito". Portanto, o esforço interpretativo de conciliar as diversas fontes normativas conforma-se com a característica da unidade do sistema jurídico. (CANARIS, Claus Wilhem. *Pensamento sistemático e conceito de sistema na ciência do direito*. 2. ed. Lisboa: Fundação Calouste Gulbenkian, 1996. p. 279).

8   PERLINGIERI, Pietro. *O direito civil na legalidade constitucional*: introdução ao direito civil constitucional. 3. ed. Rio de Janeiro: Renovar, 2007. p. 122.

9   MORAES, Maria Celina Bodin. *Na medida da pessoa humana*: estudos de direito civil-constitucional. Rio de Janeiro: Renovar, 2010. p. 85. Na obra, a autora constrói o conteúdo jurídico da dignidade humana a partir de suas vertentes: os princípios jurídicos da igualdade, da integridade física e moral – psicofísica –, da liberdade e da solidariedade.

atomística que atribui, quando muito, ao fato constitutivo o papel de um mero e ocasional fato causativo, exclusivamente como *fonte* da relação e não já como *título*, sua razão justificadora, e influente na sua função e no seu regulamento.[10]

A obrigação de prestar alimentos, vista de forma dinâmica, incorpora ao seu fato causativo a necessidade de sustento do credor e, assim, de garantia de sua integridade psicofísica, uma das dimensões da dignidade humana. A prestação de alimentos, portanto, assume caráter não patrimonial, ou existencial. Isso porque, segundo Yussef Said Cahali, "alimentos são, pois, as prestações devidas, feitas para que aquele que as recebe possa subsistir, isto é, manter sua existência, realizar o direito à vida, tanto física (sustento do corpo), quanto intelectual e moral (cultivo e educação do espírito do ser racional)".[11]

Nesse aspecto, são também valiosas as palavras de Antunes Varela, que assevera:

> A obrigação não constitui um *fim* em si mesma. Ela é apenas um *meio*, um instrumento técnico-jurídico criado por lei ou predisposto pelas partes, para a satisfação de certo interesse. [...] O interesse do credor – assente na necessidade ou situação de carência, de que ele é portador e na aptidão da prestação para satisfazer tal necessidade – é que define a *função* da obrigação. Função que consiste na satisfação do interesse concreto do credor, proporcionada através do sacrifício imposto ao devedor pelo vínculo obrigacional. Apesar de se tratar de um elemento exterior à estrutura da obrigação, o interesse (do credor), a que ela se encontra adstrita exerce uma influência decisiva em múltiplos aspectos de seu regime.[12]

Relacionando-se os conceitos apresentados, nota-se o interesse existencial do credor na obrigação de alimentos, o que denota a função promocional da dignidade humana da prestação alimentícia e por consequência interfere no seu regime jurídico, com enfoque na fixação da dívida e na responsabilidade patrimonial que dela decorrem. Em suma, o objeto mediato da prestação distingue a obrigação alimentar a ponto de ser defensável a construção de formas próprias de efetivação jurídica, que transcendam a mera transposição mecânica de institutos civis e processuais dedicados ao cumprimento das obrigações civis em geral.

Da análise das obrigações civis e da obrigação de alimentos, extrai-se a necessidade de inclinar essas categorias à realização das bases axiológicas do ordenamento jurídico, pois como afirmado por Perlingieri:

> A diversificação dos interesses deduzidos na relação obrigacional, com evidenciação também daquelas não patrimoniais destinadas a caracterizar a concreta ordem, postula, por um lado, a reconstrução do crédito e do débito como situações subjetivas complexas nos conteúdos – identificados variadamente em poderes, obrigações, faculdades, ônus –,

---

[10] PERLINGIERI, Pietro. *Perfis do direito civil*: introdução ao direito civil constitucional. 3. ed. Rio de Janeiro: Renovar, 2007. p. 207.

[11] CAHALI, Yussef Said. *Dos alimentos*. 8. ed. rev. e atual. São Paulo: Revista dos Tribunais, 2013. p. 16.

[12] VARELA, João de Matos Antunes. *Das obrigações em geral*. 10. ed. Coimbra: Almedina, 2003. p. 158. v. 1.

e por outro, apresentação de uma noção de obrigação sensível aos valores e aos princípios fundamentais.[13]

Essa deferência conferida à obrigação alimentar pelo ordenamento é reconhecida e corroborada pela conservação da prisão civil como meio de efetivação da prestação devida, ou seja, como forma de coerção: a prisão não é pena, pois não extingue a obrigação alimentar, mas é forma de estimular o seu cumprimento. Defende-se, portanto, que não seja essa a única distinção recebida pela obrigação alimentar, mas que todos os institutos vinculados ao seu cumprimento sejam interpretados à luz dos valores constitucionais, entre os quais, a desconsideração inversa da personalidade jurídica.

4.3 A desconsideração da personalidade jurídica inversa como instrumento de efetivação da prestação alimentar

A pessoa jurídica exerce função socialmente relevante, pois o destacamento de sua personalidade em relação à de seus membros contribui para a sua autonomia administrativa, favorecendo o controle dos riscos do investimento – sobretudo quando há finalidade econômica –, e para a consecução dos seus fins contratuais ou institucionais. Invariavelmente, a pessoa jurídica estimula a soma de esforços cujo produto não seria possível pelo empenho meramente individual.[14] Enquanto atende a essas finalidades, seus membros gozam da prerrogativa da autonomia patrimonial e também da limitação da responsabilidade por obrigações contraídas pela pessoa jurídica, quando constituídas sob determinadas modalidades. Entretanto, quando houver o desatendimento de seu escopo social, ou seja, quando ocorrer a disfuncionalização, essas características são desconsideradas, a fim de se coibir a perpetração de fraudes por meio da pessoa jurídica.

Reconhece-se a pessoa jurídica como instrumento da iniciativa privada, a serviço do desenvolvimento nacional, valores estes elevados a fundamento e objetivo da República na Constituição de 1988, respectivamente, nos art. 1º, III[15] e 3º, IV.[16] Apesar de eminentemente associada a situações jurídicas patrimoniais, sob a perspectiva personalista do direito civil, o merecimento de tutela da pessoa jurídica depende de que o seu exercício observe a função social, promovendo os valores constitucionalmente relevantes, dos quais derivam uma tutela existencial apenas indireta, em regra.

---

[13] PERLINGIERI, Pietro. *Perfis do direito civil*: introdução ao direito civil constitucional. 3. ed. Rio de Janeiro: Renovar, 2007. p. 211.

[14] "A pessoa jurídica é uma realidade que tem funções – função de tornar possível a soma de esforços e recursos econômicos para a realização de atividades produtivas impossíveis com os meios isolados de um ser humano; função de limitação de riscos empresariais; função de agrupamento entre os homens para fins religiosos, políticos, educacionais; função de vinculação de determinados bens ao serviço de determinadas finalidades socialmente relevantes. À medida, porém, que as estruturas sociais e econômicas evoluem, tipos legais previstos para determinadas funções vão sendo utilizados para outras – não previstas pelo legislador – funções. Se tais funções novas entram em contraste com os valores reitores da ordem jurídica, há uma crise da função do instituto". (OLIVEIRA, J. Lamartine Corrêa de. *A dupla crise da pessoa jurídica*. São Paulo: Saraiva, 1979. p. 608).

[15] "Art. 1º A República Federativa do Brasil, formada pela união indissolúvel dos Estados e Municípios e do Distrito Federal, constitui-se em Estado Democrático de Direito e tem como fundamentos: [...]. IV - os valores sociais do trabalho e da livre iniciativa".

[16] "Art. 3º Constituem objetivos fundamentais da República Federativa do Brasil: [...]. II - garantir o desenvolvimento nacional".

Nesse aspecto, a desconsideração da personalidade jurídica, tanto na modalidade inversa, quanto na modalidade direta, quando aplicada no bojo de relações civis em geral, assume função repressiva, no sentido de corrigir as distorções decorrentes da utilização da pessoa jurídica em desacordo à sua função.[17] No entanto, quando utilizada para assegurar o cumprimento de prestação alimentícia, a desconsideração assume outra função: a de garantir o recebimento dos alimentos a quem deles necessita.

Corrobora-se esse entendimento a lição elucidativa de Carlos Nelson Konder, que, ao tratar dos instrumentos de tutela da vulnerabilidade existencial, afirma:

> É importante destacar que o tratamento diferenciado da vulnerabilidade existencial não depende apenas de iniciativas pontuais do legislador, pois a disciplina processual dos mecanismos de execução específica permite ao intérprete a sua adaptação às peculiaridades do caso concreto.[18]

Por essa razão, a desconsideração inversa da personalidade jurídica surge como mecanismo de desencorajamento, sancionando o comportamento indesejável do devedor de alimentos. Desse modo, o instituto contribui para o cumprimento da obrigação alimentar nas situações concretas nas quais o devedor encobre seu patrimônio para dissimular sua condição financeira e, assim, viciar a balança da necessidade-possibilidade na fixação do *quantum* devido, ou para dificultar a execução forçada quando voluntária e inescusavelmente a descumprir.

Ou seja, a função da desconsideração inversa da personalidade jurídica, quando servir ao cumprimento da obrigação alimentar, imiscui-se com a finalidade da própria prestação: a sobrevivência do credor de alimentos. Nessa situação, o bem jurídico tutelado por meio do instituto assume característica predominantemente existencial.

Logo, propõe-se que a desconsideração inversa da personalidade jurídica, quando relacionada à obrigação alimentar, seja erigida sobre regulamentação própria, ainda que fruto da atuação interpretativa dos critérios gerais estipulados no Código Civil, os quais são constituídos de conceitos jurídicos indeterminados. Apesar de ser a pessoa jurídica corolário da autonomia privada e importante instrumento a serviço da livre iniciativa, a desconsideração, nesse aspecto, exige um processo de conformação com os valores inerentes à obrigação alimentar, que a distinguem de outras relações jurídicas civis.

Essa reorganização dos institutos a partir de uma relação dialógica garantidora da unidade sistemática do ordenamento jurídico se impõe, pois:

> Não é possível, portanto, um discurso unitário sobre a autonomia privada: a unidade é axiológica, porque unitário é o ordenamento centrado no valor da pessoa, mas é justamente essa conformação do ordenamento que *impõe um tratamento diversificado para atos*

---

[17] Sobre a função da desconsideração da personalidade jurídica, o Superior Tribunal de Justiça se manifestou nos seguintes termos: "considerando-se que a finalidade da *disregard doctrine* é combater a utilização indevida do ente societário por seus sócios, o que pode ocorrer também nos casos em que o sócio controlador esvazia o seu patrimônio pessoal e o integraliza na pessoa jurídica, de modo a atingir bens da sociedade em razão em dívidas contraídas pelo sócio controlador, conquanto preenchidos os requisitos previstos na norma". (STJ, Terceira Turma. Recurso Especial nº 948.117/MS. Rel. Min. Nancy Andrighi, j. 22.6.2010).

[18] KONDER, Carlos Nelson. Vulnerabilidade patrimonial e vulnerabilidade existencial: por um sistema diferenciador. *Revista de Direito do Consumidor*, v. 99, p. 101-123, maio/jun. 2015.

e atividades que em modo diferenciado tocam esse valor e regulamentam situações ora existenciais, ora patrimoniais, ora umas e outras juntas.[19]

Revela-se inadequado, diante disso, transportar a desconsideração da personalidade jurídica, tal como prevista na parte geral do Código Civil, às questões relativas a alimentos, sem empreender um juízo de adequação que favoreça a consecução dos fins da prestação alimentar.

Aliás, a doutrina empresarial tem sinalizado posição favorável à distinção de tipos de credores em profissionais e vulneráveis[20] com a finalidade de adaptar os critérios da desconsideração, reconhecendo que em situações nas quais o credor não tenha condições de verificar previamente a situação econômica do devedor e negociar a taxa de risco, a concretização da desconsideração deve ser facilitada, por sua reconhecida vulnerabilidade.[21]

Esse é o ponto nodal do regime jurídico da obrigação de alimentos: a vulnerabilidade do credor diante do nexo de dependência que o liga ao devedor. É imprescindível notar-se, no entanto, que a vulnerabilidade do devedor de alimentos revela-se no caráter existencial da prestação, de modo que não pode ser confundida com o sentido mais amplo de vulnerabilidade que tem sido utilizado pela doutrina, que se refere a situações de vulnerabilidade contratual. Essa diferença é magistralmente identificada por Carlos Nelson Konder, que afirma:

> O termo [vulnerabilidade], que na sua origem remete à suscetibilidade a ser ferido – e, portanto, vincula-se mais diretamente à esfera existencial –, foi generalizado para aplicar-se a diversas situações de inferioridade contratual apresentadas, de natureza essencialmente contratual.[22]

O termo *vulnerabilidade*, portanto, pode ser entendido em sua dimensão patrimonial, quando representar a inferioridade de uma das partes em relações de conteúdo essencialmente negocial ou pode significar o risco de violação da própria dignidade humana, casos em que se verificará a vulnerabilidade existencial. Logo, apesar do mérito da distinção, não é suficiente a identificação dos credores apenas como profissionais e vulneráveis para a definição do regime jurídico da desconsideração, pois entre os vulneráveis existem aqueles que se encontram vulnerados[23] em situações jurídicas patrimoniais (os quais somente indiretamente podem afetar situações subjetivas existenciais, como consumidores de modo geral) e outros em situações jurídicas

---

[19] PERLINGIERI, Pietro. *Perfis do direito civil*: introdução ao direito civil constitucional. 3. ed. Rio de Janeiro: Renovar, 2007. p. 277. Grifos nossos.

[20] Na doutrina portuguesa, Maria de Fátima Ribeiro se refere a "credores fracos" e "credores fortes". (RIBEIRO, Maria de Fátima. Desconsideração da personalidade jurídica: as realidades brasileira e portuguesa. *Revista Brasileira de Direito Comercial*, n. 6, ago./set. 2015. p. 28).

[21] FRAZÃO, Ana. Desconsideração da personalidade jurídica e tutela de credores. In: COELHO, Fábio Ulhoa; RIBEIRO, Maria de Fátima (Coords.). *Questões de direito societário em Portugal e no Brasil*. Coimbra: Almedina, 2012. p. 494.

[22] KONDER, Carlos Nelson. Vulnerabilidade patrimonial e vulnerabilidade existencial: por um sistema diferenciador. *Revista de Direito do Consumidor*, v. 99, p. 101-123, maio/jun. 2015.

[23] V. BARBOZA, Heloísa Helena. Vulnerabilidade e cuidado: aspectos jurídicos. In: PEREIRA, Tânia da Silva; OLIVEIRA, Guilherme. *Cuidado e Vulnerabilidade*. São Paulo: Atlas, 2009. p. 107-118.

existenciais.[24] No caso da obrigação de alimentos, tem-se uma vulnerabilidade que se funda essencialmente no caráter existencial da prestação, o que exige uma tutela qualitativamente diferenciada do ordenamento.

Alerta-se que a desconsideração da personalidade jurídica consiste em recurso originalmente construído para a tutela de situações jurídicas patrimoniais, de modo que a proposta de funcionalização para a tutela da prestação alimentar enquanto situação jurídica existencial surge como uma necessidade de conformação do ordenamento jurídico plasmado por valores existenciais que fixam a sua direção.[25]

4.4 Desconsideração para fins de imputação e para fins de responsabilidade

Inexiste dispositivo legal no ordenamento jurídico brasileiro que trate especificamente da desconsideração inversa da personalidade jurídica, ou seja, aquela em que a autonomia patrimonial torna-se ineficaz para atingir a pessoa jurídica por dívida pessoal do sócio. Em razão disso, a fonte normativa da desconsideração inversa é o art. 50 do Código Civil, que literalmente prevê apenas a desconsideração direta, isto é, aquela em que se atribui ao sócio a responsabilidade por dívida contraída pela pessoa jurídica.

No que tange à obrigação alimentar, vislumbra-se a desconsideração da personalidade jurídica inversa como mecanismo de revelação do patrimônio omitido pelo devedor de alimentos, na intenção de ocultar sua realidade financeira e, assim, no momento da fixação, favorecer-se com o *quantum* menor do que deveria arcar ou para furtar-se da execução forçada.

A desconsideração da personalidade jurídica, no primeiro caso, não teria o condão de expandir a responsabilidade pela dívida alimentar, mas apenas de imputar a condição de proprietário ao devedor, para que seja ponderado o binômio necessidade-possibilidade de acordo com suas reais condições financeiras, o que invariavelmente favorecerá o *quantum* da prestação em favor do alimentante.

A outra forma possível de desconsideração inversa é para fins de atribuir a responsabilidade patrimonial à pessoa jurídica pela dívida pessoal do sócio. São os casos em que o devedor deixa de cumprir a prestação de forma voluntária e inescusável e frustra a execução judicial, dissimulando uma situação de inexistência de bens, transferindo a titularidade de seu patrimônio à pessoa jurídica da qual detenha ingerência. Assim, mantém-se na posse e fruição dos próprios bens, mas os afasta da possibilidade de execução.

---

[24] Para Konder, a vulnerabilidade existencial "diferencia-se da vulnerabilidade patrimonial, que se limita a uma posição de inferioridade contratual, na qual o titular fica sob ameaça de uma lesão basicamente ao seu patrimônio, com efeitos somente indiretos à sua personalidade". (KONDER, Carlos Nelson. Vulnerabilidade patrimonial e vulnerabilidade existencial: por um sistema diferenciador. *Revista de Direito do Consumidor*, v. 99, p. 101-123, maio/jun. 2015).

[25] Nesse sentido, Perlingieri afirma que na jurisprudência de valores "utilizam-se institutos processuais, inclusive aqueles típicos da execução, com o objetivo de concretizar, do melhor modo possível, os valores existenciais". (PERLINGIERI, Pietro. *O direito civil na legalidade constitucional*. Rio de Janeiro: Renovar, 2008. p. 120).

Nesse último caso, a desconsideração origina espécie de obrigação imperfeita entre a pessoa jurídica e o credor de alimentos, na qual inexiste o débito (*Schuld*), mas forma-se a responsabilidade (*Haftung*) por dívida de terceiro (devedor).

Essa diferença sobre os efeitos da responsabilidade, a qual se vislumbra com aplicação na obrigação de alimentos, foi semeada já nos primeiros estudos da desconsideração da personalidade jurídica por Drobnig, que distinguiu a "penetração", como é conhecida a desconsideração na doutrina alemã, "em geral" daquela para fins de responsabilidade. Nesta, há a extensão da responsabilidade contraída pelo devedor, enquanto aquela não envolve o problema da responsabilidade.[26] De forma semelhante, Serick empregou o termo *penetração* de forma ampla, para se referir a um problema jurídico que é "como se tal distinção e separação não existissem", com a finalidade de "imputar à pessoa jurídica atributos ou circunstâncias que em verdade se referem à pessoa de seus membros".[27]

Nesse sentido, Maria de Fátima Ribeiro[28] criticou a lei brasileira por deixar de prever essa distinção quando da elaboração do Código Civil, o que, no entanto, não impede a sua aplicação com fundamento na interpretação sistemática e à luz da axiologia constitucional, assim como se conclui pela possibilidade jurídica da desconsideração inversa a despeito de previsão legal expressa. Logo, essa constatação evidencia a necessidade de tratamento específico da desconsideração em matéria de alimentos.

4.5 Pressupostos de aplicabilidade e a jurisprudência

Os pressupostos de aplicabilidade da desconsideração da personalidade jurídica na forma inversa obedecem, na falta de outros mais específicos, à dicção do art. 50 do Código Civil. Assim, somente se autoriza a desconsideração se houver abuso da personalidade jurídica, consistente em confusão patrimonial ou desvio de finalidade.

Sob o ângulo da obrigação de alimentos, os requisitos legais apresentados são compatíveis com a desconsideração inversa operada tanto para fins de imputação, quanto para fins de responsabilidade. No primeiro caso, o devedor de alimentos deverá ser considerado titular de fato do patrimônio da pessoa jurídica para aferição de sua capacidade financeira e os sinais de riqueza da pessoa jurídica serão levados em conta para o estabelecimento do *quantum* a ser pago ao alimentando. No segundo caso, surgirá obrigação imperfeita da pessoa jurídica, consistente na responsabilidade patrimonial pela dívida de terceiro, no caso, do pai ou da mãe do credor.

Os requisitos legais a que a lei faz referência, contudo, são conceitos jurídicos indeterminados – a confusão patrimonial e o desvio de finalidade, porque são "termos ou expressões indeterminadas que se referem a realidades fáticas",[29] ou seja, cujos critérios interpretativos devem ser fornecidos pela doutrina, evidenciando-se a insuficiência do método lógico subsuntivo para a aplicação da norma ao caso concreto. Convém, nesses

---

[26] *Apud* OLIVEIRA, J. Lamartine Corrêa de. *A dupla crise da pessoa jurídica*. São Paulo: Saraiva, 1979. p. 332.

[27] *Apud* OLIVEIRA, J. Lamartine Corrêa de. *A dupla crise da pessoa jurídica*. São Paulo: Saraiva, 1979. p. 282.

[28] No mesmo sentido: RIBEIRO, Maria de Fátima. Desconsideração da personalidade jurídica: as realidades brasileira e portuguesa. *Revista Brasileira de Direito Comercial*, n. 6, ago./set. 2015. p. 19.

[29] MARTINS-COSTA, Judith. *A boa-fé no direito privado*. São Paulo: Revista dos Tribunais, 1999. p. 325.

casos, que seja observado um juízo de adequação entre finalidade da norma e dos fundamentos do sistema jurídico aos efeitos no caso concreto.

Para Fábio Konder Comparato, idealizador do texto legal, o desvio de finalidade consistia na inobservância da forma societária adequada ao objetivo social, enquanto a confusão patrimonial consistia no descumprimento, pelo próprio controlador da sociedade, do princípio da autonomia patrimonial.[30]

Na jurisprudência, tem-se entendido que por desvio de finalidade deve-se compreender o ato intencional da fraude, como elemento objetivo (objeto) e, na confusão patrimonial, o elemento subjetivo (relativo aos sujeitos – pessoa natural e pessoa jurídica), constatável pela impossibilidade de distinguir a titularidade de bens e direitos. Vejam-se alguns trechos de acórdão oriundo do Superior Tribunal de Justiça:

> No caso, em que se trata de relações jurídicas de natureza civil-empresarial, o legislador pátrio, no art. 50 do CC de 2002, adotou a teoria maior da desconsideração, que exige a demonstração da ocorrência de elemento objetivo relativo a qualquer um dos requisitos previstos na norma, caracterizadores de abuso da personalidade jurídica, como excesso de mandato, demonstração do desvio de finalidade (ato intencional dos sócios em fraudar terceiros com o uso abusivo da personalidade jurídica) ou a demonstração de confusão patrimonial (caracterizada pela inexistência, no campo dos fatos, de separação patrimonial entre o patrimônio da pessoa jurídica e dos sócios ou, ainda, dos haveres de diversas pessoas jurídicas). (STJ. Agravo Regimental em Recurso Especial nº 347.476/DF. Rel. Min. Raul Araújo, j. 5.5.2016).

A questão torna-se ainda mais urgente diante do art. 489, §1º do Código de Processo Civil de 2015, que reputa insuficientemente fundamentada a decisão judicial que empregar conceitos jurídicos indeterminados, sem explicar o motivo concreto de sua incidência no caso. Cabe à doutrina, portanto, empreender esforços para a fixação de diretrizes hermenêuticas concretizadoras desses conceitos, eis que a mera operação silogística da subsunção não se mostra mais como método suficiente de aplicação da lei.

De acordo com o Código de Processo Civil de 2015, portanto, ao reconhecer a existência ou a inexistência de abuso da personalidade jurídica, o juiz deverá indicar os fatos nos quais se sustenta para extrair sua conclusão, concretizando o conteúdo abstratamente indefinido desses conceitos. Os fatos que caracterizaram a confusão patrimonial ou o desvio de finalidade deverão ser apontados, mas, dada a vagueza da norma, cabe à doutrina papel essencial na orientação interpretativa mais adequada, que deverá ser erigida considerando especificamente a obrigação de alimentos.

O desvio de finalidade, segundo Cristiano Chaves de Farias e Nelson Rosenvald, "tem ampla conotação e sugere uma fuga dos objetivos sociais da pessoa jurídica, deixando um rastro de prejuízo, direto ou indireto, para terceiros ou mesmo para outros sócios da empresa".[31] Essa definição é mais ampla do que a ótica limitativa de entender o desvio de finalidade como o elemento subjetivo do abuso da personalidade e parece mais consentânea com a utilização da desconsideração conforme proposto neste trabalho: trata-se da disfunção da pessoa jurídica em sentido amplo, aferível

---

[30] COMPARATO, Fábio Konder; SALOMÃO FILHO, Calixto. *O poder de controle na sociedade anônima*. 5. ed. Rio de Janeiro: Forense, 2008, *passim*.

[31] FARIAS, C. C. de; ROSENVALD, Nelson. *Curso de direito civil*. 10. ed. Salvador: JusPodivm, 2012. p. 456. v. 1.

pelo julgador a partir do objetivo social eleito no ato constitutivo. Outro entendimento consistente na exigência de elemento intencional, como decidido pelo Superior Tribunal de Justiça na respeitável decisão acima transcrita, poderia restringir demasiadamente o âmbito de incidência do instituto, notadamente por imputar ao credor de alimentos o ônus de provar o objetivo da consciência do devedor, o que é deveras desproporcional em uma relação jurídica assimétrica tal como a entabulada na obrigação alimentar e cuja urgência é patente. Entretanto, sem prejuízo, reitera-se a necessidade de prova de que a pessoa jurídica tenha sido utilizada de forma desviante a seus objetivos sociais, o que justifica a medida nesses casos.

Para os mesmos autores, já a confusão patrimonial "pode ser caracterizada em hipóteses diversas, nas quais o sócio utiliza o patrimônio da pessoa jurídica para realizar pagamentos pessoais e vice-versa, atentando contra a separação das atividades entre empresa e sócio".[32] De igual maneira, por se tratar de hipótese de abuso da personalidade jurídica, configura disfunção da pessoa jurídica, mas de forma menos abrangente: compreende a situação específica de inexistência fática da separação patrimonial.

Portanto, a diretriz hermenêutica que deve orientar a investigação sobre a presença do requisito da confusão patrimonial é a indagação sobre a efetividade da distinção da personalidade jurídica no plano fático, pelo devedor. Nesse sentido, acórdão proferido recentemente pelo Tribunal de Justiça do Estado do Rio de Janeiro aponta:

> Agravo de Instrumento. Ação de Revisão de Alimento. Cumprimento de sentença. Dívida alimentar. Desconsideração inversa da personalidade jurídica para a satisfação da respectiva dívida. Sociedade empresária pertencente ao réu-executado. Restou demonstrada a confusão patrimonial entre o devedor e sua empresa, pois aquele detém 99,99% das cotas do capital social. Extratos da conta corrente da representante legal do ora Agravante em que constam transferências realizadas pela supracitada empresa dos valores que vinham sendo pagos a título de pensão alimentícia. Recurso provido. (TJRJ, 22ª Câmara Cível. Agravo de Instrumento nº 0067441-08.2014.8.19.0000. Des. Rel. Carlos Eduardo Moreira Silva, j. 9.6.2015).

Da fundamentação do acórdão, depreende-se que a circunstância de ser o devedor detentor de 99,99% das cotas sociais contribuiu para que se constatasse a confusão patrimonial, mas não foi ela determinante. Os eméritos julgadores notaram que os recursos para o pagamento da pensão alimentícia eram oriundos da pessoa jurídica, quando observados os extratos em que constavam as transferências. Isso, segundo a Câmara, confirmou a supressão da separação patrimonial no plano fático, pois a pessoa jurídica serviu para o pagamento de dívida da pessoa do sócio.

Em outro sentido, juiz do ofício de família da Comarca de Araraquara, estado de São Paulo, determinou a ineficácia do princípio da separação patrimonial por meio da desconsideração inversa para a satisfação de débito alimentar, contrariando o pedido do credor, que era apenas de penhora do *pro labore*, pois, em sua visão, "mais prático seria a penhora de eventuais saldos bancários da empresa, da qual o executado é detentor de um terço das cotas". Nota-se a preocupação do julgador na efetividade da medida pleiteada, no entanto, ao considerar suficiente para a concessão da desconsideração pela

---

[32] FARIAS; ROSENVALD, *loc. cit.*

via inversa o mero fato de ser o devedor cotista de pessoa jurídica, violou frontalmente o art. 50 do Código Civil, eis que a *ratio* do instituto é coibir a disfunção da pessoa jurídica, o que não foi aventado. Aliás, sendo possível a penhora do *pro labore*, como pleiteado pelo credor, seria possível a satisfação da dívida de forma eficiente, com recebimento de dinheiro, de modo que a oneração da pessoa jurídica, nesse caso concreto, não parecia adequada pela via da desconsideração da personalidade jurídica.

Por essa razão, a respeitável decisão foi revertida pelo Tribunal de Justiça do Estado de São Paulo, segundos as razões a seguir:

> Sem prejuízo, não nos pareceu correto confundir a relevância da causa do alimentado, a propósito, incontroversa, nem mesmo os preceitos da *proteção integral* e da *prioridade de atendimento*, com a estrita legalidade. É totalmente questionável a aventada possibilidade de ver os ativos da sociedade ilimitadamente responsabilizados pelas obrigações em aberto do sócio, não providos seus pressupostos.
>
> Como já afirmado, se admissível a *disregrad* inversa, a mesma, no entanto, deve ficar necessariamente submetida à prova cabal de que a empresa se prestou ao papel de fraudadora dos interesses do menor ou tenha perpetrado abuso de direito o que nos autos não há. O art. 50 do Código Civil trata da matéria desse jeito. (TJSP, 6ª Câmara de Direito Privado. Mandado de Segurança nº 0018400-19.2010.8.26.0000. Des. Rel. Roberto Solimene, j. 18.11.2010).

Não se devem ignorar os princípios norteadores da proteção da dignidade das crianças e adolescentes, entretanto, não se propugna a desnecessidade de comprovação dos requisitos legais, pois são eles que visam à comprovação da disfunção do instituto da pessoa jurídica, merecedora de correção e que constitui a *ratio* da desconsideração. O que se defende, por outro lado, é que a interpretação dos conceitos jurídicos indeterminados a que a lei faz referência (desvio de finalidade e confusão patrimonial) seja condizente à urgência e à necessidade da prestação, de modo que não imponha obstáculos instransponíveis a ponto de esvaziar a utilidade da desconsideração da personalidade jurídica em sede de alimentos.

Nesse sentido, apesar do silêncio da lei, a jurisprudência dominante, ao tratar da desconsideração da personalidade jurídica em geral, entende também pela necessidade de comprovação da insuficiência patrimonial do devedor como condição para que seja efetivada a desconsideração. Isso porque a medida tem sido considerada excepcional e a imposição desse requisito em dívidas cíveis em geral visa a coibir o abuso de direito e efetivar o princípio processual da menor onerosidade ao executado. Observe-se um emblemático acórdão do Superior Tribunal de Justiça:

> Discute-se, no REsp, se a regra contida no art. 50 do CC/2002 autoriza a chamada desconsideração da personalidade jurídica inversa. [...] da análise do art. 50 do CC/2002, depreende-se que o ordenamento jurídico pátrio adotou a chamada *teoria maior da desconsideração*, segundo a qual se exige, além da prova de *insolvência*, a demonstração ou de *desvio de finalidade* (teoria subjetiva da desconsideração) ou de *confusão patrimonial* (teoria objetiva da desconsideração). [...] No entanto, a Min. Relatora assinala que o juiz só poderá decidir por essa medida excepcional quando forem atendidos todos os pressupostos relacionados à fraude ou ao abuso de direito estabelecidos no art. 50 do CC/2002. No caso dos autos, tanto o juiz quanto o tribunal *a quo* entenderam haver confusão patrimonial e

abuso de direito por parte do recorrente. (STJ. Recurso Especial nº 948.117-MS. Rel. Min. Nancy Andrighi, j. 22.6.2010. Informativo nº 440).

No mesmo sentido:

> Segundo o Min. Relator, a teoria maior da desconsideração da personalidade jurídica, contida no art. 50 do CC/2002, exige, via de regra, *não apenas a comprovação do estado de insolvência da pessoa jurídica* para que os sócios e administradores possam ser responsabilizados pelas obrigações por ela contraídas, mas também a ocorrência de desvio de finalidade ou de confusão patrimonial. (STJ. Recurso Especial nº 1.200.850/SP. Rel. Massami Uyeda, j. 4.11.2010. Grifos nossos).

O Enunciado nº 281 das Jornadas de Direito Civil,[33] contudo, aponta para a desnecessidade de comprovação da insolvência, enquanto alguns estudiosos do direito empresarial afirmam que, em qualquer caso, pelo menos a insuficiência patrimonial, independentemente do reconhecimento jurídico do estado de insolvência, é pressuposto indispensável.[34]

Por outro lado, a discussão sobre a exigência de insuficiência patrimonial como requisito material no campo da obrigação de alimentos cinge-se à desconsideração para fins de responsabilidade patrimonial. Isso porque na desconsideração para fins de imputação não se opera a vinculação patrimonial da pessoa jurídica pela dívida do sócio. Ao contrário, o efeito jurídico nesse último caso recai somente sobre o devedor de alimentos, que passa a ser considerado titular de bens e direitos dos quais usufrui e que, apenas formalmente, pertencem à pessoa jurídica.

Nessa seara, há evidente descompasso entre essa exigência, que não decorre da norma material, e a natureza alimentar da obrigação. A transposição irrefletida desse requisito jurisprudencial às obrigações de natureza alimentar pode incorrer em grave risco de dano para o credor de alimentos. Isso porque a constatação da insuficiência patrimonial do devedor pode demorar tempo demasiado, incompatível com a urgência da prestação, bem como pode acarretar-lhe maior ônus ao aguardar a excussão de bens de difícil alienação, enquanto outros que melhor atenderiam às necessidades do credor permanecem sob a blindagem da pessoa jurídica.

Esclareça-se que, longe de se pretender criar hipótese de solidariedade sem previsão legal, defende-se que a responsabilidade subsidiária prevista no art. 795, §1º do Código de Processo Civil[35] deve ser ponderada com o valor existencial da obrigação alimentar, para conferir maior efetividade à prestação. Logo, embora a regra processual determine que o sócio tem o direito de exigir que sejam antes excutidos os bens da sociedade, o que *mutatis mutandis* implicaria, na desconsideração inversa, o direito da

---

[33] Enunciado nº 281: "Art. 50. A aplicação da teoria da desconsideração, descrita no art. 50 do Código Civil, prescinde da demonstração de insolvência da pessoa jurídica".

[34] Entre eles menciona-se: FRAZÃO, Ana. Desconsideração da personalidade jurídica e tutela de credores. In: COELHO, Fábio Ulhoa; RIBEIRO, Maria de Fátima (Coords.). *Questões de direito societário em Portugal e no Brasil.* Coimbra: Almedina, 2012. p. 479-514.; e COELHO, Fabio Ulhôa. *A desconsideração da personalidade jurídica.* São Paulo: Revista dos Tribunais, 1989.

[35] "Art. 795. Os bens particulares dos sócios não respondem pelas dívidas da sociedade, senão nos casos previstos em lei. §1º O sócio réu, quando responsável pelo pagamento da dívida da sociedade, tem o direito de exigir que primeiro sejam excutidos os bens da sociedade".

sociedade de apontar bens do sócio devedor de alimentos, o merecimento de tutela desse direito deve ser avaliado conforme o grau de efetivação do valor existencial em xeque. Em suma, se os bens do devedor forem de difícil expropriação pelas vias processuais e havendo meios mais eficientes de execução por meio do patrimônio da pessoa jurídica, a regra da subsidiariedade deve ser relativizada para superar a exigência de esgotamento do patrimônio do devedor como condição ao alcance do patrimônio da pessoa jurídica.

Reitera-se que a conclusão acima somente é possível porque a análise do merecimento de tutela no exercício desse direito pressupõe que já se tenha constatado a presença dos requisitos materiais para a desconsideração, ou seja, não restam dúvidas sobre a disfuncionalização da pessoa jurídica. Por essa razão, frise-se, a insuficiência patrimonial não pode ser considerada requisito material, mas tão somente decorrência das regras procedimentais que operacionalizam a aplicação do instituto ao caso concreto e, desse modo, em se tratando especificamente de obrigação alimentar, essas regras devem observar a urgência ínsita à prestação de alimentos.

Não se pode perder de vista o objetivo da desconsideração inversa em sede de alimentos. Além de coibir a disfunção da pessoa jurídica, o que por si só se sujeita ao juízo de reprovabilidade do ordenamento jurídico, independentemente de insuficiência patrimonial do devedor, em qualquer caso, quando utilizada para efetivar a obrigação alimentar, garante a subsistência do credor de alimentos e isso não pode esperar. Ao contrário, devem ser garantidos pelo ordenamento jurídico os meios mais eficazes para o cumprimento da obrigação alimentar de forma célere, como corolário da centralização do valor da pessoa e de sua integridade psicofísica.

Conclusão

O reconhecimento do ordenamento jurídico como unidade sistemática, assentado nas bases axiológicas da Constituição Federal, exige do jurista a concatenação dos elementos normativos que o compõe, com a finalidade de promover a dignidade humana concretamente, por meio de seus institutos jurídicos.

Nesse sentido, a ordem constitucional inaugurada com a Constituição da República de 1988 exige a conformação dos institutos jurídicos de acordo com a função promocional a que devem se direcionar. Portanto, o regime jurídico da obrigação alimentar deve respeitar a vulnerabilidade existencial do credor de alimentos, o que o distingue dos demais credores civis em geral.

Sob essa perspectiva, a desconsideração da personalidade jurídica na modalidade inversa deve sofrer uma releitura que permita adaptá-la às peculiaridades do contexto da relação alimentar. Por essa razão, as diretrizes hermenêuticas dos pressupostos legais do abuso da personalidade jurídica, na qualidade de conceitos jurídicos indeterminados, devem contemplar a disfunção em ampla gama de possibilidades, a fim de reprimir o mau uso da pessoa jurídica e, principalmente, promover a tutela efetiva do credor de alimentos, mas sem ignorar as exigências legais.

Disso decorre também a insubsistência da insuficiência patrimonial do devedor de alimentos como requisito à desconsideração para fins de responsabilidade no âmbito da dívida alimentar, pois a urgência no cumprimento da prestação deve prevalecer sobre a pretensão de conferir excepcionalidade à medida. Ou seja, presentes os requisitos legais, de rigor seja estabelecida a responsabilidade patrimonial da pessoa jurídica, possibilitando-se ao credor alcançar os bens e direitos que mais eficazmente atenderem às suas necessidades, independentemente da titularidade, desde que tenha havido o abuso da personalidade jurídica. A conclusão que se alcança não viola os preceitos normativos do instituto, pois não se trata de requisito legal. Além disso, a aplicação da desconsideração deve sempre considerar a vulnerabilidade existencial do credor alimentar.

Dessa forma, descabe a transposição meramente mecânica de instrumentos jurídicos originalmente próprios à concretização de situações patrimoniais, como a desconsideração da personalidade jurídica a situações existenciais, como no caso da obrigação de alimentos. As especificidades da obrigação alimentar recomendam que os critérios de aplicabilidade considerem a vulnerabilidade do credor de alimentos diante da essencialidade da prestação devida para que não culmine na inutilidade da medida nessa seara.

Informação bibliográfica deste texto, conforme a NBR 6023:2002 da Associação Brasileira de Normas Técnicas (ABNT):

COLOMBO, Maici Barboza dos Santos. Proposta de releitura da desconsideração inversa da personalidade jurídica à luz dos interesses existenciais decorrentes da obrigação alimentar. In: TEPEDINO, Gustavo; TEIXEIRA, Ana Carolina Brochado; ALMEIDA, Vitor (Coord.). *Da dogmática à efetividade do Direito Civil*: Anais do Congresso Internacional de Direito Civil Constitucional – IV Congresso do IBDCivil. 2. ed. rev., ampl. e atual. Belo Horizonte: Fórum, 2019. p. 351-365. ISBN 978-85-450-0545-2.

CAPÍTULO 5

POR UMA RELEITURA FUNCIONAL DO (IN)ADIMPLEMENTO CONTRATUAL: REPERCUSSÕES DOS DEVERES DECORRENTES DA BOA-FÉ OBJETIVA

RODRIGO DA GUIA SILVA

5.1 Introdução

A superação do individualismo e do voluntarismo típicos do direito civil oitocentista fez-se acompanhar, especificamente na seara obrigacional e contratual, pela consolidação da boa-fé objetiva como regra de conduta destinada a reger a generalidade das relações obrigacionais. Já referida como a "regra áurea da relação obrigacional"[1] e comumente apontada como decorrência do princípio da solidariedade social,[2] a boa-fé objetiva irradia efeitos sobre todas as fases da relação obrigacional e sobre todas as situações jurídicas subjetivas que lhe são correlatas. Não resta espaço aos contratantes ou mesmo ao julgador para qualquer abstenção sobre o imperativo da boa-fé objetiva, a qual assume especial importância no propósito unificador do sistema jurídico-positivo.[3]

---

[1] A expressão é de TRABUCCHI, Alberto. *Istituzioni di diritto civile*. 46. ed. A cura di Giuseppe Trabucchi. Pádua: Cedam, 2013. p. 707.

[2] Nesse sentido, v., no direito brasileiro, MORAES, Maria Celina Bodin de. Notas sobre a promessa de doação. In: MORAES, Maria Celina Bodin de. *Na medida da pessoa humana*: estudos de direito civil-constitucional. Rio de Janeiro: Renovar, 2010. p. 282; e KONDER, Carlos Nelson. Boa-fé objetiva, violação positiva do contrato e prescrição: repercussões práticas da contratualização dos deveres anexos no julgamento do REsp 1276311. *Revista Trimestral de Direito Civil*, v. 50, abr./jun. 2012. p. 220; e, no direito italiano, PERLINGIERI, Pietro. *Manuale di diritto civile*. Nápoles: Edizioni Scientifiche Italiane, 2014. p. 634.

[3] V. CORDEIRO, António Manuel da Rocha e Menezes. *Da boa fé no direito civil*. 3. reimpr. Coimbra: Almedina, 2007. p. 46.

Sem embargo do considerável relevo assumido pela boa-fé objetiva na civilística contemporânea, a sua natureza de autêntica cláusula geral acarreta uma inevitável dificuldade conceitual.[4] Melhor sorte assistirá ao intérprete-aplicador do direito, então, que priorizar a concretização da exigência de boa-fé objetiva à luz de cada caso particular que lhe for apresentado do que àquele cujos esforços se resumirem à tentativa de conceituação estrita e apriorística da referida cláusula geral.

Tal dificuldade conceitual gera, entretanto, um risco diuturnamente vivenciado pela civilística contemporânea, na medida em que a abertura ínsita à cláusula geral poderia gerar a (equivocada) impressão sobre a ausência de contornos gerais da exigência de boa-fé objetiva.[5] Nesse contexto, cresce a responsabilidade do intérprete na fundamentação pormenorizada sobre as razões que o levam à conclusão acerca da conformidade ou contrariedade de certas condutas à cláusula geral em comento, especialmente na seara do inadimplemento contratual, cujos efeitos drásticos não se harmonizam com decisões precariamente fundamentadas.[6]

Diante dessa preocupação, desenvolveu-se, no âmbito do Programa de Pós-Graduação em Direito *Stricto Sensu* da Universidade do Estado do Rio de Janeiro (UERJ), o grupo de pesquisa institucional intitulado "A boa-fé nas decisões do TJRJ", sob coordenação dos Profs. Carlos Nelson Konder e Gisela Sampaio da Cruz Guedes. As atividades consistiram, em primeiro momento, em pesquisa da jurisprudência das Câmaras Cíveis do Tribunal de Justiça do Estado do Rio de Janeiro (TJRJ), no ano de 2015, tendo sido compilados todos os casos que dissessem respeito à aplicação concreta da noção ampla de "boa-fé".

Ao término da coleta de material, uma primeira constatação a saltar aos olhos é a menção predominante à boa-fé subjetiva,[7] presente em grande parte das decisões que contém, em seu inteiro teor, a expressão genérica "boa-fé". Essa tendência contraria, em certa medida, a concepção generalizada de que predominaria a boa-fé objetiva na práxis judicial contemporânea. A conclusão de maior destaque, todavia, consiste na percepção de que, entre as decisões que invocam expressamente o termo "boa-fé objetiva", verifica-se, não raro, uma utilização meramente retórica da cláusula geral, sem uma fundamentação mínima que permita o controle racional do percurso decisório trilhado pelo julgador. Desse modo, o mesmo Tribunal que em diversas ocasiões desenvolve critérios sólidos e racionalmente justificados para a aplicação da boa-fé objetiva, em tantas

---

[4] Sobre a dificuldade de conceituação da boa-fé objetiva, v. MARTINS-COSTA, Judith. *A boa-fé no direito privado*: critérios para a sua aplicação. São Paulo: Marcial Pons, 2015. p. 41.

[5] A explosão contemporânea do recurso à boa-fé objetiva apresenta, a um só tempo, uma faceta positiva e outra negativa, como destaca Judith Martins-Costa: "A explosão do emprego do instituto jurídico designado como boa-fé objetiva tem um lado virtuoso e outro perverso. Virtuoso porque assenta no Direito brasileiro inafastável padrão ético à conduta contratual. Perverso quando o uso excessivo, desmesurado, imperito, deslocado dos critérios dogmáticos a que deve estar vinculado serve para desqualificá-lo, esvaziá-lo de um conteúdo próprio, diluindo-o em outros institutos e minorando sua densidade específica". A autora arremata: "Oferecer critérios é também oferecer limites" (MARTINS-COSTA, Judith. *A boa-fé no direito privado*: critérios para a sua aplicação. São Paulo: Marcial Pons, 2015. p. 11).

[6] Sobre a relevância da noção de responsabilidade do intérprete no âmbito da escola do direito civil-constitucional, v. KONDER, Carlos Nelson. Distinções hermenêuticas da constitucionalização do direito civil: o intérprete na doutrina de Pietro Perlingieri. *Revista da Faculdade de Direito – UFPR*, v. 60, n. 1, jan./abr. 2015. p. 208.

[7] Para uma síntese da distinção entre as vertentes subjetiva e objetiva da boa-fé, v. MARTINS-COSTA, Judith. *A boa-fé no direito privado*: critérios para a sua aplicação. São Paulo: Marcial Pons, 2015. p. 261-263.

outras decisões não faz mais do que o seu emprego retórico com base no subjetivismo hermenêutico de cada julgador.[8]

Tais constatações servem a ressaltar a relevância do papel da doutrina no desenvolvimento de parâmetros que auxiliem o julgador na aplicação da boa-fé objetiva,[9] em cumprimento à exigência constitucional de fundamentação das decisões judiciais.[10] Nessa empreitada, o presente estudo consistirá, em um primeiro momento, na análise da integração contratual por deveres laterais de conduta decorrentes da boa-fé objetiva. Na sequência, analisar-se-á a expressiva tendência contemporânea de adoção, por autores pátrios, da doutrina tedesca da violação positiva do contrato, no intuito de compreender sua aptidão à resolução da problemática sobre os efeitos do descumprimento de deveres laterais de conduta. Por fim, investigar-se-ão os contornos contemporâneos do (in) adimplemento contratual, sob os necessários influxos da perspectiva funcional, de modo a perquirir se a integração dos referidos deveres laterais ao regulamento contratual autoriza a conclusão no sentido de inadimplemento (absoluto ou relativo) quando do seu inadimplemento, ou se seria necessário, ao revés, o reconhecimento de uma nova categoria de descumprimento das obrigações.

5.2 A cláusula geral de boa-fé objetiva como fundamento de deveres laterais de conduta

De longa data, a civilística propugna a superação da concepção estática da obrigação – outrora entendida como a contraposição direta entre crédito e débito –[11] por uma renovada concepção que leve em conta a complexidade das situações jurídicas subjetivas e dos interesses envolvidos.[12] Alinhadas com essa preocupação estão as

---

[8] A jurisprudência do TJRJ no ano de 2015 pode ser entendida como exemplo do que Judith Martins-Costa denomina "panorama paradoxal de aplicação da boa-fé objetiva": "O panorama da aplicação da boa-fé é, portanto, paradoxal: de um lado, encontra-se o seu desenvolvimento por obra de uma jurisprudência responsável, pois ciente da conexão entre o fato e a configuração que terá, no caso, o princípio da boa-fé, bem como atenta ao mandamento constitucional de fundamentação da sentença; de outro, encontra-se o seu emprego traduzido no subjetivismo hermenêutico, vindo então a ser invocada a boa-fé objetiva ora como mero argumento de autoridade distanciado dos fatos cuja ordenação é a sua razão de ser; ora como escusa ao personalismo de um julgador por tudo infenso à controlabilidade democrática; ora *flatus vocis* que nada agrega ao convencimento, racional e sistematicamente ancorado, sobre a pertinência do argumento" (MARTINS-COSTA, Judith. *A boa-fé no direito privado*: critérios para a sua aplicação. São Paulo: Marcial Pons, 2015. p. 11).

[9] "Passada a fase em que os foros brasileiros acolheram o princípio da boa-fé com sabor de novidade, é chegada a hora de sua sedimentação, para o que imprescindível o lavor doutrinário crítico e propositivo de critérios orientadores de sua aplicação" (MARTINS-COSTA, Judith. *A boa-fé no direito privado*: critérios para a sua aplicação. São Paulo: Marcial Pons, 2015. p. 46).

[10] Pertinente, a propósito, a observação de Ruy Rosado de Aguiar Júnior: "[...] não cabe, pois, um arbítrio indefinido ou imoderado na aplicação de critérios éticos ou de razões sociais [...]. Ademais, a exigência de fundamentação garante o controle da decisão pelas partes e pela comunidade jurídica" (AGUIAR JÚNIOR, Ruy Rosado de. A boa-fé na relação de consumo. *Revista de Direito do Consumidor*, v. 14, abr./jun. 1995. p. 23).

[11] Conforme leciona Paul Roubier, a mitigação dessa concepção antiquada de obrigação foi acompanhada pela preferência, por parte da doutrina, de referir-se ao conceito de situação jurídica subjetiva, complexo de direitos e deveres, em lugar da noção mais tradicional de direito (ROUBIER, Paul. *Droits subjectifs et situations juridiques*. Paris: Dalloz, 1963. p. 52).

[12] V. PERLINGIERI, Pietro. *O direito civil na legalidade constitucional*. Tradução de Maria Cristina de Cicco. Rio de Janeiro: Renovar, 2008. p. 673.

proposições que entendem a relação obrigacional como uma *totalidade complexa,*[13] como *processo*[14] ou, ainda, como *relação de cooperação.*[15] Trata-se, em verdade, de construções teóricas que guardam preocupação essencial semelhante, consistente em ressaltar que a relação obrigacional é muito mais complexa do que a mera contraposição entre direito e obrigação principais do credor e do devedor, respectivamente.[16] Tal percepção reclama do intérprete uma acurada análise interna da relação, capaz de trazer à tona as especificidades do caso concreto que se afigurem relevantes ao adequado desenvolvimento da relação obrigacional.[17]

O desenvolvimento contemporâneo da noção de obrigação está intimamente relacionado à consolidação da boa-fé objetiva como parâmetro para o desenvolvimento da generalidade das relações obrigacionais – com especial destaque para aquelas de índole contratual,[18] cerne de investigação do presente estudo. A boa-fé objetiva, nos termos particulares em que é concebida atualmente, foi introduzida no ordenamento jurídico brasileiro pelo Código de Defesa do Consumidor (CDC – Lei nº 8.078/90), que a menciona expressamente nos seus arts. 4º, III, e 51, IV.[19]

O Código Civil de 2002, a seu turno, teve o mérito de prever a incidência da boa-fé objetiva no âmbito das relações paritárias, fazendo-lhe referência expressa ao tratar da interpretação dos negócios jurídicos (art. 113), do abuso do direito (ar. 187) e, por fim, dos

---

[13] A destacar a relação obrigacional como totalidade complexa, v. NORONHA, Fernando. *Direito das obrigações.* 4. ed. São Paulo: Saraiva, 2013. p. 92. V., ainda, na doutrina alemã, a clássica lição de LARENZ, Karl. *Derecho de obligaciones.* Tradução de Jaime Santos Briz. Madrid: Editorial Revista de Derecho Privado, 1958. p. 37. t. I.

[14] V. SILVA, Clóvis do Couto e. *A obrigação como processo.* Rio de Janeiro: FGV Editora, 2006, *passim.* Segundo o autor, a concreção do princípio da boa-fé objetiva implica uma releitura das fontes das obrigações, de modo a permitir que estas sejam entendidas como um processo tendente ao adimplemento a partir da cooperação entre as partes (p. 169).

[15] V. BETTI, Emilio. *Teoria geral das obrigações.* Tradução de Francisco José Galvão Bruno. Campinas: Bookseller, 2005. p. 28 e ss.

[16] "A complexidade intra-obrigacional traduz a ideia de que o vínculo obrigacional abriga, no seu seio, não um simples dever de prestar, simétrico a uma pretensão creditícia, mas antes vários elementos jurídicos dotados de autonomia bastante para, de um conteúdo unitário, fazerem uma realidade completa" (CORDEIRO, António Manuel da Rocha e Menezes. *Da boa fé no direito civil.* 3. reimpr. Coimbra: Almedina, 2007. p. 586). No âmbito do direito brasileiro, Carlos Nelson Konder afirma: "O impacto da boa-fé impõe o reconhecimento da complexidade da relação obrigacional. Em lugar da dinâmica simplificada direito subjetivo – dever jurídico, passa-se a reconhecer diversas outras situações jurídicas subjetivas conjugadas – uma 'pluralidade de elementos autonomizáveis –, em especial deveres paralelos que interagem entre si e cujo inadimplemento pode ferir o todo obrigacional" (KONDER, Carlos Nelson. Boa-fé objetiva, violação positiva do contrato e prescrição: repercussões práticas da contratualização dos deveres anexos no julgamento do REsp 1276311. *Revista Trimestral de Direito Civil,* v. 50, abr./jun. 2012. p. 221).

[17] Sobre a importância da análise interna da relação, v. MARTINS-COSTA, Judith. *A boa-fé no direito privado*: critérios para a sua aplicação. São Paulo: Marcial Pons, 2015. p. 218.

[18] O desenvolvimento da boa-fé objetiva em outros segmentos do direito civil constitui matéria pouco explorada pela civilística. A ilustrar relevantes possibilidades de aplicação da referida cláusula geral na seara dos direitos reais, v. SOUZA, Eduardo Nunes de. Autonomia privada e boa-fé objetiva em direitos reais. *Revista Brasileira de Direito Civil,* Rio de Janeiro, v. 4, abr./jun. 2015, *passim.*

[19] O Código Comercial de 1850 aludia expressamente à boa-fé, mas o verdadeiro desprezo com que doutrina e jurisprudência brasileiras trataram o princípio até o advento do CDC faz com que se possa considerar o diploma consumerista como marco inicial de sua positivação no direito pátrio, conforme afirmam AGUIAR JÚNIOR, Ruy Rosado de. A boa-fé na relação de consumo. *Revista de Direito do Consumidor,* v. 14, abr./jun. 1995. p. 21; e NEGREIROS, Teresa. O princípio da boa-fé contratual. In: MORAES, Maria Celina Bodin de (Coord.). *Princípios do direito civil contemporâneo.* Rio de Janeiro: Renovar, 2006. p. 223, nota de rodapé n. 1. Para uma análise da gênese e do desenvolvimento da boa-fé objetiva no direito brasileiro, v. TEPEDINO, Gustavo; SCHREIBER, Anderson. A boa-fé objetiva no Código de Defesa do Consumidor e no Novo Código Civil. In: TEPEDINO, Gustavo (Coord.). *Obrigações*: estudos na perspectiva civil-constitucional. Rio de Janeiro: Renovar, 2005. p. 29-33.

princípios aplicáveis aos contratos (art. 422). Tais disposições parecem ter resultado da concepção, desenvolvida com vigor pela doutrina pátria desde a promulgação do CDC, de que a boa-fé objetiva apresentaria três funções essenciais:[20] i) função hermenêutica, segundo a qual o negócio jurídico deve ser interpretado do modo consentâneo com o parâmetro de conduta imposto pela boa-fé objetiva,[21] inclusive nas hipóteses em que não se verificar qualquer lacuna a ser colmatada;[22] ii) função limitadora do exercício de situações jurídicas subjetivas, hipótese em que a boa-fé objetiva atua de modo a reprimir exercícios disfuncionais,[23] servindo como critério para aferição de abuso do direito;[24] e iii) função integradora do conteúdo contratual, a impor aos contratantes deveres que conduzam à promoção da causa contratual em concreto.[25]

Diante da aparente impossibilidade de uma definição que esgote por completo o conteúdo da boa-fé objetiva, a enunciação da sua tripartição funcional auxilia na consolidação de uma cultura jurídica orientada pela cooperação e confiança recíprocas entre os contratantes – noções essas às quais se poderia reconhecer a síntese elementar da cláusula geral de boa-fé objetiva.[26] Com efeito, referida análise tripartida não tem pretensão de exaustão ou, tampouco, de isolamento das hipóteses de incidência da

---

[20] Nesse sentido, v. KONDER, Carlos Nelson. Boa-fé objetiva, violação positiva do contrato e prescrição: repercussões práticas da contratualização dos deveres anexos no julgamento do REsp 1276311. *Revista Trimestral de Direito Civil*, v. 50, abr./jun. 2012. p. 221.

[21] "A 'complessividade' pela boa-fé hermenêutica não se esgota na determinação da intenção consubstanciada na declaração, conforme o sentido oferecido (também) pela boa-fé e os usos. Outros *standards* e cânones interpretativos – como o da totalidade hermenêutica, o da finalidade do contrato, ou o do comportamento das partes, exemplificativamente – são também chamados a atuar" (MARTINS-COSTA, Judith. *A boa-fé no direito privado*: critérios para a sua aplicação. São Paulo: Marcial Pons, 2015. p. 448-449).

[22] A ressalva remonta à lição de AGUIAR JÚNIOR, Ruy Rosado de. A boa-fé na relação de consumo. *Revista de Direito do Consumidor*, v. 14, abr./jun. 1995. p. 24. No mesmo sentido, v. NEGREIROS, Teresa. O princípio da boa-fé contratual. In: MORAES, Maria Celina Bodin de (Coord.). *Princípios do direito civil contemporâneo*. Rio de Janeiro: Renovar, 2006. p. 229-230. Em sentido diverso, Judith Martins-Costa sustenta a existência de uma subsidiariedade da boa-fé objetiva (MARTINS-COSTA, Judith. *A boa-fé no direito privado*: critérios para a sua aplicação. São Paulo: Marcial Pons, 2015. p. 518).

[23] No âmbito da função limitadora do exercício de situações jurídicas subjetivas, desenvolvem-se as denominadas *figuras parcelares* da boa-fé objetiva, tais como *tu quoque, venire contra factum proprium, supressio* e *surrectio*. Para sua análise individualizada, v. MARTINS-COSTA, Judith. *A boa-fé no direito privado*: critérios para a sua aplicação. São Paulo: Marcial Pons, 2015. p. 616 e ss.; NEGREIROS, Teresa. O princípio da boa-fé contratual. In: MORAES, Maria Celina Bodin de (Coord.). *Princípios do direito civil contemporâneo*. Rio de Janeiro: Renovar, 2006. p. 232 e ss.; e AGUIAR JÚNIOR, Ruy Rosado de. A boa-fé na relação de consumo. *Revista de Direito do Consumidor*, v. 14, abr./jun. 1995. p. 26.

[24] Teresa Negreiros destaca a correlação entre boa-fé objetiva e abuso do direito, "[...] nesta sua função de limitar ou mesmo impedir o exercício de direitos que emergem da relação contratual" (NEGREIROS, Teresa. O princípio da boa-fé contratual. In: MORAES, Maria Celina Bodin de (Coord.). *Princípios do direito civil contemporâneo*. Rio de Janeiro: Renovar, 2006. p. 232-233). Pertinente, neste ponto, a advertência de Eduardo Nunes de Souza, no sentido de que o abuso do direito não se resume à boa-fé objetiva, afigurando esta última, em realidade, como um entre outros relevantes critérios para aferição da funcionalidade do exercício do direito (SOUZA, Eduardo Nunes de. Abuso do direito: novas perspectivas entre a licitude e o merecimento de tutela. *Revista Trimestral de Direito Civil*, Rio de Janeiro, v. 50, abr./jun. 2012. p. 57-58).

[25] V. NEGREIROS, Teresa. O princípio da boa-fé contratual. In: MORAES, Maria Celina Bodin de (Coord.). *Princípios do direito civil contemporâneo*. Rio de Janeiro: Renovar, 2006. p. 245.

[26] Jorge Cesa Ferreira da Silva destaca a importância da noção de confiança: "A boa-fé foi então conduzida e reconduzida uma série de eficácias, prévias à constituição do vínculo, contemporâneas da execução e até posteriores à realização da prestação, que, na ideia de confiança, encontraram um de seus mais importantes fundamentos materiais" (SILVA, Jorge Cesa Ferreira da. *A boa-fé a violação positiva do contrato*. Rio de Janeiro: Renovar, 2002. p. 48).

cláusula geral em categorias estanques.[27] Exatamente em decorrência dessa compreensão já se propugnou a redução das funções da boa-fé objetiva a apenas duas,[28] em raciocínio que autorizaria, no limite, a superação da análise tripartida em prol da exigência única de cooperação com vistas ao pleno adimplemento.

O presente estudo tem como escopo central a denominada função integradora, no bojo da qual se estudam os *deveres laterais de conduta* integrados ao conteúdo contratual por imposição da boa-fé objetiva.[29] Tais deveres, por vezes também ditos *fiduciários* ou *acessórios de conduta*,[30] contrapõem-se aos *deveres contratuais de prestação*,[31] os quais podem ser qualificados como principais ou secundários –[32] conforme se relacionem direta ou indiretamente à causa contratual, respectivamente.[33] A distinção entre deveres laterais de conduta e deveres contratuais de prestação resulta, em realidade, de classificação marcadamente estruturalista, cujo cerne é a fonte de cada um desses deveres: enquanto os últimos são previstos expressamente no exercício da autonomia privada, os primeiros decorrem diretamente de previsão legal.

Não bastasse a dificuldade de classificação dos deveres laterais de conduta em apartado dos deveres contratuais de prestação, deve-se reconhecer que a própria conceituação de tais deveres decorrentes da boa-fé objetiva é tarefa das mais árduas. Sem embargo dessa dificuldade conceitual, parece ser possível afirmar que o escopo primordial dos deveres laterais de conduta é a promoção da causa contratual concreta,[34]

---

[27] A advertência remonta à lição de NEGREIROS, Teresa. O princípio da boa-fé contratual. In: MORAES, Maria Celina Bodin de (Coord.). *Princípios do direito civil contemporâneo*. Rio de Janeiro: Renovar, 2006. p. 232.

[28] "A rigor, as três funções apontadas acima poderiam ser reduzidas a apenas duas: (i) a função interpretativa dos contratos e (ii) a função criadora de deveres anexos. Tecnicamente, são estes deveres anexos, que formando o núcleo da cláusula geral de boa-fé, se impõem ora de forma positiva, exigindo dos contratantes determinado comportamento, ora de forma negativa, restringindo ou condicionando o exercício de um direito previsto em lei ou no próprio contrato" (TEPEDINO, Gustavo; SCHREIBER, Anderson. A boa-fé objetiva no Código de Defesa do Consumidor e no Novo Código Civil. In: TEPEDINO, Gustavo (Coord.). *Obrigações*: estudos na perspectiva civil-constitucional. Rio de Janeiro: Renovar, 2005. p. 37).

[29] Pode-se distinguir o grau de incidência da heterointegração de acordo com o espaço concretamente reservado pelo ordenamento à autonomia privada. Nesse sentido, v. MARTINS-COSTA, Judith. *A boa-fé no direito privado*: critérios para a sua aplicação. São Paulo: Marcial Pons, 2015. p. 518.

[30] V. NORONHA, Fernando. *Direito das obrigações*. 4. ed. São Paulo: Saraiva, 2013. p. 101.

[31] Acerca da distinção entre deveres principais, secundários e anexos, v. MARTINS-COSTA, Judith. *A boa-fé no direito privado*: critérios para a sua aplicação. São Paulo: Marcial Pons, 2015. p. 219-220; VARELA, João de Matos Antunes. *Das obrigações em geral*. 10. ed. 7. reimp. Coimbra: Almedina, 2010. p. 125-128. v. I; NORONHA, Fernando. *Direito das obrigações*. 4. ed. São Paulo: Saraiva, 2013. p. 98-107; e HAICAL, Gustavo. O inadimplemento pelo descumprimento exclusivo de dever lateral advindo da boa-fé objetiva. *Revista dos Tribunais*, v. 900, p. 45-52, out. 2010.

[32] Há quem divida os deveres secundários, por sua vez, em deveres *meramente acessórios da prestação principal* (e.g. conservar a coisa até a tradição) e deveres *secundários com prestação autônoma* (e.g. indenização fixada em cláusula penal moratória). Nesse sentido, v. SILVA, Jorge Cesa Ferreira da. *A boa-fé a violação positiva do contrato*. Rio de Janeiro: Renovar, 2002. p. 71-72.

[33] António Manuel da Rocha e Menezes Cordeiro associa os deveres laterais de conduta à complexidade intraobrigacional (CORDEIRO, António Manuel da Rocha e Menezes. *Da boa fé no direito civil*. 3. reimp. Coimbra: Almedina, 2007. p. 592). Em sentido semelhante, v. NEGREIROS, Teresa. O princípio da boa-fé contratual. In: MORAES, Maria Celina Bodin de (Coord.). *Princípios do direito civil contemporâneo*. Rio de Janeiro: Renovar, 2006. p. 247; e LEITÃO, Luís Manuel Teles de Menezes. *Direito das obrigações*. 8. ed. Coimbra: Almedina, 2009. p. 121. v. I.

[34] "São deveres que não estão voltados pura e simplesmente para o cumprimento do dever de prestar, cujo escopo não é diretamente a realização ou substituição da prestação, mas deveres que direcionam a relação obrigacional ao seu adequado adimplemento, de maneira a salvaguardar outros interesses que devem ser levados em conta na relação" (KONDER, Carlos Nelson. Boa-fé objetiva, violação positiva do contrato e prescrição: repercussões práticas da contratualização dos deveres anexos no julgamento do REsp 1276311. *Revista Trimestral de Direito Civil*, v. 50, abr./jun. 2012. p. 223).

com vistas ao adequado adimplemento segundo a perspectiva funcional regente do direito civil contemporâneo.[35]

Conforme a causa contratual em concreto seja promovida mais ou menos diretamente, será possível subdividir os deveres laterais de conduta em deveres *anexos* ou *de proteção*, respectivamente.[36] Ambas as categorias guardam certas características comuns,[37] as quais podem se sobrepor em cada caso concreto, mas a utilidade geral da classificação consiste em ressaltar que alguns deveres buscam promover mais imediatamente o pleno adimplemento contratual (a saber, os chamados deveres anexos), enquanto outros visam apenas mediatamente a tal finalidade, ocupando-se primordialmente a assegurar a posição dos envolvidos e, com isso, evitar prejuízos (os deveres de proteção).[38] Trata-se, portanto, de classificação que auxilia o intérprete no momento de aferir a concreta satisfação dos interesses que caracterizam o pleno adimplemento contratual.

Entre os deveres anexos, destacam-se os deveres de informação, cooperação e lealdade.[39] Os dois últimos, comumente analisados em conjunto, preceituam a adoção de comportamentos aptos a promover ou viabilizar a perfeita realização da causa contratual

---

[35] A análise funcional do adimplemento será retomada no item 4 deste estudo.

[36] Como sucede em matéria de classificações – seara na qual mais importa a utilidade prática do que a suposta correção teórica –, a bipartição dos deveres laterais de conduta não é unânime em doutrina. António Manuel da Rocha e Menezes Cordeiro, por exemplo, propõe classificação tripartida entre deveres acessórios de proteção, de esclarecimento e de lealdade (CORDEIRO, António Manuel da Rocha e Menezes. *Da boa fé no direito civil*. 3. reimpr. Coimbra: Almedina, 2007. p. 604-606). Idêntica classificação é adotada, na civilística pátria, por AGUIAR JÚNIOR, Ruy Rosado de. A boa-fé na relação de consumo. *Revista de Direito do Consumidor*, v. 14, abr./jun. 1995. p. 26; e SILVA, Jorge Cesa Ferreira da. *A boa-fé a violação positiva do contrato*. Rio de Janeiro: Renovar, 2002. p. 106-119. Em realidade, referida classificação tripartida parece não se distanciar da proposta no presente estudo, na medida em que os deveres informativos comumente variam entre os interesses de prestação e interesses de proteção.

[37] Carlos Nelson Konder enumera quatro características comumente associadas aos deveres decorrentes da boa-fé objetiva: i) impossibilidade de seu conhecimento prévio; ii) imunidade dos deveres laterais aos efeitos da ineficácia *lato sensu* do contrato (aqui incluídas as hipóteses de nulidade, anulabilidade e ineficácia em sentido estrito); iii) larga abrangência subjetiva, a abarcar não somente devedor, mas igualmente credor e, possivelmente, terceiros; e iv) aplicabilidade antes, durante e após a relação contratual (KONDER, Carlos Nelson. Boa-fé objetiva, violação positiva do contrato e prescrição: repercussões práticas da contratualização dos deveres anexos no julgamento do REsp 1276311. *Revista Trimestral de Direito Civil*, v. 50, abr./jun. 2012. p. 97-106). No tocante à possibilidade de violação da boa-fé objetiva na fase de execução das obrigações assumidas pelos contratantes ou, ainda, nas fases pré ou pós-contratual, v. MARTINS-COSTA, Judith. *A boa-fé no direito privado*: critérios para a sua aplicação. São Paulo: Marcial Pons, 2015. p. 379 e ss.

[38] V. MARTINS-COSTA, Judith. *A boa-fé no direito privado*: critérios para a sua aplicação. São Paulo: Marcial Pons, 2015. p. 523.

[39] A ilustrar o reconhecimento jurisprudencial de tais deveres, veja-se a seguinte decisão do TJERJ: "Ação de Rescisão de Negócio Jurídico cumulada com Indenização por Danos Morais e Materiais – Compra de veículo blindado – Falhas na blindagem de veículo zero km. Prova documental coligida e perícia judicial produzida que comprovam as alegações autorais – Vício oculto – Artigos 441 e 445, parágrafo 1º do Código Civil – Artigo 26, parágrafo 3º do Código de Defesa do Consumidor. Logrando os autores comprovar a ofensa ao princípio da boa-fé contratual, insculpido no artigo 422 do Código Civil, e dos deveres de informação, lealdade e transparência, correta a Sentença ao rescindir os contratos de compra do veículo e de blindagem e condenar os réus a devolverem a quantia paga. [...]" (TJRJ, 1ª C.C. Ap. Civ. nº 0012183-75.2008.8.19.0209. Rel. Des. Camilo Ribeiro Rulière, j. 19.9.2015).

concreta –[40] ou, em palavras mais breves, o pleno adimplemento contratual.[41] Tais deveres assumem tamanha relevância no renovado panorama das relações obrigacionais que se chega a afirmar que o cerne da boa-fé objetiva consiste na exigência de cooperação mútua entre todos os envolvidos.[42]

Por sua vez, o dever de informação, verdadeiro gênero que talvez fosse melhor representado pela expressão plural *deveres informativos*, comporta os deveres de avisar, de esclarecer e de aconselhar.[43] Seja qual for a denominação atribuída à manifestação concreta do dever de informação, o fato é que da cláusula geral de boa-fé objetiva decorre a necessidade de oportunização, a todos os envolvidos, do conhecimento das informações relevantes ao desenvolvimento e deslinde de dada relação obrigacional.[44] A menção à

---

[40] O tormentoso problema da causa contratual não comportaria maior desenvolvimento nesta sede. De fato, trata-se de conceito multifacetado, sobretudo porque, conforme destaca Maria Celina Bodin de Moraes, a causa "[...] cumpre três papéis diferentes mas interdependentes, daí a confusão em que se vê envolvido o termo: i) serve a dar juridicidade aos negócios, em especial a contratos atípicos, mistos e coligados; ii) serve a delimitá-los através do exame da função que o negócio irá desempenhar no universo jurídico; iii) serve, enfim, a qualificá-los, distinguindo seus efeitos e, em consequência, a disciplina a eles aplicável" (MORAES, Maria Celina Bodin de. A causa do contrato. *Civilistica.com*, Rio de Janeiro, ano 2, n. 4, out./dez. 2013. p. 12). Parte-se, por isso, da constatação de que o ponto de consenso da doutrina acerca da causa é o de que se trata de noção correspondente ao perfil funcional do negócio. A respeito, por exemplo, afirma Pietro Perlingieri: "Os problemas afrontados na teoria da função do fato correspondem, em matéria negocial, àqueles discutidos em sede de causa do contrato" (PERLINGIERI, Pietro. *Perfis do direito civil*. Rio de Janeiro: Renovar, 1999. p. 96). Particularmente sobre a noção de causa concreta, faz-se remissão à lição de Carlos Nelson Konder, segundo o qual se trata "[...] da função que aquele contrato específico visa a realizar – seu 'perfil funcional' – e que, para tanto, deverá ser compatível com o ordenamento, isto é, com a finalidade, socialmente relevante, em virtude da qual se concede este poder aos particulares, enfim, a dita função social do contrato. A causa do contrato, em consequência, é causa daquele contrato específico e individualizado, com suas peculiaridades e vicissitudes, e por isso referida como função econômico-individual, expressa pelo valor e capacidade que as próprias partes deram à operação negocial na sua globalidade, considerada em sua concreta manifestação. [...] A síntese destes efeitos essenciais em concreto é que deverá ser objeto de avaliação pelo ordenamento, para aferir se compatíveis com os referidos preceitos gerais do ordenamento" (KONDER, Carlos Nelson. Causa do contrato x função social do contrato: estudo comparativo sobre o controle da autonomia negocial. *Revista Trimestral de Direito Civil*, jul./set. 2010. p. 74).

[41] "O dever de cooperação é tradicionalmente conotado ao princípio da boa-fé. Trata-se de uma cooperação qualificada pela finalidade, que é alcançar o adimplemento satisfatório, desatando-se o vínculo com a obtenção das utilidades buscadas pelo contrato. Mas é também axiologicamente orientada, o que inclui a probidade (Código Civil, art. 422), que é correção da conduta, o seu direcionamento ético, traduzido, no Código Civil italiano, pela expressão *correttezza*, caracterizado, nas atividades em proveito alheio (*tua res agitur*) e nas de interesse suprapessoal (*nostra res agitur*) por um *quid*: ser correto [...] é ser leal ao fim comum conjuntural ou ao pontualmente estabelecido" (MARTINS-COSTA, Judith. *A boa-fé no direito privado*: critérios para a sua aplicação. São Paulo: Marcial Pons, 2015. p. 523-524). V., em sentido semelhante, SILVA, Jorge Cesa Ferreira da. *A boa-fé a violação positiva do contrato*. Rio de Janeiro: Renovar, 2002. p. 112-113.

[42] "No âmbito contratual, portanto, o princípio da boa-fé impõe um padrão de conduta a ambos os contratantes no sentido da recíproca cooperação, com considerações dos interesses um do outro, em vista de se alcançar o efeito prático que justifica a existência jurídica do contrato celebrado" (NEGREIROS, Teresa. O princípio da boa-fé contratual. In: MORAES, Maria Celina Bodin de (Coord.). *Princípios do direito civil contemporâneo*. Rio de Janeiro: Renovar, 2006. p. 227).

[43] Sobre a polissemia da expressão *deveres informativos*, v. MARTINS-COSTA, Judith. *A boa-fé no direito privado*: critérios para a sua aplicação. São Paulo: Marcial Pons, 2015. p. 527.

[44] "São, portanto, deveres que visam a permitir que as partes tenham, na medida do possível, a exata dimensão das condicionalidades específicas da relação, podendo com isso melhor projetar seus próprios futuros" (SILVA, Jorge Cesa Ferreira da. *A boa-fé a violação positiva do contrato*. Rio de Janeiro: Renovar, 2002. p. 115). A ilustrar o reconhecimento jurisprudencial de tais deveres, veja-se a seguinte decisão do TJERJ: "[...] Direito civil. Ação declaratória de nulidade de contrato de locação não residencial em virtude da natureza residencial do imóvel, que impediu a regularização do ponto comercial. Negativa de alvará que inviabilizava o desempenho de qualquer atividade negocial no local, inobstante já cobrados aluguéis e encargos. Contrato de locação não residencial sem condição essencial para o uso imediato (ou ao menos em prazo previsível) do imóvel na destinação para a qual foi locado. Boa-fé que se impõe aos contratantes coibindo a proposta de contrato para finalidade vedada ao seu objeto no momento da contratação. Razoabilidade em concluir que o locatário desconhecia o impedimento a

relevância das informações faz-se de sensível destaque, no que tange ao objeto precípuo do presente estudo, uma vez que nem toda omissão ou má prestação de informação será suficiente à caracterização de inadimplemento contratual.[45]

Em razão da diversidade ínsita às espécies de relações em que podem se manifestar, os deveres informativos apresentam variados graus de incidência. Com efeito, maior será a exigência de informação a ser prestada pelos contratantes quanto maior for a assimetria entre eles.[46] Percebe-se que a boa-fé objetiva tem o condão de atuar, neste ponto, como valioso instrumento de correção de iniquidades informacionais tão comuns nas relações contemporâneas – marcadamente, reconheça-se, nas relações de consumo.[47]

Ao lado dos deveres anexos, situam-se os deveres de proteção, cuja finalidade precípua consiste em evitar a ocorrência de prejuízos no desenvolvimento da relação obrigacional.[48] Entre os deveres de proteção, destacam-se os deveres de proteção e cuidado com a pessoa e o patrimônio da contraparte, os deveres de omissão e de segredo e os deveres referentes ao resguardo da esfera jurídica de todos os potencialmente atingidos pelo contrato.[49]

Eventuais semelhanças desses deveres com aqueles ditos anexos não chegam a ser de se estranhar. Isso porque, como já mencionado, a distinção entre deveres anexos e deveres de proteção parece ser muito mais quantitativa do que qualitativa, não sendo recomendável a enunciação, em tom apriorístico, de categorias estanques de deveres oriundos da boa-fé objetiva. A possível utilidade da classificação talvez consista, portanto, não na identificação de categorias incomunicáveis de deveres laterais de conduta, mas sim na circunstância de se conclamar o intérprete-aplicador do direito a perquirir, em todo e qualquer caso, a relevância de certas condutas para a promoção da causa contratual em concreto.

A título de ilustração do que poderia ser considerado descumprimento de deveres laterais de conduta, vale imaginar a situação em que, no bojo de um contrato de compra e venda a prazo, o vendedor deixa de prestar informações ao comprador sobre as dificuldades logísticas inerentes ao produto alienado que este virá a ter se optar por buscar a mercadoria por via rodoviária. Pense-se, ainda, na situação em que o vendedor entrega a coisa no tempo e lugar devidos, mas viola o dever anexo de sigilo ao revelar uma estratégia de distribuição do produto concebida pelo comprador para seus concorrentes.

---

ele oposto. Nulidade do contrato. Restituição dos aluguéis. [...]" (TJRJ, 3ª C.C. Ag. Int. Na Ap. Civ. nº 0046379-49.2009.8.19.0205. Rel. Des. Peterson Barroso Simão, j. 15.7.2015).

[45] Imbuída de semelhante preocupação, Judith Martins-Costa elenca cinco critérios gerais auxiliares à concreção do dever de informação: i) impossibilidade de o lesado ter aceso, razoavelmente, à informação; ii) pertinência da informação faltante; iii) aferição *in concreto* da intensidade do dever de informação; iv) inexistência de um "dever de não-confiar"; v) oportunização de consentimento informado (MARTINS-COSTA, Judith. *A boa-fé no direito privado*: critérios para a sua aplicação. São Paulo: Marcial Pons, 2015. p. 540-542).

[46] Nesse sentido, v. MARTINS-COSTA, Judith. *A boa-fé no direito privado*: critérios para a sua aplicação. São Paulo: Marcial Pons, 2015. p. 536.

[47] Sobre as dificuldades de categorização da vulnerabilidade ínsita às relações de consumo, inclusive no que tange à assimetria informacional, cf. KONDER, Carlos Nelson. Vulnerabilidade patrimonial e vulnerabilidade existencial: por um sistema diferenciador. *Revista de Direito do Consumidor*, v. 99, maio/jun. 2015, item 7.

[48] Para um relato das principais críticas direcionadas aos deveres de proteção, v. SILVA, Jorge Cesa Ferreira da. *A boa-fé e a violação positiva do contrato*. Rio de Janeiro: Renovar, 2002. p. 110-111.

[49] V. MARTINS-COSTA, Judith. *A boa-fé no direito privado*: critérios para a sua aplicação. São Paulo: Marcial Pons, 2015. p. 546.

A despeito da dificuldade em se enunciarem exemplos teóricos desacompanhados das concretas circunstâncias negociais, sobretudo no presente tema, em ambas as hipóteses aludidas parecer ser possível reconhecer uma violação da boa-fé objetiva, na medida em que o devedor cumpriu sua prestação principal (entrega da coisa), mas ignorou deveres imprescindíveis ao perfeito desenrolar da relação contratual.

Sem embargo das inúmeras dificuldades atinentes à conceituação e à classificação dos deveres laterais de conduta, o objeto precípuo do presente estudo é a análise da consequência, no direito brasileiro, do seu descumprimento. De uma parte, sustenta-se a configuração de inadimplemento contratual, tal como sói decorrer do descumprimento de obrigações contratuais em geral. De outra parte, porém, pugna-se pelo reconhecimento da violação positiva do contrato, doutrina de origem tedesca que encontraria acolhida no direito pátrio em razão de suposta incompletude na disciplina do inadimplemento contratual.

5.3 Delineamento da doutrina da violação positiva do contrato no direito brasileiro

Desde a positivação da boa-fé objetiva no Código de Defesa do Consumidor, o descumprimento dos deveres laterais de conduta muitas vezes é associado à doutrina da violação positiva do contrato,[50] cujo desenvolvimento dogmático está intimamente relacionado às peculiaridades do sistema jurídico alemão, que lhe serviu de berço. A referida doutrina decorre, em realidade, da construção de Hermann Staub intencionada a suprir uma lacuna do Código Civil alemão (*Bürgerliches Gesetzbuch* – BGB).[51]

Ao analisar a disciplina do BGB na seara do cumprimento das obrigações, o autor concluiu que o legislador alemão apenas regulava expressamente a impossibilidade superveniente da prestação (§280) e a obrigação de indenizar pelos prejuízos decorrentes

---

[50] Vale mencionar que a expressão "violação positiva do contrato" sofre objeções terminológicas as mais diversas: "Nesse particular, tem-se criticado a expressão 'violação positiva do contrato' ao argumento de que o adjetivo 'positiva' negaria relevância à conduta omissiva do devedor. Afirma-se, além disso, que a violação positiva, consoante a própria fórmula de Staub, poderia ser aplicada também a outras relações obrigacionais fundadas em negócios jurídicos unilaterais, e não contratos, daí decorrendo tentativas variadas de oferecer expressões alternativas, dentre as quais tem merecido destaque a 'violação positiva do crédito' (*positive Forderungsverletzung*)" (SCHREIBER, Anderson. A tríplice transformação do adimplemento (adimplemento substancial, inadimplemento antecipado e outras figuras). In: SCHREIBER, Anderson. *Direito civil e Constituição.* São Paulo: Atlas, 2013. p. 108, nota de rodapé n. 45). Ainda no que tange à terminologia adotada na matéria, Ruy Rosado de Aguiar Júnior afirma: "Essas infrações receberam de STAUB a denominação de 'violação positiva do contrato'. Seus trabalhos merecem uniforme aplauso, menos quanto à escolha da denominação, porquanto nem sempre o descumprimento resulta de comportamento positivo, decorrendo, muitas vezes, de omissão no cumprimento de dever anexo. Além disso, incluíram-se nessa categoria hipóteses que podem ser resolvidas pelas regras da mora ou da impossibilidade. De qualquer forma, como observa LARENZ, trata-se de denominação já consagrada" (AGUIAR JÚNIOR, Ruy Rosado de. *Extinção dos contratos por incumprimento do devedor* – Resolução. Rio de Janeiro: Aide, 2004. p. 125). Sem embargo da razão contida nas objeções terminológicas, a consagração pelo uso justifica que se mantenha a denominação *violação positiva do contrato*.

[51] A tese encontra-se desenvolvida em STAUB, Hermann. *Le violazioni positive del contratto.* Tradução de Giovanni Varanese. Nápoles: Edizioni Scientifiche Italiane, 2001. p. 39. Para uma síntese da tese de Staub, v. CORDEIRO, António Manuel da Rocha e Menezes. *Da boa fé no direito civil.* 3. Coimbra: Almedina, 2007. p. 594 e ss.; e, no direito pátrio, KONDER, Carlos Nelson. Boa-fé objetiva, violação positiva do contrato e prescrição: repercussões práticas da contratualização dos deveres anexos no julgamento do REsp 1276311. *Revista Trimestral de Direito Civil*, v. 50, abr./jun. 2012. p. 225; e SOARES, Renata Domingues Balbino Munhoz. *A boa-fé objetiva e o inadimplemento do contrato*: doutrina e jurisprudência. São Paulo: LTr, 2008. p. 152.

da mora (§286). Tal regime acabou sendo modificado com a reforma promovida pelo legislador alemão sobre o direito das obrigações em 2002.[52] Originalmente, porém, o BGB não continha previsão específica para as hipóteses em que o descumprimento do contrato se desse de forma positiva,[53] isto é, a despeito de ter ocorrido prestação tempestiva por parte do devedor, pois neste caso não se fazia possível a subsunção nem à impossibilidade absoluta nem à mora (entendida como o não cumprimento no tempo devido).[54]

Diante da lacuna por ele identificada no BGB, Staub propôs a aplicação analógica do regime da mora (§326)[55] aos casos de prestação deficiente, argumentando que mesmo uma conduta positiva (prestação realizada no tempo devido) poderia ensejar a obrigação de ressarcir danos quando desrespeitadora de deveres laterais de conduta.[56] Nasceu, assim, a doutrina da violação positiva do contrato, cujo grande mérito parece ter sido o de apresentar uma resposta minimamente satisfatória a uma questão que se mostrava particularmente tormentosa em um sistema fechado de responsabilidade civil como o tedesco.

A construção de Staub não passou imune a críticas no âmbito do direito alemão. Com efeito, emergiram objeções as mais variadas à doutrina da violação positiva do contrato, desde a alegação de falta de unidade no tratamento proposto por Staub até a tese de ausência da suposta lacuna subjacente a todo o seu raciocínio.[57] Destacou-se, nesse contexto, a crítica formulada por Henrich Stoll,[58] segundo o qual toda obrigação comportaria interesses de prestação e interesses de proteção, cuja violação poderia

---

[52] A chamada "prestação deficiente" passou a ser reconhecida pelo §281, I do BGB, bem como o descumprimento de deveres auxiliares restou disciplinado pelos §§280, III e 282 do BGB, como relata ZIMMERMANN, Reinhard. Breach of contract and remedies under the New German Law of Obligations. In: BONELL, M. G. (diretto da). *Saggi, conferenze e seminari.* Roma: Centro di Studi e Ricerche di Diritto Comparato e Straniero, 2002. p. 21-22. v. 48.

[53] Para um relato de exemplos fornecidos por Staub para demonstrar hipóteses de violação positiva do contrato, v. SILVA, Jorge Cesa Ferreira da. *A boa-fé e a violação positiva do contrato.* Rio de Janeiro: Renovar, 2002. p. 221.

[54] Hermann Staub sintetiza a sua preocupação em sistematizar as denominadas *violações positivas do contrato (die positiven Vertragsverletzungen)*: "Segundo o §286 do BGB, o devedor deve ressarcir ao credor o dano causado pelo atraso. Está, então, em mora quem não cumpre uma prestação à qual está obrigado. Pôde-se, assim, prever, de modo claro e suficiente, todos os casos em que alguém não cumpre uma prestação omitindo aquilo que deveria fazer. O BGB não contém, todavia, uma análoga disposição para as numerosas hipóteses em que alguém viola uma obrigação mediante conduta positiva, fazendo alguma coisa que deveria omitir, ou executando a prestação devida, mas de modo inexato" (STAUB, Hermann. *Le violazioni positive del contratto.* Tradução de Giovanni Varanese. Nápoles: Edizioni Scientifiche Italiane, 2001. p. 39. Tradução livre da versão italiana).

[55] "Aqui recorreremos à analogia com o §326 do BGB. Como na norma se reconhece um direito de escolha entre resolução e ressarcimento dos danos pelo inadimplemento do contrato quando o obrigado omite culposamente aquilo que deve fazer, assim certamente se está legitimado a reconhecer, em via analógica, um tal direito de escolha, quando uma obrigação contratual seja violada mediante um fazer positivo" (STAUB, Hermann. *Le violazioni positive del contratto.* Tradução de Giovanni Varanese. Nápoles: Edizioni Scientifiche Italiane, 2001. p. 55. Tradução livre da versão italiana).

[56] V. Carlos Nelson Konder (Boa-fé objetiva, violação positiva do contrato e prescrição: repercussões práticas da contratualização dos deveres anexos no julgamento do REsp 1276311. *Revista Trimestral de Direito Civil*, v. 50, abr./jun. 2012. p. 226) e Aline de Miranda Valverde (*Inadimplemento anterior ao termo.* Rio de Janeiro: Renovar, 2009. p. 107).

[57] As principais críticas direcionadas à formulação de Hermann Staub são sintetizadas por CORDEIRO, António Manuel da Rocha e Menezes. *Da boa fé no direito civil.* 3. reimpr. Coimbra: Almedina, 2007. p. 596-597.

[58] A crítica foi originalmente desenvolvida em STOLL, Heinrich. *Abschied von der Lehre von der positiven Vertragsverletzung. Archiv für die civilistische Praxi*, 136. Bd., 1932. p. 257-320. Como se nota, o título adotado pelo autor ("Despedida da doutrina da violação positiva do contrato", em tradução livre) não deixa dúvida quanto à sua oposição direta à doutrina desenvolvida por Hermann Staub.

ensejar a configuração de mora ou de inadimplemento absoluto, sem que fosse necessário recorrer à categoria da violação positiva do contrato.[59]

Sem embargo das críticas já formuladas no âmbito do próprio direito alemão – muitas das quais inspiraram a reforma da disciplina das obrigações no BGB no início deste século –,[60] a doutrina da violação positiva do contrato tem recebido considerável acolhida no Brasil e alhures.[61] Entre os principais argumentos que justificariam a adoção da referida doutrina no direito brasileiro, dois merecem especial destaque, ambos consistentes em se afirmar que a violação positiva serviria a colmatar a lacuna supostamente existente no conceito de mora adotado pelo art. 394 do Código Civil. Argumenta-se, em primeiro lugar, que a menção ao "tempo, lugar e forma" não abrangeria o *modo* de cumprimento das obrigações, de modo que restariam não reguladas as hipóteses de cumprimento imperfeito das obrigações.[62]

Ao lado da questão atinente ao *modo* de cumprimento das obrigações, afirma-se que o conceito legal de mora padeceria, ainda, de lacuna no tocante aos interesses de proteção. Partindo da distinção supramencionada entre interesses de prestação e de proteção, sustenta-se que a disciplina legal da mora se restringiria aos deveres imediatamente vinculados aos interesses de prestação, razão pela qual a doutrina da violação positiva do contrato apresentaria especial utilidade para a tutela dos deveres mais diretamente relacionados aos interesses de proteção.[63] Na sequência do raciocínio, afirma-se que a distinção entre interesses de prestação e de proteção justifica que a violação positiva do contrato (entendida como o descumprimento de deveres de proteção)

---

[59] Para um relato mais detido acerca da construção teórica de Henrich Stoll, um dos principais opositores à proposição de Hermann Staub, v. CORDEIRO, António Manuel da Rocha e Menezes. *Da boa fé no direito civil*. 3. reimpr. Coimbra: Almedina, 2007. p. 586-599.

[60] Pertinente, neste ponto, o relato de Aline Terra: "Em 01.01.2002, entrou em vigor uma das mais profundas reformas do BGB desde sua sanção, a remodelar grande parte do direito das obrigações. [...]. A reforma introduziu, ainda, a possibilidade legal de resolução do contrato diante do não cumprimento adequado da prestação pelo devedor, a abarcar, a um só tempo, os casos de infração de deveres acessórios que diretamente tenham relação com a prestação principal, bem como as situações em que o devedor infrinja deveres acessórios não vinculados à prestação principal em si mesma considerada" (A questionável utilidade da violação positiva do contrato no direito brasileiro. *Revista de Direito do Consumidor*, v. 101, set./out. 2015. p. 8-9). Para uma análise detida, cf. ZIMMERMANN, Reinhard. Breach of contract and remedies under the New German Law of Obligations. In: BONELL, M. G. (diretto da). *Saggi, conferenze e seminari*. Roma: Centro di Studi e Ricerche di Diritto Comparato e Straniero, 2002. p. 21 e ss. v. 48.

[61] Ilustrativamente, parte da doutrina de Portugal pugna pelo reconhecimento da doutrina da violação positiva do contrato. V., entre outros, CORDEIRO, António Manuel da Rocha e Menezes. *Da boa fé no direito civil*. 3. reimpr. Coimbra: Almedina, 2007. p. 602.

[62] Assim conclui AGUIAR JÚNIOR, Ruy Rosado de. *Extinção dos contratos por incumprimento do devedor* – Resolução. Rio de Janeiro: Aide, 2004. p. 126.

[63] Sobre o ponto, Gustavo Haical afirma: "Conforme se constata, a figura da violação positiva do crédito restringe-se somente aos deveres de proteção não ligados de modo direto aos deveres de prestação. Assim, não se pode sustentar a violação positiva do crédito quando se tratar do descumprimento de deveres ou primários, ou secundários, ou laterais, os quais formem o interesse de prestação do credor. Em ocorrendo essas hipóteses, pode-se afirmar a existência ou do inadimplemento absoluto ou do inadimplemento relativo. [...] Como o inadimplemento absoluto e o relativo, no Direito brasileiro, constituem figuras que abarcam de um modo mais abrangente os casos de inadimplemento, a figura da violação positiva do crédito é muito restrita" (HAICAL, Gustavo. O inadimplemento pelo descumprimento exclusivo de dever lateral advindo da boa-fé objetiva. *Revista dos Tribunais*, v. 900, p. 45-52, out. 2010. p. 57-58). No mesmo sentido, v. MARTINS-COSTA, Judith. *A boa-fé no direito privado*: critérios para a sua aplicação. São Paulo: Marcial Pons, 2015. p. 691.

apenas possa suscitar a indenização pelas perdas e danos, mas não a resolução do contrato, em razão de não estar em jogo a tutela imediata dos interesses de prestação.[64]

De fato, interpretação tendencialmente mais literal e restritiva do art. 394 do Código Civil levaria às conclusões que se acaba de expor. Parece mais adequado, porém, reconhecer que referida linha de raciocínio findaria por reduzir os potenciais efeitos da noção contemporânea de obrigação e da cláusula geral de boa-fé objetiva sobre a disciplina do inadimplemento contratual. Constata-se, com efeito, não haver qualquer razão aparente no sistema que justifique a interpretação do art. 394 do Código Civil de modo a reduzi-lo à tutela dos denominados *interesses de prestação*. O inadimplemento relativo no direito civil brasileiro constitui categoria suficientemente ampla a englobar tanto os interesses de prestação quanto os interesses de proteção.

Tal como se pôde expor acima, não se justifica sequer a distinção rígida e estanque entre tais espécies de interesses e, tampouco, o subsequente tratamento apartado entre a violação a deveres anexos (ou "deveres de prestação") e a violação a deveres de proteção. Isso porque ambos se relacionam, imediata ou mediatamente, às obrigações contratuais principais e secundárias. Parece mais adequado, portanto, reconhecer que a configuração do inadimplemento contratual dependerá sempre e necessariamente da demonstração de violação à causa (concreta) do contrato em análise.[65] Afasta-se, assim, a enunciação apriorística de que a frustração dos interesses de proteção não poderia deflagrar o direito à resolução contratual e se consolida, ao revés, a imprescindibilidade da análise da causa em concreto para a configuração do inadimplemento contratual.

Todo o exposto parece levar a crer que o conceito amplo de mora adotado pelo art. 394 do Código Civil permite a configuração do inadimplemento relativo não apenas diante do atraso culposo,[66] mas igualmente nas hipóteses de violação a deveres laterais de conduta decorrentes da boa-fé objetiva. O limite da mencionada amplitude do conceito legal de mora coincidirá com a subsistência do interesse útil do credor, critério consagrado no sistema brasileiro para a distinção entre o inadimplemento relativo e o absoluto. Em suma, justamente em decorrência da adoção do aludido conceito amplo

---

[64] No sentido dessa conclusão, v. MARTINS-COSTA, Judith. *A boa-fé no direito privado*: critérios para a sua aplicação. São Paulo: Marcial Pons, 2015. p. 691; e HAICAL, Gustavo. O inadimplemento pelo descumprimento exclusivo de dever lateral advindo da boa-fé objetiva. *Revista dos Tribunais*, v. 900, p. 45-52, out. 2010. p. 58.

[65] Para uma análise mais detida da configuração do inadimplemento contratual segundo uma perspectiva funcional, remete-se ao item 4 deste estudo.

[66] Assim entendia Agostinho Alvim ainda sob a égide do Código Civil de 1916, cujo art. 955 continha previsão semelhante à do atual art. 394: "[...] é certo que a mora, via de regra, manifesta-se por um retardo, embora, em face do nosso Código, e rigorosamente falando, ela seja antes a imperfeição no cumprimento da obrigação (tempo, lugar, forma – art. 955 CC)" (ALVIM, Agostinho. *Da inexecução das obrigações e suas consequências*. Rio de Janeiro: Editora Jurídica Universitária, 1965. p. 29). Não se trata, porém, de entendimento unânime. Jorge Cesa Ferreira da Silva, por exemplo, sustenta: "Apesar dos termos da definição legal, a mora no direito brasileiro continua vinculada exclusivamente ao tempo da prestação. [...] o que realmente importará será o tempo que terá de ser gasto para a correta realização da prestação, período que envolverá o estado de mora. As hipóteses vinculadas ao lugar e à forma da prestação, assim, somente ensejarão mora na medida em que provocarem atraso no prestar ou no receber a prestação, ou seja, não são elas suficientes, individualmente, para caracterizar a mora" (SILVA, Jorge Cesa Ferreira da. *A boa-fé e a violação positiva do contrato*. Rio de Janeiro: Renovar, 2002. p. 146). No mesmo sentido, v. STEINER, Renata C. *Descumprimento contratual*: boa-fé e violação positiva do contrato. Rio de Janeiro: Quartier Latin, 2014. p. 153 e ss. Parece mais adequado, diversamente, entender que não se deve confundir o elemento "demora" como um dos pressupostos da mora com um equivocado *status* de único elemento caracterizador do inadimplemento relativo. Nesse sentido, v. TERRA, Aline de Miranda Valverde. *Inadimplemento anterior ao termo*. Rio de Janeiro: Renovar, 2009. p. 103-104.

de mora parece não se justificar o acolhimento da doutrina da violação positiva do contrato no direito brasileiro.[67]

Se tais considerações são verdadeiras, como parecem, não subsiste hipótese de cumprimento *imperfeito* no direito brasileiro que já não esteja abarcada pelo conceito amplo de inadimplemento do Código Civil, a afastar a necessidade da adoção da doutrina da violação positiva do contrato.[68] Com efeito, ao lado das obrigações contratuais principais e secundárias, também o descumprimento de deveres laterais de conduta deve ser enquadrado, no direito brasileiro, no âmbito da disciplina geral do inadimplemento contratual, como se passa a expor na sequência.

5.4 Enquadramento dogmático dos deveres decorrentes da boa-fé objetiva na disciplina do inadimplemento contratual

O inadimplemento contratual, tal como concebido e regulado pelo direito brasileiro, abrange as hipóteses de descumprimento de deveres laterais de conduta que vieram a originar a doutrina tedesca da violação positiva do contrato. Percebe-se, com efeito, que as aparentes lacunas do BGB que impulsionaram o desenvolvimento da teoria da violação positiva do contrato não se verificam no Código Civil brasileiro.[69] Tal conclusão decorre, fundamentalmente, de duas constatações. Em primeiro lugar, o conceito de mora adotado pelo legislador brasileiro (CC, art. 394) expressamente abrange, além do tempo, o lugar e a forma devidos. Diante disso, as situações que, no direito alemão, poderiam vir a configurar violação positiva do contrato, no direito pátrio não traduzem mais do que o cumprimento imperfeito da obrigação, suscetível de caracterizar o inadimplemento absoluto ou relativo – conforme pereça ou subsista o interesse útil do credor.[70]

---

[67] Essa é a conclusão, entre outros, de FURTADO, Gabriel Rocha. *Mora e inadimplemento substancial*. São Paulo: Atlas, 2014. p. 17.

[68] Ainda no que tange à controvérsia sobre a aplicabilidade da violação positiva no direito brasileiro, seus defensores alegam que "seria absolutamente contra a boa-fé" que o devedor que efetuasse sua prestação de modo imperfeito, mas antes do prazo de vencimento, respondesse pelo fortuito nos casos de perecimento da coisa, conforme determina o art. 399 do Código Civil. Assim, por exemplo, se um vendedor de automóveis, entregando o veículo ao comprador, não lhe entrega o manual do sistema de som do carro (conforme prometido na contratação), haveria inadimplemento, mas o fato de ainda ser possível realizar a prestação posteriormente impediria a responsabilidade pelo fortuito, como imperativo da boa-fé (são os argumentos, por exemplo, de SILVA, Jorge Cesa Ferreira da. *A boa-fé a violação positiva do contrato*. Rio de Janeiro: Renovar, 2002. p. 161). A tais argumentos responde Aline de Miranda Valverde Terra: "A ponderação do autor é de todo procedente. De fato, não parece razoável atribuir ao vendedor os riscos da impossibilidade da prestação por estar em mora em relação à entrega do manual do equipamento de som do veículo. Entretanto, para se explicar a exceção à aplicação da regra do art. 399, não se faz necessário lançar mão de uma terceira espécie de inadimplemento. A solução já existe no ordenamento brasileiro: embora esteja configurada a mora no adimplemento da prestação devida, a regra do art. 399 não incide sobre a hipótese formulada, porque a ela se aplica a teoria do adimplemento substancial" (TERRA, Aline de Miranda Valverde. *Inadimplemento anterior ao termo*. Rio de Janeiro: Renovar, 2009. p. 113-114).

[69] Assevera Ruy Rosado de Aguiar Júnior: "No Brasil, o conceito de mora absorve as hipóteses de cumprimento imperfeito por defeito quanto à forma e ao lugar da prestação, razão pela qual não sentimos a mesma dificuldade enfrentada na doutrina alemã, que derivou para a teoria da infração contratual positiva" (AGUIAR JÚNIOR, Ruy Rosado de. *Extinção dos contratos por incumprimento do devedor* – Resolução. Rio de Janeiro: Aide, 2004. p. 126).

[70] Na tentativa de melhor compreender o critério distintivo entre o inadimplemento absoluto e o relativo, Anderson Schreiber afirma: "[...] o que o adimplemento exige não é tanto a satisfação do interesse unilateral do credor, mas o atendimento à causa do contrato, que 'se constitui, efetivamente, do encontro do concreto interesse das partes com os efeitos essenciais abstratamente previstos no tipo (ou, no caso dos contratos atípicos, da essencialidade

Em segundo lugar, não bastasse o referido conceito amplo de mora adotado pelo codificador brasileiro, o enquadramento dogmático dos deveres laterais de conduta na disciplina geral do inadimplemento decorre da releitura funcional que se tem conferido à matéria na civilística contemporânea. De fato, a ascensão da análise funcional reclama do intérprete-aplicador do direito, na seara contratual, o reconhecimento da complexidade obrigacional e, sobretudo, da finalidade ínsita a todas as situações jurídicas subjetivas eventualmente titularizadas pelos contratantes.[71] Desse modo, não se pode reputar plenamente adimplido um contrato apenas com base na análise estrutural do cumprimento da obrigação contratual principal,[72] assim como não é possível afirmar o inadimplemento em hipótese na qual o descumprimento de alguma dessas obrigações não tenha acarretado qualquer prejuízo à satisfação do interesse útil do credor.[73]

A análise funcional do adimplemento reclama, em suma, a promoção da causa contratual concreta.[74] Com efeito, superadas as concepções que restringiam a análise do cumprimento da obrigação à satisfação do interesse psicológico do credor,[75] bem como as proposições que findavam por reduzir o inadimplemento à noção de impossibilidade da prestação,[76] deve-se reconhecer que a noção de adimplemento sob uma perspectiva

---

que lhe á atribuída pela própria autonomia negocial)" (SCHREIBER, Anderson. A tríplice transformação do adimplemento (adimplemento substancial, inadimplemento antecipado e outras figuras). In: SCHREIBER, Anderson. *Direito civil e Constituição*. São Paulo: Atlas, 2013. p. 107).

[71] "A perspectiva funcional significa reconhecer que a totalidade obrigacional existe em razão de um fim, que a polariza e dinamiza: o adimplemento. Todos os direitos, subjetivos e potestativos, ônus e deveres, poderes e faculdades, toda a situação jurídica complexa têm existência temporária orientada a atingir um fim objetivamente considerado, que deve concretizar-se em um conjunto de interesses merecedor de tutela" (KONDER, Carlos Nelson. Boa-fé objetiva, violação positiva do contrato e prescrição: repercussões práticas da contratualização dos deveres anexos no julgamento do REsp 1276311. *Revista Trimestral de Direito Civil*, v. 50, abr./jun. 2012. p. 222). Em que pese a diversidade de conclusão no tocante à qualificação do descumprimento dos deveres laterais de conduta, faz-se de especial pertinência a lição de Hermann Staub, a destacar a importância de promoção do que denominou *escopo contratual*: "Quem pratica atos positivos de inadimplemento, que comprometam o alcance do escopo do contrato, deve suportar que as consequências jurídicas dessa violação da obrigação sejam valoradas tal como aquelas violações de quem, com a própria conduta negativa, prejudica o alcance do escopo contratual mediante o atraso culpável da prestação devida" (STAUB, Hermann. *Le violazioni positive del contratto*. Tradução de Giovanni Varanese. Nápoles: Edizioni Scientifiche Italiane, 2001. p. 55-56. Tradução livre da versão italiana).

[72] No sentido da superação da perspectiva meramente estrutural da obrigação, v. SILVA, Jorge Cesa Ferreira da. *A boa-fé a violação positiva do contrato*. Rio de Janeiro: Renovar, 2002. p. 65-66.

[73] Assim conclui SCHREIBER, Anderson. A tríplice transformação do adimplemento (adimplemento substancial, inadimplemento antecipado e outras figuras). In: SCHREIBER, Anderson. *Direito civil e Constituição*. São Paulo: Atlas, 2013. p. 109-110.

[74] Nesse sentido, Anderson Schreiber identifica o adimplemento com o atendimento da função concreta do contrato: "[...] o que o adimplemento exige não é tanto a satisfação do interesse unilateral do credor, mas o atendimento à causa do contrato [...]. Se o comportamento do devedor alcança aqueles efeitos essenciais que, pretendidos concretamente pelas partes com a celebração do negócio, mostram-se merecedores de tutela jurídica, tem-se o adimplemento da obrigação, independentemente da satisfação psicológica ou não do credor". O autor arremata: "É o atendimento a essa função concreta do negócio, e não mais o cumprimento meramente estrutural da prestação principal contratada, que define o adimplemento, em sua visão contemporânea" (SCHREIBER, Anderson. A tríplice transformação do adimplemento (adimplemento substancial, inadimplemento antecipado e outras figuras). In: SCHREIBER, Anderson. *Direito civil e Constituição*. São Paulo: Atlas, 2013. p. 107-108).

[75] "Não se trata dos motivos ou desejos que, eventualmente, o animavam, mas da expectativa resultante dos dados objetivos fornecidos pelo contrato, por isso legítima" (AGUIAR JÚNIOR, Ruy Rosado de. *Extinção dos contratos por incumprimento do devedor* – Resolução. Rio de Janeiro: Aide, 2004. p. 133). Assim como não importam, em regra, os aspectos subjetivos do credor, afigura-se irrelevante, de outra parte, qualquer investigação sobre a recusa subjetiva do devedor ao cumprimento. Nesse sentido, v. ALVIM, Agostinho. *Da inexecução das obrigações e suas consequências*. Rio de Janeiro: Editora Jurídica Universitária, 1965. p. 48.

[76] A ilustrar tal posição, veja-se a lição de Agostinho Alvim: "Dá-se o inadimplemento absoluto quando a obrigação não foi cumprida, nem poderá sê-lo, como no caso de perecimento do objeto, por culpa do devedor. Mais

funcional remete, inexoravelmente, à causa negocial concreta,[77] compreendida em seu dúplice sentido de complexo dos interesses tangenciados pelo contrato e de síntese dos efeitos essenciais decorrentes de dado regulamento contratual.[78] Configurar-se-á inadimplemento, portanto, quando restar violada a causa contratual em concreto, não podendo a investigação do intérprete se limitar à análise estrutural do cumprimento ou descumprimento das obrigações principais e secundárias.[79]

No âmbito dessa releitura funcional do adimplemento contratual, adquirem especial relevo os deveres laterais de conduta. Integrados ao regulamento negocial por imposição da cláusula geral de boa-fé objetiva,[80] tais deveres visam à promoção de certos interesses (de prestação e de proteção)[81] que, ao fim e ao cabo, incorporam o complexo de interesses e a síntese de efeitos essenciais de que se constitui a causa contratual.[82] Desse modo, o descumprimento dos deveres laterais de conduta, por influenciar a promoção da causa em concreto, tem o condão de deflagrar a caracterização de inadimplemento contratual.[83]

---

precisamente: quando não mais subsiste para o credor a possibilidade de receber" (*Da inexecução das obrigações e suas consequências*. São Paulo: Saraiva, 1949. p. 15).

[77] Anderson Schreiber destaca a relevância da análise da causa contratual concreta: "Note-se, porém, que não basta a verificação da causa em abstrato, normalmente identificada, no direito das obrigações, com a realização das prestações principais integrantes do tipo negocial em sua previsão normativa. Impõe-se o exame da chamada 'causa em concreto', isto é, do atendimento dos interesses efetivamente perseguidos pelas partes com a regulamentação contratual" (SCHREIBER, Anderson. A tríplice transformação do adimplemento (adimplemento substancial, inadimplemento antecipado e outras figuras). In: SCHREIBER, Anderson. *Direito civil e Constituição*. São Paulo: Atlas, 2013. p. 107-108).

[78] Assim conclui Eduardo Nunes de Souza: "Apenas nessa perspectiva, em aparente paronímia dogmática, poder-se-ia dizer que o termo *causa* atende a, pelo menos, dois conceitos distintos, funcionando como chave de acesso, tanto à síntese dos interesses tangenciados pelo negócio, quanto à sua mínima unidade de efeitos – afinal, são estes os fatores que se revelam quando se analisa dinamicamente um ato de autonomia privada. Contudo, no âmbito (anterior) de uma epistemologia da hermenêutica jurídica (da qual a causa, agora sim, constitui objeto de estudo), a suposta dicotomia conceitual se dissolve: aqui, a causa pode ser compreendida simplesmente como a representação dinâmica do negócio jurídico, em superação da visão exclusivamente estruturalista" (SOUZA, Eduardo Nunes de. Função negocial e função social do contrato: subsídios para um estudo comparativo. *Revista de Direito Privado*, São Paulo, v. 54, abr. 2013. p. 84).

[79] Maria Celina Bodin de Moraes demonstra a complementariedade entre função negocial abstrata e concreta: da primeira "[...] se extrai o conteúdo mínimo do negócio, aqueles efeitos mínimos essenciais sem os quais não se pode, em concreto – ainda que assim se tenha idealizado –, ter aquele tipo, mas talvez um outro, ou mesmo nenhum. [...] Já a função concreta diz respeito ao efetivo regulamento de interesses criado pelas partes, e não se pode, *a priori*, estabelecer, naquele particular negócio, quais efeitos são essenciais e quais não o são. Para a qualificação do concreto negócio será necessário examinar cada particularidade do regulamento contratual, porque uma cláusula aparentemente acessória pode ser, em concreto, o elemento individualizador da função daquele contrato" (MORAES, Maria Celina Bodin de. A causa do contrato. *Civilistica.com*, Rio de Janeiro, ano 2, n. 4, out./dez. 2013. p. 13).

[80] Pertinente, no ponto, a síntese de Stefano Rodotà sobre o fenômeno da heterointegração dos contratos: "De fato, com a heterointegração [...] se alude a formas de intervenção sobre o contrato que vão além do amplo desenvolvimento da lógica da declaração e que, portanto, se acrescentam à atividade das partes na construção do definitivo regulamento contratual" (RODOTÀ, Stefano. *Le fonti di integrazione del contratto*. Milão: Giuffrè, 1969. p. 9. Tradução livre do original). Em sentido semelhante, v. STEINER, Renata C. *Descumprimento contratual*: boa-fé e violação positiva do contrato. Rio de Janeiro: Quartier Latin, 2014. p. 71.

[81] No item anterior deste estudo, teve-se a oportunidade de analisar criticamente a utilidade da classificação que aparta os interesses de prestação dos interesses de proteção, bem como os cognatos deveres laterais de conduta (deveres de prestação e deveres de proteção).

[82] V. SOUZA, Eduardo Nunes de. Função negocial e função social do contrato: subsídios para um estudo comparativo. *Revista de Direito Privado*, São Paulo, v. 54, abr. 2013. p. 84.

[83] Nesse sentido, v. HAICAL, Gustavo. O inadimplemento pelo descumprimento exclusivo de dever lateral advindo da boa-fé objetiva. *Revista dos Tribunais*, v. 900, p. 45-52, out. 2010. p. 64.

Todo o exposto repercute, ainda, sobre o próprio critério distintivo entre o inadimplemento contratual absoluto e o relativo. O *interesse útil do credor*,[84] de longa data apontado como a medida exata da distinção,[85] recebe os influxos da releitura funcional do adimplemento e passa a coincidir com a noção de causa.[86] Tem-se, em consequência, que a satisfação do interesse útil do credor (*rectius*: de qualquer dos titulares de situações jurídicas subjetivas afetas ao contrato) corresponde à promoção dos interesses merecedores de tutela e à concretização dos efeitos essenciais contidos no concreto regulamento contratual.[87]

Diante de tais constatações, pode-se concluir que a resolução do contrato, ao contrário do que sugere a literalidade do art. 475 do Código Civil, não constitui medida sujeita ao puro arbítrio do lesado. A resolução deve ser encarada, ao revés, como medida extrema na disciplina contratual, sob pena de desvirtuamento da seriedade do vínculo obrigacional em prol de um subjetivismo injustificável.[88] Neste ponto, cumpre advertir que a encontradiça afirmação de que a resolução constitui medida extrema (ou subsidiária)[89] em relação à execução específica pode gerar mais dúvidas do que esclarecimentos, por gerar a equivocada impressão de que tais medidas poderiam vir a estar simultaneamente postas à disposição do vitimado pelo inadimplemento.[90]

---

[84] A adoção do critério do interesse útil do credor encontra fundamento positivo mais imediato no parágrafo único do art. 395 do Código Civil, *verbis*: "Art. 395. Parágrafo único. Se a prestação, devido à mora, se tornar inútil ao credor, este poderá enjeitá-la, e exigir a satisfação das perdas e danos".

[85] V., por todos, AGUIAR JÚNIOR, Ruy Rosado de. *Extinção dos contratos por incumprimento do devedor* – Resolução. Rio de Janeiro: Aide, 2004. p. 132; FURTADO, Gabriel Rocha. *Mora e inadimplemento substancial*. São Paulo: Atlas, 2014. p. 33; e TERRA, Aline de Miranda Valverde. *Inadimplemento anterior ao termo*. Rio de Janeiro: Renovar, 2009. p. 83-84.

[86] A distinção entre inadimplemento absoluto e inadimplemento relativo ostenta certo caráter estrutural, vez que pautada na subsistência ou não do interesse útil do credor. Nada obstante, somente uma análise funcional permitirá afirmar, à luz da causa do contrato e dos interesses concretamente envolvidos, se o não cumprimento por parte do devedor teve o condão de acarretar a definitiva perda de interesse útil do credor. Em suma, embora a adoção do interesse útil do credor como critério distintivo entre as espécies de inadimplemento traduza resquício do estruturalismo no direito civil pátrio, não se pode prescindir da análise funcional da relação obrigacional para a configuração da própria noção de *interesse* útil – a coincidir com a preservação da função originária da relação contratual concretamente estabelecida.

[87] "O adimplemento se dará quando se realizar o conjunto dos interesses envolvidos na relação. Por 'interesses envolvidos na relação' entende-se – fundamentalmente após Stoll – não só aqueles vinculados diretamente ou indiretamente à prestação, como também os vinculados à manutenção do estado pessoal e patrimonial dos integrantes da relação, advindos do liame de confiança que toda obrigação envolve" (SILVA, Jorge Cesa Ferreira da. *A boa-fé e a violação positiva do contrato*. Rio de Janeiro: Renovar, 2002. p. 69).

[88] Nesse sentido, Gabriel Rocha Furtado afirma: "Uma vez assumido que o adimplemento é a aspiração maior do processo obrigacional, e que atrai o seu inteiro desenvolvimento, não há maiores dificuldades para se concluir que a execução da prestação pelo devedor é, em regra, a via que mais precisamente satisfaz o interesse do credor. Quer-se com isso afirmar que, mesmo diante da mora do devedor, a melhor saída não será necessariamente a resolução do contrato. Em muitas situações, desde que ainda exista utilidade na prestação, a sua finalidade será melhor alcançada pela purgação da mora" (FURTADO, Gabriel Rocha. *Mora e inadimplemento substancial*. São Paulo: Atlas, 2014. p. 119).

[89] "Não se deve, porém, dizer, como regra geral e absoluta, que a prestação devida e não cumprida se transforma nas perdas e danos, porque às vezes assim se passa, mas outras vezes as duas sobrevivem – a *res debita* e as perdas e danos – sem que em uma se sub-roguem as outras. É claro que a *sub rogatio* é satisfação subsidiária do credor" (PEREIRA, Caio Mário da Silva. *Instituições de direito civil*. 24. ed. atual. por Guilherme Calmon Nogueira da Gama. Rio de Janeiro: Forense, 2011. p. 307. v. II).

[90] Ruy Rosado de Aguiar Júnior sintetiza: "O exercício do direito formativo extintivo não é 'subsidiário' da pretensão e da ação de execução da obrigação" (AGUIAR JÚNIOR, Ruy Rosado de. *Extinção dos contratos por incumprimento do devedor* – Resolução. Rio de Janeiro: Aide, 2004. p. 52).

Com efeito, uma conclusão nesse sentido não se sustentaria logicamente, diante das premissas ora analisadas. Isso porque as medidas em comento (resolução e execução específica) não podem ser postas alternativamente à disposição do lesado, em decorrência da constatação basilar acerca da impossibilidade de verificação simultânea do inadimplemento absoluto e da mora (inadimplemento relativo).

Reconhecido que ambas as espécies de inadimplemento se distinguem fundamentalmente com base na subsistência ou não do interesse útil do credor, não parece possível admitir a atribuição simultânea a este, em caráter alternativo, das pretensões de resolução e de execução específica da obrigação.[91]

Em realidade, enquanto subsistir o interesse útil do credor, estar-se-á diante de inadimplemento relativo e caberão, conforme cada caso, as técnicas de execução específica da obrigação; por outro lado, quando se verificar a perda do interesse útil do credor (correspondente ao descumprimento que afete a causa contratual em concreto), restará configurado o inadimplemento absoluto e assistirá ao credor a faculdade de pleitear a resolução do contrato.[92] A questão se resume, com efeito, a uma problemática de qualificação do inadimplemento – se absoluto, a justificar a resolução, ou se relativo, a possibilitar a execução específica.[93]

Reconhecida a noção contemporânea de adimplemento, sob uma perspectiva funcional que se revela ampla o suficiente para abarcar a cláusula geral de boa-fé objetiva, pode-se compreender a já mencionada tendência a que se esvazie de utilidade, no direito brasileiro, a doutrina da violação positiva do contrato.[94] Parece não haver, enfim, razão prática ou metodológica que justifique a adoção daquilo que findaria por traduzir uma

---

[91] Gabriel Rocha Furtado identifica abusividade no exercício da pretensão resolutória quando não restar definitivamente afetada a causa contratual em concreto (FURTADO, Gabriel Rocha. *Mora e inadimplemento substancial*. São Paulo: Atlas, 2014. p. 58). Sem embargo da concordância quanto à adoção de perspectiva funcional para a compreensão da problemática, parece desnecessário o recurso ao controle valorativo do abuso do direito nas hipóteses de subsistência do interesse útil do credor. Isso porque, em realidade, sempre que subsistir o aludido *interesse* útil (necessariamente configurado à luz da causa contratual em concreto), não se estará diante de inadimplemento absoluto e, portanto, sequer se cogitará de *direito* à resolução contratual. Não faria sentido, em suma, cogitar da abusividade do exercício de um direito que sequer é reconhecido, nessa hipótese, pelo ordenamento jurídico, vez que somente se confere ao credor o direito à resolução contratual quando restar comprovado o abalo irreversível da causa contratual em concreto – ou, na linguagem do legislador brasileiro, a perda do interesse útil do credor.

[92] Nesse sentido, Anderson Schreiber afirma que a resolução do vínculo traduz medida extrema, a ser aplicada somente quando restar irreversivelmente afetada a função concreta do negócio jurídico: "Do mesmo modo que o cumprimento da prestação principal não encerra a responsabilidade do devedor, o descumprimento da prestação principal não autoriza, *ipso facto*, o pedido de resolução do vínculo obrigacional". O autor arremata: "Nesse contexto, o direito à resolução do contrato, laconicamente mencionado no art. 475 do Código Civil de 2002, perde a feição (que lhe vem normalmente atribuída) de uma alternativa ao arbítrio do credor para se converter em *ratio extrema*, cujo exercício pode ser obstado sempre que remédios menos nocivos estiverem ao alcance do seu titular. O poder de extinguir a relação obrigacional deve mesmo ser reservado ao inadimplemento que afete a função concreta do negócio celebrado, não bastando a simples irrealização da prestação principal, tomada em abstrato e sob o aspecto puramente estrutural" (SCHREIBER, Anderson. A tríplice transformação do adimplemento (adimplemento substancial, inadimplemento antecipado e outras figuras). In: SCHREIBER, Anderson. *Direito civil e Constituição*. São Paulo: Atlas, 2013. p. 115-116).

[93] V. TERRA, Aline de Miranda Valverde. A questionável utilidade da violação positiva do contrato no direito brasileiro. *Revista de Direito do Consumidor*, v. 101, set./out. 2015. p. 17.

[94] Assim conclui Anderson Schreiber: "[...] revisitado o conceito de adimplemento, de modo a corroborar a necessidade de um exame que abarque o cumprimento da prestação contratada também sob o seu prisma funcional, as hipóteses hoje solucionadas com o uso da violação positiva do contrato tendem a recair no âmago interno da própria noção de adimplemento" (SCHREIBER, Anderson. A tríplice transformação do adimplemento (adimplemento substancial, inadimplemento antecipado e outras figuras). In: SCHREIBER, Anderson. *Direito civil e Constituição*. São Paulo: Atlas, 2013. p. 109).

terceira categoria de inadimplemento.[95] A conclusão possivelmente haveria de ser diversa caso aventada sob a égide de um direito civil mais arraigado à lógica estruturalista, hipótese da qual a civilística contemporânea se distancia a largos passos.[96]

5.5 Síntese conclusiva

Os influxos de uma análise funcional e da cláusula geral de boa-fé objetiva sobre o adimplemento contratual revelam que esta categoria apresenta amplitude vasta o suficiente para tornar despicienda a adoção, no âmbito do direito brasileiro, da doutrina da violação positiva do contrato. Nesse renovado panorama metodológico, o adimplemento contratual, associado à promoção da causa negocial concreta, assume contornos inexoravelmente integrados pelos deveres laterais de conduta. Sem embargo das classificações comumente dirigidas aos deveres atribuídos aos contratantes (como as que apartam as obrigações contratuais principais das secundárias, ou os deveres laterais de prestação dos de proteção), o fundamental é a investigação, em cada caso, da compatibilidade das condutas individuais com o complexo de interesses e a síntese de efeitos essenciais de que se constitui a causa contratual em concreto.

A tarefa é complexa e torna dispensáveis eventuais tentativas de delimitação apriorística dos contornos exatos dos deveres laterais de conduta, em particular, e da noção de adimplemento, em geral. Espera-se que o presente estudo, então, possa contribuir para a sistematização de critérios aptos a guiar o intérprete na aplicação da boa-fé objetiva, com vistas à elaboração de decisões passíveis de "um controle jurídico racional", sem o qual "seremos condenados ao voluntarismo do intérprete e ao abuso judicial, tornando a boa-fé no seu oposto".[97]

Informação bibliográfica deste texto, conforme a NBR 6023:2002 da Associação Brasileira de Normas Técnicas (ABNT):

SILVA, Rodrigo da Guia. Por uma releitura funcional do (in)adimplemento contratual: repercussões dos deveres decorrentes da boa-fé objetiva. In: TEPEDINO, Gustavo; TEIXEIRA, Ana Carolina Brochado; ALMEIDA, Vitor (Coord.). *Da dogmática à efetividade do Direito Civil*: Anais do Congresso Internacional de Direito Civil Constitucional – IV Congresso do IBDCivil. 2. ed. rev., ampl. e atual. Belo Horizonte: Fórum, 2019. p. 367-385. ISBN 978-85-450-0545-2.

---

[95] Em sentido contrário à conclusão ora exposta, a propor o reconhecimento da violação positiva do contrato como uma terceira categoria de inadimplemento, v. SILVA, Jorge Cesa Ferreira da. *A boa-fé a violação positiva do contrato*. Rio de Janeiro: Renovar, 2002. p. 140; e STEINER, Renata C. *Descumprimento contratual*: boa-fé e violação positiva do contrato. Rio de Janeiro: Quartier Latin, 2014. p. 256.

[96] A adoção do instituto da violação positiva do crédito faria sentido aos olhares da perspectiva tradicional do adimplemento, em que este se resume ao cumprimento da prestação principal. "Não é, todavia, o que ocorre em uma perspectiva funcional", ensina Anderson Schreiber, "na qual o cumprimento da prestação principal não basta à configuração do adimplemento, exigindo-se o efetivo atendimento da função concretamente perseguida pelas partes com o negócio celebrado, sem o qual todo comportamento (positivo ou negativo) do devedor mostra-se insuficiente" (SCHREIBER, Anderson. A tríplice transformação do adimplemento (adimplemento substancial, inadimplemento antecipado e outras figuras). In: SCHREIBER, Anderson. *Direito civil e Constituição*. São Paulo: Atlas, 2013. p. 109).

[97] NEGREIROS, Teresa. O princípio da boa-fé contratual. In: MORAES, Maria Celina Bodin de (Coord.). *Princípios do direito civil contemporâneo*. Rio de Janeiro: Renovar, 2006. p. 253.

CAPÍTULO 6

A PROBLEMÁTICA DA APLICAÇÃO DA ANÁLISE ECONÔMICA DO DIREITO AOS CONTRATOS DO SISTEMA FINANCEIRO DA HABITAÇÃO: UMA ANÁLISE A PARTIR DO RECURSO ESPECIAL Nº 1.163.283/RS

ANDRESSA JARLETTI GONÇALVES DE OLIVEIRA

Introdução

O presente trabalho analisa a orientação firmada pelo Superior Tribunal de Justiça, no Recurso Especial nº 1.163.283/RS, em que a Corte Superior aplicou, aos contratos do Sistema Financeiro da Habitação (SFH), a regra do art. 50, da Lei nº 10.931/2004, que estabelece requisitos adicionais às petições iniciais das ações revisionais de contratos, ajuizadas pelos mutuários. Referido julgado, que recebeu ampla divulgação especialmente pelos adeptos da Análise Econômica do Direito (AED), parte da premissa de que os contratos do SFH são negócios jurídicos de cunho eminentemente patrimonial. O acórdão em questão se sustenta, sobretudo, em argumentos atinentes à segurança e previsibilidade das operações econômicas, ao papel de instituições sólidas para reforçar a estrutura do mercado, bem como aos princípios processuais da efetividade e celeridade, que justificariam as restrições impostas para as revisões judiciais dos contratos.

Para se compreender o cerne da crítica apresentada adiante, sobre a interpretação adotada pelo STJ em tal julgado, toma-se como ponto de partida as normas constitucionais e os princípios de ordem pública aplicáveis aos contratos do SFH, que poderiam conduzir à orientação diversa da que fora firmada pela Corte Superior.

Em seguida, passa-se à análise da adequação da utilização do método da análise econômica do direito, para a solução do caso concreto. A discussão neste segundo ponto recai sobre duas questões: (i) o necessário teste de compatibilidade constitucional para a aplicação da AED como método de solução de conflitos nos contratos do SFH, já que tais contratos têm forte cunho social e vinculam-se à realização de direitos fundamentais; e (ii) a incompatibilidade da orientação firmada no REsp nº 1.163.283/RS com a metodologia do direito civil constitucional, o que reclamava da Corte Superior a formação dialógica da decisão judicial.

6.1 O Recurso Especial nº 1.163.283/RS

Uma decisão proferida pela Quarta Turma do Superior Tribunal de Justiça, em meados de 2015, ganhou os holofotes dos adeptos da análise econômica do direito, por ter validado a aplicação do art. 50, da Lei nº 10.931/2004, às ações revisionais dos contratos de financiamentos imobiliários, firmados sob a égide do Sistema Financeiro da Habitação.[1]

Para se compreender os motivos pelos quais tal decisão pode ser veementemente criticada, sob a perspectiva do direito civil constitucional, são necessários breves esclarecimentos sobre os regramentos do art. 50, da Lei nº 10.931/2004, bem como das restrições que a adoção de tal regra pode implicar para proteção dos mutuários do Sistema Financeiro da Habitação.

No ano de 2004, a Lei nº 10.931, que dispõe sobre o patrimônio de afetação de incorporações imobiliárias, letra de crédito imobiliário, cédula de crédito imobiliário e cédula de crédito bancário (esta última tratada originalmente pela Medida Provisória nº 1.925/1999), introduziu, em seu art. 50, um dispositivo que estabelece novos regramentos processuais, para "ações judiciais que tenham por objeto obrigação decorrente de empréstimo, financiamento ou alienação imobiliários". Confira-se abaixo o teor do referido dispositivo:

> Art. 50. Nas ações judiciais que tenham por objeto obrigação decorrente de empréstimo, financiamento ou alienação imobiliários, o autor deverá discriminar na petição inicial, dentre as obrigações contratuais, aquelas que pretende controverter, quantificando o valor incontroverso, sob pena de inépcia.
>
> §1º O valor incontroverso deverá continuar sendo pago no tempo e modo contratados.
>
> §2º A exigibilidade do valor controvertido poderá ser suspensa mediante depósito do montante correspondente, no tempo e modo contratados.
>
> §3º Em havendo concordância do réu, o autor poderá efetuar o depósito de que trata o §2º deste artigo, com remuneração e atualização nas mesmas condições aplicadas ao contrato:
>
> I - na própria instituição financeira credora, oficial ou não; ou
>
> II - em instituição financeira indicada pelo credor, oficial ou não, desde que estes tenham pactuado nesse sentido.
>
> §4º O juiz poderá dispensar o depósito de que trata o §2º em caso de relevante razão de direito e risco de dano irreparável ao autor, por decisão fundamentada na qual serão detalhadas as razões jurídicas e fáticas da ilegitimidade da cobrança no caso concreto.
>
> §5º É vedada a suspensão liminar da exigibilidade da obrigação principal sob a alegação de compensação com valores pagos a maior, sem o depósito do valor integral desta.

---

[1] STJ, Quarta Turma. REsp nº 1.163.283/RS. Rel. Min. Luis Felipe Salomão, j. 7.4.2015.

Regra semelhante a esta foi introduzida no Código de Processo Civil pela Lei nº 12.810/2013, no art. 285-B, do CPC de 1973. Apesar de se poder sustentar a inconstitucionalidade de referido artigo,[2] seu texto foi praticamente reproduzido no art. 330, §§2º e 3º do Novo CPC.

O ponto de partida para compreender as problemáticas que decorrem do art. 50, da Lei nº 10.931/2004, recai sobre o que se deve entender pela exigência de "discriminar na petição inicial, dentre as obrigações contratuais, aquelas que pretende controverter". Considerando que os financiamentos imobiliários são contratos bancários, submetidos assim às normas do Código de Defesa do Consumidor – conforme Súmula nº 297/STJ e ADIN nº 2.591/DF – entende-se que para atender à exigência do *caput* do art. 50, bastaria ao mutuário informar, na petição inicial, quais são as práticas e encargos que foram aplicados na relação contratual e que, por serem considerados abusivos, se pretende rever.

Um primeiro problema é que nem sempre é possível identificar de forma pormenorizada as obrigações controvertidas, já na petição inicial. Até hoje instituições financeiras não cumprem a obrigação de fornecer sempre aos consumidores/mutuários a cópia do contrato. Tal prática é tão recorrente que o Projeto de Lei do Senado nº 283/2012, de atualização do Código de Defesa do Consumidor, propõe expressamente sua inclusão entre o rol de práticas abusivas do CDC.

A falta de acesso à documentação completa referente ao contrato de financiamento, além de dificultar a identificação pormenorizada das obrigações controvertidas, torna impossível atender à segunda exigência do *caput* do art. 50, da Lei nº 10.931/2004, ou seja: quantificar o valor incontroverso. Quantificar o incontroverso significa apurar, através de cálculos, o valor que se entende correto para pagamento, após expurgar os encargos abusivos aplicados pela instituição financeira, seja na formação do contrato ou na evolução da dívida. Para tanto, o mutuário precisa contratar (e custear) uma perícia econômico-financeira, para recalcular o contrato de forma adequada, antes de ingressar com a demanda judicial, o que implica custos que nem todo mutuário pode suportar, mormente quando já vivencia uma situação de dificuldade financeira, que dificulta honrar os pagamentos do contrato.

Ou seja, ao estabelecer a apuração do valor incontroverso como novo requisito para a petição inicial das revisionais de contrato, esta regra impõe ao mutuário a produção antecipada de prova documental e pericial. E isto de forma incoerente com outras normas do CPC, que exigem o risco de perecimento da prova (arts. 846 a 851 do CPC de 1973, art. 381, do Novo CPC) para justificar a produção antecipada; e asseguram à parte o direito de ter acesso à documentação no curso do processo, de forma gratuita, bastando que o juiz ordene a exibição incidental (arts. 355 a 359, do CPC de 1973, arts. 396 a 400, do Novo CPC).

Além disso, tal exigência também não se coaduna com o direito básico do consumidor de facilitação de sua defesa, por meio da aplicação da inversão do ônus da prova, conforme o art. 6º, VIII, CDC. Até porque o STJ reconheceu no REsp nº 1.133.872/PB,

---

[2] A esse respeito, *vide* a crítica do professor Marcelo Pacheco Machado, em Alteração do CPC: leis, salsichas e o noviço art. 285-B. *Atualidades do Direito*. Disponível em: <http://atualidadesdodireito.com.br/marcelopacheco/2013/05/16/alteracao-do-cpc-leis-salsichas-e-o-novico-art-285-b/>. Acesso em: 30 set. 2013. No mesmo sentido: OLIVEIRA, Andressa Jarletti Gonçalves de. *Defesa judicial do consumidor bancário*. Curitiba: Rede do Consumidor, 2014. p. 385-392.

recurso repetitivo julgado sob a égide do art. 543-C, CPC, o direito à inversão do ônus da prova, para determinar a exibição judicial dos extratos bancários, independentemente de recusa administrativa ou recolhimento de custas.[3]

A exibição incidental dos documentos pode inclusive dispensar a realização de prova pericial, pois muitos abusos podem ser reconhecidos pela simples leitura dos contratos, extratos, planilhas. E, como o objeto das provas são os fatos controvertidos, a investigação e quantificação das cobranças abusivas, questionadas pelo mutuário, podem ser desnecessárias, quando se trata de fatos incontroversos, por ausência de impugnação específica da instituição financeira, nos termos dos arts. 302, 331 e 334, do CPC de 1973, e arts. 341 e 374, do Novo CPC. Assim, quando os bancos se limitam a defender a legalidade dos encargos, sem negar a existência da cobrança apontada como indevida, não haveria porque determinar ao mutuário a comprovação de fato (cobrança questionada) que seja incontroverso.

Ainda, nos casos em que aplicada a inversão do ônus da prova, nos termos do art. 6º, VIII, CDC, sobre os abusos alegados pelo mutuário, consumidor, recai a presunção de veracidade. Desta forma, transfere-se à instituição financeira o ônus de demonstrar a regularidade dos encargos cobrados, através da produção da prova pericial. O art. 50, da Lei nº 10.931/2004, estabelece *inversão do* ônus *da prova contra o consumidor*, ao impor ao mutuário a produção antecipada de prova documental e pericial, como condição para o ajuizamento da ação revisional. Tal dispositivo legal, se aplicado como requisito obrigatório da petição inicial em ações revisionais, obriga o mutuário a custear o recálculo prévio do contrato, cujos encargos abusivos poderiam ser investigados no curso do processo – inclusive mediante a aplicação do art. 6º, VIII, CDC – relegando-se, para a fase de liquidação da sentença, a apuração dos valores cobrados a maior.

Se as exigências do art. 50, da Lei nº 10.931/2004, forem entendidas como pressupostos essenciais para o ajuizamento da ação, a prestação da tutela judicial poderia ser negada, sob o argumento de que, sem a apuração do valor incontroverso, a petição inicial é inepta. Tal solução, entretanto, não parece a mais adequada, já que, conforme orientação do próprio STJ, "a petição inicial só deve ser indeferida, por inépcia, quando o vício apresenta tal gravidade que impossibilite a defesa do réu, ou a própria prestação jurisdicional".[4]

Por isso, pode-se sustentar que a recusa da petição inicial, apenas por não identificar o valor incontroverso, pode infringir os direitos fundamentais assegurados no art. 5º, XXXII, XXXIV e XXXV, da CF/88. Isto porque a defesa do consumidor é dever do Estado, que não pode se eximir de prestar a tutela jurisdicional, com fundamento em uma regra isolada, que se apresenta incompatível com as demais garantias do sistema processual.

A mesma reflexão é necessária, quanto ao §1º art. 50, da Lei nº 10.931/2004, que dispõe que "o valor incontroverso deverá continuar sendo pago no tempo e modo contratados". Este comando pode comportar duas interpretações: (i) que a regra estabelece a forma de o mutuário pagar o incontroverso; ou (ii) que a regra impõe a

---

3   STJ, Segunda Seção. REsp nº 1.133.872/PB. Rel. Min. Massami Uyeda, j. 14.12.2011.

4   STJ, 3ª T. REsp nº 193.100-RS. Rel. Min. Ari Pagendler, j. 15.10.2001. *DJU*, 4 fev. 2002. p. 345.

obrigação, de fazer o pagamento, como condição para discutir o contrato, sob pena de inépcia da inicial.

Entende-se que a concepção de que o pagamento do valor incontroverso, no tempo e modo contratados, é uma condição obrigatória para o processamento da ação revisional[5] não se apresenta adequada à ordem pública constitucional de proteção do vulnerável. Condicionar o exercício do direito subjetivo de ação ao pagamento do valor incontroverso contempla o risco de tolher o acesso ao Judiciário, impondo um obstáculo intransponível a todos os mutuários que, após esgotarem sua capacidade de pagamento, ingressam com a revisão da dívida, para readequar os valores do contrato.

Tecidas tais considerações, que demonstram a necessidade de cautela na aplicação do art. 50, da Lei nº 10.931/2004, passa-se ao estudo do caso concreto, que gerou a decisão proferida no REsp nº 1.163.283/RS.

6.1.1 Peculiaridades do caso concreto

O caso concreto, que foi julgado em instância recursal perante o Superior Tribunal de Justiça, tratava de uma ação revisional de contrato de financiamento imobiliário, firmado sob a égide do Sistema Financeiro da Habitação. Como se extrai do acórdão do STJ, a petição inicial da demanda indicou que a revisão judicial do contrato em questão seria necessária, pelos seguintes motivos:

> O presente contrato de financiamento habitacional é fruto de abusividades contratuais verificadas, por sua vez, na prática da capitalização mensal de juros; taxa ilegal de juros; nos juros compostos e capitalizados mensalmente em razão da aplicação da Tabela Price; na cobrança dos valores seguros em desacordo com a tabela da SUSEP, na prática da forma incorreta de amortização de não abater a prestação paga para após corrigir o saldo devedor e na não correlação entre o reajuste das prestações e a renda da parte mutuária titular do financiamento (e-fl. 02).

Da leitura deste trecho sintético da petição inicial – único que foi transcrito no acórdão do STJ –, pode-se concluir que o questionamento judicial do contrato recaiu basicamente sobre quatro pontos: (i) a aplicação de juros com capitalização composta, pelo uso da Tabela Price; (ii) a cobrança de seguro obrigatório em desacordo com a tabela da Susep; (iii) a prática de corrigir primeiro o saldo devedor do financiamento, para após abater a parcela de amortização; e (iv) a quebra da equivalência salarial, entre os reajustes aplicados no contrato e os reajustes na renda dos mutuários. A princípio, a exigência de identificar na petição inicial quais são as obrigações contratuais controvertidas, que merecem ser discutidas no plano judicial, foi atendida no caso concreto.

Do acórdão, extrai-se que o caso em concreto teve julgamento antecipado, entendendo-se que as matérias discutidas dispensavam a produção de provas. Em primeiro grau, a sentença julgou parcialmente procedente o pedido, afastando a aplicação da Tabela Price como método de amortização da dívida e expurgando a capitalização dos juros em período inferior a um ano; deferiu a compensação dos valores referentes às

---

5   Neste sentido: TJPR. Agravo de Instrumento nº 1.132.372-1. Rel. Des. Lauri Caetano da Silva. *DJ*, 25 set. 2013.

parcelas ainda pendentes com as pagas a maior já liquidadas. E manteve, ainda, a decisão liminar proferida no sentido de suspender os efeitos da mora até decisão final da ação.

Em segundo grau, o Tribunal de Justiça do Rio Grande do Sul manteve a sentença, rejeitando a alegação de inépcia da petição inicial, justificando, entre outros argumentos, que "o pedido atende às disposições do art. 282, inc. IV do CPC, em especial ao que respeita à especificação do pedido, tanto assim que oportunizou o oferecimento de defesa pela demandada". Por tais motivos, ponderou-se que não seria o caso de reconhecer a inépcia da inicial, afastando-se a aplicação do art. 50, da Lei nº 10.931/2004.

A instituição financeira ingressou com recurso especial, apontando a violação ao art. 50, da Lei nº 10.931/2004. O recurso foi acolhido por unanimidade pela Quarta Turma do STJ, sob o fundamento de que "diante do não cumprimento dos requisitos previstos no art. 50 da Lei nº10.931/2004 pelo autor da ação, impõe-se a anulação de todos os atos até aqui praticados, inclusive a sentença e o acórdão, abrindo-se prazo legal para emenda à inicial".

Ou seja, a despeito da parte autora ter indicado claramente na petição inicial quais eram as obrigações controvertidas do contrato, permitindo tanto a apresentação de defesa pelo banco réu, quanto a decisão de mérito em primeira e segunda instâncias, o STJ entendeu por anular todo o processo, reconhecendo a inépcia da inicial, por não ter atendido *ipsis literis* às exigências do art. 50, da Lei nº 10.931/2004. Cumpre então analisar os fundamentos adotados no acórdão do STJ.

6.1.2 Principais fundamentos do acórdão do REsp nº 1.163.283/RS

Para justificar a aplicação do art. 50, da Lei nº 10.931/2004, ao caso concreto, o relator do acórdão, Ministro Luis Felipe Salomão, inicia a fundamentação do voto trazendo algumas explanações sobre o contexto de surgimento da referida norma:

> A exposição de motivos da Lei n. 10.931/2004, objeto deste recurso, dispõe que a economia brasileira, à época da elaboração de seu projeto, apresentava crescimento inferior em relação ao seu real potencial, refletido pela queda da renda média da população, pela elevada carga tributária e juros, além da baixa performance do mercado imobiliário.
>
> Diante desse contexto, a Lei n. 10.931/2004 foi pensada para contribuir para a retomada do crescimento da economia do País, a partir da previsão de institutos que promoveriam o impulso econômico do mercado e proporcionariam, ao mesmo tempo, maior segurança e credibilidade aos adquirentes de imóveis e aos financiadores dessas aquisições.
>
> A elaboração da lei teve como objetivo maior o fomento do mercado imobiliário, por meio, por exemplo, da instituição de mecanismos que garantissem segurança jurídica às partes nos contratos de comercialização de bens imóveis. A lógica da lei foi a de conferir maiores garantias aos credores para que, diante desta segurança, o crédito fosse mais amplamente oferecido, tornando o mercado imobiliário fértil e o progresso econômico e social do país uma realidade.

O acórdão destaca, então, que a Lei nº 10.931/2004 teria trazido "conquistas legislativas que serviram de importante catalisador para o aumento do crédito, redução da inadimplência e criação de um consequente clima propício ao investimento". Tal afirmação foi feita com base em um artigo publicado por Arnoldo Wald em 2005[6] (portanto, logo após a edição de tal norma). Não foram apresentados no acórdão dados oficiais que atestem se, efetivamente, os dispositivos da Lei nº 10.931/2004 cumpriram seu papel de aumentar a oferta de crédito e reduzir as taxas de juros e os índices de inadimplência.

A seguir, o acórdão esclarece que tal norma se coaduna com os ditames da análise econômica do direito, esclarecendo que "tal doutrina tem como pressuposto o aumento do grau de previsibilidade e eficiência das relações intersubjetivas, próprias do direito, a partir da utilização de postulados econômicos para aplicação e interpretação de princípios e paradigmas jurídicos".

E prossegue afirmando que, a partir da análise econômica do direito, é possível alcançar outro sentido para o princípio da função social do contrato, prevista no art. 421 do Código Civil de 2002, em contrapartida à forma como "normalmente estudada a partir da ideia de justiça social e de justiça distributiva inerentes ao Estado Social". O acórdão recorre então à doutrina de Luciano Benetti Timm,[7] para afirmar que a função social do contrato permite "reconhecer o papel institucional e social que o direito contratual pode oferecer ao mercado, qual seja a segurança e previsibilidade nas operações econômicas e sociais, capazes de proteger as expectativas dos agentes econômicos".

A partir de teorizações sobre a metodologia da análise econômica do direito, o acórdão afirma então qual é a concepção de função social do contrato, que deve ser adotada para os financiamentos do Sistema Financeiro da Habitação:

> A análise econômica do direito permite medir, sob certo aspecto, as externalidades do contrato (impactos econômicos) positivas e negativas, orientando o intérprete para o caminho que gere menos prejuízo à coletividade, ou mais eficiência social. A coletividade deixa de ser encarada apenas como a parte fraca do contrato e passa a ser vista como a totalidade das pessoas que efetivamente ou potencialmente integram um determinado mercado de bens e serviços, como no caso do crédito.
>
> Dessa forma, a análise econômica do direito aposta no efetivo cumprimento dos contratos de financiamento de imóveis, por exemplo, como pressuposto para o sucesso do sistema como um todo. A satisfação de cada um dos pactos celebrados entre financiadores e financiados, individualmente considerados, é requisito para que o sistema evolua e garanta o beneficiamento de outros tantos sujeitos, de toda coletividade interessada.

Partindo da premissa de que os contratos individualmente firmados devem ser cumpridos, reduzindo os riscos de externalidades (nos quais se incluem as revisões judiciais), o acórdão então afirma que com

> instituições mais sólidas, que reforcem, ao contrário de minar, a estrutura do mercado, serão preservados os interesses coletivos e difusos presentes nas relações contratuais e que os riscos, as incertezas e os custos de transação serão diminuídos, facilitando-se o

---

[6] WALD, Arnoldo. O direito a serviço da economia: o novo direito bancário. *Revista de Direito Bancário e do Mercado de Capitais*, v. 8, n. 27, p. 20-25, jan./mar. 2005.

[7] TIMM, Luciano Benetti. Direito, economia, e a função social do contrato: em busca dos verdadeiros interesses coletivos protegíveis no mercado do crédito. *Revista de Direito Bancário e do Mercado de Capitais*, v. 9, n. 33, p. 15-31, jul./set. 2006.

crédito, dinamizando a economia e, portanto, favorecendo a posição daqueles agentes econômicos externos ao contrato individual firmado entre as partes.

Sob o argumento de que a redução dos riscos de externalidades beneficiaria a dinamização da economia e os interesses coletivos, o acórdão retoma a análise da regra específica do art. 50, da Lei nº 10.931/2004:

> Nesse ponto, e retomando o raciocínio para o caso concreto, cumpre observar que a Lei n. 10.931/2004, com fundamento no incentivo à economia, se mostrou apta a alcançar esse desiderato. Os institutos nela previstos, e aqui nos interessam as regras processuais dispostas na lei, especificamente as que se encontram no art. 50, apresentam, certamente, potencial para colaboração do desenvolvimento econômico e social almejados.
>
> Todo contrato de financiamento imobiliário, ainda que pactuado nos moldes do Sistema Financeiro da Habitação, é negócio jurídico de cunho eminentemente patrimonial e, por isso, solo fértil para a aplicação da análise econômica do direito.
>
> As regras expressas no art. 50 e seus parágrafos têm a clara intenção de garantir o cumprimento dos contratos de financiamento de imóveis tal como pactuados, gerando segurança para os contratantes. O objetivo maior da norma é garantir que, quando a execução do contrato se tornar controvertida e necessária for a intervenção judicial, a discussão seja eficiente, tanto porque somente o ponto conflitante será discutido, tanto porque a discussão da controvérsia não impedirá a execução de tudo aquilo com o qual concordam as partes.

Observa-se, portanto, que a interpretação sobre a aplicação do art. 50, da Lei nº 10.931/2004, foi fundada no argumento de que se deve garantir que os contratos de financiamentos de imóveis sejam cumpridos "tal como pactuados", trazendo assim mais "segurança para os contratantes". A partir dessa lógica é que o acórdão afirma que as novas exigências processuais para as revisões judiciais dos contratos teriam "potencial para colaboração do desenvolvimento econômico e social almejados".

Por fim, o acórdão justifica que o atual momento do novo direito processual civil, que valoriza a eficiência e a celeridade do processo judicial, também "contribui, de certa maneira, para o fortalecimento das instituições jurídicas, dentre elas, e no caso da lei, do contrato". E assim conclui que:

> Nessa linha de raciocínio, penso que a Lei n. 10.931/2004, especificamente em seu art. 50, inspirou-se na efetividade, celeridade e boa-fé proclamados. O dispositivo da lei de 2004 expressa entendimento atual de que todo litígio a ser composto, dentre eles os de cunho econômico – tendo em vista a necessidade de solução célere e eficaz –, deve apresentar pedido objetivo e apontar precisa e claramente a espécie e o alcance do abuso contratual que fundamenta a ação de revisão do contrato.
>
> Destarte, diante de todo raciocínio desenvolvido, tenho por viável a incidência, nos contratos de financiamento do Sistema Financeiro de Habitação, das regras processuais encartadas na Lei 10.931/2004, mormente as referentes à ação revisional e os requisitos de procedibilidade, conclusão alcançada, como visto, a partir de uma interpretação teleológica da norma objeto de controvérsia.

Entendido o porquê da adoção do método da análise econômica do direito na solução do caso em concreto, passa-se à análise da (in)adequação da orientação firmada pela Quarta Turma do STJ. As considerações que serão feitas a seguir são de duas ordens distintas: (i) o regime especial e o forte caráter social do Sistema Financeiro da Habitação; e (ii) a necessária contraposição da metodologia da análise econômica do direito à metodologia do direito civil constitucional, para permitir a construção de uma decisão judicial dialógica, que não decorra de mera predileção momentânea a uma teoria, aplicada de forma insular, abstrata e sem ser previamente testada.

6.2 Regime jurídico do Sistema Financeiro da Habitação

Para compreensão das especificidades e forte cunho social dos financiamentos imobiliários, firmados sob a égide do Sistema Financeiro da Habitação, necessário tecer alguns esclarecimentos sob o contexto histórico e social do surgimento deste sistema.

6.2.1 O surgimento do Sistema Financeiro da Habitação

Há tempos o sonho da casa própria integra os objetivos de vida da maioria dos brasileiros, constituindo a moradia digna um direito social, nem sempre realizado. Com o intuito de reduzir o déficit habitacional, foi editada a Lei nº 4.380/64, que instituiu o Sistema Financeiro de Habitação (SFH), para facilitar às classes mais baixas da população a aquisição do bem imóvel, através de financiamento imobiliário.

As características principais dos contratos regidos pelo SFH são o financiamento da dívida em longo prazo, com parcelas mensais que respeitem as condições financeiras do mutuário, e a hipoteca (ou alienação fiduciária) do imóvel financiado como garantia da quitação da dívida.

Para o cálculo das prestações mensais, via de regra, é adotado o Sistema Francês de Amortização, também conhecido como *Tabela Price*. Através deste sistema matemático, as prestações mensais são constantes e constituídas de duas parcelas distintas: uma parcela de amortização, que visa à diminuição gradativa do saldo devedor (que, no início do contrato, corresponde ao valor financiado); e uma parcela de juros. Neste regime, o valor da prestação mensal é fixo. Pelas regras de amortização do Sistema Price e do SFH, pode-se afirmar que: a) cada pagamento mensal do mutuário deve se destinar tanto ao pagamento dos juros contratuais, quanto à amortização do saldo devedor; b) para cada valor apurado para o saldo devedor, corresponde o valor da respectiva parcela de juros; c) o saldo devedor tem que ser reduzido mensalmente, eis que é este o fator que permite que a parcela de juros seja decrescente e a de amortização, crescente.

No entanto, em muitos casos observa-se o desvirtuamento dessas regras na execução dos contratos de mútuo, o que acaba impossibilitando a quitação do financiamento dentro do prazo previsto no contrato, tornando a dívida do mutuário, em vários casos, infinita. Em decorrência desta realidade, o Poder Judiciário recebeu inúmeras ações promovidas pelos mutuários, no intuito de promover a revisão dos contratos de financiamentos e dos saldos devedores, que pouco diminuíam ou se apresentavam crescentes no decorrer do contrato.

6.2.2 O desequilíbrio nos financiamentos imobiliários do SFH

O desequilíbrio dos financiamentos imobiliários, no regime do SFH, pode estar associado a dois fatores distintos e não excludentes: (i) o descompasso entre o reajuste da prestação mensal nos contratos, que adotavam o Plano de Equivalência Salarial, em que as prestações mensais somente eram reajustadas quando o mutuário tivesse aumento de salário; enquanto, em contrapartida, o saldo devedor do financiamento era corrigido mensalmente, por índices diferentes; e (ii) o uso da Tabela Price como sistema de amortização no contrato, o que resulta em valor maior de juros a serem pagos a longo prazo pelo mutuário, bem como dificulta a amortização da dívida.

Com relação ao descompasso nos reajustes, a diferença entre a frequência e os índices aplicados na correção da parcela mensal e do saldo devedor, especialmente nos contratos antigos (anteriores a 1993), afeta sobremaneira a evolução da dívida. Como consequência, no final do prazo do financiamento, é comum existir um saldo residual, ainda que todos os pagamentos tenham se realizado em dia. Isso acontece porque o valor da parcela mensal, que deveria quitar os montantes de juros e amortização, passa a ser insuficiente em decorrência da disparidade dos critérios de correção. A partir daí, restam à instituição financeira duas opções: privilegiar o pagamento da parcela de amortização, ou dos juros.

A segunda hipótese, adotada na maioria dos casos, gera o caos contratual, com a elevação do saldo devedor e a impossibilidade de quitação da dívida, mesmo com a prorrogação do contrato. Ao priorizar o pagamento da parcela de juros, o saldo devedor deixa de ser amortizado, o que impossibilita sua redução e gera a capitalização dos juros (cobrança de juros sobre juros), prática ilícita e que promove um salto gigantesco no valor da dívida. Esta priorização exclusiva dos juros, em detrimento da amortização dos financiamentos (que, nos termos do art. 6º, "c", da Lei nº 4.380/64 é obrigatória), gera o fenômeno conhecido por "amortização negativa".

Da mesma forma, mesmo nos contratos em que as prestações mensais e o saldo devedor são corrigidos de forma equivalente, nas mesmas datas e pelos índices de correção monetária (conforme alteração da Lei nº 8.692/93), também se constatam desequilíbrios nos financiamentos, especialmente os firmados com parcelas fixas. Os contratos de parcelas fixas, calculados pelo regime de juros compostos da Tabela Price (Sistema Francês de Amortização), são afetados pela capitalização de juros, que onera sobremaneira o total da dívida. Além disso, pelo uso da Price, dificulta-se muito a quitação antecipada do contrato, já que na primeira metade do contrato praticamente todos os valores pagos mensalmente são revertidos apenas para os juros, amortizando muito pouco do saldo devedor.[8]

Os efeitos negativos da capitalização de juros, que é praxe nos contratos bancários e incide em *todos* os financiamentos imobiliários, foram analisados pela Primeira e Segunda Turmas, que compõem a Primeira Seção do STJ. Tais julgados observaram a importância da destinação do crédito à realização de direitos fundamentais (como o direito social de moradia), para concluir que o crescimento da dívida em progressão

---

[8] Sobre as formas de ocorrência da capitalização de juros nos mútuos bancários, bem como as formas de se apurar a onerosidade excessiva gerada pelo anatocismo, *vide* OLIVEIRA, Andressa Jarletti Gonçalves de. *Defesa judicial do consumidor bancário.* Curitiba: Rede do Consumidor, 2014. p. 275-312.

geométrica é "incompatível ontologicamente com os fins sociais do Sistema Financeiro da Habitação".[9] E em 2009, o entendimento foi consolidado também pela Segunda Seção, em recurso especial repetitivo, firmado sob a égide do art. 543-C, do CPC.[10]

Importante destacar que a Segunda Seção do STJ admite a aplicação da capitalização de juros, inferior à anual, como regra geral para os contratos bancários, firmados na vigência do art. 5º da Medida Provisória nº 2.170-36.[11] De modo que a distinção dos limites contratuais se justifica pela função social do contrato de financiamento de imóvel, voltado para a realização do direito fundamental de moradia, da função social da propriedade e da dignidade da pessoa humana. Ademais, o SFH é subsidiado com recursos públicos e regulado em legislações específicas, o que também permite reconhecer o caráter especial e público destes contratos.

Diante destas considerações, nota-se que os precedentes do próprio STJ, firmados em sede de recurso repetitivo, aplicam aos financiamentos do SFH uma concepção distinta de função social do contrato da que fora adotada no REsp nº 1.163.283/RS. Ante a divergência de orientações sobre o sentido e o alcance da interpretação que deve ser dada à função social do contrato nos financiamentos imobiliários do SFH, importa aprofundar a análise sobre a compatibilidade da orientação recentemente firmada, com as demais normas que podem levar à interpretação distinta, da que fora adotada no julgado em análise.

6.3 Inconsistências da aplicação da análise econômica do direito nos contratos do Sistema Financeiro da Habitação

A decisão proferida pela Quarta Turma do STJ, no julgamento do REsp nº 1.163.283/RS, adota uma interpretação restritiva sobre a função social dos contratos de financiamento imobiliário. A função social do contrato fora reduzida ao atendimento dos interesses do mercado, protegendo sobretudo a "segurança jurídica e previsibilidade" que deve conduzir ao cumprimento dos contratos "tal como pactuados".

Nota-se então que a decisão se socorre do argumento da proteção à segurança jurídica, para justificar a conclusão a que chegou, e que pode restringir a defesa judicial dos mutuários do SFH. Como não há maiores digressões no referido acórdão a esse respeito, é de se perguntar a qual segurança jurídica a decisão se refere, e para quem.

A noção de segurança jurídica pode receber diversos significados. Para o mutuário do SFH, que assume o financiamento imobiliário como único meio para aquisição da tão sonhada casa própria, segurança jurídica pode significar a garantia de acesso facilitado à justiça, para assegurar o equilíbrio do contrato; e do próprio contrato como instrumento não apenas de circulação de riquezas, mas também como meio para a realização do direito fundamental social de moradia e cumprimento da função social da propriedade.

Entretanto, estudos sobre os desafios para concretização do direito social à moradia mostram que, na prática, a noção prevalente de segurança jurídica não tem sido pautada pela proteção dos vulneráveis e realização de direitos fundamentais, já

---

[9] STJ, Primeira Turma. REsp nº 668.795/RS. Rel. Min. José Delgado, j. 3.5.2005. *DJ*, 13 jun. 2005. p. 186.

[10] STJ, Segunda Seção. REsp nº 1.070.297/PR. Rel. Min. Luís Felipe Salomão. *DJe*, 18 set. 2009.

[11] STJ, Segunda Seção. REsp nº 973.827/RS. Rel. Min. Isabel Gallotti.

que os mutuários têm que se socorrer ao Judiciário, para buscar o respeito ao equilíbrio nos financiamentos do SFH:

> Esse quadro, além de evidenciar a frágil posição do mutuário diante dos cálculos e das cobranças efetivadas pelas instituições financeiras e, desde o início, pela assinatura de "acordos" praticados com base em contratos de adesão, demonstra que a pretensão acerca da segurança jurídica de fato ocorre, mas, em regra, para aquela que tem força suficiente para garantir tal segurança.
>
> O mutuário sozinho, individualizado, ante a instituição financeira não apresentava, assim como não apresenta perante o Sistema Financeiro da Habitação, qualquer condição de estabelecer as regras da pactuação dos empréstimos, bem como diante da incapacidade de pagamento pelas constantes deliberações decorrentes da vontade de uma das partes, somente com algum esforço se socorre no Poder Judiciário.[12]

Diante da realidade social que circunscreve os financiamentos imobiliários do SFH, cumpre analisar a adequação da adoção da análise econômica do direito, como metodologia para preencher os sentidos dos princípios da segurança jurídica e função social dos contratos.

6.3.1 Teste de compatibilidade constitucional

Como visto, os financiamentos imobiliários do SFH são marcados pelo forte caráter social, pois voltados a facilitar a aquisição da casa própria pelas classes menos abastadas, para atender ao direito social de moradia, à dignidade da pessoa humana, à solidariedade constitucional e à diminuição das desigualdades sociais. Assim, tais contratos, muito mais do que propiciar a circulação de riquezas, podem servir como verdadeiros pontos de encontro de direitos fundamentais,[13] atuando como fonte de liberdade substancial.[14]

Ante o rol de direitos fundamentais e normas constitucionais, atrelados aos financiamentos do SFH, a adoção da análise econômica do direito, como método de interpretação e solução de conflitos judiciais, deve ser previamente submetida ao crivo do teste de compatibilidade constitucional.

Para tanto, deve-se observar que a problemática da aplicação dos limites do art. 50, da Lei nº 10.931/2004, aos contratos do Sistema Financeiro da Habitação, pode afetar os direitos fundamentais de moradia, de acesso ao Judiciário e de defesa do consumidor; além do risco de lesão também à dignidade da pessoa humana (fundamento da República), à solidariedade constitucional (objetivo da República) e à redução das desigualdades sociais.

A respeito da violação a direitos fundamentais, deve-se ressaltar que os direitos e garantias assegurados no art. 5º, da CF/88, são dotados da qualidade de cláusulas

---

[12] PONTES, Daniele Regina. *Direito à moradia*. Curitiba: Juruá, 2014. p. 99.

[13] MARQUES, Cláudia Lima. Contratos no Código de Defesa do Consumidor: o novo regime das relações privadas. 6. ed. rev., atual. e ampl. São Paulo: Revista dos Tribunais, 2011.

[14] RUZYK, Carlos Eduardo Pianovski. *Institutos fundamentais do direito civil e liberdade(s)*: repensando a dimensão funcional do contrato, da propriedade e da família. Rio de Janeiro: GZ, 2011.

superconstitucionais, que integram a reserva de justiça, que impõem restrições materiais ao poder de reforma constitucional (art. 60 ,§4º, CF/88), atuando como mecanismos de autovinculação ou pré-comprometimento, para proteger a essência da Constituição, os direitos e princípios básicos que estruturam a democracia e o Estado de Direito, na perspectiva da emancipação e da dignidade humana, contra irracionalidades eventuais e majoritárias.[15]

Na Constituição Federal de 1988, os princípios de justiça essenciais à estruturação do Estado de Direito, da democracia e da dignidade humana, são identificados pelos fundamentos e objetivos da República, pelos direitos e garantias fundamentais, pelas cláusulas pétreas e pela atribuição da salvaguarda da Constituição ao Supremo Tribunal Federal. Tais preceitos integram o núcleo duro da Constituição e atuam como parâmetro de legitimidade formal e material da ordem jurídica. Por isso, devem limitar a produção legislativa, conduzir a atuação estatal e orientar a interpretação judicial das normas, irradiando seus efeitos sobre o todo o ordenamento jurídico.[16]

Os direitos fundamentais contemplam uma dimensão objetiva, que vincula os poderes constituídos ao compromisso de respeitá-los, atribuindo ao Poder Público o dever de agir, sempre de modo a lhe conferir a maior eficácia possível. E, segundo Clèmerson Merlin Clève, exigem do Judiciário uma "hermenêutica respeitosa dos direitos fundamentais e das normas constitucionais, com o manejo daquilo que se convencionou chamar de *filtragem constitucional*, ou seja, a releitura de todo o direito infraconstitucional à luz dos preceitos constitucionais, designadamente dos direitos, princípios e objetivos fundamentais", que servem como parâmetro para o controle de constitucionalidade de leis e para interpretação conforme a Constituição.[17] Disso decorre a obrigatoriedade de aplicar e interpretar todas as normas de direito privado em coerência com a Constituição, que reconhece o papel do consumidor na sociedade (art. 5º, XXXII) e a necessidade de sua proteção no mercado (art. 170, V); bem como fixa o direito social de moradia como direito fundamental, assegurando igualmente a garantia de acesso ao Judiciário.

Ademais, a interpretação das normas aplicáveis aos financiamentos imobiliários do SFH também deve observar os regramentos do Código de Defesa do Consumidor, que surgiu para atender ao comando dos arts. 5º, XXXII e 170, V, da Constituição. O CDC reconheceu expressamente a vulnerabilidade do consumidor no mercado de consumo, e a necessidade de harmonização das relações de consumo pelos princípios da boa-fé objetiva e da equidade (art. 4º, I e III), que são "expressão da solidariedade e da livre iniciativa" e "projeção da isonomia substancial e da dignidade da pessoa humana".[18]

Portanto, a análise da proteção contratual nos financiamentos imobiliários do SFH, à luz da segurança jurídica e da função social do contrato, não pode se olvidar das normas constitucionais, tanto das que fixam a proteção aos direitos fundamentais, quanto das que sustentam os princípios sociais dos contratos, nas legislações infraconstitucionais.

---

[15] VILHENA, Oscar Vieira. *A Constituição e sua reserva de justiça*. São Paulo: Malheiros, 1999.

[16] SARLET, Ingo Wolfgang. Direitos fundamentais, democracia e 'cláusulas pétreas' na Constituição Federal de 1988. In: FELLET, André; NOVELINO, Marcelo (Orgs.). *Constitucionalismo e democracia*. Salvador: JusPodivm, 2013.

[17] CLÈVE, Clèmerson Merlin. *Para uma dogmática constitucional emancipatória*. Belo Horizonte: Fórum, 2012. p. 21.

[18] TEPEDINO, Gustavo. A aplicabilidade do Código Civil nas relações de consumo: diálogos entre o Código Civil e o Código de Defesa do Consumidor. In: LOFUTO, Renan; MARTINS, Fernando Rodrigues (Coord.). *20 anos do Código de Defesa do Consumidor*: conquistas, desafios e perspectivas. São Paulo: Saraiva, 2011. p. 71.

6.3.2 A metodologia do direito civil constitucional

Dada a forte carga axiológica das normas constitucionais, que incidem sobre os financiamentos do SFH, entende-se que a metodologia do direito civil constitucional se apresenta mais adequada, para guiar a interpretação dos vetores da segurança jurídica e da função social dos contratos. Conforme leciona Paulo Lôbo "o Direito Civil Constitucional é uma metodologia de estudo, de pesquisa e de aplicação do Direito Civil", que tem como objetivo "ter a pessoa humana como foco central da investigação, da aprendizagem e da aplicação do Direito Civil", por meio da "afirmação das garantias de efetivação dos direitos fundamentais nas relações privadas".[19] Tal metodologia pode conduzir a interpretações distintas das que foram adotadas no REsp nº 1.163.283/RS. E, justamente por isso, suas considerações deveriam ter sido igualmente levadas ao debate no referido julgamento.

A metodologia do direito civil constitucional, no âmbito dos contratos, parte da premissa de que as transformações no direito decorrem do fato inexorável de que o direito é profundamente social, sendo importante compreender a imbricação entre suas categorias e a sociedade que integra. O direito positivo é notadamente histórico e contextualizado, pois os valores dominantes em cada época definem a moldura das inclusões e exclusões das categorias jurídicas, que deixam à margem as relações de fato não enquadradas no sistema.[20]

As transformações do direito privado foram motivadas por dois fenômenos: (i) a descodificação, que alterou a técnica legislativa, substituindo o monossistema representado pelo Código Civil, por um polissistema marcado pelo conjunto de leis esparsas, editadas pela crescente intervenção do Estado na economia, especialmente na regulação de setores específicos, em microssistemas legais autônomos;[21] e (ii) a funcionalização (ou socialização) do direito, pelos valores introduzidos na Constituição Federal de 1988, como a dignidade da pessoa humana, os objetivos da República e a regulação da ordem econômica e financeira. Tais influxos impulsionam o deslocamento do centro irradiador do sistema jurídico de direito privado, do Código Civil para a Constituição Federal, elemento unificador do ordenamento jurídico.[22]

Como ensina Luiz Edson Fachin, a Constituição Federal de 1988, ao erigir como fundamento da República a dignidade da pessoa humana, "colocou a pessoa como centro das preocupações do ordenamento jurídico, de modo que todo o sistema, que tem na Constituição sua orientação e seu fundamento, se direciona para a sua proteção".[23] Considerando que as normas constitucionais conferem unidade sistemática ao ordenamento jurídico, a opção da CF/88 pelo abandono da postura patrimonialista,

---

[19] LÔBO, Paulo. Metodologia do direito civil constitucional. In: RUZYK, Carlos Eduardo Pianovski *et al.* (Orgs.). *Direito civil constitucional*: a ressignificação da função dos institutos fundamentais do direito civil contemporâneo e suas consequências. Florianópolis: Conceito, 2014. p. 19-20.

[20] FACHIN, Luiz Edson. *Teoria crítica do direito.* 3. ed. Rio de Janeiro: Renovar, 2012. p. 206.

[21] TEPEDINO, Gustavo. A aplicabilidade do Código Civil nas relações de consumo: diálogos entre o Código Civil e o Código de Defesa do Consumidor. In: LOFUTO, Renan; MARTINS, Fernando Rodrigues (Coord.). *20 anos do Código de Defesa do Consumidor*: conquistas, desafios e perspectivas. São Paulo: Saraiva, 2011.

[22] FACHIN, Luiz Edson. As relações jurídicas entre o Novo Código Civil e o Código de Defesa do Consumidor: elementos para uma teoria crítica do direito do consumidor. In: CONRADO, Marcelo (Org.). *Repensando o direito do consumidor*: 15 anos do CDC. Curitiba: Ordem dos Advogados do Brasil, Seção Paraná, 2005. p. 30.

[23] FACHIN, Luiz Edson. *Questões do direito civil brasileiro contemporâneo.* Rio de Janeiro: Renovar, 2008. p. 6.

migrando para uma "concepção que privilegia o desenvolvimento humano e a dignidade da pessoa concretamente considerada, em suas relações interpessoais, visando à sua emancipação", se estende ao campo do direito dos contratos.[24]

Com a mudança valorativa do patrimônio para a pessoa como centro do ordenamento jurídico, os princípios fundamentais dos contratos foram afetados. A autonomia privada e os efeitos do contrato passam a ser relativos; a *pacta sunt servanda* resta abalada frente à cláusula *rebus sic stantibus* e à onerosidade excessiva; e a boa-fé emerge como cláusula geral de deveres colaterais, confiança e lealdade recíprocas, com prevalência da intenção real sobre o conteúdo declarado. O elemento volitivo ganha outra configuração, pois neste novo antropocentrismo o sistema normativo é colocado em relação à pessoa. As alterações substanciais no campo do direito dos contratos, inauguradas com a entrada em vigor da Constituição Federal de 1988, desdobram-se também nos ditames do Código de Defesa do Consumidor de 1990 e do Código Civil de 2002.

O contrato, na ótica do direito civil constitucional, passa a servir ao destinatário das normas previstas no ordenamento, devendo respeitar, em primeiro lugar, o princípio da dignidade da pessoa humana, fundamento da República (art. 1º, inc. III, da CF/88). A realização dos objetivos da República (art. 3º, CF/88) também se volta aos destinatários das normas constitucionais, ou seja, a pessoa humana, que é o centro das atenções do sistema. E a partir de uma interpretação sistemática da Constituição, pode-se afirmar que o desenvolvimento nacional somente pode ser atingido com a elevação do nível de vida dos cidadãos (inc. III, do art. 3º) e da promoção do bem de todos (inc. IV, do art. 3º). A noção de desenvolvimento, neste viés, não se restringe à mera hipótese de crescimento econômico, ou aquecimento do mercado imobiliário, ao contrário, vincula-se ao respeito e atendimento das normas e do projeto constitucionais.[25]

Por meio deste "antropocentrismo contratual", a pessoa humana surge como foco inicial do nascimento e desenvolvimento de direitos e obrigações. A valorização do trabalho na ordem econômica constitucional igualmente converge para a proteção da pessoa, porque "é do trabalho da pessoa humana que se inicia o processo de crescimento no país". Assim, a livre iniciativa no Estado brasileiro deve ter por fim assegurar a existência digna de todos, não só a do empreendedor ou do agente econômico. Por isso, o contrato passa a encontrar restrições em seus termos, difundidos no curso do processo obrigacional, para que possa ser considerado uma "forma de geração de riqueza social e construção de uma sociedade livre, justa e solidária". E as normas jurídicas devem ter como principal objetivo a promoção da justiça social, especificamente favorecendo as pessoas vulneráveis,[26] tais quais os mutuários do SFH.

Gustavo Tepedino indica os princípios constitucionais da dignidade da pessoa humana, da igualdade substancial e da solidariedade como "pressupostos justificadores dos mecanismos de defesa do consumidor". Tais normas, ressalta-se, possuem eficácia imediata nas relações interprivadas. A dignidade da pessoa humana exige "padrões de comportamentos a serem observados nas relações de consumo", repelindo as condutas

---

[24] FACHIN, Luiz Edson. *Questões do direito civil brasileiro contemporâneo*. Rio de Janeiro: Renovar, 2008. p. 6.

[25] FACHIN, Luiz Edson. *Teoria crítica do direito civil*. 3. ed. Rio e Janeiro: Renovar, 2012. p. 228-231.

[26] CASADO, Márcio Mello. Os princípios fundamentais como ponto de partida para uma primeira análise do sobreendividamento no Brasil. *Revista de Direito do Consumidor*, n. 33, p. 130-142, jan./mar. 2000. p. 131-133.

que sejam objetivamente incompatíveis com a proteção do sujeito vulnerável e com a promoção de seus valores existenciais. Já a igualdade substancial e a solidariedade sustentam os princípios da boa-fé objetiva e da equidade no CDC (arts. 4, III e 51, IV), que reestruturam a atuação da vontade individual e remodelam igualmente a noção de força vinculante do contrato e, consequentemente, de segurança jurídica.[27] E embasam também a inversão do ônus da prova (art. 6º, VIII), que promove a igualdade material no processo, facilitando ao consumidor, hipossuficiente, a defesa de seus interesses em juízo.

Portanto, a partir da axiologia dos valores constitucionais, que orientam também os princípios sociais dos contratos, a função social do contrato e a garantia de acesso dos mutuários do SFH, aos processos judiciais para revisão dos financiamentos imobiliários, poderiam ser interpretadas de forma diametralmente oposta à interpretação adotada no REsp nº 1.163.283/RS.

6.3.3 A inconsistência sistêmica com o Recurso Especial Repetitivo nº 1.070.297/PR e a redução da função social do contrato aos interesses do mercado

Dada a ampla divulgação que o julgamento do REsp nº 1.163.283/RS recebeu, aponta-se o risco em potencial de que tal decisão venha a ser aplicada em outros julgamentos pela Quarta Turma do STJ, configurando, assim, um precedente judicial.[28]

Ante tal risco, necessário apontar, desde logo, que, caso a interpretação adotada em tal julgado venha a se repetir em outros casos concretos, sinalizando que a orientação em tela venha a constituir novo precedente do STJ, tal será um precedente controverso, que apresenta inconsistência sistêmica com outras orientações da mesma Corte Superior. Os precedentes controversos preenchem a primeira condição para o *overruling*, porque são socialmente incongruentes e se tornam sistemicamente inconsistentes, contrariando outros precedentes, ou se sujeitando a exceções inconsistentes. Assim, em se tratando de precedente controverso, os valores da estabilidade melhor justificam sua revogação, do que sua preservação.[29]

A inconsistência sistêmica do REsp nº 1.163.283/RS pode ser aferida a partir da comparação sobre as dimensões da função social do contrato, que foram afirmadas neste acórdão, em contraposição à orientação reiteradamente adotada pelo STJ, inclusive em sede de recurso repetitivo. Como visto, em vários julgados, a partir do ano de 2005, a Primeira Seção do STJ reconheceu que a capitalização de juros promove o crescimento da dívida em progressão geométrica, dificultando sobremaneira o pagamento da dívida, o que é incompatível "ontologicamente com os fins sociais do Sistema Financeiro da

---

[27] TEPEDINO, Gustavo. A aplicabilidade do Código Civil nas relações de consumo: diálogos entre o Código Civil e o Código de Defesa do Consumidor. In: LOFUTO, Renan; MARTINS, Fernando Rodrigues (Coord.). *20 anos do Código de Defesa do Consumidor*: conquistas, desafios e perspectivas. São Paulo: Saraiva, 2011. p. 70-72.

[28] Precedente judicial é toda decisão que tem a potencialidade de criar um padrão decisório, para determinadas questões jurídicas, e que passa a ser adotada como regra para a solução de tantos outros casos similares. O precedente judicial pode ser tanto a primeira decisão que define a solução de determinada controvérsia, como a decisão final a respeito da questão jurídica, alcançada após o amadurecimento da matéria na Corte, a permitir o delineamento completo da solução.

[29] MARINONI, Luiz Guilherme. *Precedentes obrigatórios*. 2. ed. rev. e atual. São Paulo: Revista dos Tribunais, 2011. p. 391-392.

Habitação". Tal orientação foi convalidada no Recurso Especial Repetitivo nº 1.070.297/PR, julgado no ano de 2009, pela Segunda Seção do STJ.

Assim, o que se observa é que, num primeiro momento, a orientação do STJ a respeito das abusividades nos financiamentos imobiliários, do SFH, valorizou a função social dos contratos, como limite para a autonomia da vontade e instrumento tanto para o equilíbrio do contrato, quanto para sua preservação. Preservação esta alcançada justamente por meio das revisões de contratos bancários.

A recente decisão preferida no REsp nº 1.163.283/RS, entretanto, caminha em direção totalmente contrária, sem apresentar motivação para revogação da orientação até então vigente. E promove uma interpretação tão restritiva da função social do contrato, que pode levar à perda do sentido do referido instituto, já que

> reduzir a função social ao mercado – ou a ele subordiná-la, como antecedente da função social – pode constituir o mais grave esvaziamento do conteúdo jurídico do princípio, fazendo com que qualquer suposta e mediata obtenção de benefícios econômicos – sobretudo exteriores à avença – fundamente um suposto cumprimento da função social.[30]

Por tal motivo, cumpre tecer algumas considerações sobre a função social do contrato, a partir da interpretação do direito civil constitucional. Segundo Paulo Lôbo, o princípio da função social do contrato "determina que os interesses individuais das partes do contrato sejam exercidos em conformidade com os interesses sociais, sempre que estes se apresentem". A introdução da função social do contrato no direito privado brasileiro reflete a mudança da concepção de contrato no Estado Liberal e no Estado Social, sendo que este segundo introduz a tutela explícita da ordem econômica e social na Constituição. Por isso, como o art. 170 da Constituição estabelece que toda a atividade econômica está submetida à primazia da justiça social, e o contrato é o instrumento da atividade econômica, enquanto houver ordem econômica e social, no bojo do Estado, haverá a função social do contrato.[31]

Antônio Carlos Efing identifica que a função social do contrato encontra respaldo também nos fundamentos constitucionais da solidariedade, da função social da propriedade e dignidade da pessoa humana, além dos princípios da ordem econômica.[32] Por isso, a função social do contrato serve de limite e diretriz no exercício da liberdade contratual, para que a vontade individual seja exercida levando em conta interesses caros à ordem constitucional.

A função social do contrato, conforme leciona Luiz Edson Fachin, é um preceito de ordem pública, aplicável a todas as espécies de contratos, tanto de direito privado quanto de direito público, sob pena de nulidade, ante a regra do art. 2.035, do Novo Código Civil. Esse princípio exerce a função de orientar a liberdade de contratar, de tal sorte que "quem contrata não contrata mais apenas com *quem* contrata", ante a ética da solidariedade social. E, como a probidade e boa-fé devem estar presentes em todas

---

[30] RUZYK, Carlos Eduardo Pianovski. *Institutos fundamentais do direito civil e liberdade(s)*: repensando a dimensão funcional do contrato, da propriedade e da família. Rio de Janeiro: GZ, 2011. p. 283.

[31] LÔBO, Paulo Luiz Netto. Princípios sociais dos contratos no Código de Defesa do Consumidor e no Novo Código Civil. *Revista de Direito do Consumidor*, n. 42, abr./jun. 2002. p. 190-191.

[32] EFING, Antônio Carlos. Contratos e procedimentos bancários à luz do CDC. 2. ed. rev., atual. e ampl. São Paulo: Revista dos Tribunais, 2012. p. 94-96.

as fases do negócio, "quem contrata não contrata tão só o *que* contrata", e "quem diz contratual não mais diz *justo*", pois para que se mantenha a força vinculante dos pactos, deve-se atender aos regramentos ditados pela nova relação entre contrato e ordem pública.[33]

Sobre as dimensões da função social do contrato, Bruno Miragem esclarece:

> ao referir-se à função social do contrato, de uma primeira interpretação do próprio texto da norma do art. 421, já se retiram dois aspectos característicos do seu significado. Primeiro, de que configura um limite à liberdade de contratar; segundo, que apresenta um vínculo orgânico entre o exercício da liberdade/direito subjetivo de contratar e a finalidade social desta prerrogativa. Determina ao direito de contratar, pois, a natureza de um direito-função.[34]

Neste segundo caso, a finalidade social do direto de contratar assume diferentes possibilidades de interpretação, que abrangem: (i) uma garantia de *acesso ao contrato*, (ii) a sua *manutenção*, (iii) o *controle de mérito e conteúdo*, (iv) para alcançar o *justo*. A promoção e a efetividade da função social do contrato são concretizadas, sobretudo, pela intervenção do Estado-juiz, que pode *direcionar, restringir* ou *ampliar* o conteúdo jurídico dos contratos celebrados. Isso porque

> a cláusula geral do art. 421 é assim norma endereçada ao juiz, para que este torne preciso seu significado de acordo com o caso, e segundo os esforços de interpretação que a doutrina e a jurisprudência desenvolverão em razão da nova realidade social e suas exigências quanto à finalidade e à utilidade da concepção de contrato no direito brasileiro.[35]

Portanto, a função social delineia o conteúdo das obrigações contratuais, de tal sorte que o vetor da segurança jurídica não deve mais ser visto como sinônimo de imutabilidade das condições contratuais, mas sim como respeito e adequação aos ditames de ordem pública, que incidem sobre as relações interprivadas. E, para dar o direcionamento adequado à relação contratual, "há de se considerar que a função social do contrato seja observada não como princípio cujos efeitos sejam determinados com igual conteúdo a todas as espécies de contrato, senão que deverá ser identificada em cada contrato". Ou seja, para se extrair a função social do contrato "a natureza dos deveres jurídicos ou dos limites estabelecidos pela boa-fé objetiva, em razão da função social dos contratos, deverão ser identificados/interpretados em atenção ao caráter de essencialidade ou relevância social reconhecida ao objeto destas contratações".[36]

Assim, o sentido e alcance da função social do contrato não devem ser extraídos de forma abstrata. Ao contrário, importa ao intérprete

---

[33] FACHIN, Luiz Edson. *Questões do direito civil brasileiro contemporâneo*. Rio de Janeiro: Renovar, 2008, p. 23-25.

[34] MIRAGEM, Bruno. Diretrizes interpretativas da função social do contrato. *Revista de Direito do Consumidor*, n. 56, p. 22-45, out./dez. 2005.

[35] MIRAGEM, Bruno. Diretrizes interpretativas da função social do contrato. *Revista de Direito do Consumidor*, n. 56, p. 22-45, out./dez. 2005. p. 25-29.

[36] MIRAGEM, Bruno. Diretrizes interpretativas da função social do contrato. *Revista de Direito do Consumidor*, n. 56, p. 22-45, out./dez. 2005. p. 31; 41.

identificar a função social do contrato que examina e no contexto em que examina para poder realmente realizar a igualdade equitativa (*aequitas*) de tratamento dos sujeitos envolvidos. Matérias, pessoas e finalidades não são apenas critérios frios de determinação do campo de aplicação das normas. A base (razão) e o limite (ordem pública e abuso do direito) serão dados pelo exame da função social dos contratos.[37]

Neste sentido, entende-se que, em ternos de financiamentos imobiliários, a identificação da função social deve ter como elementos de análise as condições pessoais do consumidor, a finalidade do crédito, a repercussão social e os efeitos no núcleo familiar. No caso do consumidor pessoa física, entende-se que é igualmente importante discernir se uso do crédito foi destinado ao incremento do bem-estar, ou se constitui um instrumento indispensável para o desenvolvimento do indivíduo e afirmação da liberdade.[38]

Quando o crédito é utilizado para satisfação de necessidades básicas e como meio para realização de direitos fundamentais, como a moradia, a função social deve ser orientada em primeiro lugar para realização da dignidade humana. Conforme sustenta Carlos Eduardo Pianovski Ruzyk, "o acesso a bens fundamentais por meio do contrato é o que se pode trazer de mais relevante na compreensão da relação entre função social e liberdade". A exemplo do Grameem Bank,[39] o crédito pode exercer um papel fundamental na emancipação das pessoas, pois aumenta o acesso a funcionamentos e amplia a capacidade de agente. Desta forma, o contrato, para além de um "instrumento de livre atuação do particular na realização de escolhas", passa a ser "fonte reprodutiva da liberdade".[40]

Na compreensão da função social do crédito, "a utilidade existencial do bem contratado" se revela como "um critério juridicamente relevante no exame das questões contratuais".[41] E quando o bem contratado tem caráter essencial, pois "assegura um grau de liberdade substancial indispensável para a vida digna", atuando como fonte de realização de direitos fundamentais, o direcionamento do contrato deve ser voltado para assegurar a satisfação destes direitos, como subsistência (corolário do direito à vida), moradia, educação e saúde. De outro vértice,

> se o contrato de crédito tem entre suas funções incrementar ou manter níveis de liberdade, propiciando acesso do mutuário a bens necessários à ampliação de seu grau capacitatório, não pode ele implicar consequência inversa, com a eliminação ou redução drástica da liberdade como efetividade do contratante.[42]

---

[37] MARQUES, Cláudia Lima. A chamada nova crise do contrato e o modelo de direito privado brasileiro. In: MARQUES, Cláudia Lima. *Nova crise do contrato*: estudos sobre a nova teoria contratual. São Paulo: Revista dos Tribunais, 2007. p. 59.

[38] SEN, Amartya. *Desenvolvimento como liberdade*. Tradução de Laura Teixeira Mota. Revisão técnica de Ricardo Doninelli Mendes. São Paulo: Companhia das Letras, 2010.

[39] Fundado pelo Prêmio Nobel da Paz em 2006, Muhammad Yunus, o Grameen Bank (ou Banco da Aldeia) em Bangladesh permitiu o acesso ao microcrédito a pobres contribuiu para o desenvolvimento dos então excluídos.

[40] RUZYK, Carlos Eduardo Pianovski. *Institutos fundamentais do direito civil e liberdade(s)*: repensando a dimensão funcional do contrato, da propriedade e da família. Rio de Janeiro: GZ, 2011. p. 291.

[41] NEGREIROS, Tereza. *Teoria do contrato*: novos paradigmas. Rio de Janeiro: Renovar, 2002. p. 380.

[42] RUZYK, Carlos Eduardo Pianovski. *Institutos fundamentais do direito civil e liberdade(s)*: repensando a dimensão funcional do contrato, da propriedade e da família. Rio de Janeiro: GZ, 2011. p. 292.

Por isso, a compreensão da função social do contrato, nos financiamentos imobiliários do SFH, não pode ser apropriada aprioristicamente, pela aplicação em abstrato de uma teoria econômica, sem submetê-la previamente ao teste de compatibilidade constitucional; sem confrontá-la com outras metodologias de interpretação, tal como a metodologia do direito civil constitucional; e sem analisar os elementos concretos da relação contratual, tais como o grau de realização de direitos fundamentais por meio do contrato, que auxiliam na delimitação do conteúdo e efeitos da função social do contrato.

Considerações finais

As considerações até aqui apresentadas apontam a inadequação da orientação firmada no REsp nº 1.163.283/RS, especialmente por ter reduzido a função social dos contratos do SFH, de forte cunho social, aos interesses do mercado. Para além do risco do esvaziamento do instituto da função social, a forma como a decisão em tela foi construída chama a atenção para um problema, que tem se repetido nas decisões judiciais, inclusive das Cortes Superiores: a adoção insular de determinada teoria, sem submetê-la ao crivo dialético do contraditório, e sem testar se as hipóteses ventiladas efetivamente se concretizam na realidade, que circunda o contexto histórico e social afetado pela decisão.

Para uma construção dialógica das decisões, é necessário esclarecer inicialmente que "diálogo real supõe mútua consideração no espaço da fala e da escuta; diálogos virtuais são monólogos paralelos que não se entrecruzam".[43] Portanto, na formação das decisões judiciais, especialmente pelas Cortes Superiores, deve haver o cuidado de que as ideias divergentes sejam confrontadas, entrecruzadas e testadas, para que assim se possa alcançar determinada solução, que melhor se proponha à solução do caso concreto e à criação de uma regra decisória sobre determinada questão jurídica.

> Além disso, a construção dos precedentes judiciais também não pode ignorar que, da ligação entre a sociedade e o fenômeno jurídico, não obstante a preocupação a partir de conceitos, faz-se mister que o operador do Direito esteja atento à realidade circundante; é necessário ter em mente o contexto social e histórico, reconhecendo-se, então, o conjunto de normas, preceitos, princípios e valores desta sociedade e deste momento histórico.[44]

Ou seja, é necessário que o julgador leve em consideração não apenas os princípios e demais normas do direito e outras ciências, mas também a realidade social que circunda a questão jurídica em análise, e que será afetada pela decisão judicial.

Neste contexto, a segurança jurídica tão almejada, e que é um dos pilares do sistema de precedentes, não "significa imutabilidade, mas sim um mínimo indispensável de previsibilidade, em patamares compatíveis com o dinamismo e o cosmopolitismo". O desafio então recai em encontrar a solução correta no texto constitucional e nas normas infraconstitucionais. O temperamento dessa medida passa "pelo rigor da

---

[43] FACHIN, Luiz Edson. *Teoria crítica do direito civil*. 3. ed. Rio e Janeiro: Renovar, 2012. p. 270.

[44] FACHIN, Luiz Edson. *Teoria crítica do direito civil*. 3. ed. Rio e Janeiro: Renovar, 2012. p. 281.

fundamentação racional das decisões, e alcança o sentido da segurança não apenas como garantia de legítimas expectativas, mas também como incidência material da legalidade constitucional".[45]

E, neste diálogo com as demais ciências, que podem vir a informar as questões jurídicas submetidas à julgamento, é preciso

> evitar confusão com os sistemas conexos, tais como os sistemas econômicos, político, social, religioso, moral, etc. cada um desses sistemas tem princípios próprios: o princípio jurídico, o princípio religioso, o princípio econômico. Uma coisa é o Direito dialogar com os outros saberes – e deve fazê-lo para sua exata compreensão – e outra é abrir mão de sua autonomia e admitir o avassalamento de se próprio campo pelos princípios alheios.[46]

Neste ponto, a apropriação inconteste da análise econômica do direito, sem submetê-la ao crivo da compatibilidade constitucional, sem testar as hipóteses efetivamente ventiladas sobre a redução das externalidades, e sem contextualizar seus ditames liberais com a realidade socioeconômica afetada pela decisão judicial, pode se revelar em perigosa restrição indevida de direitos fundamentais, sobretudo num momento em que os índices de inadimplência têm sido crescentes, ante os efeitos negativos da crise econômica que promove a recessão no Brasil, aumentando as taxas de juros, reduzindo a oferta de crédito, desvalorizando os salários pela alta inflacionária e dificultando o pagamento das obrigações contratuais dos financiamentos.

A noção de que "os princípios econômicos suplantam e submetem jurídicos, principalmente através do princípio que deu origem a essa corrente, que diz respeito à Teoria dos Custos Sociais, desenvolvida pelo economista norte-americano Ronald Coase, sobre as 'externalidades negativas', inclusive das leis e decisões judiciais", deve ser sopesada com o respeito aos direitos fundamentais e demais normas constitucionais. Como exemplo,

> se há custos sociais na decisão que faz valer o princípio da dignidade humana, tem que prevalecer tal princípio jurídico, independentemente dos custos sociais. Se a decisão da maioria do STF, por exemplo, relativamente à (im)penhorabilidade do bem de família tivesse sido fundada em um princípio jurídico e não no princípio econômico dos custos sociais, o resultado seria outro e, ao meu ver, o único juridicamente sustentável.[47]

Da mesma forma, a afirmação de que o patrimônio está a serviço da pessoa, o que impacta igualmente no direito dos contratos, não deve ser vista como uma atitude antipatrimonial, mas sim como a compreensão do papel primordial da primazia da pessoa, promovido pela Constituição Federal.

---

[45] FACHIN, Luiz Edson. Segurança jurídica entre ouriços e raposas. In: RUZYK, Carlos Eduardo Pianovski *et al.* (Orgs.). *Direito civil constitucional*: a ressignificação da função dos institutos fundamentais do direito civil contemporâneo e suas consequências. Florianópolis: Conceito, 2014. p. 16-17.

[46] LÔBO, Paulo. Metodologia do direito civil constitucional. In: RUZYK, Carlos Eduardo Pianovski *et al.* (Orgs.). *Direito civil constitucional*: a ressignificação da função dos institutos fundamentais do direito civil contemporâneo e suas consequências. Florianópolis: Conceito, 2014. p. 26.

[47] LÔBO, Paulo. Metodologia do direito civil constitucional. In: RUZYK, Carlos Eduardo Pianovski *et al.* (Orgs.). *Direito civil constitucional*: a ressignificação da função dos institutos fundamentais do direito civil contemporâneo e suas consequências. Florianópolis: Conceito, 2014. p. 26-27.

Por fim, em tempos de decisões judiciais cada vez mais autorreferentes e distanciadas dos debates doutrinários, não se pode esquecer:

> toda a história e o desenvolvimento do nosso direito centenário e milenar são fundados na força criativa da doutrina. A doutrina aponta para o futuro, a jurisprudência para o passado, pois lida com fatos e condutas passadas. Não pode jamais a jurisprudência determinar os rumos da doutrina. É justamente o contrário, é a doutrina que deve orientar os caminhos da jurisprudência dos Tribunais.[48]

À doutrina do direito civil constitucional cumpre a nobre missão de fomentar o diálogo com a jurisprudência, seja auxiliando na interpretação em conformidade com as normas constitucionais e os direitos fundamentais, de aplicação imediata nas relações interprivadas; seja propondo metodologias para a formação dialógica das decisões judiciais, especialmente pelas Cortes Superiores, cujos julgamentos têm a potencialidade de formação de precedentes, que atuam como parâmetro decisório de inúmeros casos semelhantes.

A doutrina tem ainda o papel fundamental de promover o debate, manter acesas as discussões e repudiar adoções de teorias insulares, sem a compreensão prévia de que hipóteses têm que ser testadas, antes de serem validadas e creditadas como regra geral.[49] E de que a escolha por uma ou outra interpretação deve ser guiada por razões sólidas, por meio da fundamentação robusta que respeite o contraditório, a bilateralidade das argumentações e o respeito às normas constitucionais, sem perder de vista o contexto histórico e social da realidade circundante, que pode ser afetada pela decisão judicial. Tais metodologias são necessárias para que a formação de orientações jurisprudenciais não resulte da mera predileção, de uma maioria momentânea de julgadores, a uma ou outra teoria.

Diálogo pressupõe interação, debate e abertura para compreensão dos argumentos do outro. Cabe à doutrina insistir no primeiro passo, acompanhando as novas orientações jurisprudências e procedendo à crítica, em tempo real, dos desvios que resultem em restrição indevida da aplicabilidade das normas constitucionais e, sobretudo, dos direitos fundamentais.

Informação bibliográfica deste texto, conforme a NBR 6023:2002 da Associação Brasileira de Normas Técnicas (ABNT):

OLIVEIRA, Andressa Jarletti Gonçalves de. A problemática da aplicação da análise econômica do direito aos contratos do Sistema Financeiro da Habitação: uma análise a partir do Recurso Especial nº 1.163.283/RS. In: TEPEDINO, Gustavo; TEIXEIRA, Ana Carolina Brochado; ALMEIDA, Vitor (Coord.). *Da dogmática à efetividade do Direito Civil*: Anais do Congresso Internacional de Direito Civil Constitucional – IV Congresso do IBDCivil. 2. ed. rev., ampl. e atual. Belo Horizonte: Fórum, 2019. p. 387-408. ISBN 978-85-450-0545-2.

---

[48] LÔBO, Paulo. Metodologia do direito civil constitucional. In: RUZYK, Carlos Eduardo Pianovski *et al.* (Orgs.). *Direito civil constitucional*: a ressignificação da função dos institutos fundamentais do direito civil contemporâneo e suas consequências. Florianópolis: Conceito, 2014. p. 27.

[49] Neste sentido, aponta-se que a premissa estabelecida no julgamento do REsp nº 1.163.283/RS, de que a manutenção dos contratos tal como firmados é benéfica ao sistema, não observa dois fatores: (i) as restrições que o art. 50 da Lei nº 10.931/2004 pode resultar aos mutuários do SHF, que precisem da demanda revisional para readequar as obrigações pactuadas e manter os contratos; e (ii) a existência de estudos concretos que demonstram que a revisão judicial dos contratos do SFH, com a readequação das obrigações contratadas, não traz qualquer prejuízo aos bancos que operam em tal sistema. Neste sentido: ROCHA, Marcio Antonio. *Sistema Financeiro da Habitação*: soluções jurídicas e proposições para o futuro. Curitiba: Juruá, 2009. p. 65-66.

CAPÍTULO 7

CONSIDERAÇÕES SOBRE A PROTEÇÃO DO DIREITO À IMAGEM NA INTERNET

CHIARA ANTONIA SPADACCINI DE TEFFÉ

Introdução

No ano de 2006, a modelo Daniella Cicarelli e seu namorado, Renato Malzoni, tiveram suas imagens captadas em momentos íntimos, durante período de lazer, em praia na Espanha. Sem saber que estava sendo filmado, o casal protagonizou cenas ousadas que acabaram sendo publicadas em um *site* de visibilidade internacional, o YouTube. Diante da situação, em setembro de 2006, o casal ajuizou uma ação na Comarca de São Paulo, com o fim de proibir a transmissão das imagens. Nascia, assim, um dos casos de referência no país sobre bloqueio de aplicações de internet e exposição não autorizada de imagens íntimas em *sites* de compartilhamento de conteúdo.

Mais de dez anos após este marcante episódio, os intérpretes do direito ainda encontram muitas dificuldades para proteger os direitos da personalidade no ambiente virtual. Em um cenário em que redes sociais e aplicativos de interação *on-line* promoveram uma nova dinâmica para os relacionamentos humanos, a imagem vem sendo constantemente exposta tanto por seu titular quanto por terceiros. O intenso uso de celulares conectados à rede móvel de internet possibilita que cada indivíduo tenha meios para vigiar, registrar e divulgar imagens de pessoas e de eventos, em tempo real. Nada mais escapa às lentes e, para piorar, toda essa informação pode acabar sendo inserida sem nenhum controle na internet. É, portanto, essencial que sejam desenvolvidos estudos acerca dos danos causados à pessoa pela utilização indevida ou abusiva de sua imagem, assim como acerca da compensação pelo dano moral sofrido, visto que a responsabilidade civil deve servir como instrumento de tutela dos interesses da pessoa humana, oferecendo mecanismos hábeis para protegê-la na internet.

Conforme evolui a tecnologia, novas ferramentas são desenvolvidas e, consequentemente, surgem novas formas de se causar danos a terceiros, sendo possível destacar, entre as diversas situações: a divulgação não autorizada de imagens íntimas e/ou de cenas de nudez em aplicativos e *sites* de compartilhamento de conteúdo; a criação de perfis falsos em redes sociais; a indexação por provedores de pesquisa de conteúdo antigo e em desacordo com as características atuais de determinado indivíduo; a criação de página com mensagens ofensivas a certa pessoa ou com atribuição de características em desacordo com sua atual personalidade; e a exposição abusiva da imagem de determinada pessoa em notícia jornalística ou em quadro de humor.

Em razão da complexidade das situações lesivas, cada caso deverá ser analisado concretamente, sendo consideradas as especificidades do fato e as pessoas envolvidas, bem como o estágio atual de desenvolvimento dos mecanismos tecnológicos que permitem a filtragem e/ou a remoção de conteúdos na internet, de forma que a decisão proferida possa ser efetivamente cumprida e garanta a reparação dos danos sofridos. Com base nas referidas considerações, visa-se desenvolver breve estudo relativo à proteção do direito à imagem na internet. Para tanto, inicia-se o artigo tratando dos contornos atuais do direito à imagem, especialmente de seu conceito, da relevância de se perquirir o consentimento do titular do direito e das possibilidades de utilização da imagem mesmo sem autorização prévia. Na segunda parte, é realizada análise sobre a compensação do dano à imagem, nos casos em que restar configurado dano moral à vítima. Por fim, trata-se da proteção do Marco Civil da Internet (Lei nº 12.965/14) para as imagens que contêm cenas de nudez ou de atos sexuais de caráter privado. O estudo foi realizado com base nas premissas do direito civil constitucional, que preconiza que as normas devem ser lidas permanentemente à luz da Constituição da República, sendo priorizadas as situações existenciais da pessoa humana.

7.1 O direito à imagem na legalidade constitucional

O direito à imagem protege principalmente interesses existenciais da pessoa, sendo compreendido como um direito da personalidade por se encontrar intrinsecamente ligado ao indivíduo enquanto ser, refletindo a expressão de sua existência. Nesse sentido, entende-se que o direito à imagem pertenceria à integridade psicofísica do indivíduo,[1] tutelando tanto sua fisionomia e retrato, quanto "o conjunto de características decorrentes do comportamento do indivíduo, de modo a compor a sua representação no meio social",[2]

---

[1] "A integridade da pessoa tem uma unidade problemática, pois único é o bem ou o interesse protegido. Tanto o perfil físico quanto aquele psíquico constituem componentes indivisíveis da estrutura humana (...): a tutela de um desses perfis se traduz naquela da pessoa no seu todo, e a disciplina na qual consiste esta tutela é, de regra, útil também para cada um de seus aspectos". (PERLINGIERI, Pietro. *O Direito Civil na legalidade constitucional.* Rio de Janeiro: Renovar, 2008. p. 776). No mesmo sentido, Maria Celina Bodin de Moraes ensina que a integridade seria composta de duas categorias indissociáveis do ser: o corpo e a mente, de modo que, também no campo jurídico, a integridade deveria ser tratada de acordo com a perspectiva da integridade psicofísica. Na esfera civil, a integridade psicofísica teria o objetivo de garantir diversos direitos da personalidade, como a vida, o corpo, o nome, a honra, a imagem, a intimidade e a identidade pessoal, não havendo a necessidade de se estabelecer uma estrutura rígida classificatória. (BODIN DE MORAES, Maria Celina. La tutela della persona umana in Brasile. *Civilistica.com*, Rio de Janeiro, a. 3, n. 2, jul.-dez./2014).

[2] MORAES, Maria Celina Bodin de. Ampliando os direitos da personalidade. In: MORAES, Maria Celina Bodin de. *Na medida da pessoa humana*: estudos de direito civil-constitucional. Rio de Janeiro: Renovar, 2010. p. 136.

ou seja, as características por meio das quais a personalidade do indivíduo é captada pela coletividade.

Inicialmente, o conceito de imagem era analisado de forma restrita, com base em aspectos meramente visuais. A imagem era entendida como toda representação gráfica, fotográfica, esculpida ou cinematográfica de uma pessoa. Posteriormente, em razão do grande avanço tecnológico, que impactou diretamente o tratamento, a captação e a divulgação da imagem, houve um gradual desenvolvimento dos contornos do direito à imagem e a ampliação dos bens por ele protegidos. Compreendeu-se que a pessoa humana também construiria sua imagem por meio de sua índole, características pessoais, comportamentos e atitudes na vida cotidiana, o que a caracterizaria singularmente e a individualizaria das demais pessoas. Ao longo de sua existência, o ser humano desenvolve características e qualidades que são incorporadas à sua personalidade, o que o torna individualizado e reconhecido no meio em que transita.

Quando se protege apenas a fisionomia e o retrato do indivíduo, o conteúdo do direito à imagem torna-se por demais reduzido, deixando descobertas diversas situações em que a imagem pode vir a ser violada sem que ocorra necessariamente lesão à expressão gráfica.[3] Desta forma, parece razoável que sejam reconhecidos dois perfis para o direito à imagem, os quais se encontram protegidos pela Constituição Federal de 1988: a imagem-retrato, expressão externa da pessoa humana, que representa a fisionomia e a forma plástica do sujeito (art. 5º, X) e a imagem-atributo, que representa "o conjunto de características decorrentes do comportamento do indivíduo, de modo a compor a sua representação no meio social",[4] ou seja, as características por meio das quais a personalidade do indivíduo seria captada pela coletividade, no sentido do conceito social de que desfruta (art. 5º, V).[5] Assim como o ser humano tem a garantia legal de se opor à reprodução, à publicação ou à exposição de sua forma exterior, igualmente ele

---

[3] Há lesão à imagem quando ela é veiculada de maneira deformada ou equivocada, não sendo condizente com a identidade que o sujeito construiu socialmente. Observa-se que a falsa representação das características do indivíduo, incompatível com a imagem atributo que ele construiu acerca de si mesmo, nem sempre conterá conteúdo negativo capaz de manchar sua reputação. Imagine que determinada pessoa adote ostensivamente uma conduta contrária ao tabagismo, trabalhando inclusive em programas de conscientização sobre os males causados pelo fumo. Caso ela seja surpreendida com a publicação de matéria jornalística que a retrate, equivocadamente, como uma fumante compulsiva, estará caracterizada a lesão à sua imagem-atributo. O ato de fumar não implica desonra para a pessoa, porém, no caso em tela, a matéria jornalística contraria a conduta adotada pelo sujeito, retratando-o de forma equivocada. (Cf. SOUZA, Carlos Affonso Pereira de. Contornos do direito à imagem. *Revista Trimestral de Direito Civil*, Rio de Janeiro, v. 13, jan./mar. 2003). Em julgado do Tribunal de Justiça de São Paulo, determinado homem pleiteou danos morais em razão de certa empresa ter utilizado sua imagem, sem autorização, em página do Facebook denominada "Lexus Amazing", para a promoção do veículo automotor denominado "Lexus". Entretanto, por ironia do destino, o autor era conhecido por apoiar o uso de bicicletas como meio de transporte, definindo-se como "cicloativista". Assim entendeu o magistrado: "Na hipótese vertente, restou incontroversa a ausência de autorização do autor para veiculação de sua imagem, inexistindo dúvida de que sua utilização foi feita de forma indevida pela ré, o que implica violação ao direito de imagem, a ensejar a reparação dos prejuízos extrapatrimoniais causados. Acresça-se que a imagem trazida às fls. 22 foi utilizada para divulgação de um automóvel, 'Lexus', enquanto que o autor é conhecido nas redes sociais por criticar o uso de automóveis e incentivar o uso da bicicleta como meio de transporte, definindo-se como 'cicloativista'". (TJSP, 5ª Câmara de Direito Privado. Ap. Cível nº 0008132-86.2013.8.26.0003. Rel. João Francisco Moreira Viegas, j. 27.5.2015).

[4] MORAES, Maria Celina Bodin de. Ampliando os direitos da personalidade. In: MORAES, Maria Celina Bodin de. *Na medida da pessoa humana*: estudos de direito civil-constitucional. Rio de Janeiro: Renovar, 2010. p. 136.

[5] Uma das críticas enfrentadas pela imagem-atributo é a de que este conceito se confundiria com o de honra objetiva. Todavia, é pacífico o entendimento de que a honra objetiva se encontra ligada à consideração que terceiros possuem em relação à determinada pessoa. A honra objetiva estaria, portanto, vinculada à reputação e às qualidades atribuídas a um indivíduo. Nesse sentido, verifica-se que eventual ofensa à imagem-atributo não

deve ter a garantia de que as características que o identificam não poderão ser utilizadas de forma distorcida ou modificada material ou intelectualmente.[6]

A expressa positivação do direito à imagem na Constituição Federal de 1988 concedeu um novo fôlego a esse bem, garantindo sua devida interpretação e autonomia em relação ao demais direitos da personalidade, o que acabou aumentando os questionamentos relativos à redação do art. 20 do Código Civil.[7] Salvo no caso de uso comercial, a mencionada norma condiciona a possibilidade de o titular da imagem proibir a sua veiculação às hipóteses em que o fato também lesionar a sua honra, o que, todavia, nem sempre se verifica e acaba por impedir a tutela de um bem relativo à personalidade humana. A imagem, uma vez consagrada como direito fundamental, não deveria ter a sua divulgação proibida apenas quando a publicação atingisse também a honra, a boa fama ou a respeitabilidade do indivíduo. Em regra, a utilização não autorizada da imagem de uma pessoa deveria ser proibida, salvo se as peculiaridades e as circunstâncias do caso legitimassem o uso do bem, quando seria necessário avaliar alguns parâmetros e limites desenvolvidos pela doutrina e pela jurisprudência.

Se o uso da imagem não for devidamente justificado, restará configurado o dever de compensar a vítima, sendo dispensáveis as provas do prejuízo do lesado e do lucro do ofensor para a caracterização do dano moral. Sentindo-se lesado, o titular do bem poderá coibir a utilização indevida ou abusiva por meio da via judicial, requerendo tanto tutela inibitória quanto ressarcitória. Esse entendimento alinha-se com o Enunciado nº 587 da VII Jornada de Direito Civil do Conselho da Justiça Federal, que dispõe que o dano à imagem restará configurado quando presente a utilização indevida desse bem jurídico, independentemente da concomitante lesão a outro direito da personalidade, sendo dispensável a prova do prejuízo do lesado ou do lucro do ofensor para a caracterização do referido dano, por se tratar de modalidade de dano *in re ipsa*. O referido enunciado não impõe restrição absoluta à utilização de imagem alheia. Proíbe-se apenas a utilização indevida da imagem, como já assentado pela jurisprudência pátria, devendo conceber-se por indevida a utilização injustificada, abusiva, lesiva ou desproporcional.[8]

Na doutrina contemporânea, é possível encontrar diversos parâmetros para se analisar se no caso concreto houve uma utilização indevida e/ou abusiva de determinada imagem capaz de gerar danos a seu titular, bem como para orientar o intérprete nas

---

atingirá, necessariamente, a honra objetiva, visto que a falsa representação das características do indivíduo nem sempre conterá conteúdo negativo.

[6] Carlos Affonso Souza ensina que o reconhecimento da imagem-atributo se encontra em plena harmonia com a ampliação das hipóteses de proteção à pessoa humana, fenômeno que representa uma mudança do paradigma patrimonialista, presente no Código Civil de 1916, para a adoção de uma dogmática civilista que coloca em preeminência o aspecto existencial. O autor destaca que "[...] o campo principal de aplicação da tutela relativa à imagem-atributo reside na veiculação de informações pelos meios de comunicação, sendo assegurado quando de sua violação o respectivo direito de resposta da pessoa ofendida". (SOUZA, Carlos Affonso Pereira de. Contornos do direito à imagem. *Revista Trimestral de Direito Civil*, Rio de Janeiro, v. 13, jan./mar. 2003. p. 44).

[7] "Art. 20. Salvo se autorizadas, ou se necessárias à administração da justiça ou à manutenção da ordem pública, a divulgação de escritos, a transmissão da palavra, ou a publicação, a exposição ou a utilização da imagem de uma pessoa poderão ser proibidas, a seu requerimento e sem prejuízo da indenização que couber, se lhe atingirem a honra, a boa fama ou a respeitabilidade, ou se se destinarem a fins comerciais".

[8] SANSEVERINO, Paulo de Tarso; SILVA, Rafael Peteffi da. A responsabilidade civil na VII Jornada de Direito Civil do Conselho da Justiça Federal. *Revista Consultor Jurídico*, 21 dez. 2015. Disponível em: <http://www.conjur.com.br/2015-dez-21/direito-civil-atual-responsabilidade-civil-vii-jornada-direito-civil-cjf>. Acesso em: 13 ago. 2016.

hipóteses de colisão entre o direito à imagem e o direito à liberdade de expressão.[9] Em síntese, recomenda-se que o intérprete verifique: (i) a veracidade do fato exposto; (ii) a forma e a linguagem com que o fato foi noticiado; (iii) se houve justo motivo para a exposição da imagem; (iv) se a exposição foi proporcional à expectativa de privacidade do retratado, ou seja, se a exposição se deu de acordo com o grau de consciência do retratado em relação à possibilidade de captação de sua imagem no contexto em que foi extraída; (v) se o local onde ocorreu o fato era público; (vi) se a pessoa retratada era notória ou pública; (vii) se havia interesse público na divulgação da informação; (viii) o grau de preservação do contexto originário em que a imagem foi colhida; (ix) o grau de identificação do retratado na imagem ou no material escrito; (x) se houve a intenção de ofender ou abuso do direito de informar; e (xi) as características de sua utilização, se comercial, jornalística ou biográfica.

A internet permite que pessoas de lugares diferentes e com graus diversos de educação possam ter acesso ao mesmo conteúdo, bem como propicia o incremento de mecanismos que facilitam a participação popular na própria elaboração dos conteúdos divulgados, ampliando o rol de atores envolvidos na construção da rede. Entretanto, ainda que a internet seja o espaço por excelência da liberdade, não será qualquer informação que será digna de proteção jurídica, podendo circular de forma ampla e livre; por vezes, será necessário avaliar, entre outros fatores, o interesse público e a utilidade socialmente apreciável de sua divulgação.

No final do século XX, a doutrina começou a verificar a reprodução pelas novas gerações de um crescente desejo de ser visto e percebido para além da comunidade em que se encontram, ocorrendo a exposição constante de si e de terceiros.[10] Tanto os detalhes mais interessantes quanto os mais inócuos vêm sendo exibidos diariamente em ferramentas que possuem características tanto da Web 2.0 (a web participativa),[11]

---

[9]   Cf. BARROSO, Luís Roberto. Colisão entre liberdade de expressão e direitos da personalidade. Critérios de ponderação. Interpretação constitucionalmente adequada do Código Civil e da Lei de Imprensa. *Revista de Direito Administrativo*, Rio de Janeiro, n. 235, jan./mar. 2004; MORAES, Maria Celina Bodin de. Honra, liberdade de expressão e ponderação. *Civilistica.com*, Rio de Janeiro, ano 2, n. 2, abr./jun. 2013. Disponível em: <http://civilistica.com/honra-liberdade-de-expressao-e-ponderacao/>. Acesso em: 26 mar. 2015; SCHREIBER, Anderson. *Direitos da personalidade*. São Paulo: Atlas, 2011. p. 109-110.

[10] Cf. SIBILIA, Paula. *La intimidad como espectáculo*. 1. ed. 3. reimpr. Buenos Aires: Fondo de Cultura Económica, 2013.

[11] Na Web 2.0, ocorreu o intenso desenvolvimento de *blogs*, *chats*, redes sociais e mídias sociais colaborativas. No início dos anos 2000, a internet popularizou-se em todo o mundo, vindo a abranger diversos atores. Tim O'Reilly afirma que a Web 2.0 seria a web como plataforma, abrangendo todos os dispositivos conectados (O'REILLY, Tim. *What is Web 2.0*. 30 set. 2005. Disponível em: <http://www.oreilly.com/pub/a/web2/archive/what-is-web-20.html>. Acesso em: 16 dez. 2015). A Web 2.0 diria respeito a uma segunda geração de serviços e aplicativos da rede e a recursos, tecnologias e conceitos que permitiriam um maior grau de interatividade, participação e colaboração na utilização da internet. O'Reilly afirma: "Web 2.0 is the network as platform, spanning all connected devices; Web 2.0 applications are those that make the most of the intrinsic advantages of that platform: delivering software as a continually-updated service that gets better the more people use it, consuming and remixing data from multiple sources, including individual users, while providing their own data and services in a form that allows remixing by others, creating network effects through an 'architecture of participation', and going beyond the page metaphor of Web 1.0 to deliver rich user experiences". (O'REILLY, Tim. *Web 2.0*: compact definition?. 1º out. 2005. Disponível em: <http://radar.oreilly.com/2005/10/web-20-compact-definition.html>. Acesso em: 16 dez. 2015).

quanto da Web 3.0 (a web semântica),[12] [13] e que podem ser acessadas facilmente por meio de aplicativos voltados para a rede móvel de internet, como exemplo: (a) as redes sociais virtuais, como o Facebook, o Instagram e o Snapchat; (b) os *sites* que armazenam e permitem o compartilhamento de fotos e vídeos, como o YouTube;[14] e (c) os aplicativos para o envio de texto e imagem, como o WhatsApp.

Observa-se que, no caso de exposição voluntária da própria imagem, especialmente em local público ou de forma pública na internet, uma eventual compensação financeira para seu titular, em razão de conduta lesiva de terceiro, poderá restar prejudicada. No Recurso Especial nº 595.600,[15] os ministros entenderam que a exposição voluntária poderia excluir a proteção à imagem, como no caso de quem pratica *topless* em cenário público, correndo o risco da divulgação dessa imagem pela imprensa. Nessa hipótese, entendeu-se que a referida conduta pré-excluiria a compensação pelo dano moral, mesmo havendo a publicação da imagem sem a autorização de seu titular. Obviamente, não se pode negar a proteção do direito à imagem à pessoa humana, seja ela considerada

---

[12] Cf. BERNERS-LEE, Tim; HENDLER, James; LASSILA, Ora. The semantic web: a new form of web content that is meaningful to computers will unleash a revolution of new possibilities. *Scientific American*, 1º maio 2001; MARKOFF, John. Entrepreneurs see a web guided by common sense. *The New York Times*, 12 nov. 2006. Disponível em: <http://www.nytimes.com/2006/11/12/business/12web.html? pagewanted=1&_r=0>. Acesso em: 16 abr. 2016.

[13] Na Web 3.0, a tecnologia atua no sentido de organizar o conteúdo, visando à interação inteligente e personalizada do usuário com o material disponibilizado na rede. Os provedores buscam entregar informações personalizadas, deduzir o que o internauta deseja e desenvolver mecanismos para expandir as suas capacidades de intuição. Na web semântica, é dado significado à informação, o que permite que computadores e pessoas trabalhem melhor em cooperação.

[14] Em 2012, Nissim Ourfali ficou nacionalmente conhecido quando seu pai colocou no YouTube um vídeo em que o rapaz cantava uma paródia da música "What makes you beautiful" contando a sua história de vida até os 13 anos. No vídeo, há efeitos especiais, montagens e participações da família. A intenção da família era apenas disponibilizar a gravação para alguns familiares que não haviam comparecido ao Bar Mitzvah – cerimônia que marca o aniversário de 13 anos de homens judeus – porém, como a página estava pública, o vídeo divulgado tornou-se viral na internet, alcançando mais de 3 milhões de visualizações. Em razão da produção de sátiras e paródias do vídeo, a família do adolescente considerou que seus direitos personalíssimos haviam sido lesados e ingressou com uma ação requerendo que o Google excluísse quaisquer vídeos que apresentassem o nome, a voz e/ou a imagem do jovem e estivessem disponíveis no YouTube, no Orkut e no Blogger. Todavia, a empresa alegou ser impossível atender à solicitação por ser extremamente genérica e não indicar precisamente os URLs em que os conteúdos danosos estariam presentes. Em 2012, o juízo de primeiro grau indeferiu o pedido de antecipação de tutela. No julgamento de mérito, em julho de 2014, o juiz negou o pedido da família de Nissim, alegando ser impossível remover um conteúdo da rede sem a indicação direta de sua hospedagem. Ressaltou que o vídeo havia sido copiado e transformado em uma infinidade de outros produtos, bem como divulgado em diversos meios, o que tornaria impossível o seu controle. Além da dificuldade técnica, afirmou-se que a exclusão de quaisquer materiais constituiria "forte censura" e "ofensa gigantesca ao princípio da liberdade de informação". Observou também que, caso a ação fosse julgada procedente, inúmeros outros vídeos e mídias seriam removidos sem que tivessem qualquer vínculo real com o autor. O juiz considerou ainda que o pai do garoto teria agido de forma imprudente, por não ter tido cautela no momento da divulgação do vídeo original, já que a empresa ré oferecia a opção de compartilhamento privado, o que teria evitado o constrangimento público do rapaz. (TJSP, 1ª Vara Cível de São Paulo. Proc. nº 0192672-12.2012.8.26.0100. Juiz Arthus Fucci Wady. Processo em segredo de justiça). (LUCHETE, Felipe. Google não é obrigado a excluir vídeos sobre Nissim Ourfali na internet. *Conjur*, 21 jul. 2014. Disponível em: <http://www.conjur.com.br/2014-jul-21/google-nao-obrigado-excluir-videos-nissim-ourfali>. Acesso em: 19 dez. 2015). Entretanto, em 15.3.2016, o Tribunal de Justiça de São Paulo determinou que o Google Brasil deveria excluir da internet os vídeos em que o garoto Nissim Ourfali canta sobre sua família, seus programas favoritos e seu gosto em viajar para a Praia da Baleia. Para a 9ª Câmara de Direito Privado, provedores de conteúdo são obrigados a apagar conteúdos prejudiciais à imagem de menores de idade, mesmo que a parte não indique o endereço das páginas (URLs). (VASCONCELLOS, Marcos de; LUCHETE, Felipe. Google é obrigado a excluir todos os vídeos de Nissim Ourfali do YouTube. *Conjur*, 16 mar. 2016. Disponível em: <http://www.conjur.com.br/2016-mar-15/google-obrigado-excluir-videos-nissim-ourfali-youtube>. Acesso em: 16 jul. 2016).

[15] Rel. Min. Cesar Asfor Rocha, j.18.3.2004.

notória ou privada. Todavia, conforme os elementos do caso concreto, a tutela do direito poderá ocorrer de forma um pouco mais restrita.

7.1.1 O consentimento para o uso da imagem

Na legalidade constitucional, torna-se necessário valorizar a vontade do titular do direito, que deverá, em regra, expressar o seu consentimento de forma livre, informada, específica e, preferencialmente, antes da utilização do bem por terceiro. Nos últimos anos, verifica-se certa dificuldade por parte dos indivíduos de controlarem a utilização que é dada a seus dados e atributos pessoais, principalmente no ambiente online. Nesse sentido, defende-se que a interpretação do consentimento deve, em regra, ocorrer de forma restritiva, não podendo o intérprete estender a autorização concedida para o uso da imagem para outros meios além daqueles pactuados, para momento posterior, para fim diverso ou, ainda, para pessoa distinta daquela que recebeu a autorização. O consentimento é dado pela pessoa em determinado contexto, de forma que, caso ele seja alterado, será necessário reavaliar a utilização da imagem ou mesmo questionar novamente o titular do bem. Observa-se a necessidade de se agir com cautela ao se admitir um consentimento tácito para a difusão da imagem, pois, ainda que não pareça razoável a exigência de autorização em todas as hipóteses, a divulgação de determinada imagem que exponha, por exemplo, conteúdo sensível de seu titular terá o potencial de causar graves danos a ele, devendo o intérprete ponderar, no caso concreto, os interesses em conflito.[16]

Em pesquisa doutrinária, verificou-se que há poucos estudos dedicados ao consentimento para o uso de imagem. Por outro lado, há densos trabalhos acerca do consentimento para a utilização e o tratamento de dados pessoais, sendo possível traçar um paralelo entre esses estudos. Entende-se que o consentimento representa um instrumento de manifestação individual no campo dos direitos da personalidade; ele representa uma liberdade de escolha de que a pessoa dispõe, sendo um meio para a construção e a delimitação de sua esfera privada.[17] [18] Nesse sentido, o consentimento deveria ser enquadrado como um ato unilateral, cujo efeito seria o de "[...] autorizar um

---

[16] Em voto, o Ministro Raul Araújo enfatizou a importância do consentimento expresso para a utilização da imagem humana em quadro televisivo: "[...] não obstante o direito de informação da empresa de comunicação e o perceptível caráter de interesse público do quadro retratado no programa televisivo, está clara a ofensa ao direito à imagem do recorrido, pela utilização econômica desta, sem a proteção dos recursos de editoração de voz e de imagem para ocultar a pessoa, evitando-se a perfeita identificação do entrevistado, à *revelia de autorização expressa deste, o que constitui ato ilícito indenizável*. 3. A obrigação de reparação decorre do próprio uso indevido do direito personalíssimo, não sendo devido exigir-se a prova da existência de prejuízo ou dano. O dano é a própria utilização indevida da imagem". (STJ. REsp nº 794.586. Rel. Min. Raul Araújo, j. 15.3.2012).

[17] "O consentimento alerta igualmente para o papel de destaque do direito privado na elaboração de uma disciplina dos dados pessoais. O recurso à autonomia privada, característica natural desta matéria, ocorre no mesmo momento que o consentimento, como meio para a determinação da esfera privada, vem a se constituir em um instrumento para o livre desenvolvimento da personalidade". (DONEDA, Danilo. *Da privacidade à proteção de dados pessoais*. Rio de Janeiro: Renovar, 2006. p. 376).

[18] Danilo Doneda afirma que a especificidade para o tratamento de dados pessoais pediria uma funcionalização de sua própria natureza jurídica, não parecendo adequada a caracterização de uma natureza negocial a este consentimento, visto que tal opção reforçaria o sinalagma entre o consentimento para o tratamento dos dados pessoais e determinada vantagem obtida por aquele que consente, o que reforçaria a sua índole contratual e acarretaria a utilização de esquemas proprietários para o trato dos dados pessoais. (DONEDA, Danilo. *Da privacidade à proteção de dados pessoais*. Rio de Janeiro: Renovar, 2006. p. 379).

determinado tratamento para os dados pessoais, sem estar diretamente vinculado a uma estrutura contratual".[19] Seu fundamento residiria na possibilidade de autodeterminação em relação aos dados pessoais, devendo tal autodeterminação ser o elemento principal a ser levado em conta quando se estabelecesse a natureza jurídica e os efeitos desse consentimento.[20]

Observa-se que a informação é um fator determinante para a expressão de um consentimento livre e consciente, de forma que se deve destacar a importância do princípio da finalidade para restringir utilizações genéricas de direitos da personalidade. O consentimento deverá ser dado para certo tratamento, para determinado agente e sob determinadas condições.[21] Em âmbito europeu, no Regulamento nº 2016/679 do Parlamento Europeu e do Conselho, que versa sobre a proteção das pessoas singulares no que diz respeito ao tratamento de dados pessoais e à livre circulação desses dados, afirma-se que o consentimento do titular dos dados deverá ser dado mediante um ato positivo e claro que indique uma manifestação de vontade livre, específica, informada e inequívoca de que o titular dos dados consente com o tratamento dos dados que lhe digam respeito, como, por exemplo, mediante uma declaração escrita, inclusive em formato eletrônico, ou uma declaração oral.[22]

Quanto à revogação do consentimento para o tratamento de dados pessoais, defende-se a possibilidade de uma revogação incondicional desse tipo de consentimento, com base na própria proteção da personalidade, sendo conferido ao sujeito o poder de livremente determinar a construção de sua esfera privada e o desenvolvimento de sua personalidade.[23] [24] Entretanto, não é razoável que quem recebeu a autorização para o

---

[19]   DONEDA, Danilo. *Da privacidade* à *proteção de dados pessoais*. Rio de Janeiro: Renovar, 2006. p. 377-378.

[20]   DONEDA, Danilo. *Da privacidade* à *proteção de dados pessoais*. Rio de Janeiro: Renovar, 2006. p. 377-378.

[21]   Diante da ausência de uma lei específica para a proteção de dados pessoais, no Brasil foi positivado no Marco Civil da Internet (Lei nº 12.965, de 23.4.2014) uma série de direitos essenciais ao usuário da rede, a partir da perspectiva do controle e da autodeterminação informativa. Foram observados também os princípios consagrados pela doutrina para a proteção dos dados pessoais, tais como a finalidade da coleta dos dados, a pertinência e a utilização não abusiva. No artigo 7º desta lei, encontra-se disposto que ao usuário são assegurados direitos, como, por exemplo, o não fornecimento a terceiros de seus dados pessoais, inclusive registros de conexão, e de acesso a aplicações de internet, salvo mediante consentimento livre, expresso e informado ou nas hipóteses previstas em lei (VII) e o consentimento expresso sobre coleta, uso, armazenamento e tratamento de dados pessoais, que deverá ocorrer de forma destacada das demais cláusulas contratuais (IX).

[22]   "O consentimento pode ser dado validando uma opção ao visitar um sítio *web* na Internet, selecionando os parâmetros técnicos para os serviços da sociedade da informação ou mediante outra declaração ou conduta que indique claramente nesse contexto que aceita o tratamento proposto dos seus dados pessoais. O silêncio, as opções pré-validadas ou a omissão não deverão, por conseguinte, constituir um consentimento. O consentimento deverá abranger todas as atividades de tratamento realizadas com a mesma finalidade. Nos casos em que o tratamento sirva a fins múltiplos, deverá ser dado um consentimento para todos esses fins. Se o consentimento tiver de ser dado no seguimento de um pedido apresentado por via eletrónica, esse pedido tem de ser claro e conciso e não pode perturbar desnecessariamente a utilização do serviço para o qual é fornecido". (REGULAMENTO (UE) nº 2016/679 do Parlamento Europeu e do Conselho. *EUR-Lex*. Disponível em: <http://eurlex.europa.eu/legal-content/PT/ALL/?uri=CELEX:32016R0679>. Acesso em: 6 mai. 2016).

[23]   DONEDA, Danilo. *Da privacidade* à *proteção de dados pessoais*. Rio de Janeiro: Renovar, 2006. p. 380-381.

[24]   A título de curiosidade, recorda-se que no Novo Código Civil e Comercial argentino o art. 55 afirma que o consentimento para a disposição dos direitos personalíssimos será admitido se não for contrário à lei, à moral ou aos bons costumes. Além disso, o referido consentimento não será presumido e será de interpretação restritiva e livremente revogável. A referida disposição encontra-se plenamente de acordo com a tutela que privilegia as situações existenciais da pessoa humana, uma vez que oferece destacada importância à sua vontade em relação a um atributo personalíssimo. ("Artículo 55. Disposición de derechos personalísimos. El consentimiento para la disposición de los derechos personalísimos es admitido si no es contrario a la ley, la moral o las buenas costumbres. Este consentimiento no se presume, es de interpretación restrictiva, y libremente revocable").

tratamento de dados tenha que sofrer um risco ilimitado. Assim, em caso de abuso do titular do bem, caberá a devida reparação, que será analisada no caso concreto, podendo o intérprete guiar-se por mecanismos como o *venire contra factum proprium*.

7.1.2 Exceções para a utilização da imagem independentemente da autorização de seu titular

Em virtude de o Código Civil brasileiro, em seu art. 20, oferecer poucas exceções para a utilização da imagem sem a autorização de seu titular, permitindo apenas se necessário à administração da justiça ou à manutenção da ordem pública, a doutrina e a jurisprudência costumam acertadamente destacar algumas hipóteses em que seria possível mitigar a norma que impõe, como regra, a autorização do titular da imagem.[25]

Em primeiro lugar, questiona-se o local onde ocorreu o fato, se era público, acessível ao público em geral ou de uso coletivo, como praças, praias, *shopping centers*, ruas, restaurantes, locais de festas e estádios de futebol. A princípio, eventos ocorridos nos mencionados locais poderão ser noticiados, sendo lícita a captação e a divulgação de imagens, mesmo sem o consentimento dos retratados. Entretanto, eventual divulgação de imagens não deve causar qualquer tipo de constrangimento aos retratados, deve ser apresentada de forma contextualizada e não focar especificamente em determinada pessoa.

Em segundo lugar, verifica-se se a pessoa retratada poderia ser considerada pública ou notória, como artistas, atletas, modelos ou políticos, visto que, segundo alguns autores, tais pessoas teriam os seus direitos de imagem e de privacidade protegidos em intensidade mais branda, ou seja, as hipóteses de violação aos referidos direitos seriam mais restritas, tendo em vista que, em decorrência da notoriedade que adquiriram, sabidamente, elas estariam mais expostas à curiosidade da coletividade e ao foco da mídia.

Analisa-se também a finalidade da utilização, se científica, didática, cultural ou comercial, bem como se o uso ocorreu por exigências políticas ou de justiça. A proteção da imagem costuma ser mais intensa nos casos em que a utilização, sem autorização, tem fim comercial. Nesse sentido, a Súmula nº 403 do Superior Tribunal de Justiça dispõe que: "Independe de prova do prejuízo a indenização pela publicação não autorizada de imagem de pessoa com fins econômicos ou comerciais".

Vale recordar que, nos últimos anos, a jurisprudência vem conferindo um espaço maior de liberdade para o humor, com base na tutela da liberdade de expressão. Em julgado, o Supremo Tribunal Federal optou, a princípio, por permitir a manifestação dos

---

[25] Na obra atualizada de Orlando Gomes, o rol de exceções do Código Civil para a utilização da imagem humana foi ampliado, estando disposto que: "O retrato de uma pessoa não pode ser exposto, ou reproduzido, sem o consentimento dela, salvo se assim o justifiquem a sua notoriedade, o cargo que desempenhe, exigências de política ou de justiça, finalidades científicas, didáticas ou culturais, ou quando a reprodução da imagem vier enquadrada na de lugares públicos ou de fatos de interesse público, ou que em público haja decorrido". (GOMES, Orlando. *Introdução ao direito civil*. 19. ed. rev., atual. e aum. de acordo com o Código Civil de 2002, por Edvaldo Brito e Reginalda Paranhos de Brito. Rio de Janeiro: Forense, 2008. p. 141). Todavia, o autor ressalta que seria proibida a reprodução ou a exposição quando o fato atentasse contra a honra, a boa fama e a respeitabilidade da pessoa retratada, hipóteses em que o ofendido poderia requerer a proibição do ato e pleitear indenização pelo dano.

mais variados discursos humorísticos por entender que eles estariam protegidos pelo art. 220 da Constituição.[26] Por fim, um forte argumento para respaldar a utilização da imagem sem o consentimento de seu titular é o interesse público no fato exposto. Gustavo Binenbojm realiza importantes observações a respeito das incoerências encontradas na doutrina que preconiza a supremacia do interesse público sobre o privado, além de adotar uma concepção diferenciada de interesse público, que rejeita a prevalência apriorística de qualquer categoria de interesses sobre a outra. Para o autor, o conceito de interesse público seria juridicamente indeterminado e apenas ganharia concretude a partir da disposição constitucional dos direitos fundamentais em um sistema que contemplasse restrições ao seu exercício em prol de outros direitos, bem como de metas e aspirações coletivas de caráter metaindividual, igualmente presentes na Constituição. Caberia ao Estado Legislador e ao Estado Administrador atuar como intérpretes e concretizadores de tal sistema, realizando as ponderações entre os interesses conflitantes, guiados pelo postulado da proporcionalidade, visto que o melhor interesse público somente poderia ser obtido a partir de um procedimento racional que envolvesse tanto a disciplina constitucional dos interesses individuais e coletivos específicos, quanto um juízo de ponderação que permitisse a realização de todos eles na maior extensão possível, sendo a proporcionalidade o instrumento desse raciocínio ponderativo.[27][28]

Uma vez que a Constituição Federal de 1988 se encontra orientada pelo princípio da dignidade da pessoa humana, torna-se necessário estabelecer, em alguma medida, proteção ao interesse do indivíduo quando ameaçado frente aos interesses gerais promovidos pelo Estado. Desta forma, não parece possível extrair da norma constitucional o princípio da supremacia do interesse público, tendo em vista a ampla proteção oferecida aos interesses particulares. O conteúdo constitucional negaria também a suposta colisão entre os interesses públicos e privados, já que os dois se

---

[26] "Programas humorísticos, *charges* e modo caricatural de pôr em circulação ideias, opiniões, frases e quadros espirituosos compõem as atividades de *"imprensa"*, sinônimo perfeito de *"informação jornalística"* (§1º do art. 220). Nessa medida, gozam da plenitude de liberdade que é assegurada pela Constituição à imprensa. [...] o exercício concreto dessa liberdade em plenitude assegura ao jornalista o direito de expender críticas a qualquer pessoa, ainda que em tom áspero, contundente, sarcástico, irônico ou irreverente, especialmente contra as autoridades e aparelhos de Estado. Respondendo, penal e civilmente, pelos abusos que cometer, e sujeitando-se ao direito de resposta [...]". (STF. Medida Cautelar na Ação Direta de Inconstitucionalidade nº 4.451. Rel. Min. Ayres Britto, j. 2.9.2010). Cf. SOUZA, Carlos Affonso Pereira de. Liberdade de expressão humorística, novas tecnologias e o papel dos tribunais. In: MONTEIRO, Carlos Edison do Rêgo; GUEDES, Gisela Sampaio da Cruz; MEIRELES, Rose Melo Vencelau (Orgs.). *Direito civil*. Rio de Janeiro: Freitas Bastos, 2015. p. 15-30. v. 1. Coleção Direito UERJ.

[27] BINENBOJM, Gustavo. Da supremacia do interesse público ao dever de proporcionalidade: um novo paradigma para o direito administrativo. *Revista de Direito Administrativo*, Rio de Janeiro, n. 239, p. 1-31, jan./mar. 2005. p. 29-30.

[28] "Veja-se que não se nega, de forma alguma, o conceito de interesse público, mas tão somente a existência de um princípio da supremacia do interesse público. Explica-se: se o interesse público, por ser um conceito jurídico indeterminado, só é aferível após juízos de ponderação entre direitos individuais e metas ou interesses coletivos, feitos à luz de circunstâncias concretas, qual o sentido em falar-se num princípio jurídico que apenas afirme que, no final, ao cabo do processo ponderativo, se chegará a uma solução (isto é, ao interesse público concreto) que sempre prevalecerá? Em outras palavras: qualquer que seja o conteúdo desse "interesse público" obtido em concreto, ele sempre prevalecerá. Ora, isso não é um princípio jurídico. Um princípio que se presta a afirmar que o que há de prevalecer sempre prevalecerá não é um princípio, mas uma tautologia. Daí propor-se que é o postulado da proporcionalidade que, na verdade, explica como se define o que é o interesse público, em cada caso. O problema teórico verdadeiro não é a prevalência, mas o conteúdo que deve prevalecer". (BINENBOJM, Gustavo. A constitucionalização do direito administrativo no Brasil: um inventário de avanços e retrocessos. *Revista Eletrônica sobre a Reforma do Estado*, Salvador, n. 13, mar./maio 2008. p. 37).

encontrariam enraizados na Lei Maior, havendo uma "conexão estrutural" entre eles e não uma efetiva contradição.[29] Haveria, portanto, uma indissociabilidade entre os interesses público e privado. A indissociabilidade do interesse privado não apenas cuidaria da existência de um ordenamento pautado por garantias e direitos individuais, ao qual o Estado deve se submeter, mas também traduziria a ideia de que a realização de interesses particulares, quando em confronto com interesses públicos, não constituiria desvio de finalidade para a Administração, pois aqueles também seriam fins públicos.[30] Assim, a proteção de um interesse privado consagrado constitucionalmente poderia vir a representar a realização de um interesse público. A satisfação de um representaria igualmente o sucesso do outro.[31]

Além disso, o princípio da supremacia do interesse público seria incompatível com os postulados normativos da proporcionalidade e da concordância prática, os quais andam atrelados na busca de uma exata medida para a realização máxima dos bens jurídicos contrapostos. Afirma Binenbojm que seria impossível conciliar no ordenamento um dito princípio que ignorasse as nuances do caso concreto e estabelecesse, de forma antecipada, que a melhor solução seria aquela que afirmasse a preponderância do interesse público, visto que isso caminharia de encontro com o princípio da proporcionalidade. O princípio da supremacia do interesse público, além de afastar o processo de ponderação, também prejudicaria o dever de fundamentação a que se sujeitam os poderes do Estado.[32] Portanto, a preservação – na maior medida possível – dos direitos individuais constituiria porção do próprio interesse público, visto que seriam objetivos gerais da sociedade tanto viabilizar o funcionamento da Administração Pública, mediante a instituição de prerrogativas materiais e processuais, quanto preservar e promover extensamente os direitos dos particulares. O referido entendimento, por consequência, nega a aplicação de qualquer regra absoluta que confira prevalência *a priori* aos papéis institucionais do Estado sobre os interesses individuais privados.[33]

Relacionando a questão do interesse público com a tutela da imagem da pessoa humana, observa-se que, embora exista a presunção de que haveria interesse público na divulgação de fatos verdadeiros, poderá o retratado demonstrar que, em determinada hipótese, existe um interesse privado respaldado constitucionalmente que deverá se sobrepor ao interesse público residente na expressão questionada. Após uma criteriosa ponderação de interesses, mostrando-se razoável e proporcional o pleito do titular do bem, deverá o interesse privado preponderar naquele caso concreto, sendo a imagem

---

[29] BINENBOJM, Gustavo. Da supremacia do interesse público ao dever de proporcionalidade: um novo paradigma para o direito administrativo. *Revista de Direito Administrativo*, Rio de Janeiro, n. 239, p. 1-31, jan./mar. 2005. p. 15.

[30] BINENBOJM, Gustavo. Da supremacia do interesse público ao dever de proporcionalidade: um novo paradigma para o direito administrativo. *Revista de Direito Administrativo*, Rio de Janeiro, n. 239, p. 1-31, jan./mar. 2005. p. 15-16.

[31] BINENBOJM, Gustavo. Da supremacia do interesse público ao dever de proporcionalidade: um novo paradigma para o direito administrativo. *Revista de Direito Administrativo*, Rio de Janeiro, n. 239, p. 1-31, jan./mar. 2005. p. 16.

[32] BINENBOJM, Gustavo. Da supremacia do interesse público ao dever de proporcionalidade: um novo paradigma para o direito administrativo. *Revista de Direito Administrativo*, Rio de Janeiro, n. 239, p. 1-31, jan./mar. 2005. p. 16-17.

[33] BINENBOJM, Gustavo. Da supremacia do interesse público ao dever de proporcionalidade: um novo paradigma para o direito administrativo. *Revista de Direito Administrativo*, Rio de Janeiro, n. 239, p. 1-31, jan./mar. 2005. p. 30.

indisponibilizada, excluída, melhor contextualizada ou, ainda, tratada de forma a não identificar a pessoa em questão. Uma vez que o princípio da dignidade da pessoa humana fundamenta o Estado brasileiro, mostra-se inadequado atribuir uma permanente superioridade ao interesse público que conduza a uma opção estática sempre em favor dele, devendo em cada caso ocorrer uma criteriosa ponderação de interesses.

Muito se questiona o fato de o Código Civil não ter mencionado como exceções à regra do art. 20 determinadas situações que evidenciam a colisão entre o direito à liberdade de expressão[34] e o direito à imagem, como, por exemplo, a possibilidade de a imprensa poder veicular a imagem de alguém visando a informar a população de determinado ocorrido, a possibilidade da notoriedade do titular representar motivo autorizador da utilização de sua imagem e a possibilidade de se captar a imagem de alguém, em determinados casos, se ele estiver em local público.[35] Entende-se que essas condições poderiam, de acordo com o caso concreto, ampliar as possibilidades de utilização da imagem, mesmo sem o consentimento expresso de seu titular, caso tal uso não se configurasse abusivo.[36]

De fato, a aplicação literal do art. 20 acaba trazendo uma limitação desproporcional à liberdade de expressão, o que torna a norma, por vezes, inadequada para reger os conflitos de interesses na sociedade atual. Em diversas situações, faz-se necessário realizar a ponderação entre o direito fundamental à imagem e outros direitos constitucionalmente tutelados, sendo que, no texto constitucional, não parece que o legislador tenha realizado uma ponderação *a priori* em favor de algum direito e sim direcionado a interpretação e a aplicação da norma à condição que garanta a maior tutela à dignidade da pessoa humana. Dessa forma, não parece adequado o estabelecimento de qualquer hierarquia prévia, geral e permanente entre os direitos fundamentais, devendo o balanceamento de interesses ser realizado no caso concreto, sendo observadas suas características, as pessoas envolvidas e os bens jurídicos contrapostos.

---

[34] De acordo com Luís Roberto Barroso, uma interpretação literal do art. 20 do Código Civil poderia levar a um confronto direto com a Constituição Federal de 1988, uma vez que as liberdades de expressão e de informação teriam sido esvaziadas pelo referido artigo, em razão da precedência abstrata concedida a outros direitos fundamentais sobre as liberdades em questão. (BARROSO, Luís Roberto. Colisão entre liberdade de expressão e direitos da personalidade. Critérios de ponderação. Interpretação constitucionalmente adequada do Código Civil e da Lei de Imprensa. *Revista de Direito Administrativo*, Rio de Janeiro, n. 235, p. 1-36, jan./mar. 2004). Observa-se que o referido autor adota uma postura que coloca em posição de preferência as liberdades de informação e de expressão, ou seja, que confere uma prioridade *prima facie* às liberdades comunicativas nas hipóteses de colisão com outros princípios constitucionais, inclusive aqueles que consagram direitos da personalidade.

[35] TEPEDINO, Gustavo; BARBOZA, Heloisa Helena; MORAES, Maria Celina Bodin de (Coords.). *Código Civil interpretado conforme a Constituição da República*. Rio de Janeiro: Renovar, 2014. p. 50-60. v. I.

[36] O Novo Código Civil e Comercial argentino, em seu art. 53, dispôs que para captar ou reproduzir a imagem ou a voz de uma pessoa é necessário o seu consentimento, com exceção dos seguintes casos: (i) que a pessoa participe em atos públicos; (ii) que exista um interesse científico, cultural ou educacional prioritário e sejam tomadas as precauções suficientes para evitar um dano desnecessário; e (iii) que se trate de exercício regular do direito de informar sobre acontecimentos de interesse geral. Da leitura, verifica-se que este Código apresenta um rol de exceções mais atualizado e adequado às atuais demandas da sociedade. Seu último inciso representa uma inovação naquele ordenamento, mas anota-se que, para que este direito de informar permita a livre publicação, ele deverá ser exercido de forma regular, de acordo com a lei e não abusivamente.

7.2 A compensação pelo dano à imagem

A tutela integral dos direitos da personalidade impõe que o intérprete utilize um amplo rol de mecanismos para proteger a pessoa humana, sendo os principais a tutela inibitória e a tutela reparatória, que deverão ser aplicadas de acordo com as especificidades do caso e sem preferência hierárquica. Além do ressarcimento do dano, mostra-se relevante a tutela preventiva do ilícito que tem como objetivos impedir a prática do ilícito e inibir a repetição ou a continuação de sua prática. No âmbito da internet, a referida tutela apresenta grande importância, pois, uma vez inserido conteúdo lesivo, será necessário realizar uma ação rápida e enérgica que retire ou indisponibilize tal conteúdo antes que a medida se torne completamente ineficiente. Uma vez presente o dano, caberá à tutela reparatória garantir a compensação da vítima e dissuadir terceiros da prática da conduta lesiva.

A injusta violação do direito à imagem, em qualquer de suas dimensões, se retrato ou atributo, gera por consequência o dever de compensar o dano moral sofrido pela vítima. Se for comprovado algum prejuízo material ou financeiro decorrente da utilização da imagem, será necessário indenizar também os danos patrimoniais. A compensação do dano moral pode ser compreendida como um instrumento de concretização da proteção à dignidade da pessoa humana, especialmente de seus direitos personalíssimos. Assim, sempre que um ou mais substratos da dignidade for lesado, como a liberdade, a igualdade, a solidariedade ou a integridade, restará configurado o dano moral à pessoa.[37] O dano moral tem como causa a injusta violação de uma situação jurídica subjetiva existencial protegida pelo ordenamento jurídico por meio da cláusula geral de tutela da pessoa humana (Art. 1º, III, da CF/88).[38] Portanto, para a configuração do dano moral, não é necessário provar que a vítima sofreu algo negativo, como dor, vexame ou humilhação, ainda que tais sensações possam ocorrer como consequência do dano.

Desde a Constituição Federal de 1988, restando configurada violação à imagem, é pacífico que se pode compensar por meio de pecúnia o dano moral sofrido e que a compensação pelo dano moral decorrente de agravo à imagem pode ser cumulada com a indenização pelo dano patrimonial,[39] devendo passar pelo arbítrio judicial tanto a aferição dos danos quanto a quantificação das reparações. Recorda-se que, mesmo antes da presente Carta, no Supremo Tribunal Federal já havia precedente protegendo o direito à própria imagem nos casos de utilização de fotografia, sem a devida autorização da pessoa retratada, em anúncio com fins lucrativos.[40] Sob a égide da vigente Constituição,

---

[37] MORAES, Maria Celina Bodin de. *Danos à pessoa humana*: uma leitura civil constitucional dos danos morais. 4. tir. Rio de Janeiro: Renovar, 2009. p. 131.

[38] MORAES, Maria Celina Bodin de. *Danos à pessoa humana*: uma leitura civil constitucional dos danos morais. 4. tir. Rio de Janeiro: Renovar, 2009. p. 132.

[39] "A nova Carta da República conferiu ao dano moral status constitucional ao assegurar, nos dispositivos sob referência, a sua indenização quando decorrente de agravo à honra e à imagem ou de violação à intimidade e à vida privada. A indenização por dano moral é admitida de maneira acumulada com o dano material, uma vez que têm pressupostos próprios, passando pelo arbítrio judicial tanto na sua aferição quanto na sua quantificação". (STF. RE nº 192.593/SP. Rel. Min. Ilmar Galvão. *DJ*, 13 ago. 1999). A Súmula nº 37 do STJ dispõe: "São cumuláveis as indenizações por dano material e dano moral oriundos do mesmo fato". (Corte Especial, j. 12.3.1992. *DJ*, 17 mar. 1992).

[40] "[...] utilização de fotografia em anúncio com fim lucrativo sem autorização da pessoa correspondente implica indenização pelo uso indevido de imagem". (STF. RE nº 91.328. Rel. Min. Djaci Falcão, j. 2.10.1982. *DJ*, 11 dez. 1981); "[...] o uso de fotografia não autorizada em propaganda comercial significa locupletamento ilícito, o que embasa a indenização". (STF. RE nº 95.872. Rel. Min. Rafael Mayer. *DJ*, 1º out. 1982).

é expressivo o entendimento consagrado no Recurso Extraordinário nº 215.984, em que a atriz Cássia Kis questionou o uso de fotografia sua em publicação sem autorização. Nesse caso, concluiu-se que, para a reparação do dano moral, não se exigiria a ocorrência de ofensa à reputação do indivíduo. O relator ponderou que, em regra, a publicação da fotografia de alguém, com intuito comercial ou não, causaria desconforto, aborrecimento ou constrangimento, não importando o tamanho dessas sensações; desde que restassem configuradas, haveria o dano moral, que deveria ser reparado conforme o art. 5º, X, da Constituição de 1988.[41] No Superior Tribunal de Justiça, desde a década de 90, vem sendo desenvolvido um rico acervo de julgados acerca da responsabilidade civil pelo dano à imagem. Pode-se afirmar que a Corte é responsável por dar a palavra final em diversos casos relevantes sobre o tema, fornecendo ao intérprete novos critérios para o seu raciocínio jurídico-criador. Ao longo do tempo, o Tribunal reconheceu a autonomia do direito à imagem, o dano moral *in re ipsa* pela violação ou uso indevido do referido bem[42] e a necessidade de se requerer a autorização expressa do titular da imagem para ocorrer sua exploração com objetivos comerciais. O destaque do STJ no enriquecimento teórico do direito à imagem tende a crescer, já que, cada vez mais, este atributo da personalidade vem sendo exposto e utilizado, tanto por seu titular quanto por terceiros, no ambiente físico e na internet.[43]

---

[41] STF. RE nº 215.984/RJ. Rel. Min. Carlos Velloso. *DJ*, 28 jun. 2002.

[42] No ano de 1994, em voto proferido no Recurso Especial nº 46.420-0/SP, o Ministro Ruy Rosado Aguiar afirmou: "Alegou-se a inexistência de prejuízo, indispensável para o reconhecimento da responsabilidade civil das demandas. Ocorre que o prejuízo está na própria violação, na utilização do bem que integra o patrimônio jurídico personalíssimo do titular. Só aí já está o dano moral". No Recurso Especial nº 138.883, julgado em 1998, o Min. Carlos Alberto Menezes Direito entendeu que, cuidando-se de direito à imagem, o ressarcimento impor-se-ia pela só constatação de ter havido a utilização do bem sem a devida autorização. O dano estaria na utilização indevida para fins lucrativos, não cabendo a demonstração do prejuízo material ou moral. O dano, nesse caso, seria a própria utilização para que a parte auferisse lucro com a imagem não autorizada de outra pessoa. Nos Embargos de Divergência em Recurso Especial nº 230.268, julgado em 2002, o Min. Sálvio de Figueiredo Teixeira afirmou que, em se tratando de direito à imagem, a obrigação da reparação decorreria do próprio uso indevido do direito personalíssimo, não precisando ser verificada a prova da existência de prejuízo nem a consequência do uso, se ofensivo ou não. Uma vez que o dano moral, tido como lesão à personalidade, à honra da pessoa, mostrar-se-ia às vezes de difícil constatação, por atingir parte muito íntima do indivíduo, o sistema jurídico teria chegado à conclusão de que o uso indevido da imagem, por si só, geraria o direito de indenização, sendo dispensável a prova do prejuízo para a caracterização do dano moral. No Recurso Especial nº 113.963, julgado em 2005, o Min. Aldir Passarinho Júnior afirmou que constituiria violação ao direito de imagem, que não se confundiria com o de arena, a publicação, carente de autorização dos sucessores do *de cujus*, de fotografia do jogador em álbum de figurinhas alusivo à campanha do tricampeonato mundial de futebol, sendo devida, por consequência, a respectiva indenização, ainda que elogiosa a publicação. No Recurso Especial nº 1.432.324, julgado em 2015, o ministro relator, Paulo de Tarso Sanseverino, ressaltou que haveria jurisprudência firme do STJ no sentido de que os danos extrapatrimoniais por violação ao direito de imagem decorreriam diretamente do seu próprio uso indevido, sendo prescindível a comprovação da existência de outros prejuízos por se tratar de modalidade de dano *in re ipsa*. No Recurso Especial nº 1.297.660, julgado em 2015, analisou-se pretensão ressarcitória que buscava compensação por danos extrapatrimoniais deduzida por adolescente, que teve sua fotografia veiculada em matéria jornalística, em que se notificou a prática de roubo em casa lotérica, a despeito da expressa vedação inserta no parágrafo único do art. 143 do Estatuto da Criança e Adolescente (Lei nº 8.069/90). O Min. Marco Buzzi entendeu que, considerando a especial proteção concedida à imagem e à identidade das crianças e adolescentes, a violação da norma e a caracterização do ato como ilícito encontrar-se-iam intrinsecamente relacionadas à própria configuração do dano, visto que, uma vez infringido o conteúdo da norma protetiva, a imagem da criança ou do adolescente seria vulnerada, o que violaria o seu direito ao resguardo e à preservação de sua imagem e identidade. Para o ministro relator, essa seria uma situação típica do chamado dano extrapatrimonial presumido (*in re ipsa*), caso em que a prova do abalo psicológico ou de efetiva lesão à honra seria completamente despicienda.

[43] Observa-se que, em 2013, no Recurso Extraordinário com Agravo nº 739.382, o STF concluiu por maioria que: "Não compete ao Supremo Tribunal Federal revolver a matéria fática para verificar a ocorrência de dano à

Diante da análise realizada, defende-se que a divulgação da imagem não deveria ser proibida apenas quando ela atingisse também a honra, a boa fama ou a respeitabilidade do indivíduo. Em regra, a utilização não autorizada da imagem alheia deveria ser proibida, independentemente de eventual lesão à honra, salvo se as peculiaridades e as circunstâncias do caso concreto legitimassem o uso do bem, o que seria aferido por meio de parâmetros, como, por exemplo, se a utilização era necessária à administração da justiça ou à manutenção da ordem pública, se o uso ocorreu por finalidades científicas, didáticas ou culturais, se a pessoa retratada era notória, se o fato ocorreu em público, se havia interesse público que respaldasse a utilização da imagem ou, ainda, se havia interesse jornalístico. Portanto, em algumas hipóteses, o contexto da utilização e a ponderação de interesses poderão pesar em desfavor do titular da imagem. Entretanto, se o uso da imagem não for devidamente justificado, restará configurado o dever de compensar a vítima, sendo dispensável provar o prejuízo do lesado e o lucro do ofensor para a caracterização do dano moral, por se tratar de modalidade de dano *in re ipsa*. O referido entendimento deve ser aplicado também nos casos em que o dano à imagem ocorrer na internet, tendo em vista a rápida propagação de conteúdos danosos nesse ambiente e a vulnerabilidade da pessoa humana ante as informações que circulam a seu respeito nas novas ferramentas tecnológicas.

Em razão da complexidade das situações lesivas, cada caso deverá ser analisado concretamente, levando-se em consideração as especificidades do fato, as pessoas e os interesses envolvidos e o estágio atual de desenvolvimento dos instrumentos tecnológicos. Além das formas de prevenção, é essencial que o intérprete realize o estudo dos meios de compensação pelo dano moral, em razão da utilização indevida de imagem na rede. Entende-se que a reparação pode ocorrer por compensação financeira e/ou por meio não pecuniário.[44] Quanto ao arbitramento do valor relativo à compensação, ele deverá ser realizado com base em critérios como a extensão do dano, a capacidade econômica do ofensor e as condições pessoais da vítima, devendo ser avaliada também a natureza dos bens lesados. O critério da extensão do dano apresenta grande importância, tendo em vista a facilidade com que conteúdos lesivos podem ser transmitidos e armazenados por terceiros, em nível global, e a dificuldade de se retirar efetivamente da rede todo o conteúdo questionado. A dinâmica da internet tende a ampliar consideravelmente a extensão do dano, e em um reduzidíssimo espaço de tempo, de forma que, para que

---

imagem ou à honra, a não ser em situações excepcionais, nas quais se verifique esvaziamento do direito à imagem e, portanto, ofensa constitucional direta". (ARE nº 739.382-RJ. Rel. Min. Gilmar Mendes, j. 23.5.2013). Dessa forma, a questão relativa à responsabilidade civil por danos morais em razão de ofensa à imagem seria ausente de repercussão geral.

[44] Alguns doutrinadores defendem a importância de se aplicar a reparação não pecuniária cumulativamente com a compensação pecuniária, quando se tratar de lesão a bem não patrimonial, visto que tal reparação seria capaz de atuar diretamente na própria atividade lesiva do agente. (cf. SCHREIBER, Anderson. Reparação não pecuniária dos danos morais. In: MARTINS, Guilherme Magalhães (Coord.). *Temas de responsabilidade civil*. Rio de Janeiro: Lumen Juris, 2012). Partindo do pressuposto de que a reparação apenas de cunho pecuniário, em determinados casos, seria insuficiente e desconsideraria os elementos subjetivos e as circunstâncias particulares de cada caso concreto, afirma-se que a compensação não pecuniária deveria representar parte da reparação oferecida para a vítima do evento danoso. Busca-se trazer efetividade ao princípio da reparação integral, por meio da abertura de um leque maior de possibilidades de reparação. Esta espécie de compensação poderia ocorrer de diversas formas nos casos de lesão à imagem, como exemplo, através de retratação pública, de retratação privada e da veiculação de notícia sobre o caso concreto narrando a decisão judicial proferida e a condenação imposta ao ofensor. Essas formas de reparação são dotadas, inclusive, de caráter pedagógico, pois visam a desestimular a prática de condutas lesivas, sem alterar o *quantum* da indenização.

se tutele integralmente a pessoa humana e sejam garantidas as funções preventiva e compensatória da responsabilidade civil, as referidas considerações deverão ser observadas no momento da quantificação do dano moral. Parece adequado que o intérprete analise também, no caso concreto, quais direitos da personalidade foram violados, realizando a identificação dos danos e a individualização dos bens, de forma a dimensionar adequadamente a proporção do dano à integridade do lesado. Na internet, é comum que o fato lesivo cause danos a mais de um direito da personalidade, sendo relevante, até mesmo para a melhor compreensão do caso concreto, que o magistrado identifique e qualifique os bens lesados para, só então, arbitrar o dano moral.

Em relação ao "caso Cicarelli", que foi tratado no início deste artigo, a divulgação da imagem não poderia ter sido utilizada como meio de punição pela conduta praticada nem permitida simplesmente por ter sido captada em local público e envolver pessoas de relativa fama. Uma vez divulgada na internet, a imagem assume uma extraordinária repercussão, podendo marcar negativamente e por tempo indeterminado a trajetória de uma pessoa. Ainda que o local fosse público e contasse com a presença de outras pessoas, os gestos do casal não pareceram segundo doutrina chamar a atenção de quem ali estava ou representar conduta em desacordo com as normas informais que regem a convivência dos frequentadores daquele local. Todavia, amplificado pelo foco profissional da câmera-algoz, o que era uma ligeira indiscrição adquire contornos quase épicos.[45]

Provavelmente, naquele momento, o casal tinha uma expectativa de privacidade maior do que aquela que lhe foi dada, tendo em vista a ampla divulgação do vídeo em veículos de notícias e em *sites* de compartilhamento de imagens. Além disso, o fato em questão não apresentava qualquer interesse público que respaldasse a sua divulgação. Nesse sentido, Anderson Schreiber salienta que a expectativa do retratado deve assumir papel central, de forma a se incentivar a lealdade recíproca e a mútua confiança nas relações. O autor dispõe: "A captação e a divulgação de qualquer manifestação pessoal do sujeito sem o seu consentimento devem ser admitidas apenas em caráter excepcional, quando justificadas por outros interesses merecedores de tutela à luz do ordenamento jurídico".[46] Dessa forma, no presente caso, seria plausível um pedido indenizatório em face de quem diretamente inseriu o conteúdo na Internet e também de quem utilizou o mesmo de forma indevida ou abusiva, como, por exemplo, em programas televisivos, com o fim de explorar a história e conseguir maior audiência.

7.3 A proteção do Marco Civil da Internet para as imagens contendo cenas de nudez ou de atos sexuais de caráter privado

O Marco Civil da Internet apresenta como princípios essenciais para a disciplina do uso da Internet no Brasil a liberdade de expressão, a privacidade e a neutralidade da rede. Entre os temas abordados na Lei nº 12.965/14, tratou-se expressamente nos artigos 19 e 21 da responsabilidade civil do provedor de aplicações de Internet pelos danos provenientes de conteúdo gerado por terceiros em sua plataforma. Ainda que

---

[45] LEWICKI, Bruno. Realidade refletida: privacidade e imagem na sociedade vigiada. *Revista Trimestral de Direito Civil*, v. 27, p. 211-219.

[46] SCHREIBER, Anderson. *Direitos da personalidade*. São Paulo: Atlas, 2011. p. 146.

se reconheça a elevada importância do princípio da inimputabilidade da rede[47] para a governança da Internet, não se pode admitir que os grandes intermediários recebam uma completa imunidade, não sendo jamais responsabilizados pelos eventuais danos que possam causar direta ou indiretamente às pessoas. Nesse sentido, a lei estabeleceu como regra, em seu art. 19, que, após ordem judicial específica, o provedor de aplicações de internet[48] terá o dever de retirar o conteúdo apontado como danoso.[49] Parte-se da ideia de que somente uma adequada ponderação judicial dos interesses constitucionalmente tutelados – estando a liberdade de expressão sempre em um dos lados da balança – poderá assegurar uma Internet livre, plural e democrática.

Ainda que o sistema adotado não caminhe ao encontro da jurisprudência anteriormente estabelecida pelo STJ,[50] parece que o legislador agiu corretamente ao adotar como regra a notificação judicial. A sociedade brasileira vem se mostrando cada vez mais plural e diversificada, de forma que se faz necessário avaliar com bastante critério o conteúdo questionado para que não ocorra uma restrição desproporcional da expressão ou do discurso, devendo, portanto, tal avaliação ser realizada por uma figura imparcial e que conheça bem os valores constitucionais.

Não parece adequado deixar a cargo do provedor a decisão se o conteúdo contestado é ou não falso ou se causa ou não dano injusto. O perigo dessa possibilidade reside no empoderamento dos provedores para decidir o que deve ou não ser exibido,

---

[47] De acordo com a Resolução CGI.br/RES/2009/003/P, o mencionado princípio preconiza que: "O combate a ilícitos na rede deve atingir os responsáveis finais e não os meios de acesso e transporte, sempre preservando os princípios maiores de defesa da liberdade, da privacidade e do respeito aos direitos humanos".

[48] Nos termos do art. 5º, inc. VII, do MCI, aplicações de internet devem ser compreendidas como o conjunto de funcionalidades que podem ser acessadas por meio de um terminal conectado à internet. Em uma interpretação inicial, o provedor de aplicações de internet pode ser compreendido como a pessoa física ou jurídica que fornece um conjunto de funcionalidades que podem ser acessadas por meio de um terminal conectado à internet. O provedor de aplicações de internet aparenta englobar os chamados provedores de conteúdo e de hospedagem.

[49] O art. 19 do Marco Civil da Internet dispõe que, com o intuito de assegurar a liberdade de expressão e impedir a censura, o provedor de aplicações de internet somente poderá ser responsabilizado civilmente por danos decorrentes de conteúdo gerado por terceiros se, após ordem judicial específica, não tomar as providências para, no âmbito e nos limites técnicos do seu serviço e dentro do prazo assinalado, tornar indisponível o conteúdo apontado como infringente, ressalvadas as disposições legais em contrário. Este regime de isenção de responsabilidade inicial do provedor tem como fontes o art. 230 do *Communications Decency Act* norte-americano e o princípio da inimputabilidade da rede. Da leitura, é possível afirmar que: (i) restou clara a responsabilidade subjetiva por omissão do provedor que não retira o conteúdo ofensivo após a devida notificação judicial; (ii) a mera notificação extrajudicial, em regra, não gerará o dever jurídico de retirada do material; (iii) a opção de responsabilidade estabelecida no MCI coaduna-se com o objetivo de assegurar a liberdade de expressão e evitar a censura privada; (iv) o Judiciário foi considerado a instância legítima para definir a eventual ilicitude do conteúdo em questão; e (v) a remoção de conteúdo de terceiros não depende exclusivamente de ordem judicial, de forma que o provedor poderá, a qualquer momento, optar por retirar o conteúdo, quando poderá eventualmente responder por possíveis danos. Cf. TEFFÉ, Chiara Antonia Spadaccini de. Responsabilidade civil e liberdade de expressão no Marco Civil da Internet: a responsabilidade civil dos provedores por danos decorrentes de conteúdo gerado por terceiros. *Revista de Direito Privado*, São Paulo, v. 16, p. 59-83, 2015.

[50] "A fiscalização prévia, pelo provedor de conteúdo, do teor das informações postadas na web por cada usuário não é atividade intrínseca ao serviço prestado, de modo que não se pode reputar defeituoso, nos termos do art. 14 do CDC, o site que não examina e filtra os dados e as magens nele inseridos. O dano moral decorrente de mensagens com conteúdo ofensivo inseridas no site pelo usuário não constitui risco inerente à atividade dos provedores de conteúdo, de modo que não se lhes aplica a responsabilidade objetiva prevista no art. 927, parágrafo único, do CC/02. 4. Ao ser comunicado de que determinado texto ou imagem possui conteúdo ilícito, deve o provedor agir de forma enérgica, retirando o material do ar imediatamente, sob pena de responder solidariamente com o autor direto do dano, em virtude da omissão praticada. [...]" (Recurso Especial nº 1.308.830/RS. Rel. Min. Nancy Andrighi. *DJe*, 19 jun. 2012). Nesse sentido, recomenda-se a leitura também dos recursos especiais nºs 1.306.066/MT e 1.193.764/SP.

mediante critérios criados de forma unilateral, subjetiva e que não necessariamente estarão plenamente alinhados com a Constituição. Em diversas decisões, os tribunais já mostraram preocupação com uma ampla delegação para atores privados das formas de controle do discurso na rede, já que isso poderia prejudicar a diversidade, a liberdade de expressão e a inovação na Internet.

A retirada de conteúdo do ar mediante mera notificação extrajudicial (gerando, caso o conteúdo seja mantido, a responsabilização do provedor) pode implicar sério entrave para o desenvolvimento de novas alternativas de exploração e comunicação na rede que, muito razoavelmente, poderiam não ser desenvolvidas em razão do receio de futuras ações indenizatórias. Além disso, se por receio da responsabilização os provedores retirassem em massa conteúdos da rede, o resultado imediato disso seria a redução do número de casos em que o Judiciário poderia atuar para traçar os limites da liberdade de expressão na Internet e reforçar a relevância desse direito fundamental.

O Poder Judiciário, em detrimento de empresas privadas que regulam tais plataformas, parece ser a melhor opção para analisar conteúdos e determinar quais informações devem permanecer na rede. Imagine, por exemplo, que fosse instituída a responsabilidade dos provedores de aplicações de internet quando não removessem conteúdo após uma notificação extrajudicial. Haveria, muito possivelmente, o incentivo a uma censura privada, uma vez que, para evitar o risco de uma responsabilização futura, os provedores provavelmente removeriam boa parte dos conteúdos denunciados.

Como uma das exceções à regra,[51] foi estabelecido no art. 21 da lei que o provedor de aplicações de internet que disponibilizar conteúdo gerado por terceiros será responsabilizado subsidiariamente pela violação da intimidade decorrente da divulgação, sem autorização de seus participantes, de imagens, de vídeos ou de outros materiais contendo cenas de nudez ou de atos sexuais de caráter privado quando, após o recebimento de notificação pelo participante ou seu representante legal, deixar de promover, de forma diligente, no âmbito e nos limites técnicos do seu serviço, a indisponibilização desse conteúdo. A mencionada notificação deverá conter, sob pena de nulidade, elementos que permitam a identificação específica do material apontado como violador da intimidade do participante e a verificação da legitimidade para apresentação do pedido.

Em razão da facilidade para se disseminar dados na internet, da possibilidade de determinados conteúdos tornarem-se virais, especialmente quando envolvem imagens íntimas, e da comum falta de habilidade técnica do usuário da rede, agiu bem o legislador ao estabelecer a mencionada exceção ao art. 19 do MCI. Entretanto, questiona-se o que seriam objetivamente os elementos que permitem a identificação específica do material. Bastaria a descrição do conteúdo e sua exemplificação pela vítima, cabendo ao provedor identificar os locais e retirar o conteúdo questionado, ou o provedor deveria realizar a remoção apenas do conteúdo presente nos URLs indicados pela vítima? Em recentes julgados, o STJ vem exigindo da parte ofendida a indicação precisa do endereço das páginas (URL) onde o conteúdo lesivo se encontra disponibilizado ou armazenado,

---

[51] A segunda e última exceção encontra-se prevista no §2º do art. 19 que estipula que a aplicação do disposto neste artigo para infrações a direitos de autor ou a direitos conexos dependerá de previsão legal específica.

para impor a remoção desse conteúdo ao provedor responsável pelo local,[52] com base no parágrafo 1º do artigo 19 do Marco Civil. A referida posição tem como fundamentos a impossibilidade técnica de o provedor controlar todo o conteúdo inserido no espaço que disponibiliza, a necessidade de se garantir uma maior segurança a respeito do que deve ser considerado danoso e também a desproporção da atribuição de um dever ilimitado de vigilância ao provedor.[53] [54]

É necessário ressaltar que o art. 21 do Marco Civil tutela a chamada pornografia de vingança,[55] mas não somente ela, visto que o legislador em iniciativa louvável não fez

---

[52] Observa-se, em recente caso em que se discutiu a responsabilidade civil da extinta rede social Orkut pela comercialização ilegal em suas páginas, por terceiros, de produtos protegidos por direitos autorais de empresa de educação jurídica, que o Min. Luis Felipe Salomão entendeu que: "Quanto à obrigação de fazer – retirada de páginas da rede social indicada –, a parte autora também juntou à inicial outros documentos que contêm, de forma genérica, URLs de comunidades virtuais, sem a indicação precisa do endereço interno das páginas nas quais os atos ilícitos estariam sendo praticados. Nessas circunstâncias, a jurisprudência da Segunda Seção afasta a obrigação do provedor, nos termos do que ficou decidido na Recl. nº 5.072/AC, Rel. p/ acórdão Min. Nancy Andrighi, DJe 4.6.2014". (STJ, REsp nº 1.512.647. Rel. Min. Luis Felipe Salomão, DJe: 05.08.2015). No REsp nº 1.274.971, o Min. Rel. João Otávio de Noronha entendeu que no caso de mensagem ofensiva publicada em blog gerenciado pelo Google caberá à vítima indicar o URL das páginas onde se encontram os conteúdos: "Se em algum blog for postada mensagem ofensiva à honra de alguém, o interessado na responsabilização do autor deverá indicar o URL das páginas em que se encontram os conteúdos considerados ofensivos. Não compete ao provedor de hospedagem de blogs localizar o conteúdo dito ofensivo por se tratar de questão subjetiva, cabendo ao ofendido individualizar o que lhe interessa e fornecer o URL. Caso contrário, o provedor não poderá garantir a fidelidade dos dados requeridos pelo ofendido". (julg. 19.03.2015).

[53] Em acórdão julgado em agosto de 2017, em ação em que se pleiteou a retirada de conteúdos supostamente ofensivos publicados por terceiro em perfil criado na rede social Facebook (provedor de aplicações de internet), a Ministra Nancy Andrighi salientou, acerca da necessidade de indicação de URL para a remoção desse conteúdo, que: (...) independentemente da vertente adotada na teoria da responsabilidade subjetiva dos provedores de aplicação por conteúdos gerados por terceiros, a indicação clara e específica de sua localização na internet é essencial, seja por meio de uma notificação do particular, seja por meio de uma ordem judicial. Em qualquer hipótese, essa indicação deve ser feita por meio do URL, que é um endereço virtual, isto é, diretrizes que indicam o caminho até determinado *site* ou página onde se encontra o conteúdo considerado ilegal ou ofensivo. Essa necessidade está expressa na redação conferida ao §1º do art. 19 do Marco Civil da Internet, ao dispor sobre os requisitos de validade da própria ordem judicial que determina a retirada de conteúdo infringente. (STJ, 3ª T., REsp. nº 1.629.255-SP, Rel. Min. Nancy Andrighi, julg. 22.08.2017, publ. DJe de 25.08.2017).

[54] A Ministra recordou o §1º do art. 19 do Marco Civil para afirmar que é imprescindível a indicação do localizador URL para remover conteúdos infringentes da internet, sendo ele um elemento de validade para uma ordem judicial dessa natureza. Nesse sentido, concluiu pela impossibilidade de se cumprir ordens que não tenham o conteúdo exato, indicado por localizador URL, a ser removido. Essa indicação precisa e clara do URL representaria uma garantia ao provedor de aplicações de internet e facilitaria a verificação do cumprimento da ordem judicial. A Ministra afirmou que: "(...) a necessidade de indicação do localizador URL não é apenas uma garantia aos provedores de aplicação, como forma de reduzir eventuais questões relacionadas à liberdade de expressão, mas também é um critério seguro para verificar o cumprimento das decisões judiciais que determinar a remoção de conteúdo na internet. Conferindo precisão às ordens judiciais, torna-se mais difícil ao requerido escusar-se de seu cumprimento. Em sentido contrário, em hipóteses com ordens vagas e imprecisas, as discussões sobre a obediência ao Juízo e quanto à aplicação de multa diária serão arrastadas sem necessidade até os Tribunais superiores. Por esses motivos, o Marco Civil da Internet elenca, entre os requisitos de validade da ordem judicial para a retirada de conteúdo infringente, a *"identificação clara e específica do conteúdo,"* sob pena de nulidade". (REsp. nº 1.629.255-SP).

[55] A pornografia de vingança (*revenge porn*) ocorre quando alguém divulga, insere e/ou expõe, sem autorização dos retratados, em quaisquer ferramentas da rede, fotos e/ou vídeos com cenas íntimas, nudez ou prática de ato sexual, que foram registrados ou enviados em confiança ao parceiro. Visa-se com isso colocar a pessoa exposta, que em grande parte dos casos é mulher, em uma situação constrangedora e embaraçosa diante de amigos, da família ou de colegas. Em alguns casos, o intuito do ofensor é de se vingar de alguém que feriu seus sentimentos ou terminou um relacionamento. Destaca-se: "'Revenge porn' is a gross violation of a woman's privacy where private and sexually explicit video and photographic images are published without explicit permission and consent onto various websites for the purposes of extortion, blackmail and/or humiliation. [...] However, the term 'revenge porn' is misleading, because what it describes is an act of violence, and should not be conflated with pornographic content. It refers to the motivation of wanting to get back (usually at a woman) or to take

referência à motivação do agente. Observa-se que no art. 21 a divulgação do conteúdo pode ocorrer tanto por um ex-companheiro inconformado com uma traição ou com o término do relacionamento, por exemplo, quanto por outros sujeitos, como colegas de trabalho e *hackers* que buscam obter algum tipo de vantagem econômica. Nessas hipóteses, uma vez que a conduta lesiva poderia causar danos irreparáveis, de forma veloz e com extensão incalculável, optou-se por se excepcionar a regra da notificação judicial, visando a tornar mais célere a retirada do conteúdo.[56]

Atualmente, com a expansão do uso da internet móvel[57] e dos aplicativos para envio de texto e imagem pelo celular, o desafio de proteger a pessoa humana na internet mostra-se ainda maior. Uma vez que arquivos com conteúdos lesivos podem ser guardados em celulares e em outros dispositivos tecnológicos de diversas pessoas, a qualquer momento, qualquer usuário poderá reinserir os arquivos na rede, causando danos a terceiros, o que torna a filtragem de conteúdo e a exclusão de informações atividades complexas e árduas. Por tal razão, alguns aplicativos mencionam em seus termos de uso que quem usufruir do serviço deverá compartilhar apenas seu próprio conteúdo e se responsabilizar por aquilo que encaminhar através da plataforma.

Considerações finais

O grande avanço tecnológico permitiu o desenvolvimento de diversos mecanismos para a captação, a manipulação e a divulgação da imagem da pessoa humana, o que facilitou a ameaça de lesão e a violação do direito à imagem, sendo necessário ampliar, portanto, os estudos relativos tanto ao conteúdo do direito à imagem quanto aos meios para a sua proteção na internet. Em razão da complexidade das situações lesivas à imagem-retrato e à imagem-atributo, cada caso deverá ser analisado concretamente, levando-se em consideração suas especificidades, os interesses envolvidos e o estágio atual de desenvolvimento dos instrumentos tecnológicos. Tratando-se da imagem da pessoa humana, entende-se que a sua divulgação não deveria ser proibida apenas quando atingisse também a honra de seu titular. Em regra, a utilização não autorizada da imagem alheia deveria ser proibida, independentemente de eventual lesão à honra ou

---

revenge for rejecting a marriage proposal, spurning advances, or ending a relationship, for being seen as 'loose' or amoral, being seen with someone else or someone outside of the caste or religious community, etc. – outside the male's control. In many ways these reasons are similar to those for which women are targeted for acid attacks in countries such as India and Pakistan". (MALHOTRA, Namita. End violence: women's rights and safety online. *APC*, jan. 2015. p. 6-7. Disponível em: <https://www.apc.org/en/pubs/good-questions-technology-related-violence>. Acesso em: 25 dez. 2015).

[56] O art. 21 é claro ao indicar que a responsabilidade civil do provedor de aplicações de internet será subsidiária, o que é, todavia, objeto de críticas por parte da doutrina que afirma que a responsabilidade ali não seria subsidiária, mas própria e direta, porque derivaria da ausência de atuação do provedor após o conhecimento do fato. (SCHREIBER, Anderson. Marco Civil da Internet: avanço ou retrocesso? A responsabilidade civil por dano derivado do conteúdo gerado por terceiro. In: DE LUCCA, Newton; SIMÃO FILHO, Adalberto; LIMA, Cíntia Rosa Pereira de. *Direito & internet III* – Marco Civil da Internet (Lei nº 12.965/2014). São Paulo: Quartier Latin, 2015. p. 277-305. t. II). Ver também: GODOY, Cláudio Luiz Bueno de. Uma análise crítica da responsabilidade civil dos provedores na Lei nº 12.965/14 (Marco Civil da Internet). In: DE LUCCA, Newton; SIMÃO FILHO, Adalberto; LIMA, Cíntia Rosa Pereira de. *Direito & internet III* – Marco Civil da Internet (Lei nº 12.965/2014). São Paulo: Quartier Latin, 2015. p. 307-320. t. II.

[57] IBGE. *Acesso à internet e à televisão e posse de telefone móvel celular para uso pessoal*: 2013. Rio de Janeiro: IBGE, 2015. p.33-35. Coleção Ibgeana.

à boa fama, salvo se as peculiaridades e as circunstâncias do caso concreto legitimassem tal uso. Como destacado no estudo, a doutrina e a jurisprudência acertadamente vêm desenvolvendo limites ao direito à imagem e parâmetros para analisar as situações de conflito.

O direito à imagem encontra-se envolvido em diversas colisões de interesses, de modo que a solução do caso concreto dependerá de uma adequada ponderação dos direitos envolvidos. Caso o uso da imagem na internet não seja devidamente justificado, restará configurado o dever de compensar o dano moral sofrido pela vítima, sendo dispensável provar o prejuízo do lesado e o lucro do ofensor. Quanto ao provedor de aplicações de internet que servir de meio para que um terceiro divulgue imagens contendo cenas de nudez ou atos sexuais de outras pessoas e sem o consentimento delas, na forma do art. 21 do Marco Civil da Internet, ele deverá retirar o conteúdo apontado como lesivo após o recebimento de notificação extrajudicial enviada pela pessoa que foi indevidamente exposta nas imagens. Nos demais casos, o dever de retirada nascerá após ordem judicial, conforme dispõe o art. 19 do Marco Civil. Entende-se que as novas tecnologias ampliaram extraordinariamente o potencial lesivo de cada indivíduo, de forma que, para que se promova uma adequada tutela dos direitos da personalidade, torna-se necessário elaborar novas abordagens dentro do Direito e realizar uma revisão das práticas sociais adotadas.[58]

Informação bibliográfica deste texto, conforme a NBR 6023:2002 da Associação Brasileira de Normas Técnicas (ABNT):

TEFFÉ, Chiara Antonia Spadaccini de. Considerações sobre a proteção do direito à imagem na internet. In: TEPEDINO, Gustavo; TEIXEIRA, Ana Carolina Brochado; ALMEIDA, Vitor (Coord.). *Da dogmática à efetividade do Direito Civil*: Anais do Congresso Internacional de Direito Civil Constitucional – IV Congresso do IBDCivil. 2. ed. rev., ampl. e atual. Belo Horizonte: Fórum, 2019. p. 409-429. ISBN 978-85-450-0545-2.

---

[58] O presente artigo foi revisado em 08.03.18.

CAPÍTULO 8

COMENTÁRIOS AO ACÓRDÃO PROFERIDO NO RESP Nº 1.315.668: O RECONHECIMENTO DA VALIDADE DO AUMENTO DE PLANO DE SAÚDE EM RAZÃO DA IDADE FRENTE AO PRINCÍPIO DA FUNÇÃO SOCIAL DOS CONTRATOS

MARIANA BARSAGLIA PIMENTEL

8.1 Introdução

O princípio da função social dos contratos, previsto no art. 421 do Código Civil brasileiro, é tema bastante complexo e paradoxal, inexistindo um consenso, no âmbito da doutrina e da jurisprudência, acerca do seu conteúdo. O caráter polêmico de que se reveste o assunto, com diversas concepções doutrinárias e jurisprudenciais opostas, é terreno fértil para problematizações.

O presente trabalho, a partir desse leque de concepções acerca do princípio da função social dos contratos, visa analisar, de modo crítico, o acórdão proferido pelo Ministro João Otávio de Noronha, no Recurso Especial nº 1.315.668, que tramitou perante o Superior Tribunal de Justiça.

No julgado em questão, o ministro reconheceu a validade das cláusulas dos contratos de plano de saúde, que instituíam o reajuste dos valores das mensalidades de pessoas maiores de sessenta anos. O Ministro João Otavio de Noronha entendeu que o aumento das mensalidades não afrontaria o art. 15, §3º, do Estatuto do Idoso, que dispõe que "é vedada a discriminação do idoso nos planos de saúde pela cobrança de valores diferenciados em razão da idade". Com o fito de justificar a assertiva, argumentou que o reajuste por faixa etária não seria discriminatório, eis que não se onera uma pessoa apenas por ser ela idosa, mas porque esta pessoa demanda mais do serviço ofertado, de modo que os custos elevados dos serviços prestados aos usuários maiores de sessenta anos não poderiam ser impostos às operadoras de planos de saúde sem uma contraprestação "proporcional", sob pena de desequilíbrio deste ramo do mercado.

Para a análise deste acórdão frente ao princípio da função social dos contratos, este estudo contará com a seguinte composição: no item 2, será feita uma breve incursão nos aspectos fáticos e jurídicos do caso julgado pelo Superior Tribunal de Justiça; no item 3, serão esmiuçadas as razões de decidir adotadas pelo Ministro João Otávio de Noronha no Recurso Especial nº 1.315.668; no item 4, o julgado do Superior Tribunal de Justiça será contrastado com as concepções doutrinárias acerca do princípio da função social dos contratos, principalmente com a corrente que o compreende como pertinente à promoção de eficiência do mercado; no item 5, serão tecidas algumas críticas ao posicionamento adotado pela Corte Superior no acórdão em comento, sugerindo-se que a proteção do indivíduo concreto na relação contratual deve prevalecer em face do ideal de "bem comum" (entendido no julgado como eficiência do mercado). Por derradeiro, serão apresentadas as conclusões finais acerca do debate proposto.

8.2 Breve incursão na matéria fática e nos fundamentos jurídicos do caso julgado pelo Superior Tribunal de Justiça

A demanda que ensejou o acórdão que será analisado no presente trabalho consiste em ação civil pública ajuizada pelo Ministério Público do Estado de São Paulo contra a Amil Assistência Médica Internacional S.A.

O *parquet* ajuizou a ação visando à vedação do reajuste dos planos de saúde dos usuários com mais de sessenta anos de idade. Para tanto, ventilou que o aumento dos valores dos planos de saúde de usuários considerados idosos viola o art. 15, §3º, da Lei nº 10.741 de 1º.10.2003 (Estatuto do Idoso), que dispõe:

> Art. 15. É assegurada a atenção integral à saúde do idoso, por intermédio do Sistema Único de Saúde – SUS, garantindo-lhe o acesso universal e igualitário, em conjunto articulado e contínuo das ações e serviços, para a prevenção, promoção, proteção e recuperação da saúde, incluindo a atenção especial às doenças que afetam preferencialmente os idosos. [...]
> §3º É vedada a discriminação do idoso nos planos de saúde pela cobrança de valores diferenciados em razão da idade.

O Estatuto do Idoso, nos termos exarados pelo Ministério Público, havia revogado tacitamente o art. 15, da Lei nº 9.656, de 3.6.1998 (Lei dos Planos de Saúde).

A ação civil pública foi julgada totalmente procedente em primeira instância, para o fim de: (a) condenar a Amil à obrigação de não fazer consistente em abster-se de reajustar os planos de saúde em razão da mudança de faixa etária do segurado, a partir de sessenta anos, para todos os seus contratos; (b) declarar a nulidade das cláusulas contratuais que instituíam tal reajuste, condenando a operadora a retirá-las dos contratos e; (c) condenar a Amil, genericamente, à reparação dos danos causados aos usuários idosos, que tiveram seus planos reajustados.

Após a interposição de recurso de apelação pela Amil Assistência Médica Internacional S.A., a sentença foi confirmada pelo Tribunal de Justiça do Estado de São Paulo. A Corte Estadual entendeu que o Estatuto do Idoso, que institui o veto de discriminação da idade, seria aplicável ao caso concreto, por serem os contratos de plano de saúde de trato sucessivo e, portanto, sujeitos às mudanças das legislações vigentes. Consignou a Corte, ainda, que tais contratos são de adesão, devendo as cláusulas contratuais serem interpretadas a favor do consumidor.

A Amil, contra a decisão do Tribunal de Justiça, interpôs recurso especial, distribuído à Terceira Turma do Superior Tribunal de Justiça. O apelo nobre não foi conhecido pela Ministra Relatora Nancy Andrighi, o que levou à interposição de agravo em recurso especial.

A relatora apresentou voto propondo o desprovimento do segundo recurso, mas o Ministro João Otávio de Noronha optou por divergir, sendo acompanhado pelos demais ministros, o que resultou no acórdão objeto deste trabalho, que será melhor esmiuçado no tópico a seguir.

8.3 O entendimento adotado pelo Superior Tribunal de Justiça no julgamento do Recurso Especial nº 1.315.668

Como visto acima, apesar de a Ministra Relatora Nancy Andrighi ter votado pelo não provimento do agravo em recurso especial interposto pela Amil Assistência Médica Internacional S.A., o Ministro João Otávio de Noronha apresentou divergência quanto ao voto da relatora, sendo este acolhido pelos demais ministros que compunham o quórum, para o fim de dar provimento ao recurso especial apresentado pela operadora de saúde, reconhecendo-se a validade do aumento das mensalidades de pessoas maiores de sessenta anos.

A decisão proferida pela Terceira Turma representa uma divergência na jurisprudência do Superior Tribunal de Justiça, que ainda não chegou a um consenso acerca da legalidade de cláusulas contratuais de planos de saúde que preveem o aumento da mensalidade conforme a mudança de faixa etária do usuário.[1] O tema, aliás, será analisado pela Corte Superior através da sistemática dos recursos repetitivos.[2]

O presente trabalho visa analisar, especificamente, o acórdão proferido no Recurso Especial nº 1.315.668, principalmente em razão da fundamentação apresentada pelo Ministro João Otávio de Noronha para justificar a decisão prolatada.

A premissa principal ventilada pelo ministro, já consignada em voto-vista proferido no Recurso Especial nº 1.381.606, foi a de que as cláusulas de reajuste por faixa etária nos planos de saúde são legais quando guardam proporção com o aumento da demanda dos serviços prestados.

Argumentou o julgador que a restrição ao aumento dos valores dos planos de saúde em razão da idade tem um custo, na medida em que alguém terá de suportar, em termos financeiros, a maior demanda dos idosos pelos serviços prestados. Suscitou,

---

[1] Uma simples pesquisa no sítio eletrônico do Superior Tribunal de Justiça demonstra que a questão referente à legalidade do reajuste após o usuário completar 60 (sessenta) anos não é pacífica na Corte Superior. É o que se infere, por exemplo, dos agravos regimentais em recursos especiais nºs 1.557.172 e 1.428.005, que adotam posições completamente divergentes.

[2] Em 18.5.2016, o Ministro Villas Bôas Cueva, da Terceira Turma do Superior Tribunal de Justiça (STJ), encaminhou à Segunda Seção recurso repetitivo no qual será julgada a validade das cláusulas contratuais em planos de saúde que prevejam o aumento da mensalidade conforme a mudança de faixa etária do usuário. O tema repetitivo foi cadastrado com o número 952.

ainda, que a lógica de mercado exige a consideração da necessidade e possibilidade de pagamento dos consumidores, bem como a expectativa de lucro dos fornecedores.

Segundo o ministro, o reajuste por faixa etária não é discriminatório, eis que não se onera uma pessoa apenas por ser ela idosa, mas porque esta pessoa demanda mais do serviço ofertado. Nas palavras do julgador:

> No que diz respeito ao reajuste em questão, quando do julgamento do REsp n. 1.381.606/DF, também da relatoria da Ministra Nancy Andrighi e cuja discussão é idêntica à destes autos, apresentei voto-vista no sentido de que a cláusula de reajuste por faixa etária nos planos de saúde são legais quando guardam proporção com o aumento da demanda dos serviços prestados. Portanto, adoto aqui os mesmos fundamentos daquele voto.
>
> Afirmei que os planos de saúde tomaram vulto nos últimos anos, pois preenchem as frestas deixadas pelo Estado na assistência à saúde, trazendo aos usuários melhores possibilidades de assistência à saúde, constituindo-se em serviços de relevância social. Em razão disso, encontram no Judiciário meios de balizar os conflitos de interesses que naturalmente surgem entre as partes.
>
> Essa resposta do Judiciário deve ponderar uma série de questões. Melhor esclareço: o cerne da demanda é o reconhecimento de impossibilidade de reajuste das mensalidades do plano de saúde a partir de quando o usuário completa 60 anos. Essa restrição, se implementada, tem um custo, já que alguém terá de suportar, em termos financeiros, a maior demanda dos idosos pelos serviços prestados, sem a respectiva contraprestação financeira.
>
> No sistema sócio-econômico brasileiro atual, os meios de produção são, em sua maioria, de propriedade privada. Assim, todo serviço oferecido à sociedade tem um custo gerado com base nesse sistema, de forma que elementos como custos, percentual de lucro e preços dos produtos são calculados conforme a capacidade da absorção do público-alvo, levando-se em conta sua necessidade e possibilidade de pagamento, bem como a expectativa de lucros do fornecedor.
>
> Assim, os planos de saúde são cobrados conforme a demanda dos usuários e ajustados de forma que aquele que mais se utiliza do plano, arque com os custos disso. Isso se faz por previsões.[3]

Da leitura do julgado acima transcrito, denota-se que, não obstante o Ministro João Otávio de Noronha tenha utilizado como principal fundamento de decidir a necessidade de observância da proporção entre os valores cobrados a título de mensalidade e o aumento da demanda dos serviços prestados, com o fito de assegurar o equilíbrio no caráter mutualista dos contratos de plano de saúde, o argumento de fundo do julgador guarda relação com a inviabilidade da atividade econômica das operadoras de planos de saúde caso seja vedado o reajuste em razão da mudança de faixa etária.

Em outras palavras, o ministro, em seu voto, parte de uma lógica coletivista e utilitarista, presumindo, abstratamente, que a vedação ao aumento das mensalidades dos planos de saúde de pessoas idosas ensejaria prejuízos financeiros àquelas empresas que atuam no ramo em questão, desequilibrando este ramo do mercado.

---

[3] STJ, Terceira Turma. Recurso Especial nº 1.315.668. Rel. Min. Nancy Andrighi, Rel. p/ acórdão Min. João Otávio de Noronha, j. 24.3.2015. *Diário da Justiça Eletrônico*, Brasília, DF, 14 abr. 2015. *RT*, v. 957, p. 326.

O julgado representa uma vertente da construção jurisprudencial e doutrinária acerca do princípio da função social dos contratos, conforme será pormenorizadamente analisado nos itens a seguir.

8.4 Análise do julgado do Superior Tribunal de Justiça sob o prisma do princípio da função social dos contratos

O acórdão do Superior Tribunal de Justiça proferido no Recurso Especial nº 1.315.668 traz relevantes aspectos jurídicos, que merecem uma análise mais acurada. No presente estudo, serão destacados aqueles que guardam relação com o princípio da função social dos contratos.

O princípio da função social dos contratos, previsto no art. 421 do Código Civil brasileiro,[4] apesar de ser reiteradamente debatido no âmbito jurídico, é um tema ainda bastante controverso, com acepções divergentes tanto na doutrina quanto na jurisprudência. Paulo Nalin e Hugo Sirena, em artigo denominado *Da estrutura à função do contrato: dez anos de um direito construído*, explicam bem a complexidade e a paradoxalidade deste princípio da teoria contratual:

> É tema complexo, na medida em que está imerso em uma gama de conceituações e imbricado em teorizações cujos estudos estão longe de chegarem a uma conclusão definitiva; também se mostra paradoxal, no sentido de que, ao mesmo tempo em que a sua incidência e a sua aplicabilidade nas relações negociais, ainda que não de forma unânime, são amplamente aceitas pela doutrina, não está nem ao largo de apresentar uma definição conclusiva e uma significação bem arranjada quanto à sua operação e mesmo quanto à sua origem.[5]

Nesse contexto, identificam-se concepções sobre a função social das mais variadas ordens. Há aqueles que a compreendem como pertinente a interesses extracontratuais socialmente relevantes, como Gustavo Tepedino, para quem o princípio da função social "impõe às partes o dever de perseguir, ao lado de seus interesses individuais, a interesses extracontratuais socialmente relevantes, dignos de tutela jurídica, que se relacionam com o contrato ou são por ele atingidos".[6] Outros, por seu turno, atrelam a função social do contrato à promoção de interesses difusos de natureza não patrimonial.[7] Existem autores, d'outra sorte, que atribuem ao princípio da função social o papel de buscar harmonia entre os "setores" jurídico e econômico, "permitindo que a operação

---

[4] "Art. 421. A liberdade de contratar será exercida em razão e nos limites da função social do contrato".

[5] NALIN, Paulo; SIRENA, Hugo. Da estrutura à função do contrato: dez anos de um direito construído (estudos completos). *Revista do Instituto do Direito Brasileiro*, v. 12, p. 13983-14024, 2013. p. 13984.

[6] TEPEDINO, Gustavo. Notas sobre a função social do contrato. *Gustavo Tepedino Advogados*. p. 5 Disponível em: <http://www.tepedino.adv.br/notas-sobre-a-funcao-social-dos-contratos/>. Acesso em: 10 ago. 2016.

[7] SOMBRA, Thiago Luiz Santos. A eficácia dos direitos fundamentais nas relações jurídico-privadas: a identificação do contrato como um ponto de encontro dos direitos fundamentais. Porto Alegre: Fabris, 2004 *apud* RUZYK, Carlos Eduardo Pianovski. *Institutos fundamentais do direito civil e liberdade(s)*: repensando a dimensão funcional do contrato, da propriedade e da família. 1. ed. Rio de Janeiro: GZ, 2010. p. 269.

econômica representada no contrato não resguarde apenas os interesses do mercado, mas que represente uma situação de paridade própria da Justiça nas relações contratuais".[8]

Para a análise do acórdão proferido pelo Superior Tribunal de Justiça no Recurso Especial nº 1.315.668, destaca-se uma outra concepção acerca deste complexo princípio: a corrente doutrinária e jurisprudencial que entende que o princípio da função social dos contratos deve ser aplicado para a preservação e a promoção da eficiência do mercado.

Neste sentido, defende o jurista italiano Rodolfo Sacco que a função social é o próprio mercado. Segundo o autor:

> A autonomia contratual é garantida constitucionalmente, enquanto o legislador ordinário deve perseguir aquelas linhas de chegada impostas pela Constituição, as quais se acessam graças ao mercado. A função social do contrato é o mercado. É de todo enganoso pensar em uma funcionalização do contrato operada mediante o controle de seu conteúdo. O contrato deve ser expressão do direito espontâneo, que se desenvolve naquele sistema informativo normativo que é o sistema econômico. Vale a solução oposta nos campos de atividade nos quais, por qualquer razão, o mercado não possa funcionar. Nos campos de atividade em que o mercado funciona, o legislador ordinário deve fazer o possível para garantir ao indivíduo um acesso à contratação sem desinformação, do monopólio de outros, da surpresa e da irreflexão.[9]

No mesmo diapasão, Arnoldo Wald, no direito brasileiro, argumenta que o conteúdo da função social do contrato é oferecido pela função econômica. Para o jurista, o princípio da função social abrange a manutenção do equilíbrio entre as partes e o bom funcionamento do mercado, tendo como objetivo conciliar a economia e a moral.[10]

Partindo da análise econômica do direito, Luciano Benetti Timm, ao atribuir um conteúdo ao "social" do princípio da função social dos contratos, aponta que este não pode ser representado pela parte mais fraca de uma específica relação contratual, mas sim pelo grupo ou cadeia de pessoas integrantes de um mercado específico.[11]

A análise econômica do direito, cumpre esclarecer, caracteriza-se pela crítica ao modelo da teoria contratual "tradicional", defendendo que o direito contratual deve encorajar os comportamentos ótimos e desincentivar os comportamentos oportunistas, de modo que o cumprimento dos contratos serviria à maximização de riquezas.[12] Nas palavras de Luciano Timm: "a principal função social do direito contratual é possibilitar a ocorrência dos contratos, o fluxo de trocas no mercado, a alocação de riscos pelos agentes econômicos e seu comprometimento em ações futuras até que seja alcançada a situação mais eficiente".[13] [14]

---

[8] FERREIRA, Keila Pacheco. *O abuso de direito nas relações contratuais*. Belo Horizonte: Del Rey, 2007. p. 200.

[9] SACCO, Rodolfo. L'autonomia contrattuale. In: RESCIGNO, Pietro. *Trattato di Diritto Privato*. Torino: UTET, 2003, p. 16-17. t. II.

[10] WALD, Arnoldo. A dupla função econômica e social do contrato. *Revista Trimestral de Direito Civil*, Rio de Janeiro, v. 17, jan./mar. 2004.

[11] TIMM, Luciano Benetti. *Direito contratual brasileiro*: críticas e alternativas ao solidarismo jurídico. 2. ed. São Paulo: Atlas, 2015.

[12] KLEIN, Vinícius. *A economia dos contratos*: uma análise microeconômica. 1. ed. Curitiba: CRV, 2015. p. 188.

[13] TIMM, Luciano Benetti. *Direito contratual brasileiro*: críticas e alternativas ao solidarismo jurídico. 2. ed. São Paulo: Atlas, 2015. p. 203.

[14] Luciano Benetti Tim reforça a sua tese em diversos textos e artigos, podendo-se citar, ainda, o defendido no texto *Análise econômica dos contratos*: "Por fim, temos o princípio da função social do contrato. Este é um conceito

Como se observa dos ensinamentos supracitados, esta vertente da doutrina atribui ao princípio da função social o único papel de suprir as necessidades de eficiência da economia, esgotando o conceito de "social" ou "sociedade" na própria definição de mercado. Reduz-se, por assim dizer, o contrato a uma mera operação econômica, isenta de quaisquer outros aspectos (inclusive, jurídicos).

Autores como Rodolfo Sacco, Arnoldo Wald e Luciano Benetti Timm, entre muitos outros, partem de uma noção de totalidade abstrata, defendendo o sacrifício de alguns em proveito do benefício de muitos (genericamente considerados), em nome do bom funcionamento do mercado.

E foi exatamente a partir desta concepção que o Ministro João Otávio de Noronha proferiu o acórdão Recurso Especial nº 1.315.668. A conexão entre a corrente doutrinária examinada e a lógica da qual está imantado o acórdão em comento é cristalina.

Muito embora o ministro do Superior Tribunal de Justiça não tenha feito menção expressa ao princípio da função social dos contratos, em suas razões de decidir fundamentou a validade do aumento do valor dos planos de saúde de pessoas idosas justamente no fato de que a demanda dos usuários maiores de sessenta anos enseja um custo muito excessivo às operadoras de planos de saúde. Para o julgador, o reajuste se justificaria para "impedir" a oneração destas empresas e equilibrar o mercado deste tipo de serviço.

Nos termos exarados pelo ministro:

> No sistema sócio-econômico brasileiro atual, os meios de produção são, em sua maioria, de propriedade privada. Assim, todo serviço oferecido à sociedade tem um custo gerado com base nesse sistema, de forma que elementos como custos, percentual de lucro e preços dos produtos são calculados conforme a capacidade da absorção do público-alvo, levando-se em conta sua necessidade e possibilidade de pagamento, bem como a expectativa de lucros do fornecedor.
>
> Assim, os planos de saúde são cobrados conforme a demanda dos usuários e ajustados de forma que aquele que mais se utiliza do plano, arque com os custos disso. Isso se faz por previsões.[15]

No entendimento de João Otávio de Noronha, a cláusula contratual que instituiu o aumento das mensalidades dos planos de saúde de pessoas maiores de sessenta anos, *a contrario sensu* do próprio Estatuto do Idoso que veda de modo enfático esta prática (presumindo que ela é discriminatória), teria como função "suavizar" os custos da demanda dos usuários idosos.

Afastou-se, pois, a proteção aos consumidores de planos de saúde maiores de sessenta anos, sacrificando o direito a eles assegurado por lei, em favor de um "bem comum" considerado como o equilíbrio econômico.

---

muito aberto, com diversas interpretações possíveis. Uma possível leitura vê a função social como a obrigação dos tribunais de maximizar o bem-estar social – considerando, por exemplo, o efeito dos contratos em partes terceiras e tentando reduzir ao máximo os custos de transação a fim de possibilitar o fluxo de trocas no mercado, a alocação de riscos pelos agentes econômicos até que seja alcançada a situação mais eficiente" (TIMM, Luciano Benetti. Análise econômica dos contratos. In: TIMM, Luciano Benetti (Org.). *Direito e economia no Brasil*. 2. ed. São Paulo: Atlas, 2014. p. 173).

15 STJ, Terceira Turma. Recurso Especial nº 1.315.668. Rel. Min. Nancy Andrighi, Rel. p/ acórdão Min. João Otávio de Noronha, j. 24.3.2015. *Diário da Justiça Eletrônico*, Brasília, DF, 14 abr. 2015. *RT*, v. 957, p. 326.

Partiu o ministro, deste modo, da mesma concepção coletivista, utilitarista e abstrata seguida pelos autores da corrente doutrinária acima analisada, aplicando o princípio da função social (ainda que implicitamente) com o fito único de preservar e promover a eficiência do mercado.

Tal posicionamento, apesar de ser em parte defensável, comporta algumas críticas, que serão apontadas no item subsequente.

8.5 A prevalência da proteção do indivíduo concreto na relação contratual em detrimento do ideal de "bem comum"

Como visto, o Ministro João Otávio de Noronha no julgamento do Recurso Especial nº 1.315.668, ao reconhecer a validade do aumento das mensalidades dos planos de saúde de usuários maiores de sessenta anos, adotou o posicionamento doutrinário que compreende o princípio da função social dos contratos como pertinente à promoção e preservação da eficiência do mercado.

Em suas razões de decidir, o julgador privilegiou o equilíbrio econômico/financeiro do ramo dos planos de saúde, em detrimento do direito, assegurado pelo Estatuto do Idoso, dos indivíduos concretos das relações contratuais que eram objeto da ação civil pública ajuizada pelo Ministério Público do Estado de São Paulo.

Muito embora o argumento utilizado pelo ministro do Superior Tribunal de Justiça possa ser validamente considerado, é preciso se ter em conta que a sociedade (e o próprio princípio da função social dos contratos) não se esgota no mercado. Nesse sentido, aduz Carlos Eduardo Pianovski Ruzyk:

> Supor que o contrato, por ser operação econômica, estaria submetido integralmente às necessidades de eficiência da economia é desprezar interesses que transcendem o mercado e que com ele podem colidir. A preservação ambiente, antes indicada, é, *v.g.*, função que, por certo não se confunde com o mercado. O mesmo se diga a respeito de direitos fundamentais como saúde, educação ou moradia que podem se realizar por meio de contratos, e que podem integrar, nessa medida, suas finalidades.[16]

Apesar de se reconhecer que o contrato, a par de ser um instituto jurídico, é também uma operação econômica, não é possível se admitir que a ideia de preservação do equilíbrio econômico possa subordinar o jurídico, de modo a afastar direitos e deveres expressamente previstos na legislação (constitucional e infraconstitucional).

Em verdade, é ao direito que cabe dizer o que se pode ou não admitir no âmbito das relações contratuais (sem se olvidar, é claro, das características concretas deste fenômeno social). Através do jurídico, é que se definem "restrições a essa operação econômica, com base em finalidades pautadas em valores que estão além do estritamente econômico – que podem com ele entrar em colisão".[17]

---

[16] RUZYK, Carlos Eduardo Pianovski. *Institutos fundamentais do direito civil e liberdade*(s): repensando a dimensão funcional do contrato, da propriedade e da família. 1. ed. Rio de Janeiro: GZ, 2010. p. 283-284.

[17] RUZYK, Carlos Eduardo Pianovski. *Institutos fundamentais do direito civil e liberdade*(s): repensando a dimensão funcional do contrato, da propriedade e da família. 1. ed. Rio de Janeiro: GZ, 2010. p. 285.

A prioridade, no âmbito das relações negociais, deve ser a realização de valores existenciais, expressamente situados no mais alto patamar da Constituição Federal de 1988,[18] rechaçando-se finalidades que sejam meramente econômicas. Para a jurista Maria Celina Bodin de Moraes:

> [...] A regulamentação da atividade privada (porque regulamentação de atividade cotidiana) deve ser, em todos os seus momentos, expressão da indubitável opção constitucional de privilegiar a dignidade da pessoa humana. Em consequência, transforma-se o direito civil: de regulamentação da atividade econômica individual, entre homens livres e iguais, para a regulamentação da vida social, na família, nas associações, nos grupos comunitários, onde quer que a personalidade humana melhor se desenvolva e sua dignidade seja mais amplamente tutelada.[19]

No mesmo diapasão, Judith Martins-Costa aduz que a ordem econômica numa ordem jurídico-social deve valorizar, "antes de mais nada, a dignidade da pessoa e o livre desenvolvimento de sua personalidade".[20] Atribuir ao princípio da função social do contrato o papel primordial de suprir as necessidades de eficiência da economia, por conseguinte, não se coaduna com a concepção de uma existência digna.

A referência a sujeitos concretos, com interesses e direitos fundamentais determinados, d'outra sorte, ao contrário do recurso a totalidades abstratas que podem reduzir o social ao mercado, possui o condão de desempenhar o papel de valorização da pessoa humana, que é tão caro à Constituição Federal. E isso porque a busca por um "bem comum" (como a eficiência do mercado) conduz a soluções artificiais que somente se sustentariam na abstração de um conceito totalizante de sociedade, de modo que "uma dimensão funcional pode ser mais facilmente compreendida com referência a sujeitos determinados, em especial quando se trata de função dos contratos".[21]

De fato, consoante Paulo Nalin e Hugo Sirena:

> Quando se faz menção à função social do contrato, não se pode cingi-la à satisfação dos interesses da coletividade ou da solidariedade social, mas, da mesma forma, como já se vinha pregando neste trabalho, também à proteção, ainda que individual, da dignidade da pessoa humana, na condição de fundamento republicano constitucionalmente previsto.[22]

---

[18] "Art. 1º A República Federativa do Brasil, formada pela união indissolúvel dos Estados e Municípios e do Distrito Federal, constitui-se em Estado Democrático de Direito e tem como fundamentos: [...]
III - a dignidade da pessoa humana; [...]".

[19] MORAES, Maria Celina Bodin de. A caminho de um direito civil constitucional. *Revista Direito, Estado e Sociedade*, Rio de Janeiro, n. 1, jul./dez. 1991. p. 68.

[20] MARTINS-COSTA, Judith. Notas sobre o princípio da função social dos contratos. *Revista Direito GV*, v. 1, n. 1, maio 2005. p. 46. Disponível em: <bibliotecadigital.fgv.br/ojs/index.php/revdireitogv/article/download/35261/34057>. Acesso em: 10 ago. 1016.

[21] RUZYK, Carlos Eduardo Pianovski. *Institutos fundamentais do direito civil e liberdade(s)*: repensando a dimensão funcional do contrato, da propriedade e da família. 1. ed. Rio de Janeiro: GZ, 2010. p. 283-284

[22] NALIN, Paulo; SIRENA, Hugo. Da estrutura à função do contrato: dez anos de um direito construído (estudos completos). *Revista do Instituto do Direito Brasileiro*, v. 12, p. 13983-14024, 2013. p. 14006.

Assim, a decisão utilizada como paradigma neste trabalho, quando priorizou um suposto "bem comum" consubstanciado no equilíbrio do mercado[23] em detrimento de interesses subjetivos determinados e de direitos de sujeitos concretos das relações contratuais, não parece ter aplicado de forma adequada o princípio da função social dos contratos, deixando de atingir a finalidade de promoção da dignidade da pessoa humana.

Contudo, a questão quanto ao reajuste dos planos de saúde de pessoas maiores de sessenta anos, como já mencionado, ainda não foi resolvida de forma definitiva pelo Superior Tribunal de Justiça, estando pendente julgamento sob a sistemática dos recursos repetitivos. O que se espera é que o princípio previsto no art. 421 do Código Civil, tão comemorado pelos juristas, seja corretamente utilizado pela Corte Superior, com o fito de atender às diretrizes basilares da Constituição Federal.

8.6 Conclusão

Da análise do acórdão proferido no Recurso Especial nº 1.315.668, foi possível verificar que o entendimento do Superior Tribunal do Justiça quanto ao conteúdo do princípio da função social dos contratos ainda é palco de importantes divergências.

No caso específico do julgado em comento, a Corte Superior se posicionou no sentido de que o reajuste do plano de saúde de pessoas maiores de sessenta anos, não obstante a disposição prevista no Estatuto do Idoso, encontra validade no sistema jurídico, uma vez que a majoração do custo em razão do aumento da demanda pelos serviços prestados justificaria o reajuste das mensalidades. O ministro prolator do acórdão fundamentou a adoção de tal entendimento na necessidade de manutenção do equilíbrio do mercado.

A lógica adotada pelo Superior Tribunal de Justiça no acórdão em comento vai ao encontro da corrente doutrinária que atribui ao princípio da função social o único papel de suprir as necessidades de eficiência da economia, esgotando o conceito de "social" ou "sociedade" na própria definição de mercado

Contudo, como demonstrado no presente trabalho, esta não parece ser a concepção mais adequada para o "preenchimento" do conteúdo do princípio da função social dos contratos. Além do fato de que a sociedade não se esgota no mercado, de modo que o jurídico não pode ser subordinado ao econômico, o princípio da função social dos contratos guarda estrita relação com o princípio da dignidade de pessoa humana, previsto na Constituição Federal.

Assim, um bom caminho para fazer valer o que preconiza a nossa Magna Carta seria considerar os interesses dos indivíduos concretos da relação contratual, os quais são detentores de direitos fundamentais (*in casu*, o direito à saúde), deixando-se de priorizar supostos interesses de uma totalidade abstrata, em nome da eficiência do mercado.

---

[23] A partir de uma suposição abstrata de que as operadoras de plano de saúde não suportariam o aumento de custos provocados pela demanda de usuários idosos.

Considerando, portanto, que a jurisprudência do Superior Tribunal de Justiça ainda não consolidou seu entendimento acerca do assunto debatido neste trabalho, a esperança é de que o princípio da função social dos contratos seja aplicado com vistas à promoção, ainda que individual, de uma existência digna.

Informação bibliográfica deste texto, conforme a NBR 6023:2002 da Associação Brasileira de Normas Técnicas (ABNT):

PIMENTEL, Mariana Barsaglia. Comentários ao acórdão proferido no REsp nº 1.315.668: o reconhecimento da validade do aumento de plano de saúde em razão da idade frente ao princípio da função social dos contratos. In: TEPEDINO, Gustavo; TEIXEIRA, Ana Carolina Brochado; ALMEIDA, Vitor (Coord.). *Da dogmática à efetividade do Direito Civil*: Anais do Congresso Internacional de Direito Civil Constitucional – IV Congresso do IBDCivil. 2. ed. rev., ampl. e atual. Belo Horizonte: Fórum, 2019. p. 431-441. ISBN 978-85-450-0545-2.

CAPÍTULO 9

CONTRATOS IMOBILIÁRIOS E A (I)LEGALIDADE DA CLÁUSULA DE PRORROGAÇÃO DO PRAZO DE ENTREGA DO IMÓVEL

GABRIEL HONORATO DE CARVALHO

Notas introdutórias

O contrato de compra e venda de bem imóvel é espécie de negócio jurídico, ato em que há um arranjo de interesses das partes com uma finalidade especial. Os negócios jurídicos, relembre-se, classificam-se em unilaterais e bilaterais. Estes últimos, foco do presente texto, constituem a principal forma de exercício da autonomia privada, em que indivíduos celebram um acordo de vontades com obrigações mútuas.

Nos negócios jurídicos imobiliários de compra e venda de propriedade ainda na planta ou em construção, tem-se de um lado um construtor, proprietário de imóveis, disposto a comercializá-los antecipadamente, e de outro lado os consumidores, objetivando o sonho da moradia desejada ou mesmo um investimento financeiro.

Nesses casos, tais pretensões se formalizam e se consubstanciam mediante o instrumento denominado contrato de promessa de compra e venda, no qual, de um lado, a promitente-vendedora (construtora) se obriga à entrega do bem imóvel, no prazo e nas condições negociadas; por outro lado, o promitente-comprador (consumidor) se obriga ao pagamento do valor acertado, dentre outras obrigações. Tem-se, respectivamente, uma obrigação de dar (entregar coisa certa) e outra obrigação de pagar.

Por esta razão fala-se em exercício da autonomia privada, exatamente porque é através desta transação que os negociantes desempenham, entre si, o direito à liberdade contratual, pactuando suas vontades e interesses jurídico-patrimoniais, princípio que se extrai do Código Civil brasileiro, em seu art. 421.[1]

Ocorre, contudo, que o direito à liberdade contratual, assim como qualquer outro direito, não é absoluto, podendo sofrer intervenções estatais em casos de abusos e excessos. Tanto é que o dispositivo civilista acima mencionado preconiza que tal liberdade deverá ser exercida nos limites da função social do contrato.

Sobre a liberdade de contratar nas relações imobiliárias, anote-se, por oportuno, que embora as partes, na teoria, devessem dispor da autonomia para debater e discutir as condições e os termos de seus contratos, na prática, a praxe é que as construtoras estabelecem nítidos termos de adesão, em que, desejando o consumidor adquirir aquele imóvel, deve assinar e concordar com todas as disposições já previamente estabelecidas, frise-se, unilateralmente, o que, de logo, dá um indicativo da falta de igualdade/equidade no negócio jurídico pactuado.

Ressalte-se, por conveniência, que, embora o parágrafo anterior remeta àqueles contratos de adesão, redigidos unicamente por um dos polos da relação, o desequilíbrio contratual também poderá se verificar mesmo naqueles negócios em que as partes debateram e confrontaram seus anseios.

Diante da cognição sumária acima transcrita, bem como do estudo que pretende se desenvolver a partir dos próximos tópicos, espera-se chegar, ao término, a uma opinião mais sólida e concreta a respeito da (i)legalidade, especificamente das cláusulas contratuais nos contratos imobiliários que estabelecem o direito da construtora retardar a entrega do imóvel, no mais das vezes, em até 180 (cento e oitenta) dias.

9.1 Negócios jurídicos: definição e elementos estruturais

Antes de adentrar ao mérito propriamente dito do presente artigo, faz-se imprescindível realizar uma rápida recordação da doutrina dos negócios jurídicos, instituto do qual o contrato imobiliário de compra e venda é espécie.

Extrai-se da obra de Rose Meirelles que o negócio jurídico tem por essência a autonomia privada, produzindo efeitos na órbita do direito de acordo com a autorregulação dos interesses particulares.[2] Ou seja, é através deste instrumento que os cidadãos celebram, entre si, pactos mercantis, firmando obrigações mútuas, normalmente uma prestação de serviço ou um fornecimento de produto pelo proponente e uma contraprestação em conteúdo financeiro pelo oponente.

Ocorre, todavia, que a liberdade contratual – conferida aos contratantes – não é um direito incondicional,[3] de modo que precisam estes se atentarem para algumas

---

[1]   "Art. 421. A liberdade de contratar será exercida em razão e nos limites da função social do contrato".

[2]   MEIRELES, Rose Melo Vencelau. O negócio jurídico e suas modalidades. In: TEPEDINO, Gustavo. *O Código Civil na perspectiva civil-constitucional*. Rio de Janeiro: Renovar, 2013. p. 219.

[3]   "A ideia de igualdade e liberdade dos homens, concebendo o contrato como o justo e o almejado pelas partes, foi sendo repensada, pois a experiência demonstrou que tal concepção privilegiava os economicamente mais fortes, que dominavam o campo das relações contratuais, impondo sua vontade, em detrimento dos economicamente mais fracos. [...] A tendência do direito, portanto, passou a ser a intervenção do Estado nas relações contratuais, possibilitando um maior equilíbrio entre as partes no negócio, que era impossível de ser alcançado na exaltação máxima da liberdade contratual". (NEVARES, Ana Luiza Maia. O erro, o dolo, a lesão e o estado de perigo no

condições mínimas para sua validade, condições estas que vão muito além daquelas previstas no art. 104 do Código Civil brasileiro.

É neste linear que Rodrigo Toscano de Brito destaca que o contrato deve ser equilibrado em virtude dos princípios constitucionais da dignidade da pessoa humana, da igualdade substancial, da proporcionalidade e da razoabilidade, sempre pautando-se pela equidade, pela eticidade e evitando-se o cometimento de abusos em suas mais variadas perspectivas.[4]

A este respeito, insta ressaltar que o Direito Civil contemporâneo já alcançou novos patamares interpretativos que passaram a funcionalizar os contratos em prol das pessoas e não apenas dos contratantes, sujeitos de direito. O próprio vocábulo autonomia da vontade perde força para a expressão autonomia privada, visto que "a autonomia, não tanto no seu conceito técnico-estrutural, mas no seu conteúdo valorativo, deve ser compreendida em uma perspectiva relacional e evolutiva".[5]

Significa dizer que a atividade econômica praticada na seara da iniciativa privada somente será digna da tutela estatal se o seu conteúdo estiver revestido dos princípios de concretização da Carta Constituinte e dos valores sociais.

A partir de tais afirmações, embora a princípio o direito público tivesse como finalidade a ordem e a segurança geral e o direito privado se pautasse pela liberdade e pela igualdade, constata-se que esta dicotomia não é um obstáculo insuperável e a divisão não é irrestrita. É o que se pretende demonstrar no tópico seguinte.

9.2 A constitucionalização do direito privado: eficácia horizontal dos direitos fundamentais e a função social dos contratos

O Direito Civil, tal como outros ramos do Direito Privado, passou por grande avanço com a implementação da metodologia civil-constitucional, permitindo, assim, uma releitura deste diploma a partir da Constituição Federal de 1988, o que se convencionou chamar de eficácia horizontal dos direitos fundamentais ou, depois, de constitucionalização do Direito Civil (Direito Privado).[6]

A partir desta nova roupagem, aquela divisão paradigmática entre o Direito Público e o Direito Privado passou a ser cada vez menos evidente e, consequentemente, as regulações privadas começam a sofrer interferência direta dos valores contidos na Carta Magna, especialmente no que tange aos direitos e às garantias fundamentais de cada cidadão.

Código Civil. In: TEPEDINO, Gustavo. *O Código Civil na perspectiva civil-constitucional*. Rio de Janeiro: Renovar, 2013. p. 291-292).

[4] BRITO, Rodrigo Toscano de. Equivalência material dos contratos – civis, empresariais e de consumo. São Paulo: Saraiva, 2007. p. 30.

[5] MONTEIRO FILHO, Carlos Edison do Rêgo; RITO, Fernanda Paes Leme Peynneau. Subsídios para o equilíbrio funcional dos contratos. In: TEPEDINO, Gustavo; TEIXEIRA, Ana Carolina Brochado; ALMEIDA, Vitor. *O Direito Civil entre o sujeito e a pessoa*: estudos em homenagem ao professor Stefano Rodotá. Belo Horizonte: Fórum, 2016. p. 429.

[6] A locução "direito civil constitucional" chegou ao Brasil através da difusão da doutrina de Pietro Perlingieri, autor italiano responsável pela "dottrina del diritto civile nella legalità constituzionale". (PERLINGIERI, Pietro. *Il diritto civile nella legalità contitucionale*. Nápoles: ESI, 2001).

Como diria Paulo Lôbo, "a mudança de atitude é substancial: deve o jurista interpretar o Código Civil segundo a Constituição e não a Constituição segundo o Código, como ocorria com frequência (e ainda ocorre)".[7]

Nos dizeres do insigne Ministro do STF, Luiz Edson Fachin, a metodologia civil constitucional implica a incidência franca da Constituição Federal nas diversas esferas das relações particulares à luz de comandos inafastáveis de proteção à pessoa como a grande tendência do direito civil.[8]

O que se quer dizer com isso é que o direito à liberdade contratual não pode mais servir aos cidadãos para que estes estipulem suas condições de qualquer forma, sem a observância dos preceitos constitucionais. Estas devem sempre ser pautadas à luz da equidade, vetor diretamente interligado ao princípio supraconstitucional da dignidade humana e seus princípios implicitamente embutidos.

Por oportuno, tragamos à baila a doutrina de Maria Celina Bodin de Morais:

> Correta parece, então, a elaboração hermenêutica que entende ultrapassada a *summa divisio* e reclama a incidência dos valores constitucionais na normativa civilística, operando uma espécie de "despatrimonialização" do direito privado, em razão da prioridade atribuída, pela Constituição, à pessoa humana, sua dignidade, sua personalidade e seu livre desenvolvimento.[9]

Em mesmo linear, o Ministro do STF, Luís Roberto Barroso, pontua a superação desta divisão a partir do princípio supraconstitucional da dignidade da pessoa humana:

> Em um primeiro momento, a proteção e a promoção da dignidade humana foram consideradas tarefas exclusivas dos poderes políticos do Estado, ou seja, dos poderes Executivo e Legislativo. Não demorou muito, entretanto, para que essas metas políticas e valores morais inscritos na dignidade migrassem para o direito. Uma razão óbvia para essa migração foi o fato de a dignidade humana ter sido consagrada em diversos documentos e tratados internacionais, assim como em muitas constituições nacionais. Mas a ascensão da dignidade humana como um *conceito jurídico*, nos dois lados do atlântico, foi a consequência de uma mudança fundamental no pensamento jurídico, que se tornou mais visível e concreta depois da Segunda Guerra. De fato, conforme os dois pilares do pensamento jurídico clássico – a *summa divisio* entre o direito público e o [direito] privado e a crença no formalismo e no raciocínio puramente dedutivo – começaram a ruir, a interpretação jurídica fez um movimento decisivo na direção da filosofia moral e política.

Foi com amparo nesses pressupostos que a metodologia civil-constitucional, fundada na doutrina de Pietro Perlingieri, teve no Brasil grande receptividade, por vislumbrar um contexto de redemocratização e mutação do Direito Civil clássico em um instrumento de emancipação das pessoas e transformação social, objetivando uma sociedade mais justa e solidária.[10]

---

[7] LÔBO, Paulo. *Direito civil* – Parte geral. São Paulo: Saraiva, 2009. p. 36.

[8] FACHIN, Luiz Edson. *Direito civil*. Sentidos, transformações e fim. Rio de Janeiro: Renovar, 2014. p. 10-11.

[9] MORAES, Maria Celina Bodin de. A caminho de um direito civil constitucional. *Revista de Direito Civil*, v. 65. p. 26.

[10] KONDER, Carlos Nelson. Distinções hermenêuticas da constitucionalização do direito civil. In: SCHEREIBER, Anderson; KONDER, Carlos Nelson. *Direito civil constitucional*. 1. ed. São Paulo: Atlas, 2016. p. 26-27.

Diz-se isto exatamente porque, a partir desta nova visão, privilegiou-se a proteção ao ser humano sobre as relações privadas, estas comumente pautadas pelo patrimônio, que, no mais das vezes, privilegia quem mais deste tem. Geralmente, é exatamente desta desproporção de condições que surge o desequilíbrio contratual, diante da vulnerabilidade daquele que menos tem, o consumidor, como inclusive se discorrerá adiante, de forma mais aprofundada.

A mensagem que se pretende deixar, neste tópico, é a de que, embora os negócios jurídicos possam e devam ser pautados com esteio na liberdade de contratar, objetivando-se a livre estipulação das cláusulas contratuais, tal garantia não é absoluta, podendo e devendo sofrer intromissões do Poder Judiciário, quando provocado, nos casos, por exemplo, de desequilíbrio contratual e, consequentemente, de ausência de uma das condições de validade do negócio jurídico, como pautado no tópico anterior.

Frise-se que, embora a opção metodológica seja também uma opção ideológica,[11] neste caso, esta não se confunde com uma ideologia utópica, mas sim, com uma realidade jurídica possível, haja vista que a constitucionalização do Direito Civil tem ganhado cada vez mais força, já estando consolidada entre a doutrina civilista e galgando cada vez mais espaço entre a jurisprudência brasileira, como se demonstra com os precedentes do Tribunal de Justiça de Minas Gerais – TJMG, e do Tribunal de Justiça de Santa Catarina – TJSC, abaixo delineados:

APELAÇÃO CÍVEL - *REVISIONAL DE CONTRATO BANCÁRIO* - FALTA DE INTERESSE RECURSAL - OCORRÊNCIA - NÃO CONHECIMENTO DE PARTE DO RECURSO - POSSIBILIDADE DE REVISÃO. - Afigura-se patente a ausência de interesse recursal quando o provimento do magistrado a quo não diverge do interesse manifestado pela parte nas razões recursais. - *Pela eficácia horizontal dos direitos fundamentais, tem-se que o pacto não é absoluto, já que o mesmo deve ser limitado pelas garantias Constitucionais. - Não se pode admitir que o contrato seja um instrumento legitimador de ofensa a princípios Constitucionais, tais como a dignidade da pessoa humana, a razoabilidade e a proporcionalidade. - O pacto sunt servanda não pode legitimar ofensas a princípios Constitucionais.* (TJMG. 15ª Câmara Cível. AC nº 10707110017415002 MG. Rel. Tibúrcio Marques, j. 13.6.2013, public. 21.6.2013).

APELAÇÃO CÍVEL. *REVISIONAL DE CONTRATO* DE FINANCIAMENTO COM ALIENAÇÃO FIDUCIÁRIA. SENTENÇA DE PARCIAL PROCEDÊNCIA. IRRESIGNAÇÃO DA INSTITUIÇÃO FINANCEIRA. CÓDIGO DE DEFESA DO CONSUMIDOR. INCIDÊNCIA. EXEGESE DA SÚMULA Nº 297 DO STJ. ATO JURÍDICO PERFEITO E PRINCÍPIOS DO PACTA SUNT SERVANDA E DA AUTONOMIA DA VONTADE QUE CEDEM ESPAÇO, POR SEREM GENÉRICOS, À NORMA ESPECÍFICA DO ART. 6º, INCISO V, DA LEI Nº 8.078/90. INSTITUTOS QUE, ADEMAIS, FORAM *MITIGADOS PELA CONSTITUCIONALIZAÇÃO DO DIREITO CIVIL E PELOS PRINCÍPIOS DA FUNÇÃO SOCIAL DO CONTRATO E DA BOA-FÉ OBJETIVA. POSSIBILIDADE DE REVISÃO DO CONTRATO*, NOS LIMITES DO PEDIDO DA DEVEDORA. INTELIGÊNCIA DOS ARTS. 2º, 128, 460 E 515, TODOS DO CÓDIGO DE PROCESSO CIVIL. APLICAÇÃO DO VERBETE Nº 381 DO PRETÓRIO DA CIDADANIA. ANATOCISMO. PERIODICIDADE INFERIOR À ANUAL. ART. 5º DA MEDIDA PROVISÓRIA Nº 1.963-17, REEDITADA PELA 2.170-36. PERMISSIVIDADE A PARTIR DE 31.03.00 DESDE QUE PACTUADA. Impossibilidade.

---

[11] STRECK, Lênio Luiz. *Hermenêutica jurídica em crise*. 8. ed. Porto Alegre: Livraria do Advogado, 2009. p. 19.

Comando normativo que foi declarado inconstitucional por esta corte na arguição de inconstitucionalidade em apelação cível n., julgada sob a batuta do Desembargador Lédio Rosa de Andrade, em 16-2-11. Extensão de seus efeitos a este julgado. Observância da transcendência dos motivos determinantes. [...]. (TJSC, Quarta Câmara de Direito Comercial. AC nº 20120593928 SC 2012.059392-8. Rel. José Carlos Carstens Köhler, j. 10.9.2012).

Observa-se que a metodologia em espeque é bem mais que um discurso doutrinário, sendo notadamente reconhecida pelos tribunais, mesmo que com algumas resistências, por alguns juízes mais retrógados e conservadores. Como se vê dos julgados acima transcritos, constata-se a plena possibilidade de revisão de um contrato quando verificado que as normas pactuadas naquele termo representam um desequilíbrio contratual, seja pela desproporcionalidade das obrigações, seja pela não observância de princípios supraconstitucionais, em especial a dignidade da pessoa humana.

A lógica da constitucionalização do Direito Civil é muito bem descrita pelo Desembargador Tibúrcio Marques no trecho acima destacado no precedente do TJMG, que merece ser repetido: "pela eficácia horizontal dos direitos fundamentais, tem-se que o pacto não é absoluto, já que o mesmo deve ser limitado pelas garantias Constitucionais". Relata o julgador que o direito à liberdade contratual e o princípio civilista *pacta sunta servanda* não podem ser vistos de forma isolada, como se o Código Civil e a vontade das partes fossem o elemento normativo maior no trabalho hermenêutico sobre o ordenamento jurídico, permitindo-se total liberalidade por parte dos contratantes.

Exemplo interessante é visto na obra de William Shakespeare, *O mercador de Veneza*, quando Shylock, um judeu comerciante, busca o Tribunal para cobrar, conforme contrato pactuado com seu contemporâneo Christopher, o pagamento dos rendimentos emprestados, mais juros, ou uma tira de couro da pele deste, caso não dispusesse dos valores. Embora a história ali narrada não passe de uma ficção, interessante trazer à baila para chamar atenção que, sobre o caso, não é preciso ser sequer estudante de direito para saber que um documento deste porte não teria qualquer validade no meio jurídico, por representar uma afronta aos conceitos de moralidade, razoabilidade e justiça contratual, sem se esquecer dos direitos indisponíveis que estariam em jogo.[12]

Constata-se, desta feita, a preponderância dos valores sociais sobre os valores individuais, de que surge o princípio da função social do contrato. Como ensina Marcos Jorge Catalan, "o paradigma a ser observado não é mais o do individualismo, mas sim, o que tutela o bem-estar social, ideia nascida do *welfare state* ou Estado do bem-estar social".[13]

---

[12] Sobre o assunto, o Ministro Luís Roberto Barroso, discorrendo sobre a influência do pensamento kantiano no direito e na sociedade, afirma que "as coisas têm um preço de mercado, mas as pessoas têm um valor interno absoluto chamado dignidade. Como consequência, cada ser racional e cada pessoa existe com um fim em si mesmo, e não como um meio para uso discricionário de uma vontade externa". (BARROSO, Luís Roberto. *A dignidade da pessoa humana no direito constitucional contemporâneo*: a construção de um conceito jurídico à luz da jurisprudência mundial. 3. reimpr. Belo Horizonte: Fórum, 2014. p. 71-72).

[13] CATALAN, Marcos Jorge. Descumprimento contratual. Curitiba: Juruá, 2007. p. 71. In: CUNHA, Wladimir Alcibíades Marinho Falcão. *Revisão judicial dos contratos*: do Código de Defesa do Consumidor ao Código Civil de 2002. São Paulo: Método, 2007. p. 78.

9.3 A cláusula de carência – prorrogação do prazo de entrega do imóvel – à luz do ordenamento jurídico brasileiro

Diante das considerações apresentadas, resta evidente a possibilidade de revisão e/ou alteração contratual, afastando-se a autonomia privada em favorecimento do interesse público. Nos sobra, a partir deste instante, promover uma abordagem específica no que tange às cláusulas de carência – prorrogação do prazo de entrega do imóvel – nos contratos imobiliários de compra e venda, o que se pretende fazer à luz da Constituição Federal, do Código Civil, do Código de Defesa do Consumidor e da jurisprudência brasileira.

Como dito alhures, tornou-se muito comum, por parte das construtoras, estabelecer em seus contratos de compra e venda de bem imóvel (na planta ou em construção) a chamada cláusula de carência, garantindo-lhes o direito de retardar o prazo firmado no instrumento em até 180 (cento e oitenta dias). Cláusula esta que tem sido alvo de constantes discussões perante o Poder Judiciário, que, ao que parece, ainda não conseguiu consolidar um entendimento uníssono sobre a matéria, como se percebe da jurisprudência que ainda se mantém vacilante sobre o tema.

A controvérsia reside exatamente na (i)legalidade desta cláusula: se, dentro de uma análise sistemática, sopesando-se o ordenamento jurídico como um todo unitário, seria válida uma cláusula que, assinada pelo promitente-comprador, estabelecesse uma garantia para a construtora que, caso não concluísse a obra até o prazo firmado, esta seria bonificada com um prazo extra para conclusão, sem nenhuma contrapartida para aquele.

Os incorporadores imobiliários têm sustentado a validade da cláusula em abordo com esteio no art. 48[14] da Lei nº 4.591/64 – Lei de Incorporações – que prevê a possibilidade de prorrogação da entrega. Ocorrem duas questões a respeito: primeiramente há de se observar que tal legislação é datada do ano de 1964, cabendo analisar se fora recepcionada, *in totum*, pela Carta Constituinte de 1988 e a nova perspectiva constitucionalizada do Direito Civil. Em segundo, insta atentar para o fato de que o dispositivo em sustento em nenhum momento estabelece uma liberdade incondicionada para postergar a entrega. Muito pelo contrário, o artigo em espeque frisa que do contrato constará "as condições e as formas de sua eventual prorrogação", o que não parece se traduzir em prol de uma protelação sem qualquer compensação.

A questão, porém, não é tão simples.

Vejamos, primeiramente, alguns precedentes, recentes, nos quais magistrados decidiram-se pela legalidade da cláusula:

> COMPROMISSO DE VENDA E COMPRA. Bem imóvel. Descumprimento contratual. Atraso na entrega da unidade compromissada verificado. Carência contratual de 180 dias válida ante as dificuldades do ramo da construção civil. Prazo razoável para acobertar tais fatores extras. [...]. (TJSP, 1ª Câmara de Direito Privado. Apelação nº 0189602-21.2011.8.26.0100. Rel. Rui Cascaldi, j. 14.04.2015).

---

[14] Art. 48. A construção de imóveis, objeto de incorporação nos moldes previstos nesta Lei, poderá ser contratada sob o regime de empreitada ou de administração, conforme adiante definidos, e poderá estar incluída no contrato com o incorporador (VETADO), ou ser contratada diretamente entre os adquirentes e o construtor. (...). §2º Do contrato deverá constar a prazo da entrega das obras e as condições e formas de sua eventual prorrogação.

CONTRATO DE COMPRA E VENDA E CONSTRUÇÃO DE IMÓVEL. CONSTRUTORA. LEGITIMIDADE PASSIVA. *ATRASO NA ENTREGA. CLÁUSULA DE PRORROGAÇÃO DE PRAZO. VALIDADE.* PENA CONVENCIONAL. INCIDÊNCIA. DEFEITOS DE CONSTRUÇÃO. DANOS MATERIAIS CONFIGURADOS. DANOS MORAIS. ARBITRAMENTO. [...] *Não se vislumbra qualquer abusividade na cláusula de prorrogação de prazo da entrega do imóvel expressamente pactuada entre as partes e prevista contratualmente.* - É devida a multa convencional pelo atraso a partir da data prevista para a entrega do imóvel, computada a tolerância prevista contratualmente, até a data da efetiva entrega do bem. (TJMG, 13ª Câmara Cível. AC nº 10145120234888001 MG. Rel. Cláudia Maia, j. 11.7.2013, public. 19.7.2013).

RECURSO INOMINADO. *IMOBILIÁRIO. ATRASO NA ENTREGA DE IMÓVEL. LEGALIDADE DA CLÁUSULA DE TOLERÂNCIA DE PRAZO. PRORROGAÇÃO DO PRAZO* ATRAVES DE ADITAMENTO CONTRATUAL MEDIANTE INDENIZAÇÃO. VALIDADE. DANOS MORAIS NÃO CARACTERIZADOS. IMPROCEDÊNCIA MANTIDA. [...] *Inexiste abusividade na cláusula contratual que prevê prazo de 180 dias de tolerância por atraso de obra, conforme precedentes desta Turma Recursal.* [...] SENTENÇA MANTIDA. RECURSO IMPROVIDO. (TJRS, Primeira Turma Recursal Cível. Recurso Cível nº 71005602420 RS. Rel. Fabiana Zilles, j. 26.1.2016. *DJ*, 29 jan. 2016).

Em que pese a concordância por boa parte da jurisprudência, com a cláusula ora guerreada, como se vê dos precedentes acima, não transparece que este seja o caminho mais acertado.

Ora, é cediço que os negócios jurídicos bilaterais pressupõem sempre uma sinalagma contratual, isto é, uma reciprocidade de prestações. Para melhor ilustrar, destaque-se que, se por um lado um contratante promete entregar um imóvel, por outro lado, há uma promessa de contraprestação em pecúnia ou de outra forma de conteúdo econômico; se por uma vertente o consumidor atrasa uma prestação, por outro o construtor recebe multa, juros e correção monetária. Será, portanto, justa e válida uma cláusula em que se estabelece que o promitente-vendedor retarde a entrega de uma obra em 180 (cento e oitenta) dias, sem que haja nenhuma contraprestação para o consumidor?

Entende-se que não, justamente porque tal cláusula, da forma esposada, anda em caminho diametralmente oposto ao princípio da equivalência material das prestações contratuais, como se conclui após leitura da doutrina de Paulo Luiz Netto Lôbo:

> O princípio da equivalência material busca realizar e perseverar o equilíbrio real de direitos e deveres no contrato, antes, durante e após a sua execução, para a harmonização dos interesses. Esse princípio preserva a equação e o justo equilíbrio contratual, seja para manter a proporcionalidade inicial dos direitos e obrigações, seja para corrigir os desequilíbrios supervenientes.[15]

---

[15] LÔBO, Paulo Luiz Netto. Princípios contratuais. In: LÔBO, Paulo Luiz Netto; LYRA JÚNIOR, Eduardo Messias Gonçalves de (Coords.). *A teoria do contrato e o novo Código Civil*. Recife: Nossa Livraria, 2002. p. 18.

Em mesmo linear, ensina Teresa Negreiros que "justo é o contrato cujas prestações de um e de outro contratante, supondo-se interdependentes, guardam entre si um nível razoável de proporcionalidade".[16]

Imperioso registrar que o princípio em escopo se encontra implicitamente embutido na Constituição Federal, que em seu art. 170, *caput,* tem a seguinte dicção: "a ordem econômica, fundada na valorização do trabalho humano e na livre iniciativa, tem por fim assegurar a todos existência digna, conforme os ditames da justiça social". É o que destaca Wladimir Alcibíades, ao dispor que esta interpretação assim se dá porque é inegável que a justiça contratual há de ser vislumbrada como um capítulo da justiça social.[17]

Em mesmo diapasão, o princípio também se escora no Código de Defesa do Consumidor, primeiramente no art. 4º, que trata da política nacional das relações de consumo, que desponta como vetores o reconhecimento da vulnerabilidade do consumidor no mercado (inc. I), a harmonização das vontades dos sujeitos das relações consumeristas e a compatibilização da assistência ao consumidor com a necessidade de desenvolvimento econômico e tecnológico, de modo a viabilizar os princípios nos quais se alberga a ordem econômica (art. 170, CF), sempre com amparo na boa-fé e equilíbrio nas relações entre consumidores e fornecedores (inc. III). O art. 6º, inc. IV, por sua vez, prevê como direitos básicos do consumidor a proteção contra práticas e cláusulas abusivas ou impostas no fornecimento de produtos e serviços, e o inc. V, dita a modificação das cláusulas contratuais que estabeleçam obrigações desproporcionais. Há ainda o art. 51, inc. IV, que preconiza serem nulas de pleno direito as cláusulas que estabeleçam obrigações consideradas iníquas, abusivas, que coloquem o consumidor em desvantagem exagerada, ou sejam incompatíveis com a boa-fé e a equidade.

Repita-se, ainda, a dicção do art. 421 do Código Civil brasileiro, segundo a qual "a liberdade de contratar será exercida nos limites da função social do contrato".

Como se observa, o princípio da equivalência material dos contratos se escorre e se espraia por todo o ordenamento jurídico brasileiro, tendo grande relevância para o presente estudo, que, como deveras mencionado, busca compreender a cláusula de carência, ou melhor, procura entender o porquê de os tribunais brasileiros continuarem emitindo decisões que validam cláusulas que, numa dinâmica completamente distinta da lógica justa e razoável do direito contratual, preveem direito sem obrigação ou estabelecem concessões sem nenhuma contraprestação.

Seguindo-se o raciocínio, importante trazer à baila a doutrina especializada de Scavone Júnior, que bem destaca a ação civil pública movida pelo Ministério Público paulista (conforme notícia extraída do *site* deste), movida pelo Promotor de Justiça Paulo Sérgio Cornacchioni em desfavor de construtoras e incorporações imobiliárias, para que elas deixem de fixar prazos que desfavoreçam os consumidores e para que sejam punidas se atrasarem a entrega dos imóveis:

> Os contratos que essas empresas oferecem aos consumidores estabelecem um prazo para a entrega de imóveis, a chamada "entrega de chaves", que prevê uma tolerância de 180

---

[16]   NEGREIROS, Teresa. *Teoria dos contratos*. Rio de Janeiro: Renovar, 2002. p. 166.

[17]   CUNHA, Wladimir Alcibíades Marinho Falcão. *Revisão judicial dos contratos*: do Código de Defesa do Consumidor ao Código Civil de 2002. São Paulo: Método, 2007. p. 100.

dias para o atraso. Neste período, as empresas não estão sujeitas à multa contratual. Essa tolerância, entretanto, não é estabelecida para o caso de o consumidor deixar de pagar ou atrasar uma das prestações, o que, segundo o promotor, caracteriza a falta de equilíbrio nas relações entre consumidores e fornecedores. "O equilíbrio do contrato de adesão de compra e venda pressupõe a imposição de prazo para ambas as partes cumprirem suas respectivas obrigações, mediante instrumentos que documentem tais prazos, assim como a previsão de sanções, em desfavor das duas partes igualmente, para o caso de mora", argumenta o promotor na ACP.[18]

Ora, se o consumidor atrasar uma parcela, ele pagará multa e juros; se o consumidor resolver distratar o negócio, será atingido nos tribunais por uma multa que varia entre 10% (dez por cento) e 30% (trinta por cento) sobre o valor do imóvel. Então, por que pode a construtora retardar a entrega do imóvel em até 180 (cento e oitenta) dias sem que nenhuma sanção lhe seja imposta?

O que se vê dos julgados que validam a cláusula é que o prazo de carência seria adequado aos acontecimentos inesperados que podem ocorrer numa construção, isto é, a imprevisibilidade de situações que podem afetar o fluxo da obra, como exemplo, intempéries, paralisações trabalhistas, escassez de instrumentos, etc. Ocorre, todavia, que todos estes entraves poderiam – e deveriam – ser previstos na oferta, haja vista estarem todos relacionados com os riscos do empreendimento, sendo, portanto, atribuição da equipe de planejamento e cronograma da edificação.

O Tribunal de Justiça de São Paulo, inclusive, embora tenha súmula[19] em sentido oposto, detém julgados no sentido de somente permitir o retardo da construção em casos de fortuito externo (motivo de força maior), que seriam, destarte, imprevisíveis:

> Compromisso de compra e venda de imóvel. Prazo de carência. Cláusula de prorrogação de prazo para a entrega da obra. Ajuste típico, que, na *ausência de demonstração do fortuito*, configura vantagem excessiva da fornecedora que atrasa a obra sem justificativa, computando o prazo da tolerância como data final para a entrega. Mora da fornecedora. Ausência de cláusula penal. Consumidor que não pode usufruir do bem. Ressarcimento do prejuízo. Obrigação da ré de indenizar o comprador pelo período compreendido entre a data estabelecida originariamente para a entrega da obra e a efetiva entrega, correspondente ao percentual de 0,5% sobre o valor atualizado do contrato, com a incidência de juros de 1% ao mês desde a citação. Recurso parcialmente provido. (TJSP, 10ª Câmara de Direito Privado Apelação nº 0113647-81.2011.8.26.0100. Rel. Araldo Telles, j. 23.4.2015).

É preciso perceber, deste modo, que as mesmas imprevisões que podem atingir as construtoras também podem, de igual modo, recair sobre o consumidor, como muito bem chama atenção o próprio Scavone Júnior:

---

[18] SCAVONE JÚNIOR, Luiz Antônio. *Direito imobiliário* – Teoria e prática. 10. ed. Rio de Janeiro: Forense, 2016. p. 389.

[19] Súmula nº 164, do Tribunal de Justiça de São Paulo: "É válido o prazo de tolerância não superior a cento e oitenta dias, para entrega de imóvel em construção, estabelecido no compromisso de venda e compra, desde que previsto em cláusula contratual expressa, clara e legível".

Portanto, há que se levar em consideração que o adquirente também está sujeito à perda de emprego, doença, morte de parente, roubo, etc., e não terá, mesmo em razão desses fatos, qualquer carência no cumprimento de suas obrigações, notadamente a obrigação de pagar o que deve, cujo inadimplemento enfrente implacáveis consequências impostas pela construtora ao adquirente, por exemplo, multas, juros, correções, ações de resolução, alienação extrajudicial do imóvel, etc.[20]

Destaque-se que se o consumidor retardar um pagamento, será encarregado de multa, correção monetária e juros de mora; se ficar desempregado e outras rendas não tiver, certamente terá que fazer o distrato do negócio jurídico pactuado, ficando a mercê de multa contratual que varia, comumente, entre 10% (dez por cento) e 30% (trinta por cento).[21]

Se ao consumidor não é prevista nenhuma carência para suas obrigações, torna-se óbvio que, neste contexto do princípio supralegal da equivalência material dos contratos, uma cláusula que preconiza a possibilidade de retardo da entrega do imóvel, sem nenhum ônus para construtora (ou bônus para o consumidor), não pode ser considerada válida, devendo ser inteiramente rechaçada pelos tribunais.

Entretanto, duas situações devem ser excetuadas.

A primeira delas, como dito, é nos casos de força maior, imprevistos da natureza impossíveis de serem pressagiados e que, de tal modo, não teriam como ser contabilizados no planejamento estratégico da empresa. Reforce-se que aqui não estão incluídos os casos de aquecimento ou esfriamento do mercado, eis que estes também devem fazer parte dos estudos prévios do empreendimento.

A segunda diz respeito à possibilidade de as partes contratualmente estabelecerem um prazo de prorrogação de prazo, desde que esta concessão esteja acompanhada de uma contrapartida pela construtora, tais como o pagamento de um valor mensal a título de aluguel ou outra espécie de indenização. Dos dois modos, não pode a promitente-vendedora prever valor de locação ou indenização desproporcional aos padrões do imóvel adquirido. Exemplificando, se o negócio jurídico tem como objeto a aquisição de um imóvel de R$500.000,00 (quinhentos mil reais), não seria razoável o pagamento de um aluguel com base em um imóvel de R$100.000,00 (cem mil reais); o quantum mensal, deste modo, deve ser firmado à luz do valor de mercado para locação de um apartamento do mesmo patamar financeiro, o que tem refletido num percentual de 5% (cinco por cento) sobre o valor do imóvel.

Observa-se que, nestas condições excepcionais, as prestações tornam-se recíprocas, privilegiando equitativamente ambos os contratantes como bem determina o supramencionado princípio da equivalência material dos contratos.

Antes de finalizar o vigente tópico, é preciso ressaltar que o que esta discussão realmente envolve é o investimento de um consumidor, a vontade da moradia e/ou da

---

[20] SCAVONE JÚNIOR, Luiz Antônio. *Direito imobiliário* – Teoria e prática. 10. ed. Rio de Janeiro: Forense, 2016. p. 390.

[21] Embora, no Superior Tribunal de Justiça – STJ, vejamos julgados com multas que oscilam de 10% (dez por cento) a 25% (vinte e cinco por cento), entendemos que o percentual de até 15% (quinze por cento) seria o mais adequado, sobretudo considerando que a construtora ficará com o imóvel que poderá novamente ser comerciado, percebendo valores iguais ou ainda superiores aos da transação anteriormente feita. É óbvio que um caso concreto, com peculiaridades distintas, nos pode levar a percentuais diferenciados. Ressalte-se que tais multas somente devem ser aplicadas quando o consumidor der causa à resolução do contrato.

vantagem financeira, entre vários outros elementos que vêm a ser frustrados com a prorrogação do prazo previsto.

Na prática, como se sabe, a publicidade feita na oportunidade da venda é sempre no sentido de que a cláusula de carência ali está inserida somente por segurança, mas que o prazo inicial será respeitado, o que cria uma expectativa ainda maior ao promitente-comprador quanto àquela data, que, em muitos casos, termina servindo de referência, por exemplo, para um casal de noivos programados ao casamento. Observa-se, deste modo, que o que se debate é o direito à propriedade e à moradia, o direito à proteção do consumidor contra práticas abusivas, o direito constitucional a uma sociedade livre, justa e solidária. Por tais razões que, como repetidas vezes dito, não se pode aceitar, passivamente, a manutenção de decisões judiciais que validam esta cláusula, quando desacompanhadas de qualquer razão (força maior) ou compensação (contraprestação).

Ademais, por mais que seja um ponto superado, para que não se diga que o consumidor assinou o contrato e "concordou" com esta condição, é preciso ressaltar que este, vulnerável na relação, no mais das vezes nenhum domínio possui sobre a matéria, enquanto que, no outro polo da relação, existe uma empresa economicamente estruturada e organizada, com ampla propriedade (inclusive assessoria jurídica) sobre as circunstâncias de seu empreendimento, donde se extrai, nitidamente, a lesão contratual.[22]

Considerações finais

Diante, agora, da exauriente cognição realizada no discorrer deste artigo, chega-se à inevitável conclusão pela ilegalidade da cláusula que possibilita a postergação do prazo de entrega do bem adquirido em 180 (cento e oitenta dias), a "cláusula de carência", quando não observado seus requisitos de validação.

Consoante defendido, não se mostra lúcida a interpretação do contrato que valida a cláusula ora combatida tão somente em virtude de esta ter feito parte de um documento assinado pelas partes (*pacta sunt servanda*), como se condições desequilibradas – e, deste modo, injustas – não pudessem ser revisadas judicialmente (*rebus sic stantibus*). Seria descartar normativas como as previstas no Código de Defesa do Consumidor, em especial o art. 6º, incs. IV e V, e também o art. 51, inc. IV.

A este respeito, lembrou-se a metodologia civil-constitucional que veio a mitigar severamente aquela dicotomia entre o Direito Público e o Direito Privado, dando prevalência àquele sobre esse, mediante a aplicação da eficácia horizontal dos direitos fundamentais às relações particulares.

A Constituição Federal, como núcleo solar do ordenamento, não poderia ser vista de outra forma, senão como ponto de partida de qualquer hermenêutica, inclusive de um contrato particular de compra e venda.

No núcleo deste estudo, demonstrou-se que uma cláusula que estabeleça, ao mesmo tempo, benefício para uma parte e prejuízo para a contraparte, contraria a lógica da igualdade entre os contratantes que deve reger os contratos, afrontando diretamente

---

[22] A lesão contratual é a desproporção que ocorre entre as prestações de um contrato, no momento de sua celebração, oriunda do aproveitamento, por uma das partes contratantes, da situação de inferioridade em que se encontrava a outra. (NEVARES, Ana Luiza Maia. O erro, o dolo, a lesão e o estado de perigo no Código Civil. In: TEPEDINO, Gustavo. *O Código Civil na perspectiva civil-constitucional*. Rio de Janeiro: Renovar, 2013. p. 314).

o princípio da equivalência material das obrigações contratuais, sobretudo porque o risco do empreendimento é de responsabilidade exclusiva do construtor, não podendo ser transferida para o consumidor, que, de igual modo, também pode vir a ser vítima de um desemprego, de uma doença ou de qualquer outro fator que diminuísse seus rendimentos, fatos esses que não estariam previstos contratualmente como hipóteses que lhe permitisse retardar o pagamento sem que lhe fossem atribuídos juros, multa e correção monetária.

Assim, este trabalho chega a um forçoso arremate: dentro de uma perspectiva do dever ser, torna-se clara prática abusiva a inclusão, no contrato de compra e venda, de cláusula de carência do prazo de entrega do imóvel, em favor do construtor, sem que haja nenhuma contraprestação em favor do consumidor e sem que incorra nenhum fato imprevisível da natureza.

Deste modo, recordando-se que as relações privadas devem sempre ser analisadas e interpretadas sob a ótica da eticidade, da socialidade e da boa-fé, finaliza-se este trabalho na expectativa de que ele possa ser um contributo à corrente aqui defendida, na defesa de uma visão contratual socialmente e humanamente mais equilibrada e, portanto, mais justa.

Informação bibliográfica deste texto, conforme a NBR 6023:2002 da Associação Brasileira de Normas Técnicas (ABNT):

CARVALHO, Gabriel Honorato de. Contratos imobiliários e a (i)legalidade da cláusula de prorrogação do prazo de entrega do imóvel. In: TEPEDINO, Gustavo; TEIXEIRA, Ana Carolina Brochado; ALMEIDA, Vitor (Coord.). *Da dogmática à efetividade do Direito Civil*: Anais do Congresso Internacional de Direito Civil Constitucional – IV Congresso do IBDCivil. 2. ed. rev., ampl. e atual. Belo Horizonte: Fórum, 2019. p. 443-455. ISBN 978-85-450-0545-2.

CAPÍTULO 10

A TUTELA DA PRIVACIDADE: DESDOBRAMENTOS DA PROTEÇÃO INTERNACIONAL DE DADOS PESSOAIS

JOANA DE MORAES SOUZA MACHADO

AURICELIA DO NASCIMENTO MELO

Introdução

Os avanços tecnológicos ocorridos nos últimos tempos nas áreas da informação e da comunicação trouxeram muitos impactos para a vida social, econômica e política das pessoas, possibilitando o acesso mais rápido às informações e a sua socialização. Estas, por sua vez, assumem um importante papel na consolidação de várias situações jurídicas que emergem no contexto da sociedade pós-industrial.

A evolução tecnológica acabou por invadir o cotidiano das pessoas e das empresas, transformando até mesmo as formas de relacionamento. Sem muitas vezes considerar os riscos à privacidade e à intimidade, as pessoas estão expostas a uma visibilidade permanente.

Tradicionalmente as violações à privacidade eram entendidas de uma forma particular, analisando-se apenas os aspectos do recato e do sossego. O ensaio *The right to privacy*, de Warren e Brandeis, em 1890,[1] estabeleceu os primeiros contornos do que se tutelaria como privacidade. Atualmente, o conceito se ampliou para permitir o enfrentamento das lesões e ameaças suscitadas na era digital.

A privacidade, como direito fundamental e da personalidade, traduz uma garantia essencial ao pleno desenvolvimento do indivíduo e ao exercício das chamadas liberdades públicas, tendo como expressão a dignidade da pessoa humana.

---

[1] WARREN, Samuel; BRANDEIS, Louis. The right to privacy. *Harvard Law Review*, 1890.

O debate acerca da privacidade não se restringe mais ao tema clássico da defesa da esfera privada contra as invasões externas. Outras fontes de ameaça e lesão podem comprometer a privacidade que também passa a ser considerada como o direito que tem a pessoa de controlar a circulação e o tratamento das informações pessoais.

Nos dias atuais, a privacidade escapa àquela conceituação tradicional, albergada no direito de estar só ou à proteção da vida privada familiar. Atualmente, deve ser tutelada como direito à autodeterminação informativa. O indivíduo deve exercer o controle sobre a coleta e o tratamento dos dados ao seu respeito, considerando que são integrantes da sua própria personalidade.

A problemática fundamental desta temática enfoca exatamente a ausência de conhecimento e de controle do titular sobre a coleta, armazenamento e tratamento dos seus dados pessoais por parte das empresas públicas e privadas. Busca-se investigar, neste estudo se, atualmente, os instrumentos legais disponíveis acerca da proteção de dados pessoais são adequados e suficientes, considerando o estágio atual da tecnologia.

O objetivo deste trabalho é analisar o panorama internacional de proteção de dados pessoais, bem como sustentar a efetiva tutela da pessoa frente ao tratamento de informações pessoais constantes de bancos de dados.

Nesse sentido, argumenta-se: seria de fato necessária a regulamentação por legislação específica de proteção de dados pessoais, considerando as leis já existentes em matéria de proteção da intimidade e da vida privada? Nos dias atuais, os instrumentos colocados à disposição do cidadão são suficientes e adequados para uma efetiva tutela dos dados pessoais?

Para enfrentar estas questões, a Europa elaborou uma série de leis, que merecem ser lembradas. A Organização para Cooperação e Desenvolvimento Econômico (OCDE), em 1980, adotou os princípios diretrizes para a proteção de dados pessoais, abrangendo todas as formas utilizadas para processamento automatizado de informações pessoais. A Convenção nº 108, do Conselho da Europa, reconhecendo a importância de se conciliarem os valores fundamentais do respeito à privacidade e à livre circulação de informações, elaborou uma legislação baseada em princípios, como os da finalidade, necessidade e publicidade.

A União Europeia, em 1995, enfrentou tais problemas, usando como marco fundamental a proteção da dignidade da pessoa humana como princípio e demais subprincípios. A Directiva nº 95/46/CE do Parlamento Europeu e do Conselho da União Europeia trata da proteção das pessoas singulares no que diz respeito ao tratamento de dados pessoais e à livre circulação desses dados. Este documento determinou que os diversos países elaborassem princípios e regras para a proteção dos dados pessoais. Posteriormente, foi elaborada a Carta de Direitos Fundamentais, em 2000, reconhecendo a proteção de dados pessoais como direito autônomo.

Nesse sentido, percebe-se que a tutela dos dados pessoais na Europa é realizada por uma série de legislações baseadas em princípios, fazendo-se concluir que a privacidade nos dias de hoje é mais bem tutelada na Europa do que nos EUA, de onde foi importada.

No Brasil, não há ainda legislação específica de proteção dos dados pessoais. Há tão somente leis gerais que abordam o tema incidentalmente, a exemplo da Lei nº 9.507/97, denominada Lei do *Habeas Data*. Esta lei se refere apenas ao direito de solicitar, retificar e complementar informações a respeito do titular. Mais recentemente, entrou em vigor a Lei nº 12.965/2014, denominada popularmente de Marco Civil da Internet. No entanto, muito embora esta lei dedique uma parte à proteção de dados pessoais, não tratou da matéria de forma específica, apenas de modo geral e superficial, como as demais legislações existentes até então.

A elaboração do anteprojeto de lei de proteção de dados pessoais, de autoria do Ministério da Justiça, em parceria com o Centro de Tecnologia e Sociedade da Fundação Getúlio Vargas, passou por consulta pública até 30.4.2011, mas até o presente momento não foi encaminhada ao Congresso Nacional.

Neste trabalho, inicialmente serão feitas algumas considerações acerca dos dados pessoais para, em seguida, contextualizar a temática no panorama internacional. Enfocar-se-á o modelo europeu, considerado paradigmático no que é pertinente à proteção de dados. No entanto, será analisada também a legislação italiana que, apesar de ter sido a última a normatizar esta matéria no âmbito na UE, foi considerada paradigmática, pois representa a primeira tentativa, em escala internacional, de reordenação geral de uma matéria complexa e, sobretudo, extraordinariamente móvel. Eventualmente, quando se fizer necessário, far-se-á a comparação entre os modelos acima mencionados com o sistema brasileiro de proteção de dados pessoais.

10.1 Considerações acerca dos dados pessoais

A evolução na tecnologia da informática permitiu uma mudança na estrutura organizacional das empresas. Nos dias atuais, as grandes organizações empresariais empregam seus esforços de desenvolvimento em função da internet, oferecendo, como por exemplo, as lojas virtuais, que divulgam seus produtos de forma globalizada.

Essa nova forma de organização necessita mais ainda das informações constantes em bancos de dados dos seus clientes atuais ou futuros. Todos esses bancos de dados passam a ser informatizados, por meio de uma rede de computadores interligados. Caracterizam-se como um conjunto de dados com organização e procedimentos próprios de manipulação, com o objetivo de armazenamento para posterior recuperação destes dados.[2]

Muito embora alguns autores façam a distinção entre os termos "dados" e "informações", as duas expressões serão consideradas sinônimas, pois o tipo de informação que se pretende discutir aqui é aquela pessoal, referente à própria pessoa, e não outros tipos de informação.[3]

Dado pessoal, segundo Catarina Sarmento Castro,[4] é o dado relacionado a um indivíduo identificado ou identificável, independentemente do suporte em que se encontre registrado, se por escrito, por imagem, som ou vídeo. O indivíduo identificado

---

[2] MEDEIROS, Luciano Frontino de. *Bancos de dados* – Princípios e prática. Curitiba: IBPEX, 2007.

[3] A Directiva nº 95/46/CE, no seu art. 2º trata os termos "dado" e "informação" como expressões sinônimas, quando define dado pessoal: "como qualquer informação relativa a uma pessoa singular identificada ou identificável; sendo identificável aquela pessoa que possa ser identificado, direta ou indiretamente, por referência a um número de identificação ou a algum elemento específico da sua identidade física, psíquica, econômica ou social" (*EUR-Lex.europa.eu*. Disponível em: <http://www.eur-lex.europa.eu>. Acesso em: 9 jul. 2014).

[4] CASTRO, Catarina Sarmento. *Direito da informática, privacidade e dados pessoais*. Coimbra: Almedina, 2005. p. 70-71.

é aquele já conhecido; o identificável é o indivíduo que pode ser conhecido diretamente pelo possuidor de seus dados.

Esses tipos de bancos de dados mencionados, considerados públicos, cadastram informações de declaração obrigatória. Nesse aspecto, diferem dos bancos de dados formados pelas empresas privadas (estabelecimentos bancários, lojas, escolas, associações e outras). O objeto deste ensaio são as informações colecionadas a partir da declaração voluntária da pessoa.

Como exemplo de dado pessoal (de pessoa identificável), pode-se citar o IP, código atribuído a determinado computador quando este se conecta a uma rede. Ainda que não se possa identificar diretamente a pessoa, é possível alcançar a sua identificação a partir da interconexão do IP aliada a outros dados armazenados pelo provedor de acesso à internet.

A evolução na tecnologia da informática permite que as pessoas sejam catalogadas por bancos de dados informatizados, controlados por *softwares*, que cruzam dados e buscam informações, desde o seu nascimento até a sua morte. A título de exemplo, podem-se citar os dados inseridos no Cartório de Registro Civil, quando do nascimento de uma pessoa. Posteriormente, as suas informações passam a integrar o banco de dados da Secretaria de Segurança Pública, do órgão de Departamento de Trânsito, da Receita Federal e outros. Além desses, há os bancos de dados formados pelas pessoas jurídicas de direito privado, a partir da declaração voluntária de informações por parte do respectivo titular.

As pessoas ao contratarem com agentes privados, respondem a uma série de questionários que solicitam informações pessoais, autorizando a composição de um específico banco de dados. Muitas vezes, o consumidor interessado em uma contratação de serviços ou produto é levado a fornecer os seus dados sob pena de prejudicar aquela avença. Paulatinamente, suas informações vão sendo disponibilizadas ao ponto de fragilizar a sua privacidade, especialmente com o uso de recursos tecnológicos que facilitam a sua manipulação, monitoramento e, consequentemente, devassa à intimidade. Assim, percebe-se a necessidade de controle destas informações por parte de seus titulares, que muitas vezes não têm ideia dos efeitos que a coleta, o armazenamento e a interconexão de dados pessoais podem trazer para a sua vida privada.

Os dados pessoais podem assumir as características de dados não sensíveis, dados sensíveis e dados de tratamento proibido. Os primeiros se referem àqueles dados que podem ser compartilhados com um maior número de pessoas, correspondendo à esfera privada do indivíduo, conforme a teoria alemã dos círculos concêntricos. Já os dados sensíveis correspondem àqueles dados que são compartilhados com um número menor de pessoas, pertinentes à esfera da intimidade, cujo acesso é restrito. Os dados de tratamento proibido correspondem exatamente à esfera do segredo e abrangem as manifestações mais íntimas do indivíduo que devem estar a salvo de qualquer devassa ou divulgação.

Observa-se que mesmo os dados não sensíveis podem causar dano à personalidade do indivíduo, necessitando assim de proteção, com o fito de garantir a sua integridade, autenticidade e confidencialidade. Isto porque tais dados, uma vez confrontados com outros, podem revelar aspectos da privacidade ou intimidade que o seu titular gostaria de manter em sigilo.

O grande problema em relação aos dados pessoais se refere àqueles denominados sensíveis, por guardarem informações de aspectos íntimos da vida da pessoa, como exemplo, raça, cor, opções políticas, religiosas, filosóficas, sexuais e àqueles atinentes à saúde e, por esta razão, necessitam de autorização expressa do titular.

Muitas vezes, empresas privadas e o próprio Poder Público se utilizam destas informações para criar verdadeiros perfis pessoais, culminando com atitudes discriminatórias por parte de quem se utiliza destes dados/perfis.

Nos dias de hoje, discutem-se as questões ligadas à bioética, mais especificamente à engenharia genética e à preservação do sigilo de dados genéticos das pessoas. Atualmente, é possível através de exames verificar a propensão de determinado paciente para contrair uma doença. Dessa forma, questiona-se se a pessoa que toma conhecimento de que é propensa a certa anomalia deve comunicar o fato ao cônjuge, companheiro ou aos seus descendentes; ou mesmo se os dados genéticos coletados por uma instituição de pesquisa poderiam ser divulgados para outras entidades públicas ou privadas.[5]

O compartilhamento de dados genéticos, mesmo com o prévio e expresso consentimento do titular, pode acarretar danos não só a ele próprio, mas a toda a sua família. Considere-se que tais informações podem ser utilizadas para outros fins, como exemplo, para a restrição à contratação de seguros pelas seguradoras de saúde, a partir do seu patrimônio genético. Assim, conclui-se que informações referentes a dados genéticos constituem também dados sensíveis, merecendo igual proteção.

Mesmo que as informações sobre determinada pessoa estejam corretas, ainda assim poderá haver dano ao seu titular, caso sejam divulgadas indevidamente por terceiros não autorizados e mal-intencionados.[6] Nesse sentido, muitos países têm editado legislações específicas para proteção de dados pessoais, com o objetivo de minimizar os ataques à privacidade e à intimidade do indivíduo.

Vale lembrar que a privacidade informacional ou direito à autodeterminação informativa foi reconhecida pela primeira vez pelo Tribunal Constitucional alemão, em 15.11.1983, em decisão que declarou a inconstitucionalidade da Lei do Censo de 1983, que obrigava os cidadãos alemães a responder um questionário com informações pessoais, para fins estatísticos, bem como para formar um banco de dados e transmitir tais informações à outras entidades federais, estaduais e municipais.[7]

No plano constitucional, a Constituição portuguesa de 1976 previu a proteção aos dados pessoais, no seu art. 35:

---

[5] VIEIRA, Tatiana Malta. *O direito à privacidade na sociedade da informação*. Porto Alegre: Sergio Antonio Fabris, 2007. p. 257.

[6] VIEIRA, Tatiana Malta. *O direito à privacidade na sociedade da informação*. Porto Alegre: Sergio Antonio Fabris, 2007. p. 255.

[7] Na sentença da Corte Constitucional alemã foi feita uma profunda consideração a respeito da proteção constitucional da personalidade, em frente aos riscos da informática, principalmente no que diz respeito à coleta e tratamento de informações pessoais que estariam a exigir a definição de critérios a serem utilizados na conformação do exercício do poder estatal de realizar um censo para fins estatísticos e administrativos, com as restrições impostas à proteção da personalidade (SAMPAIO, José Adércio Leite. *Direito à intimidade e à vida privada*: uma visão jurídica da sexualidade, da família, da comunicação e informações pessoais. Belo Horizonte: Del Rey, 1998. p. 476).

1. Todos os cidadãos têm o direito a tomar conhecimento do que constar de registros mecanográficos a seu respeito e do fim a que se destinam as informações, podendo exigir a retificação dos dados e sua atualização;

2. São proibidos o acesso de terceiros a ficheiros com dados pessoais e a respcctiva interconexão, bem como os fluxos de dados transfronteiras, salvo casos excepcionais previstos em lei.

3. A informática não pode ser utilizada para tratamento de dados referentes a convicções filosófica ou políticas, filiação partidária ou sindical, fé religiosa ou vida privada, salvo quando se trate do processamento de dados estatais não individualmente identificáveis.

4. A lei define o conceito de dados pessoais.

5. É proibida a atribuição de um número nacional único aos cidadãos.

Após a previsão acerca da proteção de dados pessoais pela Constituição portuguesa, sobretudo em relação ao uso da informática, outras constituições também passaram a tratar do assunto, a exemplo da Constituição espanhola, que estabeleceu a limitação do uso da informática para garantir a honra e a intimidade pessoal e familiar, assim como outras constituições europeias tiveram a mesma iniciativa, como a da Hungria de 1989 e a da Suécia de 1990.

No Brasil, a Carta de 1988 trouxe uma técnica considerada moderna na proteção da intimidade. O inc. X, do art. 5º, previu a inviolabilidade da intimidade e da vida privada, de uma forma bastante ampla e genérica e, posteriormente, no inc. XII, dispôs sobre a inviolabilidade de dados.

Argumenta-se: seria de fato necessária a regulamentação por legislação específica de proteção de dados pessoais, considerando as leis já existentes em matéria de proteção da intimidade e da vida privada? O direito à autodeterminação informativa deve ser considerado não só como um viés do direito à privacidade, mas também como um direito autônomo?

Este direito deve ser analisado no contexto atual desta nova era tecnológica, na qual a informação é um elemento imprescindível, mas que merece tutela efetiva, quando se trata de informações pessoais, atributos da própria personalidade da pessoa humana.

Nesse trabalho, defende-se a necessidade de edição de lei específica para a proteção de dados pessoais, estabelecendo-se um conjunto normativo adequado à proteção da chamada privacidade informacional. O Estado precisa implementar medidas administrativas para proteção de dados pessoais tanto para o setor público como para o privado.

A regulamentação acerca da proteção de dados pessoais é uma tendência já concretizada em diversos países da Europa e da América Latina. O Brasil apresenta uma grande lacuna no que se refere à disciplina da privacidade informacional, fato recentemente reafirmado, quando se soube que o governo brasileiro bem como cidadãos e determinadas empresas estavam sendo espionadas pelos EUA.[8]

---

[8] Caso *Snowden*: Edward Snowden foi acusado de espionagem por vazar informações sigilosas de segurança dos Estados Unidos e revelar detalhes dos programas de vigilância que o país usa para espionar a população americana e vários países da Europa e da América Latina, entre eles, o Brasil, inclusive monitorando conversas com a Presidente Dilma Rousseff. Snowden requereu asilo a diversos países, inclusive ao Brasil, no entanto, conseguiu asilo temporário na Rússia, o que fez com que a Casa Branca tivesse ficado desapontada com a decisão daquele país (ENTENDA o caso de Edward Snowden, que revelou espionagem dos EUA. *G1*, 2 jul. 2013.

No entanto, para melhor compreensão do panorama internacional de proteção de dados pessoais, faz-se necessário analisar os principais modelos de proteção de dados, sobretudo o europeu que serviu de exemplo para a edição de várias legislações específicas de proteção à privacidade informacional.

10.2 A proteção de dados pessoais na União Europeia

A formação de bancos de dados tem sido uma preocupação constante dos Estados modernos. Em face disto, visando à garantia do direito à privacidade informacional, surgiram as primeiras iniciativas legislativas para a utilização e a tutela desses dados. Em 1970, a Alemanha promulgou a Lei do *Land* alemão de Hesse (1995) para regular os bancos de dados informatizados de dados governamentais. A referida lei criou uma autoridade ou comissário para a proteção de dados, encarregado do controle e elaboração informática dos dados pessoais no confronto com a administração pública.[9]

Em 1973, a Suécia elaborou o Estatuto para Bancos de Dados – *Data Legen 289 ou Datalag*, que também criou um inspetor – o *Dataispektionen*, para controlar o uso de dados pessoais. Essas leis foram as primeiras normas a despontar uma preocupação com a coleta indiscriminada e não autorizada de dados pessoais, razão pela qual foram classificadas como leis de primeira geração no trato da questão.[10] Tais normatizações tinham como núcleo a concessão de autorizações para a criação dos bancos de dados e o seu controle posterior pelos órgãos públicos.

Nas chamadas leis de primeira geração, identificam-se as seguintes características: a) tratava-se de uma legislação garantista, situada na linha histórica das declarações de direitos; b) de conteúdo amplo e pretensamente uniforme para todas as situações; c) o instrumento jurídico principal era a autorização, a partir de uma autorização prévia para seu funcionamento, acompanhada de um controle por parte de órgão institucional; e d) de aplicação restrita a pessoas físicas.[11]

Em virtude da amplitude do texto e da pretensão de apresentar uma solução uniforme para todas as situações de violação da privacidade, a legislação de primeira geração deixou a desejar em alguns aspectos. Ademais, observou-se que os bancos de dados não se mostraram tão perigosos quanto supunham os legisladores. Na maioria, continham informações pessoais que seriam pouco relevantes à intimidade, como exemplo, endereço e telefones de clientes. Também se verificou que era impraticável o regime de autorização previsto nas referidas leis, surgindo a necessidade da elaboração das leis de segunda geração.

Com a multiplicação de centros de processamento de dados, as referidas leis de primeira geração acabaram sendo consideradas ultrapassadas, tornando ineficaz um controle baseado em um regime de autorização rígido que demandava um minucioso

---

Disponível em: <http://g1.globo.com/mundo/noticia/2013/07/entenda-o-caso-de-edward-snowden-que-revelou-espionagem-dos-eua.html>. Acesso em: 30 jun. 2014).

[9] SAMPAIO, José Adércio Leite. *Direito à intimidade e à vida privada*: uma visão jurídica da sexualidade, da família, da comunicação e informações pessoais. Belo Horizonte: Del Rey, 1998. p. 481.

[10] RODOTÀ, Stefano. *Tecnologie e dirittu*. Bologna: Il Mulino, 1995. p. 45.

[11] SAMPAIO, José Adércio Leite. *Direito à intimidade e à vida privada*: uma visão jurídica da sexualidade, da família, da comunicação e informações pessoais. Belo Horizonte: Del Rey, 1998. p. 490.

acompanhamento.[12] Essas normas que estabeleciam o funcionamento dos bancos de dados não conseguiram acompanhar a sua expansão.

As chamadas leis de segunda geração caracterizavam-se por apresentar maior aprofundamento doutrinário, com maior grau de definição dos seus institutos. Estabeleceram os princípios de boas práticas informáticas que deveriam ser seguidos pelos centros processadores e simplificaram os procedimentos exigidos para instalação e operação destes centros, mitigando o princípio da autorização ou substituindo-o pelo modelo de registro.[13]

A preocupação das leis acima mencionadas não era mais com o sistema computacional em si, mas com a consideração da privacidade e a proteção de dados pessoais como uma liberdade negativa, a ser exercida pelo cidadão. Pode-se citar, como exemplos desta geração de leis, as constituições portuguesa e espanhola. Elas pretendiam criar um sistema que fornecesse instrumentos para o cidadão identificar o uso indevido de suas informações.

As leis de terceira geração, surgidas em 1980, ressaltaram a necessidade de uma ampla reflexão crítica sobre a adequação dos modelos e dos instrumentos de tutela até então adotados, especialmente considerando as severas críticas que os setores sociais dirigiram à legislação anterior, por conta da sua pouca flexibilidade.

Também foram objeto de reflexão os relatórios produzidos pelos órgãos de controle, assim como as pesquisas patrocinadas pela Comissão da Comunidade Europeia acerca do impacto das leis sobre o setor terciário. Não ficou de fora, igualmente, a reflexão sobre as consequências das novas tecnologias, com o desenvolvimento dos sistemas de informática em redes.

Os impactos produzidos pelas novas técnicas de informação foram importantes na redefinição do conceito de privacidade e intimidade para além de sua identificação com posturas isolacionistas, próprias do pensamento individualista do final do século passado. A ideia é a de que a tutela da privacidade deve-se efetivar de forma mais ampla, abrangendo a proteção de dados pessoais, como parte integrante da personalidade humana.

Assim, as leis de terceira geração passaram a ter preocupação com a tutela dos dados pessoais, concentrando-se no cidadão, entretanto, abrangendo muito mais do que a simples liberdade de fornecer os seus dados pessoais e garantindo também a efetividade desta liberdade. Doneda[14] esclarece que a proteção de dados pessoais é um processo mais complexo, que envolve a participação do indivíduo na sociedade e leva em consideração o contexto no qual os dados são solicitados, como forma de proteção para as ocasiões em que a liberdade é cerceada.

Dessa forma, a participação do indivíduo nas leis de terceira geração fazia parte de sua estrutura. Todavia, nem todas as pessoas estariam dispostas a exercitar seu direito à autodeterminação informativa, seja por conta dos custos envolvidos, seja porque não tinham nem mesmo conhecimento sobre o uso dessas informações. Assim, a liberdade

---

[12] DONEDA, Danilo. *Da privacidade à proteção de dados pessoais*. Rio de Janeiro: Renovar, 2006. p. 209.

[13] SAMPAIO, José Adércio Leite. *Direito à intimidade e à vida privada*: uma visão jurídica da sexualidade, da família, da comunicação e informações pessoais. Belo Horizonte: Del Rey, 1998. p. 491.

[14] DONEDA, Danilo. *Da privacidade à proteção de dados pessoais*. Rio de Janeiro: Renovar, 2006. p. 211.

informacional continuava sendo um privilégio de uma minoria, que arcava com os custos desta proteção.

As leis existentes atualmente em diversos países são classificadas como de quarta geração. Caracterizam-se por suprir as desvantagens do enfoque estritamente individual proposto pela legislação antecedente. Nestas, percebe-se que a tutela dos dados pessoais não pode ser efetivada pela exclusiva atuação individual do titular. São necessários novos instrumentos que elevem o padrão coletivo de proteção na busca de resultados concretos.[15]

Tais leis procuraram fortalecer a posição da pessoa em face das entidades de coleta e processamento de dados, reconhecendo-se o desequilíbrio desta relação, que não se reestabelece somente pelo reconhecimento do direito à autodeterminação informativa. Em muitos casos, necessita-se de uma proteção mais ampla e cuidadosa, especialmente no que toca à coleta, ao armazenamento e à manipulação dos dados sensíveis.

Não há dúvidas de que tanto a Lei de Hesse, em 1970, como a lei sueca de 1973 influenciaram o debate em outros países acerca da proteção de dados pessoais. A primeira influenciou o relatório do Departamento de Saúde, Educação e Bem-Estar norte-americano.

Na oportunidade, descartou-se o modelo advindo da lei de 1970, pois a comissão que elaborou o relatório entendeu que a referida lei destinava-se mais a proteger a integridade dos dados armazenados pelo governo do que propriamente tutelar interesses do cidadão. Já a lei sueca despertou maior interesse dos estudiosos, de sorte que vários enviados governamentais e não governamentais europeus e de outros países visitaram Estocolmo para conhecer a experiência dela decorrente.[16] O fato é que, quando se vive em meio à globalização, a experiência de determinado país pode servir como parâmetro para outro, desde que haja adaptações à realidade local. É exatamente nesse ponto que o anteprojeto de lei de proteção de dados pessoais no Brasil suscita preocupação, isto porque o anteprojeto foi absolutamente influenciado pela legislação europeia, mais especificamente pela Directiva nº 95/46/CE, sem que fossem consideradas as particularidades nacionais.

Por conta dos riscos decorrentes da influência da legislação de um país sobre o outro, no que toca à proteção de dados pessoais, diversos organismos internacionais passaram a defender a necessidade de construção de um regime mais eficaz de tutela dos dados pessoais, sugerindo um ambiente uniforme de regulação das técnicas informáticas. A esse respeito, destaca o Conselho da Europa e a Organização para Cooperação e Desenvolvimento Econômico – OCDE.

10.2.1 Desenvolvimento do modelo europeu

O modelo europeu estrutura-se em torno de uma diretiva, instrumento normativo da União Europeia que tem como função básica uniformizar a legislação. Quando este

---

[15] DONEDA, Danilo. *Da privacidade* à *proteção de dados pessoais*. Rio de Janeiro: Renovar, 2006. p. 212.

[16] SAMPAIO, José Adércio Leite. *Direito* à *intimidade e* à *vida privada*: uma visão jurídica da sexualidade, da família, da comunicação e informações pessoais. Belo Horizonte: Del Rey, 1998. p. 499.

documento é aprovado, cada país-membro deve adequar, dentro de certo período, sua legislação aos moldes estabelecidos pelo documento.

A legislação efetivamente aplicada aos casos concretos é a nacional, resultante da transposição da diretiva pelos Estados-membros que compõem a União Europeia. Excepcionalmente se aplica diretamente a própria diretiva na hipótese de o Estado ainda não possuir legislação aplicável ao caso.

Dessa forma, a proteção de dados pessoais na União Europeia é unificada em torno da Directiva nº 95/46/CE,[17] que se refere à proteção das pessoas singulares no que diz respeito ao tratamento de dados pessoais e à livre circulação desses dados, bem como a Directiva nº 2002/58/CE, relativa à privacidade e as comunicações eletrônicas, que serão analisadas mais à frente.

O sistema de proteção de dados pessoais, baseado nas respectivas diretivas, representa um padrão mínimo de proteção em toda a União Europeia, tendo como base a experiência de alguns países europeus que já haviam legislado. Observa-se que os Estados-membros que compõem este bloco, ao efetivarem a transposição da diretiva às legislações nacionais, podem modificar seu conteúdo em alguns aspectos acessórios ou nos pontos que estiverem autorizados a fazê-lo.

Como foi mencionado anteriormente, a primeira Lei de Proteção de dados pessoais foi a Lei do *Land* de Hesse, em 1970, disciplinando os centros de processamentos de dados do Poder Público e instituindo pela primeira vez a figura do comissário para a proteção de dados pessoais.

No entanto, a primeira lei nacional foi a lei sueca, de 1973, isto porque a lei alemã era apenas de um *Land* (Estado). Posteriormente, em 1978, surgiu a Lei nº 78 na França, denominada *Informatique et des Libertés*, instituindo-se um órgão chamado de *Comission Nationale de I'Informatique et des Libertés*, encarregado de zelar pela sua aplicação.

Todas as legislações nacionais foram criadas em meio a um ambiente no qual se demonstrava a preocupação de criar uma solução comum para o problema da proteção de dados pessoais. Nesse sentido, o Conselho da Europa, criado em 1948 com a finalidade precípua de promover a colaboração entre os diversos países democráticos europeus, na defesa do Estado de Direito e no respeito aos direitos humanos, resolveu adotar algumas recomendações no que se refere a este novo fenômeno de coleta de informações.

Inicialmente, a Assembleia Parlamentar, órgão consultivo do Conselho da Europa, adotou a Recomendação nº 509/68, que sugeria ao Comitê de Ministros a criação de comissão de estudos sobre direitos humanos e tecnologia em 1968, com o objetivo de saber se a proteção oferecida pela Convenção Europeia de Direitos Humanos era adequada para enfrentar as evoluções das técnicas mais modernas.

Os trabalhos da comissão foram divididos em duas fases: a primeira teve como objetivo a análise dos centros eletrônicos de dados do setor privado e resultou na Resolução nº 73, de 22.9.73, prevendo os princípios da boa-fé e pertinência na coleta de dados, bem como seu uso somente para o fim determinado. A segunda fase teve

---

[17] Em maio de 2016 foi publicado no *Jornal Oficial da União Europeia* o Regulamento (UE) nº 2016/679, de 27.4.2016, do Parlamento Europeu e do Conselho, relativo à proteção das pessoas singulares no que diz respeito ao tratamento de dados pessoais e à livre circulação desses dados, ficando revogada a Directiva nº 95/46/CE. No entanto, tal regulamento só entrará em vigor a partir de 25.5.2018.

como objetivo realizar o mesmo intento no setor público, tendo sido concluída com a Resolução nº 74, de 29/0974.[18]

A Resolução nº 73 incentivava os países europeus a adotarem princípios mínimos pertinentes à proteção de dados, visando a uma futura convenção para aprofundar as linhas comuns no direito interno. Observa-se que as legislações citadas da Suécia, da República Federal da Alemanha e da França guardaram certa conformidade com esta resolução, notadamente, quando trata da qualificação da informação, como dado sensível, e do direito de o titular dos dados ter conhecimento sobre a coleta de seus dados pessoais.[19]

Embora alguns países, a exemplo de Portugal e Espanha, tenham tratado sobre a proteção dos dados pessoais em suas respectivas constituições, observou-se que a disciplina da matéria apenas pelo direito interno de cada país membro da UE ainda não seria suficiente. A coleta e o tratamento de informações pessoais poderiam ser feitos fora dos limites de um Estado, surgindo, assim, a necessidade de uniformizar a legislação em matéria de proteção de dados.

Desde 1960, a Organização para Cooperação e Desenvolvimento Econômico – OCDE tem a preocupação de instituir um regime de proteção dos sistemas informatizados de dados, com enfoque inicial para suas repercussões favoráveis no âmbito da prestação de serviços e no seu poder alavancador da produtividade e de resultados econômicos. Assim, foi criado um grupo sobre a utilização de computadores, com o objetivo de analisar os impactos da informática e das telecomunicações no desenvolvimento econômico.[20]

Dessa forma, a OCDE passou a se preocupar mais com o tema, produzindo um simpósio denominado Fluxo Transfronteira de Dados e a Proteção da Intimidade, com a participação de um grupo de estudiosos em tráfego transfronteiriço de dados, com o objetivo de elaborar um modelo de lei para o tráfego internacional de dados.

Deste trabalho, resultou o documento intitulado *Guidelines on the Protection of Privacy and Transborder Flows of Personal Data*, que traçava princípios para a disciplina da proteção de dados. A preocupação central seria o tráfego de dados e não a tutela da pessoa em face de sua utilização.

A sorte deste documento, segundo Doneda,[21] foi a de se tornar uma referência comum na área. No entanto, as suas prescrições não chegaram a ser vinculantes, pois os países-membros não eram obrigados a legislar conforme as *Guidelines*, tampouco essas tinham influência no seu direito interno.

O enfraquecimento das *Guidelines* fez com que o Conselho da Europa pretendesse regular a matéria de forma integrada, com a elaboração da Convenção nº 108/1981, para proteção dos indivíduos com respeito ao processamento automatizado de dados pessoais. Esse documento foi conhecido como Convenção de Strasbourg e tinha a pretensão de incitar os Estados-membros a adotar normas específicas para o tratamento de dados

---

[18] SAMPAIO, José Adércio Leite. *Direito à intimidade e à vida privada*: uma visão jurídica da sexualidade, da família, da comunicação e informações pessoais. Belo Horizonte: Del Rey, 1998. p. 502-503.

[19] BUTARELLI, Giovanni. *Banchi datie tutela dela riservatezza*. Milano: Giuffrè, 1997. p. 4.

[20] SAMPAIO, José Adércio Leite. *Direito à intimidade e à vida privada*: uma visão jurídica da sexualidade, da família, da comunicação e informações pessoais. Belo Horizonte: Del Rey, 1998. p. 504.

[21] DONEDA, Danilo. *Da privacidade à proteção de dados pessoais*. Rio de Janeiro: Renovar, 2006. p. 231.

pessoais. Este regramento teve um perfil universalista, já que não foi estruturado como uma convenção europeia, tendo sido aberta a países não membros do Conselho de Europa.

A Convenção de Strasbourg foi considerada o ponto de partida do modelo europeu de proteção de dados pessoais. Seu objetivo era garantir a toda pessoa, de qualquer nacionalidade, o respeito aos direitos e liberdades fundamentais, especialmente o direito à privacidade em face do tratamento automatizado de dados de caráter pessoal. A despeito de voltar-se à proteção das liberdades fundamentais, notadamente da privacidade, o preâmbulo desse documento reafirma o seu empenho em favor da liberdade de informação sem limite de fronteiras.[22]

Após o advento dessa Convenção, vários países passaram a legislar acerca desta matéria, alguns inclusive legislando pela primeira vez. A Bélgica aprovou, em 1992, uma lei de proteção da vida privada com respeito ao tratamento de informações pessoais. Atendendo à disposição da Constituição de 1978, a referida lei voltou-se a limitar o uso da informática para garantir a honra e a intimidade pessoal e familiar que começou a vigorar na Espanha.

O direito à privacidade encontrou algumas resistências no direito britânico. Malgrado o Reino Unido ter aderido à Convenção de Strasbourg, promulgando o *Data Protection Act*, em 1984, a matéria foi tratada de forma peculiar no país, não se reconhecendo a existência de um direito à privacidade. Naquela legislação, tutelava-se a pessoa apenas contra intromissão não autorizada na sua vida privada, pelo uso abusivo de informações pessoais.[23]

Não obstante a Convenção de Strasbourg ter sido considerada ponto de partida do modelo europeu de proteção de dados pessoais, somente em 1995 surgiu um documento que conseguiu padronizar de forma efetiva a proteção de dados pessoais na União Europeia: a Diretiva nº 95/46/CE, do Parlamento Europeu e Conselho da Europa.

10.2.2 Os principais aspectos da Directiva nº 95/46/CE

A Directiva nº 95/46/CE foi um documento de grande importância para a história da proteção de dados pessoais, não só nos países integrantes da União Europeia, como também em outros países que se utilizaram deste modelo para criar as suas legislações nacionais sobre o tema.

Essa normativa teve a função precípua de uniformizar a legislação sobre proteção de dados pessoais na União Europeia. Apesar de a Convenção de Strasbourg ter sido

---

[22] O Preâmbulo da Convenção nº 108/1981 dispõe: "Os Estados membros do Conselho da Europa, signatários da presente Convenção: Considerando que a finalidade do Conselho da Europa é conseguir uma união mais estreita entre os seus membros, nomeadamente no respeito pela supremacia do direito, bem como dos direitos do homem e das liberdades fundamentais; Considerando desejável alargar a proteção dos direitos e das liberdades fundamentais de todas as pessoas, nomeadamente o direito ao respeito pela vida privada, tem em consideração o fluxo crescente, através das fronteiras, de dados de carácter pessoal susceptíveis de tratamento automatizado; Reafirmando ao mesmo tempo o seu empenhamento a favor da liberdade de informação sem limite de fronteiras; Reconhecendo a necessidade de conciliar os valores fundamentais do respeito à vida privada e da livre circulação de informação entre os povos, acordam o seguinte: [...]" (CONVENÇÃO nº 108/1981. *Comissão Nacional de Proteção de Dados*. Disponível em: <http://www.cnpd.pt/bin/legis/internacional/concencao108.htm>. Acesso em: 1º jul. 2014).

[23] DONEDA, Danilo. *Da privacidade à proteção de dados pessoais*. Rio de Janeiro: Renovar, 2006. p. 233.

considerada referência na matéria, não foi tão ousada quanto a Directiva nº 95, que estabeleceu para os Estados-membros a obrigatoriedade de criar normas de proteção de dados pessoais, em respeito às suas orientações gerais.

O objetivo dessa diretiva foi assegurar a proteção das liberdades e dos direitos fundamentais das pessoas singulares, especialmente o direito à vida privada em face do tratamento de dados pessoais. Considerando o fluxo internacional dos dados, o documento pretendia a uniformização do seu tratamento pelos países integrantes da UE, visando evitar legislações contraditórias.

Por um lado, a Directiva nº 95/46/CE estabelecia como fim primordial a proteção da pessoa em relação ao tratamento de dados pessoais; por outro, tinha a missão de fomentar o comércio por meio de regras comuns para proteção de dados na região, como exigência de um mercado unificado como o europeu. Como se observa nas suas considerações nº 3:

> Considerando que o estabelecimento e o funcionamento do mercado interno no qual, nos termos do artigo 7º A do Tratado, é assegurada a livre circulação das mercadorias, das pessoas, dos serviços e dos capitais, exigem não só que os dados pessoais possam circular livremente de um Estado-membro para outro, mas igualmente, que sejam protegidos os direitos fundamentais da pessoa.[24]

Nesse sentido, Doneda[25] identifica dois eixos em torno da disciplina de proteção de dados pessoais: o primeiro seria a proteção da pessoa e a necessidade de proporcionar a livre circulação de pessoas, mercadorias, serviços e capitais, implicando a utilização de dados pessoais, e o segundo eixo seria a presença de um critério de equilíbrio entre ambos, que é a referência ao homem e aos seus direitos fundamentais.

Tanto essa diretiva quanto as legislações que surgiram posteriormente foram baseadas em princípios gerais de tutela, que são variáveis de lei para lei, de doutrina para doutrina. Para os fins deste estudo, adotar-se-ão, com prioridade, os princípios previstos na diretiva que serviu de modelo para elaboração da maior parte das legislações sobre proteção de dados pessoais. Portugal, Itália, França, Áustria, Grécia, Alemanha, Irlanda, Luxemburgo, Suíça e Inglaterra são países nos quais existe legislação sobre proteção de dados pessoais.

Muito embora estes princípios constem na maior parte das diretivas do Parlamento Europeu e do Conselho da Europa, relacionadas à privacidade, nem todas as legislações nacionais dos países integrantes da UE os previram expressamente. Isto, contudo, não impede a sua aplicação pela jurisprudência, na medida em que são considerados como base do sistema de proteção de dados pessoais.

Entre os princípios mais importantes, citam-se: o princípio da transparência; o princípio da lealdade ou da boa-fé; o princípio da publicidade; o princípio da proporcionalidade; o princípio da veracidade dos dados; o princípio da caducidade; o princípio da segurança no tratamento dos dados; o princípio da confidencialidade; o princípio do não tratamento dos dados sensíveis; o princípio da reciprocidade das vantagens e o princípio da responsabilidade objetiva.

---

[24] DIRETIVA nº 95/46/CE. *Comissão Europeia*. Disponível em: <http://www.ec.europa.eu>. Acesso em: 30 jun. 2014.

[25] DONEDA, Danilo. *Da privacidade* à *proteção de dados pessoais*. Rio de Janeiro: Renovar, 2006. p. 237.

A Directiva nº 95/46/CE impôs a obrigação aos Estados-membros de editar normas, conforme o conteúdo normativo deste documento e, em 1997, todos os países integrantes da União Europeia já haviam incorporado o conteúdo de tal documento às legislações nacionais.

Em 15.12.1997 foi promulgada a Directiva nº 97/66/CE46, do Parlamento e do Conselho Europeu, com o objetivo de proteção ao tratamento de dados pessoais e à privacidade no setor das telecomunicações. Este documento transpôs os princípios previstos na Directiva nº 95/46/CE em regras específicas para o setor das telecomunicações.

A Directiva nº 97/66/CE pretendeu se adaptar ao desenvolvimento dos mercados e das tecnologias dos serviços de comunicações eletrônicas, com o objetivo de proporcionar um nível idêntico de proteção de dados pessoais e da privacidade. No art. 3º, 1, estabelece a sua aplicação ao tratamento de dados pessoais em relação à prestação de serviços públicos de telecomunicações na Comunidade e, especialmente, através da rede digital de serviços integrados e das redes móveis digitais públicas.

Não obstante a importância que teve a Directiva nº 95/46/CE para a proteção de dados pessoais, não só nos países integrantes da União Europeia, como também em outros países, foi editada a Directiva nº 2002/58/CE, de 12.7.2002, do Parlamento e do Conselho Europeu, revogando a Normativa nº 97/66/CE. A Directiva nº 2002/58 permitiu a adequação de suas finalidades à evolução tecnológica na área da comunicação em rede, relativa ao tratamento de dados pessoais e à proteção da privacidade no setor das comunicações eletrônicas.

Na verdade, a Directiva nº 2002/58/CE serviu para especificar e complementar a Directiva nº 95/46/CE, não sendo aplicável a atividades fora do âmbito do tratado que instituiu a Comunidade Europeia, além disso, as suas disposições trataram de assegurar regras de proteção dos legítimos interesses dos assinantes, que são pessoas coletivas.

Percebe-se ainda a preocupação do Parlamento e do Conselho Europeu em criar uma autoridade ou garante responsável para fiscalização da aplicação no seu território das disposições adotadas pelos Estados-membros.

Verifica-se que a autoridade garante tem o objetivo de fiscalizar e controlar o tratamento de dados pessoais, devendo exercer funções consultivas, administrativas, de investigação, de representação internacional e de esclarecimentos, devendo-se garantir a independência e a imparcialidade no exercício de tais funções. Este órgão faria as vezes de uma agência reguladora, como as que existem aqui no Brasil, como exemplo, a Agência Nacional de Telecomunicações – Anatel.

Além da autoridade fiscalizadora e de controle no tratamento de dados pessoais, há previsão nos arts. 29 e 30 da Directiva nº 95/46/CE de criação de um grupo de proteção das pessoas no que se refere ao tema. Este grupo seria criado por um representante da autoridade de controle designada por cada Estado-membro, por um representante da autoridade ou autoridades criadas para as instituições e organismos comunitários, bem como por um representante da Comissão.

Cada membro seria designado pela instituição ou autoridades que representa com as seguintes atribuições, conforme o art. 30 da Directiva nº 95/46/CE: a) analisar quaisquer questões relativas à aplicação das disposições nacionais tomadas nos termos da Directiva nº 95; b) dar parecer à Comissão sobre o nível de proteção na Comunidade e nos países terceiros; c) aconselhar a Comissão sobre quaisquer alterações da diretiva ou sobre quaisquer medidas adicionais para proteger direitos e liberdades no que diz respeito a dados pessoais; e d) dar parecer sobre os códigos de conduta elaborados em nível comunitário.

10.3 O modelo italiano de proteção de dados pessoais

A Itália, ao contrário de outros países europeus, somente legislou sobre proteção de dados pessoais quando se ultimava o prazo estabelecido pela Directiva nº 95/46/CE. Tal documento concedia aos Estados-membros o prazo de até três anos para que houvesse a transposição da diretiva às legislações nacionais.

Observa-se que a matéria atinente ao direito à privacidade foi ignorada pela doutrina italiana por muito tempo. O Código Civil de 1865 praticamente não tratou do tema e o *diritto alla riservatezza* somente foi considerado quando da reforma do referido código.

Já o Código Civil italiano de 1942 previa expressamente a proteção à privacidade no art. 1.048, quando tratou do direito à imagem, da exposição ou da publicação abusiva da imagem alheia. No entanto, não mencionava àquela época a privacidade informacional, relativa à proteção de dados pessoais.

Doneda[26] lembra que de fato a primeira referência concreta do direito italiano acerca desta matéria se deu com a Convenção Europeia para a Proteção dos Direitos do Homem e das Liberdades Fundamentais, que previa no art. 8º o respeito à vida privada e familiar. Assim, a proteção da pessoa passou a ser analisada em um novo contexto, inclusive pela jurisprudência italiana que também passou a reconhecer um *diritto alla riservatezza*.

Em um caso julgado pelos tribunais italianos, chamado de "caso Petacci", a Corte de Apelação de Milão considerou que a publicação de fato da vida privada de uma pessoa seria uma violação do *diritto alla riservatezza*, considerado reflexo do direito geral de personalidade e não um direito autônomo, em semelhança do que entendera a Corte alemã. No caso, a família de Clara Petacci solicitava a retirada de circulação de uma novela, intitulada "O grande amor", que veiculava suposta relação amorosa entre ela e Mussolini.[27]

Foi somente na década de 1970 que as Cortes italianas começaram a reconhecer a existência de um *diritto alla riservatezza* como situação jurídica autônoma. À preferência por tal expressão, a doutrina italiana passou a utilizar o termo *privacy*, denotando a influência do *right to privacy*, de Warren e Brendeis.

Mas o *diritto alla riservatezza* e a *privacy* não se confundem no direito italiano.[28] O primeiro permanece com uma noção de reserva e isolamento pessoal, construída pela doutrina e assimilada pela jurisprudência. Já a expressão *privacy* corresponde a outra ordem de preocupação, mais relacionada ao tratamento de dados pessoais.

Como o alargamento do termo *diritto alla riservatezza* como uma complexa tutela de informações pessoais não seria possível, elegeu-se o termo *privacy* para representar a nova dimensão da privacidade, pertinente à proteção de dados pessoais.

---

[26] DONEDA, Danilo. *Da privacidade à proteção de dados pessoais*. Rio de Janeiro: Renovar, 2006. p. 242-243.

[27] DONEDA, Danilo. *Da privacidade à proteção de dados pessoais*. Rio de Janeiro: Renovar, 2006. p. 244.

[28] DONEDA, Danilo. *Da privacidade à proteção de dados pessoais*. Rio de Janeiro: Renovar, 2006. p. 248.

A sociedade italiana começou a despertar para questões ligadas à utilização de informações pessoais em alguns episódios ocorridos desde a década de 1950. A título exemplificativo, no ano de 1954, o Conselho de Ministros deliberou uma série de medidas administrativas de cunho discriminatório em relação às pessoas inscritas no Partido Comunista italiano. Posteriormente, em 1964, descobriu-se que o ex-serviço secreto militar mantinha um banco de dados relativos a 150.000 cidadãos, dos quais 731 poderiam ser presos e deportados por causa de suas opiniões e atividades políticas.

Em 1971, a imprensa italiana divulgou que o fabricante de automóveis Fiat havia utilizado informações provenientes de militares e do serviço secreto que remontavam o serviço à época da ditadura fascista, na seleção de seus empregados.[29]

A divulgação destes fatos envolvendo o vazamento de informações pessoais culminou com uma maior preocupação da Itália acerca da proteção de dados pessoais. Havia uma pressão para que fosse elaborada uma lei nesta matéria desde a década de 1970, no entanto, somente em 1996, o país resolveu legislar acerca deste assunto. Foi o penúltimo país integrante da União Europeia a editar uma lei específica sobre o tema.

A Lei nº 675, de 31.12.1996 foi a primeira na Itália a tutelar as pessoas quanto ao tratamento de informações pessoais, transpondo a Directiva nº 95/46/CE da União Europeia. Instituiu um sistema de proteção de dados pessoais nos moldes europeus, fixando um sistema de autorizações e reponsabilidades para quem realiza tratamento de dados pessoais. Todavia, essa lei sofreu várias modificações, algumas das quais, logo após a sua promulgação, justificando as severas críticas que lhes foram dirigidas.

Essas alterações podem ser justificadas, de um lado, pelo fato de o legislador italiano fazer a opção de integrar posteriormente algumas lacunas contidas na Lei nº 675, diante das dificuldades em adaptar os interesses ao prazo estabelecido pela Directiva nº 95/46/CE; de outro lado, justificam-se também tais modificações pela própria natureza e complexidade da matéria, no que diz respeito a toda estruturação, seja normativa ou administrativa, requerendo um grau de flexibilidade, que foi favorecido pela possibilidade de posterior edição da Lei nº 676/96.[30]

A Lei nº 676/96 delegou ao Executivo a faculdade de legislar sobre o estabelecimento de parâmetros para posterior integração da lei anterior, e de fato foram feitas várias modificações nos anos seguintes, por meio de decretos presidenciais e legislativos, formando, assim, o núcleo duro da matéria de proteção de dados pessoais na Itália.

Dessa forma, o Parlamento italiano, por meio da Lei Delegada nº 127, estabeleceu, em 24.3.2001, que o Poder Executivo deveria elaborar um documento único em matéria de proteção de dados pessoais, com o objetivo de coordenar o conjunto de normas vigentes e efetuar as modificações necessárias.

Como resultado, foi publicado o *Codice in Matéria di Protezione dei Dati Personali*, por meio do Decreto Legislativo nº 196, de 30.6.2003, que entrou em vigor em 1º.1.2004. A sua base de elaboração foi a proteção de dados pessoais como direito fundamental. A opção pela disciplina por meio de um código já denotaria a intenção de se estabelecerem normas setoriais sobre a matéria.[31]

---

[29] RODOTÀ, Stefano. *Tecnologie e dirittu*. Bologna: Il Mulino, 1995. p. 19-20.

[30] DONEDA, Danilo. Um código para proteção de dados pessoais na Itália. *Revista Trimestral de Direito Civil*, ano 4, v. 16, out./dez. 2003. p. 6.

[31] DONEDA, Danilo. Um código para proteção de dados pessoais na Itália. *Revista Trimestral de Direito Civil*, ano 4, v. 16, out./dez. 2003. p. 7.

O *Codice in Materia di Protezione dei Dati Personali* divide-se em três partes: disposições gerais; parte especial, denominada Disposições Relativas a Setores Específicos; e última parte, denominada Tutela do Interessado e Sanções. A primeira parte fixa os regramentos a serem aplicados a todas as modalidades de dados pessoais. Na segunda, fixam-se as regras específicas para determinados setores. E, por último, na terceira parte, estabeleceram-se as disposições sobre o sistema e os instrumentos de tutela adotados.

Logo no início das disposições gerais, percebe-se a preocupação do legislador em consagrar o direito à proteção de dados pessoais como direito fundamental, afastando-se da nomenclatura utilizada pelo direito alemão, "direito à autodeterminação informativa", ou de qualquer outra ideia que remetesse a uma associação entre privacidade e direito de propriedade.

Tal afirmação com ênfase na proteção da pessoa serve para demonstrar que, embora tal código realize a transposição da Directiva nº 95/46/CE, ele leva em consideração uma concepção de sociedade da informação, pela qual se faz necessário instrumento jurídico hábil a contrastar uma lógica de livre fluxo de informações pessoais, cabendo ao Estado promover o respeito à pessoa e às suas informações.

O código em matéria de proteção de dados pessoais compreende a Lei Instituidora nº 675, de 31.12.1996, os dez decretos legislativos sobre disposições integrativas ou corretivas daquela lei e muitas outras normas dispersas do sistema. Levou-se em consideração uma lógica que não é só reprodutiva, mas que leva em conta o trabalho realizado em seis anos precedentes pelo *Garante* para a proteção dos dados pessoais, quando da aplicação da primeira lei italiana sobre a matéria. Dessa forma, Rodotá adverte que tal legislação representa a primeira tentativa, em escala internacional, de reordenação geral de uma matéria complexa e, sobretudo, extraordinariamente móvel. É estruturado de acordo com módulos diversos, mas possui uma organização na qual possui particular relevância o contexto dos princípios.[32]

Nesse sentido, se mostra relevante fazer a distinção entre o tradicional direito à privacidade e a privacidade informacional, como proteção de dados pessoais. No primeiro sentido se manifesta o momento individualista, ligado ao isolamento e ao recato. Já no que diz respeito à proteção de dados pessoais, fixam-se regras sobre as modalidades de tratamento dos dados, concretizando-se em poderes de intervenção. Tais poderes de intervenção e controle são atribuídos não só aos interessados diretos, mas também a uma autoridade garante, envolvendo, assim, uma responsabilidade pública específica.

Aqui se percebe, na opinião de Rodotá,[33] o ponto de chegada de uma longa evolução do conceito de *privacy*: da sua originária definição do *direito a ser deixado só* até o direito de manter o controle sobre as próprias informações e de determinar as modalidades de construção da própria esfera privada.

Essa evolução pode ser também percebida na Carta dos Direitos Fundamentais da União Europeia, quando realiza a distinção entre o direito ao respeito à própria vida privada e familiar (art. 7º) e o direito à proteção de dados pessoais (art. 8º).[34]

---

[32] RODOTÀ, Stefano. *Tecnologie e dirittu*. Bologna: Il Mulino, 1995. p. 198.

[33] RODOTÀ, Stefano. *Tecnologie e dirittu*. Bologna: Il Mulino, 1995. p. 199.

[34] A Carta dos Direitos Fundamentais da União Europeia de 2010 dispõe: "Art. 7º. Todas as pessoas têm direito ao respeito à sua vida privada e familiar, pelo seu domicilio e pelas suas comunicações. Art. 8º - 1. Todas as pessoas

Logo no art. 1º do *Codice in Materia di Protezione dei Dati Personali*, reproduzido pelo art. 8º da Carta dos Direitos Fundamentais, percebe-se a manifestação da exata axiologia da Carta, que procurou tutelar "novos" direitos da era tecnológica, sem qualificá-los como direitos de última geração, mas sim em um quadro de indivisibilidade de direitos fundamentais.

Relativamente à proteção de dados pessoais, destaca-se o princípio da necessidade, previsto no art. 3º do Código, que estabelece que os sistemas informativos devem reduzir ao mínimo a utilização de dados pessoais e dados identificadores, quando as finalidades perseguidas em cada caso possam ser alcançadas mediante dados anônimos ou regras específicas que permitam a identificação do interessado somente em caso de necessidade.

Nessa perspectiva, Rodotá[35] contesta a tendência em se utilizar qualquer inovação tecnológica para tratar dados pessoais. Trata-se de um indicativo importante que deve ser confrontado com uma situação concreta na qual a proteção de dados pessoais parece cada vez mais comprimida diante das exigências de segurança e interesses da empresa. A proteção de dados estaria sob o risco contínuo de ser esmagada pela oferta crescente de tecnologias que facilitam as formas generalizadas de coleta e controle de informações.

O Código de Proteção de Dados Pessoais na Itália presta-se a uma leitura pretensamente "unilateral",[36] considerando que, ao se reforçar a estruturação da disciplina em torno da proteção da pessoa e dos direitos fundamentais, poder-se-ia argumentar que o referido documento teria se afastado da ideia de uma disciplina integrada dos dados pessoais que determinasse garantias positivas para seu livre fluxo, como sugere a Directiva nº 46/96/CE.

Essa interpretação se deve à ausência de garantias sobre este fluxo, bem como pela emergência do chamado princípio da necessidade, segundo o qual a utilização de dados pessoais deve reduzir-se a um mínimo necessário para a realização da finalidade perseguida.

O fluxo de informações está intimamente relacionado ao desenvolvimento tecnológico, bem como à integração dos mercados internacionais, cabendo ao direito um papel regulador capaz de assegurar um nível mínimo de segurança. Dessa forma, o Código de Proteção de Dados Pessoais italiano procurou estabelecer parâmetros para a tutela dos dados pessoais, impondo limites ao seu livre tratamento e circulação.

Percebe-se que o fluxo livre de dados estaria garantido pelo direito à livre atividade de empreendimento, ou até mesmo pelo direito à liberdade de expressão. No entanto, há de se reconhecer a importância da fixação de limites à liberdade do empreendedor, assim como também pelo fato de representar uma plataforma segura para desenvolver a atividade negocial. Tais limites irão proporcionar ao consumidor o respeito aos seus dados pessoais.[37]

---

têm direito à proteção dos dados de carácter pessoal que lhes digam respeito. 2. Esses dados devem ser objeto de um tratamento leal para fins específicos e com o consentimento da pessoa interessada ou com outro fundamento legítimo previsto por lei. Todas as pessoas têm o direito de aceder aos dados coligados que lhes digam respeito e de obter a respectiva rectificação" (*EUR-Lex.europa.eu*. Disponível em: <http://www.eur-lex.europa.eu>. Acesso em: 27 jun. 2014).

[35] RODOTÀ, Stefano. *Tecnologie e dirittu*. Bologna: Il Mulino, 1995. p. 202.

[36] DONEDA, Danilo. *Da privacidade à proteção de dados pessoais*. Rio de Janeiro: Renovar, 2006. p. 258.

[37] DONEDA, Danilo. *Da privacidade à proteção de dados pessoais*. Rio de Janeiro: Renovar, 2006. p. 259.

Por fim, há de se ressaltar a importância do *Garante* para a legislação codificada italiana, cuja função impõe a garantia de difusão e o respeito aos códigos de boa conduta (art. 12). Trata-se de órgão colegiado independente que tem a função de comunicar ao Parlamento e ao Governo a oportunidade de intervenções normativas para tutelar os direitos previstos no art. 2º. Este órgão ocupa posição de destaque para decidir que regras apresentam maior incidência sobre os cidadãos na proteção de seus dados pessoais e é composto por quatro membros, sendo dois deles eleitos pela Câmara dos Deputados e dois pelo Senado da República. São escolhidos entre pessoas que assegurem independência e que sejam especialistas de notória competência nas matérias do direito e da informática. Verifica-se que a legislação italiana optou por uma composição pretensamente democrática.

Conclusão

Percebe-se que a proteção de dados pessoais passou a ser um tema de grande importância prática, diante da evolução nas tecnologias de informação e comunicação ocorrida nos últimos anos. Esta matéria está intimamente intrincada com a tutela da privacidade que restou ameaçada na sociedade da informação.

Buscou-se neste trabalho apresentar um panorama internacional de proteção de dados, para se averiguar o quão aquém está o Brasil em matéria de tutela de dados pessoais, considerando que até o presente momento não se tem uma legislação específica acerca do tema.

Viu-se que as legislações da União Europeia se estruturam em torno de uma diretiva – no caso da proteção de dados pessoais é unificada em torno da Directiva nº 95/46, que muito embora tenha sido recentemente revogada pelo Regulamento (EU) nº 2016/679, só entrará em vigor em maio de 2018, conforme dito no desenvolvimento deste trabalho. Dessa forma, a referida diretiva ainda permanece em vigor e regulando a proteção de dados no âmbito da União Europeia.

Analisou-se, outrossim, a legislação italiana, que embora tenha sido uma das últimas a regular a proteção de dados pessoais, foi considerada paradigmática nessa matéria, porque adquiriu maturidade necessária para tratar de tais questões, absorvendo as experiências de outros países que legislaram mais cedo.

Um dos grandes intentos da legislação italiana foi exatamente a previsão da Autoridade de Garantia, composta por membros eleitos pela Câmara dos Deputados e pelo Senado, pessoas estas com independência e notória competência nas matérias do direito e da informática. Constatou-se, dessa forma, que a legislação italiana optou por uma composição pretensamente democrática.

Pretendeu-se, com este ensaio, contribuir para o fortalecimento dos direitos da personalidade, em especial para o enriquecimento da discussão sobre o direito à privacidade informacional, aquela constante no tratamento de informações pessoais.

Informação bibliográfica deste texto, conforme a NBR 6023:2002 da Associação Brasileira de Normas Técnicas (ABNT):

MACHADO, Joana de Moraes Souza; MELO, Auricelia do Nascimento. A tutela da privacidade: desdobramentos da proteção internacional de dados pessoais. In: TEPEDINO, Gustavo; TEIXEIRA, Ana Carolina Brochado; ALMEIDA, Vitor (Coord.). *Da dogmática à efetividade do Direito Civil*: Anais do Congresso Internacional de Direito Civil Constitucional – IV Congresso do IBDCivil. 2. ed. rev., ampl. e atual. Belo Horizonte: Fórum, 2019. p. 457-476. ISBN 978-85-450-0545-2.

CAPÍTULO 11

GUARDA COMPARTILHADA: UMA REFLEXÃO DA LEI Nº 13.058/2014 A PARTIR DA INTERLOCUÇÃO ENTRE O DIREITO E A PSICOLOGIA

ARLENE MARA DE SOUSA DIAS

MAURICIO RODRIGUES DE SOUZA

Introdução

Ao longo da história, a família como instituição tem sofrido inúmeras transformações e adotado diferentes formas de organização social e jurídica, tendo reflexos diretos nos aspectos relacionados aos conflitos familiares e suas repercussões, como a guarda dos filhos, no caso de divórcio dos pais. Tal realidade ganhou maior conotação com a previsão expressa da guarda compartilhada pelo nosso ordenamento jurídico através da Lei nº 11.698/2008 e, principalmente, com a Lei nº 13.058/2014, a qual alterou o Código Civil para determinar a obrigatoriedade do referido modelo como regra. A guarda compartilhada consiste no compartilhamento entre os pais de direitos e deveres sobre os filhos em comum após a ruptura conjugal. Tal previsão ainda merece maior atenção, tanto pelo direito quanto pela psicologia, fazendo surgir as seguintes questões: o legislador da Lei nº 13.058/2014 preservou o significado do conceito de guarda compartilhada? Quais os possíveis efeitos psicológicos sobre a criança/adolescente decorrentes da ausência da figura de um dos genitores?

Portanto, o presente estudo busca refletir sobre a Lei nº 13.058/2014, partindo do conceito de guarda compartilhada, defendendo a sua aplicação, de acordo com as peculiaridades de cada caso, a fim de evitar possíveis efeitos psicológicos sobre o menor em decorrência da ausência de um dos pais – buscando uma interlocução entre o direito e a psicologia.

Dada a relevância do presente tema, pretendemos que ele propicie reflexões sobre a (in)viabilidade de aplicação da guarda conjunta nos termos da Lei nº 13.058/2014.

Antes, porém, de adentramos no objeto do presente, entendemos pela necessidade de comentar brevemente as transformações ocorridas na família, como forma de obter uma melhor compreensão do contexto referente à guarda de filhos ao longo do tempo.

Em seguida, faremos um recorte exaltando a importância dos papéis dos genitores na formação psíquica da criança/adolescente como forma, inclusive, de evitar possíveis prejuízos de ordem emocional na vida de seus filhos.

Após, abordaremos a guarda de filhos no ordenamento jurídico brasileiro desde o Código Civil de 1916 até a aplicação da guarda compartilhada. A seguir, passaremos a analisar aspectos da nova Lei da Guarda, Lei nº 13.058/2014, responsável pela alteração de alguns dos dispositivos de Código Civil – enfatizando questões sobre o conceito de guarda conjunta, obrigatoriedade de sua aplicação, alternância de casas, aplicabilidade quando os genitores residem em cidades, estados ou países diferentes, vantagens, dificuldades etc.

Breves considerações acerca das transformações da família no Brasil

A família perdeu historicamente as suas funções conservadoras e tradicionais – funções religiosa, política, econômica e de procriação. Lôbo[1] lembra que o exemplo marcante, até o advento do século XX, é o da família rural, no qual o senhor de engenho era ao mesmo tempo chefe econômico, religioso e político. Curiosamente, dentro desta realidade, a afetividade não era considerada pelo direito. Hoje a socioafetividade ganhou natureza normativa. Mas até chegar nesse patamar, nossa legislação também sofreu mudanças.

Iniciamos nossas considerações pelo revogado Código Civil de 1916, o qual sofreu influência do Código Civil Napoleônico, do direito romano e do direito canônico, vigorando por mais de 80 anos. Sem dúvida foi um marco importante, haja vista que o ordenamento jurídico, sobretudo, na área do direito de família, passa a ter as suas próprias regras, abandonando as regras do período colonial, embora suas influências permanecessem presentes. A família da época era conservadora, mantendo o casamento indissolúvel, desconhecendo totalmente a união estável nos termos de hoje, ainda que atribuísse algum direito àqueles que conviviam como marido e mulher sem oficializarem a união através do casamento. Ainda nesse período os filhos eram tratados de forma diferenciada, recebendo a classificação de filhos legítimos, ilegítimos – subdivididos em naturais ou espúrios, os quais, por sua vez, classificavam-se em adulterinos e incestuosos, o que repercutia na sucessão de cada um. E a afetividade não prevalecia sobre a consanguinidade. Oportuno, aqui, realizar a diferença entre o superado pátrio poder, constante do Código de 1916, e poder familiar. No primeiro, era o pai quem exercia o poder sobre os filhos, visão que foi superada surgindo o poder familiar, em que a responsabilidade sobre os filhos é de ambos. Portanto, o poder familiar naquele momento era o superado pátrio poder.

---

[1] LÔBO, Paulo Luiz Netto. A família enquanto estrutura de afeto. In: BASTOS, Eliene Ferreira; DIAS, Maria Berenice (Coords.). *A família além dos mitos*. Belo Horizonte: Del Rey, 2008.

O Código Civil de 1916 sofreu muitas modificações desde sua entrada em vigor, na tentativa de atualizá-lo diante das necessidades sociais, o que propiciou o advento de várias leis na área do direito de família, como o Estatuto da Mulher Casada (Lei nº 4.121/62) e a Lei do Divórcio (Lei nº 6.515/77), as quais também foram marcos. Esta última lei estabelecia a influência da culpa na fixação da guarda, vez que determinava que a guarda deveria permanecer com aquele que não era culpado pela separação e, sendo ambos culpados, a guarda deveria permanecer com a mãe – o que denota a ideia patriarcal e cultural de que a mãe tem maiores condições de cuidar dos filhos.

Na década seguinte, a Constituição de 1988 trouxe muitas mudanças exaltando o princípio da igualdade entre homem e mulher, filhos etc. A dinâmica da família, aos poucos, exterioriza-se diferenciada, passando a figura paterna a lutar pela guarda de seus filhos, demonstrando a mudança de concepção patriarcal de que ao homem caberia apenas o dever de subsistência da família e à mulher, o cuidado com os filhos. Sob a ótica jurídica a história mostra que antes da Carta Magna se excluíam todas as formas familiares que não as originadas do matrimônio, portanto, somente a família resultante do casamento recebia o reconhecimento e proteção do Estado. Atualmente, a família não mais resulta necessariamente do matrimônio, a Constituição reconhece o casamento e a união estável, sem falar nos demais arranjos de entidade familiar. Fraga[2] conceitua a família como:

> a estrutura fundamental que molda o desenvolvimento psíquico da criança, uma vez que é, por excelência, o primeiro local de troca emocional e de elaboração dos complexos emocionais, que se refletem no desenvolvimento histórico das sociedades e nos fatores organizativos do desenvolvimento psicossocial.

Casabona[3] enxerga a família como instrumento de promoção da felicidade, conceituando-a como "o *locus* existente para o desenvolvimento e a busca da felicidade de cada um de seus componentes. É o espaço de inter-relação afetiva, de múltiplas interdependências entre seus membros". Defende o autor, ainda, que para que se possa chamar um grupo de pessoas de família, é necessário que esse grupo preencha pelo menos dois requisitos, quais sejam, a afetividade, como fundamento e finalidade da entidade, que fica acima dos interesses econômicos, e a estabilidade, o que certamente exclui os relacionamentos eventuais, fugazes, sem objetivo de vida em comum. Então, reconhece-se como família outros arranjos como a união estável, a família monoparental – de mãe ou pai com filhos –, família homoafetiva etc.

Para Farias[4] a família deve atender a uma necessidade vital: ser feliz. Em se considerando o direito de ser feliz se constrói uma nova concepção de família pautado nos laços de afetividade e de amor, surgindo, então, um paradigma do "desamor", no qual "ninguém é obrigado a viver com quem não esteja feliz".

---

[2]   FRAGA, Thelma. *A guarda e o direito de visitação sob o prisma do afeto*. Rio de Janeiro: Impetus, 2005. p. 50.

[3]   CASABONA, Marcial Barreto. O conceito de família para efeito da impenhorabilidade da moradia. In: PEREIRA, Rodrigo da Cunha (Coord.). *Afeto, ética, família e o Novo Código Civil*. Belo Horizonte: Del Rey, 2004.

[4]   FARIAS, Cristiano Chaves de. Redesenhando os contornos da dissolução do casamento. In: PEREIRA, Rodrigo da Cunha (Coord.). *Afeto, ética, família e o Novo Código Civil*. Belo Horizonte: Del Rey, 2004.

Assim é que o direito de família sempre vem sofrendo transformações ao longo do tempo. Por isso, vemos que, diferentemente de outros ramos do direito, o direito de família não trata prioritariamente de relações patrimoniais, mas, antes, de questões afetivas, as quais poderão refletir diretamente na vida de pessoas, surgindo a necessidade de interlocução com outras ciências, sobretudo, a psicologia, diante da complexidade dos conflitos familiares os quais nem sempre encontram previsão em lei.

Dentro deste prisma, observamos que os divórcios, consensuais ou litigiosos, são cada vez mais frequentes, e a psicologia nos aponta que a ruptura dos laços em questão, além de estressante, pode causar intenso mal-estar psicológico e graves prejuízos emocionais, especialmente, em se tratando de controvérsias acerca da guarda dos filhos. A partir de então, passemos a abordar o papel dos pais na formação psíquica da criança e os possíveis prejuízos emocionais aos filhos.

O papel dos pais na formação psíquica da criança e os possíveis prejuízos de ordem emocional para os filhos

Segundo Poussin[5] os pais possuem três funções básicas em relação aos filhos, quais sejam, assegurar a satisfação de suas necessidades físicas, assegurar a satisfação de suas necessidades afetivas e responder às necessidades de segurança psíquica. E, dentro deste contexto, é inquestionável a importância de ambos os genitores. Lamb[6] defende que o pai possui tanta importância quanto a mãe, sendo que a relação da criança com o pai é diferente daquela mantida com a mãe e que não são permutáveis.

As pesquisas mais modernas são unânimes em ressaltar a importância da presença dos pais durante o nascimento. A figura materna, nos primeiros anos de vida, ocupa um papel mais inerente à função nutritiva e, quanto ao pai, há um entendimento no sentido de que ocupa um papel mais de substituto materno do que propriamente de responsável pela sobrevivência da criança, o que pode explicar o grande número de decisões judiciais atribuindo a guarda da criança de tenra idade à mãe.

Pereira[7] ensina que a disponibilidade dos cuidadores primários da criança, quais sejam, pai e mãe, para agirem no instante em que for necessário, transmite à criança segurança para explorar o mundo, sendo sabedora de que será protegida, não só física, mas emocionalmente. Aberastury[8] ressalta que embora a figura paterna no período entre seis e doze meses não seja tão destacada na literatura como a figura materna, o contato corporal entre o pai e o bebê, no dia a dia, é referência na organização psíquica da criança, devido a sua função estruturante no desenvolvimento. No segundo ano de vida, período em que já existe a imagem do pai e da mãe, a figura paterna ganha

---

[5] *Apud* LEITE, Eduardo de Oliveira. *Famílias monoparentais*: a situação jurídica de pais e mães separados e dos filhos na ruptura da vida conjugal. 2. ed. São Paulo: Revista dos Tribunais, 2003. p. 88.

[6] *Apud* LEITE, Eduardo de Oliveira. *Famílias monoparentais*: a situação jurídica de pais e mães separados e dos filhos na ruptura da vida conjugal. 2. ed. São Paulo: Revista dos Tribunais, 2003. p. 91.

[7] PEREIRA, Maria Isabel da Costa. A responsabilidade civil dos pais pela omissão do afeto na formação da personalidade dos filhos. In: MADALENO, Rolf; MILHORANZA, Mariângelo Guerreiro (Coords.). *Atualidades do direito de família e sucessões*. Sapucaia do Sul: Notadez, 2008. p. 121.

[8] *Apud* GOMES, Aguinaldo José da Silva; RESENDE, Vera da Rocha. O pai presente: o desvelar da paternidade em uma família contemporânea. *Psicologia: Teoria e Pesquisa*, v. 20, n. 2, p. 119-125, maio/ago. 2004. Disponível em: <http://www.scielo.br/pdf/ptp/v20n2/a04v20n2.pdf>. Acesso em: 15 jul. 2016.

destaque, não somente para sustentar o desenvolvimento social da criança, mas também para servir de suporte das dificuldades inerentes ao aprendizado desta fase. E, assim, o movimento para impulsionar autonomia ganha maior força durante a adolescência, quando a maturação genital obriga a criança a definir seu papel na procriação.

Vemos que a figura paterna ganha contornos no processo de desenvolvimento da criança, de acordo com cada etapa. Não raro, crianças criadas sem a figura paterna costumam assimilar a figura de um estranho à do pai ausente. Isto pode demonstrar que a necessidade de a criança identificar a presença de um homem à figura paterna pode camuflar um estado de "desajuste" em aparente "normalidade".

Estudos psicopatológicos e médico-sociais concluíram que a substituição da imagem parental é uma forma de reação encontrada pela criança para enfrentar o trauma psicoafetivo em decorrência da ausência do pai ou da mãe. Liberman,[9] ao tratar sobre filhos de pais separados, afirma que a criança liberada da influência passional dos pais volta sua atenção para outros objetos de substituição, menos ameaçadores para sua segurança afetiva, interessando-se pelas pessoas que a cercam, nas quais ela encontra compreensão. Assim, é comum a criança transferir ou fracionar o afeto investido sobre os pais, em proveito de um membro da família, um amigo, um professor, colega etc. De qualquer maneira, há a substituição de um polo de investimento afetivo sobre um terceiro, sem liberação excessiva de ansiedade, permanecendo esta mobilizada por outros objetos de amor.

Portanto, a criança necessita da presença concomitante de ambos os genitores para construir dentro de si uma imagem positiva das trocas afetivas e da convivência, fundamental para o seu desenvolvimento pleno e contínuo. Ocorre que a presença de ambos os pais nem sempre é assegurada em ocorrendo a ruptura conjugal, pois muitas vezes os próprios pais não conseguem discernir a relação conjugal da relação parental. Embora a separação muitas vezes seja a solução encontrada para solucionar os problemas conjugais, comumente não é bem aceita pelos filhos – seja criança, adolescente e até mesmo adulto – mesmo que expectadores de um matrimônio permeado por desavenças etc.

Antes mesmo do divórcio, ou seja, durante o período de crise conjugal, a criança começa a expressar alguns sinais de possíveis prejuízos na área afetiva. Inúmeras são as possíveis formas de manifestação, algumas podem manifestar sentimentos de tristeza, rejeição, depressão, agressividade, regressão, inibição, entre outros. Uma vez notados pelos pais em conflito, a possibilidade de consequências mais sérias é reduzida se buscarem o devido atendimento. Dependendo da forma como os filhos são conduzidos durante o processo de separação, estes poderão passar por vários conflitos. Quanto menor a idade, em regra, maior a possibilidade de conflitos, pois a assimilação de condição de filhos de pais separados nem sempre é aceita com facilidade e rapidez.

Algumas crianças e/ou adolescentes, comumente, apresentam comportamentos agressivos e baixo rendimento escolar, outrora não existentes, disfunções físicas e comportamentais, entre outros. Sobre o assunto, Kaslow e Schwartz[10] defendem que,

---

[9] *Apud* LEITE, Eduardo de Oliveira. *Famílias monoparentais*: a situação jurídica de pais e mães separados e dos filhos na ruptura da vida conjugal. 2. ed. São Paulo: Revista dos Tribunais, 2003. p. 100.

[10] *Apud* CEZAR-FERREIRA, Valéria A. da Motta. *Família, separação e mediação*: uma visão psicojurídica. 2. ed. São Paulo: Método, 2007. p. 88.

como a saída de um dos pais do ambiente familiar em geral ocorre de forma abrupta, alguns até se afastando de fato dos filhos, a criança fica com a percepção de que os adultos não são confiáveis, despertando o medo de que o outro genitor a abandone também, tornando-a uma criança insegura.

Sem dúvida, melhor seria se a separação do casal, não obstante todas as dificuldades advindas daí, não desencadeasse tantos sofrimentos, realidade difícil, mas não impossível de ocorrer, sobretudo, se o ex-casal dotado de serenidade e bom senso buscar orientar seus filhos para superar as dificuldades. Entretanto, é importante frisarmos que, em princípio, o ex-casal (ou apenas um deles), tomado por ressentimentos e outros sentimentos menores, como rancor e vingança, busca atingir seus objetivos de ataque mútuo (ou ao outro) em detrimento dos interesses e bem-estar dos filhos, não raros usados como verdadeiras armas de confronto, o que pode causar prejuízos irreversíveis a estes.

A preocupação, neste sentido, aumenta quando os filhos de pais separados são de tenra idade, com poucos meses, com pouco mais de um ano etc. Comumente ouve-se a frase: "ele/ela é muito criança, não vai lembrar nem sofrer". Tal equívoco pode trazer sérias consequências, posto que a criança pode até não entender, mas registra para si os sentimentos e as emoções, começando a formação dos vínculos, a representação mental do pai e da mãe, seu sentimento de segurança etc.

Seja qual for o arranjo e a dinâmica familiar, a família, por ser uma unidade psicoafetiva, diante de mudanças significativas como a separação, inevitavelmente, sofrerá impactos de alguma intensidade, e os seus integrantes não necessariamente os absorverão da mesma forma. Por isso, é indicado que os pais, cujas presenças são fundamentais ao pleno desenvolvimento dos filhos, esforcem-se para que o processo de transição da mudança na organização familiar seja realizado da forma mais harmoniosa possível.

Guarda de filhos na legislação brasileira

Após abordamos a importância de ambos os pais na vida da criança/adolescente, bem como os possíveis prejuízos emocionais decorrentes da ausência de um dos pais, passemos a abordar a guarda de filhos.

O Código Civil dispõe em seu art. 1.632 que: "A separação judicial, o divórcio e a dissolução de união estável não alteram as relações entre pais e filhos senão quanto ao direito, que aos primeiros cabe, de terem em sua companhia os segundos". Do referido dispositivo depreendemos que a ruptura do matrimônio ou união estável dos genitores não implica suspensão ou perda do poder familiar, mas apenas alteração do regime de companhia mantido entre pais e filhos. Desse modo, ainda que a guarda da criança seja atribuída somente a um dos pais, preserva-se o poder familiar do outro, a quem é reconhecido o direito/dever de ter a criança em sua companhia.

Strenger[11] conceitua a guarda como um poder-dever, a saber:

Guarda de filhos é o poder-dever submetido a um regime jurídico-legal, de modo a facilitar a quem de direito, prerrogativas para o exercício da proteção e amparo daquele que a lei considerar nessa condição. Leva-nos à crença de que a guarda não só é um poder pela similitude que contém com a autoridade parental, com todas as vertentes jurídicas, como é um dever, visto que decorre de impositivos legais, inclusive com natureza de ordem pública, razão pela qual se pode conceber esse exercício como um poder-dever.

Silva[12] ressalta que a guarda é inerente ao poder familiar, compartilhado por ambos os genitores enquanto conviventes. Assim, definindo-se o genitor guardião face uma separação, a sua perda não implica a perda do poder familiar, mas sim o seu exercício efetivo.

Quando falamos em separação de pais, guarda e poder familiar, não há como negarmos que os laços afetivos conjugais restam infinitamente menos agredidos que os laços parentais. Os filhos são os mais atingidos pela ruptura, seja pela perda da convivência de ambos os pais, de seu núcleo familiar como um todo, seja pela oportunidade de um melhor desenvolvimento psíquico-emocional.

O modelo de guarda adotado pelo Código Civil de 1916 foi o modelo da guarda única, exclusiva ou unilateral, segundo o qual a criança/adolescente permaneceria sob a guarda exclusiva de um dos genitores, tornando-se genitor guardião, passando o outro à condição de genitor visitante. Ao genitor guardião competia o direito de tomar todas as decisões relativas à prole e ao genitor visitante restava-lhe um papel secundário, haja vista que o princípio da convivência familiar era prejudicado pelo fato de as visitas ocorrerem uma vez por semana ou até uma vez a cada 15 dias, dependendo do entendimento do juiz.

O revogado Código Civil de 1916 determinou que, em ocorrendo o desquite, o filho permaneceria com o cônjuge inocente, o que, nos dizeres de Dias[13] configura um critério legal nitidamente repressor e punitivo. Caso ambos os genitores fossem culpados, a criança poderia permanecer com a mãe. Vemos que, para a definição do genitor guardião, priorizava-se o caráter punitivo ao entregar a criança/adolescente como "troféu" ao cônjuge inocente em detrimento do melhor interesse do menor. Na realidade, podemos afirmar que o caráter punitivo era duplo, haja vista que se punia não somente o cônjuge culpado, mas, também, o mais inocente de todos, o próprio filho, alheio aos problemas conjugais. Muitas mudanças ocorreram em nosso ordenamento jurídico em relação à guarda até nossos dias.

O Estatuto da Mulher Casada determinou que a guarda de menores poderia ser atribuída a terceiros caso o magistrado verificasse que nenhum dos pais estivessem aptos para exercê-la. Posteriormente, veio a Lei do Divórcio, dispondo que os filhos menores permaneceriam com o cônjuge inocente – aquele que não deu causa à separação – facultando ao juiz decidir de forma diversa caso haja motivos graves.

---

[11] STRENGER, Guilherme Gonçalves. *Guarda de filhos*. São Paulo: Saraiva, 2008. p. 31.
[12] SILVA, Ana Maria Milano. *Guarda compartilhada*. São Paulo: Editora de Direito, 2005.
[13] DIAS, Maria Berenice. *Manual de direito das famílias*. 5. ed. Porto Alegre: Livraria do Advogado, 2005.

Este quadro sofreu considerável transformação com o advento da Constituição de 1988 a qual consagrou o princípio da igualdade assegurando ao homem e a mulher os mesmos direitos e deveres. Embora a Carta Magna seja hierarquicamente superior a qualquer outra, inúmeros debates surgiram acerca da desigualdade entre homem e mulher no que diz respeito à guarda de filhos, fruto de nossa cultura patriarcal.

A jurisprudência teve papel fundamental no processo de mudança quanto à guarda, vez que passou a adotar a guarda compartilhada ainda que inexistisse previsão expressa do modelo em nossa legislação, tudo em atendimento às demandas sociais. Nesse sentido, o direito comparado foi muito importante para dar parâmetros acerca do modelo.

Antes de conceituarmos o instituto da guarda compartilhada convém distinguir a guarda física da guarda jurídica. Enquanto a primeira, prevista no art. 33, §1º do ECA, concretiza-se com a proximidade do genitor com o menor, residindo ambos no mesmo local, no pleno exercício de posse e vigilância, a segunda consiste no poder de dirigir a vida do filho, decidindo questões de interesse deste referentes à educação, lazer etc., cabendo àquele que não a detém apenas o direito de fiscalização acerca de tais deliberações. A guarda compartilhada ou conjunta surge com o intuito de promover a pacificação de conflitos em relação à guarda oriundos da separação dos pais, a qual, sem dúvida, atinge diretamente a vida dos filhos menores na medida em que altera a estrutura familiar, em especial quanto à organização parental.

Motta[14] considera a guarda compartilhada como tipo de guarda no qual ambos os genitores dividem a responsabilidade legal sobre o filho ao mesmo tempo, compartilhando as responsabilidades pelas decisões importantes relativas a ele.

Para Nick,[15] guarda compartilhada refere-se à possibilidade de os filhos de pais separados serem assistidos por ambos os pais, tendo ambos efetiva e equivalente autoridade legal para tomar decisões importantes quanto ao bem-estar daqueles.

Leite[16] afirma que a guarda compartilhada mantém, apesar da ruptura, o exercício em comum da autoridade parental e reserva, a cada um dos genitores, o direito de participar das decisões importantes referentes à criança.

Enfim, no Brasil, há dois modelos de guarda previstos, quais sejam a guarda única e a guarda compartilhada. Após tecermos considerações sobre a guarda de filhos no Brasil, a seguir, passemos a analisar a Lei nº 13.058/2014.

Análise da Lei nº 13.058/2014: uma necessária interlocução entre o direito e a psicologia

O Código Civil de 2002, através da Lei nº 11.698/2008, acompanhando a jurisprudência, passou a regular também a guarda compartilhada, extirpando o critério

---

[14] MOTTA, Maria Antonieta Pisano. Guarda compartilhada: uma nova solução para novos tempos. *APASE – Associação de Pais e Mães Separados*. Disponível em: <http://www.apase.org.br/91006-mariaantonieta.htm>. Acesso em: 3 jul. 2016.

[15] NICK, Sérgio Eduardo. Guarda compartilhada: um novo enfoque no cuidado aos filhos de pais separados ou divorciados. In: BARRETO, Vicente (Org.). *A nova família*: problemas e perspectivas. Rio de Janeiro: Renovar, 1997.

[16] LEITE, Eduardo de Oliveira. *Famílias monoparentais*: a situação jurídica de pais e mães separados e dos filhos na ruptura da vida conjugal. 2. ed. São Paulo: Revista dos Tribunais, 2003.

punitivo outrora adotado na definição do genitor guardião. Tal medida buscou atender aos novos anseios da sociedade, indo ao encontro da isonomia de direitos e deveres entre homem e mulher preceituada pela Constituição, bem como ao princípio do melhor interesse do menor preceituado pelo Estatuto da Criança e do Adolescente.

A referida lei deu ao art. 1.583 do Código Civil a seguinte redação:

> Art. 1.583. A guarda será unilateral ou compartilhada.
>
> §1º Compreende-se por guarda unilateral a atribuída a um só dos genitores ou a alguém que o substitua (art. 1.584, §5º) e, por guarda compartilhada a responsabilização conjunta e o exercício de direitos e deveres do pai e da mãe que não vivam sob o mesmo teto, concernentes ao poder familiar dos filhos comuns.

Vemos que o conceito de guarda compartilhada constante do dispositivo é condizente à essência do instituto, ou seja, o compartilhamento do exercício de direitos e deveres do pai e da mãe que não vivam sob o mesmo teto relativos ao poder familiar dos filhos comuns. A referida lei não dispunha acerca da obrigatoriedade da guarda conjunta, mas previa no §2º do art. 1.584 que: "Quando não houver acordo entre a mãe e o pai quanto à guarda do filho, será aplicada, sempre que possível, a guarda compartilhada". Portanto, a adoção da guarda conjunta pelo juiz era uma faculdade e não regra.

Posteriormente, a Lei nº 13.058/2014 veio alterar os arts. 1.583, 1.584, 1.585 e 1.634 do Código Civil para estabelecer o significado da expressão "guarda compartilhada" e dispor sobre sua aplicação. Assim, o §2º do art. 1.583 recebeu a seguinte redação:

> Art. 1.583. [...]
>
> §2º Na guarda compartilhada, o tempo de convívio com os filhos deve ser dividido de forma equilibrada com a mãe e com o pai, sempre tendo em vista as condições fáticas e os interesses dos filhos.

Ora, de imediato, em que pese a manutenção da redação do *caput* do artigo, percebemos no §2º que a nova lei foi infeliz diante da redação, deturpando o significado do conceito de guarda compartilhada, ao dispor que "o tempo de convívio com os filhos deve ser dividido de forma equilibrada". A redação dá a entender que guarda compartilhada consiste não somente no compartilhamento da guarda jurídica, mas também da física, o que, *data venia*, assim não o é.

A essência da guarda compartilhada ou conjunta, implica compartilhamento dos direitos e deveres em relação ao filho. Assim, os pais decidirão em conjunto, por exemplo, a forma de criação e educação da criança, questões de saúde etc. Inclusive, esta é o entendimento de uma de nossas correntes doutrinárias, encabeçada por Grisard Filho,[17] que defende que a guarda conjunta diz respeito somente à guarda jurídica e não física. Logo, a criança deve residir na residência de um dos genitores, tendo o outro ampla visitação e maior flexibilidade. Neste sentido, Pereira[18] sustenta que a guarda ou custódia conjunta seja a situação em que fiquem como detentores da guarda jurídica

---

[17] GRISARD FILHO, Waldyr. *Guarda compartilhada*: um novo modelo de responsabilidade parental. 2. ed. São Paulo: Revista dos Tribunais, 2000.

[18] PEREIRA, Sérgio Gischkow. A guarda conjunta de menores no direito brasileiro. *Ajuris*, ano XIII, n. 36, p. 12-20, 1986.

sobre o menor pessoas residentes em locais separados. Leite[19] comunga do mesmo entendimento e elenca as razões pelas quais entende que a residência deve ser única, justificando, primeiramente que:

> A determinação da residência é essencial porque ela é indispensável à estabilidade da criança que terá, assim, um ponto de referência, um centro de apoio de onde irradiam todos seus contatos com o mundo exterior.
>
> Quanto ao local da residência, se na casa paterna ou materna, tudo dependerá da situação fática vivenciada pelo casal. [...]
>
> A determinação da residência é igualmente essencial para que os ex-cônjuges definam o contexto no qual eles passam a exercer suas responsabilidades, entre si e os filhos, e entre si e os terceiros submetidos a essa condição para beneficiar as presunções legais daí decorrentes.
>
> A residência é única e não alternada, evitando assim o sentimento de insegurança e instabilidade que a guarda alternada instaura junto a crianças submetidas a este regime de guarda.
>
> Residência única, logo, ao outro genitor fica garantida a obrigação de visita (embora sempre se fale em "direito de visita") e de hospedagem. [...]
>
> Residência única, também, porque é na residência deste genitor que a criança se encontra juridicamente domiciliada.

O fato de existir o compartilhamento da guarda jurídica, sem a guarda física, não significa que o genitor não detentor da guarda física ficará a mercê de encontros esporádicos, prejudicando a convivência familiar. Significa que a criança terá uma referência de residência, sem causar-lhe maiores transtornos, permanecendo o genitor não detentor da guarda física com a possibilidade de manter visitação flexível com a criança, atendendo, obviamente, aos horários do menor. Na realidade, melhor seria se os pais conseguissem determinar a melhor forma de contato, de forma a evitar mudanças drásticas na rotina da criança, adolescente. Assim, por exemplo, caso o genitor não detentor da guarda física fosse o responsável por levar o filho ao colégio antes da ruptura conjugal, poderá ficar responsável por deixá-lo no colégio, além de possuir uma visitação ampla, não se restringindo a um contato por semana ou a cada 15 dias. Neste sentido a posição do TJRS:

> AGRAVO DE INSTRUMENTO. ALIMENTOS PROVISÓRIOS E GUARDA COMPARTILHADA.
>
> Caso em que, para não onerar em demasia o alimentante, mas também não prejudicar as necessidades alimentares da filha/agravada, adequado reduzir parcialmente os alimentos provisórios para 20% dos rendimentos do alimentante, percentual este amplamente praticado pela Corte. Não tendo a genitora se oposto ao regime de guarda compartilhada, não há motivo para deixar de regulamentar o regime legal de guarda, com residência fixa na casa da mãe e visitas livres paternas. DERAM PARCIAL PROVIMENTO. (TJRS, Oitava Câmara Cível. Agravo de Instrumento nº 70066310228. Rel. José Pedro de Oliveira Eckert, j. 12.11.2015. *DJ*, 17 nov. 2015)

---

[19] LEITE, Eduardo de Oliveira. *Famílias monoparentais*: a situação jurídica de pais e mães separados e dos filhos na ruptura da vida conjugal. 2. ed. São Paulo: Revista dos Tribunais, 2003. p. 270-271.

Entretanto, outra corrente entende que a guarda conjunta consiste no compartilhamento da guarda jurídica com a possibilidade de compartilhar também a guarda física, ou seja, a criança passa a residir na casa de cada um dos genitores, em determinado período de tempo. Neste sentido as lições de Silva:[20]

> Guarda compartilhada ou conjunta - Refere-se a um tipo de guarda no qual os pais e mães dividem a responsabilidade legal sobre os filhos ao mesmo tempo e compartilham as obrigações pelas decisões importantes relativas à criança. É um conceito que deveria ser a regra de todas as guardas, respeitando-se evidentemente os casos especiais. Trata-se de um cuidado dos filhos concedidos aos pais comprometidos com respeito e igualdade. *Nela, um dos pais pode deter a guarda material ou física do filho, ressalvando sempre o fato de dividirem os direitos e deveres emergentes do poder familiar.*

Comungando deste entendimento, encontramos Silva:[21] "Quando ocorre a separação ou o rompimento do vínculo conjugal sob o regime da Guarda Compartilhada, os genitores devem pensar nos direitos e deveres de cada um, bem como na existência de dois lares para a (s) criança (s)".

Em relação às correntes ora apresentadas, nos Tribunais ainda encontramos posicionamentos diferentes. Em que pese tais posições, pensamos que o legislador embora tenha tido boa intenção em adotar a segunda corrente, não se atentou para os possíveis efeitos emocionais sobre o filho. Acreditamos que a posição da segunda corrente não atende ao princípio do melhor interesse da criança e tampouco ao princípio da proteção integral da criança, por não permitir que a criança/adolescente, na condição de sujeito em desenvolvimento, deve possuir referências.

Ressaltamos que grande parte da doutrina defende a existência de confusão entre a guarda compartilhada e a guarda alternada, modalidade que sequer é adotada no Brasil. Também concordamos com a existência de um equívoco, porém, pensamos que o erro está em confundir-se a guarda compartilhada com apenas um dos elementos da guarda alternada. Com efeito, a guarda alternada, como a própria designação indica, caracteriza-se pelo exercício exclusivo e alternado da guarda, segundo um período de tempo predeterminado, que tanto pode ser anual, semestral ou mensal, findo o qual os papéis dos guardiões se invertem, alternadamente. Portanto, o elemento a que nos referimos diz respeito à alternância da guarda física (de residências) e não quanto à alternância e exclusividade da guarda no período de convivência. Isto porque, ao aplicar-se a guarda compartilhada com alternância de casas, tal como previsto pela Lei nº 13.058/2014, os genitores embora alternem a guarda física em dado período, sempre compartilharam a guarda jurídica, mesmo no período em que a guarda física do menor esteja com o outro genitor, o que não acontece na guarda alternada. Vejamos.

A guarda alternada ou partilhada importa em atribuir a guarda física e jurídica alternadamente aos genitores, de forma que a criança permaneça dias, semana, meses ou

---

[20] SILVA, Evandro Luiz. *Os efeitos do tipo de guarda, compartilhada ou exclusiva* – legal ou de fato – na dinâmica da criança: estudos de casos. 2003. Dissertação (Mestrado em Psicologia Clínica) – Instituto de Psicologia, Universidade de São Paulo, São Paulo, 2011. Disponível em: <http://www.teses.usp.br/teses/disponiveis/47/47133/tde-16042012-162324/>. Acesso em: 17 jul. 2016. Grifos nossos.

[21] SILVA, Denise Maria Perissini da. *Mediação e guarda compartilhada*: conquistas para a família. Curitiba: Juruá, 2011. p. 147.

mesmo anos sob os cuidados de cada um dos genitores. Caracteriza-se pela possibilidade de cada um dos pais deter a guarda do filho alternadamente, segundo um ritmo de tempo que pode ser um ano escolar, um mês, uma semana, uma parte da semana, ou uma repartição organizada dia a dia. Durante esse período de tempo cada genitor detém, de forma exclusiva, a totalidade dos direitos e obrigações que integram o poder parental e, ao final do período, os papéis se invertem. A guarda alternada não é prevista em nossa legislação, bem como não possui aceitação na jurisprudência nacional, o que também é observável na realidade jurídica de outros países, inclusive, sendo proibida no direito francês pelo Tribunal de Cassação em razão de seus efeitos maléficos.

A alternatividade deste modelo, estabelecida segundo a conveniência dos pais, enseja um sentimento de insegurança emocional à criança, haja vista que cada genitor no período em que detiver a guarda ditará o ritmo de vida daquela, decidindo da forma que lhe aprouver as questões referentes à educação, ao lazer etc. Ao final do período determinado ao genitor ora guardião, os papéis se invertem e a guarda da criança passa ao outro genitor que naquele mesmo período detinha apenas o poder de fiscalização e o direito de visitas. Passa, então, a reger a vida da criança da forma que entender mais conveniente, ainda que divirja do outro genitor.

Assim, a existência da exclusividade e alternância da guarda entre os pais pode levar a criança a vivenciar inúmeras separações e reaproximações e, consequentemente, mudanças bruscas e fortes o suficiente para provocar a instabilidade emocional e psíquica, anulando qualquer tentativa de privilegiar o melhor interesse da criança na busca de seu pleno desenvolvimento. Ademais, a guarda alternada também pode viabilizar uma possível negligência dos genitores quanto a suas responsabilidades, alterando o esquema de tempo segundo seus próprios interesses.

Por sua vez, a guarda compartilhada ou conjunta é aquela que atribui a ambos os genitores, igualitariamente, o exercício do poder parental, preservando seus direitos e deveres como antes da ruptura conjugal. O que se prioriza é a efetiva coparticipação de ambos na vida da criança, contribuindo para o seu pleno desenvolvimento psíquico-social em atendimento ao princípio do melhor interesse do menor.

À medida que se permite a alternância de residências – elemento típico da guarda alternada – na guarda compartilhada, além de violar-se a essência do instituto, violam-se os princípios basilares do direito infantojuvenil, vez que a criança terá de passar a "dividir" seus pertences – roupas, brinquedos, livros etc. – entre duas casas, submetendo-se ao desconforto de mudar-se com frequência levando consigo alguns de seus pertences, cansando-se, dificultando a apreensão de noções de referências de casa, de rotina etc. Tal contexto pode propiciar efeitos negativos à subjetividade da criança, o que não foi levado em conta por nosso legislador de 2014.

Por sua vez, o §2º do art. 1.584 passou a regular a obrigatoriedade da guarda compartilhada nos seguintes termos:

Art. 1.584. [...]
§2º Quando não houver acordo entre a mãe e o pai quanto à guarda do filho, encontrando-se ambos os genitores aptos a exercer o poder familiar, será aplicada a guarda compartilhada, salvo se um dos genitores declarar ao magistrado que não deseja a guarda do menor.

A nova regra será a primeira opção em todos os casos, salvo se um dos genitores declare que não deseja a guarda ou exista comprovado risco de violação ao princípio do melhor interesse da criança. Dias[22] ressalta que os pais não guardiões que desejarem alterar o modelo de guarda definido anteriormente à nova lei poderão fazê-lo a qualquer tempo, o que, por certo, poderá provocar alterações nos dados estatísticos do IBGE de 2011, segundo os quais apenas 5,42% dos filhos de casais separados vivem sob o modelo de guarda compartilhada, enquanto 87,64% das crianças vivem sob o modelo da guarda exclusiva ou unilateral da mãe, e 5,33%, com o pai. Mas, talvez a mudança não seja tão rápida, dada a cultura de que a criança será melhor cuidada pela figura materna. Neste sentido, Fachin:[23]

> Não parece ser a compulsoriedade de um modelo de guarda o mais adequado caminho. A despeito da boa intenção do legislador, que foi, aparentemente, motivado pelo intento de gerar menor prejuízo possível à criança frente a situação, muitas vezes, traumática, da separação dos pais, a nova Lei merece um olhar minudente, haja vista que o pretenso avanço que se propõe pode se transmutar no âmbito do Direito de Família. [...]
> Reitere-se: leis formais não têm o condão de alterar uma realidade culturalmente legitimada. Evidentemente, podem contribuir para o norte a ser seguido, vale dizer, aquele que favorece a guarda compartilhada, desde que, contudo, se resguarde uma convivência saudável à criança. Isto significa que a guarda compartilhada, já com a Lei nº 11.698/08, tornou-se o enfoque do Direito de Família brasileiro, na esteira do melhor interesse da criança. O que a nova Lei pretende é justamente forçar a guarda compartilhada, a despeito das peculiaridades da relação familiar em concreto.

De fato, também enxergamos na obrigatoriedade prevista no §2º do art. 1.584 uma das maiores dificuldades para o êxito da adoção da guarda conjunta dada a inexistência de consenso entre os genitores. Acreditamos que a falta de consenso dificulta, mas não inviabiliza a aplicação do modelo, vez que os conflitos são inerentes à relação humana. Isto porque caso a separação do casal não esteja bem resolvida emocionalmente, a probabilidade de os filhos serem afetados negativamente aumenta consideravelmente. É bem verdade que sua aplicação deve ser cuidadosamente analisada levando em consideração alguns fatores, como o tipo de relação mantida não somente entre os pais, mas entre estes e os filhos, a idade destes etc.

Aliás, a divergência entre os pais, aliada à tenra idade do filho, torna maior a contraindicação para aplicar o modelo, caso o magistrado adote a segunda corrente no sentido de compartilhar também a guarda física. A criança de tenra idade possui laços muito fortes com a mãe, até mesmo de dependência em relação à amamentação. Quanto mais nova for a criança, maior é a contraindicação para a adoção do modelo quando envolver a alternância de casas, haja vista possuir um psiquismo ainda em formação. Entretanto, à medida que a criança vai amadurecendo, passando a interagir cada vez mais com terceiros, é natural que a dependência em relação à mãe também vá se atenuando.

---

[22] DIAS, Arlene Mara de Sousa. Considerações sobre a obrigatoriedade da guarda compartilhada. *Revista Consulex*, ano XIX, n. 434, p. 34-35, 2015.

[23] FACHIN, Luiz Edson. Apontamentos críticos à nova lei de guarda compartilhada compulsória. *Revista Consulex*, ano XIX, n. 434, p. 32-33, 2015.

Neste sentido a psicanalista Motta[24] entende que atribuir a guarda de crianças pequenas a seus pais conjuntamente, especialmente quando a responsabilidade e o controle compartilhados incluem alternar a guarda física, é inviável quando os pais não se entenderem, vez que dificilmente seriam suportáveis pelo frágil psiquismo infantil. Além do que dificilmente se conseguiria proteger as crianças dos maus sentimentos, do ódio e do desrespeito eivado de mútuas acusações.

De qualquer forma, seria muito melhor que, uma vez adotada a guarda conjunta, os pais estabelecessem regras, rotinas, valores e organização similares em ambas as casas, a fim de que a criança/adolescente sentisse maior segurança e acolhimento diante da mudança de realidade do núcleo familiar, ponderações pertinentes envolvendo profissionais de várias áreas do saber. Neste sentido, Tepedino[25] ensina:

> Em última análise, há que se estimular os esforços da doutrina, da jurisprudência e do legislador para assegurar a corresponsabilidade da autoridade parental e da guarda, sempre que possível compartilhada. Ao lado disso, o diálogo entre o direito e outros ramos do saber, como a Psicologia, Serviço Social, Pedagogia e Sociologia, torna-se fundamental para a melhor compreensão da dinâmica da formação e desenvolvimento da vida familiar, de modo a que se alcance mobilização interdisciplinar com vistas a abranger as necessidades socioafetivas das crianças e dos adolescentes em suas relações familiares posteriores à intervenção judicial.

Muitos profissionais do direito também se equivocam em relação à possibilidade de adotar a guarda conjunta quando os pais residam em cidades, estados ou mesmo países diferentes. Entendemos que a adoção da guarda conjunta em tais casos é possível em razão de o modelo consistir, essencialmente, no exercício conjunto do poder familiar entre os pais e não, necessariamente, na divisão de tempo com a criança, conforme defende a segunda corrente, ou seja, compartilhamento de guarda jurídica e física. A convivência e o contato podem ser mantidos de forma alternativa em razão da facilidade que a tecnologia proporciona, seja através de WhatsApp, Skype, *e-mail*, Facebook etc. Obviamente, o genitor que não detenha a guarda física da criança deverá ter a sua convivência compensada durante as férias e feriados prolongados. Tal entendimento está claro diante do §3º do art. 1.583 ao dispor: "Na guarda compartilhada, a cidade considerada base de moradia dos filhos será aquela que melhor atender aos interesses dos filhos".

No mesmo sentido entende Rosa,[26] ao dissertar:

> Conforme a nova redação do Código Civil, no art. 1.583, §3º, a custódia física foi tratada como "base de moradia", que a partir de agora, de forma expressa, inclusive, o compartilhamento pode ser realizado mesmo quando os genitores não residirem na mesma cidade.

---

[24] MOTTA, Maria Antonieta Pisano. Guarda compartilhada: uma nova solução para novos tempos. *APASE – Associação de Pais e Mães Separados*. Disponível em: <http://www.apase.org.br/91006-mariaantonieta.htm>. Acesso em: 3 jul. 2016.

[25] TEPEDINO, Gustavo. Guarda compartilhada no direito brasileiro. *Revista Consulex*, ano XIX, n. 434, p. 28-31, 2015.

[26] ROSA, Conrado Paulino da. *Nova Lei nº da Guarda Compartilhada*. São Paulo: Saraiva, 2015. p. 76-77.

Merece deferência a nova redação do dispositivo, para evitar aplicações equivocadas da legislação, que, desde a edição da Lei nº 11.698/2008, muitos Tribunais vinham deixando de abrigar a guarda compartilhada quando os genitores residiam em cidades diferentes.

Em recente decisão de relatoria do Ministro Villas Bôas Cueva, a Terceira Turma do Superior Tribunal de Justiça (STJ) reconheceu a inviabilidade de implementação de guarda compartilhada em caso de pais que moram em cidades diferentes. Tal decisão, *data venia*, está equivocada, visto que desconsidera a essência da guarda compartilhada, ou seja, o compartilhamento dos direitos e deveres sobre o menor, não a vinculando à divisão da guarda física, conforme explicitamos. Em sentido contrário àquela decisão, merece destaque o Recurso de Apelação nº 0006537-41.2013.8.07.0016 do TJDF, de relatoria do Desembargador Alfeu Machado, que entendeu ser possível o exercício da guarda compartilhada mesmo residindo os pais em países diferentes:

> [...] a excepcionalidade da situação retratada nos autos, em que a genitora iniciou relacionamento com um cidadão dos Estados Unidos então residente no Brasil e posteriormente resolveu contrair núpcias e se mudar para outro país, em que o cônjuge prestará serviço diplomático, por si só, *não pode resultar em* óbice *para o exercício da guarda*, nem tem o condão de alterar a situação fática da menor, sobretudo porque verificado que está inserida em ambiente familiar saudável". De acordo com a decisão ambos os pais estariam aptos a cuidar da prole e a *manutenção da guarda compartilhada* era necessária "em observância ao princípio do melhor interesse do menor. (Grifos nossos)

É inegável que, diante das peculiaridades de cada caso, deve o juiz ao proferir sua decisão quanto à guarda de filhos buscar todo o apoio e conhecimento necessários, inclusive, em outros saberes, daí defender-se, aqui, a importante interlocução entre o direito e a psicologia. O §3º do art. 1.584 dispõe:

> §3º Para estabelecer as atribuições do pai e da mãe e os períodos de convivência sob guarda compartilhada, o juiz, de ofício ou a requerimento do Ministério Público, poderá basear-se em orientação técnico-profissional ou de equipe interdisciplinar, que deverá visar à divisão equilibrada do tempo com o pai e com a mãe.

Em que pese a redação supra, acreditamos que o magistrado possa valer-se da equipe interdisciplinar, sobretudo, para auxiliá-lo a decidir sobre o modelo de guarda a ser adotado, pois nem sempre a guarda compartilhada será a melhor opção, quando faltar, por exemplo, a um dos genitores condições emocionais ou quando ocorrer a prática da alienação parental no grau grave, conceituada pelo art. 2º da Lei nº 12.318/2010:

> Art. 2º Considera-se ato de alienação parental a interferência na formação psicológica da criança ou do adolescente promovida ou induzida por um dos genitores, pelos avós ou pelos que tenham a criança ou adolescente sob a sua autoridade, guarda ou vigilância para que repudie genitor ou que cause prejuízo ao estabelecimento ou à manutenção de vínculos com este.

O interesse do menor serve de controle de solução em caso de separação do casal, inclusive não somente para evitar a alienação parental, mas também para extingui-la, pois a convivência da criança com os genitores, tendo ambos o poder de decisão sobre a vida do menor, acaba por enfraquecer o "poder" do genitor alienante – aquele que pratica a alienação parental. De qualquer forma, caberá ao juiz a apreciação do interesse do menor ao fixar a guarda compartilhada ou, mesmo, se ela será exercida de forma unilateral. Não resta dúvida de que o poder do qual o juiz é investido exige responsabilidade, demandando, em algumas situações, um conhecimento mais aprofundado, para além do jurídico.

Dentro de uma situação de conflito familiar envolvendo guarda de crianças, é indispensável que o juiz deva somar, ao seu conhecimento jurídico, sua experiência de vida, sua experiência como magistrado, além de algum conhecimento que lhe permita perceber funções do relacionamento humano. Assim, em se tratando de uma situação na qual a estrutura familiar está sendo rompida pela separação, talvez o preceito em questão fosse melhor atingido se os tribunais de uma forma geral se valessem rigidamente, da interdisciplinaridade, de forma a permitir que o melhor interesse da criança/adolescente, ante a separação, fosse analisado conjuntamente por uma equipe de profissionais – principalmente diante de outras situações que fogem do campo jurídico.

Há inúmeras situações – como o conflito de lealdade não raro vivenciado pelos filhos – que os profissionais atuantes nas causas de direito de família devem buscar auxílio especializado, o que propiciaria ajudar os pais a compreenderem suas posições e, até mesmo, rever seus posicionamentos em prol dos filhos.

É sabido que ao decidir sobre a questão, o juiz formará sua convicção a partir do conjunto de provas apuradas, entre elas, encontra-se o estudo psicossocial, o qual o juiz poderá solicitar sempre que entender necessário conhecimentos técnicos especializados. Por certo devem os operadores do direito (advogados, juízes, promotores, peritos judiciais e assistentes técnicos) agir com bom senso e buscar auxílio junto a profissionais de outras áreas, sempre que detectadas situações de possível prejuízos às crianças, em especial daquelas de menor idade.

A principal vantagem da guarda compartilhada diz respeito à manutenção do exercício igualitário e concomitante da autoridade parental após a separação em atendimento ao critério decisivo e fundamental para a determinação da guarda, qual seja, o interesse do infante. Diminuem-se as chances de a criança apresentar prejuízos emocionais em decorrência da ausência de um seus pais. Neste sentido, a guarda única, de praxe, não assegura a perpetuação dos laços afetivos e a harmonia na criação dos filhos. A manutenção em comum do exercício da guarda dos filhos evita o afastamento gradativo entre o genitor não guardião e o filho e, por conseguinte, seus efeitos desastrosos.

Observamos, inclusive, que a atribuição da guarda à mãe, corriqueiramente, enseja o distanciamento não somente físico, mas afetivo entre pai e filho, realidade muitas vezes ignorada. A impossibilidade de participação ativa nas decisões sobre a vida do filho acaba propiciando ao pai verdadeiro sentimento de impotência e frustração, podendo culminar em seu afastamento paulatino. Por sua vez, tal afastamento além de ser encarado como rejeição e egoísmo, principalmente pelo filho, pode levar à cessação de obrigações indispensáveis, como a prestação de alimentos.

Não se questiona que a estabilidade psicoemocional tanto dos pais quanto dos filhos é importante, porém, não se pode ignorar a questão econômica na guarda de filhos. Comumente, o assunto em questão é tratado com certo constrangimento e muitas vezes relegado a segundo plano sob os mais variados argumentos. Dentro deste contexto, ressaltamos que a guarda compartilhada propicia uma cooperação mais efetiva quanto às despesas necessárias à formação da criança. É natural que o genitor, à medida em que mantém um estreito e intenso relacionamento com o filho, sendo participativo na vida deste, sinta-se estimulado a custear juntamente com o outro genitor as despesas necessárias para a formação do filho, seja em nível físico, intelectual, psíquico etc. Estudos demonstram que a guarda compartilhada incentiva uma maior cooperação entre os genitores, mantendo-se certo equilíbrio quanto à divisão das despesas, o que indiretamente beneficia os filhos em razão do decréscimo ou mesmo inexistência de divergências ocasionadas por questões financeiras. A insatisfação do genitor não guardião pode ser "deslocada" para outros aspectos que muitas vezes chegam a carecer de sentido e compreensão. Assim, compartilhar a guarda e todas as responsabilidades referentes aos filhos parece evitar sentimentos de sobrecarga, injustiça e revolta por parte de um dos genitores, o que por vezes complica relacionamentos desnecessariamente.

Os estudos de Greif[27] demonstraram que os homens frequentemente expressavam grande tristeza e depressão a respeito da "perda" de seus filhos e sentiam que afastar-se era a única maneira de conseguirem lidar com esses sentimentos. Pais com dificuldade de elaborar adequadamente o distanciamento em relação aos seus filhos podem "deslocar" para o descumprimento da pensão alimentícia sua insatisfação por não estarem participando mais ativamente da vida de seus filhos.

A guarda compartilhada também atenua ou mesmo afasta os sentimentos de culpa por parte dos filhos e reduz o sentimento de perda, muito comumente vivenciado pelos "filhos do divórcio", haja vista que ambos os pais estarão acessíveis sem qualquer tipo de restrições, participando ativamente de todas as decisões importantes.

As vantagens não ficam restritas apenas ao interesse da criança, mas também dos próprios pais, pois o fato de exercerem em conjunto a autoridade parental não só atenua o peso da responsabilidade das decisões, como também viabiliza maiores chances de concretização de projetos profissionais e pessoais, como a formação de um novo lar.

Da mesma forma, o modelo resta prejudicado quando um dos genitores não deseja compartilhar a guarda, situação na qual não deve o Estado-juiz impô-la sob pena de prejudicar a própria formação da criança. O adulto diante de uma imposição desta natureza acaba demonstrando sentimento de rejeição em relação à criança. Neste sentido, a psicanalista Nazareth[28] defende que os juízes devem considerar que o genitor que se opõe a compartilhar a guarda não deve ser obrigado a fazê-lo, por contrariar o objetivo fundamental que é o bem-estar das crianças. Por certo, o adulto que não quer, ou que não pode, se incumbir dos cuidados de seus filhos, acaba não propiciando as condições necessárias ao pleno desenvolvimento.

Entendemos que o magistrado deverá valer-se do inc. II do art. 1.584 para levar em consideração as peculiaridades de cada caso ao decidir o modelo de guarda mais adequado. Há que se definir quem permanecerá com a guarda dos filhos, se um ou ambos

---

[27] *Apud* MOTTA, Maria Antonieta Pisano. Guarda compartilhada: uma nova solução para novos tempos. *APASE – Associação de Pais e Mães Separados.* Disponível em: <http://www.apase.org.br/91006-mariaantonieta.htm>. Acesso em: 3 jul. 2016.

[28] NAZARETH, Eliana Riberti. Com quem fico, com papai ou com mamãe? *APASE – Associação de Pais e Mães Separados.* Disponível em: <http://www.apase.org.br/91003-comquemfico.htm>. Acesso em: 3 jul. 2016

os cônjuges, adotando-se a guarda compartilhada ou unilateral. Infelizmente, muitas vezes os pais não disputam quem ficará com a guarda do filho, mas quem não ficará. Independentemente de quem ficará com a guarda dos filhos, o fim dos laços conjugais não põe fim aos laços parentais, ou seja, embora ocorra a ruptura da convivência dos pais, o poder familiar permanece inalterado. Podemos afirmar que a guarda conjunta somente é possível quando ambos os pais, apesar de suas divergências como casal, conseguem priorizar os interesses dos filhos em detrimento dos seus, optando pelo consenso em exercer conjuntamente a autoridade parental, propiciando a continuidade dos laços entre pais e filhos como antes da ruptura. Na realidade, ao atenuar os efeitos da separação, a guarda compartilhada vai atender não somente ao melhor interesse da criança, mas também aos interesses dos próprios genitores.

Considerações finais

Demonstramos que a guarda compartilhada objetiva manter o exercício comum da autoridade parental, reservando a cada um dos genitores o direito de participar das decisões importantes na vida de seus filhos. Este modelo de guarda é, antes de tudo, um princípio no qual se busca preservar a responsabilidade conjunta do poder familiar de ambos os pais. Ou seja, não há primazia de um dos genitores (o guardião) no que diz respeito às escolhas feitas em nome da criança. Isso implica reconhecer a igualdade de direitos de ambos em decidir sobre as condições básicas de sobrevivência da criança, desde onde reside, onde estuda, quem é seu médico etc.

Em um primeiro momento, ressaltamos a importância do vínculo da criança/adolescente com ambos os pais, propiciando a construção dentro de si, de uma imagem positiva das trocas afetivas e da convivência, fundamental para o seu desenvolvimento pleno e contínuo. E, em ocorrendo a dissolução da relação conjugal é necessária a manutenção dos laços parentais a fim de evitar-se prejuízos de ordem emocional à prole, conforme demonstramos. O compartilhamento da guarda tenta fazer com que a situação das crianças ou adolescentes se assemelhe ao máximo àquela existente antes da separação, buscando, portanto, a proteção dos filhos quanto aos sentimentos de angústia, desamparo etc., que possam por ventura surgir.

Demonstramos que o conceito de guarda compartilhada adotado pelo legislador de 2014 não condiz com sua essência, consistindo no compartilhamento dos direitos e deveres em relação ao filho e não necessariamente no compartilhamento das guardas jurídica e física. Neste sentido, entendemos que há certo equívoco em "emprestar" um dos elementos da guarda alternada à guarda compartilhada, ou seja, a alternância de residências, a qual dificulta à criança a percepção de referências de casa, rotina etc., além de proporcionar-lhe o desconforto de mudar de residência rotineiramente carregando uma mochila com apenas alguns de seus pertences.

Frisamos, ainda, que a guarda compartilhada não é recomendada a todos os casos que envolvam litígio pela guarda dos filhos, cabendo ao magistrado aplicar o modelo que atender aos interesses do menor.

Ressaltamos, ainda, que o fato de os genitores residirem em cidades, estados ou países diferentes não implica a impossibilidade de adoção do modelo da guarda conjunta, vez que a distância física não impede a tomada de decisões em conjunto e tampouco inviabiliza o contato, dada a tecnologia existente.

O magistrado, valendo-se de bom senso que a área requer, deve utilizar-se de instrumentos de outras áreas na tentativa de minimizar possíveis prejuízos psíquicos à criança diante da separação dos pais. Dentro deste prisma, não se pode deixar de enfatizar a importância da psicologia e da necessidade de uma interlocução entre os profissionais desta área e do direito, visto que cada profissão possui um olhar e uma escuta diferenciada, segundo os objetivos de cada profissão e dessa forma podem ser complementares.

Em que pese ainda persistirem ideias de cunho patriarcal em nossa sociedade, há que se reconhecer que tanto a figura materna quanto a paterna são importantes para o pleno desenvolvimento da criança, sob o risco de comprometê-lo, não raro, de forma "drástica". Por isso, ante um conflito conjugal advindo de uma separação, deve-se manter a cautela e tentar conduzi-la da melhor forma possível, respeitando o vínculo parental existente entre filhos e cada um dos genitores, sobretudo, quando diante de crianças em plena formação.

Esse reconhecimento, conforme dissemos, é fruto da equiparação do exercício da autoridade parental entre pai e mãe, considerada expressamente pela nossa Constituição Federal em razão das transformações sociais ocorridas – diante das quais o homem e a mulher minimizaram consideravelmente a ideia da tradicional divisão do trabalho em razão do gênero, cada vez mais fragilizada.

Por fim, independentemente do modelo de guarda adotado, o pleno desenvolvimento psíquico, emocional, intelectual e físico de filhos cujos pais se separaram dependerá muito mais destes do que da decisão de um juiz, vez que uma lei não tem o condão de transformar os sentimentos humanos.

Informação bibliográfica deste texto, conforme a NBR 6023:2002 da Associação Brasileira de Normas Técnicas (ABNT):

DIAS, Arlene Mara de Sousa; SOUZA, Mauricio Rodrigues de. Guarda compartilhada: uma reflexão da Lei nº 13.058/2014 a partir da interlocução entre o direito e a psicologia. In: TEPEDINO, Gustavo; TEIXEIRA, Ana Carolina Brochado; ALMEIDA, Vitor (Coord.). *Da dogmática à efetividade do Direito Civil*: Anais do Congresso Internacional de Direito Civil Constitucional – IV Congresso do IBDCivil. 2. ed. rev., ampl. e atual. Belo Horizonte: Fórum, 2019. p. 477-495. ISBN 978-85-450-0545-2.

CAPÍTULO 12

A CAPACIDADE CIVIL NO ESTATUTO DA PESSOA COM DEFICIÊNCIA: A QUEBRA DA DOGMÁTICA E O DESAFIO DA EFETIVIDADE

JACQUELINE LOPES PEREIRA

LIGIA ZIGGIOTTI DE OLIVEIRA

Introdução

Questões concernentes à pessoa com deficiência ganharam atenção redobrada em 2016, em razão do início da vigência de estatuto a esta coletividade dedicado (Lei nº 13.146/2015) e das mudanças por ele operadas no Código Civil, relativas, principalmente, ao regime de capacidades. Ilustrativamente, entre os dias 23 e 25.6.2016, juristas de todo o país se reuniram na capital paranaense para o XIV Encontro de Grupos de Pesquisa em Direito Civil, organizado pelo Núcleo de Pesquisa Virada de Copérnico, evento no qual foram apresentados e discutidos posicionamentos doutrinários quanto à interpretação a ser dada à "capacidade legal" referida tanto na Convenção Internacional dos Direitos da Pessoa com Deficiência, quanto no Estatuto e consequente redação do Código Civil.

O presente trabalho inspira-se em posicionamentos levantados no aludido evento e questiona de que forma caminha a dogmática para a efetividade em decisões judiciais construídas hodiernamente nos tribunais brasileiros. O problema proposto no estudo se restringe ao recorte metodológico referente à interpretação do que seja a "capacidade legal" alvitrada pelo Estatuto da Pessoa com Deficiência, suas implicações no processo de interdição,[1] e investiga a *ratio decidendi* adotada em dois julgamentos de apelações

---

[1] Necessário pontuar que o Estatuto da Pessoa com Deficiência aboliu tal terminologia. Embora persista no Novo Código de Processo Civil, ao discorrer sobre o procedimento voluntário da interdição, a superioridade normativa daquele microssistema, recepcionado com força de emenda constitucional, deve ser apontada como

cíveis, selecionados a partir do critério cronológico, uma vez que as mudanças operadas no ordenamento jurídico estão em vigência desde 2.1.2016.

A metodologia adotada, lógico-dedutiva, tem como ponto de partida as discussões doutrinárias atuais sobre as implicações derivadas da capacidade civil da pessoa com deficiência, com amparo em bibliografia recente sobre o tema, além da análise de julgados publicados no mês de julho de 2016 e que enfrentaram a temática no contexto de ações de interdição.

Sequencialmente, produzem-se apontamentos críticos que visam ao diálogo entre o tópico introdutório, o qual oferece possíveis sentidos às práticas decisórias dos(as) operadores(as) jurídicos(as) para a efetiva proteção à vulnerabilidade em questão, e as experiências dos casos selecionados, sobre cujos relatório e *ratio decidendi* se debruça.

12.1 "Personalização" da pessoa com deficiência e o paradigma da capacidade legal

O Governo Federal apurou, a partir de denúncias feitas ao canal de comunicação Disque 100, 9.656 relatos de violência contra pessoas com deficiência no ano de 2015. O relatório demonstra que 39,60% das violações tratava-se de casos de negligência, 23,88% eram denúncias de violência psicológica, 16,88%, relativas a casos de violência física e 19,65% noticiavam abuso patrimonial, entre outras violações. Outros dados salientes são que em 57% dos casos a pessoa agredida tinha deficiência mental[2] no contexto de um país em que 70% das pessoas com deficiência vivem abaixo da linha da pobreza, 33% são analfabetas ou têm até três anos de escolaridade e 90% estão fora do mercado de trabalho.[3]

Esse é o cenário no qual a dogmática do direito civil brasileiro dos dias atuais busca efetivação.

Para que isso seja possível, ainda que de forma gradual, o presente estudo teórico tem como ponto de partida a consciência de que a abstração do sujeito de direito, criada pelas codificações modernas, evidenciou o atendimento de interesses selecionados de pessoas condizentes ao perfil proprietário, contratante e chefe de família.

A miserabilidade que perpassa o contexto da pessoa com deficiência tem contribuído de modo decisivo para a invisibilidade social de tal grupo. Daí se destaca, por consequência, a histórica invisibilidade jurídica.

Não por menos, o Estatuto da Pessoa com Deficiência apresenta como deficitárias as barreiras sociais que impedem os indivíduos da fruição de realidades efetivamente

---

alternativa mais coerente ao sistema. A este propósito, acrescem-se reflexões críticas ao longo do trabalho. De todo modo, em julgados analisados no presente trabalho, persiste a expressão, o que justifica tê-la utilizado como ferramenta de busca nas plataformas dos Tribunais e, consequentemente, tê-la reproduzido nesta oportunidade.

[2] BRASIL. Secretaria Especial de Direitos Humanos do Ministério das Mulheres, da Igualdade Racial e dos Direitos Humanos. *Balanço anual da Ouvidoria Nacional de Direitos Humanos 2015*. Disponível em: <http://www.sdh.gov.br/noticias/2016/janeiro/CARTILHADIGITALBALANODODISQUE1002015.pdf>. Acesso em: 18 jul. 2016.

[3] FERREIRA, Antônio José do Nascimento; RESENDE, Ana Paula Crosara de. Pessoa com deficiência. In: SOUSA JUNIOR, José Geraldo de; APOSTOLOVA, Bistra Stefanova; FONSECA, Lívia Gimenes Dias da (Orgs.). *Introdução crítica ao direito das mulheres*. Brasília: CEAD, FUB, 2011. p. 275.

condignas.[4] Desse modo, rompe-se com a tradição de centralização em pretensas limitações pessoais para se indicar como, em verdade, limitados determinados aparatos urbanísticos, tecnológicos, relacionais, laborais, entre outros, vez que incapazes de recepcionar a pluralidade humana.[5]

Os três pilares do direito civil, de acordo com Luiz Edson Fachin, se fundam na lógica de liberdade direcionada ao interesse de mercado e necessitam passar por releitura constitucionalizada que atenda aos aspectos formal, substancial e prospectivo do direito,[6] afinal, a concepção do sujeito abstrato contribuiu para exclusões e óbices à emancipação da pessoa. Apesar de citadas em normas jurídicas, as pessoas com deficiência foram tratadas sob um prisma protecionista paradoxal do Estado, que reforçava a segregação por meio de instrumentos jurídicos, como a interdição de pessoas com alguns tipos de deficiência.

Capacidade não se confunde com a personalidade, pois esta se refere à possibilidade de a pessoa ser titular em quaisquer relações jurídicas, ao passo que aquela é atributo da primeira e manifestação do poder de ação.[7]

Em alguns ordenamentos jurídicos, como é o caso do brasileiro, a noção tradicional de capacidade jurídica é classificada em capacidade de direito e capacidade de exercício ou de fato. A primeira se refere à possibilidade de ter direitos, ou seja, o direito de *ser* sujeito perante a lei. Já a segunda se refere à possibilidade de dispor sobre a propriedade e de ser parte em processo judicial,[8] isto é, ser apto para a prática de atos da vida civil.[9]

---

[4]   O art. 2º da Lei nº 13.146 de 2015 enuncia que a obstrução da participação plena e efetiva na sociedade dos indivíduos com deficiência decorre da interação destes com uma ou mais barreiras, apresentadas pelas alíneas do inc. IV do artigo seguinte.

[5]   A seguinte decisão, ainda em primeiro grau, exemplifica com maestria o abandono do paradigma que visava à mera adequação do sujeito à realidade circundante e aponta para a construção de novo paradigma que direciona o olhar às deficiências contextuais. Ademais, parece louvável a concretização dos princípios da intervenção mínima e do *in dubio pro capacitas*, resgatados como relevantes parâmetros ao longo do presente estudo: "Doravante, a curatela é medida extrema e somente adotada quando a pessoa não puder exprimir a sua vontade e, ainda assim, quando não puder indicar pessoa que a auxilie (tomada de decisão apoiada). 2. Assim, determino: a) seja intimada a parte autora para, no prazo de 10 (dez) dias, esclarecer: (i) *o contexto social em que o requerido está inserido e quais as eventuais barreiras por ele encontradas para interagir com as demais pessoas;* (ii) indicar a razão pela qual a tomada de decisão apoiada (CC, 1.783-A) não é suficiente para atender aos interesses do requerido, de modo que a sua autonomia e sua individualidade sejam respeitadas; e (iii) expor qual a medida (extensão) da curatela necessária; b) seja oficiado ao IMESC para que realize o exame, apontando de forma justificada e pormenorizada de que maneira a demência do requerido afeta a capacidade de discernimento dela, em especial, quais atos da vida ele pode praticar sozinho ou com ajuda de terceiros, de acordo com seu grau de discernimento; e, c) *a realização de estudo social para que se apure o contexto social do requerido e as eventuais barreiras por ele enfrentadas*" (BRASIL, Terceira Vara Cível de Pindamonhangaba. Processo nº 0010022-92.2013.8.26.0445. Juiz de Direito Hélio Aparecido Ferreira de Sena, j. 25.5.2016. Disponível em: <http://www.jusbrasil.com.br/diarios/documentos/342155814/andamento-do-processo-n-0010022-9220138260445-interdicao-25-05-2016-do-tjsp?ref=topic_feed>. Acesso em: 10 ago. 2016).

[6]   FACHIN, Luiz Edson. *Questões de direito civil brasileiro contemporâneo*. Rio de Janeiro: Renovar, 2008. p. 18-19.

[7]   AMARAL, Francisco. *Direito civil*: introdução. 6. ed. Rio de Janeiro: Renovar, 2006. p. 218.

[8]   O Comissariado para os Direitos Humanos do Conselho da Europa elucida a distinção presente em alguns ordenamentos jurídicos contemporâneos: "Some jurisdictions make a distinction between capacity to have rights and capacity to act or exercise these rights. The first part includes the right to be a subject before the law; to be someone who can own property and possess human rights and other rights provided for by domestic legislation. The second part (to exercise rights) goes further and includes the power to dispose of one's property (i.e. to use it, sell it, give it away or destroy it) and claim one's rights before a court". (CONCIL OF EUROPE. *Who gets to decide?*: Right to legal capacity for persons with intellectual and psychosocial disabilities. Disponível em: <https://wcd.coe.int/ViewDoc.jsp?p=&id=1908555&direct=true>. Acesso em: 6 ago. 2016).

[9]   AMARAL, Francisco. *Direito civil*: introdução. 6. ed. Rio de Janeiro: Renovar, 2006. p. 227.

A pessoa com deficiência, principalmente aquela com deficiência mental ou intelectual, foi tida como incapaz de decidir sobre os rumos da própria vida e a gerência de seus bens, o que decorreu do viés mercadológico e proprietário do direito moderno que, como visto, restringira a capacidade de exercício a um perfil voltado a dada transação de titularidades a que não acessa a pessoa com deficiência.

Até o início de 2003, teve vigência o Código Civil de 1916 que, ao atribuir à pessoa com deficiência o *status* de "absolutamente incapaz" para o exercício de atos da vida civil em seu art. 5º, incs. II e III, utilizava os termos "louco de todo gênero" e "surdos-mudos" aos que não poderiam exprimir sua vontade. Esses significantes condizem com o contexto de aprovação dos textos normativos (início do século XX), no entanto, não têm lugar na realidade social contemporânea regida sob a égide da Constituição Federal de 1988 e tratativas internacionais, como a Convenção de Nova Iorque sobre os Direitos da Pessoa com Deficiência.

Nelson Rosenvald tece crítica pertinente à patrimonialização dos institutos clássicos do direito civil brasileiro:

> Na qualidade de medida de um valor, a capacidade pode sofrer restrições legislativas, desde que razoáveis e motivadas na própria proteção da pessoa. Infelizmente, essa premissa teórica jamais fora concretizada no Brasil até 2016. A personalidade não era personalizada, pois prevalecia no CC/02 a teoria oitocentista das incapacidades, que assumia como um dogma a neutralização do indivíduo como absolutamente incapaz por ausência de discernimento. [...] Percebam o paradoxo: humanizam-se negócios jurídicos, titularidades, conjugalidades, parentalidades, enquanto o ser humano prosseguia encarcerado na redoma abstrata do "louco de todo o gênero", agente incapaz, cujo isolamento se mostrava essencial para o adequado funcionamento da sociedade civil.[10]

O desiderato de "personalização da personalidade" é materializado com o derrubar da incapacidade absoluta da pessoa com deficiência. Para Joyceane Bezerra de Menezes, partilhando do entendimento do Comissariado de Direitos Humanos do Conselho da Europa,[11] manter a regra da pessoa com deficiência como absolutamente incapaz para o exercício de atos da vida civil é, em última análise, restringir a fruição de direitos fundamentais por essas pessoas.[12]

Não obstante a Constituição Federal de 1988 tenha buscado a "repersonalização" do direito civil ao erigir como princípio basilar do ordenamento jurídico a dignidade da pessoa humana, não basta a esta revelar um perfil abstrato. O sentido atual do referido princípio deve estar vinculado, na visão de Fachin e Pianovski Ruzyk, a instrumentos para a sua concretização.[13]

---

[10] ROSENVALD, Nelson. A personalização da personalidade. *IBDFAM*. Disponível em: <http://www.ibdfam.org.br/favoritar/artigos/1116/+A+personaliza%C3%A7%C3%A3o+da+personalidade>. Acesso em: 16 jun. 2016.

[11] CONCIL OF EUROPE. *Who gets to decide?*: right to legal capacity for persons with intellectual and psychosocial disabilities. Disponível em: <https://wcd.coe.int/ViewDoc.jsp?p=&id=1908555&direct=true>. Acesso em: 6 ago 2016.

[12] MENEZES, Joyceane Bezerra de. O direito protetivo no Brasil após a convenção sobre a proteção da pessoa com deficiência: impactos do novo CPC e do Estatuto da Pessoa com Deficiência. *Civilistica.com*, ano 4, n. 1, 2015. Disponível em: <http://civilistica.com/o-direito-protetivo-no-brasil/>. Acesso em: 19 jun. 2016.

[13] FACHIN, Luiz Edson; RUZYK, Carlos Eduardo Pianovski. *A dignidade da pessoa humana no direito contemporâneo*: uma contribuição à crítica da raiz dogmática do neopositivismo constitucionalista. Disponível em: <http://www.anima-opet.com.br/pdf/anima5-Conselheiros/Luiz-Edson-Fachin.pdf>. Acesso em: 18 jul. 2016.

No cenário brasileiro, essa concretização foi permitida gradualmente e com mais força a partir da internalização da já mencionada Convenção Internacional de Direitos da Pessoa com Deficiência (Decreto nº 6.949/2009), a qual observou o rito descrito no art. 5º, §3º da Constituição Federal e, por isso, recebeu o *status* de emenda à Constituição. Além desse primeiro marco legislativo, o direito civil brasileiro encarou a mudança paradigmática com as mudanças formais promovidas pelo recém-vigente Estatuto da Pessoa com Deficiência (Lei nº 13.146/2015).[14]

A mais significativa alteração do Estatuto da Pessoa com Deficiência atingiu os arts. 3º e 4º do Código Civil de 2002, que desde janeiro de 2016 deixou de se elencar no rol de absolutamente incapazes os "que por enfermidade ou deficiência mental, não tiverem o necessário discernimento para a prática desses atos" (art. 3º, inc. II) e retirou da classificação de relativamente incapazes "os que, por deficiência mental, tenham o discernimento reduzido" (art. 4º, inc. II) e "os excepcionais, sem desenvolvimento mental completo" (art. 4º, inc. III). Nota-se que essas modificações repercutem na efetividade da liberdade da pessoa com deficiência em sua vivência como sujeito concreto e reconhecido pelo direito.[15]

O paradigma conglobante da "capacidade legal", portanto, não distingue a capacidade de direito da capacidade de fato. Ao passo que a pessoa com deficiência mental ou intelectual é reconhecida como destinatário visível de normas que garantem sua liberdade positiva e substancial,[16] não deixa de receber salvaguardas.[17] Nota-se um perfil dúplice nesse paradigma, que é tanto promocional da liberdade, quanto protetor dos interesses da pessoa com deficiência, o que ressalta os princípios da *in dubio pro capacitas* e "intervenção mínima".[18]

---

[14] A propósito, significativa parcela de civilistas parece só ter dimensionado o impacto da proteção a tais personagens a partir deste último marco, o que revela instigante apego a determinada sorte de fonte normativa. Entende-se como oportuna, portanto, a autocrítica construtiva.

[15] A pessoa com deficiência, nesse sentido, inicia trajetória que deixa para trás a sua compreensão como "corpo abjeto", isto é, como sujeito invisível e negado pela sociedade e pelo direito. No I Seminário Queer, promovido pelo SESC, em parceria com a *Revista Cult*, Jorge Leite Júnior, autor alinhado à teoria *crip* (ou teoria "do aleijado") fez referência à "corporalidade abjeta" como qualificação da pessoa com deficiência como um sujeito de corpo "monstruoso" e "anormal", excluído historicamente do sistema normativo por não se alinhar ao "ideal de normalidade" desejado pelas codificações. (LEITE JÚNIOR, Jorge. Educação e saúde: aprendizados. I Seminário Queer. *YouTube*. Disponível em: <https://www.youtube.com/watch?v=xtgGLRuXcv0>. Acesso em: 18 jul. 2016).

[16] Pianovski Ruzyk esclarece, de forma impecável, os perfis da liberdade positiva e substancial. A primeira, a partir da leitura de Bauman, é entendida "não apenas como a possibilidade de fazer escolhas, mas também como a possibilidade de, no âmbito político, participar da definição de agendas". Já a segunda é compreendida sob o viés de Amartya Sen como a liberdade vivida ou o "conjunto capacitório que oferece a possibilidade real de fazer aquilo que se valoriza". (RUZYK, Carlos Eduardo Pianovski. *Institutos fundamentais do direito civil e liberdades*: repensando a dimensão funcional do contrato, da propriedade e da família. Rio de Janeiro: GZ, 2011. p. 37; 57).

[17] A vulnerabilidade é lida no presente estudo a partir das contribuições da doutrina de Heloísa Helena Barboza, para a qual o direito deve se atentar a "situações substanciais específicas" e dar tratamento normativo e protetivo adequado a quem necessite por sua condição peculiar. (BARBOZA, Heloisa Helena. Vulnerabilidade e cuidado: aspectos jurídicos. In: PEREIRA, Tânia da Silva; OLIVEIRA, Guilherme de (Org.). *Cuidado & vulnerabilidade*. 1. ed. São Paulo: Atlas, 2009. p. 111-112).

[18] "Artigo 1 - Propósito - O propósito da presente Convenção é promover, proteger e assegurar o exercício pleno e equitativo de todos os direitos humanos e liberdades fundamentais por todas as pessoas com deficiência e promover o respeito pela sua dignidade inerente. Pessoas com deficiência são aquelas que têm impedimentos de longo prazo de natureza física, mental, intelectual ou sensorial, os quais, em interação com diversas barreiras, podem obstruir sua participação plena e efetiva na sociedade em igualdade de condições com as demais pessoas".

Ressalvadas certas inconsistências terminológicas,[19] a decretação de incapacidade relativa e a nomeação de um terceiro como curador em processo de curatela devem ser ações excepcionais e desenvolvidas de modo funcionalizado. Isto é, quando o julgador analisar o caso, deve priorizar a manutenção da capacidade absoluta da pessoa com deficiência e priorizar a aplicação de mecanismos de apoio para o exercício da capacidade. Caso note que sua liberdade será garantida em alguns atos civis com o acompanhamento de pessoas da confiança da pessoa com deficiência, há a possibilidade de esta nomear dois "apoiadores" em documento chamado "tomada de decisão apoiada", cuja disciplina consta do artigo 1.783-A do Código Civil Brasileiro. Contudo, se for evidenciado no processo que a pessoa terá suas liberdades melhor resguardadas com um apoio mais intenso, o juiz deve declarar sua capacidade relativa e nomear um(a) curador(a) que se responsabilize por atos de viés exclusivamente patrimonial, já que as decisões de aspecto existencial pertencem tão somente a seu titular.

Diante de tais possibilidades, colhe-se recortada experiência de dois julgados que enfrentaram a temática após o início da vigência do Estatuto da Pessoa com Deficiência para a formulação de reflexões críticas reveladoras do desafio da efetividade dos direitos das pessoas com deficiência.

12.2 Primeiros sinais de interpretação dos tribunais sobre incapacidade em ação de interdição

12.2.1 Método de seleção de julgados e descrição fática e decisória

Como visto, a qualificação de uma pessoa com deficiência como absolutamente incapaz não subsiste no atual regime das capacidades, que parte da lógica da Convenção Internacional sobre os direitos das Pessoas com Deficiência. Além disso, a declaração de incapacidade relativa da pessoa com deficiência é compreendida como medida excepcional a ser tomada em processo judicial que leve em consideração o atendimento do melhor interesse da pessoa com deficiência. Ressalta-se que em seu art. 85,[20] a Lei Brasileira de Inclusão mantém sob o poder da pessoa as escolhas de índole existencial, como a opção por determinado tratamento de saúde em vez de outro, ou mesmo a escolha de constituir família.

Desperta o espírito investigativo do(a) estudioso(a) do direito civil a forma pela qual as mudanças operadas no regime das capacidades são efetivadas no âmbito de

---

[19] A ausência de menção expressa, no bojo do Estatuto da Pessoa com Deficiência, ao instituto da interdição conduz parte da doutrina a rechaçá-lo e a apontar para a aplicação, apenas, de nivelamentos do regime de curatela. Neste sentido, ilustrativamente, têm se posicionado Paulo Lôbo e Nelson Rosenvald, para quem o vocábulo "interdição" esvaziou-se de sentido no atual ordenamento. A despeito da imprecisão, o Novo Código de Processo Civil (Lei nº 13.105 de 2015) dedica toda uma seção entre os procedimentos de jurisdição voluntária às medidas processuais necessárias à interdição. E a análise dos julgados a seguir procedida exemplifica a preservação do vocábulo no discurso jurisdicional.

[20] "Art. 85. A curatela afetará tão somente os atos relacionados aos direitos de natureza patrimonial e negocial. §1º A definição da curatela não alcança o direito ao próprio corpo, à sexualidade, ao matrimônio, à privacidade, à educação, à saúde, ao trabalho e ao voto. §2º A curatela constitui medida extraordinária, devendo constar da sentença as razões e motivações de sua definição, preservados os interesses do curatelado. §3º No caso de pessoa em situação de institucionalização, ao nomear curador, o juiz deve dar preferência à pessoa que tenha vínculo de natureza familiar, afetiva ou comunitária com o curatelado".

decisões judiciais.[21] Assim, a análise ora apresentada tem cunho qualitativo e adotou os seguintes passos: (a) em *sites* de tribunais estaduais foram consultadas decisões colegiadas publicadas entre os meses de junho e julho de 2016, com a utilização dos termos "capacidade", "pessoa com deficiência", "Lei nº 13.146/2015" e "ação de interdição" como filtro nominal; (b) selecionaram-se, entre os resultados obtidos, dois acórdãos: um do Tribunal de Justiça de Minas Gerais e outro do Tribunal de Justiça do Rio Grande do Sul, em virtude de sua recente publicização; (c) a análise qualitativa das duas decisões possibilita inferir se a *ratio decidendi* dos julgados efetiva o desiderato da capacidade de exercício como regra a ser afastada somente em caso excepcional. Para tanto, descreve-se a situação fática e, em seguida, extraem-se os aspectos centrais da fundamentação decisória.

A ordem de análise dos dois acórdãos levará em conta o aspecto cronológico e, em respeito ao sigilo dos dados das partes, optou-se pela abreviação de seus nomes.

I – O primeiro caso refere-se ao julgamento da Apelação Cível nº 1.0694.12.004513-3/001 do Tribunal de Justiça de Minas Gerais, ocorrido em 30.6.2016.[22]

Descrição da situação fática: D. A. da S. e S. ajuizou ação de interdição de seu marido (J. D. da S.) que, em razão de um acidente automobilístico, tivera traumatismo craniano que teria reduzido a sua capacidade para exercício de atos da vida civil. O juízo de primeiro grau julgou improcedente o pedido, o que fundamentou a interposição do recurso de apelação cível pela autora. Em suas razões recursais, além de pretender a decretação da interdição do marido, D. A. da S. e S. ainda pediu sua nomeação como curadora e procuradora para recebimento do benefício previdenciário de auxílio-doença. A Corte de Justiça entendeu serem relevantes os argumentos da recorrente e deu provimento ao pedido.

Extração de aspectos da fundamentação: (i) o Relator Desembargador Wilson Benevides da Sétima Câmara Cível iniciou seu voto ressaltando que a curatela "destina-se à proteção daqueles que, embora maiores, não possuem condições de reger a sua vida e administrar o seu patrimônio", o que privilegia o aspecto patrimonial do instituto; (ii) o voto pondera que na data da sentença não mais era vigente a redação original do art. 1.767 do Código Civil, devendo considerar-se o Estatuto da Pessoa com Deficiência, segundo o qual "a deficiência, por si só, não afeta a plena capacidade civil da pessoa"; (iii) é feita a ressalva de que, apesar de a capacidade civil ser a regra a ser observada, "isso não significa que em hipótese alguma a pessoa com comprometimento mental poderá ser interditada, mas denota que tal medida somente pode ser implementada em casos

---

[21] O trabalho ressalta a diferença existente entre *precedente* e *jurisprudência*. Para Fachin, "Jurisprudência é método. A palavra jurisprudência deve corresponder ao resultado de compreensão dos sentidos sobre determinado campo jurídico, propostos pela doutrina e explicitados nos julgamentos por meio de entendimentos consolidados que, emergindo nos tribunais, se projeta na cultura jurídica no país. [...] Não se pode focar apenas o papel do juiz, pois precedente não se confunde com jurisprudência. O que existe entre nós é um conjunto de precedentes elevados ao patamar de teses, ou colocados, em certos assuntos, no âmbito de um recurso especial repetitivo ou até mesmo de uma eventual súmula, mas isso não tem dado estabilidade e segurança jurídica que se espera de uma verdadeira jurisprudência". (FACHIN, Luiz Edson. Um país sem jurisprudência. *Revista IBDFAM*, 11, maio 2014. p. 7).

[22] BRASIL. TJMG, Sétima Câmara Cível. *Apelação Cível nº 1.0694.12.004513-3/001*. Apelante: D. A. da S. e S. Apelado: J. D. da S. Rel. Des. Wilson Benevides, Belo Horizonte, MG, j. 28.6.2016, public. 4.7.2016. Disponível em: <http://www5.tjmg.jus.br/jurisprudencia/pesquisaNumeroCNJEspelhoAcordao.do;jsessionid=D0A5E156C8ECB3D886765EE17C7749C2.juri_node2?numeroRegistro=1&totalLinhas=1&linhasPorPagina=10&numeroUnico=1.0694.12.004513-3%2F001&pesquisaNumeroCNJ=Pesquisar>. Acesso em: 4 ago. 2016.

específicos que assim o demandem"; (iv) retoma-se o argumento de excepcionalidade da medida e reitera-se que "não basta que a pessoa seja portadora de moléstia mental ou psiquiátrica, sendo necessário, frise-se, que essa doença a impossibilite de gerir seus próprios bens e de praticar atos negociais da vida civil".; (v) são examinadas as provas produzidas em primeiro grau a respeito da condição de J. D. da S., que "apresenta sequelas causadas por traumatismo intracraniano (CID 10: T 90.5), estando em um estado hemiplégico à esquerda e necessitando do uso de bolsa de colostomia";[23] (vi) concluiu ser preciso decretar a interdição, ainda que houvesse elementos nos autos que induzissem à sua "lucidez"; (vii) após colacionar ementas de casos julgados pela mesma Corte em 2014 e 2016, o relator salienta a possibilidade de reversão da interdição pelo próprio interditado; (viii) o voto é finalizado com o esclarecimento de que a interdição se restringe aos atos de aspecto patrimonial e não atinge as decisões de cunho existencial.

II – O segundo caso refere-se ao julgamento da Apelação Cível nº 0164805-04.2016.8.21.7000 do Tribunal de Justiça do Rio Grande do Sul, ocorrido em 7.7.2016.[24]

Descrição da situação fática: I. M. B. S. G. ajuizou ação pretendendo a decretação de interdição de seu filho C. A. S. G. em virtude de este apresentar as patologias mentais classificadas como CIDs F20 e F19, referentes à esquizofrenia e a transtornos mentais e comportamentais, devido ao uso de múltiplas drogas e outras substâncias. O juízo de primeiro grau julgou procedente o pedido da autora e a nomeou curadora do interditado. O Ministério Público, porém, interpôs recurso de apelação cível, pois entendeu que, em virtude de não ter sido realizada perícia médica que avaliasse o estado mental do interditando, a sentença deveria ser cassada, com retorno dos autos ao juízo *a quo* para instrução do processo. O Tribunal deu provimento ao recurso, com determinação da realização de perícia médica para avaliar o grau de incapacidade do réu.

Extração de aspectos da fundamentação: (i) o Relator Desembargador Rui Portanova iniciou seu voto com avaliação dos elementos probatórios dos autos e visualizou que o diagnóstico do réu como esquizofrênico foi apurado por laudos particulares, além de ter a magistrada de primeiro grau realizado interrogatório domiciliar do interditando; (ii) o julgador salienta que logo após o interrogatório domiciliar, o feito foi sentenciado sem realização de perícia médica em juízo; (iii) o voto discorre sobre as alterações promovidas pelo Estatuto da Pessoa com Deficiência, especialmente quanto ao regime

---

[23] O julgador também transcreve as conclusões do Relatório Social produzido no juízo *a quo*: "através da visita domiciliar e entrevista, que a Sra. D. A., hoje curadora provisória do Sr. J. D. da S., seu esposo e a ser interditado, devido à incapacidade de gerir sua vida, tem procurado atender ao que é exigido do Curador. Demonstrou durante o estudo social carinho e dedicação ao marido. Estar [sic] administrando a situação financeira de forma a atendê-lo sem sacrifícios, utilizando a renda para minimizar os impedimentos causados pelas incapacidades do mesmo. Assim, registramos que a Sra. D. A. apresentou-se, neste momento, apta a atender ao que foi requerido na inicial".

[24] BRASIL. TJRS, Oitava Câmara Cível. *Apelação Cível nº 0164805-04.2016.8.21.7000*. Apelante: M. P. Apelado: I. M. B. S. G. Rel. Des. Rui Portanova, Porto Alegre, RS, j. 7.7.2016. Disponível em: <http://www.tjrs.jus.br/busca/search?q=cache:www1.tjrs.jus.br/site_php/consulta/consulta_processo.php%3Fnome_comarca%3DTribunal%2Bde%2BJusti%25E7a%26versao%3D%26versao_fonetica%3D1%26tipo%3D1%26id_comarca%3D700%26num_processo_mask%3D70069546117%26num_processo%3D70069546117%26codEmenta%3D6850253+APELA%C3%87%C3%83O+C%C3%8DVEL.+A%C3%87%C3%83O+DE+INTERDI%C3%87%C3%83O.+AUS%C3%8ANCIA+DE+PER%C3%8DCIA+M%C3%89DICA.+NULIDADE+DA+SENTEN%C3%87A.+Com+o+advento+da+Lei+13.146/2015,+a+teoria+das+incapacidades+do+C%C3%B3digo+Civil+foi+alterada.++++&proxystylesheet=tjrs_index&client=tjrs_index&ie=UTF-8&lr=lang_pt&site=ementario&access=p&oe=UTF-8&numProcesso=70069546117&comarca=Comarca%20de%20Santana%20do%20Livramento&dtJulg=07/07/2016&relator=Rui%20Portanova&aba=juris>. Acesso em: 4 ago. 2016.

das capacidades; (iv) anuncia a análise do caso sob a luz da principiologia constitucional, com ênfase no princípio da dignidade da pessoa humana; (v) excerto de parecer da Procuradoria Geral de Justiça do Rio Grande do Sul é então transcrito, o qual demonstra posicionamento favorável à cassação da sentença para averiguação detalhada da condição do interditando; (vi) o relator conclui pelo provimento do recurso do Ministério Público e retorno dos autos para examinar se a decretação da interdição seria a medida que atende ao melhor interesse da pessoa envolvida.

12.2.2 Análise crítica do conteúdo dos julgados

A reflexão a partir de dois julgados posteriores ao vigor do Estatuto da Pessoa com Deficiência, embora não se preste a enunciar um direcionamento firme dos Tribunais quanto à questão da capacidade civil, permite visualizar potenciais diálogos entre dogmática e efetividade dos direitos das pessoas com deficiência.

Para além da preservação terminológica representada pelo uso da expressão "interdição", é possível destacar uma tendência comum a ambos: a relevância do discurso médico para a determinação do alcance da restrição procedida através do campo jurídico no âmbito da capacidade civil.

Por um lado, referido sintoma desafia conhecida concepção centralizadora da verdade na figura do(a) juiz(a). A complexidade das questões que têm aportado ao crivo jurisdicional impõe o compartilhamento de responsabilidades com personagens de variados campos. Sobressai-se, nessa temática, a valorização da percepção médica.

Nesse sentido, o primeiro julgado reconhece não ser defeso que a decisão desconsidere laudo pericial indicativo de limitação psíquica do indivíduo em questão. O segundo julgado, ainda mais paradigmático quanto a tal ponto, considerou insuficiente a percepção da magistrada em primeiro grau, a qual entrevistou, em domicílio, o réu. Ainda que acompanhada a instrução de atestados particulares, de acordo com o acórdão, é preciso laudo pericial proveniente de profissional da saúde nomeado no processo para a manutenção da sentença motivadora do recurso, pelo que se determinou o retorno dos autos à origem para o aperfeiçoamento probatório.

Relevante anotar, a tal respeito, que o Estatuto da Pessoa com Deficiência localiza-se, temporal e espacialmente, em um quadrante mais amplo de questionamento das tratativas de vivências que não se enquadram ao fluido conceito de *normalidade*. No campo psiquiátrico, também se identifica embaciada transição paradigmática nas práticas e nos saberes destinados aos "anormais" e aos doentes mentais,[25] o que desestabiliza a pretensão de mera transferência de monopólio de se precisar a efetiva extensão da capacidade civil de determinado indivíduo.

Com efeito, o terreno é acidentado aos propósitos, talvez fadados à derrota, de redução plena da complexidade. Não por menos, o Novo Código de Processo Civil prevê a atuação de equipe multidisciplinar para a produção de laudo pericial.[26] Para Joyceane

---

[25] PORTOCARRERO, Vera Lúcia. Normalização e invenção: um uso do pensamento de Michael Foucault. In: CALOMENI, Tereza Cristina (Org.). *Michael Foucault entre o murmúrio e a palavra*. Campos: Editora Faculdade de Direito de Campos, 2004. p. 153.

[26] "Art. 753. Decorrido o prazo previsto no art. 752, o juiz determinará a produção de prova pericial para avaliação da capacidade do interditando para praticar atos da vida civil. §1º A perícia pode ser realizada por equipe composta por expertos com formação multidisciplinar".

Bezerra de Menezes, consequentemente, há abertura sistemática para a mitigação de abusos do poder psiquiátrico.[27]

O desiderato de pulverizar, de modo descentralizado, a atenção à pessoa com deficiência acompanha hipótese não vislumbrada nas decisões em análise, porém já endossada, por exemplo, pelo Tribunal de Justiça de São Paulo, ao deferir compartilhamento da função de curatela.[28]

Dando continuidade aos comentários aos casos selecionados, talvez em extensão menor à sugerida pela expectativa de multiplicidade de saberes envolvidos, a decisão proveniente de Minas Gerais se sustenta em parecer médico e em estudo social. Ao longo da fundamentação, todavia, curiosamente ressalvaram-se conclusões contrárias àquela pela qual se enveredou.

Transcreve-se trecho do acórdão:

> Embora haja nos autos outros elementos que induzem à lucidez do requerido, o laudo pericial foi contundente em asseverar a incapacidade do acidentado, devendo ser considerado que o paciente foi submetido a exame pericial por pessoa preparada cientificamente para tal avaliação.

Apesar de a reflexão empreendida ater-se apenas ao teor publicado no acórdão, permite-se questionar o alcance da máxima *in dubio pro capacitas* já mencionado. Diante da controvérsia descrita, ainda que brevemente, pelo Tribunal de Justiça de Minas Gerais, é possível questionar o grau de esgarçamento do princípio quando confrontados o discurso científico dos(as) profissionais envolvidos(as) e os demais elementos que, ao que consta, induziam à confirmação da lucidez do réu nos autos.

Quanto ao princípio da restrição mínima, emerge a possibilidade de se destrincharem especificadamente, em decisão, os feixes de atuação desviados da agência do sujeito tido como relativamente incapacitado. Sobre referido propósito, o acórdão mineiro, inobstante não atue *contra legem*, não tipifica as condutas excluídas do rol capacitório do réu. Restringe-se a oferecer como balizas a afetação, em razão da medida, dos atos de natureza patrimonial e negocial.

Por outro lado, o acórdão gaúcho, por considerar imprescindível a perícia médica, protela a resposta final ao caso e não aporta à discussão ora visada, mas vincula a necessidade de prova técnica à aferição exata dos graus de discapacidade do indivíduo, sobre cuja condição se havia debruçado a entrevista com a magistrada em primeiro grau, a qual constatou respostas incoerentes com o contexto no qual se inseria o réu.[29]

---

[27] MENEZES, Joyceane Bezerra de. O direito protetivo no Brasil após a convenção sobre a proteção da pessoa com deficiência: impactos do novo CPC e do Estatuto da Pessoa com Deficiência. *Civilistica.com*, ano 4, n. 1, 2015. Disponível em: <http://civilistica.com/o-direito-protetivo-no-brasil/>. Acesso em: 19 jun. 2016.

[28] Confira-se: BRASIL. TJSP, Primeira Câmara de Direito Privado. Agravo de Instrumento nº 21916360220158260000. Agravantes: M. dos A. F. H. e M. da C. P. Agravados: F. E. F. Rel. Des. Claudio Godoy, São Paulo, SP, j. 6.7.2016.

[29] Do relatório do acórdão se extrai: "Para além dos laudos médicos particulares, a magistrada na origem foi até a residência do réu e realizou interrogatório domiciliar (fl. 27), cuja ata do interrogatório consignou que: 'o interditando disse corretamente o seu nome, disse ter sete anos de idade (quando na verdade tem 30 anos), ler e escrever corretamente. Questionado o nome da cidade disse morar em Venâncio Aires (quando na verdade reside em Santana do Livramento), reconhece a autora como sendo sua vizinha (quando na verdade é sua mãe). Pelo MP: disse que não mora nessa casa e que está aqui para jogar vídeo game. Disse que o presidente do Brasil é o Mujica. Disse ter estudado até o segundo ano. Pela juíza foi dito que o cartório deverá certificar o decurso do prazo de impugnação, sendo dispensada a perícia [...]".

De acordo com o julgado, porém, tais elementos não permitiam medir a contento a gradação da incapacidade do indivíduo:

> [...] a partir de uma abordagem iluminada pelo princípio da dignidade humana e das complexidades que cada ser humano, individualmente, traz consigo, o Estado deve identificar, caso a caso, o nível de limitação da capacidade do réu em processo de interdição.

Em suma, colhem-se, em comum, dos julgados, os seguintes elementos: (i) preservação da referência expressa ao instituto da interdição, o qual, embora presente no Novo Código de Processo Civil, é ausente no Estatuto da Pessoa com Deficiência; (ii) prestígio do laudo pericial para a valoração dos atos civis praticados por indivíduos com moléstia mental ou psíquica.

Sobre o segundo aspecto, observa-se ter sido o laudo pericial determinante para a interdição de J. D. da S. Pode-se questionar se a conclusão chegada pelo Tribunal de Justiça de Minas Gerais satisfaz o princípio *in dubio pro capacitas* quando relatados indícios de lucidez no réu ao longo do processo. Já a ausência de laudo pericial serviu, ao revés, de entrave para a interdição de C. A. S. G., em possível atenção, por parte do Tribunal de Justiça do Rio Grande do Sul, ao princípio da intervenção mínima.

Nesta linha, identifica-se, diferentemente, nos julgados, o seguinte elemento: (iii) assimilação dos variados graus do rol capacitório da pessoa com deficiência como medida de salvaguardar o alcance máximo à atuação autônoma do indivíduo. No caso mineiro, o balizamento restringiu-se à reprodução abstrata da norma do Estatuto da Pessoa com Deficiência, ao limitar ao interditado os atos de cunho patrimonial e manter íntegros aqueles de cunho existencial. Já ao caso gaúcho falta a realização da solicitada perícia para que se visualize o desenho do rol capacitório em análise, mas se frisa, na *ratio decidendi*, a necessidade de aferição precisa do grau de deficiência de C. A. S. G. para se oferecer o melhor aporte acerca de sua capacidade civil.

Sem embargo, ilustra-se o horizonte traçado por María Jesús López Frías em trecho de decisão a propósito da modulação mais minuciosa dos efeitos de curatela à oportunidade pretendida:

> [...] demonstrado nos autos que a incapacidade do curatelado se restringe a pratica de atos patrimoniais, deve ser deferida a curatela provisória, sem interdição, com as mesmas restrições previstas para os pródigos (art. 1.782 do Código Civil); e, via de consequência, deve ser dado parcial provimento ao recurso, para reformar a sentença e, nos termos do art. 1.780 c/c 1.782, ambos do Código Civil, nomear como curador de H. M. F. o seu genitor, Sr. H.M. O., o qual deverá assistir o curatelado nos atos da vida civil relativos a 1) emprestar; 2) transigir; 3) dar quitação; 4) alienar; 5) hipotecar; 6) demandar ou ser demandado; 7) praticar, em geral, os atos que não sejam de mera administração; o curatelado permanecerá plenamente capaz para praticar os atos de mera administração e os demais atos da vida civil não retro mencionados.[30]

---

[30]   BRASIL. TJMG, Sexta Câmara Cível. *Apelação Cível nº 1.0569.13.002202-7/001*. Apelante: H. M. O. Apelado: H. M. F. Rel. Des. Yeda Athias, Belo Horizonte, MG, j. 30.6.2016.

Inobstante anterior ao vigor do Estatuto da Pessoa com Deficiência, o julgado parece exemplificar elucidativo grau de atenção ao princípio da intervenção mínima. Consultada, contudo, a íntegra do acórdão, visualiza-se que a aplicação da curatela proveio de laudo médico que concluía pela condição de o réu reger os próprios bens e a sua própria pessoa, embora *provavelmente* não de modo total.

Nesse sentido, a análise complementar entre este valor e o *in dubio pro capacitas* certamente sugere fissuras no trajeto rumo à efetividade plena dos direitos das pessoas com deficiência.

Anota-se, por fim, que essas e outras questões interpretativas foram suscitadas em 27.7.2016 pelo Ministério Público Federal (MPF) no âmbito do Agravo em Recurso Especial nº 856.156/RJ em pedido de instauração de Incidente de Assunção de Competência. No caso, o *parquet* exige o posicionamento do Superior Tribunal de Justiça (STJ) quanto à existência da hipótese de incapacidade absoluta de maiores de idade no direito brasileiro; existência de capacidade jurídica plena dos portadores de deficiência mental e de discernimento reduzido; a manutenção do *status* de incapacidade absoluta para pessoas interditadas antes do advento da Lei Brasileira de Inclusão, dentre outros pontos controvertidos.[31] Até o momento, a Corte Superior não se manifestou sobre o conteúdo do pedido.

Tanto as decisões analisadas quanto o requerimento do MPF ao STJ sobre o tema anunciam a complexidade das recentes mudanças no regime das capacidades e a carência de um norte interpretativo consolidado para a efetividade de tais normas.

Considerações finais

Tratar da pessoa com deficiência sob a perspectiva do direito civil não se resume a observar friamente as alterações no Código Civil promovidas por seu estatuto e pela dicção da Convenção de Nova Iorque. Tampouco se limita à adequação do regime clássico das incapacidades ao novo estado da arte. Ao contrário, a contemporaneidade quebra paradigmas sobre os quais se estruturara o direito moderno como um todo, especialmente quanto à bifurcação da capacidade para os atos da vida civil de índole patrimonial.

Não mais um sujeito invisível para o direito civil, com a atribuição da capacidade legal como regra a ser observada em benefício da pessoa com deficiência, permite-se a ampliação de seu rol capacitório e consequente possibilidade de exercício de liberdade substantiva.

Com o fim de operar o exame entre a dogmática e a efetividade circundantes à temática, o artigo procedeu à análise de duas decisões judiciais recentes e sob a égide do Estatuto da Pessoa com Deficiência. Apesar de, no momento da pesquisa balizada por termos específicos nos bancos de dados ser empregado o termo "ação de interdição", o trabalho ressalva que a referida terminologia não é empregada pela Convenção de Nova Iorque, a qual detém *status* de emenda à Constituição, porém, sua utilização

---

[31] BRASIL. Ministério Público Federal. *Incidente de Assunção de Competência no Agravo em Recurso Especial nº 856.156/RJ*. Brasília, DF, 2016. p. 2.

persiste, não isenta de críticas, na legislação infraconstitucional, especificamente, no Novo Código de Processo Civil.

A análise de julgados é importante para a construção de doutrina que ampare a hermenêutica referente à capacidade plena da pessoa com deficiência. Dos casos analisados surgem algumas observações. Entre as principais, a valorização da "verdade médica" na definição da decisão do(a) julgador(a) em declarar a necessidade de curatela da pessoa, bem como o impacto, ou não, de tal percepção no desenho específico do rol capacitório do indivíduo.

Em conclusão, o paradigma com que se depara o direito civil, tanto em aspecto dogmático, quanto nos primeiros sinais de interpretação de órgãos julgadores, faz emergir o questionamento sobre o preparo para a compreensão das relações sociais concretas como deficitárias para a integração da pessoa com deficiência como sujeito pleno. Passado o tempo de se visar, preferencialmente, à adaptação de tais pessoas às limitações de um contexto jurídico excessivamente abstrato e formalista, é tempo de reabilitá-lo para que se torne, enfim, viável, adequado e responsivo às nuances da pluralidade humana.

Informação bibliográfica deste texto, conforme a NBR 6023:2002 da Associação Brasileira de Normas Técnicas (ABNT):

PEREIRA, Jacqueline Lopes; OLIVEIRA, Ligia Ziggiotti de. A capacidade civil no Estatuto da Pessoa com Deficiência: a quebra da dogmática e o desafio da efetividade. In: TEPEDINO, Gustavo; TEIXEIRA, Ana Carolina Brochado; ALMEIDA, Vitor (Coord.). *Da dogmática à efetividade do Direito Civil*: Anais do Congresso Internacional de Direito Civil Constitucional – IV Congresso do IBDCivil. 2. ed. rev., ampl. e atual. Belo Horizonte: Fórum, 2019. p. 497-509. ISBN 978-85-450-0545-2.

CAPÍTULO 13

A GUARDA COMPARTILHADA COMPULSÓRIA NOS CASOS DE LITÍGIO CONJUGAL: UMA ABORDAGEM SOBRE A APLICAÇÃO DA LEI Nº 13.058/2014 NO FÓRUM CÍVEL DE BELÉM

GRACE BAÊTA DE OLIVEIRA

JAMILLE SARATY MALVEIRA

13.1 Introdução

O objetivo deste trabalho é o de avaliar, tendo como base informações do Fórum Cível de Belém, a aplicabilidade da Lei nº 13.058/2014, que regulamenta a guarda compartilhada nos casos de divórcios litigiosos e se realmente o interesse do menor está sendo preservado. A ideia surgiu a partir de experiências vivenciadas em 2014, pertinentes à área cível, no Núcleo de Práticas Jurídicas da Universidade da Amazônia (Unama). Entre os atendimentos registrados no Núcleo, observou-se em especial os casos de dissolução conjugal conturbados envolvendo a guarda de menores.

Diante desses casos, surgiu a seguinte questão: o interesse da criança nos casos de litígio conjugal está sendo efetivamente resguardado?

Percebe-se que a questão gera bastante discussão e dúvidas, uma vez que os pais litigantes ainda valorizam os seus interesses. Entretanto, o atual contexto normativo prioriza o bem-estar da criança, que a cada dia ganha atenção e força, pois esta passou a ser sujeito-protagonista e detentora de direitos em todas as esferas jurídicas e sociais.

Dada a importância do tema – as diversas discussões sobre os direitos da criança e o exercício do poder familiar –, verifica-se a necessidade de incitar um estudo sobre a interpretação e a aplicação da Lei nº 13.058/2014, de 22.12.2014, a qual dispõe sobre a regulamentação da guarda compartilhada, que ao final de 2015 completou um ano de vigência.

Cabe ressaltar que a justificativa e a relevância deste trabalho estão intimamente relacionadas com a ausência harmônica de interpretação e aplicação da referida lei.

Objetivando elucidar a questão levantada, este estudo restringiu-se ao Fórum Cível de Belém. A metodologia utilizada foi pesquisa de campo, realizada nas 8 (oito) varas de família pertencentes ao referido fórum, sendo que no primeiro momento foram feitas entrevistas estruturadas abertas com os juízes titulares e com os profissionais do setor social, a fim de que se manifestassem a respeito das questões pertinentes ao tema; posteriormente foi feita uma avaliação no universo dos processos registrados, bem como consultas às decisões dos respectivos processos no período de janeiro a agosto de 2015, sobre os casos de litígios envolvendo a guarda compartilhada.

13.2 A regulamentação da guarda compartilhada: uma abordagem da Lei nº 13.058/2014

O histórico legislativo sobre guarda, no âmbito do direito de família no Brasil, inicia-se com o Código Civil de 1916, o qual determinava que em caso de desquite os filhos menores ficavam com o cônjuge inocente, demonstrando ser repressor e punitivo o critério legal para a definição da guarda, já que se identificava o cônjuge culpado. Os filhos eram tidos como prêmios, pois essa era a recompensa ao cônjuge inocente, punindo-se o culpado pela separação com a pena da guarda da prole.

Isso demonstra que a fundamentação de análise da autoridade judicial era com base nos interesses dos pais, porque ainda não havia discernimento quanto à desvinculação entre os institutos maritais e os parentais.

Quando ambos os cônjuges eram culpados, os filhos podiam ficar com a mãe caso o juiz verificasse que a eles não acarretaria prejuízo de espécie moral. Entretanto, se a única culpada fosse a mãe, independentemente da idade dos filhos, eles não podiam ficar em sua companhia.

Ressalta-se que tais critérios claramente deixavam de priorizar o direito da criança, uma vez que a preocupação estava em torno da postura dos genitores, fortalecendo uma cultura machista e egoísta. A Lei do Divórcio, regulamentada pela Lei nº 6.515, de 1977, também privilegiava o cônjuge inocente, pois os filhos ficavam com aquele que não havia causado o fim do relacionamento.

Em virtude desse histórico e dos comportamentos sociais atribuídos aos gêneros, foi sendo construída uma cultura de valorização da figura materna quando da separação, na qual o homem acabava refém do poder da mãe que só lhe permitia ter acesso aos filhos quando ela deixava. Além disso, a figura paterna deixava de participar de forma contínua na educação dos filhos, se distanciando e enfraquecendo o elo afetivo.

Todavia, a criança e o adolescente passaram a ter um tratamento jurídico diferenciado pelo Estado Democrático de Direito, os princípios fundamentais ganharam força de norma, entre eles, o princípio do melhor interesse do menor passou a representar importante mudança de eixo nas relações paterno-materno-filiais.

Nessa esteira, a Constituição de 1988 também consagrou a isonomia entre homem e mulher, abolindo discriminações, o que passou a refletir diretamente no poder familiar. Por outro lado, o Estatuto da Criança e do Adolescente, regulamentado por meio da

Lei nº 8.069 de 1990, também veio ao encontro dessa fase, priorizando e tutelando os interesses dos menores.

Com a vigência do Código Civil de 2002, o art. 1.583 previa a guarda uniparental como regra, sendo concedida pelo juiz em caso de acordo entre os genitores; e não havendo, seria atribuída a quem revelasse melhores condições para exercê-la.

Essa realidade começou a ser modificada, primeiramente, com a aprovação da Lei nº 11.698/2008, a partir da redação dos arts. 1.583 e 1.584, do Código Civil de 2002, a qual instituiu a guarda compartilhada,[1] configurando-se em um avanço no direito de família. Tal mudança foi provocada pelas reinvindicações de movimentos associativos.

Todavia, a lei ao ser redigida sem grandes detalhes muitas vezes colocava um dos genitores sobrecarregado com a guarda exclusiva do filho, enquanto a participação do outro ficava reduzida às visitas.

Ademais, a Lei nº 11.698/2008, ao inserir em seu texto o §2º no art. 1.584 a expressão "sempre que possível", não favoreceu a aplicabilidade da guarda compartilhada, criando variados entendimentos jurisprudenciais vinculados à condição de ausência de conflito entre os pais para a concessão da guarda conjunta.

Por outro lado, os primeiros passos para a instituição da guarda compartilhada foram importantes para a conscientização dos direitos e deveres inerentes ao poder familiar, por permitir aos pais mais cordiais a possibilidade de contribuir com a formação do menor de forma mais equitativa.

Posteriormente, os reflexos sociais oriundos de associações e organizações não governamentais constituídas por pais culminaram em uma forte mobilização social, resultando na sanção da Lei nº 13.058, de 22.12.2014, alterando novamente o Código Civil de 2002, ao regulamentar o significado da expressão "guarda compartilhada".

A partir daí, a guarda começou a ser entendida não apenas como mera detenção física do menor e sim como um processo de corresponsabilidade entre os genitores.

13.2.1 Nova lei: principais mudanças

A Lei nº 13.058, de 22.12.2014, trouxe mudanças para o direito de família. No entanto, por que em pouco espaço de tempo "retratou" a matéria a guarda compartilhada? Foi revista por não ser a prática preferencial adotada pelo Judiciário; os interesses dos pais ainda estavam se sobrepondo aos dos filhos; a guarda materna era concedida em sua maioria de forma automática; o consenso entre os genitores, ainda, era o condicionante para se aplicar a guarda compartilhada.

Diante desta realidade, foi preciso mais uma vez regulamentar a matéria, a fim de se buscar o seu cumprimento quanto à aplicabilidade da guarda conjunta; sobre tal

---

[1] A doutrina define guarda compartilhada como um plano de guarda em que ambos os genitores dividem a responsabilidade legal tomada de decisões importantes relativas aos filhos menores, conjunta e igualitariamente. Significa que ambos os pais possuem exatamente os mesmos direitos e as mesmas obrigações em relação aos filhos menores. Por outro lado, é um tipo de guarda no qual os filhos do divórcio recebem dos tribunais o direito de terem ambos os pais, dividindo, da forma mais equitativa possível, as responsabilidades de criar e cuidar dos filhos (COLTRO, Antônio Carlos Mathias; DELGADO, Mário Luiz Delgado. *Guarda compartilhada*. 2. ed. rev. e atual. Rio de Janeiro: Forense; São Paulo: Método, 2016. p. 24).

aspecto, Coltro e Delgado[2] afirmaram que o país possui forte tendência positivista e que para mudar o comportamento é preciso o incentivo da lei.

Com o advento da Lei nº 13.058/2014, os arts. 1.583, 1.584, 1.585 e 1.634 do Código Civil de 2002 tiveram a sua redação modificada, objetivando consolidar a igualdade parental, a qual inovou ao positivar as seguintes mudanças:

1) O art. nº 1.583, do Código Civil, consagrou prioritariamente o melhor interesse do menor, ao garantir a corresponsabilidade parental, o equilíbrio na divisão do tempo de convivência dos pais com os filhos e a possibilidade de modificação de uma cultura na qual as responsabilidades sejam pluralizadas. Para Coltro e Delgado,[3] a lei explicita o compartilhar das responsabilidades, daí a sua importância. A chamada Lei da Igualdade Parental veio com o propósito de afastar a tradição do litígio e enaltecer o melhor interesse do menor, reservando ao Estado a intervenção de forma complementar, quando necessário.

2) O art. 1.584, §2º, do Código Civil, dispôs que mesmo não havendo acordo entre a mãe e o pai, quando ambos forem aptos a exercer o poder familiar, será aplicada a guarda compartilhada salvo se um dos genitores declarar e justificar perante o magistrado que não deseja a guarda do menor ou exista alguma situação de inaptidão de um deles para o exercício do poder familiar. Isso significa dizer que a guarda unilateral tornou-se medida de exceção. Observa-se que a lei retirou a expressão "sempre que possível", diferenciando-se da Lei nº 11.698/2008, pois para os magistrados era sempre levado em consideração o bom relacionamento entre os pais para permitir a sua concessão, o que reduzia a força de prevalência da guarda compartilhada.

3) O art. 1.584, §3º, do Código Civil, visou, também, resguardar o direito de convivência familiar, ao assegurar o convívio dos pais com os filhos de forma equilibrada. Nesse sentido, essa mudança de postura veio contribuir para não mais existir o genitor visitante e sim o direito de conviver plenamente com os filhos. Essa prerrogativa coopera para evitar interferências graves na formação psicológica da criança, ocasionadas pelas práticas de alienação parental.

4) O art. 1.584, §4º, do Código Civil suprimiu a redução do número de horas de convivência e, nos casos em que um dos guardiões descumprir as cláusulas sobre a guarda, tal fato poderá implicar redução de prerrogativas atribuídas ao genitor.

---

[2] Se já era possível o estabelecimento de guarda compartilhada em nosso sistema normativo, por que houve em 2008 a alteração de dispositivo de um Código Civil à época ainda tão recente entre nós? E passados apenas seis anos, quais seriam os motivos que levaram o legislador a rever novamente a matéria? A resposta é simples: para incentivar e agora priorizar a aplicação da guarda compartilhada pelos pais e tribunais. Somos um país com forte tendência positivista, ou seja, de forma geral acreditamos que precisamos do incentivo da lei para mudanças comportamentais, ainda que nem sempre esses preceitos tragam mais soluções do que novos problemas (COLTRO, Antônio Carlos Mathias; DELGADO, Mário Luiz Delgado. *Guarda compartilhada*. 2. ed. rev. e atual. Rio de Janeiro: Forense; São Paulo: Método, 2016. p. 123).

[3] A ideia da guarda compartilhada, além de estar em sintonia com a organização social atual, quebra a herança de outros tempos de uma rígida divisão de papéis e funções. Ela explicita o compartilhar das responsabilidades que resultam em formas de relacionamento familiar, em tempos que não mais a mulher tem a exclusividade na criação dos filhos, e em que crescente é a consciência da importância da função paterna (COLTRO, Antônio Carlos Mathias; DELGADO, Mário Luiz Delgado. *Guarda compartilhada*. 2. ed. rev. e atual. Rio de Janeiro: Forense; São Paulo: Método, 2016. p. 143).

5) O art. 1.584, §6°, do Código Civil, trouxe outro ponto importante ao mencionar, sobre o genitor que não tem o filho sob sua guarda, que ele possa dispor do direito de obter informações sobre o filho em qualquer estabelecimento público ou privado, sob pena de multa.

6) O art. 1.585 do Código Civil possibilita que, em regra, nenhuma decisão sobre a guarda dos filhos, em sede de medida cautelar, será proferida sem a oitiva de ambas as partes pelo juiz, evitando riscos para o menor, salvo em casos extremos como relatos de abusos físicos ou sexuais.

7) O art. 1.634 do Código Civil tem a finalidade de fazer expressa referência à inclusão de duas expressões que são: "situação conjugal" e "pleno exercício do poder familiar", ratificando que as atribuições dos pais acerca do poder familiar independem da sua situação conjugal.

As atribuições acrescentadas ao art. 1.634, constam dos incs. IV e V, que tratam sobre o dever de comunicação ao genitor não guardião nos casos de mudança de residência ou de viagens. O Tribunal de Justiça do Rio de Janeiro já tinha proferido julgado interessante acerca da matéria de transferência de domicílio:

> Agravo de instrumento. Ação de modificação de cláusula proposta pelo agravado, objetivando a guarda provisória de sua filha, atualmente com a genitora-agravante. Decisão que defere parcialmente a tutela antecipada, determinando que a ré-agravante se abstenha de transferir a residência comum para outra cidade, sem a devida autorização paterna, sob pena de inversão da guarda. Manutenção. Não se justifica que a genitora, por estar com a guarda, não necessite de autorização do pai, que, afinal, possui juntamente com a mãe, o poder familiar, cabendo-lhe também a preservação dos direitos da menor, o acompanhamento a sua educação, saúde, enfim o seu crescimento.[4]

Diante de todas essas mudanças apresentadas e da imposição da norma legal, questiona-se: até que ponto a obrigatoriedade pode beneficiar ou prejudicar as relações familiares e em especial as crianças?

Nota-se, contudo, que a obrigatoriedade da guarda compartilhada para todas as famílias pode, em alguns casos, não ser a melhor opção para o interesse do menor, pois é preciso haver uma relação ao menos cordial entre os pais para a sua efetiva aplicabilidade.

A mudança legislativa tem grande importância para o direito de família, ao conscientizar os genitores de que o sistema jurídico foi alterado, a fim de proteger os menores dos ressentimentos, frutos de uma fragilidade emocional do casal.

Por outro lado, é necessário que o magistrado avalie o caso concreto e decida o que melhor atende ao interesse do menor. A Lei da Igualdade Parental é o ideal a ser buscado no exercício do poder familiar entre pais divorciados, mesmo que demande concessões e adequações, para que seus filhos possam usufruir, durante seu desenvolvimento, do duplo referencial.

Com um ambiente mais respeitoso e harmonioso, as crianças e os próprios pais conseguem reagir de forma mais positiva e reorganizar o viver e a relação familiar. A guarda compartilhada busca resgatar o ambiente de harmonização e de cooperação

---

[4] BRASIL. TJRJ, 7ª Câmara Cível. Agravo de Instrumento n° 2005.002.19886. Rel. Des. Helda Lima Meirelles. *Lex: Coletânea de Legislação e Jurisprudência*, Rio de Janeiro, 7 fev. 2006.

dos genitores, no propósito de que o menor se autoafirme, afastando, aos poucos, os traumas oriundos do divórcio.

13.2.2 Critérios norteadores para a aplicação da Lei nº 13.058/2014

Atualmente, a guarda compartilhada visa à prática da corresponsabilização pelos genitores, independentemente de consenso, e ao melhor interesse do menor, sendo este constituído por um conjunto de elementos que na prática são traduzidos em cuidados, amparos e garantias, visando sempre assegurar seus respectivos direitos e bem-estar.

Desta forma, em casos de litígio conjugal envolvendo a guarda dos filhos, alguns critérios devem ser observados pelo juiz, a fim de que ele fixe a modalidade de guarda que se adapte melhor às circunstâncias fáticas. Esses critérios são apenas sugestões de norte que viabilizem a efetivação do interesse da criança.

Entre os critérios observados é possível citar:

1) O histórico de afetividade e o ambiente familiar – o que importa é verificar a relação de afetividade com os próprios genitores e seus respectivos familiares, bem como averiguar se o ambiente familiar é adequado para a criança, se há uma rotina em relação aos seus estudos, alimentação e lazer, bem como se atende às suas necessidades e contribui de forma salutar para o seu desenvolvimento.

2) A conduta moral e psíquica dos progenitores – observa-se, aqui, se há algum histórico dos genitores quanto à ocorrência de abuso sexual, violência doméstica, uso de drogas, alcoolismo ou imposição de medida protetiva que ofereça algum tipo de risco à criança, podendo em alguns casos acarretar modificação do plano de convivência com a prole, sendo necessária a prática da convivência supervisionada.

3) A relação entre os genitores – é preciso observar a relação entre os pais, pois a efetividade da guarda compartilhada requer o mínimo de diálogo e maturidade.

4) A preferência da criança – a manifestação da vontade da criança tem grande importância para o relatório elaborado pela equipe multidisciplinar do setor social, pois este instrumento também serve de suporte para a decisão do magistrado; todavia, não é critério determinante para conceder a guarda compartilhada.

5) A não separação dos irmãos – observada esta relação pela equipe multidisciplinar, o juiz deve optar pela manutenção da união dos irmãos, baseando-se na garantia constitucional da convivência familiar e na continuidade dos laços afetivos.

Os critérios supracitados são importantes para o magistrado no momento de analisar o caso concreto e devem ser especificados para a fixação da guarda. Apesar de o espaço da parentalidade não admitir hierarquia e o modelo da guarda compartilhada ser a regra, o bom senso no momento da decisão deve estar voltado para o melhor interesse da criança, pois a concessão dessa modalidade deve ser prioritária e não obrigatória.

É imprescindível destacar que o estudo de tais critérios deve ser realizado pelos profissionais da equipe multidisciplinar do setor social, especificamente por assistentes sociais e psicólogos, possibilitando detectar elementos importantes que irão demonstrar o que melhor atende ao interesse do menor, proporcionando, assim, uma prestação jurisdicional mais humanizada e efetiva diante dos conflitos familiares.

13.3 A guarda compartilhada e o mito de que o cuidado materno ainda é o ideal

No Brasil, tradicionalmente, tanto as responsabilidades com os filhos quanto as tarefas domésticas sempre estiveram sob os cuidados da mãe, sendo partes da educação feminina, pois eram funções exclusivas deste gênero. As mulheres eram tidas como verdadeiras rainhas do lar. Por outro lado, havia um total despreparo por parte dos homens, no que tange às funções maternas, pois estes precisavam ser provedores da família.

Por isso, na cultura familiar brasileira a atribuição da guarda exclusiva, na maioria dos casos, passou a ser quase automática em favor da mulher, ficando o genitor com o arcaico direito de visita e o dever de manter e fiscalizar, muitas vezes de forma superficial, a educação do menor, atribuindo, assim, um superpoder à figura maternal.

Nesse sentido, é preciso encarar o desafio de romper com o mito de que o cuidado materno é o ideal, contribuindo, desta forma, para a igualdade constitucional parental.

Em litígios envolvendo a guarda, devem ser analisados prioritariamente os benefícios psicossociais da criança, bem como os seus reais interesses, afim de que sejam efetivamente atendidos e respeitados pelos pais, desconstruindo o tradicionalismo da manutenção da guarda unilateral materna.

É importante destacar que o ajustamento da criança em meio ao processo de divórcio e a continuação da sua vida cotidiana se dão por meio de um envolvimento ininterrupto com os pais, em que o elo de convivência, baseado no afeto e segurança, seja cultivado, pois ambos são importantes para o desenvolvimento psicossocial da criança.

Espera-se que a cultura da uniparentalidade, que ainda ronda o Judiciário, seja substituída pela responsabilidade conjunta, na qual o interesse do menor seja prioritário para a fixação da guarda.

13.4 Análise da aplicação da Lei nº 13.058/2014 no Fórum Cível de Belém: melhor interesse da criança ou dos genitores?

A análise deste trabalho baseou-se nos dados constantes dos relatórios analíticos de processos distributivos e cadastrados por vara do Tribunal de Justiça do Estado do Pará, no ano de 2015, ensejando a obtenção do número de processos que tratou dos divórcios litigiosos.

Além disso, outra fonte de dados – as respostas das entrevistas estruturadas, aplicadas aos magistrados e ao setor social – também respaldou esta análise. As entrevistas foram realizadas no período de janeiro a agosto de 2015, com os juízes das 8 varas de família, por meio de visitas realizadas ao Fórum Cível de Belém.

A consulta aos processos surgiu a partir da necessidade de aproximação da realidade e do confronto das decisões, tendo em vista a preocupação com a forte predominância da guarda materna e a existência de controvérsia relevante entre o conceito de guarda compartilhada e sua aplicação diante das circunstâncias fáticas.

13.4.1 Aspectos práticos identificados nas entrevistas com os magistrados e nas decisões de concessão da guarda compartilhada

A entrevista estruturada aberta realizada com os juízes abordou um total de 9 (nove) perguntas, apresentadas a seguir, acompanhadas de suas respectivas análises.

1) Qual o quantitativo dos processos registrados que trata sobre divórcios litigiosos?

A tabela 1, a seguir, apresenta os dados referentes ao número de processos que trata sobre divórcios litigiosos, por vara no Fórum Cível de Belém, bem como a sua participação relativa, totalizando 352 processos, com uma média de aproximadamente 44 processos por vara. Houve maior concentração na 1ª Vara, com 56 processos, cerca de 15,91%, e apenas 29 na 7ª Vara, com participação de 8,23% no total.

TABELA 1

Número de processos e participação relativa total para o ano de 2015 no Fórum Cível de Belém

Tabela 1 – Número de processos e participação relativa total para o ano de 2015 no Fórum Cível de Belém

Varas de família	Número de processos	Participação relativa (%)
1ª	56	15,91
2ª	47	13,35
3ª	47	13,35
4ª	40	11,36
5ª	45	12,79
6ª	43	12,21
7ª	29	8,23
8ª	45	12,80
Total	352	100

Fonte: Elaboração própria a partir da consulta aos relatórios analíticos de processos distribuídos e cadastrados por vara, no Fórum Cível de Belém.

2) Houve mudança nas decisões dos magistrados após a vigência da Lei nº 13.058/2014?

Sim. Observou-se que a guarda compartilhada passou a ser a regra segundo o posicionamento dos juízes, entretanto ainda existem vários casos de concessão da guarda unilateral. Nota-se que, atualmente, a aplicabilidade da lei visa ao bem-estar da criança e à manutenção da convivência com os genitores e familiares.

3) A Lei nº 13.058/2014 mudou quanto à fixação de alimentos?

Não. Os magistrados foram unânimes em afirmar que a pensão alimentícia anteriormente arbitrada continua mantida, mesmo a lei prevendo a convivência equilibrada entre os genitores; entretanto, atualmente possibilita melhor acompanhamento por parte do alimentante em relação aos alimentos.

4) A partir da vigência da lei, passou a existir maior interesse paterno em requerer a guarda compartilhada nos processos de divórcios litigiosos?

Sim. Foi demonstrado que a partir da vigência da lei, em determinados casos, os pais mudaram de comportamento e atualmente desejam participar cada vez mais da vida dos filhos, o que foi explicitado nas próprias petições. No entanto, ainda há casos em que os genitores iniciam um novo relacionamento e preferem que a guarda seja materna.

5) São utilizados critérios para a fixação da guarda compartilhada?

Sim. Os magistrados afirmaram que os critérios utilizados para a concessão da modalidade são baseados na análise do histórico socioafetivo dos pais, bem como na avaliação da conduta moral e psíquica de cada genitor, sendo, portanto, levados em consideração a existência de histórico de violência doméstica, abusos, alcoolismo ou drogas, algum tipo de medida protetiva e o ambiente familiar; todos esses critérios têm como finalidade evitar possíveis riscos ao bem-estar da criança, assim como assegurar sua respectiva integridade. Esse é o posicionamento de todas as varas.

6) São utilizados recursos que visam resguardar o interesse da criança ou do adolescente e subsidiar as decisões dos magistrados?

Sim. Para esta tomada de decisão o magistrado vale-se da oitiva de testemunhas, da observação do próprio comportamento dos pais durante as audiências, bem como do laudo psicossocial oriundo do Estudo Social, o qual reúne informações provenientes dos instrumentos utilizados pela equipe multidisciplinar, entre os quais é possível destacar: análise documental, visitas, abordagem (depoimento pessoal dos pais), diálogo e atendimento com a criança (atividades lúdicas e escuta sensível). Imprescindível mencionar que o estudo social realizado não vincula a decisão dos magistrados, pois funciona como um suporte para a sua análise.

7) Mudou o entendimento dos magistrados acerca da guarda compartilhada e da sua efetiva aplicação nos processos de divórcios litigiosos?

Sim. O entendimento dos magistrados acerca da guarda nos processos de divórcios litigiosos é o de que a lei foi uma evolução para o direito de família, pois veio no sentido de garantir o melhor interesse do menor, buscar a melhor convivência familiar e o direito/dever de exercer a autoridade parental de maneira conjunta. Todavia, sua efetividade requer um mínimo de entendimento entre os pais, fator que para os juízes influencia na aplicabilidade da lei, diante do caso concreto.

8) Existem pontos benéficos da guarda compartilhada em processos de divórcios litigiosos?

Sim. Os magistrados elencaram uma série de benefícios com a aplicabilidade da referida lei, são eles: melhor acompanhamento afetivo, continuidade da convivência com o menor, compartilhamento das responsabilidades e o estímulo do convívio com os genitores. O que na guarda unilateral já não acontece, pois com o passar do tempo corre-se o risco de provocar maior distanciamento e o enfraquecimento da autoridade parental, fruto da relação marcada pelo regime de visitação.

9) Atualmente, o modelo de guarda compartilhada prevalece nos casos de divórcios litigiosos? Na maioria dos casos a concessão da guarda se dá por meio de sentença ou acordo? E, em caso de não cumprimento pelas partes, o que deve ser feito?

Sim. Conforme as respostas dos magistrados, o modelo da guarda compartilhada apresenta-se em aproximadamente 62% das decisões e se dá por meio de acordo.

Na hipótese de descumprimento do acordo ou sentença, os juízes responderam que é estabelecida multa diária ou redução de alguma prerrogativa atribuída às partes.

Quanto à entrevista aplicada ao setor social, foram feitas 4 perguntas, elencadas a seguir, seguidas de suas devidas análises.

1) São utilizados recursos para a realização do estudo social?

Sim. A realização deste trabalho envolve a utilização de técnicas como entrevistas, análise documental, visitas, abordagem (depoimento pessoal dos pais), diálogo, atendimento com a criança (atividades lúdicas e escuta sensível), que posteriormente serão demonstradas por meio de laudo técnico.

2) O setor social enfrenta problemas para a realização do estudo social?

Sim. A equipe responsável pela elaboração dos laudos técnicos necessita muitas vezes se locomover até a residência da criança, a fim de conhecer o ambiente, a rotina de atividades e horários, além da relação familiar existente entre o menor e os moradores do local, e às vezes essa locomoção é prejudicada por não haver transporte suficiente, o que acaba atrasando o estudo e o atendimento à solicitação dos juízes.

3) Há casos em que a equipe do setor social não sugere a aplicação da guarda compartilhada?

Sim. Nos casos em que há histórico de abuso sexual, violência doméstica, uso de drogas, alcoolismo ou a imposição de medida protetiva para um dos genitores.

4) Para a equipe do setor social o que precisa ser feito para melhorar a conscientização dos pais nos casos de divórcio litigioso envolvendo guarda de menores?

Deveria haver mais divulgação dos benefícios da guarda compartilhada, bem como investimento na prática da mediação,[5] como instrumento educacional e de conscientização entre os pais.

13.4.2 Resultado das entrevistas x prática forense

A tabela 2, a seguir, detalha a situação dos processos cadastrados por vara, no Fórum Cível de Belém, que tratam sobre divórcios litigiosos, totalizando 352 processos, em que foi possível confrontar os dados primários, obtidos por meio das respostas dos magistrados, com os dados conseguidos a partir da consulta às decisões dos processos.

Inicialmente, destaca-se desta tabela a dicotomia entre a guarda unilateral e a guarda compartilhada. Com base nas informações disponíveis, é possível inferir que a modalidade da guarda unilateral, com cerca de 32 casos (60%), supera a modalidade da guarda compartilhada, esta com 21 casos (40%), em relação ao total de 53 processos dessas modalidades. Entretanto, não se pode obter conclusão definitiva a partir dos outros 197 processos em andamento.

Sendo assim, após a análise, percebe-se que a concessão da guarda unilateral ainda prevalece sobre a guarda compartilhada, havendo, portanto, divergência entre os dados primários coletados dos processos e as respostas obtidas por parte dos magistrados nas

---

[5] Mediação é um instrumento não adversarial de gestão de conflitos interpessoais conduzido por um terceiro devidamente capacitado, o mediador, que auxilia os mediandos no processo de restabelecimento da comunicação, com vistas à compreensão e transformação do conflito (COLTRO, Antônio Carlos Mathias; DELGADO, Mário Luiz Delgado. *Guarda compartilhada*. 2. ed. rev. e atual. Rio de Janeiro: Forense; São Paulo: Método, 2016. p. 129).

entrevistas realizadas, pois, de acordo com estes, a concessão da guarda compartilhada, em média, se aproxima a 62% dos casos.

TABELA 2

Situação dos processos de divórcios litigiosos cadastrados no período de janeiro a agosto de 2015 no Fórum Cível de Belém

Varas	Processos em andamento	Processos arquivados	Guarda unilateral	Guarda compartilhada	Sem filhos	Filhos maiores	Total
1ª	29	16	1	0	7	3	56
2ª	29	4	6	3	3	2	47
3ª	26	0	10	5	2	4	47
4ª	11	12	3	3	9	2	40
5ª	26	1	4	2	6	6	45
6ª	18	6	4	4	11	0	43
7ª	23	1	2	2	1	0	29
8ª	35	3	2	2	0	3	45
Total	197	43	32	21	39	20	352

Fonte: Elaboração própria a partir dos dados da Tabela 1 – Número de Processos e participação relativa total para o ano de 2015 no Fórum Cível.

Na prática, as informações constantes da tabela 2 demonstram que apesar de a Lei nº 13.058/2014 dispor sobre a obrigatoriedade da guarda compartilhada, mesmo não havendo consenso entre os pais, a guarda unilateral ainda se faz presente na maioria dos casos.

Ademais, quando nos deparamos com o conteúdo jurídico de algumas decisões prolatadas pelos magistrados das varas de família do Fórum Cível de Belém, fica evidente que os tipos de guarda constantes no Código Civil Brasileiro ainda são confundidos na prática, sendo sua aplicação meramente conceitual, pois ao ser fixada a guarda unilateral é estabelecido o regime de visitação, característico desta modalidade, entretanto, nas decisões em que é fixada a modalidade de guarda compartilhada, sua execução se confunde com a da guarda unilateral, afastando a conveniência dos pais de forma livre, comprometendo a efetividade dos resultados benéficos da lei, a construção de um duplo referencial, o bem-estar da criança e o compartilhamento da guarda jurídica.

Ante as divergências detectadas no decorrer das consultas às decisões processuais, surge a seguinte indagação: será que realmente há entendimento, por parte dos juízes, sobre o conceito da guarda compartilhada e a sua genuína aplicabilidade?

Para ilustrar essas desarmonias jurídicas, foram destacados trechos de três decisões dos processos consultados, no Tribunal de Justiça do Estado do Pará (TJPA), a saber:

[...] tendo o divórcio sido ajustado nos seguintes termos: 1) *a guarda do filho menor será compartilhada, com endereço de referência a residência da genitora, o divorciando terá direito de convivência com o menor todos os finais de semana, uma semana pegará as 18h de sexta-feira entregando sábado as 18h e no outro final de semana ficará com a criança sábado às 18h e devolverá no domingo as 18h, feriados alternados e metade das férias escolares.*[6]

A guarda das crianças A. M. S. S. e M. H. S. S. será compartilhada, ressaltando que sua referência de residência será o endereço materno; *O genitor conviverá com o filho A. em finais de semana alternados, buscando o menor no sábado às 15h e devolvendo na segunda-feira na escola,* quanto as férias escolares menor Alexandre passará 5 dias com o pai e o restante com a mãe. Quanto a menor M. H., a convivência será mediante ajuste entre as partes.[7]

A guarda da menor será na modalidade compartilhada, fixando-se a residência materna como base. O direito de visita será exercido da seguinte forma: a menor S. S. G. passará metade de cada período de férias escolares (julho e janeiro) com o pai em Curitiba/PR. Ao pai, haverá o direito de visita em feriados prolongados alternados (carnaval, páscoa, semana santa, independência, Círio de Nazaré, natal e ano novo), podendo o divorciando pernoitar com a menor quando o mesmo estiver na cidade de Belém/PA, desde que não comprometa as atividades escolares da menor, devendo ainda manter contato com a divorcianda sobre seu endereço de estadia na cidade. Os aniversários da menor serão exercidos de forma alternada, quando a menor poderá ir a Curitiba, desde que não haja prejuízo às atividades escolares. A mesma regra se aplica aos aniversários do genitor e ao dia dos pais.[8]

No sentido oposto à regulamentação de visitas na modalidade da guarda conjunta se destaca o julgado do Tribunal de Justiça do Rio Grande do Sul (TJRS):

AGRAVO DE INSTRUMENTO. DISSOLUÇÃO DE UNIÃO ESTÁVEL. ACORDO JUDICIAL. GUARDA COMPARTILHADA. VIABILIDADE DA FIXAÇÃO DE ALIMENTOS. IMPOSSIBILIDADE DE PREVISÃO DE TERMO FINAL PARA A OBRIGAÇÃO DE PRESTAR ALIMENTOS EM FAVOR DA PROLE. DIREITO PERSONALÍSSIMO E IRRENUNCIÁVEL RELATIVAMENTE AOS ALIMENTOS PRESENTES E FUTUROS. *DESNECESSIDADE DE REGULAMENTAÇÃO DAS VISITAS.* PRECEDENTE. DECISÃO POR ATO DA RELATORA. ART. 557 DO CPC. AGRAVO DE INSTRUMENTO PARCIALMENTE PROVIDO.[9]

O julgado acima ratifica a regra disposta no §2º do art. 1.583, na redação dada pela Lei nº 13.058/2014, pois reforça a noção de que inexiste regime de visitação na guarda

---

[6] BRASIL. STJ, 2ª Vara de Família do Tribunal de Justiça do Pará. Dissolução. Divórcio Litigioso. Processo nº 0008930-88.2015.8.14.0301. Rel. Juíza Titular Elvina Gemaque Taveira. *Lex: Coletânea de Legislação e Jurisprudência*, Belém, 8 abr. 2015.

[7] BRASIL. STJ, 8ª Vara de Família do Tribunal de Justiça do Pará. Dissolução. Divórcio Litigioso. Processo nº 0015335-43.2015.8.14.0301. Rel. Juíza Titular Elvina Gemaque Taveira. *Lex: Coletânea de Legislação e Jurisprudência*, Belém, 26 jun. 2015.

[8] BRASIL. STJ, 7ª Vara de Família do Tribunal de Justiça do Pará. Dissolução. Divórcio Litigioso. Processo nº 0006511-95.2015.8.14.030. Rel. Juíza Rosa de Fátima Navegantes de Oliveira. *Lex: Coletânea de Legislação e Jurisprudência*, Belém, 3 jul. 2016.

[9] BRASIL. STJ, 7ª Câmara Cível do Tribunal de Justiça do Rio Grande do Sul. Agravo de Instrumento nº 70057217150. Rel. Des. Sandra Brisolara Medeiros. *Lex: Coletânea de Legislação e Jurisprudência*, Porto Alegre, 29 out. 2013. Grifos nossos.

compartilhada e, por isso, o tempo de convívio e comunicação dos filhos com os pais deverá ser dividido de modo equilibrado.[10]

Por outro lado, foram identificadas decisões em que se observa o conceito da guarda compartilhada sendo aplicado em consonância com o conteúdo disposto na lei, ou seja, levando em consideração as condições fáticas, os interesses dos filhos e a livre convivência, conforme os destaques feitos em algumas decisões dos processos consultados.

DA GUARDA COMPARTILHADA: a guarda do único filho menor de idade será compartilhada, com residência na casa do cônjuge varão, com *direito de visita livre*.[11]

QUANTO A GUARDA: As partes acordam neste ato pela guarda compartilhada das menores M. e M. M. D. S., *ficando livre as partes para convencionarem o exercício de tal direito, segundo o melhor interesse das menores*.[12]

Da união adveio o nascimento de um filho de nome D. Q. M., menor de idade, o qual ficará sob a GUARDA COMPARTILHADA de seus genitores, com endereço de referência o materno, *tendo o pai o livre direito de convivência*.[13]

Infere-se, portanto, que diante das decisões aqui demonstradas ainda há uma desarmonia quanto ao entendimento e à aplicabilidade da guarda compartilhada, pois esta, na prática e em sua essência, se difere por primar pela livre convivência, visando ao melhor interesse do menor, enquanto que o direito de visita do genitor não guardião é característico da guarda unilateral.

Observa-se que os juízes vêm admitindo a aplicação da guarda compartilhada, porém, ainda há que se avançar em termos de entendimento, pois a fixação incorreta ou a não aplicabilidade da Lei Parental não contribui para a quebra da estrutura de poder ensejada pela unilateralidade da guarda que, por vocação instintiva, acaba sendo deferida à mãe da criança.

Percebe-se que a falta de harmonia ainda se espraia pelo Judiciário, pois recentemente a Terceira Turma do Superior Tribunal de Justiça (STJ) decidiu que a dificuldade geográfica entre genitores constitui impedimento para a aplicação da guarda

---

[10] Estabelecer, a nova redação de nossa codificação civil, a partir da Lei nº 13.058/2014, que essa convivência será equilibrada, importa na impossibilidade da antiga fixação de "finais de semanas alternados". Afinal, quatro dias para um dos pais em detrimento de outros vinte e seis de companhia da prole com o outro jamais poderão ser interpretados como "convivência equilibrada", que passa a ser a lógica do sistema jurídico (ROSA, Conrado Paulino. *Nova Lei da Guarda Compartilhada*. São Paulo: Saraiva, 2015. p. 123).

[11] BRASIL. STJ, 3ª Vara de Família do Tribunal de Justiça do Pará. Divórcio Litigioso. Dissolução. Processo nº 0019473-53.2015.8.14.0301. Rel. Juíz Pedro Pinheiro Sotero. *Lex: Coletânea de Legislação e Jurisprudência*, Belém, 6 jul. 2015.

[12] BRASIL. STJ, 5ª Vara de Família do Tribunal de Justiça do Pará. Divórcio Litigioso. Dissolução. Processo nº 0005710-82.2015.8.14.0301. Rel. Juíza Rosana Lúcia de Canelas Bastos. *Lex: Coletânea de Legislação e Jurisprudência*, Belém, 24 nov. 2015.

[13] BRASIL. STJ, 4ª Vara de Família do Tribunal de Justiça do Pará. Divórcio Litigioso. Dissolução. Processo nº 0005110-61.2015.8.14.0301. Rel. Juíza Maria Elvina Gemaque Taveira. *Lex: Coletânea de Legislação e Jurisprudência*, Belém, 9 fev. 2015.

compartilhada. Para o Professor Waldyr Grisard Filho,[14] presidente da Comissão de Ensino Jurídico de Família do Instituto Brasileiro de Direito de Família, a distância entre as moradias não condiciona a implementação da guarda compartilhada, pois, ao atribuir a guarda unilateral à mãe, a decisão do STJ, confirmando o acórdão do TJ recorrido, reduz ao pai o exercício do poder familiar e contribui para fortalecer a confusão entre guarda e poder familiar. Ressalta, ainda, que a decisão além de não diferenciar os conceitos fomenta a confusão.

Por fim, a Terceira Turma do Superior Tribunal de Justiça (STJ), ainda, negou o pedido de um pai que buscava o compartilhamento da guarda da filha de quatro anos de idade por falta de consenso entre os genitores. Neste caso, foi a falta de entendimento entre o casal o pressuposto para a não concessão da guarda compartilhada.[15] A decisão que contraria a lei dividiu as opiniões de especialistas, ratificando que a matéria em questão ainda provoca divergentes entendimentos no âmbito jurídico.

Dessa forma, o caráter pedagógico da lei fica prejudicado, pois o seu objetivo é enaltecer e garantir a participação igualitária da figura paterna na criação e na educação dos filhos, visando gerar uma nova cultura e transformar o paradigma que prestigia a guarda unilateral materna e os interesses advindos da conjugalidade. O desejável é que os genitores, após o divórcio, se empenhem na consecução dessa nova forma de ver as relações entre pais e filhos, pois se trata de um processo integrativo, que dá à criança a possibilidade de conviver com os pais.

A fixação de finais de semana alternados ou o mero direito às escassas horas com o genitor que não reside com a criança restringe o convívio familiar; tal situação jamais poderá ser interpretada como convivência equilibrada, que passa a ser a lógica do sistema jurídico. A doutrina e a jurisprudência passaram a aposentar o termo "visitas", substituindo-o por "convivência", até mesmo para justificar a postulação de um tempo maior de permanência da prole com o não guardião.[16]

Infelizmente, é recorrente que o casal que venha a se separar acabe por valer-se dos filhos para persistir em disputas, o que poderá mudar ao ser concedida a guarda compartilhada, pois cada um terá a oportunidade de exercer plenamente a sua função e consequentemente priorizar o bem-estar da criança. É preciso entender que a família não se dissolveu. O que se dissipou foi tão somente a conjugalidade, a partir do que a família, antes nuclear, passou a ser binuclear.[17]

---

[14] GRISARD FILHO, Waldyr. STJ nega guarda compartilhada para pais que moram em cidades diferentes. *Instituto Brasileiro de Direito de Família (IBDFAM)*, Belo Horizonte, 13 jul. 2016. Seção Notícias. Disponível em: <http://www.ibdfam.org.br/noticias/6057/STJ%20nega%20guarda%20compartilhada%20para%20pais%20que%20moram%20em%20cidades%20diferentes>. Acesso em: 18 jul. 2016.

[15] STJ nega guarda compartilhada por falta de consenso dos pais. *Instituto Brasileiro de Direito de Família (IBDFAM)*, Belo Horizonte, 20 jul. 2016. Seção Notícias. Disponível em: <http://www.ibdfam.org.br/noticias/6064/STJ+nega+guarda+compartilhada+por+falta+de+consenso+entre+os+pais>. Acesso em: 29 jul. 2016.

[16] "[...] ao dirimir divergência entre os pais, acerca das relações com os filhos, não deve o juiz restringir-se e regular as visitas, estabelecendo-lhes datas e horários; a preocupação máxima deve ser no sentido de fixar regras que não permitam o desfazimento das relações que devem existir entre pai e filhos, entre estes e a mãe, podendo, assim, em qualquer tempo, ser chamado para rever a decisão, atento ao sistema legal, porque prepondera o interesse da prole, e não o dos pais" (CAHALI, 2005 *apud* COLTRO, Antônio Carlos Mathias; DELGADO, Mário Luiz Delgado. *Guarda compartilhada*. 2. ed. rev. e atual. Rio de Janeiro: Forense; São Paulo: Método, 2016. p. 284).

[17] ROSA, Conrado Paulino. *Nova Lei da Guarda Compartilhada*. São Paulo: Saraiva, 2015. p. 122.

13.5 Considerações finais

Considerando as transformações sociais e os sujeitos que compõem as relações familiares contemporâneas, em especial as crianças, observou-se que estas passaram a ser protagonistas e detentoras de direitos, a ter maior proteção do Estado e consequentemente um novo olhar sobre o seu desenvolvimento e bem-estar.

Essas transformações marcadas pela nova dinâmica social familiar vieram contribuir para o fim das divisões de papéis sociais definidas pelo gênero dos pais, dando ao instituto da guarda novos rumos, redesenhados em virtude das mudanças comportamentais de homens e mulheres, dos novos modelos familiares e da constitucionalização do direito civil, o que permitiu resguardar o interesse do menor, o afeto e a convivência familiar, marcando um período de evolução do direito de família.

Nesse diapasão, a Lei nº 13.058/2014 disciplinou a guarda compartilhada, como regra, visando amenizar os impactos negativos oriundos da ruptura conjugal, a fim de assegurar a corresponsabilidade parental e a manutenção dos vínculos afetivos.

Todavia, se faz necessário atentar para que a aplicação da norma, diante do caso concreto, não tenha um caráter obrigatório, mas sim prioritário. É preciso em determinados casos levar em consideração as condições de relacionamento socioafetivo entre os genitores e, principalmente, o que melhor atende ao interesse do menor.

Com base na pesquisa de campo realizada com os magistrados – mediante os resultados alcançados a partir das respostas às entrevistas estruturadas, mais a consulta aos processos cadastrados nos relatórios, no período de janeiro a agosto de 2015, observou-se, inicialmente, entre os pontos relevantes, a não resistência dos juízes em aplicar a guarda compartilhada, entretanto, mesmo com a atual lei sendo aplicada, a guarda unilateral ainda prevalece.

Porém, um achado interessante foi constatado em algumas decisões: a aplicabilidade existe na teoria; no entanto, a sua execução remete à guarda unilateral, conforme os destaques realizados no conteúdo das decisões mencionadas no subcapítulo 4.2. Foi possível identificar a concessão da guarda compartilhada, mas com a fixação de visitas, estipulando horários e fins de semana alternados, datas comemorativas e convivência semanal alternada, o que nos remete a uma pseudoguarda compartilhada que, em sua genuína aplicabilidade, prima pela livre convivência. Infere-se, portanto, que nas decisões sobre a matéria, a fixação da guarda compartilhada ainda se confunde com a guarda unilateral.

Quanto à aplicabilidade da guarda compartilhada e ao bem-estar do menor, observou-se que os interesses da criança não são totalmente preservados, em virtude do não acompanhamento do Estado-juiz e do setor social a partir da sentença, pois o ideal seria continuar este trabalho por determinado período, estipulando um programa de convivência familiar, a ser definido em conjunto com os profissionais do setor social, a fim de fiscalizar se o que foi acordado está realmente sendo respeitado pelos pais.

As decisões referentes à concessão da guarda conjunta, aplicada de forma a confundir-se com a guarda unilateral, podem ser agravantes quanto ao direito de convivência e à adaptação dos pais à nova forma de lidar com a guarda jurídica.

Nesse sentido, recomenda-se a realização de cursos de atualização voltados para os magistrados, visando ao aprimoramento das decisões, bem como proporcionar melhores condições de trabalho aos profissionais do setor social, tornando o atendimento às demandas referentes ao estudo psicossocial mais célere e eficiente.

Finalmente, aponta-se a necessidade de investimento na prática da mediação, capacitando profissionais voltados para a resolução pacífica das disputas, auxiliando as partes e contribuindo para a conscientização dos direitos e deveres envolvidos e para melhor posicionamento dos pais quanto ao bem-estar da criança. Criando, assim, uma estrutura mais humanizada, o que tornaria a prestação jurisdicional à sociedade mais eficaz.

Pelo exposto, conclui-se que a guarda compartilhada compulsória diante do caso concreto não deve ser universalmente imposta, e sim privilegiada e incentivada pelo Estado-juiz, nos casos de litígio conjugal, observado o mínimo de harmonia e respeito entre os genitores, a fim de viabilizar o que a lei prima, o bem-estar do menor.

A aplicação da lei de forma consciente e pedagógica nos casos de divórcios é um grande avanço, pois estará contribuindo para a formação de uma cultura e de precedentes, em que o litígio não se sobreponha ao bem-estar do menor e tampouco essa condição não esteja atrelada à concessão da guarda materna de forma automática.

Atualmente, a paternidade e a maternidade não são mais gêneros, e sim funções, as quais devem ser desempenhadas com responsabilidade, entusiasmo e cooperação pelos genitores em prol da felicidade dos filhos, pois só assim será rompido o velho paradigma da guarda unilateral materna e alcançado o melhor interesse da criança.

A fórmula ideal para os dias de hoje é fazer do amor e do afeto o binômio contínuo e marcante do exercício da guarda.

Informação bibliográfica deste texto, conforme a NBR 6023:2002 da Associação Brasileira de Normas Técnicas (ABNT):

OLIVEIRA, Grace Baêta de; MALVEIRA, Jamille Saraty. A guarda compartilhada compulsória nos casos de litígio conjugal: uma abordagem sobre a aplicação da Lei nº 13.058/2014 no Fórum Cível de Belém. In: TEPEDINO, Gustavo; TEIXEIRA, Ana Carolina Brochado; ALMEIDA, Vitor (Coord.). *Da dogmática à efetividade do Direito Civil*: Anais do Congresso Internacional de Direito Civil Constitucional – IV Congresso do IBDCivil. 2. ed. rev., ampl. e atual. Belo Horizonte: Fórum, 2019. p. 511-526. ISBN 978-85-450-0545-2.

CAPÍTULO 14

TEMPOS DE CRISE: CONTROVÉRSIAS ENVOLVENDO A EXTINÇÃO DO COMPROMISSO DE VENDA E COMPRA DE IMÓVEIS

ALEXANDRE JUNQUEIRA GOMIDE

Introdução

O mercado imobiliário brasileiro viveu tempos áureos nos anos de 2006 a 2014. Com abundância de crédito e pleno emprego, as vendas explodiram e não raras vezes lançamentos eram integralmente vendidos em apenas algumas horas, antes mesmo do início da construção.

Firmado o instrumento particular, caso o consumidor tivesse dificuldades na obtenção do financiamento ou mesmo desistisse da compra, a considerar que os preços dos imóveis eram crescentes, as construtoras não apresentavam óbices para extinguir a avença, devolvendo parte, ou grande parte do valor pago. A depender das circunstâncias, manifestado o interesse do consumidor na extinção do contrato, algumas empresas realizavam a devolução integral dos valores pagos. A revenda dessas unidades era fácil e era possível, inclusive, auferir lucro com a revenda.

Nos atuais tempos de crise econômica, minguou a abundância do crédito e o desemprego aumentou exponencialmente, ocasionando o aumento da taxa de juros dos financiamentos. Além disso, a queda na demanda pela aquisição de imóveis fez com que o preço dos imóveis baixasse consideravelmente. Com grande estoque de unidades paralisadas, as incorporadoras passaram a ofertar suas unidades com consideráveis descontos, muitas vezes em valores mais baixos do que o consumidor adquiriu a um ou dois anos atrás.

Diante de tal cenário, podemos destacar três grandes grupos de consumidores que pretendem a extinção do compromisso de venda e compra.

O *primeiro grupo* de consumidores é aquele que, após ter firmado o contrato preliminar de venda e compra, não consegue obter o prometido financiamento e, assim, pleiteia o término do contrato imobiliário.

O *segundo grupo* de consumidores é aquele que, embora tenha conseguido o financiamento, porque a taxa de juros foi elevada, acaba desistindo da continuidade do negócio.

O *terceiro grupo* é aquele que, após ter firmado o compromisso de venda e compra, simplesmente desiste da aquisição, seja porque verificou imóvel nas proximidades a um preço mais barato, seja porque entende que aquele investimento imobiliário não vale mais a pena.

Manifestado o interesse na extinção do contrato, contrariamente a tempos passados, a maioria das empresas não têm autorizado o término contratual. Outras empresas, embora admitam a possibilidade da extinção da avença, apresentam como condição uma retenção em percentual com o qual o consumidor não concorda.

Diante de tais conflitos, a extinção dos contratos de venda e compra de imóveis foi judicializada de forma exponencial em todo o país. O presente artigo tem por objetivo destacar as principais controvérsias envolvendo a extinção do compromisso de venda e compra.

Para tanto, antes de estudarmos a extinção dos compromissos de compra e venda de imóveis, necessário relembrarmos, num brevíssimo resumo, as formas tradicionais de extinção dos contratos em geral.

14.1 Das formas de extinção do contrato e suas consequências

Pode-se dizer que a causa natural de extinção do contrato é o adimplemento, que significa o cumprimento das respectivas obrigações contratuais, nos exatos termos previstos na avença.

Mas os contratos podem ser extintos não apenas pelo adimplemento da obrigação. Também podem ser extintos, nas avenças personalíssimas, em virtude da morte de uma das partes e nas hipóteses de caso fortuito e força maior (resolução sem culpa das partes).

O contrato também pode ser extinto em virtude de circunstâncias simultâneas ou anteriores à sua formação. Nesses casos estamos diante de hipóteses de nulidade ou anulabilidade dos contratos. A ocorrência de nulidade – seja absoluta seja relativa – é típica hipótese que pode ser anterior à celebração, mas que continua de tal forma que impossibilita a produção válida de efeitos.

Para os fins a que se destina o presente artigo, trataremos doravante apenas a extinção dos contratos por causas supervenientes à sua formação, ou seja, trataremos da extinção de contratos válidos e eficazes e que, por fatos supervenientes à sua celebração, podem ser extintos, sem que se verifique a morte de uma das partes ou as hipóteses de caso fortuito ou força maior.[1]

---

[1]   Como bem ressaltou Francisco Loureiro, "a resolução se encaixa como um direito extintivo de impugnação, ou de agressão, com a ressalva de que tem origem em fatos ocorridos em momento posterior ao do nascimento ao contrato. Importante essa ressalva, para fazer a distinção entre a natureza da resolução e a da anulação, ou declaração de nulidade, pautadas em fatos existentes no momento da celebração. Lembre-se que, enquanto a ação de anulação ataca diretamente a relação em seu fundamento, invalidando o contrato, a ação resolutória mantém

Também vamos tratar apenas da extinção de contratos preliminares (compromisso de venda e compra) e *não* contratos em que já tenha sido lavrada escritura pública ou mesmo nas circunstâncias em que haja o pacto adjeto de alienação fiduciária porque, nesse último caso, a extinção contratual por inadimplemento será regida pelo regime especial da Lei nº 9.514/97.

14.1.1 Resilição unilateral

Etimologicamente, do latim *resilire*, a resilição significa "voltar atrás".[2] A resilição unilateral opera de forma *ex nunc*, produzindo efeitos apenas para o futuro. A resilição unilateral é a faculdade concedida por lei, em determinados casos, da vontade de apenas uma das partes de pôr fim ao contrato mediante um direito potestativo. A resilição unilateral é o gênero do qual são espécies a denúncia, a renúncia, a revogação e o arrependimento.

Nos termos do art. 473, do Código Civil, "a resilição unilateral, nos casos em que a lei expressa ou implicitamente o permita, opera mediante denúncia notificada à outra parte".

Como regra geral, a denúncia é imotivada (vazia), ou seja, o contraente sem qualquer justificação põe fim ao contrato mediante notificação à parte contrária.[3] A exceção é a denúncia motivada (ou cheia).[4]

Como exemplo de casos em que a lei *expressamente* admite a resilição cite-se a locação urbana (art. 4º, da Lei nº 8.245/91), o mandato (art. 682, inc. I, do Código Civil), agência e distribuição (art. 720, do Código Civil), entre outros.

A dificuldade é saber justamente quais são os casos em que a lei *implicitamente* admite a resilição. Segundo Paulo Dóron Rehder de Araújo,[5] essa hipótese se dá quando, por exemplo, o contrato de trato sucessivo vige por prazo indeterminado, considerando-se a vedação às relações contratuais eternas.

Assim, uma vez firmado contrato de locação de impressoras entre duas empresas (execução por trato sucessivo), após o transcurso do prazo determinado, a qualquer tempo a locatária poderia denunciar a locação, ainda que o contrato não disponha de tal cláusula.

íntegro o contrato, no plano da validade, afetando somente os seus efeitos [...] Ainda no tocante à natureza da resolução, tem-se entendido que se trata de fato extintivo que atinge o plano da eficácia do contrato, não o plano da validade. Em outras palavras, a resolução pressupõe a existência de um contrato válido" (LOUREIRO, Francisco Eduardo. Extinção dos contratos. In: LOTUFO, Renan; NANNI, Giovanni Ettore (Coords.). *Teoria geral dos contratos*. São Paulo: Atlas, 2011. p. 625).

[2] GOMES, Orlando. *Contratos*. 26. ed. atual. por Antonio Junqueira de Azevedo e Francisco Paulo de Cresenzo Marino. Rio de Janeiro: Forense, 2008. p. 221.

[3] É o caso da denúncia vazia exercida pelo locatário, quando este vige por prazo indeterminado (Lei do Inquilinato, nº 8.245/91, art. 6º).

[4] Por exemplo, quando o inquilino, durante o prazo de vigência do contrato locativo, põe fim aos efeitos do contrato, sem pagar multa, em razão de transferência de emprego (art. 4º, parágrafo único, da Lei nº 8.245/91). A denúncia cheia é também verificada nos casos em que o locador pretende retomar o imóvel, vigente locação de imóvel residencial por prazo indeterminado, mas que tenha sido firmado por prazo inferior a trinta meses (art. 47, da Lei nº 8.245/91).

[5] ARAÚJO, Paulo Dóron Rehder de. *Prorrogação compulsória de contratos a prazo*: pressupostos para sua ocorrência. Tese (Doutorado) – Faculdade de Direito da Universidade de São Paulo, São Paulo, 2011. p. 381.

Até porque, tal como enuncia Pontes de Miranda,[6] nas relações jurídicas duradouras, é preciso que possa ter ponto final o que se concebeu em reticência. Daí a figura da denúncia, com que se "des-nuncia", pois resulta de haver atribuído a algum dos figurantes o direito formativo extintivo, que é o de denunciar.

Por outro lado, resta saber se, diante da autonomia privada, as partes poderiam dispor nos contratos em que a prestação não é imediata, a faculdade de uma delas de resilir no decorrer do contrato, mediante o pagamento de compensação pecuniária. Será que essa possibilidade não estaria "implicitamente" estabelecida na lei, pelo princípio da autonomia privada?

Segundo Orlando Gomes,[7] podem as partes estipular que o contrato será resilido se qualquer delas se arrepender de o haver concluído. Asseguram-se convencionalmente o poder de resili-lo mediante declaração unilateral de vontade. Nesse caso, segundo o autor, a autorização não provém da lei, mas, no caso, do próprio contrato.

Francisco Loureiro,[8] na mesma senda, afirma que as partes podem convencionar entre si o direito de arrependimento que nada mais é do que a faculdade de denunciar criada bilateralmente, pelo consenso, mas exercida unilateralmente pela parte a quem beneficia. Antonio Junqueira de Azevedo,[9] nessa esteira, embora ressalte que a denúncia dos contratos de duração determinada não é permitida, afirma que seria possível somente se houvesse regra contratual expressa e inequívoca nesse sentido.[10]

A resilição contratual, portanto, que opera mediante denúncia, renúncia, revogação ou arrependimento, pode ser realizada seja porque o tipo contratual expressamente o permite, seja porque a lei implicitamente autoriza ou, ainda, por uma cláusula contratual permitindo que apenas uma das partes ponha fim ao contrato, mediante o exercício de um direito potestativo.

14.1.2 Distrato

Como nos ensina Pontes de Miranda,[11] o distrato é trato em sentido contrário, *contratus contrarius*. É contrato feito para extinguir outro. Serve para desatar o vínculo contratual nos termos convencionados pelos próprios distratantes.

---

[6] MIRANDA, Francisco Cavalcanti Pontes de. *Tratado de direito privado*: parte especial. 2. ed. Rio de Janeiro: Borsoi, 1962. p. 294. v. 38 (§3.081).

[7] GOMES, Orlando. *Contratos*. 26. ed. atual. por Antonio Junqueira de Azevedo e Francisco Paulo de Cresenzo Marino. Rio de Janeiro: Forense, 2008. p. 221.

[8] LOUREIRO, Francisco Eduardo. Extinção dos contratos. In: LOTUFO, Renan; NANNI, Giovanni Ettore (Coords.). *Teoria geral dos contratos*. São Paulo: Atlas, 2011. p. 618.

[9] AZEVEDO, Antonio Junqueira de. *Novos estudos e pareceres de direito privado*. São Paulo: Saraiva, 2009. p. 154.

[10] Ocorre que esse entendimento não é unânime. Segundo Flávio Tartuce a resilição somente decorre da lei, e não da vontade das partes. Segundo este autor, portanto, somente nas hipóteses previstas em lei é que as partes poderiam resilir unilateralmente o contrato, não sendo permitido às partes firmarem cláusula permitindo a uma delas resilir o contrato de forma unilateral (TARTUCE, Flávio. *Direito civil*: teoria geral dos contratos e contratos em espécie. 11. ed. Rio de Janeiro: Forense, 2016. p. 272. v. 3).

[11] MIRANDA, Francisco Cavalcanti Pontes de. *Tratado de direito privado*: parte especial. 2. ed. Rio de Janeiro: Borsoi, 1962. p. 281. v. 25.

Araken de Assis[12] assevera que o distrato não resile o contrato, porque não o dissolve, ou desfaz, desde o início (resolução, eficácia *ex tunc*) ou a partir de certo momento (resilição, eficácia *ex nunc*). O distrato elimina a eficácia do negócio quanto ao futuro, de modo que o contrato que foi, continua sendo, embora acabado, encerrado e desprovido de efeitos. O distrato, ainda segundo o autor, não "descontrata", exceto em sentido assaz figurado. Tampouco consagra um mútuo dissenso: os distratantes concordam plenamente, entre eles não há um desacordo ou desentendimento, vez que ambos, obviamente, querem distratar.

Com relação aos efeitos, segundo Pontes de Miranda,[13] quem distrata não resolve. Não resolve porque nada se solve, resolve ou dissolve: o que era continua, mas sem efeitos. O distrato, portanto, se passa no plano da eficácia. Foi, não é mais.

O objetivo do distrato é amplo: o que pode ser contratado pode ser dissolvido.[14] A autonomia privada autoriza que as partes fiquem livres para extinguirem o contrato da melhor forma que lhes convier.[15]

No caso do distrato, a lei autoriza que as partes fiquem livres para extinguirem o contrato da melhor forma que lhes convier. Contudo, nos contratos cuja forma é prescrita em lei, o art. 472 do Código Civil determina que o distrato deve ser realizado pela mesma forma que o contrato a ser extinto foi celebrado. Ou seja, se a lei exige a escritura pública para a validade daquele, as partes não podem distratá-lo por instrumento particular. Do contrário, nada obsta que um contrato de locação (do qual a lei não exige forma expressa), firmado por escrito, seja distratado de forma verbal.

Como bem asseverou Francisco Eduardo Loureiro,[16] o Código Civil adotou o princípio da atração mitigada das formas, ou seja, deve necessariamente o distrato ter a mesma forma do contrato quando esse for solene. Já os contratos não solenes, cuja forma é livre e de uso facilitado, a critério das partes, não atraem a forma do distrato. Diz-se, por isso, que o distrato é relativamente formal, ou tem simetria relativa de forma.

---

[12] ASSIS, Araken de. *Comentários ao Código Civil brasileiro*: do direito das obrigações. Coord. Arruda Alvim e Thereza Alvim. Rio de Janeiro: Forense, 2007. p. 553. v. 5.

[13] MIRANDA, Francisco Cavalcanti Pontes de. *Tratado de direito privado*: parte especial. 2. ed. Rio de Janeiro: Borsoi, 1962. p. 281. v. 25.

[14] LOUREIRO, Francisco Eduardo. Extinção dos contratos. In: LOTUFO, Renan; NANNI, Giovanni Ettore (Coords.). *Teoria geral dos contratos*. São Paulo: Atlas, 2011. p. 613.

[15] Contudo, nos contratos cuja forma é prescrita em lei, o art. 472 do Código Civil determina que o distrato deve ser realizado pela mesma forma que o contrato a ser extinto foi celebrado. Ou seja, se a lei exige a escritura pública para a validade daquele, as partes não podem distratá-lo por instrumento particular. Do contrário, nada obsta que um contrato de locação (do qual a lei não exige forma expressa), firmado por escrito, seja distratado de forma verbal. A esse respeito, Francisco Eduardo Loureiro afirma que o Código Civil adotou o princípio da atração mitigada das formas, ou seja, deve necessariamente o distrato ter a mesma forma do contrato quando este for solene (LOUREIRO, Francisco Eduardo. Extinção dos contratos. In: LOTUFO, Renan; NANNI, Giovanni Ettore (Coords.). *Teoria geral dos contratos*. São Paulo: Atlas, 2011. p. 613).

[16] LOUREIRO, Francisco Eduardo. Extinção dos contratos. In: LOTUFO, Renan; NANNI, Giovanni Ettore (Coords.). *Teoria geral dos contratos*. São Paulo: Atlas, 2011. p. 613.

14.1.3 Resolução contratual

a) Resolução sem culpa das partes (ou inexecução involuntária)

Mário Júlio de Almeida Costa[17] define a resolução como ato de um dos contraentes dirigido à dissolução do vínculo contratual, em plena vigência desse, e que tende a colocar as partes na situação que teriam caso o contrato não se houvesse celebrado.

A resolução contratual tem por escopo fazer retornar as partes ao *status quo ante*, ou seja, opera, regra geral, de forma *ex tunc*.[18]

Em algumas situações, o contrato se resolve sem culpa das partes. São as hipóteses de caso fortuito ou de força maior, nos termos do art. 393, do Código Civil. Trata-se das hipóteses em que a resolução do contrato decorre de impossibilidade superveniente, objetiva, total e definitiva. Assim, caso, por exemplo, havendo perecimento do objeto sem culpa das partes, a obrigação se resolve e as partes devem ser recolocadas no estado anterior.

Para os casos de resolução sem culpa das partes, não há necessidade de se requerer tal declaração por uma sentença judicial, essa será operada de pleno direito.

b) Resolução por culpa das partes

A resolução, em regra geral, pressupõe, segundo Ruy Rosado Aguiar,[19] o incumprimento do devedor. Assim, se um dos contratantes tiver culpa na extinção do contrato, estaremos diante de inadimplemento voluntário, que vai ter como consequência a faculdade de a parte prejudicada pedir a resolução do contrato ou seu cumprimento, cabendo cumulativamente o pedido de indenização (art. 475, do Código Civil).

O caminho para a declaração da resolução judicial pode ser judicial ou extrajudicial. Orlando Gomes[20] nos ensina que o exercício da faculdade de resolução é distinto por dois sistemas: o francês e o alemão. Pelo sistema francês, a resolução tem de ser requerida judicialmente. Já pelo sistema alemão, ao contrário, admite-se a resolução sem intervenção judicial. O contrato resolve-se de pleno direito. Assim, se um dos contratantes não cumpre a sua obrigação, pode o outro declarar resolvido o contrato, independentemente de pronunciamento judicial.

O sistema brasileiro é híbrido. Isso porque o art. 474 do Código Civil determina que a "cláusula resolutiva expressa opera de pleno direito; a tácita depende de interpelação judicial".

Assim, se o contrato estabelecer uma cláusula resolutiva expressa, ou seja, uma cláusula contratual em que as partes reforçam que ocorrendo o inadimplemento

---

[17] COSTA, Mário Júlio de Almeida. *Direito das obrigações*. 10. ed. Coimbra: Almedina, 2006. p. 319.

[18] Contudo, como bem ressaltado por Orlando Gomes, só é possível remontar à situação anterior à celebração do contrato se este não for de trato sucessivo, pois, do contrário, a resolução não tem efeito em relação ao passado; as prestações cumpridas não se restituem. Assim, ainda segundo Orlando Gomes, o efeito da resolução entre as partes varia conforme o contrato, seja de execução única seja de duração. No primeiro caso a resolução opera *ex tunc*, no segundo, *ex nunc* (GOMES, Orlando. *Contratos*. 26. ed. atual. por Antonio Junqueira de Azevedo e Francisco Paulo de Cresenzo Marino. Rio de Janeiro: Forense, 2008. p. 210).

[19] AGUIAR JÚNIOR, Ruy Rosado de. *Extinção dos contratos por incumprimento do devedor*. Rio de Janeiro: Aide, 2004. p. 31.

[20] GOMES, Orlando. *Contratos*. 26. ed. atual. por Antonio Junqueira de Azevedo e Francisco Paulo de Cresenzo Marino. Rio de Janeiro: Forense, 2008. p. 207.

contratual o contrato resolve-se automaticamente, sem a necessidade de declaração judicial, estaremos diante do sistema alemão.[21]

Contudo, caso não haja a previsão de uma cláusula resolutiva expressa, estaremos diante do sistema francês[22] e haverá a necessidade de interpelação judicial. Nesse caso, estaremos diante da cláusula resolutiva tácita (art. 475 do Código Civil).

c) Resolução por onerosidade excessiva

Por fim, o sistema brasileiro também autoriza a resolução contratual por onerosidade excessiva.

Conforme a lição de Caio Mário da Silva Pereira,[23] todo contrato é previsão e, em todo contrato, há margem para oscilação do ganho e da perda em termos que permitem lucro e prejuízo. Mas quando é ultrapassado um grau de razoabilidade, que o jogo da concorrência tolera, e atinge-se o plano de desequilíbrio, não pode se omitir do homem o direito e deixar que, em nome da ordem jurídica e por amor ao princípio da obrigatoriedade do contrato, um dos contratantes leve o outro à ruína completa e extraia para si o máximo benefício.[24]

Ultrapassada essa razoabilidade, entendeu o legislador que deveria proteger o contraente que sofreu prejuízo em razão da desproporção da sua prestação por fatos imprevisíveis. A possibilidade de resolução por onerosidade excessiva está prevista no art. 478 do Código Civil que disciplina:

> nos contratos de execução continuada ou diferida, se a prestação de uma das partes se tornar excessivamente onerosa, com extrema vantagem para a outra, em virtude de acontecimentos extraordinários e imprevisíveis, poderá o devedor pedir a resolução do contrato.[25]

---

[21] Sobre a desnecessidade da interferência judicial na declaração da resolução, manifestou-se Daniel Ustárroz: "[...] ao se firmarem o pacto, as partes apontam de antemão nos quais o contrato é resolvido, descabe ao Judiciário outra conduta que não a de chancelar suas vontades. Dentro desse contexto, qualquer alteração do conteúdo do contrato deve se dar mediante o reconhecimento das figuras que permitem a anulação do negócio jurídico e jamais pela mera vontade do julgador e sua ideia particular de justiça. Quer dizer isto que, caso o contrato tenha sido celebrado longe de vícios, não cabe a terceiros analisar a gravidade ou não da conduta prescrita na cláusula resolutiva, pois a mesma fora elaborada pelos próprios interessados" (USTARRÓZ, Daniel. A resolução do contrato no novo Código Civil. *Revista Jurídica*, ano 51, n. 304, p. 32-53, fev. 2003. p. 36).
Na mesma senda, Antônio Celso Pinheiro Franco e José Roberto Pinheiro Franco asseveram: "Também adotamos essa linha de pensamento entendendo que havendo cláusula resolutiva expressa estabelecida pelas partes, isso permite ao interessado fazer uso direto da reintegratória, independentemente de uma ação prévia de rescisão contratual" (FRANCO, Antônio Celso Pinheiro; FRANCO José Roberto Pinheiro. Cláusula resolutiva expressa: o exato sentido do art. 119 do CC/1916 e dos arts. 128 e 474 do Diploma Substantivo de 2002. *Revista do Instituto dos Advogados*, ano 13, n. 25, jan./jun. 2010. p. 80).

[22] O Código Civil francês (art. 1.184) determina: "Art. 1.184. La résolution doit être demandeé en justice".

[23] PEREIRA, Caio Mário da Silva. *Instituições de direito civil*. 3. ed. Rio de Janeiro: Forense, 1975. p. 162. v. 3.

[24] Nas palavras de Ênio Zuliani, "a onerosidade excessiva é a metamorfose surpreendente da prestação a cumprir, sinônimo de excesso de peso de carga econômica do contrato de execução continuada ou diferida, constituindo um desavio a ser superado para salvaguarda dos interesses legítimos" (ZULIANI, Ênio. Resolução do contrato por onerosidade excessiva. In: LOTUFO, Renan; NANNI, Giovanni Ettore (Coords.). *Teoria geral dos contratos*. São Paulo: Atlas, 2011. p. 655).

[25] A resolução contratual ou a possibilidade de revisão do contrato por alteração das circunstâncias encontra previsão legal no art. 437 do Código Civil português. Conforme nos ensina Pedro Romano Martinez, esse dispositivo legal estabelece um confronto entre a estabilidade e a segurança jurídica, por um lado; a justiça comutativa, por outro; e, ainda, noutro plano, dir-se-á que existe uma contraposição entre a autonomia das partes e a boa-fé (MARTINEZ, Pedro Romano. *Da cessação do contrato*. 2. ed. Coimbra: Almedina, 2006. p. 157).

14.1.4 Rescisão

A má redação do art. 1.092 do antigo Código Civil de 1916 permitia a "rescisão" do contrato em razão de inadimplemento de uma das partes. Felizmente, esse erro legislativo foi superado pelo art. 475 do Código Civil de 2002.[26]

De todo modo, o termo "rescisão contratual" continua bastante aplicado na prática forense.

Ademais, conforme manifestou Francisco Eduardo Loureiro,[27] inegável a ampla utilização do termo *rescisão* pelos operadores do direito, tanto por advogados em negócios jurídicos, como juízes em sentenças. Ganhou sentido muito mais amplo e sedimentado pelo costume: passou a ser gênero de extinção do contrato.

A nosso turno, no direito brasileiro, entendemos que a rescisão não é a expressão mais técnica para indicar determinada forma de extinção do contrato. Quando o operador do direito se depara com o termo rescisão, deve investigar qual a razão para a extinção daquele negócio jurídico para verificar, no caso concreto, se é caso de resolução ou resilição.[28]

14.2 Da extinção dos compromissos de venda e compra de imóveis: controvérsias atuais e a jurisprudência

Diante do breve resumo a respeito da extinção dos contratos em geral, resta verificar as formas e problemáticas advindas da extinção dos compromissos de venda e compra envolvendo incorporadores e consumidores.

14.2.1 Da resilição unilateral do compromisso de venda e compra

A princípio, a resilição unilateral não parece compatível com o compromisso de venda e compra. Analisemos.

A locação, como visto, admite a denúncia pelo locatário. De fato, não se pode admitir que o inquilino permaneça a vida vinculado a um contrato de locação. No mandato, da mesma forma, o Código Civil também admite a revogação pelo mandante. Nessa hipótese, natural admitirmos que uma pessoa possa extinguir o mandato quando, por exemplo, perde a confiança no mandante.

---

[26] Como nos alertam Pablo Stolze Gagliano e Rodolfo Pamplona Filho, a Lei de Licitações (nº 8.666/93) ainda prevê a "rescisão" de contratos administrativos em face da inexecução total ou parcial do contrato (GAGLIANO, Pablo Stolze; PAMPLONA FILHO, Rodolfo. *Novo curso de direito civil* – Contratos: teoria geral. São Paulo: Saraiva, 2009. p. 256. v. 4. t. I).

[27] LOUREIRO, Francisco Eduardo. Extinção dos contratos. In: LOTUFO, Renan; NANNI, Giovanni Ettore (Coords.). *Teoria geral dos contratos*. São Paulo: Atlas, 2011. p. 611.

[28] Assim, por exemplo, o Código Civil brasileiro emprega o termo *rescisão* em apenas quatro situações. São elas: arts. 455, 607, 609 e 810. Em todas as situações é fácil notar que apesar da palavra rescisão, estamos diante de hipóteses de resolução ou resilição. O art. 607, por exemplo, estabelece que o contrato de prestação de serviço será extinto com a morte de qualquer das partes, pelo escoamento do prazo, pela conclusão da obra ou "pela rescisão do contrato mediante aviso prévio". Trata-se, em verdade, de denúncia do contrato, ou seja, hipótese de resilição unilateral.

Ambas as situações narradas acima cuidam de contratos de trato sucessivo e, uma vez realizada a resilição unilateral, os efeitos seriam produzidos dali para frente, ou seja, os efeitos produzidos pela denúncia/revogação não atingiriam os atos pretéritos.

No caso do compromisso de venda e compra, com fundamento na autonomia privada, existe a possibilidade de as partes, nos termos do art. 420, do Código Civil, estabelecerem o direito de arrependimento. Todavia, parece estranho facultar ao construtor que, após firmado o compromisso de venda e compra, simplesmente desista da continuidade da obra, porque, por exemplo, o preço da mão de obra ficou mais alto. Da mesma forma, a considerar que o construtor utiliza o crédito concedido pelo consumidor na execução da obra e, ainda, porque pode haver um financiamento bancário através de pacto adjeto de alienação fiduciária, parece estranho ser conferido o direito de arrependimento ao consumidor.

Nesses termos, poderia o adquirente, a qualquer momento, valendo-se de um direito potestativo, sem indicar motivos, comunicar o construtor a respeito do seu interesse de extinguir unilateralmente o contrato?

Como bem ressaltado por Francisco Loureiro,[29] o compromisso de venda e compra não é – salvo previsão expressa pactuada entre as partes – daqueles contratos que admitem arrependimento unilateral por uma das partes. Isso porque não há previsão legal para tal modalidade de extinção unilateral.

Na realidade, a lei impõe que o compromisso de venda e compra dos imóveis incorporados é irretratável. Nesses termos é a determinação do art. 32, §2º, da Lei nº 4.591/64.[30]

De fato, nos imóveis incorporados, não há qualquer fundamento legal que obrigaria o construtor a aceitar o pedido de extinção unilateral formulado pelo adquirente. Fosse essa determinação prevista na lei, a considerar que os construtores utilizam crédito pago pelos adquirentes nos contratos para a execução das obras, fatalmente a extinção abrupta e unilateral ensejaria uma insegurança para a própria continuidade do empreendimento, trazendo enormes prejuízos a todo o mercado.

Como destacado por Melhim Chalub,[31] a incorporação imobiliária somente terá êxito se os recursos por ela captados, mediante comercialização e financiamento garantido pelo seu próprio ativo, tiverem ingresso regular e forem direcionados ao cumprimento do seu objeto – execução da obra, liquidação do passivo e retorno do investimento.

---

[29] LOUREIRO, Francisco. Alguns aspectos dos contratos de compromisso de venda e compra de unidades autônomas futuras e o Código de Defesa do Consumidor. In: AMORIM, José Roberto Neves; ELIAS FILHO, Rubens Carmo (Orgs.). *Direito e a incorporação imobiliária*. São Paulo: [s.n.], 2016. p. 14.

[30] Art. 32: "§2º Os contratos de compra e venda, promessa de venda, cessão ou promessa de cessão de unidades autônomas são irretratáveis e, uma vez registrados, conferem direito real oponível a terceiros, atribuindo direito a adjudicação compulsória perante o incorporador ou a quem o suceder, inclusive na hipótese de insolvência posterior ao término da obra. (Redação dada pela Lei nº 10.931, de 2004)". No caso dos imóveis loteados, *vide* o art. 25, da Lei nº 6.766/79, que diz: "São irretratáveis os compromissos de compra e venda, cessões e promessas de cessão, os que atribuam direito a adjudicação compulsória e, estando registrados, confiram direito real oponível a terceiros".

[31] CHALHUB, Melhin. Opinião: jurisprudência consolidada na Súmula 543 do STJ necessita de revisão. In: AMORIM, José Roberto Neves; ELIAS FILHO, Rubens Carmo (Orgs.). *Direito e a incorporação imobiliária*. São Paulo: [s.n.], 2016. p. 36.

Embora a lei não possua nenhuma previsão a respeito da possibilidade de o adquirente extinguir unilateral e imotivadamente o compromisso, fato é que a jurisprudência do Tribunal de Justiça de São Paulo editou a Súmula nº 1, que autoriza, sempre, ao adquirente, requerer a extinção unilateral do contrato.

Nos termos da súmula:

> o compromissário comprador de imóvel, mesmo inadimplente, pode pedir a rescisão do contrato e reaver as quantias pagas, admitida a compensação com gastos próprios de administração e propaganda feitos pelo compromissário vendedor, assim como com o valor que se arbitrar pelo tempo de ocupação do bem.

Em sentido muito próximo, a Súmula nº 543, do Superior Tribunal de Justiça,[32] também autoriza o consumidor a extinguir o contrato, mesmo que não exista qualquer culpa a ser atribuída ao construtor.

Assim, embora a lei não autorize a extinção unilateral, fato é que a jurisprudência concede a possibilidade de o consumidor requerer a extinção contratual, mesmo inadimplente. A jurisprudência, portanto, abriu um caminho ao adquirente para se arrepender da compra realizada declarando, nos casos de relação de consumo, abusiva a cláusula de irretratabilidade do contrato.[33]

A Súmula nº 1, do Tribunal de Justiça de São Paulo, editada no final do ano de 2010 e, portanto, durante os tempos áureos do mercado imobiliário brasileiro, não era tão incômoda aos construtores. Manifestado o interesse do adquirente na extinção do contrato, as empresas normalmente entravam em acordo com o adquirente no tocante aos valores a serem devolvidos. Diante do acordo, as partes firmavam o distrato e, rapidamente, a unidade era alienada a terceiros.

Ocorre que, em tempos de crise, além de as empresas não conseguirem alienar as unidades, os preços dos imóveis estão mais baixos do que há um ou dois anos. Assim, manifestado o interesse do adquirente na extinção, muitas empresas não estão autorizando o término do contrato, justificando exatamente o fato de o contrato não

---

[32] Súmula nº 543 do STJ: "Na hipótese de resolução de contrato de promessa de compra e venda de imóvel submetido ao Código de Defesa do Consumidor, deve ocorrer a imediata restituição das parcelas pagas pelo promitente comprador – integralmente, em caso de culpa exclusiva do promitente vendedor/construtor, ou parcialmente, caso tenha sido o comprador quem deu causa ao desfazimento".

[33] "Apelação – Compromisso de venda e compra de imóvel – Relação de consumo – A despeito da natureza jurídica da requerida, é certo que as partes pactuaram compromisso de venda e compra de unidade habitacional, surgindo daí, inequívoca relação entre fornecedor e consumidor, tal qual disciplinado pela Lei nº 8078/90 – Embora, *no comum das vezes, seja prevista cláusula de irretratabilidade no contrato, tratando-se de inequívoca relação de consumo, afigura-se abusiva a extirpação da possibilidade de arrependimento por parte do compromissário comprador, ainda que inadimplente – Direito potestativo* – Súmula nº 01, desta E. Corte – Embora não se discuta que, com a resolução da avença, as partes devam ser restabelecidas ao 'status quo ante', com a devolução das parcelas pagas, não se pode olvidar das despesas havidas com desfazimento do vínculo, gastos administrativos do empreendimento e eventuais prejuízos da comprometente vendedora – Conquanto indiscutível o descabimento da retenção contratualmente prevista de 30% dos valores pagos, haja vista que os promissários compradores sequer se imitiram na posse da coisa, considerando-se o inequívoco impacto que a rescisão impõe ao sistema arrecadatório da cooperativa e, por conseguinte, o prejuízo direto percebido pelos demais cooperados, afigura-se insuficiente a retenção determinada de 10%, devendo o montante ser majorado a 20% - Recurso a que se dá parcial provimento (TJSP, 13ª Câmara Extraordinária de Direito Privado. Apelação nº 0034426-29.2010.8.26.0506. Rel. Mauro Conti Machado, j. 10.9.2015, registro 10.9.2015).

prever tal possibilidade. Até porque, extinto o contrato, as empresas deverão devolver parte dos valores recebidos (que já estavam previstos para a consecução das obras), bem como terão dificuldades em revender a unidade.

Não havendo acordo judicial, os adquirentes têm proposto ações judiciais, com fundamento na Súmula nº 1, do TJSP e Súmula nº 543, do STJ, requerendo a extinção contratual, imputando abusividade do construtor ao negar a extinção contratual unilateral e, ainda, ilegalidade da cláusula que autoriza retenção acima de 20% dos valores pagos.

Nesses casos, porque imputada culpa à construtora, os consumidores têm manejado ação de resolução contratual. Analisemos.

14.2.2 Resolução dos compromissos de venda e compra

A ação de resolução contratual pode ser manejada, em primeiro lugar, pelo consumidor, porque entende possível a extinção do contrato por culpa a ser atribuída ao incorporador por abusividade da cláusula de irretratabilidade, ilegalidade na retenção de valores, vício construtivo, atraso de obra, entre outros fatores.

Sem prejuízo, a ação de resolução também pode ser intentada pelo incorporador, atribuindo culpa ao consumidor, sobretudo diante do inadimplemento dos valores decorrentes no contrato.

Analisemos.

14.2.2.1 Resolução proposta pelo adquirente

Caso o construtor não autorize a extinção do contrato ou, ainda, quando o adquirente não concordar com os valores da retenção, o caminho será a ação de resolução contratual.[34]

Os fundamentos para a extinção unilateral do contrato são, como já se disse, as referidas súmulas. Da mesma forma, não concordando com os valores da retenção, o adquirente questionará a legalidade da cláusula que autoriza a retenção em percentual acima de 20% dos valores pagos.

A jurisprudência, como já verificado, tem autorizado a extinção unilateral. Os maiores problemas, contudo, dizem respeito ao percentual de retenção de valores. Embora a Súmula nº 1 do TJSP e a Súmula nº 543 do STJ admitam a possibilidade de extinção contratual, nada dizem a respeito do percentual de retenção de valores.

---

[34] A resolução do contrato também caberá, claro, sempre que o incorporador agir com culpa.

Não há um consenso nos julgados. No âmbito do Tribunal de Justiça de São Paulo, há julgados autorizando retenção de 10%,[35] 20%,[36] 30%,[37] 40%[38] e, em alguns casos mais recentes, até 50%[39] dos valores pagos pelo adquirente.

Embora não haja consenso no Tribunal de Justiça de São Paulo a respeito do percentual de retenção dos valores, fato é que a Súmula nº 2 determina que "a devolução das quantias pagas em contrato de compromisso de compra e venda de imóvel deve ser feita de uma só vez, não se sujeitando à forma de parcelamento prevista para a aquisição".

Caso o adquirente tenha recebido as chaves da unidade, além da retenção de parte dos valores, a jurisprudência também admite o pagamento de taxa de ocupação, normalmente arbitrada em 0,5%, ao mês, sobre o valor do contrato.[40]

---

[35] "COMPROMISSO DE COMPRA E VENDA – Rescisão contratual cumulada com restituição de quantias pagas – Desistência dos compradores em razão da impossibilidade financeira – Circunstância que não impede a devolução das parcelas pagas, sob pena de ofensa ao art. 53 do CDC, *admitida a retenção de 10% pela incorporadora para ressarcimento de perdas e danos e despesas administrativas* – Sentença mantida – Recurso desprovido" (TJSP, 5ª Câmara de Direito Privado. Apelação nº 1017889-19.2015.8.26.0003. Rel. Moreira Viegas, j. 6.7.2016, registro 7.7.2016).

[36] "Compromisso de compra e venda – Ação de Rescisão de Contrato cc Reintegração de posse e indenização – Inadimplemento dos compradores verificado – Rescisão contratual – Aplicação das Súmulas 1 e 2 deste E. Tribunal - Retorno das partes ao 'status quo ante' - *Direito de retenção de 20% sobre o valor das parcelas pagas a fim de compensar as despesas operacionais* – Jurisprudência deste Tribunal – Indenização pelo período de ocupação do bem no montante de 0,5% ao mês sobre o valor do contrato, desde o início do inadimplemento até a efetiva desocupação – Levantamento pelos Réus dos valores depositados em juízo - Recurso improvido, com observação" (TJSP, 7ª Câmara de Direito Privado. Apelação nº 1000718-93.2015.8.26.0344. Rel. Luiz Antonio Costa, j. 28.6.2016, registro 28.6.2016).

[37] "COMPROMISSO DE COMPRA E VENDA. COHAB-SP. INADIMPLÊNCIA DA COMPRADORA. MORA CARACTERIZADA. PEDIDOS DE RESCISÃO E DE REINTEGRAÇÃO ACOLHIDOS. AINDA ASSIM, *CABÍVEL A DEVOLUÇÃO DE PARTE (70%) DAS QUANTIAS PAGAS PELA ADQUIRENTE. APLICAÇÃO DO CDC. RETENÇÃO DE 30% PARA FAZER FRENTE ÀS DESPESAS ADMINISTRATIVAS DIANTE DO ROMPIMENTO QUE NÃO DEU CAUSA.* APLICAÇÃO DAS SÚMULAS Nº 02 E 03 DO TJSP. SENTENÇA PARCIALMENTE REFORMADA. RECURSO PARCIALMENTE PROVIDO" (TJSP. Apelação nº 0249905-72.2009.8.26.0002. Rel. Des. Roberto Maia, j. 11.2014. Grifos nossos).

[38] "*RETENÇÃO DE 40% DOS VALORES PAGOS. Razoabilidade, no caso concreto.* Desfazimento do negócio por iniciativa do autor, sob o argumento de que não tem mais condições de efetuar o pagamento das parcelas. Desistência em momento de grave recessão do mercado imobiliário e notória desvalorização dos imóveis. Valor destinado a cobrir as despesas administrativas suportadas pela ré. Recurso parcialmente provido" (TJSP. Apelação nº 1003703-87.2015.8.26.0068. Rel. Hamid Bdine, j. 10.9.2015).

[39] "COMPROMISSO DE COMPRA E VENDA. Rescisão extrajudicial. Pretensões de declaração de nulidade de cláusulas contratuais, de devolução, em dobro, das quantias pagas e de indenização por dano mora. *Desistência do autor compromissário comprador, que não conseguiu financiamento, e recebeu, no distrato, quantia equivalente a cerca de 50% dos valores que havia pago. Pedidos indevidos. Tratando-se de direito disponível, não havendo lei de ordem pública a impor determinado percentual em devolução das quantias pagas, o autor-apelante desistiu do negócio, recebendo determinado valor em restituição e dando plena e irrevogável quitação.* Não tem, portanto, direito de pretender receber mais, ao velado pensamento de que recebeu pouco. Ação improcedente. Sentença mantida. RECURSO DESPROVIDO" (TJSP, 3ª Câmara de Direito Privado. Apelação nº 1040796-65.2014.8.26.0506. Rel. Beretta da Silveira, j. 8.4.2016, registro 8.4.2016).

[40] "AÇÃO DE RESCISÃO CONTRATUAL C.C. REINTEGRAÇÃO DE POSSE - Compromisso de compra e venda de lote - Inadimplemento do preço - AÇÃO DE REVISÃO CONTRATUAL C.C. CONSIGNAÇÃO EM PAGAMENTO - Procedência do pedido relativo ao processo de rescisão e extinção do processo de revisão - Inconformismo da compradora - Acolhimento - Questão sobre a revelia que precluiu - Efeito de presunção, no entanto, que se aplica apenas aos fatos, não às consequências jurídicas - Relação de consumo configurada - Declaração de ofício de nulidade da cláusula de decaimento - Infringência ao art. 53 do Código de Defesa do Consumidor - Indenização arbitrada em 20% das parcelas pagas mais taxa de ocupação de 0,5% do valor do contrato atualizado a partir do inadimplemento até a efetiva desocupação - Processo relativo à ação revisão que deve permanecer extinto - Ausência de interesse processual diante da rescisão por inadimplemento - Sentença reformada em parte - Recurso parcialmente provido" (TJSP, 5ª Câmara de Direito Privado. Apelação nº 0005410-61.2007.8.26.0271. Rel. J. L. Mônaco da Silva, j. 22.6.2016, registro 27.6.2016).

14.2.2.2 Resolução contratual proposta pelo incorporador

Não se tratando de imóvel financiado com pacto de alienação fiduciária, em caso de inadimplemento do adquirente, poderá o construtor resolver o contrato, com fundamento na ausência de pagamento.

Assim será se o contrato estabelecer uma cláusula resolutiva expressa, ou seja, uma cláusula contratual em que as partes reforçam que ocorrendo o inadimplemento contratual o contrato resolve-se automaticamente, sem a necessidade de declaração judicial.

Ocorre que a jurisprudência brasileira, a respeito dos compromissos de venda e compra, historicamente autorizava a extinção contratual somente com a propositura de uma ação judicial, embora o contrato tivesse a cláusula resolutiva expressa.[41]

E a razão desse entendimento, como se pode imaginar, é que muitos construtores, num passado não tão recente, resolviam extrajudicialmente o contrato, mesmo sem conferir o direito de purgação de mora. Em outros casos, a devolução dos valores pagos era irrisória. O abuso do direito abriu as portas para obrigar que a resolução contratual fosse realizada judicialmente.

Mas essa determinação mostrou-se péssima ao mercado, seja para compradores, seja para vendedores. Ao ter de aguardar anos e anos para a resolução do contrato, o vendedor via-se privado da coisa. Além disso, ao final de longos anos de tramitação da ação, o comprador via-se obrigado ao pagamento da taxa de ocupação que dificilmente conseguiria pagar. Somem-se a isso unidades que ficavam inutilizadas, aguardando pronunciamento judicial.

Diante de tal situação, a Lei nº 13.097/2015, recentemente editada, trouxe grande inovação. Nos termos do art. 62, parágrafo único, alterou-se o art. 1º, parágrafo único do Decreto-Lei nº 745/69:

> Art. 1º [...] Parágrafo único. Nos contratos nos quais conste cláusula resolutiva expressa, a resolução por inadimplemento do promissário comprador *se operará de pleno direito* (art.

---

[41] Nesse sentido: "Ação de reintegração de posse derivada da falta de pagamento das prestações do imóvel transacionado, pelo cooperado. Liminar bem denegada, agravo contra a denegação improvido. Necessidade de primeiro ser rescindido o negócio, ainda que haja cláusula resolutiva expressa" (TJSP, 8ª Turma Cível. Apelação nº 991.06.040542-2. Rel. Min. Luiz Ambra, j. 26.5.2010). A questão não é pacífica porque, no próprio TJSP, há julgadores que entendem desnecessário o pronunciamento judicial quando o contrato previr cláusula resolutiva expressa. Da mesma forma: "PROCESSO CIVIL. AGRAVO. RECURSO ESPECIAL. CONTRATO DE COMPRA E VENDA DE IMÓVEL. ANTECIPAÇÃO DA TUTELA. REINTEGRAÇÃO DE POSSE. NECESSIDADE DE MANIFESTAÇÃO JUDICIAL PARA A RESOLUÇÃO DO CONTRATO. PRECEDENTES. REEXAME DE FATOS E PROVAS. INADMISSIBILIDADE. - Diante da necessidade de observância do princípio da boa-fé objetiva norteador dos contratos, na antecipação de tutela reintegratória de posse, é imprescindível prévia manifestação judicial na hipótese de rescisão de compromisso de compra e venda de imóvel para que seja consumada a resolução do contrato. Precedentes. O reexame de fatos e provas em recurso especial é inadmissível. Agravo no recurso especial não provido" (Terceira Turma. AgRg no REsp nº 1.292.370/MS. Rel. Min. Nancy Andrighi, j. 13.11.2012. *DJe*, 20 nov. 2012).

474 do Código Civil), desde que decorrido o prazo previsto na interpelação referida no caput, sem purga da mora. (NR).

A nova redação atribuída ao Decreto-Lei nº 745/69 altera completamente a jurisprudência firmada ao longo dos anos, que determinava a necessidade de pronunciamento judicial para resolução contratual da promessa de venda e compra. A lei deu o recado à jurisprudência, determinando que a resolução se operará de pleno direito, tal como permite o Código Civil.

Após a edição da lei, temos verificado julgados do Tribunal paulista autorizando a reintegração de posse caso a resolução tenha sido realizada de forma extrajudicial.[42]

14.2.3 Distrato dos instrumentos de venda e compra

Como estudado anteriormente, as partes podem firmar o distrato dos instrumentos de promessa de compra e venda, não sendo necessária qualquer solenidade (diferentemente do contrato definitivo de venda e compra de imóveis, que deve ser celebrado obrigatoriamente por escritura pública, nos termos do art. 108, do Código Civil).

Distrato significa que as partes *acordaram* o fim do contrato nas condições ali estabelecidas. Sem prejuízo, o que na prática se tem verificado é que alguns adquirentes, mesmo após firmado o distrato, ingressam com ação judicial, questionando algumas cláusulas acordadas, sobretudo o percentual retido pelo construtor dos valores pagos.

Com fundamento no art. 6º, inc. IV, do Código de Defesa do Consumidor, os adquirentes têm asseverado abusividade da retenção superior a 20% (vinte por cento) dos valores pagos.

É necessário cautela. Se o consumidor, quando informado a respeito dos valores decorrentes para a extinção do contrato, não concordar com eles, não deve assinar o distrato. Nessa oportunidade, a boa-fé implica ao consumidor não assinar o distrato outorgando quitação plena para, posteriormente, ingressar com ação judicial.

Não nos parece razoável (para não dizer má-fé) que o consumidor receba parcialmente os valores decorrentes da extinção do contrato, dê quitação plena no instrumento de distrato, mas, dias depois, ingresse com ação judicial questionando os termos do distrato. Distrato, mais uma vez, significa acordo entre as partes. Se o consumidor não concorda com as condições impostas pelo construtor, bastará não assinar a extinção consensual e bilateral do contrato, para ingressar com ação judicial.

---

[42] "TUTELA ANTECIPADA – Compromisso de compra e venda – Decisão que deferiu liminar para reintegração dos autores promitentes vendedores na posse do imóvel – Inconformismo dos réus, que imputam aos autores a culpa pelo inadimplemento, bem como sustentam a necessidade de prévia rescisão do contrato por determinação judicial – Descabimento - art. 1º do Decreto-Lei nº 745 de 7 de agosto de 1969 teve sua redação recentemente alterada pela Lei nº 13.097 de 19 de janeiro de 2015, dando eficácia à cláusula resolutória expressa quando o promissário comprador é interpelado e deixa de purgar a mora no prazo de 15 dias contados do recebimento desta – Ainda que a notificação previamente encaminhada pelos autores não tenha sido feita pela via judicial ou por intermédio de cartório de títulos, a citação para o feito de origem faz as vezes de interpelação judicial – Incontroverso o inadimplemento e não havendo notícia de purgação da mora, realmente não há óbice ao deferimento da antecipação de tutela, ante a eficácia da cláusula resolutória – Réus recorrentes, ademais, que segundo suas próprias razões, não mais estariam exercendo a posse do imóvel – Decisão mantida – Recurso desprovido" (TJSP, 1ª Câmara de Direito Privado. Apelação nº 2079575-67.2016.8.26.0000. Rel. Rui Cascaldi, j. 6.7.2016, registro 6.7.2016).

14.3 Tentativas e propostas de resolução de conflitos decorrentes da extinção dos contratos de venda e compra

14.3.1 O Pacto para o Aperfeiçoamento das Relações Negociais entre Incorporadores e Consumidores

Tal como amplamente divulgado por alguns veículos de informação, no dia 27.4.2016, a Secretaria Nacional do Consumidor do Ministério da Justiça, o Tribunal de Justiça do Rio de Janeiro, a OAB – Seccional do Rio de Janeiro, a Associação Brasileira das Incorporadoras – Abrainc, entre outros órgãos firmaram o intitulado Pacto para o Aperfeiçoamento das Relações Negociais entre Incorporadores e Consumidores.[43]

A adesão pelo consumidor aos termos do documento é voluntária e o cumprimento fica restrito às entidades que participaram do acordo. Por enquanto, a Associação Brasileira das Incorporadoras (Abrainc) e a Câmara Brasileira da Indústria da Construção (CBIC) fazem parte do acordo. Ressalte-se que as duas entidades têm empresas associadas em todo o território nacional.

O acordo teve como principal escopo apresentar propostas para solução de conflitos entre consumidores e incorporadores que, no transcorrer da crise imobiliária, foram aflorados.

Vários assuntos ali foram tratados. Entre os temas acordados, algumas práticas foram consideradas abusivas, tais como a cobrança do Sati e a taxa de deslocamento. Além disso, o acordo também admite a cláusula de tolerância e cláusula de prorrogação, bem como altera os prazos de garantia, ampliando-os nos termos da norma de desempenho (NBR 15575-1:2013).

Por fim, o acordo também tratou a respeito da extinção dos contratos de promessa de compra e venda de imóveis habitacionais em incorporações imobiliárias.

Em primeiro lugar, asseverou o pacto que tais contratos "são celebrados em caráter irrevogável e irretratável, nos termos da legislação específica (art. 32, §2º, da Lei 4.591/64)".

Contudo, embora entenda o compromisso de venda e compra como irrevogável, admite que "fatores externos podem influir sobre a capacidade econômico-financeira do adquirente que impeçam a concretização de seu projeto de vida" o que autorizaria o consumidor a extinguir o contrato. Contudo, o pacto assevera que a extinção do contrato não pode resultar no "comprometimento da conclusão da obra ou colocar em risco a realização do mesmo projeto pelos demais adquirentes", razão pela qual buscou-se, segundo o texto, uma saída "razoável".

Assim, os partícipes do documento acordaram que, havendo dificuldades financeiras por parte do consumidor, o contrato pode prever cláusula autorizando o distrato, sendo que, nessa oportunidade, seria devida (i) "multa fixa, em percentual nunca superior a 10% sobre o valor do imóvel prometido comprar" ou (ii) "perda integral das arras (sinal) e de até 20% sobre os demais valores pagos pelo comprador, até então".

Além disso, segundo o acordo, "para não se comprometer o fluxo de caixa da incorporação, perseverando-se o patrimônio de afetação", "feitas as deduções dos valores

---

[43] PACTO para o aperfeiçoamento das relações negociais entre incorporadores e consumidores. *Blog do Direito Civil & Imobiliário*, 27 maio 2016. Disponível em: <http://civileimobiliario.web971.uni5.net/pacto-para-o-aperfeicoamento-nas-relacoes-negociais-entre-incorporadoras-e-consumidores/>. Acesso em: 15 jul. 2016.

que serão retidos pelas incorporadoras, a restituição do sobejante ao consumidor" "se daria em parcela única, concedendo-se ao incorporador um prazo de carência de seis meses", ressalvada a hipótese de nova alienação do imóvel.

Como se pode perceber, a redação do pacto, no tocante à extinção contratual, diverge completamente do quanto estabelece a jurisprudência dos tribunais, em especial do Tribunal de Justiça de São Paulo que, em grande parte dos casos, autoriza a retenção de apenas 10% (dez por cento) dos valores pagos pelo consumidor, não admite qualquer multa contratual em caso de extinção contratual (com ou sem culpa do consumidor) e determina que a devolução seja realizada numa única parcela. Justamente por isso que alguns órgãos dos consumidores criticaram o acordo. Segundo alegam, o pacto favorece por demais os incorporadores, em detrimento dos consumidores.

Ademais, segundo noticiado recentemente,[44] o pacto foi suspenso para maior debate junto aos Procons, Comissão Nacional dos Defensores Públicos do Consumidor, entre outros órgãos. Ademais, a Associação Nacional do Ministério Público do Consumidor, por meio de seu presidente, Dr. Plínio Lacerda, divulgou nota asseverando que

> a MPCON participou, a convite, dos debates que antecederam a assinatura do Pacto, assim como outros órgãos de defesa do consumidor, sendo que, todavia, ao final, decidiu não assiná-lo, porque a Associação entendeu que, *apesar da riqueza dos debates, havia na proposta, além de problemas formais, problemas materiais que estão relacionados a pontos em que é claro o indicativo de prejuízos para os consumidores, a pontos em que há desrespeito* à *jurisprudência dos tribunais* [...].[45]

Ainda que o pacto esteja sendo criticado por diversos órgãos de proteção aos consumidores, fato é que o texto abriu o caminho para uma discussão mais ampla, que diz respeito à possível necessidade de elaboração de uma legislação para tratar especificamente da extinção dos contratos de promessa de venda e compra de imóveis incorporados.

Analisemos alguns projetos em curso.

14.3.2 Projeto de Lei nº 1.220/2015

O Projeto de Lei nº 1.220/2015,[46] de autoria do Deputado Celso Russomano, é evidentemente protetivo aos consumidores. Segundo o art. 1º, "nos contratos de compra e venda de imóveis adquiridos na planta é facultado à incorporadora a retenção do valor de até 10% (dez por cento) do valor pago pelo adquirente desistente do negócio, incluindo a taxa de corretagem".

---

[44] CORTÉS, Luísa. Pacto criado para resolver problema dos distratos é suspenso para discussão em órgão de defesa do consumidor. *Construção – Mercado – Negócios de Incorporação e Construção*, 13 maio 2016. Disponível em: <http://construcaomercado.pini.com.br/negocios-incorporacao-construcao/legislacao/pacto-criado-para-resolver-problema-dos-distratos-e-suspenso-para-370942-1.aspx>. Acesso em: 15 jul. 2016.

[45] LACERDA, Plinio; MARQUES, Alessandra Garcia. Nota pública. *MPCON*, 28 abr. 2016. Disponível em: <http://www.mpcon.org.br/arquivo>. Acesso em: 13 jul. 2016.

[46] A este projeto foram apensados o PL nº 3.098//2015 (Dep. Carlos Maneto) e o PL nº 2.616/2015 (Dep. Marco Soares).

Segundo pode se inferir do art. 1º, manifestado o interesse do consumidor na extinção contratual (direito potestativo), as incorporadoras ficam sujeitas à resilição unilateral do contrato, hipótese em que *poderão* reter até 10% (dez por cento) dos valores pagos pelo adquirente. Se for verificada culpa da construtora na extinção do contrato (hipótese de resolução contratual), o projeto determina que retenção alguma será devida.

Ainda segundo o texto (art. 1º, §1º), o prazo para a devolução da quantia será de 30 dias úteis contados da notificação e o valor deverá ser devolvido de uma só vez (art. 1º, §2º).

Como se verifica, o texto é contrário ao que determina o art. 32, §2º, da Lei nº 4.591/64, mas em consonância com a jurisprudência, autorizando a qualquer tempo o consumidor extinguir, de forma unilateral, o contrato (ainda que não exista qualquer culpa por parte da incorporadora). Ademais, o projeto é expresso ao afirmar, no art. 2º, que "o adquirente poderá desistir da compra do imóvel a qualquer momento".

Por fim, o art. 3º, em redação confusa, autoriza a extinção do contrato mesmo que a unidade esteja financiada. Nessas hipóteses, como se sabe, havendo financiamento é praxe do mercado que a própria unidade seja dada em garantia por pacto adjeto de alienação fiduciária (Lei nº 9.514/97). Pela alienação fiduciária, a propriedade resolúvel é transferida ao adquirente. Nesses casos, não há mais *promessa* de venda e compra, razão pela qual não há mais como ser resolvido o contrato preliminar, porque já existe um contrato definitivo. Não cabe, em tais hipóteses, extinção do contrato.

Havendo financiamento bancário, a propriedade resolúvel é transferida para o adquirente. A transação, diga-se, deve ser devidamente registrada perante o Cartório de Registro de Imóveis. Os emolumentos de cartório são recolhidos, assim como o respectivo Imposto de Transmissão de Bem Imóvel – ITBI. Configura, portanto, ato jurídico perfeito, que não pode simplesmente ser "desfeito" pelo mero desinteresse na manutenção da avença anteriormente firmada.

Ademais, como bem ressaltado em julgado do Desembargador Carlos Alberto Garbi, quando a unidade é dada em garantia na alienação fiduciária,

> não é o caso de se aplicar o art. 53 do Código de Defesa do Consumidor, permitindo a restituição das parcelas pagas pelos autores, tampouco de se reconhecer a rescisão do contrato [...]. A hipótese dos autos trata de compromisso de compra e venda com alienação fiduciária em garantia, disciplinada pela Lei nº 9.514/1997, de modo que vencida e não paga a dívida, constituído em mora o fiduciante, a propriedade do imóvel se consolida em nome do fiduciário.[47]

---

[47] "EMBARGOS DE DECLARAÇÃO. OMISSÃO. RECONHECIMENTO. COMPROMISSO DE COMPRA E VENDA COM PACTO ADJETO DE ALIENAÇÃO FIDUCIÁRIA. INADIMPLEMENTO DOS COMPRADORES. RESTITUIÇÃO DAS PARCELAS PAGAS. INADMISSIBILIDADE. IMPOSSBILIDADE DE APLICAÇÃO DO ART. 53 DO CDC. CONSOLIDAÇÃO DA PROPRIEDADE EM NOME DA CREDORA FIDUCIÁRIA. DEVEM OS VENDEDORES PROVIDENCIAR A ALIENAÇÃO DO BEM, CERTO QUE EVENTUAL SALDO CREDOR DEVE SER DEVOLVIDO AOS AUTORES. EMBARGOS DE DECLARAÇÃO DOS RÉUS ACOLHIDOS. EMBARGOS DE DECLARAÇÃO DOS AUTORES PREJUDICADOS. 1. Compromisso de compra e venda com pacto adjeto de alienação fiduciária. Inadimplência dos autores. Reconhecimento na inicial. Obediência à Lei nº 9.514/97. Transferência da propriedade resolúvel do bem. Alienação por leilão público (arts. 26 e 27, da lei). 2. Não é o caso de se aplicar o art. 53 do Código de Defesa do Consumidor, permitindo a restituição das parcelas pagas pelos autores, tampouco de se reconhecer a rescisão do contrato que já foi rescindido. A hipótese dos autos trata de compromisso de compra e venda com alienação fiduciária em garantia, disciplinada pela Lei nº 9.514/1997, de modo que vencida e não paga a dívida, constituído em mora o fiduciante, a propriedade do imóvel se consolida em nome do fiduciário. 3. O inadimplemento dos autores não acarreta a resolução do contrato

O projeto em questão, portanto, parece-nos por demais protetivo aos consumidores, esquecendo-se de que uma proteção exacerbada pode trazer prejuízos ao mercado imobiliário como um todo e, indiretamente, aos direitos dos próprios consumidores.

Sendo autorizada a extinção contratual a qualquer tempo, com retenção de apenas 10% (dez por cento) dos valores pagos e, ainda, autorizando-se a extinção do contrato mesmo nas hipóteses em que o imóvel foi dado em alienação fiduciária, certamente o risco do negócio imobiliário será maior e, consequentemente, o preço do produto ficará mais elevado e as taxas de juros para o financiamento imobiliário também serão majoradas.

14.3.3 Projeto de Lei nº 774/2015

Como contraponto do projeto de lei do Deputado Celso Russomano, também tramita o PLS nº 774/2015, de relatoria do Senador Romero Jucá, que pretende alterar disposições da *Lei nº 4.591/64*, para incluir o art. 67-A naquele diploma legal.

A proposta aproxima-se muito dos termos daquilo que foi acordado no pacto anteriormente estudado.

A respeito do percentual de retenção em caso de extinção do contrato, o projeto prevê que "em caso de desfazimento do contrato, seja mediante distrato ou resolução por inadimplemento de obrigação do adquirente, este fará jus à restituição das quantias que houver pago diretamente ao incorporador" (art. 67-A).

A respeito das deduções, o PLS determina que a retenção dos valores não poderá exceder 25% das quantias pagas. O percentual nos parece razoável, a considerar que há casos em que a jurisprudência admite uma retenção de até 50% dos valores.

Da mesma forma, caso o consumidor tenha recebido as chaves, em caso de extinção do contrato, o projeto prevê que o adquirente responderá por (i) pagamento dos impostos reais incidentes sobre o imóvel (art. 67-A, §3º, inc. I); (ii) cotas de condomínio e contribuições devidas à associação de moradores (art. 67-A, §3º, inc. II); (iii) valor correspondente à fruição do imóvel, "calculado de acordo com critério pactuado no contrato ou, na falta de estipulação, fixado pelo juiz em valor equivalente ao de aluguel de imóvel do mesmo padrão do objeto do contrato" (art. 67-A, §3º, inc. III); e, por fim, (iv) demais encargos incidentes sobre o imóvel e despesas previstas no contrato (art. 67-A, §3º, inc. IV).

Como visto, as deduções acima listadas são permitidas pela jurisprudência. É possível imaginarmos inclusive que, a depender do período em que o consumidor ocupou o imóvel e dependendo do quanto pagou, o adquirente acabe não tendo qualquer crédito para ser levantado, deixando, inclusive, um saldo devedor em favor da construtora.

O ponto mais controverso do projeto é certamente a determinação do §5º, do art. 67-A. Segundo tal dispositivo, tendo sido realizados os cálculos das retenções devidas e havendo saldo remanescente aos consumidores, "o pagamento será realizado em três

---

de compra e venda, perfeito e acabado, mas a resolução da propriedade fiduciária. 3. Embargos de declaração dos réus acolhidos para negar provimento à Apelação dos autores e manter a sentença de improcedência do pedido. Embargos de Declaração dos réus prejudicados. (TJSP, 10ª Câmara de Direito Privado. Embargos de Declaração nº 0116029-47.2011.8.26.0100. Rel. Carlos Alberto Garbi, j. 12.5.2015, registro 17.6.2015; outros números: 116029472011826010050000).

parcelas mensais e subsequentes, vencendo-se a primeira após um prazo de carência de doze meses, contados da data do desfazimento do contrato" (art. 67-A, §5º). Caso ocorra a revenda da unidade antes de transcorrido o período de carência, o remanescente devido ao adquirente será pago em até trinta dias da revenda (art. 67-A, §6º).

Tal determinação é contrária à jurisprudência, sobretudo a referida Súmula nº 2, do Tribunal de Justiça que determina que "a devolução das quantias seja realizada de uma só vez".

Contudo, parece-nos razoável que o valor da devolução seja pago de forma parcelada, para que o prejuízo causado pela extinção contratual não seja ainda mais agravado.

Nesses termos, a proposta do PL nº 774/2015 parece-nos mais razoável do que aquela do PL 1.220/2015. Ainda assim, embora a proposta de uma legislação possa auxiliar na resolução dos conflitos, talvez não os encerre definitivamente.

Conclusão

Enquanto crescente o mercado imobiliário, a extinção dos contratos não era das questões mais conflitantes. Quisesse o consumidor o término do contrato, o incorporador não apresentava grandes óbices: a retenção dos valores pagos era pequena e a revenda da unidade era rápida. Por isso a jurisprudência que autorizava a extinção contratual a qualquer tempo pelo consumidor não era tão incômoda às empresas.

A crise econômica alterou completamente esse cenário. Com a baixa dos preços das unidades, a revenda mostrou-se muito difícil, razão pela qual as incorporadoras passaram a se indispor contra a jurisprudência que já era consolidada no Tribunal de Justiça de São Paulo e no Superior Tribunal de Justiça.

Diante disso, há necessidade de rediscutirmos a extinção unilateral pelo consumidor. A primeira discussão é justamente saber se o compromisso de venda e compra autoriza a extinção unilateral imotivada.

Como já referimos, por diversos motivos, sobretudo pela segurança na execução da obra, o compromisso de venda e compra no regime de imóveis incorporados é irretratável, nos exatos termos do art. 32 §2º, da Lei nº 4.591/64. Ao continuarmos permitindo a possibilidade de que a todo momento o consumidor possa se valer de um direito potestativo para, sem qualquer justificativa, extinguir unilateralmente o contrato, estaremos colocando em risco a atividade imobiliária.

É necessário que as razões que levem o consumidor à extinção do contrato sejam justificáveis e não mero "inconveniente" na permanência do contrato. Daí é que concordamos com as palavras do homenageado Prof. José Osório de Azevedo Jr.[48] Ao afirmar que "é preciso que haja motivação ética e econômica suficiente para justificar o comportamento do compromissário, como, por exemplo, graves dificuldades financeiras, morte ou doença na família, etc, compelindo-o a dar por findo o contrato". Ainda segundo o autor, "o puro arrependimento choca-se com o princípio da segurança das relações jurídicas e econômicas".

---

[48] AZEVEDO JR., José Osório de. *Compromisso de compra e venda*. 5. ed. São Paulo: Malheiros, 2006. p. 209.

Nessa senda é que, prevalecendo a tese de que o adquirente pode encerrar o contrato a qualquer momento, entendemos que a jurisprudência deve ter olhos mais atentos ao incorporador, para autorizar a cobrança de compensação pecuniária suficiente para recompor o prejuízo decorrente da extinção realizada unilateralmente pelo consumidor (desde que, naturalmente, não exista qualquer culpa por parte do incorporador).

Por outro lado, a necessidade de releitura da jurisprudência não significa que os direitos dos consumidores devem ser esquecidos. A retenção de valores acima do razoável certamente fere o direito do consumidor, que não pode amargar grande prejuízo porque, por exemplo, perdeu o seu emprego e não tem mais condições de permanecer naquele contrato.

Daí porque, embora seja interessante à lei prever as situações nas quais cabe ou não a resilição contratual, qual o percentual permitido de retenção dos valores pagos ou mesmo a possibilidade de cobrança da multa contratual, fato é que não nos parece ser possível chegarmos a uma condição matemática para todos os casos.

Nos conflitos decorrentes da extinção do contrato de venda e compra, há necessidade de o julgador verificar as circunstâncias do caso concreto para que seja possível realizar o término do contrato da forma mais justa.

Assim, por exemplo, ao levar em conta as circunstâncias do caso, a aplicação da cláusula penal, em sua integralidade, poderá ser excessiva, razão pela qual caberá a redução, nos exatos termos do art. 413, do Código Civil. Da mesma forma, a depender do caso, a devolução dos valores antes do término da obra poderá colocar em risco a continuidade do empreendimento, razão pela qual o juiz poderá estabelecer critério aplicável para aquela circunstância.

De fato, como forma de prestigiar a segurança jurídica, melhor seria se os conflitos fossem resolvidos pela aplicação da lei, desde que, claro, fosse estabelecido um critério científico-legal suficientemente justo para recompor os prejuízos de ambas as partes pelo término do contrato.

Todavia, antecipando que o legislador não conseguirá prever um critério científico e justo para todas os casos, necessário que o aplicador realize não apenas uma análise matemática e quantitativa, mas qualitativa sobre as circunstâncias que envolvem a extinção do contrato.

Informação bibliográfica deste texto, conforme a NBR 6023:2002 da Associação Brasileira de Normas Técnicas (ABNT):

GOMIDE, Alexandre Junqueira. Tempos de crise: controvérsias envolvendo a extinção do compromisso de venda e compra de imóveis. In: TEPEDINO, Gustavo; TEIXEIRA, Ana Carolina Brochado; ALMEIDA, Vitor (Coord.). *Da dogmática à efetividade do Direito Civil*: Anais do Congresso Internacional de Direito Civil Constitucional – IV Congresso do IBDCivil. 2. ed. rev., ampl. e atual. Belo Horizonte: Fórum, 2019. p. 527-546. ISBN 978-85-450-0545-2.

CAPÍTULO 15

ENTRE O POSITIVISMO FORTE E O PRAGMATISMO: UM EXAME DA INTERPRETAÇÃO DADA PELO SUPERIOR TRIBUNAL DE JUSTIÇA À CLÁUSULA GERAL DE RESPONSABILIDADE OBJETIVA NO ÚLTIMO TRIÊNIO[1]

DANIEL SILVA FAMPA

15.1 Notas introdutórias

Das grandes mudanças ocasionadas pela incidência das normas constitucionais na ordem civil, talvez uma das mais notáveis seja a remodelação do instituto da responsabilidade civil, que ganhou *status* constitucional, consubstanciado pela expressa previsão do direito à indenização por danos materiais, morais ou à imagem, incluído no rol de direitos e garantias fundamentais do art. 5º da Constituição Federal, especificamente nos incs. V e X.

Duas das principais transformações referentes ao dever de reparar que merecem destaque são: o deslocamento do olhar do jurista do agressor para a vítima do dano, impondo a prevalência dos bens de conteúdo imaterial sobre aqueles de conteúdo estritamente patrimonial, pela necessidade de concretização do princípio da dignidade da pessoa humana; bem como a tendência de objetivação do direito, tendo em vista a inadequação do modelo subjetivo de imputação de danos a novas realidades que se materializaram no decorrer do século XX como consequências do processo de globalização, impondo uma releitura dos pressupostos do dever de reparar.

---

[1] Artigo originalmente apresentado à disciplina Teoria Geral da Prova, ministrada pela Prof.ª Dr.ª Gisele Santos Fernandes Góes no Programa de Pós-Graduação em Direito da Universidade Federal do Pará (PPGD/UFPA).

Essa tendência à proliferação de modelos objetivos de responsabilidade civil pelo ordenamento jurídico não é propriamente uma inovação, datando seu início do começo do século XX, com a edição do Decreto Regulador da Responsabilidade Civil em acidentes ocorridos em estrada de ferro em 1912. A inovação está, contudo, no estabelecimento de cláusula geral de responsabilidade objetiva no Código Civil de 2002, fugindo à lógica de outras normas, que não se valeram desta técnica legislativa e objetivaram a responsabilidade civil de forma muito particular em seus respectivos âmbitos de aplicação.

A cláusula geral em questão, contida no parágrafo único do art. 927 do CC02, divide opiniões entre juristas quanto a seu fundamento e sua relevância na solução de casos concretos, sendo necessário examinar a jurisprudência do Superior Tribunal de Justiça (ou Tribunal da Cidadania) em relação à matéria nos últimos anos, por se tratar da Corte que tem a missão constitucionalmente atribuída de uniformizar a jurisprudência que tratar de lei federal (CF, art. 105, inc. III, alínea "c"), como é o caso do dispositivo legal em comento.

Este exame demanda, contudo, um respectivo balizamento, ou seja, um pano de fundo teórico, para o qual se utilizará a construção da teoria econômica do jurista norte-americano Richard Posner em sua obra, especialmente em suas interfaces com o objeto da responsabilidade civil e com os modelos de magistrado por ele apresentados, para analisar de qual deles o Tribunal da Cidadania mais vem se aproximando em suas decisões.

15.2 O estado atual da responsabilidade civil objetiva pelo risco no Brasil

A existência de parâmetros objetivos de imputação de responsabilidade civil não é novidade em nosso sistema jurídico. Não obstante, pode-se afirmar que a inclusão de dispositivo no Código Civil de 2002 que incorporou a responsabilidade civil objetiva fundada expressamente em teorias do risco seja elemento digno de análise; seja pela constatação de um fator de ruptura com os pressupostos tradicionais da reparação civil, ou mesmo pela necessidade de manuseio de termos absolutamente imprecisos, tais como "risco" e "atividade".

O surgimento da responsabilidade civil objetiva na realidade brasileira representa um componente robusto do quanto se tem caminhado na consagração de um novo olhar sobre o direito de danos. E isto se diz não apenas em relação àquela responsabilidade fundada no risco do ato desencadeador do dano, mas também na que se ampara em fatores como o caráter diabólico que pode assumir o ônus da prova em algumas situações (relações de consumo – CDC, arts. 12, *caput* e 14, *caput*), assim como na dimensão do bem jurídico recebedor de tutela pela via do instituto da responsabilidade civil (Lei nº 6.938/81, art. 14, §1º).

Modernamente, a objetivação do dever de reparar é enxergada como alternativa ao modelo tradicional de imputação, muito mais adequado ao contexto da pós-modernidade, marcado pelas relações de massa e pela existência de riscos diversos à integridade biopsicofísica dos indivíduos, compreendidos a partir da premência pelo desenvolvimento científico e tecnológico.[2] Frente a este conjunto de acontecimentos, portanto, há quem enxergue a objetivação da responsabilidade civil como uma das mais notáveis tendências desta seara das relações privadas.[3]

Estes elementos formadores do *status quo* das relações contemporâneas entre particulares conduzem, na origem, ao grande argumento em defesa do modelo objetivo de responsabilização civil: o da insuficiência do sistema tradicional de imputação, calcado na culpabilidade, no qual a vítima precisava comprovar a existência de dolo ou culpa *lato sensu* (imprudência, negligência ou imperícia) no ato do agente para que restasse configurado o dever de reparar.

Esta sistemática, contudo, apresentou desgastes com o tempo, a partir da complexificação das relações sociais, sendo o maior destes aquele referente à dificuldade de comprovação da culpa em determinadas situações, o que levava o ônus da prova a se tornar algo quase diabólico para a vítima, que deixava de ser reparada pelos danos sofridos por não dispor "de acesso aos meios probatórios ou ao custeio para a produção destes",[4] levando, com o passar do tempo, à adoção de diversas presunções de culpa.[5]

Inicialmente, estas presunções de culpa eram relativas, admitindo prova em contrário; isto é, cabia ao agente comprovar que não agiu com culpa no ato causador do dano para que fosse dispensado do dever de reparar, como no caso da responsabilidade por ato de outrem.[6] Entretanto, tais presunções foram gradativamente se tornando absolutas, tanto pelas mãos dos juízes quanto pela interpretação doutrinária do fenômeno, "de tal modo que o juiz, ao final, já presumia de forma tão definitiva a culpa do ofensor que isso equivalia a dispensar a culpa para a responsabilização".[7]

A par destas mudanças no âmbito acadêmico e no exercício da atividade jurisdicional, o legislador passou a inserir diversos dispositivos que previam a responsabilidade civil objetiva em regramentos específicos, inicialmente no Decreto nº 2.681/1912 (art. 1º), que tratava da responsabilidade pelos acidentes em estradas de ferro, e mais recentemente no Código de Defesa do Consumidor (arts. 12, *caput* e 14, *caput*) e na Política Nacional do Meio Ambiente (Lei nº 6.938/81, art. 14, §1º), entre outros.

Com o advento do Código Civil de 2002, estabeleceu-se, de forma simultânea, uma cláusula geral a tratar da responsabilidade civil subjetiva, para os casos nos quais se faz necessária a comprovação da culpa (CC, art. 186 c/c art. 927, *caput*), e uma cláusula geral de responsabilidade civil objetiva, fundada na ideia de risco da atividade (CC, art. 927, parágrafo único),[8] sendo o Brasil o primeiro país a positivar uma cláusula geral

---

[2]   FARIAS, Cristiano Chaves de; ROSENVALD, Nelson; BRAGA NETTO, Felipe Peixoto. *Curso de direito civil*. 1. ed. Salvador: JusPodivm, 2014. p. 503. v. 3.

[3]   CHINELLATO, Silmara Juny de Abreu. Tendências da responsabilidade civil no direito contemporâneo. In: DELGADO, Mário Luiz (Org.). *Novo Código Civil*: questões controvertidas – Responsabilidade civil. São Paulo: Método, 2006. p. 588.

[4]   LEAL, Pastora do Socorro Teixeira. Responsabilidade civil: inovações normativas, desafios e perspectivas. In: LEAL, Pastora do Socorro Teixeira (Org.). *Direito civil constitucional e outros estudos em homenagem ao Prof. Zeno Veloso*: uma visão luso-brasileira. São Paulo: Atlas, 2014. p. 463.

[5]   SCHREIBER, Anderson. *Direito civil e Constituição*. São Paulo: Atlas, 2013. p. 153-154.

[6]   CAVALIERI FILHO, Sergio. *Programa de responsabilidade civil*. São Paulo: Atlas, 2012. p. 205.

[7]   SCHREIBER, Anderson. *Direito civil e Constituição*. São Paulo: Atlas, 2013. p. 154.

[8]   Diz o art. 927, parágrafo único do Código Civil: "Haverá obrigação de reparar o dano, independentemente de culpa, nos casos especificados em lei, ou quando a atividade normalmente desenvolvida pelo autor do dano implicar, por sua natureza, risco para os direitos de outrem".

de imputação objetiva do dever de reparar,[9] tal previsão normativa atuando como um divisor de opiniões acerca de qual seria o seu fundamento.[10]

Fica claro, portanto, que o legislador fez a opção não de abandonar a responsabilidade civil subjetiva, mas de fazê-la conviver com a responsabilidade civil objetiva, sendo certo que a cada uma será dado regrar um conjunto tal de condutas danosas; enquanto a primeira ordenará as situações gerais de práticas de dano, para as quais não houver qualquer previsão de imputação objetiva do dever de reparar, a segunda atuará apenas quando as circunstâncias do caso concreto permitirem se enquadrar na dicção legal do art. 927, parágrafo único do CC02, ou mesmo de outros dispositivos legais que venham a incidir, a depender da natureza da relação jurídica firmada.

Esta opção de preservar o modelo subjetivo de responsabilização civil ocorreu justamente porque este contém um fundamento diverso daquele que embasa a ideia de responsabilidade objetiva: para um, a ideia de culpa, de reprimenda pelo próprio caráter ilícito da conduta, de falta moral,[11] evidenciando a busca por um padrão de comportamento;[12] para o outro, a noção de risco e a materialização de um dispositivo legal que busca atender a um novo padrão de sociedade e a tutelar vítimas em determinadas relações jurídicas não abarcadas pela responsabilidade subjetiva.

É por esta razão que não se pode considerar a responsabilidade objetiva como um tipo de imputação que é a evolução dos parâmetros tradicionais, pois se trata de modelos amparados em razões jurídicas distintas e correspondentes a relações sociojurídicas de matrizes diversas.

Aliás, os fenômenos jurídicos devem ser compreendidos em perspectiva temporal, não devendo o direito atual ser visto como o ápice da racionalidade científica das civilizações que o precederam, sendo certo que o passado sempre terá algo a contribuir com dilemas cotidianos da contemporaneidade,[13] o que não é, decerto, diferente no que se refere à relação da responsabilidade civil com seus pressupostos.

É necessário frisar, todavia, que o modelo objetivo é notoriamente o mais adequado para nossa realidade atual, pois a coisificação do ser humano é perpetrada justamente pelos fatores da pós-modernidade descritos no início deste capítulo, em especial a proliferação de relações massificadas, criando um contexto de pobreza relativa, no qual os indivíduos passam a ser categorizados e valorizados (ou subvalorizados) pela capacidade de consumir e pela forma como o fazem.[14]

Uma análise pormenorizada da microfísica destas relações sociais – especialmente as de consumo – leva à inevitável conclusão de que os conceitos de "hipossuficiência" e

---

[9] MORAES, Maria Celina Bodin de. Risco, solidariedade e responsabilidade objetiva. *Revista dos Tribunais*, São Paulo, v. 95, n. 854, 2006. p. 14.

[10] MORAES, Maria Celina Bodin de. Risco, solidariedade e responsabilidade objetiva. *Revista dos Tribunais*, São Paulo, v. 95, n. 854, 2006. p. 14. p. 15-17.

[11] SCHREIBER, Anderson. *Direito civil e Constituição*. São Paulo: Atlas, 2013. p. 154.

[12] PASCUAL ESTEVILL, Luis. *Hacia un concepto actual de la responsabilidad civil* – Parte general. Barcelona: Bosch, 1989. p. 103. t. 1.

[13] FONSECA, Ricardo Marcelo. *Introdução teórica à história do direito*. Curitiba: Juruá, 2009. p. 23.

[14] SANTOS, Milton. *Por uma outra globalização*: do pensamento único à consciência universal. 24. ed. Rio de Janeiro: Record, 2015. p. 71.

"vulnerabilidade" permanecem (ou, ao menos, devem permanecer) no imaginário dos juristas e que a lógica da igualdade entre particulares necessita de um repensar imediato.

Assim, é quase impossível desatrelar desta análise a própria ideia de risco, que se espera ser a viga mestra da construção da responsabilidade civil objetiva no Código Civil vigente, pelos contornos que o termo "risco" assume nesse novo estado de coisas, notabilizado pelo já referido avanço tecnológico que cria novas possibilidades de danos à pessoa humana.

Incoerentemente, ressalte-se, o conjunto de técnicas produzidas a partir deste avanço tecnológico não se encontra disponível para toda a coletividade, mas apenas para os grupos hegemônicos que compõem a sociedade, ao passo em que os demais indivíduos "continuam utilizando conjuntos menos atuais e menos poderosos"[15] dos resultados produzidos por estes avanços.

Diz-se ser isto incoerente porque subverte a própria ideia de solidariedade social e o objetivo republicano de "construir uma sociedade livre, justa e solidária" (CF, art. 3º, inc. I), tendo em vista que os ônus dos processos de desenvolvimento nos mais diversos âmbitos da atividade econômica organizada são repartidos entre todos os indivíduos, enquanto os bônus destinam-se apenas a um grupo muito particular de sujeitos.

Transplantando isto para a lógica que permeia o direito de danos, o modelo objetivo de imputação do dever de reparar impede que um só indivíduo "suporte sozinho os ônus e prejuízos da atividade coordenada de toda a comunidade",[16] em especial no que for referente a atividades de conteúdo econômico, que tragam benefícios desta ordem àqueles que as exploram, sustentando a assimilação da teoria do risco-proveito no direito brasileiro, um dos possíveis fundamentos teóricos da cláusula geral do art. 927, parágrafo único do Código Civil brasileiro.[17]

Entretanto, a compreensão do termo "risco" como elemento que dá suporte à ideia de reparação sem culpa gera diversos problemas no exercício da atividade hermenêutica do dispositivo legal referido, pois a própria confusão começa na polêmica sobre qual seria o grande sustentáculo teórico da cláusula geral referida: se a teoria do risco-proveito, a qual impõe a necessidade de um benefício econômico auferido pelo agressor para que seja caracterizado o dever de reparar, ou a teoria do risco criado, para a qual tal benefício é despiciendo, bastando a criação de risco efetivo para os direitos de terceiro para que se proceda à imputação da responsabilidade civil.

Algo que ilustra bem as controvérsias acerca destas teorias e de qual delas assumiria o papel de elemento doutrinário fundante do art. 927, parágrafo único, é a proposição do enunciado formulada pelo Prof. Eugênio Facchini Neto para a VII Jornada de Direito Civil, realizada em setembro de 2015 pelo Conselho de Justiça Federal – CJF, buscando a aplicação do dispositivo em questão aos acidentes de trânsito,[18] com

---

[15] SANTOS, Milton. *Por uma outra globalização*: do pensamento único à consciência universal. 24. ed. Rio de Janeiro: Record, 2015. p. 25.

[16] LEAL, Pastora do Socorro Teixeira. Responsabilidade civil: inovações normativas, desafios e perspectivas. In: LEAL, Pastora do Socorro Teixeira (Org.). *Direito civil constitucional e outros estudos em homenagem ao Prof. Zeno Veloso*: uma visão luso-brasileira. São Paulo: Atlas, 2014.

[17] TARTUCE, Flávio. *Direito Civil* – Direito das obrigações e responsabilidade civil. 9. ed. São Paulo: Método, 2014. p. 485. v. 2.

[18] A proposta de enunciado possuía o seguinte teor: "Considerando que a circulação de veículos é uma atividade que, por sua natureza, implica risco para os direitos de outrem, responde o seu condutor de forma objetiva

fundamento na teoria do risco criado, tendo a proposta sido rejeitada por maioria na Comissão de Trabalho de Responsabilidade Civil da Jornada.

Por tudo isto, buscar entender o modo como o Superior Tribunal de Justiça vem enfrentando as principais questões referentes à responsabilidade civil objetiva pelo risco revela-se tarefa fundamental na consolidação de um modelo objetivo de imputação de danos no Brasil, notadamente com relação às diferentes significações que o termo "risco" pode assumir para justificar tomadas de posição nos julgamentos realizados.

15.3 A relevância da análise econômica para a estruturação de um modelo objetivo de imputação do dever de reparar

No decorrer do século XX, surgiram diversas obras de importantes teóricos do contexto de sistemas jurídicos ocidentais acerca da chamada análise econômica do direito (*law and economics*) ou teorias econômicas do direito, impondo uma nova forma de pensar as estruturas normativas, que revolucionou os padrões da época e continua a impactar a racionalidade jurídica dos dias de hoje.

Independentemente do juízo de valor que se faça acerca deste pensamento e do mérito que se dê a ele na reformulação da exegese de institutos jurídicos e categorias pertencentes aos mais diversos ramos da produção normativa – direito da concorrência, direito penal, responsabilidade civil etc. –, é inegável que se trata da abordagem contemporânea do direito das mais ambiciosas, e que tem em seu conjunto de objetivos a louvável pretensão de explicar a tomada de decisões judiciais,[19] analisando a produção do direito no plano jurisdicional.

Entre os pensadores que mais contribuíram e contribuem para o crescimento da análise econômica do direito, situa-se o norte-americano Richard Allen Posner, atualmente professor da Universidade de Chicago e que atuou como magistrado por muitos anos no Tribunal de Apelação norte-americano da 7ª região, destacando-se como um dos grandes expoentes do pragmatismo moderno no direito.

Sua produção nesta área iniciou-se com o clássico *Economics analysis of law*, no ano de 1973, em um momento no qual a análise econômica se destinava majoritariamente ao estudo da regulação da concorrência e da atividade comercial como um todo, embora seja justo afirmar que já se realizavam algumas incursões em matéria de tributação, direito societário e propriedade intelectual.[20]

Contudo, a partir de Posner e alguns de seus contemporâneos notáveis, tais como Gary Becker, Ronald Coase e Guido Calabresi, os estudos sobre os impactos econômicos da produção do direito romperam estes limites e foram expandidos para diversos outros fenômenos jurídicos, alcançando a responsabilidade civil e a discussão acerca dos danos indenizáveis e do modelo objetivo de imputação do dever de reparar.

Para compreender as contribuições que a teoria econômica vem dando e pode vir a dar para a construção de um sistema de responsabilização civil compatível os princípios

---

pelos danos causados. Sua responsabilidade, porém, é excluída pelas causas normais de exclusão do nexo de causalidade, como força maior, fortuito externo, fato de terceiro e fato exclusivo da vítima".

[19] POSNER, Richard. *Problemas de filosofia do direito*. São Paulo: Martins Fontes, 2007. p. 473.

[20] POSNER, Richard. *Fronteiras da teoria do direito*. São Paulo: Martins Fontes, 2011. p. 7.

e valores de índole constitucional e assim atingir os objetivos específicos do presente capítulo, deve-se dividir a análise em dois momentos: (1) inicialmente, um exame mais abrangente sobre a relação entre a responsabilidade civil e a teoria econômica tal como proposta por Posner, tendo como pano de fundo o princípio constitucional da dignidade da pessoa humana; (2) a seguir, um estudo específico sobre o papel que os juízes têm (ou devem ter, de acordo com o ideário posneriano) na solução dos casos relativos à matéria e na distribuição dos ônus produzidos.

Sobre o primeiro ponto, cumpre asseverar que um conceito tal como utilizado por Posner e pelos demais teóricos da análise econômica exige uma análise minuciosa, pois corresponde ao cerne dos debates sobre os danos que são ou não reparáveis e quem deve suportar este dano.

Trata-se do conceito de eficiência, o qual, em linhas gerais, designa a relação existente entre custos e benefícios, sendo que os benefícios podem ser entendidos não apenas como as vantagens diretamente auferidas, mas também como os prejuízos evitados. Para que algo seja eficiente, portanto, deve produzir a menor quantidade possível de ônus (somatória qualitativa dos custos, ou seja, com peso maior para os custos de maior impacto) e a maior quantidade possível de bônus[21] (somatória também qualitativa dos benefícios), quase que como uma relação aritmética entre estes dois fatores e com notória inspiração da doutrina utilitarista de Jeremy Bentham.[22]

É por meio desta relação entre custos e benefícios da atividade econômica desenvolvida, materializada com o conceito de eficiência, que se obtém um critério válido para definir quais danos devem ser considerados indenizáveis e quais não devem ser, traduzindo-se tal parâmetro na fórmula seguinte: $O < AP$,[23] correspondendo "O" aos ônus suportados pelo lesante em potencial para evitar a ocorrência de danos, "A" ao acidente em si, isto é, o ato que lesionou um bem jurídico da vítima, e "P" equivalendo, por fim, ao prejuízo efetivo que causa à vítima e que será subtraído do patrimônio daquele que praticou o ato causador do dano.

Em termos simples, a lógica é a seguinte: ao se deparar com uma demanda indenizatória concreta, em que o propositor da demanda busque a reparação por danos que sofreu, ao verificar que os danos efetivamente ocorreram, o julgador deve ponderar se os custos arcados pelo agressor para evitar o dano (custos de prevenção) são maiores que os custos a serem assumidos em caso de condenação (custos de reparação).

Assim, se os custos de prevenção forem maiores que os de reparação, então o agressor não deverá ser responsabilizado; se, em contrapartida, forem menores, então isto significará que o agente deveria ter implementado tais custos de prevenção, devendo arcar com os danos à esfera jurídica da vítima.

Ressalte-se que, para Carlo Rossello, há, ainda, outro elemento a ser adicionado na compreensão do dano indenizável: o dever do devedor de mitigar as próprias perdas (*duty to mitigate the own loss*); assim, no entender do referido autor, "o custo global do

---

[21] RUZYK, Carlos Eduardo Pianovski. A responsabilidade civil por danos produzidos no curso de atividade econômica e a tutela da dignidade da pessoa humana: o critério do dano ineficiente. In: RAMOS, Carmem Lúcia Silveira (Org.). *Diálogos sobre direito civil*. Rio de Janeiro: Renovar, 2002. p. 137.

[22] POSNER, Richard. *Fronteiras da teoria do direito*. São Paulo: Martins Fontes, 2011. p. 6

[23] POSNER, Richard. *Fronteiras da teoria do direito*. São Paulo: Martins Fontes, 2011. p. 11.

dano é relação inversa entre os custos de prevenção do autor do dano e dos custos de prevenção ou de redução do dano por parte da vítima".[24] [25]

Pois bem. A adoção da fórmula (O < AP) foi realizada pela primeira vez em 1947, pelo juiz norte-americano Learned Hand, no caso Estados Unidos *et al. v.* Carroll Towing Co. *et al.*,[26] referente a uma empresa (Grace Line Co.) que causou danos patrimoniais a partir do afundamento de uma embarcação da empresa Caroll Towing Co., situada em um píer com problemas na estrutura, os quais causaram o prejuízo e que eram da alçada da Grace Line Co., sendo esta, portanto, condenada ao fim do processo, com base na fórmula em comento.

Embora esta fórmula tenha sido inicialmente utilizada como *ratio decidendi* exclusivamente em casos de responsabilidade civil subjetiva,[27] com a necessária comprovação da culpa do agente, entende-se não apenas ser perfeitamente aplicável as hipóteses fáticas que envolvam a responsabilidade objetiva, mas também ser muito mais recomendada para estes casos do que para aqueles fundados no pilar da culpabilidade.

Isto porque é possível entender que, na raiz, a ideia de custos de prevenção está atrelada a atividades desenvolvidas com habitualidade, em sua maioria compreendendo pessoas jurídicas com finalidade empresarial/lucrativa, que possuem, no curso de suas ações cotidianas, diversos custos necessários a evitar a ocorrência de danos, como é o caso, por exemplo, dos ônus oriundos das medidas de prevenção de acidentes de trabalho exigidas por diversas normas regulamentadoras (NRs).

Desta forma, pode-se afirmar com segurança que, para a conjuntura socioeconômica dos dias de hoje, marcada pelos elementos evidenciados no primeiro capítulo de desenvolvimento, a ideia da fórmula revela-se muito mais compatível com a cláusula geral de responsabilidade objetiva pelo risco da atividade (CC, art. 927, parágrafo único) do que com o tradicional modelo subjetivo, para o qual imperam outras razões determinantes do dever de reparar.

Vale ressaltar, ainda, que a lógica advinda da referida fórmula faz surgir algumas preocupantes limitações no sentido de sua aplicação prática, duas das quais merecem um comentário especial. A primeira delas diz respeito à necessária ponderação entre bens de conteúdo extrapatrimonial, intrinsecamente conectados à dignidade da pessoa humana e, portanto, detentores de elevada estima na ordem constitucional vigente, e custos que manifestam interesse predominantemente patrimonial, em patamar de proteção menor do que, por exemplo, os direitos da personalidade.

Neste sentido, fica a indagação de se seria adequado utilizar pressupostos de índole utilitarista em relação a determinados bens que compõem a cláusula geral de tutela da pessoa humana contida no art. 1º, inc. III do Texto Supremo, a qual, justamente por se

---

[24] ROSSELLO, Carlo. *Il danno evitabile*: la misura della responsabilità tra diligenza ed efficienza. Padova: Cedam, 1990. p. 223.

[25] Tradução livre de "il costo complessivo del danno è relazione inversa dei costi di prevenzione della parte dell'autora del danno stesso e dei costi di prevenzione e/o riduzione della parte del danneggiato".

[26] Breve resumo do julgamento e algumas questões problemáticas sobre ele podem ser encontrados em *United States et al. V. Carroll Towing Co., Inc., et al.* Disponível em: <http://fs2.american.edu/dfagel/www/Cases/usVcarroltowing.pdf>.

[27] POSNER, Richard. *Fronteiras da teoria do direito*. São Paulo: Martins Fontes, 2011.

tratar de conceito genérico, necessita de mecanismos efetivos de concretização, tendo em vista que "seu uso indiscriminado pode conduzir à banalização".[28]

Há em sentido contrário, todavia, a ideia de que, independentemente da equiparação entre custos de prevenção e custos de reparação, são interesses juridicamente tutelados e que devem ser reparados, sendo isto um consectário lógico da teoria do interesse, o que parece muito mais apropriado enquanto parâmetro de aferimento do dever de reparar.

A segunda dificuldade que a utilização da fórmula impõe também diz respeito às hipóteses circunstanciáveis a partir de bens imateriais, e é referente à possibilidade de tabelamento de indenizações, podendo ser explicada por meio do exemplo a seguir.

Imagine-se que determinado juiz, ao se deparar com uma ação de indenização por danos morais cuja causa de pedir reside no cancelamento injustificado de um voo, decide utilizar a fórmula discutida para verificar se a empresa de aviação civil X deve ser responsabilizada pelos transtornos causados ao indivíduo A, proponente da demanda indenizatória.

Munido da informação do valor exato dos custos de prevenção da empresa X, o magistrado esbarrará na impossibilidade de conhecer de imediato a quantia referente aos custos de reparação, pois estes poderão ser conhecidos apenas no fim da fase de conhecimento e em caso de condenação, tendo em vista que, por se tratar de indenização postulada a partir da violação a bem jurídico sem valoração econômica expressa, pode ser determinada por arbitramento, na forma do art. 81, §3º do Código de Processo Civil.

Assim, para fugir desta encruzilhada e conseguir definir ao menos uma margem aproximada do *quantum* indenizatório em caso de condenação da empresa X, o julgador apenas terá a seu favor um único recurso de informação: o *quantum* utilizado em julgados análogos, a partir do qual poderá definir de modo genérico se a empresa deverá arcar com os danos a A ou não.

O grande problema é que com isto poderão deixar de ser consideradas circunstâncias do caso concreto que afetariam drasticamente a definição do montante da indenização, para mais ou para menos, citando-se, como exemplo, a redução equitativa da indenização em caso de excessiva desproporção entre a gravidade da culpa e o dano (art. 944, parágrafo único do CC de 2002), entre outras possibilidades de inadequação entre as peculiaridades do caso e a formação de precedentes que informem o padrão de valores em casos similares.

E isto não é uma realidade muito improvável de concretização no plano jurídico brasileiro, uma vez que, em setembro de 2009, o próprio Superior Tribunal de Justiça, por meio de sua assessoria de imprensa, divulgou tabela dos valores comumente atribuídos aos casos mais frequentes de pedidos de indenização por danos morais, o que não parece, decerto, a melhor solução para a fixação do *quantum*,[29] pela real possibilidade de serem desprezadas as peculiaridades do caso, ou de terem estas sua importância minimizada.

As duas dificuldades expostas – a contraposição entre bens imateriais e custos patrimoniais e o perigo de tabelamento do valor da indenização, com o consequente

---

[28] SCHREIBER, Anderson. *Direitos da personalidade*. 3. ed. São Paulo: Atlas, 2014. p. 8.

[29] BAROUCHE, Tônia de Oliveira. Os danos morais e o judiciário – A problemática do quantum indenizatório. Âmbito *Jurídico*, Rio Grande, ano XIV, n. 88, maio 2011. Disponível em: <http://www.ambito-juridico.com.br/site/?n_link=revista_artigos_leitura&artigo_id=9563&revista_caderno=7>. Acesso em: 24 jul. 2016.

descarte das circunstâncias fáticas da demanda – aliam-se, ainda, a um terceiro entrave, este de natureza conceitual: o distanciamento existente entre o dano injusto e o dano ineficiente.

Não obstante ambos se prestem à mesma finalidade, qual seja a de definir quais danos devem ser suportados pela vítima e quais devem ser custeados pelo agente causador, há uma disparidade considerável em seu sentido etimológico e, consequentemente, no leque de situações que ensejarão o dever de reparar ou não. Se este último é entendido meramente a partir do confronto entre custos de prevenção e de reparação, o primeiro (dano injusto) tem acepção mais ampla.

É lugar comum entre os teóricos contemporâneos do direito de danos a afirmação de que o dano, como um dos pressupostos para a configuração do dever de reparar, não é interpretado de forma indiscriminada; é dizer que, embora o dano seja considerado por muitos o elemento mais essencial entre os pressupostos – por não haver responsabilidade sem dano –[30] não é qualquer dano que deve ser reparado pelo agente à vítima, mas apenas aquele concebido sob a alcunha de dano injusto, assim definido como aquele que agride um interesse juridicamente tutelado da vítima e que, portanto, não deve ser suportado por esta.[31]

Os tipos de dano, então, que não se enquadrariam na categoria de dano injusto, seriam aqueles que agridem um interesse não tutelado pela ordem jurídica (*e.g.*, o prejuízo gerado por um débito não pago oriundo de apostas em jogos de azar), ou devem ser suportados pela vítima por seu próprio caráter de licitude (como no caso de um enfermeiro que por meio de uma seringa retira sangue de um paciente para que a amostra seja utilizada em seu diagnóstico).

Apesar de os conceitos de dano injusto e o de dano concebido sob a égide da eficiência econômica apresentarem conotações distintas, ambos podem servir à afirmação da proteção da pessoa humana, pois, como o próprio Posner afirma, para o pragmatista – sendo ele um dos mais destacados defensores da abordagem pragmática do direito –, "os conceitos devem servir às necessidades humanas",[32] e as categorias jurídicas dos diversos ramos demandam constantes ajustes para que satisfaçam estas necessidades.

Por isso, em um contexto de constitucionalização do direito civil vivido a partir da promulgação da Carta de 5.10.1988, com a elevação expressa do ser humano ao patamar de fundamento de nossa República por meio da cláusula geral de tutela da pessoa humana contida em seu art. 1º, inc. III, os conceitos do direito privado devem corresponder a esse ideal de proteção da pessoa e de seus bens jurídicos, não sendo diferente para a definição de dano.

É precisamente neste ponto que reside a razão pela qual a noção de dano ineficiente, cujas premissas se valem de máximas advindas da doutrina utilitarista, é insuficiente para corresponder à totalidade de situações danosas que devem ser objeto de reparação:

---

[30] FARIAS, Cristiano Chaves de; ROSENVALD, Nelson; BRAGA NETTO, Felipe Peixoto. *Curso de direito civil*. 1. ed. Salvador: JusPodivm, 2014. p. 265. v. 3.

[31] LEAL, Pastora do Socorro Teixeira. Responsabilidade civil: inovações normativas, desafios e perspectivas. In: LEAL, Pastora do Socorro Teixeira (Org.). *Direito civil constitucional e outros estudos em homenagem ao Prof. Zeno Veloso*: uma visão luso-brasileira. São Paulo: Atlas, 2014. p. 462-463.

[32] POSNER, Richard. *Para além do direito*. São Paulo: Martins Fontes, 2009. p. 422.

A análise econômica, na verdade, tal como preconizada por seus defensores, acaba por transformar o direito em mero instrumento para a realização dos fins da economia: o jurídico é utilizado e direcionado para produzir a eficiência econômica. [...] *Ao contrário, o direito deve contribuir para promover a eficiência econômica apenas quando esta atender – ou, ao menos, não prejudicar – a concretização dos objetivos do ordenamento jurídico,* consubstanciados nos princípios e valores constitucionais.[33]

Com isso, verifica-se que a eficiência econômica deve ser concebida como meio para satisfação das necessidades humanas, e nunca como finalidade do sistema civil de reparação, razão pela qual se entende ser possível a abordagem econômica para auxiliar a estruturação do modelo objetivo de responsabilidade pelo risco, desde que em compatibilidade com a tábua axiológica constitucional e com a definição de dano injusto – muito mais adequada para servir de sustentáculo ao pressuposto "dano", por abranger um rol bem mais amplo das hipóteses de danos, garantindo, assim, maior proteção à pessoa humana.

15.3.1 Os modelos de juiz na doutrina de Richard Posner

Feitas estas considerações acerca da relação geral entre o direito de danos e a análise econômica do direito, faz-se necessária uma breve análise acerca do papel do Judiciário na construção dos novos paradigmas da responsabilidade civil e na solução de problemas, em especial, no que é pertinente a este trabalho, àqueles que dizem respeito à hermenêutica dos conceitos indeterminados relativos à matéria.

Para Posner, há, basicamente, duas categorias de magistrados: de um lado, os que propugnam suas posições essencialmente por meio dos textos normativos e das demais fontes do direito, sendo denominados juízes positivistas e, de outro, os juízes pragmatistas ou pragmáticos, sendo tais termos utilizados para designar aqueles que se valem da abordagem econômica do direito para decidir, e não os que porventura forem adeptos do pragmatismo enquanto posição filosófica.

O juiz positivista – entendido pelo autor no sentido forte de positivismo – é "aquele que acredita que o direito é um sistema de normas estabelecidas pelo poder legislativo e meramente aplicadas pelos juízes",[34] destoando de modo drástico da construção de positivismo como categoria autônoma de sistema jurídico e de organização normativa tal como formulada por Hans Kelsen, Herbert L. A. Hart e muitos outros.

Assim, o juiz positivista em Posner utiliza como fundamento determinante em sua tomada de decisões as fontes formais do direito (legislação, jurisprudência etc.), alinhavando seus posicionamentos especialmente em coerência com os princípios assumidos como decisivos por outras autoridades no passado, de modo a garantir a coerência, que materializa, a um só tempo, tanto a segurança jurídica quanto a previsibilidade do direito.

---

[33] RUZYK, Carlos Eduardo Pianovski. A responsabilidade civil por danos produzidos no curso de atividade econômica e a tutela da dignidade da pessoa humana: o critério do dano ineficiente. In: RAMOS, Carmem Lúcia Silveira (Org.). *Diálogos sobre direito civil.* Rio de Janeiro: Renovar, 2002. Grifos nossos.

[34] POSNER, Richard. *A problemática da teoria moral e jurídica.* São Paulo: Martins Fontes, 2012. p. 381.

O juiz pragmatista, de outra banda, vai além de tais elementos, não tendo desinteresse por eles, por se constituírem em "depósitos de conhecimento e até, às vezes, de sabedoria",[35] mas orienta seu senso julgador buscando encontrar a decisão que se revele mais apta a atender às necessidades presentes e futuras, congregando interesses dos mais diversos nesta análise.

Desta forma, o juiz pragmático, de acordo com o autor, encara jurisprudência, legislação e o texto constitucional como pontos de referência e fontes de informação, não precisando se vincular a eles, contudo, para encontrar a solução mais adequada para decidir os chamados *hard cases* (casos difíceis), ou seja, como elementos meramente persuasivos.

Duas questões saltam aos olhos em relação a estas definições de Posner. A primeira delas é o já referido abismo que existe entre o conteúdo do positivismo como corrente de interpretação do direito e o que o autor chama de juiz positivista, levando o positivismo às últimas consequências, possivelmente no afã de enxertar em seu leitor a conclusão de que o pragmatismo é muito mais adequado para lidar com a complexidade dos fenômenos jurídicos atuais.

A segunda inferência possível de ser feita é a de que os dois modelos de magistrado apresentados são tipos ideais, sendo perfeitamente factível que um mesmo juiz desempenhe comportamentos pertencentes a cada uma das categorias em momentos diferentes de sua atividade, ainda que ao se deparar com os *hard cases*.

Com as devidas ressalvas ao posicionamento adotado por Posner na definição dos atributos do juiz positivista, deve-se ter em mente que o viés pragmático na tomada de decisões é uma realidade na resolução de muitos casos concretos, sendo, portanto, plausível questionar se o Superior Tribunal de Justiça vem se aproximando mais do estrito positivismo – doravante também chamado de positivismo forte – ou do pragmatismo em matéria de responsabilidade civil objetiva pelo desempenho de atividade de risco.

15.4 Principais pontos das decisões do STJ sobre a matéria no último triênio

A pesquisa jurisprudencial que originou este artigo foi realizada no banco de dados do referido tribunal, disponível em seu sítio eletrônico na internet,[36] em julho de 2016, com a utilização dos termos "risco não 'serviço público'" na caixa de busca e o preenchimento do campo "legislação" com a referência ao art. 927 do Código Civil, sendo filtrados os tipos de decisão para a disponibilização apenas dos resultados encontrados na forma de acórdãos, excluindo-se, portanto, súmulas, decisões monocráticas e informativos de jurisprudência.

Ao todo, foram encontrados 18 acórdãos, do período de 1º.7.2013 a 30.6.2016, dos quais 2 tiveram sua análise inviabilizada por dizerem respeito a sistemáticas de outros ramos do direito: um referindo-se à matéria trabalhista (REsp nº 1.443.271/RS) e outro tocante a dano ao meio ambiente (REsp nº 1.373.788/SP), ambos com regramentos

---

[35] POSNER, Richard. *A problemática da teoria moral e jurídica*. São Paulo: Martins Fontes, 2012. p. 382.

[36] <http://www.stj.jus.br/sites/STJ>.

específicos, embora, é claro, estes dialoguem com as disposições sobre a responsabilidade civil no CC02.

Isto se manifesta também na ideia de risco manifestada na cláusula geral do art. 927, parágrafo único, uma vez que a reparação de dano ambiental se arquiteta sobre a teoria do risco integral, uma das modalidades de teoria do risco que foi objeto de construção doutrinária no transcurso do século XX.

No que tange aos demais casos, cumpre asseverar que, na maioria deles, o conjunto dos fatos aponta para danos sofridos na rede mundial de computadores (internet) por meio de conteúdo ofensivo produzido por terceiros, geralmente se tratando de danos de caráter extrapatrimonial, cujas demandas têm no polo passivo provedores de conteúdo de internet, sendo ações desta natureza atualmente regidas pela Lei nº 12.965/2014, o Marco Civil da Internet.

O entendimento do Tribunal da Cidadania nestes casos, já manifestado em diversos precedentes registrados, inclusive anteriores ao período de busca das decisões examinadas, é o de que não cabe, em princípio, a imputação do provedor de conteúdo em tais hipóteses, salvo quando o provedor for notificado pelo usuário a retirar o conteúdo ofensivo do ar e não o fizer em tempo ágil. O fundamento desta posição pode ser obtido a partir da leitura de trecho do voto do Min. Raul Araújo no julgamento do Agravo Regimental em Recurso Especial nº 681.413/PR:

> Quanto à alegada ofensa aos arts. 186 e 927 do Código Civil, no que se refere à responsabilidade da recorrente, ora agravante, e a configuração do dano, como afirmado na decisão ora agravada, este Tribunal Superior já se manifestou no sentido de que: I) o dano moral decorrente de mensagens com conteúdo ofensivo inseridas no site pelo usuário não constitui risco inerente à atividade desenvolvida pelo provedor de conteúdo, pelo que não se lhes é aplicável a responsabilidade objetiva, prevista no art. 927, parágrafo único, do CC/2002; II) a fiscalização prévia dos conteúdos postados não é atividade intrínseca ao serviço prestado pelo provedor de conteúdo, cabendo ao ofendido individualizar o que lhe interessa e fornecer o URL.
>
> Outrossim, houve esta Corte de Justiça pontuar que implicará responsabilidade subjetiva do provedor, se: I) ao ser adequadamente comunicado de que determinado texto ou imagem tem conteúdo ilícito, não vier a agir de forma ágil, retirando o material do ar, sob pena de responder solidariamente com o autor direto do dano, em virtude da omissão praticada; II) não mantiver um sistema ou não adotar providências, que estiverem tecnicamente ao seu alcance, após receber o URL, de modo a possibilitar a identificação do usuário ou a individuação deles, a fim de coibir o anonimato.[37]

Quanto à adequação do referido precedente e de seus antecessores ao regramento previsto no Marco Civil da Internet, nada há que se questionar quanto à posição sustentada, por estar em consonância com o que estabelece o art. 19, *caput* da Lei nº 12.965/2014,[38] que determina que o provedor de aplicações de internet só poderá ser

---

[37] Íntegra do acórdão STJ, Quarta Turma. AgRg nº 681.413/PR. Rel. Min. Raul Araújo, j. 8.3.2016. *DJe*, 17 mar. 2016. Disponível em: <https://ww2.stj.jus.br/processo/revista/inteiroteor/?num_registro=201500482796&dt_publicacao=17/03/2016>. Acesso em: 24 jul. 2016.

[38] Art. 19, *caput*: "Com o intuito de assegurar a liberdade de expressão e impedir a censura, o provedor de aplicações de internet somente poderá ser responsabilizado civilmente por danos decorrentes de conteúdo gerado por terceiros se, após ordem judicial específica, não tomar as providências para, no âmbito e nos limites técnicos do

responsabilizado se, após ordem judicial específica que determine a retirada do ar do conteúdo tido como ofensivo, não tomar as providências necessárias para tornar o respectivo conteúdo indisponível a quem acessar seu sítio eletrônico.

A única distinção entre a disposição normativa em comento e o acórdão da Quarta Turma do STJ, neste caso, é que o texto legal do Marco Civil exige expressamente que a ciência do provedor para a retirada do conteúdo do ar seja feita por ordem judicial específica para esta finalidade, sendo que, nos julgados sobre a matéria, a Corte vem afirmando que o provedor deve ser "comunicado", não asseverando, contudo, a forma desta comunicação.

Já no que se refere à utilização da ideia de risco e seu consequente amparo no art. 927, parágrafo único do Código Civil, o Tribunal entendeu, no mesmo julgado, que a fiscalização constante dos conteúdos que são disponibilizados por terceiros em seus domínios virtuais não é atividade intrínseca ao serviço prestado, especialmente por se tratar de empresa que proporciona serviço de busca (Google Brasil Internet Ltda.), levando à conclusão de que não se trata de risco inerente à atividade desenvolvida (fortuito externo).

Outro caso de destaque necessário é o REsp nº 1.183.121/SC, relatado pelo Ministro Luis Felipe Salomão, também pela Quarta Turma da Corte. Nele, é imputada a prática de danos morais e materiais sofridos por uma pessoa física à Empresa Brasileira de Correios e Telégrafos – EBCT, após assalto realizado dentro de um banco postal do Banco Bradesco, que atuou como interessado na demanda.

Em suas razões recursais, a EBCT alegou que a ocorrência de assalto configura-se como fortuito externo, estranho ao exercício rotineiro de suas atividades e, portanto, suficiente para demonstrar o rompimento do nexo de causalidade, o que a eximiria do dever de reparar o indivíduo lesado. Salientou, ainda, que, muito embora tenha firmado contrato de prestação de serviços de correspondência bancária, prestando serviço de "banco postal" no local onde ocorreu o assalto, não é prestadora de serviços bancários, possuindo personalidade de direito público, o que também serviria de ensejo para afastar a imputação de danos a ela.

O Ministro Luis Felipe Salomão, em seu voto como relator, afirmou, a este respeito, que ao exercer atividades como distribuição de boletos, contas de águas, telefone e luz etc., a ECT é regulada pelo regime próprio do direito privado, sendo temporariamente excluída do regime especial a que tem direito enquanto desempenha serviços explorados pela União em forma de monopólio.

Além deste argumento em prol da manutenção da condenação dos Correios, outro é de igual ou maior influência na justificação do voto do ministro relator, possuindo relação fulcral com o objeto deste trabalho. Leia-se o trecho na íntegra:

> Ao realizar a atividade de banco postal, contrato de finalidade creditícia, a ECT buscou, no espectro da atividade econômica, aumentar os seus ganhos e proventos, pois, por meio dessa relação, o correspondente aproveita recursos ociosos, aumenta o movimento de consumidores, usa a marca do banco, ampliando as receitas, fidelização dos clientes, acesso

---

seu serviço e dentro do prazo assinalado, tornar indisponível o conteúdo apontado como infringente, ressalvadas as disposições legais em contrário".

aos produtos e serviços do sistema financeiro, além de ser um diferencial competitivo para atrair a clientela.[39]

Trata-se, notoriamente, de um argumento com base na análise econômica do direito, pois justifica a imputação do dever de reparar no argumento de que foram auferidos benefícios concretos pela entidade demandada, impactando de forma determinante, portanto, a cadeia de custos e benefícios das atividades que habitualmente desenvolve, demonstrando resquícios de uma postura pragmatista.

O último caso que merece apreciação é o REsp nº 1.098.236/RJ, sob a lavra do Ministro Marco Buzzi (Quarta Turma), no qual o autor da demanda clamou ter sido atingido por projétil disparado por arma de fogo de propriedade de empresa de segurança que, ao desenvolver suas atividades empresariais rotineiras, teve funcionários surpreendidos com a ação de assaltantes na saída de agência bancária em horário e local de grande circulação de pessoas.

Ao proferir seu voto, o ministro relator rechaçou a tese de defesa da empresa de segurança que advogava a não imputação de responsabilidade a ela, com fundamento no cumprimento de todas as normas padrões de conduta no exercício de suas atividades, por entender que o evento roubo constitui-se em risco inerente ao curso regular de sua rotina, compondo a ideia de fortuito interno, que deve ser arcado pela empresa.

Apesar de o inteiro teor do acórdão deste julgado não conter argumentos formulados a partir de um raciocínio oriundo da teoria econômica do direito, pode-se afirmar que a própria construção da distinção entre fortuito interno e fortuito externo está ligada, em sua essência, a pressupostos de natureza econômica.

Isto porque, como visto, a jurisprudência do STJ é assente no sentido de interpretar fortuito interno como aquele inerente à atividade exercida pela empresa, e que, portanto, compõe a lógica dos benefícios por ela regularmente auferidos, enquanto que o fortuito externo, *a contrario sensu*, guarda relação com elementos de pouca ou nenhuma previsibilidade, fugindo deste contexto de custo-benefício e devendo ser suportado pela vítima.

Assim, sendo o elemento central de distinção entre as duas modalidades de fortuito (interno e externo) o seu grau de vinculação às atividades desempenhadas pela empresa e, consequentemente, dizendo respeito aos efetivos benefícios que podem ser auferidos com aquela prática, pode-se considerar que a tomada de decisão no julgamento em questão privilegiou uma conduta pragmatista do STJ, evidenciando a adoção de preceitos típicos da análise econômica do direito.

É imperioso ressaltar que uma crítica possível a esta conclusão é a de que a construção dos conceitos de fortuito interno e externo não é exclusivamente de índole jurisprudencial, mas que conta com o nobre aparato das pesquisas acadêmicas, materializadas em obras doutrinárias de igual estima, pelo que o Tribunal não estaria sendo propriamente pragmatista, mas valendo-se de argumentos que não partiram exatamente das razões de decidir de julgados anteriores.

---

[39] Íntegra do acórdão STJ, Quarta Turma. REsp nº 1.183.121/SC. Rel. Min. Luis Felipe Salomão, j. 24.2.2015, public. 7.4.2015. Disponível em: <https://ww2.stj.jus.br/processo/revista/documento/mediado/?componente=ATC&sequencial=34843243&num_registro=201000346682&data=20150407&tipo=91&formato=PDF>. Acesso em: 24 jul. 2016.

A este respeito, pode-se antecipar que, muito embora a compreensão destas categorias jurídicas seja afetada por ambos os segmentos, não é a origem da construção do entendimento de uma prática que define se um magistrado é prioritariamente, na definição de Posner, positivista forte ou pragmatista, mas sim sua consideração, na composição da *ratio decidendi*, de elementos que fujam ao positivismo como corrente de aplicação do direito.

Com base nesta cadeia de argumentos, pode-se concluir que, muito embora seja relativamente pequeno o número de decisões do STJ que utilizem a ideia de risco contida no art. 927, parágrafo único para delimitar o âmbito do dano reparável, pode-se notar uma pequena tendência do Tribunal da Cidadania na adoção de fundamentos de decidir compatíveis com a abordagem pragmática do direito e com pressupostos de sua teoria econômica.

15.5 Considerações finais

No estado de coisas pós-moderno que compõe os pilares do direito civil brasileiro, enquadra-se uma conjuntura socioeconômica notabilizada por fatos sociais relativamente recentes, notadamente a cultura da massificação das relações entre os indivíduos e proliferação de riscos diversos a partir da busca constante pelo desenvolvimento tecnológico.

Para esta nova realidade, o modelo tradicional de responsabilidade civil, denominado "subjetivo" ou "com culpa" revela-se anacrônico e insuficiente, razão pela qual surgiu, no bojo da atividade de produção normativa pátria, a figura da responsabilidade civil objetiva ou "sem culpa", cuja consolidação ocorreu com a previsão de uma cláusula geral no "novo" Código Civil, celebrada pelo disposto no art. 927, parágrafo único.

Uma das maneiras de interpretar este notável fenômeno da responsabilidade objetiva é por meio da abordagem pragmática do direito e de sua análise econômica, conforme difundida por Richard Posner e outros importantes doutrinadores, sendo o critério do dano ineficiente uma possível resposta para a problemática da reparabilidade dos danos, baseado na ideia de eficiência.

A adoção de pressupostos que se amparam nestas premissas utilitaristas, que alicerçam a análise econômica do direito, leva os magistrados que o fazem a serem caracterizados como juízes pragmatistas, ao passo que, em paralelo, Posner desenvolve a nomenclatura de juízes positivistas para aqueles cuja análise carece de elementos de natureza consequencial e do sopesamento entre custos e benefícios.

A partir, disso, buscou-se analisar se o Superior Tribunal de Justiça, em relação aos casos de responsabilidade civil objetiva pelo risco, vem decidindo prioritariamente sob a égide de componentes positivistas, ou se prevalece o domínio de circunstâncias pragmáticas nas razões de decidir, tendo-se chegado à conclusão de que há a incidência de fatores econômicos na decisão sobre a categorização de um dano como justo ou injusto.

Desta forma, à luz da conceituação realizada por Posner acerca do papel a ser desempenhado pelos magistrados na produção do direito, essencialmente no que se refere à responsabilidade civil objetiva pelo risco, objeto do presente trabalho, verificou-se que o STJ vem adotando uma postura mais aproximada do pragmatismo, pois, além de aplicar a normativa de regramentos positivados, vale-se de argumentos de cunho consequencialista na definição dos casos relativos à matéria.

Informação bibliográfica deste texto, conforme a NBR 6023:2002 da Associação Brasileira de Normas Técnicas (ABNT):

FAMPA, Daniel Silva. Entre o positivismo forte e o pragmatismo: um exame da interpretação dada pelo Superior Tribunal de Justiça à cláusula geral de responsabilidade objetiva no último triênio. In: TEPEDINO, Gustavo; TEIXEIRA, Ana Carolina Brochado; ALMEIDA, Vitor (Coord.). *Da dogmática à efetividade do Direito Civil*: Anais do Congresso Internacional de Direito Civil Constitucional – IV Congresso do IBDCivil. 2. ed. rev., ampl. e atual. Belo Horizonte: Fórum, 2019. p. 547-563. ISBN 978-85-450-0545-2.

CAPÍTULO 16

DA DOGMÁTICA À EFETIVIDADE: REVISITANDO A TEORIA DA NULIDADE SOB VIÉS FINALISTA DE CONTROLE DE PROTEÇÃO[1]

DANIELA CORRÊA JACQUES BRAUNER

Introdução

O tema da teoria das nulidades intriga estudiosos e aplicadores da ciência jurídica, em razão da sua complexidade e ausência de consenso sobre seus pontos.[2] Muitos autores afirmam a desnecessidade de se trabalhar com os três planos relativos ao negócio jurídico – plano da existência, validade e eficácia –, atribuindo um papel de maior destaque apenas para este último aspecto.[3] O presente estudo parte do entendimento desenvolvido pela Escola Pandectística e, no Brasil, por Pontes de Miranda e Antônio Junqueira de Azevedo, no sentido de atribuir importância à análise do negócio jurídico a partir da divisão de planos e o desenvolvimento da teoria do fato jurídico com os delineamentos necessários para se conceituar negócio jurídico e a configuração de nulidade.

A importância da análise pela dogmática do negócio jurídico por meio dos três planos facilita o entendimento do conceito de nulidade para a ciência jurídica. Justamente no segundo plano, da validade, é que se sustenta a própria distinção teórica promovida

---

[1] Trabalho desenvolvido na disciplina Teoria Geral do Direito Privado, do Prof. Dr. Bruno Miragem, em curso de Doutorado na UFRGS, sob a orientação da Profa. Dra. Cláudia Lima Marques.

[2] AZEVEDO, Antônio Junqueira de. *Negócio jurídico*: existência, validade e eficácia. 4. ed. São Paulo: Saraiva, 2002. p. 25. Conforme refere o autor, "essa divergência, essa aparente impossibilidade de se chegar a uma clara definição dos termos, tem levado toda a doutrina da família romano-germânica a considerar das mais difíceis e intrincadas a teoria das nulidades".

[3] *Vide* PEREIRA, Caio Mário da Silva. *Instituições de direito civil*. 23. ed. Rio de Janeiro: Forense, 2013. p. 374. v. I e THEODORO JÚNIOR, Humberto. Negócio jurídico. Existência. Validade. Eficácia. Vícios. Fraude. Lesão. *Revista dos Tribunais*, v. 780. p. 11-28, out. 2000.

pela teoria do fato e independência da categoria do negócio.[4] Há assim uma identidade do plano da validade com a categoria de negócio jurídico. O plano da validade irá informar e formar toda uma estrutura teórica para a teoria da nulidade, inclusive graduando, segundo maior gravidade ou não, a existência de nulidades e anulabilidades. Embora tenha reflexos em toda a teoria geral do direito, foi no direito civil que encontrou os delineamentos necessários para se desenvolver e influenciar outros ramos, como as nulidades do direito administrativo e do processo.

A teoria da nulidade encontrou seu apogeu concomitantemente ao apogeu do dogma da vontade na ciência jurídica. O negócio jurídico mais característico, o contrato, era cunhado como espaço de liberdade e autonomia para as partes. As transformações ocorridas no século XX, com a massificação dos contratos, pós-Revolução Industrial, trouxe ao direito privado uma série de questionamentos em relação às premissas de igualdade e liberdade tão fortemente influenciáveis na autonomia privada. No mesmo sentido, a realidade demonstrou a existência de situações fáticas que mereceriam tutela e proteção em razão da confiança e expectativas geradas ainda que não provenientes necessariamente de negócio jurídico válido.

A proteção da confiança se concentra no plano da existência e confere tutela jurídica ao concentrar-se nos efeitos (plano da eficácia) que provoca no seio social. Coube à jurisprudência equilibrar os postulados clássicos da teoria das nulidades com a realidade social.

Neste contexto, a teoria da nulidade reascende uma nova perspectiva: uma perspectiva de proteção dos valores primordiais ao direito privado constitucionalizado.[5] A partir de uma ordem pública de proteção,[6] a verificação de validade de disposições negociais passa por uma análise do conteúdo do contrato e os postulados da boa-fé e não apenas disposições relativas à vontade propriamente (se há consentimento, se é livre etc.). Conforme afirma Amaral, "superada a concepção voluntarista e subjetiva, a nulidade passa a instrumento de proteção de interesses gerais [...], garantindo mais igualdade e solidariedade nas relações jurídicas".[7]

A jurisprudência passa a desempenhar um papel de destaque nessa análise a partir da conformação dos dispositivos com os princípios que regem as relações civis e informam todo o Código Civil. Em um primeiro momento, propõe-se a análise da categoria dos negócios jurídicos e as premissas para a teoria da nulidade desenvolvida pela dogmática clássica: os planos da existência, validade e eficácia e os graus de invalidade (nulidade e anulabilidade), partindo-se, em seguida, para análise da crise do dogma da vontade e sua repercussão na teoria das nulidades, a partir das decisões jurisprudenciais, a demonstrar uma nova conformação da teoria das nulidades.

---

[4] AZEVEDO, Antônio Junqueira de. *Negócio jurídico*: existência, validade e eficácia. 4. ed. São Paulo: Saraiva, 2002. p. 41.

[5] *Vide* SARLET, Ingo Wolfgang. *Eficácia dos direitos fundamentais*. 6. ed. Porto Alegre: Livraria do Advogado, 2006; SARLET, Ingo Wolfgang. A influência dos direitos fundamentais no direito privado: notas sobre a evolução brasileira. In: GRUNDMANN, Stefan *et al.* (Orgs.). *Direito privado, Constituição e fronteiras*. Porto Alegre/Brasília: Orquestra, 2012. p. 35-58; CANARIS, Claus Wilhelm. Direitos fundamentais e direito privado. Tradução de Ingo Wolfgang Sarlet e Paulo Mota Pinto. Coimbra: Almedina, 2006; TEPEDINO, Gustavo. *Temas de direito civil-constitucional*. Rio de Janeiro: Renovar, 2003.

[6] NERY JÚNIOR, Nelson. Da proteção contratual. In: PELLEGRINI, Ada *et al. Código Brasileiro de Defesa do Consumidor comentado pelos autores do anteprojeto*. 7. ed. Rio de Janeiro: Forense Universitária, 2001. p. 445 *et seq.*

[7] AMARAL, Francisco. *Direitos civil*: introdução. 4. ed. Rio de Janeiro: Renovar, 2002. p. 513.

16.1 A análise dogmática a respeito dos planos da existência, validade e eficácia

No plano da existência, no plano do ser, entram todos os fatos jurídicos, lícitos ou ilícitos. Basta a incidência da norma jurídica para que o suporte fático ingresse no mundo jurídico.[8] Na famosa explicação de Pontes de Miranda, a norma jurídica colore os fatos, "algo como uma prancha da máquina de impressão".[9] Entre os fatos, o negócio jurídico.

Azevedo refere-se a elementos de existência, designando aquilo que compõe efetivamente o negócio. Como o negócio jurídico é uma categoria abstrata, propõe a) elementos gerais, comuns a todos os negócios, b) elementos categoriais, de cada tipo de negócio e c) elementos particulares referentes a determinado negócio.[10] Os elementos gerais, para o autor, seriam forma, objeto e circunstâncias negociais, ou como afirma, "aquele *quid*, irredutível à expressão e ao conteúdo, que faz com que uma manifestação de vontade seja vista socialmente como destinada à produção de efeitos jurídicos".[11] Inclui também como elementos gerais, mas extrínsecos, tempo, lugar e agente. Os dois primeiros, em geral, implícitos a todo negócio jurídico (que se situa em um local e em determinado tempo) e o terceiro, à própria consideração de pessoa para o ordenamento jurídico.

Os elementos categoriais dependem do tipo do negócio jurídico: compra e venda, doação, depósito, mútuo etc. Por exemplo, em relação ao primeiro contrato, o consenso sobre a coisa e o preço. Se não há preço, não estaremos diante do contrato típico de compra e venda. Assim, embora a doutrina romanística não conhecesse a categoria de negócio jurídico abstrato, afirmava elementos essenciais para cada tipo, os denominados *essentialia negotti* e elementos naturais *naturalia negotti*. Acrescenta Azevedo elementos particulares que são inseridos nos negócios pela vontade das partes, comumente tratados na prática como cláusulas contratuais.[12]

A ausência dos elementos tem como consequência a não existência do negócio, como negócio jurídico. Para Antônio Junqueira tratar-se-ia de negócio aparente, evitando a expressão contraditória de negócio inexistente (pois o preenchimento dos pressupostos conceituais para negócio diz respeito a sua própria existência) e revelaria apenas uma *aparência* de negócio. Inexistente, aparente, sem produzir, portanto, nenhum efeito.

O segundo plano é o plano da validade, situando-se as nulidades, conceituadas por Pontes de Miranda como sinônimo de deficiências e não insuficiência.[13] Junqueira

---

[8] MELLO, Marcos Bernardes de. *Teoria do fato jurídico*: plano da existência. 19. ed. São Paulo: Saraiva, 2013. p. 141.

[9] MIRANDA, Francisco Cavalcanti Pontes de. *Tratado de direito privado*. São Paulo: Revista dos Tribunais, 2015. t. IV.

[10] AZEVEDO, Antônio Junqueira de. *Negócio jurídico*: existência, validade e eficácia. 4. ed. São Paulo: Saraiva, 2002. p. 32.

[11] AZEVEDO, Antônio Junqueira de. *Negócio jurídico*: existência, validade e eficácia. 4. ed. São Paulo: Saraiva, 2002. p. 21; 32.

[12] Eles coincidem com a expressão *accidentalia negotti*, cuja expressão é criticada por Antônio Junqueira de Azevedo por falsamente levar à conclusão de que seriam de menor importância. Nesse sentido, traz a lição de José Carlos Moreira Alves: "eles somente são acidentais se considerados abstratamente; se, num caso concreto, forem apostos ao negócio jurídico, tornam-se seus elementos essenciais, porque ficam intimamente ligados a eles" (AZEVEDO, Antônio Junqueira de. *Negócio jurídico*: existência, validade e eficácia. 4. ed. São Paulo: Saraiva, 2002. p. 39).

[13] MIRANDA, Francisco Cavalcanti Pontes de. *Tratado de direito privado*. 2. ed. Rio de Janeiro: Borsoi, 1954. p. 5. t. IV.

de Azevedo afirma ser o plano que qualifica o negócio e seus elementos.[14] Essa deficiência que qualifica a nulidade pode ser variável conforme as condições históricas e sociológicas.[15] Essa compreensão do plano da validade não é pacífica na doutrina, havendo entendimentos no sentido de sinônimo de nulidade como inexistente ou nulidade como ineficaz.[16]

Para compreender o espaço destinado à análise do plano da validade, como referendado por este trabalho e os autores que se seguem, é preciso estabelecer, em um primeiro momento, que o ato jurídico exista, ingresse no plano jurídico. Tendo ingressado, analisa-se os requisitos ou qualidades que os elementos devem ter. Apenas os fatos que provêm de atos humanos estão entre aqueles que se analisa a validade. Nesse caso, a vontade humana constitui elemento nuclear do suporte fático (ato jurídico *stricto sensu* e negócio jurídico), donde se analisam essas qualidades.[17] Tratando-se o negócio jurídico e o ato jurídico de declaração de vontade, são essa mesma declaração tresdobrada em objeto, forma e circunstâncias negociais.[18]

Nessa perspectiva da dogmática da teoria do negócio jurídico, a invalidade diz respeito à ausência dos requisitos exigidos pela lei para qualificar os elementos de existência do negócio jurídico. A doutrina concebe a invalidade como sanção,[19] no sentido de punição à conduta que infringe as normas jurídicas através da qual se busca impedir que aqueles que a praticaram possam obter resultados jurídicos e práticos dos atos.[20] O grau de censura ao vício irá determinar a sanção de nulidade e anulabilidade que será estudada no próximo tópico.

Embora com a perspectiva de negar efeitos, não se confunde com a eficácia. O plano da eficácia é parte do mundo jurídico em que os fatos jurídicos produzem os seus efeitos, criando as situações jurídicas, as relações jurídicas, com todo o seu conteúdo eficacial representado pelos direitos – deveres; pretensões – obrigações; ações – exceções, ou extinguindo-os.[21] Conforme acentua Pontes de Miranda:

> A ineficácia dos negócios jurídicos tem de ser considerada tendo-se em vista a eficácia que se tinha por fim com êles, o que não é o mesmo que considerá-la tendo-se em vista o seu conteúdo [...] Negócio jurídico ineficaz pode dar ensejo a conseqüências, e. g., a perdas e danos.[22]

---

[14] AZEVEDO, Antônio Junqueira de. *Negócio jurídico*: existência, validade e eficácia. 4. ed. São Paulo: Saraiva, 2002. p. 41.

[15] BETTI, Emílio. *Teoria geral do negócio jurídico*. Tradução de Ricardo Rodrigues Gama. Campinas: LZN, 2003. p. 12. t. III.

[16] Cf. PEREIRA, Caio Mário da Silva. *Instituições de direito civil*. 23. ed. Rio de Janeiro: Forense, 2013. p. 537 *et seq.* v. I e THEODORO JÚNIOR, Humberto. Negócio jurídico. Existência. Validade. Eficácia. Vícios. Fraude. Lesão. *Revista dos Tribunais*, v. 780. p. 11-28, out. 2000.

[17] MIRANDA, Francisco Cavalcanti Pontes de. *Tratado de direito privado*. São Paulo: Revista dos Tribunais, 2015. t. IV, *passim* e MELLO, Marcos Bernardes de. *Teoria do fato jurídico*: plano da existência. 19. ed. São Paulo: Saraiva, 2013. p. 142.

[18] AZEVEDO, Antônio Junqueira de. *Negócio jurídico*: existência, validade e eficácia. 4. ed. São Paulo: Saraiva, 2002. p. 43.

[19] MIRANDA, Francisco Cavalcanti Pontes de. *Tratado de direito privado*. São Paulo: Revista dos Tribunais, 2015. t. IV.

[20] MELLO, Marcos Bernardes de. *Teoria do fato jurídico*: plano da validade. 12. ed. São Paulo: Saraiva, 2013. p. 38.

[21] MELLO, Marcos Bernardes de. *Teoria do fato jurídico*: plano da existência. 19. ed. São Paulo: Saraiva, 2013. p. 144.

[22] MIRANDA, Francisco Cavalcanti Pontes de. *Tratado de direito privado*. São Paulo: Revista dos Tribunais, 2015. t. IV.

A compreensão dos três planos, embora conduza a uma perspectiva consequencialista – existir, valer e ser eficaz –, é independente, da qual deflui a principal consequência prática da divisão. O existir independe completamente de que o fato jurídico seja válido ou de que seja eficaz. No entanto, para que seja válido ou inválido ou eficaz ou ineficaz, é necessário que exista. Em geral, o ato jurídico precisa ser válido para ser eficaz, não, porém, essencialmente. O ato jurídico inválido pode ser eficaz. O ato válido pode ser também ineficaz.

O apuro lógico-matemático da distinção entre os planos sempre foi enfatizado por Pontes de Miranda para a melhor compreensão do fenômeno jurídico. Clóvis Beviláqua embora tenha recepcionado a influência germânica para a elaboração de uma Parte Geral no Código Civil brasileiro, confundia os conceitos de *ineficácia* e *invalidade* em muitas passagens. Em sua obra *Código Civil dos Estados Unidos do Brasil comentado*, em que analisa artigos deste diploma legal, ao se referir ao disposto no art. 82, aduz: "o acto jurídico tem por conteúdo uma declaração de vontade. O agente, portanto, deve ser capaz de querer validamente. A ordem jurídica declara ineficaz a vontade dos incapazes".[23]

Na jurisprudência a distinção entre planos, muitas vezes, é suscetível a críticas. O Supremo Tribunal Federal[24] e, mais recente, o Superior Tribunal de Justiça[25] consideram a venda *non domino* como causa de nulidade. A doutrina[26] critica esse posicionamento, salientando que a hipótese é de ineficácia para os efeitos finais visados pelo negócio. No entanto, o negócio seria válido, pois preenchidos os requisitos de validade para a compra e venda, podendo ser, por esse motivo, rescindido e o inadimplemento configurar perdas e danos.

A distinção entre os planos causa, como visto, ainda questionamentos na dogmática e prática jurídicas. Entre os planos, as questões relativas à diferença entre as espécies de invalidade é um dos pontos mais emblemáticos na teoria das nulidades.

A diferença entre nulidade e anulabilidade ocorre no plano da validade, baseada na maior ou menor gravidade do défice.[27] Essa variação é determinada pela lei que irá dispor tratamentos diferentes para cada espécie. Não se trata de categorias distintas, atos nulos e anuláveis são igualmente imperfeitos, a contraposição existente está entre validade e invalidade.[28]

---

[23] BEVILÁQUA, Clóvis. *Código Civil dos Estados Unidos do Brasil comentado*. 4. ed. Rio de Janeiro: Livraria Francisco Alves, 1931. p. 321.

[24] "'Prescrição. Venda 'a non domino'. E perfeitamente razoável a interpretação segundo a qual se rege pela prescrição do art. 179, e não pelo art. 178 parágrafo 9, v, 'b', do Código Civil, a da ação de indenização contra quem vendeu coisa que lhe não pertencia. O caso e de nulidade do art. 145, II, do Código Civil, e não de anulabilidade por dolo ou simulação" (BRASIL. STF, Primeira Turma. RE nº 71.091. Rel. Min. Aliomar Baleeiro, j. 8.6.1973. *DJ*, 10 set. 1973. p. 6516).

[25] "Agravo regimental. Agravo em recurso especial. Civil e processual civil. Negativa de prestação jurisdicional. Não ocorrência. Dupla venda de imóvel. Negócio jurídico nulo. Ausência de averbação da promessa de compra e venda no registro imóveis. Presunção relativa de boa-fé. Existência de prova em contrário. Inversão do julgado. Óbice da súmula 7/STJ. Nulidade. Matéria de ordem pública" (BRASIL. STJ, Terceira Turma. AgRg no AREsp nº 75.615/TO. Rel. Min. Paulo de Tarso Sanseverino, j. 19.2.2013. *DJe*, 22 fev. 2013).

[26] AZEVEDO, Antônio Junqueira de. *Negócio jurídico*: existência, validade e eficácia. 4. ed. São Paulo: Saraiva, 2002. p. 46.

[27] MIRANDA, Francisco Cavalcanti Pontes de. *Tratado de direito privado*. 2. ed. Rio de Janeiro: Borsoi, 1954 p. 29. t. IV.

[28] FERREIRA, José do Valle. Subsídios para o estudo das nulidades. *Revista Forense*, Rio de Janeiro, n. 205, p. 22-30, 1964. p. 22.

Na concepção clássica de negócio jurídico, a vontade estaria na essência de que qualquer vício deveria acarretar nulidade, e não simplesmente anulabilidade. Essa concepção estava adequada à primeira metade do século XIX, em que a proteção de terceiros não era objeto de consideração na teoria do negócio jurídico, ou, pelo menos, não tinha essa orientação para grande número de seguidores.[29] A proteção a terceiros levou a cada vez mais se restringir a possiblidade de invalidar o negócio em decorrência do erro do emitente na declaração ou mesmo em razão de coação (*vis compulsiva*).

A percepção em relação ao papel da vontade reflete diretamente nas disposições que tratam do problema da invalidade. Parte da doutrina[30] denomina esses defeitos de vícios de consentimento, relativamente às causas que distorcem a vontade. Esses vícios integram a anulabilidade para o ordenamento jurídico brasileiro, refletindo um grau mais ameno de invalidade.

No ordenamento jurídico brasileiro, o Regulamento nº 737 de 1850 inaugurou o tratamento das nulidades na legislação. Trata das nulidades no processo e na sentença, e também das nulidades dos contratos comerciais (arts. 682 a 694). O diploma adota nomenclatura proveniente do direito romano ao trabalhar as nulidades de pleno direito e mediante rescisão, inclusive quanto ao formalismo no que distingue ambas as nulidades. Daí advém a grande confusão posterior na doutrina entre as espécies de invalidade (nulidade, anulabilidade, nulidade absoluta, relativa, de pleno direito etc.). Valle Ferreira[31] sublinhava já na década de 1960 que a expressão de "pleno direito" é "resíduo verbal de sistemas há muito tempo superados", de modo que qualquer espécie de nulidade deve ser reconhecida pelo magistrado.

O Código Civil de 1916 trouxe a distinção entre os chamados vícios do consentimento[32] que integram as causas de anulabilidade descritas no art. 171 do Código Civil. Embora o Código faça referência à nomenclatura "defeitos do negócio jurídico", a ideia de defeito diz respeito a toda a categoria dos negócios inválidos, pois conforma uma ideia de imperfeição. Os vícios do consentimento afetariam a vontade do agente que passa a não ser autêntica, tendo como exemplos tradicionais o erro, o dolo e a coação. Clóvis Beviláqua traz uma nova categoria de vícios ao lado dos vícios do consentimento, denominando-os de vícios sociais.[33] Vícios sociais caracterizam a oposição entre a vontade do agente e a ordem legal, referindo-se à simulação e à fraude contra credores. O Código Civil de 2002 traz ainda a lesão e o estado de perigo que para parte da doutrina seriam vícios do consentimento, outros os têm como "vizinhos" dessa categoria. Ainda aloca a simulação como causa de nulidade e não anulabilidade.[34]

---

[29] COUTO E SILVA, Clóvis. Para uma história dos conceitos no direito civil e no direito processual civil (a atualidade do pensamento de Otto Karlowa e de Oskar Bülow). *Revista de Processo*, v. 37. p. 238-270, jan./mar. 1985.

[30] GOMES, Orlando. *Introdução ao direito civil*. 19. ed. Rio de Janeiro: Forense, 2008. p. 364.

[31] FERREIRA, José do Valle. Subsídios para o estudo das nulidades. *Revista Forense*, Rio de Janeiro, n. 205, p. 22-30, 1964. p. 22.

[32] Segundo Caio Mário da Silva Pereira, "denominam-se vícios de consentimento, em razão de se caracterizarem por influências exógenas sobre a vontade exteriorizada ou declarada, e aquilo que é ou devia ser a vontade real, se não tivessem intervindo as circunstâncias que sobre ela atuaram, provocando distorção" (PEREIRA, Caio Mário da Silva. *Instituições de direito civil*. 23. ed. Rio de Janeiro: Forense, 2013. p. 440. v. I).

[33] BEVILÁQUA, Clóvis. *Código Civil dos Estados Unidos do Brasil comentado*. 4. ed. Rio de Janeiro: Livraria Francisco Alves, 1931. p. 349.

[34] Art. 167: "É nulo o negócio jurídico simulado, mas subsistirá o que se dissimulou, se válido for na substância e na forma".

A lesão ingressa como novidade no Código Civil de 2002, embora tenha origens remotas no direito romano,[35] abandonada no auge do individualismo em razão da prevalência do dogma da vontade sobre qualquer consideração a respeito da equidade das prestações.[36] O elemento objetivo caracterizador diz respeito à manifesta desproporção em relação às obrigações. Agrega o Código um elemento subjetivo, única razão pela qual está ela situada entre os "defeitos" dos negócios jurídicos. Trata-se do dolo de aproveitamento, ou seja, que o negócio tenha ocorrido em razão de estado de necessidade ou inexperiência.

Ao se analisar o instituto da lesão, verifica-se que ele não surge de um vício de consentimento, mas de um critério de justiça comutativa. Segundo Caio Mário da Silva Pereira, ela situa-se

> na zona limítrofe dos vícios do consentimento, por aproveitar-se o beneficiário da distorção volitiva, para lograr um lucro patrimonial excessivo, é sem dúvida um defeito do negócio jurídico, embora diferente, na sua estrutura, dos até agora examinados, razão por que é chamado por alguns de vício excepcional.[37]

Na teoria das nulidades, no estudo da lesão como vício de vontade, percebe-se, como visto, um afastamento dos critérios definidos, pois um dos requisitos, a proporcionalidade ou equivalência, é fator exógeno da vontade. Nessa mesma linha, situa-se o vício da fraude contra credores. Não há, na hipótese, vício de consentimento, o defeito do negócio é "na desconformidade que se apresenta entre a declaração de vontade e a ordem jurídica, ou, mais precisamente, no resultado antijurídico da emissão volitiva".[38] O ordenamento considera como causa de anulação em razão do prejuízo aos credores (eventos *damni*), por tornar o devedor insolvente ou ter praticado em estado de insolvência, independentemente de má-fé (*consilium fraudis*).[39] Verifica-se tampouco que não se trata de uma adequação dos elementos do negócio, mas da consideração do princípio de que os bens do devedor são a garantia do credor, portanto em desacordo com o ordenamento jurídico.[40]

Vícios considerados mais graves caracterizam o negócio jurídico nulo. São causas de nulidade as referidas no art. 166 do Código Civil.[41] Ao se analisar as causas

---

[35] KARAM, Munir. Liberdade, igualdade e direito nas relações negociais. In: FACHIN, Luiz Edson; TEPEDINO, Gustavo José (Orgs.). *Doutrinas essenciais*: obrigações e contratos. São Paulo: Revista dos Tribunais, 2011. p. 1297. v. 1. Segundo o autor, o imperador Diocleciano institui a possibilidade de rescisão da compra e venda caso o preço contratado fosse menos da metade daquele que seria justo, havendo possibilidade de completar o preço. *Vide* MELLO, Marcos Bernardes de. *Teoria do fato jurídico*: plano da validade. 12. ed. São Paulo: Saraiva, 2013. p. 240.

[36] BECKER, Anelise. *Teoria geral da lesão nos contratos*. São Paulo: Saraiva, 2000. p. 27 *et seq.*

[37] PEREIRA, Caio Mário da Silva. *Instituições de direito civil*. 23. ed. Rio de Janeiro: Forense, 2013. p. 466-467. v. I.

[38] PEREIRA, Caio Mário da Silva. *Instituições de direito civil*. 23. ed. Rio de Janeiro: Forense, 2013. p. 458. v. I.

[39] BEVILÁQUA, Clóvis. *Código Civil dos Estados Unidos do Brasil comentado*. 4. ed. Rio de Janeiro: Livraria Francisco Alves, 1931. p. 350.

[40] Para parte da doutrina, a fraude contra credores é causa de ineficácia e não invalidade. *Vide* THEODORO JÚNIOR, Humberto. Lesão e fraude contra credores no projeto de novo Código Civil brasileiro. *Revista dos Tribunais*, v. 771, p. 11-37, jan. 2000.

[41] "Art. 166. É nulo o negócio jurídico quando: I - celebrado por pessoa absolutamente incapaz; II - for ilícito, impossível ou indeterminável o seu objeto; III - o motivo determinante, comum a ambas as partes, for ilícito; IV - não revestir a forma prescrita em lei; V - for preterida alguma solenidade que a lei considere essencial para a sua

de nulidade do negócio sob a perspectiva da teoria geral das nulidades e do conceito negócio inválido na perspectiva de Pontes de Miranda, verifica-se que a "qualificação" dos elementos essenciais torna o negócio inválido: agente *incapaz, ilícito* ou *impossível* o objeto, forma *não prescrita em lei* ou *sem alguma solenidade*.[42] Em relação ao objeto, trata-se não da coisa, mas de o objeto da prestação jurídica ser ou não contrário à lei.

Já Pontes de Miranda advertia que por ilicitude deve-se compreender também o ato imoral.[43] Trata-se como refere Mello do ato em conformidade com o direito e do respeito à ordem pública.[44] Ainda, o Código Civil de 2002 abrange os negócios realizados com fraude à lei, no sentido de aparentar compatibilidade, mas o resultado obtido é em desacordo com o ordenamento jurídico. Neste ponto, a teoria das nulidades do direito civil encontra toda a problemática da teoria do direito, no sentido de invalidar atos que sejam caracterizados como violação de normas jurídicas.

Tratando-se de um direito privado mais aberto, permeado com cláusulas gerais, o conceito de nulidade deve se adequar também a esses parâmetros. Ao analisar o negócio jurídico, questões concernentes à boa-fé objetiva e à função social do contrato colocam em evidência a própria validade das estipulações. As considerações sobre a nulidade sobre o objeto do negócio jurídico levam em conta a concepção do contrato não de forma estática (prestação *vs.* contraprestação), mas do vínculo como um processo[45] que irá estabelecer obrigações pré e pós-contratuais, de forma que o descumprimento dessas obrigações caracteriza inadimplemento (*a posteriori*). A análise a respeito do objeto de qualquer uma dessas obrigações pode ser colocada no plano da teoria das nulidades, considerando qualquer estipulação contrária ao ordenamento jurídico eivada de vício de nulidade.[46]

Parte-se para o estudo das nulidades sobre uma nova perspectiva, levando em consideração as questões atinentes à confiança despertada pelas partes em um negócio jurídico, independentemente de estipulações "válidas", e também a relação da ordem pública e da nulidade como ordem de proteção aos valores do ordenamento jurídico.

---

validade; VI - tiver por objetivo fraudar lei imperativa; VII - a lei taxativamente o declarar nulo, ou proibir-lhe a prática, sem cominar sanção".

[42] *Vide* MIRANDA, Francisco Cavalcanti Pontes de. *Tratado de direito privado*. São Paulo: Revista dos Tribunais, 2015. t. IV e MELLO, Marcos Bernardes de. *Teoria do fato jurídico*: plano da validade. 12. ed. São Paulo: Saraiva, 2013, *passim*.

[43] Cf. Pontes de Miranda: "A concepção brasileira do 'objeto ilícito' (art. 145, II, 1ª parte) de modo nenhum deixa ao juiz margem a consultar o seu íntimo, para dizer se o objeto (ou o fim) é imoral. Não se poderia ter por nulo o contrato em que se prepara monopólio, ou se assegura monopólio de determinado produto; pôsto que as leis penais e administrativas possam incidir nos atos de abuso do poder econômico e apontar certos objetos de contrato, no sentido do art. 145, II, 1ª parte, como ilícitos. Aliás, sempre que o objeto não é imoral em si mesmo, ou não é imoral o motivo que se fêz relevante no conteúdo do ato jurídico, não há nulidade por ilicitude" (MIRANDA, Francisco Cavalcanti Pontes de. *Tratado de direito privado*. São Paulo: Revista dos Tribunais, 2015. t. IV).

[44] MELLO, Marcos Bernardes de. *Teoria do fato jurídico*: plano da validade. 12. ed. São Paulo: Saraiva, 2013. p. 127.

[45] COUTO E SILVA, Clóvis do. *A obrigação como processo*. São Paulo: Bushatsky, 1976, *passim*.

[46] *Vide* BECKER, Anelise. *Teoria geral da lesão nos contratos*. São Paulo: Saraiva, 2000. p. 137 *et seq.*

16.2 Crise do dogma da vontade e sua repercussão na teoria das nulidades: um novo olhar a partir da jurisprudência

A questão atinente a essa teoria estava atrelada às hipóteses de anulação por vício da vontade, mormente em relação ao erro. Jhering desenvolveu, ainda no século XIX, a teoria da culpa *in contrahendo* para permitir a exigência de perdas e danos no processo de contratação. Couto e Silva aponta que, a partir de então, acrescentava-se "na teoria dos fatos jurídicos uma outra fonte de direitos e deveres, sem ter seu fundamento na vontade, o que viria constituir-se num dos aspectos mais importantes da dogmática jurídica contemporânea".[47] A teoria de Jhering procurava explicar a imputação de uma responsabilidade derivada de contratos nulos que não encontrava respaldo no direito romano. Para ele, mesmo um contrato nulo poderia produzir alguns efeitos em decorrência do interesse contratual negativo,[48] embora não tenha dado fundamentação jurídica clara e unitária.

A culpa *in contrahendo* influenciou toda a dogmática na caracterização de deveres pré e pós-contratuais e na concepção do negócio jurídico. As ideias de Jhering influenciaram uma nova concepção de direito privado, atrelado à sua finalidade, funcionalidade e juízos de valor.[49]

Para a teoria das nulidades, os três planos por pelos quais devem passar os negócios jurídicos conduzem a conclusões a respeito da existência, validade e eficácia. Azevedo refere-se à técnica de eliminação progressiva. Explica o autor:

> primeiramente, há de se examinar o negócio jurídico no plano da existência e, aí, ou ele existe, ou não existe. Se não existe, não é negócio jurídico, é aparência de negócio (dito "ato inexistente") e, então, essa aparência não passa, como negócio para o plano seguinte, morre no plano da existência.[50]

Após, há de se analisar o negócio jurídico no plano da validade, em que não entrariam os negócios aparentes/inexistentes e, por fim, no plano da eficácia, em que não entrariam os negócios nulos. Admite-se, como exceção, a possibilidade de os negócios inválidos produzirem efeitos.

Ambos negam a possibilidade de efeitos do ato inexistente, pois o inexistente não ingressa no mundo jurídico. Conforme assevera Pontes de Miranda: "o ser juridicamente e o não-ser juridicamente separam os acontecimentos em fatos do mundo jurídico e fatos estranhos ao mundo jurídico".[51] E segue o autor: "se o ser pode não produzir efeitos, efeitos não podem vir do não-ser, do nada, do inexistente".[52] Azevedo denomina o negócio

---

[47] COUTO E SILVA, Clóvis. Para uma história dos conceitos no direito civil e no direito processual civil (a atualidade do pensamento de Otto Karlowa e de Oskar Bülow). *Revista de Processo*, v. 37. p. 238-270, jan./mar. 1985.

[48] No direito alemão, o §118 ressalta que se o negócio é nulo porque feito sem seriedade, o ato produzirá o efeito de obrigar a parte que o realizou e pediu sua nulidade a indenizar quem, sem culpa, confiou na declaração (§122), chamado "interesse de confiança" ou "interesse negativo". *Vide* AZEVEDO, Antônio Junqueira de. *Negócio jurídico*: existência, validade e eficácia. 4. ed. São Paulo: Saraiva, 2002. p. 51.

[49] LARENZ, Karl. *Metodologia da ciência do direito*. 2. ed. Lisboa: Fundação Calouste Gulbekian, 1989. p. 56.

[50] AZEVEDO, Antônio Junqueira de. *Negócio jurídico*: existência, validade e eficácia. 4. ed. São Paulo: Saraiva, 2002. p. 64.

[51] MIRANDA, Francisco Cavalcanti Pontes de. *Tratado de direito privado*. 2. ed. Rio de Janeiro: Borsoi, 1954. p. 8. t. IV.

[52] MIRANDA, Francisco Cavalcanti Pontes de. *Tratado de direito privado*. 2. ed. Rio de Janeiro: Borsoi, 1954. p. 9. t. IV.

inexistente de "negócio aparente", explicando que com essa denominação evitaria confusões a respeito do negócio que não é e revelaria a sua principal característica: apenas uma aparência de negócio. Para essa concepção, a aparência não pode produzir efeitos, pois não existe no mundo jurídico.

No entanto, a prática jurídica demonstrou a existência de situações fáticas que em razão da importância nas relações jurídicas e na expectativa gerada pelas partes mereceriam tutela. São negócios que se jurisdicizam no plano da existência em razão da confiança. Os planos da existência, validade e eficácia foram abalados pelo surgimento da teoria da aparência e tutela da confiança.[53]

A tutela da confiança implica uma revisão das fontes e dos planos jurídicos. A concepção clássica concebia a lei e o negócio jurídico como fontes de obrigações e essas obrigações só vinculariam se estes fossem válidos. A proteção da confiança se concentra no plano da existência, no plano dos fatos, e confere tutela jurídica ao se concentrar nos efeitos (plano da eficácia) que provoca no seio social ao proteger os interesses legítimos que determinados comportamentos têm o condão de gerar.[54]

O próprio Código tutela a aparência em determinadas passagens: por exemplo, ao tratar do mandato (art. 662) ou dos atos do herdeiro (art. 1.827), exigindo além da aparência a presença da boa-fé subjetiva. Note-se que, embora a doutrina confunda os efeitos com a validade,[55] o artigo do Código trata do plano da eficácia, conforme vem decidindo a jurisprudência, apurando com rigor técnico as lições da dogmática:

> Processual civil. Recurso especial. Compra e venda de imóveis. Ação de nulidade de negócio jurídico. Alienação realizada com utilização de instrumento de mandato declarado nulo. Teoria da aparência e boa-fé do terceiro adquirente. Embargos declaratórios. Omissão. Ocorrência. Necessidade de manifestação sobre pontos relevantes. Violação do art. 535 do cpc. Acolhimento. (BRASIL. STJ, Terceira Turma. REsp nº 1.416.624/ES. Rel. Min. Marco Aurélio Bellizze, Rel. p/ acórdão Ministro João Otávio de Noronha, j. 15.9.2015. *DJe*, 18 nov. 2015).

> Processual civil. Agravo na medida cautelar. Recurso especial retido. Embargos de terceiro. Ação de anulação de partilha. Alienação de bem imóvel de propriedade do espólio. Herdeiros aparentes. Terceiros adquirentes de boa-fé. Eficácia da compra e venda. 1 [...] - 2 - As alienações feitas por herdeiro aparente a terceiros de boa-fé, a título oneroso, são juridicamente eficazes. Art. 1.827, parágrafo único, do CC/02. 3 - Na hipótese dos autos, o negócio jurídico foi aperfeiçoado antes do trânsito em julgado da sentença que decretou a nulidade da partilha e inexistiam, à época em que foi celebrado o contrato de compra e venda, quaisquer indícios de que o imóvel fosse objeto de disputa entre os herdeiros do espólio. 4 - [...]. (BRASIL. STJ, Terceira Turma. AgRg na MC nº 17.349/RJ. Rel. Min. Nancy Andrighi, j. 28.6.2011. *DJe*, 1º ago. 2011)

---

[53] A teoria da validade ou da confiança tem sido difundida principalmente na Alemanha em substituição às teses opostas do voluntarismo jurídico, defendido pelos pandectístas. *Vide* GOMES, Orlando. *Transformações gerais do direito das obrigações*. 2. ed. São Paulo: Revista dos Tribunais, 1980. p. 14.

[54] JACQUES, Daniela Corrêa. A tutela da confiança no direito do consumidor. *Revista de Direito do Consumidor*, São Paulo, v. 45, p. 100-128T, jan./mar. 2003.

[55] COELHO, Fábio Ulhoa. *Curso de direito civil*: sucessões. São Paulo: Revista dos Tribunais, 2016. v. V. Ao comentar o artigo, refere-se: "Sempre que terceiro de boa-fé firmar negócio jurídico oneroso com quem se encontrava na condição de sucessor, será válida e eficaz a alienação (CC, art. 1.827, parágrafo único)".

Segundo Orlando Gomes, "a boa-fé nos contratos, a lealdade nas relações sociais e a confiança que devem inspirar declarações de vontade e comportamentos" justificam a produção de efeitos de uma situação aparente, advertindo o autor, na época, sobre a ausência de uma "teoria da aparência". Essas seriam ainda "exceções" ao plano da teoria das nulidades, julgadas pela jurisprudência.[56]

A jurisprudência reconheceu verdadeiros negócios jurídicos em relação à proteção à boa-fé e confiança, como exemplo, um dos primeiros casos conhecidos: o caso dos tomates Cica.[57] Nesse julgado, tutelou-se agricultores que acreditavam na conduta da empresa que fornecia sementes e posteriormente adquiria a safra de tomates, sendo que em determinado momento decidiu não mais contratar, considerando haver verdadeiro negócio em razão da aparência. A menção à culpa *in contrahendo* demonstra ainda que a teoria da confiança ainda era incipiente.

Nesse mesmo sentido, no caso de furto de veículo em estacionamento, a jurisprudência reconheceu verdadeiro negócio jurídico com quebra de dever contratual, publicando a Súmula nº 130 pelo Superior Tribunal de Justiça: "A empresa responde, perante o cliente, pela reparação de dano ou furto de veículo ocorridos em seu estacionamento".[58]

No direito privado, o Código Civil assume essa nova postura, ao ressaltar suas características de eticidade, socialidade e operabilidade,[59] valores esses consubstanciados nos princípios da boa-fé objetiva (art. 422), da função social do contrato (art. 421), do equilíbrio contratual (art. 478), entre outros.

A boa-fé irá exigir atuação ética e leal, de modo a vedar comportamentos contraditórios. Esses comportamentos atingem a própria consideração de nulidade, como vem decidindo a jurisprudência:

> Direito civil. Recurso especial. Pactuação, por acordo de vontades, de distrato. Recalcitrância da devedora em assinar o instrumento contratual. Argüição de vício de forma pela parte que deu causa ao vício. Impossibilidade. Auferimento de vantagem ignorando a extinção do contrato. Descabimento. 1. É incontroverso que o imóvel não estava na posse da locatária e as partes pactuaram distrato, tendo sido redigido o instrumento, todavia a ré locadora se recusou a assiná-lo, não podendo suscitar depois a inobservância ao paralelismo das formas para a extinção contratual. É que os institutos ligados à boa-fé objetiva, notadamente a proibição do venire contra factum proprium, a supressio, a surrectio e o tu quoque, repelem atos que atentem contra a boa-fé óbjetiva.

---

[56] GOMES, Orlando. *Transformações gerais do direito das obrigações*. 2. ed. São Paulo: Revista dos Tribunais, 1980. p. 114 *et seq*.

[57] "Contrato. Tratativas. 'culpa *in contrahendo*'. Responsabilidade civil. Responsabilidade da empresa alimentícia, industrializadora de tomates, que distribui sementes, no tempo do plantio, e então manifesta a intenção de adquirir o produto, mas depois resolve, por sua conveniência, não mais industrializa-lo, naquele ano, assim causando prejuízo ao agricultor, que sofre a frustração da expectativa de venda da safra, uma vez que o produto ficou sem possibilidade de colocação. Provimento em parte do apelo, para reduzir a indenização à metade da produção, pois uma parte da colheita foi absorvida por empresa congênere, as instancias da ré. Voto vencido, julgando improcedente a ação" (TJRS, Quinta Câmara Cível. Apelação Cível nº 591.028.295. Rel. Ruy Rosado de Aguiar Júnior, j. 6.6.1991).

[58] BRASIL. STJ, Segunda Seção. Súmula nº 130, j. 29.3.1995. *DJ*, 4 abr. 1995. p. 8294.

[59] REALE, Miguel. Visão geral do novo Código Civil. *Revista de Direito Privado*, São Paulo, v. 9, p. 9-17, jan./mar. 2002.

2. Destarte, não pode a locadora alegar nulidade da avença (distrato), buscando manter o contrato rompido, e ainda obstar a devolução dos valores desembolsados pela locatária, ao argumento de que a lei exige forma para conferir validade à avença. 3. Recurso especial não provido. (BRASIL. STJ, Quarta Turma. REsp nº 1.040.606/ES. Rel. Min. Luis Felipe Salomão, j. 24.4.2012. *DJe*, 16 maio 2012)

No direito do consumidor, a jurisprudência atua com mais afinco para a tutela da confiança. Impõe efeitos jurídicos, independentemente da vontade manifestada pelo fornecedor, como exemplo, no caso da oferta de produtos ou serviços.[60]

A teoria das nulidades assume uma perspectiva de proteção, guiada pela funcionalização do direito privado. Não se busca apenas a tutela da formação do vínculo livre e da extinção/resolução, mas do próprio conteúdo do contrato. A questão relativa ao equilíbrio da relação contratual não fica adstrita exclusivamente ao início ou final da contratação, como na tutela da lesão (anulação) ou onerosidade excessiva (resolução), mas poderá permear toda a relação contratual com intervenção direta do juiz no conteúdo do negócio jurídico. Essa diferenciação está muito clara na distinção do art. 157[61] e do art. 478[62] do Código Civil para o inc. V do art. 6º do Código de Defesa do Consumidor,[63] que trata da quebra da base objetiva do negócio jurídico. Neste último, há um forte viés intervencionista do julgador no sentido de ingressar no conteúdo do negócio para, segundo uma ordem pública de proteção, tutelar o vulnerável, o consumidor, aplicando-se o princípio da manutenção do contrato. Essa orientação também é admitida

---

[60] "Direito do consumidor. Recurso especial. Vício do produto. Automóveis seminovos. Publicidade que garantia a qualidade do produto. Responsabilidade objetiva. Uso da marca. Legítima expectativa do consumidor. Matéria fático-probatória. Súm. 7/stj. 1. O Código do Consumidor é norteado principalmente pelo reconhecimento da vulnerabilidade do consumidor e pela necessidade de que o Estado atue no mercado para minimizar essa hipossuficiência, garantindo, assim, a igualdade material entre as partes. Sendo assim, no tocante à oferta, estabelece serem direitos básicos do consumidor o de ter a informação adequada e clara sobre os diferentes produtos e serviços (CDC, art. 6º, III) e o de receber proteção contra a publicidade enganosa ou abusiva (CDC, art. 6º, IV). 2. É bem verdade que, paralelamente ao dever de informação, se tem a faculdade do fornecedor de anunciar seu produto ou serviço, sendo certo que, se o fizer, a publicidade deve refletir fielmente a realidade anunciada, em observância à principiologia do CDC. Realmente, o princípio da vinculação da oferta reflete a imposição da transparência e da boa-fé nos métodos comerciais, na publicidade e nos contratos, de forma que esta exsurge como princípio máximo orientador, nos termos do art. 30. 3. Na hipótese, inequívoco o caráter vinculativo da oferta, integrando o contrato, de modo que o fornecedor de produtos ou serviços se responsabiliza também pelas expectativas que a publicidade venha a despertar no consumidor, mormente quando veicula informação de produto ou serviço com a chancela de determinada marca, sendo a materialização do princípio da boa-fé objetiva, exigindo do anunciante os deveres anexos de lealdade, confiança, cooperação, proteção e informação, sob pena de responsabilidade. 4. A responsabilidade civil da fabricante decorre, no caso concreto, de pelo menos duas circunstâncias: a) da premissa fática incontornável adotada pelo acórdão de que os mencionados produtos e serviços ofertados eram avaliados pela montadora através de mensagem publicitária veiculada; b) e também, de um modo geral, da percepção de benefícios econômicos com as práticas comerciais da concessionária, sobretudo ao permitir a utilização consentida de sua marca na oferta de veículos usados e revisados com a excelência da GM. 5. Recurso especial não provido" (BRASIL. STJ, Quarta Turma. REsp nº 1.365.609/SP. Rel. Min. Luis Felipe Salomão, j. 28.4.2015. *DJe*, 25 maio 2015).

[61] Art. 157: "Ocorre a lesão quando uma pessoa, sob premente necessidade, ou por inexperiência, se obriga a prestação manifestamente desproporcional ao valor da prestação oposta".

[62] Art. 478: "Nos contratos de execução continuada ou diferida, se a prestação de uma das partes se tornar excessivamente onerosa, com extrema vantagem para a outra, em virtude de acontecimentos extraordinários e imprevisíveis, poderá o devedor pedir a resolução do contrato. Os efeitos da sentença que a decretar retroagirão à data da citação".

[63] Art. 6º: "V - a modificação das cláusulas contratuais que estabeleçam prestações desproporcionais ou sua revisão em razão de fatos supervenientes que as tornem excessivamente onerosas".

na interpretação dos dispositivos quanto às relações do Código Civil,[64] revisando e não anulando ou resolvendo negócios jurídicos em razão de lesão ou onerosidade.

Segundo Nelson Nery, trata-se de um sistema próprio de nulidades do microssistema do direito do consumidor.[65] A nulidade apareceria para se contrapor a uma *ordem pública de proteção ao consumidor*.[66] Isso significaria, segundo o autor, que "as nulidades podem ser reconhecidas a qualquer tempo e grau de jurisdição, devendo o juiz ou tribunal pronunciá-las *ex ofício*, porque normas de ordem pública, insuscetíveis de preclusão".[67]

Com base no sistema de nulidades do CDC, a jurisprudência reconheceu uma série de cláusulas como abusivas, afastando a sua incidência. São exemplos, a Súmula nº 302 do Superior Tribunal de Justiça, que limita no tempo a internação do paciente em contratos de plano de saúde e, ainda, no mesmo contrato, a proibição de aumento em razão da mudança de faixa etária para o consumidor idoso.[68]

É nesse contexto que se apresenta uma nova perspectiva para a teoria das nulidades, vista não apenas no sentido de perfectibilização do ato (requisitos dos elementos essenciais), mas de compatibilidade do negócio com a ordem pública estabelecida pelo direito privado a partir dos postulados da boa-fé e equilíbrio das relações contratuais. Nesse sentido, como afirma Miragem, trata-se da ordem pública, como conceito indeterminado, que deve ser compreendida "de acordo com o que se convencionou denominar constitucionalização do direito privado, que se apresenta,

---

[64] Nesse sentido, em relação ao art. 157, Enunciado nº 149 da III Jornada de Direito Civil do Conselho da Justiça Federal: "Em atenção ao princípio da conservação dos contratos, a verificação da lesão deverá conduzir, sempre que possível, à revisão judicial do negócio jurídico e não à sua anulação, sendo dever do magistrado incitar os contratantes a seguir as regras do art. 157, §2º, do Código Civil de 2002". E ainda, Enunciado nº 291 da IV Jornada de Direito Civil do Conselho da Justiça Federal: "Nas hipóteses de lesão previstas no art. 157 do Código Civil, pode o lesionado optar por não pleitear a anulação do negócio jurídico, deduzindo, desde logo, pretensão com vista à revisão judicial do negócio por meio da redução do proveito do lesionador ou do complemento do preço". Em relação ao art. 478, Enunciado nº 176 da III Jornada: "Em atenção ao princípio da conservação dos negócios jurídicos, o art. 478 do Código Civil de 2002 deverá conduzir, sempre que possível, à revisão judicial dos contratos e não à resolução contratual" (ENUNCIADOS. *CJF*. Disponível em: <http://www.cjf.jus.br/enunciados/>. Acesso em: 8 jul. 2016).

[65] NERY JÚNIOR, Nelson. Da proteção contratual. In: PELLEGRINI, Ada *et al*. *Código Brasileiro de Defesa do Consumidor comentado pelos autores do anteprojeto*. 7. ed. Rio de Janeiro: Forense Universitária, 2001. p. 503.

[66] NERY JÚNIOR, Nelson. Da proteção contratual. In: PELLEGRINI, Ada *et al*. *Código Brasileiro de Defesa do Consumidor comentado pelos autores do anteprojeto*. 7. ed. Rio de Janeiro: Forense Universitária, 2001. p. 466.

[67] NERY JÚNIOR, Nelson. Da proteção contratual. In: PELLEGRINI, Ada *et al*. *Código Brasileiro de Defesa do Consumidor comentado pelos autores do anteprojeto*. 7. ed. Rio de Janeiro: Forense Universitária, 2001. p. 466.

[68] "Recurso Especial - Ação Declaratória de nulidade de cláusula do contrato de seguro saúde que prevê a variação dos prêmios por mudança de faixa etária - Sentença de procedência reformada pelo acórdão estadual, afastada a abusividade da disposição contratual. Insurgência da segurada. [...] 5.2. Na hipótese em foco, o plano de saúde foi reajustado no percentual de 93% (noventa e três por cento) de variação da contraprestação mensal, quando do implemento da idade de 60 (sessenta) anos, majoração que, nas circunstâncias do presente caso, destoa significativamente dos aumentos previstos contratualmente para as faixas etárias precedentes, a possibilitar o reconhecimento, de plano, da abusividade da respectiva cláusula. 6. Recurso especial provido, para reconhecer a abusividade do percentual de reajuste estipulado para a consumidora maior de sessenta anos, determinando-se, para efeito de integração do contrato, a apuração, na fase de cumprimento de sentença, do adequado aumento a ser computado na mensalidade do plano de saúde, à luz de cálculos atuariais voltados à aferição do efetivo incremento do risco contratado" (BRASIL. STJ, Segunda Seção. REsp nº 1.280.211/SP. Rel. Ministro Marco Buzzi, j. 23.4.2014. *DJe*, 4 set. 2014).

de modo destacado, através da denominada eficácia dos direitos fundamentais nas relações privadas".[69]

Por essa razão, o resultado dessa incompatibilidade não é de ineficácia,[70] mas de sanção. O ordenamento não reconhece como juridicamente válido, pois em desacordo com os postulados primordiais do novo direito privado, entre eles, valores constitucionais e proteção dos vulneráveis.[71] Por essa razão, o Novo Código de Processo Civil (Lei nº 13.105/2015) dispõe expressamente que não se declarará nulidade se, no mérito, o magistrado for julgar favorável aquele em favor de quem for prevista a nulidade.[72] O regime de nulidades deve se adequar ao propósito de proteção e aos princípios fundamentais, insculpidos na Constituição, entre eles, a necessidade de contraditório.[73]

Considerações finais

Ao se analisar a teoria das nulidades, verifica-se que ela parte do exame do negócio jurídico a partir dos três planos: existência, validade e eficácia. Parte-se dos pressupostos intrínsecos do próprio negócio, qualificando e modulando seus efeitos para a formação de uma verdadeira teoria das nulidades. Coincidente com a Escola Pandetística, o desenvolvimento dessa teoria pela dogmática segue um viés lógico e abstrato das categorias.

A inserção de cláusulas gerais no direito privado, como a consideração em relação à boa-fé objetiva, possibilitou uma nova funcionalidade para a teoria das nulidades, sob o viés finalista de proteção aos valores constitucionais. Coube à jurisprudência concretizar esses valores, ainda quando a boa-fé sequer era positivada no Código Civil, fulminando de nulidade negócios jurídicos ajustados em desobediência a esses postulados.

O aparecimento de uma verdadeira teoria da confiança reclamou dos negócios jurídicos uma coerência não apenas interna no sentido de preencher elementos de existência e requisitos de validade. Os valores constitucionais de proteção à dignidade da pessoa se fazem sentir nos institutos de direito privado, orientando o aplicador para a sua concretização, podendo a análise a respeito da nulidade integrar uma análise de conteúdo principiológico.

Neste contexto, o papel da jurisprudência foi fundamental para um novo olhar sobre a teoria da nulidade. A nulidade passou a levar em consideração a proteção dos

---

[69] MIRAGEM, Bruno Nunes Barbosa. Nulidade das cláusulas abusivas nos contratos de consumo: entre o passado e o futuro do direito do consumidor brasileiro. *Revista de Direito do Consumidor*, v. 72, p. 41-77, out./dez. 2009. p. 66.

[70] Nesse sentido, FRADERA, Véra Jacob de. A ineficácia das cláusulas abusivas no sistema brasileiro do Código de Defesa do Consumidor. Uma abordagem clássica. *Revista de Direito do Consumidor*, São Paulo, v. 43, jul./set. 2002.

[71] MARQUES, Cláudia Lima; MIRAGEM, Bruno. *O novo direito privado e a proteção dos vulneráveis*. 2. ed. São Paulo: Revista dos Tribunais, 2014, *passim*.

[72] "Art. 282. Ao pronunciar a nulidade, o juiz declarará que atos são atingidos e ordenará as providências necessárias a fim de que sejam repetidos ou retificados. §1º O ato não será repetido nem sua falta será suprida quando não prejudicar a parte. §2º Quando puder decidir o mérito a favor da parte a quem aproveite a decretação da nulidade, o juiz não a pronunciará nem mandará repetir o ato ou suprir-lhe a falta".

[73] "Art. 10. O juiz não pode decidir, em grau algum de jurisdição, com base em fundamento a respeito do qual não se tenha dado às partes oportunidade de se manifestar, ainda que se trate de matéria sobre a qual deva decidir de ofício".

valores constitucionais a partir do confronto com as cláusulas gerais dispostas no ordenamento jurídico.

Informação bibliográfica deste texto, conforme a NBR 6023:2002 da Associação Brasileira de Normas Técnicas (ABNT):

BRAUNER, Daniela Corrêa Jacques. Da dogmática à efetividade: revisitando a teoria da nulidade sob viés finalista de controle de proteção. In: TEPEDINO, Gustavo; TEIXEIRA, Ana Carolina Brochado; ALMEIDA, Vitor (Coord.). *Da dogmática à efetividade do Direito Civil*: Anais do Congresso Internacional de Direito Civil Constitucional – IV Congresso do IBDCivil. 2. ed. rev., ampl. e atual. Belo Horizonte: Fórum, 2019. p. 565-579. ISBN 978-85-450-0545-2.

CAPÍTULO 17

O DIREITO REAL DE HABITAÇÃO DO CÔNJUGE SUPÉRSTITE: UMA CRÍTICA PARA ADEQUAÇÃO DA LEGISLAÇÃO BRASILEIRA

DÉBORA ELISA LIMA RIBEIRO

17.1 Introdução

Com o objetivo de analisar o instituto de direito de direitos reais, mais precisamente no caso da espécie do direito real de habitação do cônjuge sobrevivente, esta pesquisa buscará no direito brasileiro e no argentino os fundamentos norteadores deste tema.

A fim de analisar a coerência entre a legislação e a jurisprudência sobre o tema, a pesquisa buscará no direito brasileiro e no direito argentino, de modo comparativo, realizar tal objetivo, além de destacar as principais diferenças sobre o assunto.

O intuito deste trabalho é evidenciar as divergências, como um meio de promover um melhor desenvolvimento do tema, sugerindo adequações no texto legislativo brasileiro, no objetivo de evitar dificuldades de interpretação e incoerências no direito de família e sucessório no Brasil.

17.2 O direito real de habitação

Em pesquisa ao instituto dos direitos reais, em breve análise às origens do direito romano, disserta Oliveira:[1]

---

[1] OLIVEIRA, Iriner de Souza. *Programa de direito romano.* Canoas: Ulbra, 1998. p. 77.

O direito de propriedade romano, nos seus primeiros tempos, caracterizava-se como um poder absoluto do proprietário sobre os seus bens, podendo fazer com eles o que bem entendesse, sem qualquer limitação.

De tal modo, que neste período os três atributos característicos (*ius utendi, ius abutendi, ius fruendi*).

[...] Porém, com desenvolvimento social e econômico de Roma fizesse com que este rigorismo absoluto de disposição sem limites fosse atenuado, para dar uma melhor utilização social à propriedade, através do desdobramento destes atributos, surgindo então o que até hoje se chamam direitos reais.

Em meio às correntes doutrinárias sobre os direitos reais – teoria clássica, teoria unitária ou realista e teoria eclética, com muitas discussões sobre uma análise comparativa entre o carácter dos direitos reais, entre real (*intuit rei*) ou pessoal (*intuit personae*), cumpre destacar que, diante da amplitude e profundidade do tema, o presente trabalho abordará mais especificamente o direito real de habitação.

No Brasil, o direito real de habitação estava previsto a partir do art. 746 do Código Civil de 1916, que previa: "Art. 746. Quando o uso consistir no direito de habitar gratuitamente casa alheia, o titular deste direito não a pode alugar, nem emprestar, mas simplesmente ocupá-la com sua família".[2]

Nota-se que embora seja um direito real, este limita o titular (habitador) a usar o bem (casa alheia) com a exclusiva finalidade de sua moradia e de sua família.

Sobre o tema, Orlando Gomes expõe que "o direito real de habitação é o uso gratuito de casa de morada".[3]

Porém, ao verificar o direito de habitação, percebe-se que ele possui caráter personalíssimo, também não podendo ser transferido ou alienado, pois o titular não pode utilizar a coisa para fim diverso da moradia. O antigo Código Civil brasileiro de 1916 previa no seu art. 748 que é aplicável no que couber o previsto para o direito real de usufruto. Deste modo, como o usufruto, o direito real de habitação beneficia outrem, garantindo-lhe o mínimo para sua subsistência, ou seja, um direito de moradia em imóvel alheio. Portanto, é notório que o direito real tem também uma função assistencial, alimentar e social.

Neste sentido, o doutrinador Caio Mário da Silva Pereira expõe:

Os direitos sucessórios, dentre eles o de usufruto sobre a porção variável do acervo hereditário; na falta de descendentes e ascendentes, cabia ao companheiro a totalidade da herança; e o direito real de habitação sobre o imóvel destinado à residência familiar, sujeito, porém, à resolução em virtude de nova união estável ou de casamento de seu titular.[4]

O direito real de habitação é um instituto antigo no direito brasileiro, previsto no antigo Código de 1916 e no Estatuto da Mulher Casada (Lei nº 4.121/64). Porém, com o advento do Novo Código Civil – Lei nº 10.406/01, surgiram algumas modificações do

---

[2] BRASIL. *Código Civil de 1916*. Disponível em: <http://www.planalto.gov.br/ccivil_03/leis/l3071.htm>. Acesso em: 20 mar. 2016.

[3] GOMES, Orlando. *Direitos reais*. 12. ed. atual. por Humberto Theodoro Júnior. Rio de Janeiro: Forense, 1996. p. 309.

[4] PEREIRA, Caio Mário da Silva. *Instituições de direito civil*. 15. ed. Rio de Janeiro: Forense, 2006. p. 152.

instituto, merecendo um tópico dedicado à visão atual deste direito real de habitação no Brasil.

17.3 O direito real de habitação do cônjuge no direito brasileiro atual

Ao analisar o tema de direitos reais, não se pode deixar de relembrar um clássico autor fundamental para o estudo do direito civil na América Latina, Teixeira de Freitas, citado por Meira, o qual, ao expor a vida deste influente doutrinador, ressalta que: "para Freitas não se diz que o direito real é a ação real; ou que ele só existe, quando a ação se propõe; mas diz-se, que é direito armado com a ação real, pois os direitos reais recaem sobre as coisas".[5]

O direito real de habitação recai sobre um patrimônio que não é totalmente do titular deste direito, porém, a lei o autoriza a usufruir do bem, ao pensar que na vigência do antigo Código Civil brasileiro de 1916 o direito real de habitação somente existia para cônjuges em regime de comunhão universal de bens, redação esta que foi dada pelo Estatuto da Mulher Casada (Lei nº 4.121/1962). As disposições do Código de 1916 que prescreviam sobre o direito real de habitação do cônjuge tiveram várias críticas, pois configuravam uma injustiça social, principalmente após 1977, quando o regime legal de bens do casamento deixou de ser o da comunhão universal para o regime da comunhão parcial de bens, ou seja, seria incoerente preservar este direito real, apenas para cônjuges casados em regime de comunhão universal de bens, embora o referido regime não seja mais o regime principal ou legal do país.

Em análise a redação do Código de 1916, a seguir:

> Art. 1.611. A falta de descendentes ou ascendentes será deferida a sucessão ao cônjuge sobrevivente, se, ao tempo da morte do outro, não estava dissolvida a sociedade conjugal. (Redação dada pela Lei nº 6.515, de 26.12.1977) [...]
>
> §2º Ao cônjuge sobrevivente, *casado sob regime de comunhão universal, enquanto viver e permanecer viúvo*, será assegurado, sem prejuízo da participação que lhe caiba na herança, *o direito real de habitação relativamente ao imóvel destinado* à *residência da família*, desde que seja o único bem daquela natureza a inventariar. (Parágrafo acrescentado pela Lei nº 4.121, de 27.8.1962).[6]

Como o advento do Novo Código Civil brasileiro – Lei nº 10.416/01, o legislador teve por bem deixar este aspecto mais restritivo, por conseguinte, a nova redação trouxe amplitude para a interpretação do instituto, concedendo o direito real de habitação ao cônjuge supérstite casado sob qualquer regime bens.

O Código Civil de 2002, no art. 1831, prevê o instituto com as alterações:

> Art. 1.831. Ao cônjuge sobrevivente, *qualquer que seja o regime de bens, será assegurado*, sem prejuízo da participação que lhe caiba na herança, *o direito real de habitação* relativamente

---

[5]   MEIRA, Silvio Augusto de Bastos. *Teixeira de Freitas, o jurisconsulto do império*. Rio de Janeiro: Cegraf, 1983.

[6]   BRASIL. *Código Civil de 1916*. Disponível em: <http://www.planalto.gov.br/ccivil_03/leis/l3071.htm>. Acesso em: 20 mar. 2016. Grifos nossos.

ao imóvel destinado à residência da família, desde que seja o único daquela natureza a inventariar.[7]

Em análise mais detida ao texto atual observa-se que embora o novo texto tenha corrigido em parte a redação, o legislador foi omisso quanto à aplicação do direito real em casos de união estável e, ainda, no caso de o cônjuge supérstite contrair novas núpcias ou estar em nova união estável, o que tem gerado críticas doutrinárias e litígios judiciais entre familiares e cônjuge.

No direito argentino o tema é bem definido desde o antigo Código de Velez, o que corrobora a necessidade de uma adequação legislativa sobre o tema no Brasil, com objetivo de preencher as lacunas existentes e de evitar conflitos familiares que, por conseguinte, resultam em intermináveis litígios judicias em processos de inventário.

Embora o Novo Código Civil brasileiro tenha se omitido quanto à incidência deste direito real de habitação ao companheiro, a jurisprudência do Superior Tribunal de Justiça – STJ[8] supriu a lacuna com decisão favorável ao companheiro, com fundamento na Lei nº 9.278/1996, que reconhece a união estável, e o Enunciado nº 117, a seguir:

> O direito real de habitação deve ser estendido ao companheiro, seja por não ter sido revogada a previsão da Lei 9.278, seja em razão da interpretação analógica do artigo 1.831, informado pelo artigo 6º, caput, da Constituição de 88.[9]

Há entendimentos doutrinários em que a lei não concede o referido direito real ao companheiro, porém o STJ já apresentou seu entendimento no objetivo de favorecer melhor entendimento ao tema, ao conceder o direito real de habitação ao companheiro. O fundamento expôs que o novo texto civil não revogou a Lei nº 9.278/96, que alterou a Constituição da República de 1988 ao reconhecer a união estável e o direito real de habitação ao companheiro. Assim, embora o Novo Código Civil tenha se omitido, a

---

[7] BRASIL. *Código Civil de 1916*. Disponível em: <http://www.planalto.gov.br/ccivil_03/leis/l3071.htm>. Acesso em: 20 mar. 2016. Grifos nossos.

[8] "DIREITO DAS SUCESSÕES. RECURSO ESPECIAL. SUCESSÃO ABERTA NA VIGÊNCIA DO CÓDIGO CIVIL DE 2002. COMPANHEIRA SOBREVIVENTE. DIREITO REAL DE HABITAÇÃO. ART. 1.831 DO CÓDIGO CIVIL DE 2002. 1. O novo Código Civil regulou inteiramente a sucessão do companheiro, ab-rogando as leis da união estável, nos termos do art. 2º, §1º da Lei de Introdução às Normas do Direito Brasileiro - LINDB. 2. É bem verdade que o art. 1.790 do Código Civil de 2002, norma que inovou o regime sucessório dos conviventes em união estável, não previu o direito real de habitação aos companheiros. Tampouco a redação do art. 1.831 do Código Civil traz previsão expressa de direito real de habitação à companheira. Ocorre que a interpretação literal das normas conduziria à conclusão de que o cônjuge estaria em situação privilegiada em relação ao companheiro, o que deve ser rechaçado pelo ordenamento jurídico. 3. A parte final do §3º do art. 226 da Constituição Federal consiste, em verdade, tão somente em uma fórmula de facilitação da conversão da união estável em casamento. Aquela não rende ensejo a um estado civil de passagem, como um degrau inferior que, em menos ou mais tempo, cederá vez a este. 4. No caso concreto, o fato de haver outros bens residenciais no espólio, um utilizado pela esposa como domicílio, outro pela companheira, não resulta automática exclusão do direito real de habitação desta, relativo ao imóvel da Av. Borges de Medeiros, Porto Alegre-RS, que lá residia desde 1990 juntamente com o companheiro Jorge Augusto Leveridge Patterson, hoje falecido. 5. O direito real de habitação concede ao consorte supérstite a utilização do imóvel que servia de residência ao casal com o fim de moradia, independentemente de filhos exclusivos do de cujus, como é o caso. 6. Recurso especial não provido" (STJ, Quarta Turma. REsp nº 1.329.993/RS. Rel. Min. Luis Felipe Salomão, j. 17.12.2013. *DJe*, 18 mar. 2014). Recurso Especial nº 1.203.144-RS, j. 27.5.2014.

[9] BRASIL. *Enunciado 117 da Jornada de Direito Civil*. Disponível em: <http://www.stj.jus.br/publicacaoinstitucional/index.php/jornada/article/viewFile/2644/2836>. Acesso em: 25 mar. 2016).

referida legislação, como não foi revogada, é hábil para sanar a referida omissão do legislador.

Outro tema que foi omisso com o Novo Código Civil brasileiro refere-se ao que estava previsto no antigo Código de 1916, que é a cessação do direito real de habitação com novo casamento ou união do cônjuge supérstite. Quanto ao tema, a doutrina brasileira divide-se, mas a posição majoritária doutrinária pende no sentido de que não se extingue o direito real de habitação ao companheiro ou cônjuge sobrevivente que constitui nova união estável ou casamento, embora o parágrafo único do art. 7º da Lei nº 9.278/96 preveja o contrário.

> Parágrafo único. Dissolvida a união estável por morte de um dos conviventes, o sobrevivente terá direito real de habitação, enquanto viver ou não constituir nova união ou casamento, relativamente ao imóvel destinado à residência da família.[10]

Em análise ao antigo Código Civil de 1916, nota-se que houve algumas evoluções, principalmente quanto à abrangência deste direito real aos demais regimes de casamento. Todavia, a nova redação do Código atual mostra também algumas involuções, principalmente por não adequar a Lei nº 9.278/96, que reconheceu a união estável, bem como a cessação do direito real de habitação diante de novo casamento ou união estável do cônjuge supérstite, o que merece adequação.

Neste sentido, Farias e Rosenvald expõem:

> Comparando-se o art. 1831 do Código Civil de 2002 com seu antecessor (art. 1.611, CC 1916), houve substancial acréscimo qualitativo do direito real de habitação em favor do cônjuge sobrevivente. Primeiro, o cônjuge passa a desfrutar do direito real de habitação, independente do regime de bens adotado no matrimônio – no CC de 1916 só caberia em prol do meeiro no regime da comunhão universal. Segundo, no CC de 1916 o direito de habitação era vidual, posto condicionada a sua permanência à sua manutenção da viuvez. Doravante, mesmo que o cônjuge sobrevivente case novamente ou inaugure união estável, não poderá ser excluído da habitação, pois tal direito se torna vitalício.[11]

17.4 O direito real de habitação do cônjuge supérstite no direito argentino

No direito argentino, o direito real de habitação do cônjuge foi instituído pela Lei nº 20.798, que incorporou ao Código Civil argentino, também chamado de Código de Velez, o art. 3573, conforme redação abaixo:

> Se a morte do *de cujus* este deixar somente um imóvel habitável como integrante do total da herança e que tivera constituído o lugar conjugal, cuja estimação não sobrepasse o indicado como limite máximo das habitações para ser declaradas bens de família e concorrem outras pessoas com vocação hereditária ou como legatários, o cônjuge supérstite terá o

---

[10] BRASIL. *Lei 9.278/96*. Disponível em: <http://www.planalto.gov.br/ccivil_03/leis/l9278.htm>. Acesso em: 22 mar. 2016.

[11] FARIAS, Cristiano Chaves de; ROSENVALD, Nelson. *Direitos reais*. 8. ed. Salvador: JusPodivm, 2012. p. 856-857.

direito real de habitação de forma vitalícia e gratuita. Este direito se perderá se o cônjuge supérstite contrair novas núpcias.[12]

O Código Civil argentino é bem claro no título de direitos reais em elencar o direito real de habitação, nos arts. 2948 e seguintes, conforme citado a seguir:

TITULO XI

Do uso e da habitação

Art. 2.948. O direito de uso é um direito real que consiste na faculdade de serviço da coisa de outro, independente da posse hereditária, com a obrigação de conservar a substância dela; ou de tomar sobre os frutos, o que seja preciso para as necessidades do usuário e sua família.

Se refere a uma casa e a utilidade de morar nela, se chama neste Código, direito de habitação.

Art. 2949. O uso da habitação se constitui do mesmo modo que o usufruto, com exceção de não fazer uso legal ou estabelecido pelas leis.[13]

O Código Civil argentino também é bem claro quanto ao reconhecimento do direito real de uso e habitação como um direito real. Além de definir o direito real de habitação, aplicável aos casos em que o autor da herança deixa um único bem imóvel residencial e cujo valor não seja muito elevado, na sequência o legislador expõe que o direito real de habitação é vitalício, porém poderá se perder caso o cônjuge sobrevivente contraia novas núpcias.

É muito interessante a forma como o legislador escreveu o texto, pois ao mesmo tempo que buscou preservar o cônjuge sobrevivente, neste momento de desamparo, também buscou preservar os demais herdeiros, pois o uso do único imóvel residencial de um alto valor, por exemplo, prejudicaria os demais herdeiros, que estariam sujeitos a um condomínio forçado de modo injusto, haja vista que para sobrevivência normal não seria necessário a utilização de um imóvel luxuoso.

Todavia, nota-se um ponto omisso: se o cônjuge supérstite contrair uma união estável? Porém, pela época na qual o texto foi redigido, em que o instituto da união estável não era muito comum e legalizado, é aceitável tal omissão.

---

[12] Tradução nossa do original: "Capítulo III - Sucesión de los cónyuges

Artículo 3573

Si a la muerte del causante éste dejare un solo inmueble habitable como integrante del haber hereditario y que hubiera constituido el hogar conyugal, cuya estimación no sobrepasare el indicado como límite máximo a las viviendas para ser declaradas bien de familia, y concurrieren otras personas con vocación hereditaria o como legatarios, el cónyuge supérstite tendrá derecho real de habitación en forma vitalicia y gratuita. Este derecho se perderá si el cónyuge supérstite contrajere nuevas núpcias" (ARGENTINA. *Codigo Civil, 1871*. Disponível em: <http://www.codigocivilonline.com.ar/codigo_civil_online_1012_1036.html>. Acesso em: 16 fev. 2016).

[13] Tradução nossa do original: "TITULO XI

Del uso y de la habitación

Art. 2.948. El derecho de uso es un derecho real que consiste en la facultad de servirse de la cosa de otro, independiente de la posesión de heredad alguna, con el cargo de conservar la substancia de ella; o de tomar sobre los frutos de un fundo ajeno, lo que sea preciso para las necesidades del usuario y de su familia. Si se refiere a una casa, y a la utilidad de morar en ella, se llama en este Código, derecho de habitación.

Art. 2.949. El uso y la habitación se constituyen del mismo modo que el usufructo, con excepción de no haber uso legal o establecido por las leyes" (ARGENTINA. *Codigo Civil, 1871*. Disponível em: <http://www.codigocivilonline.com.ar/codigo_civil_online_1012_1036.html>. Acesso em: 16 fev. 2016).

O Novo Código Civil e Comercial da nação argentina de 2014, que entrou em vigor em 1.8.2015, expõe em seus artigos:

Artigo 1.894. Aquisição legal. Se adquirem por mero efeito da lei, os condomínios com indivisão forçosa duradoura de acessórios indispensáveis ao uso comum de vários imóveis e muros, cercas e fossos quando o fechamento e forçoso e o que se origina na acessão de coisas moveis e inseparáveis; a habitação do cônjuge e do convivente supérstite, e dos direitos dos adquirentes e subadquirentes de boa-fé. [...]
Artigo 2.158. Conceito. A habitação e o direito real que consiste em morar em um imóvel alheio construído, ou em parte material dele, sem alterar sua substância. O direito real de habitação só se pode constituir-se a favor de uma pessoa humana.[14]

O Código é expresso em elencar no capítulo que trata de direitos reais o direito de habitação do cônjuge supérstite. Ademais, no título que expõe os direitos sucessórios, existe também previsão expressa, conforme citado a segui:

Artigo 2.332. Oposição do Cônjuge.
Se o acervo hereditário tem um estabelecimento de grande importância comercial, industrial, agrícola, pecuária, mineração ou outras práticas que constituem uma unidade econômica, ou partes sociais, quotas ou compartilha uma sociedade, o cônjuge sobrevivente tenha comprado ou feito no todo ou em parte a este estabelecimento ou que é sócio ou acionista da empresa, pode se opor a sua inclusão na partilha, exceto se podem ser adjudicados em seu quinhão.
O cônjuge sobrevivente também pode opor-se à habitação que tem sido residência dos cônjuges no momento da morte do falecido e que tem sido adquirida ou construída total ou parcialmente com fundos conjugais, com seus móveis, devem ser incluídos na partilha, enquanto ele sobreviver, mas que pode ser adjudicado em seu quinhão. Os herdeiros só podem solicitar cessação do indivisão se o cônjuge sobrevivente tem bens que o permitem procurar outra casa suficiente para suas necessidades.[15]

---

[14] Tradução nossa do original: "ARTÍCULO 1894.- Adquisición legal. Se adquieren por mero efecto de la ley, los condominios con indivisión forzosa perdurable de accesorios indispensables al uso común de varios inmuebles y de muros, cercos y fosos cuando el cerramiento es for- zoso, y el que se origina en la accesión de cosas muebles inseparables; la habitación del cónyuge y del conviviente supérstite, y los derechos de los adquirentes y subadquirentes de buena fe. [...]
ARTÍCULO 2158.- Concepto. La habitación es el derecho real que consiste en morar en un inmueble ajeno construido, o en parte material de él, sin alterar su sustancia. El derecho real de habitación sólo puede constituirse a favor de persona humana" (ARGENTINA. *Código Civil e Comercial da nação argentina*, 2014. Disponível em: <http://www.infojus.gob.ar/docs-f/codigo/Codigo_Civil_y_Comercial_de_la_Nacion.pdf>. Acesso em: 10 mar. 2016).

[15] Tradução nossa do original: "ARTÍCULO 2332.- Oposición del cónyuge.
Si en el acervo hereditario existe un establecimiento comercial, industrial, agrícola, ganadero, minero o de otra índole que constituye una unidad económica, o partes sociales, cuotas o acciones de una sociedad, el cónyuge supérstite que ha adquirido o constituido en todo o en parte el establecimiento o que es el principal socio o accionista de la sociedad, puede oponerse a que se incluyan en la partición, excepto que puedan serle adjudicados en su lote.
[...] El cónyuge supérstite también puede oponerse a que la vivienda que ha sido residencia habitual de los cónyuges al tiempo de fallecer el causante y que ha sido adquirida o construida total o parcialmente con fondos gananciales, con sus muebles, sea incluida en la partición, mientras él sobreviva, excepto que pueda serle adjudicada en su lote. Los herederos sólo pueden pedir el cese de la indivisión si el cónyuge supérstite tiene bienes que le permiten procurarse otra vivienda suficiente para sus necesidades" (ARGENTINA. *Código Civil e Comercial da nação argentina*, 2014. Disponível em: <http://www.infojus.gob.ar/docs-f/codigo/Codigo_Civil_y_Comercial_de_la_Nacion.pdf>. Acesso em: 10 mar. 2016).

O art. 2.332 acima trata da oposição do cônjuge e apresenta um longo texto, primeiro expõe caso de existência de empresa e, após, sendo um dos assuntos tratados e citados no último parágrafo, refere-se ao direito real de habitação do cônjuge. O texto novo expõe que o cônjuge sobrevivente tem o direito de ocupar a casa de residência habitual com seus móveis, local onde habitavam os cônjuges, seja esta adquirida ou construída total ou parcialmente com recursos conjugais. Porém, com uma exceção no caso de ser a casa adjudicada em seu quinhão. Os herdeiros somente podem pedir que cesse a indivisão do bem se o cônjuge supérstite tenha bens que permitam ocupar outra casa para viver e seja suficiente com suas necessidades.

Esta nova redação não somente limitou a permanência do direito real de habitação, bem como do condomínio forçado, no caso de o cônjuge supérstite de fato necessitar do imóvel para suas necessidades básicas de moradia. Portanto, caso o cônjuge tenha condições financeiras de residir em outro local, e de acordo com suas necessidades, o direito de habitação pode ser questionado pelos demais herdeiros, ou seja, não é o direito real de habitação inquestionável, como ocorre na legislação brasileira.

17.5 Análise comparada dos institutos de direitos reais de habitação brasileiro e argentino

Neste breve estudo do direito real de habitação do cônjuge supérstite no direito brasileiro e argentino, notam-se algumas diferenças entre a aplicação dos institutos de acordo com os textos legislativos.

Resta evidente a necessidade de alterações no Código Civil brasileiro, o que tem sido questionado por vários doutrinadores, além de gerar indignações às partes prejudicadas em juízo, propiciando um número maior de litígios quanto ao tema.

Há uma necessidade iminente de adequação legislativa, quanto a este importante tema na área de direito de família e sucessões.

A adequação deve ter como objetivo sanar as omissões do Código Civil atual, quanto à aplicação do direito real de habitação ao companheiro, além disso, deveriam ser expostas algumas limitações coerentes ao direito real de habitação do cônjuge supérstite, principalmente no caso de o cônjuge supérstite contrair novas núpcias ou união estável.

As alterações devem ter como enfoque minimizar litígios familiares que arrastam um processo de inventário por anos, devido a estes questionamentos de direito real de habitação. Caso o projeto elaborado supra estas necessidades, a sociedade terá uma melhor compreensão dos direitos e deveres, bem como serão evitados diversos processos, além de se resolverem inúmeros conflitos em trâmite nos tribunais sobre o referido tema.

O Novo Código Civil argentino apresenta uma limitação interessante que poderia também ser utilizada no caso de uma alteração legislativa no Brasil, que é a possibilidade de oposição dos herdeiros caso o cônjuge tenha condições de residir em outra residência, sem prejudicar seu sustento. A sugestão apresentada é relevante e pode ser observada, posto que o direito real de habitação do cônjuge que tenha condições financeiras de ter sua nova residência não pode ser um impeditivo para a partilha do bem inventariado. Neste caso, o condomínio forçado por meio do direito real de habitação pode prejudicar os herdeiros em detrimento do cônjuge, sem qualquer necessidade deste último, causando uma injustiça social, além propiciar litígios familiares.

17.6 Conclusão

Este artigo, ao tratar do direito real de habitação do cônjuge supérstite na legislação brasileira, buscou avaliar o instituto com uma pesquisa no direito comparado na doutrina brasileira e argentina, com uma análise crítica, e ao final apresentou alguns pontos relevantes para alterações do texto legislativo brasileiro.

O direito real de habitação, tanto no Brasil como na Argentina, teve como função proteger o cônjuge no momento de desamparo, porém, o texto deve ter a cautela de não utilizar o instituto como meio de favorecer injustiças sociais.

Mais precisamente, as injustiças são visualizadas caso a caso, quando um cônjuge contrai uma união estável e continua com o direito real de habitação em prejuízo aos demais herdeiros, ou quando o cônjuge, embora tenha condições suficientes para residir em um novo lar, permanece no bem imóvel da partilha em detrimento aos direitos dos demais herdeiros, que estão submetidos a um condomínio forçoso vitalício.

Esta análise entre os institutos bem como estas situações fáticas que ocorrem na vivência dos tribunais devem ser iluminadas com um texto legislativo claro, no objetivo de evitar que o direito real de habitação seja um limitador ou empecilho do direito de propriedade. Portanto, diante desta pesquisa na doutrina brasileira, uma alteração legislativa no Brasil poderá resolver inúmeros conflitos neste tema de direito de família e sucessões, que estão pendentes de resolução nos tribunais, além de evitar que novos litígios ocorram sobre o tema.

Informação bibliográfica deste texto, conforme a NBR 6023:2002 da Associação Brasileira de Normas Técnicas (ABNT):

RIBEIRO, Débora Elisa Lima. O direito real de habitação do cônjuge supérstite: uma crítica para adequação da legislação brasileira. In: TEPEDINO, Gustavo; TEIXEIRA, Ana Carolina Brochado; ALMEIDA, Vitor (Coord.). *Da dogmática à efetividade do Direito Civil*: Anais do Congresso Internacional de Direito Civil Constitucional – IV Congresso do IBDCivil. 2. ed. rev., ampl. e atual. Belo Horizonte: Fórum, 2019. p. 581-589. ISBN 978-85-450-0545-2.

CAPÍTULO 18

FUNÇÃO SOCIAL DA PROPRIEDADE E DIREITO DE SUPERFÍCIE NA SUA VINCULAÇÃO COM O DESENVOLVIMENTO INDUSTRIAL NO BRASIL

HORÁCIO MONTESCHIO

18.1 Aspectos históricos

O fator histórico e socioeconômico no qual se encontra envolto o direito de propriedade assume aspectos de cunho universal, assim descritos por Pinto Ferreira: "Os grandes impérios da Antiguidade também conheceram a propriedade, desde o mais antigo Código de Leis de que se têm notícia, que é o Código de Hammurabi, assim, como no Egito, os hebreus, muçulmanos, hindus, do mesmo modo na Greco-romana".[1]

Neste momento da história o homem, em estado de natureza, que para Creusa Caplabo é definido pelo seu "estado selvagem, o estado de homem que vive em liberdade anárquica ou em independência em relação às leis",[2] malgrado por ser gregário, relaciona-se com os seus semelhantes, cooperando para vencer as adversidades e garantir a sua manutenção pessoal.

No mesmo sentido lecionam Michael Tigar e Madeleine Levy, para quem "no Estado natureza, homem penetrava na floresta e começava a plantar".[3] Com a evolução o homem passa a constituir a fixação, descrita na doutrina de Walter Vieira do Nascimento como aquela que "identifica, pela estreita ligação da família ao altar e deste ao solo,

---

[1] FERREIRA, Pinto. Propriedade. In: FRANÇA, Limongi (Coord.). *Enciclopédia Saraiva de Direito*. São Paulo: Saraiva, 1977. p. 145.

[2] CAPLABO, Creusa. *Filosofia da educação brasileira*. São Paulo: Âmbito Cultural, 1987. p. 93.

[3] TIGAR, Michael; LEVY, Madeleine. *O direito e a ascensão do capitalismo*. Rio de Janeiro: Zahar, 1978. p. 286.

uma configuração de vínculo inconteste entre a religião e a terra"[4] tendo forte ligação com a religião.

Por seu turno, cabe destacar que Friedrich Engels agrupa as ideias acima declinadas à "causa de produção da subsistência e suas conexões espontaneístas com o cotidiano dos indivíduos, sem existir uma nítida e presente intenção dirigida à sociabilidade"[5] o que nos faz acreditar que a primeira demonstração de propriedade surgida na cultura tenha sido a comunal, distinta da propriedade individual.

No período do direito antigo ou pré-clássico, compreendido entre 754 a.C., aproximadamente, e 149 e 126 a.C., a propriedade conhecida dos romanos era a propriedade quiritária, descrita por José Cretella Júnior nos seguintes termos: "a única espécie de propriedade até então conhecida pelos romanos foi a quiritária"[6]

Além da propriedade quiritária, os romanos reconhecerem três outras espécies de propriedades, denominadas bonitárias, as quais possuem a característica de ser adquiridas do vendedor sem o formalismo necessário, podendo ser por intermédio do usucapião, descrito por Cássia Celina Paulo Moreira da Costa: "se constituía com o decurso de tempo necessário à aquisição do bem, mediante usucapião"[7]

Período de unificação das espécies de propriedade reconhecidas pelos romanos, a qual resultou numa única propriedade privada, em oposição à pública. Os costumes dos povos bárbaros se assemelhavam muito de povo para povo. Todavia, consoante a lição de Jacques Le Goff, "O direito romano era encarado como direito superior, assim, como a civilização romana em geral. Mas não era possível incorporá-lo, sem preservar toda a vida material romana ou suas instituições políticas"[8] razão pela qual trouxe grande influência perante os conquistadores.

Com o desenvolvimento histórico e das relações, concedeu-se aos que trabalhavam a terra o direito de possuí-la com algum ônus obrigacional perpétuo. Logo, não tinham a propriedade, a qual era mantida no domínio eminente das famílias nobres, mas um direito real sobre coisa alheia, assim, a propriedade para John Gilissen assumia a seguinte posição econômica para época:

> A propriedade esta inserida no contexto do feudo, em que o senhorio concede ao vassalo proteção e um quinhão de terras e, em contrapartida, este, em câmbio, reconhece a autoridade devotando respeito e fidelidade. A Europa, naquela época, foi dividida em uma série de pequenos torrões de terra, constituindo-se em células independentes, a princípio, autossuficientes economicamente.[9]

Nas últimas décadas do séc. XIII observava-se certa perda de vitalidade do feudalismo, causada basicamente pela peste bubônica. Em seu aspecto econômico, a crise derivara da exploração agrícola predatória e extensiva de forma típica do feudalismo, a qual tem seu ápice com o agravamento relacionado ao fenômeno climático ocorrido

---

[4] NASCIMENTO, Walter Vieira. *Lições de história do direito*. Rio de Janeiro: Forense, 1999. p. 61.

[5] ENGELS, Friedrich. *A origem da família, da propriedade e do Estado*. São Paulo: Alfa Ômega, 1984. p. 56.

[6] CRETELLA JUNIOR, José. *Curso de direito romano*. São Paulo: Forense, 1980. p. 175.

[7] COSTA, Cássia Celina Paulo Moreira da. *A constitucionalização do direito de propriedade privada*. Rio de Janeiro: América Jurídica, 2003. p. 9.

[8] GOFF, Jacques Le. *A civilização do ocidente medieval*. Lisboa: Editorial Estampa, 1983. p. 86.

[9] GILISSEN, John. *Introdução histórica ao direito*. Lisboa: Fundação Calouste Gulbenian, 2001. p. 189.

entre os anos de 1314-1315. Como consequência ocorre a ascensão da burguesia e a queda do feudalismo.

O Antigo Regime, período da história europeia compreendido entre o renascimento e as grandes revoluções liberais, é assim descrito por Alexis de Tocqueville: "na historiografia da Revolução Francesa (*Ancien Régime*), é o nome dado ao regime político vigente na França, uma monarquia absolutista, na qual o soberano concentrava os poderes executivo, legislativo e judiciário".[10] Com a Revolução há, na lição de Gomes Canotilho, "a ruptura do regime antecessor (antigo) e o surgimento de outro (novo), significando uma nova ordem social e não apenas uma adaptação político-social ou ajustamento prudencial da história".[11]

A nova formulação de pensamento é que surgiu a Revolução Francesa, "a qual se aproveitou das ideias dos filósofos, dando as mesmas as conotações que mais lhes eram favoráveis em detrimento do regime absolutista".[12]

Com o desabrochar de novas ideias a burguesia acabou por servir-se, com o objetivo claro de revolucionar o Estado francês, distanciando-se de concepções vetustas em que apenas alguns se serviam e eram servidos pelos demais.

A substituição do Antigo Regime recebeu o incentivo ofertado pelas teorias do liberalismo e racionalismo, as quais colocavam em posição de destaque as filosofias políticas as quais tinham como fundamento os valores da pessoa humana em razão da sua própria natureza e que rechaçavam o abuso e o arbítrio verificado no período antecessor, tendo como baluartes John Locke, na Inglaterra, Hugo Grócio e Spinoza, na Holanda, Rousseau e Montesquieu, na França.

O epílogo do Antigo Regime está consubstanciado na Declaração dos Direitos do Homem e do Cidadão de 1789, destacadamente no seu art. 2º, que salvaguarda os direitos naturais entre os quais está presente o direito de propriedade.

18.2 Componente teórico-filosófico da propriedade liberal

A estrutura do direito de propriedade no Estado Liberal foi formulada por Hobbes, Locke, Rousseau, Kant e Hegel, sendo assegurada posição de destaque a John Locke, que de forma singular emprestou sua parcela para a composição final, do que se revelou a importância da propriedade para esse Estado.

Na doutrina de Thomas Hobbes, os indivíduos são iguais em razão do esforço para satisfazerem os seus desejos. Para Locke, no estado de natureza os homens são livres, iguais, independentes, porém, desfrutando uns do convívio dos outros, se encontram todos submetidos à lei da natureza, que é a razão, atribuindo à propriedade a sua existência e disposição na natureza e na formação do Estado.

Cabe ressaltar o fato de que a propriedade entendida por Locke possui o diferencial do trabalho humano, assim descrita por Luiz Antonio Zanini Fernerolli, para a doutrina lockeana: "a propriedade é um direito natural, pois as coisas estão dispostas livremente

---

[10] TOCQUEVILLE, Alexis de. *O Antigo Regime e a Revolução*. Brasília: UnB, [s.d.]. p. 63.

[11] CANOTILHO, José Joaquim Gomes. *Direito constitucional e teoria da Constituição*. Coimbra: Almedina, 2003. p. 57.

[12] DALLARI, Dalmo Abreu. *A constituição na vida dos povos*: da Idade Média ao século XXI. São Paulo: Saraiva, 2010. p. 101.

na natureza, aptas a serem beneficiadas com o desprendimento de energia, por meio do trabalho do ser humano e antecedendo até mesmo a existência do Estado".[13] Destarte há uma dependência entre a coisa e o trabalho para a sua apropriação.

Pela teoria adotada por Rousseau, o direito de propriedade não é legitimado pelo estado de natureza, uma vez que é produto da convenção humana, por conseguinte aquela liberdade estabelecida na natureza foi substituída pela liberdade civil, recebendo em troca a propriedade de tudo que possui.

Extrai-se das reflexões formuladas por Rousseau que cabe ao Estado o reconhecimento da propriedade individual, por conseguinte credencia-se, mediante as obrigações que lhe são inerentes, a regular sua utilização, impondo, inclusive, limitações ao seu uso.

Dando prosseguimento aos doutrinadores que deram arrimo ao liberalismo, cita-se Immanuel Kant, para quem a propriedade "parte do estado de natureza para atingir o contrato social com o objetivo de ser alcançado o Estado, em que cada indivíduo passa a conviver em um Estado civil".[14] Para Kant o estado de natureza era uma ideia, e não um fato.

Assim, quando um ser humano assume determinada conduta em relação a um objeto, ele se torna proprietário e, por consequência, com relação aos demais indivíduos, adquire o direito de uso e gozo da coisa apropriada, que, pelo poder da lei pública, impõe a obrigação de respeito.

Por sua vez Hegel difere do pensamento locke-kantiano para a propriedade, no sentido de que este parte da ideia do proprietário individual, enquanto aquele dá uma visão à propriedade de empresa.

Para Hegel, a liberdade era que "definia a propriedade privada, eis que, antes de tudo, caracterizava-se como um ato de realização da liberdade humana",[15] não provinha do direito natural, mas baseada na própria vontade, tendo como início a posse do próprio corpo. A propriedade tida como realidade humana e advinda da liberdade do ser humano era, segundo a teoria hegeliana, "íntima e exterior".

Por derradeiro, não assiste razão à defesa da propriedade de pessoas, na doutrina de Hegel, portanto, só as coisas são apropriadas, na medida em que estas não manifestam a sua livre e espontânea vontade. Por sua vez, a propriedade capitalista, dadas as suas características de vinculação com a legislação, mantém o proprietário com pleno exercício e domínio sobre a coisa com exclusividade, ainda que outros efetivamente trabalhem nela.

18.3 A propriedade no liberalismo no ponto de vista da sua positivação

A doutrina liberal estabelece a preponderância dos interesses da classe burguesa, reduzindo o espectro de atuação do Estado, mitigando o poder, absolutista ou feudal, por conseguinte, não atingindo os interesses dos liberais, a fim de inibir ou restringir os direitos obtidos, em especial, aqueles que se restringissem a economicamente relevantes.

---

[13] FERNEROLLI, Luiz Antonio Zanini. *A função social e a propriedade imóvel privada*: o aproveitamento do solo urbano. Florianópolis: Conceito, 2014. p. 35.

[14] KANT, Immanuel. *A metafísica dos costumes*. São Paulo: Edipro, 2003. p. 154.

[15] HEGEL, G. W. Friedrich. *Princípios da filosofia do direito*. São Paulo: Martins Fontes, 1997. p. 47.

A propriedade passa a viver ares de direito natural, imprescritível, inviolável e sagrado, do qual ninguém pode ser privado, salvo por necessidade pública, legalmente constatada, sob a condição de justa indenização. Com essa mudança de paradigma a classe burguesa passa a vislumbrar o Estado como garantidor deste direito a propriedade, trazendo a lume esta conformação a lição de Aléxis Tocquiville, esclarecedora no que se refere ao interesse de manter o Estado como garantidor do direito de propriedade:

> É verdade que a Revolução vendeu as terras do clero e uma grande parte das terras dos nobres; mas se quisermos consultar os processos verbais dessas vendas, como tive, às vezes, a paciência de fazer, ver-se-á que a maioria foi comprada por pessoas que possuíam outras terras, de maneira que, se a propriedade mudou de mãos, o número de propriedades aumentou muito menos do que imaginamos.[16]

Na doutrina de Francisco Tomás y Valiente, extrai-se: "um corpo legal que colocasse a salvo, com garantias claras e estáveis, sem restrições ou embargos, a possibilidade de geração de riquezas, aquisição de patrimônios e inclusive o poder destinado ao indivíduo".[17] Malgrado o direito do Estado, este deverá obedecer aos novos entendimentos do conceito de propriedade

18.3.1 A propriedade codificada

A necessidade de proteção da propriedade, pela classe burguesa, despertou imenso temor em face da presente instabilidade constitucional, destacadamente na Carta francesa, a qual, no período pós-declaração, experimentou quatro versões no período exíguo compreendido entre 1791 a 1799, bem como os sucessivos movimentos revolucionários, os quais tumultuaram o sistema político francês, acarretando indelével instabilidade na ordem constitucional.

Diante deste quadro de instabilidade política, era inconteste o fato de que a Constituição não expressava uma organização básica para a sociedade, mas residia somente num núcleo de organização política do Estado.

O Código Civil ou o Código das Relações Privadas, gestado com base na Constituição de 1791, foi finalmente concluído em 1804. Desta forma, nasce o Código Napoleônico. Com as pilastras fundamentais fincadas no individualismo, destaca-se de forma exuberante a doutrina liberal, concedendo importância singular ao direito de propriedade, não demorando a ser entendido como o Código da Propriedade, destacado por Manuel Ignácio Adrogue: "O proprietário consagra-se em um soberano do bem, e a propriedade, em um direito sagrado e inviolável. Representava a propriedade, conforme as ideias que vestiam a ocasião em salvaguarda da liberdade".[18]

Portanto, até o exercício abusivo para a propriedade era admitido, em confronto com o *jus abutendi* prestigiado no direito romano (que tolerava o consumo por meio da transformação ou destruição da coisa, mas não abuso, puro e simples), exclusivo

---

[16] TOCQUIVILLE, Aléxis. *O Antigo Regime e a Revolução*. Brasília: UnB, 1982. p. 72.

[17] TOMÁS Y VALIENTE, Francisco. *Manual de historia del derecho español*. Madrid: Tecnos, 1981. p. 467.

[18] ADROGUE, Manuel Ignácio. *El derecho de propiedad em La actualidad*. Buenos Aires: Abeledo Perrot, 1991. p. 29.

(o direito de opor-se a qualquer outra pessoa sobre a possibilidade de obter utilidade ou vantagem sobre a coisa, ainda que isso não represente prejuízo algum ao proprietário do bem) e perpétuo.

Sobreleva enfatizar o fato de que a conceituação de propriedade liberal esteve presente entre nós até 2003, ano de entrada em vigor do Novo Código Civil. Por seu turno, cabe destacar, ainda que de forma perfunctória, o fato de que a legislação civil de 1916 estava umbilicalmente ligada às lições da legislação francesa, de cujos ensinamentos os doutrinadores pátrios foram abeberar para sua elaboração.

Mas fixando as premissas na vigente legislação civil, a qual se encontra sintonizada com o Estado Democrático e Social de Direito, com arrimo na Constituição Federal de 1988, determinou um giro copernicano na estrutura do direito de propriedade, na qual, em seu exercício, deve-se prestar atenção na função social que lhe é inerente.

18.3.2 A propriedade na mutação do Estado Liberal para Social

Como dito em linhas acima, a propriedade no final do século XVIII e no início do século XIX ficou conformada de acordo com o preconizado pela doutrina liberal, mas, como decorrência da própria evolução social e jurídica, essa concepção começou a receber severas críticas no final do século XIX, principalmente em razão de que o individualismo, presente na ideia liberal, já refletia os anseios da sociedade.

As críticas formuladas encontravam fundamento social em face da ausência de trabalho, fome e péssimas condições de trabalho e de vida que afetaram a maior parte da população durante o desenvolvimento do modelo político, econômico e social do Estado liberal do século XIX e começos do século XX.

A concepção da "mão invisível do Estado", imortalizada por Adan Smith e assumida pela ideia econômica do liberalismo de "deixar fazer" (*laissez faire*), trouxe um desnivelamento social, proporcionando acentuado descontentamento popular, principalmente pela perda de recursos produtivos.

O cenário de insatisfação social, tanto urbano como rural, culminou com o movimento dos proletários franceses de 1848. Iniciado em face das péssimas condições de trabalho, da frustração da colheita, da negativa de sufrágio universal e do bloqueio das reformas democráticas, o movimento popular brandia o grito de *vive la République démocratique et social*, demonstrando que as exigências sociais eram dirigidas, em sua maioria, ao Estado com o fim de que fossem corrigidas as distorções resultantes das desigualdades derivadas das relações de produção.

18.3.3 A construção da propriedade social

As Constituições do México de 1917 e da Alemanha de 1919 marcaram em palco constitucional, pela primeira vez, a ideia de a propriedade privada desempenhar, por meio do exercício de suas próprias faculdades, uma funcionalização para o fim de ser justificada como socialmente útil.

No mesmo caminho foram seguidas a Declaração Soviética dos Direitos do Povo Trabalhador e Explorado, a subsequente Constituição soviética e a Carta do Trabalho italiana.

Como precursores da tese de que a propriedade é a origem de todos os males, capaz de instituir e perpetuar a desigualdade entre os homens, Karl Marx e Friedrich Engels passaram a representar a ideia de que a extinção da propriedade privada seria uma condição para a eliminação das desigualdades.

A concepção de uma propriedade que rechaça a ideia de desigualdade entre as pessoas, adotada por Marx e Engels, é contrária ao que pode parecer no contexto histórico, sendo percebida a partir da doutrina da Igreja católica. São das lavras de Tomás de Aquino e Santo Agostinho as primeiras concepções sobre a dimensão do compromisso da apropriação do que livre está na natureza com o proveito coletivo, que difundiam que a propriedade privada tem um conteúdo inseparável da própria natureza humana, razão pela qual se exige que sua utilização seja pelo menos justa.

A ideia partia do princípio de que todos são iguais, todos estariam aptos a extrair do estado natural aquilo que se mostrasse indispensável para atender a suas necessidades. Primeiro satisfazer as necessidades prementes de cada pessoa; por segundo, dividir com os outros o excesso daquilo que não se consistiria como indispensável. Este entendimento era diverso do assumido pelo setor político-jurídico do mundo secular.

Por sua vez, as encíclicas *Rerun Novarum*, de 1891, do Papa Leão XIII, a *Mater et Magistra*, do Papa João XXIII, e a *Quadragesimo Anno* do Papa Pio XI, disciplinaram em suma que a propriedade privada, para receber um exercício justo conforme o mandamento cristão, teria que ser bem utilizada pelo seu titular.

Essa era a concepção passada pela igreja do que se convencionou chamar de "socialismo cristão" ou "catolicismo social". O Papa Leão XIII, com a Encíclica *Rerum Novarum*, expressou descontentamento da Igreja com a igualdade absoluta, fruto da intelecção contemporânea dos socialistas que pretendia abolir a propriedade privada.

Em 1931, por mãos do Papa Pio XI – guiado pela insatisfação de verificar a instalação do socialismo rigoroso de Stalin na União Soviética e a resultante da quebra americana de 1929 – edita-se a Encíclica *Quadragesimo Anno*. De oposição ao socialismo e ao capitalismo conforme as feições da época, defendendo a doutrina social cristã já formulada por Leão XIII. No rechaço, disseminava que, quer no comunismo como no capitalismo, o proletariado não tinha acesso à aquisição de bens, conforme suas conveniências e interesses, uma vez que no primeiro o Estado desponta como o único titular da propriedade e no segundo apenas poucos alcançam a riqueza, havendo por isso distribuição desigualitária da propriedade.

Acentua a doutrina tomista para fim de registrar, em especial para o socialismo, a crença na propriedade individual. Porém tal propriedade passou a comportar dois *status*: um individual e outro social.

Junto com a Encíclica *Mater et Magistra*, de 1961, o Papa João XXIII, preocupado com a utilização injusta da propriedade, advertiu que a questão da propriedade era grave, ratificando o que propunha o Papa Pio XI, o individualismo poderia negar o aspecto social e público da propriedade privada.

Em 1963, o Papa João XXIII edita a *Encíclica Pacem in Terris*, que trouxe ao lume o disposto no Concílio Vaticano II, pregando a utilização social da propriedade, ditando em seu disposto 22 que a função social era inerente à propriedade privada. No ano de 1967, o Papa Paulo VI redigiu a Encíclica *Popularum Progressio*, voltada ao desenvolvimento dos povos, que estigmatizava, em suma, uma nova compreensão do direito de propriedade ao reger que a propriedade privada não constituía para ninguém um direito incondicional e absoluto.

Em 1979, João Paulo II, na cidade de Puebla de Los Ángeles, México, na III Celam, fez pronunciamento sobre a preocupação da Igreja a respeito da propriedade: "A propriedade grava uma hipoteca social", na Encíclica *Centesimus Annus*.

18.4 Propriedade na Constituição de 1988

A propriedade estabelece uma cláusula geral de garantia da propriedade (art. 5º inc. XXII), inserindo-a, também, como princípio da ordem econômica (art. 170, incs. II e III). Neste sistema capitalista de produção, a propriedade privada é um bem jurídico essencial à subsistência das pessoas.

A Constituição Federal, no art. 24, inc. I, atribuiu ainda competência aos municípios para promoverem o adequado uso do parcelamento e da ocupação do solo urbano (art. 30, VIII). Observe-se que a Lei nº 10.257/01 (Estatuo da Cidade) estabelece diretrizes gerais da política urbana.

Por sua vez, o bem de família, nos termos do art. 5º, inc. XXVI, é uma inovação da Constituição de 1988. Ao contrário do bem de família previsto no Código Civil (art. 1.711), ele não exige escritura pública ou testamento para sua constituição, mas decorre diretamente do texto constitucional.

No que diz respeito à preservação da dignidade da pessoa humana, a impenhorabilidade de bens está prevista no Código de Processo Civil, em seu art. 649. "Mesmo que a indisponibilidade gerada pelo CPC não possa ser chamada de bem de família, ao nominar os bens que ficam livres de penhora, tenta preservar a lei o indispensável para assegurar a dignidade do devedor e seus familiares".[19]

Urge salientar a presença legislativa constante da Lei nº 8.009/90, que dispõe sobre a impenhorabilidade do bem de família, bem como das suas exceções constantes do art. 3º, as quais guardam relevância jurídica suficiente para dar arrimo à penhorabilidade do bem imóvel.

O Estado assegura especial proteção à família no art. 226 da Constituição Federal, e o direito à moradia é considerado um dos direitos de personalidade inerente à pessoa humana, como pressuposto do direito à integridade física.

Ainda, do texto constitucional extrai-se o direito de herança, no inc. XXX, e da sucessão de bens do estrangeiro, no inc. XXXI, ambos do art. 5º. O direito de herança é um instituto próprio do liberalismo político e econômico, ele integra secularmente o ordenamento brasileiro, tendo o Código Civil de 1916 acolhido a tradição lusa, advinda de fontes romanas. São destinatários do inc. XXX, na doutrina de Judith Martins-Costa:

> O Estado e a generalidade dos cidadãos. trata-se de *direito de defesa*, pois ao assegurar a garantia ao direito de herança e, inclusive, revesti-la com a fixidez de cláusula pétrea, a Constituição cria uma intangibilidade à herança demarcada pela vedação ao Estado de abolir o instituto ou restringir excessivamente o direito sucessório. Em sentido lato, a palavra herança designa o acervo de bens direitos e obrigações atribuíveis a alguém em

---

[19] DIAS, Maria Berenice. *Manual de direito das famílias*. São Paulo: Revista dos Tribunais, 2006. p. 463.

virtude da sucessão *mortis causa*, significando a universalidade dos bens que alguém deixa por ocasião de sua morte, e que os herdeiros adquirem.[20]

A Constituição Federal, ainda, assegura o direito de usucapião urbano no art. 183. Avançou este diploma legal no sentido de prever a modalidade de usucapião para população de baixa renda para sua moradia, envolvendo áreas urbanas com mais de duzentos e cinquenta metros quadrados, com específica regulação. A Constituição Federal assegura o direito de usucapião urbano ou rural no art. 191. A Lei nº 10.257/01, estatuto da cidade, estabelece as diretrizes gerais da política urbana. Entre as suas inovações está o usucapião especial urbano no seu art. 10, assim "por sentença judicial, que servirá de título para registro no cartório de registro de imóveis".[21]

A norma constitucional prevista no art. 5º, inc. XXIV,[22] estabelece os casos de desapropriação. Sendo a utilidade pública caracterizada pelo fato de que determinado bem, embora não imprescindível, é importante para a realização dos fins pretendidos pelo Poder Público.

Entre as possibilidades de desapropriação cabe destacar a espécie do imóvel que não esteja cumprindo sua função social. Sendo esta considerada cumprida quando a propriedade rural atende às exigências estabelecidas no art. 186 da Constituição Federal.

Por sua vez o art. 182, §4º, da Constituição Federal prevê a desapropriação especial para imóvel urbano. No mesmo sentido verifica-se dispositivo no Estatuto da Cidade, art. 8º. A desapropriação para reforma agrária do imóvel rural que não estiver cumprindo função social poderá ser acontecer pela União (art. 184, §1º).

A Constituição Federal de 1988 assegura à autoridade competente o direito de utilizar a propriedade particular, sem autorização prévia do proprietário, em caso de iminente perigo público (art. 5º, inc. XXV). A Constituição Federal prevê, ainda, outra hipótese de requisição de bens: no caso do art. 139, VII, na vigência do estado de sítio. A Constituição de 1988 previu, no art. 243, uma hipótese de desapropriação sem indenização nos casos de utilização para o cultivo de psicotrópicos ou de mão de obra escrava.

Aos autores assiste o direito exclusivo de utilização, publicação ou reprodução de suas obras. Em outras palavras, o autor pode utilizar, publicar e reproduzir sua obra, exercendo sobre ela direitos exclusivos (art. 5º, inc. XXVII). Aos autores a Constituição confere direitos sobre suas obras e reproduções no inc. XXVIII. A Lei nº 9.610/98 autoriza e consolida a legislação sobre direitos autorais, alterada pela Lei nº 12.853, de 14.8.2013, para dispor sobre a gestão coletiva de direitos autorais.

A história do direito industrial tem início na Inglaterra, mais de um século antes da primeira Revolução Industrial, com a edição do *Statute Of Monopolies*, em 1623, quando pela primeira vez a exclusividade no desenvolvimento de uma atividade econômica deixou de se basear apenas em critérios de distribuição geográfica de mercados e outras

---

[20] MARTINS-COSTA, Judith. Direito de herança. In: CANOTILHO, Joaquim José Gomes *et al.* (Coords.). *Comentários à Constituição do Brasil.* São Paulo: Saraiva/Almedina, 2013. p. 339.

[21] MEIRELLES, Hely Lopes. *Direito de construir.* São Paulo: Malheiros, 2005. p. 166.

[22] "XXIV - a lei estabelecerá o procedimento para desapropriação por necessidade ou utilidade pública, ou por interesse social, mediante justa e prévia indenização em dinheiro, ressalvados os casos previstos nesta Constituição".

restrições próprias ao regime feudal, para prestigiar as inovações nas técnicas, utensílios e ferramentas de produção.

A Constituição protege os inventos e as criações industriais de marcas, nos nomes das empresas e outros signos distintivos produzidos pela mente humana (art. 5º XXIX). Ressalte-se ao final que se deve levar em conta, na proteção dos inventos, o interesse social e o desenvolvimento tecnológico e econômico do país.

A propriedade dentro da sua ampla abrangência conceitual traz, ainda, a Lei nº 9.279, de 14.5.1996, a qual regula os direitos e obrigações relativos à propriedade industrial. A Lei nº 9.609, de 19.2.1998, dispõe sobre a proteção da propriedade intelectual de programa de computador e sua comercialização no país.

18.5 Função social da propriedade

O princípio da função social da propriedade surgiu na Constituição de 1934 (art. 113), permanecendo em todas as posteriores. Na Constituição de 1988, ele aparece ao lado do direito de propriedade, no art. 5º, incs. XXII e XXIII. A função social da propriedade não se confunde com os sistemas de limitação da propriedade, assim classificados por José Afonso da Silva: "Estes dizem respeito ao exercício do direito ao proprietário; aquela, à estrutura do direito mesmo, à propriedade".[23]

A função social é cumprida quando a propriedade rural atende, simultaneamente, segundo critérios e graus de exigência estabelecidos em lei, aos seguintes requisitos: a) aproveitamento racional e adequado; b) utilização adequada dos recursos naturais disponíveis e preservação do meio ambiente; c) observância das disposições que regulam as relações de trabalho; d) exploração que favoreça o bem-estar dos proprietários e dos trabalhadores.

Em que pese a doutrina destacada neste trabalho, entende-se que a função social da propriedade não fica reduzida ao espectro da legislação civil, passando a compor um megassistema que compõe o ordenamento jurídico pátrio. Razão pela qual não assiste razão à questão posta neste momento, sob o argumento de que haveria a necessidade de alteração da legislação infraconstitucional para alcançar a função social da propriedade entre os seus elementos de proteção. Não representa, tão pouco, contradição com o descrito acima quando relatado o momento que sucedeu a Revolução Francesa, quando as constituições não assumiam posição de proteção da propriedade, quanto mais da sua função social, na medida em que a própria predominância do constitucionalismo e seus instrumentos de proteção social cada vez mais se mostram eficientes na defesa da cidadania e da sociedade.

18.6 Direito de superfície no Código Civil brasileiro

O Código Civil brasileiro de 2002, ao estabelecer uma distinção entre a propriedade e o direito de superfície, estabelece uma distinção salutar às relações de uso e gozo da propriedade, ofertando um melhor aproveitamento deste direito, consagrado entre os

---

[23] SILVA, José Afonso da. *Curso de direito constitucional positivo*. São Paulo: Malheiros, 2005. p. 281.

arts. 1.369 *usque* 1.377, assim conceituado por José de Oliveira Ascensão: "A superfície pode ser simplesmente definida como direito real de ter a coisa incorporada em terreno alheiro. Isto basta para distinguir a superfície de qualquer outro direito real e para englobar todas as modalidades previstas".[24]

Com relação à autonomia e ao caráter de direito autônomo, no ano de 1993, José Guilherme Braga Teixeira já doutrinava esse predicado do direito de superfície, nos seguintes termos:

> Esta nos parece ser a verdadeira natureza jurídica da superfície: direito real imobiliário, limitado e autônomo de manter, ou de fazer e manter construção ou plantação em solo alheio, que confere ao seu titular (o superficiário) a propriedade resolúvel da construção ou plantação separada da propriedade do solo. E, demais disso, direito complexo quando a construção ou plantação são preexistam no terreno, mas devam ser realizadas pelo superficiário, em virtude da superfície concedida.[25]

No que se refere ao nosso objetivo neste trabalho, é importante salientar o fato de que o direito de superfície pode ser um instrumento indutor do desenvolvimento industrial, destacando-se a possibilidade de este direito de superfície servir como garantia a financiamentos bancários que tenham como escopo nuclear o desenvolvimento industrial. É neste sentido que trilha a doutrina de Rodrigo Mazzei:

> Em verdade, a principal característica do direito de superfície reside precisamente na suspensão precisa desse efeito aquisitivo da acessão. Pelo tempo em que durar a concessão do direito real de superfície, tudo aquilo que seu titular agregar ao terreno permanecerá em prol do superficiário, não ingressando – mediatamente – no patrimônio do senhor do solo. Como no Brasil não há a possibilidade de feitura de concessão perpetua, ordinariamente, finda a relação entre o proprietário e o superficiário, a acessão será incorporada ao patrimônio do primeiro, ocorrendo a reversão, ainda que de forma onerosa, se assim pactuado, conforme artigos 1.375 do Código Civil e 24 do Estatuto da Cidade.[26]

É curial o fato de que o governo brasileiro deve incrementar a sua economia, em curtíssimo espaço de tempo. A realidade é cruel na medida em que se constata que mais 12 milhões de brasileiros estão desempregados.

Não é mais possível deixar passar ao largo a inevitável prática de incentivo ao empreendedorismo em nosso país. Ademais, o inequívoco desejo que ser "aprovado em concurso público" só é tão atrativo em um país em que não há um mínimo de incentivo ao desenvolvimento econômico privado.

Um novo horizonte deve ser aberto, inexoravelmente, ou o país está sepultado em seu próprio "berço esplendido" da inércia e da ausência de ousadia. Neste contexto, Rima Gorayb formula sua doutrina sobre a necessidade de estimular o uso do direito de superfície para o desenvolvimento nacional:

---

[24] ASCENSÃO, José de Oliveira. *Direito civil*: reais. Coimbra: Coimbra Editora, 2000. p. 525.

[25] TEIXEIRA, José Guilherme Braga. *O direito real de superfície*. São Paulo: Revista dos Tribunais, 1993. p. 70.

[26] MAZZEI, Rodrigo. *Direito de superfície*. Salvador: JusPodivm, 2013. p. 223.

Assim, o direito de superfície estimula o total aproveitamento de um terreno: do solo, subsolo e de toda a projeção aérea permitida, também, edificar sobre terrenos inalienáveis e beneficia economicamente a sociedade, dando a possibilidade e construir sem necessitar de mais capital para a compra do terreno (e, sendo o custo menor, sê-lo-á também o aluguel). Conclui-se que o direito de superfície permite realizar uma melhor utilização do solo, corrigindo os aspectos absolutos da propriedade.[27]

Não cabe ao Brasil, representado por seus agentes políticos e de fiscalização, perder mais uma oportunidade de ofertar aos seus cidadãos a ampla possibilidade de incrementar a economia. O Estado deve ser o indutor, deixar de ser o "problema do negócio", criar certos e específicos critérios de tributação, das relações de trabalho.

Mas aqui, especificamente, busca-se ofertar, criar uma formulação, contendo certa complexidade, mas de possível concretização, firmada com o empreendedor privado, Poder Público e um agente financeiro.

Não assiste mais razão ao Brasil que este venha a continuar perdendo oportunidades no cenário mundial, concedendo oportunidades a todos aqueles que pretendem desenvolver o setor produtivo.

O pleno incentivo estatal deve ser visto, como exemplo, com a concreta aproximação entre as universidades e o setor produtivo, não ficando os recursos públicos, gastos com pesquisas, restritos ao âmbito acadêmico. Por sua vez, a possibilidade de criação e fomento de cooperativas, ou concessão de crédito a empresários isolados ou em sociedade, para geração de emprego e renda.

18.6.1 Desenvolvimento industrial e direito de superfície

Ao analisar a redação do art. 1º[28] do Decreto-Lei nº 271, de 28.2.1967, verifica-se a possibilidade legal de concessão de terrenos públicos com objetivo social de sua utilização industrial.

Desta forma, um dos grandes desafios dos municípios brasileiros é efetivamente atrair investimentos, principalmente na seara produtiva, para assegurar o seu desenvolvimento local e incrementar a arrecadação de tributos no seu âmbito de atuação, bem como assegurar que a força de trabalho não migre para grandes centros urbanos e consequentemente cause um êxodo, que não é desejado.

Neste sentido, há por parte dos municípios brasileiros um interesse em implementar parques industriais, assegurando aos empresários um ambiente favorável à instalação de seus empreendimentos, de qualquer porte.

Este tipo de comportamento do gestor público passa a constituir-se em um grande "círculo virtuoso" no qual, havendo a concretização de um parque industrial, em seu município, além do incremento no recebimento de tributos, assegura-se a contratação

---

[27] GORAYB, Rima. *O direito de superfície*. São Paulo: Quartier Latin, 2007. p. 199.

[28] "Art. 7º É instituída a concessão de uso de terrenos públicos ou particulares remunerada ou gratuita, por tempo certo ou indeterminado, como direito real resolúvel, para fins específicos de regularização fundiária de interesse social, urbanização, industrialização, edificação, cultivo da terra, aproveitamento sustentável das várzeas, preservação das comunidades tradicionais e seus meios de subsistência ou outras modalidades de interesse social em áreas urbanas".

e capacitação da mão de obra local. Por via de consequência lógica, a força laboral não se sente obrigada a deslocar-se para grandes centros.

Por outro lado, com a oferta de oportunidade de emprego local, essa condição fixa ainda mais na localidade na qual reside seus demais familiares, pois com o deslocamento parte da família continua no município de origem.

O planejamento de implementação para a instalação de parque industrial é medida das mais importantes, bem como funciona como um instrumento de política social relevante.

A efetiva função social da propriedade é devidamente preservada com a adoção de uma política pública de desenvolvimento industrial. Mas não é um ato isolado, formulado pelo Poder Público, que atrairá indústrias para municípios, ainda mais se estes estiverem no interior dos estados de nossa Federação.

Cabe ressaltar que ao empresário é fundamental ofertar uma série de informações empresariais de viabilidade econômica, financeira, de mercado, entre outras, as quais vão fundamentar as concessões feitas pelo Poder Público municipal.

É imprescindível que a logística que envolve a implementação de uma indústria, em um município no interior, seja totalmente favorável, tendo em vista que quanto mais distantes estes municípios estiverem dos grandes centros consumidores maiores serão as dificuldades em atrair este tipo de investimento.

Ao empresário cabe analisar os benefícios ofertados pela instalação de sua indústria em municípios do interior, ou mesmo próximos aos grandes centros. São levados em consideração as condições das estradas e o possível pagamento de pedágio, a presença de uma agressividade desmedida por parte dos líderes sindicais, o custo da mão de obra e sua respectiva qualificação, entre outros são fatores que influenciarão a decisão de instalação em determinada localidade.

Aliados a estes fatores, que são preponderantes, existem outros que são de igual importância para a instalação de um empreendimento industrial no interior do Brasil. Como tema central deste trabalho, aliado aos incentivos ofertados pelo Poder Público local, é crucial ser instituída a concessão de terrenos públicos, no caso, o direito de superfície, para o fim industrial por meio de escritura pública, nos termos do §1º[29] do art. 1º do Decreto-Lei nº 271/67. Destarte, se um município tem condições de oferecer terrenos com infraestrutura, acesso à rodovia, benefícios tributários, mão de obra, bem como a sua devida capacitação para atender às exigências do empreendimento a ser instalado.

Por igual, outro fator é preponderante neste cenário: o interesse do governo do estado em atrair este investimento, bem como ofertar linhas de crédito em suas respectivas "agências ou bancos" de fomento.

Todo este esforço estatal, que abrange ações municipais e estaduais, não chegará a bom termo, ou seja, o empreendimento não se concretizará se não houver a concessão de linhas de crédito para capital de giro, financiamento para aquisição de máquinas com juros razoáveis, entre outros.

Neste cenário, se não houver uma perfeita sincronia entre governo, setor produtivo e agentes financeiros todo o esforço aplicado não surtirá o devido efeito.

---

[29] "§1º A concessão de uso poderá ser contratada, por instrumento público ou particular, ou por simples têrmo administrativo, e será inscrita e cancelada em livro especial".

Diante desta somatória de fatores e exigências, especificamente relacionando-se à questão envolvendo o direito de superfície, é corriqueiro verificar a concessão feita pelo Poder Público de terrenos para instalação de indústrias.

Em que pese o esforço local para a concessão desse patrimônio público, a maioria dos investimentos não consegue se desenvolver, principalmente, pela ausência de crédito. Este não é obtido em razão de que o terreno concedido pelo Poder Público não pode ser cedido em garantia para obtenção de crédito.

O receio por parte do setor financeiro em concessão de crédito é plenamente justificável, levando-se em consideração o fato de que, invariavelmente, o ato administrativo que envolve a transferência da propriedade superficiária ao empresário traz em seu âmago a cláusula que impede a sua oferta em garantia para crédito bancário.

De outro lado, diante do princípio da indisponibilidade do interesse público, não poderia o Poder Público conceder a propriedade imóvel ao empresário, sem a devida segurança de que esse imóvel não seria ofertado em garantia. Por sua vez o Poder Público, por igual, possui razão pelo fato de que diante da ausência da citada restrição, poderia o empresário de má-fé ofertar o imóvel "público" em garantia, captar recursos financeiros e não concretizar o empreendimento industrial.

Na tríade negocial descrita até aqui, o empresário que não possui condições de alavancar seu empreendimento, tampouco possui recursos próprios ou mesmo garantias a serem ofertadas ao setor financeiro, fica com sua pretensão complemente frustrada.

Sobreleva enfatizar o fato de que esta cadeia fática passa a constituir-se em um "círculo vicioso", o qual não oferta nenhuma possibilidade de desenvolvimento a nenhum dos seus integrantes, e atinge direta e insofismavelmente a população e a economia local, regional e, por que não dizer, nacional.

18.6.2 Função social da propriedade, da empresa e do sistema financeiro

Criar uma série de conexões entre o Poder Público empresário e o setor financeiro e colocar um ponto final neste "círculo vicioso" estabelecido de forma muito concreta em nosso país são alguns dos desideratos deste texto.

Como referido linhas acima, a propriedade necessariamente deverá ser destinada a atender à sua função social, a qual não coaduna com cláusulas que a retiram do plano de gerar riqueza, ficando enclausurada a critérios rígidos estabelecidos na dogmática administrativa e na visão restrita dos órgãos de controle.

No mesmo sentido, não pode o empresário bem intencionado ficar tolhido de seu interesse em produzir, gerar riqueza e obter o lucro em razão de empecilhos criados pela burocracia estatal, bem como pela excessiva exigência do setor financeiro.

Ademais, neste contexto de fixar os pontos de conexão com outras formas de gerar riqueza e empregabilidade em nosso país, há que se estabelecer um mecanismo de controle o qual oferte as devidas e imprescindíveis garantias ao setor financeiro a ponto de gerar a devida tranquilidade para a concessão de crédito, praticando taxas de juros civilizadas e assegurada adimplência completa do financiamento concedido.

Esse é um panorama em que todos perdem, perde o Poder Público que não desenvolve seu município, perde o empresário que não tem a possibilidade de instalar-se ou, mesmo, ampliar sua atividade, e por sua vez o setor financeiro não faz a sua prática de conceder o crédito pela restrição feita pelo Poder Público.

São problemas que merecem uma atenção especial de todos esses integrantes, ainda mais em um país como o Brasil, que já se encontra há mais de 30 meses em recessão e que precisa sair da crise, gerar riqueza e principalmente reduzir os níveis de desemprego registrados pelo Caged[30] nos últimos meses.

A união dos brasileiros, para encontrar uma solução inteligente e compatível para todos, é tarefa inarredável que deve ser buscada por todos indistintamente.

É de fundamental importância a mudança do atual paradigma, no qual prepondera uma posição estática, fincada em premissas dogmáticas de alteração inalcançável, pautada na visão maniqueísta e simplista, principalmente dos órgãos de fiscalização, de que a gestão de recursos públicos deve ser entendida pelo viés exclusivo da burocracia estatal instalada; a qual, na prática, enfrentou as dificuldades da vida cotidiana empresarial.

Os órgãos de fiscalização utilizam uma retórica repressora simples, principalmente os tribunais de contas, que para todas as demandas já possuem a resposta pronta, acabada e inquestionável de que não é possível que o Poder Público conceda terrenos à iniciativa privada, tampouco que esses possam servir de garantia para instituições financeiras, ao argumento de que, por este ato, estaria colocando um patrimônio público nas mãos do privado.

Destarte, o desserviço e a visão restrita dos órgãos de fiscalização, inclusive do Ministério Público, poderia ser prestada posteriormente, quando realmente houvesse um prejuízo aos cofres públicos, não prejulgando ou mesmo impedindo que agentes públicos ofertem uma ampla possibilidade de desenvolvimento econômico e industrial aos seus municípios.

Mas, tanto os Tribunais de Contas e parte expressiva do Ministério Público partem da equivocada premissa de que o "empresário e o agente público são presumivelmente desonestos" até que se prove o contrário, o que é lamentável, pois é possível criar métodos de controle para evitar que recursos públicos, consubstanciados no direito de superfície, ou mesmo o setor financeiro venham a ser lesados por atos praticados por gestores ou empresários inescrupulosos.

O que não é mais possível ser entendido é que esta presunção de desconfiança continue a existir e que haja uma integração pública, privada e de controle com o escopo fundamental de desenvolvimento da economia nacional, geração de empregos e renda.

18.6.3 Concessão de crédito tendo como garantia o direito de superfície

Pela proposta que se formula no presente trabalho, passa-se a constituir uma espécie de "condomínio" de propósito específico para atingir o bem comum.

De um lado o Poder Público concede o direito de superfície ao empresário, com o compromisso de gerar determinado número de empregos num prazo, por igual, fixado no termo de concessão, sob pena de restituição ao Poder Público deste direito.

---

[30] Cadastro Geral de Empregados e Desempregados do Ministério do Trabalho e Emprego.

Por sua vez, o empresário, além de receber o benefício público, poderá estabelecer ou ampliar sua atividade industrial, possibilitando, para tanto, que busque no setor financeiro recursos para tal mister, ofertando o direito de superfície que se constitui em direito real.

Desse modo, o setor financeiro fica garantido com o direito de superfície. Outra garantia que pode ser ofertada ao setor financeiro é o acompanhamento constante da contabilidade da empresa, nos moldes praticados nos *shopping centers*.

Ao que se mostra não é tarefa das mais fáceis a implementação deste tipo de triangulação envolvendo o Poder Público, o setor produtivo e os agentes financeiros, mas ao que tudo pode se constatar e concluir é o fato de que somente com a somatória destes esforços será possível atingir os objetivos de cada um dos integrantes, pois isoladamente ficará incontestavelmente consolidado o atual quadro de estagnação econômica nacional.

Em que pese a redação ofertada pelo Decreto-Lei nº 271, de 28.2.1967, acima citado, o Código Civil, por sua vez, não se omitiu quanto à presteza do direito de superfície, assim descrito por Paulo Roberto Banasse:

> Nosso Código Civil brasileiro, que, no seu art. 1377, reza o seguinte: O direito de superfície, constituindo por pessoa jurídica de direito público interno rege-se por este Código, no que não for disciplinado em lei especial, permite a existência do direito superficiário sobre solo público, mas com restrições como locação do loco, por prazo determinado ou indeterminado, sendo direito real de propriedade, que não conflita com o entendimento decorrente do instituto do direito superficiário.[31]

É de fundamental importância a quebra dos atuais paradigmas, é imprescindível que novas e ousadas medidas sejam implementadas para o desenvolvimento nacional.

A possibilidade de separar a propriedade do seu direito de superfície se apresenta como uma medida viável, na qual não ficará desfalcado ou mesmo se colocará em risco o patrimônio público em razão de não atingir, a parte empresária, o seu objetivo em razão da possibilidade de reversão da concessão feita pelo Poder Público.

É de fundamental importância destacar o fato de que a proposição assumida neste trabalho tem por escopo nuclear criar uma utilização de espaços públicos, concessionados à iniciativa privada, podendo o cessionário ceder em garantia o direito de superfície que lhe foi outorgado com a obrigação de utilizar estes recursos direta e indissociavelmente no empreendimento industrial.

Por sua vez, o empresário deverá dar livre acesso a todas as práticas empresariais à instituição financeira e ao Poder Público, os quais deverão acompanhar a atividade empresarial, como uma forma de fiscalização de que o bem público está sendo devidamente utilizado; e a instituição financeira deverá acompanhar a higidez empresarial devedora para que seja garantida a adimplência do crédito concedido.

Neste modelo de "parceria" não há qualquer restrição à transparência administrativa entre os integrantes, pois estamos diante de um novo cenário, uma vez que se envolve o interesse público e do credor hipotecário (instituição financeira) pública ou privada.

---

[31] BANESSE, Paulo Roberto. *Direito de superfície e o Novo Código Civil brasileiro*. Campinas: Bookseller, 2002. p. 89.

Ademais do que foi dito neste texto, há que se ressaltar a possibilidade de resolução contratual em caso de descumprimento das obrigações firmadas entre as partes, ou mesmo que o prazo a ser fixado seja razoável, com o intuito de atender por prazo certo à atividade industrial. Nestes termos a estipulação das partes norteará a duração da concessão feita, como leciona Diana Coelho Barbosa:

> As legislações dão tratamento diversificado ao limite temporal da superfície, algumas estipulando-lhe um prazo máximo de duração, outras deixando ao arbítrio das partes a sua fixação. A grande maioria, no entanto, independentemente de estipular ou não um prazo para sua duração, condiciona a sua extinção também à ocorrência de determinados eventos.[32]

É neste sentido que se fixam as premissas do presente trabalho, sob o um novo olhar sobre a realidade que não pode mais ser postergada para o desenvolvimento brasileiro, atribuindo realmente à propriedade a sua máxima função social, à qual, por via de consequência, apresenta o direito de superfície como um instrumento de atingir desse desejo.

Por sua vez, fica assegurado ao setor financeiro e público a adimplência do crédito cedido e ao Poder Público, o desenvolvimento de seu município, estado e país, bem como assegurada a criação de empregos com renda compatível à atividade empresarial desenvolvida.

Conclusão

Em razão das considerações expostas no presente texto, procurou-se destacar a importância histórica do direito de propriedade, seus aspectos mais importantes dentro do cenário que se pretender fixar envolvendo o direito de superfície, como inovação pertinente e de utilidade imprescindível para o desenvolvimento nacional.

Por sua vez, a inovação legislativa concretizada pelo direito de superfície não pode ficar restrita à interpretação pouco desenvolvimentista praticada pelos órgãos de fiscalização, especificamente o praticado pelos Tribunais de Contas e por parte do Ministério Público.

Há que se fazer uma reviravolta de Copérnico no atual entendimento aplicado pelos órgãos de fiscalização, principalmente no que se refere à possibilidade de concessão do direito de superfície ao setor produtivo nacional.

Há que se impor uma nova visão, partindo-se do pressuposto de que tanto o gestor público quanto o empresarial estão de boa-fé, não o contrário, como é praticado atualmente. De outro lado, o setor financeiro tem o dever inarredável de financiar empreendimentos que possuam viabilidade econômica e financeira e que não venham a causar prejuízos ao meio ambiente.

No mesmo sentido, o Brasil não pode mais prescindir do dever de gerar empregos e renda aos seus cidadãos. Por via de consequência lógica e necessária, é impostergável aos setores de fiscalização adotar uma nova postura colaborativa de analisar propostas

---

[32] BARBOSA, Diana Coelho. *Direito de superfície à luz do Estatuto da Cidade.* Curitiba: Juruá, 2008. p. 98.

viáveis e auxiliar a implementação destas como instrumento de desenvolvimento e asseguração de patrimônio público, deixando de lado o pragmatismo restritivo das atividades empresariais.

Desta forma é de fundamental importância o incremento das práticas envolvendo o setor público e privado no Brasil. O lucro não é pecado! É preceito constitucional pátrio, no art. 1º, inc. IV,[33] a livre iniciativa. No mesmo diapasão, o art. 170[34] do texto fundamental pátrio comunga com o entendimento produzido neste trabalho, de preservação da livre iniciativa e da proteção à propriedade e sua função social, sendo estes valores produzidos de forma harmônica e com objetivo de desenvolvimento nacional.

Não cabe mais a visão restritiva, limitadora e preconceituosa ofertada pelos órgãos de fiscalização e controle do Estado brasileiro, sob pena de não se estar aproveitando as demandas ofertadas no mercado nacional e mundial.

Por derradeiro, que compõe o texto aqui produzido, aliado à questão de garantia e concessão envolvendo o direito de superfície, contando com a participação transparente de todos os envolvidos, outro é preponderante, calcado na necessidade de aproximação entre o setor acadêmico, das universidades públicas e privadas, e o setor produtivo.

Informação bibliográfica deste texto, conforme a NBR 6023:2002 da Associação Brasileira de Normas Técnicas (ABNT):

MONTESCHIO, Horácio. Função social da propriedade e direito de superfície na sua vinculação com o desenvolvimento industrial no Brasil. In: TEPEDINO, Gustavo; TEIXEIRA, Ana Carolina Brochado; ALMEIDA, Vitor (Coord.). *Da dogmática à efetividade do Direito Civil*: Anais do Congresso Internacional de Direito Civil Constitucional – IV Congresso do IBDCivil. 2. ed. rev., ampl. e atual. Belo Horizonte: Fórum, 2019. p. 591-608. ISBN 978-85-450-0545-2.

---

[33] "Art. 1º A República Federativa do Brasil, formada pela união indissolúvel dos Estados e Municípios e do Distrito Federal, constitui-se em Estado Democrático de Direito e tem como fundamentos: [...]
IV - os valores sociais do trabalho e da livre iniciativa".

[34] "Art. 170. A ordem econômica, fundada na valorização do trabalho humano e na livre iniciativa, tem por fim assegurar a todos existência digna, conforme os ditames da justiça social, observados os seguintes princípios:
I - soberania nacional;
II - propriedade privada;
III - função social da propriedade;
IV - livre concorrência;
V - defesa do consumidor;
VI - defesa do meio ambiente, inclusive mediante tratamento diferenciado conforme o impacto ambiental dos produtos e serviços e de seus processos de elaboração e prestação;
VII - redução das desigualdades regionais e sociais;
VIII - busca do pleno emprego;
IX - tratamento favorecido para as empresas brasileiras de capital nacional de pequeno porte.
IX - tratamento favorecido para as empresas de pequeno porte constituídas sob as leis brasileiras e que tenham sua sede e administração no País. (Redação dada pela Emenda Constitucional nº 6, de 1995)
Parágrafo único. É assegurado a todos o livre exercício de qualquer atividade econômica, independentemente de autorização de órgãos públicos, salvo nos casos previstos em lei".

CAPÍTULO 19

CONTRATOS RELACIONAIS, BOA-FÉ OBJETIVA E TUTELA DAS LEGÍTIMAS EXPECTATIVAS: CONSIDERAÇÕES ACERCA DO RECURSO ESPECIAL Nº 1.356.725

LARISSA DE LIMA VARGAS SOUZA

19.1 Introdução

A Constituição, como ápice de todo o ordenamento jurídico, deve guiar todas as situações jurídicas, sejam elas existenciais ou patrimoniais, eis que não mais prospera a incomunicabilidade entre o direito civil e a Constituição. Observa-se o deslocamento do "eixo valorativo do sistema do Código Civil – como ordenador das relações privadas – para a Constituição, fonte dos princípios fundamentais do ordenamento jurídico".[1] Assim, não se pode prescindir da base axiológica constitucional que deve alicerçar o direito civil, sendo primordial a perenidade da atuação das lanternas do direito civil-constitucional.[2]

O influxo do princípio constitucional da solidariedade social na dinâmica contratual está a revelar o recrudescimento da cooperação que deve reger a relação entre os contratantes. A ressignificação da relação jurídica, a partir de sua análise funcional, leva à inelutável constatação de que esta relação consiste na ligação entre situações

---

[1] MULHOLLAND, Caitlin Sampaio. A interdisciplinaridade no ensino jurídico: a experiência do direito civil. In: FACHIN, Luiz Edson *et al.* (Orgs.). *Diálogos sobre direito civil*: construindo uma racionalidade contemporânea. Rio de Janeiro: Renovar, 2002. p. 465.

[2] MONTEIRO FILHO, Carlos Edison do Rêgo. Rumos cruzados do direito civil pós-1988 e do constitucionalismo hoje. In: TEPEDINO, Gustavo (Org.). *Direito civil contemporâneo*: novos problemas à luz da legalidade constitucional – Anais do Congresso Internacional de Direito Civil-Constitucional da Cidade do Rio de Janeiro. São Paulo: Atlas, 2008. p. 281.

jurídicas subjetivas, de modo que a funcionalização das relações contratuais[3] conduz à passagem de uma posição de subordinação a uma relação de colaboração entre os titulares das situações jurídicas subjetivas.

O comportamento das partes contratantes deve atender não apenas aos pressupostos da licitude, devendo ser, também, merecedor de tutela. A análise do merecimento de tutela no contexto contratual reverbera necessária releitura dos institutos tradicionais de direito contratual, posto que a prática tem demonstrado, já há muito, a insuficiência dos princípios contratuais clássicos de outrora. A dinâmica contratual deve ser balizada à luz dos princípios da função social do contrato, boa-fé objetiva e equilíbrio econômico.

A boa-fé objetiva, princípio a que se dedicará especialmente este artigo, revela-se como importante expressão da solidariedade no contrato, não no sentido de que a liberdade de contratar deve esmorecer diante da solidariedade, mas sim sob a perspectiva de que o exercício da liberdade pelas partes contratuais deve ser ressignificado a partir do princípio da solidariedade. O presente artigo busca analisar caso de resolução unilateral, pela seguradora, de seguro de vida em grupo cujo exame foi remetido ao Superior Tribuna de Justiça, por meio de recurso especial.

19.2 O caso julgado pelo Recurso Especial nº 1.356.725-RS

A Associação Brasileira Beneficente de Assistência, Proteção e Defesa dos Consumidores Beneficiários de Planos e Apólices – Abrasconseg ajuizou ação coletiva em face da Companhia de Seguros Aliança do Brasil S.A. e da Federação Nacional de Associações Atléticas Banco do Brasil – Fenabb com o intuito de restabelecer apólice de seguro de vida em grupo que fora rescindida pela seguradora unilateralmente, após quase treze anos de vigência do referido contrato.[4] Após esse período, a seguradora informou que o contrato de "seguro de vida coletivo ouro-vida" não seria renovado, tendo oferecido aos seus segurados a possibilidade de migração para outra apólice, o que acarretaria considerável elevação do prêmio.

Irresignada, a Abrasconseg ajuizou demanda coletiva requerendo a declaração de nulidade da cláusula do contrato, firmado com a Companhia de Seguros Aliança do Brasil S.A., cujo conteúdo autorizava a rescisão pela seguradora sem anuência dos seus associados e, conseguintemente, o restabelecimento do vínculo contratual nos termos anteriormente estabelecidos. Em contestação, a Companhia de Seguros Aliança do Brasil S.A. sustentou, em suma, ter disponibilizado com antecedência aos associados a possibilidade de ingressarem em outro plano e, ainda, que não se tratava de alteração da Apólice 40, mas sim de extinção do vínculo pelo decurso do prazo contratual. Em réplica, a parte autora apontou que a alteração contratual ocorrera de forma ilícita e abusiva e,

---

[3] Acerca da importância e crescimento do aspecto funcional: "Com o enorme aumento das funções do Estado no passagem do Estado liberal para o Estado social, o problema fundamental para uma teoria sociológica do direito, isto é, para uma teoria que considera o direito como um subsistema social geral, é o de verificar se, paralelamente, não foram aumentadas e mudadas as funções do direito, e, entenda-se, do direito estatal, o que explica o imprevisto surgimento e a rápida difusão da perspectiva funcionalista" (BOBBIO, Norberto. *Da estrutura à função:* novos estudos de teoria do direito. São Paulo: Manole, 2006. p. 83).

[4] Ação Coletiva nº 1.05.0226193-9.

ainda, que o contrato em questão é cativo e de longa duração, o que configuraria óbice à cláusula extintiva ou modificativa deste.

Em primeiro grau, os pedidos da Abrasconseg foram julgados parcialmente procedentes, tendo sido determinado, naquela sede, o restabelecimento da Apólice 40, facultado o reajuste econômico para os segurados cujos contratos estivessem em vigor à época da rescisão combatida. As partes apelaram ao Tribunal de Justiça do Rio Grande do Sul,[5] que, entre outros aspectos analisados – que não serão objeto deste estudo –, reiterou a impossibilidade de não renovação unilateral da apólice tendo, no entanto, delimitado a eficácia da sentença ao estado do Rio Grande do Sul, estendendo seus efeitos a todos os residentes desse estado, inclusive aos não associados à Abrasconseg.

As partes interpuseram, então, recurso especial ao Superior Tribunal de Justiça.[6] A relatora, Ministra Nancy Andrighi, reconheceu a ilegalidade no aumento súbito no valor do prêmio de contrato de seguro que vinha sendo renovado sucessivamente por quase treze anos e apontou que o comportamento da seguradora violou os princípios da cooperação, solidariedade, boa-fé objetiva, proteção da confiança e transparência. O Ministro Paulo de Tarso Sanseverino acompanhou o voto da relatora.

O Ministro Ricardo Villas Bôas Cueva inaugurou a divergência, ao sustentar que a cláusula de não renovação da apólice não se configurava como abusiva, pois igual direito era conferido aos segurados e, mais, que não se poderia condenar a seguradora a renovar o contrato de seguro por tempo indeterminado simplesmente pelo fato de ser a parte mais favorecida da relação jurídica. Acompanharam-no os ministros Sidnei Beneti e Raul Araújo. Foi, assim, vencedor o voto do Ministro Ricardo Villas Bôas Cueva, no sentido de assegurar o direito da seguradora em não renovar o contrato de seguro de vida.

O caso narrado elucida com clareza questões ainda contemporâneas, como a cautela quanto à resolução unilateral em contratos de adesão, o possível dever de renegociação em contratos cativos de longa duração, a revisão por onerosidade excessiva em contratos aleatórios e a proteção da confiança e seus consectários no contexto contratual.

19.3 A boa-fé objetiva e a proteção da confiança

Muitas das indagações que se pode fazer a partir da análise do julgamento do Recurso Especial nº 1.356.725-RS perpassam, inexoravelmente, a análise da compatibilidade da conduta da seguradora com a boa-fé objetiva. A negativa em renovar o contrato de seguro de vida é rechaçada por, entre outros motivos, violar a boa-fé objetiva, frustrando as legítimas expectativas dos segurados.[7]

---

[5] Apelação Cível nº 70.039.664.776.

[6] STJ, 3ª T. REsp nº 1.356.725-RS. Rel. Min. Nancy Andrighi, j. 24.4.2014. *DJ*, 12 jun. 2014.

[7] "Penso que é sobre esse ponto que a boa-fé objetiva deve irradiar seus maiores efeitos, mostrando-se absolutamente abusivo e inaceitável que uma empresa que se disponha a oferecer ao mercado um seguro de vida, seja individual ou coletivo, possa, após sistemáticas renovações do contrato, à medida em que a idade média da carteira se eleva, ficando evidente a intenção dos segurados de manterem o vínculo por prazo indeterminado, simplesmente rescindi-lo (ou inviabilizar financeiramente a sua manutenção), frustrando a legítima expectativa desses de, conforme ficam mais velhos, poderem contar com a indenização em caso de morte" (STJ, 3ª T. REsp nº 1.356.725-RS. Rel. Min. Nancy Andrighi, j. 24.4.2014. *DJ*, 12 jun. 2014).

A proteção constitucional à dignidade da pessoa humana deve reverberar efeitos em todas as situações jurídicas, cujo merecimento de tutela é condicionado ao atendimento dessa premissa. Sob essa perspectiva, mais importante é a proteção à pessoa do contratante que a intangibilidade do negócio jurídico celebrado por ele.[8]

Por certo, não cabe ao Estado intervir deliberadamente no conteúdo do contrato, sob pena de obstaculizar a própria liberdade de contratar. No entanto, a intangibilidade do contrato não poderá ser suscitada quando a dignidade humana de algum dos contratantes for afetada por determinada disposição contratual ou algum comportamento desviante das partes contratantes.[9] Por isso, faz-se necessário "redesenhar o próprio conteúdo da autonomia privada à luz da legalidade constitucional, sob a premissa de que os valores constitucionais não criam limites externos à autonomia privada, mas, antes, informam seu núcleo funcional".[10]

A autonomia privada em âmbito contratual revela-se como importante expressão do princípio da liberdade, eis que, por meio do contrato, as partes podem exarar sua vontade de acordo com os interesses que melhor lhes convenham.[11] [12] Importante é a análise do comportamento dos contratantes, no exercício de sua autonomia privada, à luz da boa-fé objetiva, a qual se revela como importante instrumento de compatibilização dos interesses contratuais aos valores constitucionais.[13]

---

[8] "Em vez de um indivíduo tomado em si e por si, cuja liberdade se considerava bem supremo e intocável, a tutela da pessoa, instituída pelo sistema constitucional, atribui ao direito contratual novos deveres, qualificando-se o contrato como um instrumento de realização de objetivos que só merecem proteção jurídica se e enquanto estiverem de acordo com os valores da sociedade. Na base do projeto constitucional está a construção de uma sociedade mais justa e solidária (CF, art. 3º, I), atribuindo-se ao direito contratual, por meio de princípios como a boa-fé, papel fundamental nesta direção" (TEPEDINO, Gustavo; BARBOZA, Heloisa Helena; MORAES, Maria Celina Bodin de. *Código Civil interpretado*: conforme a Constituição da República. Rio de Janeiro: Renovar, 2006. p. 17. v. II).

[9] "Vimos alguns exemplos através dos quais se mostra a força de atração que vai exercendo o princípio da centralidade da pessoa. Tanto a interpretação contratual como a legislação consumerista, os danos físicos, o contrato de serviços, bem demonstram este redimensionamento. A pessoa se apresenta como um núcleo de irradiação de direitos. Uma vez que este fenômeno tenha sido captado nos tratados internacionais e nas Constituições, produz-se um enlace, um ponto de contato, entre o Direito Privado e o Público Constitucional" (LORENZETTI, Ricardo Luiz. *Fundamentos do direito privado*. São Paulo: Revista dos Tribunais, 1998. p. 159).

[10] TEPEDINO, Gustavo; BARBOZA, Heloisa Helena; MORAES, Maria Celina Bodin de. *Código Civil interpretado*: conforme a Constituição da República. Rio de Janeiro: Renovar, 2006. p. 21. v. II.

[11] A importância já conferida à autonomia privada é apontada por Maria Celina Bodin de Moraes: "A autonomia dos privados se contrapunha À ordem pública e/ou aos interesses da coletividade, os quais somente em pouquíssimos setores, considerados estratégicos, podiam prevalecer sobre os interesses dos privados. Tal concepção, denominada liberalismo jurídico, apresentava o Direito Privado como o "coração de toda a vida jurídica" e o Direito Público apenas como uma "leve moldura que devia servir de proteção ao primeiro" (MORAES, Maria Celina Bodin de. *Danos à pessoa humana*: uma leitura civil-constitucional dos danos morais. Rio de Janeiro: Renovar, 2003. p. 104).

[12] Ao tratar da autonomia da vontade, Caio Mário afirma que "em suas linhas gerais, eis o princípio da autonomia da vontade, que genericamente pode enunciar-se como a faculdade que têm as pessoas de concluir livremente os seus contratos. Este princípio não é absoluto, nem reflete a realidade social na sua plenitude. Por isso, dois aspectos de sua incidência devem ser encarados seriamente: um diz respeito às restrições trazidas pela sobrelevância da ordem pública, e outro vai dar no dirigismo contratual, que é a intervenção do Estado na economia do contrato" (PEREIRA, Caio Mário da Silva. *Instituições de direito civil*: contratos. Rio de Janeiro: Forense, 2004. p. 25).

[13] "O princípio da boa-fé nos parece um destes instrumentos jurídicos capazes de conformar o direito civil à hierarquia de valores e de interesses prevista constitucionalmente. Trata-se, antes de mais nada, de reconhecer que o contrato – como, em geral, as relações obrigacionais – deve ser valorado em seus meios e fins segundo a ordem jurídico-econômica desenhada na Constituição" (NEGREIROS, Teresa. *Fundamentos para uma interpretação constitucional do princípio da boa-fé*. Rio de Janeiro: Renovar, 1998. p. 269).

Mister se faz o sopesamento do princípio da liberdade com o da solidariedade social, ambos substratos do princípio da dignidade da pessoa humana.[14] O crescente – e necessário – influxo dos valores constitucionais sobre as relações privadas revela o fim da dicotomia de outrora entre direito público e direito privado. Isso porque

> acolher a construção da unidade (hierarquicamente sistematizada) do ordenamento jurídico significa sustentar que seus princípios superiores, isto é, os valores propugnados pela Constituição, estão presentes em todos os recantos do tecido normativo, resultando, em conseqüência inaceitável a rígida contraposição direito público-direito privado.[15]

Nessa esteira, a boa-fé objetiva assume o importante papel de balizar a autonomia da vontade, clara expressão de liberdade, aos interesses juridicamente relevantes de cuja tutela as partes não podem prescindir.[16] Portanto, "ao ensejar a criação desses deveres, a boa-fé atua como fonte de integração do conteúdo contratual, determinando a sua otimização independentemente da regulação voluntaristicamente estabelecida".[17]

A boa-fé objetiva serve como arrimo sobre o qual se firmam as partes em face de exercícios exacerbados da liberdade contratual que possam atingir a dignidade humana dos contratantes. Tal princípio consiste em uma "regra de conduta fundada na honestidade, na retidão, na lealdade e, principalmente, na consideração para com os interesses do 'alter', visto como um membro do conjunto social que é juridicamente tutelado".[18]

---

[14] "Ao direito de liberdade da pessoa, porém, será contraposto – ou com ele sopesado – o dever de solidariedade social, no sentido que se exporá a seguir, mas já definitivamente marcado pela consciência de que, se por um lado, já não se pode conceber o indivíduo como um *homo clausus* – concepção mítica e ilusória –, por outro lado, tampouco devem existir direitos que se reconduzam a esta figura ficcional. Os direitos só existem para que sejam exercidos em contextos sociais, contextos nos quais ocorrem as relações entre as pessoas, seres humanos 'fundamentalmente organizados' para viverem uns em meio a outros. Não se trata, portanto, de impor limites à liberdade individual, atribuindo maior relevância à solidariedade, ou vice-versa. O princípio a ser alcançado é o da dignidade pela pessoa humana, o que faz com que a medida de ponderação para sua adequada tutela propenda ora para a liberdade, ora para a solidariedade" (MORAES, Maria Celina Bodin de. *Danos à pessoa humana*: uma leitura civil-constitucional dos danos morais. Rio de Janeiro: Renovar, 2003. p. 107-108).

[15] MORAES, Maria Celina Bodin de. A caminho de um direito civil constitucional. direito, Estado e sociedade. *Revista do Departamento de Ciências Jurídicas*, Rio de Janeiro, n. 1, p. 63, jul./dez. 1991. Segundo já apontado por Pietro Perlingieri, "técnicas e institutos nascidos no campo do direito privado tradicional são utilizados naquele do direito público e vice-versa, de maneira que a distinção, neste contexto não é mais qualitativa, mas quantitativa" (PERLINGIERI, Pietro. *Perfis do direito civil*: introdução ao direito civil constitucional. 3. ed. Rio de Janeiro: Renovar, 2007. p. 54).

[16] Afirma Pontes de Miranda, em seu *Tratado de direito privado* (São Paulo: Bookseller, [s.d.]. p. 374. t. III): "Rigorosamente, as regras de boa-fé entram nas regras do uso do tráfico, porque tratar lisamente, com correção, é o que se espera encontrar nas relações da vida. Os usos do tráfico, mais restritos, ou mais especializados, apenas se diferenciam, por sua menor abrangência. Quando se diz que a observância do critério da boa-fé, nos casos concretos, assenta em apreciação de valores, isto é, repousa em que, na colisão de interesses, um deles há de ter maior valor, e não em deduções lógicas, apenas se alude ao que se costuma exigir no trato dos negócios. Regras de boa-fé são regras do uso do tráfico, gerais, porém de caráter cogente, que de certo modo ficam entre as regras jurídicas cogentes e o direito não-cogente, para encherem o espaço deixado pelas regras jurídicas dispositivas e de certo modo servirem de regras interpretativas".

[17] MARTINS-COSTA, Judith. *A boa-fé no direito privado*. São Paulo: Revista dos Tribunais, 2000. p. 440.

[18] MARTINS-COSTA, Judith. *A boa-fé no direito privado*. São Paulo: Revista dos Tribunais, 2000. p. 412. Pode-se apontar três funções primordiais que delineiam os contornos da boa-fé objetiva: boa-fé como cânon interpretativo, boa-fé como norma de criação de deveres jurídicos e boa-fé como norma de limitação ao exercício de direitos subjetivos (Franz Wieacker *apud* TEPEDINO, Gustavo; BARBOZA, Heloisa Helena; MORAES, Maria Celina Bodin de. *Código Civil interpretado*: conforme a Constituição da República. Rio de Janeiro: Renovar, 2006. p. 17. v. II).

As partes contratantes devem agir de acordo com a boa-fé objetiva, pautadas pela ética da igualdade e da solidariedade. Assim, durante a trajetória contratual,[19] as partes devem preservar a atividade econômica em detrimento da vantagem individual.[20] Nesta esteira, ganha enorme relevo o princípio da conservação do contrato, ou *favor negotti*, que preconiza o esforço na conservação dos pactos sempre que possível, nos planos da existência, validade e eficácia.[21] A extinção da relação contratual deve ser, pois, *ultima ratio* para resolver as vicissitudes que surgem nas relações contratuais.[22]

No caso em comento, vê-se que a seguradora justificou a não renovação do contrato de seguro com base na alegação de que sua manutenção implicaria sério risco ao equilíbrio atuarial da carteira de seguros. Ressalta-se que, via de regra, despicienda seria a justificativa da seguradora quanto à não renovação do contrato, eis que essa opção se coaduna aos termos do Código de Defesa do Consumidor (Lei 8.078/90)[23] e estava, ainda, prevista no instrumento do contrato de seguro.

As peculiaridades do caso analisado levam, porém à necessidade de análise do merecimento de tutela da atitude da seguradora, não obstante esta tenha agido em consonância aos termos contratuais. Não se revela mais suficiente a simples subsunção das cláusulas contratuais à premissa maior expressamente prevista em lei.[24] É mister, pois, ir além da licitude, sendo inafastável das partes contratantes a observância de princípios hierarquicamente superiores.[25] O comportamento da seguradora no contrato em questão deve, pois, além de lícito, ser merecedor de tutela.

---

[19] A propósito, o Enunciado nº 25 da I Jornada de Direito Civil da Justiça Federal dispõe que "o art. 422 do Código Civil não inviabiliza a aplicação pelo julgador do princípio da boa-fé nas fases pré-contratual e pós-contratual".

[20] TEPEDINO, Gustavo; BARBOZA, Heloisa Helena; MORAES, Maria Celina Bodin de. *Código Civil interpretado*: conforme a Constituição da República. Rio de Janeiro: Renovar, 2006. p. 17. v. II.

[21] "Por ele, tanto o legislador, quanto o intérprete, o primeiro, na criação de normas jurídicas sobre os diversos negócios, e o segundo, na aplicação destas diversas normas, devem procurar conservar, em qualquer dos três planos – existência, validade e eficácia –, o máximo possível do negócio jurídico realizado pelo agente" (AZEVEDO, Antonio Junqueira de. *Negócio jurídico*: existência, validade e eficácia. São Paulo: Saraiva, 2002. p. 66-67).

[22] "Por outro lado, o intérprete, ao se deparar com eventual causa de extinção do contrato, especialmente a rescisão e a resolução, deverá envidar seus melhores esforços para não permitir que isso ocorra. Deverá converter o contrato, reduzi-lo, revisá-lo etc. Somente como ultima ratio poderá decidir pela extinção. De fato, mesmo que o ordenamento não permita a produção dos efeitos próprios do ato praticado, ou em toda a sua extensão, deve-se averiguar a possibilidade de que o mesmo venha a gerar algum efeito socialmente útil de acordo com a ordem jurídica" (BUSSATTA, Eduardo Luiz. Princípio da conservação dos contratos. In: RIRONAKA, Giselda Maria Fernandes Novaes; TARTUCE, Flávio (Coords.). *Direito contratual*: temas atuais. São Paulo: Método, 2007. p. 150).

[23] Isso porque a opção de não renovação unilateral do contrato estava à disposição tanto da seguradora quanto dos segurados e, portanto, em conformidade ao dispositivo legal do art. 51, XI, do CDC.

[24] Considerando que os valores constitucionais impõem plena concretização, compreende-se totalmente a necessidade, aqui manifestada, de não limitar a valoração do ato ao mero juízo de licitude e de requerer também um juízo de valor: não basta, portanto, negativamente, a não invasão de um limite de tutela, mas é necessário, positivamente, que o fato possa ser representado como realização prática da ordem jurídica de valores, como desenvolvimento coerente de premissas sistemáticas colocadas na Carta Constitucional (PERLINGIERI, Pietro. *Perfis do direito civil*: introdução ao direito civil constitucional. 3. ed. Rio de Janeiro: Renovar, 2007. p. 650).

[25] É necessário evidenciar que autonomia negocial encontra fundamentos diversificados: o ato de iniciativa é merecedor de tutela se corresponder não apenas aos princípios presentes em nível ordinário, mas aos princípios hierarquicamente superiores que operam no sistema ítalo-comunitário das fontes (PERLINGIERI, Pietro. *Perfis do direito civil*: introdução ao direito civil constitucional. 3. ed. Rio de Janeiro: Renovar, 2007. p. 369).

19.4 Os contratos cativos de longa duração e o paradigma da essencialidade

A oxigenação contratual é efeito inabalável do exercício da autonomia privada. A efervescência do mercado faz com que surjam novos desafios à teoria geral dos contratos e a massificação das relações contratuais requer uma releitura da própria dogmática da dinâmica contratual.[26]

Ademais, é possível verificar a crescente contratação de serviços, tornando perceptível a importância que vêm ganhando a acumulação de bens imateriais e a transição de um modelo imediatista de compra e venda para outro em que a continuação da relação contratual passa a ser pretendida.[27]

A continuidade dos serviços também é uma realidade. Diversos são os exemplos de serviços cuja prestação se protrai no tempo,[28] dando ensejo a execuções sucessivas, e não imediatas. Esses contratos de prestação continuada de serviços "baseiam-se mais na confiança, no convívio reiterado, na manutenção do potencial econômico e da qualidade dos serviços"[29] e a continuidade da relação jurídica ganha, pois, notável importância.

Muito comuns na seara consumerista, os contratos cuja execução se prolonga no tempo têm demonstrado uma relação de dependência gerada do consumidor para com o fornecedor e, por isso, a essa modalidade contratual já vêm sendo dedicada

---

[26] A principal modificação fez-se sentir em razão da expansão do contrato em massa, que substituiu, em diversos setores do campo negocial, o negócio jurídico bilateral dantes concluído individualmente. Nos transportes, nos seguros, nas operações bancárias, no trabalho realizado nas empresas e em tantos outros departamentos da atividade social dos indivíduos, esse elemento, sem constituir uma comunidade jurídica, influi decisivamente na sua própria dogmática (GOMES, Orlando. *Transformações gerais do direito das obrigações*. São Paulo: Revista dos Tribunais, 1967).

[27] "Vivemos, portanto, um momento de mudança: da acumulação de bens imateriais; dos contratos de dar para os contratos de fazer; do modelo imediatista da compra e venda para um modelo de relação contratual continuada, reiterada; da substituição, privatização ou terceirização do estado como prestador de serviços, de relações meramente privadas para relações particulares de interesse social ou público. Momento, de uma crescente importância da fase pré-contratual, onde nascem as expectativas legítimas das partes e de uma exigente fase contratual de realização da confiança despertada, com o aparecimento mesmo de alguma pós-eficácia dos contratos já cumpridos" (MARQUES, Cláudia Lima. *Contratos no Código de Defesa do Consumidor*: o novo regime das relações contratuais. São Paulo: RT, 2002. p. 85-86).

[28] "Os exemplos principais destes contratos cativos d longa duração são as novas relações banco-cliente, os contratos de seguro-saúde e se assistência médico hospitalar, os contratos de previdência privada, os contratos de uso de cartão de crédito, os seguros em geral, os serviços de organização e aproximação de interessados (como os exercidos pelas empresas de consórcios e imobiliárias), os serviços de transmissão de informações e lazer por cabo, telefone, televisão, computadores, assim como os conhecidos serviços públicos básicos, de fornecimento de água, luz e telefone por entes públicos e privado" (MARQUES, Cláudia Lima. *Contratos no Código de Defesa do Consumidor*: o novo regime das relações contratuais. São Paulo: RT, 2002. p. 79).

[29] MARQUES, Cláudia Lima. *Contratos no Código de Defesa do Consumidor*: o novo regime das relações contratuais. São Paulo: RT, 2002. p. 87.

especial atenção.[30] Tais contratos vêm sendo denominados "cativos de longa duração",[31] "relacionais",[32] "contínuos", "múltiplos" etc.

A cativividade apontada é apta a gerar no contratante uma condição de vulnerabilidade, tendo em vista que a manutenção do vínculo, como expectativa gerada na ocasião da avença e sustentada no decorrer da execução do contrato, torna-se uma necessidade. Nesse contexto, a obrigação passa a ser vislumbrada sob a perspectiva de "um complexo de atos, condutas, deveres a prolongarem-se no tempo, do nascimento à extinção do vínculo".[33]

Seria possível indagar, inclusive, se os denominados contratos cativos poderiam se enquadrar no paradigma da essencialidade, tendo em vista a curial importância dos interesses que visam a assegurar. Tal ilação levaria à consequente necessidade de maior cautela quanto à aplicação de institutos jurídicos comuns à totalidade dos contratos.[34] Importante baliza para o reconhecimento da essencialidade consiste no reconhecimento dos interesses existenciais das partes contratantes, os quais devem ter prevalência sobre os interesses estritamente patrimoniais.[35]

O voto da Ministra Nancy Andrighi, no REsp nº 1.356.725-RS, evidenciou a natureza do contrato de seguro de vida em questão como contrato relacional ou cativo de longa duração e afirmou que tal relação jurídica não poderia ser analisada de forma isolada, vez que se tratava de vários contratos de um ano, renovados sucessivamente ao longo de doze anos.

A discussão trazida pelo acórdão em comento quanto à negativa de renovação de contrato de seguro de vida não é inaugural para o STJ, tendo em vista a existência de julgamentos pretéritos que também analisaram este assunto.[36] Cumpre apontar, mais,

---

[30] Trata-se de serviços que no contexto da vida moderna, de grande insegurança e de indução através da publicidade massiva à necessidade de acumulação de bens materiais e imateriais (o chamado "poder da necessidade" e a "sedução das novas necessidades"), vinculam o consumidor de tal forma que, ao longo dos anos de duração da relação contratual complexa, torna-se este cliente-cativo daquele fornecedor ou daquela relação contratual ou verá frustradas todas as suas expectativas. Em outras palavras, para manter o vínculo com o fornecedor aceitará facilmente qualquer nova imposição por este desejada (MARQUES, Cláudia Lima. *Contratos no Código de Defesa do Consumidor*: o novo regime das relações contratuais. São Paulo: RT, 2002. p. 90).

[31] A expressão foi cunhada, no Brasil, por Cláudia Lima Marques. No entanto, a expressão "longa duração" (*larga duración*) já fora apontada por Ricardo Luiz Lorenzetti (LORENZETTI, Ricardo Luis. *Tratado de los contratos*. Buenos Aires: RubinzalCalzoni, 1999. p. 113).

[32] MACEDO JR., Ronaldo Porto. *Contratos relacionais e defesa do consumidor*. 2. ed. São Paulo: RT, 2007.

[33] MARQUES, Cláudia Lima. *Contratos no Código de Defesa do Consumidor*: o novo regime das relações contratuais. São Paulo: RT, 2002. p. 91.

[34] "A aquisição ou a utilização de bens que sejam essenciais à subsistência digna da pessoa estará sujeita a modelos de regulação contratual e de argumentação distintos dos modelos referentes à contratação de bens meramente úteis ou supérfluos, resultando desta distinção conceitos também diversos de abusividade contratual? Haverá lugar, na teoria contratual contemporânea, para o estabelecimento de um paradigma da essencialidade – entendendo-se tal paradigma como um critério de orientação da pesquisa jurídica em tema de contratos e, simultaneamente, como um critério de identificação dos problemas a serem enfrentados pelo direito contratual?" (NEGREIROS, Teresa. *Teoria do contrato*: novos paradigmas. Rio de Janeiro: Renovar, 2006. p. 392).

[35] Por isso, há de se distinguir os contratos em que tais interesses extrapatrimoniais estão presentes daqueles outros contratos nos quais, ao contrário, as obrigações assumidas sejam instrumento de satisfação de interesses exclusivamente patrimoniais (NEGREIROS, Teresa. *Teoria do contrato*: novos paradigmas. Rio de Janeiro: Renovar, 2006. p. 461).

[36] Salutar foi o julgamento do REsp nº 1.073.595/MG, no qual foi apreciada a não renovação de seguro de vida que vinha sendo renovado automaticamente há mais de trinta anos. Nesse caso, reconheceu-se que se tratava de um contrato relacional, ou cativo de longa duração, eis que oferecido ao consumidor por longo e ininterrupto período de tempo. Ademais, reconheceu-se a importância da existência de deveres anexos que, embora não previstos expressamente, estão igualmente aptos a vincular as partes desde a fase pré-contratual até o momento

que a legalidade da rescisão unilateral informada ao segurado dentro do prazo previsto na apólice vem sendo reverberada pela Quarta Turma do Superior Tribunal de Justiça.[37]

19.5 Tutela das legítimas expectativas dos contratantes

O reconhecimento de que o contrato de seguro em comento trata-se de contrato cativo não pode prescindir da análise funcional da relação contratual.[38] Isso porque uma análise meramente estrutural de contratos cuja renovação ocorre ano a ano amesquinharia a importância da longa duração marcante desses contratos que, desde sua concepção, são estabelecidos com o desiderato de terem sua execução prolongada no tempo.

Assim, múltiplas renovações, por período substancial de quase treze anos, denotam a clara intenção dos segurados na manutenção do vínculo. Aliás, é factível que o interesse do segurado na perpetuação do negócio seja diretamente proporcional ao decorrer dos anos, já que, à medida que envelhece, mais dependente fica o segurado da manutenção desse negócio.[39]

---

posterior à rescisão do negócio, como deveres de cooperação, solidariedade, boa-fé objetiva e proteção da confiança. Importante também, no caso mencionado, foi a percepção de que os diversos contratos, renovados a cada ano, não poderiam ser tratados como negócio estanque, mas sim como uma única relação jurídica, que se desdobra em diversos contratos celebrados extensivamente em relação ao anterior (STJ, 3ª T. REsp nº 1.356.725/RS. Rel. Min. Nancy Andrighi, j. 24.4.2014. *DJ*, 12 jun. 2014). Posteriormente, ao julgar o REsp nº 880.605/RN, de relatoria do Ministro Luiz Felipe Salomão, o STJ reconheceu a legalidade da rescisão unilateral de seguro de vida em grupo. No entanto, a questão tratada nesse julgamento dizia respeito à devolução da reserva técnica diante da rescisão do contrato de seguro de vida em grupo.

[37] STJ, Quarta Turma. AgRg no AREsp nº 416.116/RJ. Rel. Min. Luiz Felipe Salomão, j. 11.3.2014. *DJe*, 19 mar. 2014; STJ, Quarta Turma. AgRg no AREsp nº 172.988/RS. Rel. Min. Antonio Carlos Ferreira, j. 5.11.2013. *DJe*, 12 nov. 2013; STJ, Quarta Turma. AgRg no REsp nº 1.210.136/SP. Rel. Min. Marco Buzzi, j. 19.9.2013. *DJe*, 27 set. 2013.

[38] "Na identificação da função dever-se-á considerar os princípios e valores do ordenamento que a cada vez permitem proceder à valoração do fato. Ao valorar o fato, o jurista identifica a função, isto é, constrói a síntese global dos interesses sobre os quais o fato incide. A função do fato determina a estrutura, a qual segue – não precede – a função. [...] A análise funcional do fato é completa quando, além do ponto de chegada (determinação das situações subjetivas programadas no ato: eficácia), leva em consideração também, e preliminarmente, o ponto de partida (o estado inicial dos interesses consolidados nas situações subjetivas preexistentes ao fato. Condições iniciais dos interesses e resultados a atingir (efeitos a produzir) são inseparáveis" (PERLINGIERI, Pietro. *Perfis do direito civil:* introdução ao direito civil constitucional. 3. ed. Rio de Janeiro: Renovar, 2007. p. 642-643). Também sobre a importância e crescimento do aspecto funcional: "Com o enorme aumento das funções do Estado no passagem do Estado liberal para o Estado social, o problema fundamental para uma teoria sociológica do direito, isto é, para uma teoria que considera o direito como um subsistema social geral, é o de verificar se, paralelamente, não foram aumentadas e mudadas as funções do direito, e, entenda-se, do direito estatal, o que explica o imprevisto surgimento e a rápida difusão da perspectiva funcionalista" (BOBBIO, Norberto. *Da estrutura à função:* novos estudos de teoria do direito. São Paulo: Manole, 2006. p. 83).

[39] Claudia Lima Marques, ao tratar do tema, refere: "Estes novos contratos complexos envolvendo fazeres na sociedade representam o novo desafio da teoria dos contratos. São serviços prestados por um fornecedor ou por uma cadeia de fornecedores solidários, organizados internamente, sem que o consumidor, na maioria das vezes, fique consciente desta organização. Tratam-se de serviços que no contexto da vida moderna, de grande insegurança e de indução através da publicidade massiva à necessidade de acumulação de bens materiais e serviços (o chamado 'poder da necessidade' e a 'sedução das novas necessidades'), vinculam o consumidor de tal forma que, ao longo dos anos de duração da relação contratual complexa, torna-se este cliente cativo daquele fornecedor ou cadeia de fornecedores, tornando-se dependente mesmo da manutenção daquela relação contratual ou tendo frustradas todas as suas expectativas. Em outras palavras, para manter o vínculo com o fornecedor aceitará facilmente qualquer nova imposição por este desejada. Esta fática submissão garante um 'poder de imposição' em grau mais elevado do que o conhecido na pré-elaboração dos instrumentos contratuais massificados, pois aqui o poder se renova constantemente durante a obrigação de longa duração, permitindo inclusive modificações formalmente 'bilaterais' do conteúdo da obrigação e do preço, pois contam com a teórica

Seria incauto analisar a relação jurídica tratada no REsp nº 1.356.725-RS e concluir que a ligação entre todos os contratos sequencialmente renovados era irrelevante para o caso em comento. Faz-se mister, nesse contexto, a análise funcional do contrato de seguro de vida firmado entre a Abrasconseg e a Companhia de Seguros Aliança do Brasil S.A. Necessária é, então, a percepção do aspecto dinâmico das relações obrigacionais insertas no vínculo contratual.[40]

Por certo, a majoração de valores é necessária conforme o contrato de seguro se prolonga. No entanto, a percepção abrupta de que a manutenção do contrato seria insustentável caso não houvesse um aumento considerável no valor do prêmio pode revelar falta de organização por parte da seguradora quanto à administração da carteira de seguros de vida. Isso afronta, nitidamente, as expectativas do segurado que paga o prêmio à seguradora na confiança de que esta irá administrá-lo, conjuntamente com todo o sistema securitário, de maneira que, ocorrendo o sinistro, o segurado faça jus ao tratamento convencionado.[41]

O aumento súbito do valor do prêmio, após treze anos de vigência contratual durante a qual o segurado sustentou expectativas em relação à manutenção do seguro, reflete um comportamento contraditório por parte da seguradora. Partindo-se da premissa de que a relação jurídica entre segurado e seguradora tinha, em verdade, duração de quase treze anos, verifica-se que esta agiu em total contradição ao seu comportamento repetidamente assumido nos últimos doze anos. Vê-se que a seguradora optou por manter a carteira por quase treze anos sem qualquer reformulação financeira e, após esse período, alegou que a situação se tornou insustentável.[42]

Apesar de o contrato de seguro ainda ser considerado como contrato aleatório – não sendo a análise das vozes doutrinárias dissonantes objeto do presente artigo –, observa-se que a majoração repentina e inaugural do valor do prêmio, sob pena de resolução contratual, não foi decorrência natural da álea caracterizadora dessa espécie contratual, mas sim fruto de equívoco da seguradora quanto ao acompanhamento da

---

'aceitação' do vulnerável. Tal novo poder reflete-se nas cláusulas do contrato massificado e em suas futuras modificações e permite mesmo que o fornecedor se libere do vínculo contratual sempre que este não lhe seja mais favorável ou interessante (rescindindo, denunciando, resolvendo o vínculo, cancelando o plano, etc.)" (MARQUES, Cláudia Lima. *Contratos no Código de Defesa do Consumidor*: o novo regime das relações contratuais. São Paulo: RT, 2002. p. 102-103).

[40] "Chega-se, portanto, à concepção pluralista e dinâmica da relação obrigacional, que supera a concepção tradicional, marcadamente formalista e abstrata. A obrigação é relação jurídica cujo conteúdo, variável e complexo, se define no caso concreto em função dos legítimos interesses a serem tutelados – especialmente o do credor – e se vai constituindo pelos diversos deveres acessórios e conduta que completam e integram o núcleo central, composto pelo dever de prestar do devedor e direito de exigir a prestação do credor" (KONDER, Carlos Nelson, RENTERÌA, Pablo. A funcionalização das relações obrigacionais: interesse do credor e patrimonialidade da prestação. In: FACHIN, Luiz Edson; TEPEDINO, Gustavo. *Diálogos sobre direito civil*. Rio de Janeiro: Renovar, 2008. p. 268. v. II).

[41] Segundo Judith Martins-Costa, a boa-fé deve atuar como um "mandamento imposto ao juiz de não permitir que o contrato, como regulação objetiva, dotada de um específico sentido, atinja finalidade oposta ou contrária àquela que, razoavelmente, à vista de seu escopo econômico-social, seria lícito esperar" (MARTINS-COSTA, Judith. *A boa-fé no direito privado*. São Paulo: Revista dos Tribunais, 2000. p. 432).

[42] "O raciocínio desenvolvido pela ALIANÇA permite inferir ter ela optado por manter a carteira por quase 13 anos sem nenhuma restruturação financeira capaz de adequá-la à alegada nova realidade econômica do país – período durante o qual se beneficiou dos valores pagos pela administração do fundo – e, quando a situação se tornou insustentável, utilizou o próprio desequilíbrio atuarial para justificar a rescisão unilateral dos contratos, solução que, convenhamos, levou em conta apenas a sua conveniência" (STJ, 3ª T. REsp nº 1.356.725-RS. Rel. Min. Nancy Andrighi, j. 24.4.2014. *DJ*, 12 jun. 2014).

carteira de seguros. O fato é que a seguradora lançou, injustamente, sobre as costas dos segurados o peso excessivo de doze anos de má-administração de sua carteira de seguros.

Não se pode olvidar que a seguradora violou expectativa legitimamente criada nos segurados. Isso porque os segurados tinham motivos razoáveis para acreditar que o vínculo contratual se manteria ou, minimamente, que não seriam estes compelidos a optar por desfazerem o vínculo ou, então, mantê-lo mediante aumento abrupto (mesmo que diferido no plano escalonado proposto) e de grande monta. Destarte, o comportamento contraditório adotado pela seguradora violou de forma cristalina as expectativas geradas nos segurados.[43]

A proibição ao comportamento contraditório não tem relevo apenas sob a ótica contratual, mas é, também, expressão da solidariedade social como valor constitucional, importante baluarte à aplicação do *nemo potest venire contra factum proprium*.[44]

19.6 Conclusão

A análise do presente caso é bastante complexa e este trabalho não tem a pretensão de exaurir a discussão, que poderia abarcar muitos outros aspectos a serem considerados. É, no entanto, incontroversa a percepção de que a discussão ora trazida trata da possibilidade – em verdade, necessidade – de intervenção do direito da autonomia privada que, embora configure clara expressão do princípio da liberdade, não pode estar imune à incidência axiológica da Constituição.

Não obstante a importância da tutela dos interesses econômicos dos contratantes e da manutenção do vínculo em prol da maior satisfação desses interesses, curial é a proteção da dignidade humana dos contratantes sob os aspectos da integridade psicofísica, liberdade, igualdade e solidariedade,[45] a cuja violação não pode o direito manter-se indiferente.

Importante se faz a análise do comportamento dos contratantes à luz da boa-fé objetiva, que se revela como importante instrumento de compatibilização dos interesses contratuais aos valores constitucionais. Como se vê, o voto vencido da ministra relatora,

---

[43] "De fato, a proibição de comportamento contraditório não tem por fim a manutenção da coerência por si só, mas afigura-se razoável apenas quando e na medida em que a incoerência, a contradição aos próprios atos, possa violar expectativas despertadas em outrem e assim causar-lhes prejuízos. Mais que contra a simples coerência, atenta o *venire contra factum proprium* à confiança despertada na outra parte, ou em terceiros, de que o sentido objetivo daquele comportamento inicial seria mantido, e não contrariado" (SCHREIBER, Anderson. *A proibição de comportamento contraditório*: tutela da confiança e *venire contra factum proprium*. Rio de Janeiro: Renovar, 2005. p. 90).

[44] "O princípio da solidariedade social, protegido como objetivo da República brasileira no artigo 3º da Constituição de 1988, impõe a consideração da posição alheia também na atuação privada. O *Nemo potest venire contra factum propruim*, concebido como uma vedação ao comportamento incoerente dirigida à tutela da confiança, não é outra coisa senão um instrumento de realização deste valor constitucional. Há, em outras palavras, direta vinculação entre a solidariedade social e o princípio de proibição ao comportamento contraditório" (SCHREIBER, Anderson. *A proibição de comportamento contraditório*: tutela da confiança e *venire contra factum proprium*. Rio de Janeiro: Renovar, 2005. p. 101).

[45] Maria Celina adverte que "O que o ordenamento jurídico pode (e deve) fazer é concretizar, ou densificar, a cláusula de proteção humana, não admitindo que violações à igualdade, à integridade psico-física, à liberdade e à solidariedade (social e familiar) permaneçam irressarcidas" (MORAES, Maria Celina Bodin de. *Danos à pessoa humana*: uma leitura civil-constitucional dos danos morais. Rio de Janeiro: Renovar, 2003. p. 131).

por reiteradas vezes, afirmou rechaçar a não renovação do contrato pela seguradora por entender que essa atitude era incompatível com a boa-fé objetiva.

Noutro giro, o voto vencedor defendeu que a conduta da seguradora era expressamente prevista no contrato e não contrariava nenhum dispositivo legal. Por certo, há robustos argumentos para ambos os posicionamentos. No entanto, a boa-fé objetiva, como regra de conduta imposta aos contratantes, suplanta até mesmo as cláusulas contratuais. As cláusulas do instrumento de contrato e os dispositivos legais que as embasam devem, sempre e sempre, guardar compatibilidade com a Constituição, não podendo sobre esta prevalecer, sob pena de subverter a ordem hierárquica que garante a unidade do ordenamento.[46]

O recrudescimento de espécies contratuais aptas a gerar dependência ao consumidor quanto à sua manutenção em escala proporcional ao decurso do tempo é uma realidade inexorável. Com efeito, o reconhecimento das peculiaridades de contratos cativos é um avanço que requer análise cuidadosa desses contratos e estudo de soluções aptas a salvaguardar os interesses existenciais, prevalecentes em grande parte dos contratos relacionais.

Informação bibliográfica deste texto, conforme a NBR 6023:2002 da Associação Brasileira de Normas Técnicas (ABNT):

SOUZA, Larissa de Lima Vargas. Contratos relacionais, boa-fé objetiva e tutela das legítimas expectativas: considerações acerca do Recurso Especial nº 1.356.725. In: TEPEDINO, Gustavo; TEIXEIRA, Ana Carolina Brochado; ALMEIDA, Vitor (Coord.). *Da dogmática à efetividade do Direito Civil*: Anais do Congresso Internacional de Direito Civil Constitucional – IV Congresso do IBDCivil. 2. ed. rev., ampl. e atual. Belo Horizonte: Fórum, 2019. p. 609-620. ISBN 978-85-450-0545-2.

---

[46] Acerca da unidade do ordenamento, Bobbio já afirmou: "A norma fundamental é o termo unificador das normas que compõem o ordenamento jurídico. Sem uma norma fundamental, as normas, das quais falamos até agora, constituiriam um acumulado de normas, não um ordenamento. Em outras palavras, conquanto sejam numerosas as fontes do direito em um ordenamento complexo, esse ordenamento constitui uma unidade pelo fato de que, direta ou indiretamente, com desvios mais ou menos tortuosos, todas as fontes do direito podem ser deduzidas de uma única norma" (BOBBIO, Norberto. *Teoria do ordenamento jurídico*. São Paulo: Edipro, 2011. p. 61).

CAPÍTULO 20

INFORMAÇÃO PESSOAL COMO MERCADORIA E O PAPEL DA FUNÇÃO SOCIAL DA EMPRESA: O CONFLITO ENTRE FILTROS DE CONTEÚDO E O DIREITO DE SER INFORMADO

BRUNO MARTINS MOUTINHO

Introdução

O direito à informação é um direito fundamental dividido em direito de ser informado e direito de informar, consiste num poderoso meio para o desenvolvimento de debates públicos, permitindo que os indivíduos articulem fatos e informações livremente. Atualmente, a internet é um importante meio para a concretização desse direito, já que tal ambiente foi projetado para ser um espaço descentralizado, aberto e neutro.[1]

Tal ambiente deve oferecer espaço para a promoção do livre intercâmbio de informações e opiniões. Na internet a produção e a disponibilização dos conteúdos são descentralizadas, dando a qualquer pessoa a possibilidade de criar e divulgar seus próprios conteúdos, é a chamada Web 2.0. Segundo o Relatório Especial das Nações Unidas sobre a Promoção e Proteção do Direito à Liberdade de Opinião e Expressão: "a internet, como nenhum outro meio de comunicação antes, permitiu que os indivíduos se comunicassem instantaneamente e a baixo custo",[2] tal fato tem um grande impacto sobre a forma como se compartilha e acessa informações e ideias.

---

[1] CIDH. Comissão Interamericana de Direitos Humanos. *Liberdade de expressão e internet*. Disponível em <http://www.oas.org/pt/cidh/expressao/docs/publicaciones/2014%2008%2004%20Liberdade%20de%20 Express%C3%A3o%20e%20Internet%20Rev%20%20HR_Rev%20LAR.pdf>. Acesso em: 25 jul. 2016.

[2] NAÇÕES UNIDAS. Assembleia Geral. *Relatório do Relator Especial sobre a Promoção e Proteção do Direito à Liberdade de Opinião e Expressão*. A/66/290. 10 ago. 2011. §10. Disponível em: <http://ap.ohchr.org/documents/dpage_s. aspx?m=85>. Acesso em: 25 jul. 2016.

Nesse contexto, a internet já é o principal meio de informação para metade dos brasileiros,[3] além de ser a principal fonte de informações para alguns tipos de profissionais específicos.[4] [5] Atualmente, porém, se vive um retrocesso na forma como informações são acessadas. Seus usuários se informam, basicamente, através das redes sociais e dos sítios de busca,[6] o maior sítio de busca: Google e a maior rede social: Facebook controlam quase todo o fluxo de informação na internet,[7] e consequentemente o que cada indivíduo pode ter conhecimento. Portanto, a ideia original de que todos pudessem buscar livremente informações não se concretizou; atualmente, a busca de informações é baseada no que os sítios de busca e redes sociais decidem mostrar e esconder, nesse sentido, eles têm o poder de ditar o que cada usuário verá em seus resultados.

Na internet, os usuários imaginam que os sítios de busca e as redes sociais são neutros e imparciais, oferecendo respostas universais, mas não são.[8] Em seus resultados, tais sítios editam o que cada usuário pode visualizar, com base em seus comportamentos anteriores.[9] Se dois usuários fazem a mesma pesquisa, ao mesmo tempo, eles podem receber resultados completamente diferentes, existe uma personalização da busca.

Tal personalização acontece pelo próprio modelo de negócios dos sítios, vendendo informação como mercadoria. Nesse sentido, uma mercadoria personalizada tem mais valor do que uma genérica. Mas tal modelo tem um lado perverso: quanto maior for o esforço para oferecer informações personalizadas a cada usuário, maior o risco de que os filtros isolem as pessoas em bolhas virtuais. A consequência disso é o empobrecimento da visão de mundo, ferindo um princípio básico da internet: o livre fluxo de informações.

Nesse contexto, o maior sítio de busca e a maior rede social, dois agentes privados (sociedades empresárias), controlam o que 1,4 bilhão de pessoas no mundo devem ler, quais sítios devem visitar, a quais notícias devem ter acesso, enfim, como cada indivíduo deve se informar.[10] É interessante lembrar que o Supremo Tribunal Federal (STF) decidiu pela não recepção pela Constituição de 88 da Lei de Imprensa, citando o Ministro Celso

---

[3] PASSOS, Najla. Metade dos brasileiros já se informa pela internet. *Carta Maior*, 9 mar. 2014. Disponível em: <http://www.cartamaior.com.br/?/Editoria/Midia/Metade-dos-brasileiros-ja-se-informa-pela-internet/12/30434>. Acesso em: 6 ago. 2016.

[4] DOUTÍSSIMA Brasil: 96% dos Médicos utilizam a internet para se informar, diz pesquisa. *MI Marketing e Internet*. Disponível em: <http://www.mimarketingeinternet.com.br/marketing/busca-organica/web/doutissima-brasil-96-dos-medicos-utilizam-a-internet-para-se-informar-diz-pesquisa/>. Acesso em: 6 ago. 2016.

[5] GAZZONI, Marina; FACCHINI, Claudia. Executivo busca primeiro a internet para se informar, diz estudo. *IG Economia*, 29 mar. 2011. Disponível em: <http://economia.ig.com.br/empresas/comercioservicos/executivo-busca-primeiro-a-internet-para-se-informar-diz-estudo/n1300009375774.html>. Acesso em: 6 ago. 2016.

[6] ROBERTO JUNIOR, Paulo. Cerca de 70% dos brasileiros ativos no Facebook se informam pela rede social. *Observatório da Imprensa*, ed. 847, 21 abr. 2015. Disponível em: <http://observatoriodaimprensa.com.br/e-noticias/cerca-de-70-dos-brasileiros-se-informam-pelo-facebook/>. Acesso em: 6 ago. 2016.

[7] FACEBOOK corresponde a 25% da internet móvel na América Latina. *Olhar Digital*, 21 nov. 2014. Disponível em: <http:// olhardigital.uol.com.br/noticia/facebook-corresponde-a-25-da-internet-movel-na-america-latina/45335>. Acesso em: 6 ago. 2015.

[8] PARISER, Eli. *O filtro invisível* – O que a internet está escondendo de você. Rio de Janeiro: Zahar, 2012. p. 45.

[9] PARISER, Eli. *O filtro invisível* – O que a internet está escondendo de você. Rio de Janeiro: Zahar, 2012. p.46.

[10] GRANJA, Bia. Bem-vindos à Zuckernet: os efeitos de conhecer o mundo através de uma única rede social. *Galileu*, jun. 2015. Disponível em: <http://revistagalileu.globo.com/Revista/noticia/2015/06/bem-vindos-zuckernet-os-efeitos-de-conhecer-o-mundo-atraves-de-uma-unica-rede-social.html>. Acesso em: 6 ago. 2016.

de Mello: "O fato é que nada é mais nocivo, perigoso do que a pretensão do Estado em regular a liberdade de informação".[11]

Porém, o que está acontecendo hoje é que apenas duas sociedades empresárias controlam o que a maioria dos usuários da internet tem acesso. Nesse contexto, cabem algumas indagações: tais sociedades empresárias devem fornecer acesso aos seus usuários a todo e qualquer tipo de informação (dever de informar)? Ou elas estão livres, com base no seu modelo de negócios, em filtrar as informações que achem mais adequadas visando ao seu lucro?

Este trabalho tem como objetivo analisar o problema do tratamento da informação como mercadoria, através da personalização das buscas, os chamados filtros de conteúdo, se tal prática fere o direito de ser informado dos indivíduos e, mesmo ferindo, se as sociedades empresárias podem ou não manter tal prática com base na sua autonomia privada, por se tratarem de agentes privados. Para isso será analisada a sujeição dos empresários aos direitos fundamentais, o que se designa como eficácia horizontal, mais especificamente a visão voluntarista, pela qual se procura prevenir violações aos direitos fundamentais mediante a adesão espontânea dos empresários, através da função social da empresa.

Para atingir esse objetivo o restante do trabalho está dividido em 4 seções: a primeira seção apresenta o direito à informação e suas subdivisões: direito de informar e de ser informado; a segunda discute como o modelo de negócios da internet trata a informação como mercadoria, através dos filtros de conteúdo; a terceira seção trata da eficácia horizontal dos direitos fundamentais em sua visão voluntarista, utilizando o conceito de função social da empresa e, finalmente, a quarta seção apresenta as conclusões do trabalho.

20.1 Direito à informação

A Constituição faz uso dos direitos individuais e coletivos, com o intuito de proteger a vida, a liberdade, a segurança e a propriedade, regulando o direito à informação nos arts. 5º e 220:

> Art. 5º [...]
>
> IV - é livre a manifestação do pensamento, sendo vedado o anonimato;
>
> IX - é livre a expressão da atividade intelectual, artística, científica e de comunicação, independentemente de censura ou licença;
>
> XIV - é assegurado a todos o acesso à informação e resguardo do sigilo da fonte, quando necessário ao exercício profissional;
>
> XXXIII - todos têm direito a receber dos órgãos públicos informações de seu interesse particular, ou de interesse coletivo ou geral, que serão prestadas no prazo da lei, sob pena de responsabilidade, ressalvadas aquelas cujo sigilo seja imprescindível à segurança da sociedade e do Estado; [...].

---

[11] BRASIL. Supremo Tribunal Federal. ADPF nº 130. Rel. Carlos Ayres Britto. Disponível em: <http://redir.stf.jus.br/paginadorpub /paginador.jsp?docTP=AC&docID=605411>. Acesso em: 3 ago. 2016.

> Art. 220. A manifestação do pensamento, a criação, a expressão e a. informação, sob qualquer forma, processo ou veículo, não sofrerão qualquer restrição, observado o disposto nesta Constituição.
>
> §1º - Nenhuma lei conterá dispositivo que possa constituir embaraço à plena liberdade de informação jornalística em qualquer veículo de comunicação social, observado o disposto no art. 5º, IV, V, X, XIII e XIV;
>
> §2º - É vedada toda e qualquer censura de natureza política, ideológica e artística.

Os incs. XIV e XXXIII trazem a dimensão coletiva do direito à informação, o inc. XIV é tratado como um aspecto da liberdade de manifestação de pensamento, revelando-se um direito individual com sentido coletivo. O direito à informação era compreendido como o direito de acesso à informação mantida por órgãos públicos, ou seja, era considerado uma medida de governança administrativa, porém, atualmente tal direito é considerado um direito fundamental.

Até a terminologia mudou, o termo "direito à informação" tem sido preferido ao termo "liberdade de informação",[12] que nasceu sob o prisma dos direitos individuais, corroborado pelo conceito de liberdade, introduzido pelos movimentos revolucionários do século XVIII, como liberdade relacionada ao direito de todo indivíduo de manifestar o seu pensamento, carregado da noção de individualismo. O direito à informação tem um sentido mais coletivo, nas palavras de Luis Roberto Barroso: "diz respeito ao direito individual de comunicar fatos e ao direito difuso de ser deles informado".[13]

O direito à informação desdobra-se em dois direitos fundamentais: de informar e de ser informado.[14] O primeiro atende a um direito de meio, e o último a um direito de fim, que atinge o corpo social de forma indiscriminada. Portanto, o direito à informação é ao mesmo tempo um direito individual, como uma garantia institucional contra os poderes públicos ou contra os particulares, e um direito difuso, pois se apresenta como um direito associado ao princípio democrático e, nessa medida, um componente fundamental da ordem democrática por via da qual os cidadãos têm a possibilidade de participar de forma adequada, contribuindo para a realização de outros direitos, tais como o direito à saúde, à educação, à moradia etc.

Atualmente, a mídia constrói a realidade. Algo passa a existir ou deixa de existir, em termos sociológicos, se é ou não veiculado.[15] Ao mesmo tempo em que constrói uma realidade, dá a ela uma conotação valorativa, diz se aquilo é bom ou ruim, certo ou errado; toda informação carrega consigo uma dimensão valorativa, influenciando, desse modo, as condutas e as motivações das pessoas.

---

[12] NAÇÕES UNIDAS. Assembleia Geral. *Relatório do Relator Especial sobre a Promoção e Proteção do Direito à Liberdade de Opinião e Expressão.* A/66/290. 10 ago. 2011. §10. Disponível em: <http://ap.ohchr.org/documents/dpage_s.aspx?m=85>. Acesso em: 25 jul. 2016.

[13] BARROSO, Luis Roberto. Liberdade de expressão versus direitos da personalidade. Colisão de direitos fundamentais e critérios de ponderação. In: SARLET, Ingo Wolfgang (Org.). *Direitos fundamentais, informática e comunicação*: algumas aproximações. Porto Alegre: Livraria do Advogado, 2007. p. 88.

[14] FARIAS, Edilsom. Democracia, censura e liberdade de expressão e informação na Constituição Federal de 1988. *Revista Jus Navigandi*, Teresina, ano 6, n. 51, 1 out. 2001. Disponível em: <http://jus.com.br/artigos/2195>. Acesso em: 2 ago. 2016.

[15] GUARESCHI, Pedrinho Arcides; ROMANZINI, Lisie Polita; GRASSI, Lúcia Biavaschi. A "mercadoria" informação: um estudo sobre comerciais de TV e rádio. *Paidéia*, v. 18, n. 41, p. 567-580, 2008. Disponível em: <http://www.scielo.br/pdf/paideia/v18n41/v18n41a12.pdf>. Acesso em: 10 ago. 2016.

Vale ressaltar que, nas democracias, dois "poderes" são eleitos com base na opinião pública, que é formada com base nas informações recebidas pelos cidadãos. Nesse sentido, o direito à informação é considerado um princípio básico do controle social, por meio do qual o povo exerce algum controle sobre a ação da Administração, elaborando, acompanhando ou monitorando as ações da gestão pública.

O direito à informação é vital para a efetivação da cidadania em uma sociedade complexa, abrangendo tanto o direito de informar quanto o direito de ser informado. Para poder cumprir o direito de informar, é necessário que se possam confrontar as diversas opiniões existentes. Quando a imprensa publica uma corrente única de opinião e fabrica a opinião pública, seu conteúdo se torna vazio.[16] Com efeito, sem o recebimento de informação pluralista, o cidadão não exercerá com dignidade a sua cidadania e a soberania popular estará, irremediavelmente, esvaziada.[17]

Nesse ponto, o direito à informação confunde-se com o interesse público primário, identificado como bem geral.[18] Além disso, na visão de Paulo Bonavides, são considerados direitos da quarta geração, pois dele depende a concretização da sociedade aberta para o futuro, em sua dimensão de máxima universalidade, para a qual parece o mundo inclinar-se no plano de todas as relações de convivência.[19] As duas próximas subseções tratam da divisão do direito à informação: direito de informar e direito de ser informado.

20.1.1 Direito de informar

O primeiro aspecto do direito de informar se caracteriza pelo direito de difundir a informação através dos meios postos à disposição, o qual consiste num poderoso meio para o desenvolvimento de debates públicos, permitindo que os indivíduos articulem fatos e informações livremente.

A Constituição Federal abarcou esse sentido da liberdade de informação, como decorrência direta do princípio da dignidade da pessoa humana, já que a difusão da informação e o acesso a esta são essenciais na formação do indivíduo. Além do que, positivou em seu art. 5º, inc. IV, a liberdade de manifestação de pensamento. Dessa maneira, o direito de informar versa sobre a possibilidade de expressar livremente ideias, pensamentos e opiniões, bem como o direito de comunicar e receber informações verdadeiras sobre fatos, sem impedimentos nem discriminações.[20]

De acordo com o Ex-Ministro do STF Ayres Britto: "quanto mais se fortalece a liberdade de informação, mais se robustece a democracia. Quanto mais se robustece a democracia, mais se fortalece a liberdade de informação",[21] ainda segundo o ex-ministro,

---

[16] FLEINER, Thomas. *O que são direitos humanos?* São Paulo: Max Limonad, 2003. p 112

[17] FARIAS, Edilsom. *Colisão de direitos*: a honra, a intimidade, a vida privada e a imagem versus a liberdade de expressão e informação. 2. ed. atual. Porto Alegre: Sérgio Antônio Fabris, 2000. p. 162.

[18] GOIS, Veruska Sayonara de. Direito constitucional à informação: reflexões sobre garantias possíveis. *Revista Direito e Liberdade*, Mossoró, v. 3, n. 2. p. 689-704, set. 2006. p. 697.

[19] BONAVIDES, Paulo. *Curso de direito constitucional*. 30. ed. São Paulo: Malheiros, 2015. p. 158.

[20] FARIAS, Edilsom. Democracia, censura e liberdade de expressão e informação na Constituição Federal de 1988. *Revista Jus Navigandi*, Teresina, ano 6, n. 51, 1 out. 2001. Disponível em: <http://jus.com.br/artigos/2195>. Acesso em: 2 ago. 2016.

[21] BRASIL. Supremo Tribunal Federal. ADPF nº 130. Rel. Carlos Ayres Britto. Disponível em: <http://redir.stf.jus.br/paginadorpub/paginador.jsp?docTP=AC&docID=605411>. Acesso em: 3 ago. 2016.

não é exagerada a metáfora de que a liberdade de informação e a democracia são irmãs siamesas. Segundo o Tribunal Europeu de Direitos Humanos, a livre circulação de ideias é pressuposto dos regimes verdadeiramente democráticos, ou seja, "se configura como um dos fundamentos essenciais para a constituição de uma sociedade democrática, pois a liberdade de informação e de expressão proporciona o progresso e o desenvolvimento dos homens".[22]

Primeiramente, antes de aprofundar o conceito de direito de informar, é importante distinguir direito de informar e liberdade de expressão. O direito de informar está relacionado com a divulgação de fatos, de certas qualidades objetivamente apuradas, ou seja, de informações verdadeiras. Porém, tal conceito é uma verdade subjetiva, isto é, aquele que comunica os fatos deve agir de forma a alcançar a verdade, "no sentido de que seja contactada a fonte dos fatos negociáveis e verificada a seriedade ou idoneidade da notícia antes de qualquer divulgação".[23]

Por sua vez a liberdade de expressão é qualquer manifestação do pensamento humano, é o ato pelo qual um indivíduo expõe o seu pensamento, suas ideias, suas opiniões acerca de determinado assunto.[24] Entre a liberdade de expressão e o direito de informar há uma distância que vai de um direito pessoal a um direito coletivo, a primeira pertence ao grupo dos direitos civis, enquanto o segundo ao dos direitos sociais. Sob esse aspecto, ressalta Luis Roberto Barroso:

> Todos os doutrinadores citados, mesmo os que, em maioria, adotam uma disciplina comum entre a expressão e informação, deparam-se com, pelo menos, uma distinção importante entre os dois institutos: a veracidade e a imparcialidade da informação. E é, justamente, em razão dessa distinção fundamental que se deve pensar em um direito de informação que seja distinto em sua natureza da liberdade de expressão.[25]

A liberdade de pensamento e expressão é a pedra angular de qualquer sociedade democrática. O Sistema Interamericano de Direitos Humanos, em particular, atribui um alcance especialmente amplo a ela: o art. 13 da Convenção Americana sobre Direitos Humanos garante o direito de toda pessoa à liberdade de expressão e esclarece que este direito compreende "a liberdade de buscar, receber e difundir informações e ideias de toda natureza, sem consideração de fronteiras, verbalmente ou por escrito, ou em forma impressa ou artística, ou por qualquer outro processo de sua escolha".[26]

---

[22] BOCCHI, Olsen Henrique. A liberdade de expressão no Estado Democrático de Direito. Uma abordagem ética e solidária. *Jus.com.br*, dez. 2010. Disponível em: <http://jus.com.br/artigos/17981/a-liberdade-de-expressao-no-estado-democratio-de-direito>. Acesso em: 3 ago. 2016.

[23] FARIAS, Edilsom. Democracia, censura e liberdade de expressão e informação na Constituição Federal de 1988. *Revista Jus Navigandi*, Teresina, ano 6, n. 51, 1 out. 2001. Disponível em: <http://jus.com.br/artigos/2195>. Acesso em: 2 ago. 2016.

[24] BARROSO, Luis Roberto. Liberdade de expressão versus direitos da personalidade. Colisão de direitos fundamentais e critérios de ponderação. In: SARLET, Ingo Wolfgang (Org.). *Direitos fundamentais, informática e comunicação*: algumas aproximações. Porto Alegre: Livraria do Advogado, 2007. p. 83.

[25] BARROSO, Luis Roberto. Liberdade de expressão versus direitos da personalidade. Colisão de direitos fundamentais e critérios de ponderação. In: SARLET, Ingo Wolfgang (Org.). *Direitos fundamentais, informática e comunicação*: algumas aproximações. Porto Alegre: Livraria do Advogado, 2007. p. 81.

[26] OEA – ORGANIZAÇÃO DOS ESTADOS AMERICANOS. *Convenção Americana sobre Direitos Humanos*. Disponível em: <http://www.cidh.oas.org/basicos/portugues/c.convencao_americana.htm>. Acesso em: 8 ago. 2016.

O direito de informar não se confunde com a liberdade de imprensa, pois essa "estabelece um ambiente no qual, sem censura ou medo, várias opiniões e ideologias podem ser manifestadas e contrapostas, ensejando um processo de formação do pensamento".[27] Discorrendo sobre tal direito, Jónatas Machado faz uma interessante observação:

> Relativamente ao direito de informar, o mesmo encontra-se intimamente relacionado com a liberdade de imprensa e de comunicação social e com os direitos dos jornalistas. No entanto, importante salientar que, particularmente no domínio da autodeterminação político-democrática da comunidade, as ideias de verdade e objectividade, a despeito de suas limitações, assumem centralidade como instrumentos de salvaguarda de bens jurídicos de natureza individual e colectiva. Isso se traduz na existência de uma obrigação de rigor e objectividade por parte das empresas jornalísticas e noticiosas para além de uma obrigação de separação, sob reserva do epistemologicamente possível, entre afirmações de facto e juízos de valor, informações e comentários.[28]

A liberdade de imprensa está relacionada com os direitos dos jornalistas e empresários do ramo jornalístico. Essa é noção introduzida por Freitas Nobre: "A própria liberdade de informação encontra um direito à informação que não é pessoal, mas coletiva, porque inclui o direito de o povo ser bem-informado".[29] Nesse sentido, a liberdade dos meios de comunicação implica sua responsabilidade, não se admitindo distorções da verdade, ou ocultação de informações relevantes, com o objetivo de impedir ou dificultar consideravelmente a normalidade das atividades sociais. Portanto, para esses agentes, muito mais do que um direito de informar, existe, na verdade, um dever de informar.

A informação é um poder.[30] Ela tem o poder de influenciar, mudar a sociedade, por isso não pode ser tomada pela simples liberdade individual, constitui-se um verdadeiro dever de informar. Modernamente, em decorrência de todos os avanços tecnológicos, econômicos e sociais, o dever de informar adquiriu um sentido coletivo, uma vez que toda a sociedade requer acesso à informação, base de um real Estado Democrático de Direito, compreendendo tanto a aquisição como a comunicação de conhecimentos, conforme afirma José Afonso da Silva:

> O direito de ser informado consiste na capacidade do ser humano em ser cientificado de modo absoluto e invariável das informações através dos meios de comunicação. Entretanto, não há dispositivo constitucional que expresse esse direito na Lei Maior,

---

[27] ROSPA, Aline Martins. O papel do direito fundamental à liberdade de imprensa no estado brasileiro. Âmbito Jurídico, Rio Grande, ano XIV, n. 92, set. 2011. Disponível em: <http://www.ambito-juridico.com.br/site/?n_link=revista_artigos_leitura& artigo_id=10287&revista_caderno=9>. Acesso em: 8 ago. 2016.

[28] MACHADO, Jônatas E. M. *Liberdade de expressão*. Dimensões constitucionais da esfera pública no sistema social. Coimbra: Coimbra Editora, 2002. p. 474-475.

[29] NOBRE, Freitas. *Imprensa e liberdade*: os princípios constitucionais e a nova legislação. São Paulo: Summus, 1988. p. 33.

[30] A informação, aqui, deve ser entendida em seu sentido amplo, comportando todos aqueles fatos e notícias veiculados que podem formar a opinião pública, bem como a utilização de todos os meios possíveis, e realizada por todos os organismos que compõem a sociedade, sendo acima de tudo livre, para não se criar uma opinião pública manipulada e fraudulenta.

existindo somente uma garantia deste no artigo 5º, inciso XXXIII, que resguarda o direito de receber informações pelos órgãos públicos.[31]

É fundamental entender que "só se pode investir alguém no direito de receber informações quando simultaneamente atribuir-se a outra pessoa o dever de informar".[32] O dever de informar tem como objetivo garantir o livre fluxo de informação entre os cidadãos, cujo sentido é o de possibilitar a todos a livre comunicação de informações, sem obstáculos ou discriminações. Pode-se dizer que, para que se estabeleça uma prática democrática mais justa a imprensa deve ser livre, ou seja, deve-se repudiar toda e qualquer interferência política ou privada que possa resultar na quebra da parcialidade dos meios de comunicação.

Definitivamente os meios de comunicação são: "de um lado, indispensáveis para mover o mundo moderno e, de outro lado, são também extremamente perigosos quando se abusa deles, porque podem deformar a realidade".[33] Isto significa exatamente que, dentro do Estado Social, "o exercício do dever de informar deve ser revestido dos atributos de verdade, transparência e imparcialidade".[34]

O dever de informar possui como direito reflexo o direito de alguém ser informado. O segundo aspecto é o direito à informação, que compreende o direito coletivo de acesso à informação, de receber a informação anteriormente difundida.

20.1.2 Direito de ser informado

No Estado Democrático de Direito é imprescindível a participação popular, e essa só é possível a partir do momento em que se tem conhecimento dos fatos e notícias que ocorrem no mundo social em que se vive, podendo livremente informar outros indivíduos, formando-se a opinião pública.

> Se a liberdade de expressão e de informação, nos seus primórdios, estava ligada à dimensão individualista da manifestação livre do pensamento e da opinião, viabilizando a crítica política contra o ancien regime, a evolução daquela liberdade operada pelo direito/ dever à informação, especialmente com o reconhecimento do direito ao público de estar suficientemente e corretamente informado; àquela dimensão individualista-liberal foi acrescida uma outra dimensão de natureza coletiva: a de que a liberdade de expressão e informação contribui para a formação da opinião pública pluralista – esta cada vez mais essencial para o funcionamento dos regimes democráticos, a despeito dos anátemas eventualmente dirigidos contra a manipulação da opinião pública.[35]

---

[31] SILVA, José Afonso da. *Curso de direito constitucional positivo*. 31. ed. São Paulo: Malheiros, 2008. p. 252.

[32] ARAÚJO, Luiz Alberto David; NUNES JÚNIOR, Vidal Serrano. *Curso de direito constitucional*. 12. ed. rev. e atual. São Paulo: Saraiva, 2008. p. 120.

[33] PEREIRA, Marco Antonio. Meio de comunicação não pode ignorar sociedade. *Conjur*, 23 maio 2012. Disponível em: <http://www.conjur.com.br/2012-mai-23/marcos-antonio-pereira-meio-comunicacao-nao-ignorar-sociedade>. Acesso em: 8 ago. 2015.

[34] CAETANO, Flávio Crocce; FREGNI, Gabriela. *O direito fundamental à informação e o dever de informar em período eleitoral*. Disponível em: <http://ccfl.adv.br/portugues/01.pdf>. Acesso em: 1º ago. 2015.

[35] FARIAS, Edilsom. *Colisão de direitos*: a honra, a intimidade, a vida privada e a imagem versus a liberdade de expressão e informação. 2. ed. atual. Porto Alegre: Sérgio Antônio Fabris, 2000. p. 162.

Daí a importância que o direito à informação adquiriu na Constituição, sendo assegurado como direito fundamental. Em seu art. 5º, inc. XIV, dispõe que: "é assegurado a todos o acesso à informação". Intimamente relacionado com a dignidade da pessoa humana, o acesso à informação de qualidade atua positivamente na proteção e no desenvolvimento de toda a coletividade. O direito de ser informado tem como premissa a necessidade de conhecimento, essencial para o homem exercer sua condição de cidadão, efetivando direitos de cidadania, numa sociedade complexa e transformada por avanços tecnológicos.

Apesar de possuir um sentido constitucional de liberdade, o direito de ser informado não constitui pura e simplesmente um direito individual, mas um direito coletivo, uma vez que tal direito contribui para a formação da opinião pública.[36] Portanto, é fundamental que tal direito compreenda também o direito do indivíduo de buscar a informação.

Para José Afonso da Silva: "o direito de ser informado compreende a procura, o acesso, o recebimento e a difusão de informações ou ideias, por qualquer meio, e sem dependência da censura, respondendo cada um pelos abusos que cometer".[37] Nesse sentido, vale a observação de Luiz Alberto David Araújo e Vidal Serrano Nunes Júnior:

> O direito de se informar traduz igualmente uma limitação estatal diante da esfera individual. O indivíduo tem a permissão constitucional de pesquisar, de buscar informações, sem sofrer interferências do Poder Público, salvo as matérias sigilosas, nos termos do art. 5º, XXXIII, parte final.[38]

A importância de se buscar informações vem de que elas são consideradas um bem jurídico capaz não só de satisfazer a necessidade do saber, como de influir decisivamente em seu uso. Mas não de um saber científico, compartimentalizado ou especializado, mas um saber genérico, simples conhecimento do que está acontecendo ao redor do homem para que ele possa tomar decisões que lhe competem como integrante obrigatório de uma sociedade. Aí reside o interesse jurídico da informação: "saber para melhor decidir, para melhor escolher os rumos a dar à sua vida, à vida de sua família, ao seu país, à sua função, à sua sociedade, ao seu partido político, à sua religião, etc.".[39]

O direito de ser informado, antes, era concebido como um direito individual, decorrente da liberdade de manifestação e expressão do pensamento, mas, atualmente, vem sendo entendido como interesse coletivo, ou seja, um direito coletivo à informação. Jônatas Machado faz a seguinte consideração:

> Através dele [direito de ser informado] tem-se procurado ampliar a autonomia individual nos processos de formação de preferências e opiniões e reforçar a posição dos cidadãos em face dos meios de comunicação social, servindo o mesmo de justificação para a

---

[36] FARIAS, Edilsom. *Colisão de direitos*: a honra, a intimidade, a vida privada e a imagem versus a liberdade de expressão e informação. 2. ed. atual. Porto Alegre: Sérgio Antônio Fabris, 2000. p. 166-167.

[37] SILVA, José Afonso da. *Curso de direito constitucional positivo*. 31. ed. São Paulo: Malheiros, 2008. p. 249.

[38] ARAÚJO, Luiz Alberto David; NUNES JÚNIOR, Vidal Serrano. *Curso de direito constitucional*. 12. ed. rev. e atual. São Paulo: Saraiva, 2008. p. 145.

[39] CARVALHO, Luis Gustavo Grandinetti Castanho de. *A informação como bem de consumo*. Disponível em: <http://www.egov.ufsc.br/portal/sites/default/files/anexos/24293-24295-1-PB.htm>. Acesso em: 10 ago. 2016.

existência de um serviço público de rádio e de televisão, ou, pelo menos, de uma criteriosa regulamentação das atividades jornalística, de radiodifusão e de radiotelevisão, no sentido de garantir um serviço informativo e formativo de qualidade.[40]

No caso do direito de ser informado, a Constituição Federal traçou um campo diretamente relacionado de proteções materiais. No texto constitucional, assegura-se o acesso à informação (art. 5º, XIV), sendo resguardado o sigilo da fonte, quando necessário ao exercício profissional; e institui-se a impossibilidade de censura da informação jornalística (art. 220). Outras garantias ao direito de ser informado são as vedações ao anonimato e a responsabilização pelos abusos no exercício de manifestação de pensamento e informação.

Portanto, e pela eficácia horizontal dos direitos fundamentais, a ausência de interferência não deve ser restrita ao Estado, os agentes privados não podem interferir em tal permissão constitucional de pesquisa e busca de informações. Portanto, vincula-se a toda e qualquer pessoa ou entidade, quer pública, quer privada.

Atualmente, a internet é uma importante fonte de busca de informação, especialmente as redes sociais e os sítios de busca. Porém, tais atividades não são consideradas meios de comunicação, nesse sentido vale a pergunta: como não são meios de comunicação, eles têm o dever de informar? Ou seja, eles podem interferir em tal permissão constitucional de livre busca de informações? Para responder a essa pergunta é importante analisar primeiro qual é o seu modelo de negócios e se no nesse modelo cabe o dever de informar.

20.2 Modelo de negócios da internet e os filtros de conteúdo

Modelo é uma representação simplificada de uma entidade ou sistema físico real. A palavra "negócio" pode ser descrita como a atividade de fornecer e adquirir bens e serviços, envolvendo aspectos industriais, comerciais e financeiros.[41] Portanto, o modelo de negócio é a representação objetiva e direta de como a organização compra e vende produtos e/ou serviços e obtém recursos financeiros. Quando se fala em modelo de negócios, busca-se um modelo com viabilidade econômica, ou seja, uma atividade empresarial com possibilidade de ter lucro.

Na internet, a maioria dos modelos de negócios tem como base a informação. Nesse sentido, a informação passa à categoria de mercadoria, tendo valor econômico, sendo comercializada com base em tal valor. Porém, o valor econômico é diferente do valor jurídico da informação, sendo que o último decorre do seu poder de viabilizar ao cidadão a possibilidade de entender a realidade em que se vive, tomar decisões conscientes e participar da vida política e social a partir de fato concretos e reais.[42]

---

[40] MACHADO, Jônatas E. M. *Liberdade de expressão*. Dimensões constitucionais da esfera pública no sistema social. Coimbra: Coimbra Editora, 2002. p. 476.

[41] OSTERWALDER, A.; PIGNEUR, Y.; TUCCI, C. L. Clarifying business models: origins, present, and future of the concept. *Communications of the Association for Information Systems*, v. 15, 2005.

[42] PEREIRA, Marco Antonio. Meio de comunicação não pode ignorar sociedade. *Conjur*, 23 maio 2012. Disponível em: <http://www.conjur.com.br/2012-mai-23/marcos-antonio-pereira-meio-comunicacao-nao-ignorar-sociedade>. Acesso em: 8 ago. 2015.

Portanto, o modelo de negócios de algumas atividades empresariais na internet tem como base a coleta e distribuição da informação, dessa forma, quanto mais específica, mais contextualizada uma informação, maior o seu valor econômico. É importante ressaltar que na internet não existe serviço gratuito, o modelo de negócios de um sítio dito gratuito é trocar o referido serviço por informações pessoais disponibilizadas pelo próprio usuário, ou seja, a coleta de informações pessoais atua como forma de pagamento.[43] Diante do exposto, o processo de coleta e distribuição informações está sujeito às mesmas leis do mercado. Toda informação tem o seu preço, portanto, para maximizar o lucro, o empresário deve aumentar o valor da informação.

Com o objetivo de aumentar o valor da informação, surgiu o conceito de personalização, ou seja, os sítios armazenam as preferências dos usuários e com base nelas tentam adivinhar o que o usuário quer. Nesse sentido, é mais fácil vender publicidade em um sítio quando o anunciante sabe que o público que chegou a ele foi filtrado e gosta do produto anunciado. Esse é o princípio básico da personalização através dos filtros de conteúdo. E a tendência é que ela aumente, porque os *sites* que fazem isso são muito lucrativos. Porém, o mais lucrativo não é necessariamente o melhor para a sociedade.

Espera-se que a internet seja um lugar em que todos possam expandir sua visão de mundo. A personalização excessiva não permite que isso aconteça. O maior problema é em relação ao direito de ser informado, com a personalização, os sítios decidem o que é melhor para cada usuário, realizando as escolhas que cada usuário deveria fazer, quando se filtra o conteúdo com base no que o próprio sítio "acredita" ser mais relevante.

Portanto, quanto maior o esforço em oferecer informações personalizadas para cada usuário, maior o risco de que os filtros de conteúdo isolem as pessoas em bolhas virtuais, sem nenhum acesso a opiniões diferentes das suas. Ou seja, os filtros de conteúdo levam o usuário sempre aos mesmos lugares e pessoas, não explorando o "novo" e "diferente".[44] Além disso, o maior problema é que o usuário não tem a opção de escolher o que entra nesse filtro, ele não sabe o que ficou de fora, quem decide isso são as instituições privadas.

Esse fato torna-se preocupante a partir da posição de destaque assumida por sociedades empresárias como Google e o Facebook. Na medida em que controlam o que cada usuário pode visualizar, eles têm o poder de disseminar tendências de consumo, de comportamento etc.

O filtro de conteúdo é utilizado no Facebook: o sítio edita o conteúdo da linha do tempo para dar mais ênfase aos amigos com quem se costuma interagir mais e esconder as postagens de amigos com quem se interage menos, mesmo dos amigos com quem se interage mais, algumas postagens são escondidas, sem que se saiba o motivo. Isso é feito através de algoritmos, que levam em conta as ações anteriores do usuário, porém, não é de conhecimento público o funcionamento do algoritmo.

Atualmente, as redes sociais pautam a agenda do que um indivíduo pode ver, ouvir e falar. O paradoxo dessa situação é que elas que teriam como função básica

---

[43] GROSSMANN, Luís Osvaldo. Serviços 'gratuitos' da internet conflitam com a privacidade do usuário. *Convergência Digital*, 25 abr. 2014. Disponível em: <http://convergenciadigital.uol.com.br/cgi/cgilua.exe/sys/start. htm?infoid=36586&sid=4#.VMAvIkfF-So>. Acesso em: 27 jul. 2016.

[44] PARISER, Eli. *O filtro invisível* – O que a internet está escondendo de você. Rio de Janeiro: Zahar, 2012.

comunicar, informar, analisar, porém, elas assumem um papel extremamente importante no momento em que oculta, para grande parte da população, fatos que elas não desejam que existam.[45] De toda forma, quanto mais tempo se passa no Facebook, mais se tem acesso apenas às opiniões dos amigos mais próximos. Isso nos coloca num ciclo: quanto mais se acessa postagens de algumas pessoas, mais se interage com elas e mais destaque elas têm. No fim das contas, os *sites* escondem quem tem opinião discordante, e sua visão de mundo acaba ficando distorcida.

É uma forma muito sutil de censura.[46] Ninguém é proibido de ver nada, mas a atenção é dirigida de forma que não se note que a informação existe. Como se depende cada vez mais dos resultados de busca ou de indicações nas redes sociais para se chegar a um conteúdo na internet, o filtro de conteúdo pode esconder páginas e pessoas definitivamente. As consequências disso podem ser muito graves. Tais sociedades têm o poder de influenciar a formação da vontade coletiva, podendo inclusive determinar o rumo de eleições.

Nesse contexto, cabe uma pergunta: a criação de filtros de conteúdo por parte dos empresários é uma atitude contrária ao ordenamento jurídico? Tais empresas, que não são consideradas meios de comunicação, têm o dever de informar? Ou elas têm o direito de mostrar e ocultar a informação que acham mais interessante ao seu modelo de negócios?

O que se defende neste trabalho é que a criação de filtros de conteúdo não é contrária ao ordenamento jurídico, o fato de esses empresários terem ou não o direito de informar é irrelevante, já que o filtro de conteúdo deve ser considerado liberdade de expressão deste, quando se fala em um empresário do ramo jornalístico é muito claro que ele escolhe que tipo de informação vai mostrar ou não em seu jornal. E em relação aos filtros de conteúdo não deveria ser diferente.

Essa visão inclusive já foi objeto de decisão em uma corte do estado de São Francisco nos Estados Unidos. A corte entendeu que, em relação ao Google, "a companhia pode ordenar resultados de busca de qualquer maneira, seus resultados não protegidos pela liberdade de expressão com base na primeira emenda".[47] Embora a primeira emenda proíba censura pública, a corte interpretou a permissão de entidades privadas de restringirem o conteúdo de qualquer forma que eles escolherem.[48]

Porém, tal visão fere um direito fundamental em ser informado. O cidadão tem direito fundamental a uma informação de qualidade e não a qualquer informação, ou seja, uma informação correta e verdadeira, produzida com cautela e honestidade, bem como pluralista, porquanto proveniente do livre acesso às diversas fontes.[49]

Quando se fala em Google e Facebook não se pode falar que estes violam a "informação verdadeira, produzida com cautela e honestidade", uma vez que eles

---

[45] GUARESCHI, Pedrinho Arcides; ROMANZINI, Lisie Polita; GRASSI, Lúcia Biavaschi. A "mercadoria" informação: um estudo sobre comerciais de TV e rádio. *Paidéia*, v. 18, n. 41, p. 567-580, 2008. Disponível em: <http://www.scielo.br/pdf/paideia/v18n41/v18n41a12.pdf>. Acesso em: 10 ago. 2016.

[46] NUNZIATO, Dawn C. *Virtual freedom*: net neutrality and free speech in the internet age. [s.l.]: [s.n.], 2009.

[47] ZIPKIN, Nina. Google Search results are free speech in the U.S. *Entrepreneur*. Disponível em: <http://www.entrepreneur.com/article/239905>. Acesso em: 10 ago. 2015.

[48] NUNZIATO, Dawn C. *Virtual freedom*: net neutrality and free speech in the internet age. [s.l.]: [s.n.], 2009.

[49] FARIAS, Edilsom. *Colisão de direitos*: a honra, a intimidade, a vida privada e a imagem versus a liberdade de expressão e informação. 2. ed. atual. Porto Alegre: Sérgio Antônio Fabris, 2000. p. 169.

não produzem informações, mas sim falar-se em violação da "pluralidade, do livro acesso às diversas fontes". Nesse contexto, existe um conflito entre o direito de ser informado, através do livre acesso às diversas fontes de informação, o objetivo de lucro dos empresários e o direito de ser informado. A próxima seção analisa tal conflito com base na eficácia horizontal dos direitos fundamentais.

20.3 Eficácia horizontal dos direitos fundamentais

Com o desenvolvimento econômico desproporcional entre Estado e particulares, especialmente empresários, que detêm um grande poder econômico, surge uma pluralidade de poderes que implicam a necessidade de um avanço na aplicabilidade dos direitos fundamentais, assim, torna-se fundamental sua horizontalidade, não cabendo apenas ao Estado garantir sua observância.

Nesse sentido, é pacífica a visão de que os direitos fundamentais não são apenas oponíveis ao Estado, mas também aos particulares. Deu-se a esse fenômeno o nome de eficácia horizontal dos direitos fundamentais. De acordo com tal teoria, é de aplicação obrigatória e direta na realização dos atos jurídicos entre pessoas e entes privados. Portanto, adota-se a tese da eficácia plena dos direitos fundamentais, podendo cada indivíduo, sem qualquer necessidade de mediação concretizadora de atos normativos ou leis, invocar os direitos e garantias individuais nas suas relações privadas.

Essa questão ganha importância na internet, na qual a estrutura passou a ser controlada predominantemente por instituições privadas, que, em regra, não se submetem ao controle estatal. Assim, esses detentores de poder privado, sobretudo quando possuidores de uma posição muito fortalecida ou hegemônica, como o caso das duas sociedades empresárias tratadas neste trabalho, não estão sujeitos aos controles próprios do Estado.

Um dos pontos de maior entrave para o reconhecimento da vinculação direita dos direitos fundamentais entre os particulares é o fato de ambas as partes serem titulares desses direitos, em que se inclui a autonomia privada.[50] Nesse ponto, existe um conflito entre o modelo de negócios na internet que utiliza a informação como mercadoria, tendo como base o conceito de filtros de conteúdo e o direito de ser informado.

O ponto do conflito é a liberdade de expressão dos empresários e o direito de ser informado do cidadão, uma vez que, somente com uma comunicação livre, é possível que cada um faça as suas próprias escolhas. Como o objetivo do empresário é buscar o lucro, ele pode, nessa busca, ferir o direito de outro indivíduo de receber informações?

Para responder a essa pergunta é importante tratar da controvérsia entre voluntaristas e obrigacionistas em relação à vinculação dos particulares aos direitos fundamentais.[51] Os obrigacionistas acreditam na necessidade de medidas sancionadoras, tanto em nível nacional quanto internacional, para um avanço significativo na prevenção de violações aos direitos fundamentais cometidas por empresários ou com a sua cumplicidade. Por sua vez, os voluntaristas procuram prevenir violações a direitos

---

[50] NAKAHIRA, Ricardo. *Eficácia horizontal dos direitos fundamentais*. 2007. 180 p. Dissertação (Mestrado) – Pontifícia Universidade Católica de São Paulo, São Paulo, 2007. Disponível em: <http://www.dominiopublico.gov.br/download/teste/arqs/cp041088.pdf>. Acesso em: 10 ago. 2015.

[51] KNOX, J. H. Horizontal human rights law. *American Journal of International Law*, v. 102, p. 1-47, 2008.

fundamentais mediante a adesão dos empresários a boas práticas empresariais através do desenvolvimento espontâneo (isto é, livre da coação estatal), como exemplo: função social da empresa, códigos de conduta de adesão livre e instrumentos de *soft law*.[52]

Este trabalho defende que o conflito deve ser solucionado com base na função social da empresa, uma vez que na internet as medidas sancionadoras do Estado não são efetivas, seja porque tais empresários são independentes de fronteira, podendo se estabelecer em qualquer país; seja porque existe um novo paradigma, que Lawrence Lessig chamou de *code is law*,[53] ou seja, o código é a lei. Nesse sentido, tem o poder quem tem a possibilidade de editar o código dos sistemas mais utilizados, nesse caso, o poder se concentra nas mãos dos empresários responsáveis pelo tratamento da informação como mercadoria, e não nas mãos do Estado.

20.3.1 O papel da função social da empresa

Algumas expressões no direito são utilizadas nos mais variados e contraditórios sentidos. A "função social da empresa" é uma delas. Portanto, o objetivo dessa seção é responder: o que é função social da empresa? Em termos jurídicos, há uma função social a ser cumprida pela empresa? Se sim, qual o efeito de seu descumprimento? Pode-se alegar que, em nome da função social da empresa, o empresário não tenha direito de programar filtros de conteúdo?

A expressão é tão vaga, sendo que em vez de definições é mais simples enumerar situações em que se cumpre ou não se cumpre a função social. Genericamente, costuma-se dizer que não cumpre sua função social aquela que polui o meio ambiente, que desrespeita os consumidores, que não respeita os direitos trabalhistas etc. Por outro lado, cumpre com sua função social aquela que tem um projeto de desenvolvimento sustentável, programas de valorização dos funcionários, respeito à comunidade etc.

O termo "função social" surgiu na filosofia, transferiu-se para as ciências sociais e, progressivamente, adentrou o direito.[54] A função social da empresa tem origem constitucional e decorre da função social da propriedade, princípio basilar da ordem jurídica do mercado, considerada como propriedade dos bens de produção.[55]

Entre as razões para confiar em soluções voluntaristas está que o respeito aos direitos fundamentais atende, em alguma medida, ao objetivo da maximização do lucro, esperando-se, assim, que os empresários evitem violações a esses direitos em seu interesse.[56] Boa parte da literatura relativa não apenas aos direitos fundamentais, mas, mais amplamente, a toda a atividade em prol da sociedade desempenhada pelos próprios empresários, designada genericamente como "função social da empresa", destina-se,

---

[52] DEVA, S. Global compact: a critique of the U.N.'s "public-private" partnership for promoting corporate citizenship. *Syracuse Journal of International Law and Commerce*, v. 34, n. 1, p. 107-151, 2006.

[53] LESSIG, Lawrence. *Code*: version 2.0. Nova York: Basic Books, 2006. Disponível em: <http://codev2.cc/download+remix/Lessig-Codev2.pdf>. Acesso em: 5 ago. 2015.

[54] TOMASEVICIUS FILHO, Eduardo. A função social da empresa. *Revista de Direito Privado*, São Paulo, ano 98, v. 810, abr. 2003. p. 33.

[55] COMPARATO, Fábio Konder. Função social da propriedade dos bens de produção. In: COMPARATO, Fábio Konder. *Direito empresarial*: estudos e pareceres. São Paulo: Saraiva, 1995. p. 32.

[56] KELL, G. The global compact: selected experiences and reflections. *Journal of Business Ethics*, v. 59, p. 69-79, 2005.

de fato, a verificar se e em que medida ações pró-sociais influenciam positivamente o desempenho das empresas.[57]

O que se busca, na prática, é evitar que a busca desenfreada por lucros seja prioridade absoluta do empresário,[58] qualificando a discussão sobre o papel da atividade empresarial para além da questão econômica. Continua prevalecendo o regime da livre iniciativa e a competição econômica. Porém, o lucro só será aceito como legítimo e reconhecido pela sociedade como justa recompensa a ser recebida pelos investidores se obtido sem causar prejuízos àquela.

Trata-se de como o empresário e a atividade empresarial se relacionam com a comunidade, promovem melhor redistribuição de suas riquezas, pagam salários justos e dignos, oferecem condições dignas de trabalho e atuam em harmonia com seu entorno.[59]

A função social da empresa pode ser definida em vários aspectos. O primeiro é como a função social pode se dar em relação à propriedade exercida pelo empresário no tocante aos bens que compõem o estabelecimento empresarial, e o segundo aspecto, enquanto atividade organizada exercida pelo empresário, que visa aperfeiçoar a produção para o mercado.

No primeiro aspecto ensina Fabio Konder Comparato que é um poder-dever do empresário dar à coisa destinação compatível com o interesse da coletividade. Ainda para o autor: "quando os bens são incorporados a uma exploração empresarial, existe poder-dever do titular do controle de dirigir a empresa para a realização dos interesses coletivos".[60] Portanto, o proprietário tem o direito de usar, gozar e dispor do poder, mas deve fazê-lo limitado ao cumprimento de suas finalidades sociais (dever).[61] Diga-se não se tratar de simples limitações ou restrições ao exercício do direito (obrigações negativas), mas também da imposição de deveres positivos, que integram a própria essência do direito subjetivo.[62]

Para o segundo aspecto, empresa como atividade empresária, tem previsão no art. 170 da Constituição, nesse sentido, a empresa seria um instrumento concretizador dos princípios constitucionais da ordem econômica, responsável pela redistribuição equitativa das rendas e pelo atendimento do interesse social, tendo sempre em vista a construção de uma sociedade mais justa e solidária. Entretanto, atualmente, a empresa "deve assumir posições como agentes transformadores da sociedade, assumindo papéis

---

[57] MARGOLIS, J. D.; ELFENBEIN, H. A.; WALSH, J. P. *Does it pay to be good?* A meta-analysis and redirection of research on the relationship between corporate social and financial performance. 2007. Disponível em: <http://stakeholder.bu.edu/2007/Docs/Walsh,%20Jim%20Does%20It%20Pay%20to%20Be%20Good.pdf>. Acesso em: 5 ago. 2015.

[58] FALLER, Maria Helena Ferreira Fonseca. *Função social da empresa & economia de comunhão*: um encontro à luz da Constituição. Curitiba: Juruá, 2013. p. 101.

[59] FALLER, Maria Helena Ferreira Fonseca. *Função social da empresa & economia de comunhão*: um encontro à luz da Constituição. Curitiba: Juruá, 2013. p.101.

[60] COMPARATO, Fábio Konder. Função social da propriedade dos bens de produção. In: COMPARATO, Fábio Konder. *Direito empresarial*: estudos e pareceres. São Paulo: Saraiva, 1995. p. 34.

[61] TOMASEVICIUS FILHO, Eduardo. A função social da empresa. *Revista de Direito Privado*, São Paulo, ano 98, v. 810, abr. 2003. p. 33.

[62] PILATI, José Isaac. Função social da empresa: contribuição a um novo paradigma. *Revista Jurídica*, Blumenau, n. 17, jan./jun. 2005. p. 56.

para coibir ações que possam prejudicar seu público, seus clientes, seus fornecedores e a sociedade em que está estabelecida".[63]

Não se pode tratar a empresa como uma mera coadjuvante dentro do desenvolvimento pleno de uma sociedade. E dentro desta perspectiva de organização e ajustamento econômico social os interesses da coletividade devem prevalecer sobre os interesses particulares, tendo em vista a sobrevivência e a evolução sustentável da sociedade.

Nesse contexto, cumprir a função social da empresa implica a concretização dos direitos fundamentais,[64] além disso, reflete, objetivamente, a necessidade de condicionamento aos interesses maiores da sociedade.[65] Portanto, o interesse maior da sociedade deve prevalecer e, dessa forma, o empresário teria o dever de garantir o direito de ser informado, cujo significado é o da liberdade de cada um em procurar e ter aceso a informações, sem obstáculos ou discriminações, ou seja, sem filtros de conteúdo.

Porém, se o empresário remove os filtros de conteúdo, a mercadoria, objeto do seu modelo de negócios na internet, perde valor e, consequentemente, o empresário pode entrar em crise financeira, além disso, como já tratado anteriormente, o conceito de filtro de conteúdo é considerado um direito individual do empresário, portanto, não se pode falar genericamente apenas em concretização dos direitos fundamentais, já que existe o direito fundamental do empresário.

Portanto, deve-se buscar uma maneira de dar poder aos usuários, e não apenas aos empresários e sua busca pelo lucro. Não se pode tratar os usuários como mercadorias, sendo assim é fundamental encontrar formas de personalizar o conteúdo e, ao mesmo tempo, permitir que os usuários saibam o que é deixado de fora. Dessa forma, o usuário pode decidir se quer os resultados filtrados ou não.

Assim, a função social da empresa pode apresentar um conceito adequado para se tratar tal problemática, desde que não implique remoção dos filtros de conteúdo, mas sim deixar claro para os usuários que os resultados são filtrados com base em suas pesquisas anteriores, e, ao mesmo tempo, deixar a opção para que o usuário tenha acesso a todos os resultados sem filtros, tanto das suas buscas, quanto da linha do tempo. Essa solução garante tanto o direito individual das sociedades empresárias em ter seus filtros de conteúdo, quanto o direito dos usuários de serem informados sem filtros.

Considerações finais

O direito à informação é vital para a efetivação da cidadania em uma sociedade complexa e abrange tanto o direito de informar quanto o direito de ser informado. Para poder cumprir o direito de informar, é necessário que se possam confrontar as diversas opiniões existentes. A internet tem características que a transformam em um meio privilegiado para o exercício cada vez mais democrático, aberto, plural e expansivo da

---

[63] MENJIVAR, Débora Fernandes Pessoa Madeira. Cláusula geral da função social no novo Código Civil e no Estatuto da Cidade. *Ciência Jurídica: Ad litteras et verba*, ano XXII, v. 143, set./out. 2008.

[64] BESSA, Fabiane Lopes Bueno Netto. *Responsabilidade social*: práticas sociais e regulação jurídica. Rio de Janeiro: Lumen Juris, 2006. p. 81.

[65] BARTHOLO, Bruno Paiva; GAMA, Guilherme Calmon Nogueira. Função social da empresa. *Revista dos Tribunais*, São Paulo, ano 96, v. 857, mar. 2007. p. 17.

liberdade de expressão que devem ser consideradas no momento de criação de qualquer medida que possa ter um impacto sobre ela.

Na internet, a maioria dos modelos de negócios tem como base a informação, fazendo com que a informação passe à categoria de mercadoria, tendo valor econômico, sendo comercializada com base em tal valor. Toda informação tem o seu preço, portanto, para maximizar o lucro, o empresário deve aumentar o valor da informação. Com esse objetivo, surgiu o conceito de personalização, ou seja, os sítios armazenam as preferências dos usuários e com base nelas tentam adivinhar o que o usuário quer.

Nesse ponto, surge um conflito entre a liberdade de expressão dos empresários e o direito de ser informado do cidadão, uma vez que somente com uma comunicação livre é possível que cada um faça as suas próprias escolhas, já que os algoritmos que orquestram a nossa publicidade estão começando a orquestrar as escolhas os usuários.

Este trabalho teve como objetivo analisar o problema do tratamento da informação como mercadoria, através da personalização das buscas, os chamados filtros de conteúdo. Chegou-se à conclusão de que tal prática fere o direito de ser informado dos indivíduos, porém, as sociedades empresárias podem manter tal prática com base na sua liberdade de expressão. Além disso, foi analisada a sujeição dos empresários aos direitos fundamentais, mais especificamente a visão voluntarista, pela qual se procura prevenir violações aos direitos fundamentais mediante a adesão espontânea dos empresários, através da função social da empresa.

Nesse sentido, a função social da empresa pode ser utilizada como um conceito adequado para se tratar o conflito ora tratado, podendo deixar claro para os usuários que os resultados são filtrados com base em suas pesquisas anteriores, e, ao mesmo tempo, tornar opcional o acesso a todos os resultados sem filtros. Tal solução garante tanto o direito individual das sociedades empresárias em ter seus filtros de conteúdo, quanto o direito de os usuários serem informados sem filtros.

Informação bibliográfica deste texto, conforme a NBR 6023:2002 da Associação Brasileira de Normas Técnicas (ABNT):

MOUTINHO, Bruno Martins. Informação pessoal como mercadoria e o papel da função social da empresa: o conflito entre filtros de conteúdo e o direito de ser informado. In: TEPEDINO, Gustavo; TEIXEIRA, Ana Carolina Brochado; ALMEIDA, Vitor (Coord.). *Da dogmática à efetividade do Direito Civil*: Anais do Congresso Internacional de Direito Civil Constitucional – IV Congresso do IBDCivil. 2. ed. rev., ampl. e atual. Belo Horizonte: Fórum, 2019. p. 621-637. ISBN 978-85-450-0545-2.

CAPÍTULO 21

REQUISITOS OBJETIVOS E SUBJETIVOS DOS *PUNITIVE DAMAGES*: CRITÉRIOS À APLICAÇÃO NO DIREITO BRASILEIRO

PASTORA DO SOCORRO TEIXEIRA LEAL

ALEXANDRE PEREIRA BONNA

21.1 Introdução e apresentação da temática

Os *punitive damages* são uma categoria jurídica alocada no campo das funções da responsabilidade civil, especialmente na interface das funções preventiva e punitiva,[1] visando a, por meio da fixação de um valor indenizatório maior do que o suficiente para reparar ou compensar o prejuízo sofrido, desestimular a conduta grave e danosa do ofensor.

---

[1] São para esses danos, considerados mais graves por algumas características, que a função punitiva da responsabilidade civil se revela adequada, estabelecendo-se aqui o contraponto com a função reparatória, que atua voltada para o dano e não para a gravidade da conduta que o provocou. Assim, ganhou força a função punitiva da responsabilidade civil, visando a punir o agente que cometeu danos a partir de condutas altamente reprováveis. Entre as várias justificativas para a aplicação da função punitiva a que mais se destaca é a de prevenção de danos, motivo pelo qual se afirma que ambas caminham juntas e cumprem escopos reciprocamente complementares, de modo que o viés de punir por meio de valor indenizatório além do necessário para compensar o dano promove até certo ponto a dissuasão das condutas reprimidas, contribuindo para a sua cessação e não incidência.

A doutrina dos *punitive damages*, apesar de alguns autores vislumbrarem a sua origem no Código de Hammurabi (2000 anos a.C.), na Bíblia[2] e no direito romano,[3] é no direito inglês que a expressão foi cunhada pela primeira vez, no caso Huckle *v*. Money, em 1973, e no direito norte-americano que se desenvolveu de forma mais aprofundada, a partir do século XX, em decorrência do crescimento demográfico e do incremento da industrialização.

A experiência norte-americana na aplicação dos *punitive damages* sofre influência do seu federalismo, marcado por intensa autonomia política, legislativa e administrativa dos estados, fruto do processo de transformação de confederação em federação que culminou na formação dos Estados Unidos da América,[4] motivo pelo qual há 5 (cinco) estados americanos que não adotam os *punitive damages* (Louisiana, Nebraska, Washington, Massachusetts e Hampshire).[5] Por conseguinte, o instituto dos *punitive damages* se apresenta de forma diversificada nos estados norte-americanos que o utilizam, mesmo que substancialmente seja conceituado da mesma forma, como dispõe o §908 do *Restatement of Torts*, elaborado pelo *American Law Institute*: "indenização que não a compensatória, concedida contra uma pessoa para puni-la por sua conduta ultrajante e dissuadi-la, e outras como ela, de praticarem condutas semelhantes no futuro".[6]

Assim, os *punitive damages* se tornam um mecanismo importante para enfraquecer e impedir a perpetração de danos reiterados, com crassa desconsideração aos direitos alheios, assim como serve de instrumento para corrigir a insuficiência das funções reparatória/compensatória[7] da responsabilidade civil no tocante à prevenção de danos,

---

[2] RUSTAD, Michael; KOENIG, Thomas. The historical continuity of punitive damages awards: reforming the tort reformers. *The American University Law Review*, v. 42, p. 1.269-1.333, 1993. "The doctrine of punitive damages has an ancient lineage. The Babylonian Hammurabi Code, Hindu Code of Manu, and the Bible, all contain precursors to the modem remedy of punitive damages". Tradução livre: "A doutrina dos *punitive damages* tem origem antiga. O Código de Hammurabi, O Código Hindu de Manu, e a Bíblia, todos contêm elementos do *punitive damages*".

[3] "The laws of the XII Tables declared that whoever should do a personal injury to another should pay twenty-five asses, a considerable sum at the time. At a later time, however, when money abounded, this penalty became so insignificant that one Lucius Veratius used to amuse himself by striking those whom he met in the streets in the face, and then tendering them the legal amends, from a wallet which a slave carried after him for the purpose" (RUSTAD, Michael; KOENIG, Thomas. The historical continuity of punitive damages awards: reforming the tort reformers. *The American University Law Review*, v. 42, p. 1.269-1.333, 1993. p. 1.269). Tradução livre: "A Lei das XII Tábuas declarava que quem causasse uma injúria a outrem deveria pagar uma soma significativa de dinheiro, que com o passar do tempo se tornou pouco relevante para pessoas com muitos bens em momentos de abundância. Foi o caso de Lucius Veratius, que usava o 'preço do ilícito' para se divertir atacando pessoas no rosto oferecendo em seguida o correlato pagamento".

[4] Importante sublinhar que mesmo antes da formação da Federação, as 13 (treze) colônias inglesas nos Estados Unidos já gozavam de forte independência em relação ao poder central: "as comunas, em geral, só são submetidas ao Estado quando se trata de um interesse que chamarei de social, isto é, que elas partilham com outras" (TOCQUEVILLE, Alexis de. *A democracia na América*: leis e costumes. 2. ed. São Paulo: Martins Fontes, 2005).

[5] "four states (Louisiana, Nebraska, Washington, and Massachusetts) supreme courts have declared that their common law of tort does not permit these punitive damages. A fifth state (New Hampshire) abolished modern punitives by statute" (KRAUSS, Michael I. Punitive damages and the Supreme Court: a tragedy in five acts. *Federalist Society*, p. 315-334, August 2007).

[6] Tradução livre da definição contida na dissertação de doutorado *Integration of punitive damages into countries with a civil law system: Mexico's case*: "But, what are punitive damages? The Restatement of torts define them as: '1) damages, other than compensatory or nominal damages, award against a person to punish him for his outrageous conduct and deter him and others like him from similar conduct in the future'" (VILLARREAL, Luis Ernesto Aguirre. *Integration of punitive damages into countries with a civil law system*: Mexico's case. Dissertação (Doutorado) – Tulane University, 2009. p. 12).

[7] A função mais tradicional da responsabilidade civil é a reparatória, consistente na fixação de um valor indenizatório capaz de reparar o dano da forma mais completa possível, na exata extensão deste, em atenção

uma vez que é limitada à exata extensão do dano,[8] medida esta que muitas vezes não promove resposta condizente com a gravidade da conduta do ofensor, especialmente quando os valores indenizatórios forem menores que os lucros obtidos com a conduta danosa.

Esta realidade de reiteração de danos e insuficiência do modelo de responsabilidade civil calcado apenas em uma visão reparatória/compensatória se acentua ao se deparar com danos que pela sua pequena monta desestimulam a vítima em buscar a respectiva tutela juízo. Esses chamados pequenos danos beneficiam os ofensores, porque uma pequena parcela representativa das vítimas buscará a reparação, e, uma vez que o *quantum debeatur* seja proporcional à extensão do dano, os réus pagarão menos por terem investido menos em segurança e em qualidade do produto, serviço e/ou condições de trabalho, já que o preço para um padrão ótimo de suas atividades é inferior aos valores indenizatórios arbitrados judicialmente.

Sob a ótica apenas individual dos danos, há uma espécie de apatia racional (*rational apathy*)[9] daqueles que optam por não ingressar no Judiciário, porque, ao compararem os custos com o resultado esperado do julgamento, consideram que não vale a pena contratar advogado, pagar custas processuais, se deslocar para audiências ou sofrer risco de sucumbência. É claro que esse aspecto pode sofrer substancial influência de características próprias de cada país, pois no Brasil o âmbito dos juizados especiais e o correlato *jus postulandi* pode atenuar sutilmente esse desgaste, embora não sane o problema, tendo em vista que muitos danos produzidos em larga escala são de pequena proporção, sutis e quase insignificantes do ponto de vista individual, mas que considerados coletivamente representam conduta grave.

Contraditoriamente, os ofensores arcarão com menos por terem investido menos em suas atividades, porque há danos que individualmente considerados são pífios e, sob a ótica do custo-benefício envolvendo indenizações, despesas processuais e desgaste com a tramitação de um processo, tornam inviável o manejo de demanda. Como será visto no decorrer do presente artigo, a prática jurídica brasileira possui um viés individualista em se tratando dos *punitive damages*, ignorando que quando se está diante de danos em massa, a causa ganha dimensões coletivas e passam a ter relevância violações de direitos consideradas coletivamente, no campo das ações coletivas.[10]

---

ao princípio da *restitutio in integrum*, assegurando que a vítima seja recolocada no estado em que se encontrava antes do evento danoso, ou seja, em uma posição em que seus direitos estivessem inteiramente preservados, chamada de *status quo ante*. Dentro da *função reparatória* ainda existe a indenização por equivalente (geralmente em dinheiro) na hipótese de se tornar impossível ou muito difícil a indenização *in natura* com a reposição idêntica do bem, quando se abre a possibilidade de uma prestação equivalente. Por fim, diz-se que o dano moral é irreparável, tendo em vista que não pode ser objeto nem de reposição natural nem por equivalente, por impossibilidade absoluta de entregar coisa idêntica à vítima e/ou substituí-la por equivalente. É nesse espectro que surge a função compensatória, no intento de fundamentar uma reparação do dano, ainda que irreparável, mantendo-se filiada à função reparatória, uma vez que não deve ultrapassar o suficiente para compensar o dano moral sofrido.

[8] O CC/2002 estabelece, em seu art. 944, que "a indenização mede-se pela extensão do dano".

[9] Expressão cunhada por VISSCHER, Louis T. Economic analysis of punitive damages. In: KOZIOL, Helmut; WILCOX, Vanessa. *Punitive damages*: common law and civil law perspectives. Vienna: Springer, 2009. p. 220.

[10] MENDES, Aluísio Gonçalves de Castro. *Ações coletivas no direito comparado e nacional*. São Paulo: Revista dos Tribunais, 2002, p. 31-42.

Deste modo[11] é engendrada uma conclusão esdrúxula de que quem investe menos paga menos. Por consequência, quem arca com o prejuízo não suportado pelo ofensor é a sociedade (*society at large paid for them*).

Por este motivo existe um sólido fundamento econômico por trás da aplicação dos *punitive damages* que lhes dá sustentáculo e legitimidade como instrumento de prevenção de danos, indo muito além de uma perspectiva unicamente punitiva. Isto porque os *punitive damages* possibilitam o desestímulo (*deterrence*) de condutas[12] pelo simples fato de promoverem a readequação de comportamentos a partir da internalização de altos custos por conta de indenizações fixadas para além do suficiente para compensar ou reparar os prejuízos, tornando a conduta danosa desvantajosa do ponto de vista econômico.[13]

Este raciocínio econômico exige que o valor indenizatório seja alto o suficiente para que o ofensor internalize os danos que causou, fazendo-o tomar o devido cuidado em sua atividade, trazendo como lição que é vantajoso manter um nível ótimo de qualidade e atendimento e arcar com menos indenizações (carregadas pelos *punitive damages*) em vez de conservar um nível baixo de qualidade e ser obrigado a pagar altas indenizações.[14]

Apesar da importante função a ser desempenhada pelos *punitive damages* quanto à punição e desestímulo de condutas indesejadas e graves e da inequívoca aplicação do instituto por tribunais e juízes em demandas judiciais no Brasil, surge a problemática a ser enfrentada pelo presente artigo: quais os requisitos subjetivos e objetivos que autorizam a incidência dos *punitive damages*? Esses requisitos existem e são reconhecidos na experiência de aplicação do instituto no direito brasileiro? Em caso negativo, de que modo a experiência brasileira pode aprimorar a aplicação dos *punitives damages* de modo a torná-la mais técnica, coerente, legítima e com arrimo teórico?

Essas questões são relevantes ante a possibilidade de, a partir de um uso teoricamente adequado dos *punitive damages*, se potencializar o propósito de coibir condutas gravosas e de promover a utilidade do instituto no plano pedagógico, tendo como ponto de partida o aperfeiçoamento dos *punitive damages*. Acentua-se a importância do trabalho, visto que ao apresentar critérios para aferir o cabimento dos *punitive damages*, pode servir como farol e guia aos intérpretes do direito.

Para tanto, a pesquisa partirá do pressuposto de que os *punitive damages* têm cabimento no ordenamento jurídico brasileiro, assim como mergulhará nos pressupostos desenvolvidos pela teoria e jurisprudência da prática dos *punitive damages* nos Estados Unidos, onde o instituto ganhou lapidação exponencial nas últimas décadas, em especial por meio das decisões da Suprema Corte americana, pelo que o estudo comparado pode

---

[11] MCGOVERN, Francis. Punitive damages and class actions. *Louisiana Law Review*, v. 70, p. 452-453, 2010): "If a defendant is not obligated to pay for all the harm it causes, it will underinvest in safety". Tradução livre: "se o réu não é obrigado a pagar por todo o mal que fez, ele vai investir menos em segurança".

[12] VISSCHER, Louis T. Economic analysis of punitive damages. In: KOZIOL, Helmut; WILCOX, Vanessa. *Punitive damages*: common law and civil law perspectives. Vienna: Springer, 2009. p. 219.

[13] VISSCHER, Louis T. Economic analysis of punitive damages. In: KOZIOL, Helmut; WILCOX, Vanessa. *Punitive damages*: common law and civil law perspectives. Vienna: Springer, 2009. p. 220: "The threat of being held liable induces the actors to incorporate the possible losses of others into their decision on how much care to take and how often to engage in the activity. Taking more care and/or reducing the activity level can lower the probability of an accident and thereby the expected accident losses". Tradução livre: "esta lógica pode trazer como consequência a noção de que quanto mais cuidado menos danos, menos custos".

[14] VISSCHER, Louis T. Economic analysis of punitive damages. In: KOZIOL, Helmut; WILCOX, Vanessa. *Punitive damages*: common law and civil law perspectives. Vienna: Springer, 2009. p. 220.

permitir um diálogo profícuo com o direito brasileiro e possibilitar o suprimento de insuficiências teóricas do caso brasileiro.

21.2 Desenvolvimento dos *punitive damages* na experiência jurídica dos EUA: requisitos objetivos e subjetivos

21.2.1 Bases do desenvolvimento dos *punitives damages*: o papel do júri e a regra do *stare decisis*

Antes de adentrar nos requisitos subjetivos e objetivos dos *punitive damages*, inarredável esclarecer dois aspectos fundamentais do caso americano que constituem pilares para o entendimento dos pressupostos dos *punitive damages*: a participação do júri e a regra do *stare decisis*.

Um traço marcante dos *punitive damages* nos Estados Unidos é que o procedimento para a fixação destes tem a inarredável participação do júri, formado por cidadãos leigos de determinado território que representam a sociedade. No Brasil, o júri julga apenas crimes dolosos contra a vida (art. 5º, XXXVIII, da CF/1988).

Convém esclarecer que apesar da exclusividade do júri para julgar e estabelecer o montante dos *punitive damages*, todos os contornos desta decisão ficam sujeitos à posterior revisão judicial a partir de recursos.[15]

Como o júri é composto de cidadãos leigos do ponto de vista do direito, existe preocupação com a sua instrução pelo fato de a tomada de decisão lhe competir, de modo que a procedência ou não dos *punitive damages* é de sua total responsabilidade.[16] Primeiro, o júri deve apreciar se o réu é responsável pelos danos causados à vítima, para em seguida em caso de resposta positiva definir em que monta deve ser fixada a indenização compensatória em estrita harmonia com o efetivo dano sofrido.[17]

A avaliação dos *punitive damages* pelo júri é delicadamente conduzida por perguntas específicas, justamente para suprir a falta de conhecimento jurídico dos seus componentes. Assim, a incidência ou não dos *punitive damages* é esclarecida em conformidade com as respostas do júri sobre os principais elementos objetivos e subjetivos que caracterizam uma conduta altamente reprovável. Por exemplo, o júri deve responder a um questionário sobre se considera que a conduta do réu foi intencional, maliciosa, imprudente e/ou com total indiferença aos direitos de outrem, para o fim de averiguar se o réu, mesmo ciente das circunstâncias que importassem em danos para outras pessoas, prosseguiu com a atitude indiferente, omissiva ou comissiva.

---

[15] PRIEST, George L. The problem and efforts to understand it. In: SUNSTEIN, Cass R. *et al. Punitive damages*: how juries decide. Chicago: The University of Chicago Press, 2003. p. 4: "our punitive damages regime, in contrast, remains committed to allowing the jury unlimited discretion to award any amount, subject only to subsequent judicial review". Tradução livre: "o regime dos nossos *punitive damages*, em contraste, permanece permitindo ilimitada discricionariedade ao júri, estando sujeito ao reexame judicial apenas posteriormente".

[16] PRIEST, George L. The problem and efforts to understand it. In: SUNSTEIN, Cass R. *et al. Punitive damages*: how juries decide. Chicago: The University of Chicago Press, 2003. p. 7-8.

[17] PRIEST, George L. The problem and efforts to understand it. In: SUNSTEIN, Cass R. *et al. Punitive damages*: how juries decide. Chicago: The University of Chicago Press, 2003. p. 8-9: "The jury will reach the punitive damages issue only if it both finds defendant liable and awards the plaintiff some level of compensatory damages". Tradução livre: "o júri enfrentará os punitive damages somente se o réu houver sido responsabilizado e os danos compensatórios fixados".

Em que pese a grande variedade de perguntas que possam ser feitas ao júri para identificar a incidência dos *punitive damages*, há uma espécie de tronco comum entre todas as exigências.[18]

Quanto à regra do *stare decisis* no direito norte-americano, vale destacar que ela traz a ideia central segundo a qual juízes e tribunais são obrigados a seguir as decisões anteriores e não tumultuar o que já foi solucionado pelo Poder Judiciário.[19] Contudo, a utilização de precedentes na experiência da tradição *common law* não se revela como algo simplório e menos complexo do que a interpretação de leis, pois há cuidado exacerbado com os fatos da causa que formou o precedente, já que a vinculação da decisão se refere apenas às razões de decidir (*ratio decidendi*).[20]

Essas razões de decidir são construídas com base nos fatos que envolvem a demanda, tornando vinculativo o entendimento jurídico esposado para outros casos com fatos similares.[21] Ou seja, o foco na aplicação do precedente são os fatos considerados em toda a sua complexidade, o que implica o constante exercício de distinguir (*distinguish*) um caso atual com o anterior, podendo o juiz deixar de aplicar o precedente por não haver similaridade de fatos, assim como pode o juiz rever o entendimento manifestado na decisão precedente, por causa de transformações históricas, jurídicas ou de interpretação constitucional, estabelecendo nessa hipótese um novo precedente em um fenômeno denominado de *overruling*.[22]

A regra do *stare decisis*, baseada no respeito às decisões anteriores, se manifesta mais fortemente nos países de tradição *common law*, e possui como justificativa a necessidade de garantir segurança jurídica, estabilidade e previsibilidade por parte dos cidadãos de como se dará a aplicação das normas jurídicas,[23] assim como também o valor de tratamento igualitário dos jurisdicionados pelo Poder Judiciário a partir da

---

[18] PRIEST, George L. The problem and efforts to understand it. In: SUNSTEIN, Cass R. *et al. Punitive damages*: how juries decide. Chicago: The University of Chicago Press, 2003. p. 13: "Although there are some differences across states, the terms most commonly used as bases for a punitive damages award are 'recklessness', 'reckless disregard', 'maliciousness', 'oppression', reprehensibility', 'egregious or outrageous behavior'". Tradução livre: Apesar de haver algumas diferenças entre os estados, os termos mais usados como bases para os *punitive damages* são 'imprudência', 'descaso', 'maldade', 'opressão', 'censurabilidade', 'comportamento ultrajante'".

[19] DAINOW, Joseph. The civil law and common law: some poins of comparison. *The American Journal of Comparative Law*, v. 15, n. 3, p. 419-435, 1966. p. 424. Disponível em: <http://www.fd.unl.pt/docentes_docs/ma/wks_MA_22856. pdf>: "[...] the same result had to be reached for the same problem [...] obliged to 'follow' the earlier decision, the precedent". Tradução livre: "exigindo do magistrado a mesma decisão para o mesmo problema a partir da vinculação à decisão mais antiga, ou seja, a que precedeu, o precedente".

[20] BANKOWSKI, Zenon *et al*. Rationales for precedente. In: MACCORMICK, D. Neil; SUMMERS, Robert S. (Eds.). *Interpreting precedents*: a comparative study. Aldershot: Ashgate, 1997. p. 489: "Thus, common law systems with their case-by-case way of arguing [...] put a particularly strong focus on the facts and the reasoning about facts and law in each precedent, since the style of the judgments deals with the detailed articulation of cases that appear similar". Tradução livre: "Portanto, o sistema da *common law*, com a sua forma de análise caso a caso, [...] colocou um foco forte sobre os fatos e raciocínio em relação a esses fatos, assim como ao direito de cada precedente, uma vez que o estilo dos julgamentos lida com a articulação detalhada dos casos que aparecem semelhante".

[21] BANKOWSKI, Zenon *et al*. Rationales for precedente. In: MACCORMICK, D. Neil; SUMMERS, Robert S. (Eds.). *Interpreting precedents*: a comparative study. Aldershot: Ashgate, 1997. p. 488-489.

[22] DAINOW, Joseph. The civil law and common law: some poins of comparison. *The American Journal of Comparative Law*, v. 15, n. 3, p. 419-435, 1966. p. 426.

[23] BANKOWSKI, Zenon *et al*. Rationales for precedente. In: MACCORMICK, D. Neil; SUMMERS, Robert S. (Eds.). *Interpreting precedents*: a comparative study. Aldershot: Ashgate, 1997. p. 488.

uniformidade de decisões,[24] fortalecendo a técnica do precedente como um elemento central.

Outros valores sustentam o respeito às decisões anteriores na *common law*, tais como a economia de esforço pelo Poder Judiciário, que não precisará construir novamente uma decisão para um conjunto de fatos; o aumento da confiança nas relações privadas pela solidez dos desdobramentos jurídicos constantes em precedentes, além da atenuação da litigação aventureira, pois já se sabe com alto grau de confiabilidade o desfecho de determinada lide.[25]

Em outros termos, é fundamental para a tradição jurídica da *common law* que a interpretação da lei seja uniforme e comum em todo o Estado, garantindo a integridade do Estado como apoiador de um sistema legal único de modo a fomentar a coerência de todo o ordenamento jurídico e a sua correlata aplicação, utilizando como instrumento a força vinculativa dos precedentes, tornando-os obrigatórios em casos semelhantes ou iguais.[26]

No caso da Suprema Corte americana, os *punitive damages* têm sido construídos de forma consoante às características da conduta praticada e aos parâmetros para fixação do *quantum* indenizatório.[27] Acrescenta-se que o histórico de todos os nove casos já julgados pela Suprema Corte sobre *punitive damages* tinham alegações de violações também da 5ª e da 8ª emenda constitucional:[28] a primeira é considerada uma complementação da 14ª na formação do princípio do devido processo legal e a 8ª estabelece a proibição de condenações em penas excessivas.[29]

---

[24] Nesse sentido: "uniformity of law is an essential art of equality of treatment of essentially similar cases, that is, cases which qualify as similar under a given (and stable) interpretation of the law" (BANKOWSKI, Zenon *et al*. Rationales for precedente. In: MACCORMICK, D. Neil; SUMMERS, Robert S. (Eds.). *Interpreting precedents*: a comparative study. Aldershot: Ashgate, 1997. p. 488). Tradução livre: "Assim, a uniformidade do direito é uma arte essencial de igualdade de tratamento dos casos essencialmente similares, ou seja, casos que se qualificam como semelhante ao abrigo de uma interpretação (estável) da lei".

[25] BANKOWSKI, Zenon *et al*. Rationales for precedente. In: MACCORMICK, D. Neil; SUMMERS, Robert S. (Eds.). *Interpreting precedents*: a comparative study. Aldershot: Ashgate, 1997. p. 490.

[26] BANKOWSKI, Zenon *et al*. Rationales for precedente. In: MACCORMICK, D. Neil; SUMMERS, Robert S. (Eds.). *Interpreting precedents*: a comparative study. Aldershot: Ashgate, 1997. p. 487.

[27] MORAES, Maria Celina Bodin de. *Danos à pessoa humana*: uma leitura civil-constitucional dos danos morais. Rio de janeiro: Renovar, 2009. p. 232-233: "quando a indenização fixada for considerada abusiva, haverá violação da *Due Process Clause of the Fourteenth Amendment*, obtendo-se, então, o permissivo para o recurso à Suprema Corte Americana".

[28] Em estudo direcionado aos julgamentos realizados pela Suprema Corte norte-americana que envolveram *punitive damages* (BURROWS, Vanessa K. Constitutional limits on punitive damages awards: an analysis of the Supreme Court case Philip Morris USA v. Williams. *CRS Report for Congress*, Oder Code 33.773, July 2007. p. 2), após analisar caso a caso constata que "a indenização punitiva tem sido acusada de violar a oitava emenda relacionada a proibição de penas excessivas, assim como de violar a quinta e décima quarta emendas constitucionais, que juntas constituem a cláusula do devido processo legal" (tradução livre).

[29] "EMENDA V - Ninguém será detido para responder por crime capital, ou outro crime infamante, salvo por denúncia ou acusação perante um Grande Júri, exceto em se tratando de casos que, em tempo de guerra ou de perigo público, ocorram nas forças de terra ou mar, ou na milícia, durante serviço ativo; ninguém poderá pelo mesmo crime ser duas vezes ameaçado em sua vida ou saúde; nem ser obrigado em qualquer processo criminal a servir de testemunha contra si mesmo; nem ser privado da vida, liberdade, ou bens, sem processo legal; nem a propriedade privada poderá ser expropriada para uso público, sem justa indenização. [...] EMENDA VIII - Não poderão ser exigidas fianças exageradas, nem impostas multas excessivas ou penas cruéis ou incomuns. [...] EMENDA XIV Seção 1. Todas as pessoas nascidas ou naturalizadas nos Estados Unidos, e sujeitas a sua jurisdição, são cidadãos dos Estados Unidos e do Estado onde tiverem residência. Nenhum Estado poderá fazer ou executar leis restringindo os privilégios ou as imunidades dos cidadãos dos Estados Unidos; nem poderá privar qualquer pessoa de sua vida, liberdade, ou bens sem processo legal, ou negar a qualquer pessoa sob sua

As referidas emendas têm forte conteúdo principiológico e são de grande complexidade se interpretadas a fundo e em consonância com os precedentes dos tribunais, contudo, são pertinentes aos *punitive damages* na medida em que determinam que ninguém será privado de seus bens sem o devido processo legal (Emenda V e XIX), tampouco será compelido a pagar multas excessivas (Emenda VIII). Desta forma, o argumento jurídico para demonstrar o não cabimento dos *punitive damages* – além da utilização de provas que apontem para a inexistência de elementos objetivos e subjetivos e/ou de alegação pautada em precedentes anteriores – se baseia na afirmação de que o valor da indenização que ultrapassa o suficiente para compensar o dano representa apropriação indevida (ilegal) de bens do réu pelo Estado ou pela vítima, sem observância do devido processo legal que sustente o referido montante, e na defesa de que o valor fixado foi excessivo, o que por si só violaria o direito constitucional de não imposição de multas descomunais.

Portanto, a evolução dos *punitive damages* é marcada muito mais pelo desenvolvimento de decisões judiciais do que pela produção de textos legais, de modo que para que os *punitive damages* sejam aplicados na experiência norte-americana, o julgador (leia-se júri e por consequência o juiz que avaliará o entendimento do júri) deve respeitar algumas condições e estar atento para a presença de alguns elementos de ordem objetiva e subjetiva.

A base destes requisitos está no questionário que é entregue ao júri e fundamenta o seu julgamento, o qual possui certa uniformidade de conteúdo em diversos estados que permitem a aplicação dos *punitive damages*. A lapidação desses pressupostos também é encontrada nos precedentes da Suprema Corte do país, que teve o importante papel de estabelecer parâmetros para a investigação do grau de censurabilidade da conduta do réu.

21.2.2 Requisitos objetivos e subjetivos dos *punitive damages* a partir do papel do júri e da doutrina

Quanto aos elementos objetivos, ou seja, aqueles que independem de qualquer vontade do réu, constata-se 1) o dano,[30] 2) o nexo de causalidade e 3) o ato ilícito extracontratual, cabendo salientar que a incidência dos *punitive damages* em se tratando de atos ilícitos contratuais (*breachs of contract*) ainda é tema controvertido.[31] Estes requisitos em geral se relacionam com os pilares da própria responsabilidade civil, de modo que os *punitive damages* só se tornam viáveis se antes o réu for declarado responsável pelos

---

jurisdição a igual proteção das leis" (tradução livre) (UNITED STATES SENATE. *Constitution of the United States.* Disponível em: <https://www.senate.gov/civics/constitution_item/constitution.htm>. Acesso em: 9 mar. 2014).

[30] PRIEST, George L. The problem and efforts to understand it. In: SUNSTEIN, Cass R. *et al. Punitive damages*: how juries decide. Chicago: The University of Chicago Press, 2003. p. 8-9: "1) that plaintiff has suffered some harm 2) that the defendant caused the harm to the plaintiff 3) that, in causing the harm, the defendant violated some legal standard controlling conduct in the society".

[31] DODGE, William S. The case for punitive damages in contracts. *Duke Law Journal*, v. 48, n. 4, fev. 1999. p. 629: "the majority of American jurisdictions do not allow punitive damages for breach of contract unless the breach constitutes an independent tort". Tradução livre: "a maior parte das jurisdições americanas não permite *punitive damages* por quebra de contrato, a menos que o descumprimento venha acompanhado também de um ilícito extracontratual".

danos suportados pela vítima e seja atribuído a ele um montante a ser pago a título de indenização compensatória/reparatória.

Cabe um parêntese quanto ao requisito do dano, em que pese já ter sido explicitado em momento anterior do trabalho: na experiência norte-americana deve ser ressaltado que os *punitive damages* e os *nominal damages* se inserem no rol dos *non-compensatory damages*, pois ambos possuem o viés de atribuir obrigação de indenizar ao ofensor sem que esse valor indenizatório seja fixado apenas para reparar ou compensar o prejuízo, por isso são consideradas verbas "não compensatórias".[32]

Desta feita, o *nominal damages* foi desenvolvido enquanto categoria jurídica para simbolizar uma condenação em face de uma conduta censurada pelo ordenamento jurídico que por alguma razão não causou danos a ninguém. Por meio desse instrumento é possível que o magistrado fixe valor indenizatório a título de *nominal damages* com o objetivo de realçar que no caso houve lesão a um interesse juridicamente protegido.

Ao contrário do que possa parecer, o *nominal damages* fortalece o raciocínio de que um dos elementos dos *punitive damages* é a existência de dano, pois mesmo em casos em que não houve danos, o magistrado ainda sim precisa se valer desse mecanismo para fixar ao menos uma condenação simbólica, pois do contrário os *punitive damages* não seriam viabilizados.[33]

Retomando o itinerário do julgamento realizado pelo júri, vêm então as questões relacionadas aos requisitos subjetivos, que apontam para perguntas sobre se o júri considera que o réu foi demasiadamente imprudente de modo a serem necessários os *punitive damages* para impedi-lo de agir dessa maneira novamente, se agiu com extremo descaso e alto grau de desrespeito aos direitos, se seu comportamento foi arquitetado maliciosamente, entre outras.[34]

Os requisitos subjetivos, ao contrário dos objetivos, não são cumulativos, e exigem, para que a conduta seja passível de *punitive damages*, a presença de apenas uma das hipóteses de cunho subjetivo descritas e explicadas adiante: *malicious, reckless disregard* e *gross negligence*.[35]

A má-intenção (*malicious*), a imprudência (*reckless*) e a negligência (*negligent*) constituem o tripé dos requisitos subjetivos. O ato malicioso, como requisito subjetivo, por si só basta para a incidência dos *punitive damages* enquanto que a imprudência e a

---

[32] MENYHARD, Attila. Punitive damages in Hungary. In: KOZIOL, Helmut; WILCOX, Vanessa. *Punitive damages*: common law and civil law perspectives. Vienna: Springer, 2009. p. 88. v. 25.

[33] SEBOK, Anthony J. Punitive damages: from myth to theory. *Iowa Law Review*, v. 92, 2007. p. 171: "[...] virtually every state that permits punitive damages has maintained, however, that actual damage, even if only nominal, must be shown to merit an award of punitive damages". Tradução livre: "praticamente todos os estados que permitem os *punitive damages* exigem que o dano seja demonstrado, nem que seja apenas um *nominal damages*".

[34] Como exemplo de pergunta ao júri: "Did the defendant behave with reckless disregard? [...] Do you think the defendant's actions were a reckless level to justify punitive damages?" (PRIEST, George L. The problem and efforts to understand it. In: SUNSTEIN, Cass R. *et al. Punitive damages*: how juries decide. Chicago: The University of Chicago Press, 2003. p. 11). Tradução livre: "O réu agiu com imprudência grave? [...] Você acha que o nível da imprudência do réu justifica a aplicação dos *punitive damages*?".

[35] Classificação adotada com base nos estudos de Alexander Volokh (Punitive damages and environmental law: rethinking the issues. *Policy Study*, n. 213, 1996) e Reid Hastie, David A. Schkade e John W. Payne (SUNSTEIN, Cass R. *et al. Punitive damages*: how juries decide. Chicago: The University of Chicago Press, 2003).

negligência devem ser graves e desmedidas pela indiferença e descaso a tal ponto que a censurabilidade do comportamento seja mais alta do que um simples descuido.[36]

A expressão *reckless disregard*, comumente utilizada para marcar os *punitive damages*, indica a imprudência (*reckless*) qualificada pela indiferença (*disregard*) com os direitos alheios, tornando a conduta mais censurável do que outras imprudentes, pelo simples fato de o réu ter agido com ou se mantido em um estado de indiferença, ignorando os riscos de perpetração de danos, mesmo conhecendo-os.[37]

Um exemplo de imprudência com total indiferença diz respeito a um empregador, que, após realizar testes de segurança, sabia que o uso de determinado equipamento não garantiria a proteção adequada ao trabalhador, mas pensando em poupar gastos decidiu adotar mesmo assim este equipamento em detrimento de outro mais caro. O empregador sabia dos riscos e nada fez para incrementar a segurança do trabalhador.

A *gross negligence* (negligência grave), de outro lado, se manifesta quando "o réu deveria ter conhecimento do risco de que danos injustificáveis poderiam ocorrer com o seu ato, mas não teve".[38] Neste caso, o réu deveria ter conhecimento das circunstâncias que tornariam a sua conduta danosa, porém, em um nível inaceitável e grave não pautou seu ato em questões das quais deveria ter conhecimento para evitar o dano.

Um exemplo de negligência grave é o caso de companhia especializada em estudo de qualidade de água, que, após ser contratada para atestar se a qualidade da água de determinada comunidade estava dentro dos níveis de qualidade exigidos, não atestou a quantidade de componente químico danoso à saúde por ter passado despercebido no estudo. Pela natureza da atividade, a companhia deveria atestar a incidência do composto químico, mas por negligência grave não o fez.

Por este motivo, a doutrina tem buscado descrever o conjunto de ações que devem ser praticadas para que a imprudência e a negligência atinjam o patamar propício para a incidência dos *punitive damages*. Como dito, há uma tentativa de descrever uma ordem sucessiva de atos que possam caracterizar a imprudência ou a negligência como atos graves e censuráveis via *punitive damages*, conforme resumido a seguir.

Primeiramente, deve o réu ter a consciência do perigo (*conscious of danger*), estando subjetivamente ciente do risco e da previsibilidade de ocorrência de danos por meio de sua conduta. Em segundo lugar, deve o réu se portar com indiferença perante este risco (*disregard danger*), o que indica que mesmo após saber dos riscos de sua atividade ou de seu ato isoladamente, a apatia subsistiu. Em terceiro plano, o comportamento do réu deve ser marcado por um grave desvio (*gross deviation*), de modo que no momento de decidir como agir, o réu tenha optado pelo caminho do perigo e da produção de danos. Em último lugar e complementando as fases anteriores, deve a conduta do réu

---

[36] HASTIE, Reid; SCHKADE, David A; PAYNE, John W. Judging corporate recklessness. In: SUNSTEIN, Cass R. *et al. Punitive damages*: how juries decide. Chicago: The University of Chicago Press, 2003. p. 88.

[37] VOLOKH, Alexander. Punitive damages and environmental law: rethinking the issues. *Policy Study*, n. 213, 1996. p. 3: "Recklessness is the knowledge and conscious disregard of a substantial and unjustifiable risk of harm". Tradução livre: "o conhecimento e desconsideração consciente de um risco injustificável de dano".

[38] Tradução livre de VOLOKH, Alexander. Punitive damages and environmental law: rethinking the issues. *Policy Study*, n. 213, 1996. p. 3: "Negligence is when the defendant should have known, but didn't, of a substantial and unjustifiable risk that the damage would occur". Tradução livre: "o réu deveria ter conhecimento do risco de que danos injustificáveis poderiam ocorrer com o seu ato, mas não teve".

ser caracterizada por um desvio patente de cuidado (*dangerous outcome*) de tal modo que uma pessoa comum não incorreria.[39]

Percebe-se, em suma, que o ato ou a sucessão de atos devem ser marcados pela culpa, pois tanto na conduta mal-intencionada como na imprudente ou negligente a doutrina supracitada exige que o réu tenha causado danos conscientemente ou que não tenha considerado o risco de que os danos pudessem ocorrer ou que não tinha conhecimento do risco de ocorrência deles, embora devesse saber. Contudo, no tocante a este último aspecto subjetivo (negligência), é possível iniciar digressão que conduza a questão para uma esfera que prescinda da culpa.

Enquanto os atos mal-intencionados e imprudentes envolvem a consciência de prejudicar alguém, o ato negligente pode ser tão grave a ponto de os seus próprios resultados apontarem para a desnecessidade de quaisquer elementos subjetivos, pelo simples fato de ficar escancarada a baixa ou nenhuma preocupação com investimento em segurança e/ou qualidade de sua atividade.

Por via de consequência, se o réu tivesse investido o suficiente em segurança e qualidade, os danos não teriam ocorrido, quando se conclui que se os danos se manifestaram em um nível inaceitável, das duas uma: ou o réu não tem controle sobre sua atividade ou logicamente não tem o cuidado devido, sendo inócuo investigar aspectos relacionados à subjetividade (vontade) do ofensor.[40]

Destarte, como prevenir danos custa muito caro em um contexto de consumo e trabalho em sintonia para o excesso, dever-se-á abraçar a teoria do risco calcada na responsabilidade objetiva para os *punitive damages* em alguns casos, pois, se o consumo e o trabalho estão em ritmo desenfreado e, por outro lado, prevenir o dano a vidas e direitos custa muito caro, nada mais adequado do que estabelecer não apenas a indenização sem a necessidade de demonstrar a culpa para as vítimas de danos ocasionados por atividades eminentemente danosas, como também a possibilidade de incidência dos *punitive damages* para fazer frente ao descontrole de uma atividade.[41]

Não se está aqui a dizer que a culpa deve ser relegada a um segundo plano ou que a má-intenção, a imprudência e a negligência não são mais necessárias para a caracterização de uma conduta grave. Pelo contrário, a pesquisa apenas aponta para um

---

[39] SUNSTEIN, Cass R. *et al. Punitive damages*: how juries decide. Chicago: The University of Chicago Press, 2003. p. 88.

[40] VOLOKH, Alexander. Punitive damages and environmental law: rethinking the issues. *Policy Study*, n. 213, 1996. p. 19: "Accidents will always happen, even under the most responsible management. This isn't hyperbole; unless one completely avoids a particular industry, eliminating all chance of an accident is literally impossible. We can reduce accidents, though; by spending more resources in prevention, we can prevent more accidents, but these efforts cost money, and the higher the level of safety, the more it costs to prevent each additional accident. If we were to try to eliminate all accidents, we would end up going to extreme lengths, spending countless resources that would be better spent elsewhere". Tradução livre: "Acidentes sempre acontecem, mesmo sob uma gestão responsável. Esta não é uma hipérbole; a menos que se evite completamente um determinado setor, mas eliminar todas as chances de um acidente é literalmente impossível. Podemos reduzir os acidentes; por gastar mais recursos na prevenção, podemos evitar mais acidentes, mas esses esforços custam dinheiro, e quanto maior o nível de segurança, maior o custo para evitar que cada acidente. Se fôssemos tentar eliminar todos os acidentes, acabaríamos subindo a extremos, gastando incontáveis recursos que seriam mais bem investidos em outros setores".

[41] COOTER, Robert D. Economic analysis of punitive damages. *Berkeley Law Scholarship Repository*, jan. 1982, p. 79-101. p 79: "If fault is unintentional, then imposing punitive damages in addition to compensatory damages is both unnecessary for deterrence and undeserved as punishment". Tradução livre: "se a falha não é intencional, então é desnecessária para fins de dissuasão e punição a imposição do *punitive damages* em conjunto com a indenização compensatória".

novo horizonte que se abre na interface dos *punitive damages* (que tradicionalmente têm sido alicerçados sobre as bases da culpa) com outra categoria jurídica que simplesmente prescinde de qualquer culpabilidade.

Desta forma, o extremo descaso e alto grau de desrespeito aos direitos – enquadrados como requisitos subjetivos – podem ser caracterizados apenas pela demonstração do dano, principalmente em sede de uma ação coletiva, em que o grau de censurabilidade da conduta do réu é exposto de forma mais fidedigna do que em uma ação individual pelo retrato cristalino do exército de vítimas.

Nesse sentido, o estudo dos requisitos subjetivos dos *punitive damages* conjugado com danos que são praticados em larga escala permitem alcançar um cenário em que são possíveis a erosão e o rompimento da culpa como requisitos basilares para a incidência dos *punitive damages* e da consequente responsabilização do réu.[42]

De outro lado, oferecendo um argumento subsidiário a uma interpretação mais rigorosa acerca da exigência da culpa para a aplicação dos *punitive damages*, pode ser dada uma dose de objetividade no próprio elemento culpa, a partir do divórcio de seu caráter psicológico.[43]

Desta forma, mesmo que se admita a indispensabilidade da culpa para a incidência dos *punitive damages*, quando o julgamento do comportamento do agente é realizado de forma abstrata, alheio à intenção e demais aspectos subjetivos do agente, a culpa se torna objetivada, tornando possível a sua caracterização mesmo em face de um agente que agiu com todo o cuidado possível e ainda assim não obteve êxito no controle de produção de danos de seu ato ou conjunto de atos.

21.2.3 Requisitos objetivos e subjetivos dos *punitive damages* a partir da interpretação dos limites constitucionais e pressupostos dos *punitive damages* pela Suprema Corte americana

Ao lado dos pressupostos objetivos e subjetivos acima alinhavados, outros critérios importantes para a aplicação dos *punitive damages* e a aferição do grau de censurabilidade da conduta (*the degree of reprehensibility of the defendant's misconduct*) vêm sendo paulatinamente acrescentados pela Suprema Corte americana na análise de recursos contra a fixação da indenização pelo Tribunal do Júri.

---

[42] SCHREIBER, Anderson. *Novos paradigmas da responsabilidade civil*: da erosão dos filtros da reparação à diluição dos danos. 5. ed. São Paulo: Atlas, 2006. p. 30: "verifica-se uma crescente conscientização de que a responsabilidade objetiva consiste em uma responsabilização não pela causa [...], mas pelo resultado (dano)".

[43] SCHREIBER, Anderson. *Novos paradigmas da responsabilidade civil*: da erosão dos filtros da reparação à diluição dos danos. 5. ed. São Paulo: Atlas, 2006. p. 34-37: "Preocupações com a consciência da lesão ao direito alheio, com a previsibilidade do dano e com a reprovabilidade moral da conduta praticada esmoreceram diante das dificuldades de concreta demonstração destes aspectos, culminando com a consagração da chamada culpa objetiva. Sob tal designação, a culpa passou a ser entendida como 'o erro de conduta', apreciado não em concreto, com base nas condições e na capacidade do próprio agente que se pretendia responsável, mas em abstrato, isto é, em uma objetiva comparação com um modelo geral de comportamento. [...] Se de tal comparação resultar que o dano derivou de uma imprudência, imperícia ou negligência do autor do dano, nos quais não incorreria o homem padrão, criado *in abstracto* pelo julgador, caracteriza-se a culpa, ou seja, o erro de conduta. [...] implica um flagrante divórcio entre a culpa e sua tradição moral. O agente não é mais tido em culpa por ter agido de forma reprovável no sentido moral, mas simplesmente por ter deixado de empregar a diligência social média".

Como a conduta reprimida pelos *punitive damages* deve ser insultuosa e grave, em se tratando de um país com tradição de observância do *stare decisis*, nada mais natural que a evolução do tema seja resultado das decisões da Suprema Corte Constitucional, embora seja inequívoco que os precedentes daí advindos são profundamente influenciados pelas decisões das outras cortes de justiça do país e das fundamentações construídas pelos advogados.

Nas últimas décadas a Suprema Corte Americana julgou nove casos envolvendo *punitive damages:* Browning-Ferris Indus., Inc. *v.* Kelco Disposal (1989); Pacific Mutual Life Ins. Co. *v.* Haslip (1991); TXO Production Corp. *v.* Alliance Resources Corp. (1993); Honda Motor Co. *v.* Oberg (1994); BMW of North America, Inc. *v.* Gore (1996); Cooper Industries, Inc. *v.* Leatherman Tool Group (2001); State Farm Insurance *v.* Campbell (2003); Philip Morris *v.* Williams (2007) e Exxon Shipping Co *v.* Baker (2008).[44]

Destarte, o presente artigo se deterá na análise dos casos BMW of North America, Inc. *v.* Ira Gore (1996) e State Farm Insurance *v.* Campbell (2003), os quais representaram um verdadeiro marco na interpretação dos *punitive damages* e formação de pressupostos para a sua incidência e fixação. No primeiro deles, além de ter decidido que uma indenização 500 vezes maior do que a compensatória violava a cláusula do devido processo legal, desenvolveu três parâmetros para que o magistrado pudesse decidir por um valor punitivo dentro dos limites constitucionais.[45]

Duas grandes contribuições foram sedimentadas pela Suprema Corte em 2003, ao julgar o caso State Farm *v.* Campbell. Primeiramente, a Corte estabeleceu que a proporção entre os danos compensatórios e os punitivos não pode ser superior a uma razão de 9 para 1, ressaltando que apenas em raríssimas exceções uma proporção maior do que esta satisfaz a cláusula do devido processo legal.[46]

Posteriormente, decidiu que o grau de censurabilidade da conduta do réu já mencionado na decisão BMW *v.* Gore deverá ser avaliado levando-se em conta os seguintes aspectos: (1) se houve dano físico ou somente econômico; (2) se o ato ilícito evidenciou indiferença ou demasiado desrespeito à saúde ou segurança dos outros; (3) se a vítima era pessoa financeiramente vulnerável; (4) se a conduta foi reiterada ou um incidente isolado; (5) se o dano foi o resultado de uma conduta com intenção, negligência ou imprudência.

Cabe uma reflexão acerca desses aspectos, pois se defende que não é apenas a vulnerabilidade financeira que deveria estar em pauta, pois há outras vulnerabilidades, como a técnica e a jurídica que poderiam constar no rol acima. Quanto ao item (5),

---

[44] Vanessa Burrows (Constitutional limits on punitive damages awards: an analysis of the Supreme Court case Philip Morris USA v. Williams. *CRS Report for Congress*, Oder Code 33.773, July 2007. p. 2) acentua que nas últimas décadas a Suprema Corte americana julgou oito casos que envolveram *punitive damages*. Contudo, no ano de 2008, em momento posterior ao estudo em comento, a Corte decidiu o caso *Exxon Shipping Co. v. Baker*, pelo que se considera que foram nove casos julgados até o momento.

[45] BURROWS, Vanessa K. Constitutional limits on punitive damages awards: an analysis of the Supreme Court case Philip Morris USA v. Williams. *CRS Report for Congress*, Oder Code 33.773, July 2007. p. 3: "(1) the degree of reprehensibility of the defendant's conduct, (2) a reasonable ratio of punitive to compensatory damages, and (3) comparable civil and criminal sanctions, i.e. the difference between this remedy and the civil penalties authorized or imposed in comparable cases". Tradução livre: "(1) o grau de censurabilidade da conduta do réu, (2) a proporção razoável entre a punição e os danos causados, e (3) as sanções civis e criminais autorizadas impostas em casos semelhantes".

[46] BURROWS, Vanessa K. Constitutional limits on punitive damages awards: an analysis of the Supreme Court case Philip Morris USA v. Williams. *CRS Report for Congress*, Oder Code 33.773, July 2007. p. 3-4.

acentua-se que os elementos subjetivos podem ser relativizados nos casos em que os danos externem por si só a gravidade da conduta. Por fim, considera-se adequada a inclusão do interesse de conservação da empresa como elemento norteador para a fixação dos *punitive damages*, uma vez que ela gera empregos, arrecada impostos e também gera bem-estar social com serviços e produtos.

Em suma, estes degraus de análise são acrescentados e devem ser interpretados em conjunto com o rol de requisitos subjetivos e objetivos descritos pela doutrina, uma vez que são fundamentais para o esclarecimento se o comportamento em julgamento deve ser censurado a ponto de o seu desestímulo ser objeto de condenação em *punitive damages*.

De fato, uma conduta que foi reiterada, atingiu pessoa vulnerável, foi praticada com indiferença e causou dano físico é altamente grave, e, por este motivo, o Tribunal realçou que apenas um desses fatores pode não ser suficiente para ensejar a indenização punitiva, mas que a inexistência de todos eles torna os *punitive damages* praticamente inviáveis.[47]

Resumidamente, sob a ótica dos parâmetros desenvolvidos pela jurisprudência da Suprema Corte americana no caso BMW of North America, Inc. *v.* Ira Gore (1996) e Farm State *v.* Campbell (2003), é possível estabelecer que esses precedentes, juntos, sedimentaram o seguinte raciocínio: para julgar a possibilidade jurídica de aplicação dos *punitive damages* e o consequente valor indenizatório deve o magistrado analisar (1) o grau de censurabilidade da conduta do réu e (2) a proporção razoável entre a punição e os danos causados. Ao avaliar o grau de censurabilidade do réu, inarredável indagar: a) se houve dano físico ou somente econômico; b) se o ato ilícito evidenciou indiferença ou demasiado desrespeito à saúde ou segurança dos outros; c) se a vítima era pessoa financeiramente vulnerável; d) se a conduta foi reiterada ou um incidente isolado; e) se o dano foi o resultado de uma conduta com intenção, negligência ou imprudência.

Estes critérios para aferir quão grave foi o comportamento do réu se somam aos requisitos objetivos e subjetivos anteriormente mencionados engendrando uma moldura sobre a qual o magistrado e o júri devem se ater no momento de apreciar questões relacionadas aos *punitive damages*. Essa moldura é relevante para a pesquisa na medida em que se visa a conhecer os requisitos objetivos e subjetivos dos *punitive damages*, assim como averiguar se esses pressupostos são reconhecidos na experiência de aplicação do instituto no direito brasileiro.

---

[47] "The Court began its analysis under the first guidepost – the degree of reprehensibility of the defendants misconduct. Under this guidepost, courts should consider whether: (1) the harm caused was physical as opposed to economic; (2) the tortious conduct evinced an indifference to or a reckless disregard for the health or safety of others; (3) the target of the conduct was financially vulnerable; (4) the conduct involved repeated actions or was na isolated incident; and (5) the harm was the result of intentional malice, trickery, deceit, or mere accident" (JAYNE, Andrew C. The impact of recent U.S. Supreme Court punitive damages jurisprudence on Oklahoma's punitive damages statute and jury instructions. *Oklahoma Law Review*, v. 57, 2001-2002. p. 885).

21.2.4 Resumo dos requisitos objetivos e subjetivos dos *punitive damages*: parâmetros orientadores

Considerando que a incidência dos *punitive damages* necessita da constatação de uma conduta de alto grau de censurabilidade e reprovação, visando a somar as contribuições teóricas da doutrina, das práticas do júri e da Suprema Corte americana, segue abaixo lista com parâmetros úteis para o intérprete do direito aferir o cabimento ou não dos *punitive damages*:

- razoabilidade entre o valor da indenização punitiva e dano causado, visando a promover desestímulo da conduta;
- se o dano causado foi físico ou somente econômico. Nessa hipótese, o dano apenas material torna mais remota a aplicação dos *punitive damages* e o dano físico aproxima a sua incidência. Acrescenta-se que, sob a ótica do presente trabalho, deve ser avaliada a existência de danos existenciais, mesmo que não tenham relação com danos físicos;
- se a conduta evidenciou indiferença ou demasiado desrespeito à saúde ou segurança dos outros;
- se a vítima era financeiramente vulnerável. Alerta-se que há outros tipos de vulnerabilidade, como técnica, informacional, fática e sociocultural, de modo que se aconselha a análise completa da existência de vulnerabilidade;
- se a conduta foi reiterada ou um incidente isolado;
- se o dano foi o resultado de uma conduta com intenção, negligência ou imprudência. Neste ponto uma digressão, visto que há danos causados em larga escala, os quais representam por si só a negligência ou imprudência, tornando desnecessária prova nesse sentido;
- se o ofensor tinha a consciência do perigo, estando subjetivamente ciente do risco e da previsibilidade de ocorrência de danos por meio de sua conduta;
- se o ofensor se portou com indiferença perante as vítimas, e, mesmo após saber da existência de danos, não tomou providências preventivas;
- se comportamento do réu foi marcado por uma escolha do ponto de vista econômico em detrimento da segurança e qualidade;
- se o ofensor tivesse investido o suficiente em segurança e qualidade, os danos não ocorreriam.

Conclui-se que esses parâmetros, embora possam servir de guia para o intérprete no caso brasileiro, não exaurem a possibilidade de surgirem outros requisitos autorizadores para a aplicação dos *punitive damages*, tendo como embrião o enfrentamento de situações fáticas distintas que demandam a punição e consequente prevenção. Não se deve esquecer na formulação de qualquer parâmetro de aplicação desse instituto que o seu pilar encontra-se no objetivo de prevenir condutas altamente graves e indesejadas, geralmente marcadas por alto grau de desrespeito aos direitos alheios e vantagens do ponto de vista econômico.

21.3 Aplicação dos *punitive damages* na prática jurídica brasileira

Vistos os principais parâmetros para avaliar a incidência dos *punitive damages*, inarredável construir um esboço do sistema de aplicação do instituto na experiência brasileira, de modo a apontar insuficiências e pontos que podem ser incrementados.

O modelo de aplicação da indenização punitiva na experiência brasileira segue uma lógica eminentemente individual, em dissonância com o fenômeno da litigiosidade de massa e da constante transformação dos conflitos individuais em coletivos no âmbito da sociedade inserida no mundo moderno.

Embora se verifique a aplicação dos *punitive damages* em ações coletivas, inúmeros danos perpetrados em massa sofrem reprimenda apenas em nível individual, em proporção não compatível com a dimensão total dos danos ocasionados.[48]

O enfoque individual na solução de conflitos no trato dos *punitive damages* pode enfraquecer a sua eficácia de desestímulo ante a fraca repercussão econômica do valor indenizatório, prejudicar a análise dos requisitos que o atraem e que são determinantes para a aferição do grau de censurabilidade da conduta (se o ato foi reiterado, se proporcionou lucro ao ofensor, se existiu elemento subjetivo que aponte para culpa grave ou dolo etc.). Além do mais, em se tratando de danos em massa, uma visão individual afasta a possibilidade de uma proporção razoável entre a punição e o mal causado, por se tratar de demanda em que parcela expressiva das vítimas está ausente.

Outra característica da experiência brasileira é a intrínseca relação da indenização punitiva com os danos morais. Os magistrados estabelecem valor de indenização dos danos morais e o majoram o suficiente para compensar os danos, fundamentando-se na indenização punitiva. Apesar de o dano moral não se confundir com a indenização punitiva, os tribunais e juízes no Brasil têm feito uso do instituto em demandas que versem sobre dano moral.

A experiência brasileira é marcada também por ausência de fundamentação quanto aos requisitos subjetivos e objetivos, assim como sobre a gravidade da conduta que descambou na punição. Isto porque para uma necessária fundamentação das decisões judiciais deveria o magistrado se reportar diretamente à reprovabilidade da conduta, justificando a punição por meio da indenização. Deste modo, deve-se atender ao comando constitucional que obriga o magistrado a fundamentar sua decisão judicial, a teor do que dispõe o art. 93, IX da Carta Magna de 1988.

Outro ponto relevante na experiência brasileira é a falta de distinção entre valores relativos à compensação do dano moral e os destinados à punição e dissuasão. As decisões judiciais apenas elevam o valor da indenização compensatória aludindo à indenização punitiva, mas não discriminam qual o é valor suficiente para fazer frente ao prejuízo e qual se presta para punir e prevenir a conduta. Ou seja, a verba compensatória é incrementada como forma de enxertar a indenização punitiva em seu bojo, embora existam decisões isoladas que apliquem a indenização punitiva destacada da compensatória.

---

[48] Conforme constatado na pesquisa realizada em BONNA, Alexandre Pereira. *Punitive damages (indenização punitiva) e os danos em massa*. Rio de Janeiro: Lumen Juris, 2015.

21.4 Considerações finais

Partindo do pressuposto de que há uma crise de legitimidade e legalidade dos *punitive damages* no seio do Judiciário brasileiro, torna-se inafastável a lapidação desse instituto importante para a prevenção de danos a partir do uso de requisitos objetivos e subjetivos que autorizem a sua aplicação, conferindo segurança jurídica e uma adequada fundamentação das decisões judiciais.

Conclui-se também que a experiência jurídica brasileira, após se familiarizar com a teoria dos *punitive damages*, deve buscar destacar o valor indenizatório que desempenha a função compensatória/reparatória do valor que satisfaz a função punitiva/preventiva. Essa técnica contribui para resolver a crise de legalidade dos *punitive damages*, abrindo um leque recursal para discutir apenas a verba punitiva. Foi desta forma que a experiência norte-americana incrementou a teoria dos *punitive damages*, pois os recursos que foram admitidos e julgados pela Suprema Corte versavam apenas sobre essa verba destinada a desempenhar uma função punitiva/pedagógica.

Espera-se que a aplicação dos *punitive damages* tenha um salto de qualidade no caso brasileiro a partir da observância de requisitos autorizados e do necessário destaque do valor punitivo em relação ao valor compensatório/reparatório, criando um terreno fértil para que a responsabilidade civil possa efetivar em maior grau o seu intento de prevenção de danos a partir do desestímulo de condutas indesejáveis.

Informação bibliográfica deste texto, conforme a NBR 6023:2002 da Associação Brasileira de Normas Técnicas (ABNT):

LEAL, Pastora do Socorro Teixeira; BONNA, Alexandre Pereira. Requisitos objetivos e subjetivos dos punitive damages: critérios à aplicação no direito brasileiro. In: TEPEDINO, Gustavo; TEIXEIRA, Ana Carolina Brochado; ALMEIDA, Vitor (Coord.). *Da dogmática à efetividade do Direito Civil*: Anais do Congresso Internacional de Direito Civil Constitucional – IV Congresso do IBDCivil. 2. ed. rev., ampl. e atual. Belo Horizonte: Fórum, 2019. p. 639-655. ISBN 978-85-450-0545-2.

PARTE III

Concurso de Trabalhos Acadêmicos em homenagem ao Centenário do Código Civil de 1916 – I Prêmio Clóvis Beviláqua

Categoria Graduação

CAPÍTULO 1

A FUNÇÃO SOCIAL DOS DIREITOS AUTORAIS NO SUPERIOR TRIBUNAL DE JUSTIÇA[1]

ALEXANDRE DE SERPA PINTO FAIRBANKS

LUISA LEMOS FERREIRA

Ontem, os códigos; hoje, as Constituições. A revanche da Grécia sobre Roma, tal como se deu, em outro plano, na evolução do direito de propriedade, antes justificado pela origem, agora legitimado pelos fins: a propriedade que não cumpre sua função social não merece proteção jurídica qualquer.[2]

Introdução: direitos fundamentais e relações privadas

A partir da segunda metade do século XX, com a consolidação do Estado Constitucional de Direito, ocorreram profundas modificações na forma de se interpretar e aplicar as normas do sistema jurídico. Passo de fundamental importância nesse processo foi a contínua transformação do papel das constituições, que deixaram de ser mero documento político, para tornarem-se o texto supremo dos ordenamentos, dotado de força jurídica e normativa. Deixando para trás o ideário da "carta política", que apenas positivava os princípios basilares de formação do Estado, passou a Constituição a

---

[1] Trabalho desenvolvido sob a orientação do Professor Allan Rocha de Souza no âmbito do Núcleo de Pesquisa em Direitos Fundamentais, Relações Privadas e Políticas Públicas, no curso de Direito do Instituto Três Rios da Universidade Federal Rural do Rio de Janeiro (ITR/UFRRJ).

[2] GRAU, Eros Roberto. *Do ofício de orador*. 2. ed. Rio de Janeiro: Revan, 2006. p. 99.

incorporar normativamente questões relativas à realidade social adjacente,[3] processo este que resultou na constitucionalização de matérias antes reguladas somente nos estatutos específicos e diversas legislações infraconstitucionais.

Ao passo que a sociedade se transformava, a casuística do Código Civil já não mais conseguia acompanhar os anseios sociais e, assim, foi "perdendo influência no âmbito do próprio Direito Civil".[4] A demanda por normatização específica resultou no processo de proliferação de inúmeros sistemas especializados capazes de tutelar temas que antes eram enfrentados no próprio Código Civil.[5]

Contudo, a partir do momento em que essas diversas fontes têm reconhecida sua força normativa, emerge o problema da complexidade do sistema, gerado pela fragmentação das fontes do direito, concomitantemente à pluralidade dos valores sociais. Esta multiplicidade de fontes jurídicas, positivadas em microssistemas isolados com atuação concomitante, ocasionava, por vezes, contradição entre comandos normativos e, por conseguinte, incerteza ao intérprete do direito e descrença ao jurisdicionado.

A busca por unidade leva inexoravelmente à Constituição Federal,[6] que passa a exercer o efetivo papel de harmonização e unificação do sistema, dando ao ordenamento jurídico caráter unitário, superando, por conseguinte, os vícios da fragmentação normativa e resultante complexidade,[7] pois "ou bem o ordenamento é uno ou não é ordenamento jurídico".[8] Assim, "a Constituição passa a ser não apenas um sistema em si – com a sua ordem, unidade e harmonia –, mas também um modo de olhar e interpretar todos os demais ramos do direito",[9] ou seja, interpretações estanques não sobrevivem à ótica da hermenêutica contemporânea, uma vez que toda interpretação jurídica é, também, constitucional. Deste modo, supera-se de vez a dicotomia público-privado, pois, afinal "há agora um centro de gravidade, capaz de recolher e juridicizar os valores mais importantes da comunidade política, no afã de conferir alguma unidade axiológica e teleológica ao ordenamento".[10]

Esta renovada hermenêutica jurídica, pautada na força normativa da Constituição, traz à tona dois dos principais paradigmas da releitura do direito civil. O primeiro é

---

[3] "A *força normativa* da constituição visa exprimir, muito simplesmente, que a constituição sendo uma *lei, como lei deve ser aplicada*. Afasta-se a tese generalizadamente aceita nos fins do século XIX e nas primeiras décadas do século XX que atribuía à constituição um 'valor declaratório', uma natureza de simples direção política, um caráter programático despido de força jurídica actual caracterizadora das verdadeiras leis" (CANOTILHO, José Joaquim Gomes. *Direito constitucional e teoria da Constituição*. 7. ed. Coimbra: Almedina, 2003. p. 1150).

[4] BARROSO, Luís Roberto. A constitucionalização do direito e o direito civil. In: TEPEDINO, Gustavo (Coord.). *Direito civil contemporâneo*: novos problemas à luz da legalidade constitucional. São Paulo: Atlas, 2008. p. 243.

[5] TEPEDINO, Gustavo. Premissas metodológicas para a constitucionalização do direito civil. In: TEPEDINO, Gustavo. *Temas de direito civil*. Rio de Janeiro: Renovar, 2004. p. 1-22. t. I.

[6] TEPEDINO, Gustavo. Premissas metodológicas para a constitucionalização do direito civil. In: TEPEDINO, Gustavo. *Temas de direito civil*. Rio de Janeiro: Renovar, 2004. p. 1-22. t. I.

[7] "Negar tal atitude hermenêutica significaria admitir um ordenamento assistemático, inorgânico e fragmentado, no qual cada núcleo legislativo responderia a tecido axiológico próprio traduzindo-se em manifesto desrespeito ao princípio da legalidade constitucional" (MORAES, Maria Bodin de. A caminho de um direito civil constitucional. *Revista de Direito Civil*, n. 65, 1993. p. 27).

[8] TEPEDINO, Gustavo. Normas constitucionais e direito civil na construção unitária do ordenamento jurídico. In: SARMENTO, Daniel; SOUZA NETO, Claudio Pereira de (Orgs.). *A constitucionalização do direito*: fundamentos teóricos e aplicações específicas. Rio de Janeiro: Lumen Juris, 2007. p. 316.

[9] BARROSO, Luís Roberto. A constitucionalização do direito e o direito civil. In: TEPEDINO, Gustavo (Coord.). *Direito civil contemporâneo*: novos problemas à luz da legalidade constitucional. São Paulo: Atlas, 2008. p. 243.

[10] SARMENTO, Daniel; SOUZA, Claudio Pereira de Neto e (Org.). *A constitucionalização do direito*: fundamentos teóricos e aplicações específicas. Rio de Janeiro: Lumen Juris, 2007. p. 113.

que, considerando a norma valor da dignidade da pessoa humana como fundamento do Estado Democrático de Direito, as questões existenciais se tornam condição primeira para qualquer interpretação jurídica, o que leva ao atual processo de despatrimonialização e repersonalização do direito privado, no qual a pessoa humana é sempre vista como fim e nunca como meio.[11] E o segundo é o processo de funcionalização dos institutos, que condiciona os direitos dos particulares à ordem constitucional, de tal sorte que seus atos só se justificam enquanto adequados à essência da normatividade constitucional, consolidada a partir do processo de irradiação dos valores constitucionais e eficácia horizontal dos direitos fundamentais, justificadores da natureza solidarista e paritária estabelecida no ordenamento jurídico.

Este conjunto torna imprescindível uma renovada hermenêutica jurídica pautada na interpretação axiológica, teleológica e sistêmica de um ordenamento que tem como núcleo a proteção à dignidade da pessoa humana. Esta nova perspectiva atinge todos os ramos do direito privado, especialmente, para os objetivos deste trabalho, os contornos da função social nos direitos autorais, que serão analisados do ponto de vista dogmático, como na perspectiva do Superior Tribunal de Justiça (STJ).

1.1 Propriedade e função social

A partir da passagem do Estado Liberal para o Estado Social, os conceitos de direito público e privado tiveram "modificados seus significados originários: o direito privado deixou de ser o âmbito da vontade individual e o direito público não mais se inspira na subordinação do cidadão".[12]

Como direito de propriedade, instituto tipicamente de direito privado e central do Estado Liberal, não foi diferente, pois seus sentidos e escopo sofreram igualmente os efeitos das mudanças. Tendo em vista que estrutura e função são elementos que compõem quaisquer direitos subjetivos,[13] a função do direito de propriedade que se esgotava na esfera individual do proprietário tem sido modificada ao passar dos anos para atender aos preceitos e garantias do Estado Social. Esta modificação fica evidente quando se pensa que ainda no Estado Liberal o ordenamento garantia ao proprietário arbitrariedade do exercício de seus direitos subjetivos da forma mais absoluta possível,[14]

---

[11] "De acordo com Kant, no mundo social existem duas categorias de valores: os preços e a dignidade. Enquanto o preço representa um valor exterior (de mercado) e manifesta interesses particulares, a dignidade representa um valor interior (moral) e é de interesse geral. As coisas têm preço, as pessoas dignidade. O valor moral encontra-se infinitamente acima do valor de mercadoria, porque, ao contrário deste, não admite ser substituído por equivalente. Daí a exigência de jamais transformar o homem em meio para se alcançarem quaisquer fins. Em consequência, a legislação elaborada pela razão prática, a vigorar no mundo social, dele levar em conta, com sua finalidade máxima, a realização do valor intrínseco da dignidade humana" (MORAES, Maria Bodin de. O princípio da dignidade da pessoa humana. In: MORAES, Maria Bodin de. *Na medida da pessoa humana*. Rio de Janeiro: Renovar, 2010. p. 81).

[12] MORAES, Maria Bodin de. A caminho de um direito civil constitucional. *Revista de Direito Civil*, n. 65, 1993. p. 26.

[13] Os institutos jurídicos, em consagrada classificação, decompõem-se em dois elementos: o elemento estrutural e o elemento teleológico ou funcional; em outras palavras, a estrutura e a função. Em síntese, (i) a função corresponde ao interesse que o ordenamento visa tutelar por meio de determinado instituto jurídico; e (ii) a função de um instituto jurídico predetermina a sua estrutura (SCHREIBER, Anderson. Função social da propriedade na prática jurisprudencial brasileira. *Revista Trimestral de Direito Civil*, Rio de Janeiro, v. 6, p.159-182, 2000).

[14] MORAES, Maria Bodin de. A caminho de um direito civil constitucional. *Revista de Direito Civil*, n. 65, 1993. p. 28.

reconhecendo na propriedade um fim em si mesmo.[15] Conquanto, no Estado Social, que carrega para dentro do elemento funcional da propriedade a noção de ordem pública[16] que é, em nosso tempo, pautada nas garantias existenciais do Estado Democrático de Direito, a nova ordem jurídica impõe aos proprietários, a par dos direitos atribuídos, deveres, ônus e obrigações,[17] "cuja observância se erige como condição de tutela daquele direito".[18]

O proprietário continua como principal beneficiário do direito de propriedade, com ampla proteção e predominância em seu domínio sob a coisa e, deste modo, "a propriedade se mantém privada",[19] mas seu conteúdo se afasta da definição individualista de "poder absoluto do proprietário, para buscar na conformação ao interesse social a sua legitimação, a razão e o fundamento de sua proteção jurídica".[20] Entretanto, a projeção da função social sobre a propriedade privada não deve ser entendida de forma desfavorável pelo proprietário, "mas como a própria razão pela qual o direito de propriedade foi atribuído a um determinado sujeito".[21] Em outras palavras,

> A função social da propriedade corresponde a limitações fixadas no interesse público e tem por finalidade instituir um conceito dinâmico de propriedade em substituição ao conceito estático, representando uma projeção da reação anti-individualista. O fundamento da função social da propriedade é eliminar da propriedade privada o que há de eliminável.[22]

A propriedade, então, não mais pode ser considerada a partir da visão do exercício do direito absoluto do titular sobre a coisa – situação subjetiva simples, mas como constante e dinâmica correlação entre o sujeito proprietário e toda coletividade. O que torna a situação subjetiva complexa[23] e apresenta, concomitantemente, para além dos poderes, deveres, ônus e responsabilidades ao proprietário e, assim, em via de mão dupla,

---

[15] "Enquanto o proprietário do Estado Liberal agia nos limites impostos pela lei, segundo a máxima 'posso fazer o que quiser', o proprietário dos tempos atuais sofre uma remodelação em sua autonomia privada, considerando que deve fazer tudo para colaborar com a sociedade, desde que não se prejudique" (FARIAS, Cristiano Chaves; ROSENVALD, Nelson. *Curso de direito civil* – Direitos reais. 8. ed. Salvador: JusPodivm, 2012. p. 316. v. 5).

[16] Assim, Gustavo Tepedino afirma que os "novos parâmetros para a definição da ordem pública, relendo o direito civil à luz da Constituição, de maneira a privilegiar, insista-se ainda uma vez, os valores não patrimoniais e, em particular, a dignidade da pessoa humana, o desenvolvimento da sua personalidade, os direitos sociais e a justiça distributiva, para cujo atendimento deve se voltar a iniciativa econômica privada e as situações jurídicas patrimoniais" (TEPEDINO, Gustavo. Premissas metodológicas para a constitucionalização do direito civil. In: TEPEDINO, Gustavo. *Temas de direito civil*. Rio de Janeiro: Renovar, 2004. p. 22. t. I).

[17] Consoante, "a função social consiste em uma série de encargos ônus e estímulos que formam um complexo de recursos que remetem o proprietário a direcionar o bem às finalidades comuns" (FARIAS, Cristiano Chaves; ROSENVALD, Nelson. *Curso de direito civil* – Direitos reais. 8. ed. Salvador: JusPodivm, 2012. p. 314. v. 5).

[18] TEPEDINO, Gustavo. *Comentários ao Código Civil*. São Paulo: Saraiva, 2011. p. 242-243. v. XIV.

[19] SCHREIBER, Anderson. Função social da propriedade na prática jurisprudencial brasileira. *Revista Trimestral de Direito Civil*, Rio de Janeiro, v. 6, p.159-182, 2000.

[20] SCHREIBER, Anderson. Função social da propriedade na prática jurisprudencial brasileira. *Revista Trimestral de Direito Civil*, Rio de Janeiro, v. 6, p. 159-182, 2000.

[21] PERLINGIERI, Pietro. *Perfis do direito civil* – Introdução ao direito civil constitucional. Tradução de Maria Cristina de Cicco. 3. ed. Rio de Janeiro: Renovar, 2007. p. 226.

[22] FACHIN, Luiz Edson. *A função social da posse e a propriedade contemporânea*: uma perspectiva da usucapião imobiliária rural. Porto Alegre: Fabris, 1988. p. 19-20.

[23] "De mais a mais, tecnicamente, a propriedade deixa de ser estudada como mero direito subjetivo tendencialmente pleno, a respeitar apenas certos limites externos, de feitio negativo, tornando-se, isso sim, situação jurídica subjetiva complexa, a abranger também deveres (positivos) ao titular, além de ônus, sujeições etc." (MONTEIRO FILHO, Carlos Edison do Rêgo. Problemas de campo e cidade no ordenamento jurídico brasileiro em tema de

a coletividade tem o dever de respeitar e de não ingerir na esfera do titular, enquanto este, por outro lado, deverá conformar a sua propriedade aos interesses extraproprietários, extraindo seu sentido e alcance, em cada caso, da função solidarista do ordenamento.[24]

Sendo assim, enquanto "no perfil estrutural, a relação de propriedade é ligação entre situação do proprietário e aqueles que entram em conflito com esta e constituem centros de interesses antagônicos",[25] no aspecto funcional prevalece a propriedade vista como relação "entre proprietário e terceiros; entre proprietário e vizinhos, entre proprietário e Estado, entre proprietário e entes públicos",[26] em que "existe relação – não de subordinação –, mas de cooperação".[27] Atualmente, então, estrutura e função devem estar condicionadas à natureza solidarista do ordenamento, de modo a realizar tanto quanto possível as garantias existenciais, não em detrimento das patrimoniais, mas como um todo equacionado em prol da pessoa humana.[28]

Deste modo, a funcionalidade que, por força do ordenamento constitucional solidarista consubstancia-se em uma função social, está entranhada na própria estrutura das situações subjetivas complexas, sendo reflexo direto do ordenamento jurídico contemporâneo que efetiva "ao lado da função de tutela ou garantia, cada vez mais, a função de promover".[29] Afinal, não havia mais sentido manter a lógica repressiva do Estado Liberal, no qual se sancionava negativamente quem contrariasse os interesses coletivos, enquanto que hoje, ao revés, busca-se em um Estado promocional incentivar as condutas coletivamente favoráveis, instituindo sanções positivas que se mostram capazes de estimular as atividades do proprietário, constituindo uma genuína obrigação de fazer e não fazer em prol da coletividade.[30] E, neste contexto, considera-se que,

> Em um sistema inspirado na solidariedade política, econômica e social e ao pleno desenvolvimento da pessoa humana, o conteúdo da função social assume um papel tipo promocional, no sentido de que a disciplina das formas de propriedade e suas

---

usucapião. In: MONTEIRO FILHO, Carlos Edison do Rêgo; GUEDES, Gisela Sampaio da Cruz; MEIRELES, Rose Melo Vencelau (Org.). *Direito civil*. Rio de Janeiro: Freitas Bastos, 2015. p. 332).

[24] No mesmo sentido, "a funcionalização da propriedade introduz critério de valoração da titularidade, que passa a exigir atuação positiva de seu titular, afastando-se, em última análise, de sua tradicional feição de direito subjetivo absoluto, limitado apenas negativamente, para se converter em situação jurídica complexa, que ostenta poderes, deveres, ônus e responsabilidade, destinados ao atendimento de interesses extraproprietários a serem definidos no âmbito de cada relação jurídica. Altera-se, assim, a concepção tradicional do domínio (como garantia patrimonial), de modo a legitimá-lo e justifica-lo no seio das relações sociais de aproveitamento da riqueza e de efetivação dos direitos fundamentais (como acesso à vida digna)" (TEPEDINO, Gustavo. A função social nas relações patrimoniais. In: MONTEIRO FILHO, Carlos Edison do Rêgo; GUEDES, Gisela Sampaio da Cruz; MEIRELES, Rose Melo Vencelau (Org.). *Direito civil*. Rio de Janeiro: Freitas Bastos, 2015. p. 265).

[25] PERLINGIERI, Pietro. *Perfis do direito civil* – Introdução ao direito civil constitucional. Tradução de Maria Cristina de Cicco. 3. ed. Rio de Janeiro: Renovar, 2007. p. 221-222.

[26] PERLINGIERI, Pietro. *Perfis do direito civil* – Introdução ao direito civil constitucional. Tradução de Maria Cristina de Cicco. 3. ed. Rio de Janeiro: Renovar, 2007. p. 221-222.

[27] PERLINGIERI, Pietro. *Perfis do direito civil* – Introdução ao direito civil constitucional. Tradução de Maria Cristina de Cicco. 3. ed. Rio de Janeiro: Renovar, 2007. p. 221-222.

[28] MONTEIRO FILHO, Carlos Edison do Rêgo. Usucapião urbana independente de metragem mínima: uma concretização da função social da propriedade. *Revista Brasileira de Direito Civil*, v. 2, 2014. p. 14. Disponível em: <https://www.ibdcivil.org.br/rbdc.php?ip=123&titulo=%20VOLUME%202%20l%20Out-Dez%202014&category_id=32&arquivo=data/revista/volume5/rbdcivil-volume-2.pdf>. Acesso em: 10 ago. 2016.

[29] BOBBIO, Norberto. *A função promocional do direito*. Da estrutura à função: novos estudos de teoria do direito. Rio de Janeiro: Manole, 2007. p. 13.

[30] BOBBIO, Norberto. *A função promocional do direito*. Da estrutura à função: novos estudos de teoria do direito. Rio de Janeiro: Manole, 2007.

interpretações deveriam ser atuadas para garantir e promover os valores sobre os quais se funda o ordenamento jurídico.[31]

Quis o constituinte originário garantir no art. 5º, inc. XXII, da Constituição Federal, o direito fundamental à propriedade e, logo em seguida, no inc. XXIII, assegurar que "a propriedade atenderá a sua função social", ou seja, ao passo que reconheceu, de um lado, o direito de propriedade, do outro criou a obrigação para o titular de dar ao bem destinação condizente com a função social, havendo, desta forma, a união indissociável entre a propriedade e a sua função social.

Com isto, parece não restar dúvida de que a função social passa a fazer parte não só do núcleo interno do domínio, mas da própria situação jurídica, configurando-se como elemento capaz de fazer a ponte entre os preceitos democráticos e o núcleo individual do proprietário que, no exercício dos direitos de usar, gozar e dispor, deverá conformar a estrutura da propriedade à função social, funcionalizando-a aos valores sociais e existenciais do ordenamento, uma vez que a "ausência da função social faz com que falte razão da garantia e do reconhecimento do direito de propriedade".[32]

Torna-se, deste modo, cogente a conformação do núcleo interno do domínio e da própria situação jurídica às mutáveis questões socialmente relevantes e, para que o intérprete extraia o alcance e o sentido da função social em cada caso que se coloca em concreto,[33] deverá pautar-se na sistemática, axiologia e teleologia da Constituição Federal, uma vez que "o núcleo do conceito de função social da propriedade está no condicionamento do proprietário à realização dos valores constitucionais e ao atendimento dos interesses não proprietários considerados socialmente relevantes".[34]

É de se perceber, pelos apontamentos anteriores, o processo de mudança paradigmática que atinge o direito brasileiro desde o advento do marco legal instituído pela Constituição Federal de 1988. O influxo e a expansividade da normatividade constitucional – e em seu bojo a centralidade dos direitos fundamentais e incorporação de valores éticos – a todos os espaços de regulação jurídico-estatal são características marcantes deste período.

A conformação jurídica das propriedades está também sujeita a uma revisão e atualização, tendo em vista os novos paradigmas e proposições teóricas. Esta revisão alcança todas as situações jurídicas proprietárias, e a função social da propriedade assume diversas feições em atendimento às diversas situações fáticas. Assim, são exemplos normativos constitucionais de adequação da propriedade à sua função social, isto é, aos diversos interesses não proprietários, sobretudo, conformando os interesses patrimoniais aos de natureza existencial, condicionando a tutela do domínio ao atendimento à dignidade da pessoa humana.

---

[31] PERLINGIERI, Pietro. *Perfis do direito civil* – Introdução ao direito civil constitucional. Tradução de Maria Cristina de Cicco. 3. ed. Rio de Janeiro: Renovar, 2007. p. 226.

[32] PERLINGIERI, Pietro. *Perfis do direito civil* – Introdução ao direito civil constitucional. Tradução de Maria Cristina de Cicco. 3. ed. Rio de Janeiro: Renovar, 2007. p. 229.

[33] "Elementos estruturais são estáticos, o elemento funcional é dinâmico e assume um papel decisivo de controle sobre os demais" (TEPEDINO, Gustavo. *Comentários ao Código Civil*. São Paulo: Saraiva, 2011. p. 240. v. XIV).

[34] MONTEIRO FILHO, Carlos Edison do Rêgo. Usucapião urbana independente de metragem mínima: uma concretização da função social da propriedade. *Revista Brasileira de Direito Civil*, v. 2, 2014. p. 14. Disponível em: <https://www.ibdcivil.org.br/rbdc.php?ip=123&titulo=%20VOLUME%202%201%20Out-Dez%202014&category_id=32&arquivo=data/revista/volume5/rbdcivil-volume-2.pdf>. Acesso em: 10 ago. 2016.

O exercício do direito de propriedade precisa estar vinculado às suas finalidades econômicas e sociais, de modo a se conformar ao princípio da função social "como aspecto interno redefinidor do núcleo de poderes do proprietário".[35] O mesmo raciocínio deve ser aplicado aos direitos autorais, em que o direito patrimonial do autor sobre a obra deve ser exercido em observância aos interesses da coletividade e a valores constitucionalmente assegurados.

1.2 A função social dos direitos autorais

A propriedade intelectual em geral[36] e os direitos autorais[37] em particular estão previstos dentro do conjunto normativo constitucional de proteção das propriedades, estando, portanto, igualmente sujeitos a se conformar à função social da propriedade. Embora esta necessária adequação esteja explícita no caso da propriedade industrial, o mesmo não acontece com relação aos direitos autorais.

Nos direitos autorais, a função social se expressa principalmente através das limitações, inseridas na legislação especial.[38] Embora problemática complexa, a questão central atual sobre as limitações é saber se sua interpretação deve ser taxativa e exaustiva e, portanto, restrita exclusivamente ao estabelecido na lei de direitos autorais, ou, o contrário, se deve ser exemplificativa e extensiva, abarcando situações além das previstas na legislação.

A partir da percepção de que os "direitos não são inatos, imutáveis, neutros ou absolutos";[39] ressaltando que apesar "das veementes exaltações sobre os efeitos do interesse público na delimitação dos aspectos privatistas da proteção, boa parte de nossa doutrina aponta para uma interpretação restritiva desses limites",[40] em razão do "apego à tradição e desprezo pelas limitações",[41] "a revisão dos institutos de direitos autorais, de modo a adequá-los tanto à sociedade como aos sistema jurídico contemporâneo, é uma demanda inafastável para a doutrina".[42] Até porque é de se observar "uma assimetria entre a despatrimonialização do direito civil [...] e o que tem acontecido com os movimentos internacionais e nacionais de proteção autoral",[43] que impulsionou a revisão

---

[35] TEPEDINO, Gustavo. *Comentários ao Código Civil*. São Paulo: Saraiva, 2011. p. 235-236. v. XIV.

[36] Constituição Federal, art. 5º, XXIX.

[37] Constituição Federal, art. 5º, XXVII e XVIII.

[38] SOUZA, Allan Rocha de. *A função social dos direitos autorais*: uma interpretação civil-constitucional dos limites da proteção jurídica: Brasil: 1988-2005. Campos dos Goytacazes: Ed. Faculdade de Direito de Campos, 2006.

[39] LEWICKI, Bruno Costa. *Limitações aos direitos de autor*: releitura na perspectiva do direito civil contemporâneo. 2007. 299f. Tese (Doutorado em Direito Civil) – Centro de Ciências Sociais, Faculdade de Direito, Universidade do Estado do Rio de Janeiro, Rio de Janeiro, 2007. p. 6 e ss.

[40] SOUZA, Allan Rocha de. *A função social dos direitos autorais*: uma interpretação civil-constitucional dos limites da proteção jurídica: Brasil: 1988-2005. Campos dos Goytacazes: Ed. Faculdade de Direito de Campos, 2006. p. 271.

[41] LEWICKI, Bruno Costa. *Limitações aos direitos de autor*: releitura na perspectiva do direito civil contemporâneo. 2007. 299f. Tese (Doutorado em Direito Civil) – Centro de Ciências Sociais, Faculdade de Direito, Universidade do Estado do Rio de Janeiro, Rio de Janeiro, 2007. p. 155.

[42] SOUZA, Allan Rocha. *Os direitos culturais e as obras audiovisuais cinematográficas*: entre a proteção e o acesso. 2010. 266f. Tese (Doutorado em Direito Civil) – Centro de Ciências Sociais, Faculdade de Direito, Universidade do Estado do Rio de Janeiro, Rio de Janeiro, 2010. p. 183.

[43] SOUZA, Allan Rocha. *Os direitos culturais e as obras audiovisuais cinematográficas*: entre a proteção e o acesso. 2010. 266f. Tese (Doutorado em Direito Civil) – Centro de Ciências Sociais, Faculdade de Direito, Universidade do Estado do Rio de Janeiro, Rio de Janeiro, 2010. p. 274-275.

doutrinária ocorrida no início deste século no Brasil, especialmente com a aplicação da metodologia civil-constitucional à análise das limitações de direitos autorais.

Nesse sentido, destaca-se a contribuição inaugural que enfrentou diretamente o tema da função social dos direitos autorais, propondo que "a interpretação mais adequada, e única condizente com os mandamentos constitucionais e por isso juridicamente sustentável, é a extensiva".[44] Corroborando essa perspectiva, Bruno Lewicki afirma que "não só as limitações que compõem o rol da lei autoral podem ser interpretadas extensivamente ou aplicadas por analogia como é, ainda, possível pensar em limitações não expressamente previstas".[45] Complementarmente Carlos Afonso Pereira de Souza enfrenta a questão do abuso em direitos autorais,[46] ao passo que Sérgio Vieira Branco Júnior trata do domínio público.[47] Sem esquecer outros doutrinados que também defendem que as limitações devem ser interpretadas extensivamente, tais como José de Oliveira Ascensão[48] e Denis Borges Barbosa.[49]

Na verdade, a partir do aprofundamento da análise civil constitucional, conforme desenvolvido por Allan Rocha de Souza, pode-se concluir que "os direitos autorais são justificados e funcionalizados em razão dos direitos culturais desde o seu surgimento histórico"[50] e que "os direitos autorais estão, de fato, embebidos nos direitos culturais",[51] sendo, "deste modo, insustentável a interpretação restritiva dos direitos autorais expressos na lei especial, porque não legitimada por direitos fundamentais",[52] e "isso implica em dizer que inelutavelmente a interpretação dos limites continua e continuará sendo extensiva em razão das próprias demandas da realidade",[53] conforme os interesses socialmente relevantes e, por conseguinte, protegidos pela Constituição Federal, já tendo inclusive sido demonstrada a progressiva efetivação dos direitos fundamentais às relações de direitos autorais no Supremo Tribunal Federal (STF).[54]

As limitações revelam a incidência da normatividade constitucional sobre os direitos autorais, vez que demonstram hipóteses em que os direitos da coletividade sobrepor-se-ão às pretensões patrimoniais do autor, servindo, portanto, como porta de entrada para que princípios normativos como a função social da propriedade ganhem espaço no âmbito do direito autoral.

---

[44] SOUZA, Allan Rocha. *Os direitos culturais e as obras audiovisuais cinematográficas*: entre a proteção e o acesso. 2010. 266f. Tese (Doutorado em Direito Civil) – Centro de Ciências Sociais, Faculdade de Direito, Universidade do Estado do Rio de Janeiro, Rio de Janeiro, 2010. p. 319.

[45] LEWICKI, Bruno Costa. *Limitações aos direitos de autor*: releitura na perspectiva do direito civil contemporâneo. 2007. 299f. Tese (Doutorado em Direito Civil) – Centro de Ciências Sociais, Faculdade de Direito, Universidade do Estado do Rio de Janeiro, Rio de Janeiro, 2007. p. 174.

[46] SOUZA, Carlos Affonso Pereira de. *Abuso do direito autoral*. 2009. Tese (Doutorado em Direito Civil) – Centro de Ciências Sociais, Faculdade de Direito, Universidade do Estado do Rio de Janeiro, Rio de Janeiro, 2009.

[47] BRANCO JÚNIOR, Sérgio Vieira. *Direitos autorais na internet e o uso de obras alheias*. Rio de Janeiro: Lumen Juris, 2007.

[48] ASCENSÃO, José de Oliveira. *Direito da internet na sociedade de informação*. Rio de Janeiro: Forense, 2002.

[49] BARBOSA, Denis Borges. *Direito autoral*: apresentações gratuitas. Disponível em: <http://denisbarbosa.addr.com/88.DOC>. Acesso em: 10 ago. 2016.

[50] SOUZA, Allan Rocha de. *Os direitos culturais no Brasil*. Rio de Janeiro: Azougue, 2012. p. 131.

[51] SOUZA, Allan Rocha de. *Os direitos culturais no Brasil*. Rio de Janeiro: Azougue, 2012. p.133.

[52] SOUZA, Allan Rocha de. *Os direitos culturais no Brasil*. Rio de Janeiro: Azougue, 2012. p.136.

[53] SOUZA, Allan Rocha de. *Os direitos culturais no Brasil*. Rio de Janeiro: Azougue, 2012. p. 137.

[54] SOUZA, Allan Rocha; ALMEIDA JR., Vitor de Azevedo; SOUZA, Wemerton Monteiro. Os direitos autorais na perspectiva civil-constitucional. *Revista Brasileira de Direito Civil*, Curitiba, v. 8, p. 9-31, abr./jun. 2016.

Nessa esteira, fez-se necessária a análise das decisões a respeito na jurisprudência do Superior Tribunal de Justiça, a fim de extrair, diante de sua aplicação, o sentido e o alcance do princípio da função social nos direitos autorais e em que medida a práxis dos tribunais incorporaram as análises, reflexões e propostas doutrinárias.

Sendo as limitações fruto da harmonização entre os direitos autorais e outros valores constitucionais igualmente relevantes, estas não podem desconsiderar o direito do autor ou titular da obra, sendo por isso importante a existência de restrições para que não haja conflito entre tais limitações e o direito patrimonial do autor. Desta forma, é importante identificar também quais são as restrições que as próprias limitações enfrentam.

Sem esquecer que, apesar de carregar consigo o estigma de ramo de essência patrimonialista, as soluções oferecidas aos problemas inerentes à regulamentação dos diretos autorais precisam estar em consonância com a Constituição Federal e os direitos fundamentais, inclusive coletivos e existenciais.

1.3 A função social dos direitos autorais na jurisprudência do Superior Tribunal de Justiça

Visando compreender como e em que condições a função social da propriedade incide sobre os direitos autorais, será analisado, nas decisões proferidas pelo Superior Tribunal de Justiça (STJ), o alcance de tal princípio na Lei nº 9.610/98, buscando-se verificar como ele tem sido aplicado pela jurisprudência, inclusive no que diz respeito à harmonização entre a função social e os direitos autorais. É esta análise que faremos nesta parte do trabalho.

1.3.1 Recurso Especial nº 964.404 – ES[55]

O Recurso Especial (REsp) nº 964.404, originário do estado do Espírito Santo, de relatoria do Ministro Paulo de Tarso Sanseverino, julgado na Terceira Turma do STJ em 15.3.2011, foi o primeiro a tratar diretamente da interpretação das limitações aos direitos autorais, entendendo-as como extensivas, consolidando-se como importante precedente para as demais decisões que também reconheceram as situações de predominância das limitações sobre as pretensões patrimoniais do autor.

O REsp tratou da possibilidade de cobrança pelo Escritório Central de Arrecadação e Distribuição (ECAD) de direitos autorais em virtude da realização de execução musical e sonorização ambiental no evento religioso, gratuito, sem fins lucrativos, no início do ano vocacional, em escola e voltado para estudantes, familiares e o corpo docente da instituição.

O Tribunal *a quo* considerou possível a cobrança de direitos autorais à ora recorrente, Mitra Arquidiocesana de Vitória, responsável pela escola religiosa. Recorrendo à subsunção como método de aplicação do direito,[56] o fato exposto foi

---

[55] STJ, Tribunal Pleno. Recurso Especial nº 964.404/ES. Rel. Min. Paulo de Tarso Sanseverino, Brasília, 15.3.2011.

[56] Quanto ao modelo fechado do método subsuntivo: "a interpretação do direito não se reduz a mera comprovação de que, em determinada situação de fato, efetivamente se dão as condições de uma consequência jurídica (um

enquadrado no art. 68, *caput*, e §3º, da Lei nº 9.60/98,[57] que versa sobre o pagamento de direitos autorais na hipótese de execuções musicais e sonorizações ambientais em locais de frequência coletiva, sem considerar as especificidades fáticas, na presunção de que a resposta ao fato social já estivesse pronta; preestabelecida.

Já em sede de recurso especial, foi sustentado pela Mitra a não violação de direitos autorais, tendo em vista que o art. 68, *caput* e §3º da Lei nº 9.610/98 não alcança as entidades religiosas. Defendeu também a recorrente a incidência do art. 46, VI,[58] da mesma lei, para afastar a ofensa aos direitos autorais face a representação teatral e a execução musical realizadas com fins didáticos em estabelecimento de ensino e sem fins lucrativos.

No STJ, fora salientado pelo ministro relator que o art. 68 da Lei nº 9.610/98, que trata da necessidade de autorização do autor em hipóteses de execução pública musical em locais de frequência coletiva, dispõe apenas o âmbito de proteção *prima facie* do direito de propriedade do autor sobre sua obra. E afirma ainda que o âmbito de proteção do direito patrimonial do autor é somente definido após consideradas suas limitações. Segundo o Ministro Paulo de Tarso Sanseverino, as limitações representam a aplicabilidade direta e imediata dos direitos fundamentais que nelas se refletem.

Foi também levantada a questão da interpretação dos arts. 46, 47 e 48 da Lei nº 9.610/98, que tratam das limitações aos direitos autorais. Segundo o ministro, sustentado no entendimento doutrinário de Allan Rocha de Souza[59] e Leonardo Marcelo Poli,[60] tais restrições possuem caráter meramente exemplificativo, uma vez que refletem outros direitos fundamentais, assegurados pela nossa Carta Magna, como o acesso à cultura e educação e o direito à intimidade e à religião. Nesse sentido, as limitações aos direitos autorais previstas na legislação especial não podem ser consideradas como constituindo um rol taxativo, vez que representam o resultado da ponderação de direitos fundamentais em situações fáticas, o que impede sua limitação somente aos casos expressamente previstos em tais artigos.

O direito de autor, portanto, deve, no caso concreto, harmonizar com os demais outros direitos fundamentais que com ele se confrontam. Segundo o relator, tal harmonização, contudo, não pode ocorrer de forma arbitrária, devendo observar os limites impostos pela regra dos três passos. A regra dos três passos, também conhecida

---

dever-ser). Nesse mero exercício não há absolutamente nenhuma criação de direito" (GRAU, Eros Roberto. *Por que tenho medo dos juízes* (*a interpretação/aplicação do direito e os princípios*). 7. ed. São Paulo: Malheiros, 2016. p. 28).

[57] Lei nº 9.610 de 1998: "Art. 68. Sem prévia e expressa autorização do autor ou titular, não poderão ser utilizadas obras teatrais, composições musicais ou lítero-musicais e fonogramas, em representações e execuções públicas. [...] §3º Consideram-se locais de freqüência coletiva os teatros, cinemas, salões de baile ou concertos, boates, bares, clubes ou associações de qualquer natureza, lojas, estabelecimentos comerciais e industriais, estádios, circos, feiras, restaurantes, hotéis, motéis, clínicas, hospitais, órgãos públicos da administração direta ou indireta, fundacionais e estatais, meios de transporte de passageiros terrestre, marítimo, fluvial ou aéreo, ou onde quer que se representem, executem ou transmitam obras literárias, artísticas ou científicas".

[58] Lei nº 9.610 de 1998: "Art. 46. Não constitui ofensa aos direitos autorais: [...] IV - o apanhado de lições em estabelecimentos de ensino por aqueles a quem elas se dirigem, vedada sua publicação, integral ou parcial, sem autorização prévia e expressa de quem as ministrou".

[59] SOUZA, Allan Rocha de. *A função social dos direitos autorais*: uma interpretação civil-constitucional dos limites da proteção jurídica: Brasil: 1988-2005. Campos dos Goytacazes: Ed. Faculdade de Direito de Campos, 2006.

[60] POLI, Leonardo Marcelo. *Direito autoral*: parte geral. Belo Horizonte: Del Rey, 2008. p. 81.

como *three-step-test*, é disciplinada pela Convenção de Berna[61] e pelo Acordo TRIPS,[62] e constitui critério necessário para a admissibilidade de utilização livre de obras protegidas por direitos autorais. É recorrente a utilização da regra dos três passos para verificar se há conflito entre a proteção internacional e as limitações na legislação interna, o que não ocorre quando estas são casos especiais, que não conflitam com a exploração normal da obra e não prejudicam injustificadamente os interesses do autor ou titular. Portanto, a regra dos três passos contém critérios que devem ser também seguidos pelo magistrado no momento em que é realizada a interpretação e a aplicação das limitações ao caso concreto, a fim de que estas, que representam os interesses da coletividade, possam dialogar harmonicamente com os interesses do autor e estar adequadas às normas internacionais.

Tendo em vista que o evento objeto da lide é religioso e educacional, sem fins lucrativos, com entrada gratuita e não constitui festival de grandes proporções, configura um caso especial, em que não há conflito com a exploração normal da obra e não há prejuízo injustificado aos interesses do autor ou titular. Desta forma, pelos motivos acima expostos, foi entendido que a hipótese em questão não infringe a regra dos três passos e está alcançada pela interpretação extensiva das limitações. Neste sentido, a Turma, por unanimidade, decidiu que a reprodução musical em evento com finalidade religiosa, de entrada gratuita e menores proporções, como se verifica no caso em questão, se enquadra na hipótese de limitação aos direitos autorais. Assim, foi excluída a cobrança de direitos autorais pelo ECAD em relação ao evento religioso e dado provimento parcial ao recurso especial, em razão da

> Necessidade interpretação sistemática e teleológica do enunciado normativo do art. 46 da Lei n. 9610/98 à luz das limitações estabelecidas pela própria lei especial, assegurando a tutela de direitos fundamentais e princípios constitucionais em colisão com os direitos do autor, como a intimidade, a vida privada, a cultura, a educação e a religião.

Considerando ainda que

> O âmbito efetivo de proteção do direito à propriedade autoral (art. 5º, XXVII, da CF) surge somente após a consideração das restrições e limitações a ele opostas, devendo ser consideradas, como tais, as resultantes do rol exemplificativo extraído dos enunciados dos artigos 46, 47 e 48 da Lei 9.610/98, interpretadas e aplicadas de acordo com os direitos fundamentais.

---

[61] Decreto nº 75.699 de 1995, art. 9, alínea 2: "Às legislações dos países da União reserva-se a faculdade de permitir a reprodução das referidas obras em certos casos especiais, contanto que tal reprodução não afete a exploração normal da obra nem cause prejuízo injustificado aos interesses legítimos do autor".

[62] Decreto nº 1.355 de 1994: "Art. 13. Os Membros restringirão as limitações ou exceções aos direitos exclusivos a determinados casos especiais, que não conflitem com a exploração normal da obra e não prejudiquem injustificavelmente os interesses legítimos do titular do direito".

1.3.2 Recurso Especial nº 1.371.835 – SP

Diferentemente, no Recurso Especial nº 1.371.835,[63] julgado em 26.9.2013, a controvérsia cingia sobre a possibilidade de execução musical em qualquer evento religioso e gratuito que a Diocese de Jaboticabal viesse a promover futuramente, sem a necessidade de autorização prévia e da cobrança dos direitos autorais.

A Diocese ajuizou ação com a finalidade de obter "declaração de não obrigatoriedade da prévia autorização e o posterior recolhimento de direitos autorais em razão da reprodução de músicas em eventos religiosos e gratuitos ao público",[64] tendo o juízo de primeiro grau negado provimento ao pedido. Interposto recurso de apelação, o Tribunal de Justiça do Estado de São Paulo deu provimento ao pedido, considerando a inexistência de abuso no uso de obras protegidas pelos direitos autorais e decidindo pela não obrigatoriedade de pagamento pela execução pública musical ao ECAD, vez que os eventos tratados pelo recurso não possuem pretensões lucrativas.

No recurso especial em análise, interposto pelo ECAD, foi argumentado que ocorreu violação aos arts. 28, 29 e 68, §3º, da Lei nº 9.610/98, que trata de hipótese em que há execuções públicas de músicas em locais de frequência coletiva, sendo devido o pagamento de direitos autorais. Deste modo, a obrigatoriedade do pagamento, de acordo com a recorrente, não está vinculada à existência de lucro direto ou indireto pela Diocese, conforme havia sido por esta sustentada.

Na decisão do presente recurso, foram acolhidas pelo Ministro Paulo de Tarso Sanseverino as razões apresentadas pelo ECAD. Segundo o ministro relator, o caso tratado pelo recurso em análise – diferentemente do Recurso Especial nº 964.404, que também versa sobre execução musical em evento religioso – não preenche todos os critérios exigidos pela regra dos três passos. Apesar de a festividade em questão não visar o lucro, não trata ela de caso excepcional, uma vez que a não autorização prévia pelo ECAD abrangeria todos os eventos realizados pela Diocese. Consequentemente, caso permitidos e não devidos direitos autorais sobre qualquer evento realizado pela recorrida, apesar da ausência de pretensões lucrativas, poderia haver prejuízos injustificados aos interesses do autor e confronto com a exploração normal da obra, ofendendo, assim, o estabelecido nos tratados que disciplinam a matéria.

1.3.3 Recurso Especial nº 1.320.007 – SE

Já o Recurso Especial nº 1.320.007,[65] proveniente de Sergipe, julgado em 4.6.2013, versa sobre a realização de evento educacional-religioso pelo Centro de Treinamento Bíblico Rhema Brasil Aracajú, ora recorrente, em que houve a cobrança de direitos autorais pelo ECAD em razão da execução musical em cerimônia de formatura da instituição educacional bíblica. Sustenta o ECAD ter ocorrido execução pública de obras musicais, conforme preceitua o art. 68, §2º, da Lei de Direitos Autorais, bem como violação à regra dos três passos, sendo, por isso, os direitos autorais devidos pela recorrente.

---

[63] STJ, Tribunal Pleno. Recurso Especial nº 1.371.835/SP. Rel. Min. Paulo de Tarso Sanseverino, Brasília, 26.3.2013.

[64] STJ, Tribunal Pleno. Recurso Especial nº 1.371.835/SP. Rel. Min. Paulo de Tarso Sanseverino, Brasília, 26.3.2013.

[65] STJ, Tribunal Pleno. Recurso Especial nº 1.320.007/RS. Rel. Min. Nancy Andrighi, 4.6.2013.

Segundo a Ministra Relatora Nancy Andrighi, ao caso em tela deve ser aplicada a interpretação extensiva da limitação prevista no art. 46, VI, da Lei nº 9.610/98, que dispõe que a execução musical realizada em recesso familiar e sem intuito lucrativo não constitui ofensa aos direitos autorais. Mais especificamente, enfrentou o conceito de "recesso familiar", decidindo que deve ser entendido em seu sentido lato, em razão da própria interpretação extensiva. Assim, a partir de uma interpretação sistemática,

> Entende-se por "recesso familiar" não apenas o recinto do lar, em sentido estritamente físico. [...] a execução que se der num local onde não seja a residência da família, mas se encontra, momentaneamente, a intenção de gerar um ambiente familiar, não deve sofrer a incidência de encargos autorais.[66]

A interpretação isolada do inc. VI do art. 46 da Lei de Direitos Autorais, desta forma, desconsidera a complexidade do ordenamento e o necessário diálogo entre a Constituição e as demais disposições infraconstitucionais. Por isso, fez-se necessária a realização da interpretação teleológica do sentido da expressão "recesso familiar", a fim de que fossem consideradas outras hipóteses que percebam a obra não só sob a perspectiva do detentor de seus direitos patrimoniais, mas também interesses coletivos, como os fundamentados no direito à educação, à religião ou acesso à cultura, que incidem diretamente sobre o caso em questão.

O evento comemorativo foi destinado e realizado com a presença do corpo docente da instituição educacional, seus alunos, familiares e amigos, não tendo sido aberto ao público em geral. Vale ressaltar, ainda, que a realização do evento foi também considerada um caso especial, pois ocorre apenas ao final de cada ano, durante dois dias seguidos. Além disso, a festividade em questão não confrontaria a exploração normal da obra, já que é restrita aos estudantes e seus familiares, não sendo aberta ao público. Também não gera o evento prejuízo injustificado aos interesses do autor, vez que sua finalidade é exclusivamente de confraternização entre alunos e familiares e de cunho religioso, sem pretensões lucrativas. Neste sentido, por maioria, o recurso especial foi conhecido e provido, tendo sido reiterada a interpretação extensiva das limitações e utilizado o precedente estabelecido pelo REsp nº 964.404, já ilustrado.

1.3.4 Agravo em Recurso Especial nº 270.923 – SP

O Agravo em Recurso Especial nº 270.923,[67] proveniente do estado de São Paulo, julgado em 21.5.2015, busca reverter a decisão em que foi entendido não ser cabível a cobrança de direitos autorais em razão da execução de músicas folclóricas em festa junina promovida de forma gratuita, sem intuito lucrativo, em estabelecimento escolar e voltada para os alunos, familiares e corpo docente da referida instituição. O ECAD, parte agravante, fundamenta suas razões alegando a ocorrência de execução pública de obras musicais, o que tornaria legítima, portanto, a cobrança de direitos autorais.

---

[66] STJ, Tribunal Pleno. Recurso Especial nº 1.320.007/RS. Rel. Min. Nancy Andrighi, 4.6.2013.
[67] STJ, Tribunal Pleno. Agravo em Recurso Especial nº 270.923/SP. Rel. Min. Raul Araújo, 21.5.2015.

Recorrendo à interpretação extensiva das limitações aos direitos autorais e aos precedentes, foi decidido pelo Ministro Relator Raul Araújo que, conforme jurisprudência já consolidada no Superior Tribunal de Justiça,[68] às festas juninas é aplicável o art. 46, VI, da Lei nº 9.610/98, que dispõe não constituir ofensa aos direitos autorais a execução musical para fins exclusivamente didáticos, nos estabelecimentos de ensino e sem intuito lucrativo. Salientou o ministro, ainda, que o evento em questão possui finalidade de integração entre a família e a escola. Portanto, há a incidência direta do direito fundamental à educação.

Nessa esteira, a decisão proferida no Tribunal de origem está em consonância com a jurisprudência do STJ no sentido de reconhecer como indevida a cobrança de direitos autorais em eventos promovidos com intuito didático, pedagógico ou de integração pelos estabelecimentos de ensino e sem fins lucrativos. Por isso, o relator negou provimento ao agravo, reiterando e fortalecendo o entendimento de interpretação extensiva das limitações aos direitos autorais.

1.3.5 Recurso Especial nº 1.343.961 – RJ

No Recurso Especial nº 1.343.961,[69] originado no estado do Rio de Janeiro, julgado em 6.10.2015, a controvérsia cingia sobre necessidade de permissão prévia e pagamento pela exposição de uma pintura artística em cenário de filme publicitário. A ora recorrente Flávia Silveira Serejo, autora da pintura, ajuizou ação em face de TNL PCS S.A. Arquivo Contemporâneo Ltda. e TV Zero Produções Audiovisuais Ltda., alegando que entregou em consignação à TNL uma tela de sua criação, denominada "Rupestre", para exposição e venda. Segundo a recorrente, tal obra, enquanto permanecia na posse da recorrida Arquivo Contemporâneo Ltda., apareceu em cenário de filme publicitário da TNL PCS S.A., cuja produção a TV Zero Produções Audiovisuais Ltda., também ré, fora responsável. De acordo com Flávia Siqueira, a tela foi indevidamente utilizada para publicidade, vez que não houve sua permissão prévia para tal, conforme determina a Lei de Direitos Autorais, tendo as rés, por isso, se utilizado da obra em benefício próprio. Alega também que, além da ausência de autorização, não houve atribuição de autoria, causando-lhe danos morais. Além disso, destaca a autora que, no caso em tela, não há interesse público envolvido, e sim destinação meramente comercial, fato que afastaria a incidência das limitações previstas no art. 46, VIII, da Lei nº 9.610/98.

Na decisão, foi sustentado pelo Ministro Relator Luis Felipe Salomão a necessidade de harmonização entre a proteção aos direitos patrimoniais e morais do autor e o desenvolvimento cultural da sociedade. Tal desenvolvimento é alcançado quando há a possibilidade de acesso, por parte da coletividade, às obras artísticas, científicas ou intelectuais, o que, quando se trata de obra protegida, se contrapõe aos interesses patrimoniais do autor, já que, em diversas situações, pressupõe o uso da obra sem necessidade de autorização ou pagamento.

---

[68] Recurso Especial nº 1.320.007/SE; Agravo Regimental no Recurso Especial nº 1.278.263/RJ; Recurso Especial nº 964.404/ES.

[69] STJ, Tribunal Pleno. Recurso Especial nº 1.343.961/RJ. Rel. Min. Luis Felipe Salomão, 6.10.2015.

Ao contrário do alegado pela autora, o interesse coletivo incide ao caso e, por isso, precisa conformar os direitos autorais à sua função social, consoante dispõe o inc. XXIII do art. 5º da Constituição Federal de 1988, representada aqui pela limitação prevista no inc. VIII do art. 46 da Lei de Direitos Autorais, que trata da possibilidade de uso livre de pequenos trechos de obras preexistentes, sempre que a reprodução não seja o objetivo principal da nova obra e não prejudique a exploração normal da obra reproduzida, tampouco cause prejuízos injustificados aos interesses do autor. A fim de tornar efetiva a aplicação da função social no que concerne à utilização da obra em filme publicitário, foi realizada, na decisão proferida pelo Ministro Luis Felipe Salomão, uma interpretação extensiva do art. 46 da Lei de Direitos Autorais.

Quanto à expressão "pequenos trechos", conforme explicitado pelo ministro, foi disposta pelo legislador com a intenção de demonstrar a natureza acessória da obra reproduzida, de tal forma que não prejudica injustificadamente os interesses do autor, o que, consequentemente, também vai ao encontro dos critérios exigidos pela regra dos três passos. No caso tratado pelo recurso, a tela utilizada para o filme não foi o objeto da publicidade, aparecendo neste apenas de forma acessória, fato que afasta prejuízos patrimonial e moralmente. Assim, a tela exposta no filme publicitário promovido por um dos recorridos corresponde a pequeno trecho de obra artística preexistente, não havendo, portanto, prejuízo advindo de sua exposição para a recorrente. Assim, o recurso especial não foi provido.

1.3.6 Agravo em Recurso Especial nº 818.567 – SP

De igual modo, no Agravo em Recurso Especial nº 818.567,[70] do estado de São Paulo, julgado em 2.2.2016, foram reconhecidas a incidência das limitações e a consequente possibilidade de uso livre de trecho da obra. Na hipótese, a Sociedade Brasileira de Cardiologia, ora agravante, elaborou um livro de nome *Título de Especialista em Cardiologia – Guia de Estudo*, destinado a médicos e a estudantes da área, em que havia um grande número de citações de questões relativas a exames. A SJT Saúde Educação Cultura e Editora Ltda., então agravada, por sua vez, alegou violação aos direitos autorais, afirmando serem estes devidos já que fora grande o percentual de citações no livro em questão.

Na decisão, o Ministro Relator Luis Felipe Salomão reconheceu não haver quaisquer violações ao direito de autor. Segundo o ministro, além de a obra em questão ter finalidade e conteúdo diversos da fonte das citações, está a presente hipótese inserida no art. 46, III, da Lei nº 9.610/98, que preceitua não constituir ofensa aos direitos autorais a citação, em qualquer meio de comunicação, de passagens de obra para fins de estudo, crítica ou polêmica, na medida justificada para o fim a atingir.

Segundo o relator, as citações foram utilizadas para fins didáticos, já que o livro fora confeccionado com o intuito de auxiliar médicos que procuram especialização na área de cardiologia. Assim, as questões de exames foram inseridas no livro *Título de Especialista em Cardiologia – Guia de Estudo* para fins de assistência aos interessados na

---

[70] STJ, Tribunal Pleno. Agravo em Recurso Especial nº 818.567/SP. Rel. Min. Luis Felipe Salomão, 29.4.2016.

obtenção de tal especialização, uma vez que foram comentadas e discutidas na obra produzida pela Sociedade Brasileira de Cardiologia.

Percebe-se, mais uma vez, a incidência de dois direitos fundamentais na hipótese em análise: o direito à educação, na medida em que a obra possui finalidade de estudo, e os direitos autorais, já que este reflete o direito patrimonial exclusivo do titular sobre a obra através da cobrança de seu uso por terceiros. Desta forma, como a hipótese em questão não se confronta com nenhum dos requisitos exigidos pela regra dos três passos e têm como intuito satisfazer os interesses educacionais de determinado grupo, foi considerado como preponderante na ponderação o direito à educação. Por conseguinte, foi decidido não ser devido o pagamento de direitos autorais, nem necessidade de autorização prévia, tendo sido negado provimento ao agravo.

Considerações finais

A partir da análise das decisões, verifica-se a consolidação pelo STJ da interpretação extensiva das limitações aos direitos autorais. Firma-se assim o entendimento de que as limitações não abarcam apenas as hipóteses expressamente previstas em lei, mas também outras situações em que os direitos da coletividade se sobrepõem aos direitos patrimoniais do autor. Com isso, assevera-se que a Lei de Direitos Autorais deve ser interpretada sob uma perspectiva sistemática, em diálogo com a Constituição Federal e influenciada pela axiologia irradiada dos direitos fundamentais. E, também, a ser aplicada sob uma perspectiva teleológica, uma vez que o os direitos patrimoniais do autor, como todas as formas proprietárias, precisa estar funcionalizado, vinculado aos interesses socialmente relevantes do ordenamento, conforme estabelecido na Constituição Federal. Desta forma, reconhece-se que o direito do titular sobre a obra, em razão da função social da propriedade, não tem caráter absoluto e deve ser também funcionalizado, atraindo para si a incidência de outros direitos igualmente fundamentais que com ele devem ser harmonizados.

Conforme demonstrado pela atual jurisprudência do STJ, o direito à religião, à educação, o acesso à cultura, à privacidade e à intimidade ou à liberdade de expressão são exemplos de direitos fundamentais refletidos nas limitações à exclusividade de utilização da obra. Pode-se dizer, portanto, que as limitações são a porta de entrada para a conformação dos direitos autorais à sua função social.

Tendo em vista que os direitos autorais são de mesma hierarquia que os demais direitos fundamentais que com ele convivem, faz-se imprescindível a compatibilização entre estes e, portanto, devem ser harmonizados à luz do caso concreto e conforme o princípio da proporcionalidade. A necessidade de harmonização entre o direito do titular e demais direitos fundamentais exige o reconhecimento do caráter exemplificativo do rol de limitações previsto nos arts. 46, 47 e 48 da Lei de Direitos Autorais, abarcando outras situações em que os direitos coletivos se sobreponham aos individuais. A lista exaustiva de limitações, por sua vez, mostra-se demasiadamente rasa ante à complexidade da realidade fática, pois, como bem elucida Luís Roberto Barroso, a existência de normas de mesma hierarquia que indicam soluções diferenciadas torna a subsunção insuficiente.[71]

Além disso, percebe-se, nas decisões analisadas, o uso recorrente da regra dos três passos para se estabelecer limites à própria interpretação extensiva. Em razão desta regra, deve-se verificar, para que não haja conflito entre as limitações e os direitos do autor, se estamos diante de certos casos especiais, se a utilização não prejudica a exploração normal da obra, bem como se não causa prejuízo injustificado aos legítimos interesses do autor. A regra dos três passos é utilizada como diretriz de cumprimento obrigatório pelos países signatários na promoção do equilíbrio entre os interesses do autor e da coletividade como um todo, já que busca assegurar que as limitações aos direitos autorais não causem demasiado prejuízo às pretensões patrimoniais do titular de direitos autorais.

O advento da constitucionalização do ordenamento jurídico tornou um imperativo a interpretação sistemática, teleológica e sob a axiologia constitucional de todas as leis infraconstitucionais – o que inclui a Lei de Direitos Autorais. Assim, a interpretação extensiva das limitações, além de fazer incidir a axiologia constitucional e os direitos fundamentais nos direitos autorais, consagra a direta aplicabilidade do princípio da função social da propriedade à Lei nº 9.610/98.

Esta mudança no entendimento do Tribunal deve ser especialmente creditada à influência da doutrina especializada, que, como demonstrado, a partir do recurso à metodologia civil-constitucional, primeiro desenvolveu argumentos e reconheceu a obrigatoriedade de harmonização entre os direitos autorais e os demais direitos fundamentais, em razão da força normativa da Constituição, e, por consequência, a aplicação da função social da propriedade aos direitos autorais, bem como da interpretação extensiva das limitações previstas na legislação especial.

Informação bibliográfica deste texto, conforme a NBR 6023:2002 da Associação Brasileira de Normas Técnicas (ABNT):

FAIRBANKS, Alexandre de Serpa Pinto; FERREIRA, Luisa Lemos. A função social dos direitos autorais no Superior Tribunal de Justiça. In: TEPEDINO, Gustavo; TEIXEIRA, Ana Carolina Brochado; ALMEIDA, Vitor (Coord.). *Da dogmática à efetividade do Direito Civil*: Anais do Congresso Internacional de Direito Civil Constitucional – IV Congresso do IBDCivil. 2. ed. rev., ampl. e atual. Belo Horizonte: Fórum, 2019. p. 659-675. ISBN 978-85-450-0545-2.

---

[71] BARROSO, Luís Roberto. *Curso de direito constitucional contemporâneo*: os conceitos fundamentais e a construção do novo modelo. 4. ed. São Paulo: Saraiva, 2013. p. 361.

CAPÍTULO 2

CORPOS INOMINADOS NAS MARGENS DA REALIDADE: UM ESTUDO INTERDISCIPLINAR SOBRE O DIREITO AO NOME DE TRAVESTIS E TRANSEXUAIS

GUSTAVO BORGES MARIANO

JOÃO DA CRUZ GONÇALVES NETO

2.1 Transfobia

Nas trinta primeiras semanas de 2016, até o fim de julho, a Rede Nacional de Pessoas Trans do Brasil já monitorou 80 casos de assassinatos, 29 tentativas de homicídio, 37 casos de agressão e 9 casos de suicídio de travestis, mulheres e homens transexuais.[1] Já são 845 casos de assassinatos reportados entre janeiro de 2008 e abril de 2016.[2] Essa, infelizmente, é apenas uma das contingências de uma vida não cisgênera no Brasil. Vidas que são vividas com medo, abandono, marginalização e pobreza.

Outro problema social que essas pessoas passam é em relação à incoerência entre seus nomes e seus corpos, por exemplo, no mercado de trabalho, na escola, na família e em outras instituições. Há diversos constrangimentos no cotidiano desses seres humanos por causa de uma discordância entre um documento formal e sua identidade visual, comportamental e cognitiva. Nesse sentido, a transfobia, a aversão e discriminação contra travestis e transexuais, é estrutural.

---

[1] INÍCIO. Rede Trans Brasil. Disponível em: <http://redetransbrasil.org/index.html>. Acesso em: 30 jul. 2016.

[2] INTERNATIONAL Day Against Homophobia, Transphobia & Biphobia (IDAHOT) Press Release. *Trans Respect versus Transphobia*. Disponível em: <http://transrespect.org/en/idahot-2016-tmm-update/>. Acesso em: 12 jun. 2016.

Ao observarmos a Constituição Cidadã e percebermos que um de seus principais escopos é o bem social, pergunta-se: enquanto pessoas trans não são tratadas como pessoas cisgêneras, nosso direito está garantindo igualdade e justiça? Todos são considerados sujeitos de direitos? Pessoas trans têm suas dignidades garantidas? Essas primeiras provocações constitucionais são importantes para se pensar na eficácia de direitos fundamentais de travestis e transexuais, principalmente no que tange à proteção e à promoção da dignidade da pessoa humana.

A questão desse trabalho é: a transexual e a travesti têm o direito ao nome reconhecido no Brasil? O artigo desenvolverá os seguintes objetivos para trazer elementos para uma possível resposta: delinear a efetividade do direito ao nome e do seu alcance por travestis e transexuais que querem retificar o registro civil; descrever a ideologia que atravessa o discurso contra as retificações; apresentar a complexidade do senso comum que envolve o discurso que perpassa o direito positivo, a dogmática jurídica e a jurisprudência.

2.2 Caminhos percorridos

O caminho metodológico passa pela investigação de dados sobre a transfobia com dados quantitativos e qualitativos; a pesquisa das dogmáticas constitucional, civil e civil-constitucional; o estudo da jurisprudência do Tribunal de Justiça do Estado de São Paulo e a posterior análise ideológica que atravessa os discursos referentes a transexuais e travestis. O desenvolvimento da pesquisa é baseado nas reflexões sobre a ciência do direito de Luis Alberto Warat, principalmente no que tange os seguintes pontos: sua preocupação com os excluídos da cidadania na perspectiva da alteridade; a crítica ao senso comum teórico dos juristas; e a reprodução de estereótipos arbitrária e ideológica nos discursos de juristas.

Warat demonstra a necessidade de um olhar sobre a política que envolve o direito e a dogmática jurídica, principalmente com a explicitação das relações de poder que cruzam seus discursos. São saberes que se limitam à objetividade e neutralidade, ficções essas que limitam o conhecimento em uma percepção sem os efeitos da política. Essa cientificidade jurídica seria isenta de ideologias, como se houvesse uma clara separação entre *dóxa* e episteme. Não obstante, ele atenta que o "senso comum teórico não deixa de ser uma significação extra-conceitual no interior de um sistema de conceitos, uma ideologia no interior da Ciência, uma *dóxa* no interior da episteme".[3] Ainda nessa linha, esses conhecimentos compartilhados não passariam de imagens que criam ilusões de serem dados "claros, transparentes, que podem ser interpretados, com segurança, mediante uma razão comandada pela intuição".[4] Constrói-se, portanto, um regime daquilo que é verdade ou não.

Esse regime é um conjunto de práticas e discursos que definem o que é o sexo, sua função reprodutora e a marginalização do prazer em razão das normas higiênicas,

---

[3] WARAT, Luís Alberto. Saber crítico e senso comum teórico dos juristas. In: WARAT, Luís Alberto. *Epistemologia e ensino do direito*: o sonho acabou. Florianópolis: Fundação Boiteux, 2004. p. 30.

[4] WARAT, Luís Alberto. Saber crítico e senso comum teórico dos juristas. In: WARAT, Luís Alberto. *Epistemologia e ensino do direito*: o sonho acabou. Florianópolis: Fundação Boiteux, 2004. p. 34.

o sexo deve ser obediente à ciência sexual.[5] Essas normas são repassadas verticalmente em relações de poder que inserem suas intenções e demandas através dos discursos. O saber é colonizado pelo poder e os objetos de conhecimento são, portanto, apenas apreensíveis dentro da moldura saber-poder apresentada pelo discurso.[6] O ser vai sendo domesticado a modos de viver seu corpo, sendo reinserido em campos simbólicos de violência e castração aos desejos.[7]

Essas verdades vão sendo reproduzidas socialmente e se acomodam no senso comum de forma naturalizada, como verdades pressupostas e supostas. O estereótipo é, nesse sentido, uma palavra com conotação de sentido forte, reproduzido discursivamente,[8] que tem um impacto emotivo e que carrega uma definição persuasiva que encobre juízos de valor adquiridos pelo processo de repetição.[9] Os processos significantes envolvem o significante e o significado em uma relação de arbitrariedade, na medida em que o signo fica marcado por uma conotação de transparência ilusória, como se não fosse atravessada por vontade de produção de efeitos (persuasivos, por exemplo).[10] Ocorre uma fascinação desses sentidos, porquanto as representações são imagens que muitas vezes não permitem o acesso à complexidade das redes de significação e, consequentemente, da ideologia que permeia esses discursos com suas intenções.[11]

Enquanto o discurso tem uma ideologia, importa pensar o que se faz dessa ideologia e que sujeito é pensado a partir dela, principalmente se alguém será excluído na relação de poder do saber. "Se os outros estão excluídos eles não são cidadãos".[12] O direito e a cidadania precisam ser pensados conjuntamente, pois são elementos discursivos correlacionados quando falamos de exclusão de alguns seres humanos. A exclusão envolve dois elementos: a identidade e a autonomia. A colonização desses significantes pelo individualismo subsidia a marginalização de subjetividades. A identidade é um conceito ocidental e individualista, que separa os indivíduos em suas próprias subjetividades de outros, particularizando um indivíduo, como se a relação com o outro fosse preestabelecida com o medo pelo desconhecido. A identidade é concedida, dada, colocada, com caracteres próprios, fechados e rígidos, nesse sentido, ela é conferida a alguém para controlar e disciplinar, a fim de se obter uma segurança.[13] O sujeito da modernidade é fragmentado e visto como uma unidade desconectada do todo e assim se constrói a fantasia da "segurança".[14]

Por outro lado, cada sujeito pode ter sua autonomia, que é estabelecida não por ele sozinho, mas na relação de respeito, reconhecimento e alteridade com o *outro*. A

---

5 FOUCAULT, Michel. *A história da sexualidade*: a vontade de saber. São Paulo: Paz e Terra, 2014. p. 61.

6 FOUCAULT, Michel. *Vigiar e punir*: história da violência nas prisões. Petrópolis: Vozes, 2013. p. 30.

7 WARAT, Luís Alberto. *A rua grita Dionísio!* Rio de Janeiro: Lumen Juris, 2010. p. 115.

8 WARAT, Luís Alberto. *A digna voz da majestade*: linguística e argumentação jurídica, textos didáticos. Florianópolis: Fundação Boiteux, 2009. p. 215.

9 WARAT, Luís Alberto. *O direito e sua linguagem*. 2. ed. Porto Alegre: Sergio Antonio Fabris Editor, 1995. p. 70.

10 WARAT, Luís Alberto. *O direito e sua linguagem*. 2. ed. Porto Alegre: Sergio Antonio Fabris Editor, 1995. p. 72.

11 WARAT, Luís Alberto. Por quem cantam as sereias. In: WARAT, Luís Alberto. *Territórios desconhecidos*: a procura surrealista pelos lugares do abandono do sentido e da reconstrução da subjetividade. Florianópolis: Fundação Boiteux, 2004. p. 503.

12 WARAT, Luís Alberto. *A rua grita Dionísio!* Rio de Janeiro: Lumen Juris, 2010. p. 82.

13 WARAT, Luís Alberto. *A rua grita Dionísio!* Rio de Janeiro: Lumen Juris, 2010. p. 93.

14 ROCHA, Eduardo Gonçalves. *Sujeito de direito e subjetividade*: reflexões críticas sobre o constitucionalismo democrático. Rio de Janeiro: Lumen Juris, 2014. p. 114 e ss.

autonomia do sujeito revela sua condição de aceitar que o outro faz parte da constituição de sua própria identidade. A cultura da alteridade revela a compreensão da diferença "que permite a realização das identidades".[15]

Na questão de gênero, essa autonomia se revela da seguinte forma: "as pessoas constroem a si mesmas como masculinas ou femininas. Reivindicamos um lugar na ordem de gênero – ou respondemos ao lugar que nos é dado –, na maneira como nos conduzimos na vida cotidiana".[16] Neste trabalho o termo cisgênero será explorado e ele se localiza na ideia de "resposta ao lugar que nos é dado", pois cisgênero designa a pessoa que se comporta e se identifica com o gênero que lhe é atribuído de acordo com o sexo ao nascer.

O gênero, na mesma medida do sujeito, é uma construção de identidade, que não é estável, "é uma identidade constituída no tempo".[17] O gênero vai sendo construído com a repetição de atos, mas ele também é uma fantasia, um estereótipo, porquanto é uma imagem ideal de performatividade que "deve" ser alcançada como norma (de comportamento e de ser). O sujeito não é uma essência, por sua natureza. De acordo com Deleuze-Guattari, a única essência possível do sujeito seria o devir contínuo e sua abertura para transformações. A epistemologia da complexidade busca captar essa subjetividade que não é um lugar fixo, como uma raiz axial, mas um rizoma.[18] O conhecimento é criado sob uma moldura de intenções, ideologia e entre relações de poder.

O direito deve ser visto sobre essa ótica foucaultiana, porquanto não é qualquer um que é emissor de um discurso jurídico. Neste trabalho haverá três esferas de investigação no mundo jurídico: o legislativo, o judiciário e a dogmática. Além desse aporte teórico pós-estruturalista demonstrado, a teoria dos juristas da linha civil-constitucional será um aparato, pois percebe o direito a partir de um paradigma coletivo, preocupado com o bem-estar social, com as funções sociais e com a efetividade constitucional.

2.3 Identidades e o sistema heteronormativo

Enquanto todas as pessoas não tiverem acesso a todas as informações, enquanto práticas e vivências forem anuladas por outras, através de livros em que estas histórias não são contadas, continuaremos com os estigmas e orientando os corpos de outras pessoas.[19]

---

[15] WARAT, Luís Alberto. Por quem cantam as sereias. In: WARAT, Luís Alberto. *Territórios desconhecidos*: a procura surrealista pelos lugares do abandono do sentido e da reconstrução da subjetividade. Florianópolis: Fundação Boiteux, 2004. p. 417.

[16] CONNEL, Raewyn; PEARSE, Rebecca. *Gênero*: uma perspectiva global. Tradução de Marília Moschkovich. São Paulo: nVersos, 2015. p. 39.

[17] BUTLER, Judith. *Problemas de gênero*: feminismo e subversão da identidade. Tradução de Renato Aguiar. 7. ed. Rio de Janeiro: Civilização Brasileira, 2014. p. 38; 200.

[18] WARAT, Luís Alberto. Por quem cantam as sereias. In: WARAT, Luís Alberto. *Territórios desconhecidos*: a procura surrealista pelos lugares do abandono do sentido e da reconstrução da subjetividade. Florianópolis: Fundação Boiteux, 2004. p. 472-473.

[19] LUCON, Neto. "Destruir, e não me inserir", diz profissional do sexo Indianara Siqueira sobre sociedade. *NLUCON*, 11 fev. 2016. Disponível em: <http://www.nlucon.com/2016/02/destruir-e-nao-me-inserir-diz.html>. Acesso em: 19 jun. 2016.

Para nosso sistema jurídico, todos os indivíduos no Estado seriam sujeitos de direitos? Historicamente, travestis têm sido excluídas de nossa sociedade por não se enquadrarem no padrão heteronormativo. Foram perseguidas na ditadura, muito conhecidas como "bonecas" e eram entendidas como identidades masculinas;[20] muitas migraram para a Europa, onde se sentiam mais respeitadas, mesmo que fosse na prostituição;[21] a maioria, 90%, trabalha na prostituição atualmente, o que não significa que é, em sua totalidade, um trabalho compulsório, pois muitas são discriminadas na escola e em entrevistas de trabalho; e até hoje muitas travestis e transexuais são mortas no Brasil, sendo o país com mais assassinatos desse tipo no mundo.[22]

Como se pode explicar tamanha discriminação com as vidas desses seres humanos? Os estudos transfeministas sobre gênero têm apontado que: a) há um senso comum heteronormativo compartilhado que segrega as sexualidades "desviantes"; b) existem corpos lidos como abjetos e que algumas vidas são passíveis de luto, outras não; e c) a falta de compreensão sobre identidades não cisgêneras empurrou-as para categorias patologizadas.

A heteronormatividade é um paradigma compartilhado no senso comum social e teórico.[23] Trata-se de um padrão compulsório aos corpos, cada um deve se encaixar em um dos moldes (homem ou mulher), compartilhando uma coerência entre sexo, gênero, desejos e prazer corporal.[24] Exemplo dessa continuidade entre corpo e comportamento: a pessoa que nasce com cromossomos XY, pênis e escroto (sexo) deve se vestir e se comportar "como homem" (gênero), além de sentir desejo apenas por mulheres e de obter prazer pelo seu órgão genital.[25] As pessoas que se identificam principalmente com a coerência entre sexo designado ao nascimento e seu gênero são as chamadas cisgêneras.

A expectativa social heteronormativa é que essa coerência seja exercida a fim de manter "bons costumes" numa visão que pressupõe uma natureza fixa do corpo. Tal rigidez é expressão máxima do essencialismo, como se os corpos fossem possíveis de ser dominados e ditos por um discurso, que vem, primeiramente, da trama simbólica.

---

[20] MORANDO, Luiz. Por baixo dos panos: repressão a gays e travestis em Belo Horizonte. In: GREEN, James N.; QUINALHA, Renan (Orgs.). *Ditadura e homossexualidade*: repressão, resistência e a busca da verdade. São Carlos: EdUFSCar, 2014. p. 53-82.

[21] VARTABEDIAN, Julieta. Migraciones trans: travestis brasileñas migrantes trabajadoras del sexo en Europa. *Cad. Pagu*, Campinas, n. 42. p. 275-312, jun. 2014. Disponível em: <http://www.scielo.br/scielo.php?script=sci_arttext&pid=S0104-83332014000100275&lng=en&nrm=iso>. Acesso em: 13 jun. 2016.

[22] INTERNATIONAL Day Against Homophobia, Transphobia & Biphobia (IDAHOT) Press Release. *Trans Respect versus Transphobia*. Disponível em: <http://transrespect.org/en/idahot-2016-tmm-update/>. Acesso em: 12 jun. 2016.

[23] WARAT, Luís Alberto. Saber crítico e senso comum teórico dos juristas. In: WARAT, Luís Alberto. *Epistemologia e ensino do direito*: o sonho acabou. Florianópolis: Fundação Boiteux, 2004.

[24] BUTLER, Judith. *Problemas de gênero*: feminismo e subversão da identidade. Tradução de Renato Aguiar. 7. ed. Rio de Janeiro: Civilização Brasileira, 2014. p. 38.

[25] Há descontinuidades em qualquer um desses quatro elementos. Existem pessoas que são intersexo (não nascem com genitais em que há elementos "masculinos" e "femininos"); aquelas que não se identificam com o gênero imposto ao nascer (transexuais, travestis, transgêneros, hijras, pessoas não binárias etc.); aquelas que não sentem atração pelo gênero que "deveriam" (*gays*, lésbicas, bissexuais, pansexuais, assexuais etc.); por fim, aqueles que não materializam seus desejos apenas através de seus órgãos genitais, mas também por outras regiões corpóreas e também com objetos externos (sexo anal, sadomasoquismo etc.). Existem, por exemplo, transexuais que são homossexuais, exemplo: uma mulher transexual (que ao nascer foi lida como "homem") que se atrai por mulheres, ela é uma transexual lésbica, pois se identifica como mulher e se atrai por mulheres.

Contudo, o corpo não persegue uma lógica formal dentro do caminho sexo-gênero-desejo-prazer.

Os corpos, nessa visão, teriam apenas duas possibilidades estáticas e predefinidas: homem ou mulher, sendo que um deve se apaixonar pelo outro, necessariamente. Nesse ponto, o gênero (homem/mulher) não se desvincula da orientação sexual (heterossexualidade). O homem deve se comportar como homem e gostar de mulher, e vice-versa. Para que um elemento se realize (sexo/gênero), os outros também devem manter a coerência com essa expectativa desejante (desejo/prazer). Trata-se de uma heterossexualidade compulsória[26] ou de heterocentrismo.[27]

Tal perspectiva de diferenciação sexual foi "cientificamente" construída a partir de meados do século XVII, com alta produção entre os séculos XVIII e XX. Um dos grandes vértices dessa construção histórica é quando Lineu, no século XVIII, elegeu o grupo de mamíferos como *Mammalia*, centralizando os seios e a fêmea. Lineu, além de cientista, estava envolvido nas campanhas pelo Estado francês contra as amas-de-leite e em defesa do aleitamento materno; o leite materno era enaltecido, assim como a posição da mulher lactante. Tais campanhas redefiniriam o lugar doméstico para mulheres sob o fundamento da sua "natureza" ser essa.[28]

Os sujeitos são atravessados por esses sentidos que naturalizam as diferenças dos sexos em uma política que inferioriza e subordina a mulher e aponta o homem como sujeito universal. A mulher é vista como o oposto, o complemento do homem, por ser diferente e "mais fraca", "inferior".[29] Estar na posição feminina é se encontrar em um lócus social rebaixado, nesse contexto. A instauração e manutenção desse significado permite a dominação masculina.

Os valores diferenciados são reproduzidos sistematicamente através de um esforço social a fim de reiterar comportamentos e pensamentos, o que resulta na continuidade de atos do sujeito que se põe em cena ativamente para satisfazer a expectativa de gênero[30] da padronização subjetiva. Ao mesmo tempo em que há uma incitação da força de desejo dessa performance, há a castração da potência criadora desses corpos,[31] na medida em que não têm acesso imediato ao significado que instaura o desejo de coerência, por isso *"o desejo investe contra si mesmo e a favor do fortalecimento do status quo".*[32] Fortalecer o *status quo* é a consagração da ficção da diferença hierárquica social entre homem e mulher.

---

[26] RICH, Adrienne. Heterossexualidade compulsória e existência lésbica. *Bagoas*, n. 5, p. 17-44, 2010. Disponível em: <http://www.cchla.ufrn.br/bagoas/v04n05art01_rich.pdf>. Acesso em: 19 jun. 2016.

[27] JESUS, Jaqueline Gomes de. O conceito de heterocentrismo: um conjunto de crenças enviesadas e sua permanência. *Psico-USF*, Itatiba, v. 18, n. 3, p. 363-372, dez. 2013. Disponível em: <http://www.scielo.br/scielo.php?script=sci_arttext&pid=S1413-82712013000300003&lng=en&nrm=iso>. Acesso em: 19 jun. 2016.

[28] BENTO, Berenice. *A reinvenção do corpo*: sexualidade e gênero na experiência transexual. Rio de Janeiro: Garamond, 2006. p. 113; 120; 121.

[29] SWAIN, Tania Navarro. Desfazendo o "natural": a heterossexualidade compulsória e o continuum lesbiano. *Bagoas*, v. 4, n. 5, 2010. p. 46. Disponível em: <http://www.periodicos.ufrn.br/bagoas/article/view/2310/174>. Acesso em: 19 jun. 2016.

[30] CONNEL, Raewyn; PEARSE, Rebecca. *Gênero*: uma perspectiva global. Tradução de Marília Moschkovich. São Paulo: nVersos, 2015. p. 39.

[31] WARAT, Luís Alberto. A ciência jurídica e seus dois maridos. In WARAT, Luís Alberto. *Territórios desconhecidos*: a procura surrealista pelos lugares do abandono do sentido e da reconstrução da subjetividade. Florianópolis: Fundação Boiteux, 2004.

[32] ROLNIK, Suely. *Cartografia sentimental*: transformações contemporâneas do desejo. 2. ed. Porto Alegre: Sulina; Editora da UFRGS, 2014. p. 106. Grifos no original.

Essa produção demonstra que a manifestação corporal não está atrelada às condições reprodutoras de forma natural, mas a significados compartilhados sobre comportamento que determinam estereótipos e regimes de gênero. Por isso a famosa frase de Beauvoir: não se nasce mulher, torna-se. Da mesma forma, não se nasce homem, torna-se. A sexualidade é puro devir e o gênero se realiza performativamente.[33]

A heteronormatividade assenta a "diferença dos sexos" para reproduzir uma compreensão de que os corpos sexuados essencialmente "são determinantes do papel e status no social e de que a 'natureza' define a importância dos seres humanos de acordo com a sua biologia. A diferença dos sexos é, portanto, também política, na medida em que sela a desigualdade no social".[34] Apesar de o gênero ser uma característica individualizável, ele envolve prazer, reconhecimento, identidade, relações, fronteiras, práticas, identidades, imagens ativamente criadas em processos sociais e justiça.[35] A instituição da desigualdade com fundamento na diferença em uma hierarquia é resultado de uma trama de relação de poder que se constrói com o discurso sobre a sexualidade. Essa construção está imbricada em sua manutenção constante através dos discursos que circundam o saber sobre a verdade do que é ser homem e ser mulher. As categorias vão sendo criadas a fim de manter condições de inteligibilidade sobre os corpos no campo social com as relações de poder.

As identidades sexuais que escapam e subvertem os padrões estabelecidos politicamente pelo discurso de matriz heteronormativa são "desviantes".[36] Pode-se fazer uma primeira separação para fins de análise: orientação sexual se refere às formas de se relacionar sexual e afetivamente (heterossexual, homossexual, bissexual, assexual etc.), enquanto a identidade de gênero é o gênero com o qual a pessoa se identifica (homem, mulher, não binário, bigênero, agênero etc.). Neste trabalho, os sujeitos de direito excluídos são aqueles que não se identificam com o gênero designado no nascimento, sendo que três identidades precisam ser pontuadas: travesti, transexual e transgênero. O conceito "transgênero" pode abarcar a identidade (travestis e transexuais) ou a funcionalidade (*drag queens*, *crossdressers*, transformistas etc.).[37] Não obstante, tal termo já foi rechaçado por militantes em eventos de pessoas trans e travestis, porquanto se trata de um termo estrangeiro, pretensiosamente colonizador frente às identidades

---

[33] BUTLER, Judith. *Problemas de gênero*: feminismo e subversão da identidade. Tradução de Renato Aguiar. 7. ed. Rio de Janeiro: Civilização Brasileira, 2014.

[34] SWAIN, Tania Navarro. Desfazendo o "natural": a heterossexualidade compulsória e o continuum lesbiano. *Bagoas*, v. 4, n. 5, 2010. p. 46. Disponível em: <http://www.periodicos.ufrn.br/bagoas/article/view/2310/174>. Acesso em: 19 jun. 2016. p. 47.

[35] CONNEL, Raewyn; PEARSE, Rebecca. *Gênero*: uma perspectiva global. Tradução de Marília Moschkovich. São Paulo: nVersos, 2015. p. 43; 84.

[36] O termo "queer" foi utilizado na literatura estrangeira para subverter o seu primeiro sentido pejorativo, era usado como xingamento contra *gays*. Em português significa "estranho", "diferente", "desviante", pois é usado para caracterizar essas identidades que escapam do binarismo de gênero. Cf. LOURO, Guacira Lopes. *Um corpo estranho*: ensaios sobre sexualidade e teoria queer. Belo Horizonte: Autêntica, 2015.

[37] JESUS, Jaqueline Gomes de. *Orientações sobre identidade de gênero*: conceitos e termos. Brasília: Autor, 2012. Disponível em: <https://www.sertao.ufg.br/up/16/o/ORIENTA%C3%87%C3%95ES_POPULA%C3%87%C3%83O_TRANS.pdf?1334065989>. Acesso em: 9 jun. 2016.

brasileiras.[38] O termo transexual também teve sua entrada no Brasil[39] e teve sua origem como um estereótipo patologizado pela psiquiatria. De acordo com Jaqueline Gomes de Jesus, não obstante, esse significado é equivocado:

> A transexualidade é uma questão de identidade. Não é uma doença mental, não é uma perversão sexual, nem é uma doença debilitante ou contagiosa. [...] Transexuais sentem que seu corpo não está adequado à forma como pensam e se sentem, e querem corrigir isso adequando seu corpo ao seu estado psíquico. Isso pode se dar de várias formas, desde tratamentos hormonais até procedimentos cirúrgicos.[40]

Para Jaqueline Gomes de Jesus, já as travestis "vivenciam papéis de gênero feminino, mas não se reconhecem como homens ou como mulheres, mas como membros de um terceiro gênero ou de um não-gênero",[41] e a psicóloga frisa que a identificação da travesti é mais próxima do feminino, portanto deve-se dirigir às travestis com pronomes de tratamento femininos. A travesti não é um homem que se "traveste" de mulher, essa é uma prática de *cross-dressers*, por exemplo. A travesti também passa por alterações em seu corpo, por exemplo, colocando silicone. Como a maioria não tem condições de realizar os procedimentos cirúrgicos adequados, as bombadeiras colocam silicone industrial em seus corpos para terem seios e nádegas femininas. Infelizmente, a marginalização começa no ambiente privado: a expulsão de casa e da família. A maioria encontra nas ruas (e nos desejos de homens cisgênero) uma forma de sobreviver: a prostituição. Essas identidades vulneráveis lutam pelo reconhecimento e pela inteligibilidade dessa "feminilidade" considerada abjeta e subalterna, justamente por haver diferenças corporais em relação às mulheres cisgêneras (apesar de que, quantas mulheres cisgêneras hoje não fazem o pacto com a medicina ao colocarem silicone e depois continuar uma manutenção?).

Um corpo é considerado abjeto pelos sujeitos que descartam elementos estranhos de suas identidades. As fronteiras do corpo do *eu* são estabelecidas pelo o que "não é Eu"[42]. O corpo abjeto não é assim por natureza, mas lido como desprezível e descartável.[43] O processo de exclusão do próprio corpo significa a diferenciação entre o "meu" e o "do outro" e essa "operação da repulsa pode consolidar 'identidades' baseadas na instituição do 'Outro', ou de um conjunto de Outros, por meio da exclusão e da dominação [...] para

---

[38] CARVALHO, Mario; CARRARA, Sérgio. Em direito a um futuro trans?: contribuição para a história do movimento de travestis e transexuais no Brasil. *Sex., Salud Soc. (Rio J.)*, Rio de Janeiro, n. 14, p. 319-351, ago. 2013. Disponível em: <http://www.scielo.br/scielo.php?script=sci_arttext&pid=S1984-64872013000200015&lng=en&nrm=iso>. Acesso em: 9 jun. 2016.

[39] CARVALHO, Mario; CARRARA, Sérgio. Em direito a um futuro trans?: contribuição para a história do movimento de travestis e transexuais no Brasil. *Sex., Salud Soc. (Rio J.)*, Rio de Janeiro, n. 14, p. 319-351, ago. 2013. Disponível em: <http://www.scielo.br/scielo.php?script=sci_arttext&pid=S1984-64872013000200015&lng=en&nrm=iso>. Acesso em: 9 jun. 2016.

[40] JESUS, Jaqueline Gomes de. *Orientações sobre identidade de gênero*: conceitos e termos. Brasília: Autor, 2012. p. 7-8. Disponível em: <https://www.sertao.ufg.br/up/16/o/ORIENTA%C3%87%C3%95ES_POPULA%C3%87%C3%83O_TRANS.pdf?1334065989>. Acesso em: 9 jun. 2016.

[41] JESUS, Jaqueline Gomes de. *Orientações sobre identidade de gênero*: conceitos e termos. Brasília: Autor, 2012. p. 9. Disponível em: <https://www.sertao.ufg.br/up/16/o/ORIENTA%C3%87%C3%95ES_POPULA%C3%87%C3%83O_TRANS.pdf?1334065989>. Acesso em: 9 jun. 2016.

[42] BUTLER, Judith. *Problemas de gênero*: feminismo e subversão da identidade. Tradução de Renato Aguiar. 7. ed. Rio de Janeiro: Civilização Brasileira, 2014. p. 191.

[43] MÉLLO, Ricardo Pimentel. Corpos, heteronormatividade e performances híbridas. *Psicologia & Sociedade*, v. 24, n. 1, p. 197-207, 2012. Disponível em: <http://www.scielo.br/pdf/psoc/v24n1/22.pdf>. Acesso em: 10 ago. 2016.

fins de regulação e controles sociais".[44] A exclusão marca o lugar do que é considerado ser e aquele que é "não-ser", delimitando forçosamente uma inteligibilidade que atravessa leis, o saber e a verdade.[45] Butler ainda explica que o abjeto designa uma identidade, um lócus do sujeito que é inabitável, pois a identificação àquele lugar é temida e rechaçada socialmente, por isso "o domínio do sujeito circunscreverá sua própria reivindicação de direito à autonomia e à vida" e "o sujeito é constituído através da força da exclusão e da abjeção, uma força que produz um exterior constitutivo relativamente ao sujeito, um exterior abjeto que está, afinal, 'dentro' do sujeito, como seu próprio e fundante repúdio".[46]

O abjeto se encontra ligado ao repúdio, na medida em que precisa repudiar algo para preservar sua clausura como forma de defesa contra aquilo que ameaça sua estabilidade e sua sobrevivência.[47] As travestis e os transexuais são abjetos até certo ponto para pessoas cisgêneras justamente para que estes tentem manter um sistema padrão de corpos coesos e coerentes.

De acordo com Jorge Leite Junior, há uma alteração na concepção abjeta de uma identidade quando ela tem suas características organizadas em uma categoria. Essa domesticação do abjeto passa a ser um "monstro", que vive nos limites do saber, do humano, do mundo. No caso de travestis e transexuais, suas identidades são patologizadas no século XX, quando buscavam o "verdadeiro sexo", e estigmatizadas como anormais. Essa nova inteligibilidade pressupôs uma legitimação da violência contra elas.[48] Isso é evidente em narrativas de pessoas transexuais e travestis, pois assim afirma Sofia Favero: "*o ódio a quem quebra o padrão de gênero é tão grande, as pessoas se sentem tão ofendidas com quem não segue suas regras divinas, que a violência é a primeira resposta que conseguem atribuir*".[49]

Quem sente repúdio a travestis, transexuais e transgêneros? Pessoas cisgêneras. Epistemologicamente há um deslocamento da preocupação por identificar e entender pessoas não cisgêneras para a análise da transfobia como violência institucionalizada (ou, a preocupação passa do indivíduo não cisgênero para as normas que fornecem uma moldura de inteligibilidade).

Transfobia é o medo ou a aversão a pessoas transexuais, travestis e transgêneros, e ela tem dimensões diferentes. Legalmente não há reconhecimento positivado de identidades não cisgêneras, além de resoluções do Conselho Federal de Medicina. Na Medicina, a pessoa transexual é considerada mentalmente transtornada, sendo que no

---

[44] BUTLER, Judith. *Problemas de gênero*: feminismo e subversão da identidade. Tradução de Renato Aguiar. 7. ed. Rio de Janeiro: Civilização Brasileira, 2014. p. 191.

[45] No artigo, Butler faz uma análise filosófica de um caso real em que o corpo de uma criança é atravessado por diversos discursos da intersexualidade e da transexualidade até o ponto em que se coloca sobre si mesmo, se autodeterminando homem. Cf. BUTLER, Judith. Doing justice to someone: sex reassignment and allegories of transsexuality. *GLQ: a journal of lesbian and gays studies*, v. 7, n. 4, p. 621-636, 2001.

[46] BUTLER, Judith. Corpos que pesam: sobre os limites discursivos do "sexo". In: LOURO, Guacira Lopes (Org.). *O corpo educado*: pedagogias da sexualidade. Belo Horizonte: Autêntica, 2000. p. 112.

[47] SABSAY, Leticia Inés. *El sujeto de la performatividad*: narrativas, cuerpos y políticas en los límites del género. 2008. 480f. Tese (Doutorado) – Facultat de Filologia, Traducció I Comunicació, Universitat de Valencia, Valencia, 2009. p. 216.

[48] LEITE JUNIOR, Jorge. Transitar para onde? Monstruosidade, (des)patologização, (in)segurança social e identidades transgêneras. *Estudos Feministas*, Florianópolis, v. 20, n. 2, p. 559-568, maio/ago. 2012.

[49] LUCON, Neto. 'Não acreditem nos livros de biologia', diz Sofia Favero, criadora da 'Travesti Reflexiva'. *NLUCON*, 24 ago. 2014. Disponível em: <http://www.nlucon.com/2014/08/travesti-reflexiva-sofia-favero-transfobia.html>. Acesso em: 10 ago. 2016. Grifos nossos.

CID se tem o transtorno de identidade de gênero/transexualismo[50] e no DSM, a "disforia de gênero".[51] Ademais, a identidade travesti aparece no CID como "travestismo bivalente", caracterizada como um estado temporário, sem a vontade de realização de cirurgias e a "mudança de vestimentas" não "acompanha" a excitação sexual. Não obstante, como já exposto, a travesti vai além desse padrão: ela mantém seus prazeres corporais sem cirurgias, não obstante faz modificações no corpo para feminilizá-lo.

Socialmente, a maioria das mulheres transexuais e travestis têm lugar e horário marcado: a rua à noite. Por trabalharem como prostitutas estão sujeitas a vulnerabilidades de saúde e segurança. Essa territorialização dos corpos trans é mantida como forma de escamotear suas subjetividades e de mantê-las afastadas do exercício de cidadania plena. Esse é o reflexo do saber-poder do discurso cisgênero, no qual o lugar da abjeção é reiterado cada vez que as identidades de transexuais e de travestis são invisibilizadas e não são representadas nos discursos como sujeitos de direito.

Ocorre, portanto, uma exclusão estrutural, com dificuldades em se manter nos ambientes escolares, de alcançar um trabalho qualificado e até mesmo de utilizar banheiros.[52] Transexuais e travestis morrem excessivamente no Brasil, onde se tem "40% dos casos desde janeiro de 2008, e 42% dos casos em 2016 até agora no mundo".[53] Por conta desses casos cotidianos de transfobia, relatos de travestis e transexuais conduzirão o leitor por uma cartografia das transfobias:

> Para conseguir o uso do nome social na faculdade é uma guerra. Como se não tivéssemos o direito de usar nossos nomes em todos os ambientes. Para mim, o Estado é o maior inimigo da comunidade trans. [...] Ser trans não faz com que ninguém cometa suicídio. A transfobia e a falta de inclusão, sim, faz.[54]

Por isso a categoria de sujeito de direito, levando em consideração a existência e resistência de corpos, com subjetividades negadas e excluídas da concepção de humano, deve se manter aberta para ouvir os gritos sufocados pela heteronormatividade.

A alteração do nome é elemento que compõe a autonomia do sujeito de narrar a si mesmo como se identifica. O nome simboliza no discurso a chamada do sujeito e de seu corpo. Se seu nome está em dissonância com sua identidade, ocorre um constrangimento

---

[50] "[...] um desejo de viver e ser aceito enquanto pessoa do sexo oposto. Este desejo se acompanha em geral de um sentimento de mal-estar ou de inadaptação por referência a seu próprio sexo anatômico e do desejo de submeter-se a uma intervenção cirúrgica ou a um tratamento hormonal a fim de tornar seu corpo tão conforme quanto possível ao sexo desejado" (ORGANIZAÇÃO MUNDIAL DE SAÚDE. *Classificação Estatística Internacional de Doenças e Problemas Relacionados à Saúde - CID-10*. 2010. Disponível em: <goo.gl/xlKJ13>. Acesso em: 11 ago. 2016).

[51] "Perturbação que acompanha a incongruência entre gênero vivenciado e expresso de um indivíduo e o gênero com o qual nasceu ou que lhe foi atribuído" (APA – AMERICAN PSYCHIATRIC ASSOCIATION. *Diagnostic and Statistical Manual of Mental Diseases*. 5. ed. Washington (DC): APA, 2013. p. 451. Tradução nossa).

[52] JESUS, Jaqueline Gomes de. Transfobia e crimes de ódio: assassinatos de pessoas transgênero como genocídio. In: MARANHÃO FILHO, Eduardo (Org.). (In)visibilidade trans 2. *História Agora*, v. 16, n. 2, p. 101-123, 2013. p. 105. Disponível em: <http://jaquejesus.blogspot.com.br/2015/08/transfobia-e-crimes-de-odio.html>.

[53] INTERNATIONAL Day Against Homophobia, Transphobia & Biphobia (IDAHOT) Press Release. *Trans Respect versus Transphobia*. Disponível em: <http://transrespect.org/en/idahot-2016-tmm-update/>. Acesso em: 12 jun. 2016. Tradução nossa.

[54] LUCON, Neto. "Estado é o maior inimigo das pessoas trans", diz João Damico, que luta por cirurgia. *NLUCON*, 20 mar. 2016. Disponível em: <http://www.nlucon.com/2016/02/joao-damico-revela-luta-por-cirurgia.html>. Acesso em: 12 jun. 2016.

e uma violência contra si mesmo. Ninguém quer ser chamado por um nome com o qual não se identifica nem ser discriminado pela incoerência entre nome civil e identidade:

> Uma vez eu fui procurar trabalho com uma mulher cis em uma loja de cosmético. O rapaz que atendeu a gente disse que havia duas vagas e que a gente se encaixava no padrão que eles procuravam. Aí, quando eu entrego o currículo, o assunto muda na hora. Ele vira para a minha amiga e fala: "A sua vaga é mais garantida, né, pelo seu currículo". E vira para mim: "Você vai precisar esperar para uma próxima, porque eu vi agora que só temos uma vaga". Ou seja, tinha duas vagas até ele saber o meu nome civil...[55]

2.4 Direitos e a dignidade da pessoa humana de travestis e transexuais

No ordenamento jurídico brasileiro não há nenhuma disposição direta sobre o processo de retificação de registro civil de travestis, transexuais e transgêneros. Diferente de países que reconheceram a necessidade de regulamentar aspectos de saúde e de identificação dessa população, tais como a Argentina,[56] Malta[57] e Suécia.[58] Nova York também avançou no reconhecimento legal ao defender e garantir que no mínimo 31 gêneros diferentes denunciem atos de discriminação, entre eles os que incluem transgêneros, mulheres e homens transexuais.[59]

No Brasil, os juristas têm se debruçado sobre operações hermenêuticas para repensar os paradigmas jurídicos que envolvem a alteração de registro civil de pessoas não cisgêneras. Sem perder coerência com a linha civil-constitucional, serão analisados os seguintes princípios e regras jurídicas, que embasam a possibilidade de retificação do registro civil de transexuais e travestis: cidadania (art. 1º, II, da Constituição Federal – CF); dignidade da pessoa humana (art. 1º, III, CF); democracia (art. 1º, parágrafo único, CF); construção da sociedade livre, justa e solidária (art. 3º, I, CF); erradicação da pobreza e da marginalização e a redução de desigualdades sociais e regionais (art. 3º, IV); promoção do bem de todos, sem preconceitos de origem, raça, sexo, cor, idade e quaisquer outras formas de discriminação (art. 3º, IV, CF); igualdade (art. 5º, *caput*, CF); direito à vida privada (art. 5º, VIII, CF); direito ao próprio corpo (art. 13 do Código Civil – CC) sem constrangimento a submeter-se a intervenções médicas (art. 15, CC); direito ao nome (art. 16, CC); e direito à retificação do registro civil (arts. 55 e 58 da Lei nº 6.015/73).

A cidadania, classicamente, era definida como a qualidade que ligava um cidadão ao seu Estado, se configurando com a participação dele nas políticas da sociedade.

---

[55] LUCON, Neto. "Ser mulher transexual e negra é sofrer duas vezes", diz Valesca Dominik, a Miss T Brasil. *NLUCON*, 1º nov. 2015. Disponível em: <http://www.nlucon.com/2015/11/por-neto-lucon-assim-que-recebeu-faixa.html>. Acesso em: 12 jun. 2016.

[56] IDENTIDAD de genero – Ley 26.743. *InfoLeg*. Disponível em: <http://servicios.infoleg.gob.ar/infolegInternet/anexos/195000-199999/197860/norma.htm>. Acesso em: 12 jun. 2016.

[57] Texto do *Act XI of 2015* (TGEU. *Chapter 540 – Gender Identity, Gender Expression And Sex Characteristics Act*. Disponível em: <http://tgeu.org/wp-content/uploads/2014/02/Malta_GIGESC_2015.pdf>. Acesso em: 12 jun. 2016).

[58] Tradução para o inglês do *Gender Recognition Act* (1972:119) reformado em 2012 (TGEU. *Sweden Gender Recognition Act (Reformed 2012)*. Disponível em: <http://tgeu.org/sweden-gender-recognition-act-reformed-2012/>. Acesso em: 12 jun. 2016).

[59] NYC HUMAN RIGTHS. *Gender Identity Info Card*. Disponível em: <http://www.nyc.gov/html/cchr/html/publications/gender-identity-infocard.shtml>. Acesso em: 12 jun. 2016.

A posição do cidadão dentro do circuito político envolve seu exercício consciente dos direitos políticos. No século XX, a teorização da cidadania encaminhou o conceito à conexão com direitos fundamentais e com a dignidade da pessoa humana, justamente para que sejam propiciadas condições materiais mínimas para viver e sobreviver, na mesma medida em que há uma participação ativa do cidadão. Nesse sentido, devem ser asseguradas a liberdade-autonomia e a liberdade-participação para a efetivação de direitos fundamentais.[60] A reivindicação de Fernanda de Moraes, mulher transexual, demonstra que a cidadania não é reconhecida para qualquer pessoa no Brasil: "eu quero é que as pessoas saibam que eu sou transexual, pois quero que a minha cidadania e de outras mulheres como eu sejam garantidas".[61]

A realização política abrange a realização do sujeito em si, por isso a dignidade da pessoa humana foi reconhecida sob a égide da ideia de que o "Estado que existe em função da pessoa, não o contrário".[62] Juridicamente a dignidade tem um conteúdo ético, é uma norma jurídico-positiva e também valor fundamental para a ordem jurídica, especialmente no que tange à efetivação de direitos fundamentais. Tal valor só faz sentido e é posto por causa da intersubjetividade: como a comunidade e o sujeito se relacionam sobre o valor atribuído à pessoa e seus direitos e deveres. O Estado, portanto, tem duas funções sobre a dignidade da pessoa humana: defender (dimensão negativa) e promover o respeito (dimensão positiva).[63] Todos são passíveis de respeito e de serem defendidos como seres humanos, por isso Valesca Dominik assevera: "somos pessoas como qualquer outra. Temos sentimentos, temos sonhos, sofremos... Eu sempre pergunto: 'O que muda na sua vida eu ser trans?'. Eu acho que ninguém é obrigado a gostar de trans, mas tem que respeitar".[64]

Inobstante, "os mortos da democracia se acumulam. Se a democracia existe, ela não é para todos. Mas hoje saímos daqui com o poder de dizer. É nossa responsabilidade combater esse genocídio".[65] O Estado Democrático de Direito tem objetivos para se realizar como uma democracia, na qual há participação cidadã e a promoção de seus direitos fundamentais. Tais elementos estão entrelaçados pela busca do desenvolvimento nacional, o que requer a redução de desigualdades regionais historicamente construídas em nosso país. A erradicação da pobreza e das marginalizações é possível através de políticas públicas e da realização dos objetivos por órgãos e agentes estatais. A sociedade

---

[60] AGRA, Walber de Moura. Comentário ao artigo 1º, II. In: CANOTILHO, J. J. Gomes; MENDES, Gilmar F.; SARLET, Ingo W.; STRECK, Lenio L. (Coords.). *Comentários à Constituição do Brasil*. São Paulo: Saraiva/Almedina, 2013. p. 118-121.

[61] LUCON, Neto. "Saiam do armário", diz Fernanda de Moraes às mulheres transexuais redesignadas. *NLUCON*, 21 out. 2015. Disponível em: <http://www.nlucon.com/2015/10/saiam-do-armario-diz-fernanda-de-moraes.html>. Acesso em: 12 jun. 2016.

[62] SARLET, Ingo W. Comentário ao artigo 1º, III. In: CANOTILHO, J. J. Gomes; MENDES, Gilmar F.; SARLET, Ingo W.; STRECK, Lenio L. (Coords.). *Comentários à Constituição do Brasil*. São Paulo: Saraiva/Almedina, 2013. p. 124.

[63] SARLET, Ingo W. Comentário ao artigo 1º, III. In: CANOTILHO, J. J. Gomes; MENDES, Gilmar F.; SARLET, Ingo W.; STRECK, Lenio L. (Coords.). *Comentários à Constituição do Brasil*. São Paulo: Saraiva/Almedina, 2013. p. 124-125.

[64] LUCON, Neto. "Ser mulher transexual e negra é sofrer duas vezes", diz Valesca Dominik, a Miss T Brasil. *NLUCON*, 1º nov. 2015. Disponível em: <http://www.nlucon.com/2015/11/por-neto-lucon-assim-que-recebeu-faixa.html>. Acesso em: 12 jun. 2016.

[65] LUCON, Neto. Homem trans negro, Marcelo Caetano se forma pela UnB e emociona em discurso. *NLUCON*, 20 fev. 2016. Disponível em: <http://www.nlucon.com/2016/02/homem-trans-negro-marcelo-caetano-se.html>. Acesso em: 12 jun. 2016.

se integra com essa promoção de direitos fundamentais, na medida em que as pessoas e as comunidades vão se realizando em suas liberdades, em uma igualdade material, sem discriminação e com solidariedade.[66]

Esses elementos são o desdobramento da alteridade, por isso o princípio da solidariedade se funda sempre na existência do outro. Tal vivência deve ser garantida para que ocorra o bem-estar social, por isso é imprescindível a proteção de minorias e grupos vulneráveis,[67] tais como transexuais e travestis.

As minorias nem sempre têm seus direitos compreendidos pela sociedade, sendo reconhecidos através de lutas históricas (como tem sido o caso de negros e mulheres). As discriminações e preconceitos que entremeiam as normas sociais podem ser sanados visando a uma igualdade material, com resistência a tratamentos desiguais e a leis discriminatórias. A igualdade coaduna-se com a liberdade, principalmente porque no plano constitucional não estão desniveladas hierarquicamente. Por isso cabe ao legislador se atentar para esses princípios como balizas para a manutenção de garantias constitucionais, sem restrição à liberdade nem tratamento desigual sem um equilíbrio.[68]

O direito à vida privada é a autonomia do indivíduo para decidir sobre o próprio desenvolvimento pessoal, ou seja, como usufruir dos direitos da personalidade nas direções que lhe convém. Envolve instâncias privadas da vida (família, residência, correspondência), a moral do sujeito (honra, reputação) – sendo essa especificamente garantida no artigo em apreço –, e o comportamento particular da identidade do sujeito (orientação sexual, identidade de gênero, corpo e relações pessoais). Extrai-se também a liberdade de se expressar discursivamente tanto através de opiniões, como de comportamento, corpo e nome.

Com esses elementos, a liberdade sexual, advinda do direito à vida privada, se realiza através do corpo dentro e fora de sua casa com a garantia de: identidade, desejos, moral, família, residência, relações pessoais, esses sendo mais íntimos; comportamento, opinião, vestimenta, nome, caracteres que se manifestam mais publicamente, ou seja, características pessoais que são protegidas quando ativadas em público.[69]

O direito à liberdade sexual encontra limites no próprio ordenamento jurídico, os quais giram em torno das relações interpessoais que devem ser consentidas, livres e esclarecidas.[70] As delimitações estão, por exemplo, nos crimes previstos no Código Penal, como o estupro, o assédio sexual e a corrupção de menores. Os crimes positivados no capítulo dos crimes contra dignidade sexual demonstram que a liberdade sexual de

---

[66] STRECK, Lenio Luiz; MORAIS, José Luiz Bolzan de. Comentário ao artigo 3º. In: CANOTILHO, J. J. Gomes; MENDES, Gilmar F.; SARLET, Ingo W.; STRECK, Lenio L. (Coords.). *Comentários à Constituição do Brasil*. São Paulo: Saraiva/Almedina, 2013. p. 146-150.

[67] FACHIN, Luiz Edson. O corpo do registro no registro do corpo: mudança de nome e sexo sem cirurgia de redesignação. *Revista Brasileira de Direito Civil*, v. 1, p. 36-60, jul./set. 2014.

[68] MARTINS, Leonardo. Comentário ao artigo 5º, caput. In: CANOTILHO, J. J. Gomes; MENDES, Gilmar F.; SARLET, Ingo W.; STRECK, Lenio L. (Coords.). *Comentários à Constituição do Brasil*. São Paulo: Saraiva/Almedina, 2013. p. 223.

[69] Com base nos Princípios 6 e 19 dos Princípios de Yogyakarta (OBSERVATÓRIO DE SEXUALIDADE E POLÍTICA (SEXUALITY POLICY WATCH). *Princípios de Yogyakarta*. [s.l.]: [s.n.], 2007. Disponível em: <http://www.dhnet.org.br/direitos/sos/gays/principios_de_yogyakarta.pdf>. Acesso em: 5 jun. 2016).

[70] SAMPAIO, José Adércio Leite. Comentário ao artigo 5º, inciso X. In: CANOTILHO, J. J. Gomes; MENDES, Gilmar F.; SARLET, Ingo W.; STRECK, Lenio L. (Coords.). *Comentários à Constituição do Brasil*. São Paulo: Saraiva/Almedina, 2013. p. 276-285.

uma pessoa está limitada pelo consentimento da outra ao realizar atos sexuais. De resto, a autonomia do sujeito em relação a seu corpo é garantida pelo direito à vida privada.

"A gente fala sobre a autonomia dos corpos, mas desde que certas pessoas não façam algo em seus corpos. Ou seja, a autonomia vai até determinado limite e até as pessoas que lutam por direitos se limitam em determinado campo".[71]

Luiz Edson Fachin aponta com muita propriedade o direito fundamental ao corpo, que é embasado em um contexto constitucional que preza pela liberdade e autonomia do sujeito.[72] A autonomia, em concepção posterior à autonomia da vontade da visão liberal, está ligada à dignidade da pessoa e também aos limites propostos no ordenamento jurídico. Além dos limites já explicitados sobre a liberdade sexual, importa ressaltar que se trata de normas jurídicas que têm uma coerência lógica no sistema jurídico. Não são normas morais nem religiosas.[73] Não se olvida a liberdade religiosa, mas essa também tem seus próprios limites, porquanto tem seu conteúdo negativo (restrições aos outros) e positivo (possibilidades de usufruir a liberdade).[74] Como a liberdade religiosa é do indivíduo (e ele é quem usufrui de sua consciência conforme sua autonomia), não há qualquer previsão de liberdade de interferência religiosa sobre o corpo do outro.

O corpo "cumpre uma função social importante na conformação de uma identidade do sujeito e mesma de sua própria felicidade",[75] até por ser a materialidade do sujeito e a sua projeção física.[76] A identidade de travestis e transexuais não se destaca de seus corpos vistos com nossos olhos sensíveis. É materialmente visível a identidade através do corpo da pessoa: travestis e transexuais fazem alterações, tais como no cabelo, nos seios e nas nádegas.

O direito ao corpo tem seus limites propostos no art. 13, os quais repercutiram na discussão da possibilidade de realizar cirurgias de transgenitalização, a qual restou concluída com a garantia da cirurgia, como foi definido na Resolução CFM nº 1.682/2002, hoje revogada pela Resolução CFM nº 1.955/2010. Os limites do artigo são a diminuição permanente da integridade física, os bons costumes e a finalidade terapêutica, sendo que o terceiro critério é hierarquicamente superior. Esse elemento é o que salvaguarda

---

[71] LUCON, Neto. "Destruir, e não me inserir", diz profissional do sexo Indianara Siqueira sobre sociedade. *NLUCON*, 11 fev. 2016. Disponível em: <http://www.nlucon.com/2016/02/destruir-e-nao-me-inserir-diz.html>. Acesso em: 11 ago. 2016.

[72] FACHIN, Luiz Edson. O corpo do registro no registro do corpo: mudança de nome e sexo sem cirurgia de redesignação. *Revista Brasileira de Direito Civil*, v. 1, jul./set. 2014. p. 42. Disponível em: <https://www.ibdcivil.org.br/rbdc.php?ip=123&titulo=VOLUME%201%20l%20Jul-Set%202014&category_id=53&arquivo=data/revista/volume1/rbdcivil-volume-1.pdf>. Acesso em: 15 jun. 2016.

[73] FACHIN, Luiz Edson. O corpo do registro no registro do corpo: mudança de nome e sexo sem cirurgia de redesignação. *Revista Brasileira de Direito Civil*, v. 1, jul./set. 2014. p. 43. Disponível em: <https://www.ibdcivil.org.br/rbdc.php?ip=123&titulo=VOLUME%201%20l%20Jul-Set%202014&category_id=53&arquivo=data/revista/volume1/rbdcivil-volume-1.pdf>. Acesso em: 15 jun. 2016.

[74] Cf. WEINGARTNER NETO, Jayme. Comentário ao artigo 5º, incisos VI, VII, VIII. In: CANOTILHO, J. J. Gomes; MENDES, Gilmar F.; SARLET, Ingo W.; STRECK, Lenio L. (Coords.). *Comentários à Constituição do Brasil*. São Paulo: Saraiva/Almedina, 2013. p. 264-273.

[75] FACHIN, Luiz Edson. O corpo do registro no registro do corpo: mudança de nome e sexo sem cirurgia de redesignação. *Revista Brasileira de Direito Civil*, v. 1, jul./set. 2014. p. 43. Disponível em: <https://www.ibdcivil.org.br/rbdc.php?ip=123&titulo=VOLUME%201%20l%20Jul-Set%202014&category_id=53&arquivo=data/revista/volume1/rbdcivil-volume-1.pdf>. Acesso em: 15 jun. 2016.

[76] GAGLIANO, Pablo Stolze; PAMPLONA FILHO, Rodolfo. *Novo curso de direito civil*: parte geral. São Paulo: Saraiva, 2016. p. 217. v. 1.

a transgenitalização, porquanto ela proporciona o direito à saúde com a readequação do corpo à identidade do sujeito.[77]

Atender ao critério geral dos bons costumes é um processo que leva em consideração a sociedade livre, justa e plural, na qual os costumes são tão diversos quanto as culturas, o que foi recepcionado com o Estado Democrático de Direito ao adotar a lei positiva e não a lei natural (o que implica também não optar por uma moral única). Nesse sentido, o que pode ser entendido como bom costume para pessoas cisgêneras (a manutenção de coerência do gênero com o corpo e o "sexo"), não é o mesmo para transexuais e travestis que realizam intervenções corporais a fim de se adequarem às imagens corporais com as quais se identificam.

A dogmática jurídica tem revisto a indisponibilidade do próprio corpo ao levar em consideração a dignidade da pessoa humana, a diferença e a diversidade moral. Bittar afirma que a cultura dos direitos humanos tem trazido o reconhecimento à liberdade de orientação sexual e que as pessoas não devem ser cerceadas em sua expressão, por isso não cabe ao Estado regular o sujeito psicofisicamente, mas sim "salvaguardar a proteção, a retidão e os cuidados de saúde necessários"[78] para que a readequação corporal seja bem-sucedida.

Na mesma esteira de Bittar, Pablo Stolze, Rodolfo Pamplona,[79] Cristiano Chaves e Nelson Rosenvald[80] afirmam que o dispositivo em questão não vai contra os "bons costumes", nem impede a cirurgia de transgenitalização em função da dignidade da pessoa humana, haja vista ser uma prática terapêutica que condiz com os "casos de transexualismo". No âmbito do direito civil, o alcance do art. 13 também foi confirmado no Enunciado nº 276 da IV Jornada de Direito Civil[81] no que tange àqueles(as) que desejam a transgenitalização, garantida a consequente mudança do prenome e do sexo no Registro Civil.

A cirurgia que altera a genitália, contudo, não é almejada por todas as travestis e transexuais ou não é tão facilmente alcançada. Uma parcela delas repudia seus órgãos genitais,[82] enquanto outra continua se identificando com seus caracteres sexuais primários. A própria definição psiquiátrica da disforia de gênero e do transexualismo não alcança essas pessoas, porquanto ela prevê uma pessoa transexual binária, ou homem ou mulher, com pênis ou vagina, de acordo com a coerência de gênero. Esses

---

[77] TEPEDINO, Gustavo; BARBOZA; Heloisa Helena; MORAES, Maria Celina Bodin. *Código Civil interpretado conforme a Constituição da República*. 2. ed. Rio de Janeiro: Renovar, 2007. p. 37-38.

[78] BITTAR, Carlos Alberto. *Os direitos da personalidade*. São Paulo: Saraiva, 2015. p. 137.

[79] GAGLIANO, Pablo Stolze; PAMPLONA FILHO, Rodolfo. *Novo curso de direito civil*: parte geral. São Paulo: Saraiva, 2016. p. 220. v. 1.

[80] FARIAS, Cristiano Chaves de; ROSENVALD, Nelson. *Curso de direito civil*: parte geral e LINDB. Salvador: JusPodivm, 2016. p. 227. Os autores optam por utilizar o vocabulário psiquiátrico, estereótipo da transexualidade como doença e também insistiram em tratar travestis no masculino, até mesmo afirmando que as travestis usam seu corpo duplamente, "diferente de pessoas transexuais". Como já visto, há pessoas transexuais que não necessitam de cirurgia transgenitalizadora e isso não as descaracteriza como transexuais, pois a própria pessoa define sua identidade, não uma categoria médica.

[81] O art. 13 do Código Civil, ao permitir a disposição do próprio corpo por exigência médica, autoriza as cirurgias de transgenitalização, em conformidade com os procedimentos estabelecidos pelo Conselho Federal de Medicina, e a consequente alteração do prenome e do sexo no Registro Civil.

[82] O trabalho de Berenice Bento demonstra que nem todas as pessoas transexuais rejeitam completamente seus corpos, em especial, a genitália nem sempre é abjeta para uma pessoa transexual. Cf. BENTO, Berenice. *A reinvenção do corpo*: sexualidade e gênero na experiência transexual. Rio de Janeiro: Garamond, 2006.

corpos transexuais e travestis, portanto, deveriam estar totalmente de acordo com a regra heteronormativa por causa de uma definição feita por cisgêneros? Esses corpos existentes já fornecem a seguinte resposta: não. Seu conforto, sua identidade, sua privacidade, seus desejos, todos se encontram amparados constitucionalmente e também pelo direito à integridade psíquica.[83]

No caso das mulheres transexuais e das travestis que não querem ou não podem[84] realizar a transgenitalização, ou dos homens trans que têm suas cirurgias ainda em caráter experimental no Brasil (e que não podem ser realizadas em hospitais privados ainda), eles devem ser esterilizados e terem seus genitais modificados a fim de corresponderem à coerência de gênero?

O paciente tem sua autonomia e dignidade resguardadas pelo art. 15 do Código Civil,[85] qualquer procedimento deve ser realizado com o livre esclarecimento sobre suas implicações. Uma pessoa que não tem condições de realizar a cirurgia não pode ter esta como premissa para ter sua identidade e sua dignidade reconhecidas pelo Estado.

Há, no mínimo, dois tipos de opressões às pessoas transexuais e travestis: "não permitir que o indivíduo modifique seu corpo para se adaptar a sua identidade de gênero" e "determinar que o transexual realize a cirurgia de redesignação sexual para que só então possa ter sua identidade de gênero reconhecida".[86]

O nome é elemento designativo da identidade que é simbolizado entre o público e o privado, o indivíduo e a sociedade. Tem duas funções precípuas: identificar a pessoa e evitar confusão com outra.[87] No caso, o art. 16 elenca o direito ao nome, e o bem jurídico tutelado é a identidade. Carlos Roberto Gonçalves sustenta que o nome é individualizador e que tem um aspecto público, que decorre da necessidade de o Estado identificar o indivíduo por um nome inalterável, ressalvadas as hipóteses admitidas, e o aspecto individual, que compreende o uso e a defesa contra usurpação de direito autoral e exposição ao ridículo.[88]

Bittar afirma que no caso de pessoas transexuais a identidade fica afetada quando há incongruência entre nome civil e identidade, o que pode ser resolvido com o disposto no art. 58 da Lei nº 6.015/1973, que permite substituir o prenome por apelido público notório.[89] O nome já foi considerado imutável em redação antiga do art. 58. Após a Lei nº 9.708/1998, o nome passou a ser considerado definitivo, haja vista a própria lei

---

[83] Carlos Alberto Bittar elenca o direito à integridade psíquica, que "se destina a preservar o conjunto psicoafetivo e pensante na estrutura humana" que se completa com o direito ao corpo e a defesa integral da personalidade humana. Ademais, "procura esse direito resguardar os componentes identificadores da estrutura interna da pessoa e norteadores de sua própria ação (elementos de sua mente)". Cf. BITTAR, Carlos Alberto. *Os direitos da personalidade*. São Paulo: Saraiva, 2015. p. 182.

[84] Poucos hospitais públicos estão habilitados para realizar a cirurgia em mulheres transexuais e as filas de espera já são contadas em anos. Hoje os hospitais universitários habilitados são da USP, UERJ, UFG, UFRGS e UFPE. Não obstante, os programas dos hospitais da UFG e da UERJ estão suspensos.

[85] "Art. 15. Ninguém pode ser constrangido a submeter-se, com risco de vida, a tratamento médico ou intervenção cirúrgica".

[86] FACHIN, Luiz Edson. O corpo do registro no registro do corpo: mudança de nome e sexo sem cirurgia de redesignação. *Revista Brasileira de Direito Civil*, v. 1, jul./set. 2014. p. 49. Disponível em: <https://www.ibdcivil.org.br/rbdc.php?ip=123&titulo=VOLUME%201%20I%20Jul-Set%202014&category_id=53&arquivo=data/revista/volume1/rbdcivil-volume-1.pdf>. Acesso em: 15 jun. 2016.

[87] BITTAR, Carlos Alberto. *Os direitos da personalidade*. São Paulo: Saraiva, 2015. p. 195.

[88] GONÇALVES, Carlos Roberto. *Direito civil brasileiro*: parte geral. São Paulo: Saraiva, 2016. p. 149. v. 1.

[89] BITTAR, Carlos Alberto. *Os direitos da personalidade*. São Paulo: Saraiva, 2015. p. 200.

reconhecer possibilidades de retificação. A retificação do nome por um apelido é, na verdade, pelo nome adotado pelo indivíduo, com o qual verdadeiramente se identifica e reflete seu gênero.

O parágrafo único do art. 55 informa que os nomes registrados não podem expor as pessoas ao ridículo. Pessoas transexuais vão se identificando com outro gênero ao crescerem, dessa forma, o nome é um devir que se desconecta de sua identidade, e que passa a expô-las a constrangimentos quando há incoerência entre o que é visto no corpo e no documento de identidade formal. Tal dispositivo deve ser lido sob essa hermenêutica com interpretação extensiva, na qual é levada em consideração a impossibilidade de o sujeito ter autonomia total sobre sua identidade em seus primeiros anos de vida, principalmente no que tange à compreensão das relações entre o Estado, sua família e seu corpo.

O nome, portanto, é mutável e moldável de acordo com seu gênero. Sem a modificação do prenome há discordância entre o corpo que é visto e a identidade civil que é lida. Esse descompasso é materializado em constrangimento, humilhação, discriminação e execração pública.[90]

A dogmática também tem compreendido que a mudança do sexo (estado sexual) no registro civil é possível.[91] Não obstante, ainda permanece a pergunta: podem o/a transexual e a travesti requerer a retificação do registro civil no que tange ao sexo sem realizar cirurgias de transgenitalização? Luiz Edson Fachin responde precisamente à pergunta sobre transexuais: o direito à mudança do "sexo" no registro civil é amparado constitucionalmente pela dignidade da pessoa humana e pela solidariedade social, porquanto sem a alteração a pessoa transexual continuará sofrendo a constrição do estigma e da discriminação social.[92] A travesti é incluída nessa percepção na medida em que esses argumentos jurídicos se aplicam a ela também, sem diferenciação.

Gonçalves apregoa que nos casos de transexualidade os Tribunais têm compreendido que o prenome pode ser alterado, até mesmo em casos sem a realização da cirurgia, já que ela pode ser "constatada em avaliação psiquiátrica, uma vez que se trata de um transtorno mental".[93]

---

[90] FACHIN, Luiz Edson. O corpo do registro no registro do corpo: mudança de nome e sexo sem cirurgia de redesignação. *Revista Brasileira de Direito Civil*, v. 1, jul./set. 2014. p. 50. Disponível em: <https://www.ibdcivil.org.br/rbdc.php?ip=123&titulo=VOLUME%201%20I%20Jul-Set%202014&category_id=53&arquivo=data/revista/volume1/rbdcivil-volume-1.pdf>. Acesso em: 15 jun. 2016.

[91] Nesse sentido: FARIAS, Cristiano Chaves de; ROSENVALD, Nelson. *Curso de direito civil*: parte geral e LINDB. Salvador: JusPodivm, 2016. p. 300.

[92] FACHIN, Luiz Edson. O corpo do registro no registro do corpo: mudança de nome e sexo sem cirurgia de redesignação. *Revista Brasileira de Direito Civil*, v. 1, jul./set. 2014. p. 50. Disponível em: <https://www.ibdcivil.org.br/rbdc.php?ip=123&titulo=VOLUME%201%20I%20Jul-Set%202014&category_id=53&arquivo=data/revista/volume1/rbdcivil-volume-1.pdf>. Acesso em: 15 jun. 2016. p. 51.

[93] GONÇALVES, Carlos Roberto. *Direito civil brasileiro*: parte geral. São Paulo: Saraiva, 2016. p. 169-170. v. 1. Apesar de o autor sustentar devidamente a alteração do sexo no registro civil, ela ainda apoia o estigma patológico e mais adiante (na página 170) também sustenta que a diferença com a travesti é que a pessoa transexual "acredita firmemente pertencer ao outro sexo", descartando o conhecimento sobre gênero, colocando a identidade como crença sobre si mesmo. Se for crença, uma pessoa cisgênera também acredita firmemente pertencer ao sexo designado ao nascimento.

2.5 Análise de jurisprudência

Nesta sessão a jurisprudência analisada será composta por ementas de acórdãos do Tribunal de Justiça de São Paulo encontradas em seu *site* na pesquisa de jurisprudência. A palavra-chave utilizada foi "transexual" e o resultado foi filtrado pelos assuntos "registro de nome" e "registro de sexo". Não foram encontrados julgados de retificação de registro civil de travestis. Foram encontradas 46 ementas referentes à retificação de registro civil de pessoas transexuais.[94] O intervalo temporal encontrado foi entre 2009 e 2016, sendo que a última ementa data de registro de 26.4.2016. A análise após a amostragem recolhida resultou nas seguintes categorias (o número em parênteses representa o número de ementas agrupadas em cada categoria):

I. Alteração do nome e do sexo: i) alteração do nome apenas, sem citar sexo (3);[95] ii) alteração do nome sem cirurgia (5);[96] iii) alteração do sexo (3);[97] iv) alteração de nome e sexo reconhecida (com cirurgia feita) (3);[98] v) alteração de nome e sexo (sem cirurgia) (2);[99] vi) retificação do nome e do sexo com alterações inscritas à margem do livro de registro de nascimento (3);[100] vii) retificação do nome e do sexo sem alterações inscritas à margem do livro de registro de nascimento (1).[101]

II. Patologização e provas: i) provimento da ação de retificação (6);[102] ii) improvimento de retificação do nome, por não ter feito cirurgia, falta de interesse do autor (13);[103] iii) caso de obrigação de passar por equipe multidisciplinar (3);[104] iv) caso de desobrigação de diagnóstico e produção de prova oral (3);[105] v) dispensa perícia, pois já tem laudo (1).[106]

Essa amostragem permite diversas inferências empíricas da diversidade de entendimentos do Tribunal. Os critérios de análise serão baseados no estereótipo patologizado da identidade transexual e no reconhecimento da dignidade da pessoa humana como valor e princípio norteador do Estado de Direito.

Primeiramente importa observar que os julgamentos de apelação revelam a medida de reconhecimento da identidade transexual como passível e legítima de ter

---

[94] A pesquisa resultou, na verdade, em 48 resultados, contudo dois desses resultados eram julgados sobre conflito de competência para a ação, por isso não foram selecionadas.

[95] APL nº 0007607-12.2010.8.26.0100; APL nº 0018633-80.2012.8.26.0344; APL nº 0025401-94.2006.8.26.0000.

[96] APL nº 1002028-41.2014.8.26.0451; APL nº 0001360-69.2014.8.26.0457; APL nº 0013934-31.2011.8.26.0037; APL nº 0055269-67.2008.8.26.0576; APL nº 0082646-81.2011.8.26.0002.

[97] APL nº 1074167-11.2013.8.26.0100; APL nº 0627715-81.2008.8.26.0100; APL nº 0015957-43.2010.8.26.0664.

[98] APL nº 0619880-42.2008.8.26.0100; APL nº 9282226-47.2008.8.26.0000; APL nº 9069885-07.2007.8.26.0000.

[99] APL nº 0030254-05.2007.8.26.0068; APL nº 0008539-56.2004.8.26.0505.

[100] APL nº 0003025-02.2008.8.26.0047; APL nº 0627715-81.2008.8.26.0100; APL nº 0007869-83.2009.8.26.0168.

[101] APL nº 0013923-23.2008.8.26.0161.

[102] APL nº 0005436-85.2012.8.26.0238; APL nº 0062067-91.2012.8.26.0224; APL nº 1022947-37.2014.8.26.0100; APL nº 0040698-94.2012.8.26.0562; APL nº 0033254-70.2009.8.26.0576; APL nº 9000677-96.2009.8.26.0506.

[103] APL nº 0003616-51.2012.8.26.0587; APL nº 0019307-41.2012.8.26.0576; APL nº 0025917-51.2013.8.26.0071; APL nº 0908847-35.2012.8.26.0037; APL nº 0023241-58.2011.8.26.0344; APL nº 0031545-57.2011.8.26.0114; APL nº 0004782-12.2011.8.26.0084; APL nº 0006114-48.2010.8.26.0472; APL nº 0003330-67.2011.8.26.0568; APL nº 0033051-03.2006.8.26.0451; APL nº 0003073-19.2009.8.26.0663; APL nº 9070337-22.2004.8.26.0000; APL nº 9100784-17.2009.8.26.0000.

[104] AgrIns nº 2174242-79.2015.8.26.0000; AgrIns nº 2117660-59.2015.8.26.0000; APL nº 0049484-11.2011.8.26.0224.

[105] AgrIns nº 2207613-34.2015.8.26.0000; AgrIns nº 2145616-50.2015.8.26.0000; AgrIns nº 2083427-36.2015.8.26.0000.

[106] AgrIns nº 2205957-42.2015.8.26.0000.

seu nome alterado em função de sua condição. Treze decisões encontradas indeferiram a retificação do registro civil e 27 deferiram,[107] como se pode observar nos seguintes gráficos:

GRÁFICO 1
Porcentagem de provimento de ações de retificação

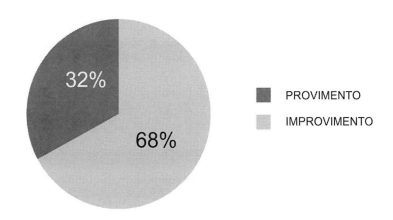

GRÁFICO 2
Número de provimentos e improvimentos de ações de retificação entre 2009 e 2016

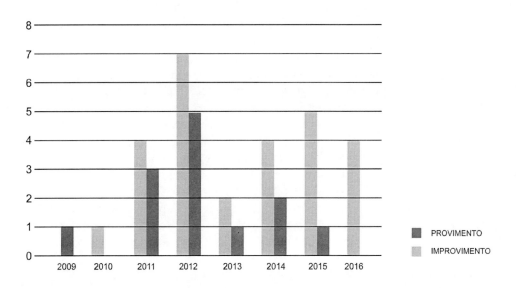

---

[107] As ementas que representam o deferimento são dos itens 1.i a 2.i, e um caso do item 2.iii.

O Tribunal de Justiça de São Paulo, no geral, tem aceito a ação de retificação de registro civil de pessoas transexuais, porquanto a maior parte dos julgados foi de provimento das demandas. Até o momento, no ano de 2016 não houve nenhuma decisão em sede de recurso desfavorável a pessoas transexuais, o que estava sendo anunciado com a queda após 2012 de cinco improvimentos para uma variação entre um e dois entre 2013 e 2015. O entendimento majoritário desse Tribunal tem sido em favor do reconhecimento da retificação do registro civil.

Os principais argumentos levantados em favor das retificações têm sido a dignidade da pessoa humana (foi citada em doze julgados) e o constrangimento pelo qual as pessoas passam com a incoerência entre nome e identidade visual (o constrangimento foi citado em onze dos julgados). Vale ressaltar a inovação de uma ementa que citou os princípios de Yogyakarta para reconhecer a retificação.

Assinala-se que oito dessas decisões demonstram a desnecessidade da cirurgia de transgenitalização para a retificação, sendo que houve alteração do nome sem cirurgia, duas com alteração de nome e sexo (sem cirurgia) e uma em que se reconheceu a retificação do sexo (sem prévia cirurgia). Apesar da maioria dessas decisões serem referentes à retificação do nome, há a tendência da dissociação da cirurgia transgenitalizadora como requisito para a retificação do sexo, porquanto o gênero da pessoa tem sido levado mais em consideração em função da desconformidade entre o sexo biológico e o comportamento social do indivíduo. A cirurgia se revela, portanto, aspecto secundário à identidade reconhecida.

Outro dado importante é a proteção do direito à intimidade das partes autoras no que tange à averbação com as alterações inscritas à margem do livro de registro. Há quatro decisões explícitas a favor da inscrição, contra duas nas quais foi reconhecida a desnecessidade de inscrever a modificação de sexo masculino para feminino (eram casos apenas de transexuais femininas).[108]

A alteração do sexo foi possível em oito ementas;[109] a cirurgia foi dispensada como critério em sete ementas;[110] e apenas duas indicam a retificação do nome e do sexo sem alterações inscritas à margem do livro de registro de nascimento.[111] A palavra "transexualismo" foi encontrada em dez ementas (21,7%) e dezessete delas indicam a necessidade de patologização como requisito para a retificação do registro civil (30,4%).[112]

Pode-se depreender que o significado patologizado e heteronormativo sobre a transexualidade é o fator principal que não permite uma completa efetividade do direito ao nome, pois ainda usam o argumento da coerência total entre o gênero e o sexo, como se fossem dados naturais e que necessariamente devem corresponder às expectativas de padrões rígidos da identidade masculina e da feminina.

Ao mesmo tempo em que se vê uma porcentagem ainda expressiva de negação do direito ao nome de transexuais, a maioria tem sido a favor da retificação. Importa observar que ainda há dificuldade na mudança do nome: primeiro com a necessidade de entrar com processo (custos processuais, advocatícios, de tempo, recolhendo "provas",

---

[108] Itens 1.iii e 1.vii.

[109] Itens 1.iii, 1.iv e 1.v.

[110] Itens 1.ii e 1.v.

[111] Itens 1.vii e 1.iii

[112] Itens 1.i, 2.i e 2.ii.

a espera de dois anos para ter um laudo psiquiátrico e um psicológico etc.); segundo por depender ainda de critérios adotados pelo juiz sem previsão legal, ou seja, que vêm exclusivamente de uma hermenêutica inconstitucional do juiz. A patologização é requisito para a cirurgia de transgenitalização, contudo para a hormonização ela não é necessária, o que não justifica seu uso como critério em um processo de retificação de nome e sexo. Ao mesmo tempo, porque a transgenitalização também permanece como critério? Quem realmente tem acesso aos órgãos genitais de uma pessoa? Não é uma área íntima e que é compartilhada apenas com quem se quer, de acordo com o próprio direito à vida privada?

2.6 Considerações finais

Com o tempo, a dogmática e a jurisprudência têm seguido o mesmo sentido, uma reformulação de significados prévios sobre transexuais, até porque cada vez mais transexuais e travestis têm se expressado mais em movimentos sociais e ganhado uma visibilidade verdadeira na mídia.

Não obstante, para que ambas se configurem completamente no sentido civil-constitucional, com a dignidade da pessoa humana como pedra angular, são urgentes a necessidade de desnaturalizar a diferença sexual, a revelação da ideologia heteronormativa e o reconhecimento dos direitos de transexuais e travestis. As travestis são as que mais precisam ser reconhecidas, porque ainda são pouco compreendidas, inclusive na dogmática, uma vez que pouco são citadas quando falamos de direitos, e nos julgados se observa um senso comum radicalmente ligado a informações populares e distantes da realidade complexa. Ser travesti não é ser um homem que se veste de mulher, é um sujeito que não se adequa a nenhum dos padrões de homem e de mulher, mas se aproxima mais da categoria inteligível "mulher", por isso requer o reconhecimento de um nome feminino.

Transexuais têm conseguido cada vez mais a retificação do registro civil. A efetividade tem, portanto, aumentado, sem abranger ainda outras identidades não cisgêneras como a travesti. A ideologia heteronormativa explica essa construção simbólica que cria uma fossa abissal entre sujeito e direito, excluindo principalmente a travesti por não ter o direito ao nome. O senso comum teórico sustenta a transfobia tanto no sistema jurídico quanto fora dele, o que demonstra que o direito está inserido na sociedade e em suas tramas simbólicas, com significações patologizadas de transexuais e travestis.

Esse senso comum pode ser ressignificado dentro de uma perspectiva constitucional que valoriza as histórias de morte de travestis e transexuais, observando a transfobia que ocorre de diversas formas, uma delas sendo a negação do direito ao nome. "Nós expandimos nossas noções de direitos para incluir todos, ou nós trabalhamos para construir noções mais robustas de reconhecimento que permitirão alguma forma de relações recíprocas e uma harmonia futura".[113] Essa transfiguração abre espaço para o reconhecimento de seres humanos escamoteados da cidadania, recuperando a autonomia dos sujeitos ao dar continuidade a um projeto de ordem constitucional para

---

[113] BUTLER, Judith. *Frames of war*: when is life grievable? Nova York e Londres: Verso, 2010. p. 162.

menos exclusão e discriminação. Quanto às decisões brasileiras que negam a retificação de registro civil, questiona-se: estaria o Judiciário isento de promover os objetivos do Estado?

Afinal, seria uma afronta à igualdade e à liberdade específica de alguém, o reconhecimento da necessidade de igualdade material para pessoas que não são cisgêneras?

Informação bibliográfica deste texto, conforme a NBR 6023:2002 da Associação Brasileira de Normas Técnicas (ABNT):

MARIANO, Gustavo Borges; GONÇALVES NETO, João da Cruz. Corpos inominados nas margens da realidade: um estudo interdisciplinar sobre o direito ao nome de travestis e transexuais. In: TEPEDINO, Gustavo; TEIXEIRA, Ana Carolina Brochado; ALMEIDA, Vitor (Coord.). *Da dogmática à efetividade do Direito Civil*: Anais do Congresso Internacional de Direito Civil Constitucional – IV Congresso do IBDCivil. 2. ed. rev., ampl. e atual. Belo Horizonte: Fórum, 2019. p. 677-698. ISBN 978-85-450-0545-2.

CAPÍTULO 3

O DIÁLOGO ENTRE DOUTRINA E JURISPRUDÊNCIA: PAVIMENTANDO O CAMINHO DA EFETIVIDADE

VYNICIUS PEREIRA GUIMARÃES

Conversar é arte tão delicada que os próprios especialistas costumam esquecer-se dela.

(Carlos Drummond de Andrade)

3.1 Introdução: um caminho a ser pavimentado

Festejou-se, em 2016, os dez anos do I Congresso Internacional de Direito Civil, realizado pioneiramente na cidade do Rio de Janeiro.[1] Desde a ocasião, inúmeros foram os avanços doutrinários e jurisprudenciais em direção ao projeto constitucional. Não obstante o inegável esforço para a construção de um caminho[2] metodológico sério pela doutrina civilista, reconhece-se que o caminho, posto que tenha percorrido louvável avanço nos últimos dez anos, ainda carece de adequada pavimentação.

Ao erigir a dignidade da pessoa humana[3] ao ápice do sistema jurídico, a Constituição de 1988 determinou a construção de nova ordem jurídica norteada à tutela

---

[1] TEPEDINO, Gustavo. O direito civil-constitucional hoje. *Revista Trimestral de Direito Civil*, Rio de Janeiro. v. 26, 2006.

[2] Faz-se referência ao pioneiro artigo "A caminho de um direito civil-constitucional", escrito pela Professora Maria Celina Bodin de Moraes, que marca o início do pensamento civil-constitucionalista no Brasil. Sua versão original está publicada em *Direito, Estado e Sociedade*, Rio de Janeiro, n. 1, 1991.

[3] Sobre o conteúdo do princípio da dignidade da pessoa humana, v. MORAES, Maria Celina Bodin de. O princípio da dignidade da pessoa humana. In: MORAES, Maria Celina Bodin de. *Na medida da pessoa humana*: estudos de direito civil-constitucional. Rio de Janeiro: Renovar, 2010. p. 71-120.

privilegiada das situações existenciais.[4] Nesse contexto, e principalmente diante do dinamismo e liquidez[5] que caracterizam a sociedade contemporânea, vislumbram-se novos centros de interesse merecedores de tutela à luz da tábua axiológica traçada pelo constituinte.[6]

A ciência jurídica, que outrora pretendeu criar estruturas neutras, abstratas, universais e definitivas, assistiu à eclosão de situações fáticas não previstas pelo legislador. Diante de tal fenômeno, não sem certa perplexidade, doutrina e jurisprudência buscaram, de forma independente e isolada, adequar as tradicionais – neutras, abstratas e universais – categorias às novas demandas da sociedade contemporânea. A tentativa não logrou êxito.

Como já observado alhures,[7] adaptar instrumentos de tutela de determinada categoria jurídica a outra acaba por gerar mais transtornos do que soluções. É nesse sentido que Pietro Perlingieri afirma, por exemplo, que a tutela das situações existenciais deve ser qualitativamente distinta daquela conferida às patrimoniais.[8] Os ajustes, quando não embaraçosos,[9] demonstram-se, no mínimo, ineficazes a promover a desejável proteção das novas situações existenciais apresentadas pela contemporaneidade.

Em perspectiva diversa, o enfrentamento da revolta dos fatos[10] ocorreu de forma isolada por cada ator jurídico, não tendo sido criados meios eficazes de diálogo entre doutrina e jurisprudência. Mestres apegados a classificações abstratas e juízes arraigados no método da subsunção atuaram separadamente, o que, além de gerar soluções inadequadas aos problemas contemporâneos, trouxe insegurança jurídica.[11]

---

[4] Sobre a chamada "despatrimonialização do direito civil", cf. PERLINGIERI, Pietro. *Perfis do direito civil*: introdução ao direito civil constitucional. Tradução de Maria Cristina de Cicco. 3. ed. Rio de Janeiro: Renovar, 2002. p. 33.

[5] Sobre o conceito filosófico de liquidez a que se faz alusão nesta sede, v. BAUMAN, Zygmunt. *Modernidade líquida*. Rio de Janeiro: Jorge Zahar, 2004.

[6] Sobre o surgimento de novos centros de interesse em tempo de hipercomplexidade e sua influência na metodologia civil-constitucional, v. MONTEIRO FILHO, Carlos Edison do Rêgo. Reflexões metodológicas: a construção do observatório de jurisprudência no âmbito da pesquisa jurídica. *Revista Brasileira de Direito Civil*, v. 9, jul./set. 2016.

[7] "É necessário reconstruir o Direito Civil não com uma redução ou um aumento de tutela das situações patrimoniais, mas com uma tutela qualitativamente diversa. Desse modo, evitar-se-á comprimir o livre e digno desenvolvimento da pessoa mediante esquemas inadequados e superados. O Direito Civil retoma, em renovadas formas, a sua originária vocação de *ius civile*, destinado a exercer a tutela dos direitos civis em uma nova síntese – cuja consciência normativa tem importância histórica [...] entre as relações civis e aquelas econômicas e políticas" (PERLINGIERI, Pietro. *Perfis do direito civil*: introdução ao direito civil constitucional. Tradução de Maria Cristina de Cicco. 3. ed. Rio de Janeiro: Renovar, 2002. p. 34).

[8] PERLINGIERI, Pietro. *Perfis do direito civil*: introdução ao direito civil constitucional. Tradução de Maria Cristina de Cicco. 3. ed. Rio de Janeiro: Renovar, 2002. p. 3-34.

[9] Tome-se como exemplo a bastante comum classificação dos chamados direitos da personalidade sob a ótica do direito patrimonial. Ao dizer que são "indisponíveis" e "irrenunciáveis", está-se ignorando o contexto real no qual se dão as relações existenciais. Se fosse indisponível o direito à integridade física, a utilização de brincos estaria vedada pelo ordenamento jurídico. Nesse sentido, cf. SCHREIBER, Anderson. *Direitos da personalidade*. São Paulo: Atlas, 2013.

[10] "Na experiência brasileira, ao contrário do que preconizou Gaston Morin, assiste-se à estranha revolta dos fatos em face (não do legislador, mas) do intérprete, ao qual cabe, em última análise, traduzir a legalidade civil-constitucional. Há que se construir, superando misoneísmos, técnica interpretativa compatível com o tempo das liberdades e das tecnologias" (TEPEDINO, Gustavo. Liberdades, tecnologia e teoria da interpretação. *Revista Forense*, v. 419, 2014. p. 419).

[11] "Em tal cenário, não chega a surpreender a existência contemporânea de decisões de casos semelhantes a apontar para todos os lados, resultando em quadro geral de instabilidade, de imprevisibilidade e, em consequência, de insegurança jurídica. A questão se agrava diante das novas técnicas legislativas, que se valem de número crescente de cláusulas gerais e conceitos indeterminados, cujo manuseio por parte dos operadores da jurisprudência

A utilização pelo legislador de cláusulas abertas e conceitos jurídicos indeterminados requer aplicação zelosa por parte da jurisprudência, apoiada, preferencialmente, no estudo sistemático do ordenamento, que lhe é oferecido pela doutrina, sob pena de serem proferidas decisões conflitantes, o que põe em risco a unidade do ordenamento.

Em verdade, a aurora do século XXI evidenciou a mutabilidade do direito ou, ao menos, que seu estudo não deve ignorar a vicissitude dos fatos. A factualidade afigura-se, assim, absolutamente inelimínavel do momento cognoscitivo do direito que, como ciência prática, caracteriza-se por moventes aplicativos,[12] de modo a privilegiar o intérprete com o papel fundamental de suprimir a insuficiência da codificação.

Tornou-se imperioso, no mundo globalizado, ante o reiterado ineditismo com que as situações passaram a se apresentar ao jurista, o desenvolvimento de métodos de interpretação que permitissem compor satisfatoriamente conflitos de interesse traduzidos, cada vez mais, em colisão de direitos fundamentais.[13]

Como cediço, o mundo apresenta fatos ao aplicador do direito em velocidade maior à que o legislador lhe apresenta leis. Assim, diante da insuficiência ontológica de previsões abstratas que permitissem o silogismo pautado na subsunção do fato à norma, fez-se necessário o desenvolvimento de um caminho interpretativo que superasse a clássica lógica de encaixe da premissa menor à premissa maior e que atendesse ao dever – cada vez mais complexo – de fundamentação das decisões judiciais.

Ademais, a necessidade de reinterpretação dos institutos civilísticos à luz da Constituição da República evidenciou a necessidade de construção de um caminho metodológico que, diante da filtragem constitucional do direito privado, promovesse evolução hermenêutica e superasse os tradicionais dogmas interpretativos que, por muito, impediram a apropriada tutela da pessoa humana.

O caminho escolhido[14] tem como uma de suas principais proposições[15] a valorização da situação concreta e de suas especificidades sob a perspectiva da isonomia

---

tem gerado fortes preocupações" (MONTEIRO FILHO, Carlos Edison do Rêgo. Reflexões metodológicas: a construção do observatório de jurisprudência no âmbito da pesquisa jurídica. *Revista Brasileira de Direito Civil*, v. 9, jul./set. 2016).

[12] PERLINGIERI, Pietro. *O direito civil na legalidade constitucional*. Rio de Janeiro: Renovar, 2008. p. 132.

[13] TEPEDINO, Gustavo. Liberdades, tecnologia e teoria da interpretação. *Revista Forense*, v. 419, 2014. p. 399.

[14] Para melhor compreensão acerca da metodologia civil-constitucional, cf. TEPEDINO, Gustavo. Premissas metodológicas para a constitucionalização do direito civil. In: TEPEDINO, Gustavo. *Temas de direito civil*. Rio de Janeiro: Renovar, 2008. p. 11. No mesmo sentido, o já citado artigo de MORAES, Maria Celina Bodin de. A caminho de um direito civil-constitucional. In: MORAES, Maria Celina Bodin de. *Na medida da pessoa humana*: estudos de direito civil-constitucional. Rio de Janeiro: Renovar, 2010. p. 3-20.

[15] Sobre o rol das proposições da metodologia civil-constitucional, v. Carlos Edison do Rêgo Monteiro Filho: "Diante dessa perspectiva contemporânea do direito civil se consolidaram novos paradigmas para a compreensão da matéria, baseados, sobretudo, nas seguintes proposições: identificação do marco axiológico supremo do ordenamento jurídico na dignidade humana e na solidariedade; aplicação direta dos princípios e valores constitucionais às relações privadas (independente da existência de norma infraconstitucional), a permitir a abertura e, ao mesmo tempo, a unidade interpretativa do sistema jurídico; distinção e prevalência, nas situações de conflito, dos valores não patrimoniais sobre os patrimoniais, por opção, democrática, do Poder Constituinte; funcionalização dos institutos jurídicos à tábua axiológica da Constituição, com a submissão de todas as situações jurídicas subjetivas a controle de merecimento de tutela, com base no projeto constitucional; valorização da situação concreta e de suas especificidades sob a perspectiva da isonomia substancial, buscando-se tutelar, ao máximo, as diferenças – proteção especial aos idosos, crianças e adolescentes, portadores de necessidades especiais; superação definitiva da dicotomia público-privado, proporcionando a interpenetração das searas e a redefinição permanente da noção de ordem pública; e, consagração da função social das instituições jurídicas, notadamente o contrato e a propriedade – o direito passa a ser visto sob a perspectiva mais ampla da sua função promocional" (MONTEIRO FILHO, Carlos Edison do Rêgo. Rumos cruzados do direito civil pós-1988 e do

substancial. Corolários desse enunciado são i) a insuficiência da subsunção como técnica decisória,[16] ii) a compreensão da interpretação-aplicação como um fenômeno único e iii) a norma como um *posterius* hermenêutico.[17]

A utilização pelo legislador de textos normativos abertos (cláusulas gerais)[18] e o reconhecimento de que toda decisão judicial deve ser fundamentada com base na concretude dos fatos implica, como se desenvolverá adiante, a necessidade de criação de parâmetros aptos a permitir a aplicação isonômica da unidade do ordenamento. Dessa forma, impõe-se real imperativo de redução do distanciamento entre doutrina e jurisprudência.

Com vistas à efetiva constitucionalização do direito civil, os fatos e os parâmetros de concretização de cláusulas gerais devem interagir no momento de interpretação-aplicação do direito. Do encontro, possibilitado pelo diálogo entre jurisprudência e doutrina, surge a potencialidade de pavimentação do caminho em direção a um direito civil-constitucional. Não se trata da mera influência da doutrina nas decisões dos tribunais, mas de interação profícua apta a gerar influências mútuas. O diálogo entre dogmática e efetividade é, como se desenvolverá, o meio de arremate do caminho cujo início da construção foi celebrado há dez anos na cidade do Rio de Janeiro.

3.2 Jurisprudência: para além do dizer a lei

Como observado, a Constituição da República provocou a propagação de novos interesses merecedores de tutela, o que comprometeu a percepção abstrata, neutra, universal e definitiva que se comungava a respeito do fenômeno jurídico. Explica-se: o surgimento de situações imprevistas – pois imprevisíveis – tornou insuficiente as soluções pré-prontas apresentadas pelo sistema, imponto à jurisprudência o papel criativo-construtivo na elucidação do ordenamento do caso concreto.[19]

Nesse cenário, evidenciando-se a mutabilidade do direito, o método subsuntivo fica superado. Pela subsunção, ao hermeneuta competia buscar uma identificação automática da norma aplicável ao caso concreto. Tomando em conta as estruturas abstratas

---

constitucionalismo de hoje. In: TEPEDINO, Gustavo (Org.). *Direito civil contemporâneo*: novos problemas à luz da legalidade constitucional. Anais do Congresso Internacional de Direito Civil-Constitucional. São Paulo: Atlas, 2008. p. 262-281).

[16] Sobre a insuficiência da subsunção como mecanismo decisório, v. SOUZA, Eduardo Nunes de. Merecimento de tutela: a nova fronteira da legalidade no direito civil. In: MORAES, Carlos Eduardo Guerra de; RIBEIRO, Ricardo Lodi (Orgs.). *Direito civil*. Rio de Janeiro: Freitas Bastos, 2015. p. 72.

[17] Nesse sentido, afirma-se que "a clareza, se existe, não pode ser um *prius*, mas um *posterius* da interpretação: não a premissa, mas o resultado da interpretação" (PERLINGIERI, Pietro. *Perfis do direito civil*: introdução ao direito civil constitucional. Tradução de Maria Cristina de Cicco. 3. ed. Rio de Janeiro: Renovar, 2002. p. 72).

[18] Sobre a utilização da técnica de cláusulas gerais, v. PERLINGIERI, Pietro. *Perfis do direito civil*: introdução ao direito civil constitucional. Tradução de Maria Cristina de Cicco. 3. ed. Rio de Janeiro: Renovar, 2002. p. 27.

[19] "De outra parte, a interpretação torna-se um processo ainda mais complexo por um segundo fator: os elementos do caso concreto, ao contrário do que por muito tempo se sustentou, não permanecem estáticos à espera da incidência da norma – ao contrário, influenciam esta última e compõem necessariamente a construção da solução jurídica a que chegará o intérprete. Em outros termos, na metodologia civil-constitucional, o ordenamento apenas se completa quando encontra os próprios elementos do caso; só existe o Direito à luz de certa hipótese fática concreta, com suas peculiaridades e características – ideia que se costuma designar como ordenamento do caso concreto" (SOUZA, Eduardo Nunes de. Merecimento de tutela: a nova fronteira da legalidade no direito civil. In: MORAES, Carlos Eduardo Guerra de; RIBEIRO, Ricardo Lodi (Orgs.). *Direito civil*. Rio de Janeiro: Freitas Bastos, 2015. p. 77).

fornecidas pelo ordenamento, a elas encaixava os fatos. Pecava, assim, por ignorar as nuances da factualidade, o que obnubilava a unidade do ordenamento e reduzia a atuação do intérprete à justificação da escolha da normativa que se dirigisse à solução do caso em julgamento. Desse modo, ao encontrar uma fundamentação pretensamente definitiva e inquestionável para a sua decisão, o intérprete se abrigava na almejada neutralidade do mecanismo silogístico e nela camuflava suas pré-compreensões e intenções subjetivas, fazendo-as, por muito, prevalecer sobre os valores do ordenamento, já que o silogismo o poupa do dever de fundamentação mais robusto de suas decisões.[20]

A pretensa segurança jurídica gerada pela subsunção revela-se como falsa impressão de garantia de igualdade na aplicação da lei.[21] Com efeito, não há isonomia quando o magistrado deixa de perceber a singularidade de cada caso concreto e, mecanicamente, promove o encaixe do texto abstrato da regra a sujeitos inominados. Afinal, detrás de cada caso, há um indivíduo singular[22] cujas particularidades devem ser observadas pelo magistrado ao julgar a lide, a partir da interpretação-aplicação integral do ordenamento unitário, complexo, sistemático e coerente.[23]

Diante da superação da subsunção, faz-se imperioso que o magistrado assuma postura construtiva na solução dos casos que lhe sejam apresentados. Não se trata, como adverte a doutrina,[24] de decisionismo judiciário, mas da reconstrução da noção de segurança jurídica a partir do compromisso axiológico estabelecido pela Constituição da República, com elaboração dogmática capaz de enfrentar a complexidade e as mudanças dos fenômenos sociais contemporâneos.

Em busca de efetivar os valores do ordenamento, o magistrado, em papel renovado, deve buscar na doutrina as compreensões correntes acerca do ordenamento, a fim de entendê-lo em sua inteireza e unidade e cotejá-lo com o caso concreto.

Em perspectiva civil-constitucional, o ordenamento é compreendido como um sistema uno, vez que todo ele estará vinculado à Constituição de República. Para além, entende-se que a interpretação e aplicação do ordenamento também deve ser sintetizada

---

[20] Como leciona Gustavo Tepedino: "Por outro lado, o silogismo revela-se capaz de camuflar intenções subjetivas ou ideológicas do magistrado, poupando-lhe da imperiosa necessidade de justificar sua decisão e oferecendo-lhe salvo-conduto para escapar do controle social quanto à aderência de sua atividade interpretativa à axiologia constitucional. Segurança jurídica deve ser alcançada pela compatibilidade das decisões judiciais com os princípios e valores constitucionais, que traduzem a identidade cultural da sociedade" (TEPEDINO, Gustavo. Liberdades, tecnologia e teoria da interpretação. *Revista Forense*, v. 419, 2014. p. 405).

[21] TEPEDINO, Gustavo. Liberdades, tecnologia e teoria da interpretação. *Revista Forense*, v. 419, 2014. p. 409.

[22] Sobre a singularidade do indivíduo retratada na literatura, cf. Hermann Hesse: "mas cada homem não é apenas ele mesmo; é também um ponto único, singularíssimo, sempre importante e peculiar, no qual os fenômenos do mundo se cruzam daquela forma uma só vez e nunca mais. Assim, a história de cada homem é essencial, eterna e divina, e cada homem, ao viver em alguma parte e cumprir os ditames da natureza, é algo maravilhoso e digno de toda a atenção" (HESSE, Hermann. *Demian*. Rio de Janeiro: BestBolso, 2016. p. 7-8).

[23] BOBBIO, Norberto. *Teoria do ordenamento jurídico*. São Paulo: Edipro, [s.d.]. p. 34.

[24] "O reconhecimento do papel criativo dos magistrados [...] não importa em decisionismo, ou voluntarismo judiciário. A própria noção de segurança jurídica há de ser reconstruída a partir do compromisso axiológico estabelecido pela Constituição da República, com a elaboração de dogmática sólida, capaz de enfrentar a complexidade dos novos fenômenos sociais e de suas mudanças. Nessa esteira, torna-se imperioso fortalecer e difundir a teoria da argumentação, associada à interpretação unitária do ordenamento, não já à valoração individual de cada juiz, a fim de legitimar o discurso jurídico e a decisão judicial" (TEPEDINO, Gustavo. Itinerário para um imprescindível debate metodológico. *Revista Trimestral de Direito Civil*, Rio de Janeiro, v. 35, 2008. p. iv).

em um momento único.[25] Ao se colocar diante de um caso concreto, ao intérprete cumpre aplicar a ordem jurídica como um todo (e não esta ou aquela regra).[26] Ao contrário do que propõe o silogismo subsuntivo, a interpretação-aplicação do direito, na metodologia civil-constitucional, só ocorre à luz do caso concreto. Ou seja, é necessário o fato para que dele surja também o direito, ideia que se costuma designar como ordenamento do caso concreto.[27]

Desse modo, põe-se em xeque o clássico brocardo latino de *in claris non fit interpretatio*, segundo o qual, diante do texto legal claro,[28] não caberia interpretação. Com efeito, sempre deverá haver interpretação. O brocardo, verdadeiro dogma para a hermenêutica clássica, reduz a atividade do magistrado em uma aplicação mecânica da norma ao fato.[29] Em realidade, não há possibilidade de aplicação do direito que não seja interpretativa nem de interpretação que não seja aplicativa. O caso concreto não permite conduzir de imediato a uma norma abstrata que o discipline. Ao revés, apenas a consideração da integralidade do ordenamento permite extrair a normativa aplicável ao caso, já que "o próprio ordenamento somente se considera completo após a sua fusão aos elementos do caso concreto".[30]

A partir da superação da subsunção, da passagem para uma compreensão do ordenamento como um todo unitário e da importância da factualidade para a extração da normativa aplicável ao caso concreto, a atividade judicante remodelou-se, fazendo necessário o desenvolvimento de novas teorias de fundamentação[31] das decisões judiciais que permitissem a verdadeira concretização do projeto constitucional.

Nesse sentido, a Emenda Constitucional nº 45/2004, além de prever a ponderação como técnica decisória, trouxe o dever de fundamentação das decisões judiciais ao patamar mais elevado do ordenamento (art. 93, IX, CRFB).[32] Recentemente, tal imperativo tornou-se um dos núcleos básicos do sistema processual, renovado pelo CPC/2015, tendo o Novo Código explicitado o que se considera uma decisão fundamentada (art. 489 do

---

[25] Nesse sentido, Eros Grau: "não há dois momentos distintos, mas uma só operação. Interpretação e aplicação se superpõem" (GRAU, Eros. *Ensaio e discurso sobre a interpretação/aplicação do direito*. São Paulo: Malheiros, 2005. p. 284).

[26] SOUZA, Eduardo Nunes de. Merecimento de tutela: a nova fronteira da legalidade no direito civil. In: MORAES, Carlos Eduardo Guerra de; RIBEIRO, Ricardo Lodi (Orgs.). *Direito civil*. Rio de Janeiro: Freitas Bastos, 2015. p. 77.

[27] "Em outros termos, na metodologia civil-constitucional, o ordenamento apenas se completa quando encontra os próprios elementos do caso; só existe o Direito à luz de certa hipótese fática concreta, com suas peculiaridades e características – ideia que se costuma designar como *ordenamento do caso concreto*" (SOUZA, Eduardo Nunes de. Merecimento de tutela: a nova fronteira da legalidade no direito civil. In: MORAES, Carlos Eduardo Guerra de; RIBEIRO, Ricardo Lodi (Orgs.). *Direito civil*. Rio de Janeiro: Freitas Bastos, 2015. p. 77).

[28] Em sintonia com o que juristas americanos costumam designar por *easy cases*, que se contrapõem aos *hard cases*.

[29] TEPEDINO, Gustavo. Liberdades, tecnologia e teoria da interpretação. *Revista Forense*, v. 419, 2014. p. 402.

[30] SOUZA, Eduardo Nunes de. Merecimento de tutela: a nova fronteira da legalidade no direito civil. In: MORAES, Carlos Eduardo Guerra de; RIBEIRO, Ricardo Lodi (Orgs.). *Direito civil*. Rio de Janeiro: Freitas Bastos, 2015. p. 78.

[31] Sobre a teoria das decisões judiciais, v. LORENZETTI, Ricardo Luis. *Teoria da decisão judicial*: fundamentos de direito. Tradução de Bruno Miragem. 2. ed. São Paulo: Revista dos Tribunais, 2010. p. 270-273; LORENZETTI, Ricardo Luis. *Justicia colectiva*. 1. ed. Santa Fe: Rubinzal-Culzoni, 2010.

[32] Art. 93, IX, CF: "Todos os julgamentos dos órgãos do Poder Judiciário serão públicos, e fundamentadas todas as decisões, sob pena de nulidade, podendo a lei limitar a presença, em determinados atos, às próprias partes e a seus advogados, ou somente a estes, em casos nos quais a preservação do direito à intimidade do interessado no sigilo não prejudique o interesse público à informação".

CPC/2015).[33] Trata-se de um pressuposto de validade da decisão, de modo a servir como parâmetro de controle do exercício da discricionariedade judicial.[34]

A elaboração do ordenamento do caso concreto – atividade criativa do magistrado – se torna mais complexa do que o encaixe mecânico do corpo concreto no corpo abstrato. Nessa toada, vale a advertência de que, embora deixe de ser *la bouche de la loi* ("a boca da lei"), o magistrado se submete ao redivivo dever de fundamentação de suas decisões, sob pena de gerar arbítrio e insegurança jurídica, caso a decisão emerja de sua subjetividade e não da adequada interpretação do sistema jurídico. Dessa forma, a utilização de elementos da teoria da argumentação[35] permite ao intérprete demonstrar aos destinatários da norma o iter hermenêutico percorrido e os parâmetros norteadores da decisão.[36]

Toda decisão judicial deve se mostrar em consonância com os valores do ordenamento, que lhe servirão como parâmetro. Assim, embora não esteja submetido às amarras da literalidade, o intérprete deverá exercer o dever de fundamentação com base em elementos normativos positivados pelo sistema. Autonomia judicial não deve ser confundida com arbítrio: o juiz não possui liberdade para fundamentar suas decisões com base em ideologias pessoais ou com fulcro em argumentos que visem privilegiar interesses outros que não aqueles tutelados pelo ordenamento.[37]

É nesse momento – justamente no ato de fundamentação das decisões – que o diálogo entre magistrados e doutrinadores deve ocorrer. Isto é, no modelo romano-germânico (*civil law*), entende-se haver uma ciência jurídica, decorrente do estudo do ordenamento, visto como um sistema uno e coerente. Daí, portanto, caber aos professores

---

[33] "Nesse sentido, é de se aplaudir a atual exigência do art. 489 do CPC/2015, ao afirmar que não se considera fundamentada qualquer decisão judicial que não explique a relação do texto normativo com a causa; que empregue conceitos jurídicos indeterminados sem explicar o motivo concreto de sua incidência no caso em julgamento; que invoque motivos que poderiam justificar qualquer outra decisão; que não enfrente todos os argumentos deduzidos no processo; que se limite a invocar 'precedente' ou enunciado de súmula sem identificar seus fundamentos determinantes e sua adequação aos fatos em exame ou, ainda, que deixe de seguir enunciado de súmula, jurisprudência ou 'precedente' sem apontar a existência de distinção entre os casos" (MORAES, Maria Celina Bodin de; BARBOSA, Fernanda Nunes. O processo civil constitucionalizado. *Civilistica.com*, Rio de Janeiro, ano 5, n. 1, jan./jul. 2016. Disponível em: <http://civilistica.com/o-processo-civil-constitucionalizado/>. Acesso em: 5 ago. 2016).

[34] V. MOREIRA, José Carlos Barbosa. A motivação das decisões judiciais como garantia inerente ao estado de direito. *Temas de direito processual* – 1ª série. 2. ed. São Paulo: Saraiva, 1988.

[35] V. TARUFFO, Michele. Legalidade e justificativa da criação judiciária do direito. *Revista da EMASPE*, Recife, v. 6, n. 14, jul./dez. 2001. p. 43.

[36] "[...] a superação da aplicação mecânica não pode funcionar como pretexto para se conferir ao magistrado carta branca para decidir, de acordo com suas concepções pessoais, mediante inovação genérica de algum princípio constitucional que ele acredite amparar sua própria e individual versão de justiça. [...] A constatação de que vivemos em uma era de incertezas e de que o mecanismo de aplicação do Direito e guiado por uma lógica informal não permite abrir mão da segurança jurídica. A previsibilidade das decisões judiciais é também uma questão de justiça, pois decorre da necessária coerência e harmonia que devem caracterizar o sistema. [...] [por isso] a derrubada do limite externo, formal, que restringia o intérprete – o dogma da subsunção – não significou a consagração do arbítrio, mas, ao contrário, impôs um limite interno – metodológico – a exigência de fundamentação (argumentativa) da sentença" (MORAES, Maria Celina Bodin de. Do juiz boca-da-lei à lei segundo a boca-do-juiz: notas sobre a aplicação-interpretação do direito no início do século XXI. *Revista de Direito Privado*, São Paulo, v. 56, out./dez. 2013. p. 27-28).

[37] "A problemática do procedimento silogístico referido reside principalmente, como desde há muito se reconheceu, na correta constituição das premissas, especialmente da premissa menor. No que respeita à premissa maior, não se pode, decerto, admitir que possa ser retirada simplesmente do texto da lei. Ao invés, toda a lei carece de interpretação e nem toda proposição jurídica está, de modo algum, contida na lei" (LARENZ, Karl. *Metodologia da ciência do direito*. São Paulo: Fundação Calouste Gulbenkian, [s.d.]. p. 383).

o estudo aprofundado do sistema na busca de sua interpretação lógica e axiológica. O resultado das pesquisas jurídicas deve, assim, ser apresentado à comunidade para que seja manejado pelos aplicadores do direito. Indispondo de tempo hábil para empreender tais estudos, magistrados devem buscar na doutrina a melhor interpretação do sistema, sempre, é claro, sob perspectiva crítica, acatando ou rechaçando um ou outro posicionamento doutrinário.[38]

Caberá ao magistrado, portanto, nas nuances do caso concreto, recorrer à unidade do ordenamento, estudado sistematicamente pela doutrina, a fim de aplicá-lo, enquanto o interpreta, pois a aplicação e interpretação do direito constituem operação unitária e sobreposta, de modo que, para aplicá-lo (o direito), é preciso interpretá-lo e, para interpretá-lo, é necessário aplicá-lo.[39] Dessa forma, permitindo-se o diálogo entre mestres e juízes, faz-se possível a realização adequada do dever de fundamentação das decisões judiciais, indispensável à pavimentação do caminho rumo à constitucionalização do direito civil.

3.3 Doutrina: para além das teclas do piano

O caminho rumo à constitucionalização do direito civil passa, como dito, pela releitura dos institutos civilísticos à luz da Constituição da República. O passo inicial pressupõe a atribuição de um

> papel preciso e coerente aos princípios e às normas constitucionais, mesmo na regulamentação das relações privadas, em uma superação das barreiras entre direito civil e direito constitucional, na unidade do ordenamento e no respeito substancial à hierarquia das fontes e dos valores.[40]

A compreensão de que não há direito fora de um sistema e de que não há sistema sem princípios jurídicos[41] determina a necessidade da apreensão unitário-sistemática do ordenamento. Ou seja, a Constituição, tida como ápice na ordem hierárquica das

---

[38] "Nos sistemas romano-germânicos entende-se haver uma "ciência", decorrente do conhecimento do ordenamento, visto como um sistema que, composto pelo corpo de normas contidas em diplomas legislativos diversos, é dotado de algumas características essenciais: a unidade e a coerência. Daí, portanto, ser um direito doutoral, de professores, aqueles que em virtude de estudos aprofundados acerca do sistema, impossíveis de ser realizados no dia a dia por força das demandas cotidianas do julgar, melhor conhecem e, em consequência, melhor elaboram sua interpretação lógica, sistemática e teleológica" (MORAES, Maria Celina Bodin de. Professores ou juízes? *Civilistica.com*, Rio de Janeiro, ano 3, n. 2, jul./dez. 2014. Disponível em: <http://civilistica.com/wp-content/uploads/2015/02/Editorial-civilistica.com-a.3.n.2.2014.pdf>. Acesso em: 5 ago. 2016).

[39] "O que quero dizer é que a interpretação jurídica é mais do que um exercício de simples compreensão ou conhecimento do que está escrito nas leis. Porque a interpretação do direito é sempre voltada à obtenção de uma decisão para problemas práticos. Por isto, interpretação e aplicação não se realizam autonomamente. [...] O que na verdade existe [...] é uma equação entre interpretação e aplicação. De modo que aí não há dois momentos distintos, mas uma só operação. Interpretação e aplicação se superpõem" (GRAU, Eros. Técnica legislativa e hermenêutica contemporânea. In: TEPEDINO, Gustavo (Org.). *Direito civil contemporâneo*: novos problemas à luz da legalidade constitucional. São Paulo: Atlas, 2008. p. 284).

[40] PERLINGIERI, Pietro. *O direito civil na legalidade constitucional*. Rio de Janeiro: Renovar, 2008. p. 54-55.

[41] PERLINGIERI, Pietro. *O direito civil na legalidade constitucional*. Rio de Janeiro: Renovar, 2008. p. 60.

normas dentro de determinado território, deve nortear todas as searas do ordenamento, conferindo-lhe unidade.[42]

À doutrina, portanto, compete a tarefa de, por meio do estudo do sistema, concretizar dogmaticamente os princípios que dão unidade ao ordenamento, traçando parâmetros para a composição das novas situações conflituosas apresentadas pela factualidade, em permanente diálogo com os tribunais.

À semelhança do que ocorreu com a jurisprudência, a contemporaneidade trouxe novos desafios aos estudiosos do direito. De um lado, a funcionalização dos institutos e, de outro, a compreensão da norma como um *posterius* exigem que a doutrina assuma papel revigorado no atual contexto jurídico.

A ideia de priorização da análise funcional sucede a preferência da dogmática tradicional pelo estudo meramente estrutural dos institutos jurídicos. Como bem apontado por Norberto Bobbio, a análise estrutural dos institutos ("o que são?", "de que se compõem?") era meio de resguardar a pesquisa teórica contra a infiltração de juízos de valores e de evitar a confusão entre direito positivo, o único objeto possível de uma teoria científica do direito, e o direito ideal.[43]

Como bem aponta Carlos Edison do Rêgo Monteiro Filho:

> a noção geral de funcionalização, pode-se afirmar, parte da distinção entre fins e meios. Tudo o que se diz meio para a realização de alguma coisa se diz instrumento e, na esteira, se diz funcionalizado àquela noção que representa o seu fim. Se assim é, numa concepção hierárquica, os meios estão abaixo dos fins, uma vez que se curvam aos seus ditames, servem àquelas finalidades.[44]

Fato é que a ordem jurídica tem e sempre teve importante papel como instrumental destinado à satisfação de determinados interesses,[45] que muito variaram ao longo da história. O estudo meramente estrutural do ordenamento turva a visão do intérprete, fazendo-o ignorar a função que de fato exerce o direito e, por muito, reverenciar valores nem sempre condizentes com os consagrados pela legalidade constitucional. A análise dos institutos jurídicos sob perspectiva funcional, de outro lado, põe em foco os verdadeiros interesses guardados por uma ou outra interpretação que se confere ao ordenamento. Funcionalizar o estudo significa abrir as cortinas, arejar e iluminar os antes recônditos interesses, a fim de, problematizando-os, exercer sobre eles efetivo controle de merecimento de tutela.[46]

---

[42] FACHIN, Luiz Edson. *Transições do direito civil*: sentidos, transformações e fim. Rio de Janeiro: Renovar, 2014. p. 60-61.

[43] BOBBIO, Norberto, *Da estrutura à função*: novos estudos da teoria do direito. Barueri: Manole, 2007. p. 53.

[44] MONTEIRO FILHO, Carlos Edison do Rêgo. Usucapião imobiliária urbana independente de metragem mínima: uma concretização da função social da propriedade. In: MONTEIRO FILHO, Carlos Edison do Rêgo (Coord.). *Direito das relações patrimoniais*: estrutura e função na contemporaneidade. Curitiba: Juruá, 2014. p. 16.

[45] MONTEIRO FILHO, Carlos Edison do Rêgo. Usucapião imobiliária urbana independente de metragem mínima: uma concretização da função social da propriedade. In: MONTEIRO FILHO, Carlos Edison do Rêgo (Coord.). *Direito das relações patrimoniais*: estrutura e função na contemporaneidade. Curitiba: Juruá, 2014. p. 14.

[46] V. SOUZA, Eduardo Nunes de. Merecimento de tutela: a nova fronteira da legalidade no direito civil. In: MORAES, Carlos Eduardo Guerra de; RIBEIRO, Ricardo Lodi (Orgs.). *Direito civil*. Rio de Janeiro: Freitas Bastos, 2015, *passim*.

Tal qual um piano é instrumento para se produzir música, o ordenamento jurídico é instrumento para determinado fim. Enquanto o pianista se ocupar de estudar a estrutura do piano, os tipos de madeira que compõem o acabamento de cada uma de suas oitenta e oito teclas, a música lhe passará despercebida. O apego pela análise do perfil estrutural fará o pianista ignorar a música. De modo análogo, se o jurista acreditar que o direito se resume a uma compilação de textos normativos, passar-lhe-ão desapercebidas as finalidades e funções maiores do sistema. Apegado às teclas e não se interessando pela música, o pianista, desavisadamente talvez, delega a terceiros a missão de selecionar a trilha sonora a ser executada pelo piano. Ocorre que, no direito, cabe tão somente à Constituição, maestrina de todo o ordenamento, definir os fins aos quais servirão os institutos jurídicos.

Nesse panorama, a reconhecida força normativa da Constituição provoca, no que tange à interpretação jurídica, o espraiamento de seus valores por todo o ordenamento infraconstitucional. Assim, a supremacia do texto constitucional impõe que todas as normas de hierarquia inferior lhe devam obediência, não apenas em termos formais, mas também no conteúdo que enunciam, de forma que todo instituto de direito civil somente se justifica como instrumento para a realização da axiologia constitucional.[47]

O estudo sob perspectiva funcional atribui ao intérprete a árdua tarefa de avaliar a potencialidade que determinado instituto detém para promover os valores consagrados na Constituição da República. Em outras (já conhecidas) palavras, sempre incumbirá ao hermeneuta a pergunta "para que serve [determinada categoria jurídica?]", ou, indo além, "a que [valores, interesses] serve?" e até, em alguns casos, "a quem serve?".

No contexto de funcionalização dos institutos civilísticos, a doutrina passa a assumir – com perdão da repetição – função renovada.[48] Progressivamente, abandonam-se as páginas sequenciais dedicadas a classificações abstratas de elementos que compõem as mais variadas categorias jurídicas e empreendem-se estudos acerca do papel que cada instituto possui na concretização dos mandamentos constitucionais (em outras palavras: de sua função).

Ressalva-se, é claro, que as classificações abstratas trazidas pela tradicional doutrina não perderam a importância. É imprescindível a qualquer aplicador do direito o conhecimento acerca da estrutura de cada instituto jurídico. Contudo, tornou-se comum a edição – cada vez mais volumosa – de novas grades de classificação[49] que em nada acrescentam à compreensão do ordenamento, tratando-se apenas de formas diferentes de dizer o que já foi dito. O estudo do direito, como afirma Pietro Perlingieri, não deve ser estático, ignorando o contexto dos fatos e a unidade do sistema.[50]

---

[47] KONDER, Carlos Nelson. *Causa e tipo*: a qualificação dos contratos sob a perspectiva civil-constitucional. Rio de Janeiro: [s.n.], 2014. p. 22.

[48] PERLINGIERI, Pietro. *O direito civil na legalidade constitucional*. Rio de Janeiro: Renovar, 2008. p. 53-79.

[49] "Por outro lado, são editados manuais que induzem apenas as noções, onde os conceitos e a esquematização são excessivos. Isto, sem dúvida, é devido a uma reforma simplificadora dos estudos universitários, mas a menor quantidade de páginas e de horas de estudo e de aulas não pode eliminar o método de formação substituindo-o por aquele meramente informativo. A problematização deve ser garantida, ainda que os argumentos sejam reduzidos" (PERLINGIERI, Pietro. *O direito civil na legalidade constitucional*. Rio de Janeiro: Renovar, 2008. p. 78).

[50] "Indicações, estas, que não se elevam a comparação cientificamente satisfatória porque completamente destacadas das razões culturais e sociais historicamente diversas, fundadas, contudo, na ilusão de poder realizar uma microcomparação sem que ela esteja inserida em uma macrocomparação voltada a compreender o sistema

A interpretação funcional do direito requer um estudo jurídico dinâmico, que supere a tendência ao conceitualismo,[51] abundante em abstrações e generalizações, e dialogue com a concretude dos fatos apresentados à doutrina pelos tribunais, de modo que se faz possível dizer que a funcionalização do estudo jurídico, indispensável à constitucionalização do direito, ocorrerá de maneira plena tão somente a partir do diálogo entre juízes e mestres.

Ainda no mesmo sentido, mas sob outra perspectiva de análise, a compreensão da norma como *posterius* hermenêutico – e não como objeto da interpretação –, tal como a superação da subsunção[52] confluem para a renovação do papel da doutrina. A academia se revela *locus* privilegiado para o desenvolvimento de parâmetros de concretização dos princípios que poderão ser aplicados pelos tribunais em busca da normativa do caso concreto. A jurisprudência, para lidar com o surgimento dos novos interesses merecedores de tutela trazidos pela Constituição de 1988 e pela revolução tecnológica, necessita da atuação dialógica da doutrina, o que garantirá abertura e unidade ao sistema, impedindo a existência de decisões judiciais contraditórias e imprevisíveis.

Como assinalado acima (v. item 2), a superação da subsunção põe em xeque o brocardo latino segundo o qual *in claris non fit interpretatio*, já que a clareza do texto passa a ser compreendida como um *posterius* e não como um *prius*. O conhecimento jurídico não se limita em operações mecânicas de armazenamento automático do fato concreto em determinada *fattispecie* abstrata. A interpretação se relaciona à atuação dos valores constitucionais, adquirindo feição "lógico-sistemática e teleológica-axiológica".[53] Isto é, apenas a partir do cotejo dos valores do ordenamento com o caso concreto é possível se extrair a norma aplicável.

Nesse contexto, afirma-se que a técnica de estudo de casos se torna imprescindível para a formação do jurista, já que apenas com a dinamicidade dos fatos se pode falar em interpretação e aplicação do direito. Contudo, a discussão de casos, alerta a doutrina,[54] não deve dar a impressão de que o direito esteja limitado às decisões judiciais. O direito não deve ser visto do ponto de vista das lides, ignorando-se sua unidade e sistematicidade. O estudo do precedente judicial importa no reconhecimento de que a norma se completa com os fatos, sem ignorar, todavia, que o ordenamento lhes é preexistente.

Por tais razões, a interação dialógica entre doutrina e jurisprudência se faz essencial. A compreensão ideal do ordenamento por parte da doutrina somente se torna possível a partir da análise das *ratio decidendi*, sempre ligada à *fattispecie* concreta, fornecidas pelos tribunais.[55] A jurisprudência oferece diariamente à doutrina milhares de decisões que demonstram (ou deveriam demonstrar) a elucidação do ordenamento e a promoção dos valores constitucionais em casos concretos. O estudo dos casos se

---

total ao qual pertencem e, ainda mais, o seu dinamismo" (PERLINGIERI, Pietro. *O direito civil na legalidade constitucional*. Rio de Janeiro: Renovar, 2008. p. 79).

[51] "É necessário pôr um freio na tendência ao conceitualismo como hábito mental, comum tanto na doutrina quanto nas decisões jurisprudenciais, evitando o excesso de abstrações e das generalizações" (PERLINGIERI, Pietro. *O direito civil na legalidade constitucional*. Rio de Janeiro: Renovar, 2008. p. 81).

[52] O tema foi abordado no tópico 2, *supra*.

[53] PERLINGIERI, Pietro. *Perfis do direito civil*: introdução ao direito civil constitucional. Tradução de Maria Cristina de Cicco. 3. ed. Rio de Janeiro: Renovar, 2002. p. 73.

[54] PERLINGIERI, Pietro. *O direito civil na legalidade constitucional*. Rio de Janeiro: Renovar, 2008. p. 81.

[55] PERLINGIERI, Pietro. *Perfis do direito civil*: introdução ao direito civil constitucional. Tradução de Maria Cristina de Cicco. 3. ed. Rio de Janeiro: Renovar, 2002. p. 20.

mostra, pela metodologia civil-constitucional, imprescindível à compreensão axiológica do ordenamento. O estudo do direito deve ser dinâmico, tendo como base, de um lado, a legalidade constitucional e, de outro, as *ratio decidendi* – o direito vivo – fornecidas pelos tribunais. Somente assim, pelo diálogo entre doutrina e jurisprudência, será possível o avanço do estudo do direito a fim de pavimentar o caminho rumo ao projeto constitucional.

3.4 Do viúvo ao solteiro: o caminho hermenêutico da tutela do bem de família pelo Superior Tribunal de Justiça

A fim de demonstrar a importância do diálogo entre doutrina e jurisprudência na promoção dos valores constitucionais, analisa-se o caminho por que passou a tutela do bem de família na jurisprudência do STJ. O entendimento hoje consolidado a respeito do tema somente pôde ser atingido por meio da interação entre doutrina e jurisprudência, que, após anos, desaguou em feliz conclusão.

Começando pelo desfecho, foi no ano de 2008 que o Superior Tribunal de Justiça editou o Enunciado nº 364 de sua súmula de jurisprudência:

> O conceito de impenhorabilidade de bem de família abrange também o imóvel pertencente a pessoas solteiras, separadas e viúvas.

Talvez não esteja perceptível, em primeira leitura, a complexidade do debate acerca do conteúdo do referido enunciado. Em que pese a importância da conclusão a que chegou o STJ, a análise ora empreendida tem mais a ver com o caminho hermenêutico percorrido pela Corte do que com a solução a que chegou.

A Lei nº 8.009/1990 tutela o bem de família da seguinte maneira:

> Art. 1º O imóvel residencial próprio do casal, ou da entidade familiar, é impenhorável e não responderá por qualquer tipo de dívida civil, comercial, fiscal, previdenciária ou de outra natureza, contraída pelos cônjuges ou pelos pais ou filhos que sejam seus proprietários e nele residam, salvo nas hipóteses previstas nesta lei.

Como adiantado pelo próprio nome, o instituto do bem *de família* foi forjado para a tutela do imóvel residencial da entidade familiar.[56] A interpretação literal do art. 1º da Lei nº 8.009/90 fez prevalecer durante anos no STJ o entendimento de que o bem de família se destinava tão somente à proteção da família do devedor executado.[57] Algumas novas situações, contudo, viriam a pôr em xeque a jurisprudência do STJ.

O caminho que a Corte percorreu desde a interpretação literal do dispositivo até a publicação do Enunciado nº 364 de sua súmula de jurisprudência justifica a análise atenta do caso. O ponto zero do caminho examinado encontra-se na aplicação abstrata da técnica da subsunção (v. item 2), desconsiderando-se a factualidade. Pois bem: se o

---

[56] PEREIRA, Caio Mario da Silva. *Instituições de direito civil*. 25. ed. Rio de Janeiro: Forense, 2012. p. 376. v. I.

[57] SCHREIBER, Anderson. Direito à moradia como fundamento para a impenhorabilidade do imóvel residencial do devedor solteiro. *Direito Civil e Constituição*, São Paulo, 2013. p. 288.

texto normativo trata da proteção da família (premissa maior) e o solteiro não se constitui em família (premissa menor), conclui-se que a ele não se aplica a tutela prevista na Lei nº 8.009/90.

Como apontado, novas situações não previstas pelo legislador impuseram aos tribunais o dever de criar soluções inovadoras, que, ao compor os conflitos, concretizassem os valores constitucionais.

O primeiro grupo dessas situações pode ser representado no recurso interposto, ainda em 1998, por irmãos solteiros solicitando a proteção do imóvel em que coabitavam contra a execução de dívida contraída por uma delas. O STJ concedeu a tutela ao argumento de que "os irmãos solteiros que residem no imóvel comum constituem uma entidade familiar e por isso o apartamento onde moram goza da proteção de impenhorabilidade".[58]

A segunda espécie de casos que vieram a desafiar o tribunal estava relacionada à possibilidade de conferir a proteção do bem de família ao imóvel de ex-cônjuges que passaram a viver sozinhos. O STJ entendeu pertinente a aplicação da impenhorabilidade, sob o fundamento de que, "no caso de separação dos cônjuges, a entidade familiar, para efeitos de impenhorabilidade de bem, não se extingue, ao revés, surge uma duplicidade da entidade, composta pelos ex-cônjuges varão e virago".[59] Por fim, o STJ teve de julgar o caso do devedor viúvo que alegava a proteção do bem de família a seu favor. Curiosamente, a Corte entendeu que o viúvo constituía entidade familiar.[60]

Em relação à impenhorabilidade do imóvel do devedor solteiro, o STJ apresentava posição relutante à concessão da tutela ao celibatário. Nesse sentido, permita-se a transcrição de elucidativo trecho do Informativo nº 82/00 da Corte:

> A Turma entendeu que a impenhorabilidade prevista na Lei n. 8.009/90 não alcança o imóvel do devedor solteiro, que ali reside solitário. Proteger esse tipo de devedor, estendendo-lhe o conceito de entidade familiar, refoge do escopo da referida Lei.[61]

A necessidade de expandir a tutela conferida pela Lei nº 8.009/90 ao devedor solteiro moveu a doutrina, que, ao dialogar com a jurisprudência do STJ, tentou estabelecer uma conceituação de entidade familiar que atendesse aos valores do ordenamento. Em outras palavras, passou à análise funcional da entidade familiar, buscando, por meio de construções técnicas e científicas, orientar os tribunais em direção à concretização da tutela mais adequada da pessoa humana, vértice do ordenamento.

O diálogo travado por doutrina[62] e jurisprudência da época pode ser resumidamente representado: se, no entendimento do STJ, a impenhorabilidade é aplicável tão somente às entidades familiares, para que dela também goze o solteiro, é imprescindível, na linha seguida pela Corte, que ele esteja inserto no conceito de entidade

---

[58] STJ, 4ª T. REsp nº 1997/0092092-5. Rel. Min. Ruy Rosado de Aguiar, j. 19.3.1998.

[59] STJ, 1ª T. REsp nº 859937/SP. Rel. Min. Luiz Fux, j. 4.12.2007.

[60] STJ, 4ª T. REsp nº 434856/PR. Rel. Min. Barros Monteiro, j. 22.10.2002: "A viúva, ainda que more só no imóvel residencial, acha-se protegida pela impenhorabilidade prevista na mencionada Lei nº 8.009/90".

[61] STJ, 4ª T. REsp nº 169.239/SP. Rel. Min. Barros Monteiro, j. 12.12.2000.

[62] Sobre o tema, v. LÔBO, Paulo Luiz Netto. Entidades familiares constitucionalizadas: para além do numerus clausus. *Revista Brasileira de Direito de Família*, Porto Alegre, n. 12; ALBUQUERQUE FILHO, Carlos Cavalcanti de. A situação jurídica de pessoas que vivem sozinhas. *Revista Brasileira de Direito de Família*, Porto Alegre, v. 11.

familiar. Assim, os primeiros votos proferidos no Tribunal tinham como pano de fundo a extensão do conceito de família.

Com o advento da Emenda Constitucional nº 26, que trouxe o direito à moradia para o rol dos direitos fundamentais (art. 6º, *caput*, da CRFB), a doutrina passou a defender a impenhorabilidade do imóvel residencial do devedor solteiro com base no direito à moradia e não mais na ficção do celibatário como entidade familiar.[63] Por meio do profícuo diálogo, insista-se, foi possível mais um passo na pavimentação do caminho em direção à tutela da pessoa humana tal como determinada pela Constituição da República.

O STJ editou, já no ano de 2004, informativo de jurisprudência que veio pôr um ponto final na a discussão, muito embora se possa dizer que, no mundo do direito, o tempo costuma transformar os pontos em vírgulas. Fato é que, nesse particular, a decisão do STJ se mantém até hoje, afirmando que o escopo definitivo da Lei nº 8.009/90 é a proteção do direito à moradia, fundamental à pessoa humana e que, por isso, a tutela é extensível ao devedor solteiro.[64]

A questão retratada permite verificar a importância da influência recíproca entre mestres e juízes. Faz bem que as teses dos tribunais sejam discutidas em doutrina e que as posições doutrinárias sejam examinadas pelos magistrados. Trata-se do meio mais eficaz para a constitucionalização do direito. Mediante o diálogo, tornou-se possível concretizar a tutela da pessoa do devedor solteiro, que, embora viva sozinho, encontra-se, ironicamente, na privilegiada companhia do STJ e da Constituição da República.

3.5 À guisa de conclusão

Os novos desafios trazidos pela nova ordem constitucional impuseram ao jurista o dever de se reinventar. A superação da subsunção e o reconhecimento da norma como um *posterius* implicam a remodelação da atividade de magistrado e de doutrinador. Isto é, ser juiz não mais significa aplicar as regras pré-prontas fornecidas pelo ordenamento ao caso concreto sem considerar suas vicissitudes.

Ao mesmo tempo, a ideia de funcionalização dos institutos jurídicos determinou que professores e pesquisadores promovessem um estudo dinâmico do direito. Sem deixar de reconhecer a sistematicidade do ordenamento, devem se utilizar da técnica de estudos de casos para, por meio da análise da *ratio decidendi*, compreender o direito vivo. Evitam-se, portanto, os estudos estáticos que em nada acrescentam à formação do jurista.

Para tanto, torna-se imprescindível que doutrinadores e magistrados influenciem uns aos outros em suas atividades. A alteridade se faz pressuposto necessário para a constitucionalização do direito e a interação entre doutrina e jurisprudência é apta

---

[63] "Como se pretendeu demonstrar, o fundamento para a impenhorabilidade do imóvel residencial do devedor solteiro não deve ser buscado no alargamento procustiano do conceito de entidade familiar, mas no direito constitucional à moradia, consagrado pela Emenda Constitucional 26" (SCHREIBER, Anderson. Direito à moradia como fundamento para a impenhorabilidade do imóvel residencial do devedor solteiro. *Direito Civil e Constituição*, São Paulo, 2013. p. 292).

[64] Informativo nº 205: "A interpretação teleológica do art. 1º da Lei n. 8.009/1990 revela que a norma não se limita ao resguardo da família. Seu escopo definitivo é a proteção de um direito fundamental da pessoa humana: o direito à moradia. Se assim ocorre, não faz sentido proteger quem vive em grupo e abandonar o indivíduo que sofre o mais doloroso dos sentimentos: a solidão. É impenhorável, por efeito do preceituado no art. 1º da Lei n. 8.009/1990, o imóvel em que reside, sozinho, o devedor celibatário".

a promover as proposições da metodologia civil-constitucional. O caminho para a constitucionalização do direito civil, ainda que árduo, deve ser percorrido diariamente por seus intérpretes-aplicadores.

Como visto, a escola civil-constitucionalista propôs um caminho metodológico que começou a ser construído no Brasil há mais de duas décadas. Hoje, faz-se necessário pavimentá-lo, de modo a permitir a plena realização da tábua axiológica constitucional. A forma mais eficaz de fazê-lo, pelo exposto, é por meio do diálogo entre doutrina e jurisprudência, para que se possa construir uma dogmática da efetividade e uma efetividade que se apoie na dogmática. A pavimentação do caminho da efetividade é processo permanente, ininterrupto e dinâmico, ao qual deve se dedicar todo jurista (mestre ou magistrado) comprometido com a promoção dos valores constitucionais em sua inteireza. Conversar é arte tão delicada que não pode, de maneira alguma, ser esquecida pelos especialistas.

Informação bibliográfica deste texto, conforme a NBR 6023:2002 da Associação Brasileira de Normas Técnicas (ABNT):

GUIMARÃES, Vynicius Pereira. O diálogo entre doutrina e jurisprudência: pavimentando o caminho da efetividade. In: TEPEDINO, Gustavo; TEIXEIRA, Ana Carolina Brochado; ALMEIDA, Vitor (Coord.). *Da dogmática à efetividade do Direito Civil*: Anais do Congresso Internacional de Direito Civil Constitucional – IV Congresso do IBDCivil. 2. ed. rev., ampl. e atual. Belo Horizonte: Fórum, 2019. p. 699-713. ISBN 978-85-450-0545-2.

CAPÍTULO 4

VEDAÇÃO AO COMPORTAMENTO CONTRADITÓRIO, BOA-FÉ E EXTINÇÃO CONTRATUAL[1]

GABRIELA HELENA MESQUITA DE OLIVEIRA CAMPOS

LORRANNE CARVALHO DA COSTA

Introdução

Influenciado pelo Código Napoleônico, o direito civil era tido como o "reino da liberdade individual",[2] o ramo do direito no qual a autonomia privada era vista como valor supremo e indiscutível e sua utilização era desempenhada de maneira absoluta.[3] Contudo, após o século XX ser marcado por duas grandes guerras mundiais, deparou-se com a necessidade de redefinição dos institutos jurídicos existentes, tendo em vista às inúmeras atrocidades cometidas nesses períodos históricos resguardadas na licitude.

Neste sentido, os países europeus passaram pelo chamado "constitucionalismo do pós-guerra",[4] que redefiniu o papel central da Constituição nos ordenamentos jurídicos, proporcionando inúmeras mudanças, não somente jurídicas, mas, sobretudo, políticas, com o fortalecimento do Estado Democrático de Direito, aproximando os ideais

---

[1] Trabalho desenvolvido sob a orientação do Professor Allan Rocha de Souza no âmbito do Núcleo de Pesquisa em Direitos Fundamentais, Relações Privadas e Políticas Públicas, no curso de Direito do Instituto Três Rios da Universidade Federal Rural do Rio de Janeiro (ITR/UFRRJ).

[2] MORAES, Maria Celina B. A caminho de um direito civil constitucional. *Revista Estado, Direito e Sociedade*, v. I, 1991. p. 2.

[3] MORAES, Maria Celina B. A caminho de um direito civil constitucional. *Revista Estado, Direito e Sociedade*, v. I, 1991. p. 2.

[4] BARROSO, Luís Roberto. *Neoconstitucionalismo e constitucionalização do direito*: o triunfo tardio do direito constitucional no Brasil. p. 238. Disponível em: <http://www.luisrobertobarroso.com.br/wp-content/themes/LRB/pdf/neoconstitucionalismo_e_constitucionalizacao_do_direito_pt.pdf>.

constitucionais e democráticos.[5] Os Estados, assim, transformaram seus papéis, passando a operar em seus governos internos de forma mais atuante, o que acabou por influenciar os ramos do direito, em especial, o direito civil: "Diante de um Estado intervencionista e regulamentador, que dita as regras do jogo, o direito civil viu modificadas as suas funções e não pode mais ser estimado segundo os moldes do direito individualista dos séculos anteriores".[6]

Segundo Luís Roberto Barroso, além do marco histórico, que foi a insurgência das grandes guerras, há que se falar, ainda, de dois outros marcos que propulsionaram as mudanças paradigmáticas no âmbito do direito: o filosófico e o teórico.[7]

O marco filosófico caracterizou-se na transformação do modo de encarar o ordenamento jurídico, que era demasiadamente influenciado pelo positivismo. O direito era fincado no alicerce da objetividade e por meio da visão positivista, sendo equiparado à lei e afastado da filosofia e de discussões que versassem sobre legitimidade e justiça.[8] O pós-positivismo, por outro lado, surgiu com a proposta de uma leitura mais abrangente do direito, na busca por seus fundamentos, indo "além da legalidade estrita".[9] A superação do positivismo abriu caminho para uma reflexão mais ampla do direito, reaproximando, assim, o direito e a filosofia.

Já o marco teórico, segundo o autor, tem três pontos principais: reconhecimento da força normativa da Constituição; expansão da jurisdição constitucional e desenvolvimento de uma nova dogmática constitucional. Inicialmente, no que tange à força normativa da Constituição, a grande mudança está no novo modo de encarar a norma constitucional, conferindo a ela o caráter efetivamente jurídico e não mais apenas político, visto que, dotada de normatividade e imperatividade, seu cumprimento torna-se obrigatório, além de servir de fundamento das normas infraconstitucionais. Quanto à expansão jurídica constitucional, essa se deu no Brasil principalmente em razão da Constituição de 1988. Segundo Barroso:

> A causa determinante foi a ampliação do direito de propositura, [e] a ela somou-se a criação de novos mecanismos de controle concentrado, como a ação declaratória de constitucionalidade e a regulamentação da arguição de descumprimento de preceito fundamental.[10]

---

[5] BARROSO, Luís Roberto. *Neoconstitucionalismo e constitucionalização do direito*: o triunfo tardio do direito constitucional no Brasil. p. 239. Disponível em: <http://www.luisrobertobarroso.com.br/wp-content/themes/LRB/pdf/neoconstitucionalismo_e_constitucionalizacao_do_direito_pt.pdf>.

[6] MORAES, Maria Celina B. A caminho de um direito civil constitucional. *Revista Estado, Direito e Sociedade*, v. I, 1991. p. 3.

[7] BARROSO, Luís Roberto. *Neoconstitucionalismo e constitucionalização do direito*: o triunfo tardio do direito constitucional no Brasil. p. 4. Disponível em: <http://www.luisrobertobarroso.com.br/wp-content/themes/LRB/pdf/neoconstitucionalismo_e_constitucionalizacao_do_direito_pt.pdf>.

[8] BARROSO, Luís Roberto. *Neoconstitucionalismo e constitucionalização do direito*: o triunfo tardio do direito constitucional no Brasil. p. 5. Disponível em: <http://www.luisrobertobarroso.com.br/wp-content/themes/LRB/pdf/neoconstitucionalismo_e_constitucionalizacao_do_direito_pt.pdf>.

[9] BARROSO, Luís Roberto. *Neoconstitucionalismo e constitucionalização do direito*: o triunfo tardio do direito constitucional no Brasil. p. 6. Disponível em: <http://www.luisrobertobarroso.com.br/wp-content/themes/LRB/pdf/neoconstitucionalismo_e_constitucionalizacao_do_direito_pt.pdf>.

[10] BARROSO, Luís Roberto. *Neoconstitucionalismo e constitucionalização do direito*: o triunfo tardio do direito constitucional no Brasil. p. 9. Disponível em: <http://www.luisrobertobarroso.com.br/wp-content/themes/LRB/pdf/neoconstitucionalismo_e_constitucionalizacao_do_direito_pt.pdf>.

Em que pese o desenvolvimento de uma nova dogmática constitucional, fundada em novos paradigmas, o reconhecimento da supremacia constitucional permitiu que o direito não detivesse como fonte única e principal o texto infraconstitucional positivado, mas, sobretudo, que suscitasse a incidência dos princípios e valores constitucionais. O marco dessa nova dogmática está na função agora atribuída ao intérprete, que passa a agir como "co-participante do processo de criação do direito, completando o trabalho do legislador".[11]

Assim, o deslocamento hermenêutico da Constituição para o centro do ordenamento jurídico brasileiro admitiu a irradiação para todos os dispositivos infraconstitucionais de seus princípios e valores, notadamente os direitos e garantias fundamentais, assegurando, destarte, que a axiologia constitucional fosse requisito de validade das normas infraconstitucionais.

Ademais, a presença das cláusulas gerais no Código Civil foi fundamental para impulsionar essa mudança no sentido e aplicação de suas normas. Isso porque as cláusulas gerais são vetores que recorrem mais diretamente aos valores constitucionais para conformação de seus sentidos, espraiando seus efeitos por todo o âmbito do direito privado, principalmente no que se refere à disciplina contratual.

O atual contexto pós-positivista, assim, colocou as normas-princípios no centro do ordenamento jurídico, não só auxiliando a aplicação das regras nele existentes, como também dando a estas uma abertura semântica de modo que o direito se adéque à realidade social e não os fatos aos preceitos normativos abstratos.

Deste modo, o presente estudo tem por intuito verificar como as cláusulas gerais, em especial a boa-fé, são utilizadas e fundamentadas pelos tribunais nos casos de comportamento contraditório, e até que ponto a vedação desta conduta impacta na extinção dos contratos.

Para tanto se faz fundamental uma análise profunda dos institutos, partindo-se de uma abordagem sumária das cláusulas gerais, notadamente, a boa-fé, da vedação ao comportamento contraditório e extinção contratual, concluindo com uma apreciação jurisprudencial da aplicação destes nos casos concretos.

4.1 Cláusulas gerais

Pode-se dizer que as relações contratuais eram pautadas por uma espécie de literalidade, o que significa que o conteúdo do pactuado era o que interessava ao contrato, independentemente da situação de estabelecimento. Contudo, no cenário do pós-guerra constatou-se que tal forma de encarar as relações contratuais tornava o direito uma maneira de legitimar as desigualdades sociais existentes.

Assim, neste contexto, o Estado assume um papel mais participativo na estrutura do direito, a fim de evitar abusos dos particulares, pautando-se, para tanto, nos princípios fundamentais de observância indispensável a qualquer relação. A incidência de tais princípios no ordenamento resultou numa mudança no modo de encarar as relações

---

[11] BARROSO, Luís Roberto. *Neoconstitucionalismo e constitucionalização do direito*: o triunfo tardio do direito constitucional no Brasil. p. 12. Disponível em: <http://www.luisrobertobarroso.com.br/wp-content/themes/LRB/pdf/neoconstitucionalismo_e_constitucionalizacao_do_direito_pt.pdf>.

contratuais, antes pautadas por princípios então incontestáveis como autonomia, obrigatoriedade e relatividade, que passaram a ser relativizados, em função da incidência dos princípios da boa-fé, equilíbrio contratual e função social do contrato.

Deste modo, as cláusulas gerais surgem principalmente como meio de resposta às demandas sociais que um ordenamento estruturado sobre a égide do casuísmo não fora capaz de suprir. Destarte, estas não possuem o intuito de substituir as normas estabelecidas, mas sim complementá-las com a finalidade de adequação do direito à realidade social. As cláusulas gerais, nas palavras de Judith Martins-Costa:

> Constituem normas (parcialmente) em branco, as quais são completadas mediante a referência a regras extrajuridícas, de modo que a sua concretização exige que o juiz seja reenviado a modelos de comportamento e a pautas de decisão, vinculada à concretização de um valor, de uma diretiva ou de um padrão social, assim reconhecido como arquétipo exemplar da experiência social concreta.[12]

Nesse sentido se faz necessário discorrer acerca das características das denominadas cláusulas gerais, que propositalmente são dotadas de flexibilidade e indeterminação. A indeterminação é o que garante a fluidez e a abrangência dessas normas, haja vista que, quando diante da sua aplicação, os casos em que não há devida normatização, por exemplo, passam a ser regulados de forma mais justa, uma vez que não há de se prender ao casuísmo de determinado regramento.

Já a flexibilidade é consequência dessa indeterminação, o que permite que essas cláusulas sejam aplicadas a inúmeros casos, tornando a norma mais maleável e adaptável às condições da realidade mutante. Desse modo, as cláusulas gerais demonstram seu papel integrador ao permitir a "aplicação de outras disposições legais para a solução de certos casos, percorrendo às vezes a jurisprudência um caminho que vai da aplicação de um dispositivo legal para outro tendo em vista o mesmo fato".[13]

Contudo, segundo Judith Martins-Costa, essa função dinâmica é possível de ser percebida também em razão de sua divisão estrutural, com as cláusulas gerais classificadas em restritivas, regulativas ou extensivas. A extensividade da cláusula geral significa o poder de alargamento do sentido das normas existentes para além do seu já conhecido campo de atuação, fazendo-a incidir sobre novas situações. As cláusulas extensivas aumentam o campo de aplicação da norma jurídica, complementando-o, permitindo sua maior penetração na sociedade e reforçando, assim, sua dinamicidade. Além de extensiva, a cláusula geral pode ser caracterizada também por ser regulativa, isto é, por regular o que ainda não foi normatizado. Isso significa dizer que essas cláusulas instituem normas para as áreas em que o direito ainda não regulou. Por fim, essa espécie de "norma-princípio" tem sua última categorização, restritiva, pois tem também a função de restringir os sentidos, a aplicação e os efeitos de determinadas regras.

---

[12] MARTINS-COSTA, Judith. *A boa-fé no direito privado* – Sistema e tópica no processo obrigacional. São Paulo: Revista dos Tribunais, 2000. p. 32.

[13] COUTO E SILVA, Clóvis. *O* princípio da boa-fé no direito civil brasileiro e português. In: CAETANO, Marcelo et al. *Estudos de direito civil brasileiro e português*. Jornada Luso-Brasileira de Direito Civil. São Paulo: Revista dos Tribunais, 1980 *apud* COSTA-MARTINS, Judith. O direito privado como um sistema em construção – As cláusulas gerias no projeto do código civil brasileiro. *Revista de Informação Legislativa*, Brasília, ano 35, n. 139, jul./set. 1998. p. 11.

Por influência dos princípios constitucionais e direitos fundamentais, alçados a um novo padrão de normatividade e efetividade, como já mencionado, os princípios tradicionais nos quais se baseavam os contratos foram aos poucos perdendo espaço de exclusividade para novos parâmetros fundamentados principalmente no respeito à dignidade humana. Assim, as cláusulas gerais permitem um novo olhar para a dogmática civilista, já sob um viés constitucional, possibilitando a transformação do direito civil:

> [...] de regulamentação da atividade econômica individual, entre homens livres e iguais, para regulamentação da vida social, na família, nas associações, nos grupos comunitários, onde quer que a personalidade humana melhor se desenvolva e sua dignidade seja mais amplamente tutelada.[14]

4.2 Boa-fé

Um exemplo dessas "normas-princípios" é a boa-fé. Este princípio está devidamente normatizado no Código Civil no art. 422, que dispõe que os contratantes são obrigados a guardar, na conclusão do contrato, assim como em sua execução, os princípios de probidade e boa-fé. Anteriormente, Código de Defesa do Consumidor (CDC) também já regulava a boa-fé em seu art. 4º, inc. III. Ainda, de acordo com seu art. 51, IV, do CDC, são nulas de pleno direito, entre outras, as cláusulas contratuais relativas ao fornecimento de produtos e serviços que estabeleçam obrigações consideradas iníquas, abusivas, que coloquem o consumidor em desvantagem exagerada, ou sejam incompatíveis com a boa-fé ou a equidade. Em face de tamanha importância é indispensável uma análise do referido instituto, ainda que breve.

A partir da conjunção de inúmeros fatores, tanto históricos como filosóficos, a autonomia privada, princípio basilar do direito contratual, fora recontextualizada, em função da elevação do padrão de proteção dos direitos fundamentais. As relações contratuais regidas pela livre vontade das partes poderiam servir – e de fato serviram – de instrumento de exploração, haja vista que as relações sociais e econômicas não são igualitárias, sendo imposta à parte mais frágil a vontade dos mais poderosos.

Neste contexto, a liberdade contratual se transformou em instrumento que legitimava a exploração e o aprofundamento da desigualdade, tornando necessária uma mudança, haja vista que a liberdade, pautada nos princípios constitucionais contemporâneos, passou a ser enxergada como instrumento de efetivação da dignidade humana, e não, ao contrário, como instrumento de submissão e desigualdade. Com isso, a antiga autonomia da vontade passou a ter um novo conteúdo, qualitativamente diferente e rebatizada de autonomia privada, já que, nas palavras de Gustavo Tepedino, "há uma redução quantitativa dos espaços da autonomia privada",[15] pois "enquanto exercício da liberdade, constitui instrumento de expressão e concretização da dignidade humana".[16]

---

[14] MORAES, Maria Celina B. A caminho de um direito civil constitucional. *Revista Estado, Direito e Sociedade*, v. I, 1991. p. 9.

[15] TEPEDINO, Gustavo. Normas constitucionais e relações de direito civil na experiência brasileira. *IAD*. Disponível em: <http://www.iad-df.com.br/artigos/especificacao-do-artigo.php?acao=leia-mais&publicacao_artigo=5>.

[16] BARBOSA, Heloísa Helena. Reflexões sobre autonomia negocial. In: TEPEDINO, Gustavo; FACHIN, Luiz Edson (Coords.). *O direito e o tempo*: embates jurídicos e utopias contemporâneas. Rio de Janeiro: Renovar, 2008. p. 410.

Dessa maneira, em razão do advento de um novo contexto jurídico-social, a autonomia então absoluta fora relativizada, restringindo o alcance da autonomia contratual. Com isso, tal autonomia, à luz dos princípios constitucionais, passou a possuir um novo viés, não de liberdade irrestrita, mas de liberdade pautada pela axiologia constitucional.

A boa-fé baseia-se principalmente nos princípios constitucionais de justiça, igualdade e solidariedade, pautada pela ética contratual e se ramifica em dois principais tipos: a boa-fé subjetiva e a boa-fé objetiva.[17] A boa-fé subjetiva é aquela em que se verifica a intenção do pactuante na relação contratual, ou seja, o intuito deste quando praticou ou deixou de praticar algo. Para sua verificação é necessário analisar aspectos íntimos e psicológicos do indivíduo. Judith Martins-Costa define tal aspecto como "uma condição psicológica que normalmente se concretiza no convencimento do próprio direito, ou na ignorância de se estar lesando direito alheio, ou na adstrição 'egoística' à literalidade do pactuado".[18]

Já a boa-fé objetiva é mais complexa, pois pauta-se nas atitudes efetivas das partes, ou seja, pelo seu comportamento ético, que vai para além de agir estritamente de acordo com o pactuado, ou seja, possui "um valor autônomo, não relacionado com a vontade",[19] razão pela qual:

> a extensão do conteúdo da relação obrigacional já não se mede com base somente nela, e, sim, pelas circunstâncias ou fatos referentes ao contrato, permitindo-se construí objetivamente o regramento do negócio jurídico com a admissão de um dinamismo que escapa, por vezes, até ao controle das partes.[20]

Esse princípio contratual de base ética assumiu, assim, forma de norma exigível, haja vista sua indispensável importância nas relações contratuais, uma vez que estabelece padrões de conduta e deveres anexos de cumprimento obrigatório para validade do negócio jurídico.

4.2.1 Boa-fé objetiva e suas funções

Ainda segundo Judith Martins-Costa, a boa-fé se manifesta por meio de suas funções, quais sejam: de norma interpretativa e integrativa, restritiva ou limitadora

---

[17] COSTA-MARTINS, Judith. O direito privado como um sistema em construção – As cláusulas gerias no projeto do código civil brasileiro. *Revista de Informação Legislativa*, Brasília, ano 35, n. 139, jul./set. 1998. p. 14.

[18] COSTA-MARTINS, Judith. O direito privado como um sistema em construção – As cláusulas gerias no projeto do código civil brasileiro. *Revista de Informação Legislativa*, Brasília, ano 35, n. 139, jul./set. 1998. p. 14.

[19] COUTO E SILVA, Clóvis. *O princípio da boa-fé no direito civil brasileiro e português*. In: CAETANO, Marcelo *et al. Estudos de direito civil brasileiro e português*. Jornada Luso-Brasileira de Direito Civil. São Paulo: Revista dos Tribunais, 1980 *apud* COSTA-MARTINS, Judith. O direito privado como um sistema em construção – As cláusulas gerias no projeto do código civil brasileiro. *Revista de Informação Legislativa*, Brasília, ano 35, n. 139, jul./set. 1998.

[20] COUTO E SILVA, Clóvis. *O princípio da boa-fé no direito civil brasileiro e português*. In: CAETANO, Marcelo *et al. Estudos de direito civil brasileiro e português*. Jornada Luso-Brasileira de Direito Civil. São Paulo: Revista dos Tribunais, 1980 *apud* COSTA-MARTINS, Judith. O direito privado como um sistema em construção – As cláusulas gerias no projeto do código civil brasileiro. *Revista de Informação Legislativa*, Brasília, ano 35, n. 139, jul./set. 1998.

e ainda de fonte de direitos.[21] Sua função interpretativa-integrativa se caracteriza por uma leitura mais fiel da relação contratual, de forma a não a limitar a uma interpretação pautada apenas nas cláusulas e condições já preestabelecidas entre as partes, buscando fazer incidir normas, princípios e valores para além do convencionado.

Assim, seu papel integrativo está justamente na possibilidade que propicia de abranger preceitos que não necessariamente estejam dispostos no contrato, ou mesmo nas normas de referência, com isso, preenchendo as lacunas que a aplicação pura e irrestrita das cláusulas contratuais e das regras casuísticas não abarca, pois é necessário que se verifique a realidade fática e dinâmica da relação contratual para que esta não se transforme em instrumento de dominação.

Esta norma-princípio pode ter também a finalidade de restringir as condições pactuadas. Nesse sentido a boa-fé é aplicada com o propósito de garantir a razoabilidade do contrato. A função restritiva busca garantir às partes a preservação da confiança existente no contrato, por meio de sua intervenção como princípio limitador do exercício das cláusulas pactuadas. Nessa linha atua como parâmetro contratual, obrigando as partes a seguirem uma conduta ética.

Por fim, a terceira das funções atribuídas à boa-fé é a de fonte autônoma de deveres, pois em razão desta são estabelecidos deveres anexos, que embora não estejam expressos, e tampouco regulamentados pelas partes no contrato, se fazem obrigatórios em função da norma cogente da boa-fé. Em linhas gerais, os deveres anexos representam a materialização da conduta devida às partes no que tange ao pleno cumprimento do acordado. Judith Martins-Costa os define como "deveres de conduta, deveres de proteção ou deveres de tutela",[22] e os identifica como aqueles de "consideração com o alter, de proteção, cuidado, previdência e segurança com a pessoa e os bens da contraparte; de colaboração para o correto adimplemento do contrato; de informação, aviso e aconselhamento; e os de omissão e segredo".[23]

Nesse sentido, tais deveres demonstram-se no agir com probidade para com a contraparte, informando os fatos necessários à manutenção do negócio, agir com previdência, visando sempre proteger o outro polo da relação e o agir tendendo à garantia da confiança e da legítima expectativa inerentes aos contratos. Logo, não são condutas taxativas, são deveres que ultrapassam a relação principal, mas que estão a ela relacionados como ferramentas de defesa do comportamento ético que se espera em uma relação jurídica.

Portanto, é notável perceber como, a partir das cláusulas gerais, em especial a de boa-fé, os valores existenciais constitucionalmente assegurados são protegidos nas relações contratuais, seja por meio da imposição às partes de uma forma leal de agir, assegurando os chamados *deveres de proteção*, seja pela restrição aos abusos contratuais, ou pela interpretação integrada da norma, com isso restabelecendo a justiça nas relações.

---

[21] COSTA-MARTINS, Judith. O direito privado como um sistema em construção – As cláusulas gerias no projeto do código civil brasileiro. *Revista de Informação Legislativa*, Brasília, ano 35, n. 139, jul./set. 1998. p. 10.

[22] COSTA-MARTINS, Judith. O direito privado como um sistema em construção – As cláusulas gerias no projeto do código civil brasileiro. *Revista de Informação Legislativa*, Brasília, ano 35, n. 139, jul./set. 1998. p. 21.

[23] COSTA-MARTINS, Judith. O direito privado como um sistema em construção – As cláusulas gerias no projeto do código civil brasileiro. *Revista de Informação Legislativa*, Brasília, ano 35, n. 139, jul./set. 1998. p. 15.

Nesse sentido, um dos meios encontrados para resguardar as relações contratuais de condutas antiéticas, que ferem os princípios de probidade e boa-fé, é a vedação do comportamento contraditório.

4.3 A vedação ao comportamento contraditório (*venire contra factum proprium*)

A vedação ao comportamento contraditório observa-se em situações nas quais uma pessoa, por algum lapso temporal, se comporta de determinado modo, gerando expectativa legítima em outra de que seu comportamento permanecerá inalterado, mas, todavia, no decorrer da relação estabelecida, este mesmo agente modifica o comportamento inicial por outro contrário, esvaziando a confiança estabelecida na outra parte ou em terceiros. Em outras palavras, *venire contra factum proprium* significa a proibição da adoção de uma conduta que seja incompatível com a anterior adotada pelo mesmo agente.[24] O que acaba por deslocar o foco atribuído ao indivíduo em uma relação contratual, para atentar aos resultados que sua conduta pode vir a gerar para outrem, como ensina Anderson Schreiber:

> O reconhecimento da necessidade da tutela da confiança desloca a atenção do direito, que deixa de se centrar exclusivamente sobre a fonte das condutas para observar também os efeitos fáticos de sua adoção. Passa-se da obsessão pelo sujeito e pela sua vontade individual, como fonte primordial das obrigações, para uma visão que, solidária, se faz atenta à repercussão externa dos atos individuais sobre os diversos centros de interesses, atribuindo-lhes eficácia obrigacional independentemente da vontade ou da intenção do sujeito que os praticou.[25]

Nesse sentido, a vedação encontra fundamento na mudança de conduta capaz de frustrar a confiança legítima gerada na contraparte. Teresa Negreiros afirma que a proibição do comportamento contraditório deve ser levada em consideração a partir do momento em que há quebra da confiança, revertendo, assim, as legítimas expectativas criadas na outra parte da relação.[26] No entanto, não é todo comportamento contraditório que pode ser objeto de vedação. Para que seja configurado o *venire* é necessária a existência de pressupostos específicos, haja vista que, caso contrário, estaríamos diante de uma possível penalidade, na qual se proibiriam todas as potencialidades do imprevisto e do inesperado inerentes à vida humana.[27]

Nessa perspectiva, para que uma conduta seja necessariamente vedada, de modo que se constitua *venire contra factum proprium*, é necessário que haja quatro elementos ou pressupostos específicos na relação estabelecida, quais sejam: (i) um comportamento

---

[24] SCHREIBER, Anderson. *A proibição de comportamento contraditório* – Tutela da confiança e venire contra factum proprium. Rio de Janeiro: Renovar, 2005, *passim*.

[25] SCHREIBER, Anderson. *A proibição de comportamento contraditório* – Tutela da confiança e venire contra factum proprium. Rio de Janeiro: Renovar, 2005. p. 94.

[26] NEGREIROS, Teresa. O princípio da boa-fé contratual. In: MORAES, Maria Celina B. de (Coord.). *Princípios do direito civil contemporâneo*. Rio de Janeiro: Renovar, 2006. p. 238.

[27] MARTINS-COSTA, Judith. *A boa-fé no direito privado* – Sistema e tópica no processo obrigacional. São Paulo: Revista dos Tribunais, 2000. p. 470.

próprio que seja inicial, isto é, o *factum proprium*; (ii) a confiança de outrem na conservação deste comportamento inicial; (iii) um comportamento posterior e contraditório; e, por fim, (iv) um dano ou, no mínimo, potencial de dano ao outro causado pela contradição.[28]

Insta mencionar que, embora a doutrina não atente, explicitamente, para a legítima expectativa enquanto pressuposto do instituto, entende-se que a confiança gerada nas relações jurídicas, implicaria, igualmente, a proteção da legítima expectativa. O *factum proprium* representa o comportamento inicial, isto é, constitui uma ação ou omissão com relevância jurídica exercida por um dos sujeitos da relação contratual. Tal conduta deve ser válida, visto que, caso não seja, estaremos diante de uma ilegalidade e não de um dos pressupostos para o instituto.[29]

O comportamento inicial, então, deve ser capaz de gerar na outra parte a legítima expectativa de continuidade ou manutenção da relação e de seus efeitos, circunstância esta que se estabelece mediante a confiança entre os sujeitos da relação. Esta confiança se faz necessária, pois a mera existência de condutas contraditórias, que não rompem com a legítima expectativa, não é capaz de configurar *venire contra factum proprium*. Nessa perspectiva, para que seja qualificado o instituto, além de haver um comportamento inicial gerador de expectativa, é preciso que haja um comportamento posterior que contrarie o inicial, frustrando-se, assim, a confiança gerada.

Por fim, o comportamento contraditório deve ser capaz de gerar dano ou ter a potencialidade para tal, tendo em vista que comportamentos contraditórios que sejam benéficos, bem como convencionados, não podem ser configurados no campo da vedação.

Nesse sentido, é imprescindível que sejam observados os pressupostos necessários para a aplicação do instituto, de modo que se evite o seu uso de forma indiscriminada e vaga, garantindo, assim, sua utilização como meio competente e apropriado de eficácia da boa-fé nas relações jurídicas.

O embasamento do referido instituto encontra fundamento no princípio contratual da boa-fé objetiva, previsto no art. 422 do Código Civil, visto que, como apresentado, a boa-fé, em razão da honestidade e lealdade que impõe, obriga as partes a não agirem em contradição com atos e comportamentos anteriores, praticados antes da conclusão do contrato. O que leva a crer que o comportamento contraditório em si não é proibido, o que é impedido é o comportamento contraditório desleal, que viola a expectativa e a confiança gerada. Em outras palavras, é vedado o comportamento contraditório que fere a boa-fé esperada na relação.

Assim, o instituto é fundamentado na boa-fé objetiva, que se manifesta em sua função restritiva, tendo em vista que esta função, como já mencionado, é responsável por restringir os direitos subjetivos e coibir condutas abusivas praticadas por uma das partes da relação contratual. Ciente que a boa-fé apresenta funções específicas, é na função restritiva que a vedação do comportamento contraditório se enquadra, como ensina Judith Martins-Costa:

---

[28] SCHREIBER, Anderson. *A proibição de comportamento contraditório* – Tutela da confiança e venire contra factum proprium. Rio de Janeiro: Renovar, 2005. p. 271.

[29] DANTAS JUNIOR, Aldemiro Rezende. *Teoria dos atos próprios no princípio da boa-fé*. Curitiba: Juruá, 2008 p. 314.

A boa-fé objetiva, por fim, implica na limitação de direitos subjetivos. Evidentemente, a função de criação de deveres para uma das partes, ou para ambas, pode ter, correlativamente, a função de limitação ou restrição de direitos, inclusive de direitos formativos.[30]

Nesse mesmo sentido, expõe Schreiber:

A terceira função geralmente atribuída à boa-fé objetiva é a de impedir o exercício de direitos em contrariedade à recíproca lealdade e confiança que deve imperar nas relações privadas. Trata-se de uma aplicação da boa-fé em seu sentido negativo ou proibitivo: vedando comportamentos que, embora legal ou contratualmente assegurados, não se conforme aos *standards* impostos pela cláusula geral. Aqui, a doutrina utiliza freqüentemente a expressão exercício inadmissível de direitos, referindo-se ao exercício aparentemente lícito, mas vedado por contrariar a boa-fé.[31]

Deste modo, podemos concluir que *o venire contra factum proprium* é fundamentado no princípio da boa-fé objetiva, que se pauta na limitação do exercício da autonomia nas relações privadas, através da imposição da lealdade e da cooperação entre as partes.

4.4 Extinção dos contratos

Um dos princípios basilares da antiga dogmática do direito civil é o *pacta sunt servanda*, que significa, essencialmente, *os contratos devem ser cumpridos em sua plenitude*. Tal preceito era reflexo de uma sociedade que tinha como centro a propriedade, arraigada na visão do contrato como inquestionável e inviolável, que, sustentando-se essencialmente na vontade individual, impunha que, se um indivíduo livremente pactuou as condições contratuais, é responsável por satisfazê-las, independentemente das circunstâncias.[32]

Porém, como já visto, com o passar dos anos a sociedade se modificou e os princípios considerados clássicos foram mitigados em detrimento de novos princípios. Em face de tal mudança, principalmente diante da relativização do *pacta sunt servanda*, alguns institutos como o da revisão e rescisão contratuais, que antes só eram passíveis de aplicação em casos extremos, passaram a ser utilizados como ferramentas para o respeito dos preceitos de justiça e equidade na relação contratual.

A revisão contratual permite aos contratantes reestabelecer os parâmetros contratuais em razão de, entre outras coisas, não atendimento aos ditames da boa-fé, equilíbrio e função social. Tal possibilidade leva em consideração o princípio da preservação do contrato, o qual preceitua que sempre que se esteja diante de um defeito sanável, é preferível a readequação do contrato à sua rescisão. Nas palavras do Ministro Sidnei Beneti:

---

[30] MARTINS-COSTA, Judith. *A boa-fé no direito privado* – Sistema e tópica no processo obrigacional. São Paulo: Revista dos Tribunais, 2000. p. 454.

[31] SCHREIBER, Anderson. *A proibição de comportamento contraditório* – Tutela da confiança e venire contra factum proprium. Rio de Janeiro: Renovar, 2005. p. 83-84.

[32] MORAES, Maria Celina B. A caminho de um direito civil constitucional. *Revista Estado, Direito e Sociedade*, v. I, 1991. p. 2.

A ordem jurídica é harmônica com os interesses individuais e do desenvolvimento econômico-social. Ela não fulmina completamente os atos que lhe são desconformes em qualquer extensão. A teoria dos negócios jurídicos, amplamente informada pelo princípio da conservação dos seus efeitos, estabelece que até mesmo as normas cogentes destinam-se a ordenar e coordenar a prática dos atos necessários ao convívio social, respeitados os negócios jurídicos realizados. Deve-se preferir a interpretação que evita a anulação completa do ato praticado, optando-se pela sua redução e recondução aos parâmetros da legalidade.[33]

Contrariamente, a extinção contratual ocorre quando não é possível ou desejável rever as cláusulas contratuais, sendo uma das medidas mais drásticas do direito das obrigações. De acordo com Orlando Gomes,[34] a extinção do contrato pode ocorrer de maneira natural, bem como pelo advento de causas supervenientes e até mesmo de causas anteriores ao estipulado. O autor afirma que a extinção de maneira natural ocorre quando o contrato atinge seu intuito, tendo seu objeto se extinguido e as partes se desobrigado em função da plena realização do acordado, podendo-se tal situação ocorrer de maneira imediata ou continuada.

Ainda, segundo o doutrinador, a extinção contratual pode ocorrer por motivos advindos de fatos anteriores à formação do contrato, bem como por causas supervenientes. O primeiro caso tem por consequência a anulação contratual, enquanto o segundo caso se manifesta mediante dois institutos distintos, quais sejam: a resolução e a resilição. Dessa forma, para uma melhor compreensão do presente estudo, faz-se necessária uma breve distinção dos institutos mencionados.

Segundo o que preceitua Orlando Gomes, a resolução se fundamenta basicamente no inadimplemento do contrato realizado por uma das partes, ou melhor, é a inexecução por um dos contratantes do que foi pactuado, caracterizando-se, assim, "um remédio concedido à parte para romper o vínculo contratual mediante ação judicial".[35] Não obstante, o instituto referido não se confunde com o da resilição contratual, haja vista que este último se caracteriza pela manifesta declaração de vontade de uma (resilição unilateral) ou de ambas (resilição bilateral) as partes, no intuito de pôr fim à relação jurídica existente entre elas.

Por fim, a rescisão contratual, se reserva "para o modo específico de dissolução de certos contratos. O Código Civil de 2002 não emprega o termo 'rescisão' em sentido técnico ou unívoco. É usado para significar, ora resolução, ora resilição".[36] Ou seja, a rescisão pode ser entendida como sinônimo de extinção, como gênero das espécies resilição, resolução ou extinção por cumprimento do objeto. Ainda, nesse sentido, segundo Orlando Gomes, este caso de extinção por fato superveniente se caracteriza por possuir como elemento fundamental a identificação de um componente subjetivo.[37]

---

[33] STJ, 3ª Turma. Recurso Especial nº 1.106.625/PR. Rel. Min. Sidnei Beneti. *DJe*, 9 set. 2011.

[34] GOMES, Orlando. *Contratos*. 26. ed. Rio de Janeiro: Forense, 2007, *passim*.

[35] GOMES, Orlando. *Contratos*. 26. ed. Rio de Janeiro: Forense, 2007. p. 205.

[36] GOMES, Orlando. *Contratos*. 26. ed. Rio de Janeiro: Forense, 2007. p. 227.

[37] GOMES, Orlando. *Contratos*. 26. ed. Rio de Janeiro: Forense, 2007. p. 227.

4.5 A aplicação da vedação ao comportamento contraditório na extinção dos contratos: uma análise jurisprudencial

Para a real compreensão da aplicabilidade do instituto da vedação ao comportamento contraditório, torna-se imprescindível a análise das decisões judiciais, haja vista os institutos e conceitos jurídicos ganharem a efetiva acuidade a partir do momento em que os tribunais passam a observá-los e aplicá-los. Para tanto, objetivou-se com as decisões selecionadas, compreender até que ponto a boa-fé pode ser e é utilizada para vedar o comportamento contraditório quando diante de um contrato e da possibilidade de extinção deste.

Neste sentido, considerando as decisões analisadas, observa-se que os tribunais vêm buscando utilizar o *venire contra factum proprium* em seu sentido genuíno de vedação a um comportamento conflitante que seja capaz de ferir a expectativa da outra parte, relacionando o instituto ao princípio da boa-fé objetiva.

O direito privado, por sua vez, é o ramo do direito no qual se encontram mais possibilidades de utilização da vedação ao comportamento contraditório. Desde o direito societário, passando pelo de família, ao contratual, é possível encontrar decisões que utilizam o brocado nas mais variadas situações. Como exemplo, "no âmbito contratual, temos as alegações de nulidade dos negócios jurídicos por vícios formais, as alterações de comportamento que levavam a acreditar na conclusão do negócio e que causam prejuízos à parte que investiu na sua celebração".[38]

Entretanto, no que concerne ao uso do instituto do *venire* e a extinção contratual, seja por resolução ou rescisão, nem todo o comportamento contraditório é capaz de incidir na extinção do contrato. Tal situação vai depender do caso concreto e de qual o sujeito responsável por ferir a boa-fé objetiva ao frustrar a legítima expectativa gerada.

Um exemplo desta assertiva é o Recurso Especial nº 1.331.081,[39] proferido pelo Ministro Relator Luis Felipe Salomão. O caso em questão trata-se de uma ação ordinária em que os autores requereram indenização e multa por rescisão contratual pelos réus, de um pré-contrato de promessa de compra e venda. Em caráter de contestação, os réus alegaram não se tratar de rescisão, visto que nem poderia considerar-se um pré-contrato, uma vez ausente a assinatura de um dos autores.

Na sentença, o juiz de primeira instância julgou procedentes os pedidos, motivo pelo qual a parte ré apelou reiterando o argumento de nulidade do contrato, declarando vício de consentimento. Nessa seara, o Tribunal de Justiça de Tocantins deu provimento à apelação, e rejeitou os embargos infringentes opostos pela parte autora, indicando na sua decisão que a ausência de uma das assinaturas seria elemento fundamental para a validação do negócio jurídico, indeferindo, com isso, o pedido de pagamento de multa por não considerar a hipótese de rescisão contratual realizado pela parte ré. Impuseram os autores, então, recurso especial no qual o ministro relator, cujo voto foi vencido, deu provimento no sentido de julgar improcedente o pedido indenizatório, com fulcro nos argumentos defendidos pelos réus, ora apelantes.

---

[38] AYRES, Beatriz Flores. RODRIGUES, Mariana Andrade. A proibição do comportamento contraditório no direito brasileiro. *E-civitas Revista Científica do Departamento de Ciências Jurídicas, Políticas e Gerenciais do UNI-BH*, Belo Horizonte, v. III, n. 1, jul. 2010. p. 30. Disponível em: <www.unibh.br/revistas/ecivitas>.

[39] STJ, 4ª Turma. Recurso Especial nº 1.331.081/TO. Rel. Min. Luis Felipe Salomão. *DJe*, 3 nov. 2014.

Contudo, os ministros Raul Araújo e Antonio Carlos Ferreira negaram provimento ao recurso, fundamentando seus votos na necessidade de observância do princípio da boa-fé objetiva no que fora pactuado, tendo em vista que, no caso em questão, não caberia aos réus alegarem a nulidade em face da mera ausência de assinatura de uma das partes, quando eles concordaram com os termos do contrato, inclusive com a cláusula de indenização por rescisão contratual ao firmarem o negócio jurídico, logo, o argumento de considerar o contrato nulo ou inexistente apenas estava sendo empregado com vistas ao não pagamento da indenização devida aos autores.

Tal conduta configura um comportamento contraditório dos réus que, inicialmente, reconheceram a validade do negócio jurídico, ainda que diante da falta de uma das assinaturas, para, posteriormente, apontarem-no como nulo ou inexistente. Situação que acabou por ferir a confiança e a legítima expectativa dos autores na manutenção do contrato. Nota-se que o presente julgado utiliza a vedação ao comportamento contraditório para validar o pedido de indenização por rescisão contratual, o que configura, ainda que indiretamente, a utilização do instituto como causador da rescisão contratual. Em outras palavras, nesse caso concreto, o instituto legitimou a rescisão do contrato.

Percebe-se, ainda, que no caso em questão a boa-fé foi utilizada como fundamento da vedação do comportamento contrário dos apelantes, na medida em que, através de sua função limitativa de direitos subjetivos, impediu que após a prática do *venire* os apelados não sofressem os efeitos de uma nulidade contratual, mas, sim, da rescisão do contrato, tendo em vista ser essa a legítima expectativa gerada neles.

Dois outros exemplos, diferentes do acima exposto, são os do Tribunal de Justiça do Estado de Minas Gerais[40] e do Tribunal de Justiça do Estado de São Paulo.[41] O primeiro caso trata de uma ação ordinária, na qual os autores almejaram rescindir um contrato de promessa de compra e venda de imóvel residencial, haja vista o inadimplemento dos requeridos, bem como pleitearam a reparação por danos morais. Em resposta, os réus afirmaram que a demora no adimplemento das obrigações resultou de livre ajuste entre as partes, ao fixar novos prazos para o seu cumprimento e destacaram que, de qualquer forma, antes mesmo da citação, satisfizeram, na íntegra, as obrigações.

Com a sentença, o juiz de primeira instância julgou improcedentes os pedidos, fundamentando que, antes que ocorresse a citação, os requeridos cumpriram as obrigações que lhes foram impostas. Ocorre que o contrato celebrado entre as partes estabelecia o prazo de 120 dias, contados da assinatura das partes para o pagamento da prestação. No entanto, tal fato só ocorreu depois do ajuizamento da ação por parte dos autores, isto é, passados mais de cinco anos do prazo estabelecido. Além disso, não foi apresentada nenhuma prova de que houvesse sido estabelecido um acordo de nova data para cumprimento das obrigações. Porém, apesar do inadimplemento contratual por parte dos réus, o que, a princípio, autorizaria a rescisão do contrato, tornou-se necessário analisar o comportamento das partes a partir da boa-fé objetiva.

---

[40] TJMG, 12ª Câmara Cível. Apelação Cível nº 10024101944791001. Rel. Alvimar de Ávila, j. 23.4.2014, public. 30.4.2014.

[41] TJSP, 3ª Câmara de Direito Privado. Apelação Cível nº 174.305-4/2-00. Rel. Enéas Costa Garcia, j. 16.12.05, v.u. Voto nº 309.

Previamente, foi possível notar que os próprios autores toleraram, por mais de cinco anos, os atrasos dos réus, levando a crer que para os autores seria mais vantajoso economicamente exercer o direito à rescisão do contrato do que apenas a cobrança, situação esta contrária à boa-fé objetiva, tendo em vista o princípio instituir o dever de ambas as partes da relação contratual de agirem com lealdade e honestidade, honrando, assim, a confiança que foi depositada.

Ora, a tolerância dos autores no atraso do pagamento gerou nos réus a expectativa de que poderiam cumprir as obrigações além do prazo previsto contratualmente, sem risco de que isso acarretasse o vencimento antecipado do negócio jurídico. Notadamente, estar-se-ia diante de um comportamento contraditório por parte dos autores, visto que criou para os réus a justa expectativa de que o atraso havia sido tolerado. Motivo pelo qual houve provimento ao recurso e manutenção da sentença proferida.

O segundo caso, nesse mesmo sentido, cujos autos tratam de uma empresa administradora de cartão de crédito que sustentava a prática de aceitar o pagamento dos valores atrasados, todavia, de modo repentino, declarou a rescisão contratual com base em cláusula que previa a extinção do contrato em caso de inadimplemento, e, ainda, providenciou a inclusão do nome do titular no Serasa.

O Tribunal, então, enfrentou a validade dessa cláusula, ao afirmar que a extinção do contrato não caberia, uma vez que tal conduta ia contra o princípio da boa-fé objetiva, no sentido de limitar os direitos subjetivos da instituição, tendo em vista que, do contrário, configuraria exercício abusivo da sua posição jurídica; além da necessidade de vedação do referido comportamento contraditório, visto que houve inversão do comportamento anteriormente adotado, que consistia em permitir o pagamento atrasado das prestações. Da mesma forma, o recurso não foi provido.

Nos dois casos citados, é possível analisar que o instituto da vedação ao comportamento contraditório foi utilizado de modo que não permitiu a rescisão ou resolução contratual, tendo em vista o fato de que as partes autoras do pedido de extinção dos contratos foram os próprios praticantes do comportamento contraditório, pois, ao praticarem o *venire* e atentarem contra a confiança estabelecida e as legítimas expectativas geradas nas outras partes, agiram contra a boa-fé objetiva, não sendo possível, assim, usarem a extinção contratual em seu favor.

É possível analisar, então, que por ser a extinção contratual uma medida extrema que comporta drásticas consequências, um comportamento contraditório quando exercido por uma parte, sendo ela a responsável pelo pedido de resolução contratual, importa na impossibilidade de admitir a extinção do ajuste, visto que o próprio comportamento contrário da parte demandante foi o responsável por frustrar a legítima expectativa de manutenção da relação jurídica entabulada entre as partes. Logo, o negócio deve ser mantido, tendo em vista que a decisão contrária violaria a confiança e a boa-fé estabelecidas, admitindo, assim, o *venire*. Observa-se, assim, que para efeitos da aplicação do *venire contra factum proprium*, a extinção processual não poderá ser legitimamente invocada pela parte que dela se quer prevalecer, isto é, pela parte que feriu a boa-fé estabelecida na relação.

Considerações finais

A partir da análise de todo o elucidado, pode-se constatar que o denominado *venire contra factum proprium* vem sendo empregado de forma conjunta com o princípio da boa-fé objetiva, como uma espécie de basilador entre a concessão ou não da resolução ou rescisão contratual. Nas decisões analisadas foi possível verificar que a constatação pelo magistrado de um comportamento contraditório permite a concessão da extinção contratual requerida no processo, fundamentando-se a decisão principalmente na violação do princípio da boa-fé, todavia, levando em consideração sempre o sujeito responsável pelo exercício do comportamento contraditório, bem como, sua posição na ação que postula a rescisão ou resolução contratual.

Nessa perspectiva, é possível analisar que o instituto do *venire*, embora corolário do princípio da boa-fé objetiva, não se confunde com ele, visto que possui aplicabilidade clara e mais específica. Na análise notou-se que o instituto da vedação ao comportamento contraditório é utilizado pelos tribunais como forma de resguardar a confiança e lealdade que o princípio da boa-fé objetiva fundamenta, assim como, consequentemente, a legítima expectativa, haja vista que as decisões conduzem o entendimento no sentido de coibir condutas que vão de encontro à expectativa legitimamente gerada na outra parte. O pedido de extinção contratual, assim, vai depender do caso concreto, sendo observado que a parte que agiu de maneira contraditória suportará os efeitos advindos de tal conduta.

Informação bibliográfica deste texto, conforme a NBR 6023:2002 da Associação Brasileira de Normas Técnicas (ABNT):

CAMPOS, Gabriela Helena Mesquita de Oliveira; COSTA, Lorranne Carvalho da. Vedação ao comportamento contraditório, boa-fé e extinção contratual. In: TEPEDINO, Gustavo; TEIXEIRA, Ana Carolina Brochado; ALMEIDA, Vitor (Coord.). *Da dogmática à efetividade do Direito Civil*: Anais do Congresso Internacional de Direito Civil Constitucional – IV Congresso do IBDCivil. 2. ed. rev., ampl. e atual. Belo Horizonte: Fórum, 2019. p. 715-729. ISBN 978-85-450-0545-2.

CAPÍTULO 5

ALIMENTOS COMPENSATÓRIOS NO DIREITO BRASILEIRO: O PROTAGONISMO DA DOUTRINA E JURISPRUDÊNCIA

JOYCEANE BEZERRA DE MENEZES

ABRAÃO BEZERRA DE ARAÚJO

> *Você abusou,*
> *Tirou partido de mim, abusou.*
> *Tirou partido de mim, abusou.*
> (José Carlos Figueiredo, António Carlos Marques Pinto
> e José Ubaldo Avila Brito)

Introdução: a família democrática e o princípio da solidariedade

A família é uma comunidade intermediária de elevada importância para o Estado em virtude do papel que desempenha na vida dos seus membros e, consequentemente, para estabilidade das relações sociais. Cabe a ela o cuidado, a promoção da personalidade e da liberdade responsável de cada um dos seus membros, especialmente aqueles em situação de vulnerabilidade. No plano constitucional, vislumbra-se verdadeira parceria entre o Estado e a família para a realização e garantia da saúde e educação dos seus membros. Não sem razão, a família é considerada a base da sociedade e é destinatária da proteção do Estado, especialmente quanto às políticas públicas relativas à moradia, à saúde, à educação e à assistência social.

Trata-se de uma comunidade marcada primordialmente pelas relações de afeto entre os seus integrantes, unidos para a realização de projetos comuns e para a promoção dos projetos individuais de cada um. A Constituição brasileira não definiu o que seja a família, muito embora haja apresentado modelos de entidades familiares dignas da proteção do Estado, no art. 226, a exemplo das famílias matrimonial, convivencial e monoparental. Não poderia exaurir os modelos de família dignos de proteção porque a formação desse tipo de comunidade se impõe pela primazia da realidade – de sorte que será assim reconhecida aquela comunidade de pessoas ligadas por vínculos permanentes de solidariedade e afeto, com objetivos comuns de amparo, promoção e cuidado. Em decorrência disso, o direito passou a admitir efeitos jurídicos à união matrimonial ou convivencial de pessoas do mesmo sexo, às relações de filiação puramente factuais e, inclusive, às relações familiares havidas nas famílias recompostas.

A partir do delineamento constitucional da família, entende-se que sobre ela incide, de modo sintomático, o princípio da solidariedade (art. 3º, I), cujo objetivo é promover a "igual dignidade social" a todos. Enquanto uma réplica da República, a família está sujeita aos princípios constitucionais e no âmbito de suas relações deve-se respeito aos direitos e garantias fundamentais. Nesse sentido, a família é chamada a contribuir para a construção de uma sociedade livre e justa, sem marginalizados ou oprimidos, expressando-se como uma célula democrática, em cujo epicentro está o compromisso com a realização da dignidade da pessoa de seus membros.[1]

É bem certo que entre a liberdade das pessoas e os objetivos e fundamento da família é possível experimentar-se momentos de tensão. A solução, porém, não poderá descuidar do respeito à dignidade da pessoa humana, com todos os seus derivantes. A concentrar a análise no tema proposto, a liberdade que têm os cônjuges para firmar um pacto antenupcial pautado na separação absoluta dos bens, não retira de cada um deles o compromisso de contribuir para as despesas da casa, de agir no âmbito da boa-fé objetiva para com o outro, de respeitar a simetria de suas posições e a igualdade de voz e vez na condução da vida e dos negócios da família. De igual sorte, ainda que a lei disponha que a administração dos bens comuns seja exercida pelo casal, se essa ordem for alterada por decisão mútua dos cônjuges, e apenas um deles vier a exercer essa administração, não poderá, por isso, se locupletar às custas do outro. Se, por outro lado, o casal optou por uma assunção de papéis específica, na qual um cuida do lar e dos filhos, enquanto o outro investe no seu próprio desenvolvimento profissional, uma vez finda a sociedade conjugal ou convivencial, aquele primeiro não pode sofrer sozinho os efeitos da assimetria financeira e econômica.

Se a família deixa-se pautar pelo princípio da solidariedade, há o compromisso tácito de cuidar dos interesses do outro, respeitando-se a justiça, a simetria e a boa-fé. Por essa razão seria absolutamente antijurídico admitir-se, nessas situações, a assimetria patrimonial e/ou econômica extrema entre os cônjuges ou conviventes ao término da sociedade conjugal, considerando-se, obviamente, a sua condição de ingresso na vida conjugal.

Em atenção à solidariedade que fundamenta a construção e a própria tutela constitucional da família, pretende-se justificar a emergência dos alimentos compensatórios no direito brasileiro, a partir do protagonismo da doutrina e da jurisprudência, apontando os seus pressupostos e finalidades.

---

[1] MORAES, Maria Celina Bodin de. Família democrática. In: MORAES, Maria Celina Bodin de. *Na medida da pessoa humana*. Renovar: Rio de Janeiro, 2010. p. 245-248.

5.1 Relação conjugal e convivencial: comunhão plena de vida orientada pela solidariedade, boa-fé e simetria patrimonial

O Código Civil brasileiro dispôs expressamente que o casamento estabelece comunhão plena de vida, com base na igualdade de direitos e deveres dos cônjuges (art. 1.511). À semelhança do que se impõe aos cônjuges, os companheiros têm deveres de lealdade, respeito e assistência, e de guarda, sustento e educação dos filhos (art. 1.724, CC/02). O Supremo Tribunal Federal declara, por meio do voto dos ministros Luis Edson Fachin e Luis Roberto Barroso,[2] que esse modelo de comunidade familiar em tudo se equipara ao casamento, exceto, quanto à forma de sua constituição.

Assim, tanto a família matrimonial quanto a família convivencial se estabelecem como uma comunidade intermediária pautada na solidariedade e na igualdade de direitos e deveres, e igualmente são destinatárias da proteção do Estado.

Casamento e união estável se distinguem apenas no campo de sua formação. O primeiro constitui-se por meio de um negócio jurídico complexo que emana da vontade das partes e requer a chancela do Estado, para que venha a se consolidar (art. 1.514, CC/02).[3] Uma vez perfectibilizado o negócio jurídico, há a mudança do estado civil dos cônjuges que são considerados casados. A prova do casamento extrai-se pela certidão de sua celebração devidamente registrada no órgão de registro (art. 1.543, CC/02).

A união estável, por sua vez, constitui-se pela primazia da realidade que evidencie circunstâncias fáticas e motivacionais que envolvem o par e são pressupostos para o seu reconhecimento jurídico. Uma vez que estejam presentes a intenção de constituir família, a publicidade, a continuidade e a prospecção duradoura da união, emergem seus efeitos jurídicos para ambos os conviventes e para terceiros (art. 1.723, CC/02). Na hipótese de conflito quanto à sua existência, será necessário demandar judicialmente o seu reconhecimento.

Ressaltam-se as premissas que orientaram o voto do Ministro Fachin,[4] por sua adequação e objetividade: 1) entre o casamento e a união estável não há hierarquia, ambas são modalidades de conjugalidade constitucionalmente asseguradas, impondo-se o tratamento isonômico entre os seus integrantes; 2) a família é a base da sociedade livre, justa e solidária, inscrita no art. 3º, I da Constituição, de modo que o texto constitucional não hierarquiza pessoas por suas opções familiares, destinando mais amplo rol de direitos a uns do que a outros, sem que se fundamente em um discrímen de valia constitucional; 3) a proteção destinada à família é direcionada à pessoa dos seus membros, não sendo possível diferenciar pessoas com mais ou menos direitos, em virtude do arranjo conjugal que haja escolhido.

Na percepção do Ministro Luis Roberto Barroso, não há hierarquia entre as duas modalidades de conjugalidade, sendo ilegítima a desequiparação constitucional

---

[2] Julgando o Recurso Extraordinário (RE) nº 878.694, o STF julgou inconstitucional o art.1.790, do Código Civil, uma vez que reconheceu a equiparação da união estável ao casamento (disponíveis em: <http://s.conjur.com.br/dl/sucessao-companheiro-voto-fachin.pdf> e <http://s.conjur.com.br/dl/sucessao-companheiro-voto-barroso.pdf>, respectivamente).

[3] MADALENO, Rolf. *Curso de direito de família*. Forense: São Paulo, 2015. p. 1.004-1.006.

[4] Voto do Ministro Luiz Edson Fachin, na íntegra, disponível em: <http://s.conjur.com.br/dl/sucessao-companheiro-voto-fachin.pdf>.

assentada no art. 226, para imprimir tratamento distinto ao companheiro, no caso de morte do outro.

Portanto, é possível afirmar que tanto o casamento como a união estável se assentam no mesmo plano axiológico e se voltam aos mesmos objetivos. Logo, entre os cônjuges ou entre os companheiros há deveres decorrentes da solidariedade, impondo-se tratamento igualitário e justo entre ambos.

5.1.1 A deliberação da vida cotidiana e financeira entre os cônjuges ou companheiros

A Constituição prevê que "os direitos e deveres referentes à sociedade conjugal são exercidos igualmente pelo homem e pela mulher" (art. 226, §5º, CF/88). O Código Civil estabelece que ambos são responsáveis pelos encargos da família (art. 1.565), que ambos têm os deveres de mútua assistência, sustento e educação dos filhos (art. 1.566, incs. III e IV), que devem honrar esses deveres, independentemente do regime de bens, na proporção de seus bens e dos rendimentos do seu trabalho (art. 1.568) e como os bens comuns devem ser administrados (art. 1.639 e ss.).

Porém, a depender do arranjo particular de cada casal, é possível que decidam por outro caminho sem prejuízo do que seja o interesse de ambos. Na alcova de cada casal, é possível que se estabeleçam seus acordos que serão válidos juridicamente, na medida em que não solaparem os interesses que a ordem jurídica achou por bem tutelar. É possível que um dos cônjuges venha a administrar sozinho os bens do casal, por entenderem os dois que aquele possui mais habilidade para tal. Do mesmo modo é possível que um dos consortes abra mão de investir na sua vida profissional, por compreender que sua presença será mais valiosa na condução das tarefas domésticas e na criação dos filhos. É possível que um dos cônjuges encare as despesas com o sustento e educação da prole enquanto o outro investe no patrimônio da família. Enfim, são diversas as possibilidades de acordo tácito ou expresso que os casais podem realizar ao longo de sua jornada conjugal.

Na medida em que houver divergência, poderá qualquer um deles recorrer ao Judiciário, como na hipótese do art. 1.648, CC/02, quando se pede ao juiz o suprimento da outorga para a venda de bens particulares. Mas essa hipótese de judicializar uma decisão comum ao casal não é tão comum. Na verdade, se há essa necessidade, provavelmente a comunhão plena já está se esgarçando e tendendo para o fim.

Ordinariamente, decide-se com base na confiança recíproca, estribado nos efeitos da solidariedade e do afeto que rege a união. De acordo com Bodin de Moraes, "a ideia de ambiente familiar experimenta, na contemporaneidade, um momento de esplendor, tendo se tornado um anseio comum de vida, com o desejo generalizado de fazer parte de formas agregadas de relacionamento baseadas no afeto recíproco".[5]

Em virtude do delineamento constitucional imposto à família que, por sua vez, reflete o seu estágio de desenvolvimento nessa sociedade contemporânea, é possível identificá-la como uma réplica da República, sobre a qual incidem os princípios

---

[5] MORAES, Maria Celina Bodin de. Família democrática. In: MORAES, Maria Celina Bodin de. *Na medida da pessoa humana*. Renovar: Rio de Janeiro, 2010. p. 208.

constitucionais e no âmbito da qual respeitam-se os direitos fundamentais.[6] Como uma pequena réplica da República Democrática,[7] a família comunga dos mesmos objetivos em relação aos seus membros e, assim, deve respeitar e garantir a liberdade e a igualdade, pressupostos para o desenvolvimento e a autonomia.[8] Os princípios democráticos que informam grupos como a família estão centrados na ideia de autonomia, de relacionamentos livres e iguais, respeitando-se a capacidade de reflexão e autodeterminação de cada um dos indivíduos em realizar suas escolhas e seguir seu próprio caminho.[9]

Constitui um pequeno grupo democrático, usando as referências aplicadas por Bodin de Moraes,[10] no qual há uma franca distribuição dos poderes de decisão e o compromisso dos seus integrantes com a democracia e com os relacionamentos saudáveis. Neste ambiente,

> o método de deliberação é tido como democrático quando os membros do grupo detêm iguais e adequadas oportunidades de falar e são capazes e querem ouvir. Além disso, é preciso que o tempo para a deliberação do grupo seja suficiente. Democracia se faz através de diálogo, não há instâncias superiores a quem recorrer.

É claro que toda essa liberdade assegurada à vida intrafamiliar não pode constituir porta de escape para os contornos gerais e finalidade primordial atribuída à família. Essa liberdade que se exerce no âmbito da vida intrafamiliar, espaço no qual a informalidade e a cumplicidade são senhoras, não poderá trazer violação excessiva para o direito dos cônjuges ou constituir porta de escape aos efeitos da solidariedade.

Em nome dessa liberdade não se pode tolerar, por exemplo, a violência nas relações familiares, seja ela física ou moral, como no caso do espancamento, do assédio moral, da absoluta falta de assistência, afinal, a concretização do projeto constitucional de família democrática requer um desenvolvimento que seja marcado pela efetiva tutela da dignidade da pessoa e da realização de seus valores existenciais.[11] Adita-se a isto

---

[6] MORAES, Maria Celina Bodin de. Família democrática. In: MORAES, Maria Celina Bodin de. *Na medida da pessoa humana*. Renovar: Rio de Janeiro, 2010. p. 215

[7] Commaille diz "In the context of this side-by-side examination of the family and democracy, the question is whether democracy is a sort of replica in the political order of equality of its member that are in the family, this miniature Republic or miniature democracy reflecting the big one: political democracy" (COMMAILLE, J. Family and democracy. In: MATTHIJS, Koen (Ed.). *The family*: contemporary perspectives and challenges. Bélgica: Leuven Univesity Press, 1998. p. 25).

[8] Neste sentido, Anthony Giddens descreve a família democrática como um grupo de relações horizontalizadas voltada para a promoção da pessoa (GIDDENS, Anthony. *Terceira via*: reflexões sobre o impasse atual e o futuro da social-democracia. Tradução de Maria Luiza X. de A. Borges. Rio de Janeiro: Record, 1999). No Brasil, a análise foi muito bem apresentada por MORAES, Maria Celina Bodin de. Família democrática. In: MORAES, Maria Celina Bodin de. *Na medida da pessoa humana*. Renovar: Rio de Janeiro, 2010. p. 207-234.

[9] No texto original: "These principles are based on the idea of autonomy, free and equal relationships, the capacity of individuals to be self-reflective and self-determined, in a position to weigh, judge, choose and follow different possible courses of action. These principles are precisely those that have contributed, in the public sphere, to the renewal of political rights and obligations, those no longer founded on tradition, status or prerogatives derived from property ownership" (COMMAILLE, J. Family and democracy. In: MATTHIJS, Koen (Ed.). *The family*: contemporary perspectives and challenges. Bélgica: Leuven Univesity Press, 1998. p. 26).

[10] MORAES, Maria Celina Bodin de. Família democrática. In: MORAES, Maria Celina Bodin de. *Na medida da pessoa humana*. Renovar: Rio de Janeiro, 2010. p. 210.

[11] MORAES, Maria Celina Bodin de. Vulnerabilidade nas relações de família: o problema da desigualdade de gênero. In: MENEZES, Joyceane Bezerra de; MATOS, Ana Carla Harmatiuk (Orgs.). *Direito das famílias por juristas brasileiras*. Saraiva: São Paulo, 2013. p. 157-158.

que essa liberdade na vida intrafamiliar também não pode redundar no enriquecimento ilícito de um em desfavor do outro, na quebra da confiança e na má-fé que leva a total assimetria patrimonial econômica e financeira de um dos cônjuges ou conviventes no momento final da união.

Nesse aspecto, considerando o perfil funcional da família tal como se lhe atribui a Constituição, as normas civis atinentes à essa instituição não poderão se afastar da legalidade constitucional – a autonomia privada tem seus limites condicionados pelos valores constitucionais.[12] Conforme esclarece Gustavo Tepedino, "a milenar proteção da família como instituição, unidade de produção e reprodução dos valores culturais, éticos, religiosos e econômicos, dá lugar à tutela essencialmente funcionalizada à dignidade de seus membros".[13]

No bojo dessa entidade familiar, na qual as relações se justificam pelo afeto e o fundamento é a solidariedade, espera-se que as condutas dos membros sejam conforme a boa-fé objetiva, respaldem a confiança gerada, vaticinem a promoção da personalidade de cada um dos seus integrantes, motivem-se na busca pela justiça e equidade.

Infelizmente, porém, são comuns os casos em que o casamento ou a união se encerra e todo o arranjo informal delineado pela conduta do casal para os assuntos da vida doméstica, financeira e econômica é desconsiderado. Aquele que está em vantagem estampa na face do outro a lei pura e simples, como se o direito fosse a boca da lei.

Como ficará a mulher idosa, cujo casamento rege-se pelas normas da separação de bens pactuada (art. 1.687), quando ao fim da sociedade conjugal não possui um único imóvel no qual possa sediar sua residência e o seu cônjuge amealhou diversos bens dessa natureza? Na ilustração, essa mulher possui vida profissional ativa, equiparada à do seu consorte. Ingressaram no casamento sem nenhum bem. Mas, entre eles havia um pacto tácito, renovado mês a mês, de que ela pagaria as despesas e ele se dedicaria a formar o patrimônio da família. Sempre que era instado a dividir as despesas domésticas, repetia a mesma justificativa de que usava seus recursos para adquirir bens que dariam lastro e segurança a todos. Infelizmente, porém, o casal está litigando sobre essa questão, em sede de divórcio que tramita sob segredo de justiça. Isto porque o varão pediu o divórcio alegando a inexistência de bens a partilhar, haja vista o regime pactuado, e a virago submete ao Judiciário um pedido reconvencional para solucionar o desequilíbrio financeiro-econômico a que se viu exposta, sem possuir sequer uma casa para morar.

A observar a lei, o argumento do autor do divórcio tem toda fundamentação. Não obstante, é necessário pautar a solução para o caso no sistema jurídico como um todo, considerando, especialmente, a força da plataforma axiológica da Constituição. É indispensável considerar-se o perfil funcional da família, sua fundamentação na solidariedade constitucional e no compromisso com a justiça e equidade, para a realização da dignidade da pessoa de seus membros. Ademais, há que se atinar para a proibição do comportamento contraditório, a força vinculante do princípio geral da confiança e da boa-fé para que os cônjuges ou conviventes sejam chamados a honrar os pactos firmados ao longo da convivência, ainda que transbordantes do que impõe a lei ou mesmo o pacto antenupcial, para evitar resultados assimétricos como o da ilustração.

---

[12] PERLINGIERI, Pietro; CICCO, Maria Cristina de (Org.). *Direito civil na legalidade constitucional*. Renovar: Rio de Janeiro, 2008.

[13] TEPEDINO, Gustavo. *Temas de direito civil*. 2. ed. Renovar: Rio de Janeiro, 2001. p. 349.

5.2 Alimentos compensatórios como uma solução possível – Construção doutrinaria e jurisprudencial

Embora os alimentos compensatórios não estejam expressamente previstos na legislação brasileira, sua aplicação se mostra adequada à principiologia constitucional incidente nas relações conjugais e uma alternativa viável para enfrentar o desequilíbrio financeiro e econômico imposto a um dos cônjuges ou companheiros.

Os alimentos compensatórios ou pensão compensatória têm origem na legislação alemã que passou a inspirar o direito francês. Adiante foram recepcionados pela legislação da Itália, Áustria, Dinamarca, Reino Unido da Grã-Bretanha, Quebec, El Salvador e, na Espanha, pelas comunidades autônomas (que têm autonomia legislativa) de Aragão, Baleares, Ilhas Canárias, Catalunha, Extremadura e Navarra. A Argentina, que já os reconhecia em sede doutrinaria e jurisprudencial, os introduziu no novo Código Civil e Comercial, para equacionar eventual assimetria entre os cônjuges ou conviventes.

Surgem para proteger aquele cônjuge ou convivente que, ao fim da união matrimonial ou factual, está em desvantagem patrimonial manifesta, seja porque dedicou-se aos cuidados da família enquanto o outro investia na vida profissional, seja porque o outro cônjuge se locupletou às suas custas quando exercia a administração exclusiva dos bens comuns do casal, seja porque contribuiu para que ou outro formasse patrimônio particular, arcando com as despesas comuns do casal sozinho, quando o casamento se regia pelo regime da separação de bens. Ou mesmo por outra razão a que o direito assista tutela.

Extrapolam o caráter de alimentos familiares pois assumem uma natureza indenizatória. Neste sentido, visam indenizar o desequilíbrio econômico causado pela ruptura da vida em comum, materializado na redução do padrão socioeconômico de um dos cônjuges que ficou desprovido de bens e/ou meação.[14] Embora não se prestem à divisão equitativa ganhos patrimoniais do outro cônjuge, visam reduzir os efeitos nocivos daquela ruptura para o cônjuge que o requer.

O pagamento dessa verba não está adstrito à demonstração da necessidade daquele que a requer em face da possibilidade daquele contra quem se pleiteia, mas na existência do desequilíbrio econômico-financeiro em prejuízo de um dos cônjuges/companheiro que já se apresenta como uma desatenção à solidariedade familiar e a mútua assistência.[15] Para Rolf Madaleno:

> o decreto de divórcio tratará de dissolver a relação conjugal e assegurar ao cônjuge destituído de meação e de valores amealhados no curso do casamento uma pensão

---

[14] MADALENO, Rolf. *Curso de direito de família*. Forense: São Paulo, 2015. p. 995-997.

[15] Segundo Rolf Madaleno, "A compensação econômica não depende da prova da necessidade, porque o cônjuge financeira e economicamente desfavorecido com a ruptura do relacionamento pode ser credor da compensação econômica (alimentos compensatórios) mesmo tendo meios suficientes para sua manutenção pessoal, pois o objeto posto em discussão é a perda da situação econômica que desfrutava no casamento e que o outro continua usufruindo. Isso não significa concluir que a compensação econômica se propõe a igualar patrimônios e rendas, pois seu papel é o de tentar ressarcir o prejuízo causado pela disparidade econômica, compensando as perdas de oportunidades de produção só acenadas para um dos esposos" (MADALENO, Rolf. *Curso de direito de família*. Forense: São Paulo, 2015. p. 1.004-1.006).

proporcional aos bens e às rendas que conformaram o patrimônio particular e incomunicável construído durante a relação afetiva do casal.[16]

Independentemente do nome que receba, alimentos compensatórios, pensão compensatória ou compensação econômica, sua utilização se presta para reestabelecer o desequilíbrio econômico entre o casal, favorecendo aquele que se queda prejudicado, com o fim de reduzir ou eliminar o desnível econômico verificado por ocasião do divórcio.

A doutrina brasileira já ecoa a admissibilidade de sua aplicação no país. Embora mais recentemente a matéria tenha recebido especial dedicação por parte de Rolf Madaleno, já havia sido objeto de análise por Yussef Said Cahali. O próprio Clóvis Beviláqua já vislumbrava a extensão dos alimentos como efetivação do princípio da solidariedade.[17] Os alimentos, em geral, representam uma das principais efetivações do princípio da solidariedade, no sentido de preocupação, cuidado e responsabilidade pelo outro. Na sua orientação, os alimentos não estão fundados apenas em uma relação familiar; mas interessam toda a sociedade, o que justifica a existência de normas de ordem pública a respeito da matéria.

Maria Berenice Dias diz que "o cônjuge mais afortunado garantir ao ex-consorte alimentos compensatórios, visando a ajustar o desequilíbrio econômico e a reequilibrar suas condições sociais".[18] Cristiano Chaves de Farias e Nelson Rosenvald acrescentam o respeito à boa-fé objetiva, eis que, "durante o relacionamento, um dos cônjuges acaba criando no outro a justa expectativa de manutenção do mesmo padrão de vida, caso o relacionamento seja dissolvido".[19] Para Flávio Tartuce e José Simão, é a vedação à onerosidade excessiva ou ao desequilíbrio negocial quando do término do casamento ou da união estável.[20]

Três seriam as causas gerais a justificar os alimentos compensatórios, sejam elas, o desequilíbrio econômico ocasionado pela ausência de partilha ou de bens a serem partilhados; o desequilíbrio econômico mesmo quando existente a partilha de bens e a compensação pela utilização, por somente um dos cônjuges, do patrimônio comum.[21]

No tocante ao desequilíbrio ocasionado pela ausência de partilha, haja vista a opção do casal pelo regime pactuado da separação, é necessário avaliar as circunstâncias específicas do caso. Luciano L. Figueiredo[22] posiciona-se terminantemente contra a possibilidade de pensão compensatória nessa hipótese por atribuir primazia à autonomia privada daqueles que, maiores e capazes, celebraram o pacto antenupcial da separação absoluta. Porém, se houve contribuição direta do cônjuge ou companheiro prejudicado

---

[16] MADALENO, Rolf. *Curso de direito de família*. Forense: São Paulo, 2015. p. 1.007-1.008

[17] BEVILÁQUA, Clóvis. *Código dos Estados Unidos do Brasil*. 3. tir. Rio de Janeiro: Editora Rio, 1977. p. 862.

[18] DIAS, Maria Berenice. *Manual de direito das famílias*. 6. ed. São Paulo: RT, 2010. p. 540.

[19] FARIAS, Cristiano Chaves; ROSENVALD, Nelson. *Curso de direito civil*: famílias. 4. ed. Salvador: JusPodivm, 2012. p. 791. v. 6.

[20] TARTUCE, Flávio; SIMÃO, José Fernando. *Direito civil* – Direito de família. 8. ed. São Paulo: Método, 2013. p. 425. v. 5.

[21] LIMA, Marcellus Polastri; TRANCOSO, Renata Vitória Oliveira S. Alimentos compensatórios e as causas de seu deferimento no Brasil. *Revista IBDFAM: Família e Sucessões*, Belo Horizonte, v. 9, maio/jun., 2015. p. 84.

[22] FIGUEIREDO, Luciano L. Alimentos compensatórios: compensação econômica e equilíbrio patrimonial. *Revista Brasileira de Direito Civil*, v. 6, out./dez. 2015. Disponível em: <https://www.ibdcivil.org.br/rbdc. php?ip=123&titulo=%20VOLUME%206%201%20Out-Dez%202015&category_id=108&arquivo=data/revista/ volume6/ibdcivil_volume_6-versueo-final.pdf>. Acesso em: 4 set. 2016.

que quitou as despesas do lar para que o outro viesse a adquirir um patrimônio que alegava pertencer à família, entende-se que a solução da assimetria se fará, no mínimo, pela aplicação dos alimentos compensatórios. Essa é a hipótese da ilustração que se fez anteriormente.

O desequilíbrio econômico-financeiro por ocasião da meação é possível de ser verificado quando a parte prejudicada não tem acesso aos frutos e rendimentos de bens particulares, se assim for o estabelecido pelo regime de bens.

A última hipótese a suscitar os alimentos compensatórios diz respeito ao fato de um dos cônjuges utilizar, de maneira exclusiva, bem comum do casal capaz de gerar rendimentos. Para Maria Berenice Dias:

> [...] permanecendo na administração exclusiva de um dos bens que produzem rendimentos, o outro faz jus à metade dos seus rendimentos à título de meação dos frutos do patrimônio comum, até a ultimação da partilha. Dita estratégia acaba, ao menos, servindo de instrumento de pressão para a divisão do patrimônio comum que, de modo geral, permanece nas mãos do varão, que administra sozinho, e fica, na maior parte das vezes, com a totalidade dos do lucro médio dos bens.[23]

Podem ser pagos em dinheiro, por meio de parcelas mensais, em um montante fixo, à vista, ou mesmo pela dação de bens daquele que se acha em franca vantagem comparativamente ao outro.

5.2.1 Os alimentos compensatórios na legislação argentina e francesa

A solução recente empregada pelo novo Código Civil e Comercial da nação argentina dispõe que os alimentos compensatórios podem consistir em uma prestação única, em uma renda por tempo determinado ou, excepcionalmente, por prazo indeterminado. Pode ser paga com dinheiro, com usufruto de determinados bens ou de qualquer outro modo a depender de acordo entre as partes ou de determinação judicial.[24] Na Argentina, deferem-se os alimentos compensatórios para garantia do equilíbrio financeiro e econômico do casal, ao fim do casamento ou da união estável (arts. 441, 551 e 719).[25]

---

[23] DIAS, Maria Berenice. *Manual de direito das famílias*. 6. ed. São Paulo: RT, 2010. p. 595.

[24] "ARTICULO 441.- Compensación económica. El cónyuge a quien el divorcio produce un desequilibrio manifiesto que signifique un empeoramiento de su situación y que tiene por causa adecuada el vínculo matrimonial y su ruptura, tiene derecho a una compensación. Esta puede consistir en una prestación única, en una renta por tiempo determinado o, excepcionalmente, por plazo indeterminado. Puede pagarse con dinero, con el usufructo de determinados bienes o de cualquier otro modo que acuerden las partes o decida el juez" (LEY 26.994, Promulgado según decreto 1795/2014. *InfoLeg*. Disponível em: <http://servicios.infoleg.gob.ar/infolegInternet/ anexos/235000-239999/235975/norma.htm >. Acesso em: 3 set. 2016).

[25] "ARTICULO 515.- Límites. Los pactos de convivencia no pueden ser contrarios al orden público, ni al principio de igualdad de los convivientes, ni afectar los derechos fundamentales de cualquiera de los integrantes de la unión convivencial. [...]
ARTICULO 719.- Alimentos y pensiones compensatorias entre cónyuges o convivientes. En las acciones por alimentos o por pensiones compensatorias entre cónyuges o convivientes es competente el juez del último domicilio conyugal o convivencial, o el del domicilio del beneficiario, o el del demandado, o aquel donde deba ser cumplida la obligación alimentaria, a elección del actor" (LEY 26.994, Promulgado según decreto 1795/2014. *InfoLeg*. Disponível em: <http://servicios.infoleg.gob.ar/infolegInternet/anexos/235000-239999/235975/norma. htm>. Acesso em: 3 set. 2016).

Rolf Madaleno explica que o direito espanhol elenca circunstâncias que podem facilitar a quantificação dos alimentos compensatórios. Especificamente no art. 97, determina que na falta de acordo do casal, o juiz fixará, por sentença, o montante dos alimentos compensatórios sempre considerando todas as circunstâncias que perpassam o caso concreto e podem, de alguma forma, influenciar na quantificação da verba compensatória, sejam elas: a) os acordos firmados pelos cônjuges; b) a idade e o estado de saúde de cada um; c) a qualificação profissional e as probabilidades de inserção no mercado de trabalho; d) a dedicação passada e futura à família; e) a colaboração com seu trabalho e as atividades mercantis, industriais ou profissionais do outro cônjuge; f) a duração do casamento e da convivência conjugal; g) a eventual perda de um direito de pensão; h) a riqueza e os meios econômicos e as necessidades de um e do outro cônjuge; i) qualquer outra circunstância relevante.

O Código Civil francês prevê, em seu art. 270, que, no caso de desequilíbrio econômico-financeiro causado pelo fim do casamento, é devido ao cônjuge prejudicado uma verba de natureza indenizatória que a doutrina brasileira convencionou chamar de alimentos compensatórios. Na verdade, o instituto assume caráter de verba indenizatória e não alimentar. O juiz os arbitra de acordo com as circunstâncias específicas de cada caso, podendo deixar de arbitrá-los, por exemplo, no caso de culpa do cônjuge que os requer no divórcio.

O valor deve ser fixado, nos termos do art. 271, considerando as necessidades do cônjuge beneficiário e as condições daquele que deve pagar, no momento do divórcio. Fatores que devem ser considerados na fixação do valor compensatório são: idade e estado de saúde do cônjuge, duração do casamento, qualificação profissional e dedicação à educação dos filhos, patrimônio estimado dos cônjuges e outras circunstâncias decorrentes de aposentadoria e pensões, se for o caso.

A depender da situação, a prestação compensatória também pode ser estabelecida em forma de renda vitalícia, caso em que poderá ser revista no caso de mudança da situação financeira das partes e em que pode se pedir revisão do seu valor. Não se aplica ao instituto em questão as regras sobre partilha ou determinação de alimentos, pois a função e objetivos dos alimentos compensatórios é bem outra: equilibrar a situação financeira dos cônjuges quando um deles encontra-se em situação econômica muito diferente do outro.

Por esta razão as dificuldades de aplicação dos alimentos compensatórios já despontam, inclusive, naquele país, haja vista a ausência de parâmetros para a fixação do valor dessa verba indenizatória, atribuindo-se, para tanto, elevada discricionariedade ao juiz. Para tornar mais objetiva a sua fixação, os franceses desenvolveram três metodologias distintas que têm sido aplicadas e que ficaram conhecidas pelos nomes de seus criadores: a metodologia de Stephane David, que é perita junto a tribunais; a metodologia de Dominique Martin Saint Léon, juiz, e a metodologia de Axel Depondt, notário.[26] Cada um utiliza critérios mais ou menos restritos com relação à importância do tempo de duração do casamento, consideração dos bens pessoais dos cônjuges, tipo de ocupação de cada um deles.

---

[26] Para detalhes sobre a metodologia utilizada por cada autor, v. CALCUL de la prestation compensatoire. *Dalloz Actualite*. Disponível em: <http://www.dalloz-actualite.fr/article/calcul-de-prestation-compensatoire-0#. V81jmmUsLrk>. Acesso em: 5 set. 2016.

5.3 Alimentos compensatórios na jurisprudência brasileira

A figura dos alimentos compensatórios não é estranha à prática cotidiana das varas de família, no Brasil. O protagonismo da doutrina, notadamente, aquela afiliada ao Instituto Brasileiro de Direito de Família, já demarcou a possibilidade jurídica de sua aplicação no país e a sua adequação à legalidade constitucional. Apresenta-se como uma solução hermenêutica possível para solucionar o desequilíbrio financeiro e econômico de um dos cônjuges que, em síntese, finda por representar uma desatenção ao princípio da solidariedade comum à família, à assistência mútua entre o casal, à boa-fé e à confiança.

Muito embora não se possa cotejar a pesquisa de sua aplicação pelas varas de primeira instância, haja vista a discussão ser veiculada em ações protegidas pelo segredo de justiça, tem sido reiterada a sua aplicação pelos tribunais.

Decisão do TJDF dispõe:

> se os documentos juntados com a petição inicial parecem, efetivamente, indicar que as partes conviveram em regime de união estável e que pode haver efetivo desequilíbrio na partilha do patrimônio, isso é suficiente para dar suporte ao pedido de fixação de alimentos que a doutrina vem chamando de "compensatórios", que visam à correção do desequilíbrio existente no momento da separação, quando o juiz compara o status econômico de ambos os cônjuges e o empobrecimento de um deles em razão da dissolução da sociedade conjugal.[27]

A decisão acima reconhece a legítima aplicação dos alimentos compensatórios no acórdão do Agravo de Instrumento nº 20110020035193AGI, interposto no Tribunal de Justiça do Distrito Federal e dos Territórios. Estabelece que, uma vez presentes os requisitos exigíveis para a aplicação deste instituto, devem ser concedidos. Entre os requisitos acolhidos estão a existência de união estável e, consequentemente, a comunhão plena de vida e solidariedade que se estabelece naquela modalidade de organização familiar. E, como segundo requisito, exigiu-se o efetivo desequilíbrio na partilha do patrimônio do casal, fundamentando a causa de pedir da demanda pelos alimentos compensatórios. Reconheceu que o objetivo do instituto seria o de restabelecer a proporcionalidade patrimonial entre os conviventes, turbada em virtude da separação.

---

[27] "AGRAVO DE INSTRUMENTO. AÇÃO DE DISSOLUÇÃO DE UNIÃO ESTÁVEL. ALIMENTOS COMPENSATÓRIOS. PARÁGRAFO ÚNICO DO ART. 4º DA LEI 5.478/66 C/C ART. 7º DA LEI 9.9278/96. VEROSSIMILHANÇA DAS ALEGAÇÕES. LESÃO GRAVE E DIFÍCIL REPARAÇÃO. 1. Se os documentos juntados com a petição inicial parecem, efetivamente, indicar que as partes conviveram em regime de união estável e que pode haver efetivo desequilíbrio na partilha do patrimônio, isso é suficiente para dar suporte ao pedido de fixação de alimentos que a doutrina vem chamando de 'compensatórios', que visam à correção do desequilíbrio existente no momento da separação, quando o juiz compara o *status* econômico de ambos os cônjuges e o empobrecimento de um deles em razão da dissolução da sociedade conjugal. A própria tese acerca da possibilidade de fixação de alimentos compensatórios – bem como a da prevalência do princípio da dignidade da pessoa humana sobre o da irrepetibilidade dos alimentos – insere-se no contexto da verossimilhança, emprestando relevância aos fundamentos jurídicos expendidos na peça de recurso. 2. A alegação de ocorrência de desequilíbrio na equação econômico-financeira sugere, de forma enfática, a potencialidade de causação de lesão grave e de difícil reparação, a demandar atuação jurisdicional positiva e imediata por meio do recurso de agravo. 3. Demonstrada a verossimilhança dos fatos alegados na petição do agravo, bem como o fundado receito de dano irreparável ou de difícil reparação, deve ser mantida a liminar deferida. 4. Recurso provido" (TJDF, Quarta Turma Cível. Recurso nº 2011.00.2.003519-3, Acórdão nº 508.103. Rel. Des. Arnoldo Camanho de Assis. *DJDFTE*, 3 jun. 2011. p. 148).

No caso em tela, a maioria dos bens discutidos estava sob a administração exclusiva do outro cônjuge que, com isso, veio a se locupletar.

Na mesma esteira, o TJMG decidiu que "o ex-cônjuge varão que se encontra na administração da empresa de propriedade do casal deve destinar ao ex-cônjuge virago verba alimentar de natureza compensatória, fixada em valor correspondente à metade do lucro médio da empresa, até que se ultime a partilha de bens".[28] A decisão entendeu que houve desequilíbrio financeiro pelo fato de o ex-cônjuge administrar isoladamente empresa constituída ao tempo de vigência do regime de bens, recusando-se a promover o repasse dos frutos e dividendos comunicáveis. Entendeu que seria cabível a fixação da verba compensatória,

> cabível quando um dos cônjuges/conviventes, depois de rompida a relação, permanece, de forma exclusiva, na administração do patrimônio ou usufruindo dos bens comum. Frente

---

[28] "EMENTA: APELAÇÃO CÍVEL - ALIMENTOS COMPENSATÓRIOS - EX-CÔNJUGE - ADMINISTRAÇÃO EXCLUSIVA DA EMPRESA DO CASAL - VERBA DEVIDA - METADE DO LUCRO MÉDIO DA EMPRESA - TERMO FINAL - PARTILHA DE BENS. O ex-cônjuge varão que se encontra na administração da empresa de propriedade do casal deve destinar ao ex-cônjuge virago verba alimentar de natureza compensatória, fixada em valor correspondente à metade do lucro médio da empresa, até que se ultime a partilha de bens. APELAÇÃO CÍVEL Nº 1.0480.13.004671-1/002 - COMARCA DE PATOS DE MINAS - APELANTE (S): S.M.P.C. - APELADO (A)(S): N.M.C. A C Ó R D Ã O. (SEGREDO DE JUSTIÇA). Vistos etc., acorda, em Turma, a 2ª CÂMARA CÍVEL do Tribunal de Justiça do Estado de Minas Gerais, na conformidade da ata dos julgamentos em, à unanimidade, DAR PARCIAL PROVIMENTO AO RECURSO. DES. AFRÂNIO VILELA - RELATOR. [...] Assim esclarecido, passo ao cerne recursal. Ao que se colhe, as partes se encontram divorciadas desde 18/07/2012, oportunidade em que não foram estabelecidos alimentos em prol de qualquer dos ex-cônjuges, sobrevindo o ajuizamento da ação de alimentos em 09/04/2013. Diversamente dos alimentos fundados no dever de mútua assistência (artigo 1566, III, do CC/2002), a verba alimentar de cunho compensatório visa recompor eventual desequilíbrio patrimonial verificado em situações em que, por exemplo, um dos cônjuges exerça com exclusividade a posse do patrimônio comum. Sobre o tema, Rolf Madaleno, leciona: 'A pensão compensatória não tem a natureza alimentícia de manutenção permanente do cônjuge, mas carrega uma função de inquestionável finalidade indenizatória, para equilibrar a alteração econômica do cônjuge financeiramente abalado pela separação ou pelo divórcio, até esta disparidade reencontrar o seu ponto de igualdade e serem desfeitas as desvantagens sociais causadas pela separação, (Manual de Direito das Famílias e das Sucessões, 2ª ed. - Belo Horizonte: Del Rey, 2010 - Alimentos e sua configuração atual - p. 413.) Restando incontroverso que o apelado é titular de 98% das cotas da empresa Oxigênio Patos Ltda - ME, e que aludida empresa, de propriedade comum, está sob sua administração exclusiva, é devida a fixação dos alimentos provisórios até ultimação da partilha de bens. Passo, portanto, ao dimensionamento do 'quantum'. A apelante não se descurou de acostar documento contábil que dê suporte a alegação de que o valor vindicado (20 salários mínimos) corresponda à metade do lucro líquido advindo da empresa administrada pelo apelado, não servindo para este fim as peças trazidas às f. 49/53-TJ, eis que não se reportam ao faturamento líquido da empresa. Dos demonstrativos contábeis de f. 236/243 infere-se que a média de faturamento da empresa entre janeiro a agosto de 2013 correspondeu a R$7.839,11 (sete mil, oitocentos e trinta e nove reais e onze centavos), o qual deve servir de base à fixação da verba compensatória. Apenas para registrar, a renda anual declarada pelo apelado perante a Receita Federal referente ao ano calendário 2012 não guarda relevância para o desate da controvérsia, eis que a retirada a título' pro labore 'não corresponde ao lucro da empresa. Registre-se, ainda, que não passa ao largo que mesmo alegando a precariedade de sua situação financeira e o rendimento anual de R$22.392,00, o apelado, em 2012, declarou a existência de saldo em caderneta de poupança no valor de R$93.449,62 (f. 257). Destarte, o ex-cônjuge varão que se encontra na administração da empresa de propriedade do casal deve destinar ao ex-cônjuge virago verba alimentar de natureza compensatória, fixada em valor correspondente à metade do lucro médio da empresa, até que se ultime a partilha de bens. Isso posto, DOU PARCIAL PROVIMENTO AO RECURSO para reformar a sentença e julgar parcialmente procedente o pedido e condenar o requerido a prestar alimentos compensatórios à requerente, no valor de R$4.000,00 (quatro mil reais), a depositado todo dia 05 (cinco) de cada mês em conta corrente de titularidade da apelante, até a concretização da partilha de bens. Ficam os ônus de sucumbência, inclusive as custas recursais, divididos à razão de 50% (cinquenta por cento) entre as partes, observado quanto aos honorários advocatícios o patamar fixado na r. sentença. Suspendo, contudo, a exigibilidade para ambos, porquanto sob o pálio da gratuidade judiciária. DES. MARCELO RODRIGUES (REVISOR) - De acordo com o (a) Relator (a). DES. RAIMUNDO MESSIAS JÚNIOR - De acordo com o (a) Relator (a)".

à natureza compensatória dos alimentos sob análise, o debate da controvérsia dispensa aferição do binômio necessidade x possibilidade. [...].

Em outra decisão proferida pelo TJDF, fora acolhido o pedido de alimentos de natureza compensatória sob o fundamento do princípio da solidariedade:

> CIVIL. AGRAVO DE INSTRUMENTO. GRATUIDADE DE JUSTIÇA. ALIMENTOS. EX-CÔNJUGES. PRINCÍPIO DA SOLIDARIEDADE. QUANTUM. RAZOABILIDADE. NECESSIDADE DE EXAME DE PROVAS. MATUNEÇÃO DA DECISÃO AGRAVADA.
> [...] 2. Em observância ao princípio da solidariedade, que norteia a obrigação alimentar, é possível que, no caso de desemprego e de inexistência de bens, o cônjuge varão garanta ao ex-consorte, alimentos compensatórios, que, em caráter transitório, visam a ajustar o desequilíbrio econômico e a reequilibrar suas condições sociais. 3. Não sendo o agravo de instrumento a via própria para a discussão aprofundada de circunstâncias fáticas que demandam dilação probatória, impõe-se a confirmação da decisão que arbitrou os alimentos compensatórios em patamar aparentemente razoável ante os critérios que devem pautar a sua fixação. 4. Recurso não provido.

O TJSP, por sua vez, decidiu pelo deferimento dos alimentos compensatórios sob a motivação do dever de mútua assistência:

> CIVIL - DIVÓRCIO LITIGIOSO - ALIMENTOS COMPENSATÓRIOS, A SEREM PRESTADOS DURANTE 12 (DOZE MESES). MULHER QUE SE ENCONTRA DESEMPREGADA, EM VIRTUDE DE HAVER-SE DEDICADO ÀS TAREFAS DOMÉSTICAS, NA ÉPOCA EM QUE FOI CASADA COM O APELANTE. BINÔMIO NECESSIDADE X POSSILIBIDADE. SENTENÇA MANTIDA. APELO IMPROVIDO 1. "Produzindo o fim do casamento desequilíbrio econômico entre o casal, em comparação com o padrão de vida de que desfrutava a família, cabível a fixação de alimentos compensatórios. Em decorrência do dever de mútua assistência (CC 1.566 III), os cônjuges adquirem a condição de consortes, companheiros e responsáveis pelos encargos da família (CC 1.565). Surge, assim, verdadeiro vinculo de solidariedade (CC 265), devendo o cônjuge mais afortunado garantir ao ex-consorte alimentos compensatórios, visando a ajustar o desequilíbrio econômico e a reequilibrar suas condições sociais. Faz jus a tal verba o cônjuge que não perceber bens, quer por tal ser acordado entre as partes, quer em face do regime de bens adotado no casamento, que não permite comunicação dos aquestos" (in Divórcio Já, Maria Berenice Dias, RT, 2012, pág. 122).

Coube ao Superior Tribunal de Justiça (REsp nº 1.290.313/AL)[29] apreciar a matéria por ocasião do recurso especial promovido por Rosane Collor de Melo contra

---

[29] "AGRAVO DE INSTRUMENTO. AÇÃO DE DISSOLUÇÃO DE UNIÃO ESTÁVEL. ALIMENTOS COMPENSATÓRIOS. PARÁGRAFO ÚNICO DO ART. 4º DA LEI 5.478/66 C/C ART. 7º DA LEI 9.9278/96. VEROSSIMILHANÇA DAS ALEGAÇÕES. LESÃO GRAVE E DIFÍCIL REPARAÇÃO. 1. Se os documentos juntados com a petição inicial parecem, efetivamente, indicar que as partes conviveram em regime de união estável e que pode haver efetivo desequilíbrio na partilha do patrimônio, isso é suficiente para dar suporte ao pedido de fixação de alimentos que a doutrina vem chamando de 'compensatórios', que visam à correção do desequilíbrio existente no momento da separação, quando o juiz compara o *status* econômico de ambos os cônjuges e o empobrecimento de um deles em razão da dissolução da sociedade conjugal. A própria tese acerca da possibilidade de fixação de alimentos compensatórios – bem como a da prevalência do princípio da dignidade da pessoa humana sobre o da irrepetibilidade dos alimentos – insere-se no contexto da verossimilhança,

o ex-presidente Fernando Collor. Na decisão prolatada pela 4ª Turma daquela Corte, extraiu-se:

> os alimentos compensatórios se destinam a restaurar o equilíbrio econômico-financeiro rompido com a dissolução do casamento. [...] Para o relator, no caso, houve ruptura do equilíbrio econômico-financeiro com a separação, sendo possível a correção desse eventual desequilíbrio com a fixação de alimentos compensatórios.

A decisão do STJ alterou parcialmente o *decisum* do Tribunal de Justiça de Alagoas. Alterou os alimentos ordinários, mas manteve o que fora definido a título de alimentos compensatórios desde a sentença prolatada em primeira instancia. Coube à Juíza Ana Florinda Mendonça da Silva Dantas, que conheceu a ação de separação judicial litigiosa do casal, cujo trâmite se deu na 27ª Vara Cível de Maceió, condenar FCM a pagar alimentos compensatórios na importância de R$950.000,00 (novecentos e cinquenta mil reais) ou imóvel de valor equivalente.

Conclusão

Os alimentos compensatórios vêm sendo utilizados no Brasil para solucionar os casos de desequilíbrio financeiro e econômico em desfavor de um dos cônjuges ou companheiros causado por ocasião do fim da união.

Embora não sejam previstos expressamente na legislação pátria, foram desenvolvidos pela doutrina e pela jurisprudência a partir do que se delineou na experiência estrangeira, notadamente, o Código francês. Difere da mera prestação de pensão alimentícia porque não visa à garantia de alimentos, propriamente dita, mas à indenização provocada por aquele desequilíbrio que pode ter origem em variadas causas.

Uma vez que se apresenta como verba de caráter indenizatório, não é determinada por meio do binômio necessidade de quem pleiteia e possibilidade de quem deve pagar, mas no desequilíbrio financeiro havido para um dos cônjuges, por ocasião do fim da união. Assim, o mero desequilíbrio já é suficiente para demarcar a plausibilidade da verba, não sendo necessário que o cônjuge/companheiro que o pleiteia demonstre a mesma necessidade que precisa ostentar para pleitear verba alimentar.

Uma vez que se presta a compensar o desequilíbrio financeiro/econômico em desfavor de um dos cônjuges, também se presta a materializar a aplicação do princípio da solidariedade que rege as relações familiares e a realizar o princípio da igualdade, de sorte a rechaçar gritantes assimetrias de interesses. A legalidade constitucional não permite que normas isoladas pertinentes ao pacto antenupcial, liberalidade na administração do patrimônio comum ou mesmo os arranjos e pactos tácitos do casal

---

emprestando relevância aos fundamentos jurídicos expendidos na peça de recurso. 2. A alegação de ocorrência de desequilíbrio na equação econômico-financeira sugere, de forma enfática, a potencialidade de causação de lesão grave e de difícil reparação, a demandar atuação jurisdicional positiva e imediata por meio do recurso de agravo. 3. Demonstrada a verossimilhança dos fatos alegados na petição do agravo, bem como o fundado receito de dano irreparável ou de difícil reparação, deve ser mantida a liminar deferida. 4. Recurso provido".

na condução da vida doméstica venham a promover a disfunção da entidade familiar e a assimetria na tutela dos interesses do casal.

Informação bibliográfica deste texto, conforme a NBR 6023:2002 da Associação Brasileira de Normas Técnicas (ABNT):

MENEZES, Joyceane Bezerra de; ARAÚJO, Abraão Bezerra de. Alimentos compensatórios no direito brasileiro: o protagonismo da doutrina e jurisprudência. In: TEPEDINO, Gustavo; TEIXEIRA, Ana Carolina Brochado; ALMEIDA, Vitor (Coord.). *Da dogmática à efetividade do Direito Civil*: Anais do Congresso Internacional de Direito Civil Constitucional – IV Congresso do IBDCivil. 2. ed. rev., ampl. e atual. Belo Horizonte: Fórum, 2019. p. 731-745. ISBN 978-85-450-0545-2.

CAPÍTULO 6

ANÁLISE DA INCIDÊNCIA E ALCANCE DA BOA-FÉ NOS CONTRATOS DE DIREITO AUTORAL E DE PROMESSA DE COMPRA E VENDA[1]

CAMILA LIDIZZIA DE CARVALHO

MARIANNA MANCINI MALAFAIA

Introdução

Com a transformação do ordenamento jurídico frente as novas demandas sociais,[2] a partir da qual o contrato passa a ser analisado sob uma hermenêutica jurídica constitucional, passa-se a ter a justiça e a solidariedade como centro do vínculo do negócio, haja vista que os efeitos do acordo firmado pelas partes devam importar, concomitantemente, aos interesses individuais, os interesses sociais.[3]

Neste contexto, considerando a Constituição Federal como norma irradiadora de princípios e valores a serem observados pela coletividade e a multiplicidade de fontes, a tarefa do juiz de contextualizar o sentido da lei aos casos concretos, de acordo com a realidade social, se torna mais complexa, obrigando a superação da subsunção.

Diante deste panorama, cabe questionar se o Judiciário brasileiro adota uma postura voltada para a promoção de valores constitucionais, especificamente quanto à

---

[1] Trabalho desenvolvido sob a orientação do Professor Allan Rocha de Souza no âmbito do Núcleo de Pesquisa em Direitos Fundamentais, Relações Privadas e Políticas Públicas, no curso de Direito do Instituto Três Rios da Universidade Federal Rural do Rio de Janeiro (ITR/UFRRJ).

[2] BARROSO, Luiz Roberto. Neoconstitucionalismo e constitucionalização do direito. O triunfo do direito constitucional no Brasil. *Revista da Escola Nacional da Magistratura*, Brasília, ano I, n. 2, 2006.

[3] NALIN, Paulo. Cláusula geral e segurança jurídica no Código Civil. *Revista da Faculdade de Direito UFPR*, v. 41, 2004.

aplicação da boa-fé, tendo em vista que o princípio é tido como nuclear ao direito civil contemporâneo.[4]

O estudo se dedica à análise e comparação do sentido atribuído à boa-fé pelo Superior Tribunal de Justiça (STJ) nas decisões que compreendem os contratos em espécie, utilizando como exemplo os contratos de direitos autorais – previstos em lei especial – e de promessa de compra e venda, previstos no próprio Código Civil.

O trabalho recorre ao método de abordagem indutiva pelo qual, a partir de um conjunto geral de decisões, extrai-se o entendimento do STJ em relação à boa-fé nos contratos de direitos autorais e nos contratos de promessa de compra e venda. Ao fim, busca-se comparar as semelhanças e divergências identificadas quando da aplicação da boa-fé pelos tribunais nestes dois tipos contratuais. O material utilizado inclui doutrina jurídica, legislação aplicável e jurisprudência pertinente, obtido por meio de acórdãos do STJ.

Dividiu-se o presente artigo em quatro partes. Inicia-se com a apresentação das cláusulas gerais, sua respectiva estrutura, características e funções. A segunda parte apresenta a boa-fé em suas vertentes subjetiva e objetiva. A terceira parte se inicia tratando dos contratos em espécie analisados, quais sejam, o contrato de direitos autorais e o contrato de promessa de compra e venda. Por fim, o trabalho se encerra analisando o entendimento do STJ sobre a matéria.

6.1 Cláusulas gerais

O ordenamento casuístico fica impossibilitado de responder às crescentes demandas sociais, uma vez que ele é baseado em generalizações abstratas feitas a partir de idealizações tipológicas.[5] Sendo inexequível, considerando-se a dinamicidade da realidade fática, criar normas para todos os casos existentes, revela-se a necessidade de conceitos indeterminados normativos, que, para preenchimento de seus sentidos, carecem de valoração para a conformação de seus respectivos significados, o que deve ser buscado pelo intérprete nos princípios e na tábua axiológica constitucional.

O Código Civil de 2002 adotou as cláusulas gerais como técnica legislativa, possibilitando uma oxigenação do direito frente a contínua mobilidade social sem, contudo, ofender a segurança jurídica. Neste sentido, ocorre um aprofundamento da tarefa do magistrado de adequar o sentido da lei aos problemas da realidade da sociedade quando da sua aplicação ao caso concreto.

Por certo, as cláusulas gerais, propositalmente abertas e vagas, são dotadas de flexibilidade e indeterminação, opondo-se, dessa maneira, à técnica da casuística, uma vez que, em face da tipificação de condutas, o método casuístico deixa pouca margem de discricionariedade ao julgador. Atuando como metanormas, as cláusulas gerais são, então, dirigidas ao juiz para que, considerando a situação fática, crie, complemente ou desenvolva normas jurídicas com a possibilidade de utilização de elementos externos

---

[4] MORAES, Maria Celina Bodin de (Coord.). *Princípios do direito civil contemporâneo*. Rio de Janeiro: Renovar, 2006. p. 211.

[5] MARTINS-COSTA Judith. *O direito privado como um "sistema em construção"*. As cláusulas gerais no Projeto do Código Civil brasileiro. Brasília: Revista dos Tribunais, 1998. p. 7-8. Disponível em: <https://www2.senado.leg.br/bdsf/bitstream/handle/id/383/r139-01.pdf?sequence=4>. Acesso em: 8 ago. 2016.

ao sistema, evidenciando, com isso, a necessidade de fundamentação das decisões,[6] que sempre deve recorrer aos princípios e valores constitucionais.

As cláusulas gerais são caracterizadas pela ampla extensão do seu campo semântico, além de serem constituídas por uma linguagem propositalmente fluida.[7] Nessa linha, a flexibilidade das cláusulas gerais confirma sua abertura semântica, possibilitando maior adequação jurídica à realidade das relações sociais. Ao mesmo tempo, esta mesma indeterminação das cláusulas gerais garante sua fluidez, e exige que tenha seu sentido construído a partir do caso concreto. Nessa linha, escreve Judith Martins-Costa:

> As cláusulas gerais, mais do que um "caso" da teoria do direito – pois revolucionam a tradicional teoria das fontes – constituem as janelas, pontes e avenidas dos modernos códigos civis. Isto porque conformam o meio legislativamente hábil para permitir o ingresso, no ordenamento jurídico codificado, de princípios valorativos, ainda inexpressos legislativamente, de standards, máximas de conduta, arquétipos exemplares de comportamento, de deveres de conduta não previstos legislativamente (e, por vezes, nos casos concretos, também não advindos da autonomia privada), de direitos e deveres configurados segundo os usos do tráfego jurídico, de diretivas econômicas, sociais e políticas, de normas, enfim, constantes de universos meta-jurídicos, viabilizando a sua sistematização e permanente ressistematização no ordenamento positivo.[8]

As cláusulas gerais podem ser classificadas de acordo com suas funções de individualização, generalização e integração.[9] Em sua função individualizadora são analisados os fatores da situação fática e de que forma determinada cláusula geral se aplica. Dessa forma, o sentido da cláusula é individualizado em conformidade com as circunstâncias fáticas e a realidade sociocultural subjacente.

Em um outro momento, o sentido dado ao caso em apreço será generalizado para poder ser aplicado em outras situações semelhantes, exercendo, por conseguinte, a função generalizadora das cláusulas gerais. Nessa linha, verifica-se que a função de generalização enseja a criação de novos precedentes com o escopo de atender às demandas sociais, estabelecendo, assim, uma aproximação entre a realidade social e o direito.

Ante ao exposto, pode-se observar que tais funções resultam em uma terceira, qual seja a função de integração. A função integrativa das cláusulas gerais permite a abertura intra e intersistemática, formando-se uma ponte que integra determinado caso concreto ao ordenamento jurídico com um todo. Dessa forma, a função de integração viabiliza a mobilidade do sistema na aplicação de normas e princípios de dentro do próprio diploma

---

[6] MARTINS-COSTA Judith. *O direito privado como um "sistema em construção"*. As cláusulas gerais no Projeto do Código Civil brasileiro. Brasília: Revista dos Tribunais, 1998. p. 7. Disponível em: <https://www2.senado.leg.br/bdsf/bitstream/handle/id/383/r139-01.pdf?sequence=4>. Acesso em: 8 ago. 2016.

[7] MARTINS-COSTA Judith. *O direito privado como um "sistema em construção"*. As cláusulas gerais no Projeto do Código Civil brasileiro. Brasília: Revista dos Tribunais, 1998. p. 8. Disponível em: <https://www2.senado.leg.br/bdsf/bitstream/handle/id/383/r139-01.pdf?sequence=4>. Acesso em: 8 ago. 2016.

[8] MARTINS-COSTA Judith. *A boa-fé do direito privado*. Sistema e tópica no processo obrigacional. São Paulo: Revista dos Tribunais, 1999.

[9] MARTINS-COSTA Judith. *A boa-fé do direito privado*. Sistema e tópica no processo obrigacional. São Paulo: Revista dos Tribunais, 1999. p. 10-11.

civil, sendo assim chamada de "integração intrassistemática", bem como a agregação de normas e princípios ao direito privado, sendo tal fenômeno denominado de "integração intersistemática".[10] Permita-nos ir além, e pensar também em uma função de integração extrassistemática, que remete às próprias relações sociais e suas dinâmicas, exigindo recurso à interdisciplinaridade e aos saberes extrajurídicos.

A partir da análise de sua estrutura, identificam-se três tipos de cláusulas gerais, a saber: tipo restritivo, tipo regulativo e tipo extensivo.[11] As de tipo restritivo delimitam a extensão de um conjunto de permissões singulares, evitando possíveis abusos que possam emergir de relações contratuais em desequilíbrio, afastando, dessa forma, a incidência absoluta da autonomia.[12]

Por seu turno, as cláusulas gerais regulativas surgem de modo independente e regulam hipóteses fáticas não prescritas casuisticamente, isto é, regulam as situações não legisladas. Por fim, as cláusulas gerais de tipo extensivo ampliam o sentido e a aplicação de determinada regra, através da possibilidade da integração inter, intra e, mesmo, extrassistemática.[13]

Desta maneira, a influência das cláusulas gerais no Código Civil foi primordial para a modificação do sentido e aplicação do direito privado. Com efeito, os conceitos indeterminados, abertos e vagos se baseiam nos valores constitucionais para conformação de seus significados, irradiando suas implicações por todo o direito privado, sobretudo no que toca às relações obrigacionais.

Uma das cláusulas gerais mais relevantes para o direito contratual é a da boa-fé objetiva que, por sua vez, configuram-se como uma regra ética caracterizada como um dever de agir de acordo com padrões de honestidade, lealdade e probidade socialmente estabelecidos. A seguir será tratado o instituto da boa-fé em suas vertentes objetiva e subjetiva, apresentando suas respectivas funcionalidades no sistema.

6.2 Boa-fé

Do ponto de vista histórico, a boa-fé se apresenta inicialmente como um princípio geral de direito que tem por objetivo tutelar e resguardar a confiança nas relações humanas.[14]

Pode-se afirmar que a boa-fé se expressa nas vertentes subjetiva e objetiva. Em linhas gerais, a boa-fé subjetiva diz respeito a elementos psicológicos internos do agente, enquanto a objetiva corresponde às efetivas ações do negociante traduzida em comportamentos, exigindo-se que seja probo, honesto e leal. De acordo com Teresa

---

[10] MARTINS-COSTA Judith. *A boa-fé do direito privado*. Sistema e tópica no processo obrigacional. São Paulo: Revista dos Tribunais, 1999. p. 11.

[11] MARTINS-COSTA Judith. *O direito privado como um "sistema em construção"*. As cláusulas gerais no Projeto do Código Civil brasileiro. Brasília: Revista dos Tribunais, 1998. p. 9. Disponível em: <https://www2.senado.leg.br/bdsf/bitstream/handle/id/383/r139-01.pdf?sequence=4>. Acesso em: 8 ago. 2016.

[12] TEPEDINO, Gustavo. Novos princípios contratuais e teoria da confiança: a exegese da cláusula to the best knowledge of the sellers. *Revista Forense*, Rio de Janeiro, v. 377, p. 237-254, 2005.

[13] TEPEDINO, Gustavo. Novos princípios contratuais e teoria da confiança: a exegese da cláusula to the best knowledge of the sellers. *Revista Forense*, Rio de Janeiro, v. 377, p. 237-254, 2005. p. 238.

[14] MARTINS-COSTA Judith. *A boa-fé do direito privado*. Sistema e tópica no processo obrigacional. São Paulo: Revista dos Tribunais, 1999. p. 92.

Negreiros, a boa-fé subjetiva é "definida como um estado de crença ou ignorância, que pode ou não verificar, e o qual o direito atribui relevância para o efeito, em geral, de proteger aquele que age ou deixa de agir sob tal estado".[15] Já na boa-fé objetiva busca-se analisar se as ações correspondem aos deveres impostos pela sua incidência.

A boa-fé objetiva não é um princípio de fácil significação, tendo em vista que, sendo uma norma dotada de abertura e vagueza semântica, é carecedora de concretização, sendo indispensável a análise das circunstâncias de cada caso no momento de sua aplicação. Entretanto, o conceito de boa-fé pode ser apresentado a partir de suas funções,[16] conforme aduz Judith Martins-Costa:

> definir a boa-fé objetiva, pode-se, contudo, indicar, relacionalmente, as condutas que lhe são conformes (valendo então a expressão como forma metonímica de variados modelos de comportamento exigíveis na relação obrigacional), bem como discernir funcionalmente a sua atuação e eficácia como (i) fonte geradora de deveres jurídicos de cooperação, informação, proteção e consideração às legítimas expectativas do alter, copartícipe da relação obrigacional; (ii) baliza do modo de exercício de posições jurídicas, servindo como via de correção do conteúdo contratual, em certos casos, e como correção ao próprio exercício contratual; e (iii) como cânone hermenêutico dos negócios jurídicos obrigacionais.[17]

Entre seus efeitos na relação obrigacional, destaca-se a estipulação de deveres anexos, os quais se baseiam na efetiva situação subjetiva das partes e das relações reais de poder, pela essência do vínculo, pela eventual convergência de princípios e regras distintas do ordenamento jurídico, e, por fim, pela análise a ser feita objetivamente pelo intérprete a respeito dos valores que regem a específica relação jurídica, na qual se caracteriza o caso concreto.

> Assim sendo, a existência, ou não, dos deveres instrumentais e o seu grau de intensidade, devem ser verificados na situação concreta, pois a boa-fé pode gerar, às partes, certos deveres que não se confundem com o dever principal de prestação, porém não gera "quaisquer deveres", mas tão só os que estão instrumentalizados para a otimização da "conduta devida".[18]

De acordo com o entendimento da autora Judith Martins-Costa,[19] a cláusula geral da boa-fé pode ser delineada a partir de suas três funcionalidades, quais sejam: (1) função de cânone interpretativo-integrativo do contrato; (2) função de fonte de limitações ao exercício de posições jurídicas; (3) fonte normativa de deveres jurídicos

---

[15] NEGREIROS, Teresa. O princípio da boa-fé contratual. In: MORAES, Maria Celina Bodin de (Coord.). *Princípios do direito civil contemporâneo*. Rio de Janeiro: Renovar, 2006.

[16] MARTINS-COSTA Judith. *A boa-fé do direito privado*. Sistema e tópica no processo obrigacional. São Paulo: Revista dos Tribunais, 1999. p. 40.

[17] MARTINS-COSTA Judith. *A boa-fé do direito privado*. Sistema e tópica no processo obrigacional. São Paulo: Revista dos Tribunais, 1999. p. 92.

[18] MARTINS-COSTA. Judith. A boa-fé objetiva e o adimplemento das obrigações. *Revista Brasileira de Direito Comparado*, n. 25, 2003. p. 253.

[19] MARTINS-COSTA. Judith. A boa-fé objetiva e o adimplemento das obrigações. *Revista Brasileira de Direito Comparado*, n. 25, 2003. p. 252.

antes, durante e após a extinção contratual, sendo as partes contratantes obrigadas a preservar, na conclusão do contrato, assim como na execução deste, os princípios de probidade e cooperação.

A boa-fé objetiva em sua função interpretativa suprir eventuais lacunas não previstas pelas partes contratantes, tornando-se obrigatórias às partes, em determinadas situações fáticas, condutas que não resultam de expresso dispositivo legal casuístico, tampouco das cláusulas contratuais pactuadas.[20]

Não é possível, quando da aplicação da boa-fé, recorrer à subsunção, muito menos utilizá-la como solução para todos os males da realidade. Dessa forma, a cláusula geral da boa-fé em sua função integrativa não substitui a regra casuística, ao revés, integra-a, apontando para uma concepção substancial do ordenamento jurídico.[21] Nessa vertente, surgindo eventuais lapsos normativos quando da interpretação, a boa-fé deverá ser interpretada pelo aplicador do direito com o fito de preencher tais lacunas.

Insta salientar que determinado comportamento consoante com a boa-fé objetiva não pode ser descrito *a priori* de modo geral, salvo em termos de elevada abstração, visto que ela é norma carecedora de exatidão semântica. Assim, ao ser aplicada, a boa-fé objetiva exige do intérprete a superação dos métodos tradicionais de interpretação em prol de uma nova hermenêutica jurídica disciplinada pelo modelo constitucional. É notório que a boa-fé se manifesta como uma qualidade dinâmica da norma, uma vez que a atividade de concreção deva ser, essencialmente, compreendida e analisada contextualmente.[22]

Ao mesmo tempo, o art. 187 do Código Civil estabelece que o titular do direito que o exerce excedendo os limites impostos pelos seus fins, pela boa-fé ou pelos bons costumes comete ato ilícito. Evidencia este dispositivo a função delimitadora de direitos subjetivos da boa-fé, equiparando o abuso de direito ao ato ilícito em sentido estrito. O abuso de direito permite conter toda ação que se considera inconveniente aos novos valores das relações humanas, ao novo sentido que se vem emprestando ao comportamento social.[23] Logo, a boa-fé reveste o ordenamento jurídico de modo que os direitos subjetivos devam ser exercidos dentro dos limites estabelecidos por esta cláusula geral, ou da cláusula geral de função social.

Finalmente, a boa-fé, positivada no art. 422 do Código Civil de 2002, também apresenta uma função criadora, ao estabelecer para as partes deveres anexos. Trata-se de um padrão de conduta ética intrínseco a qualquer contrato, e que visa assegurar a proteção das partes negociantes frente à outra. Apesar de não previstos expressamente no contrato, tais deveres devem ser satisfeitos pelas partes, tornando sua inobservância verdadeiro descumprimento contratual, independente de culpa. Assim, salienta Judith Martins Costa:

---

[20] MARTINS-COSTA. Judith. A boa-fé objetiva e o adimplemento das obrigações. *Revista Brasileira de Direito Comparado*, n. 25, 2003. p. 233.

[21] MARTINS-COSTA. Judith. A boa-fé objetiva e o adimplemento das obrigações. *Revista Brasileira de Direito Comparado*, n. 25, 2003. p. 256.

[22] MARTINS-COSTA. Judith. A boa-fé objetiva e o adimplemento das obrigações. *Revista Brasileira de Direito Comparado*, n. 25, 2003. p. 257.

[23] GOMES, Orlando. *Introdução ao direito civil*. Rio de Janeiro: Forense, 1957. p. 124.

A cooperação, ligada à conduta dos sujeitos, não está reduzida ao cumprimento do dever principal de prestação: ela requer, em variados graus e infindável tipologia, a observância de outros deveres, secundários, anexos, colaterais ou instrumentais, que encontram a sua fonte ou em dispositivo legal, ou em cláusula contratual, ou no princípio da boa-fé.[24]

Dessa forma, sendo o princípio da boa-fé uma norma cogente, sua aplicação se torna obrigatória em qualquer contrato em espécie, inclusive nos de direitos autorais e de promessa de compra e venda. Passa-se, então, à análise dos contratos mencionados, bem como das decisões do STJ referentes ao objeto deste trabalho.

6.3 Boa-fé nos contratos de direitos autorais

O bem protegido no seio dos contratos de direitos autorais é a imaterialidade da obra, sendo o suporte o bem físico que a incorpora, tornando tal criação perceptível aos sentidos. Por conseguinte, a proteção jurídica da obra depende de sua exteriorização, fazendo-se necessário distinguir o ato criativo de sua expressão, que se almeja proteger. Desta feita, o objeto do direito do autor é a expressão resultante de sua criação intelectual.[25]

A Lei nº 9.610, de 19.2.1998, em substituição à Lei nº 5.988, de 12.12.1973, ampliou a tutela e tornou mais eficazes os mecanismos de proteção dos direitos autorais, atualizando, deste modo, o sistema regulatório nacional aos desenvolvimentos internacionais.[26] Assim, a vigente Lei de Direitos Autorais altera, atualiza e consolida a legislação sobre os direitos do autor.

Contudo, insta salientar que a Lei de Direitos Autorais foi silente quanto à boa-fé objetiva – bem como aos demais princípios contratuais gerais de direito privado, devendo os negócios jurídicos de direitos autorais estarem adequados aos preceitos do Código Civil, posto que o sentido, a interpretação e a aplicação dos arts. 113, 187 e 422 do referido diploma são de aplicação a todas as relações contratuais, assim como todas as normas do ordenamento jurídico são fundamentadas e estão vinculadas diretamente à axiologia constitucional.

Deste modo, o instituto da boa-fé objetiva impor aos contratos de direitos autorais, como todas as situações jurídicas obrigacionais, deveres instrumentais ou anexos, independentemente da concordância dos contratantes, uma vez que incide a boa-fé em todos os negócios jurídicos e relações obrigacionais. Nesse sentido, por exemplo, deve preponderar à intenção sobre a literalidade, interpretando o negócio contratual conforme as finalidades almejadas entre as partes. Sendo assim, nas declarações de vontade, será acolhida à intenção nelas sustentadas e não ao sentido literal das cláusulas contratuais.

---

[24] MARTINS-COSTA. Judith. A boa-fé objetiva e o adimplemento das obrigações. *Revista Brasileira de Direito Comparado*, n. 25, 2003. p. 254.

[25] SOUZA, Allan Rocha de. *Os direitos culturais e as obras audiovisuais cinematográficas*: entre a proteção e o acesso. 2010. 266f. Tese (Doutorado em Direito Civil) – Centro de Ciências Sociais, Faculdade de Direito, Universidade do Estado do Rio de Janeiro, Rio de Janeiro, 2010. p. 144-145.

[26] SOUZA, Allan Rocha de. *A função social dos direitos autorais*: uma interpretação civil-constitucional dos limites da proteção jurídica: Brasil 1988-2005. Campos dos Goytacazes: Editora Faculdade de Direito de Campos, 2006. p. 16.

O STJ tem enfrentado o tema a partir da abordagem de que os contratos de direitos autorais são essencialmente reguladores de questões sociais, de forma que sua interpretação, no caso concreto, não pode elidir a aplicação dos princípios contratuais de direito civil, sob risco de olvidarmos os direitos fundamentais e as garantias norteadores do direito, conforme será demonstrado a seguir.

No Recurso Especial (REsp) nº 575.271,[27] originário do estado de São Paulo, julgado no STJ em 7.11.2005, de relatoria da Ministra Nancy Andrighi, foi ajuizada ação de indenização por danos morais e materiais decorrentes de violação de direitos autorais, proposta por Alzira Martins Apollo, em face do Grupo de Comunicação Três S/A. A artista plástica alega ter firmado contrato com a referida empresa com o objetivo de divulgar obras pararrealistas na revista *Planeta*. Não obstante, o grupo publicou obras da artista em veículo distinto, cujos fascículos, reeditados, continham reproduções das obras, alegadamente em violação aos direitos de artista, inclusive em capas, com erros técnicos e indevida classificação da obra como pintura mediúnica.

Desta feita, entendeu o Tribunal que a simples classificação de uma obra de arte sob critério diverso do pretendido pelo artista não enseja indenização por danos morais. Entretanto, os fatos delineados na origem evidenciam que a recorrente ofendeu o direito da recorrida à integridade da obra, tendo em vista que as obras foram indevidamente reproduzidas com diversas alterações e falhas, tais como falta de título, título equivocado, assinatura cortada ao meio, atribuição equivocada ou omissão de autoria. Estas ações do grupo de comunicação violam os direitos morais do autor, principalmente o de integridade da obra, previsto no art. 24, inc. IV, da Lei de Direitos Autorais.

Diante do exposto, verificou-se na decisão que a recorrente feriu o princípio da boa-fé ao agir com deslealdade e permitir a reprodução das obras da recorrida sem observância aos critérios acordados no mencionado contrato celebrado entre as partes. Contudo, verificou-se ainda que, apesar de a cláusula geral da boa-fé ter sido aplicada na presente decisão, o Tribunal não apresentou uma fundamentação consistente do instituto e sua violação no caso concreto, conforme aludido, "A recorrente feriu o princípio da boa-fé ao agir com deslealdade e permitir a reprodução das obras da recorrida sem observância aos critérios acordados no mencionado contrato celebrado entre a recorrente a Sociedade Pararrealista de Artes Plásticas".[28]

Já no Recurso Especial (REsp) nº 1.380.630,[29] originário do estado do Rio de Janeiro, julgado no STJ em 13.10.2015, de relatoria do Ministro Luis Felipe Salomão, a Friedman S.A. ajuizou uma ação em face de Flávia Versiani Aragão, Mariazinha Modas Ltda., Línea Rio Roupas Ltda. e Moda Mania Shopping Show, vindicando indenização por violação de direitos autorais, bem como que fossem impedidas de reproduzir, vender, estocar, distribuir e divulgar, por qualquer meio, o material e as técnicas de venda da referida autora. A requerente afirma ainda ser representante e cessionária exclusiva dos direitos autorais da empresa norte-americana National Retail Workshops Inc., DBA The Friedman Group, no território nacional, conforme consta do contrato de licença celebrado.

No caso, a Friedman S.A. alega que a ré Flávia Versiani de Aragão já integrou seu quadro de funcionários, vindo a reproduzir o conteúdo dos manuais "TVV" e "PTG",

---

[27] STJ. Recurso Especial nº 575.271/SP. Rel. Min. Nancy Andrighi. Brasília, 7.11.2005.

[28] STJ. Recurso Especial nº 575.271/SP. Rel. Min. Nancy Andrighi. Brasília, 7.11.2005. p. 9.

[29] STJ. Recurso Especial nº 1.380.630/RJ. Rel. Min. Luis Felipe Salomão. Brasília, 13.10.2015.

assim como divulgando e oferecendo cursos com as técnicas de venda desses manuais e outras obras literárias de titularidade da National Retail sem qualquer prévia autorização.

Em primeiro grau, o pedido foi julgado improcedente, tendo em vista que a hipótese foi considerada como simples método de vendas e não de obra literária, não havendo, portanto, trabalho de criação ou originalidade passível de proteção por direitos autorais. Com efeito, interposto apelação pela parte autora, o Tribunal de Justiça do Estado do Rio de Janeiro, por maioria, negou provimento ao recurso, alterando, contudo, a fundamentação da decisão, reconhecendo a ilegitimidade ativa.

Em linhas gerais, o STJ entendeu que um ex-empregado pode exercer a mesma atividade profissional ou gerir sociedade empresária com a mesma atividade desenvolvida por sua ex-empregadora. Contudo, no caso em apreço, foi verificado que a ré faltou com os deveres inerentes à boa-fé objetiva ao reproduzir o conteúdo dos manuais, bem como divulgar e oferecer cursos com as técnicas de venda destes, sem qualquer prévia autorização da titular, além de concluir-se estar havendo concorrência desleal. Desta feita, buscou-se, com a decisão, assegurar no presente caso a proteção à lealdade e confiança de cada uma das partes contratantes e suas legítimas expectativas, sendo, pois, os denominados deveres anexos cláusula geral que constitui face de operatividade da boa-fé objetiva, constituindo complexo de regras que incidem antes, durante e mesmo após a contratação.

Noutro giro, no Recurso Especial (REsp) nº 1.201.340,[30] originário do Distrito Federal, julgado no STJ em 3.11.2011, de relatoria da Ministra Maria Isabel Gallotti, Anderson Cardoso Rubin ajuizou ação de indenização por danos materiais e morais em desfavor de Instituto Evariste Galois, alegando que determinada obra intelectual de sua autoria foi reproduzida eletronicamente pelo réu sem autorização e com a supressão do seu nome.

Em primeiro grau, o juízo julgou improcedente o pedido, ao fundamento de que não foi provado o dano material nem caracterizado o dano moral. Dessa forma, o autor interpôs apelação, tendo o réu, por sua vez, interposto recurso adesivo.

Da análise do conjunto probatório e das alegações tecidas por ambas as partes, concluiu o Tribunal estadual que o autor disponibilizou a obra ao preposto da ré, apenas para que fosse utilizado para consulta, mas não para a divulgação por meio da internet. Além do mais, não há nos autos qualquer prova de que a ré tivesse conhecimento de que seu proposto não tinha autorização do autor do material didático para disponibilizá-lo na página eletrônica da instituição de ensino.

Ante o exposto, o Tribunal estadual decidiu que não há como se imputar à instituição de ensino a obrigação de, ao disponibilizar obras intelectuais e materiais didáticos por meio da internet, apresentados por seus professores, averiguar a autenticidade dos conteúdos e a observância aos direitos autorais, sobretudo quando não há no material apresentado a clara indicação de autoria diversa do professor.

Portanto, o Tribunal estadual acolheu a alegação de que não houve má-fé por parte da instituição de ensino, ao disponibilizar o material produzido pelo autor, na medida em que não tinha conhecimento da inexistência de autorização para tal finalidade.

---

[30] STJ. Recurso Especial nº 1.201.340/DF. Rel. Min. Maria Isabel Gallotti. Brasília, 3.11.2015.

Contudo, ainda assim, decidiu o Superior Tribunal pela responsabilidade objetiva da instituição de ensino pela conduta lesiva de seu professor, uma vez que a beneficiada pela divulgação do material foi a instituição de ensino empregadora, independentemente da boa-fé com que tenha procedido. Nesse sentido:

> Em face do exposto, dou parcial provimento ao recurso especial para reconhecer a responsabilidade objetiva do Instituto Evariste Galois pela conduta de seu preposto, condenando o réu ao pagamento de indenização por danos morais no valor de R$20.000,00 (vinte mil reais), corrigidos a partir da presente data, incidindo juros de mora, também a partir da presente data, na linha de precedente da Quarta Turma do STJ.[31]

Observa-se que o STJ tem aplicado o instituto da boa-fé em sua vertente objetiva nos contratos de direitos autorais. Nesse sentido, a referida cláusula geral vem sendo utilizada com o escopo de assegurar a proteção à lealdade e confiança entre as partes contratantes, bem como suas legítimas expectativas e o cumprimento dos deveres anexos estabelecidos. Não obstante, verificou-se ainda que, em algumas decisões, os efeitos atribuídos à boa-fé não vêm sendo fundamentados nem suas razões explicitadas de forma satisfatória e consistente para melhor compreensão de seus sentidos quando de sua aplicação ao caso concreto.

6.4 Boa-fé nos contratos de promessa de compra e venda

O contrato de promessa de compra e venda é um contrato preliminar e autônomo, no qual ambas as partes se comprometem a celebrar, posteriormente, um contrato definitivo cujo objeto já tenha sido previamente ajustado, como nos informa Orlando Gomes.[32] Suas regras gerais são tratadas pelos arts. 462 a 466 do Código Civil de 2002 e de forma específica nos arts. 1.417 e 1.418 do mesmo diploma. Ainda de acordo com o autor, o contrato de promessa de compra e venda se distingue do contrato definitivo de compra e venda uma vez que naquele

> consistiria a obrigação característica dos contraentes em consentir na realização de novo contrato. Não visariam, ao celebrá-lo, modificar diretamente sua efetiva situação, mas, apenas, criar a obrigação de um futuro *contrahere*. Com semelhante contextura, seria contrato autônomo, distinguindo-se do contrato definitivo de compra e venda pela peculiaridade do seu conteúdo: em futura estipulação contratual.[33]

Nos mesmos moldes dos demais contratos, a relação obrigacional do contrato de promessa de compra e venda deve atender aos preceitos da boa-fé objetiva, de modo que valores como a honestidade, lealdade e cooperação sejam guardados pelos contratantes em todas as fases contratuais, sob pena de descumprimento do contrato. Dito isto, observa-se que o STJ vem dimensionando, no caso concreto, o alcance da cláusula geral da boa-fé objetiva no contrato em discussão, conforme exposto a seguir.

---

[31] STJ. Recurso Especial nº 1.201.340/DF. Rel. Min. Maria Isabel Gallotti. Brasília, 3.11.2015. p. 9-10.
[32] GOMES, Orlando. *Contratos*. 26. edição. Rio de Janeiro: Forense: 2009. p. 287.
[33] GOMES, Orlando. *Contratos*. 26. edição. Rio de Janeiro: Forense: 2009. p. 287.

O Recurso Especial nº 758.518[34] foi interposto pela Muretama Edificações e Empreendimentos contra acórdão do Tribunal de Justiça do Estado do Paraná que reconheceu que, não obstante o direito do promitente-vendedor à indenização pelo tempo em que o imóvel ficou em estado de não fruição (período compreendido entre a data do início do inadimplemento das prestações até o cumprimento da medida de reintegração de posse), a extensão da indenização deve ser mitigada (na razão de um ano de ressarcimento), em face da não observância do princípio da boa-fé objetiva, considerando o ajuizamento tardio da ação de reintegração de posse.

Analisado o recurso, o tribunal superior, em concordância com o entendimento do TJPR, aduziu que a recorrente violou o dever de mitigar o próprio prejuízo, dever decorrente da boa-fé objetiva, no qual aduz que os contratantes devem tomar as medidas cabíveis para que o dano não seja agravado, sob pena de infringir os deveres de lealdade e cooperação. Assim dispõe a decisão do tribunal *a quo*:

> Embora o contratante inadimplente cause danos com o seu comportamento, a contraparte também tem deveres, mesmo sendo vítima de um ato ilícito. Ela não pode concorrer para o agravamento dos prejuízos; tão-logo se inteire do ocorrido, deve, embora sem esforços excepcionais, procurar evitar ao máximo outras repercussões danosas, adotar prontamente as medidas necessárias à proteção dos seus interesses.[35]

Desta forma, decidiu a corte que o fato de ter a recorrente deixado o devedor na posse do imóvel por volta de sete anos, sem que este realizasse o pagamento das prestações relativas ao contrato de compra e venda, evidencia a ausência de zelo com seu patrimônio e o agravamento significativo das perdas, incorrendo, assim, a própria recorrente, em inadimplemento contratual.

Já no Recurso Especial nº 1.374.830,[36] originário de São Paulo, a controvérsia versa sobre ação de cobrança de multa contratual ajuizada por Petrobras Distribuidora S.A., recorrente, contra o Posto de Gasolina Itaberaba Ltda., Sílvio Correa e Alice Passos Correa, recorridos, na qual requer o pagamento de multa referente à cláusula penal prevista em contrato de promessa de compra e venda de combustíveis e óleos lubrificantes.

Alegou a requerente que o posto de gasolina não adquiriu quantidade mínima de produtos que estava obrigado por força contratual. Em primeiro grau, a sentença julgou procedente para condenar os recorridos ao pagamento do valor requerido na inicial. Em sede de apelação, o Tribunal deu provimento ao recurso, a fim de reformar a sentença e julgar improcedente o pedido, sob fundamento de que a recorrente, ao permitir o fornecimento dos produtos em menor quantidade, anuiu o descumprimento do contrato, de maneira que não poderia exigir a multa convencionada.

O STJ acolheu no caso o instituto da *supressio*, segundo o qual o não exercício de determinado direito, por seu titular, no curso da relação contratual, gera para a outra parte a legítima expectativa de que não mais se mostrava sujeito ao cumprimento da obrigação, considerada possível deslealdade o exercício posterior. Aponta a Corte Superior:

---

[34] STJ. Recurso Especial nº 758.518/PR. Rel. Min. Vasco Della Giustina. Brasília, 17.6.2010.

[35] STJ. Recurso Especial nº 758.518/PR. Rel. Min. Vasco Della Giustina. Brasília, 17.6.2010. p. 6.

[36] STJ. Recurso Especial nº 1.374.830/SP. Rel. Min. Ricardo Villas Boas Cueva. Brasília, 23.6.2015.

por meio desse instituto, a eficácia do direito estabelecido, em razão da inércia do titular por longo período de tempo, resta comprometida porque seu exercício tardio causa desequilíbrio desleal à relação contratual. Visa, em última análise, à proteção do direito do devedor.[37]

À vista disso, em linha jurisprudencial, o Tribunal Superior vem acolhendo o instituto da *supressio* a fim de julgar indevida a cobrança retroativa de valores ao fim da relação contratual, diante da inércia do titular do direito por longo período de tempo e da contrariedade à cláusula geral da boa-fé objetiva por seu exercício retardado.

Dessa forma, compreendeu o tribunal que o comportamento da recorrente de permitir, de forma espontânea e por quase toda a vigência do contrato, que aquisição de produtos pela recorrida ocorresse em patamar inferior ao pactuado, reflete longa aquiescência daquela com o cumprimento em menor extensão do que fora pactuado e a desleal exigência do valor integral, com incidência de multa, em momento posterior.

O agravo em Recurso Especial nº 309.569,[38] julgado em maio de 2016, em temática bastante semelhante à analisada anteriormente, trata de ação de rescisão contratual cumulada com cobrança de multa prevista em contrato de promessa de compra e venda de combustíveis e produtos derivados, sob a alegação de que o posto de gasolina não adquiriu a quantidade mínima de mercadorias.

Do mesmo modo que no Recurso Especial nº 1.374.830, entendeu o STJ, na linha do tribunal de origem, que a autora permitiu, durante quase toda a vigência do contrato, que a ré adquirisse seus produtos em quantidade inferior em relação àquela prevista no contrato, ou seja, gerou para esta a legítima expectativa de ter havido renúncia àquela prerrogativa. Assim, não poderia, por força do instituto da *supressio*, ter qualquer benefício por sua indevida conduta a fim de exigir posteriormente o pagamento da multa contratual. Desse modo, foi negado o provimento pelo Tribunal.

Em outro caso, o Recurso Especial nº 806.280,[39] julgado em 1º.12.2009, interposto por Breno Otávio Horta Assumpção e outro e Herlhiki Carlo dos Santos Nascimento e outros, contra os mesmos, questiona a rescisão de contrato de compra e venda de ponto comercial, diante da impossibilidade de regularização de alvará de funcionamento do imóvel para fins comerciais.

O Tribunal de Justiça do Distrito Federal reconheceu que os vendedores são obrigados a informar aos compradores sobre a situação de impossibilidade de regularização do alvará de funcionamento do imóvel, em decorrência do dever de informação, que implica a apresentação das condições determinantes da contratação, sob pena de violação ao princípio da boa-fé objetiva que orienta a formação, a concretização e a execução dos contratos.

O STJ, por sua vez, não acolheu os recursos, compreendendo que o TJDFT, ao concluir pelo descumprimento culposo do acordo pelos recorrentes, o fez com base na interpretação das cláusulas contratuais do negócio jurídico. Aduz que rever tal análise para caracterizar a observância da boa-fé demandaria nova interpretação das cláusulas, o que encontra óbice na Súmula nº 5 do STJ. Deste modo, acolhe a Corte Superior

---

[37] STJ. Recurso Especial nº 1.374.830/SP. Rel. Min. Ricardo Villas Boas Cueva. Brasília, 23.6.2015. p. 7.

[38] STJ. Recurso Especial nº 309.569/SP. Rel. Min. Ricardo Villas Boas Cueva. Brasília, 17.5.2016.

[39] STJ. Recurso Especial nº 806.280/DF. Rel. Min. Aldir Passarinho Junior. Brasília, 1º.12.2009.

o entendimento do TJDFT, no sentido de reconhecer que incumbia aos vendedores informar a situação de provisoriedade da empresa, em razão do dever de informação.

Por fim, o Recurso Especial nº 1.258.998,[40] originário de Minas Gerais, trata a controvérsia acerca da possibilidade de se limitar a indenização devida ao promitente-vendedor em razão da fruição do imóvel pelo promitente-comprador que se tornou inadimplente, dando causa à resolução do contrato. Recorre Cristina de Paiva Rezende contra acórdão do Tribunal de Justiça do Estado de Minas Gerais, que, reformando a sentença do juízo de primeiro grau, condenou a recorrente ao pagamento de indenização pelo uso e fruição do imóvel correspondente à multiplicação do número de meses de ocupação do imóvel por 0,5% do valor do contrato.

Analisado o recurso, a Corte Superior considerou razoável a indenização arbitrada pelo tribunal de origem, uma vez que condiz com o rendimento que se obteria com o aluguel mensal do imóvel. Ademais, aduz que o elevado patamar do total da indenização se deve à opção da promitente-compradora de permanecer no imóvel por longo período de tempo (do ano de 2002 até o ano de 2009), sem nada pagar ao promitente vendedor.

Por outro lado, entende o STJ que a eventual inércia do promitente-vendedor em retomar o imóvel possa justificar a redução da indenização, revelando o dever de mitigar o próprio prejuízo, conforme já decidido em Recurso Especial nº 758.518/PR supramencionado. Contudo, aduz o tribunal que, não tendo sido a questão submetida à sua análise no presente recurso, não há razão para que haja limitação da indenização em decorrência do princípio da boa-fé objetiva.

À vista disso, percebe-se que o tribunal vem atuando de maneira dúplice em relação à boa-fé nos contratos de promessa de compra e venda. Por um lado, fundamenta a legítima expectativa, aplicando-se instituto da *supressio*, que restringe direitos em função do decurso do tempo, o dever de informação, que implica a apresentação das condições determinantes da contratação pelas partes, de maneira transparente, e o dever de cooperação, no qual emprega o dever de mitigar o próprio prejuízo, traduzido como dever do credor de atuar com o objetivo de diminuir a extensão do dano, evitando seu agravamento de maneira injustificada.

Com isso, observa-se que o Superior Tribunal de Justiça aprecia as circunstâncias e o meio em que as partes estão inseridas, considerando o contrato de promessa de compra e venda em seu contexto amplo e não somente em cláusulas específicas, promovendo, desta forma, a efetivação da justiça ao caso concreto e assegurando a manutenção do equilíbrio contratual.

Em contrapartida, verifica-se que no Recurso Especial nº 1.258.998, embora haja a menção da boa-fé nos fundamentos, a Corte Superior se omitiu em aplicar o princípio, sob a justificativa de que a questão não teria sido trazida à discussão no recurso analisado. Isso perfaz comportamento irregular do tribunal, uma vez que, sendo a boa-fé uma norma de aplicação cogente, de acordo com o que se extrai do art. 113 do Código Civil, não pode aquele se omitir a aplicá-lo. Ademais, nota-se que, deixando de utilizar a boa-fé, o STJ termina por contrariar a linha jurisprudencial predominante da aplicação deste princípio.

---

[40] STJ. Recurso Especial nº 1.258.998/MG. Rel. Min. Paulo de Tarso Senserverino. Brasília, 18.2.2014.

Conclusão

O princípio da boa-fé objetiva, por se tratar de uma norma jurídica aberta e vaga, isto é, com um grau de abstração relativamente elevado, depende, através de juízo de proporcionalidade e de razoabilidade, de um esforço maior do julgador para encontrar a medida efetiva da aplicação da norma à situação fática, bem como para fundamentar sua decisão revelando os sentidos da boa-fé diante do caso concreto.

No presente trabalho, verificou-se que a aplicação do princípio da boa-fé se deu de forma semelhante tanto nos contratos regidos por lei especial, quanto nos contratos regidos pelo Código Civil, ora de forma satisfatória, ora de forma irregular.

De forma majoritária, a boa-fé objetiva tem sido consagrada pela jurisprudência do STJ nos contratos de direitos autorais e de promessa de compra e venda assegurando a proteção à lealdade e confiança entre das partes contratantes, bem como suas legítimas expectativas e o cumprimento dos deveres anexos. Entre os deveres anexos decorrentes da boa-fé, são explicitados os deveres de informação, bem como o dever de cooperação entre as partes contratantes.

Ademais, percebe-se que as decisões contam com fundamentação adequada, explicitando as razões de fato e de direito que conduziram o magistrado até o julgamento, evitando subjetivismos e arbitrariedades. Em número pequeno de decisões analisadas de ambos os contratos em espécie, observou-se que o STJ deixa de aplicar a boa-fé ou não a fundamenta de maneira consistente, o que reflete uma conduta em desacordo não apenas com a axiologia constitucional, mas com a natureza de norma cogente do princípio em tela.

Neste contexto, com a consolidação dos princípios contratuais no sistema normativo, em especial da cláusula geral da boa-fé objetiva, ocorre uma releitura do direito contratual a partir de uma perspectiva civil-constitucional, delineada pelo princípio da dignidade da pessoa humana. Desta maneira, faz-se necessário que o Superior Tribunal de Justiça reconheça a pluralidade de situações que surgem no Brasil contemporâneo, de modo que a aplicação da boa-fé seja feita em conformidade com as particularidades de cada caso e inspirada na nova tábua axiológica da ordem jurídica brasileira.

Informação bibliográfica deste texto, conforme a NBR 6023:2002 da Associação Brasileira de Normas Técnicas (ABNT):

CARVALHO, Camila Lidizzia de; MALAFAIA, Marianna Mancini. Análise da incidência e alcance da boa-fé nos contratos de direito autoral e de promessa de compra e venda. In: TEPEDINO, Gustavo; TEIXEIRA, Ana Carolina Brochado; ALMEIDA, Vitor (Coord.). *Da dogmática à efetividade do Direito Civil:* Anais do Congresso Internacional de Direito Civil Constitucional – IV Congresso do IBDCivil. 2. ed. rev., ampl. e atual. Belo Horizonte: Fórum, 2019. p. 747-760. ISBN 978-85-450-0545-2.

CAPÍTULO 7

DIGNIDADE DA PESSOA HUMANA E SUA APLICAÇÃO PELO STJ E PELO TJ/RJ[1]

JOÃO MANOEL ANDRADE MACIEL DA SILVA CAMPOS GALDI

7.1 Introdução

Como paradigma que por muito tempo influenciou o direito, o positivismo jurídico trazia em si uma preocupação aguçada com a análise estrutural dos institutos. Embora tenha apresentado algumas variações, essa percepção assinalava um ordenamento jurídico dotado de completude e de cunho formalista, independendo a validade da norma jurídica de seu conteúdo ou função.

Como já assinalava Norberto Bobbio,[2] o positivismo realizava um esforço para transformar o estudo do direito em uma ciência. E, como ciência, buscava apenas os juízos de fato, excluindo do seu operacional os juízos de valor. Procurava-se, pois, separar o direito da moral.

Esse paradigma, no entanto, sucumbiu. Diante das atrocidades cometidas, sob uma aparência de direito, pelos regimes totalitários, percebeu-se a necessidade de que os juízos de valor fizessem parte da ciência jurídica. Não seria adequado afastar o direito dos princípios e dos valores.

A superação histórica desse modo de encarar o direito abriu espaço para o pós-positivismo, o qual lançou como marcas importantes a nova hermenêutica constitucional, a ascensão da jurisdição constitucional e uma preocupação cada vez maior com os

---

[1] Este artigo foi desenvolvido a partir dos dados coletados pelos alunos da Graduação da UERJ então componentes do Grupo de Pesquisa Institucional em Teoria Geral do Direito Privado – Dignidade Humana, coordenado pela Professora Rose Melo Vencelau Meireles no ano de 2015.

[2] BOBBIO, Norberto. *O positivismo jurídico*: lições de filosofia do direito. Tradução e notas de Márcio Pugliesi, Edson Bini e Carlos E. Rodrigues. São Paulo: Ícone, 1995. p. 135.

problemas envolvendo valores, princípios e regras. Nesse momento, direito e moral passam a ter que conviver em conjunto. Embora não sejam idênticos, entende-se que o direito não pode ser extremamente injusto, tal qual ensinava a famosa fórmula de Radbruch.

No cenário brasileiro, essa nova concepção apresentou-se com a Constituição Federal de 1988, a qual conseguiu atingir o topo do ordenamento jurídico, constituindo norma dotada de eficácia, diferentemente das meras cartas políticas que marcavam o Estado Legislativo de Direito.[3]

A normatividade da Constituição conferiu maior fôlego à jurisdição constitucional. A supremacia hierárquica e a rigidez do texto constitucional impunham a leitura das mais diversas normas conforme a Carta Cidadã. Ao mesmo tempo, surgiram novos paradigmas de controle de constitucionalidade, como o mandado de injunção e a ADPF.

Uma das opções fundamentais da Constituição de 1988 foi a de instituir um Estado Democrático de Direito, nos termos de seu art. 1º. Essa opção reflete, a rigor, o compromisso simultâneo com dois conceitos fundamentais: a democracia e o constitucionalismo, como modalidade do Estado de Direito. Como um dos princípios fundamentais para assegurar esse Estado democrático de direito, o constituinte assinalou o princípio da *dignidade da pessoa humana*.

Diante dessa constitucionalização do ordenamento jurídico, ocorreram substanciais alterações não apenas no campo do direito público, mas também no direito privado. Dessa forma, houve a unificação dos microssistemas que marcavam o universo jusprivatístico, possibilitando uma releitura dos institutos civilistas de forma a reforçar uma visão funcional, preocupada com a pessoa humana. Nesse sentido, é que se atribui cognoscibilidade ao direito civil-constitucional. Como lembra Carlos Nelson Konder:

> [...] direito civil-constitucional, o qual destaca que, não apenas deve-se priorizar a análise da função do instituto, mas também verificar sua compatibilidade com os valores que justificam sua tutela por parte do ordenamento, positivados sob a forma de preceitos constitucionais.[4]

Depois de mais de 25 anos da Constituição Federal de 1988, a preocupação dos juristas é ainda a mesma: como conferir efetividade às normas constitucionais? Como atribuir máxima aplicação aos princípios recepcionados pelo constituinte? Importante enfatizar que essa preocupação atinge não apenas o direito público, mas também o direito privado, por isso torna-se relevante esse levantamento para o direito civil.

Nesse sentido, este artigo busca entender como os tribunais vêm conferindo aplicabilidade à dignidade da pessoa humana. Procura-se compreender como eles têm promovido a concretização da cláusula geral de tutela da pessoa. O principal desejo aqui é de que, ao fim de tais reflexões, possa-se gerar ainda mais efetividade ao texto constitucional.

---

[3]   BARROSO, Luís Roberto. *Curso de direito constitucional contemporâneo*: os conceitos fundamentais e a construção do novo modelo. São Paulo: Saraiva, 2013. p. 265.

[4]   KONDER, Carlos Nelson. Causa do contrato x função social do contrato: estudo comparativo sobre o controle da autonomia negocial. *Revista Trimestral de Direito Civil*, Rio de Janeiro, n. 43, 2010. p. 34.

O presente artigo teve por base o banco de dados coletados por discentes participantes do Grupo de Pesquisa Institucional em Teoria Geral do Direito Privado – Dignidade Humana na Faculdade de Direito da Universidade do Estado do Rio de Janeiro, no primeiro semestre de 2015. Por isso, a pesquisa analisou diversas decisões, tanto no âmbito do STJ, quanto no do TJ/RJ, com o argumento "dignidade e humana", no período de 1º.1.2014 a 1º.5.2015.

De maneira inicial, será realizado um diálogo entre correntes, a fim de traçar um panorama da conceituação desse princípio. Após, analisaremos respectivamente as decisões do TJ/RJ e do Superior Tribunal de Justiça.

7.2 Em busca de uma definição – Respaldo jusfilosófico

Entender qual o conteúdo revestido pelo manto do princípio da dignidade humana é uma questão extremamente controversa. Tentar delimitar suas fronteiras talvez seja uma das tarefas mais complexas advindas com o novo texto constitucional. Mesmo assim, é um confronto imprescindível, visto que a validade do texto legal depende de sua adequação a essa cláusula geral.

> O respeito à dignidade da pessoa humana é transferido para a lei que defende essa dignidade, que assim se torna universal e necessária. Enquanto universal e necessária ela é boa e justa, o que lhe confere validade objetiva. Em consequência desse encadeamento de ideias e conceitos, seguir as prescrições de uma lei universal não significa sujeição heterônoma à lei e sim um ato racional de respeito à espécie humana, uma expressão de vontade (legisladora). Seguir essa lei significa um "dever".[5]

Em busca de uma definição, deve-se perceber que o suporte desse conceito parte inicialmente do ponto de vista filosófico. Salienta Maria Celina Bodin de Moraes,[6] ao realizar um panorama sobre o conceito filosófico-político de dignidade, que tal ideia surgiu de maneira inicial com o cristianismo, o qual atribuía uma dignidade pessoal a cada indivíduo.

No entanto, o desenvolvimento no plano racionalista ocorre, principalmente, com Immanuel Kant. O filósofo prussiano realizava notória distinção entre o imperativo hipotético e o categórico.[7] O primeiro seria movido por uma lógica de imputação, apresentando-se de maneira binada, articulando um "se" e um efeito, um "então".

Já o imperativo categórico possui uma maior lógica de alteridade, postulando a ideia de que o agir do indivíduo tem que poder ser considerado universal.[8] Nessa atuação, o indivíduo deve encarar o outro como um fim em si mesmo e não como um meio. Sem escopo de esgotar a obra kantiana, o que seria impossível para o presente artigo, pode-se sintetizar que o filósofo aduzia que tudo aquilo que é um fim em si apresenta preço

---

[5] FREITAG, Barbara. *A questão da moralidade*: da razão prática de Kant à ética discursiva de Habermas. São Paulo: Tempo Social, 1989. p. 3. v. 1.

[6] MORAES, Maria Celina Bodin de. O princípio da dignidade da pessoa humana. In: MORAES, Maria Celina Bodin de. *Na medida da pessoa humana* – Estudos de direito civil-constitucional. Rio de Janeiro: Renovar, 2010. p. 71.

[7] KANT, Immanuel. *Fundamentos da metafísica dos costumes*. Tradução de Lourival de Queiroz Henkel. Rio de Janeiro: Ediouro, 1993.

[8] KANT, Immanuel. *Crítica da razão prática*. Tradução de Valério Rohden. São Paulo: Martins Fontes, 2001.

ou possui dignidade. Diferentemente do que ocorre com as coisas, o valor do homem não pode ser mensurado por um preço, ele possui, portanto, dignidade.

De fato, Kant consegue formular uma sentença para o que seja a cláusula geral, todavia tal princípio continua com um caráter extremamente aberto e de difícil compreensão prática. Restam perguntas como: o que seria tratar o indivíduo como um fim em si? Como concretizar o imperativo categórico?

A fim de que sejam oferecidas respostas a essas perguntas, a doutrina moderna tem buscado fixar o seu conteúdo. Nesse sentido, Maria Celina Bodin faz a decomposição da cláusula geral prevista no art. 1º, III, da Constituição Federal em quatro corolários:

> O substrato material da dignidade deste modo entendida pode ser desdobrado em quatro postulados: i) o sujeito moral (ético) reconhece a existência dos outros como sujeitos iguais a ele; ii) merecedores do mesmo respeito à integridade psicofísica de que é titular; iii) é dotado de vontade livre, de autodeterminação; iv) é parte do grupo social, em relação ao qual tem garantia de não vir a ser marginalizado [solidariedade].[9]

O primeiro corolário é explicado com muita propriedade por Boaventura de Sousa Santos[10] "temos o direito a ser iguais quando a diferença nos inferioriza; temos o direito a ser diferentes quando a igualdade nos descaracteriza". Assim, a igualdade não se restringe ao aspecto formal conquistado com as revoluções liberais que marcaram os séculos XVIII e XIX, mas também aparece na perspectiva substancial, ao tratar os desiguais em conformidade com essa desigualdade.

Em segundo lugar, Maria Celina Bodin de Moraes apresenta a integridade psicofísica. Para além do mero direito à saúde, deve-se abranger nesse subprincípio a proteção a diversos outros direitos da personalidade, como imagem, honra, nome e privacidade. Ademais, há a percepção de que, com o surgimento do biodireito,[11] este corolário está em expansão, tratando de novos problemas, como o direito de conhecer a própria origem genética.

Embora não chegue a representar uma substancial divergência, esses dois corolários são reunidos por Luís Roberto Barroso[12] em um único elemento da dignidade, o qual ele considera ser o *valor intrínseco* de todo ser humano. Nesse título enquadra os direitos à: vida, igualdade, integridade física e integridade psíquica. A diferença perpetrada nessas doutrinas reside, a nosso ver, mais em um mero aspecto formal-classificatório do que em divergência material.

---

[9] MORAES, Maria Celina Bodin de. O princípio da dignidade da pessoa humana. In: MORAES, Maria Celina Bodin de. *Na medida da pessoa humana* – Estudos de direito civil-constitucional. Rio de Janeiro: Renovar, 2010. p. 85.

[10] SANTOS, Boaventura de Sousa. *Reconhecer para libertar*: os caminhos do cosmopolitanismo multicultural. Rio de Janeiro: Civilização Brasileira, 2003. p. 56.

[11] O biodireito é o ramo do estudo jurídico que, tomando por fontes imediatas a bioética e a biogenética, tem a vida por objeto principal, salientando que o progresso científico não poderá acobertar crimes contra a dignidade humana, nem traçar, sem limites jurídicos, os destinos da humanidade. Para maiores informações ver DINIZ, Maria Helena. *O estado atual do biodireito*. São Paulo: Saraiva, 2001.

[12] BARROSO, Luís Roberto. *Curso de direito constitucional contemporâneo*: os conceitos fundamentais e a construção do novo modelo. São Paulo: Saraiva, 2013. p. 275.

O terceiro corolário é o da liberdade, a qual, por sua vez, é tratada por Luís Roberto Barroso como autonomia da vontade.[13] Por ela, devemos entender a capacidade de realizar as próprias escolhas da maneira que melhor nos convier.

Todavia, é necessário ressalvar que ocorre uma limitação a esse subprincípio, decorrente da própria convivência em sociedade. A autonomia privada esbarra, constantemente, em normas de ordem pública, devendo ser resolvido tal conflito com base na lógica da ponderação. Isso reflete, de certo modo, a consideração de que é insustentável a teoria tradicional que considera como absolutos os direitos fundamentais.

Nesse sentido, é que, diferindo quanto ao aspecto formal-classificatório, Barroso assegura o *valor comunitário* como elemento da dignidade humana. "O que está em questão não são as escolhas individuais, mas as responsabilidades e deveres a elas associados. A autonomia individual desfruta de grande importância, mas não é ilimitada, devendo ceder em certas circunstâncias".[14]

Por fim, Maria Celina propõe a solidariedade, a qual deve ser relacionada a direitos de titularidade coletiva, ou seja, aqueles que possuam uma implicação transindividual. Assim, a proteção assegurada pelo art. 3º, I, CF está relacionada, por exemplo, a grupos humanos, tal qual a família ou um povo.

Sem necessariamente se opor, Ingo Sarlet[15] realiza abordagem com uma perspectiva um pouco diferente da apresentada até aqui. Em busca de tentar conceituar a dignidade, ele estuda o que considera serem suas dimensões. Inicialmente, coloca uma dimensão ontológica, a qual seria inerente ao próprio homem e, portanto, irrenunciável.

Por ela, todo ser humano seria dotado de razão e consciência, devendo essa sua capacidade de autodeterminação ser respeitada. Não obstante, Sarlet assevera que o conteúdo da dignidade não se limita a essa dimensão. Uma mera análise da percepção ontológica levaria a uma biologização da dignidade, no sentido de que esta seria como uma qualidade inata e da natureza humana.

Verificadas essas limitações, ele propõe, pois, uma análise por três outras dimensões. A intersubjetividade, como uma delas, está relacionada a um aspecto comunitário. Opera, "a dignidade como produto do reconhecimento da essencial unicidade de cada pessoa humana e do fato de esta ser credora de um dever de igual respeito e proteção no âmbito da comunidade humana".[16]

Salienta, também, uma dimensão cultural, a qual coloca a dignidade não como algo fixo, mas como um produto da concretização realizada por cada geração e pela humanidade no geral. Assim, a noção de dignidade não pode ser encarada com uma perspectiva universal, deve estar sujeita a certo grau de relativização. Como os grupos humanos apresentam culturas bastante diferentes, também o conceito da cláusula geral vai apresentar diferenças significativas para cada povo.

---

[13] BARROSO, Luís Roberto. *Curso de direito constitucional contemporâneo*: os conceitos fundamentais e a construção do novo modelo. São Paulo: Saraiva, 2013. p. 275.

[14] BARROSO, Luís Roberto. *Curso de direito constitucional contemporâneo*: os conceitos fundamentais e a construção do novo modelo. São Paulo: Saraiva, 2013. p. 276.

[15] SARLET, Ingo. As dimensões da dignidade da pessoa humana: construindo uma compreensão jurídico-constitucional necessária e possível. *Revista Brasileira de Direito Constitucional*, São Paulo, n. 9, 2007. p. 261.

[16] SARLET, Ingo. As dimensões da dignidade da pessoa humana: construindo uma compreensão jurídico-constitucional necessária e possível. *Revista Brasileira de Direito Constitucional*, São Paulo, n. 9, 2007. p. 263.

Por fim, destaca a última dimensão como sendo uma análise prestacional da dignidade, associada ao respeito pela autonomia da vontade da pessoa humana. Sarlet acredita que o Estado deve agir de maneira a proporcionar condições dignas, o mínimo existencial, mas sem chegar a um nível extremo de paternalismo que suprima a liberdade individual.

No mais, verifica-se que as considerações trazidas pela doutrina abrangem espectros muito parecidos. Todos incluem praticamente os mesmos critérios, diferindo um pouco a classificação de Ingo Sarlet por ser consideravelmente mais abstrata. Mesmo assim, não há que se falar em verdadeira concretização do princípio da dignidade humana, já que ainda permanece grau considerável de indefinição. Somente o entendimento pretoriano pode realmente preencher esse conceito jurídico indeterminado. Justamente, em busca de uma maior concretização, passamos agora a expor os resultados das pesquisas realizadas no TJ/RJ e no STJ quanto ao uso da cláusula geral para as decisões dos referidos tribunais.

7.3 Decisões do TJ/RJ

Na coleta empírica de dados do Tribunal de Justiça do Estado do Rio de Janeiro, foi analisado um total de 195 decisões, no período compreendido entre 1º.1.2014 e 1º.5.2015. Esses acórdãos foram encontrados com base no mecanismo de consulta de jurisprudência do *site* do TJ/RJ, usando como argumento de pesquisa "dignidade e humana", o que permite encontrar todos os casos nos quais o princípio aparece pelo menos nas ementas. Dessas decisões, oito estavam em segredo de justiça, impossibilitando o acesso ao inteiro teor. Assim, do ponto de vista do desenvolvimento do princípio, estudaram-se 187 casos.

7 3.1 Decisões quanto à temática

Primeiramente, deve-se buscar compreender em que temas o referido tribunal usa do argumento da dignidade para basear as suas decisões.

Dos litígios analisados, verificou-se que oitenta e oito casos envolviam matéria relacionada ao direito à saúde. Desses, setenta e seis apresentavam como pedido o fornecimento de medicamentos ou solicitação de vagas de internação, ao passo que doze versavam sobre cláusulas abusivas em contratos envolvendo o fornecimento de serviços pelos planos de saúde.

Assim, o que se observa é que em 45,12% dos casos em que a dignidade da pessoa humana é invocada pelo tribunal, ela se encontra relacionada ao corolário da integridade psicofísica, na vertente do acesso à saúde. As decisões apresentam a cláusula geral como superior a quaisquer outros tipos de interesses, tal qual o contingenciamento orçamentário.

Também quanto aos contratos envolvendo o fornecimento de serviços pelos planos de saúde, todas as decisões foram favoráveis aos consumidores, determinando que o réu fornecesse o devido serviço de saúde. Nesse sentido, a Apelação nº 0294728-27.2012.8.19.0001, de relatoria do Desembargador Marcos Alcino Torres, julgada em 19.12.2014:

Apelação cível. Ação de cobrança. Pedido contraposto para pagamento de indenização. Plano de saúde. Ausência de autorização de procedimento expressamente recomendado pelo médico conveniado à seguradora. Impossibilidade. Aplicação da Súmula nº 211 desta Corte. Relação de consumo. Responsabilidade objetiva da seguradora. Abusividade da cláusula contratual que coloque o consumidor em exagerada desvantagem. Dano moral caracterizado. Dever de indenizar. 1. O princípio da boa-fé objetiva, que está ligado à interpretação dos contratos, ensina que o juiz deve analisar o negócio jurídico de forma global para verificar se, de alguma forma, deliberada ou não, uma das partes teve sua expectativa frustrada, pelo abuso da confiança por ela depositada. 2. Não pode a ré assumir o risco pelo tratamento de determinada doença e restringir ou excluir sua responsabilidade quanto a procedimento ou medicamento que, pelas circunstâncias do quadro clínico do segurado, se mostram indispensáveis para a manutenção de sua saúde. 3. Há a necessidade de interpretar-se a situação existente privilegiando os princípios da função social e da boa-fé objetiva, da qual se extraem os chamados deveres anexos ou laterais de conduta, tais como os deveres de colaboração, fidúcia, respeito, honestidade e transparência, que devem estar presentes nas relações contratuais como a que ora se examina, com o intuito de reequilibrar-se a relação jurídica entre os ora litigantes; trata-se de buscar o equilíbrio (equivalência) e a justiça contratual. 4. A recusa de autorização a determinado procedimento médico para o devido convalescimento de doença que acomete o segurado, acarreta-lhe inegável sofrimento e angústia, atenta contra a dignidade da pessoa humana, ou caso se prefira, a um direito fundamental da personalidade, gerando, assim, o dever de indenizar. Dano arbitrado em R$3.000,00. Manutenção. 5. Negativa de seguimento ao recurso.

Tais dados já revelam de imediato a ideia de que o TJ/RJ tem consagrado em suas decisões a importância máxima que assumiu a pessoa humana no ordenamento jurídico. A cláusula geral tem sido utilizada como aspecto essencial nas decisões proferidas. Aspectos meramente patrimoniais, como previsões orçamentárias e reserva do possível, sucumbem à necessidade de concretização do art. 1º, III, CF. Assim, um bom exemplo é a Apelação nº 0036781-58.2010.8.19.0004, de relatoria da Desembargadora Teresa Andrade, julgada em 17.12.2014:

DECISÃO MONOCRÁTICA. DIREITO CONSTITUCIONAL E ADMINISTRATIVO. DIREITO À SAÚDE. FORNECIMENTO DE MEDICAMENTOS NECESSÁRIOS À MANUTENÇÃO DA SAÚDE. SOLIDARIEDADE DA UNIÃO, ESTADOS E MUNICÍPIOS. HONORÁRIOS ADVOCATÍCIOS. ISENÇÃO DA COBRANÇA DAS CUSTAS E TAXA JUDICIÁRIA. As entidades federativas têm o dever comum de zelar pela saúde dos seus cidadãos. O Município é ente federativo integrante do SUS, competindo-lhe gerir e executar os serviços públicos de saúde. Incidência da Súmula 65, do TJERJ. A condenação no fornecimento dos medicamentos é ampla e visa proteger o direito à saúde e à vida, prestigiando o princípio constitucional da dignidade da pessoa humana. Considerando a solidariedade existente entre os entes federativos, poderá a parte Autora acionar qualquer um ou a todos indistintamente, para garantir o cumprimento na sua integralidade do seu direito no tocante ao fornecimento dos medicamentos necessários ao seu tratamento. Direito à saúde e à vida, atrelados à dignidade da pessoa humana se sobrepõe ao princípio da reserva do possível. Precedentes. A condenação em honorários advocatícios à Defensoria Pública, decorre do fato de que o Apelante é parte vencida na demanda, e deve ser fixado na forma do que dispõe o Artigo 20, §§3º e 4º, do Código de Processo Civil e consoante Súmula nº 182 deste Tribunal. Município faz jus à isenção das custas judiciais, consoante

Lei Estadual nº 3.350/99 no art. 17, IX e §1º, bem como da taxa judiciária, por ter comprovado a reciprocidade de isenção de tributos em relação ao Estado do Rio de Janeiro, suas Autarquias e Fundações, e o convênio firmado consoante Aviso TJ nº 02/2011. Sentença reformada parcialmente. PROVIMENTO PARCIAL AO RECURSO.

A segunda temática predominante para o uso do argumento da dignidade da pessoa humana foi a contratual. Foram cinquenta e oito casos, totalizando 29,74% dos litígios analisados. Desses, quatro versaram sobre contratos em geral, nove sobre relações de compra e venda, e quarenta e cinco tratavam de desconto em folha de pagamento diante de contrato de mútuo bancário. Todas essas quarenta e cinco apresentaram a decisão no mesmo sentido, baseadas na cláusula geral. Assim, a título exemplificativo, o Agravo na Apelação Cível nº 0323047-68.2013.8.19.0001, de relatoria da Desembargadora Tereza Cristina Sobral Bittencourt Sampaio, julgado em 16.4.2015:

> Agravo interno. Decisão monocrática. Contrato de mútuo bancário. Desconto em folha de pagamento. Limite de 30% dos vencimentos.
> 1. In casu, resta incontroversa a contratação levada a efeito pela autora junto aos réus, o que lhe gerou descontos mensais superiores ao percentual de 30% de sua remuneração.
> 2. Nessa ótica, se, por um lado, a requerente teve pleno conhecimento dos encargos e condições ao contratar, por outro, este entendimento é mitigado pela jurisprudência deste E. Tribunal e do STJ, pois os vencimentos têm natureza alimentar, não sendo possível que o cumprimento do contrato se realize em detrimento da subsistência do mesmo, em afronta ao princípio da dignidade da pessoa humana.

Com isso, atesta-se que, em matéria contratual, o TJ/RJ mantém sua preocupação com o princípio da dignidade da pessoa humana, impedindo que os indivíduos sejam submetidos a pagar valores que afetem o mínimo necessário para a sua sobrevivência. Mais uma vez, o aspecto existencial mostra-se superior a considerações patrimoniais.

Em terceiro lugar, entre as temáticas, aparece o direito à moradia, tal qual assegurado pelo art. 6º, CF. A peculiaridade aqui é que a maior parte dos litígios envolvia a recusa do Estado em realizar o pagamento do benefício do aluguel social para as famílias desabrigadas por conta das chuvas que atingiram a região serrana do Rio de Janeiro em 2011. Somaram-se dezesseis casos, ou seja, 8,20% do total, nos quais também é possível verificar grande homogeneidade quanto às decisões. Recorrentemente, o tribunal decidiu que o pagamento não poderia ser submetido à reserva do possível, visto que o direito à moradia precisa ser encarado como um dos elementos componentes do conceito da dignidade humana.

Nessa temática, ocorre uma clara contribuição do tribunal para a concretização do princípio, ao demonstrar uma hipótese que não era explicitada pela doutrina. A doutrina tradicional não tende a deixar expresso que o direito à moradia é elemento intrínseco da dignidade humana e que permite superar o contingenciamento orçamentário.

Os pedidos de dano moral configuraram-se em quarto lugar, juntamente com litígios envolvendo o fornecimento de serviços básicos, como a coleta de lixo e de esgoto. Foram sete casos para cada tema, representando cada um 3,58% do total. Considerando que o "dano moral, à luz da Constituição vigente, nada mais é do que violação do direito à dignidade",[17] a quantidade de casos foi um tanto abaixo do esperado, visto que se julgava, quando do início do levantamento, que a predominância por temática fosse justamente dos pedidos de dano moral. O que verificamos, ao final, é que eles aparecem de maneira mais incidental, não constituindo o pedido principal dos autores.

Por fim, ainda quanto à temática, contabilizaram-se: seis casos sobre direito de família (3,07%), quatro casos sobre direito à educação (2,05%), dois de direito administrativo (1,02%), dois relacionados à acessibilidade para portadores de deficiências (1,02%) e um caso (0,51%) cada para: direito previdenciário, direito do trabalho, questões envolvendo vizinhança, penhorabilidade de bens e prova pericial.

Interessante comentar que a dignidade da pessoa humana não foi diretamente citada em nenhum processo de natureza penal, cenário um tanto inusitado diante do atual pensamento garantista vigente. O banco de dados demonstra, aqui, uma diferença bastante significativa em relação ao STJ, conforme abordaremos.

7.3.2 Decisões quanto ao desenvolvimento do princípio

Neste momento, pretende-se analisar como o Tribunal de Justiça do Estado do Rio de Janeiro utiliza o princípio, ou seja, como o argumento da dignidade da pessoa humana é desenvolvido.

Com fins classificatórios, considerou-se que as decisões desenvolviam o princípio quando apresentavam explicações mais pormenorizadas, ou associavam a algum dos corolários estudados na segunda parte deste trabalho. Classificou-se como não desenvolvimento aquelas que apenas citavam, sem preocupação com uma estruturação do argumento principiológico.

Do total de cento e oitenta e sete decisões passíveis de estudo, totalizaram-se trinta que desenvolviam e cento e cinquenta e sete que meramente realizavam a citação. Verifica-se, pois, que em apenas 16,04% dos casos, o TJ/RJ apresenta de maneira mais detida, ou analisa os corolários relativos ao art. 1º, III, CF. Em 83,95% há a simples citação ou uma explicação muito tímida.

Esses dados apresentam números bastante preocupantes quanto à argumentação feita pelo tribunal. O colendo utiliza do princípio de uma maneira aberta, nas mais variadas temáticas, sem a devida preocupação em demonstrar o porquê de ele caber em um caso e em outro não. Desse modo, o tribunal configura a cláusula geral de tutela como uma expressão vazia de significado, expondo uma situação na qual o argumento pode vir a cair na total banalização. Quando tudo pode ser dignidade humana, nada o é. O princípio é apresentado como um mero reforço argumentativo, atingindo uma função inversa. Perde o seu devido peso, quando não se procura concretizá-lo.

A ideia que nos fica é a de que os magistrados, diante da demanda muito homogênea e repetida quanto às temáticas, consideram pela desnecessidade de expor mais detidamente o uso do princípio. Todavia, conforme demonstrado na segunda parte deste trabalho, a cláusula geral ainda apresenta um conceito muito aberto, o qual precisa ser concretizado.

---

[17] CAVALIERI FILHO, Sérgio. *Programa de responsabilidade civil*. 5. ed. São Paulo: Malheiros, 2004. p. 94.

Ademais, considerando que cláusula geral pode fazer com que, nas mais diversas situações, se superem questões orçamentais, é necessário ter uma noção mais concreta de quando ela pode ser invocada. O interesse do erário, embora secundário, não é desimportante. Como lembra Barroso,[18] "Os recursos financeiros proveem os meios para a realização do interesse primário, e não é possível prescindir deles".

Portanto, a atuação do TJ/RJ deixa a desejar quanto à árdua tarefa de determinar os contornos do art. 1º, III, CF.

7.4 Decisões do STJ

Na coleta empírica de dados do Superior Tribunal de Justiça, foi analisado um total de 91 decisões, no período compreendido entre 1º.1.2014 e 1º.5.2015. Esses acórdãos foram encontrados com base no mecanismo de consulta de jurisprudência do *site* do STJ, usando como argumento de pesquisa "dignidade e humana", o que permite encontrar todos os casos nos quais o princípio aparece pelo menos nas ementas.

Dessas decisões, três estavam em segredo de justiça, impossibilitando o acesso ao inteiro teor. Assim, do ponto de vista do desenvolvimento do princípio, estudaram-se 88 decisões.

7.4.1 Temática no STJ

De maneira inicial, devemos assinalar brevemente as competências do Superior Tribunal de Justiça, para que possamos entender algumas das diferenças de temáticas aqui existentes.

Genericamente, a função essencial do STJ refere-se à unificação da aplicação do direito federal. No entanto, o tribunal apresenta diversas outras competências, as quais encontram-se expostas no art. 105 da Constituição. Tem, por exemplo, algumas competências originárias, como bem lembra Gilmar Mendes:[19] "Como se vê, é relevante a competência originária do Superior Tribunal de Justiça, seja no que concerne à matéria criminal, seja no que respeita aos mandados de segurança e habeas corpus originários". Desse modo, há que se esperar uma grande variabilidade de temáticas, mesmo em se tratando de um tribunal de superposição.

Diferentemente do que figura quanto ao Tribunal de Justiça do Estado do Rio de Janeiro, no qual os litígios que envolvem a dignidade humana versam predominantemente sobre aspectos relacionados ao direito à saúde, no STJ só foram verificados seis casos com essa temática, totalizando 6,59% das decisões. A matéria predominante no âmbito deste tribunal é a penal, somando trinta decisões, 32,96% do total.

Dos acórdãos nesta temática criminal, houve doze decisões para regime prisional e doze para prisão preventiva. A ideia predominante é a de que a pena privativa de liberdade e a própria prisão preventiva ferem de maneira aviltante a dignidade, não só

---

[18] BARROSO, Luís Roberto. *Curso de direito constitucional contemporâneo*: os conceitos fundamentais e a construção do novo modelo. São Paulo: Saraiva, 2013. p. 276.

[19] MENDES, Gilmar; BRANCO, Paulo Gonet. *Curso de direito constitucional*. São Paulo: Saraiva, 2015. p. 998.

pelas condições carcerárias, mas também pelos efeitos dessocializadores do cárcere, com a repressão dos mais diversos corolários, como a integridade psicofísica e a liberdade.

Verificaram-se dois casos em que se discutia a ideia da adequação social da norma incriminadora à luz da dignidade da pessoa humana, ou seja, procurava-se demonstrar que o tipo penal é criado como um mecanismo para possibilitar a vida social e não como uma forma de mudar a vida em sociedade; os valores ético-sociais não podem ser tidos como ilícitos. Se assim o fossem, isso afetaria as relações intersubjetivas, atingindo uma das dimensões da dignidade.

Ainda na temática penal, a respeito da superlotação carcerária, da tentativa, do crime ambiental e da prescrição da pretensão punitiva, também se encontrou um caso em cada.

O STJ, portanto, figura em uma posição mais garantista, o que não é encontrado no TJ/RJ. Usa-se da dignidade para assegurar que o direito penal deva representar realmente a *ultima racio*. Nesse sentido, o RHC nº 53.087/SP, de relatoria do Ministro Gurgel de Faria, julgado em 24.3.2015:

> EXECUÇÃO PENAL. RECURSO ORDINÁRIO EM HABEAS CORPUS. CONDENADO NO REGIME PRISIONAL INICIAL SEMIABERTO. PERMANÊNCIA EM REGIME MAIS GRAVOSO POR AUSÊNCIA DE VAGAS. INADMISSIBILIDADE. CONSTRANGIMENTO ILEGAL EVIDENTE.
>
> 1. Nos termos do entendimento consolidado desta Corte, configura constrangimento ilegal a submissão do apenado a regime mais rigoroso do que aquele fixado na sentença condenatória ou em sede de execução penal, não podendo o réu ser prejudicado pela precariedade do sistema prisional, sob pena de violação aos princípios da dignidade da pessoa humana e da individualização da pena.
>
> 2. Recurso ordinário provido para determinar a transferência do recorrente para estabelecimento penal compatível com o regime semiaberto ou, na sua falta, que seja ele colocado em regime aberto ou prisão domiciliar até o surgimento de vaga que viabilize a custódia em regime intermediário.

O pedido de danos morais está em segundo lugar nas temáticas, junto com questões relativas a direito previdenciário, possuindo dez casos por tema, assim, cada um deles representa 10,98% do total.

É mister perceber que a porcentagem relativa a danos morais corresponde a quase três vezes a verificada perante o TJ/RJ. Constitui um número mais consistente diante da íntima relação existente entre o dano moral e a dignidade da pessoa humana, já que o dano moral "é aquele que atinge valores eminentemente espirituais ou morais, como honra, a paz, a liberdade física, a tranquilidade de espírito, a reputação etc. É o puro dano moral, sem qualquer repercussão no patrimônio".[20] Desse modo, a taxa aqui encontrada corresponde ao número esperado, mostrando que os pedidos de danos morais que chegam ao STJ apresentam-se como uma demanda principal e não como um pedido subsidiário dentro da lide, tal qual ocorre no TJ/RJ.

Em terceiro lugar, verificaram-se seis casos que tratavam de direito administrativo e o mesmo número para conflitos envolvendo direitos fundamentais; constituindo cada

---

[20] RIZZARDO, Arnaldo. *Responsabilidade civil*. Rio de Janeiro: Forense, 2013. p. 272.

uma 6,59% do total. É necessário perceber que na categoria de conflito entre direitos individuais, os recursos apresentavam uma mesma questão: de um lado a liberdade de informação e expressão e do outro a proteção do direito à honra, à imagem e à privacidade.

O percentual de casos envolvendo a matéria corrobora a assertiva presente na melhor doutrina, segundo a qual a liberdade de expressão é motivadora de grande quantidade de *hard cases*. Nesse sentido:

> Entre as hipóteses de colisão de princípios ensejadores de casos difíceis, a liberdade de expressão parece ser a principal fonte de exemplos. [...] No entanto, o exercício da liberdade de expressão é pródigo em produzir lesões a outros bens jurídicos tutelados pelo ordenamento. Desta forma, em todos os ordenamentos se reconhece a necessidade de impor limites ao exercício da liberdade de expressão, sejam eles expressos ou implícitos, internos ou externos, legais ou judiciais, definidos a priori ou a posteriori.[21]

No enfrentamento dessa temática, de acordo com as decisões investigadas, o STJ pautou-se por uma lógica de ponderação, ao estabelecer que a liberdade de informação não pode ser tida como superior a todo custo. Existem certas limitações afetas ao respeito à cláusula geral de tutela da pessoa humana. Assim bem demonstra o Ministro Marcos Buzzi, relator no Agravo Regimental no AREsp nº 147.136/SP, julgado em 15.12.2014, em seu voto:

> Dessa forma, a liberdade de informação e de manifestação do pensamento não constituem direitos absolutos, sendo relativizados quando colidirem com o direito à proteção da honra e da imagem dos indivíduos, bem como ofenderem o princípio constitucional da dignidade da pessoa humana.

Também é interessante perceber que se a matéria contratual, no âmbito do TJ/RJ, figurava como segunda temática de maior relevância, contando com 29,74% do total, no STJ ela apareceu com apenas três casos (3,29%). Percebe-se, pois, que são poucos os litígios em matéria de contratos nos quais o Superior Tribunal de Justiça é chamado para resolver usando o argumento principiológico da dignidade, até pelas próprias limitações decorrentes da Súmula nº 5 desse tribunal. E, ainda, o assunto desses casos é homogêneo, já que os três aludiam a descontos em folha de pagamento, que foi matéria também predominante no TJ/RJ na mesma temática.

Por fim, foram encontradas quatro decisões sobre direito de família e sobre a possibilidade de penhora de bens, correspondendo cada uma a 4,39% do total; três casos (3,29%) sobre o fornecimento de serviços básicos de iluminação e coleta de lixo; dois acórdãos (2,19%) referentes a direito do trabalho e uma decisão (1,09%) de cada para: educação, conflito de competência, prazo prescricional, direitos autorais, alimentos, provas e cobrança de imposto.

---

[21] MORAES, Maria Celina Bodin de; KONDER, Carlos Nelson. *Dilemas de direito civil-constitucional*. Rio de Janeiro: Renovar, 2012. p. 3.

7.4.2 Desenvolvimento do princípio no STJ

Neste tópico, o objetivo consiste em apreciar como o Superior Tribunal de Justiça utiliza o princípio. Tal qual foi feito para o TJ/RJ, busca-se entender como o argumento da dignidade da pessoa humana é desenvolvido.

O critério de classificação aqui adotado é o mesmo do tópico 7.3.2, ou seja, considerou-se que as decisões desenvolviam o princípio quando apresentavam explicações mais pormenorizadas, ou associavam a algum dos corolários estudados. Classificou-se como não desenvolvimento aquelas que meramente citavam, sem a preocupação com uma estruturação do argumento principiológico.

Nesse sentido, das oitenta e oito decisões analisadas, vinte e uma realizaram um desenvolvimento satisfatório do princípio, já sessenta e sete não atingiram o patamar qualitativo mínimo. Verifica-se que, em apenas 23,86% dos casos, o STJ apresenta de maneira mais detida, ou analisa os corolários relativos ao art. 1º, III, CF. Em 76,13% há a mera citação ou uma explicação muito tímida.

Uma observação que pode ser traçada em uma análise comparativa é que o STJ apresenta índices de desenvolvimento do princípio mais acentuados do que o TJ/RJ, uma diferença de 7,82% em relação ao total de decisões. O Superior Tribunal de Justiça possui, pois, uma maior preocupação com o uso do argumento da dignidade. Não o vê apenas como uma cláusula aberta, mas também procura, com mais intensidade, sua particularização e devida explanação para o caso concreto.

Assim, podem ser observadas decisões com uma explicação substancial da cláusula geral de tutela, tal qual o REsp nº 1.245.550/MG, de relatoria do Ministro Luís Felipe Salomão, publicado em 16.4.2015. No referido acórdão, é discutido se o autor incapaz é passível de sofrer dano moral, tendo em vista sua condição relativa ao discernimento e percepção da realidade. O relator analisa de maneira magistral toda a doutrina que percorre a conceituação do dano moral e recorre até mesmo às dimensões apresentadas por Ingo Sarlet para conceituar a dignidade da pessoa humana. Este tipo de decisão pode ser vista como um parâmetro referencial para a concretização do princípio, já que contribui veementemente para que se entendam quais os contornos desse conceito tão aberto.

Cabe-se destacar que a variação verificada de 7,82% apresenta estreita ligação com a quantidade de temáticas submetidas ao tribunal, tal qual já apresentado no tópico 7.3.2. Assim, a maior heterogeneidade de temas que chegam ao STJ para que o princípio seja utilizado estimula os magistrados a buscarem melhores limitações para o art. 1º, III, CF. Com dezoito diferentes temas em apenas 91 decisões, o egrégio sente-se impelido a demonstrar com mais vigor em quais situações o princípio pode ser aplicado.

Embora esses dados sejam melhores do que os do Tribunal de Justiça do Estado do Rio de Janeiro, verifica-se que o percentual de 23,86% ainda é muito baixo. Assim, mesmo que o STJ desenvolva mais as suas decisões, os seus números ainda deixam a desejar, dificultando uma progressiva concretização jurisprudencial da dignidade da pessoa humana.

O fato de em 76,13% das decisões o princípio da dignidade ser apenas citado ou muito pouco desenvolvido mostra ainda uma postura de despreocupação qualitativa dos magistrados quanto às decisões proferidas. Perpassam a ideia de que pela mera posição hierárquica de princípio fundamental da república, ele não precisaria de explicações.

Destarte, incidem em uma posição equivocada, ao não fornecerem os necessários contornos a essa cláusula aberta.

7.5 Considerações finais

A dogmática marcante do positivismo jurídico consagrava uma visão formalista e de aspecto estrutural dos institutos jurídicos. No entanto, quando superado esse paradigma, emergiu a figura do pós-positivismo, o qual tem por base a razão prática. Passou a ocorrer a valorização dos princípios, uma preocupação crescente com a funcionalidade dos institutos e, principalmente, o fomento à necessidade de o magistrado apresentar de maneira cada vez mais justificada a sua decisão, incentivando a argumentação jurídica.

No Brasil, esse contexto mostrou-se muito profícuo após a edição da Constituição de 1988, exigindo uma mudança não apenas dos campos do direito público, mas também no direito privado. O ordenamento jurídico como um todo deveria ser lido à luz da lei maior.

O texto constitucional trouxe em seu bojo uma série princípios abertos e dotados de considerável vagueza. Os intérpretes, portanto, possuem a árdua tarefa de determinar contornos a esses. Entre essas cláusulas, apresenta-se o princípio da dignidade da pessoa humana, art. 1º, III, CF, como um dos fundamentos da república brasileira.

Do ponto de vista filosófico, as tentativas de definição dos limites desse princípio remontam, com maior força, ao racionalismo de Immanuel Kant, o qual formula a concepção de que as pessoas, diferentemente das coisas, possuem dignidade e não preço.

No âmbito jurídico, são diversos os doutrinadores que tentam estabelecer o significado desse princípio, chegando a respostas importantes, seja por meio do desenvolvimento de corolários, seja pela apresentação de dimensões. No entanto, a tarefa é de tal monta que não pode ser efetuada apenas pela doutrina, aparecendo a necessidade da contribuição jurisprudencial.

Na busca de parâmetros concretos para a dignidade é que foi realizada a pesquisa apresentada. O âmbito pesquisado foi o do TJ/RJ e do STJ. Conseguiu-se, com isso, extrair algumas respostas de grande relevância.

A primeira conclusão que se chegou à luz da pesquisa apresentada foi quanto à temática das decisões que usam o argumento da dignidade. No TJ/RJ a predominância foi de matérias relativas ao direito à saúde e questões envolvendo direito do consumidor. Já no STJ predominou a temática penal, seguida da de direito previdenciário e dos pedidos de danos morais.

A segunda resposta obtida foi quanto ao desenvolvimento ou não do princípio, ou seja, se ele era usado como um argumento principal com a correlata explicação ou se ele era apenas citado sem qualquer explanação. Assim, conclui-se que em somente 16,04% dos casos do TJ/RJ e em 23,86% dos do STJ é que a dignidade humana está desenvolvida em um grau mínimo satisfatório.

Desse modo, constatou-se uma variação de 7,82% entre os dois tribunais, o que pode ser justificado com base na grande homogeneidade de matérias tratadas pelo TJ/RJ em relação às temáticas que chegam ao STJ. Assim, como proporcionalmente o Superior Tribunal de Justiça possui uma maior variação de temas nos quais a dignidade é aplicada, existe nele uma maior preocupação com a argumentação e com a definição dos contornos da cláusula geral de tutela da pessoa humana.

Embora o STJ possua números um pouco melhores, a conclusão final a que se chega é que, pelo baixo desenvolvimento do argumento realizado pelos dois tribunais, eles não vêm contribuindo com o seu papel de definir os contornos desse princípio. Ademais, pode-se dizer que a atuação deles, baseada no paradigma do pós-positivismo e na valorização da razão prática, encontra-se deficitária, visto que apenas citam o art. 1º, III, CF, sem a devida construção argumentativa. Conferem, pois, um uso trivial a tão importante fundamento da república. Situação esta nociva não só por desrespeitar o mandamento constitucional, mas também por impedir uma aplicação adequada de todos os ramos do direito, inclusive do direito civil.

Informação bibliográfica deste texto, conforme a NBR 6023:2002 da Associação Brasileira de Normas Técnicas (ABNT):

GALDI, João Manoel Andrade Maciel da Silva Campos. Dignidade da pessoa humana e sua aplicação pelo STJ e pelo TJ/RJ. In: TEPEDINO, Gustavo; TEIXEIRA, Ana Carolina Brochado; ALMEIDA, Vitor (Coord.). *Da dogmática à efetividade do Direito Civil*: Anais do Congresso Internacional de Direito Civil Constitucional – IV Congresso do IBDCivil. 2. ed. rev., ampl. e atual. Belo Horizonte: Fórum, 2019. p. 761-775. ISBN 978-85-450-0545-2.

CAPÍTULO 8

O CONTRASSENSO CONSTITUCIONAL DA EFETIVIDADE DA FUNÇÃO SOCIAL DA PROPRIEDADE: A VEDAÇÃO DA USUCAPIÃO DE BENS PÚBLICOS PERANTE A EVOLUÇÃO GRADATIVA DO DIREITO CONTEMPORÂNEO

ROMILDO ROMPAVA

Introdução

O presente trabalho tem por objetivo apresentar a nova visão doutrinária e jurisprudencial acerca da vedação legal de base constitucional, sobre a aplicação do instituto da usucapião relativo a bens públicos. Destarte destacar a utilização do termo "usucapião" no gênero feminino, se abstendo de debates quanto ao seu adequado emprego, devido à existência de divergências na sua correta utilização, assim, padroniza-se neste trabalho o emprego de "a usucapião".

Foram analisadas doutrinas, jurisprudências e artigos de posições divergentes, bem como a própria legislação constitucional e infraconstitucional. Avalia-se a possibilidade da aplicação do instituto para aquisição de bens públicos, cuja destinação não contempla o princípio da função social exigida pela própria Constituição, imposta aos particulares, mas que encontra ressalvas frente o Estado.

Para compreender melhor essa nova visão, apresentam-se as definições do que são bens públicos, o instituto da usucapião, bem como do que trata o princípio da função social. *A posteriori*, é realizada uma breve abordagem dos dispositivos legais de vedação da usucapião de bens públicos e, em seguida, o posicionamento doutrinário acerca do tema.

Realizada a primeira explanação, passa-se à abordagem de uma "nova perspectiva doutrinária" e a concepção jurisprudencial que se inicia em favor da usucapião de bens públicos que não atendam à sua função social, ressaltando uma posição favorável frente às inúmeras mudanças vivenciadas na contemporaneidade. Essas mudanças permitem uma nova forma de pensar o direito e sua aplicação, deixando o estado de inércia em determinadas matérias.

Ainda se pontuam soluções inovadoras do Judiciário, partindo para a resolução dos conflitos sem supressão de dispositivos legais – leia-se, mantendo ambas as disposições constitucionais – com uma terceira forma de solucionar o caso concreto, de acordo com suas peculiaridades.

Por fim, conclui-se com a apresentação de uma síntese de todo o esforço destinado ao tema, demonstrando a possibilidade de caminhos que viabilizem a coexistência de um Estado que abarque, não só a exigência do cumprimento da função social da propriedade particular, mas sim, que seja este o primeiro a cumprir os dispositivos legais, mesmo que se trate de bens públicos.

8.1 Definição de usucapião, bens públicos e função social

Para dar início à discussão envolvendo a usucapião de bens públicos, inicialmente faz-se necessário uma breve introdução sobre certos termos tratados neste trabalho, desta forma seguem-se algumas breves definições.

A usucapião é modalidade de aquisição de propriedade de bem móvel ou imóvel cuja destinação não propagou as finalidades a que se propunha. Desloca-se, neste trabalho, a atenção em especial para os bens imóveis, por serem os de maior polêmica, geralmente, referente ao direito de moradia.

Em busca da compreensão sobre bens imóveis, o Código Civil considera-os, em seu art. 70, como "o solo e tudo quanto se lhe incorporar naturalmente ou artificialmente". Os imóveis são, portanto, o solo em si e tudo que sobre ele seja construído artificialmente ou acrescentado de forma natural, ou seja, tudo o que o homem construa ou que a natureza lhe agregue por meio de acréscimos advindos, por exemplo, em decorrência de chuvas fortes.[1]

Segundo Silvio Rodrigues, a modalidade de usucapião é retratada como "modo originário de aquisição do domínio, através da posse mansa e pacifica, por determinado espaço de tempo, fixado na lei".[2] Essa modalidade de aquisição se fundamenta no propósito de consolidação da propriedade, sendo emprestada base jurídica a meras situações de fato. O possuidor que cumpre todos os requisitos legais detém o direito de adquirir para si o bem ao qual está intimamente ligado.

Conforme primeira atualização referente ao Novo Código Civil, e de acordo Silvio de Salvo Venosa: "Estabelecem-se então os seguintes requisitos para a usucapião, mantidos na lei e na doutrina modernas: *res habilis* (coisa hábil), *iusta causa* (justa causa), *bona fides* (boa-fé), *possessio* (posse) e *tempus* (tempo)".[3]

---

[1]   As chuvas fortes trazem consequências, como o aumento do território, por meio de depósito de terras trazidas pela força da água, aumentando a área do imóvel.

[2]   RODRIGUES, Silvio. Usucapião. Conceito. Fundamentos. In: RODRIGUES, Silvio. *Direito civil*: direito das coisas. 28. ed. São Paulo: Saraiva, 2003. p. 108. v. 5.

[3]   VENOSA, Silvio de Salvo. Usucapião: introdução. Notícia histórica. In: VENOSA, Silvio de Salvo. *Direito civil*: direitos reais. 2. ed. São Paulo: Atlas, 2002. p. 189.

Silvio Rodrigues apresenta ainda, além dos formulados pelo autor anteriormente citado, o que seria um novo requisito, "a presença de uma sentença judicial, reconhecendo o direito do 'prescribente',[4] sentença, cuja transcrição transfere a este o domínio".[5] Dessa forma, deve-se provar que o bem pleiteado para fins de aquisição definitiva seja possível desta; estando pertinente com o incluso na legislação; havendo justa causa e boa-fé na posse; que essa seja efetivamente exercida e corresponda ao lapso temporal definido em lei. Resta, por fim, a confirmação via judicial, visando à aquisição da propriedade por meio de sentença, que servirá para fins de registro da propriedade no Registro de Imóveis, consolidando a aquisição.

Existem vários requisitos e formas de aquisição de propriedade por usucapião, alterando-se caso a caso, como exemplo, o tempo exigido de posse, que varia de acordo com as características do bem, tais como localização, tamanho e destinação. Não se aprofundando em todos, volta-se ao mais importante para este debate.

De todos os requisitos, o que está gerando polêmica sob as novas perspectivas do direito brasileiro é a *res habilis* (coisa hábil). Trata-se na expressão, de ser o objeto de aquisição, bem móvel ou imóvel – nesse caso atenta-se para os bens imóveis –, suscetível legalmente ou não de usucapião.

A polêmica vivenciada é em torno da proibição constitucional da usucapião de bens públicos. Ao adentrar no conflito de princípios que envolvem a matéria, pertinente é conhecer o que são bens públicos de acordo com o Código Civil de 2002.

> Art. 98. São públicos os bens do domínio nacional pertencentes às pessoas jurídicas de direito público interno; todos os outros são particulares, seja qual for a pessoa a que pertencerem.
>
> Art. 99. São bens públicos:
>
> I – os de uso comum do povo, tais como rios, mares, estradas, ruas e praças;
>
> II – os de uso especial, tais como edifícios ou terrenos destinados a serviço ou estabelecimento da administração federal, estadual, territorial ou municipal, inclusive os de suas autarquias.
>
> III – os dominicais, que constituem o patrimônio das pessoas jurídicas de direito público, como objeto de direito pessoal, ou real, de cada uma destas entidades.
>
> Parágrafo único. Não dispondo a lei em contrário, consideram-se dominicais os bens pertencentes às pessoas jurídicas de direito público a que se tenha dado estrutura de direito privado.

Importa-nos o inc. II, os bens de uso especial, como edifícios e terrenos que deveriam ter como destinação "serviço ou estabelecimento das administrações", configurando o proposto pelo princípio da função social, tão exigido pela própria estrutura do Estado em face de seus administrados, nesse caso, detentores de bens particulares. São bens que, justamente por serem públicos, deveriam ter sua utilização otimizada ao máximo, tendo em vista a busca por atingirem suas finalidades, voltados

---

[4]   Aquele a quem a prescrição interessa, traz vantagens.

[5]   RODRIGUES, Silvio. Usucapião. Conceito. Fundamentos. In: RODRIGUES, Silvio. *Direito civil*: direito das coisas. 28. ed. São Paulo: Saraiva, 2003. p. 110. v. 5.

ao bem comum, ou seja, de toda a população, tanto por intermédio de prestação de um serviço direto quanto indireto por meio dos bens aludidos.

Conforme Henrique Ferraz Corrêa de Mello, "dito de outra forma, a propriedade imóvel deve atender à sua função social, mais do que nunca, como decorrência lógica de uma sociedade plural, participativa e solidária, não simplesmente individualista".[6] Assim, um imóvel deve representar os interesses de toda uma sociedade, em respeito à sua função social. Mas o que é função social?

Para melhor compreender o debate que se inicia timidamente na doutrina e nos tribunais, imprescindível se faz compreender o significado de função social. Destaca-se que a função social está inserida no contexto dos direitos e garantias fundamentais, portanto, trata-se de cláusula pétrea, não podendo ser alterada ou revogada, resguardada pelo art. 5º, XXIII, "a propriedade atenderá à sua função social".

Há uma complexidade entre os autores para conceituar o princípio da função social da propriedade. Em grande maioria, os autores não conseguem conceber uma definição apropriada para o termo. De certa maneira isso é compreensível se avaliado que a função social deve ser analisada de acordo com o contexto fático em que se insere, portanto, para cada tipo de propriedade – bem móvel ou imóvel – ela terá uma conotação diferenciada. José Afonso da Silva em breve trecho discorre: "[...] a função social da propriedade se modifica com as mudanças na relação de produção. E toda vez que isso ocorre, houvera transformação na estrutura interna do conceito de propriedade, surgindo uma nova concepção sobre ela [...]".[7]

Por meio dessas palavras, verifica-se haver uma dinâmica entre a conceituação, tanto da função social, quanto da propriedade em si, sendo inteiramente difícil conceber uma posição estática acerca do que seria função social propriamente dita, cabendo aos operadores do direito interpretar as nuances de acordo com sua atuação de modo prático no mundo dos fatos. Trabalhando em separado, temos uma tentativa de diferenciação e aplicação da função social.

Para propriedades rurais, compreende-se como cumprida a função social quando preenchidos todos os requisitos do art. 186 da Constituição Federal de 1988,[8] já para as propriedades urbanas, sua função social é cumprida quando atendida a imposição do art. 182, §2º, da Constituição: "A propriedade urbana cumprirá sua função social quando atender as exigências fundamentais de ordenação da cidade expressas no plano diretor". Mas e as propriedades em que as cidades não se enquadrem para a existência de um plano diretor?[9] Neste caso, o município, por meio de lei própria – respeitando

---

[6] MELLO, Henrique Ferraz Corrêa de. *Usucapião extrajudicial*. 1. ed. São Paulo: YK Editora, 2016. p. 131.

[7] SILVA, José Afonso da. *Curso de direito constitucional positivo*. 7. ed. São Paulo: RT, 1991. p. 294.

[8] "Art. 186. A função social é cumprida quando a propriedade rural atende, simultaneamente, segundo critérios e graus de exigência estabelecidos em lei, aos seguintes requisitos: I – aproveitamento racional e adequado; II – utilização adequada dos recursos naturais disponíveis e preservação do meio ambiente; III – observância das disposições que regulam as relações de trabalho; IV – exploração que favoreça o bem estar dos proprietários e dos trabalhadores".

[9] Segundo o art. 40 do Estatuto das Cidades, Lei nº 10.257/2010, o plano diretor "é o instrumento básico da politica de desenvolvimento e expansão urbana", sendo obrigatório para as cidades que correspondam o disposto no artigo subsequente. "Art. 41. O plano diretor é obrigatório para cidades: I – com mais de vinte mil habitantes; II – integrantes de regiões metropolitanas e aglomerações urbanas; III – onde o Poder Público municipal pretenda utilizar os instrumentos previstos no §4º do art. 182 da Constituição Federal; IV – integrantes de áreas de especial interesse turístico; V – inseridas na área de influência de empreendimentos ou atividades com significativo impacto ambiental de âmbito regional ou nacional.VI – incluídas no cadastro nacional de Municípios com áreas

os princípios da razoabilidade e da proporcionalidade –, estabelecerá as limitações ao direito de propriedade, visando ao atendimento da função social da propriedade sobre a luz da prevalência do interesse público sobre o privado.

Nota-se que na nova conjuntura da Constituição Federal de 1988, a função social ganha conotação de clausula pétrea, mas sua aplicação e compreensão do que realmente seja está vinculada à explicitação por via infraconstitucional, o que ainda deixa lacunas sobre sua utilização.

A visão sobre a função social da propriedade privada, seja ela rural ou urbana, está sempre em destaque entre os doutrinadores, mas e quando o Estado não cumpre com a função social de um bem que possui, não dando destinação adequada, ficando em desconformidade com a própria Constituição? Pode ser sancionado? Qual sanção aplicável? Pode incorrer na perda da propriedade de seu bem por usucapião? São questões que resultam em diversas dúvidas. Primeiro, para essas situações de fato, não se encontra nem ao menos uma conceituação adequada para o que seria função social de um bem público.

O mais próximo se apresenta quando Augusto Geraldo Teizen Júnior emprega o termo "função social" em face do proprietário, de forma que "o proprietário tem o dever e, portanto, o poder de empregar a sua coisa na satisfação das necessidades comuns de uma coletividade nacional inteira ou de coletividades secundárias".[10]

Nesta esteira, esboça-se uma definição na qual não importa se o bem seja oriundo da esfera privada ou pública, mas sim, que o entendimento de função social seja compatível com a noção de direito subjetivo a que ela se refere, implicando ao titular do bem uma utilização adequada da sua propriedade, de modo que satisfaça imediatamente seus interesses, concomitante com os da coletividade. Em não ocorrendo isso, está o titular passível de perda de sua propriedade.

Tecidas essas breves pontuações, passa-se a analisar a vedação legal da usucapião de bens públicos.

8.2 A vedação legal: conflito entre princípios e realidade

Após apresentadas algumas informações que, necessariamente, se fazem básicas para desdobramento da crítica emergente no direito, redireciona-se a vedação da usucapião de bens públicos, buscando compreender o "choque" constitucional vivenciado sobre a proibição e o exercício de direitos inerentes a princípios constitucionais, tais como moradia e dignidade da pessoa humana, função social da propriedade e princípios específicos, como supremacia do interesse público.

A vedação é massificada em diversos dispositivos. Encontra-se expressa no parágrafo único do art. 191 da Constituição Federal de 1988: "Os imóveis públicos não serão adquiridos por usucapião". Ainda mesmo teor se encontra no §3º do art. 183 do mesmo diploma legal. O Código Civil de 2002 reproduz em seu art. 102: "Os bens públicos não estão sujeitos a usucapião". A proibição é ampla, abrangendo de forma geral os bens

---

suscetíveis à ocorrência de deslizamentos de grande impacto, inundações bruscas ou processos geológicos ou hidrológicos correlatos".

[10] TEIZEN JÚNIOR, Augusto Geraldo. *A função social no Código Civil*. São Paulo: Revista dos Tribunais, 2004. p. 154.

imóveis e móveis, que sejam públicos. Ainda é expressa na Súmula nº 340 do STF,[11] esta anterior à própria Constituição de 1988.

Ademais, destarte lembrar que anteriormente já fora possível usucapião de bens públicos, reiterada pelo Supremo Tribunal Federal, a qual Silvio Rodrigues apresenta que era possível desde que anterior ao Decreto nº 22.785, de 1933, pois este também possui a vedação em seu art. 2º;[12] ainda, vedação pelo Decreto-Lei nº 9.760/46 em seu art. 200, para bens da União.

Eis a perplexidade do problema, em conter vedações ultrapassadas com o novo modelo de pensar o direito. A própria constituição se contradiz no novo universo fatídico, quando da manutenção do dispositivo legal que veda a aquisição originária de bens públicos, visto que causa empecilho ao direito social à moradia, bem como desatendimento ao princípio constitucional da função social.

O mundo é dinâmico por natureza e tende a modificar-se diariamente, cabendo a todos se adaptarem frequentemente às novas realidades. O direito nesta compostura tende a seguir essa linha de desenvolvimento.

A posição doutrinária – timidamente – começa a compreender que a visão proibitiva de algumas situações não é mais condizente com a nova realidade. Não se afastando do tema, mas apenas exemplificando, determinadas situações fáticas, antes repudiadas inteiramente pela sociedade, hoje são não só aceitas, mas reguladas pelo próprio direito, como exemplo, as uniões estáveis e as homoafetivas. Como então admitir que um Estado que promove o pacto social[13] seja descumpridor de seus deveres quando inerentes à função social de seus bens?

A maioria assevera que a mudança, a permitir a usucapião de bens públicos, seria uma afronta à Constituição Federal, que veda essa possibilidade. Ao olhar crítico, melhor seria manter um bem abandonado, sem destinação, assim como aqueles que estão abandonados na rua pelo poder estatal?

A defesa minoritária inicia-se com o destaque dado por Silvio Rodrigues ao esboçar que, anterior à CF/88, era possível usucapião de terras devolutas (bens públicos dominicais, art. 99, III, CC/02). Isso se deu com a Lei nº 6.969/81 que, entre as mudanças que trouxe no instituto da usucapião, permitia (até 1988) a "[...] sua incidência sobre os bens públicos dominicais, particularmente sobre as terras devolutas [...]",[14] mas esse dispositivo não fora recepcionado pela "Constituição Cidadã".[15]

Por ser uma corrente minoritária, permaneceu afastada a defesa da possibilidade de aplicação do instituto aos bens públicos, contudo, essa visão frente os atuais

---

[11] Súmula nº 340 do STF: "Desde a vigência do Código Civil, os bens dominicais, como os demais bens públicos, não podem ser adquiridos por usucapião".

[12] "Art. 2º Os bens públicos, seja qual for a sua natureza, não são sujeitos a usucapião".

[13] Em uma abordagem de Locke, Rousseau e Hobbes, tem-se como espécie de contrato entre Estado e cidadãos, no qual esses se comprometem a renunciar suas liberdades em prol do bem comum de todos e ao Estado compreende regular e garantir a efetividade da paz social. É renúncia da liberdade com a existência de uma relação de confiança entre os indivíduos e o Estado, que, por sua vez, deve proteger a vida, os bens, a saúde, o trabalho, enfim, todos os bens juridicamente tutelados.

[14] RODRIGUES, Silvio. A usucapião "pro labore". In: RODRIGUES, Silvio. Direito civil: direito das coisas. 28. ed. São Paulo: Saraiva, 2003. p. 116. v. 5.

[15] Modo como foi chamada a Constituição Federal promulgada em 1988, devido à sua importância frente aos direitos e garantias fundamentais que estabeleceu. Uma conquista histórica.

acontecimentos e inovações traz à lume a necessidade de rever essa tendência. Essa mudança já se inicia lentamente.

8.3 Descaracterização de afronta constitucional

Crítica se faz em torno de ser uma afronta à Constituição Federal permitir a usucapião de um bem público que esteja expressamente por ela proibida. De fato, tem-se que se estaria violando norma constitucional expressa nos arts. 183, §3º e 191, parágrafo único. Em contrapartida, de outro lado está um princípio fundamental.

A função social da propriedade tem previsão expressa no art. 5º, XXIII, incluída no rol dos direitos fundamentais, já a vedação de usucapião de imóvel público não. Ou seja, ambas as previsões constam no texto constitucional, contudo, a função social da propriedade se sobrepõe à vedação, pois se trata de um direito fundamental e cláusula pétrea. Portanto, entre as duas, não é "aberração" nenhuma ponderar pela escolha da função social, vez que essa, como já mencionado, se sobrepõe hierarquicamente em relação à vedação, ainda que em mesmo diploma legal.

Reforçando essa ideia, temos que a Constituição, em seu art. 3º,[16] impõe como objetivos fundamentais da República Federativa do Brasil construir um ambiente de convívio social justo e solidário, sem desigualdades sociais e regionais. Qual interpretação adotar? Qual deve prevalecer? Enfim, o fato de ambos os dispositivos estarem na *Constituição* não significa que não podem ser mudados, ao contrário, a própria Constituição impõe buscar soluções a harmonizar e construir uma sociedade melhor e igualitária.

Mudanças de âmbito jurídico são necessárias para acompanhar as transformações do mundo dos fatos, a bem regulá-las a fim de que se consiga passar da dogmática para a efetividade das normas em benefício da coletividade, protegendo e garantindo os direitos dos cidadãos de forma isonômica, culminando na efetividade do princípio da dignidade da pessoa humana. A hermenêutica está aí para isso.

Impedir uma mudança por considerar violação da Constituição, nesse caso, seria um retrocesso jurídico e um estancamento evolutivo, possibilitando a criação de um caos normativo. Há, obviamente, que se ter critérios adequados para efetivar mudanças sem causar maiores transtornos em busca de melhorarias, o que não pode é manter o direito totalmente rígido para matérias em que sejam protegidos interesses que contradigam os direitos e as garantias individuais de todo cidadão.

8.4 Uma nova visão doutrinária e jurisprudencial

Inseridos em um contexto de inúmeras mudanças que se fazem necessárias para um bom convívio social, garantindo os direitos básicos inerentes às pessoas e conferindo-lhes, ao menos, o mínimo existencial, faz-se observância à relativização da proibição da usucapião dos bens públicos. Bens que, por serem públicos, não estão sujeitos à aquisição

---

16   "Art. 3º Constituem objetivos fundamentais da República Federativa do Brasil: I - construir uma sociedade livre, justa e solidária; [...]. III - erradicar a pobreza e a marginalização e reduzir as desigualdades sociais e regionais".

por quem de fato exerça alguns dos atributos ensejadores da posse e que, por sua vez, teria o direito de adquiri-los para seu sustento e/ou convivência de sua família.

Doutrinadores contemporâneos já defendem a aquisição de propriedade de bens públicos por meio da usucapião, expressando-se, dessa forma, Cristiano Chaves de Farias e Nelson Rosenvald:

> A nosso viso, a absoluta impossibilidade de usucapião sobre bens públicos é equivocada, por ofensa ao princípio constitucional da função social da posse e, em última instância, ao próprio princípio da proporcionalidade. Os bens públicos poderiam ser divididos em materialmente e formalmente públicos. Estes seriam aqueles registrados em nome da pessoa jurídica de Direito Público, porém excluídos de qualquer forma de ocupação, seja para moradia ou exercício de atividade produtiva. Já os bens materialmente públicos seriam aqueles aptos a preencher critérios de legitimidade e merecimento, postos dotados de alguma função social.[17]

Como verificado, além de ser possível a aplicação da usucapião para bens públicos, nesse caso os formalmente públicos, esta também decorreria do respeito aos princípios da função social da posse e proporcionalidade. Ainda prosseguem pontuando os autores:

> Porém, a Constituição Federal não atendeu a esta peculiaridade, olvidando-se de ponderar o direito fundamental difuso à função social com o necessário dimensionamento do bem público, de acordo com a sua conformação no caso concreto. Ou seja: se formalmente público, seria possível a usucapião, satisfeitos os demais requisitos. Sendo materialmente públicos, haveria óbice à usucapião. Esta seria a forma mais adequada de tratar a matéria, se lembramos que, enquanto o bem privado 'tem' função social, o bem público 'é' função social.[18]

Seguindo a linha de raciocínio apresentada, temos Flávio Tartuce e José Fernando Simão que afirmam:

> A tese dos doutrinadores contemporâneos é sedutora e almeja o futuro, particularmente uma substancial mudança de pensamento. Por isso deve ser aplaudida, servindo como convite para importantes reflexões. Entretanto para chegarmos a tanto é preciso percorrer um longo caminho. É essencial, antes de mais nada, repensar o papel do Estado no Brasil e a própria essência teórica do Direito Administrativo. É ainda necessário rever o conceito de propriedade, superdimensionando a valorização de sua função social, o que não é aceito pela maioria dos juristas e aplicadores do direito. Por fim, é fundamental também flexibilizar substancialmente o que consta da Constituição Federal, o que, infelizmente, não tem ocorrido nas óticas doutrina e jurisprudência.[19]

Aprecia-se uma preocupação com a supressão da função social quando em favor do interesse público, carecendo de repensar a atuação do Estado, devendo-se flexibilizar

---

[17]   FARIAS, Cristiano Chaves de; ROSENVALD, Nelson. *Direitos reais*. Rio de Janeiro: Lumen Juris, 2006. p. 267.

[18]   FARIAS, Cristiano Chaves de; ROSENVALD, Nelson. *Direitos reais*. Rio de Janeiro: Lumen Juris, 2006.

[19]   TARTUCE, Flávio; SIMÃO, José Fernando. *Direito civil*: direito das coisas. 5. ed. rev. e atual. São Paulo: Método. 2013. p. 180.

a proibição contida na Constituição, contudo, isso é um longo caminho a ser percorrido, mesmo que ao ver, pelo lado da necessidade contemporânea, encontra-se em declínio.

Mesmo sendo corrente minoritária, a tese defensiva dos doutrinadores contemporâneos começa a ganhar força e corpo com uma atual decisão do Judiciário em favor da usucapião de um bem público. Trata-se de acórdão proferido pelo Tribunal de Justiça do Estado de Minas Gerais, o qual negou provimento ao recurso de Apelação interposto pelo DER (Departamento de Estradas e Rodagem) do respectivo estado.

O apelante, inicialmente, impetrou ação reivindicatória em face de alguns moradores do município de Antônio Dias, solicitando a desocupação de uma área pública estadual de 36 mil metros quadrados, no km 280 da BR-381, próximo ao trevo da cidade, onde residem cerca de dez famílias, formadas, em sua maioria, por servidores e ex-servidores do próprio DER-MG, instalados no local desde a construção da rodovia, há cerca de 30 anos. O DER alegou ser de sua propriedade o terreno em que os moradores atualmente residem.

Em sentença prolatada pelo juízo da Comarca de Coronel Fabriciano, o juiz titular da Vara da Fazenda Pública, Marcelo Pereira da Silva, julgou improcedente o pedido da inicial e procedente o pedido contraposto pelos réus, reconhecendo suas posses no respectivo imóvel, concedendo-lhes a propriedade do imóvel pela usucapião. Inconformados com a decisão, recorreram ao Tribunal de Justiça para que a sentença fosse reformada.

Eis a decisão do egrégio tribunal:

EMENTA: APELAÇÃO CIVIL - AÇÃO REIVINDICATÓRIA - DETENÇÃO - INOCORRÊNCIA - POSSE COM *"ANIMUS DOMINI"* - COMPROVAÇÃO - REQUISITOS DEMONSTRADOS - PRESCRIÇÃO AQUISITIVA - EVIDÊNCIA - POSSIBILIDADE - EVIDÊNCIA - PRECEDENTES - NEGAR PROVIMENTO.- A prescrição, modo de adquirir domínio pela posse contínua (isto é, sem intermitências), ininterrupta (isto é, sem que tenha sido interrompida por atos de outrem), pacífica (isto é, não adquirida por violência), pública (isto é, exercida à vista de todos e por todos sabida), e ainda revestida com o *animus domini*, e com os requisitos legais, transfere e consolida no possuidor a propriedade da coisa, transferência que se opera, suprindo a prescrição a falta de prova de título preexistente, ou sanando o vício do modo de aquisição. (TJMG, 5ª Câmara Cível. Apelação Cível nº 1.0194.10.011238-3/001. Rel. Des. Carlos Levenhagen, j. 8.5.2014, public. da súmula 15.5.2014).

O relator, Des. Barros Levenhagen, ressalta que "se o proprietário perdeu a propriedade por haver abandonando-a, deixando de praticar atos inerentes ao domínio, justo é o possuidor adquirir essa propriedade desde que demonstrada esta manifestação". Desta maneira expõe que, uma vez comprovado o abandono do bem, deixando o titular deste de exercer sobre ele atos que o tornem um bem com uma função, nada mais justo do que o perder em face de quem realmente o torne útil de alguma forma, tanto economicamente quanto no plano existencial, para fins de subsistência ou moradia. Nesse caso, para moradia de várias pessoas que ali constituíram suas famílias. Prossegue e fundamenta em sequência seu voto: "Assim, aquele que por mais de trinta anos, como no presente caso, tem como seu imóvel, tratando-o ou cultivando-o, tornando o útil, não pode ser compelido a desocupa-lo à instância de quem o abandonou".

Extrai-se, das palavras do relator que a Administração Pública, não cumprindo com o princípio constitucional da função social, mesmo que invocando o argumento de que é um bem público ou até mesmo sobre o preceito de supremacia do interesse público sobre o privado, não constitui em direito para impedir quem realmente deu destinação àquele bem de adquiri-lo, passando de titular da posse para proprietário.

Seria um enorme contrassenso a procedência pela reivindicação da apelante em detrimento de quem realmente cumpriu com o disposto na Constituição Federal. Não somente cumpriram com a função social,[20] dando destinação adequada àquela área, como também constituem consagrados no direito social à moradia,[21] de que todos fazem jus pela própria Carta Magna.

Ressalte-se, do relatado no próprio acordão, que a área ocupada é de apenas 26%, encontrando-se o restante livre. Destarte, deveria também a área remanescente receber uma destinação diversa do abandono em tempos em que as lutas por vida digna coexistem com essas situações lastimantes de vedação constitucional de um bem, o qual certamente resolveria o problema de muitas pessoas, garantindo-lhes uma "vida digna".[22]

O DER, descontente com a decisão, impetrou recurso especial ao STJ (Superior Tribunal de Justiça). Pelo que se analisa, ele não fora recebido, motivo pelo qual o Departamento de Estradas e Rodagem recorre com agravo, AREsp nº 644.655/MG (2014/0342252-0), número único 0112383-35.2010.8.13.0194, autuado em 27.1.2015, o qual fora convertido em recurso especial.

O recurso encontra-se na seguinte fase:

ÚLTIMA FASE: 17.08.2016 (17:13) CONCLUSOS PARA JULGAMENTO AO(À) MINISTRO(A) ASSUSETE MAGALHÃES (RELATORA).

04.07.2016 (01:15) PROCURADORIA GERAL DO ESTADO DE SÃO PAULO INTIMADO ELETRONICAMENTE DA(O) DESPACHO/DECISÃO EM 04.07.2016.[23]

Há quem diga – como já relatado na decisão – que já estaria autorizada a doação da área ao município por lei,[24] contudo, ressalte-se a controvérsia, pois se realmente tivesse a intenção de doar, não teria o DER recorrido a fim de desapropriar o imóvel, mas sim, de pronto, já o doaria a quem por decorrência do tempo e do bom uso constituiu em direito de adquirir a área.

Espera-se pela decisão do Superior Tribunal de Justiça acerca do recurso, com expectativas de que o primeiro passo dado adiante seja mantido, operando de maneira a dar uma nova interpretação à forma de pensar o direito, resguardando os direitos

---

[20] CF/88, art. 5º: "XXIIIX – a propriedade atenderá a sua função social".

[21] CF/88: "Art. 6º São direitos sociais a educação, a saúde, a alimentação, o trabalho, a moradia, o transporte, o lazer, a segurança, a previdência social, a proteção à maternidade e à infância, a assistência aos desamparados, na forma desta Constituição. (Redação dada pela Emenda Constitucional nº 90 de 2015)".

[22] Um dos fundamentos da Constituição Federal de 1988. "Art. 1º A República Federativa do Brasil, formada pela união indissolúvel dos Estados e Municípios e do Distrito Federal, constitui-se em Estado Democrático de Direito e tem como fundamentos: [...]. III - a dignidade da pessoa humana".

[23] SUPERIOR TRIBUNAL DE JUSTIÇA. *Consulta processual*. Disponível em: <https://ww2.stj.jus.br/processo/pesquisa/>. Acesso em: 26 fev. 2018.

[24] FIUZA, César. Princípio da dignidade humana não justifica usucapião de bens públicos. *Revista Consultor Jurídico*, 23 fev. 2015. Disponível em: <http://www.conjur.com.br/2015-fev-23/direito-civil-atual-principio-dignidade-humana-nao-permite-usucapiao-bem-publico>. Acesso em: 1º jun. 2016.

daqueles que com esforço próprio desempenharam o papel que o Estado – por dever que o tinha – não fez, sendo mais que justo o reconhecimento deste direito pela usucapião.

No constante no art. 170[25] da Constituição Federal, a função social é um princípio de ordem econômica, pelo qual se assegura a valorização do trabalho humano e a livre iniciativa, tendo por fim assegurar a todos existência digna conforme os ditames da justiça social. Esta se faz por meio – entre outros – do exercício de um dos direitos sociais, o direito à moradia,[26] que em loco pode ser suprimido pelo Estado se não observada a incongruência na manutenção da vedação da qual se trata no presente trabalho.

Tem-se por Canotilho a ideia fundamental de que "[...] a constituição é um sistema normativo aberto de regras e princípios",[27] como a forma mais equilibrada de um sistema jurídico, para que seja possível acompanhar a constante evolução social. É possível modificá-la, não a bel modo, mas de acordo com as necessidades emergentes que a deixam sem efetividade frente ao caso concreto.

Portanto, entre uma norma constitucional e um princípio fundamental (cláusula pétrea), e observando as variações dentro da sociedade, surge a necessidade de novas interpretações jurídicas, dando ênfase, sempre, no que tange à proteção daqueles que estão à mercê do poderio estatal.

Partindo da ideia de que não haja entendimento sobre a possibilidade de ponderar entre os dois dispositivos constitucionais, então que haja uma nova forma de pensar e resguardar os direitos conflitantes sem cerceamento ou supressão de nenhum dos dispositivos em foco debatidos, leia-se, uma solução sem extinção ou redução valorativo dos princípios conflitantes frente ao caso concreto. O STF (Supremo Tribunal Federal) já se posiciona com soluções inovadoras, assim, tem-se o seguinte de exemplo.

A Defensoria Pública do Estado de São Paulo ajuizou Ação Cautelar Preparatória Recurso Extraordinário (AC) nº 4.085,[28] para suspender ordem de reintegração de posse de uma área de um milhão de metros quadrados em Sumaré (SP), ocupada por mais de duas mil famílias, conhecida como Vila Soma. Não se trata de área pública, mas sim privada, porém, a utilização deste caso expressa-se como um exemplo de interpretação adequada e aplicação correta do direito.

O ministro presidente, Ricardo Lewandowski, concedeu a liminar sob o argumento de que a retirada imediata dos moradores poderia "catalisar conflitos latentes, ensejando violações aos direitos fundamentais daqueles atingidos por ela".[29]

Não se trata de apresentar argumentos distantes do foco do trabalho, por se tratar de área privada, muito pelo contrário, o objetivo é demonstrar uma solução efetiva que não supra um direito constitucional conflitante com outra norma constitucional; neste caso, entre direito à propriedade, arguido pela ré, e direito social à moradia, arguido pela defensoria.

---

[25] "Art. 170. A ordem econômica, fundada na valorização do trabalho humano e na livre iniciativa tem por fim assegurar a todos existência digna, conforme os ditames da justiça social [...]".

[26] "Art. 6º São direitos sociais a educação, a saúde, a alimentação, o trabalho, a moradia, o transporte, o lazer, a segurança, a previdência social, a proteção à maternidade e à infância, a assistência aos desamparados, na forma desta Constituição".

[27] CANOTILHO, J. J. Gomes. *Direito constitucional e teoria da Constituição*. 7. ed. 16. reimpr. Coimbra: Almedina, 2003. p. 1117.

[28] STF. AC nº 4.085.

[29] Palavras do Ministro Ricardo Levandowski em decisão monocrática (AC nº 4.085).

O que fez o ministro? Não ponderou por nenhuma das normas, mas optou por suspender a reintegração de posse até que se tenha uma solução plausível, exigindo que antes se faça necessário conceder um local adequado para o assentamento das famílias ocupantes da área sobre litígio. Em outras palavras, protegeu-os sobre o princípio da dignidade da pessoa humana.

Desta forma, sobressaiu uma interpretação sob a razoabilidade, em que nada seria razoável prevalecer qualquer uma das normas conflitantes, nem o direito à propriedade – que se faça necessário dizer, descumpria com a função social, não sendo utilizada – nem o direito social imediato à moradia.

Retornando à centralidade da discussão, a função social existe para que o Poder Público, em nome da coletividade, promova políticas e utilize instrumentos que impeçam o mero exercício egoístico e absoluto do direito individual subjetivo fundamental de usar, gozar, reivindicar e dispor da propriedade privada. Justamente porque esta também deve servir para a promoção de uma vida digna, especialmente no que se refere aos componentes da moradia, lazer, circulação, saúde, educação e emprego, o Estado deve cumprir com a função social perante seus bens em prol da coletividade.

A supremacia existe para ser utilizada em nome do bem-estar social, do interesse individual e também se expressa no direito coletivo, sendo forma de concretização da dignidade. Existem pessoas buscando um mínimo de dignidade para morar, fruindo de área pública que não pode ser aleatoriamente disponibilizada. A solução adequada nem sempre é a hierarquia entre regras, normas e princípios, mas sim, uma decisão dentro da razoabilidade, que mantenha ambas as normas no sistema, sendo a forma jurídica correta de solucionar o caso.

Cada caso é um caso, cabendo, na resolução de alguns, determinado dispositivo e, na resolução de outros, outro dispositivo legal, contudo, sempre haverá um em que nenhum dos dispositivos legais poderá ser cabível. Assim, ocorre a necessidade de buscar uma terceira possibilidade de resolução, esta pertencente de imediato ao Judiciário e não ao Legislativo, tendo em vista que sua demora – a qual não se pode negar existência – pode causar prejuízos e lesões irreparáveis. Ademais, *a posteriori*, que seja então apreciado o tema pelo Legislativo, a fim de que seja devidamente regulamentado; enquanto isso, permanece a posição do Judiciário, por meio – por exemplo – de edição de súmulas, vinculantes ou não.

Em outros termos, é possível manter a vedação da usucapião conjuntamente à função social, contudo, não se pode deixar de atender às necessidades básicas de cada indivíduo componente da sociedade, ou seja, deve haver um plano de retirada e uma política ou instrumento para assegurar que as pessoas "possuidoras" de área pública não recaiam na condição indigna de não ter mais onde morar. Nada mais razoável, adequado, legal, eficiente, moral e impessoal. Convivem, harmonicamente, as normas jurídicas positivadas, ressoam a dignidade, a justiça e o bem-estar social.

Para o advogado e professor Dr. George Louise Hage Humbert,[30] não é preciso desconstruir a noção de interesse público e sua supremacia para garantir os direitos

---

[30] Advogado; pós-doutor pela Faculdade de Direito da Universidade de Coimbra – Portugal; doutor e mestre em Direito pela PUC-SP; professor de Direito da Universidade Federal da Bahia, do Brasil Jurídico, preparatório para carreira jurídica, e do Centro Universitário Jorge Amado.

individuais, e o grande desafio do fenômeno jurídico não é de sua compreensão ou conceituação, é de interpretação e aplicação, ou seja, de hermenêutica do e para o direito.

Segundo ele, a grande questão não é o que é o direito, a norma jurídica e a solução não são os princípios jurídicos ou qualquer outra mera classificação de dados. O enigma atual do direito é de sua interpretação e aplicação, consequentemente, de hermenêutica – jurídica.

Atualmente, o Ministro Gilmar Mendes tem posicionamento acertado em expor que:

> O grau de cumprimento do que o princípio prevê é determinado pelo seu cotejo com outros princípios e regras opostas (possibilidade jurídica) e pela consideração da realidade fática sobre a qual operará (possibilidade real). Acompanhar a evolução dos fatos em um mundo dinâmico é necessidade do direito, pelo que se impõe interpretar a Constituição, ponderando princípios em busca do melhor desfecho.[31]

Conclusão

Observado o exposto no presente trabalho, conclui-se na percepção de uma tímida mudança de paradigma relativo à proibição da usucapião de bens públicos. Há a observância de que os bens públicos estão atrelados a um serviço público, destinado a cumprir determinadas finalidades que beneficiem todos, tanto em seus aspectos individuais, quanto aos interesses de toda a coletividade. Nesse sentido, os bens públicos estão obrigados pela Constituição a cumprir determinada finalidade, a essa considera-se o cumprimento da função social da propriedade.

Data máxima vênia à maioria, o princípio da função social está entre os direitos fundamentais, sendo inclusive cláusula pétrea, portanto incomparável com a força normativa da vedação dos arts. 183 e 191 da Constituição. Este princípio permeia a existência de direitos, como o da moradia que, por sua vez, dá lastro à promoção da dignidade da pessoa humana. A vida digna por meio do direito social à moradia se impossibilita quando da existência de uma norma protetora do aparelhamento estatal, o qual deveria ser promotor do bem-estar da sociedade, mas que, muitas vezes, detém em seu poder imóveis que seriam a salvação de inúmeras pessoas.

A Constituição é um sistema normativo aberto de regras e princípios, o que permite que a interpretação seja dada de maneira condizente com o contexto fático, que, diga-se de passagem, muda a cada instante. O convívio harmônico fica prejudicado quando da não aplicação adequada do direito, e isso não implica impor o direito positivo no seio da sociedade, mas adequá-lo a cada situação, a fim de que realmente seja "direito" e por fim efetive a "justiça".

Mesmo o Judiciário posicionando-se em determinadas decisões, de modo a não prejudicar nenhuma das normas constitucionais, a existência de uma minoria doutrinária cumulada com a iniciativa de alguns "setores" do próprio Judiciário são os primeiros

---

[31] MENDES. Gilmar Ferreira; BRANCO, Paulo Gustavo. Gonet. Curso de Direito Constitucional. 12. ed. rev. e atual. São Paulo: Saraiva, 2017. p. 74.

passos rumo à mudança de pensamento, fundamentando a possibilidade da usucapião de bens públicos.

Efetiva-se o princípio da função social, que diretamente interage na promoção da dignidade humana, seja pelo direito social à moradia, seja na garantia do mínimo existencial pela produção decorrente do "bom" e "adequado" uso da terra, não sendo apenas uma premissa dogmática contida na Constituição.

"O atributo de utilidade jamais poderá justificar a privação dos direitos individuais".[32] Nada é tão dogmático que não possa ser flexibilizado em benefício geral.

Informação bibliográfica deste texto, conforme a NBR 6023:2002 da Associação Brasileira de Normas Técnicas (ABNT):

ROMPAVA, Romildo. O contrassenso constitucional da efetividade da função social da propriedade: a vedação da usucapião de bens públicos perante a evolução gradativa do direito contemporâneo. In: TEPEDINO, Gustavo; TEIXEIRA, Ana Carolina Brochado; ALMEIDA, Vitor (Coord.). *Da dogmática à efetividade do Direito Civil*: Anais do Congresso Internacional de Direito Civil Constitucional – IV Congresso do IBDCivil. 2. ed. rev., ampl. e atual. Belo Horizonte: Fórum, 2019. p. 777-790. ISBN 978-85-450-0545-2.

---

[32] SUA SANTIDADE O DALAI LAMA. *Uma nova ética para um novo milênio*. A necessidade de discernimento. Rio de Janeiro: Sextante, 2000. p. 171.

CAPÍTULO 9

A FLEXIBILIZAÇÃO DO NEXO DE CAUSALIDADE: UMA ANÁLISE DAS NOVAS TENDÊNCIAS NA RESPONSABILIDADE CIVIL CONTEMPORÂNEA

BRUNA VILANOVA MACHADO

RENAN SOARES CORTAZIO

9.1 Introdução

A vida na sociedade contemporânea tem forte complexidade social e econômica, o que nos submete a intensas relações jurídicas interpessoais, sejam físicas ou virtuais. Desta maneira, é natural que surjam conflitos de interesses e, consequentemente, que deveres jurídicos sejam a todo tempo violados. É neste cenário de prejuízos e lesões que ganha espaço a responsabilidade civil, como dever de reparação. Esta se fundamenta em três pilares: o *dano*, análise da efetiva desvantagem causada à vítima; a *culpa*, comprovação de que o ofensor foi negligente, imprudente, imperito ou agiu de maneira insidiosa para a consecução do resultado gravoso; e o *nexo de causalidade*, verificação do liame causal entre a conduta do suposto autor e a consequência danosa. Dos elementos mencionados, o nexo causal merece posição de destaque, podendo ser apontado, assim como já feito por Caio Mário da Silva Pereira,[1] como o mais delicado dos elementos da responsabilidade civil.

Com a constitucionalização do direito, que gera, inclusive, efeitos no direito privado, os pilares da responsabilidade civil foram revisitados, de modo a permitir uma maior tutela da pessoa humana em sua dignidade. Essa nova mentalidade fez com que o dano passasse a ser o elemento central do direito reparatório, em detrimento da devida avaliação do nexo de causalidade e da culpa. Nesse sentido, esses dois últimos

---

[1] PEREIRA, Caio Mário da Silva. *Responsabilidade civil*. Rio de Janeiro: GZ, 2012. p. 106.

pressupostos sofreram uma flexibilização, com vistas a permitir o ressarcimento de danos em sua plenitude, promovendo a integral compensação da vítima.

Essa nova perspectiva da responsabilidade civil contribuiu para o desenvolvimento de diversas teorias flexibilizadoras, como a presunção de causalidade e a causalidade pressuposta, por exemplo. Contudo, essa tendência deve ser analisada com total cautela, a fim de evitar distorções, já recorrentes no contexto de nossa jurisprudência, que é pouco uniforme no assunto da causalidade. Se extremada, a orientação flexibilizadora pode culminar na imputação civil equivocada e na incorreta fixação de autoria. O problema vai além: não só indivíduos sofrem com as possíveis iniquidades desse processo, como toda a sociedade vê a responsabilidade perder seus fins originais, tendo suas funções alargadas e servindo, inclusive, de sistema de correção de desigualdades sociais. A interpretação expansiva dessas teorias, portanto, se desvia do objetivo original de suas elaborações – promover a proteção da pessoa –, e culmina em um direito reparatório extremamente disforme e patrimonializado, aberto a oportunismos, e afastado dos valores constitucionais que lhe inspiraram.

Desta maneira, analisando a doutrina nacional e estrangeira e a jurisprudência, se observará que, na generalidade dos casos, os pilares devem ser detidamente analisados. Com o intuito de preservar as funções primordiais da responsabilidade civil, mas sem ignorar os novos ventos que motivaram a nova leitura, será construído, *infra*, um raciocínio cronológico, trazendo as razões históricas que levaram à flexibilização de seus elementos e as possíveis consequências da aplicação irrefletida das novas teorias. Conclui-se que somente em casos especiais deve-se proceder à flexibilização dos pilares, tais serão as hipóteses, por exemplo, de responsabilidade objetiva, de manifesta impossibilidade probatória da vítima, e da impossibilidade material de comprovação dos danos. Assim, deve-se restaurar o equilíbrio entre os três pilares da responsabilidade civil, afastando a absoluta centralidade do dano, que acaba por deturpar a avaliação humanística de que deve se revestir o dever reparatório.

9.2 A missão de harmonização social: a importância da responsabilidade no ordenamento jurídico

A função precípua do ordenamento jurídico é sanar a exigência social indeclinável de convivência ordenada entre os diferentes.[2] O fim do direito, portanto, é servir à harmonia dos homens: *hominum causa omne jus constitutum sit*. Nesse sentido, as normas estabelecem diretivas de comportamento em prol da convivência pacífica e solidária entre os governados, de forma a evitar lesões a bens jurídicos. De modo sucinto, os deveres jurídicos podem ser designados pelas máximas "fazer o lícito" e "não fazer o ilícito".

Contemporaneamente, com a crescente complexidade social e a intensificação das relações interpessoais, os núcleos de direito subjetivo estão cada vez mais imbricados. Como consequência, a violação de deveres jurídicos por parte de um indivíduo pode acarretar lesão à esfera de outrem. É nesse sentido que se fala em responsabilidade, a assinalar o termo de origem latina *respondere*, significando "ter alguém se constituído

---

[2] REALE, Miguel. *Lições preliminares de direito*. São Paulo: Saraiva, 2012. p. 2.

garantidor de algo".[3] Logo, a violação de um dever jurídico impõe sanções de diferentes naturezas jurídicas, de modo que o autor do dano fica responsável pela sua reparação.

Infere-se, portanto, que, independentemente da positivação, a reparação de danos causados a outrem é imperativo de justiça. Não parece lógico, mesmo ao leigo, que aquele que sofreu lesão tenha, por si só, que realizar esforços no sentido de voltar ao *status quo ante*. Assim, o prejudicado pela violação é sujeito ativo legítimo para pleitear eventual reparação e deve fazê-lo através da normativa para a responsabilização do ofensor.

Há diversas categorias jurídicas para a responsabilidade, a depender da natureza da violação, do bem ofendido e do estado do ofensor. A diferenciação mais clara e importante é entre a responsabilidade penal e a responsabilidade civil. Enquanto a primeira é a reação do direito em relação à infração de uma norma de ordem pública – o crime ou a contravenção – e se materializa na pena, a responsabilidade civil visa a tutelar a transgressão de interesses eminentemente privados, que são maculados através do dano causado a polo jurídico de outrem.[4] Destaca-se também a diferenciação entre a responsabilidade civil do Estado e a responsabilidade de agentes particulares;[5] e a responsabilidade nas relações paritárias e de consumo.[6] A partir dessas diferenciações, podemos perceber que a responsabilidade civil, objeto da presente análise, afigura-se instituto essencialmente dinâmico que se orienta na preocupação de restituir a harmonia e o equilíbrio que constituem elementos anímicos do direito privado.[7]

A transgressão civil pode ser classificada de diversas formas. Em primeiro lugar, o dever jurídico violado pode advir de pacto privado, ou de obrigações gerais não advindas de contrato. A responsabilidade decorrente do primeiro tipo de violação é chamada de responsabilidade contratual; à segunda, dá-se o nome de responsabilidade aquiliana ou simplesmente extracontratual. Há que se falar, ainda, na diferenciação entre responsabilidade subjetiva e objetiva. No primeiro caso, o merecimento de censura decorre da noção de culpa do agente. Ou seja, é a partir da concepção *lato sensu* de culpa que se afere a reprovabilidade da conduta, fundamentando a responsabilidade subjetiva. A responsabilidade objetiva, por outro lado, é aplicada a certas áreas nas quais a aferição do risco é suficiente para ensejar a responsabilização do autor.[8]

A despeito desses diversos grupamentos em que a doutrina divide a responsabilidade civil, os objetivos e os pilares de todos eles são, basicamente, os mesmos, configurando-se como o mecanismo a partir do qual se afere "o dever que alguém tem de reparar prejuízo decorrente da violação de um outro dever jurídico".[9]

---

[3]   LOPES, Miguel Maria de Serpa. *Curso de direito civil*. Rio de Janeiro: Freitas Bastos, 2005. p. 159. v. V.

[4]   RODRIGUES, Silvio. *Direito civil*: responsabilidade civil. São Paulo: Saraiva, 2003. p. 6-7.

[5]   Sobre a responsabilidade civil do Estado, v., por todos, CAHALI, Yussef Said. *Responsabilidade civil do Estado*. São Paulo: Revista dos Tribunais, 2013.

[6]   CAVALIERI FILHO, Sergio. *Programa de responsabilidade civil*. São Paulo: Atlas, 2007. p. 447 e ss.

[7]   DIAS, José Aguiar. *Da responsabilidade civil*. Rio de Janeiro: Lumen Juris, 2012. p. 18.

[8]   CAVALIERI FILHO, Sergio. *Programa de responsabilidade civil*. São Paulo: Atlas, 2007. p. 17 e ss.

[9]   CAVALIERI FILHO, Sergio. *Programa de responsabilidade civil*. São Paulo: Atlas, 2007. p. 2.

9.3 Os pilares da responsabilidade civil: o dano, a culpa e o nexo de causalidade

Como é cediço, a responsabilidade civil sustenta-se, basicamente, em três pilares: o dano, a culpa, e o nexo de causalidade (tendo este último espaço à parte nos nossos comentários *infra*). Significa dizer que a atribuição de responsabilidade à esfera jurídica de uma pessoa depende do efetivo dano causado à vítima, da comprovação de que o comportamento do ofensor foi, ao mínimo, culposo, e da verificação do liame causal entre a conduta do suposto autor e o resultado danoso.

O primeiro desses pilares, o dano, é o eixo central em que orbita a responsabilidade civil, pois é a lesão a bem jurídico alheio que enseja uma reação do ordenamento. Quando a violação de uma norma civil ou de um pacto privado gera consequências à esfera jurídica de um agente social, teremos o ato ilícito, consagrado no art. 186 do Código Civil vigente[10] e caracterizado como o exercício volitivo de um sujeito que contraria a ordem jurídica e ocasiona algum tipo de dano à vítima.[11] Há que se falar, também, na responsabilidade civil por abuso de direito,[12] que consiste no ato feito sob a legitimação genérica do direito, que, na sua realização concreta, viola os limites do ordenamento.[13] É, portanto, uma violação à confiança,[14] que pode, assim como o ato ilícito em sentido estrito, gerar danos e, por consequência, deveres indenizatórios com base na responsabilidade civil.[15]

Temos, do exposto, que a existência do dano é fundamental ao ato ilícito, de forma que, mesmo que haja uma conduta antijurídica em tela, não há que se falar em responsabilidade civil se tal ação não culminar em algum tipo de prejuízo a outrem. Ou seja, se uma conduta viola normas jurídicas, mas não gera consequências danosas, não há agravo reparável ou indenizável, não havendo razão para responsabilização civil.[16]

---

[10] "Art. 186. Aquele que, por ação ou omissão voluntária, negligência ou imprudência, violar direito e causar dano a outrem, ainda que exclusivamente moral, comete ato ilícito".

[11] AZEVEDO, Álvaro Villaça. *Teoria geral do direito civil*: parte geral. São Paulo: Atlas, 2012. p. 376. V. também BEVILÁQUA, Clóvis. *Código Civil dos Estados Unidos do Brasil comentado por Clóvis Beviláqua*. Rio de Janeiro: Francisco Alves, 1956. p. 342. v. I.

[12] LEVADA, Cláudio Antônio Soares. Responsabilidade civil por abuso de direito. In: NERY JUNIOR, Nelson; NERY, Rosa Maria de Andrade (Org.). *Doutrinas essenciais*: responsabilidade civil. São Paulo: Revista dos Tribunais, 2010. p. 733 e ss. v. I.

[13] MIRAGEM, Bruno. Da responsabilidade civil por abuso do direito. In: MARTINS, Guilherme Magalhães. *Temas de responsabilidade civil*. Rio de Janeiro: Lumen Juris, 2012. p. 60.

[14] MARTINS-COSTA, Judith. *A boa-fé no direito privado*: critérios para a sua aplicação. São Paulo: Marcial Pons, 2015. p. 233-234.

[15] Nessa esteira, doutrina entende que, sendo espécie de ilícito, o abuso de direito pode gerar responsabilidade: "Também será ilícito o ato que fere a ordem jurídica, ainda que tenha, em princípio, obedecido à ordem legal. Ora, o exercício abusivo do direito fere justamente a ordem jurídica, ainda que conforme a lei; como visto, é no desvio de sua finalidade social qual o ato se caracteriza como um abuso – ferindo o ordenamento jurídico e, por conseguinte, caracterizando-se como *ato ilícito*. Configurado o ilícito, pode-se então falar em responsabilidade derivada do abuso de direito. [...] do abuso de direito decorre a responsabilidade pela reparação do dano, objetivamente injusto, causado a terceiros por desvio de finalidade quando da prática do ato lesivo" (LEVADA, Cláudio Antônio Soares. Responsabilidade civil por abuso de direito. In: NERY JUNIOR, Nelson; NERY, Rosa Maria de Andrade (Org.). *Doutrinas essenciais*: responsabilidade civil. São Paulo: Revista dos Tribunais, 2010. p. 741-744).

[16] RODRIGUES, Silvio. *Direito civil*: responsabilidade civil. São Paulo: Saraiva, 2003. p. 310. V. também TEPEDINO, Gustavo; BARBOZA, Heloisa Helena; MORAES, Maria Celina Bodin de. *Código Civil interpretado conforme a Constituição da República*. Rio de Janeiro: Renovar, 2007. p. 338. v. I.

Hoje, no Brasil, podemos observar um crescimento quantitativo e qualitativo dos pleitos por danos. Essa situação é decorrência direta do atual panorama judicial brasileiro, em que há uma maior efetivação do acesso à justiça, seja pelos juizados especiais, seja pela Defensoria Pública, instrumentos que aproximam o Poder Judiciário do cidadão, que, antes, ficava marginalizado por barreiras financeiras, estruturais e até mesmo culturais.[17] Com isso, as pessoas se lançam com maior segurança aos socorros judiciais, aumentando significativamente o número de processos em busca do ressarcimento pelos danos sofridos. Além dessa expansão quantitativa, verifica-se, em nível global, um crescimento de interesses a serem tutelados, sobretudo de natureza existencial e coletiva, fazendo com que surjam novas categorias de danos indenizáveis, como o dano estético e o refino dos pressupostos do dano moral.[18]

O segundo elemento, a culpa, consiste no ato volitivo da responsabilidade civil.[19] É a partir dele que se configura o motor anímico para a execução da violação, sendo o fundamento da já mencionada responsabilidade civil subjetiva. A culpa aqui referida deve ser analisada em sentido *lato*, podendo ser decorrente do direto desejo de causar o dano (dolo), ou de simples negligência, imperícia ou imprudência.

Discussões em relação à definição de culpa foram notórias durante grande parte da evolução dos estudos sobre responsabilidade civil. Modernamente, grandes juristas buscaram resfriar as discussões sobre o tema definindo a culpa em sentido estrito como a violação de um dever do qual o agente tem conhecimento e o qual acata.[20] Nesse sentido, seria a falta de diligência na observância de uma norma de conduta.[21] De acordo com o catedrático Caio Mário, a culpa seria um erro de conduta, cometido pelo agente que, procedendo contra direito, causa dano a outrem, sem a intenção de prejudicar, e sem a consciência de que seu comportamento poderia causá-lo.[22] Em resumo, a conduta será culposa sempre que "os atos de exteriorização do comportamento (ação ou omissão) tenham sido originados de uma vontade livre e consciente".[23] No caso do dolo, a situação é ainda mais grave: além de ter voluntariamente exercido impulsos no sentido de realizar a conduta, o agente quis o resultado danoso injusto. É, portanto, a violação intencional do direito. Diz-se, por isso, que, no dolo, a conduta é originalmente ilícita, uma vez que as ações são inteiramente dirigidas à concretização do resultado antijurídico.[24]

Havendo algum desses níveis de culpa em sentido amplo, e sendo preenchidos os demais pressupostos da responsabilidade civil, não se pode furtar do dever de reparar ou indenizar. A exceção se dá nos casos de responsabilidade civil objetiva, em que, como já exposto *supra*, não se afere a culpa do ofensor. Nesses casos, a periculosidade inerente à conduta perpetrada torna desnecessário o exame de seu ânimo volitivo.

---

[17] CAPPELLETTI, Mauro. *Acesso à justiça*. Porto Alegre: Sergio Antonio Fabris Editor, 2002, *passim*.

[18] Nesse sentido, SCHREIBER, Anderson. *Novos paradigmas da responsabilidade civil*: da erosão dos filtros da reparação à diluição dos danos. São Paulo: Atlas, 2007. p. 80-81.

[19] QUEIROGA, Antônio Elias de. *Responsabilidade civil e o Novo Código Civil*. Rio de Janeiro: Renovar, 2003. p. 21.

[20] MONTEIRO, Washington de Barros. *Curso de direito civil*: direito das obrigações: 2ª parte: dos contratos em geral, das várias espécies de contrato, dos atos unilaterais, da responsabilidade civil. São Paulo: Saraiva, 2007. p. 386. v. 5.

[21] DIAS, Aguiar. *Da responsabilidade civil*. Rio de Janeiro: Forense, 1995. p. 120. v. I.

[22] PEREIRA, Caio Mário da Silva. *Responsabilidade civil*. Rio de Janeiro: GZ, 2012. p. 97.

[23] THEODORO JR., Humberto; TEIXEIRA, Sálvio de Figueiredo (Coord.). *Comentários ao Novo Código Civil*. Rio de Janeiro: Forense, 2008. p. 102. v. III. t. II.

[24] GONÇALVES, Carlos Roberto. *Direito civil brasileiro*: responsabilidade civil. São Paulo: Saraiva, 2010. p. 316. v. 4.

Nesse sentido, bastará, para a teoria do risco na responsabilidade objetiva, que haja liame de causalidade entre a ação perigosa e o resultado por ela desencadeado. Visto isso, passemos ao nosso terceiro pilar.

9.3.1 O terceiro elemento da responsabilidade civil: o nexo de causalidade

O agente da conduta antijurídica não é obrigado a ressarcir todo e qualquer prejuízo, mas apenas aqueles que sejam resultados da sua ação ou omissão.[25] É fácil perceber que entre um ato ilícito e um resultado danoso podem existir as mais variadas circunstâncias, relacionadas estreitamente com a conduta do executor ou completamente alheias a sua vontade e ao seu impulso inicial. Isso ocorre porque, muitas vezes, a consequência de uma ação não é aferida de maneira imediata, fazendo com que outros acontecimentos se entrelacem na cadeia causal. Sabendo que os fatos muitas vezes não se dão à luz dos olhos, e, com o fim de melhor associar o ato ilícito ao dano, foram construídas em doutrina e jurisprudência algumas teorias para explicar o nexo causal, se destacando a teoria da equivalência das condições, a teoria da causalidade adequada e a teoria da causalidade direta e imediata.

A teoria da equivalência das condições é a construção segundo a qual todos os elementos causais que, de alguma maneira, contribuíram para o resultado lesivo, são considerados causas eficientes.[26] Trata-se, portanto, de uma teoria generalizadora, que determina que, em caso de pluralidade de causas, deve-se passar a um juízo hipotético: se a causa não puder ser eliminada sem o prejuízo do resultado danoso, ou seja, se a conduta foi condição da qual dependeu a consequência, deve ser considerada eficaz. Dessa forma, mesmo que o estímulo causal inicial seja separado da consequência prejudicial por diversos outros acontecimentos, será considerado causa se dele dependeram os desdobramentos seguintes; se for *conditio sine qua non* para o resultado.[27]

Essa teoria foi fortemente criticada por sua amplitude, afinal, não parece lógico alargar o espectro de causas possíveis às indefinidas e potencialmente infinitas condições que, de alguma forma, se relacionam sequencialmente ao resultado.

A doutrina francesa, por sua vez, elaborou a teoria da causalidade adequada, teoria individualizadora segundo a qual o julgador deve, por um juízo de presunção, determinar quais os fatores que têm centralidade na realização do dano e quais os que, por serem menos relevantes, devem ser eliminados da cadeia. Só seriam considerados

---

[25] TEPEDINO, Gustavo; BARBOZA, Heloisa Helena; MORAES, Maria Celina Bodin de. *Código Civil interpretado conforme a Constituição da República*. Rio de Janeiro: Renovar, 2007. p. 343. v. I. No mesmo sentido: "A relação causal, portanto, estabelece o vínculo entre um determinado comportamento e um evento, permitindo concluir, com base nas leis naturais, se a ação ou omissão do agente foi ou não a causa do dano. Determina se o resultado surge como consequência natural da voluntária conduta do agente" (CAVALIERI FILHO, Sergio. *Programa de responsabilidade civil*. São Paulo: Atlas, 2007. p. 46); "Outro pressuposto da responsabilidade civil é a relação de causalidade, que se define como um liame que deve existir entre o fato ilícito e o dano por ele produzido. Sem essa relação de causa e efeito, não existe a obrigação de indenizar" (QUEIROGA, Antônio Elias de. *Responsabilidade civil e o Novo Código Civil*. Rio de Janeiro: Renovar, 2003. p. 27).

[26] PEREIRA, Caio Mário da Silva. *Responsabilidade civil*. Rio de Janeiro: GZ, 2012. p. 109.

[27] CRUZ, Gisela Sampaio da. *O problema do nexo causal na responsabilidade civil*. Rio de Janeiro: Renovar, 2005. p. 35-37.

causa os fatores que, *por si só*, sejam aptos a produzir o resultado.[28] Essa construção, porém, sofre severas críticas por sua arbitrariedade, afinal, o juízo de probabilidade e adequação não é preciso ou exato.

Por fim, cite-se a teoria do dano direto e imediato. A partir dela, a causa apta a gerar responsabilidade civil é aquela que diretamente se vincula o dano. Dessa forma, se nova cadeia causal surge e concorre para o resultado lesivo, o autor do primeiro ímpeto volitivo estaria exonerado de responsabilidade.[29] Tal teoria recebeu algumas especificações doutrinárias e a que mais adequadamente se defende é a subteoria da necessariedade da causa. Segundo a doutrina autorizada, a causa eficiente a produzir o dano é aquela que a ele se liga em caráter de *necessariedade*. Nesse sentido, não são causas todos os antecedentes que contribuíram para o dano, apenas aqueles que ao resultado se ligarem em caráter direto, necessário e exclusivo, rompendo eventuais cadeias causais colaterais.

Em muitos casos, a jurisprudência utiliza-se dessas teorias de forma indistinta para verificar a causalidade, confundindo suas denominações com cada uma das definições, gerando uma confusão dogmática.[30] De maneira geral, porém, os precedentes destacam que é requisito para o dever de indenizar que a responsabilidade pelo dano verificado seja atribuída àquela causa necessária para a produção do dano, sendo igualmente fundamental que nenhuma outra causa rompa com essa primeira cadeia de causalidade.[31] Assim podemos determinar o requisito da *necessariedade* do nexo causal,

---

[28] PEREIRA, Caio Mário da Silva. *Responsabilidade civil*. Rio de Janeiro: GZ, 2012. p. 110-111.

[29] CRUZ, Gisela Sampaio da. *O problema do nexo causal na responsabilidade civil*. Rio de Janeiro: Renovar, 2005. p. 96 e ss.

[30] Precedentes dos quais os tribunais fazem confusão com a denominação e a definição da teoria: "CIVIL. RESPONSABILIDADE CIVIL DO TRANSPORTADOR. ASSALTO A ÔNIBUS SUBURBANO. PASSAGEIRO QUE REAGE E É MORTALMENTE FERIDO. CULPA PRESUMIDA, AFASTADA. REGRA MORAL NAS OBRIGAÇÕES. RISCO NÃO COBERTO PELA TARIFA. FORÇA MAIOR. *CAUSA ADEQUADA*. SEGURANÇA FORA DO ALCANCE DO TRANSPORTADOR. AÇÃO DOS BENEFICIÁRIOS DA VÍTIMA, IMPROCEDENTE CONTRA A EMPRESA TRANSPORTADORA. VOTOS VENCIDOS. [...] O assalto constitui o *fato necessário* do qual resultou o tiroteio e a morte de dois assaltantes e do passageiro que tentou resistir" (STF, Tribunal Pleno. RE nº 88.407. Rel. Min. Thompson Flores, j. 7.8.1980. Grifos nossos); "[...]. Em tema, o direito pátrio repeliu a teoria da equivalência dos antecedentes como substrato à verificação do nexo causal entre a conduta ilícita e o dano suportado pela vítima, em favor das teorias da causalidade adequada e do dano direto e imediato. É dizer que nem tudo que antecede é causa, mas somente aqueles fatos que, num juízo de probabilidade e no exame dos seus desdobramentos naturais, pudesse acarretar o efeito lesivo, constituindo-se assim a sua causa necessária" (TJRJ, 27ª Câmara Cível do Consumidor. Ap. nº 01189754220128190038. Rel. Des. Marcos Alcino De Azevedo Torres, j. 18.5.2016); "Na aferição do nexo de causalidade, a doutrina majoritária de Direito Civil adota a teoria da causalidade adequada ou do dano direto e imediato, de maneira que somente se considera existente o nexo causal quando o dano é efeito necessário e adequado de uma causa (ação ou omissão). Essa teoria foi acolhida pelo Código Civil de 1916 (art. 1.060) e pelo Código Civil de 2002 (art. 403)" (STJ, 4ª T. REsp nº 1307032. Rel. Min. Raul Araújo, j. 18.6.2013).

[31] Na doutrina especializada: "A Escola que melhor explica a teoria do dano direito é a que se reporta à necessariedade da causa. Efetivamente, é ela que está mais de acordo com as fontes históricas da teoria do dano direto, como se verá. Para explicar a teoria do dano direto e imediato, nós aceitamos a teoria ou subteoria da necessidade da causa. [...]. Suposto certo dano, considera-se causa dele a que lhe é próxima ou remota, mas, com relação a esta última, é mister que ela se ligue ao dano diretamente. Ela é causa necessária desse dano, porque ele a ela se filia necessariamente; é causa única, porque opera por si, dispensadas outras causas" (ALVIM, Agostinho. *Da inexecução das obrigações e suas consequências*. São Paulo: Saraiva, 1972. p. 356). V. também TEPEDINO, Gustavo. Notas sobre o nexo de causalidade. *Revista Trimestral de Direito Civil*, ano 2, v. 6, abr./jun. 2001. p. 18-19.

seja em se tratando de responsabilidade civil subjetiva ou objetiva, como a maneira mais adequada de determinar o liame entre a conduta e o resultado danoso.[32]

9.3.1.1 A função específica do nexo causal no âmbito da responsabilidade civil

Conforme exposto, o nexo causal é elemento essencial para fixar a responsabilidade civil, de forma que só serão indenizáveis os danos cujo efeito for necessariamente vinculado à conduta do ofensor.[33] Infere-se, desta maneira, que o nexo causal merece posição de destaque entre os elementos da responsabilidade civil,[34] já que é a partir da verificação do nexo causal que se dá a resposta adequada a importantes e difíceis situações-problema, tais como a situação de concorrência ou superveniência de causas, causalidade alternativa por danos em grupo e a impossibilidade de identificar o agente causador do injusto.

A primeira aplicabilidade do nexo de causalidade, portanto, é ser o mecanismo essencial para o estabelecimento da responsabilidade civil, pois que, mesmo que haja dano e conduta antijurídica de um agente, só estará configurado o dever de reparar ou indenizar quando o dano for decorrência necessária da ação ou omissão do suposto autor. Logo, a função primordial no nexo causal é ser o instrumento através do qual se fixa a autoria do ilícito, já que o liame de causalidade é a conexão entre o resultado prejudicial e a origem do impulso volitivo que lhe deu causa.

Sabendo que as consequências de responsabilizar civilmente um autor podem ser bem drásticas, como a oneração patrimonial, o dever de reparar o dano e até mesmo a necessidade de adequar a situação do prejudicado à sua realidade antes da violação, é fundamental que o liame causal seja estabelecido de forma manifesta e inequívoca. Caso contrário, corre-se o risco de afetar negativamente a esfera jurídica de um sujeito que não contribuiu para o efeito danoso, causando-lhe afetações materiais e o desgaste de uma condenação cível.

Ademais, contemporaneamente, o instituto do nexo de causalidade tem ainda maior relevo por conta do desenvolvimento da responsabilidade civil objetiva, que faz crescer as hipóteses em que a apuração da responsabilidade não estará pautada na culpa, mas no risco, de forma que não se avalia o ímpeto volitivo de causar ou assumir negligentemente o dano, mas a periculosidade envolvida na atividade desenvolvida. Por prescindir da verificação da culpa, o estabelecimento da responsabilidade repousa basicamente na averiguação do nexo causal. Ou seja, se a conduta oferecer risco e tiver causalmente ligada ao dano eventualmente ocorrido, estará configurada a responsabilidade objetiva e o dever de indenizar.[35]

---

[32] Na jurisprudência: STJ, 4ª T. REsp nº 1.322.387. Rel. Min. Luis Felipe Salomão, j. 20.8.2013; STJ, 4ª T. REsp nº 1.113.804. Rel. Min. Luis Felipe Salomão, j. 27.4.2010; STJ. AREsp nº 513.900. Rel. Min. Antonio Carlos Ferreira, j. 28.4.2015; STJ. REsp nº 1.292.955. Rel. Min. Raul Araújo, j. 25.11.2014; STJ, 4ª T. REsp nº 823256. Rel. Min. João Otávio de Noronha, j. 19.2.2008; TJRJ. Ap. Cível nº 200400110228. Rel. Des. Sergio Cavaliei Filho, j. 4.8.2004; TJSP, 31ª Câmara de Direito Privado. Ap. nº 03113592520108260000. Rel. Des. Hamid Bdine, j. 27.8.2013.

[33] CRUZ, Gisela Sampaio da. *O problema do nexo causal na responsabilidade civil*. Rio de Janeiro: Renovar, 2005. p. 4.

[34] PEREIRA, Caio Mário da Silva. *Responsabilidade civil*. Rio de Janeiro: GZ, 2012. p. 106.

[35] ALVIM, Agostinho. *Da inexecução das obrigações e suas consequências*. São Paulo: Saraiva, 1972. p. 342.

Alude-se, ainda, a uma terceira função do nexo causal, qual seja, a de mecanismo a partir do qual se verifica a extensão do dano indenizável. Por tal raciocínio, seria mediante a fixação do liame de causalidade existente entre o resultado prejudicial e a conduta do agente que se apreenderia o montante a ser indenizado, servindo, portanto, como medida da retribuição.[36]

Conclui-se, portanto, pela fundamental importância no nexo causal no âmbito da responsabilidade civil. Suas teorias e os critérios para sua fixação devem ser analisados com precisão e cuidado, levando em consideração as peculiaridades do caso concreto, de forma a evitar equívocos gravíssimos como a fixação equivocada da autoria do ilícito.

9.4 Tendências recentes: o novo olhar sobre a responsabilidade civil em relação à constitucionalização do direito

O constitucionalismo do pós-guerra associado aos processos de redemocratização; o pós-positivismo do final do século XX, promovendo a confluência de valores morais com o direito; a centralidade das constituições nacionais, que passaram a ter sua força normativa reconhecida. Foi nesse cenário que ocorreu a chamada *constitucionalização do direito*, fenômeno que fez a amplitude das normas contidas na Carta Maior se espraiarem, axiológica e materialmente, para todos os ramos do sistema jurídico.[37]

Mundialmente, esse movimento se consubstanciou na edição de novas constituições, revestidas de comprometimento democrático, que fomentassem a solidariedade social e dessem centralidade à proteção do indivíduo e de sua dignidade. No Brasil, as consequências desse processo foram várias. A Constituição de 1988 foi desenvolvida em um ambiente dominado por novos ventos democráticos, com a participação de diversos segmentos sociais, o que fez com que a Carta fosse apelidada de Constituição Cidadã. Os princípios nela contidos deixam de ser meras diretrizes programáticas e passam a conter valores normativos exigíveis e aplicáveis a todas as searas jurídicas.

Para que tais disposições ganhassem efetividade, porém, era fundamental que os códigos, leis infraconstitucionais e todo o raciocínio jurídico fossem reformulados segundo as premissas valorativas das novas constituições. Essa foi a proposta da teoria do direito civil-constitucional: promover uma efetiva reforma do direito privado à luz dos princípios do Diploma Maior.[38]

Nesse âmbito, portanto, diz-se que houve uma constitucionalização do direito civil, a designar o movimento de aplicação direta e hermenêutica das disposições

---

[36] CRUZ, Gisela Sampaio da. *O problema do nexo causal na responsabilidade civil*. Rio de Janeiro: Renovar, 2005. p. 22-24.

[37] BARROSO, Luís Roberto. Neoconstitucionalismo e constitucionalização do direito (o triunfo tardio do direito constitucional do brasil). In: SARMENTO, Daniel; SOUZA NETO, Cláudio Pereira de (Coord.). *A constitucionalização do direito*: fundamentos teóricos e aplicações específicas. Rio de Janeiro: Lumen Juris, 2007, *passim*.

[38] SCHREIBER, Anderson. Direito civil e Constituição. In: SCHREIBER, Anderson. *Direito civil e Constituição*. São Paulo: Atlas, 2013. p. 9. No mesmo sentido PERLINGIERI, Pietro. *Perfis do direito civil*: introdução ao direito civil constitucional. Rio de Janeiro: Renovar, 2002. p. 33-34.

constitucionais às relações privadas.[39] Nesse sentido, a lógica proprietária que permeava todo o Código Civil[40] deu lugar à centralidade dos direitos da personalidade[41] e das necessidades existenciais.[42] As relações jurídicas negociais e existenciais passaram a ter como vértice a dignidade da pessoa humana, fundamento da República.[43]

Na seara específica da responsabilidade civil no Brasil, tais efeitos também se fizeram sentir: a preocupação com o indivíduo em suas particularidades fez com que todo o sistema de retribuição ganhasse contornos mais singulares. O cidadão de direitos passa a ser considerado em suas vulnerabilidades e especificidades, e o direito se especializa cada vez mais, a fim de conferir a proteção necessária a cada classe de sujeitos.

Assim, a reparação dos danos e a recuperação de prejuízos sofridos por condutas injustas ganha uma dimensão que vai além do direito patrimonial: a responsabilidade civil se volta para a proteção da pessoa e a promoção de sua dignidade. Nesse contexto, a reparação civil passa a ser especialmente valorizada na doutrina e nas práticas dos tribunais, fazendo com que haja uma radical mudança nos seus pilares constitutivos.

Nessa esteira, surge intensa preocupação com a reparação integral da vítima, positivada no Código Civil[44] e objeto de intensa produção doutrinária nos últimos anos. De maneira geral, entende-se por reparação integral o princípio segundo o qual o prejudicado deve ser colocado em situação equivalente à anterior ao dano sofrido. Assim, a indenização corresponderá a todo o prejuízo experimentado pelo lesado, *tout le dommage, mais rien que le dommage.* É a partir dessa construção que se defende que a indenização deva abarcar as diversas espécies de danos que incorreram no caso, sem se limitar ao interesse positivo, ou seja, o efetivo prejuízo sofrido,[45] mas passando também pelos lucros cessantes e pelas novas categorias de danos existentes atualmente, como o dano estético e o dano moral.

São esses novos interesses, centrados nos direitos da personalidade e nas necessidades existenciais, que, cada vez mais, fazem com que se dê centralidade,

---

[39] Nos ensinamentos de Maria Celina Bodin de Moraes: "A rigor, portanto, o esforço hermenêutico do jurista moderno volta-se para a aplicação direta e efetiva dos valores e princípios da Constituição, não apenas na relação Estado-indivíduo, mas também na relação interindividual, situada no âmbito dos modelos próprios do direito privado. [...]. Assim é que qualquer norma ou cláusula negocial, por mais insignificante que pareça, se deve coadunar e exprimir a normativa constitucional. Sob esta ótica as normas do direito civil necessitam ser interpretadas como reflexo das normas constitucionais" (MORAES, Maria Celina Bodin de. *Na medida da pessoa humana*: estudos de direito civil-constitucional. Rio de Janeiro: Renovar, 2010. p. 14-15).

[40] PERLINGIERI, Pietro. *Perfis do direito civil*: introdução ao direito civil constitucional. Rio de Janeiro: Renovar, 2002. p. 1.

[41] "A tutela da personalidade – convém, então, insistir – não pode se conter em setores estanques, de um lado os direitos humanos de outro as chamadas situações jurídicas de direito privado. A pessoa, à luz do sistema constitucional, requer proteção integrada, que supere a dicotomia direito público e privado e atenda à cláusula geral fixada pelo texto maior, de promoção da dignidade humana" (TEPEDINO, Gustavo. A tutela da personalidade no ordenamento civil-constitucional brasileiro. In: TEPEDINO, Gustavo. *Temas de direito civil*. Rio de Janeiro: Renovar, 2008. p. 57).

[42] Nesse sentido a clássica doutrina de PERLINGIERI, Pietro. *Il diritto civile nella legalità costituzionale*: secondo il sistema ítalo-comunitario dele fonti. Napoli: Edizioni Scientifiche Italiane, 2006. p. 535 e ss.

[43] "Art. 1º A República Federativa do Brasil, formada pela união indissolúvel dos Estados e Municípios e do Distrito Federal, constitui-se em Estado Democrático de Direito e tem como fundamentos: [...] III - a dignidade da pessoa humana".

[44] "Art. 944. A indenização mede-se pela extensão do dano. Parágrafo único. Se houver excessiva desproporção entre a gravidade da culpa e o dano, poderá o juiz reduzir, equitativamente, a indenização".

[45] PINTO, Paulo Mota. *Interesse contratual negativo e interesse contratual negativo*. Coimbra: Coimbra Editora, 2008, *passim*.

na jurisprudência, ao *dano*, na análise da responsabilidade civil, em detrimento da completa avaliação dos demais pilares, *culpa* e *nexo causal*. Os tempos mudaram e a óptica da responsabilidade civil é outra, com um foco muito maior na vítima,[46] que deve ser ressarcida em sua integralidade sempre que a ela for causado um dano injusto, seja decorrente de uma conduta culposa, seja por conta do perigo de uma atividade exercida de forma lícita. A tal movimento Orlando Gomes dá o nome de *giro conceitual* e marca exatamente a transferência de centralidade entre o ato ilícito – referência para responsabilização na responsabilidade civil tradicional – para o dano injusto – fato primordial para a contemporânea análise constitucional do direito reparatório.[47]

Para acompanhar essa nova tendência, a jurisprudência e a doutrina têm atuado criativamente, promovendo uma verdadeira flexibilização dos pilares da responsabilidade civil como maneira de garantir a reparação integral da vítima, fazendo com que o mecanismo de responsabilização sirva aos interesses fundamentais e individuais, culminando em uma descaracterização da função primária da responsabilidade, que se alarga drasticamente. É o que Anderson Schreiber chama de erosão dos filtros tradicionais da responsabilidade civil.[48] A culpa e o nexo de causalidade, portanto, passam a ser analisados com menor rigor, a fim de que a vítima não fique sem recomposição de danos. É nesse sentido que a doutrina alude a novas funções da responsabilidade civil: sua utilidade principal, restabelecer o equilíbrio econômico existente entre a vítima e o agente, passa a dividir espaço com as funções compensatória, punitiva e pedagógica, funcionando, até mesmo, como instrumento de justiça social distributiva.[49]

O elemento em que a flexibilização se dá com maior intensidade, e que será o objeto de nossa análise, é o nexo causal. A complexidade na análise desse pilar reside, em especial, no fato de que ele é o responsável principal pela fixação da autoria da conduta danosa. Está diretamente ligado, portanto, a complexas questões probatórias, que nem sempre são facilmente sanáveis. Nas relações jurídicas atuais, em que há constantes disparidades de condições entre os polos jurídicos envolvidos, é comum que haja uma hipossuficiência ou uma vulnerabilidade de uma parte em relação ao maior poder jurídico da outra. Como consequência, a parte lesada, muitas vezes, não detém condições jurídicas, práticas ou econômicas de provar seu pleito e mostrar inequivocamente a autoria do dano que a acometeu.

Foi sentindo que tal situação era problemática constante nos pedidos de reparação, e munidos da nova mentalidade constitucional de reparação integral da vítima, proteção

---

[46] "A constitucionalização do direito dos danos impôs, como se viu, a releitura da própria função primordial da responsabilidade civil. O foco que tradicionalmente recaía sobre a pessoa do causador do dano, que por seu ato reprovável deveria ser punido, deslocou-se no sentido da tutela especial garantia à vítima do dano injusto, que merece ser reparada" (MORAES, Maria Celina Bodin de. A constitucionalização do direito civil e seus efeitos sobre a responsabilidade civil. In: SARMENTO, Daniel; SOUZA NETO, Cláudio Pereira de (Coord.). *A constitucionalização do direito*: fundamentos teóricos e aplicações específicas. Rio de Janeiro: Lumen Juris, 2007. p. 445).

[47] GOMES, Orlando. Tendências modernas da reparação de danos. In: DI FRANCESCO, J. R. P. (Org.) *Estudos em homenagem ao Professor Silvio Rodrigues*. São Paulo: Saraiva, 1989. p. 293 e ss.

[48] SCHREIBER, Anderson. *Novos paradigmas da responsabilidade civil*: da erosão dos filtros da reparação à diluição dos danos. São Paulo: Atlas, 2007. p. 11 e ss.

[49] MORAES, Maria Celina Bodin de. A constitucionalização do direito civil e seus efeitos sobre a responsabilidade civil. In: SARMENTO, Daniel; SOUZA NETO, Cláudio Pereira de (Coord.). *A constitucionalização do direito*: fundamentos teóricos e aplicações específicas. Rio de Janeiro: Lumen Juris, 2007. p. 453.

da dignidade humana e centralidade dos direitos da personalidade que os tribunais e os juristas passaram a flexibilizar a análise do nexo causal nos pleitos reparatórios.

Desta maneira, vale citar as novas construções dogmáticas como a da presunção de causalidade, a da causalidade pressuposta e o estabelecimento da causalidade a partir do uso de estatísticas. Como já vimos anteriormente, a causalidade é um dos pontos mais delicados da responsabilidade civil, seja pelo grande número de teorias que tentaram explicar o tema, seja pela confusão feita pelos tribunais ao eleger determinada construção dogmática, estabelecendo imprecisões teóricas e invertendo definições. Para Gustavo Tepedino, o mais importante ao analisar o nexo causal é verificar a noção de *necessariedade* da causa ao dano,[50] discussão que já analisamos *supra*. Uma vez provada a causa necessária, podemos, então, falar da responsabilidade civil do agente causador do prejuízo.

Com vistas a amenizar o problema da incapacidade probatória, desenvolveu-se a *teoria da presunção de causalidade*. Segundo tal construção, poderia o julgador utilizar-se de presunções e ficções jurídicas como forma de benefício à vítima, favorecendo-a em virtude de sua hipossuficiência.[51] Assim, possibilitaria a efetivação da obrigação de indenizar e a reparação plena, por meio de juízo probabilístico que estabeleceria a autoria do dano através de presunções.

De acordo com o pensamento de Francisco José Marques Sampaio, as presunções cumprem duas funções principais, uma no plano legislativo, existindo para elaboração de uma regra de conteúdo probatório para facilitar a atividade do magistrado e das partes que dela se beneficiarem, e outra no plano jurídico, se apresentando como meio de provas quando diante da dificuldade de se provar certo fato.[52] Assim, diante de um fato conhecido e certo, e outro, que, nas mesmas condições, se apresenta semelhante e incerto, reconhece-se a veracidade deste último por meio de um juízo de presunção. Nas palavras de Fernando Noronha, tal apreciação não deixa de configurar prova do fato: "o nexo de causalidade deve ficar provado, mesmo que muitas vezes tal prova seja inferida pelo juiz, a partir de presunções simples".[53]

Assim, para Caitlin Sampaio Mulholland:

> não obstante as inúmeras teorias da causalidade esgotarem suas possibilidades de interpretação quando diante de hipóteses em que não é possível identificar-se, pelos métodos por elas abrigados, uma causa inequívoca para o dano, alternativas surgem para permitir a imputação de responsabilidade, dentre as quais se destaca a ferramenta da presunção da causalidade.[54]

---

[50] TEPEDINO, Gustavo. Notas sobre o nexo de causalidade. *Revista Trimestral de Direito Civil*, ano 2, v. 6, abr./jun. 2001. p. 19.

[51] MULHOLLAND, Caitlin Sampaio. *A responsabilidade civil por presunção de causalidade*. Rio de Janeiro: GZ, 2009. p. 196.

[52] SAMPAIO, Francisco José Marques. *Evolução da responsabilidade civil e reparação de danos ambientais*. Rio de Janeiro: Renovar, 2002. p. 217-218.

[53] NORONHA, Fernando. *Direito das obrigações*: fundamentos dos direitos das obrigações. São Paulo: Saraiva, 2003. p. 619.

[54] MULHOLLAND, Caitlin Sampaio. *A responsabilidade civil por presunção de causalidade*. Rio de Janeiro: GZ, 2009. p. 346.

Seguindo a ideia de uma maior objetivação da responsabilidade civil, temos também a chamada *responsabilidade pressuposta*, na qual a responsabilização do agente independe da análise de culpa. A principal referência para o assunto é a obra da autora belga Geneviève Schamps,[55] *La mise en danger: un concept fondateur d'un principe general de responsabilité*. De acordo com tal teoria, a mera *exposição ao perigo* (tradução livre de *mise en danger*) já seria o suficiente para a responsabilização, ou seja, a vítima exposta à atividade perigosa tem o direito de obter a reparação dos prejuízos que suportou em razão das atividades desenvolvidas pelo agente causador do perigo. Para essa teoria, a dignidade da pessoa humana é tomada como um núcleo mínimo de garantias fundamentais. No Brasil, a grande defensora desta teoria é a professora Giselda Hironaka, que sustenta a ideia de que essas novas tendências podem "fazer da responsabilidade civil um instrumento para garantia de direitos sociais e de direitos civis por todos os cidadãos, inclusive o direito à propriedade".[56]

Também podemos observar, nos tribunais, a responsabilização civil com base no uso de *estatísticas*. Muitas vezes os juízes utilizam-se de fontes interdisciplinares para conseguir uma base teórica na análise da causalidade em determinados danos, valendo-se de informações e dados que justifiquem a imputação. Pode-se citar exemplificativamente as inúmeras hipóteses em que a ciência médica serviu de base de julgamento para que magistrados atribuíssem a indústrias e fábricas a responsabilidade por problemas de saúde desenvolvidos pela vítima. A principal seara em que se desenvolve tal método de julgamento é dos casos relacionados ao *tobacco litigation*,[57] precedentes em que se pretende atribuir às indústrias fumageiras a responsabilidade pelos danos causados pela nicotina. Apesar de a tendência jurisprudencial ser a de não condenar os fabricantes à reparação, entre outras razões[58] pela ausência da prova inequívoca do nexo causal,[59] alguns julgadores, fazendo uso de estatísticas derivadas das ciências biológicas, atribuíram responsabilidade às indústrias do tabaco mesmo sem

---

[55] SCHAMPS, Geneviève. *La mise en danger*: un concept fondateur d'un principe general de responsabilité (analyse de droit compare). Bruxelas: Bruylant e Paris: LGDJ, 1998.

[56] HIRONAKA, Giselda Maria F. Novaes. *Responsabilidade pressuposta*. Belo Horizonte: Del Rey, 2005. p. 346.

[57] Para saber mais sobre os litígios tabaco-relacionados, v. a experiência estrangeira: DAYNARD, Richard A.; BATES, Clive; FRANCEY, Neil. Tobacco litigation worldwide. *BMJ*, v. 320, n. 7227, p. 111-113, 8 jan. 2000. Disponível em: <http://www.ncbi.nlm.nih.gov/pmc/articles/PMC1117367/>. Acesso em: 12 ago. 2016; V. também TOBACCO Control Litigation. *Public Health Law Center*. Disponível em: <http://publichealthlawcenter.org/topics/tobacco-control/tobacco-control-litigation>. Acesso em: 12 ago. 2016.

[58] "A jurisprudência brasileira, em sua maior parte, tem utilizado os seguintes argumentos para afastar a responsabilidade das empresas de cigarro por danos causados à saúde: a) trata-se de atividade lícita, não proibida pelo direito brasileiro; b) a indústria tabagista tem informado amplamente dos riscos do consumo de cigarro; c) a propaganda de cigarros não é enganosa nem abusiva; d) não há nexo de causalidade entre a conduta das empresas e o dano à saúde do consumidor; e) prescrição quinquenal (art. 27 da Lei nº. 8.078/1990); f) livre-arbítrio do consumidor; g) culpa exclusiva da vítima; h) falta de prova à caracterização do dever de indenizar; i) inexistência da responsabilidade da empresa produtora de cigarros; entre outros" (SOARES, Renata Domingues Balbino Munhoz. *Direito e tabaco*: prevenção, reparação e decisão. São Paulo: Atlas, 2016. p. 175-177).

[59] STF. RE nº 602.671. Rel. Min. Marco Aurélio, j. 2.3.2010; STJ, 4ª T. REsp nº 1.090.609. Rel. Min Antônio Carlos Ferreira, j. 6.11.2012; STJ. REsp nº 889.559. Rel. Min. Luís Felipe Salomão, j. 17.10.2011; TJSP, 9ª Câmara de Direito Privado. Ap. nº 00058818720028260001. Rel. Des. Alexandre Lazzarini, j. 7.7.2015; TJSP, 8ª Câmara de Direito Privado. Ap. nº 00088245720018260019. Rel. Des. Silvério da Silva, j. 6.5.2015; TJSP, 9ª Câmara de Direito Privado. Ap. nº 00270571420058260100. Rel. Des. Grava Brazil, j. 28.2.2012; TJRJ, 1ª CC. Ap. nº 012108293200008190001. Rel. Des. Maria Augusta Vaz, j. 2.3.2010; TJRJ, 13ª CC. Ap. nº 01121958620018190001. Rel. Des. Ademir Pimentel, j. 30.8.2006; TJRS, 5ª CC. Ap. nº 70067864181. Rel. Des. Léo Romi Pilau Júnior, j. 30.3.2016; TJRS, 9ª CC. Ap. nº 70042003939. Rel. Des. Leonel Pires Ohlweiler, j. 26.8.2015; TJRS, 10ª CC. Ap. nº 70060235165. Rel. Des. Jorge Alberto Schreiner Pestana, j. 17.7.2014.

prova cabal de que a moléstia que acomete a vítima foi resultado *necessário* do hábito de fumar.[60] Nesses casos, a multifatorialidade das doenças vem sendo ignorada a fim de atribuir à indústria do fumo a responsabilidade por danos decorrentes de enfermidades cujas causas não são necessariamente vinculadas ao hábito do fumo. Infere-se, portanto, que esse é mais um caso em que se flexibiliza a demonstração inequívoca do nexo causal em razão da aspiração de indenizar o lesado pelos seus prejuízos.

9.5 Considerações finais

Com base nessa nova perspectiva em que se encontra a responsabilidade civil, em que o foco deixa de ser a restituição do equilíbrio entre vítima e ofensor, concentrando-se nos danos, no viés punitivo, e na justiça distributiva, o interesse da vítima figura como a preocupação judicial e como o principal elemento da responsabilidade civil. Desta maneira, passa o dano a ser visto como lesão concreta (não abstrata, como um interesse merecedor de tutela), tendo sua verificação distanciada dos outros dois pressupostos da responsabilidade civil, culpa e nexo causal, que cada vez mais têm sido flexibilizados.

Criou-se, portanto, um sentimento de ressarcimento pleno e incondicionado, com base no qual as pessoas que têm sua esfera jurídica afetada por uma ação ou omissão humana pleiteiam reparação civil sem a devida reflexão sobre a culpabilidade, a autoria e a própria consequência danosa. Consequentemente, é cada vez maior o número de ações impetradas em busca de ressarcimento por danos, principalmente ao falarmos de danos morais – verdadeira abstração jurídica de difícil atestação –, que se desenrolam apenas sob a ótica do lucro. Surgem, nessa esteira, demandas com base em danos imaginários e criativos, que, se não forem, desde logo, "aparadas" pelo Judiciário, geram uma carga de processos imensa por reparação de danos que, em verdade, não são indenizáveis. Infere-se que o positivo pensamento de reparação da vítima em atendimento a suas particularidades e a sua dignidade, se extremado, pode gerar consequências eminentemente negativas.

Em primeiro lugar frisa-se o imediato problema da imputação civil equivocada, que culmina na afetação patrimonial de um sujeito cuja conduta pode não estar vinculada ao resultado danoso em caráter de necessariedade. Em segundo lugar, tomando toda a sociedade como escala, as consequências da flexibilização exacerbada do nexo de causalidade também são muito gravosas: a responsabilidade civil passa a ter novas

---

[60] Em destaque o voto prolatado pelo Des. Eugênio Facchini na Ap. nº 70059502898 do TJRS: "12. Como exemplos dessas novas ideias e práticas jurisprudenciais que estão apontando, há décadas, para uma tal flexibilização da prova do nexo de causalidade, citam-se a doutrina da market share liability, a doutrina da perda de uma chance (perte d'une chance), a doutrina da res ipsa loquitur; a doutrina da causalidade alternativa; a doutrina da presunção de causalidade; a doutrina do more probable than not; a doutrina da redução do módulo da prova; a doutrina sueca da verossimilhança, bem como a admissão de probabilidades estatísticas (essa última especialmente importante para o caso em tela). Em todas essas teorias/doutrinas/práticas jurisprudenciais, troca-se a verdade pela verossimilhança, a certeza pela probabilidade, no intuito de se fazer justiça. [...] 13. Dados estatísticos indiscutíveis e aplicáveis à doença noticiada nos autos, fruto de consenso médico universal, indicam que: 'O tabaco é o principal fator para a DPOC, gerando tanto a inflamação crônica das vias aéreas (bronquite tabágica) como a doença degenerativa dos alvéolos (enfisema pulmonar) [...] a alegação, em muitos casos, é dotada de enorme verossimilhança, à luz das estatísticas disponíveis e das certezas médicas hoje indiscutíveis no setor'" (TJRS, 9ª CC. Ap. nº 70059502898, j. 16.12.2015). No mesmo sentido, cf. TJRJ, 9ª CC. Ap. nº 70016845349. Rel. Des. Odone Sanguiné, j. 12.12.2007; TJRS, 5º Grupo de Câmaras Cíveis. Embargos Infringentes nº 70028843514. Rel. Des. Jorge Alberto Schreiner Pestana, j. 17.12.2010.

funções e a alargar suas hipóteses de incidência, funcionando como instrumento de reparação de iniquidades sociais e de punição, perdendo seu foco principal que é restabelecer o *equilíbrio* entre a vítima e o autor do dano. Como consequência, gera-se uma mentalidade generalizada de busca por reparação: as pessoas, confiantes de que seus pleitos serão abraçados sem a devida reflexão do magistrado, passam a submeter ao Judiciário toda a sorte de pedidos de responsabilização por danos não indenizáveis. Cria-se, portanto, uma sensação de que o Judiciário é uma saída para o ressarcimento do dito abalo psicológico. Tal fenômeno é chamado pelos autores de *indústria do dano moral*.[61]

O que se vê, em verdade, é que a lógica foi totalmente invertida: a responsabilidade civil passou a ter novas funções e suas colunas foram flexibilizadas a fim de garantir a proteção à personalidade da vítima, que, pelos rigores da responsabilidade civil tradicional ficava, por vezes, desamparada, em razão de negativas de reparação decorrentes de incompatibilidades formais. O que se tem, atualmente, porém, é que a flexibilização alargada faz com que os princípios existenciais que guiaram esse caminho sejam deixados e lado, e que valores estritamente patrimoniais ganhem centralidade. Isso ocorre, pois a reparação civil é efetivada, na maioria das vezes, por indenizações monetárias – mesmo em demandas fundadas em interesses existenciais –, de forma que decisões judiciais irrefletidas (que atribuem responsabilidade sem a correta aferição de seus pressupostos) fomentam a percepção de que qualquer ação indenizatória com pressupostos precariamente fundamentados culminará em benefício patrimonial.

Frise-se que, há mais de 11 anos, Gustavo Tepedino já prenunciava as desastrosas consequências do descumprimento dos pressupostos da responsabilidade civil, destacando que a inobservância dos pressupostos da responsabilidade civil funciona como estímulo ao locupletamento. A solidariedade constitucional, ao seu ver, não devia ser alcançada à custa do abandono da técnica no direito reparatório, de forma que os deveres de justiça social ainda deviam ter como base políticas públicas sólidas, e não decisões judiciais arbitrárias.[62] É de importante ressalte que essas tendências, apesar de acompanharem a global constitucionalização do direito privado, têm suas consequências sentidas destacadamente no direito brasileiro. Essa foi a conclusão a que chegou Otavio Luiz Rodrigues ao participar de uma conferência no Trinity College da Universidade de Cambridge no âmbito do projeto *Regulatin Risk through Private Law*, que reuniu importantes juristas para uma série de conferências sobre a responsabilidade civil. Segundo o autor, as preocupações sobre a flexibilização do nexo de causalidade e a aplicação de juízos probabilísticos na responsabilidade civil foram questões levantadas pela delegação brasileira e que não pareciam repercutir nas demais nações participantes.[63]

Os comentários aqui tecidos não visam desvalorizar os brilhantes trabalhos doutrinários que culminaram nas teorias de flexibilização dos elementos da responsabilidade civil. Ao contrário, frisa-se que seus desenvolvimentos foram de fundamental

---

[61] SCHREIBER, Anderson. *Novos paradigmas da responsabilidade civil*: da erosão dos filtros da reparação à diluição dos danos. São Paulo: Atlas, 2007. p. 186.

[62] TEPEDINO, Gustavo. O futuro da responsabilidade civil. *Revista Trimestral de Direito Civil*, ano 6, v. 24, out./dez. 2005. p. V.

[63] RODRIGUES JUNIOR, Otavio Luiz. Encontro em Cambridge discute rumos da responsabilidade civil no mundo. *Conjur*, 27 jul. 2016. Disponível em: <http://www.conjur.com.br/2016-jul-27/direito-comparadoencontro-cambridge-discute-rumos-responsabilidade-civil>. Acesso em: 12 ago. 2016.

importância para permitir a compatibilização entre os valores constitucionais e a responsabilidade civil. Foram as complexas elaborações analisadas nesse trabalho que efetivaram a proteção da dignidade humana em seus valores existenciais e a reparação integral da vítima, aproximando a responsabilidade civil de um mecanismo de recomposição efetivo, neutralizando os problemas que advinham das desigualdades de condições entre as partes de uma relação jurídica e afastando os cristalizados valores patrimoniais que teimavam em destacar-se sobre as necessidades individuais.

O que foi relatado *supra*, *data vênia*, é a irrefletida aplicação da flexibilização dos pilares – em especial do nexo causal – em demandas de reparação, o que acaba por fomentar a indústria do dano moral, os pleitos irracionais e contribui para aumentar o volume de processos que não possuem real fundamento reparatório em um Judiciário já sobrecarregado. Entende-se que cada elemento da responsabilidade cumpre essencial função nas demandas indenizatórias, fixando inequivocamente a autoria da conduta e determinando, portanto, qual patrimônio será abalado na recomposição, estabelecendo o real prejuízo sofrido pela vítima, fixando o montante indenizatório, e criando prova inequívoca e inafastável de que há relação de necessariedade entre o impulso volitivo e a consequência.

Logo, temos que, na generalidade dos casos, os pilares devem ser detidamente analisados e que somente em situações especiais devem ser flexibilizados. Tais serão os casos, por exemplo, de responsabilidade objetiva, de manifesta impossibilidade probatória da vítima, e da impossibilidade material de comprovação dos danos. Assim, deve-se buscar a restauração do equilíbrio entre os três pilares da responsabilidade civil, afastando a absoluta centralidade do dano, que acaba por deturpar a avaliação do dever reparatório.

Dessa forma, se promoverá uma efetiva constitucionalização do direito de recomposição civil: os interesses existenciais manterão sua centralidade, sendo a dignidade humana o princípio regente de toda a responsabilidade civil. Com a manutenção dos *standards* se conseguirá, inclusive, reverter a lógica patrimonialista que ameaça retornar à centralidade dos pleitos, criando um ambiente em que os valores existenciais sejam exaltados e permitindo a avaliação racional dos pressupostos da responsabilidade civil.

Informação bibliográfica deste texto, conforme a NBR 6023:2002 da Associação Brasileira de Normas Técnicas (ABNT):

MACHADO, Bruna Vilanova; CORTAZIO, Renan Soares. A flexibilização do nexo de causalidade: uma análise das novas tendências na responsabilidade civil contemporânea. In: TEPEDINO, Gustavo; TEIXEIRA, Ana Carolina Brochado; ALMEIDA, Vitor (Coord.). *Da dogmática à efetividade do Direito Civil*: Anais do Congresso Internacional de Direito Civil Constitucional – IV Congresso do IBDCivil. 2. ed. rev., ampl. e atual. Belo Horizonte: Fórum, 2019. p. 791-806. ISBN 978-85-450-0545-2.

SOBRE OS AUTORES

Abraão Bezerra de Araújo
Graduando em Direito pela Universidade de Fortaleza. Pesquisador de Iniciação Científica Pavic.

Alexandre de Serpa Pinto Fairbanks
Bacharel em Direito pela Universidade Federal Rural do Rio de Janeiro, Instituto Três Rios. Pesquisador do INCT-Proprietas. E-mail: <alexandre_spf@hotmail.com>.

Alexandre Junqueira Gomide
Especialista e Mestre em Ciências Jurídicas pela Faculdade de Direito da Universidade de Lisboa. Mestrando em Direito Civil pela Faculdade de Direito do Largo São Francisco. Colaborador do *blog* Civil & Imobiliário: <www.civileimobiliario.com.br>. Professor. Advogado. Sócio de Junqueira Gomide & Guedes Advogados.

Alexandre Pereira Bonna
Doutorando em Direito pela Universidade Federal do Pará (UFPA). Mestre em Direito pela Universidade Federal do Pará (UFPA). Professor da Universidade da Amazônia (Unama). Advogado. E-mail: <alexandrebonna@yahoo.com.br>.

Aline de Miranda Valverde Terra
Doutora e Mestre em Direito Civil pela Universidade do Estado do Rio de Janeiro (UERJ). Professora Adjunta do Departamento de Direito Civil da UERJ. Professora de Direito Civil da Pontifícia Universidade Católica do Rio de Janeiro (PUC-Rio). Professora da Pós-Graduação *lato sensu* da UERJ e da PUC-Rio. Consultora e parecerista.

Ana Carla Harmatiuk Matos
Mestre e Doutora em Direito pela UFPR. Mestre em *Derecho Humano* pela Universidad Internacional de Andalucía. Tuttora Diritto na Universidade di Pisa, Itália. Professora na Graduação, Mestrado e Doutorado em Direito da UFPR. Vice-Coordenadora do Programa de Pós-Graduação em Direito da UFPR. Professora de Direito Civil e de Direitos Humanos. Advogada. Diretora da Região Sul do IBDFAM. Vice-Presidente do IBDCivil.

Ana Carolina Brochado Teixeira
Doutora em Direito Civil pela UERJ. Mestre em Direito Privado pela PUC Minas. Especialista em Direito Civil pela Scuola di Diritto Civile di Camerino, Itália. Professora de Direito Civil do Centro Universitário UNA, Belo Horizonte - MG, Brasil. Membro do Centro de Estudos em Biodireito (Cebid). Advogada.

Ana Luiza Maia Nevares
Doutora e Mestre em Direito Civil pela UERJ. Professora de Direito Civil da PUC-Rio. Membro do IBDFAM e do IAB. Advogada.

Anderson Schreiber
Professor de Direito Civil da UERJ. Procurador do Estado do Rio de Janeiro. Advogado.

André Luiz Arnt Ramos
Doutorando e Mestre em Direito das Relações Sociais e Bacharel em Direito pela UFPR. Pesquisador visitante junto ao Instituto Max Planck para Direito Comparado e Internacional privado. Membro do Grupo de Pesquisa Virada de Copérnico. Associado ao Instituto dos Advogados do Paraná. Professor da Universidade Positivo. Advogado em Curitiba.

Andressa Jarletti Gonçalves de Oliveira
Mestre em Direito das Relações Sociais pela UFPR. Professora na Escola Superior de Advocacia da OAB/PR e em Pós-Graduações na Universidade Positivo, Unicuritiba, Academia Brasileira de Direito Constitucional (ABDConst), Damásio Educacional, Faculdades da Gestão da Indústria do Estado do Paraná (FIEP) e Univel. Diretora Adjunta da Região Sul do Instituto Brasileiro de Política e Direito do Consumidor (Brasilcon). Pesquisadora do Núcleo de Pesquisa em Direito Civil-Constitucional Virada de Copérnico (PPGD/UFPR). Advogada.

Arlene Mara de Sousa Dias
Advogada, Psicóloga e Mediadora Judicial (TJ/PA). Doutoranda e Mestra em Psicologia pelo Programa de Pós-Graduação em Psicologia da Universidade Federal do Pará (UFPA). Pós-Graduada em Direito Processual Civil (Faculdade do Pará –Universidade Estácio de Sá/RJ). Professora de Psicologia Jurídica e de Direito Civil da Universidade Federal do Oeste do Pará (Ufopa). Professora de Direito Civil da Universidade da Amazônia (Unama). Professora da Pós-Graduação em Psicologia Jurídica da Unama. Membro do Grupo de Pesquisa Subjetivação, Conflito e Cultura (UFPA), vinculado ao Diretório de Grupos de Pesquisa do CNPq. Membro do Grupo de Estudo e Pesquisa Pessoas e Relações Familiares (Unama). Membro da Comissão de Defesa dos Direitos da Criança e Adolescente da OAB/PA. Advogada militante na área de Direito de Família. E-mail: <arlenemara@gmail.com>.

Auricelia do Nascimento Melo
Doutoranda em Direito Constitucional. Professora Assistente da Uespi. Professora do Centro Universitário Uninovafapi. E-mail: <aurimelo@hotmail.com>.

Bruna Vilanova Machado
Aluna de Graduação do 5º período da Faculdade de Direito da UERJ.

Bruno Martins Moutinho
Professor de Graduação em Direito do Instituto de Ciências Jurídicas da Universidade da Amazônia (ICJ-Unama), Belém-PA, Brasil. Auditor-Fiscal da Receita Federal do Brasil. Mestre em Computação pelo Instituto de Matemática e Estatística da Universidade de São Paulo (IME-USP), São Paulo-SP, Brasil. Bacharel em Direito e Mestrando em Direitos Fundamentais pela Universidade da Amazônia, Belém-PA, Brasil. Tecnólogo em Processamento de Dados pelo Centro de Ensino Superior do Pará (Cesupa), Belém-PA, Brasil. Especialista em Direito da Tecnologia da Informação pela Universidade Gama Filho (UGF), Rio de Janeiro-RJ, Brasil. E-mail: <bruno.moutinho@gmail.com>.

Camila Lidizzia de Carvalho

Acadêmica de Direito da Universidade Federal Rural do Rio de Janeiro, Instituto Três Rios. Pesquisadora do Núcleo de Pesquisa em Direitos Fundamentais, Relações Privadas e Políticas Públicas. Bolsista do Programa de Educação Tutorial (PET). E-mail: <camilalidcarv@hotmail.com>.

Carlos Edison do Rêgo Monteiro Filho

Professor Associado de Direito Civil da Universidade do Estado do Rio de Janeiro – UERJ. Procurador do Estado do Rio de Janeiro. Sócio do escritório Carlos Edison do Rêgo Monteiro Filho Advogados.

Carlos Nelson Konder

Professor do Departamento de Direito Civil da Faculdade de Direito da UERJ. Professor do Departamento de Direito da PUC-Rio. Doutor e Mestre em Direito Civil pela UERJ. Especialista em Direito Civil pela Università di Camerino, Itália.

Chiara Antonia Spadaccini de Teffé

Doutoranda e mestre em Direito Civil pela Universidade do Estado do Rio de Janeiro. Graduada em Direito pela Universidade Federal do Rio de Janeiro. É pesquisadora do Instituto de Tecnologia e Sociedade do Rio de Janeiro (ITS Rio) e advogada. Foi professora substituta de Direito Civil na UFRJ. Integra o conselho executivo da revista eletrônica Civilistica.com. E-mail: <chiaradeteffe@gmail.com>.

Daniel Bucar

Doutor em Direito Civil pela Universidade do Estado do Rio de Janeiro. Mestre em Direito Civil pela Universidade do Estado do Rio de Janeiro. Especialista em Direito Civil pela Università degli Studi di Camerino. Professor de Direito Civil do Ibmec/RJ. Procurador do Município do Rio de Janeiro. Advogado.

Daniel Silva Fampa

Mestrando vinculado à linha de pesquisa Constitucionalismo, Democracia e Direitos Humanos, sublinha de pesquisa Pensamento Jurídico, Hermenêutica e Concretização do Direito do PPGD/UFPA, sob a orientação da Profa. Dra. Pastora do Socorro Teixeira Leal. Bacharel em Direito pela mesma instituição. Advogado. E-mail: <danielsfampa@gmail.com>.

Daniela Corrêa Jacques Brauner

Doutoranda pela UFRGS (orientadora Profa. Dra. Cláudia Lima Marques). Mestre e Especialista pela UFRGS. Defensora Pública Federal. E-mail: <danielacjacques@gmail.com>.

Daniele Chaves Teixeira

Doutora e Mestre em Direito Civil pela Universidade do Estado do Rio de Janeiro (UERJ). Especialista em Direito Civil pela Universidade de Camerino, Itália. Especialista em Direito Privado pela PUC-RJ. Advogada.

Débora Elisa Lima Ribeiro

Advogada. Aluna do Curso de Doutorado em Direito Civil na Universidade de Direito de Buenos Aires (UBA). *Máster of Laws* (LL.M) em Direito Empresarial na Fundação Getúlio Vargas (FGV) com Extensão Fordham University, New York. Bacharel em Direito pela Pontifícia Universidade Católica de Minas Gerais (PUC Minas).

Deborah Pereira Pinto dos Santos

Mestre e Doutoranda em Direito Civil pela Universidade do Estado do Rio de Janeiro (UERJ). Procuradora do Município do Rio de Janeiro (PGM/RJ). Advogada.

Diana Paiva de Castro

Mestre em Direito Civil pela Faculdade de Direito da Universidade do Estado do Rio de Janeiro (UERJ). Advogada.

Francisco de Assis Viégas

Mestre em Direito Civil pela Faculdade de Direito da Universidade do Estado do Rio de Janeiro (UERJ). Advogado.

Gabriel Honorato de Carvalho

Mestrando em Direito Econômico pela Universidade Federal da Paraíba; Pós-graduado em Direito Civil e Processo Civil pela Escola Superior da Advocacia, Seccional Paraíba; Graduado em Direito pelo Centro Universitário de João Pessoa – UNIPÊ; Advogado e consultor jurídico; Membro-Diretor do Instituto de Direito Civil Constitucional - IDCC; Vice-Diretor Científico e Acadêmico do Instituto Brasileiro de Direito de Família, Seccional Paraíba – IBDFAM/PB; membro do Instituto Brasileiro de Direito Civil – IBDCivil.

Gabriela Helena Mesquita de Oliveira Campos

Acadêmica do Curso de Direito da Universidade Federal Rural do Rio de Janeiro, Instituto Três Rios. Bolsista do Programa de Educação Tutorial – PET. E-mail: <gabrieela.heleena@hotmail.com>.

Grace Baêta de Oliveira

Bacharel em Direito pela Universidade da Amazônia (Unama). E-mail: <gracebaeta@hotmail.com>.

Gustavo Borges Mariano

Graduando em Direito na Faculdade de Direito da Universidade Federal de Goiás. E-mail: <gustavobmariano@gmail.com>.

Gustavo Tepedino

Professor Titular de Direito Civil da Faculdade de Direito da Universidade do Estado do Rio de Janeiro (UERJ). Doutor em Direito Civil pela Universidade de Camerino, Itália. Professor Visitante das universidades de Molise (Itália); São Francisco (Califórnia, EUA); e Poitiers (França). Pesquisador Visitante do Instituto Max Planck de Direito Privado Comparado e Internacional (Hamburgo, Alemanha). Membro da Academia Internacional de Direito Comparado e da Academia Brasileira de Letras Jurídicas.

Heloisa Helena Barboza

Professora Titular de Direito Civil da Faculdade de Direito da Universidade do Estado do Rio de Janeiro (UERJ). Doutora em Direito pela UERJ e em Ciências pela ENSP/Fiocruz. Procuradora de Justiça do Estado do Rio de Janeiro (aposentada). Advogada.

Horácio Monteschio

Doutorando em Função Social do Direito pela Faculdade Autônoma de São Paulo (Fadisp). Mestre em Direitos da Personalidade pelo Centro Universitário de Maringá. Especialista em Direito Tributário pela Universidade Federal de Santa Catarina. Especialista em Direito Público e Direito Processual Civil pelo Instituto Brasileiro de Estudos Jurídicos. Especialista em Direito Contemporâneo pela Escola da Magistratura do Estado do Paraná. Especialista em Direito Administrativo pelo Instituto Romeu Felipe Bacellar. Especialização em Aperfeiçoamento para Ingresso na Carreira do Ministério Público pela Fundação Escola do Ministério Público do Estado do Paraná, Fempar. Especialização em Curso Regular da Escola da Magistratura Federal pela Escola da Magistratura do Paraná. Pós-Graduando em Direito Imobiliário pela Escola Paulista de Direito. Pós-Graduando em Processo Civil pela Escola Paulista de Direito. Integrante da Comissão de Direito Eleitoral da OAB/PR. Membro do Instituto dos Advogados do Paraná. Professor da Graduação e Pós-Graduação das Faculdades OPET/Curitiba. Advogado.

Jacqueline Lopes Pereira

Mestra em Direito das Relações Sociais pelo Programa de Pós-Graduação em Direito da Universidade Federal do Paraná. Especialista em Direito das Famílias e Sucessões pela ABDConst. Professora de Direito Civil da graduação em Direito da Faculdade de Pinhais. Atua no Núcleo de Estudos em Direito Civil Constitucional e no Núcleo de Pesquisa Direitos Humanos e Vulnerabilidades, ambos do PPGD-UFPR; bem como na Comissão da Diversidade Sexual e de Gênero junto à OAB-PR. Advogada.

Jamille Saraty Malveira

Mestra em Direito Civil pela Universidade de Coimbra. Professora de Direito Civil da Universidade da Amazônia e Mauricio de Nassau. Advogada. E-mail: <jsaraty@gmail.com>.

Joana de Moraes Souza Machado

Doutora em Direito Constitucional. Professora Adjunta da UFPI. Coordenadora do Centro Universitário Uninovafapi. E-mail: <joana.sousa17@hotmail.com>.

João da Cruz Gonçalves Neto

Orientador. Doutor pela Pontifícia Universidade Católica do Rio Grande do Sul. Professor da Faculdade de Direito da Universidade Federal de Goiás. E-mail: <dellacroce@dellacroce.pro.br>.

João Manoel Andrade Maciel da Silva Campos Galdi

Graduando do 5º período da Faculdade de Direito da UERJ. E-mail: <jmgaldi14@gmail.com>.

Joyceane Bezerra de Menezes
Doutora em Direito pela Universidade Federal de Pernambuco. Mestre em Direito pela Universidade Federal do Ceará. Professora Titular do Programa de Pós-Graduação *stricto sensu* – Mestrado/Doutorado em Direito da Universidade de Fortaleza (Unifor) na disciplina de Direito de Personalidade. Professora Adjunta da Universidade Federal do Ceará na disciplina de Direito de Família.

Laís Gomes Bergstein
Doutoranda em Direito pela Universidade Federal do Rio Grande do Sul (UFRGS) sob orientação da Profa. Dra. Claudia Lima Marques. Mestre em Direito Econômico e Socioambiental pela Pontifícia Universidade Católica do Paraná (PUCPR). Membro do Grupo de Pesquisa Virada de Copérnico da Universidade Federal do Paraná (UFPR). Membro do Grupo de Pesquisa Mercosul, Direito do Consumidor e Globalização da UFRGS. Advogada no Escritório Professor René Dotti em Curitiba/PR.

Larissa de Lima Vargas Souza
Graduada em Direito. Especialista em Direito Constitucional. Mestranda em Direito Civil pela Universidade do Estado do Rio de Janeiro.

Ligia Ziggiotti de Oliveira
Doutoranda em Direitos Humanos e Democracia pelo Programa de Pós-Graduação em Direito da Universidade Federal do Paraná. Mestra em Direito das Relações Sociais pela mesma instituição. Professora de Direito Civil da graduação em Direito do Centro Universitário Autônomo do Brasil. Atua no Núcleo de Estudos em Direito Civil Constitucional e no Núcleo de Pesquisa Direitos Humanos e Vulnerabilidades, junto à Universidade Federal do Paraná; bem como na Comissão da Diversidade Sexual e de Gênero e na Comissão de Estudos sobre Violência de Gênero, junto à OAB-Paraná. Advogada.

Lorranne Carvalho da Costa
Acadêmica do Curso de Direito pela Universidade Federal Rural do Rio de Janeiro, Instituto Três Rios. Bolsista de Iniciação Científica da FAPERJ. E-mail: <lorranne_carvalho@hotmail.com>.

Luisa Lemos Ferreira
Acadêmica do Curso de Direito da Universidade Federal Rural do Rio de Janeiro, Instituto Três Rios. E-mail: <luiiisa_lemos@hotmail.com>.

Maici Barboza dos Santos Colombo
Mestranda em Direito Civil pela UERJ e especialista em Direito Civil Constitucional pela mesma instituição. Graduada em Direito pela Pontifícia Universidade Católica de Campinas. Advogada regularmente inscrita na OAB/SP. Membro do Instituto Brasileiro de Direito de Família (IBDFam).

Marcos Alberto Rocha Gonçalves
Mestre em Direito Civil pela PUC-SP. Doutorando pela UERJ. Professor da PUCPR. Advogado sócio do *bureau* Fachin Advogados Associados.

SOBRE OS AUTORES | 813

Marcos Ehrhardt Jr.
Advogado. Doutor em Direito pela Universidade Federal de Pernambuco (UFPE). Professor de Direito Civil dos cursos de Mestrado e Graduação da Universidade Federal de Alagoas (Ufal). Professor de Direito Civil e do Consumidor do Centro Universitário Cesmac. Líder do Grupo de Pesquisa Direito Privado e Contemporaneidade (Ufal). Pesquisador vinculado ao Grupo de Pesquisa Constitucionalização das Relações Privadas (Conrep/UFPE). Editor da *Revista Fórum de Direito Civil* (RFDC). Diretor Nordeste do IBDCivil. E-mail: <contato@marcosehrhardt.com.br>.

Mariana Barsaglia Pimentel
Mestranda em Direito das Relações Sociais pelo Programa de Pós-Graduação da Universidade Federal do Paraná (UFPR). Advogada atuante na cidade de Curitiba, Paraná.

Marianna Mancini Malafaia
Acadêmica de Direito da Universidade Federal Rural do Rio de Janeiro, Instituto Três Rios. Pesquisadora do Núcleo de Pesquisa em Direitos Fundamentais, Relações Privadas e Políticas Públicas. E-mail: <mari_mancini@hotmail.com>.

Mauricio Rodrigues de Souza
Doutor em Psicologia (USP). Realizou estágio de Pós-Doutoramento em Teoria Psicanalítica (UFRJ). Mestre em Antropologia Social (UFPA). Psicólogo (UFPA). Professor Associado I junto ao Instituto de Filosofia e Ciências Humanas da Universidade Federal do Pará (Faculdade de Psicologia e Programa de Pós-Graduação em Psicologia). Líder do Grupo de Pesquisas Subjetivação, Conflito e Cultura (UFPA) e pesquisador nos grupos Filosofia, Psicanálise e Cultura (UFPA), Constituição dos Conceitos Freudianos (UFRJ) e O Paradigma da Vida e a Crítica da Psicologia das Faculdades na Genealogia da Psicanálise (UFRJ), todos vinculados ao Diretório de Grupos de Pesquisa do CNPq. Compõe ainda o Grupo de Trabalho Psicanálise, Subjetivação e Cultura Contemporânea na Associação Nacional de Pesquisa e Pós-Graduação em Psicologia (ANPEPP). E-mail: <souza.mr@gmail.com>.

Pablo Malheiros da Cunha Frota
Doutor em Direito pela Universidade Federal do Paraná. Professor Adjunto de Direito Civil e de Processo Civil da Universidade Federal de Goiás (UFG). Professor Visitante da Universidade Regional de Blumenau (Furb). Professor dos Cursos de Especialização do Instituto Brasiliense de Direito Público (IDP). Advogado (DF). Diretor do IBDFam/DF. Líder do Grupo de Pesquisa Realizando o Direito Privado na UFG.

Pastora do Socorro Teixeira Leal
Pós-Doutora em Direito pela Universidade Carlos III de Madri, Espanha (2006). Doutora em Direito pela Pontifícia Universidade Católica de São Paulo – PUC-SP (2001). Mestre em Direito pela Universidade Federal do Pará – UFPA (1998). Graduada em Direito pela Universidade Federal do Pará – UFPA (1985). Professora de Graduação e de Pós-Graduação da Universidade Federal do Pará – UFPA e da Universidade da Amazônia – Unama. Desembargadora do Tribunal Regional do Trabalho da Oitava Região – TRT8. E-mail: <pastoraleal@yahoo.com.com.br>.

Patrick Saar
Graduando do Curso de Direito da PUC-Rio.

Paula Greco Bandeira
Doutora e Mestre em Direito Civil pela Universidade do Estado do Rio de Janeiro (UERJ). Professora da Pós-Graduação *lato sensu* da UERJ e da PUC-Rio. Sócia do escritório Gustavo Tepedino Advogados.

Paula Moura Francesconi de Lemos Pereira
Doutora e Mestra em Direito Civil pela Universidade do Estado do Rio de Janeiro (UERJ). Pós-Graduada em Advocacia pela Ceped-UERJ. Pós-Graduada em Direito da Medicina pelo Centro de Direito Biomédico da Universidade de Coimbra. Professora da Pós-Graduação *latu sensu* do Curso de Direito Civil-Constitucional do Centro de Estudos e Pesquisas no Ensino de Direito (Ceped-UERJ) e da Pós-Graduação da Universidade Católica do Rio de Janeiro (PUC-Rio). Diretora Financeira do Instituto Brasileiro de Direito Civil (IBDCivil). Advogada.

Paulo Nalin
Mestre em Direito Privado pela Universidade Federal do Paraná (UFPR). Doutor em Direito das Relações Sociais pela UFPR. Pós-Doutor em Contratos Internacionais pela Juristische Fakultät – Universität Basel (Faculdade de Direito da Universidade da Basiléia – Suíça). Professor Associado de Direito Civil da Universidade Federal do Paraná (Graduação e Pós-Graduação). Professor do L.L.M. da Swiss International Law School (SILS). Advogado sócio do escritório Popp & Nalin Sociedade de Advogados. Árbitro.

Renan Soares Cortazio
Aluno de Graduação do 7º período da Faculdade de Direito da UERJ.

Ricardo Calderón
Mestre em Direito pela Universidade Federal do Paraná. Professor dos Cursos de Pós-Graduação da Universidade Positivo. Coordenador da Pós-Graduação em Direito das Famílias e Sucessões da Academia Brasileira de Direito Constitucional. Diretor Nacional do IBDFam. Membro do Grupo de Pesquisa em Direito Civil Virada de Copérnico (PPGD-UFPR). Membro da Comissão de Direito de Família da OAB/PR. Advogado em Curitiba.

Roberta Mauro Medina Maia
Mestre e Doutora em Direito Civil pela UERJ. Professora dos cursos de Graduação e Pós-Graduação da Faculdade de Direito da Pontifícia Universidade Católica do Rio de Janeiro (PUC-Rio). Advogada.

Rodrigo da Guia Silva
Mestre em Direito Civil pela Universidade do Estado do Rio de Janeiro, sob orientação do Prof. Dr. Gustavo José Mendes Tepedino. Membro do Instituto Brasileiro de Direito Civil (IBDCivil). Advogado. E-mail: <rodrigo.daguiasilva@gmail.com>.

Romildo Rompava

Bacharel em Direito pela Universidade Positivo (Curitiba – PR). Pós-Graduando em Prática da Advocacia pela Faculdade de Educação Superior do Paraná (FESP). Advogado. E-mail: <romildo20@live.com>.

Thamis Dalsenter Viveiros de Castro

Doutora em Direito Civil pela Universidade do Estado do Rio de Janeiro (UERJ). Professora de Direito Civil do Departamento de Direito da PUC-Rio.

Vitor Almeida

Doutor e Mestre em Direito Civil pela Universidade do Estado do Rio de Janeiro (UERJ). Professor Adjunto do Curso de Direito da Universidade Federal Rural do Rio de Janeiro (ITR/UFRRJ). Professor dos cursos de Especialização da PUC-Rio, CEPED-UERJ e da EMERJ. Professor convidado da ESAP-PGE/RJ. Vice-Diretor do Instituto Brasileiro de Biodireito, Bioética e Sociedade (IBIOS). Advogado.

Vynicius Pereira Guimarães

Graduando em Direito pela Faculdade de Direito da UERJ. *E-mail*: <vyniciuspereira@gmail.com>.

Esta obra foi composta em fonte Palatino Linotype, corpo
10 e impressa em papel Offset 75g (miolo) e Supremo
250g (capa) pela Gráfica e Editora Laser Plus em
Belo Horizonte/MG.